有生之年非玩不可的 1001款游戏

(第2版)

托尼·莫特◎主编
陈功　尹航◎翻译

图书在版编目（CIP）数据

有生之年非玩不可的1001款游戏 ／ （英）莫特主编；陈功，尹航译．
——北京：中央编译出版社，2013.12（2023.10重印）
书名原文：1001 Video Games You Must Play Before You Die
ISBN 978-7-5117-1871-6

Ⅰ．①有… Ⅱ．①莫… ②陈… ③尹… Ⅲ．①游戏 Ⅳ．①G898
中国版本图书馆CIP数据核字(2013)第267839号

Original title: 1001 VIDEO GAMES YOU MUST PLAY BEFORE YOU DIE
© 2010, 2013 Quarto Publishing plc
Chinese edition © 2013 Central Compilation and Translation Press
All rights reserved.

有生之年非玩不可的1001款游戏

责任编辑：饶莎莎
责任印制：李　颖
出版发行：中央编译出版社
地　　址：北京市海淀区北四环西路69号（100080）
电　　话：（010）55627391（总编室）　　（010）55627302（编辑室）
　　　　　（010）55627320（发行部）　　（010）55627377（新技术部）
经　　销：全国新华书店
印　　刷：北京利丰雅高长城印刷有限公司
开　　本：160毫米×210毫米　1/16
版　　次：2014年8月北京第1版
印　　次：2023年10月第2次印刷
定　　价：228.00元

新浪微博：@中央编译出版社　　　　微 信：中央编译出版社（ID：cctphome）
淘宝店铺：中央编译出版社直销店（http://shop108367160.taobao.com）　（010）55627331

本社常年法律顾问：北京市吴栾赵阎律师事务所律师　闫军　梁勤

1001 VIDEO GAMES
YOU MUST PLAY BEFORE YOU DIE

GENERAL EDITOR **TONY MOTT**

目录

序	6
引言	8
游戏名称索引	12
1970年代	20
1980年代	32
1990年代	178
2000年代	416
2010年代	922
撰稿人	950
游戏开发商索引	952
图片来源	960
致谢	960

序

彼得·莫利纽克斯（Peter Molyneux），游戏开发设计师

当受邀为本书作序时，我毫不犹豫就答应了。这不仅仅是因为本书集结了游戏评论界的一批翘楚，更是因为在我眼中，这是世界上最令人兴奋的一次娱乐狂欢。在我心目中，电子游戏一直都是打发时间的最佳选择，这一观念的产生最早可追溯至上世纪70年代。当时我在一家电器店的电视机和烤面包机之间发现一台《打乒乓》（Pong）游戏机。这款由雅达利（Atari）制作的游戏极其简单，无非是伴着"哔哔"的音效来回击打一个方形的乒乓球。但我立刻就爱上了它，我告诉自己这玩意儿我一定要买一台。于是我把这台游戏机抱回了家，连上家里的小型黑白电视……可半小时不到我就已经无聊得趴下了。十分钟后我把这台游戏机给拆了，只想看看这东西是怎么运作的——这台游戏机从此报废。

但我对电子游戏制作的痴迷丝毫不输给玩游戏的疯狂。进入80年代后，电子游戏开始风靡全球，我也开始频繁泡吧，倒不是为了喝酒，而是看中了每个酒吧角落里都必不可少的街机。我光顾电影院也不再是为了坐下来看一场最新上映的大片，而是为了玩一把摆在大厅里面的街机。当然游戏机厅里更是少不了我的身影。现如今许多游戏机厅——如果它们还在的话——都被冠以"龙蛇混杂"的恶名，但在当年，游戏机厅简直就是片魔法之地。《太空侵略者》（Space Invaders）、《爆破彗星》（Asteroids）、《防卫者》（Defender）等经典大作接二连三地出现，我常常置身这些黑暗的空间，沉浸于操纵街机屏幕上移动的外星飞船而数小时不能自拔。我体育不好，学习成绩又烂，但在这里我却找到了一技之长，并且可以把我的名字缩写输入每一轮的高分排行榜中。电子游戏成了我的生活，我决定做一款属于自己的游戏。

1980年，我有了第一台属于自己的电脑。那是一台古老的Acorn Atom。我迫不及待地编写出我的第一个程序：一个在屏幕上移动的点。任务完成后我在电视上运行这个程序，然后它出现了——一个自由移动的像素！那一刻，整个世界似乎都明亮起来，仿佛上帝从天堂降临人间。这种感觉就好像第一次听披头士，你会迫不及待想去和每个人分享这份快感。自从我沉溺于电子游戏制作，电视也开始和电影一样成了对我毫无吸引力可言的存在。我买下了成堆带有输入式游戏程序【译注：type-in game，20世纪70年代末至80年代在家用电脑上流行的一种游戏形式，把印在电脑杂志或书籍上的电脑程序列表输入电脑，然后才能运行游戏】的杂志，但这些游戏要么玩不了，要么和它所宣传的效果和配图相差十万八千里。起初我非常失望，但这也激励我在自己的游戏上发奋努力，这已经是三十年前的事了，从那时起我对游戏开发的热情就不曾有丝毫衰减，更别说我对玩游戏的痴迷了。

当我拿到这1001款游戏的单子时，我很高兴看到不少我的私人最爱榜上有名：《创世纪》（Ultima）、《地下城主》（Dungeon Master）、《沙丘2》（Dune II）、《命令与征服》（Command & Conque）、《超级马里奥64》（Super Mario 64）、《古墓丽影》（Tomb Raider）、《古堡迷踪》（Ico）、《永恒黑暗》（Eternal Darkness）、《合金装备》（Metal Gear Solid）、《半条命》（Half-Life）、《塞尔达传说：时之笛》（The Legend Of Zelda: Ocarina Of Time）、《光晕》（Halo）和《神秘海域2》（Uncharted 2）。岁月无情地在这些老游戏身上留下了痕迹，但即使是最老土的游戏中也包含着对游戏进化史起到至关重要作用的主题与设定，对于真正抱着严肃态度看待游戏的读者来说，本书向你呈现的是从70年代的褴褛时期至今，电子游戏令人感动的完整发展历程。

你可以把本书看成是一份你有生之年必须玩完的电子游戏清单，你也可以把它看成是展示这个社会和文化变革的一个过程。世界在电子游戏出现之前是一个样子，在电子游戏出现以后又是另一个截然不同的存在。游戏所带来的变革是巨大的，正是它们使得普通人能在分秒之间直观地感受那些极其复杂的尖端技术。在技术传播方面，电子游戏比任何一种电子媒体都做得更好（相较于掌握制作电子表格或学会使用文字处理器而言）。在当今世界，电子游戏的影响力无处不在。

电子游戏将继续改变世界。我们生活在一个日新月异的时代，游戏界正经历着前所未有的重大变革。想想Facebook社交游戏产生的影响，玩家自制内容带来的冲击，独立游戏制作者面临的机遇，下载包的多样化选择（很久很久以前，要想拿到一款新游戏，在游戏发售和游戏上架之间可得等上一段时间；而现在你每天都可以下载不同的游戏资料包到你的电脑里）。任天堂的NDS和Wii主机为拓展游戏魅力做出了巨大贡献，而近年来微软和索尼也在这一点上迈起了大步。尤其是微软的体感设备，抛弃了传统的游戏控制器，代表着游戏历史上一次质的飞跃。这些变革让我们这些游戏设计者倍感压力，但对我们来说也是令人兴奋的挑战。

如今的世界变化之大是当年把《打乒乓》游戏机抱回家的我无法想象到的。不管你身在何方，不论任何性别年龄，你都不能说这世上没有对你胃口的游戏。在这精心挑选的1001款游戏中总有一款适合你，希望这些游戏能够给你带来不一样的感觉，正如它们影响了我与游戏结缘的一生。

于吉尔福德，英国

引言

托尼·莫特（Tony Mott）

当我告诉我的朋友我在编这本书时，他的第一反应是："你真的觉得世界上有1001款电子游戏值得你去玩？"我不禁被浇了一头冷水。我当然相信有1001款值得玩的电子游戏。事实上，值得玩的游戏远不止1001款，但倘若要取"2177"这个数字，便明显没有"1001"看上去这么顺眼（何况在书店买书时，"1001"要比"2177"好念得多）。我想"1001本好书"或是"1001部电影"的编辑肯定不会碰上我所面对的质疑，其他媒体形式也很少遭受电子游戏所面临的不公待遇。和电视、文学或音乐相比，地位卑贱的电子游戏一向难以被公众所理解认可。

但也许我们根本就不应该奢求被理解。虽然在上世纪50年代实验室里的示波器一类的设备上，就已经出现了最早的电子游戏，但第一款真正意义上的商业游戏直到1971年才诞生。书本已经印刷了数百年之久，电影的诞生最早也可追溯至19世纪末，从比较进化学角度看，电子游戏才刚开始蹒跚学步，但它始终在学习如何自己动手吃饭，而不是把食物抹一脑袋。而且，正如儿童常常被大人蔑视、责怪，电子游戏也常常被冷落在一边，只有当社会评论员觉得是时候对游戏展开新一轮的口诛笔伐时，才能得到社会的短暂关注。这些年来我遇到不少不愿和电子游戏扯上关系的人，在他们眼中，1978年发售的《太空侵略者》标志着游戏史开端的同时，也意味着游戏史的结束。

事实上，电子游戏在过去的四十年间变化是如此之大，以至于现在的游戏大作和早期游戏的唯一共同点只剩下游戏的互动性了。《有生之年非玩不可的1001款游戏》生动地展现出自1971年首台"电脑空间"游戏机（Computer Space）被推进美国酒吧至今完整的游戏发展过程。我希望通过把如此海量的游戏汇集在一本书中的方式，为游戏玩家和游戏制作者们带来一些启发。现在的市面上充斥着五花八门的电子游戏书刊，但就我所知，还没有哪一本能像你手中的这本书这样有着如此丰富全面的评论介绍。多年来有不少名为"世界上最好的100款电子游戏"的书出版——老实说，其中有不少我也有经手——但《有生之年非玩不可的1001款游戏》绝对更胜一筹。本书中汇集了当前游戏评论界的一批高手，每一页都凝聚了他们多年的游戏经验和对游戏不可撼动的热情。我相信本书为游戏玩家奉上的绝对都是最犀利、最可靠的游戏评论。

为什么要出这样一本书呢？一方面，这是一次电子游戏的庆典，本书作为1001款电子游戏的指南手册，旨在让更多的玩家领略这些精彩游戏的魅力。但同时，这也是对电子游戏成就的一种肯定。电子游戏的多元化势头强劲，但却未能得到足够的认可和称颂。电子游戏不仅是在沿着我们预期的轨迹发展——紧跟技术进步提升音画效果，探索更广阔更多样的主题，同时也在人机互动上出现了巨大的革新。如今，通过微软的Kinect这类设备，玩家只需站在电视机前移动身体就可以进行游戏；键盘、控制杆、鼠标、PS3和Xbox360游戏手柄，轻触iPhone或NDS触屏，或是挥动任天堂Wii或PSmove体感控制器都可以玩游戏；你甚至可以抛弃一切肢体动作，戴上一个头部设备，利用大脑直接控制游戏。所有这些游戏方式的唯一共同之处，就是电子游戏这一娱乐形式的精髓所在——互动体验。

游戏方式的多样化起源于游戏制作者思维的开阔，电子游戏的真正革命并非源自《太空侵略者》的发售，也和之后普及的3D技术无关。从游戏公司不再将目标群体钉死在年轻男性玩家身上的那一刻起，电子游戏的真正革命就开始了。很久以前，电子游戏公司曾认定年轻男性玩家就是他们的主要消费者，并挖空心思要讨得他们的欢心。但现在的调查显示，当前的电子游戏主体玩家大都处于他或她的三十岁中期阶段——而且常常以"她"居多。其他一些研究则认为这一块的性别比例为50:50。我们处在一个电子游戏真正普及化的时代，这一切无关年龄，无关性别，也无关社会地位。

曾经的电子游戏都向《龙与地下城》（Dungeons & Dragons）这一类角色扮演桌游或《星球大战》（Star Wars）这类科幻大片取经，但这种主流风格游戏已经不再像过去那样雄踞销售排行榜榜首。电子游戏风格和体验方式一同在改变。除了杀怪冒险和格斗大赛之外，今天的玩家还可以互拼厨艺、热舞高歌、运动健身、饲养宠物、经营农场、设计发型，各种活动数不胜数。另外，游戏创作者把更多权力交到玩家手上的做法，也对玩家和电子游戏之间的关系产生了巨大的冲击，为玩家自制内容开辟了一片崭新的天地。这一切的飞速发展都应归功于网络这一大背景的存在，即与朋友（或陌生人）一起分享你的游戏体验。而这一切又把我们带回了电子游戏诞生的那个年代。当时游戏产业的领航者雅达利推出第一款游戏《打乒乓》时，就把该游戏设计成了一款双人游戏，因为设计者认为社交性游戏更能在美国大大小小的酒吧走红（事实证明他们是对的，《打乒乓》在70年代初期曾经小火了一把）。

鉴于本书旨在展现电子游戏的发展史，书中收录的许多游戏都不免落入"传统游戏"的行列，但其中也不乏一些另类游戏。就条目组织而言，我们主要按游戏发售年份为游戏排序，并为每款游戏都标注出具体发售年份、开发商及游戏类型。不少游戏出现在三个以上游戏平台，本书中则标注为"多平台"。当然对于某些多平台游戏来说，某个特定平台的游戏效果确实要比其他平台好得多，但本书中不做另外标注。

如果想要把书中所有游戏都玩上一遍，应该怎么办？和图书等其他媒体不一样，电子游戏的寿命并不长。传统的出版模式碰上游戏发售，总要再附上强力的市场营销，但这也不能保证这款游戏究竟是平稳销售还是就此销声匿迹。有时某些热卖游戏会在不久之后再版发售，但大多数游戏没有这么好命。更重要的是，随着硬件技术日新月异的发展，我们的游戏设备每天都在更新换代。能够向后兼容的游戏主机直到近几年才出现——比如继承NGC的Wii主机现在也能够运行NGC上的游戏——即使是像PC这种外表看似万年不变的平台，鉴于其操作系统的革新速度，要想在一台新电脑上跑一款五年前的游戏也是很有压力的。

幸运的是，世界各地的游戏迷一直在为保存游戏历史而不懈努力，模拟器的出现更使得大部分家用游戏主机平台上发售的作品都能在你的PC桌面上复活——上网搜索一下模拟器（emulators），你会知道更多。另外在互联网上，eBay简直就是一个老游戏和老式游戏主机的藏宝库。对于PC用户而言，"怀旧游戏经典网"（www.gog.com）有大量为PC平台重制的经典游戏，玩家只需花不到十美元就能从网站上下载一款游戏。而对主机玩家来说，卡普空、世嘉、南梦宫等老牌日式街机游戏公司也推出了各种80年代经典游戏合集，玩家们在现在的主机上也能感受《魔界村》（Ghosts 'n Goblins）、《太空哈利》（Space Harrier）、《吃豆人》（Pac-Man）等经典作品的魅力。另外，任天堂、索尼、微软等主机生产商也有新动向，通过其各自的在线游戏服务，玩家可以购买一系列经典游戏神作，如《超级马里奥世界》（Super Mario World）、《最终幻想7》（Final Fantasy VII）等等一批铸就电子游戏神话的游戏作品。只要你有足够的渴望和耐心，就算是最另类的边缘游戏也能在本书中找到踪迹。

正如彼得·莫利纽克斯在序言中所说，本书收录的一些游戏可能过于古老，但千万不能因为它们看上去好像数字世界的洞穴壁画就把它们拒之门外。航行在1982年的游戏《乌托邦》（Utopia）中的船只不过是几个像素，离所谓的艺术差得实在太远，但这并不妨碍它成为策略性游戏的先驱，《模拟城市》（SimCity）、《文明》（Civilization）等系列大作的鼻祖。

我很鼓励开放的思想，毕竟正是这种敢于打破传统和固定思维的精神维持了电子游戏多年的活力，并使其一直蓬勃发展至今。这并不是件容易的事情。业界没有哪家游戏巨头料想到Facebook和iPhone也能成为爆红的游戏平台，但奇迹就在我们眼前发生，旧式的传统就是这样被打破的。游戏界的一个常量发生变动，就会带动更多后继者破土而出，我们也将从中获得更多的益处。希望在不远的将来，这样的革新也将被收录到本书的后续版本之中。

游戏名称索引

1943, 146
1080° Snowboarding, 355
720°, 126
7th Guest, 247

A
A.P.B., 137
Ace Combat 6, 708
ActRaiser, 182
Advance Wars, 468
Advance Wars: Dual Strike, 611
Adventure, 28
Afrika, 771
Age of Empires, 321
Age of Empires II: Age of Kings, 381
Age of Empires: Mythologies, 798
Age of Mythology, 475
Alex Kidd in Miracle World, 108
Alien Soldier, 277
Aliens Versus Predator, 380
Alone in the Dark, 216
Alter Ego, 110
Amplitude, 516
Animal Crossing, 444
Animal Crossing: Wild World, 610
Anno 1701: Dawn of Discovery, 712
Another World, 203
Ape Escape, 383
Archon, 60
Arkanoid, 110
ArmA: Armed Assault, 658
Armadillo Run, 652
Art Style: Intersect, 838
Art Style: Orbient, 672
Assassin's Creed II, 842
Asteroids, 29
Astro Boy: Omega Factor, 522
Audiosurf, 770
Auditorium, 770
Axelay, 221

B
Baldur's Gate II, 418
Baldur's Gate: Dark Alliance, 446
Ballblazer, 72
Bangai-O, 382
Bangai-O Spirits, 788
Banjo-Kazooie, 352
Banjo-Kazooie: Nuts & Bolts, 769
Banjo-Tooie, 420
Bank Panic, 72
Bard's Tale, 104
Batman: Arkham Asylum, 843
Battalion Wars, 602
Battle Zone, 34
Battlefield 1942, 476
Battlefield 1943: Pacific, 846
Battlefield 2, 602
Battlefield: Bad Company, 774
Bayonetta, 847
The Beast Within, 290
The Beatles: Rock Band, 905
Beatmania, 325
Bejeweled 2, 554
Bejeweled Twist, 771
Beneath a Steel Sky, 270
Beyond Good & Evil, 511
BioForge, 279
Bionic Commando Rearmed, 775
BioShock, 710
BioShock 2, 927
BioShock Infinite, 949
Bit. Trip Core, 844
Black, 655
Black & White, 449
Blade Runner, 322
Blast Corps, 325
Blasteroids, 134
BlazBlue: Calamity Trigger, 822
Body Harvest, 359
Bomb Jack, 77
Bomberman, 190
Bookworm, 517
Boom Blox Bash Party, 841
Boot Hill, 25
Borderlands, 838
Boulder Dash, 75
Bounty Bob Strikes Back, 89
Boy and his Blob, 919
Braid, 777
Breakout, 24
Breath of Fire II, 253
Broken Sword: The Shadow of the Templars, 292
Bubble Bobble, 116
Buggy Boy, 130
Bully, 660
Burning Rangers, 353
Burnout 2: Point of Impact, 477
Burnout Paradise, 778
Bushido Blade, 324
Buzz Quiz TV, 779

C
California Games, 139
Call of Duty, 514
Call of Duty 2, 603
Call of Duty 4: Modern Warfare, 711
Call of Duty: Modern Warfare 2, 867
Canabalt, 841
Cannon Fodder, 233
Capcom vs SNK: Millennium Fight, 432
Captain Forever, 840
Carcassonne, 768
Carmageddon II: Carpocalypse Now, 356
Carrier Command, 155
Castle Crashers, 780
Castlevania: Aria of Sorrow, 515
Castlevania: Dawn of Sorrow, 600
Castlevania: Symphony of the Night, 323
Cave Story, 555
Centipede, 41
Chibi-Robo!, 606
Chime, 929
Choplifter, 51
Chronicles of Riddick: Assault on Dark Athena, 889
Chronicles of Riddick: Escape from Butcher Bay, 587
Chrono Cross, 390
Chrono Trigger, 286
ChuChu Rocket, 385
Chuckie Egg, 62
City of Heroes, 556
Civilization, 204
Civilization II, 297
Civilization IV, 605

Clubhouse Games, 599
Cogs, 918
Colin McRae: Dirt, 728
Colin McRae: Dirt 2, 851
Columns, 192
Combat, 26
Command & Conquer, 276
Command & Conquer: Red Alert, 296
Commando, 92
Commandos 2: Men of Courage, 447
Company of Heroes, 659
Contra 4, 716
Contra III: The Alien Wars, 218
Counter-Strike Source, 557
Crackdown, 714
Crayon Physics Deluxe, 862
Crazy Taxi 3: High Roller, 478
Crimson Skies, 429
Critter Crunch, 772
Cruise for a Corpse, 206
Crush, 709
Crysis, 719
Crystal Castles, 67
Curse of Monkey Island, 337
Cursor*10, 782
Cyber Troopers Virtual-On…, 358
Cybernator, 220

D
Dance Dance Revolution, 356
Darius, 112
Dark Chronicle, 479
Darkness, The, 748
Dark Souls, 938
Darwinia, 608
Daytona USA, 239
De Blob, 784
Dead or Alive 4, 609
Dead Rising, 661
Dead Space, 786
Dead Space Extraction, 853
Death Tank, 855
Def Jam: Fight for NY, 574
DEFCON, 661
Defender, 34
Defender of the Crown, 124
Defense Grid: The Awakening, 792

Déjà Vu, 90
Demolition Derby, 84
Demon's Souls, 856
Descent, 282
Desert Strike: Return to the Gulf, 219
Desktop Tower Defense, 721
Deus Ex, 422
Deus Ex: Human Revolution, 934
Deus Ex Machina, 79
Devil Dice, 365
Devil May Cry, 452
Devil May Cry 3: Dante's Awakening, 620
Devil May Cry 4, 788
Diablo, 333
Diablo II, 423
Diagasso! Band Brothers, 579
Dig Dug, 52
The Dig, 285
Disaster Report, 490
Disgaea 2: Cursed Memories, 671
Disgaea: Hour of Darkness, 512
Dishonored, 946
Dissidia Final Fantasy, 858
DJ Hero, 854
DoDonPachi, 327
Donkey Kong, 42
Donkey Kong Country 3, 313
Donkey Kong: Jungle Beat, 558
Donkey Konga, 516
Doom, 235
Doom 3, 560
Doom II: Hell on Earth, 256
Double Dragon, 140
Dr Kawashima's Brain Training, 600
Dr. Mario, 192
Dragon Age: Origins, 860
Dragon Quest, 123
Dragon Quest VIII: Journey of the Cursed King, 559
Dragon's Lair, 63
Dreamfall: Longest Journey, 704
Drill Dozer, 607
Driver, 360
Drop7, 834
Duke Nukem 3D, 294
Dune II, 229

Dungeon Keeper, 329
Dungeon Master, 138
Dungeon Siege, 482

E
E4, 720
Eamon, 36
EarthBound, 255
Earthworm Jim, 257
Ecco the Dolphin, 237
Echochrome, 785
Earth Defense Force 2017, 667
Eets: Hunger. It's Emotional, 662
Einhänder, 328
Elasto Mania, 424
Elder Scrolls III: Morrowind, 488
Elder Scrolls IV: Oblivion, 696
Elder Scrolls V: Skyrim, 939
Elebits, 663
Eliss, 853
Elite, 77
Elite Beat Agents, 664
Empire: Total War, 861
Eternal Darkness, 486
Eve Online, 510
EverQuest, 396
EverQuest II, 562
Everybody's Golf: World Tour, 715
Everyday Shooter, 722
Excitebike 64, 425
Exile, 164
Exit 2, 666
Eye of the Beholder, 189
EyePet, 896

F
F.E.A.R., 612
F.E.A.R. 2: Project Origin, 864
Fable, 614
Fable 2, 782
Façade, 615
Fahrenheit, 613
Fairlight, 105
Fallout, 331
Fallout 3, 787
Fantastic Contraption, 785
Fantasy World Dizzy, 166

Far Cry, 566
Far Cry 2, 790
Far Cry 3, 941
Faselei!, 412
Fat Princess, 849
Fatal Frame II: Crimson Butterfly, 513
Fatal Frame IV: Mask of the Lunar Eclipse, 793
Fatal Fury: Mark of the Wolves, 387
Ferrari F355 Challenge, 389
Fight Night Round 3, 668
Final Fantasy Crystal Chronicles, 519
Final Fantasy IV, 721
Final Fantasy IX, 433
Final Fantasy Tactics, 330
Final Fantasy Tactics A2: Grimoire of the Rift, 712
Final Fantasy V, 215
Final Fantasy VI, 258
Final Fantasy VII, 332
Final Fantasy VIII, 393
Final Fantasy X, 444
Final Fantasy XII, 674
Final Fight, 170
Final Furlong, 324
Fire Emblem: Path of Radiance, 617
Fire Pro Wrestling Returns, 627
Flashback, 221
FlatOut: Ultimate Carnage, 718
Flight Control, 862
Flipnic, 520
Flow, 675
Flower, 863
Flywrench, 720
Forgotten Worlds, 156
Forza Motorsport 2, 724
Forza Motorsport 3, 850
Freak Out, 453
Free Running, 716
Freedom Fighters, 518
Freedom Force vs. The 3rd Reich, 604
Freespace 2, 392
Frequency, 453
Frogger, 46
Front Mission 3, 395
Frontier: Elite II, 245
Fuel, 866

Full Throttle, 278
F-Zero GX, 550
F-Zero X, 362

G

Galactic Civilizations II: Dread Lords, 670
Galaga, 42
Galaga '88, 142
Galaxian, 31
Galcon, 772
Garry's Mod, 618
Gauntlet, 95
Gauntlet II, 113
Gears of War, 654
Gears of War 2, 791
Gemini Wing, 146
GeoDefense Swarm, 840
Geometry Wars, 530
Geometry Wars: Retro Evolved 2, 801
Ghost Recon Advanced Warfighter 2, 758
Ghosts 'n Goblins, 96
Ghouls 'n Ghosts, 157
Giants: Citizen Kabuto, 430
Gitaroo Man, 455
G-LOC: Air Battle (R-360), 185
God Hand, 675
God of War, 603
God of War II, 727
God of War: Chains of Olympus, 794
Golden Sun, 469
Golden Tee Live, 611
GoldenEye 007, 334
Gorf, 48
Gottlieb Pinball Classics, 688
Gradius, 98
Gradius V, 564
Gran Turismo, 335
Gran Turismo 3: A-Spec, 448
Grand Prix Legends, 363
Grand Slam Tennis, 845
Grand Theft Auto, 344
Grand Theft Auto 2, 388
Grand Theft Auto III, 456
Grand Theft Auto IV, 798
Grand Theft Auto IV: The Ballad of Gay Tony, 869
Grand Theft Auto IV: The Lost and Damned, 868
Grand Theft Auto: Chinatown Wars, 870
Grand Theft Auto: Liberty City Stories, 622
Grand Theft Auto: San Andreas, 565
Grand Theft Auto: Vice City, 491
Grandia II, 426
Gravitar, 49
Gravity Power, 261
Green Beret, 97
Gregory Horror Show, 551
Grim Fandango, 364
GrimGrimoire, 727
Grow, 504
GT Legends, 623
GTI Club Rally Côte d'Azur, 303
GTR 2, 676
Guardian Heroes, 300
Guild Wars, 616
Guitar Hero, 624
Guitar Hero II, 677
Guitar Hero World Tour, 800
Guitar Hero: Metallica, 871
Gunpey, 684
Gunstar Heroes, 236
Gunstar Super Heroes, 626
Gyruss, 64

H

H.E.R.O., 74
Half-Life, 365
Half-Life 2, 553
Half-Minute Hero, 848
Halo 2, 561
Halo 3, 725
Halo 3: ODST, 872
Halo Wars, 875
Halo: Combat Evolved, 460
Harvest Moon, 304
Harvest Moon: Friends of Mineral Town, 528
Head Over Heels, 141
Heavenly Sword, 729
Heavy Rain, 928

Henry Hatsworth in the Puzzling Adventure, 880
Herzog Zwei, 171
Hexic 2, 730
Hidden & Dangerous 2, 526
Hitchhikers Guide to the Galaxy, 80
Hitman 2: Silent Assassin, 502
Hitman: Blood Money, 678
Hobbit, The, 50
Homeworld, 397
Hotel Dusk: Room 215, 731
Hotline Miami, 943
The House of the Dead 2, 315
House of the Dead: Overkill, 859
Hunter, 206
Hyper Sports, 81

I
I, Robot, 59
Ikari Warriors, 118
Ikaruga, 465
IL-2 Sturmovik, 452
IL-2 Sturmovik: Birds of Prey, 876
Impossible Mission II, 159
Incredible Machine, The, 227
Indiana Jones and the Fate of Atlantis, 222
Infamous, 877
Intelligent Qube, 327
International Karate+, 140
International Track & Field, 301
Interstate '76, 350
ISS Pro Evolution, 413

J
Jade Empire, 632
Jak and Daxter: The Precursor Legacy, 463
Jak II, 527
Jeanne d'Arc, 680
Jet Force Gemini, 394
Jet Set Radio, 431
Jet Set Radio Future, 486
Jet Set Willy, 85
Jetpac, 68
John Madden Football, 193
John Woo Presents Stranglehold, 752

Journey, 942
Joust, 49
Juno First, 68
Just Cause, 682

K
Karate Champ, 82
Katamari Damacy, 566
Kid Icarus, 117
Kill Switch, 534
Killer 7, 628
Killer Instinct, 271
Killzone 2, 879
King of Fighters '94, 273
Kingdom Hearts, 487
Klax, 184
Knight Lore, 84
Kung-Fu Master, 78

L
Laser Squad, 158
The Last Express, 343
Leader Board, 109
Left 4 Dead, 795
Left 4 Dead 2, 878
Legend of the Mystical Ninja, 212
Legend of Zelda, 131
Legend of Zelda: A Link to the Past, 213
Legend of Zelda: Four Swords Adventures, 591
Legend of Zelda: Link's Awakening, 248
Legend of Zelda: Majora's Mask, 440
Legend of Zelda: Ocarina of Time, 377
Legend of Zelda: Oracle of Seasons/Ages, 471
Legend of Zelda: Spirit Tracks, 912
Legend of Zelda: Minish Cap, 590
Legend of Zelda: The Phantom Hourglass, 757
Legend of Zelda: Wind Waker, 505
Legend of Zelda: Twilight Princess, 697
LEGO Star Wars, 629
Lemmings, 208
Let's Tap, 802
Limbo, 933
Line Rider, 652
Little Big Adventure, 260

Little Computer People, 101
Little King's Story, 883
LittleBigPlanet, 820
LocoRoco 2, 803
Lode Runner, 69
Logan's Shadow, 755
Logical Journey of the Zoombinis, 287
Longest Journey, 408
Loom, 200
Lords of Midnight, 85
Lost Vikings, 225
Lost Winds, 803
Lost Winds: Winter of the Melodias, 882
Luigi's Mansion, 462
Lumines, 569
Lumines Live, 689
Lunar Lander, 31

M
M.U.L.E., 65
Maboshi: Three Shape Arcade, 796
Machinarium, 874
Mad Planets, 64
Madden NFL 10, 880
Mafia: City of Lost Heaven, 489
Manhunt, 546
Maniac Mansion, 144
Maniac Mansion: Day of the Tentacle, 234
Manic Miner, 69
Marathon Infinity, 305
Marble Madness, 82
Mario & Luigi: Bowser…, 886
Mario & Luigi: Partners in Time, 630
Mario & Luigi: Superstar Saga, 529
Mario Golf, 400
Mario Kart 64, 298
Mario Kart DS, 630
Mario Kart Wii, 776
Mario Kart: Super Circuit, 454
Mario Power Tennis, 567
Mario vs. Donkey Kong, 568
The Mark of Kri, 509
Mark of the Ninja, 944
Marvel vs. Capcom 2: New Age of Heroes, 421

游戏名称索引 | 15

Mashed, 567
Mass Effect, 732
Mass Effect 2, 926
Max and the Magic Marker, 924
Max Payne, 458
Max Payne 2: The Fall of Max Payne, 548
Maximo: Ghosts to Glory, 464
MDK, 338
MechWarrior 2: 31st Century Combat, 280
Medal of Honor: Allied Assault, 492
Medieval II: Total War, 691
Medieval: Total War, 483
Mega Lo Mania, 207
Mercenary, 100
Mercury Meltdown, 685
Mercury Meltdown Revolution, 735
Metal Arms: Glitch in the System, 532
Metal Gear Solid, 367
Metal Gear Solid 2: Sons of Liberty, 466
Metal Gear Solid 3: Snake Eater, 570
Metal Gear Solid 4: Guns of the Patriots, 805
Metal Gear Solid: Portable Ops, 683
Metal Gear Solid: The Twin Snakes, 571
Metal Slug, 311
Meteos, 620
Metroid Fusion, 480
Metroid Prime, 481
Metroid Prime 2: Echoes, 573
Metroid Prime 3: Corruption, 734
Metroid Zero Mission, 572
Metropolis Street Racer, 432
Micro Machines, 214
Micro Machines 2: Turbo Tournament, 259
Microsoft Flight Simulator X, 706
Midnight Club: Los Angeles, 806
Midtown Madness 3, 523
Midwinter, 169
Might & Magic: Clash of Heroes, 872
Mighty Flip Champs, 913
Mind Forever Voyaging, A, 92
Minecraft, 936
Miner 2049er, 54
Minesweeper, 170

Missile Command, 36
Mojib Ribbon, 531
Monkey Island 2: LeChuck's Revenge, 201
Monster Hunter Freedom Unite, 826
Monster Max, 261
Moon Patrol, 54
Mortal Kombat, 223
Mother 3, 653
MotorStorm, 723
MotorStorm: Pacific Rift, 807
The Movies, 642
Mr. Do!, 55
Mr. Driller, 398
Ms Pac-Man, 46
MUD, 38
Muramasa: The Demon Blade, 914
Myst, 232
Myth: The Fallen Lords, 339

N

N+, 784
Naked War, 686
NARC, 161
NBA 2K10, 917
NBA Jam, 231
NBA Street Vol. 2, 533
Nebulus, 141
Need for Speed: Most Wanted, 634
Need for Speed: Shift, 885
Neptune's Pride, 930
NetHack, 136
Neverhood, The, 299
Neverwinter Nights, 495
New Zealand Story, The, 163
NHL Hockey, 214
Nights Into Dreams, 302
Ninja Five-0, 536
Ninja Gaiden, 575
Ninja Gaiden II, 804
Ninja Gaiden Black, 649
Ni No Kuni, 940
Nintendogs, 636
No More Heroes, 736
No One Lives Forever 2: A Spy In H.A.R.M.'s Way, 493
Noby Noby Boy, 863

North & South, 167

O

Oddworld: Abe's Exoddus, 366
Oddworld: Stranger's Wrath, 647
Odin Sphere, 733
Oids, 142
Okami, 674
Operation Flashpoint: Cold War Crisis, 467
Operation Flashpoint: Dragon Rising, 888
Operation Wolf, 148
The Oregon Trail, 22
Out Zone, 186
Outcast, 400
OutRun, 121
OutRun 2006: Coast 2 Coast, 693

P

Pac-Land, 86
Pac-Man, 38
Pac-Man Champ Ed, 740
Pain, 737
Pang, 172
Panzer Dragoon Orta, 496
Panzer Dragoon Saga, 361
Paper Mario, 428
Paper Mario: The Thousand-Year Door, 576
Paperboy, 87
Paradroid, 106
PaRappa the Rapper, 308
Patapon, 767
The Path, 896
Peggle, 740
Perfect Dark, 418
Phantasy Star Online, 435
Phoenix, 40
Phoenix Wright: Ace Attorney, 639
Picross DS, 738
Pikmin, 468
Pikmin 2, 585
Pilotwings, 186
Pilotwings 64, 308
Pinball Dreams, 216
PixelJunk Monsters, 815

PixelJunk Shooter, 919
Planescape: Torment, 402
Planet Puzzle League, 741
Planetfall, 65
PlanetSide, 538
Plants vs. Zombies, 893
Plok, 246
Point Blank, 262
Pokémon Diamond and Pearl, 699
Pokémon Ruby/Sapphire, 503
Pong, 23
Pool Paradise, 552
Populous, 173
Portal, 744
Portal 2, 937
Power Drift, 160
Power Stone 2, 434
Powermonger, 188
Prey, 656
Prince of Persia, 174
Prince of Persia: The Sands of Time, 537
Pro Evolution Soccer 3, 530
Professor Layton and the Diabolical Box, 762
Project Gotham Racing 3, 635
Prototype, 894
Psi-Ops: the Mindgate Conspiracy, 581
Psychonauts, 642
Punch-Out!!, 895
Pure, 813
Puyo Pop Fever, 585
Puzzle Bobble, 263
Puzzle Quest, 741

Q

Q*Bert, 55
Qix, 44
Quadradius, 744
Quake, 306
Quake II, 346
Quake III Arena, 403

R

R4: Ridge Racer Type 4, 374
Race Driver: Grid, 808
Race Pro, 884
Radiant Silvergun, 364
Raiden, 194
Railroad Tycoon 3, 539
Rainbow Islands, 148
Rampart, 194
Ratchet & Clank, 503
Ratchet & Clank Future: Tools of Destruction, 743
Ratchet & Clank: Size Matters, 742
Rayman Raving Rabbids, 705
Rebelstar, 120
Rebelstar: Tactical Command, 638
Red Dead Redemption, 932
Red Dead Revolver, 584
Red Faction Guerilla, 911
Reset Generation, 834
Resident Evil, 307
Resident Evil 2, 368
Resident Evil 4, 650
Resident Evil 5, 898
Resident Evil Code: Veronica, 433
Resident Evil Zero, 501
Resistance 2, 810
Retro Game Challenge, 745
Return Fire, 288
Return to Castle Wolfenstein, 457
Return to Zork, 239
Revenge of Shinobi, 171
Rez HD, 814
Rhythm Heaven, 897
Ridge Racer, 240
Ridge Racers, 583
Rise of Nations, 540
Rise of Nations: Rise of Legends, 690
Robotron 2084, 52
Rock Band, 746
Rock Band 2, 816
Rocket: Robot on Wheels, 404
Rockstar… Table Tennis, 669
Rogue, 37
Rogue Galaxy, 633
Rolando 2, 897
RollerCoaster Tycoon 3, 588
Rolling Thunder, 125
Rome: Total War, 584
R-Type, 145
R-Type Delta, 351
R-Type Final, 550

RuneScape, 469

S

Sacrifice, 443
Saints Row 2, 817
Salamander, 114
Sam & Max Hit the Road, 243
Samba de Amigo, 405
Samorost, 542
Samurai Shodown II, 265
Saturn Bomberman, 309
Scramble, 44
Scribblenauts, 906
Seaman, 407
Second Sight, 580
Secret of Mana, 246
Secret of Monkey Island, 180
Sega Bass Fishing, 379
Sega Rally Championship, 291
Sensible World of Soccer, 264
Sentinel, 127
Serious Sam, 461
Settlers, 247
Shadow Complex, 910
Shadow of the Colossus, 641
Shadowrun, 252
Shatter, 890
Shenmue, 406
Shenmue II, 461
Shin Megami Tensei: Persona 3, 681
Shin Megami Tensei: Persona 4, 812
Shining Force III, 348
Shinobi, 150
Shinobi, 500
Sid Meier's Alpha Centauri, 354
Sid Meier's Civilization Revolution, 781
Sid Meier's Pirates!, 153
Sid Meier's Railroad Tycoon, 196
Silent Hill, 390
Silent Hill 2, 460
Silent Hunter III, 640
Silent Scope 2, 437
Silhouette Mirage, 384
SimCity 2000, 241
SimCity, 168
SimCity 4, 543
Sims, 441

Sims 2, 578
Sims 3, 900
Sin & Punishment, 439
Sin & Punishment: Successor to the Sky, 899
Singstar, 748
Sins of a Solar Empire, 818
Siren: Blood Curse, 819
Skate 2, 902
Skies of Arcadia, 438
Skool Daze, 106
Slaves to Armok II, 699
Slitherlink, 686
Sly 2: Band of Thieves, 582
Sly Cooper…, 502
Smash TV, 197
Snake, 342
Snake Rattle 'n' Roll, 198
SNK vs. Capcom: Card Fighters' Clash, 399
Sokoban, 57
Solomon's Key, 122
Sonic Adventure, 370
Sonic the Hedgehog, 210
Sonic the Hedgehog 2, 224
Soul Calibur II, 487
Soul Calibur IV, 823
Space Channel 5, 410
Space Giraffe, 745
Space Harrier, 128
Space Invaders, 26
Space Invaders Extreme, 821
Space Invaders Infinity Gene, 886
Space Station Silicon Valley, 373
Speedball 2: Brutal Deluxe, 181
Spelunky, 797
Spider: Secret of Bryce Manor, 901
Spider-Man 2, 596
Spindizzy, 118
Splatterhouse, 161
Spore, 827
Spy Hunter, 66
Spy vs. Spy, 88
SSX Tricky, 472
S.T.A.L.K.E.R.: Clear Sky, 809
S.T.A.L.K.E.R.: Shadow of Chernobyl, 750

Star Control 3, 316
Star Trek: 25th Anniversary, 209
Star Wars, 61
Star Wars Jedi Knight: Dark Forces II, 340
Star Wars Jedi Knight II: Jedi Outcast, 498
Star Wars Rogue Squadron II, 473
Star Wars: TIE Fighter, 274
Star Wars: Knights of the Old Republic, 544
Star Wars: Knights of the Old Republic II, 586
Star Wars: Rogue Squadron, 372
Star Wars: X-Wing vs. TIE, 336
StarCraft, 375
Starfox 64, 341
Stargate, 45
Starship Patrol, 906
Steel Battalion, 484
Street Fighter Alpha 3, 368
Street Fighter II Turbo, 230
Street Fighter III: Third Strike, 386
Street Fighter IV, 829
Strider, 175
Stunt Car Racer, 176
Sub-Terrania, 266
Suikoden III, 499
Summer Games II, 91
Super Castlevania IV, 204
Super Hang-On, 133
Super Mario 64, 317
Super Mario Bros. 3, 193
Super Mario Bros., 103
Super Mario Bros. 2, 160
Super Mario Bros.: Lost Levels, 129
Super Mario Galaxy, 754
Super Mario Galaxy 2, 931
Super Mario Kart, 220
Super Mario RPG: Legend of the Seven Stars, 312
Super Mario Sunshine, 506
Super Mario World, 202
Super Metroid, 269
Super Monkey Ball, 442
Super Punch-Out!!, 268
Super Puzzle Fighter II Turbo, 293

Super Smash Bros. Brawl, 830
Super Smash Bros. Melee, 470
Super Sprint, 126
Super Stardust HD, 754
Super Street Fighter II Turbo, 828
Super Tennis, 199
Supreme Commander, 755
SWAT 4, 648
Swords & Soldiers, 892
Syndicate, 242
Syndicate Wars, 314
System Shock 2, 411

T
Tactics Ogre…, 280
Tales of Symphonia, 545
Tapper, 70
Team Fortress 2, 753
Team Fortress Classic, 414
Tecmo Super Bowl, 207
Tehkan World Cup, 102
Tekken, 254
Tekken 3, 343
Tempest, 37
Tempest 2000, 260
Test Drive Unlimited, 692
Tetris, 107
Tetris Party, 802
Theme Park, 272
Thief II: The Metal Age, 443
Thief: The Dark Project, 376
Thirty Flights of Loving, 943
Threads of Fate, 412
Thrust, 127
Tiger Woods PGA Tour 10, 910
Time Crisis, 309
Time Gentlemen, Please!, 921
Time Pilot, 58
TimeSplitters: Future Perfect, 645
TimeSplitters 2, 508
Tom Clancy's Rainbow Six: Vegas 2, 832
Tom Clancy's Splinter Cell, 494
Tom Clancy's Splinter Cell: Chaos Theory, 646
Tom Clancy's Splinter Cell: Double Agent, 694

Tomb Raider, 310
Tomb Raider Legend, 664
Tomb Raider Underworld, 833
Tony Hawk's Pro Skater 2, 436
Tony Hawk's Project 8, 700
Top Spin 3, 815
Torchlight, 909
Torus Trooper, 592
Total Annihilation, 349
Tower Bloxx, 636
Track & Field, 71
TrackMania DS, 837
TrackMania: United Forever, 836
Transformers, 597
Trauma Center: Second Opinion, 699
Trauma Center: Under the Knife, 638
Tribes 2, 450
Trine, 908
Trinity, 107
Tron, 58
Typing of the Dead, 415

U

UFO: Enemy Unknown, 244
Ultima I, 48
Ultima Online, 346
Ultima Underworld II: Labyrinth of Worlds, 251
Ultima VII, 228
Ultimate Ghosts 'n Goblins, 707
Uncharted: Drake's Fortune, 759
Uncharted 2: Among Thieves, 904
Uncharted 3: Drake's Deception, 934
Uniracers, 266
Uno, 653
Unreal Tournament 2004, 593
Unreal Tournament 3, 762
Uplink, 474
Utopia, 59

V

Vagrant Story, 442
Valkyria Chronicles, 831
Vectorman 2, 320
Venture, 45
Vib Ribbon, 413
Viewtiful Joe, 525

Virtua Cop 2, 284
Virtua Fighter, 250
Virtua Fighter 5, 701
Virtua Racing, 226
Virtua Tennis 3, 702
Viva Piñata, 698
VVVVVV, 925

W

Walking Dead, 945
Warcraft II: Tides of Darkness, 289
Warcraft III: Reign of Chaos, 507
Warhammer 40,000: Dawn of War, 594
Warhammer 40,000: Dawn of War II, 920
Warhawk, 764
Wario World, 517
WarioWare Inc: Mega MicroGames, 524
WarioWare: Twisted!, 594
Warlords, 41
Warriors, 644
Wave Race 64, 318
We Love Katamari, 639
Wetrix, 371
Wii Fit, 760
Wii Sports, 703
Wii Sports Resort, 918
Wing Commander IV, 283
Wipeout, 284
Wipeout 2097, 319
Wipeout HD, 824
Wipeout Pulse, 761
The Witcher, 751
Wizball, 154
Wolfenstein: Enemy Territory, 549
Wonderboy III: Dragon's Trap, 177
World Ends With You, 757
World Games, 132
World in Conflict, 766
World of Goo, 814
World of Warcraft, 599
Worms, 275

X

X³: Reunion, 651

X-COM: Apocalypse, 342
XCOM Enemy Unknown, 942
Xenogears, 378
Xevious, 57
Xybots, 152

Y

Yakuza 2, 660
Year Walk, 948
Yie Ar Kung-Fu, 94
Yoshi: Touch & Go, 610
Yoshi's Island, 285

Z

Zack & Wiki: Quest for Barbaros' Treasure, 765
Zak McKracken and the Alien Mindbenders, 162
Zen Bound, 912
Zeno Clash, 913
Zombies Ate My Neighbours, 248
Zone of the Enders, 541
Zoo Keeper, 531
Zork I, 40
Zuma, 551

- 世界上第一台家用游戏主机——Magnavox Odyssey——于1972年发售；这款游戏机在面世第一年就卖出了十万台
- 1975年，雅达利推出投币式乒乓球游戏《打乒乓》的家用主机版，称为《家庭打乒乓》（Home Pong）
- 《吃豆人》、《蜈蚣》（Centipede）和其他电子游戏以软盘和卡带形式发售，包在塑料袋里卖给玩家
- 《太空侵略者》和《爆破彗星》于1979年推出，从此揭开街机游戏黄金时代的序幕

1970年代

```
HOW GOOD A SHOT ARE YOU WITH YOUR
RIFLE?
        1 - ACE MARKSMAN
        2 - GOOD SHOT
        3 - FAIRLY FAIR
        4 - NEED PRACTICE
        5 - SHAKY KNEES

ENTER ONE OF THE ABOVE -- THE BETTER YOU
CLAIM YOU ARE, THE FASTER YOU'LL HAVE TO
BE WITH YOUR GUN TO BE SUCCESSFUL.

PRESS 'RETURN' WHEN YOU ARE DONE.
```

The Oregon Trail
俄勒冈之旅

发售年份：1971
平台：多平台
开发商：MECC
类型：教育娱乐

上世纪80年代，上百万儿童的课堂电脑上都安装有这款《俄勒冈之旅》。该游戏名义上是一款教育软件，但学生从中学到的根本不是真正历史上的俄勒冈之路，他们只知道这是一个可以拿枪猎熊、涉水过河，偶尔还会因为霍乱而不小心翘辫子的地方。但对于整整一代人而言，《俄勒冈之旅》就是一出伟大的木马计，让课堂上打电脑游戏有了一个冠冕堂皇的理由。而游戏本身也是一款出色的回合制策略游戏，所以尽管这是一套糟糕的历史教材，但《俄勒冈之旅》的确教会了孩子如何在游戏中制订计划，在冒险与奖赏之间把握平衡，这可比那些老掉牙的开拓者故事重要得多。

游戏从独立城开始，玩家要在这里选择自己的终身职业：农民、木匠或是银行家。轻松的职业也许更好赚钱，但即使你选择扮演银行家，游戏的难度仍然会很高。毕竟开拓者的生活可不是每天跳跳舞那么简单，你必须在驾驶马车前往俄勒冈的同时，谨慎规划好你手中的资源。你确保家人的健康温饱了吗？还是为了节省饮食开支让家人饿着肚子？要不要多买点子弹来打猎？或是多买把枪以备不时之需？漫长的旅途被各种地标划分开来，最令人影响深刻的是那些河道，就为了省一美元渡船费，不少有勇无谋的玩家下到八英尺深的河水中，结果却葬送了性命。

自1971年首发以来，《俄勒冈之旅》已经经历了多次移植与重制，但最著名的当属1985年发布于Apple II电脑上的版本。在当时，这一版游戏有着令人惊艳的色彩细节表现，大部分玩家也正是通过这款作品第一次接触所谓的"教育娱乐"（edutainments）类游戏。**JT**

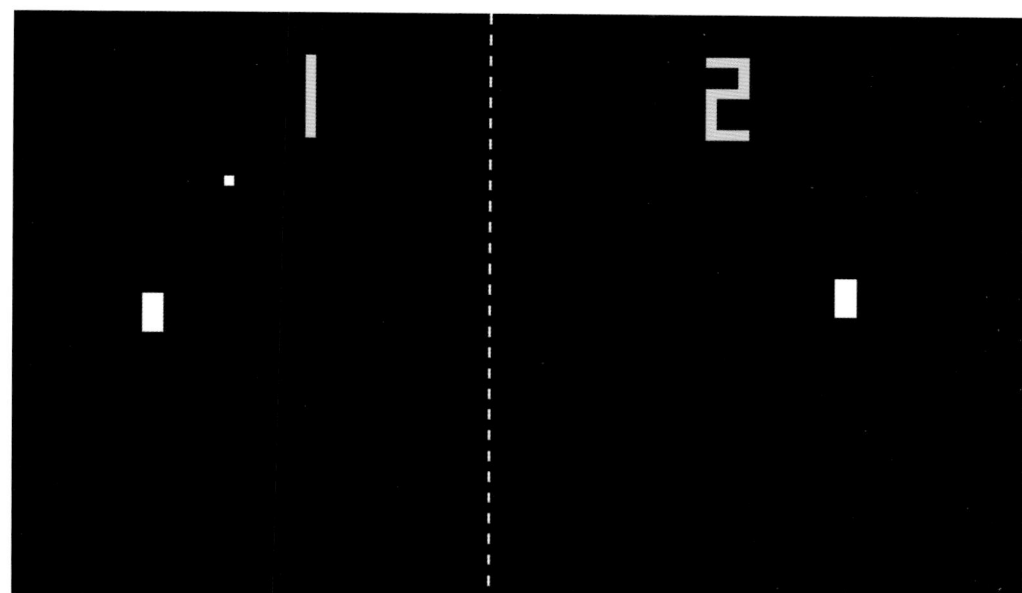

Pong
打乒乓

发售年份：1972
平台：多平台
开发商：雅达利（Atari）
类型：体育休闲

游戏史上有这么一个传说：第一台《打乒乓》游戏机在加州森尼维尔的安迪卡普酒吧落户不久，雅达利就收来酒吧老板打来的投诉电话，声称游戏机已经坏掉了。游戏的设计者艾尔·阿尔科恩（Al Alcorn）驱车前往酒吧一看，发现游戏硬件并没出毛病，真正的故障令人大吃一惊——游戏机的投币孔里已经爆满，再也塞不下更多硬币了。一个全新的产业就此诞生。

《打乒乓》在攻占酒吧和游戏机厅后，又逐渐通过家用游戏机攻陷了玩家的卧室。这个游戏的操作说明可以用一句话来概括："失球越少，得分越多"。对于任何人而言这都是一款简单易懂的游戏，玩家控制一块长方形球拍在屏幕的一边移动，设法避免小球飞出我方场地之外的同时，尽量不要让对方球拍接住球。作为一款电子版的乒乓球游戏，《打乒乓》简单而直观。它入驻酒吧的理由很明显——其游戏规则和桌上足球实在没多大区别。

《打乒乓》为好的游戏设计上了朴实而深刻的一课，直到今天仍有重要的参考价值，即"细节决定成败"。根据乒乓球打来的方向，玩家可以改变小球的运行角度，从而令对方措手不及。《打乒乓》始料未及的另一项成就在于其出色的AI设计。这款游戏虽然比较适合与真人对战，但游戏AI控制的对手也是个不俗的替代品，虽然还称不上伟大，毕竟它在完成出色接球动作的同时也会犯一些低级错误，但已经能做到令人满意——至少要比安迪卡普酒吧的那些客人来得厉害。**MK**

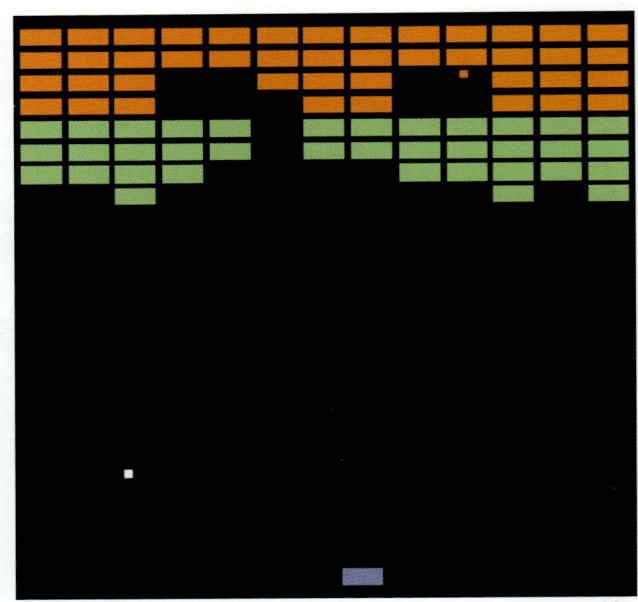

Breakout
打砖块

发售年份：1976
平台：多平台
开发商：雅达利（Atari）
类型：动作

　　虽然时间已经过去四十年，但电子游戏仍在不断地从雅达利的这款早期重磅作品中汲取灵感。《打砖块》展现了街机游戏早期的一些基本特征：把《打乒乓》中简化的乒乓球拍和乒乓球直接拿来，并把它们应用到另一种新奇独特、也只有在电子游戏中才可能出现的娱乐方式之中。

　　《打砖块》的游戏概念来自于雅达利的创始人诺兰·布什内尔（Nolan Bushnell）和公司的著名设计师史蒂夫·布里斯托（Steve Bristow）。游戏屏幕上方有一排排的砖块，玩家必须把球弹到砖块上使其逐一消失，同时用一款滑动的球拍接住反弹回来的小球，防止它消失在屏幕底端。游戏的技巧在于把握击球的方向，把屏幕顶端的砖块全部打破。《打乒乓》只要求玩家通过把握接球角度把球打回去，相比之下，《打砖块》对玩家的技术要求明显更高一层。玩家也可以借助游戏的墙壁来反弹小球，这也增加了游戏的策略性和观赏性。

　　《打砖块》最早是在黑白显示屏的街机上推出的，为了使游戏看上去更具色彩感，街机屏幕上还被贴上了彩色胶带。游戏后来还引入了更高难度的设定，即在小球打破最上层一排砖块并碰上屏幕顶端后，球拍将缩短至原来的一半。

　　朴素的游戏理念与操作使《打砖块》到今天仍不失为一款颇具可玩性的经典作品。作为体育类游戏的奠基石，《打砖块》的深远影响在时许多游戏上都有体现，从宝开公司（PopCap）的爬金库（即台湾地区所称的柏青哥）游戏《幻幻球》（Peggle）到Q-Games公司的《投射导弹》（Reflect Missile）都可以看见这款经典之作的影子。**SP**

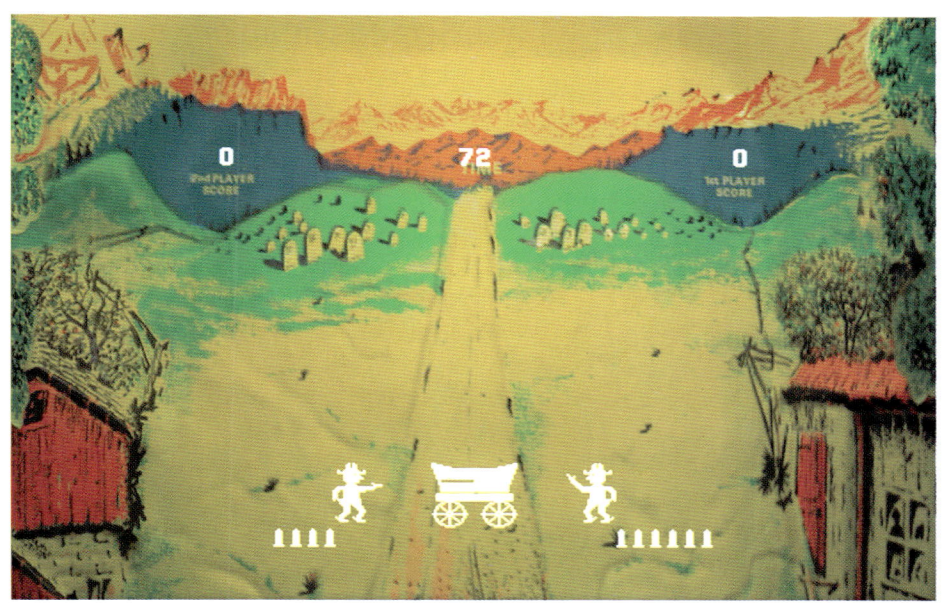

Boot Hill
布特山

发售年份:1977
平台:街机
开发商:Midway
类型:射击

你可以认为《布特山》不过是被西部片影迷改造过的《打乒乓》。在散落着仙人掌和老马车的西部背景下,玩家分别扮演屏幕两侧的牛仔。和雅达利的著名打球游戏一样,你可以向屏幕上下方任意射出子弹;但和《打乒乓》想方设法接住小球不同的是,这款游戏的最终目的就是避开你的对手射向你的子弹。

游戏有着出色的写实感,你的左轮手枪中只有六发子弹,对决中更有严格的时间限制。和在现实枪战中一样,你必须决定自己的战术——是疯狂射击,然后傻乎乎地耗尽弹夹中的弹药(这游戏可没有弹药补给),还是静候时机然后一枪搞定电脑或是真人对手。《布特山》由戴维·纳丁(Dave Nutting)设计,算是他之前制作的《热火枪战》(Gun Fight,

1975)的半续集式作品。游戏建立在《打乒乓》简单的轨迹物理学基础之上,满足了玩家化身快枪手的愿望。

复兴旧式投币街机的最大难题之一在于:你无法重现街机的那种独特真实感——这和现代电脑上模拟街机的感觉实在相差太远。在当年,《布特山》最大的魅力就来自于它的低端技术,即使用镜子将单色动作画面投射到手绘的边境小镇背景之上。没有这个背景画面,游戏的乐趣性将大打折扣,因为你根本看不到布特山——那是游戏中的一片墓地,被打死的玩家将被送到那里并变成一座墓碑,然后音响中便蹦出一段葬礼进行曲。虽然墓地只是个廉价的噱头,但它确实是在向古老而危险的西部枪战致敬——电光石火之间,你已命丧黄泉。**JRu**

Combat
战斗任务

发售年份：1977
平台：VCS
开发商：雅达利（Atari）
类型：射击

当年，每位购买那款经典雅达利VCS游戏机的玩家都会发现，和游戏机捆绑销售的还有一盒名为《战斗任务》的游戏卡带。于是，在这款游戏1977年首次推出后的五年时间里，数百万玩家无数次把这盒游戏塞入他们的仿木质游戏机中，操纵手中的橡胶控制器，用方形的电子子弹扫射坐在沙发上的对手。可是，游戏中这些不曾消停的笨重坦克、炸机从来都没有像《吃豆人》、《太空侵略者》、《超级马里奥》那样深入人心。那是因为《战斗任务》中的对手是我们自己，人们很容易忽视这样一个事实，即在单人游戏发展到独霸游戏界之前，电子游戏还是以双人对战游戏为主。而《战斗任务》就是一款早期多人射击游戏的最好典范。

雅达利声称《战斗任务》游戏卡带中包含多达二十七款游戏。事实上在那个年代，一款游戏哪怕只比其他游戏多一片云、一个壁垒或是不同种类的子弹，都足以吸引广大玩家的视线。但这些游戏只是大同小异，无非是坦克和飞机轮着上。最大的不同还是体现在增加了可以反弹的子弹，在"坦克打乒乓"（tank pong）模式中，原本的子弹对射变成了几何大战，玩家都忙着用反弹的子弹来击中对手以赚取分数。游戏操作本身很简单，双方通过操纵杆控制方向、瞄准和开火。对手被击中后会暂时原地打转，而你则赢得一分。这种模式和现代第一人称射击游戏的反复遭遇敌杀敌其实没有太大区别。

不管是1977年还是现在，游戏的结果都没什么两样。当双方玩家的对战进入白热化阶段时，游戏图像和声效已经不重要了。这只是你们两人之间的战争。**GM**

Space Invaders
太空侵略者

发售年份：1978
平台：街机
开发商：Taito
类型：射击

人人都知道《太空侵略者》。几乎每个人都玩过这款游戏，在一波接一波无聊到死的地球侵略者无休止地进攻下艰难求生，冲着来回飞走、步步逼近的敌机开火。这些敌机只想把人类往绝路上逼，直到人类只剩下最后一台炮塔，在屏幕底端来回挪动，从渐渐瓦解的护盾后面紧张地射出最后几发子弹。

如果说《吃豆人》是关于回忆，《大金刚》（Donkey Kong）是关于剧情，那么《太空侵略者》就是关于令人上瘾的恐惧感：当残余敌机避开你疯狂扫射时冷不丁的抽搐、随着速度不断提升，那些该死的深空小虫们越逼越近都快咬上你的紧张感。

简单到可以完全无视的操作，直接明了的游戏目的令《太空侵略者》这款游戏想不成为经典都难。（该游戏在日本大获成功，以至于日本财政部被迫铸造更多的一百元日币以满足街机庞大的投币量需要。）但这款游戏确实包含了不少技巧在其中——如可以加分的飞碟（必须通过各种有效手段预测它的出现），以及如何在不断逼近的敌机群面前找出最佳瞄准和射击点。

年青一代的玩家也许很难理解这款画面稀疏、色彩单调的游戏究竟魅力何在。但当年这款游戏发行时，绝对是一款爆炸性作品。后期的模仿作品，如《大蜜蜂》（Galaga），则在这一领域开拓出全新的疆界，但如果没有Taito这部朴素的人气大作，电子游戏史很有可能早已面目全非。**CD**

SCORE<1>   HI-SCORE   SCORE<2>
  0400   0000

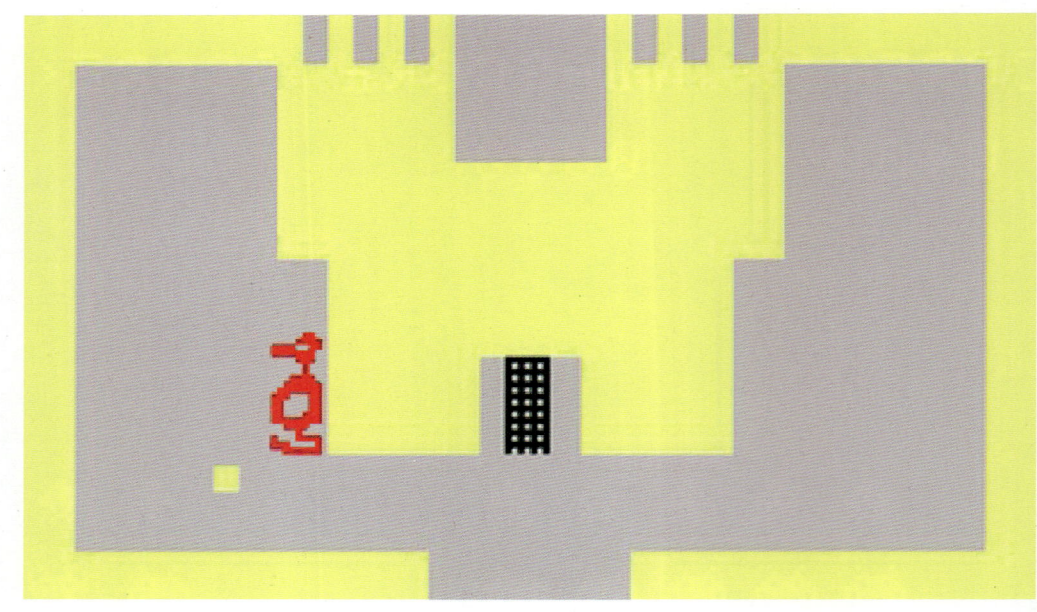

Adventure
魔幻历险

发售年份：1979
平台：VCS
开发商：雅达利（Atari）
类型：冒险

早期家用电脑平台上的冒险游戏无一例外都是纯文本形式游戏。玩家把"向上走"、"喝药水"、"丢石头"、"杀死蛇"等指令输入电脑，屏幕上便随即出现一段文字或一两幅图画，表明玩家指令的执行结果。因此键盘在这类游戏中变得必不可少。换句话说，除非你对电脑字体感兴趣，不然的话游戏过程中实在没什么供你欣赏的东西。一切都依赖于玩家的想象，对于一个产业的发展而言，这可没法打好一个坚实的基础。

但到了1979年，当雅达利把威尔·克罗瑟（Will Crowther）的著名文字冒险游戏《洞窟大冒险》（Colossal Cave Adventure）搬到了VCS家用主机上时，一切都因此而改变——简单的图形取代了老土的散文段落，VCS控制器取代了电脑键盘。于是这一古老而原始、但却能引起玩家强烈共鸣的类型游戏迈出了稚嫩的第一步，走向今天玩家所沉浸的精致华丽的幻想世界。

虽然是当年的一个程序奇迹，但这款游戏实际上只有4K大小（一个Google的标准图标都有8K）。《魔幻历险》为我们带来了游戏界的第一个彩蛋。设计员沃伦·罗比内特（Warren Robinett）受够了默默无闻埋头游戏制作的平庸生活，于是他把自己的名字藏进了游戏中的一个房间，玩家只能用一个名为"圆点"的单像素钥匙把房间打开。虽然这种设定略显无趣，成就感也微乎其微，但很快便有人发现游戏中的这个秘密，并在玩家群中迅速传播开来——这也证明即使是在发展初期，冒险游戏已经懂得如何抓住玩家的心，这种能力后来也一直延续下来，从来不曾改变。**CD**

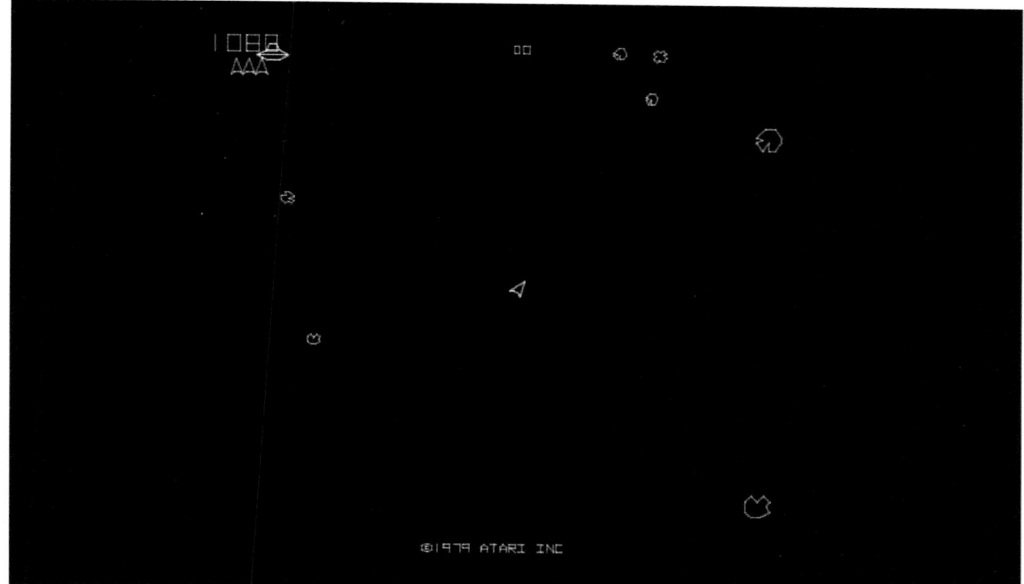

Asteroids
爆破彗星

发售年份：1979
平台：街机
开发商：雅达利（Atari）
类型：射击

  这些年的游戏越来越讲究复杂的剧情、逼真的3D角色和电影配乐般的激昂音乐。开场要够爆炸，结局要够震撼，让你通关了还意犹未尽，期待着续作的发售。它们有着宏大的叙事、戏剧化的表演和细节丰富的世界，这一切，《爆破彗星》一个都没有挨上边。《爆破彗星》只有大块的彗星、让人抓狂的物理学设定，还有什么？哦，对了，你在游戏里扮演的是一个三角形。

  虽然在细节上毫无亮点，作为雅达利的投币街机游戏冠军，《爆破彗星》在今天的地位可绝不只是一款老掉牙的奇葩。游戏发售当年，这些棱角分明的矢量图和疯狂的爆炸场面可是相当的酷。即使是在21世纪的今天，游戏简洁的美感也没有随着时间的流逝而褪色。今天许多游戏仍在效仿那种褪去一切修饰的别致感，却很少有人成功。

  更重要的是游戏本身的质量。即使是现在，《爆破彗星》仍能让你大汗淋漓地玩上半小时，手忙脚乱地轰炸大块的宇宙物质，小心翼翼地躲避迎面袭来的碎片，或是坐等皮痒的飞碟不紧不慢地横穿这片太空战场，然后一枪把它轰飞。

  作为一部高分游戏作品，《爆破彗星》可不仅仅是它看上去这么简单。雅达利资深游戏制作人艾德·罗格（Ed Logg）是个完美主义者，对于游戏的一切都极为挑剔，从游戏的物理设定到高分排行榜醒目的字体都经过了深思熟虑。他的一丝不苟体现在游戏的方方面面。游戏中的那些彗星也许只是由简单的线条构成，但即使是在今天它们也能毫不费力地把你一头撞翻。**CD**

1UP   HIGH SCORE
450   450

Galaxian
小蜜蜂

发售年份：1979
平台：街机
开发商：南梦宫（Namco）
类型：射击

南梦宫曾是一家旋转木马制造商，它的游戏处女作《小蜜蜂》却不幸被公司后来的一些大作（也许你听过《吃豆人》）的光辉所掩盖。作为连接鼻祖级《太空侵略者》和它自己的续作《大蜜蜂》的纽带，《小蜜蜂》这款革命性作品实在被现代玩家遗忘得可以。

《小蜜蜂》在它推出的年代是具有划时代意义的。它拥有全彩的游戏画面，用色彩艳丽、外形凶狠的尖翼飞船取代了《太空侵略者》中简陋的外星人（游戏中的外星旗舰还成了《吃豆人》和《打气人》[Dig Dug]中的客串角色）；另一个重大进步在于敌人的进攻方式。相比于《太空侵略者》中敌机机械的前后移动路径，《小蜜蜂》中的敌机会突然结队脱离机群直接冲着你撞上来。这不得不说是一次巨大的飞跃（游戏机店老板明显也意识到这种变化，所以每局游戏的收费要比玩家预想的贵上一倍）。

但这种飞跃还远远不够，玩家们仍旧被限制在一次一发子弹的射击设定中——鉴于游戏屏幕上的混战情况，这种火力限制实在让人很无语。你必须小心计划每一次进攻，同时仔细观察敌机的每一次进攻，这当然还包括那些排队等着把你炸上天的神风特攻队。而且就算是自杀式轰炸这种绝妙创意，和电子游戏黄金年代备受赞誉的经典游戏——《小蜜蜂》的正统续作《大蜜蜂》中复杂和华丽的进攻比起来，也显得那么寒酸。但是《小蜜蜂》仍旧值得我们铭记，即使你不是游戏考据狂，鲜艳的画面与出色的游戏平衡性使《小蜜蜂》成为射击游戏的典范，让人很难对它吹毛求疵。**CDa**

Lunar Lander
月球冒险

发售年份：1979
平台：街机
开发商：雅达利（Atari）
类型：飞行模拟

《月球冒险》听上去像个胡里花哨的科幻小游戏，但事实上这是一部基调冰冷，甚至有点严肃过头的作品，并且这部街机经典甚至还带着一股子令人不爽的科教味道。确切说来，雅达利的这款游戏是个不折不扣的物理模拟游戏，你必须把握好燃料、加速、重力和推进之间的平衡，好让你的登陆飞船在一个极为抽象的月球表面安全着陆。在此期间你要反复斟酌你的飞行计划，以免在降落过程中把自己炸毁。

听起来也许有点闷，但事实上你会惊讶地发现这游戏玩起来其实还是挺有意思的。《月球冒险》以一种独特的方式将抽象与精准杂糅在一起，它所营造的真实感是其他任何竞争对手都不曾做到的。大多数太空游戏只给你一些发亮的星云、打转的飞船和充斥着外星人和激光对射的星际冒险。而《月球冒险》是唯一一款真正能让你感受到幻想成真的游戏：你仿佛置身真实的阿波罗飞船之内，紧张地注视着控制面板，祈祷在你的弟兄们把旗子插上月球之前别把他们给炸上天。

另外，就游戏本身而言，《月球冒险》的理念也是相当超前。从《半条命2》等射击游戏到《轰隆魔块》（Boom Blox）这类新奇的益智游戏，物理元素在现代游戏中的影子几乎无处不在，而在这方面，《月球冒险》算得上是一位先驱，相比之下，同时期的其他游戏还在画着幼稚的迷宫，或是竭尽全力说服你屏幕上那个大写的X实际上是辆赛车。这款雅达利经典游戏在娱乐效果上也许不是那么明显，吸引的也更多只是一些孤僻的书呆子型儿童，但它预示了游戏还有很多潜在类型与新奇特性等待发掘，而这正是业界现在才开始关注的焦点。**CD**

- 《吃豆人》于1980年发行,吸引了大批不同性别的玩家一起走进游戏机厅
- Commodore 64于1982年推出,并迅速成为美国最受欢迎的游戏平台
- 任天堂NES最早于1983年面市;1985年,NES在美国发售的同时,还推出了包括《超级玛丽兄弟》在内的十八款游戏
- 1984年,家庭电脑游戏开始和街机抢占游戏市场
- 20世纪80年代,游戏声卡的出现极大地改善了游戏体验
- 1989年,任天堂推出GameBoy掌机

1980年代

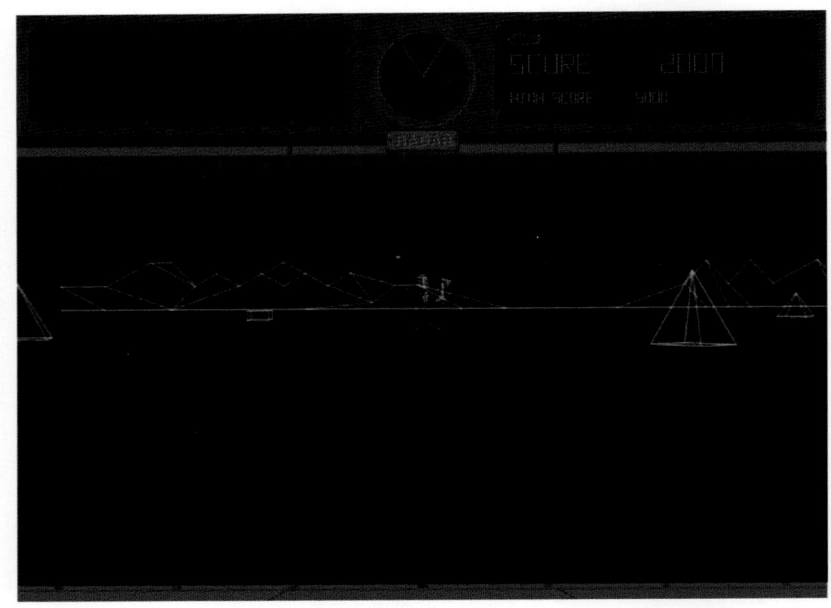

Battle Zone
战争地带

发售年份：1980
平台：街机
开发商：雅达利（Atari）
类型：射击

在那个黑暗的80年代，《战争地带》犀利的三维画面震撼了所有人的眼球。面对这款前所未见的坦克射击游戏，痴迷过头的玩家们甚至开始杜撰一些荒唐的故事，比如声称把坦克开上地平线上的那座活火山，就能掉进去探索神秘的火山内部世界云云。

即便你并非一个不折不扣的幻想迷，你也能在设计师艾德·洛特伯格（Ed Rotberg）制作的这款游戏中发现不少的乐趣。这是一片由连续平滑的矢量单元组成的三维战场，到处是横冲直撞的线框状超级坦克。这也意味着即使是在今天，这款游戏仍能给人一种跨越时间的简洁感和未来感，而游戏的动作要素——炮击狂奔的坦克、粘人的定向导弹甚至是古怪的UFO等各种敌人——则充满了紧张感和策略性。在这样一个风格化的游戏世界中四处开火是件特别有快感的事情，而想方设法避开敌方的攻击也是街机游戏黄金年代的一大乐趣。

游戏的巨大成功甚至吸引了美国军方的注意，他们要求洛特伯格以这款经典游戏为基础开发另一款更具真实感的游戏，用来训练军队人员。抛开这些用途不明的衍生作品不谈，正是这款毫无危害的原作使得游戏制作者名垂青史，同时也给全世界玩家带来有生之年第一次令他们目瞪口呆的游戏视觉冲击。**CD**

Defender
防卫者

发售年份：1980
平台：街机
开发商：Williams
类型：射击

和另一款打破游戏界传统的街机经典《大金刚》一样，尤金·查维斯（Eugene Jarvis）的横版太空射击游戏《防卫者》刚推出时，相关报道都暗示这款游戏前景黯淡。游戏中你可以前后移动、开火、投掷炸弹、高速飞行，相关的操作按键实在太多了，敌人疯狂地向你发动袭击，整个游戏也没有一个明确的天空或是地面。如果你还像玩《太空侵略者》那样玩《防卫者》——当年很多街机玩家一开始就是这么干的——那么你很快就会被从后面冒出来的敌机炸个粉碎。

《防卫者》是一个奇迹。游戏制作者查维斯小时候的梦想其实是制作弹球游戏而不是街机游戏，但他深知未来的玩家想要的绝不仅仅是一些靠记忆推测敌方移动轨迹就能通关的简单游戏，他们想看到的是变幻莫测的动作画面、狡猾的对手和更多的爆炸。玩家们有想要保护的东西（比如这款游戏中的小宇航员），也有想破坏的东西。他们渴望看到敌人爆裂成像素时酷炫的场景，最重要的是，他们想要更为复杂、更为高级的操作，而这正是查维斯的游戏所提供给他们的东西。但这种高要求是要付出相应代价的，《防卫者》刚开始玩时实在难得可以，新手经常撞上外星飞船、冲进导弹飞行轨道，有时为了撑够游戏时间而放弃营救宇航员，最后还是在一片爆炸后堕入可怕的虚无之中。

《防卫者》比同时期任何一部游戏都更加清楚地了解未来游戏的发展趋势。死记硬背和机械重复无法使街机保持长久活力，玩家需要一些高难度的东西来让他们玩出一身大汗。**CD**

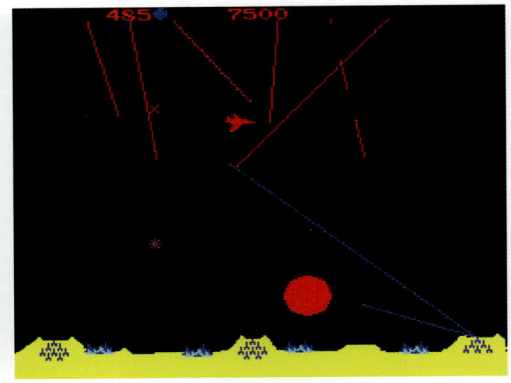

Eamon
埃蒙

发售年份：1980
平台：Apple II
开发商：Donald Brown
类型：文字冒险

Missile Command
导弹指令

发售年份：1980
平台：街机
开发商：雅达利（Atari）
类型：射击

　　上世纪70年代，原创冒险游戏在电脑与电脑之间自由传播，沿途吸收着各路技术宅的改造与完善。这种早期的社区精神为《埃蒙》的出现铺平了道路。由唐纳德·布朗开发的这款文字冒险游戏将数据式战斗和互动式小说融为一体。布朗先是推出了一个教学性游戏和一个作为角色总部的"大厅"。玩家可以相互交换游戏软盘，里面包括布朗设计的新游戏内容，也有可能是其他玩家自己亲手制作的新章节。《埃蒙》社区共创造了近二百五十个不同的游戏内容，覆盖了各种游戏内容和丰富的游戏语言。这些内容质量参差不齐，但粉丝们会发表长篇幅的游戏评论，帮助其他玩家详细了解这些内容。在那个拨号上网的黑暗时代，新的游戏内容都是通过公告板进行分享的。

　　现在看起来，这款游戏本身已经是另一个世界的东西了，但《埃蒙》最宝贵的遗产其实是那些对这么游戏进行创建和完善的玩家社区。**CDa**

　　《导弹指令》其实就是小学生在笔记本上玩的涂鸦游戏，只不过这是电子版。游戏需要很好的空间判断力和敏捷的反应度。在游戏中，雨点般的核弹会向你的城市飞来，你必须启动地面防御系统来阻止袭击。你的防御导弹会在空中炸开，摧毁一切杀伤力范围之内的物体。但如果你只是一味盲目乱开火，那么不仅会被许多核弹钻空子，更会耗尽你所有的弹药储备，最后眼睁睁地看着自己的城市被摧毁。

　　作为一种流行文化，《导弹指令》正好处于两个时代之间：游戏背景让人很容易联想到美国人对来自苏联的核打击的恐惧心理，毕竟仅在三年之后，电视片《浩劫后》（The Day After，1983年在美国ABC电视台播出，描绘北约和华沙之间爆发的全面核战争）就对全美电视观众进行了一次核辐射科普教育；同时游戏巨大的轨迹球界面也预示着鼠标游戏的黎明：现代玩家只需坐在家中，悠闲地移动光标就能享受游戏乐趣。

　　今天的玩家可以尝试一下这款经典作品，敏感的玩家也许能从中找到一丝怀旧感，毕竟那是一个我们知道核弹会从哪里飞来的时代。**CDa**

Rogue
罗格

发售年份：1980
平台：多平台
开发商：Michael Toy、Glenn Wichman、Ken Arnold
类型：策略/角色扮演

《罗格》最早于1980年出现在Unix系统上。游戏由一系列ASCII处理图像随机生成的地牢构成，其结构有近乎无数种可能。玩家必须通过二十五层地牢，并找到一个"彦铎项链"（Amulet of Yendor）才能实现通关。这几乎是个不可能的任务。纵然这是一款最早的地牢迷宫游戏，其难度也不可小觑。

玩家事先对于这款游戏基本一无所知，所以每一个新关卡都是一次探索之旅。玩家不仅要摸索出地牢的布局，更要面对完全陌生的怪物和物品。游戏难度随着地牢的逐渐深入而增强，玩家也不可避免地要遭遇各种全新怪物。乱喝药水或是阅读经卷很可能把你置入危险境地。你也许碰巧灌下一瓶增强剂（"你感到精力充沛，肌肉倍增"），但也有可能喝下一瓶致瞎剂（"你感到眼前一片漆黑"），到了这一步，你基本可以放弃任何继续探索的企图了。

其他的阻碍包括让无数英雄折腰的饥饿问题、死胡同以及各种各样可怕的陷阱。**DM**

Tempest
暴风射击

发售年份：1980
平台：街机
开发商：雅达利（Atari）
类型：射击

《暴风射击》诞生自一本创意书和一个噩梦。在经历过《导弹指令》的巨大成功后，戴维·休勒（Dave Theurer）开始向雅达利的游戏概念书中寻找灵感，他偶然翻到一个制作第一人称版《太空侵略者》的点子。于是他画了些概念图，然后用最新的彩色矢量图技术把游戏付诸实践。但游戏诞生的关键在于他做过的一个噩梦，休勒曾梦见自己看见一群可怕的怪物从一个地洞里往外爬。

游戏的概念很简单：玩家驾驶着一架飞船在一个太空管道的顶部巡航，大批的怪物会从管道中飞速向你袭来，你要做的就是往它们身上开火。《暴风射击》的一大特色是它独特的控制系统。游戏控制器是一个厚实而灵活的转盘，旋转起来又快又准，让游戏充满速度感和爽快感。玩家只需动动手腕，半屏的怪物就被你一扫而光，接下来你只需冷笑着把控制器往回转，把漏网之鱼逐一消灭。**CDa**

MUD
多人地下城

发售年份：1980
平台：多平台
开发商：Roy Trubshaw，Richard Bartle
类型：冒险

1979年的《魔幻历险》把"龙与地下城式"游戏和虚拟世界相结合，极大地推动了文字冒险游戏的盛行。三年后，英国埃塞克斯大学的学生罗伊·楚布肖（Roy Trubshaw）借用了这一模式，并允许多人玩家进行游戏。世界上第一个虚拟世界"多人地下城"（MUD）就此诞生。

关于MUD的发展历史有各种趣事，最重要的一个事件莫过于在80年代末，游戏的开发和维护工作转交给了另一位艾萨克斯大学学生理查德·巴托（Richard Bartle）。巴托为MUD加入的许多新元素，奠定了MUD的声誉。MUD的游戏形式多种多样，80年代末，当MUD开始支持外部网络联线时，游戏的人气开始陡增。《魔兽世界》（World Of Warcraft）的种子从这里开始生根发芽。

MUD的游戏概念很简单：你的目标就是成为一名巫师（或者巫婆）。但游戏真正的精髓在于玩家之间的互动。有史以来，游戏玩家第一次可以和其他冒险者展开交流、就分赃问题进行争吵、帮助他人脱离困境或是加入一场斧头大战。游戏的界面几乎照搬《魔幻历险》，得分系统也很简单：拾取物品、执行任务、打败竞争对手都是得分手段。但奖励最多的任务还是杀死其他玩家，这也给这款游戏带来一股适者生存的味道。虽然玩家为这个游戏构筑了各种社会体系，但总体说来这仍是个恶棍横行的世界。

MUD的虚拟世界绝不仅仅是游戏的背景。游戏鼓励玩家去扮演自己的幻想角色，于是游戏中最简单直白的地点，如"巨大的山脉"、"草屋村落"就提供了迸发想象力的空间。这也正是MUD的巨大影响所在：不仅激发一个玩家的想象力，更展现出玩家想象力集体碰撞所产生的巨大力量。**RS**

Pac-Man
吃豆人

发售年份：1980
平台：街机
开发商：南梦宫（Namco）
类型：迷宫

虽然早已不再是当年的超级巨星，但吃豆人始终是电子游戏界辨识度最高的角色，比超级马里奥、刺猬索尼克、《光晕》中的士官长（Master Chief）还更具有知名度。

关于吃豆人简洁的黄色饼状外观和咧嘴造型的灵感来源，有个无从考证但却十分有趣的传说：街机游戏开发员岩谷彻切下披萨的一角后，剩下的披萨的形状令他产生了丰富联想……

鉴于《吃豆人》本身就是个关于"吃"的游戏，这样的故事还真有点可信度。吃豆人在迷宫中穿行，一路忙着吞食豆子，同时不忘那些可以帮助他反击那些鬼怪的魔力药丸——总之除了下一步能吃到什么，这世界上一切都与他无关。《吃豆人》炙手可热的那些年，全世界玩家对他的喜爱近乎疯狂，就连游戏中的那些怪异的敌人——Blinky、Pinky、Inky和Clyde也变得家喻户晓，而传授通关秘诀和高分技能的攻略书更是雄踞畅销书排行榜前列。

迷宫的布局对于如何操纵吃豆人有着重要影响，但同时这也是这款游戏颇具争议性的缺点之一。游戏的AI并不高，吃豆人的敌人在迷宫中的移动路径都是可以预测的，这也使得通关取胜的关键更多地取决于玩家的记忆力和对时间的把握，而不是敏锐的反应能力。这当然是一种游戏捷径，但《吃豆人》还是在随意玩的时候最有意思——冒险拖延吃魔力药丸的时间，疯狂冲向那些高分水果，或者在一个个诡异而熟悉的迷宫里一路狂奔。**CD**

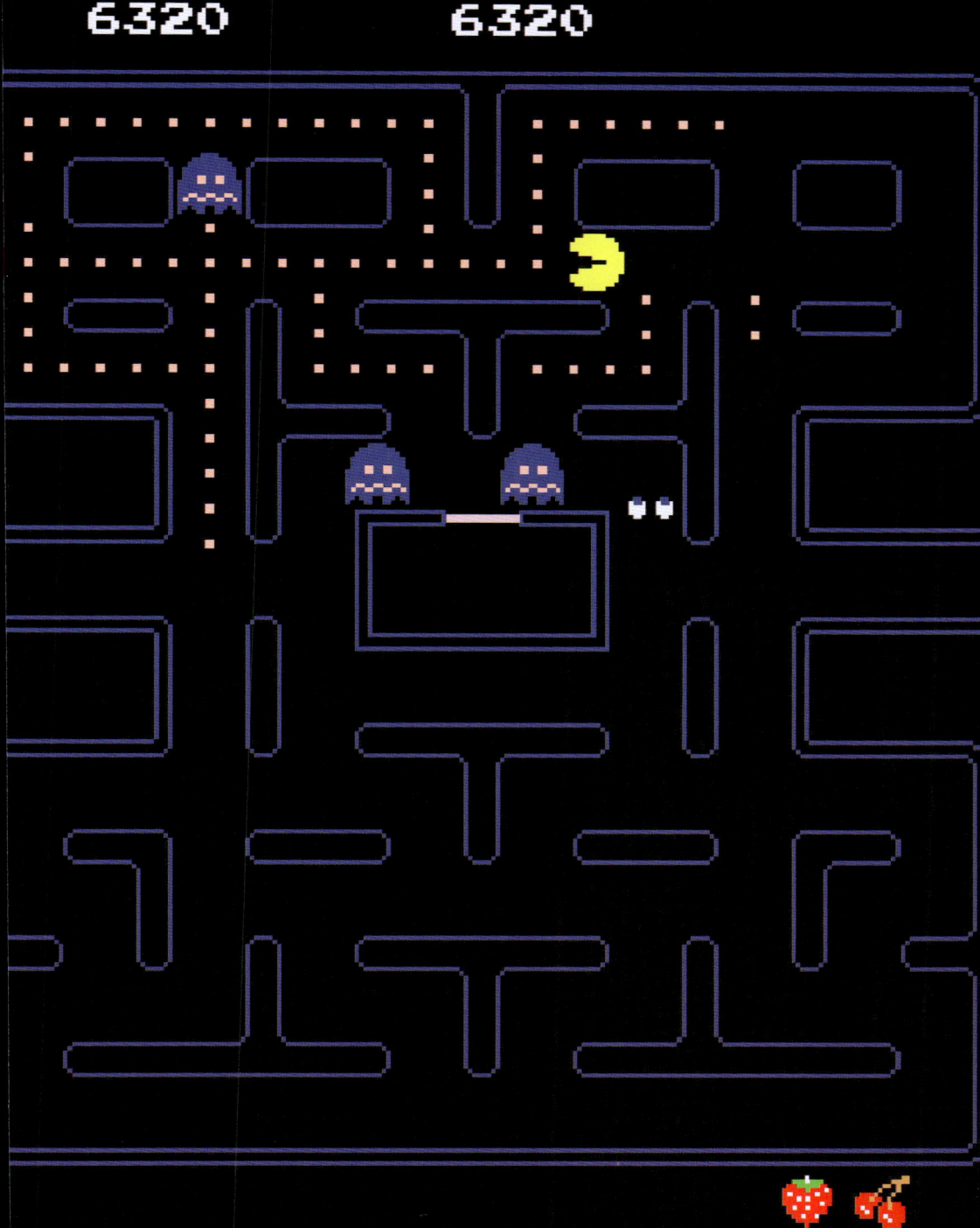

Phoenix

不死鸟

发售年份：1980
平台：街机
开发商：Amstar Electronics
类型：射击

  Taito的传奇游戏《太空侵略者》有着大批的后继者，而在所有这些太空射击游戏中，《不死鸟》应该是最可怕的一款。《小蜜蜂》一类的游戏只是把敌人模糊地描绘成类似鸟一样的进攻者，《不死鸟》却把这一点给合理化了：你的敌人一出场就是个鸟蛋，它们从屏幕上成排飘落，然后在你眼前孵化成一只只巨鸟。不要指望一发子弹就能把敌人解决。它们脱离阵形向你俯冲而来时诡异的鸣叫，以及被你折断双翅后凄厉的哀号都会让你的神经备受折磨。当你解决掉整整四关的索命鸟后，迎来的最终Boss可能会让你有些失望——这是一只巨型战舰，下方有着厚厚的护盾，你必须用火力耗掉这层防御，然后解决掉战舰中心那只瘦不拉几的小外星人。

  《不死鸟》出自早已被世人遗忘的Amstar Electronics公司之手。游戏共有五个关卡，两关对付鸟群战队，两关对付鸟蛋战队，最终关对付母舰。《不死鸟》也许没有最具挑战性的Boss战，但它却是第一款出现Boss战的电子游戏。

  游戏最有趣的战术设定在于一个可以抵御任何攻击的防护罩。但这东西不能连续使用，必须经过数秒钟的恢复才能重新启动。玩家可以用子弹把猛扑上来的敌人先袭击，再在敌人撞上来的瞬间开启防护罩，这可比之前的老式射击游戏来得复杂得多。

  游戏的出色音效也特别值得一提。这也是把恐怖气氛带入简单明快的街机游戏的一个先例。2005年，《不死鸟》在Xbox、PS2、PSP上再度复活，并作为《Taito传奇》（Taito Legends）系列游戏的一员登录PC平台，使年轻玩家也可以有机会感受游戏的魅力。**CDa**

Zork I

魔域大冒险1

发售年份：1980
平台：多平台
开发商：Infocom
类型：冒险

  在Infocom公司80年代初期推出的所有经典游戏之中，《魔域大冒险1》也许是你最不想碰的一款。这款游戏原本有个乏味的名字叫《地下城》（Dungeon），它花了数年时间在麻省理工大学的一台微型电脑上进行开发，是一款类似《洞窟大冒险》（Colossal Cave Adventure）的作品。

  正式发售版的《魔域大冒险1》是各种毫无关联的神话与奇幻元素的大杂烩，混杂着或合情合理或异想天开的解谜要素——利用道具做标记走出迷宫？这可以接受；通过大喊"奥德修斯！"来吓走独眼巨人？这就未免太扯了吧……Infocom公司之后的文字冒险游戏以精雕细琢的剧情、令人印象深刻的角色，以及逻辑合理的谜题而出名，至少比这款描绘白色小屋下面的巨大世界的前作要出色得多。

  平心而论，这款游戏绝不仅仅是寻宝那么简单。但如果真要找出些什么来证明这款游戏还没过时，那便只有游戏描述各种装备物品和房间时展现出的文字魅力与幽默。游戏创作者不会强迫你把火光带入洞穴，他们只是设定了一只住在黑暗中的怪物——格鲁（Grue），剩下的事情就让玩家自己看着办。格鲁这一角色还在Infocom未来许多的作品中频频亮相。另外值得一提的就是游戏中的"盗贼"（Thief）这个角色。盗贼是游戏史上第一位NPC主角，他是个在游戏世界中自主行动的对手，但对游戏的通关起着至关重要的作用。

  在公司倒闭后二十年的今天，Infocom仍是文字冒险游戏的代名词。这款游戏也告诉我们：在电脑诞生初期，程序师们已经在努力尝试把冒险、幻想以及托尔金（J.R.R. Tolkien）或加盖克斯（Gary Gygax）的想象融进二维游戏世界。《魔域大冒险1》是这段长征中最耀眼的一块里程碑。**CDa**

Warlords
城堡守卫者

发售年份：1980
平台：街机，VCS
开发商：雅达利（Atari）
类型：射击

  早在任天堂用N64手柄弱化十字键功能的十余年前，雅达利已经在《打乒乓》、《打砖块》等经典街机游戏上用上了流畅的模拟摇杆操作。《城堡守卫者》就是基于这类"防御+攻坚"的基本理念上创造出来的一款游戏，虽然没有在当年大火一把，但却是对80年代早期街机游戏竞技对战特征的最好概括。《城堡守卫者》既有支持四人对战的彩色吧台机，也有支持双人对战的黑白立式机。游戏还于次年登陆雅达利的VCS平台，但死忠粉丝们还是更青睐游戏的街机版，因为街机版的画面和流畅性都较VCS更胜一筹。

  当绕着屏幕盘旋的飞龙吐出了第一颗火球时，街机版《城堡守卫者》的优越性就立刻体现出来。每位玩家都要在屏幕的角落守卫自己的城堡。城堡有着厚实的城墙和一个可移动护盾，这个护盾不仅可以抓取火球，还可以把它弹向对手玩家的城堡。火球会一点一点击穿城墙，使城堡内的城主逐渐暴露在危险之中。城主一旦被击中，守护该城堡的玩家就要Game Over了。随着战斗的深入，更多的火球会接二连三地出现，这就要求玩家具备更精湛的防御技能和冷静的头脑。好像这些麻烦还不够，火球的速度还会因为护盾反弹的速度和角度而发生改变，玩家就必须充分利用这点来唬住对方。当全场只剩下最后一位玩家时，他便会获得一分，然后下一轮激战重新开始。

  今天的玩家可以通过Xbox Live Arcade版本的《城堡守卫者》体验这款游戏的魅力，但重制版游戏中找不到原作中的球拍式操作和极高的精准性要求，这一点实在令人惋惜。**BM**

Centipede
蜈蚣

发售年份：1980
平台：街机
开发商：雅达利（Atari）
类型：射击

  电子游戏史早期的大部分作品都习惯以太空和战争为主题，正是这些主题吸引了大批年轻男性玩家在80年代初涌入街机游戏厅，但《蜈蚣》却是这股大潮中的标新立异者。它表现的是一个微观世界而不是宏观宇宙，并把战场设在了你家后院。最值得一提的是，这可能是第一款吸引女性玩家走进游戏机厅的游戏。这一切究竟是如何做到的呢？

  最简单的答案就在于：这是一款由女性设计的游戏。唐娜·贝利（Dona Bailey）是当年雅达利公司唯一的一位女性程序员，《蜈蚣》是她的第一部也是仅有的一部游戏作品，协助她完成这款游戏的则是雅达利的传奇人物艾德·罗格。但是游戏成功的原因绝不止于此。表面上看《蜈蚣》是一款典型的射击游戏，但有一点关键不同在于玩家使用的不再是控制杆而是一个追踪球，这给玩家提供了更为直观的移动体验，移除了抽象的控制杆操作给游戏玩家和游戏动作之间设下的那道屏障，使玩家能够在二维的游戏世界中进行更为精准的移动，而不再局限于其他射击游戏中流行的操纵方式。

  再者，想想这个游戏的背景设定。《蜈蚣》展现的不再是宏大的太空激战，而是后花园的除虫运动。游戏的紧张程度相比同时期最刺激的射击游戏也绝不逊色，但游戏却走进了我们的真实生活，而不再是虚幻的电影式场景中那些加速你荷尔蒙分泌的东西。这个封闭的系统有着其自成一体的游戏逻辑，玩家很容易就能理解。游戏就是要你在混乱中建立秩序，控制蘑菇数量，杀死蜈蚣并阻止其他花园入侵者的破坏行动。这是一款极其朴实的游戏，抛开它对于女性玩家的吸引力不谈，游戏的难度也相当具有挑战性，足以让铁杆玩家忙活一段时间。游戏界这种成功结合的案例确实很罕见。**JM**

1980年代 | 41

Galaga
大蜜蜂

发售年份：1981
平台：街机
开发商：南梦宫（Namco）
类型：射击

作为早期街机时代的经典之作，《大蜜蜂》可不仅仅是一款《太空侵略者》的复制品。游戏中也有成群进攻的敌机，孤零零的战机只能靠一个简单的射击键进行反击，但技术上的一些进步使游戏更加炫目。相比于Taito略显简陋的《太空侵略者》，《大蜜蜂》简直就是一次太空烟花秀。成群的敌人在屏幕上四处乱转，好像被一只只无形的风火轮带着跑；太空中激光横飞，五彩缤纷的群星跃动着闪过太空。

如果说《太空侵略者》中的敌人来自海底，眼神空洞，触手乱舞，那么《大蜜蜂》中的敌机必定来自烦人的昆虫世界：吵闹的黄蜂和蜻蜓、毛虫和蝴蝶。《太空侵略者》中的敌人在缓慢前后移动中向你步步逼近，但它们的飞行轨迹并不复杂（但它们的攻击也不好躲避）；《大蜜蜂》中的敌机则好像永远都不肯老老实实在机群中呆着，时不时像神风特攻队般猛冲下来，消失在屏幕底端，然后又从顶端再度现身，如此反复在视野中消失又出现，把玩家折磨得死去活来。

除了更绚丽的画面外，游戏还给玩家提供了更多通关技巧：当一队敌机向你袭来时，只要找准位置就可以一动不动把它们全部击毁。但道高一尺魔高一丈，敌方的牵引光束和在最后一刻绝境脱险的本事都让玩家头痛不已。

毫无疑问，《大蜜蜂》向Taito的经典游戏以及它的前作《小蜜蜂》借鉴了不少成功经验，但它自身的丰富细节也给玩家带来了全新的游戏体验，《大蜜蜂》也许沿袭了不少传统，但它同时也为改造传统做出了不少贡献。**CD**

Donkey Kong
大金刚

发售年份：1981
平台：街机
开发商：任天堂（Nintendo）
类型：平台动作

关于这个游戏又有个著名的传闻："大金刚"（Donkey Kong）这个古怪的英文名是直接从日英词典中翻出来的。传奇游戏设计师宫本茂想要给"顽固的大猩猩"找个时髦的同义词，而"大金刚"这个最终选择还害得任天堂惹上了官司——电影公司认为这个名字侵害了另一只银幕知名猩猩的权利而把任天堂告上了法庭。但游戏的设计却相当富有前瞻性。在这个游戏中充斥着外星人和太空陨石的年代，在这个最著名的游戏角色居然是个貌似嗑药上瘾的黄色圆球的年代，《大金刚》破天荒地把卡通式闹剧搬上了街机屏幕。

在其他游戏还没有具体角色时，宫本茂的《大金刚》已经有了幽默成分；当其他游戏屏幕上还全是蠕动的亮点时，《大金刚》已经有了精细的动画。游戏创造了两位即将在未来数十年中统治游戏界的明星人物，除了大金刚本人外，另一位则是名为"弹跳人"的木匠。虽然他在后来的作品中才被更名为"马里奥"，从木匠转行水管工，但在《大金刚》中他就已经开始干起了让他闻名世界的行当——来回跳跃，躲避障碍，为拯救被绑架的爱人而踏上遥遥无期的征程。

第一眼看到《大金刚》时，原本就摇摇欲坠的任天堂美国团队认定自己就要栽死在这款游戏上了。但正如我们所知，事实是《大金刚》让全球玩具生产商都忙翻了天。《大金刚》也许没有宫本茂后期的游戏那样个性张扬——比如马里奥在追赶耀西时会露出恼火的眼神——但正是游戏的精准性、超凡的想象力和有趣的操作让这个系列从此风靡全球，即便是今天仍能给你带来简单的乐趣。**CD**

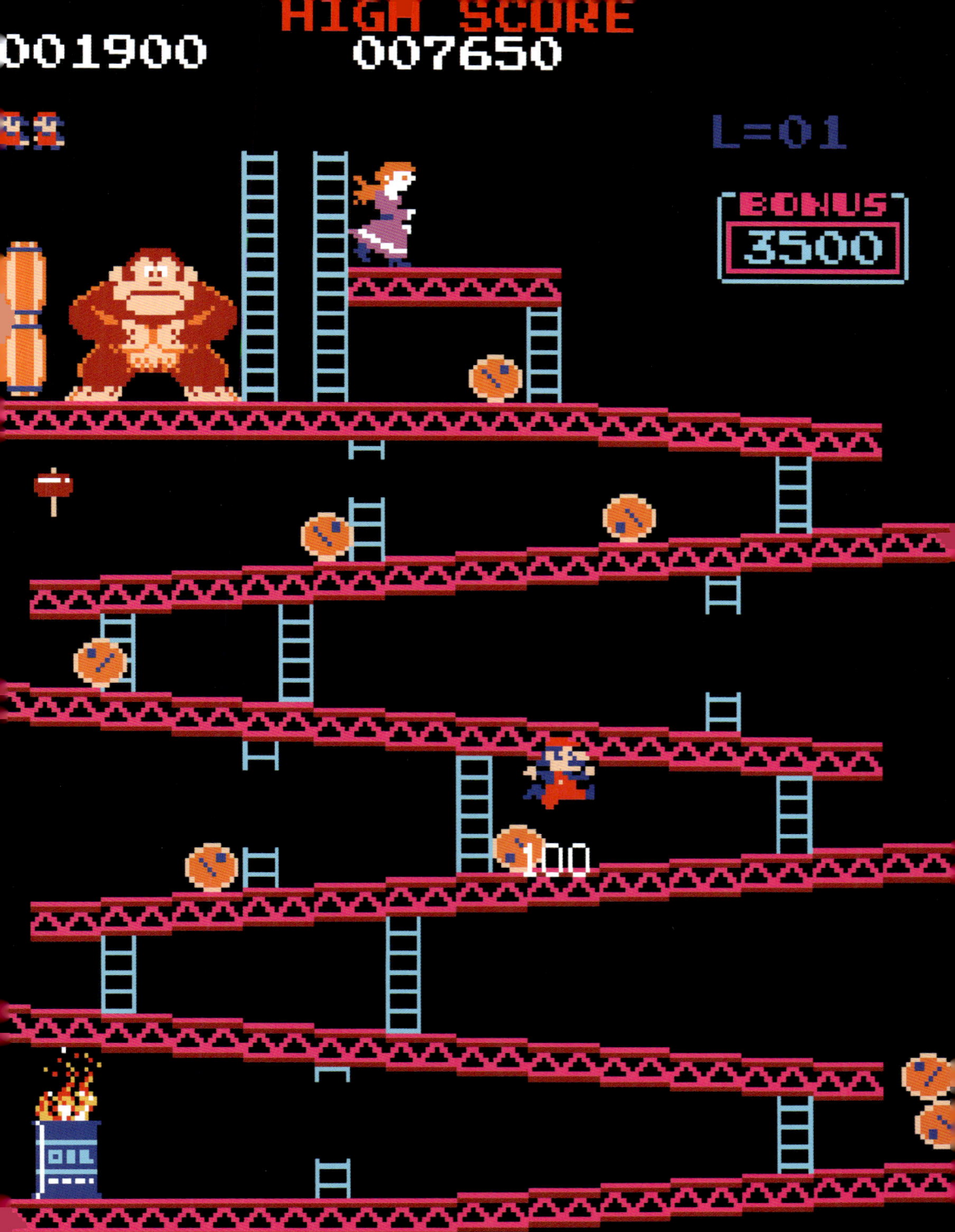

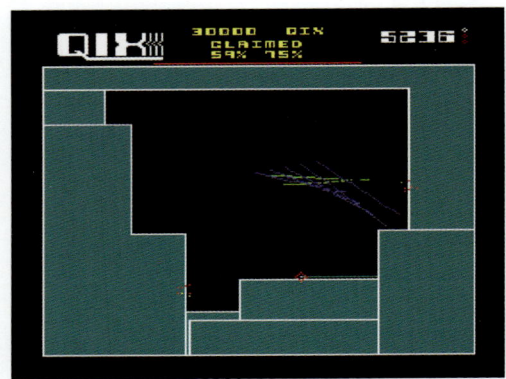

Qix
领土大战

发售年份：1981

平台：街机

开发商：Randy Pfeiffer、Sandy Pfeiffer

类型：动作

Scramble
紧急出动

发售年份：1981

平台：街机

开发商：科乐美（Konami）

类型：射击

《飞出个未来》（Futurama）的编剧们在办公室放台《领土大战》游戏机是有原因的。Taito的这款益智游戏充满数学思维，是一款会让机器人——比《飞出个未来》里那个烟鬼班德（Bender）脑子更清醒点的机器人——着迷的游戏。游戏中玩家要比赛划地盘，通过水平或垂直移动一个菱形标志，在空白的场地上划线分地。当你划出了规定大小的面积时，游戏便顺利通关。但其中有个风险因素——小心翼翼画出来的直线可以获得更多得分，但如果在划线过程中被敌人逮住，游戏便宣告失败。

游戏的敌人奇克斯（Qix）会大肆破坏一切有序的存在。奇克斯是一种变幻无常的波状物体，它在屏幕上四处移动、波浪起伏，简直就像是某种……生命。奇克斯像个电子鬼魂在屏幕上游荡，对玩家的一举一动毫不关心。正是这种自然的感觉让《领土大战》变得富有乐趣，把简单的数学游戏变为一个逻辑有序和混沌无序之间的竞争。**GM**

虽然经常被拿来和其他早期横版射击游戏相提并论，但《紧急出动》的射击元素远不如"躲避敌机"和"迂回前进"来得明显。游戏的任务就是穿过敌方领空并炸毁敌军要塞。游戏共有五关，沿途阻挠你的有地对空导弹、狡猾的飞碟，甚至还会碰上一场流星雨。参天的山峰与摩天大楼也是你前进的障碍，你的前进路线会越来越窄、越来越难，最后甚至完全挤进了一个狭小隧道。

你的战机上配备了两样武器——向前开火的机枪和向下进行抛物线投射的炸弹。这种炸弹很难控制，即便是最有经验的游戏老手也很难在躲避流星雨的同时准确地击中地面的细小目标。最重要的是，你还得小心你有限的燃料供应。

虽然在游戏速度上比不过一些同类作品，操作又过于复杂，但变幻多样的路线和各种挑战使得《紧急出动》在家用主机上仍大受欢迎，游戏的魅力甚至延续到最新一代的家用主机平台，玩家已经可以通过Xbox Live Arcade在Xbox360上体验这款游戏的重制版了。**CDa**

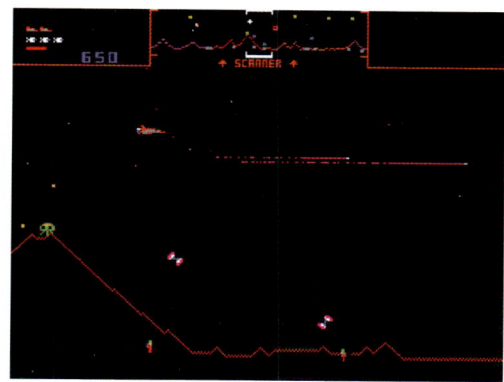 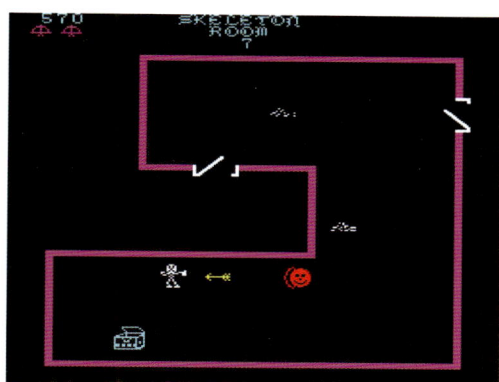

Stargate
星际之门

发售年份：1981
平台：街机
开发商：Vid Kidz
类型：射击

Venture
迷宫冒险

发售年份：1981
平台：多平台
开发商：Exidy
类型：地牢迷宫

　　《星际之门》由尤金·查维斯和拉里·德玛（Larry DeMar）担任设计，这部作品是以热门游戏《防卫者》续作的身份推向市场的。游戏面市六个月后迅速成为街机史上最吃币的游戏。但是，大部分游戏续作往往面临着这样的商业质疑：在这样一个玩家对任何新游戏都吹毛求疵的市场环境下，你要如何创造一款仍能让玩家大呼过瘾的作品？答案就是把它设计得比前作还更难。

　　《星际之门》的模式和《防卫者》基本一样，但它新引进了十五种造型各异的外星人，其中一些敌人被故意设计得很狡猾，让你在前作中好不容易练出来的一手技巧完全无济于事。游戏的另一个特点就是"星际之门"本身，玩家可以操纵飞船通过星际之门瞬间移动到星球的其他区域，但具体的移动位置取决于玩家的游戏状况。

　　《星际之门》还在美国情景喜剧《新闻电台》（NewsRadio）的某一集中亮相，在该集中，工作室经理戴维发现自己因为沉溺《星际之门》游戏而挂掉了高中SAT考试。不管你是第一次或是第一百次玩这款游戏，你都能深刻体会他的无奈。**MKu**

　　粗糙的图像是早期街机游戏的一大特征，但还没有哪一款游戏画面敢像《迷宫冒险》一样粗糙到这种地步。这款游戏试图用几何图形来表现奇幻世界，你的地牢是个巨大的矩形，里面分布着方方正正的房间，每个房间里都藏着宝物和怪物。游戏的主角温奇（Winky）是个手持弓箭的微笑圆圈，他在各个房间之间来回穿梭，一边拿宝物一边躲避各种老套的敌人，比如骷髅、毒蛇或是双头巨人，所有的角色基本上都是一副火柴杆模样。

　　《迷宫冒险》从街机上移植到家用主机平台时基本没做任何简化，游戏的简陋程度可见一斑。但是在有限的技术上是游戏丰富的想象力：每个怪物都有不同的移动方式，给玩家带来不同的挑战。最有趣的是，怪物的尸体也是带有毒性的，如果你蹦跶到它们尸体上就必死无疑。

　　让人喘不上气的危险和游戏的快节奏都给人一种超越游戏画面的刺激感。温奇时刻都处在运动过程中，因为一旦稍有迟疑就会被魔王给逮住。虽然温奇从来都不是什么知名游戏主角，但《迷宫冒险》的魅力和乐趣却是永恒的。**CDa**

Ms. Pac-Man
吃豆女士

发售年份：1981
平台：街机
开发商：Midway
类型：迷宫

原版的《吃豆人》也许是纯粹分子的不二之选，但有一大批的街机狂热者会宣称《吃豆女士》是一部更胜一筹的游戏，虽然这是一部原本都不可能存在的作品。

游戏最早诞生于大众电脑公司（General Computer Corporation），这家小公司重新编写了《吃豆人》的程序，并创造出一款名为《疯狂奥图》（Crazy Otto）的山寨游戏，在里面加入了全新的迷宫和其他新奇的元素。奥图这个角色不过是在原版吃豆人形象上安了一双简陋的腿，但当《吃豆人》的美国发行方Midway看见《疯狂奥图》时，立刻就被他吸引并买下游戏版权，然后用一个可爱的红色蝴蝶结取代了奥图的那双腿，并给这个新角色取名"吃豆女士"。

虽然游戏中引入的四种完全不同的迷宫设计弥补了原作的不足，但在这部半非法性质的续作中，大部分新元素——比如那些跳舞的奖励水果——都让人觉得毫无亮点。然而，这款游戏对于街机迷的最大冲击在于：给游戏中的敌人行为设定了随机性。这款游戏中花花绿绿的小鬼们会把你吓一跳，因为他们不再像《吃豆人》中那样按着预定路线移动，因此，游戏不再有简单的模式化玩法，你不得不做好随机应变的准备。

游戏最具突破性的地方在于吃豆女士的人格魅力——这可是电子游戏史上最早带有自我个性的游戏角色。你不得不承认虽然吃豆人是个人气偶像，但他并没有个人魅力；但吃豆女士的出现改变了这一切。不管是街机上的宣传画还是游戏中的过场动画，吃豆女士都被描绘成一个风情万种的女子。尽管她仍是屏幕上的一个二维精灵（sprite），但却已经开始有些角色深度了。虽然出身不太干净，但吃豆女士已经跻身吃豆人系列大家族，成为不可或缺的重要一员。**JT**

Frogger
青蛙过河

发售年份：1981
平台：街机
开发商：科乐美（Konami）
类型：动作

理论上说，你无论如何都不应该在《青蛙过河》中落败。这个游戏界的首位青蛙明星有着一个再明白不过的任务——横穿一条高速公路，再渡过一条河。首先你要避开来往的车辆，然后再跳过浮木和乌龟。你周围的环境根本无视你的困难，马路上的车辆自顾自地穿行，河流中的鳄鱼和毒蛙来回巡游，对于你的冒险也毫不在乎。你要做的只是在一路的障碍中找出一条安全的路径然后把它走完。如果你找对了路，不出数秒就能顺利通关。整个游戏其实一点都不难，因为能把你推入困境的只有你自己。这游戏根本就不关心你到底在做什么。

但说起来容易做起来难。移动过快是导致失败的重要原因，恐慌则是原因之二。随着车速的加快，河流流向的逆转，游戏难度也越来越高。即便你知道那只乌龟会沉入河底，把你拖下去陪葬，你也会忍不住往它身上跳；虽然不管你碰到车头还是车尾，游戏都会判定你被撞死，但车流一变缓你就会等不及往前冲。或许是因为恐惧自己的弱小，或许是迫不及待想要到达河对岸的安全地带，又或许只是想逮只苍蝇获得加分，你一次次地被引诱上死亡的道路。

《青蛙过河》是投币街机时代的怪物级人气游戏，它预见了《超级马里奥》这类横版游戏的流行，并吸引了大批倾向于在游戏中保全自己，而不是杀光所有的敌人的玩家。游戏中的青蛙把玩家带入了一个多彩而有趣、同时又危机四伏的世界，各种机会诱使你铤而走险，但如果能掌握其中的技巧，游戏也能给你带来无穷的乐趣。**CDa**

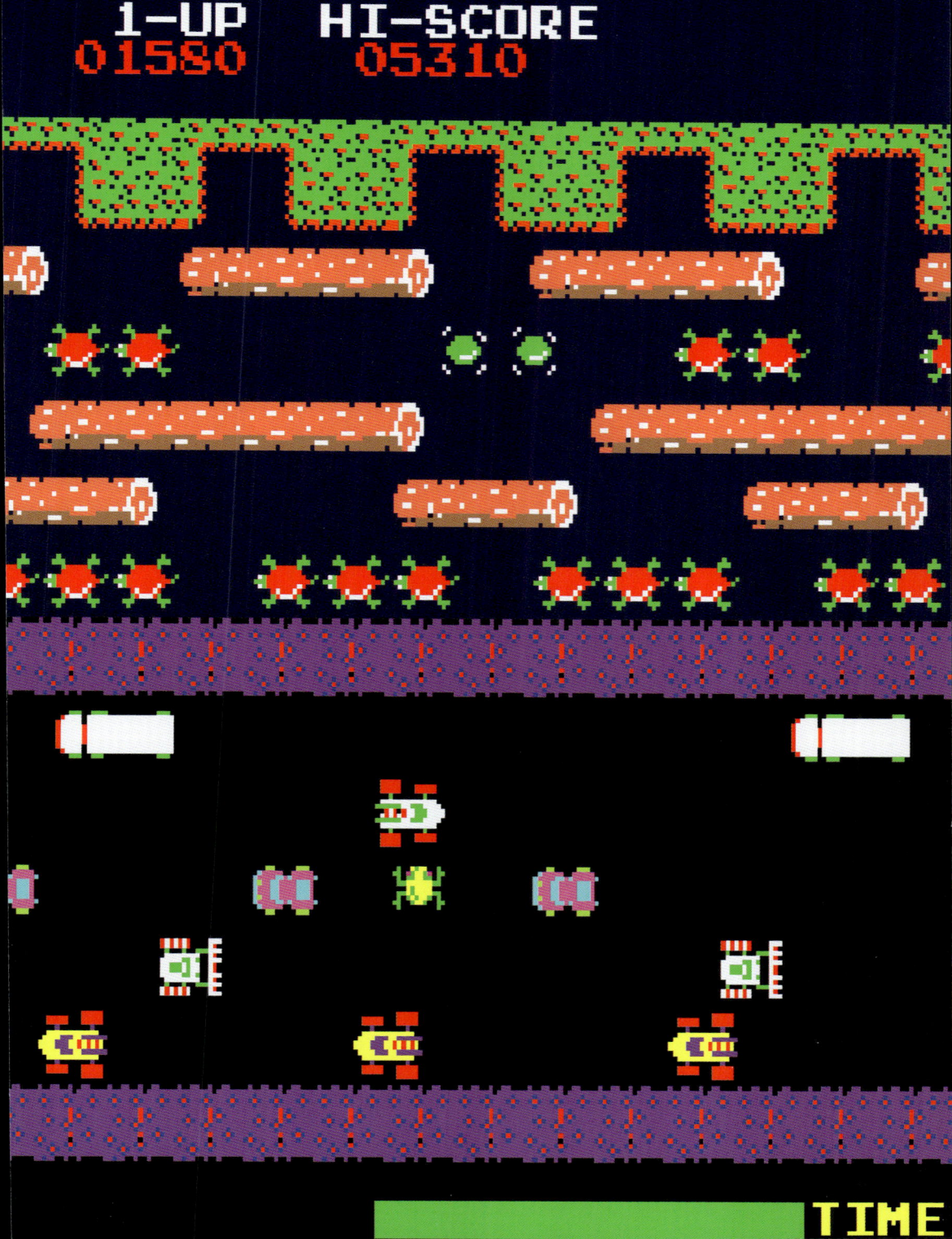

Gorf
格罗射击（又名《太空蜜蜂》）

发售年份：1981
平台：街机
开发商：Midway
类型：射击

"Gorf万岁！"当你开始游戏时，《格罗射击》街机便会这么喊上一声，这都是Vostrax语音合成器的功劳。虽然这款游戏影响深远，但作为80年代早期街机爆红时期众多《太空侵略者》式游戏中的一款，《格罗射击》却最常被忽略。

《格罗射击》（即"银河巡航机器组织"[Galactic Orbiting Robot Force]的简称）被无视是有原因的。该作是首款有着明确关卡区分的游戏，但不幸的是，正是这一突破性创意让游戏显得杂而不精。游戏的五个任务全是山寨同时期的其他作品。在第一关中，对手是一帮像螃蟹一样向你缓缓逼近的"太空侵略者"；而第三关的标题干脆就大方地取名为"Galaxians"（小蜜蜂）。《格罗射击》也是最早一批带有最终Boss（一艘旗舰）的游戏。全部通关后玩家将再度回到第一关，不过难度较之前有所上升。

在游戏发展早期推出多关卡设计非常具有超前性，但可惜这也意味着《格罗射击》的各个关卡都不如《小蜜蜂》等同类游戏的单关卡设计来得精细。其他一些方面，如平淡无奇的画面与模糊不清的碰撞判定，让整个游戏都显得毫无突破性可言。最特别的一点就是游戏中的"夸克激光"，这种武器不再限制玩家一次一发子弹，而是允许玩家进行连续射击。但这种操作上的进步在游戏中并未起到太大的作用。

《格罗射击》的最大亮点还是在于游戏语音。游戏中的语音合成功能很灵活，里面的那位机器人长官会用二十五种不同的词汇来嘲笑玩家，通常还会提到玩家的军衔（根据玩家完成任务的成绩来评定）。诚然，游戏存在不少瑕疵，但《格罗射击》还是能吸引玩家在它身上砸钱，因为你无法忍受被一台机器嘲笑后还一走了之，这在一定程度上也让它成为一款长寿的游戏。Gorf万岁，这句话还真是一点没错。**MKu**

Ultima I
创世纪1

发售年份：1981
平台：多平台
开发商：Origin Systems
类型：角色扮演

作为电脑角色扮演（CRPG）游戏史上的一款里程碑式作品，理查德·加里奥特（Richard Garriott）的《创世纪》系列在面市初期可并非一帆风顺。《创世纪1：黑暗时代》是一款为Apple II电脑设计的游戏，最早是放在保鲜袋里独立发行的。但游戏发售后迅速积攒人气，到了系列第三作发售时，《创世纪》已经从一个学生业余作品演变成了一个价值百万美元的产业。

《创世纪1：黑暗时代》的背景设在中古世纪风格的索萨利亚（Sosaria）大陆。游戏共有两位主角，一个是玩家在游戏开始时自创的角色，另一个则是邪恶的巫师蒙丹（Mondain），他的永生之石能赐予他无敌的神力。玩家的任务就是击败蒙丹。你必须经历一系列的冒险来完成这项使命——通常表现为进入地牢杀怪——然后你会得到一台时间机器，乘坐它回到过去并在蒙丹发现永生之石之前把他杀死。

虽然对整个CRPG类游戏剧情发展上有着重要影响，在今天的眼光看来，《创世纪1》不论是背景设定还是游戏设计都显得古老而过时。但在1981年，游戏却点燃了玩家的想象力。玩家可以扮演全新的角色，并自由地探索整个世界。《创世纪1》也是一次技术革新，即便电脑系统的存储空间有限，游戏中的第三人称俯视地图也可以表现出巨大的彩色场景。这种俯瞰视角在进入地牢后还会转变成第一人称视角。《创世纪1》甚至还有一段太空战斗内容。

游戏界不乏画面精致的"龙与地下城"式作品，如Sir-Tech公司著名的《巫术》（Wizardry）系列，但很少有哪一款游戏能够比得上《创世纪1：黑暗时代》对CRPG产生的巨大影响力。这是一次商业与艺术的双重成功。**MKu**

Gravitar
重力战机

发售年份：1982
平台：街机
开发商：雅达利（Atari）
类型：射击

对于那些认为《爆破彗星》还缺乏些刺激的坠机场景的玩家而言，《重力战机》绝对是他们的不二之选。《重力战机》采用了《爆破彗星》中的"旋转+推进"式操作，并把它演化成为一款引人入胜的太空探索游戏。你的飞船将从一片星群中起航，目标是寻找更多能源。当你渐渐靠近某个星球时，游戏视角将转化为星球的垂直地貌；当你进一步靠近时，画面也将进一步拉近，直到你看见地面的目标。而这也是这款游戏的挑战所在。正如游戏标题所暗示的，《重力战机》的最大特点就是这是一款有关重力效应的游戏。

《重力战机》由麦克·霍利（Mike Hally，他后来还制作了雅达利的人气街机游戏《星球大战》[Star Wars]）设计，在街机游戏中是个毫不起眼的角色。游戏直到80年代才才被移植到家用平台——雅达利2600上。《重力战机》没有在街机游戏厅火起来的原因再明显不过。这是一款操作极其复杂的游戏，需要玩家反复的尝试和训练。打通《爆破彗星》也不能帮助你驾驭这款游戏。你只能通过旋转和推进两种方式来移动飞船。要想改变方向，你得要旋转、反推，然后才能往另一个方向前进——如果你正在往地面上坠落的话，这样的操作就真够你受的了。即便你掌握了这些技巧，游戏后面还有各种隐形星球等着你，你都看不到自己在躲避的是什么东西！

总而言之，复杂的飞行操作给了我们充分的理由重新审视这款游戏。作为一款太空探索游戏的雏形，只要你学会如何在外太空鏖战和星球掠夺的不同视角中迅速转换，游戏还是充满吸引力的。你可以在《重力战机》中同时体验飞船推进、能源掠夺和残酷的重力效应，这样的游戏现在已经不多了。**CDa**

Joust
骑士大战

发售年份：1982
平台：街机
开发商：Williams
类型：动作

早期的街机游戏在题材选择上总是有些随意——我是个黄色小球，我嗑药上瘾；我是个意大利木匠，我女人被那只宠物猩猩给掳走了……诸如此类大家都习惯了。但不管从任何评判标准来看，《骑士大战》都显得极其怪异。这可不是关于骑士为夺美女芳心而在城堡前开战的童话故事——游戏中的骑士骑的可都是鸵鸟（双人模式下骑的则是鹳）。

但《骑士大战》并没有听上去那么烂。游戏的场地是搭在一片熔岩之上的各种平台，一波接一波的敌人（骑着巨大秃鹰的骑士）会向你发动猛攻。玩家的任务很简单：骑到敌人身上去或是用长枪刺死他们。你可以用一个摇杆来向左右移动，用一个按键来扑腾着飞上天。这样的操作并不复杂，但要想掌握好却很不容易，而且敌人的进攻会越来越凶残，他们还会往下面抛蛋，不及时把这些蛋消灭的话里面可是会孵出更多的敌人。

令人惊讶的是，这游戏居然相当受欢迎。游戏的高人气还催生了1986年的续作《骑士大战2：适者生存》（Joust 2: Survival Of The Fittest）的发售。但是很明显，观众对电子娱乐产品的需求已经上升了一个档次——全球娱乐产业决策层为此大呼头痛——这款Williams的经典游戏也很难再有长远发展。但玩家仍可以通过Xbox360 Live Arcade或是PlayStation Network来体验这款游戏。当我们对街机的热情逐渐退却，这款鸵鸟大战游戏提醒着我们：随着游戏日渐商业化、主流化，像《骑士大战》这样的另类创意也不可避免地走向消亡。这着实令人感到遗憾。**CD**

The Hobbit
霍比特人

发售年份：1982
平台：多平台
开发商：Beam Software
类型：文字冒险

我们经常看到评论如此批判那些热门小说——"这些东西读起来就像个游戏通关攻略"：某个人来到某个地方，解开某些谜题，或是找到某些线索指引他们去向某个目的地。但对于那些把畅销小说改编成电子游戏的作者和制作人而言，最大的难题还是如何把游戏的剧本做到像小说一样引人入胜——游戏开发人员和作者似乎都不知道如何利用电子游戏这一媒介还原原著小说强大的叙事能力。但是对于托尔金1937年的小说《霍比特人》，或是1982年的同名改编游戏而言，这些都不成问题。

《霍比特人》是一款文字冒险游戏，由设在墨尔本的Beam Software公司负责开发。每份游戏都和原著小说一起捆绑销售，这并不是要把小说当成攻略卖给玩家，而是希望通过书中丰富的细节描写和有趣的冒险故事来点燃读者的想象力。在托尔金文字的启发下，玩家可以体验一款打破传统的简单文字界面的革命性游戏。此前的文字冒险游戏只允许玩家输入"动词+名词"格式的指令，但在《霍比特人》中，玩家却可以输入带有代词、副词、标点等等在内的高级语句，允许玩家向游戏角色询问某一物品的同时，用另外一件物品执行任务——这一切全都只需一个句子就能搞定。

另外，游戏中的AI角色都会按照自己的意愿进行活动（最著名的当属矮人索林［Thorin］，这个角色会一直坐在那里唱有关金子的歌）。虽然这些角色偶尔会被杀死（从而导致游戏无法通关），但与托尔金的原著小说中一样，游戏中的中土世界从来都不缺乏生命。在"自生性游戏"（emergent game）这个概念还没诞生之前，《霍比特人》已经为你献上了一个开放式的游戏世界。**MKu**

Choplifter
直升机营救

发售年份:1982
平台:多平台
开发商:Brøderbund
类型:射击

无辜平民一直是个大麻烦,你要么得开枪保护他们,要么得把他们带到安全地带。关键是你所做的一切只会把你自己暴露在更大的危险之下,或者更多的麻烦之中。护送平民一直都是电子游戏中最让人恼火的任务,但《直升机营救》作为第一款引入这一概念的游戏,却把"护驾"做得非常有意思。在游戏中,玩家将开着直升机突破重型火力进入敌军领地。炸坦克、炸飞机、炸防空火炮不是件难事,最让人头疼的是窝在屋子里的那些平民。当你在夜幕中的西贡降落的那一刻,平民们不是一拥而上登上直升机,而是像正喝着第二杯马提尼的出差旅客一样闲庭信步地向你走来。如果你在护送他们返回基地的过程中不幸被击毁,他们也就开开心心地陪你一起翘辫子。

这是一款富有真实感(就当年而言)的战地游戏,但操作上的设定还是让人有些别扭。直升机的前置机枪是向下倾斜的,如果你要想逼直冲过来的敌人开火,那就得把机身向后拉;如果你想改变飞行方向或转向地面目标,你不是用摇杆而是用另外一个按键来改变方向。

游戏最早发布在Apple II电脑上,之后又被移植到当年的大部分家用平台上。世嘉还于1985年把这款游戏搬上了街机平台——类似这种从家用机向投币街机移植游戏的情况还是相当罕见的。虽然游戏在今天已经难觅踪迹,但它的巨大影响仍然存在——比如独立游戏设计师Messhof制作的《刺激战争》(The Thrill of Combat,2009)就是对本作的一种另类改编,游戏中玩家扮演的不是营救平民的天使,而是屠杀平民的疯子;不过,值得地面上那些倒霉的民众庆幸的是,这款游戏中的杀人直升机比《直升机营救》还要难操控。**CDa**

Robotron 2084
机器人2084

发售年份：1982

平台：街机

开发商：Williams

类型：射击

街机游戏发展初期，大部分游戏开发商只关心两件事情：如何以最快的速度把玩家的钱包掏空，同时保证玩家输了还想玩。在这个"奸巨"的任务上，没有几个设计师能比得上Williams的传奇人物尤金·查维斯。查维斯的处女作《防卫者》不仅引入了当时最前卫的游戏设定，同时也做到了让玩家死得惨、死得快。而在《机器人2084》中，他又再度刷新了自己的纪录。新手玩家在这款游戏中的像素杀场上最多撑不过十五秒，玩到最后他们只会神情恍惚地走出游戏机厅，努力回忆着刚才发生的一切，思考着自己一口袋零钱是如何转瞬消失的。

就算这不是一款人气大作，《机器人2084》仍足以名留青史，因为这是第一款使用双摇杆控制的射击游戏：玩家用一只摇杆进行移动，另一只摇杆向各个方向射击。这看上去简单，实际操作却很考验技巧，另外如此高级的操作也意味着那些可恶的设计师会设定大批敌人从四面八方向你发动攻击。

《机器人2084》正是这么干的。游戏引入一套完整的杀人机器体系，有些根本打不死，有些则会分裂出小机器人对付你，更多的则是对你穷追猛打，试图用数量的优势把你击垮。这还不够，你还必须通过收集人类成员来获得加分。作为一款动作游戏，《机器人2084》已经把精彩程度发挥到了极限。

今天看来游戏也许很不起眼，但现在很少有几款游戏能做到像《机器人2084》这样纯粹。如果你还是将信将疑，不妨试试Xbox Live Arcade上的最新重制版吧。**CD**

Dig Dug
打气人

发售年份：1982

平台：街机

开发商：南梦宫（Namco）

类型：迷宫

《打气人》是一款把挖宝和迷宫完美结合的游戏。游戏中你将扮演一个拿着打气筒的小人。每一关开始时打气人都会出现在地表，而地下的泥土中潜藏着两种怪物——戴着眼镜的红色怪物叫普卡斯（Pookas），可爱的龙形怪物叫费加斯（Fygars）。你的任务就是把这些怪物逐一找出来，然后往它身体里面打气直到它爆炸而死（这里涉及到一些相当残忍的操作，你必须连接按游戏键来往怪物体内打气）或是利用岩石把它们砸死。

作为一款80年代早期的街机游戏，《打气人》的节奏可能会比你预想的要偏缓。你可以看到敌人的位置并计划你的进攻路线，这点给游戏增加了不少策略性。当屏幕上还剩最后一只怪物时，它会想方设法逃到地表寻求自由，因此你要计划好进攻敌人的顺序。游戏另一个有趣的设定是，你挖出来的地道可能会把你自己害死。因为土地松动，怪物逃走后，泥土里的岩石可能会砸到你自己头上，这也使得游戏变得相当疯狂。

《打气人》的出色表现与《吃豆人》有着不少共通之处，其中最重要的就是猎人与猎物的身份转换。每一关开始时你都对局势保持绝对的掌控，但每一次的战斗都会消耗你的主动权，直到面对敌人最后的负隅顽抗。你要通过阻止最后一只怪物逃跑来结束每一个关卡，而这也是游戏最令人头痛的时刻。

今天你可以在大部分下载服务中看见《打气人》的名字，游戏的简单明了就是它的持久魅力之源。如果你是这款游戏的粉丝，你还可以去尝试一下游戏的续作，该作采用的倾斜视角也同样获取了巨大成功。**RS**

11220　HIGH SCORE　11220

ROUND 5

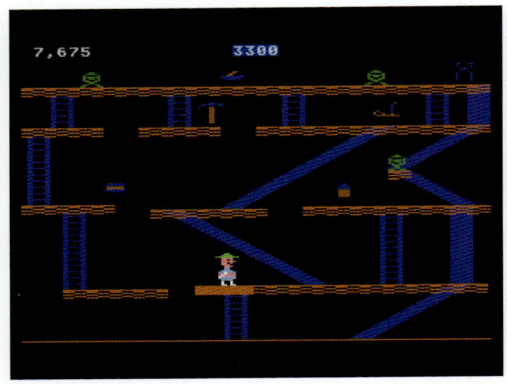

Miner 2049er
超级矿工

发售年份：1982
平台：多平台
发行商：Big Five Software
类型：平台动作

  《超级矿工》最让人痛苦的时刻莫过于当你自认为已经过关时，却发现还是漏了一块地方。由比尔·霍格（Bill Hogue）设计的这款横版游戏把背景设在被辐射的未来。主人公赏金鲍勃在一个地下矿场一层接一层的探索，用双脚"擦拭"地板，同时躲避或踩死那些四处横行的辐射怪物。大部分关卡都由各种长板构成，除此之外，鲍勃还要面对各种滑梯、传送门和移动平台。游戏的关键在于要想下达下一层，你就必须擦完本关的所有平台上的每一个像素。

  作为一款早期的平台动作游戏，《超级矿工》的关卡设计得极富创意。在全部的十个或十一个地图中（具体数量由所在的游戏平台决定），没有任何两关是类似的。通关胜利后的喜悦和清理完所有地图后的满足感都是无以名状的。好吧，我承认这游戏在后《超级马里奥》时代看上去简直就是个刚学会直立行走的猿人，但游戏在当年确实是个里程碑。《超级矿工》被遗忘多年之后，现在又再度现身手机平台，开始折磨新一代的游戏玩家。**CDa**

Moon Patrol
球战车

发售年份：1982
平台：街机
发行商：Irem
类型：动作

  《月球战车》有着游戏史上最古怪的车子：行速缓慢，战斗力也不强，硕大的轮胎在崎岖的路面上转得让人眼晕。你可以根据前方的障碍物选择加速或是刹车；同时，天上还盘旋着不少外星飞碟，你可以用你豌豆射手般的武器把那些嘲笑你的家伙崩下来。

  《月球战车》给人的感觉就像是Thelonious Monk配Charlie Parker【译注：两人均为美国早期著名黑人爵士乐手】，风格沉闷而古怪，但却又四处洋溢着才气。在视差滚动技术的帮助下，游戏中的月球文明背景缓缓向后移去——这也是第一款使用到这种技术的游戏。你必须集中注意力跑过每一条路线，因为游戏会给你设置越来越多的障碍。暴力型的设计师可能会倾向于给那个婴儿车安个更强大的武器，但只要你掌握了操作，你就会发现游戏给你提供的一切已经够你保持前路畅通无阻了。

  《月球战车》会按你的通关时间在街机上给你排名，这也给这款史上最龟速的驾驶游戏加入了一点竞赛感。**CDa**

 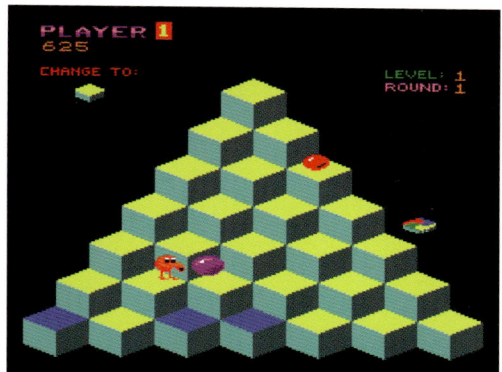

Mr. Do!
嘟先生

发售年份：1982

平台：街机

开发商：环球娱乐（Universal）

类型：迷宫

对于常玩日式游戏的玩家来说，手持致命弹球、喜欢吃甜食的杀人小丑之类的诡异设定可不是什么新鲜玩意儿。

第一眼看上去，《嘟先生》不过是人气游戏《打气人》丑陋而古怪的表亲——同样要求玩家挖隧道、抓怪物，只不过本作中多了一项保护食物的任务。但《嘟先生》又加入了其他一些新鲜的元素。在《打气人》中，游戏主角拿着一个自行车打气筒走来走去，见到怪物就把它充气充死；而《嘟先生》中的小丑则是把一个弹球扔进隧道攻击怪物。这可没听上去那么简单，因为小球会在地道中一直弹下去直到杀死怪物为止，不然的话又会弹回小丑手中。

《嘟先生》有两种游戏模式：收集模式和猎杀模式。玩家可以通过收集散落在四处的水果，也可以通过捕杀怪物来进行游戏——你可以用弹球来杀怪，也可以利用岩石那么大颗的苹果砸死它们。游戏的最终目的就是拿到屏幕中央的那个水果。

到上世纪末，这款玩家眼中的二流街机游戏经典已经难觅踪迹了，现在要想找到这款游戏的街机版更是难上加难。**CDa**

Q*Bert
跳方块

发售年份：1982

平台：街机

开发商：Gottlieb

类型：益智

要想把《跳方块》玩出乐子，你最好别问太多问题。这款游戏的主角是个长着水管鼻子的布偶状生物，玩家将操纵它在由彩色方块堆起来的金字塔上跳上跳下。对于这个角色的个性，我们只知道一点：这家伙的嘴很脏。每当它被逮住或掉下来摔死时，都会通过一个台词框爆一句粗口。这个世间少有的极品很快就在街机厅里面爆红起来。

《跳方块》对那些有强迫症的玩家特别有吸引力。游戏的任务就是跳到金字塔的每个方块上，改变方块的颜色。漂浮的平台会把你安全地带回塔顶，你便可以从另一边重新开始，而从塔顶跳出来的敌人会让你一刻也不能消停。这个游戏就是这样，真的。

《跳方块》把一系列令人欲罢不能的新元素、富有M.C. 埃舍尔（M.C. Escher）风格的游戏画面和一个拥有百万粉丝、敢叫板《大金刚》和《吃豆人》的角色糅杂在一起，换来的是热销的周边产品、游戏续作甚至是周六卡通档的一套动画节目。但这玩意儿到底是个什么东西？我们最好还是不要去深究。**CDa**

Xevious
铁板阵

发售年份：1982
平台：街机
开发商：南梦宫（Namco）
类型：射击

《铁板阵》是远藤雅伸（绰号"EVEZOO"）的天才之作。如果你对游戏彩蛋感兴趣，你可以在第一关开始飞到屏幕最右边开火，画面上就会出现一段隐藏文字："NAMCO ORIGINAL program by EVEZOO"（南梦宫游戏，EVEZOO作品）。《铁板阵》可以说是射击类游戏里的一个里程碑式作品。

这是第一款带有具体背景而不是空荡太空的射击游戏。游戏能够表现细节丰富的背景图像，玩家操纵的飞船——著名的Solvalou号——也有两种不同的射击模式。普通的子弹用于攻击飞行敌人，但来自炮台和坦克的突然袭击则需要靠投弹轰炸来解决，玩家可以通过屏幕上的一个十字准星来进行瞄准。

《铁板阵》虽然影响深远，而且至今乐趣不减，但游戏的传奇地位却只在日本得到肯定。《铁板阵》虽然常被收录进各种南梦宫怀旧游戏合集，但却从来没得到北美及欧洲玩家的追捧。回顾起来，这款游戏的最大缺陷在于没有通关结局，游戏画面在当年虽然非常得，但仍存在色彩呆板、场景重复等问题（基本上每个敌人都是大同小异的灰色几何图形）。

虽然毛病不小，但这款游戏却充满了神秘感，对玩家来说，游戏中前所未见的敌人设定也充满了挑战。一些敌人不会一脑袋往你的子弹上撞，而是会选择避开火力；还有些敌人根本打不死，需要精湛的飞行技术来进行回避。《铁板阵》中也出现了游戏史上最早的一位Boss：巨型飞碟Andor Genesis。你必须攻击它的核心部位才能把它击毁。

《铁板阵》是一款很容易被忽视的游戏，但在纵向卷轴射击游戏发展史中，它的基石地位是不容置疑的。**MKu**

Sokoban
推箱子

发售年份：1982
平台：多平台
开发商：今林宏行
类型：益智

《推箱子》再一次成功地证明：简单的游戏规则也能造就极度复杂游戏作品。这是一款你一看就知道怎么玩的游戏：在游戏中玩家将扮演一个仓库管理员，你必须把仓库里的箱子移到标记地点，而且一次只能推（不能拉）一个箱子。就这么简单。唯一美中不足的是，这是一个疯子，或者是个虐待狂设计出来的仓库，确切点说，这仓库的设计者就是个疯子加虐待狂。

《推箱子》的经典之处就在于它的关卡设计。游戏中的仓库由各种开放区域、廊道以及隧路巧妙构成，常常引诱你把箱子推向死胡同。每个新关卡出现时，你都会恐惧地盯着地图，不知道要怎么才能离开这个鬼地方。《推箱子》中简单的关卡可以在数分钟之内搞定，遇上复杂的可就要耗上数小时甚至数天时间，移动上千步才能通关。这款游戏也是人工智能研究者的最爱，因为虽然游戏的简单关卡可以通过蛮力过关，复杂的关卡确是（至少在目前为止）远远超出机器的能力水平，必须借助人类的力量来把箱子推到正确的位置。

游戏原发行方所创作的官方关卡共有三百零六个，非官方版本则数以千计。虽然在全球都大受欢迎，但游戏在日本以外地区的官方发行却非常有限。你所接触到的版本可能都是各种形式的山寨版，而非出自游戏原作者今林宏行之手。

虽然一直有人在努力创作各种新奇的版本，但就像其他许多游戏一样，《推箱子》的经典就在于它的第一作。全新版本的游戏图像也许有了巨大飞跃，但最出色的《推箱子》还是属于80年代。**JM**

Tron
电子争霸战

发售年份：1982
平台：街机
开发商：Bally Midway
类型：动作

在那部80年代的宅片《电子争霸战》中，杰夫·布里奇斯（Jeff Bridges）饰演曾经是电子游戏设计师，现在却变成了一家游戏机厅老板的弗林（Flynn）。在电影开场的第一个镜头中，我们看见他在围观者的欢呼声中打赢了一款相当无聊的坦克游戏，于是一款电影改编游戏在所难免。虽然游戏版《电子争霸战》中的俯瞰二维图像难以还原电影中的紧张感，但却真实地再现了电影的外观和那些著名的动作场面。

《电子争霸战》共有四种不同的挑战，难度则会随着等级上升。比如，你面对的不再是一辆比你强三倍的坦克，而是九辆，以此类推。你必须避开那些坦克，用你的飞盘武器向病毒般群袭而来的敌人发动攻击，最有意思的莫过于骑着你的荧光摩托车远远甩开你的对手，然后把他们挡死在你制造出的光墙后面。摩托竞赛玩起来就像是对战版的《贪吃蛇》，游戏的俯瞰视角虽然缺乏电影中镜头的压迫感，但这都不是问题。先相互挑衅，再找准绝佳角度急速超车，这样的玩法带来的爽快感是永远不会过时的。

《电子争霸战》在没有交通工具的游戏部分是最无趣的。扔飞盘很没劲，在通向主控程序的攻坚之路上一层接一层地摧毁那些彩色旋转壁垒又实在是耗费体力。但是，打坦克的关卡很考验灵敏的反应力和过人的战术，而摩托竞赛在今天玩起来仍有种惊心动魄的感觉。从某些方面来说，游戏预言了日后电影改编游戏的状况：游戏对大银幕上的内容进行最大限度的还原，但看上去总让人觉得别扭。但至少就这款游戏而言，点缀在筐体边板上的彩灯、协助你杀开血路的蓝色半透明摇杆还是成功地把原版电影的感觉带入了街机厅。在《电子争霸战》的电影续集和游戏续作中，都加入了令人叹为观止的视觉效果，但话说回来，《创：战记》（Tron Legacy）拿什么比得上原作中简单的紧张感与压迫力呢？**CDa**

Time Pilot
时空战机

发售年份：1982
平台：街机
开发商：科乐美（Konami）
类型：射击

作为一款硬派射击游戏，《时空战机》的开场画面用的是这样一排文字："来玩《时空战机》吧"，后面还软绵绵地加上一句"请您多买点游戏币来试试这款游戏"。作为冈本吉起（《街头霸王2》[Street Fighter II]等多部街机游戏经典的缔造者）的早期作品，游戏最令人感动的地方就在于它用最基本的元素对空战进行了最逼真有效的模拟，以及时至今日仍然不俗的游戏性。

不管你塞多少个游戏币，这款游戏永远都没有"Continue"，但你可以获得额外的生命，这在游戏后期的疯狂关卡中还是很有用的。游戏横跨五个时代，敌人也是各具时代特征，从一战中打不了几枪的双翼飞机到80年代的战斗机，再到遥远的2001年由一群患多动症的神经病驾驶的飞碟，应有尽有。

除开这些时空穿越元素外，游戏其实非常简单。《时空战机》是一款支持全方位移动的二维射击游戏，提供无限子弹（但没有武器升级）。打完一定数量的敌机后，便会出现一架大型飞船，解决掉这个Boss你就可以穿越到下一个时代了。

当你移动时，你的战机永远处在屏幕的正中央。游戏中一些出色的细节——比如飞机转向时的几帧动画、敌机调整方位时的旋转动作——都让《时空战机》在画面死板的同类游戏中脱颖而出。

《时空战机》在今天也许没有冈本吉起的《1942》受欢迎，但仍旧不失为一款爽快的射击游戏。虽然明显受到《爆破彗星》的影响，但又进行了不少改进和提升。游戏还很有可能缔造一个完全不同的游戏时代，在那里，所有的游戏在吸引玩家进行体验时，都会礼貌地说声"请"。**RS**

Utopia
乌托邦

发售年份：1982
平台：Intellivision, Aquarius
开发商：美泰电子（Mattel Electronics）
类型：策略

上世纪80年代早期，美泰的Intellivision主机从来就没能享受到雅达利的VCS游戏机（也称2600）同样的人气，但美泰的一些相关发明确实值得一提。比如它设计的控制器不像同时期的原始摇杆，而是更接近今天的手柄；又比如它的Intellivoice语音合成器可以和基本的硬件设备相连，为某些游戏提供有限的背景语音。另外这款主机上的一些作品也值得关注，最出名的当属这款《乌托邦》，正是它带动了上帝类和模拟类游戏的发展，也正是这两类游戏在日后的游戏界掀起轩然大波。

《乌托邦》的成功并没有获得广泛关注，毕竟这只是一款策略性游戏，而在当年，家用主机的首要任务仍旧是模拟街机平台上那些吵翻天的快节奏动作游戏。另一个限制本作玩家群的原因在于这是一款双人游戏，需要两人各控制一座小岛。游戏的目标就是控制你的国家并积攒比你的对手更多的财富。你可以购买并经营农场，靠种粮食赚钱，开船打渔也能为你带来额外的收入。建立工厂、住房、医院、学校和堡垒等内容则更具策略性，因为你要在保证社会福利和谋求财富之间做到极佳的平衡。

这些东西可能会让《乌托邦》看上去显得非常的沉闷，但玩家之间的互动却能带来不小的火花，尤其是当你派出一艘鱼雷快艇去驱赶对手的渔船，或是花钱在对方领土内部建立一支反叛势力时，对战的趣味性便体现出来。游戏中的即时演算动作已经超越了它有限的画面表现能力，游戏衍生出的紧张竞争元素也已成为游戏史上各种优秀多人游戏的一大标志。**TB**

I, Robot
我，机器人

发售年份：1983
平台：街机
开发商：雅达利（Atari）
类型：射击

今天除了少数极简游戏外，多边形模型已经成为了所有电子游戏——不论是高端电脑或是普通手机平台——的基本组成要素。但在20世纪80年代初期，这东西却是个新奇而罕见的人造艺术品。因此，1983年雅达利的这款《我，机器人》在街机平台的登陆可算是个大事件。《我，机器人》原名《冰雪城堡》（Ice Castles），游戏颜色非常艳丽，充满了三维物体和三维地图，相比许多传统街机上由线条构成的飞船与地图，这款游戏的飞跃是难以言喻的。它呈现出了一个真实可信的世界，这个世界看上去就像是遥远的宇宙应该有的样子。

游戏史上泛滥着各种扮演着技术先驱的游戏，但最后却往往缺乏实质性的游戏内容来配合这些技术创新。但《我，机器人》却在自己革命性的异星世界中成功地迎接了这一挑战。玩家在游戏中扮演一个名为"不幸界面机器人#1984"的角色，你的任务就是通过跳上不同的区域把周围的环境从红色变为蓝色，这一游戏概念直接取自《跳方块》，但在本作中却有更多的花样和寓意深度，这都得归功于游戏越来越复杂的关卡设计。飞鸟、炸弹、飞行鲨鱼等其他危险会不停地出现，阻碍你的进程。尤其要注意的是，当老大哥的眼睛睁开时，千万不要做出跳跃的动作，否则的话会被激光直接毙命。

《我，机器人》最大的特点在于包含了一个与游戏主线完全无关的小游戏。在游戏开始时选择"涂鸦之城"（Doodle City），你就可以操纵各种三维物体在屏幕上制作抽象艺术。但这一游戏概念并未得到其他游戏的争相效仿，毕竟在那个年代，没有几款游戏能像《我，机器人》这样拥有如此大胆的创意。**TB**

Archon
执政官

发售年份：1983
平台：多平台
开发商：自由落体公司（Free Fall Associates）
类型：对战/策略

　　一代象棋大师艾曼纽·拉斯科（Emanuel Lasker）曾经说过："棋盘即战场"。自由落体公司对这句话的解读明显字面化了。它在国际象棋铁一般的规则上尽情发挥想象，创造了这款《执政官》。虽然看上去和国际象棋没什么区别，但实际上二者的玩法相距甚远。游戏中双方各自配备属性不同但相互平衡的棋子，并引入了对后世策略性游戏有着巨大影响的即时战斗系统。

　　进入棋盘后，双方棋子都将按照各自的特定移动方式轮流移动。两边的军队分别代表光明与黑暗，棋盘也带有表示光明与黑暗的方格，当某一棋子进入和自己属性相同的方格后，其相应能力也会得到提升。

　　游戏中的巫师扮演着国王般的角色，他会使用一系列的法术，如治疗、瞬间移动、召唤魔怪等等。当双方棋子走入同一方格时，两个棋子都会被传入战斗区域互相开战，直至其中一方被完全击败为止。

　　战场上的障碍物会快速地伸缩，给玩家提供极短时间的掩护。不同的兵种有不同的速度、力量和武器。在战斗中，某个受损的棋子就算是打胜了也不能回血，所以玩家必须小心制定战术。游戏获胜的途径有多种：占领全部五个能量区（对魔法免疫、还能提供回血的方格）、消灭对方全部棋子或是禁锢对方最后一颗棋子（通过咒语使该棋子无法移动）。

　　《执政官》使双人游戏变得紧张刺激而乐趣无穷，因为游戏中你可以利用一个毫不起眼的棋子扭转大局。如果棋盘就是战场，那么《执政官》就是一次血腥的大战。**BM**

Star Wars
星球大战

发售年份：1983
平台：街机
开发商：雅达利（Atari）
类型：射击

作为没完没了的《星球大战》周边系列的早期作品，这款游戏的最特别之处在于把原版电影（或叫《星球大战：新希望》[Star Wars:A New Hope]，如果你是星战系列新粉丝的话）中壮观的高潮戏——摧毁死星——作为游戏主要内容。《星球大战》中的飞船和背景均由矢量图构成，游戏带领你体验电影结尾的三段战斗过程：击落沿途的TIE战机，掠过死星表面；突破炮塔与更多TIE战机的火力封锁；进入渠道击毁死星。你要躲避的不是飞速的激光而是慢动作的子弹，你可以选择避开导弹或是直接摧毁导弹发射源；你在游戏中不能加命，但可以接到防护罩。每次中弹都会消耗防护罩的保护力，但它可以帮助你安全通过结尾的鏖战。当你一炮解决了死星之后，你将回到游戏原点，再度重复之前的战斗过程。

虽然不是第一款《星球大战》衍生游戏——这一殊荣应归于VCS/Intellivision平台上的《星球大战：帝国反击战》（Star Wars: The Empire Strikes Back）——但它仍旧是星战迷心中的最爱。游戏控制器极似天行者卢克机舱里的射击装置，死星的爆炸场面也蔚为壮观。可以说，这是帮助一代星战儿童和电子游戏迷回味星战电影名场面的最佳方式。

如今电影衍生游戏无非是把一些粗制滥造的电影还原场景和东拼西凑的游戏任务一起塞进游戏盒中，但《星球大战》选中了电影中最令人印象深刻的场景并出色地将其还原出来，时至今日，它带给玩家的兴奋与感动也丝毫不减当年。**CDa**

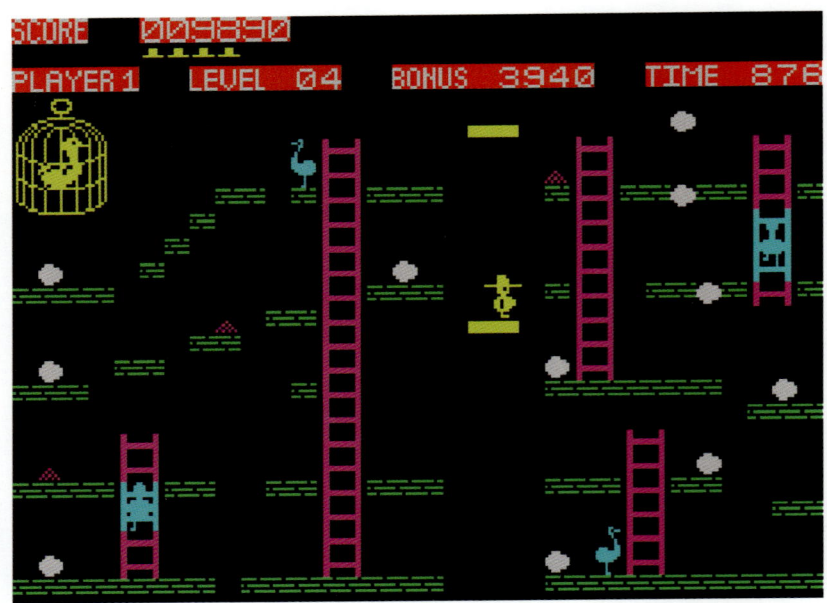

Chuckie Egg
偷鸡蛋

发售年份：1983
平台：多平台
开发商：Nigel Alderton
类型：平台动作

　　当玩家们开始怀旧时，《疯狂矿工》（Manic Miner）往往最容易得到关注，但与《疯狂矿工》同年面市却反响冷淡的另一款游戏《偷鸡蛋》虽然相对朴素，却是一款更好的作品。没错，《疯狂矿工》很伟大，但它却限制了你的移动路线。玩家必须预定路线来走，不得有丝毫偏差。相比之下，《偷鸡蛋》虽然色彩单调，敌人也千篇一律，但在玩法上却更为自由，不会让人感觉像是被押上一条预设的游戏路线。当你开始第一关时，你并没有一个明确的移动方向，你所面对的只是成堆的平台和楼梯、坐等被偷的鸡蛋和随机走动的致命母鸡——它们可不像其他游戏中的敌人只会来回踱步。

　　另外，你操纵的角色在移动速度和流畅性上都不像其他横版游戏中那样步调呆板。《偷鸡蛋》的主角在跳跃上更接近真人——跳得远但跳不高，不像矿工威利（Willy）那样一跳能画个抛物线出来。这样的设定让人感觉更逼真，比其他横版游戏更写实。因为无法轻松弹跳越过敌人，你在游戏中会感到非常软弱，所以每次成功通关后，都会给你一种真切的惊险感。

　　游戏最大的亮点在于，当你玩通全部的八个关卡后，你将再次回到游戏开始的地方，面临更大的挑战。那只之前一直看着你一路通关的鸭子会从笼子里被放出来，它将在屏幕上自由飞翔，像个狙击枪准星一样对你穷追猛打。鸭子的华丽出笼改变了整个游戏，你不得不苦练技巧来避开它的攻击。这就是《偷鸡蛋》不同于其他横版游戏的地方：它考验的不是你的记忆，而是你的技术。**JM**

Dragon's Lair
龙穴

发售年份：1983
平台：街机
开发商：Cinematronics
类型：冒险/互动

乍一看来，《龙穴》好像预示着一个全新游戏时代的来临。这个游戏直接秒杀了同时期游戏中大块的像素和可怜的图像处理器，给街机玩家带来一种电影般的视听体验。游戏采用了镭射光碟技术，玩家的控制可以触发全动画剧情。冒险游戏从此达到了一个全新疆界——至少看上去就是这么回事。

游戏由一个摇杆和一个按键来控制，你的每一次操作都会为你赢得一个全新的动画场景或一段精彩的死亡动画。游戏不仅在画面上做得很华丽，唐·布鲁斯（Don Bluth）为游戏制作的动画更是颠覆了骑士屠城救公主的老土剧情。游戏中我们有个满腹牢骚的勇士德克（Dirk）忍受着一关接一关的试炼，而那个比玛丽莲·梦露还风骚的美丽公主则在一旁坐等被救。

虽然顶着一头的光环，但《龙穴》的把戏也就只是这么点而已。事实上，这款游戏根本谈不上什么互动性，并且常常让人觉得很不公平。有些场景你很容易就能搞定，比如你想抓住一根晃动的绳索，只要等绳子荡到你面前再抓住它就行了；但其他许多场景中你根本不明白游戏要你做什么，手中的剑挥晚了半秒，或是从下落的平台上跳晚了半秒，都是生存和死亡的区别，你只能通过反复的失败与尝试来抓住其中的秘诀。

不过游戏仍旧在设法给你点甜头。如果你搞砸了一个场景，那么游戏自动会跳到另一个场景中，尽量在一次游戏中给你多看些动画内容。另外只要你训练得够多，你就可以记住顺利通关的具体步骤——在今天的iPhone平台上，不用花大价钱你就能体验这份巨大的成就感。**CDa**

Gyruss
太空射击战

发售年份：1983
平台：街机
开发商：科乐美（Konami）
类型：射击

  《太空射击战》是管道射击游戏（玩家操控飞船绕着屏幕做环形运动、同时向来自屏幕中心的敌人开火的游戏）中一个罕见的例子。雅达利的《暴风射击》（Tempest）是这类游戏的经典之作，但《太空射击战》却给这类游戏带来别样的感觉。《暴风射击》的美学风格尖锐而怪异，《太空射击战》则相当优美。形态各异的外星飞船以华丽的编队从四面八方向你袭来，宛若一群变异的花样游泳运动员。它们在屏幕上不挤不闹，飞行姿态也令人着迷，甚至让人倍感平静——当然你觉得小心它还是会朝你开火的。《太空射击战》游戏机还史无前例地用上了立体声音响，在上世纪80年代的街机厅里，游戏机中传来的巴赫的8位版《D小调托卡塔与赋格》（Toccata and Fugue in D Minor）听上去可比旁边那些游戏机中扯出来的破音效要优越得多。

  游戏由当时还在科乐美效力的冈本吉起设计，冈本此前还创作了《时空战机》（Time Pilot），之后又进入卡普空制作《街头霸王2》。《太空射击战》中的太空是以三维角度进行设计的，所以游戏中的群星先是从屏幕的中央出现，然后向四周飞速散开，给玩家营造一种飞船在太空中超高速前进的视觉效果。

  和街机黄金年代的任何游戏一样，《太空射击战》几乎没什么剧情可言。玩家的目标很简单，在太阳系杀开一条血路，击毁沿途各大行星间窜出的大批攻击者，最后顺利返回地球。虽然看上去毫无新意，但却能给玩家一种目的感。今天的《太空射击战》已被各种重制，《科乐美经典合集：街机升级版》（Konami Collector's Series: Arcade Advanced）就收录了这款作品。游戏还在《侠盗猎车：圣安德列斯》（Grand Theft Auto: San Andreas）中以小游戏的形式出现，只不过在里面被更名为《它们来自天王星！》（They Crawled from Uranus！） **CDa**

Mad Planets
疯狂星球

发售年份：1983
平台：街机
开发商：Gottlieb
类型：射击

  Gottlieb公司原是一家弹球游戏巨头，尽管它也涉水街机游戏，但一直成绩平平。公司比较出名的一款游戏就是走卡通路线的《跳方块》，名声稍逊的则是1983年的这款《疯狂星球》。但这部游戏狂暴得有点过头，这也是游戏没能在玩家群中流行开来的原因。玩家在游戏中面对的不是普通外星人，而是整个星球。这些星球一开始又瘦又小，但眨眼间就变得超级巨大、超级危险，运行轨道更是扭曲得离谱，牛顿见了恐怕也要吐血。

  《疯狂星球》从一开始就难爆了。游戏屏幕上没有一块地方是安全的，好在你有着绝对的自由可以四处移动，你的飞船也可以往四面八方旋转射击。这么高的自由度看上去好像挺厚道，但你确实需要这样的自由度来把游戏玩下去——这是一个充满无止境危险的狂躁世界，你会遭到来自任何一个方向的袭击。从一开始你就会发现：这个游戏的技巧就在于尽量把星球消灭在襁褓之中。但问题是这些星球实在是长得太快了，简单的游乐场射鸭子游戏转瞬间就会变成一场大混战。更重要的是，你要注意自己射击的方式：如果你太粗心，你可能只打爆了星球的几个卫星——失去卫星的行星会立刻暴走，发着红光加速乱撞。

  由于游戏节奏实在太快、难度又太高、控制也复杂，《疯狂星球》几乎没有任何一款家用主机移植版。西蒙·尼克尔（Simon Nicol）在Commodore 64上推出的《疯狂彗星》（Crazy Comets）和《大天启》（Mega Apocalypse）是仅有的两款沿袭《疯狂星球》模式的游戏。虽然游戏非常奇葩，但只要你能摸索出其中的技巧，你还是会在这款疯狂游戏找到不小的乐趣的。**JM**

M.U.L.E.
M.U.L.E.

发售年份：1983
平台：多平台
开发商：Ozark Softscape
类型：策略

特里普·霍金斯（Trip Hawkins）刚成立艺电公司（Electronics Arts）不久，便带着公司的商业模拟游戏《企业凶手》（Cartels & Cutthroats）找到发行商SSI。被拒之门外后，他又直接去找游戏的作者丹·班顿（Dan Bunten），班顿向霍金斯保证会重新制作一款更具原创性的游戏。九个月后，《M.U.L.E.》作为艺电公司的第一部作品上架。这是一款复杂的多人游戏，它不仅推动了这家日后将身价数亿的公司的发展，更被广泛认为是有史以来最具影响力的一款游戏。《M.U.L.E.》是一款细节丰富的经济模拟游戏，游戏非常强调非暴力竞争合作，这也是班顿作品的一大特点。班顿一直很抵触游戏泛滥的暴力杀戮主题。《M.U.L.E.》作为一款先锋作品，为无数后继者奠定了基础。

游戏支持至多四名玩家在一个名为伊拉塔的星球殖民地上进行经营管理，剧情上有点类似美国西部拓荒史。游戏的目的很简单，通过平衡四项基本元素的供求来实现利润的最大化。玩家必须通过操纵多功能劳务机器人来实现这一目标。这些机器人就是被设定来收集各种元素的。玩家可以购买他们想要的一切，出售他们不想要的一切，并确保自己盈利。

《M.U.L.E.》的经典之处在于虽然玩家需要通过积累财富来取胜，但独自打拼是不可能获得他所想要的一切资源的。这也意味着玩家必须展开合作，殖民地的共同富裕是取胜的先决条件，否则的话所有玩家都要失败。

《模拟城市》（SimCity）、《命令与征服》（Command & Conquer）以及《宝贝万岁》（Viva Piñata）等游戏都受到了《M.U.L.E.》的影响。事实上，威尔·莱特（Will Wright）就在《模拟城市》中向1998年逝世的班顿致意，他还把《M.U.L.E.》的主题音乐作为隐藏内容放进了自己2008年的游戏《孢子》（Spore）中。**BM**

Planetfall
星球末日

发售年份：1983
平台：多平台
开发商：Infocom
类型：文字冒险

《星球末日》面市时，电子游戏中还很少出现跟班角色。本作中的弗洛伊德（Floyd）就是这样一个跟着玩家一路走的NPC。他不仅会自己照顾自己，还非常的逗趣，对剧情发展也有重要影响。许多玩家都惊讶地发现自己居然对这样一款文字冒险游戏中的人造角色产生了感情，而他们对这一角色的了解仅仅来自屏幕上的那几行文字。《星球末日》是日后的传奇人物史蒂夫·梅里斯基（Steve Meretzky）的处女作。当他为这个游戏中的角色注入讨喜的性格时，他就已经创建了游戏史上的一座里程碑。

当然，游戏在其他方面也做得非常出色。这是由Infocom公司的顶尖人才制作的文字冒险游戏，在同类作品中可算数一数二。《星球末日》讲述了一个幽默感十足的科幻故事，游戏致敬了道格拉斯·亚当斯（Douglas Adams）的《银河系漫游指南》（The Hitchhiker's Guide to the Galaxy），生动形象地展现出一个濒临毁灭的文明的故事。

玩家在游戏中扮演一位考古学家，也算是个救世主。你要在楼宇和图书馆之间探索，设法搞清楚每件物品的实际用途，同时翻译出这一消失种族留下来的古怪文字。游戏从一开场就有个时间限制，玩家只有限的几步来设法逃出爆炸的母舰并坠落到这个星球。如果你在这个星球上花的时间太长，你可能就没法顺利通关。

对于新手来说这是一款很好上手的游戏，逻辑清晰的谜题是文字冒险游戏玩家入门的不二之选。《星球末日》也是Infocom公司最受欢迎的一部作品，它迅速奠定了梅里斯基作为幽默游戏编剧的声誉。但真正通过游戏声名大噪的还是弗洛伊德——它的存在不再只是一个游戏角色名。**CDa**

Spy Hunter
抓间谍

发售年份：1983
平台：街机
开发商：Midway
类型：动作

　　新奇的武器、酷炫的车型、配上喇叭里那首经过重新演绎的风骚曲目《Peter Gunn Theme》，《抓间谍》在上世纪80年代早期看上去可是一款潮爆了的游戏。这是一部正中所有少男内心幻想的作品——秘密特工、阴险武器，还有一本汽车驾照。男孩们都心甘情愿往投币孔里塞钱。毫无疑问，吸引这些年轻人一遍又一遍地光顾的不仅是游戏的动作场面，当然还有它自信而完美的游戏表现。

　　在《抓间谍》中，玩家将扮演一名秘密特工，开着一辆可以向前开枪的汽车，执行一项极为简单的任务：跑上一条没有尽头、也没有弯道的高速公路，击败开着各种交通工具的敌人。这些敌人的座驾五花八门，有旁边可以伸出机枪的汽车、轮子上带刺的公交车、偶尔还会飞出来一架直升机。玩家也可以把车开进路边的升级货车来升级自己的座驾，装备润滑油、烟雾弹等新式武器。

　　所有的这一切都够帅了，但《抓间谍》最神奇的时刻还在于当前方的断桥迫使你驶离道路时，你只要把车开进旁边的便利屋，你的爱车就会立刻变形成一艘小船，把激烈的陆战直接带入水中。

　　《抓间谍》把追车与间谍题材融为一体，正好迎合了80年代的大众口味。对于任何玩过它的人来说，这都是一次刺激有趣、但也略显昂贵的回忆。PS2平台上有一款根据自"巨石强森"（Dwayne Johnson）主演的电影改编的可笑游戏也延续了《抓间谍》主题，不过谢天谢地，那款游戏现在早就被人忘得没影了。**CD**

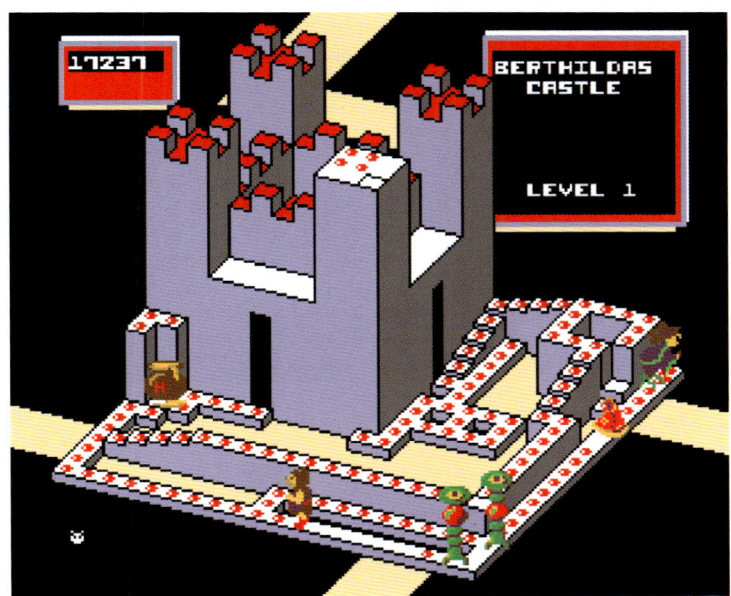

Crystal Castles
水晶城堡

发售年份：1983
平台：街机
开发商：雅达利（Atari）
类型：动作

在那个年代，《水晶城堡》是一款极具野心的游戏：巨大的三维建筑矗立在俯瞰式地图上，周围环绕着小道、桥梁、平台和电梯。游戏的主角宾利熊（Bentley Bear）通过一路收集宝石闯过一关又一关。骷髅、女巫和会动的树会阻挠你前进的脚步，如果你在某一关卡耗时太长，大群的蜜蜂就会冒出来对你穷追不舍。感谢游戏特制的追踪球控制器，玩家可以灵活敏捷的移动角色。轻轻一滑你就可以横跑整个屏幕，迅速收集完沿途的所有宝石。

游戏的细节做得相当丰富。程序师弗兰兹·兰兹格（Franz Lanziger）把能塞的东西都塞进了地图之中，甚至有些画蛇添足的味道。游戏每个场景看上去都挤挤攘攘，在后面的关卡中，怪异的三维视图更让人觉得晕头转向。游戏的控制也灵敏得有些过头，当你想小步前进或是在小路两边来回移动时你就知道累了。游戏的视角离得太远，人物显得很小，这也解释了为什么这些原本相当可爱的角色一直没能成为街机明星。

虽然有着各种瑕疵，但《水晶城堡》仍充满魅力，游戏关卡设计非常出彩，隐藏路径和龟速的电梯都非常考验你的耐力，吸引你不断深入探索。

比较另类的是当你一周目通关后游戏就结束了，而不是像其他游戏那样把你再次传送回游戏初始的地方重来一次。这在当时可算个创举。因此游戏玩起来也更像一款适合家用平台的剧情向平台动作游戏，而不是循环往复的投币式街机游戏。

《水晶城堡》被多次移植到家用主机平台，甚至还出现在了雅达利的街机门户网站上，玩家现在可以免费体验这款游戏的Flash版。**CDa**

Jetpac
太空任务

发售年份：1983

平台：多平台

开发商：Ultimate Play the Game

类型：射击

Juno First
第一战机

发售年份：1983

平台：街机

开发商：科乐美（Konami）

类型：射击

　　《太空任务》由Rare公司（英国大型公司，曾开发过《班卓熊》［Banjo-Kazooie］系列及著名的《宝贝万岁》［Viva Piñata］）的前身制作。这款精巧的游戏对后世作品有着深远的影响。《太空任务》把解谜和平台动作融为一体。玩家在游戏中扮演一位孤独的宇航员杰特曼（Jetman），你必须用宇航服上的推进器在星球之间四处穿梭，收集各种部件来组建飞船，最后加满燃料飞向深空。游戏最大的亮点在于引进简单却效果绝佳的物理模型，使你在天空中的飞行动作看上去极为逼真。

　　即使是今天，《太空任务》也能为广大太空游戏爱好者提供极大的乐趣。Rare公司（现在隶属微软公司）还于2007年在Xbox Live Arcade平台上推出了一款升级版（但有些华丽过头）的《太空任务：火力全开》（Jetpac Refueled），以防玩家忘记这款游戏曾经的魅力。**CD**

　　上世纪80年代中期，日本游戏设计师还很少回向西方游戏取经，《第一战机》因此而显得有些与众不同。这款游戏把紧张刺激的横向卷轴射击游戏九十度翻个身，变成了紧张刺激的纵向卷轴射击游戏。但仅仅把它看成一款山寨品又未免有失公允，因为《第一战机》本身还是一部充满个性魅力、成就显赫的动作游戏。游戏采用了伪3D画面，大批敌机会从遥远的地平线上飞入战区，使游戏看上去更具动感，而不会像同时期的其他同类游戏那样死气沉沉。因为游戏可以在纵横两个方向进行移动，豁出去血拼便不再是这类游戏的固定玩法，玩家又多了一种选择——设法避开敌人。

　　《第一战机》也是一部传统的高分至上型游戏，当你的战机用激光刷屏时，你会陆续碰上各种奖励船舱，帮助你实现分数的暴增。虽然这是一款埋没在其他射击游戏光环下的作品，但对于它的粉丝群而言，《第一战机》仍是一部不朽的经典。**TB**

Lode Runner
淘金者

发售年份：1983
平台：多平台
开发商：Douglas E. Smith
类型：平台动作

Manic Miner
疯狂矿工

发售年份：1983
平台：多平台
开发商：Matthew Smith
类型：平台动作

　　《淘金者》成功地把解谜和动作元素融合在一起，是一款极具可玩性的平台动作游戏。但这部作品真正的革命性意义在于这是最早一款带有关卡编辑器的游戏。把构建《淘金者》游戏世界的权利交到玩家手中并不只是延长游戏寿命、增加人气的一种方式，它更给当年的玩家群体提供了一个难得的机会，让他们能够充分感受每一个淘金关卡的设定用意。

　　《淘金者》的故事情节很简单：游戏被设定在一系列巨大的洞窟之中，里面充满了由梯子和桥梁连接构成的迷宫。游戏主角是一个淘金者，他能够在柔软的地面挖坑。迷宫中到处是守卫，他们会试图阻止你挖空这一带的金矿并把你逮住。

　　原版游戏共有一百五十个关卡，但玩家们自制的关卡已经远远超过了这个数字。《淘金者》中的追捕、淘金、逃跑等要素让这款游戏百玩不腻，这也证明了原版游戏在设计上的成功。但游戏的长寿也给了我们另一项启示：把火把交给玩家，他们照亮的前路之远将超乎你的想象。**GM**

　　在《鬼屋冒险》（Jet Set Willy）和它那个混乱而可怖的大房子诞生之前，玩家们首先迎来了这款《疯狂矿工》。这是一部正常得多的游戏，但也有其独特的荒诞和扭曲之处，充满了令人着迷的谜样气氛。

　　矿工威利被困在矿场的地下管道和岩石密室之中，为了帮助他回到地表，玩家必须领他走出二十个布局各异、难度递增的房间。而要想打开这些房间门锁，玩家必须找出对应的房间钥匙。不同的关卡设计带领威利踏上一个个古怪的冒险旅程，而根据威利逐渐减少的空气供给设置的倒计时系统让游戏更显紧张。

　　作为8位游戏中最令人印象深刻的一部作品，《疯狂矿工》不仅为《鬼屋冒险》铺好了来路，放在今天也仍是一款游戏经典：气氛紧张、幽闭恐惧，并且充满了设计者马修·史密斯（Matthew Smith）独特的幽默感。在当年，这也是第一款带有游戏音乐的ZX Spectrum平台游戏。游戏音乐则直接搬运了音乐大师格里格（Grieg）和施特劳斯（Strauss）的名作，免去一切版权纠纷。**CD**

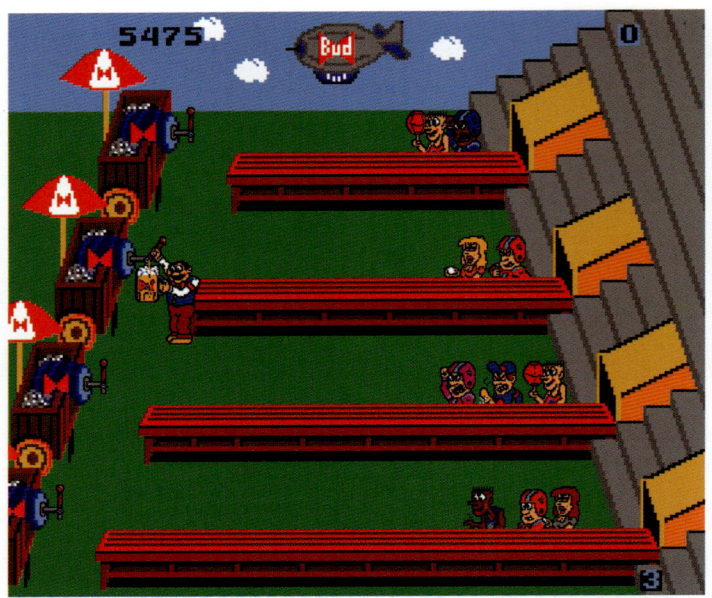

Tapper
酒保

发售年份：1983
平台：街机
开发商：Marvin Glass and Associates
类型：动作

《酒保》可不是住在你们当地的小酒吧里面。这款游戏的机身带有仿木质装饰、黄铜支架，甚至还有一个啤酒桶龙头，感觉就像是直接从酒吧里搬出来的一样。

《酒保》就是《美女餐厅》(Diner Dash)的前身。作为一名酒保，玩家必须把啤酒倒好，然后顺着吧台把酒杯滑到顾客手边。但如果动作太大的话，酒杯就会滑落到地板上。痛饮玩一杯啤酒后，顾客又会把酒杯推回给你，不好好接住的话，杯子也会摔到地上。大方的客人可能会在桌子上留小费，但收小费也是有风险的，你一离开啤酒桶龙头，随时都可能会有错过的酒杯滑到地上摔个稀烂。

整个游戏设计得非常有趣，甚至令人惊艳。这样的植入式广告不仅不让人觉得反感，甚至充满了吸引力，这也算是早期比较难能可贵的例子。游戏中百威啤酒的商标从头到尾都过于醒目，因此后来进入游戏机厅的第二版游戏中，删除了对这一酒精饮料的任何暗示。牛仔、小混混、篮球手和外星人等可爱的卡通顾客让这份啤酒生意变得更加有趣，充满怀旧感的沙龙钢琴声和奖励关卡中听装啤酒悦耳的开罐声都给人额外的听觉享受。

内容更加和谐《根啤酒保》(Root Beer Tapper)于一年后面市，但该作中的顾客行为变得不可理喻——毕竟有什么人会因为一杯无咖啡因软饮料上慢了而大发雷霆？但游戏抛弃酒精饮品主题的做法是明智的，这也是游戏界自律的一个早期例子，为电子游戏产业日后的自我审查树立了一个榜样，使游戏环境变得更加健康。**GM**

Track & Field
田径运动会

发售年份：1984
平台：街机
开发商：科乐美（Konami）
类型：体育休闲

  当早年的游戏设计师开始把注意力转向奥利匹克运动会时，他们抓住这一人类体育盛事精髓的唯一途径便是：迫使你疯狂地摁游戏按键。《田径运动会》需要玩家连续不断地敲按键来控制运动员奔跑，另外一个按键则控制一些特殊动作，例如在跳远比赛中跃入空中，或投掷标枪等等。对于这样一些现实中看似极为优雅的运动而言，狂摁按键似乎显得有些粗俗，但确实起到了运动的作用。作为一款多人游戏，这样的设定也增加了游戏的魅力。

  《田径运动会》支持单人游戏，但只有在超过三名玩家一起挑战最短时间、最强跳跃和最远投掷时，游戏才真正展现出它的乐趣。游戏中的六项比赛（100米短跑、跳远、标枪、110米跨栏、链球和跳高）支持玩家通过两套控制键进行对抗。单人项目是最考验技术的，你必须把运动员准确地带到起跳线上，然后长摁按键直至你准备最佳弹射角度（四十五度角为最佳，但有些玩家也坚持角度应该略高或略低）。与此同时，靠猛击按键来进行对抗的跑步项目一向以累垮好胜者而闻名，当然也可以提高游戏机的报废率。

  时值1984年洛杉矶奥运会，《田径运动会》的面市与爆红可谓天时地利。从这第一款街机游戏开始，科乐美公司陆续开发出了一系列类似产品并一直延续至今，其中出名的游戏如NDS平台上的《新国际田径运动会》（New International Track & Field）。《田径运动会》的设计简单却出奇有效，对日后的无数效仿者产生了深远影响。**TB**

Ballblazer
滚球大战

发售年份：1984
平台：多平台
开发商：卢卡斯电影游戏（Lucasfilm Games）
类型：体育休闲

当其他公司正在想方设法把现实中的运动模拟成电脑游戏时，卢卡斯电影游戏公却创造了一项全新的比赛——《滚球大战》，把当时的家用机性能发挥到了极致。游戏规则很简单：这就是一个一对一的足球比赛，只不过踢球的不是人而是飞行器，另外足球会悬空，球门也会四处移动。游戏控制也很简单：飞行器可以朝四个方向进行移动，并能释放一种推力将球射向球门，或是截住对手把球抢过来。虽然当时的技术有限，但《滚球大战》的三维效果非常好，这都要归功于出色的游戏镜头系统：飞行器的视角会自动转向小球的方向，而当你是控球方时，视角又会自动对准对方球门。

游戏刚开始会让人摸不着头脑，但只要你理解了它的意思，游戏的乐趣便迅速体现出来。球场也许有点大，画面也让人眼晕，但你总是知道该往哪个方向走，并会条件反射似的把注意力集中在追球、截球和射门得分上，但这一切并不简单，刚开始游戏时你的动作会非常乱，直到你掌握了游戏技巧。一旦你开窍了，游戏便充满了流畅感与速度感，逼真的物理设定使每个动作都会产生相应的动作反馈，比如你在游戏中就会注意到当你射一次球时，飞行器会因为反推力而后倾。

游戏风格简约、平衡性完美，以至于当卢卡斯艺术公司希望通过续作《超级滚球》（Masterblazer）来重现辉煌时，结果却是一败涂地。最强大的是，如果《滚球大战》真要变成一项现实运动，你的游戏能力也可以轻松转变为实战能力，这大概就是这款作品在其他运动类游戏中显得与众不同的原因。**JM**

Bank Panic
银行惊魂记

发售年份：1984
平台：街机
开发商：三立电机（Sanritsu Denki）
类型：射击

关于银行工作的游戏并不多，这也许是因为要表现出为客户咨询按揭利率的潜在乐趣实在不是件容易事。但如果把时光倒回至西部时代，那么你就有不少乐子可找了，这便是《银行惊魂记》为我们展现的子弹横飞的世界。

用"惊魂"来诠释这款三立电机游戏中的银行事件再合适不过了。玩家要扮演一位执法者，用你的手枪送那些劫犯上路，你必须在瞬间决定是否扣动扳机。玩家每次都会面对三扇门，当你看见一扇门准备要打开时，你永远都不知道门的后面迎接你的会是谁。如果是个来银行存钱的普通客户，那么你就得让他们办理自己的业务；如果是个持枪劫犯，那么就是时候子弹上膛了；又或许只是一个顶着一摞帽子的小男孩，如果你能打中帽子的话便会获得额外奖赏。随着游戏的继续进行，难度也会越来越大。比如，有时站在门口的普通市民会突然被劫匪推到一边，刚松一口气的你不得不手忙脚乱地到处找开火键；有时其他的劫匪还会带上两支左轮登场，这意味着你要用两枪才能把他干掉；有时银行的门口还会出现一颗定时炸弹，你必须赶在它爆炸之前把它拆除。游戏过程中，背景音乐不停地循环着那首《Dixie》，随着时间的流逝，音乐节奏也快得不正常，给你带来另外一种"惊魂"感。

游戏只有三个开火键（每扇门各一个），一些设定更是极尽狡猾（比如有些镇民穿的衣服和劫匪一模一样，有些劫匪又会躲在门后）。《银行惊魂记》是那个年代最复杂的街机游戏之一，对注意力有着极高的要求，当然它也是众多街机经典中最有趣的一款。**TB**

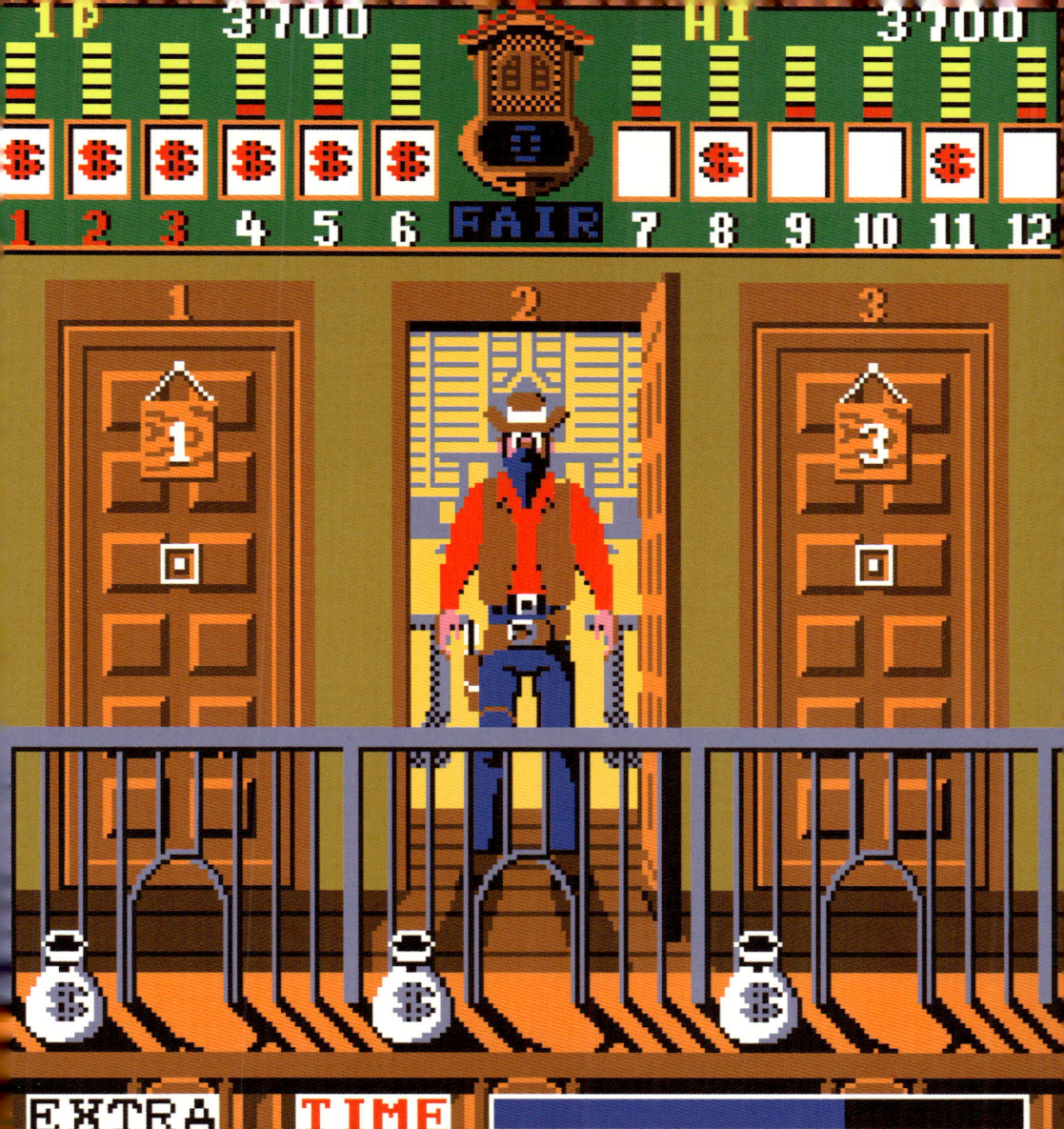

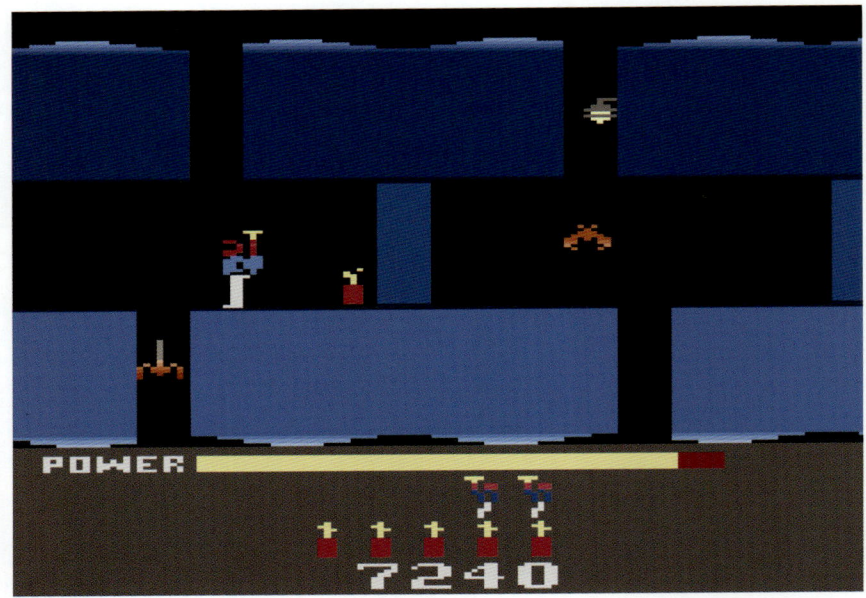

H.E.R.O.
英雄

发售年份：1984
平台：多平台
开发商：John Van Ryzin
类型：平台动作

先来看看Xbox360的手柄：两个可按模拟摇杆，一个十字键，两个模拟扳机，外加九个按键；再看看雅达利VCS的控制器：一个数字摇杆和一个开火键，没了。因此，昔日的游戏设计师要活用这样的简陋控制系统可是得绞尽脑汁。

在《英雄》中你控制的是一个背着直升机飞行包、拿着镭射枪、带着一堆炸药的小人，放到今天，这样的游戏需要一个摇杆和三个按键，但回到1984年，这都是天方夜谭。在游戏中，我们可以向左右两个方向移动，向上则是启动飞行器，向下则是安置炸药，开火键控制镭射枪——每个控制键都得到充分利用。对于一款以地下救援为主题的游戏大作而言，这样的控制设定高效而不失典雅。

你的工作就是下到一系列矿洞中寻找被困的矿工。致命的野生生物和需要炸开的堵塞通道让这个任务变得异常艰险。危险无处不在，即使是炸开一堵普通的墙壁，你也必须在安放好炸药后迅速撤离。安装不合理的照明设备使得房间一片漆黑，不少洞穴中都在渗水，更来劲的是，你的炸药数量是有限制的，而后面的关卡会想方设法逼迫你滥用炸药，最后你会在出口近在咫尺的地方弹尽粮绝，只能坐等飞行器中的燃料耗尽、死掉一条命然后重新开始。没错，游戏很紧张，但你只要在下一轮探索中找对方向，成功通关就并不是什么难事。**JM**

Boulder Dash
夺宝小子

发售年份：1984
平台：多平台
开发商：First Star Software
类型：迷宫

　　《夺宝小子》沿用了街机游戏《打气人》和《嘟先生》的设计——如平面地图、地下打隧道、躲避敌人、掉落岩石（《嘟先生》中则是掉落苹果）等元素——并将其简化放到了当时的家用机平台上。通过这种方法，创造出游戏史上最长寿的一个产品系列。

　　游戏的玩法很简单。玩家扮演的角色叫洛克福德（Rockford，由于当时有限的硬件水平，这家伙看上去更像是只像素版的人形青蛙），你要在各个关卡间打通隧道，收集钻石，同时避开摇摇欲坠的巨石。和《打气人》中的挖地先生或嘟先生不同的是，洛克福德不能直接进行自卫，因此他必须运用自己的智慧为敌人打造一个迷宫，把握好追赶时机，确保每个敌人都被掉落的岩石结束生命。

　　《夺宝小子》自诞生至今就不曾变更过版权所有人——First Star Software公司至今仍在销售这款游戏的各种版本——这在电子游戏产业还是比较罕见的。《夺宝小子》的官方续作数量已经快赶上其山寨作品的数量了，从GBA到iPhone和iTouch，游戏的家用机移植版更是数不胜数。

　　《夺宝小子》之所以能够这么坚挺，是因为游戏不像同时期其他作品那样强调战斗；而和那些非暴力游戏相比，游戏又给予玩家更多解决困难的选择：你可以创造属于自己的迷宫，而不是在已有的地图上四处摸索。游戏需要玩家在解谜水平和反应速度之间做到完美平衡，但却能让玩家觉得所有的失败都应归咎于自己。《夺宝小子》仍像二十年前一样极具可玩性，绝对是一颗值得挖掘的钻石。**MKu**

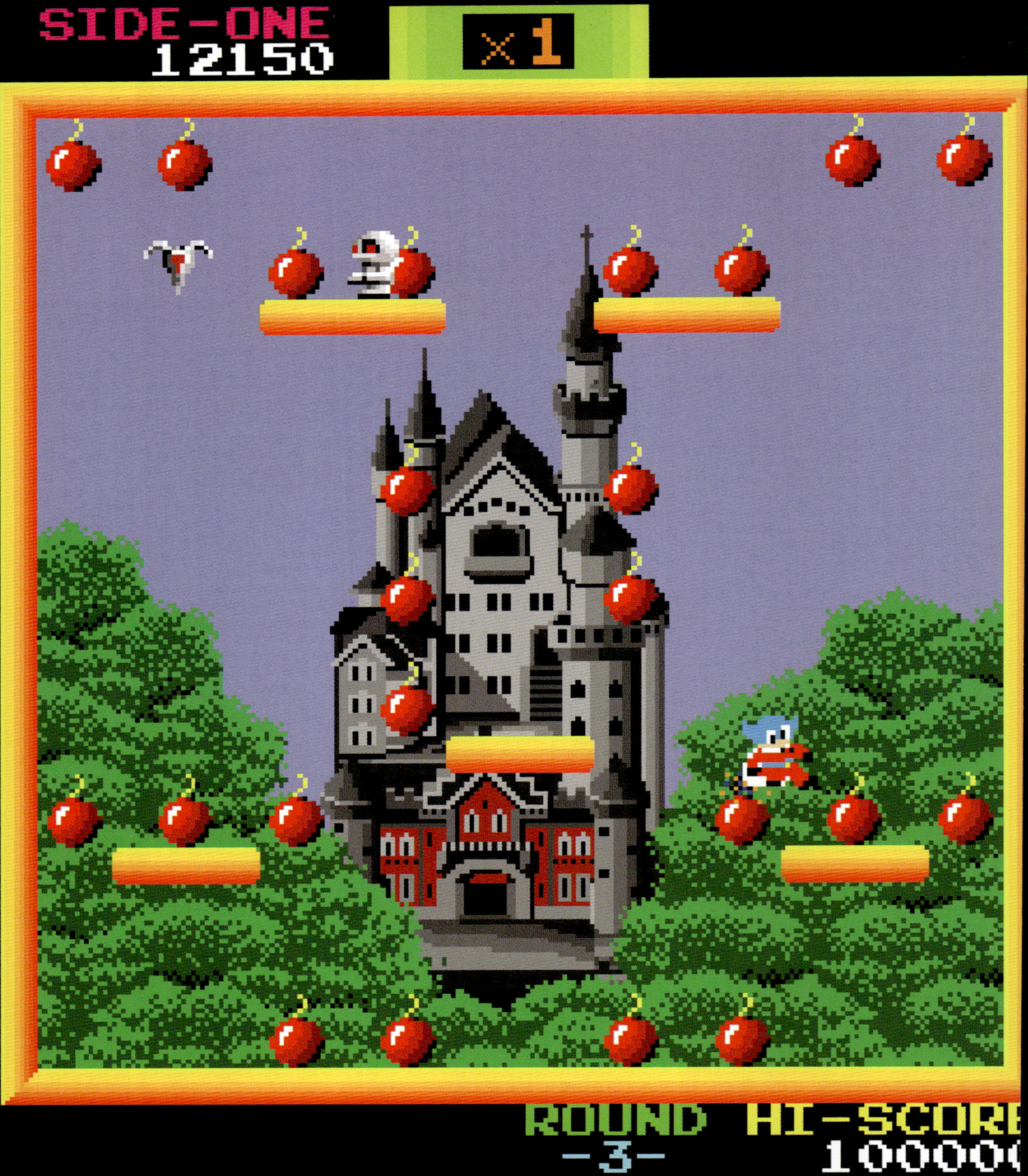
SIDE-ONE
12150
×1
ROUND
-3-
HI-SCORE
10000

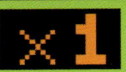

Bomb Jack
炸弹杰克

发售年份：1984
平台：多平台
开发商：Tehkan
类型：平台动作

1984年是个火药味十足的年份：爱尔兰共和军想在布莱顿炸死玛格丽特·撒切尔；黎巴嫩真主党盯上了贝鲁特的美国大使馆；罗纳德·里根在测试麦克风时开了个轰炸苏联的恶俗玩笑。与此同时，在街机游戏厅中，一个名为杰克的红白蓝三色矮子英雄也开始上蹿下跳拯救世界，把安装在狮身人面像、雅典卫城、新天鹅城堡等世界名胜古迹上的爆炸装置逐个解除。这一切究竟是巧合，还是所谓"艺术来源于生活"？

没人知道《炸弹杰克》的故事背景是个什么情况，但这款快速刺激的游戏根本不需要什么剧情。你只需要知道炸弹引线都是点着的，还在等什么？赶紧上啊！但事实上，试个几次（或者几十次）你就会发现这些炸弹根本就不会爆炸。

燃烧的引线都是次要的，最重要的是按顺序逐个解除炸弹来获取高分。这个听起来容易，但当你被一群机械鸟、弹跳球以及机器人围困时，要在混乱中避开敌人和未爆炸的炸弹可是相当考验技巧的。尤其是游戏对跳跃的物理设定使你很难准确地触碰目标。

虽然游戏内容充满国际风情，但《炸弹杰克》实际上是一款彻头彻尾的日产游戏。弹簧腿的杰克是对马里奥的致敬，平台动作的设定亦是如此；"躲避+收集"的游戏方式直接照搬《吃豆人》，能让敌人全部冷冻的魔药亦是如此。游戏中的炸弹也无比可爱，看上去更像是熟透的樱桃而不是战争的工具。这也许就是它魅力持久的原因。从1984年到现在，这个世界从来都没缺少炸弹，要是它们都像《炸弹杰克》中的炸弹一样永远不会爆炸，世界也许又是另一番景象。**JRu**

Elite
太空精英

发售年份：1984
平台：多平台
开发商：Ian Bell，David Braben
类型：策略/射击

很少有游戏能有《太空精英》这样的勇气，描绘出一个如此巨大而无情的宇宙。这款游戏诞生于撒切尔夫人时代、由剑桥大学的两位学生伊安·贝尔（Ian Bell）和大卫·布拉本（David Braben）创作，讲述万恶的资本主义毒瘤已经在全宇宙扩散开来，这个残忍的银河系遍布着商贸势力和杀人凶案，成群的毒贩潜藏在宇宙中等着把你干掉，在距离星球数光年之外燃料耗尽的话只有等死，找个空间站停个船的话则死得更快。

《太空精英》在开发阶段只是一款在三维宇宙中的太空激战游戏，但布拉登和贝尔觉得这有点无聊，于是便想到在游戏中加入商贸元素，使这个宇宙看上去更有生气。游戏中的货物种类千奇百怪，小至普通的粮食和珠宝，大到武器和奴隶——如果你不怕被警察追着跑的话。不过这也倒挺符合这个道德沦丧的商业世界。把弄到手的商品以最赚的价格卖出去，则会给你来往穿梭的星球和星系造成不小的经济恐慌。

《太空精英》不仅有着精彩的创意，更有着庞大的世界。游戏中共有八大星系任你游走，在编程上还运用到斐波那契数列（Fibonacci Sequence）来生成各种星球和相应数据。你可以把《太空精英》看成是一款夹杂着枪战元素的模拟经营游戏，虽然这样听上去会让游戏显得索然无味，但这确实是一款背景宏大、令人回味的作品，充满了华丽的惊喜和隐藏情节。从未有过，也不再有过（CCP公司那款杰出的《星战前夜》[Eve Online]或许是个例外）任何一款游戏能以如此严谨的态度对待科幻，更没有哪款游戏能让玩家如此沉浸于镭射炮、星际火箭和攻击舰中不能自拔。**CD**

Kung-Fu Master
成龙踢馆

发售年份：1984
平台：街机
开发商：Irem
类型：格斗

　　《成龙踢馆》明显改编自成龙的电影《快餐车》（Wheels），游戏中的一些元素也明显受到香港传统动作片的影响。Irem公司这部光鲜亮丽的功夫街机游戏被广泛认为是卷轴动作类游戏的鼻祖级作品，深受其影响的游戏包括《热血硬派》（Renegade）、《快打旋风》（Final Fight）、《双截龙》（Double Dragon）以及《怒之铁拳》（Streets of Rage）等等。

　　游戏的背景设定只能用滑稽来形容（开场是万年不变的几行字："托马斯和西尔维娅被几个陌生男子袭击了"），但却又影响深远。你将扮演一位功夫大师，必须从一帮暴徒手中解救出被绑架的女友。为夺回女友你又不得不独闯恶魔塔的五层楼，使用拳脚按键废掉蜂拥而上的敌人。在第一层，大多数敌人只是试图抓住你，你只需乱摇一通摇杆就能把他们解决。随后登场的则是上蹿下跳的侏儒打手、吐火的恶龙以及可怕的……飞蛾。更重要的是，每一层楼都以一场Boss战收尾，你要面对的Boss既有回旋镖高手也有魔术师，另外每位Boss都有自己的血槽，这样的设定又是对此类游戏的一大贡献。

　　《成龙踢馆》定义了它所属的游戏类型，同时也是一个优秀的榜样。游戏的控制非常灵活，玩家可以进行快速的格斗，另外游戏中加入的跳跃和下蹲等动作也增加了对战的深度。同时，激昂的背景音乐增强了游戏的紧张气氛，粗糙的喊叫音效也让人感觉仿佛置身真正的功夫片。游戏后来又推出了多款家用主机的移植版，但真正和《空手道》（Karate Champ）、《空手家》（Karateka）等游戏一起作为革命性武术游戏让人永远铭记的，还是这款原版的《成龙踢馆》。**KS**

Deus Ex Machina
天降神兵

发售年份：1984
平台：ZX Spectrum, Commodore 64
开发商：Automata
类型：动作

  没有几款游戏能像《天降神兵》一样提供如此新奇的多媒体体验。这款游戏以一个计算机化的奥威尔式机械社会为背景，要求玩家监控一起生物事故：一个诞生于这个极端社会的变异新生命。游戏中的所谓"动作元素"涉及到一系列贯穿这个小生命成长过程的小游戏：玩家首先必须结合DNA，并培养好这个胚胎；当他长成孩子时你必须保护他不被警察发现；之后你又要对抗他老年时期面对的各种困难。

  但是，游戏屏幕上的东西只把这个故事讲了一半。这个充满野心的作品其实更像一张概念专辑或是一部原始的互动电影，而非一款简单的游戏。《天降神兵》由安德鲁·斯塔格（Andrew Stagg）制作，

早期电脑游戏大亨梅尔·克罗切（Mel Croucher）负责剧本撰写。和游戏配套销售的是一张磁带，磁带中录有氛围音乐式的背景音和由"神秘博士"的扮演者乔恩·博威（Jon Pertwee）、音乐家伊安·杜利（Ian Dury）和喜剧演员弗兰奇·豪沃德（Frankie Howerd）共同朗读的对白。磁带是用来在玩游戏时同步播放的，给玩家一种神奇的听觉伴奏。磁带中的内容既有《皆大欢喜》（As You Like It's）的《人生七阶》（seven ages of man）改唱词，也讨论了基因改造、电脑时代的疑惧心理等问题。这简直就是一件非凡的艺术品，骄傲而沉郁，又带有古怪的催眠色彩。

  虽然得到了业界的广泛好评和主流媒体的热情关注，但这款游戏的销售成绩只能说是场灾难，部分原因在于Automata公司在和零售商的交流上困难重重，因为卖家根本不知道如何处理这种另类产品。但克罗切显然没被游戏的商业失利所吓倒，数年之后他又带来了他的新作品《iD》。在这款奇怪的文字游戏中，玩家将和一个住在他们电脑中的生物进行对谈。**KS**

```
Front of House, lying down           Score: 10      Moves: 43

>get up
The bulldozer driver gives a quick chew of his gum and slams in the clutch.
The bulldozer piles into the side of your home.

Your home collapses in a cloud of dust, and a stray flying brick hits you
squarely on the back of the head. You try to think of some suitable last
words, but what with the confusion of the moment and the spinning of your
head, you are unable to compose anything pithy and expire in silence.

>s
You keep out of this, you're dead. An ambulance arrives.

>don't panic
You keep out of this, you're dead and should be concentrating on developing a
good firm rigor mortis. You are put in the ambulance, which drives away.

>pray
For a dead person you are talking too much. As the ambulance reaches the
mortuary a fleet of Vogon Constructor ships unexpectedly arrives and
demolishes the Earth to make way for a new hyperspace bypass.

We are about to give you your score. Put on your peril-sensitive sunglasses
now. (Hit RETURN or ENTER when ready.) >_
```

The Hitchhiker's Guide to the Galaxy
银河系漫游指南

发售年份：1984
平台：多平台
开发商：Infocom
类型：文字冒险

从广播剧到图书，从电视荧屏到电影银幕，道格拉斯·亚当斯（Douglas Adams）的科幻巨作《银河系漫游指南》已经被改编多次。当他决定和Infocom公司的活宝人物史蒂夫·梅里斯基（Steve Meretzky）一起把小说改编成文字冒险游戏时，他不仅保留了原作的关键元素，更重要的是，延续了原作的生命力和那份充满荒谬感的幽默。

对于那些体验过Infocom公司其他大作的玩家来说，本作把他们彻底嘲笑了一番。游戏中的否定回复常令人火大（"这个不重要，你能不能别去管它？"）即使是一些普通的环境描述也令人忍俊不禁（"这地板感觉就像是个溜冰场上的蹦床"）。游戏会骗你，让你出不了房间；有时还不允许你环视房间，除非你求它；

如果你死了，游戏会无视你的存在继续进行，如果你抗议的话还会遭到它的斥责："你能不能消停点？你都已经死了……"它会这样提醒你。

游戏中也有解谜成分，比如那个会奖励你一条懂翻译的"巴别鱼"的著名谜题。唯一缺失的是游戏角色（游戏对角色只是草草带过）以及游戏剧情，当然剧情对这个游戏基本没有多少意义。好像亚当斯已经没有耐性再重复一遍这个故事，只想坐下来玩玩文字游戏，除非你求他个几十次，否则他也懒得让你继续把这个游戏通下去。Infocom公司很少这样用解谜和恶搞凌驾于游戏剧情之上，但那是1984年，对于这样一个尚未定型的游戏类型，Infocom想怎么搞就怎么搞。

不幸的是，根据《宇宙尽头的餐馆》（The Restaurant at the End of the Universe）改编的游戏续作最终没能完成，但亚当斯后来又参与了大量游戏的制作，包括Infocom公司的《官僚》（Bureaucracy）和冒险游戏《星河战舰》（Starship Titanic），直到他2001年突然离世。**CDa**

Hyper Sports
疯狂运动会

发售年份：1984
平台：街机
开发商：科乐美（Konami）
类型：体育休闲

1984年，科乐美发售的《田径运动会》（Track & Field）一炮而红并成为人气街机大作，这全都归功于游戏新奇的设定和多人模式的巨大魅力。游戏还引入了靠狂敲按键来控制速度的概念，让玩家进行面对面的对抗比赛，把街机游戏变成了一次体能锻炼。

这款《疯狂运动会》则在前作基础上增加了更多的比赛项目。续作仍旧强调敲按键，这在游戏一开始的游泳比赛中就得到了很好地体现。但在随后的飞靶射击比赛中，游戏操作则更加的温柔。这一项目完全考验你的反应能力，奖励则是速度更快、分值更高的飞靶，当然还有更大的准星。接下来的比赛又变成体操中的纵向跳马，你将再次猛击按键来实现空翻和完美落地。随后的射箭比赛又回归传统的街机射击，

《田径运动会》中的传统在这里得到保留，比如你必须通过长按按键来设置高度，但是比赛中的移动目标和对准确度有着高要求的奖励目标又对玩家的技巧提出了新要求。最后，游戏再度回到《田径运动会》中的三项比赛——三级跳、举重和撑竿跳。

种类繁多的新增比赛项目成就了这款出色的多人游戏。就算你赢不了游泳比赛，你还可以选择尝试飞靶射击。如果你什么都在行，你就可以在奖励关卡炫耀一下你的技巧，或是完成撑竿跳这一游戏中的最大挑战。《疯狂运动会》成功地把主流运动和冷门项目融合到一个游戏包中，可谓成绩斐然。**JM**

Marble Madness
疯狂弹球

发售年份：1984
平台：街机
开发商：雅达利（Atari）
类型：动作

《疯狂弹球》使用追踪球取代了传统的摇杆和按钮，它还是第一款配有雅马哈FM语音芯片的雅达利街机游戏。但这款游戏之所以能够留名青史可不只是因为一些简单的另类设计或各种"第一"（毕竟在追踪球的使用上，《导弹指令》就要比《疯狂弹球》更早。《疯狂弹球》色彩鲜艳，令人眼花缭乱想，是一款紧张到近乎残忍的动作游戏。但纵使你一次又一次的失败，游戏出色的关卡和精彩的设定总能把你一次又一次地吸引回来。《疯狂弹球》也可以被描述为一款简单的迷宫类游戏——如果游戏中的迷宫也能被称为"简单"的话。但我们应该知道，游戏设计师马克·塞尔尼（Mark Cerny）可是从艺术家M.C.埃舍尔（M. C. Escher）的"无限建筑学"中获取的设计灵感。实际游戏中的迷宫是令人抓狂的几何建筑，鲜艳的橙色、黄色、蓝色下隐藏着一个事实——你所探索的可是一片残酷的战地。每一个悬崖都能把你那个玻璃脆的圆球小兄弟杀死几百次，每一个卑鄙的弯道和环路都会把你引诱至无底的深渊。

对于那些成功征服这些场地的玩家来说，和这些变态的弯道、坡道、洼地以及各种怪异的敌人周旋，得到的结果其实大同小异——雅达利扔给你另一个战场，等着再耗你几条命，多赚你几块钱。虽然《疯狂弹球》总共只有六个关卡，但游戏中的强制时间限制总会让你小错不断，不同地图中花样百出的设定让这个游戏显得巨大而神秘。

《疯狂弹球》再一次向玩家证明可爱的卡通风格游戏往往带有一颗恶毒的心。游戏在今天看来仍旧和当年一样有趣，斜四十五度视角风格更有种莫名的怀旧感。玩家可以通过雅达利的各种经典游戏合集感受这款游戏的魅力。**CD**

Karate Champ
空手道

发售年份：1984
平台：街机
开发商：Data East
类型：格斗

现在的格斗类游戏最早可以追溯到上世纪80年代中期的两款作品：科乐美的《功夫》（Yie Ar Kung-Fu）最早将各种带有不同格斗风格的角色引入游戏，并给每个角色设定一条会渐渐耗光的血槽；Data East的《空手道》则包办了剩下的一切。格斗主线以外的奖励关卡？是《空手道》发明的；一时半会儿难以上手的复杂招数？也是《空手道》发明的；允许你和真人玩家而不是电脑进行对战？你懂的。

虽然《空手道》埋下了即将来临的格斗类游戏的种子，但游戏的一些特色却被它众多后继者彻底抛弃。《空手道》中没有按键，只有两个摇杆。你必须同时移动两个摇杆来发动攻击——比如左摇杆向上、右摇杆向右可以发出飞踢的动作——如果你的时间和位置掐得刚刚好，那么你的对手便会应声倒地；如果没有的话，那你就彻底暴露在对手的反攻之下了。这款游戏不是让你把对手磨死，而是考验你的勇气与精准度，适时发出正确的攻击，师傅给你的奖励便不只是半分，而是满分。

《空手道》更接近真实的武术比赛，而不是街头的混战，这点在游戏的日本原版中最能体现。但本作的美版重制游戏却把舞台从空手道场移到各类奇异的场景中，玩家不再是参加空手道比赛，而是变成了为一个女孩进行战斗，但游戏的格斗内容和奖励关卡仍然被保留下来。《空手道》现在看起来也许像件历史文物，但从其他角度来看这却是个不折不扣的经典游戏模板。**JM**

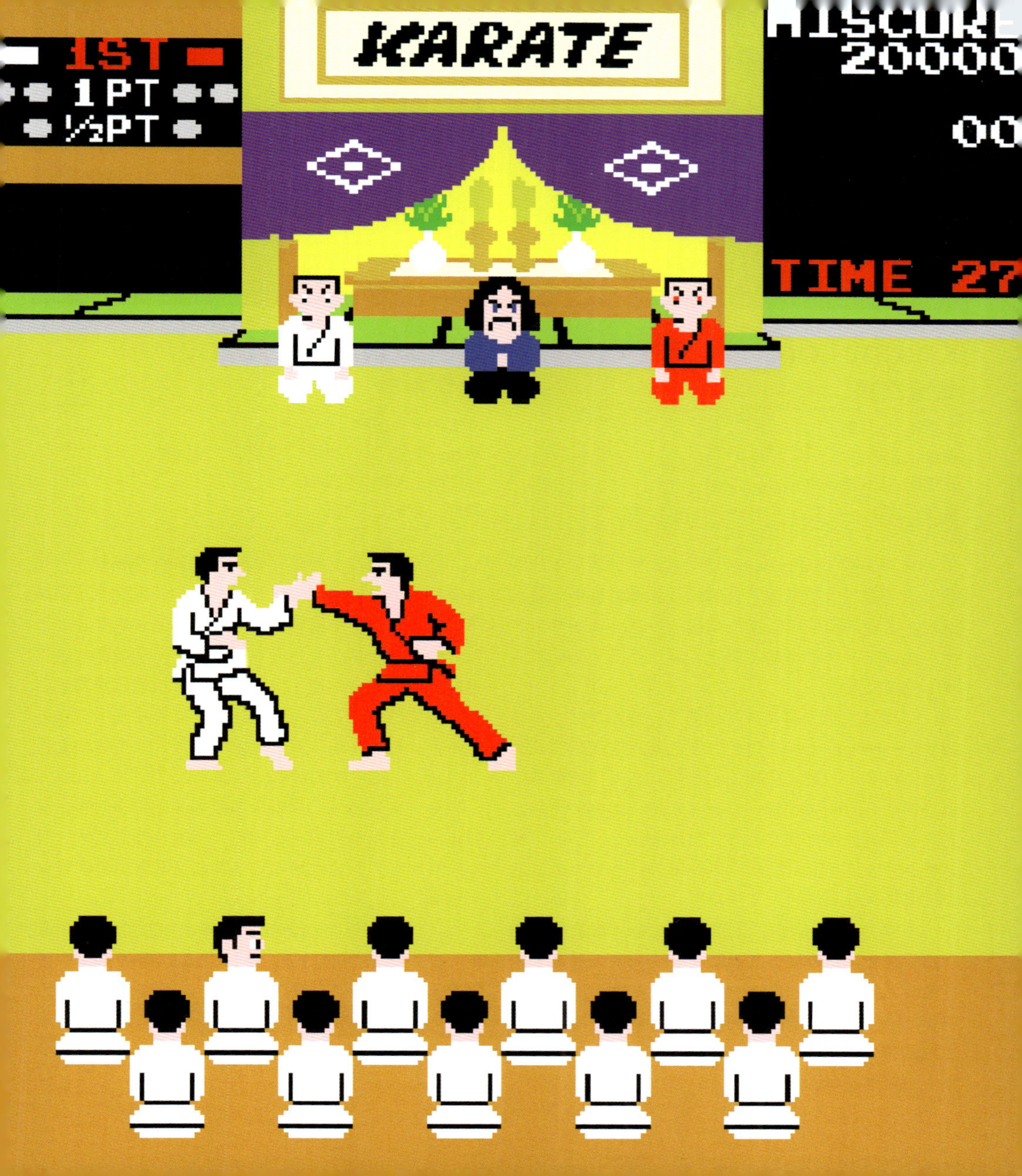
KARATE
1ST
1PT
½PT
HISCORE
20000
00
TIME 27

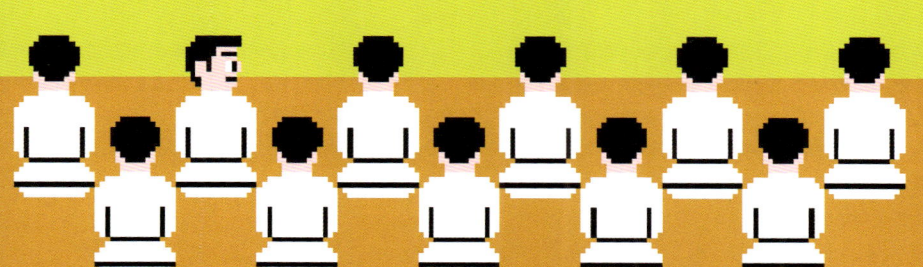

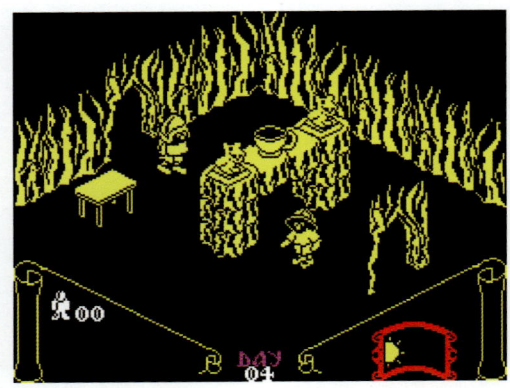 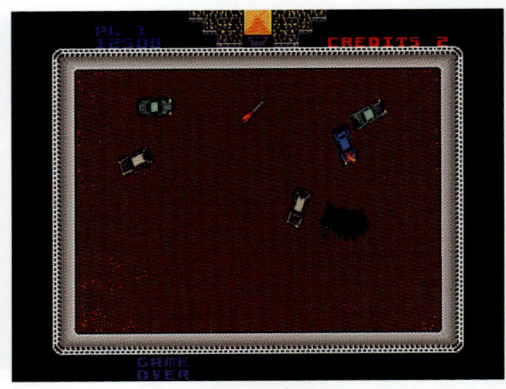

Knight Lore
魔域之狼

发售年份：1984
平台：多平台
开发商：Ultimate Play the Game
类型：动作

Demolition Derby
破坏赛车

发售年份：1984
平台：街机
开发商：Bally Midway
类型：赛车

在飞美逊（Filmation）公司的三维图像引擎的帮助下，《魔域之狼》成了英国的一款革命性横版冒险游戏。游戏的斜四十五度视角虽然不是什么新鲜货，但却足以完胜大批同类型游戏，其中不乏一些此类游戏中的佼佼者。

《魔域之狼》有其独特的魅力。游戏讲述主角赛博曼（Sabreman）——这已经是他第三次在这个系列中当主角了——被一只狼人诅咒后，备受咒语煎熬。他有四十天时间来走穿一个充满密室和回廊的迷宫，去寻找垂死的巫师美克希尔（Melkhior）。沿途中赛博曼必须收集不同的材料来制作解药。如果失败的话那么他将永远变成狼人无法复原。

在游戏中，玩家要面对各种挑战，除了严格的时间限制外，赛博曼还要忍受夜间变身狼人的折磨，《魔域之狼》也因此成为一款既考验玩家思维和横版游戏技巧、也考验决断力的动作冒险游戏。在那个游戏地图简陋、靠户外交流攻略的年代，《魔域之狼》绝对是一款别具一格的游戏佳作。**MKu**

《破坏赛车》抓住了这项运动的狂热精髓——横冲直撞，把其他选手的车子压个稀烂，直到全场只剩下最后一台会动的赛车。《破坏赛车》没有在画面上过分夸张，当然游戏也没有这个必要：毕竟游戏的主题就是汽车玩命对撞（同时注意留心拾取修复螺丝刀和其他奖励物品），而不是让你在复杂车道上死磕各种弯道。游戏采用了完全的俯瞰视角，使用方向盘进行控制，能够向前向后驾驶汽车。

在《破坏赛车》中玩家需要用车尾撞击对手，这种操作一开始也许会比较别扭，但很快便会成为一种本能性反应，而这种扭曲玩法的独特魅力将会贯穿整个游戏。

《破坏赛车》的游戏机为双人对战立式机，最多可支持四人同时对战。在和朋友的对战中，个人恩怨和拉帮结派马上就表现出来，但在这样一部无法无天的游戏中，结伙以多欺少的情形未免再正常不过。**TB**

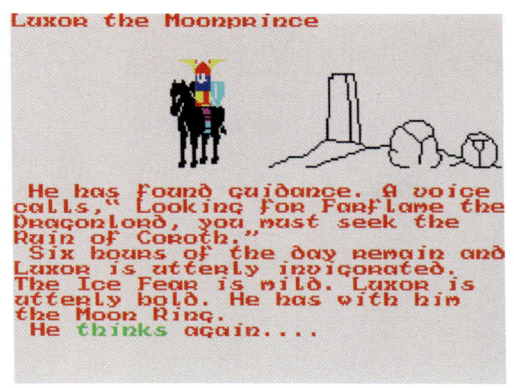

Lords of Midnight
午夜之王

发售年份：1984

平台：多平台

开发商：Mike Singleton

类型：策略/冒险

上世纪80年代初期，麦克·辛格顿（Mike Singleton）设计了一款幻想类角色扮演游戏。当他准备为这个宏大的剧本开发一款电脑版游戏时，却发现当前没有任何技术能帮助再现他想象中的恢弘世界，于是他决定自己来发明一个。《午夜之王》讲述一个发生在幻想世界的冒险故事，游戏采用了一种突破性的技术："风景法"（landscaping）。玩家可以从第一人称视角观察周围的环境。

《午夜之王》讲述卢卡瑟王子（Prince Luxor）如何击败邪恶的多达克（Doomdark）和它的军队。你必须为每一次交战精心策划好战术。在每轮战斗结束后，黑暗都会降临，多达克将进行下一步行动。第二天清晨，你将收到一份书面报告，了解前一天晚上的战斗胜负情况。

这样的游戏不见得符合每个人的口味，但《午夜之王》确实能向你提供一次氛围浓厚、赏心悦目的脑部训练。有趣的是，据传辛格顿原以为多达克根本没可能被击败，当然，玩家们用实际行动证明了奇迹是有可能发生的。**KS**

Jet Set Willy
鬼屋冒险

发售年份：1984

平台：多平台

开发商：Matthew Smith

类型：平台动作

马修·史密斯这部《疯狂矿工》续作是一部让人身心俱疲，甚至觉得有点邪门的游戏。游戏讲述矿工威利暴躁的老婆在他整理干净房间之前不允许他上床，但在这样一个梦魇式房屋中夜游实在让人觉得诡异。游戏中的鬼宅是电子游戏中最著名的场景之一。玩家将从浴室开始出发，穿过餐厅、厨房、佣人房，最后走入花园。游戏的恐怖元素令人印象深刻，到处都是舞动的剃刀、啸叫的锯子和飞行的猪。和《疯狂矿工》里一样，在这样一款虐人的平台动作游戏中，威利超强的跳跃能力就是玩家的福音，你可以轻松地飞跃你的敌人，然后安稳地落在你预定的目的地。

由于游戏程序中存在一个Bug，原版的《鬼屋冒险》其实是无法通关的——这在某种程度上也加强了游戏的卡夫卡式味道。和同时期的大多数其他电脑游戏相比——其中一些也看上去不太正常——《鬼屋冒险》就是个诡异刺激、令人背脊发凉的8位数字梦魇。**CD**

Pac-Land
吃豆世界

发售年份：1984
平台：街机
开发商：南梦宫（Namco）
类型：平台动作

玩《吃豆世界》时，很容易让人联想到一个完全不同的电子游戏史，在那里，南梦宫的这只吉祥物在游戏殿堂中维持着它无人能及的霸主地位。当这款游戏在1984年面世时，世界仍然沉浸在一片吃豆热潮中。但这个爱吃豆子的黄色小东西很快就被其他游戏角色赶下了台。吃豆人没长腿，移植家用平台后并没有延续他往日的辉煌，而是被远远地甩在了后面。

但到了《吃豆世界》，吃豆人却长腿了——我是说真的长腿了——并且发了疯似的到处乱蹦乱跳。这款横向卷轴游戏可是在《超级马里奥兄弟》（Super Mario Bros）诞生一年前就出来了，而游戏在许多方面也和《超级马里奥兄弟》有着各种雷同。

毫无疑问，《吃豆世界》远比不上《超级马里奥兄弟》。游戏中没有Boss，游戏关卡设计缺乏垂直空间感，游戏的操作也差强人意。但《吃豆世界》仍然很有意思，在所有的《超级马里奥》原型游戏中，《吃豆世界》算是最马里奥的一款了。游戏主角泰然自若地在平台之间跳来跳去，偶尔还会碰上他的妻子和孩子——吃豆女士和吃豆宝宝（角色设计和主题音乐都照搬自周六卡通档的游戏改编动画）。在他弹跳的过程中，会被一波接一波的小鬼围困。大力丸有时会在游戏中出现，使吃豆人能够吞食这些小鬼，但最简单的方法还是避开他们继续往前跳。

《吃豆世界》的历史意义是不可否定的：如果仔细研究游戏背景中充满手绘感的云朵和山峰，进入地牢后响起的可怕音乐，以及让人联想起马里奥水下关卡的连跳操作，你很难相信任天堂的那些开发员没有从这款游戏中汲取灵感。**CB**

Paperboy
送报童

发售年份：1984
平台：街机
开发商：雅达利（Atari）
类型：动作

  从今天的眼光看来，《送报童》的确是款另类的游戏。这简直就是《侠盗猎车》的鼻祖，讲述的都是一个孤独的社会底层人物如何在龙蛇混杂的环境下打拼生活。玩家将控制一个可怜的报童骑着自行车穿街走巷，挨家挨户投递《太阳日报》（Daily Sun）——"全世界最该扔的报纸"——扔报纸时最好不要砸烂顾客的窗户。街道被挤到了游戏屏幕的最右端，所以你不大会被街上的汽车撞上，除非它笔直朝你开过来。这样的设定也能帮助你更好地看清整个居民区的周边情况：小偷在撬窗户、霹雳舞男在路上挡道、小孩子操纵遥控车来撞你的自行车。游戏中充斥着死亡，或者说有着浓郁的万圣节气息，比如灵车会突然从车道上向你冲过来，拿着镰刀的死神会在人行道上悠闲地散步等等。那个草坪上甚至摆着刻有你名字缩写的墓碑。不过把这些墓碑推倒还可以加分，您请便。

  游戏的操控装置是一对真正的自行车把手，骑上去和小孩子梦寐以求的廉价无挂挡自行车是一个感觉。但游戏最大的挑战在于如何让你的客户满意。每天的报纸投递工作结束后都会有愤怒的顾客取消订制，如果你的客户流失过多，那你就会被炒鱿鱼。

  这种在混乱中维持社会秩序的游戏创意在后来一直延续下来，《黑道圣徒》（Saints Row）等大批带有守护地盘元素的游戏都有《送报童》的影子。当然，《送报童》的这些后继者把报纸换成了手枪，游戏失败的后果也比坐在你摔坏的自行车旁边、脑袋上扣个报纸箱的结局要血腥得多。**CDa**

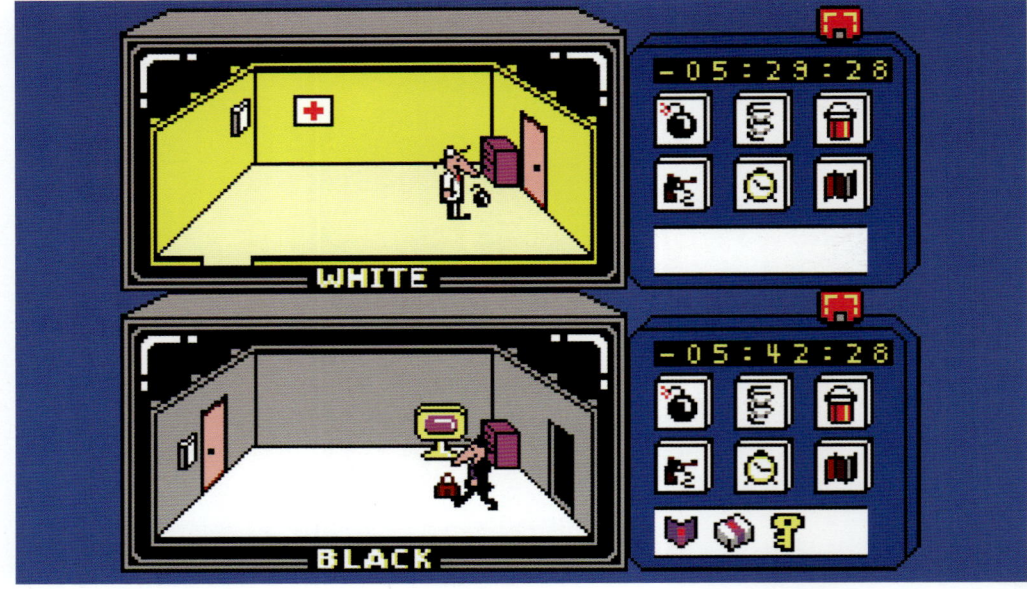

Spy vs. Spy
间谍大战

发售年份：1984
平台：多平台
开发商：First Star Software
类型：动作/策略

　　这款邪恶的双人游戏《间谍大战》出自老牌设计师麦克·雷德尔（Mike Reidel）之手，两位黑白色主角从漫画杂志《Mad》的油墨书页上跃入家用电脑的8位图像，继续两人的复仇计划。从来没有哪一款游戏能像《间谍大战》这样给予玩家如此大的自由空间进行直接对战和间接整蛊。双方在同样的房间中四处转悠，一边为对方设下各种陷阱，一边收集必要的文件和钱款，最后搭飞机逃离这个城市。

　　玩家面临着一个策略性挑战：是要带上他们收集好的所有物品——很可能在后面一死就什么东西都没有了——还是把这些东西藏在什么地方，并在旁边设个陷阱，期望对手在寻找物品的过程中中奖？

　　游戏中的陷阱有着强烈的漫画感：悬在门上的水桶、系在家具上的自动枪、突然落下的炸弹，最精彩的就是一个巨型弹簧，如果成功触发的话，会把倒霉的受害者连续弹出一排房间。有趣的是，每个陷阱都有一个弱点，如果对方携带有正确的物品的话，便可以成功避开这个陷阱，所以游戏的一大半乐趣都在于盯紧对手玩家的屏幕，尽量记住他到底给你准备了哪些陷阱。

　　《间谍大战》充分还原了原作的漫画喜感与施虐情节，这是一款闹腾而又简单的多人游戏经典，它定义了一个全新的游戏方向，但却没有同类游戏能够成功延续这一模式。《间谍大战》在Game Boy掌机上有一款不错的重制版，另外Xbox上也有类似的重制，但建议玩家不要去尝试。**CD**

Bounty Bob Strikes Back
赏金鲍勃归来

发售年份：1984
平台：多平台
开发商：Big Five Software
类型：平台动作

  在电子游戏家谱中，《赏金鲍勃归来》的祖宗可以追溯至《超级矿工》，以及偷师Big Five软件公司游戏作品的"矿工威利"系列。《赏金鲍勃归来》也许是游戏史上第一批真正意义上的续作，但游戏真正吸引人的地方还在于它的开发过程。上世纪80年代的技术飞跃使得针对游戏开发的各种实验成为可能，程序师比尔·霍格（Bill Hogue）和设计师杰夫·康宇（Jeff Konyu）的合作还让媒体小兴奋了一次，使得这个二人组一度成为业界红人。

  《赏金鲍勃》（Bounty Bob）充满了天才式的设计，玩家必须在支离破碎的平台之间小心翼翼地跳跃，通过把这些横板点亮来获取得分，顺便踩死沿途遇上的敌人。其他矿工留下来的记号为鲍勃铺平了去路，帮助他追寻《超级矿工》中的老对手——潜伏在黑暗中的Yukon Yohan。游戏中的指示性记号在古老的游戏引擎上不太容易分辨，但这一设定却被后来的无数游戏开发者沿用下来。

  续作大张旗鼓地用上了"赏金鲍勃"的名字，却没能在市场上引起足够反响，最终导致开发公司彻底退出游戏产业，这也从某种程度上预示了电子游戏的未来发展模式。但我们并不是在否定《赏金鲍勃》的游戏质量，游戏的二十五个关卡细节更加丰富、节奏更紧张、更具挑战性，不论外观画面还是技术成就都远远超过它的前作。用纵向滚动卷轴来表现关卡转换的做法很有新意，把不同的关卡紧紧串在了一起，使得赏金鲍勃的地下探险更具连贯性，让玩家不自觉地把游戏一路玩到底。**DV**

Déjà Vu
记忆幻觉

发售年份：1985
平台：多平台
开发商：ICOM Simulations
类型：冒险

  苹果电脑好像从来都不是玩游戏的料，但时光倒回二十年，情况就有点不一样了。《记忆幻觉》是所谓"苹果冒险"（MacVenture）系列——一个鼠标冒险游戏合集——的第一部作品。在电子游戏发展过程中，苹果冒险系列的最大贡献就是在游戏环境下对WIMP（窗口、图标、菜单、指标）界面的探索开发，为诸如卢卡斯艺术公司的许多冒险游戏经典一类的作品铺平了道路。

  《记忆幻觉》的背景设在20世纪40年代的芝加哥，充满了黑色电影的味道，大胆的黑白画面与游戏主题配合得天衣无缝。玩家将扮演私家侦探艾斯·哈丁（Ace Harding），游戏一开始你从浴室中醒过来，眼前只有一堆血迹、一把手枪和身上的一些针眼。哦，当然你什么都不记得了。虽然这样的情节俗套的不行，但你的失忆却和游戏的界面非常的匹配。《记忆幻觉》的部分乐趣就在于对未来的猜想，游戏充满了神秘感，你会迫切地想看到接下来的场景中会出现什么东西。在这里，每点一次鼠标，你的人生故事就翻开新的一页。

  和之前的文字冒险游戏不同的是，《记忆幻觉》是靠鼠标进行操作的，这也使得游戏的控制十分简便，不需要做文字输入。很少有人记得曾经有这么一段一个鼠标打天下的时代，就这点而言《记忆幻觉》的简洁确实值得被各种现代游戏的复杂控制键惹毛的玩家所铭记。

  事实上，鼠标冒险游戏在近年又再度回归，这都是网页游戏的功劳，对于这一类游戏，这样的操作再合适不过了。**JBW**

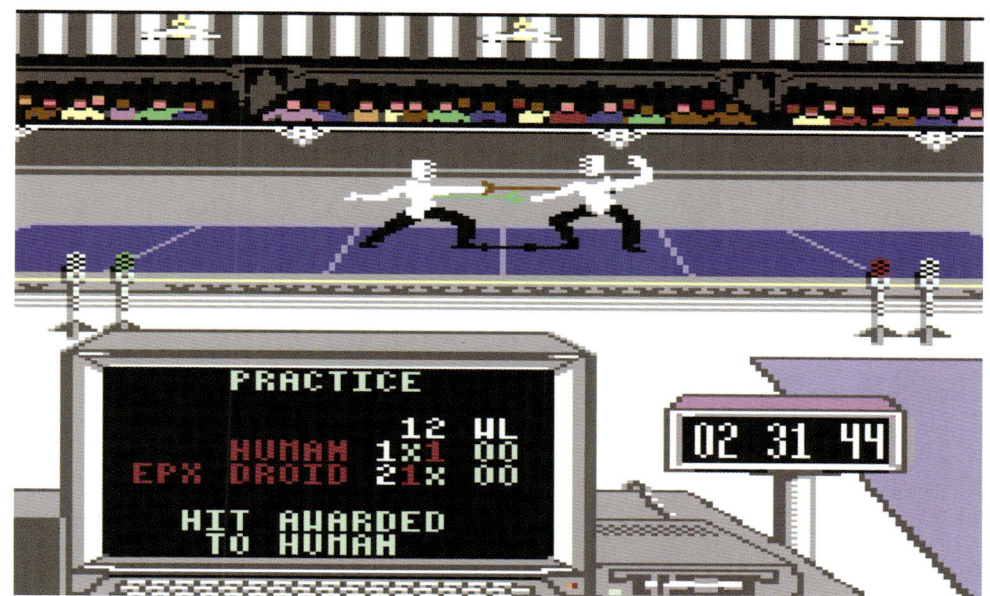

Summer Games II
《夏季大赛2》

发售年份：1985
平台：多平台
开发商：Epyx
类型：体育休闲

全世界玩家也许是在街机厅第一次接触到了体育类游戏，但真正把这个类型游戏发扬光大的还是家用主机上的一系列作品。当科乐美的《田径运动会》把精力都放在靠狂敲游戏键来提高速度时，Epyx公司的"大赛"系列则在试图探索更适合的控制方式。

《夏季大赛2》是在原《夏季大赛》基础上的一次进化，把比赛项目总数提升到八项。三级跳、跳高、投标枪并没有表现出运动类型的变化，但划船、骑马、击剑、皮划艇、自行车等项目则提供了前所未见的游戏体验。划船要求的不是疯狂的打桨，而是有节奏的划动。而真正体现出水上运动挑战性的莫过于皮划艇比赛，要顺利划过各种蜿蜒的水道并通过水门需要极好的划桨技术。新收录的骑马比赛虽然形式新颖，但却并不成功；击剑则把游戏上升到一个更高的层次，对策略性的强调在这样的体育游戏合集中还是比较罕见的。最后，如果你追求的是马拉松式的挑战，那么自行车比赛绝对是你的菜。你必须不停地转动运动员的那两条小腿，直到你感觉你的手腕或是你的手柄快要报废。

Epyx公司在游戏细节上的高追求令玩家沉溺于这款《夏季大赛2》之中难以自拔，当然，真正让这款游戏生命力如此旺盛的还是它提供的多人游戏体验。《世界大赛》（World Games）和《加州大赛》（California Games）固然完善发展了这类游戏模式，但如果是和一群朋友共同打机的话，《夏季大赛2》提供的挑战与乐趣就已足够。**TB**

A Mind Forever Voyaging
永航之心

发售年份：1985
平台：多平台
开发商：Infocom
类型：文字冒险

  在其巅峰时期，Infocom公司冒险推出了这款最大胆的游戏作品。这是一个关于政治力量如何毁灭人性的互动式小说，一个由一台电脑讲述的私人故事，一款几乎毫无难度可言的游戏。在《永航之心》中，玩家将扮演实验室中一台具有感知力的人工智能机器。政府即将开启一系列名为"国家复兴计划"的政治改革，你的任务则是在模拟生成的未来中测评这一计划的实施效果。

  在这五十年中，人工智能以人类佩里（Perry）的形态造访一个位于南达科他州的虚拟小镇洛克威尔，并试着过一过正常人的生活：偶尔买买衣服、和路人聊聊天、回家看看老婆。但每隔十年他都发现周围的情况越变越糟。佩里可以记录下他的经历并存为证据，但并不是所有人都喜欢这些报道——这也是游戏中唯一的挑战所在。但游戏的大部分时间里，玩家都可以畅通无阻地探索洛克威尔，和Infocom公司作品中的各种解谜一样，游戏中的收集调查报告部分也带有极大的强制性。

  作为一款发售于里根时期的游戏，《永航之心》对保守党政策进行了露骨地批判，并做出了激进的政治声明。编剧史蒂夫·梅里斯基（Steve Meretzky）警告我们：右翼势力的政治终将毁灭全人类。

  《永航之心》并没能引发梅里斯基所预想的轰动，如今人们铭记这个游戏，更多的是因为它在佩里的虚拟世界中融入的丰富细节。游戏强迫你目睹大大小小的残忍现象，让你对周围的一切心存珍惜。虽然没有一个谜题，但《永航之心》要求你记录这些游戏瞬间的过程却以别样的方式让你对游戏着迷。**CDa**

Commando
战场之狼

发售年份：1985
平台：街机
开发商：卡普空（Capcom）
类型：射击

  一架直升机在敌方区域降落，沙包和岩丘守卫着敌军，一扇坚不可摧的大门挡住去路，源源不断的敌人用机枪和手雷，甚至是迫击炮来阻挡你前进。但我们的主角超人乔（Super Joe）就是来这里解决他们的。当然乔有他得天独厚的优势：对面的敌人发射的是全世界最慢的子弹，你可以毫不费力地把敌人火力避开；敌方步兵的进攻也都是可以预测的，而与此同时乔却可以灵活跑位，四处开火扫清前路。话虽如此，摆在前面的可是足足八个关卡，而你手中只有区区一枚游戏币。

  藤原得郎的这款《战场之狼》是一款典型的俯瞰视角跑轰游戏，同时也是此类游戏的鼻祖级作品。我们的主角必须不断地前进，但偶尔也可以稍作迂回，解决掉那些试图围困他的敌人。由于敌人有碉堡和沙包的保护，《战场之狼》比其他的射击游戏更具策略性。最重要的是游戏引入了二类武器——手雷，玩家可以通过投掷手雷越过敌人的防御，从而杀死敌人。

  游戏中的地形和障碍变幻多样，虽然是一款战争背景游戏，《战场之狼》的画面却非常和谐向上，完全不见血。但你仍需要营救战俘，并面对耗死人的壕沟战。敌人是打不完的，敌军会发疯似得向你袭来，你唯一能做的就是勇往直前死撑到最后。

  《战场之狼》的游戏模式很成功，不仅移植到了各类游戏平台，更催生了多部续作，以及山寨作品。游戏的后继者包括作为续集面市的《生化尖兵》（Bionic Commando，不过这款横向卷轴射击游戏在风格上和《战场之狼》有很大差异）、《战场之狼2》（Mercs）以及2008年的《战场之狼3》（Wolf of the Battlefield: Commando 3），但没有哪一款能再现初代游戏昔日的辉煌。**CDa**

Yie Ar Kung-Fu
功夫小子

发售年份：1985
平台：街机
开发商：科乐美（Konami）
类型：格斗

　　虽然走写实路线的《空手道》要比《功夫小子》早出来一年，但在大多数人眼中，格斗游戏的鼻祖正是科乐美的这款风格艳丽、节奏明快的《功夫小子》。

　　一心想要成为武术大师的乌龙（Oolong）必须打败十一名对手，这些对手一个比一个强悍，并且各有各的标志性绝招和武器——从锁链到木棍，从剃刀般锋利的扇子到双节棍（这一武器的使用者是一名身着黄色运动服的对手，明显是对李小龙的致敬）。相比于《空手道》中朴实无华的武术运动员，《功夫小子》更像是一次极具异域风情的人物秀，这一点也极大地影响了后来的《街头霸王》（Street Fighter）和《饿狼传说》（Fatal Fury）系列。

　　当然这绝不是这部作品对格斗类游戏的唯一贡献。《功夫小子》（直译为《一二功夫》）还普及了血槽的使用，取代了以往的生命点数；游戏同时还引入了色彩明亮、细节丰富的背景图：前五场对战是在一个瀑布下进行的，最后六场则是在一座寺庙的庭院里展开；另外，乌龙还可以在游戏场地上进行夸张的跳跃——这又是一项格斗游戏的经典设计和重要动作。

　　通过操纵杆和拳脚按键的不同组合，玩家可以发动一系列的攻击。针对每一位对手，玩家都必须通过仔细研究和观察记忆来发现对方的弱点，设计出一套克敌制胜的动作套路。游戏的缺陷在于对人物碰撞判定的精确性不足，这也意味着玩家如果和对手靠得太近的话就很容易掉血；另外由于无法控制人物的跳跃距离，游戏常常会变成华丽的跳远比赛。但那毕竟是1985年，距《街头霸王2》的隆重登场还有六年之久。《功夫小子》也许是一款质量有限的格斗游戏，但它的影响是不可估量的。**KS**

Gauntlet
圣铠

发售年份：1985
平台：街机
开发商：雅达利（Atari）
类型：动作

很久很久以前，在那个没有《求生之路》（Left 4 Dead）的大群嗜血丧尸、没有《使命召唤4》（COD4）的狙击手，没有《光环》的异星战场的年代，多人合作游戏只有这款《圣铠》。这是一款俯瞰视角的地牢游戏，强调药水、钥匙、打怪等元素，其他一切都无足轻重。游戏玩起来还不赖。实际上，这款游戏简直好玩到爆：疯狂的射击、魔法攻击、夺宝以及常见的队友背叛——在每一关的入口到出口的路上把亲密的朋友变成仇恨的敌人。玩家可以在一系列耳熟能详的角色职业中进行选择，然后组成四人团队，洗劫棕灰色的房间、撬锁闯入各种密室、并经常性地停下来帮队友一些忙。游戏很野蛮、内容很简单，但却有着强烈的代入感和极佳的上手度，震耳欲聋的音效更营造出出色的游戏氛围，一系列阴郁的音乐中夹杂着来自看不见的地牢城主低沉含糊而毫无意义的提示，比如"记住：不要射击食物"。

这款街机游戏经典出自雅达利的天才游戏人艾德·罗格之手，托游戏移植的福，玩家可以在大量的家用机平台上再次感受《圣铠》的乐趣，但却很难再还原在混乱的游戏机厅中和朋友通力合作的战斗快感。今天有不少的游戏续作试图重现《圣铠》的魔力，但《圣铠》那种野蛮粗鲁的感觉只有在原版游戏中才能得到最大的体现，这就是简单的游戏设计与永恒的相互算计偶然碰撞产生的杰作。这些年里，游戏变得越来越好看、越来越复杂，但这款又老又钝的《圣铠》玩起来仍旧新鲜而爽快。**CD**

Ghosts 'n Goblins
魔界村

发售年份：1985
平台：街机
开发商：卡普空（Capcom）
类型：动作

　　要想打通《魔界村》的全部六个关卡，躲开那些无底深渊和抓人的杂兵，最终投入公主的怀抱，你需要的可不止是勇气，而是耐心、一口袋零钱和眼观六路的超人才能。这款由藤原得郎开发的平台动作游戏讲述勇敢的亚瑟（Arthur）如何从魔王手中解救美人，可算是街机史上难度最高的一款名作。

　　每当你用按键操纵亚瑟进行跳跃或舞手弄足时，你都是在做一次赌博。你在空中不能进行调整或回跳，你也不能二级跳或是抓墙。可以肯定的是，只要你跳跃的时间（或地点）稍有偏差，最好的结果是你的裤子要被脱下——被攻击一次后亚瑟的铠甲就会脱落，只剩一条拳击内裤来维护他的尊严；不然的话就是被化为一堆白骨——落脚点和岩壁偏差哪怕一个像素，你就要落进水里、岩浆里或是屏幕之外的什么地方。

　　游戏除了想看你死之外别无他求。其他高难度的横向卷轴街机游戏——比较出名的如《忍者武士》（The Ninja Warriors）和《成龙踢馆2——功夫小子》（Vigilante）——中的敌人都是从屏幕左边或右边蜂涌上来，但《魔界村》玩得更狠。你的敌人几乎无孔不入——秃鹰会从树上冲下来，棺材会从地底冒出来，当然大部分时间还是从你脚下直接往上蹿。亚瑟的每一件武器都有其各自的攻击范围和攻击轨迹，有些武器明显比其他的要烂，这也意味着某些武器的升级你也要尽量避开。

　　《魔界村》吸引玩家的不仅是卡普空日渐成形的艺术风格和对超大Boss战的偏好，其超高的难度也能充分激起玩家的挑战欲，这一点在游戏的各类家用主机移植版上也得到了很好的延续。**DH**

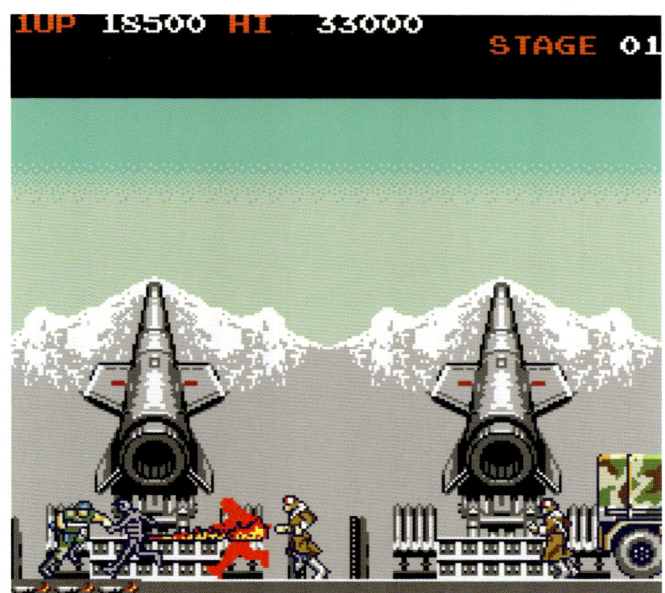

Green Beret
绿色兵团

发售年份：1985
平台：街机
开发商：科乐美（Konami）
类型：动作

上世纪80年代中期的冷战气候为街机动作游戏的开发商们提供了一片沃土。在核打击阴影笼罩全球、西尔维斯·史泰龙（Sylvester Stallone）和查克·诺里斯（Chuck Norris）这类孤胆英雄拯救世界的大环境下，大银幕上宣传的仇外主题得到了观众的热烈回应，烟雾缭绕的阴暗游戏机厅自然也不甘落后。不出所料，《绿色兵团》一出，立刻一炮走红。

大多数军事题材的街机游戏都习惯把痛打匪徒、营救战俘的情节放置在详细地址不明的外国领土，但《绿色兵团》却要直截了当得多。游戏也算是给当时流行的卖萌型横版游戏一记响亮耳光。当你往游戏机里投币后，映入玩家眼帘的首先是四个被绑在敌军阵营内痛苦扭动的战俘，等着敌人送几梭子弹来当早餐。我们的绿色英雄一路横穿敌军阵地，用一把匕首狂扎蜂拥而至的军衣敌人。他还会在沿途拾到各种敌军武器——火焰喷射器、火箭筒、手雷——来协助自己完成这疯狂的屠戮大业。

作为《魂斗罗》一类跑轰游戏的鼻祖，《绿色兵团》是一款考验玩家反应能力的佳作，并且充满了挑战性。游戏抛弃了无聊的战术设定，取而代之的是成排冲上来的敌方士兵，多到让你难以集中注意力。每一关的战斗高潮，你要面对的都是更多不要命的敌军。《绿色兵团》是一款让人杀红眼的疯狂游戏，好在它粗糙的8位游戏画面缓和了一些其中的暴力元素。

《绿色兵团》登陆家用电脑平台后积攒了更多的人气，当然内容和谐的家用机版也更能得到家长们的接受。**JB**

Gradius
宇宙巡航机

发售年份：1985
平台：街机
开发商：科乐美（Konami）
类型：射击

  1985年，早已习惯简陋的8位图像的街机迷们迎来了《宇宙巡航机》，请原谅他们不亚于宗教狂热的兴奋。像素画面仿佛经历了一次激光眼科手术，游戏世界突然变得超乎想象的绚丽起来，而这其中科乐美公司的艺术家们功不可没。

  作为引领这一革命浪潮的射击游戏经典，《宇宙巡航机》的质量绝不仅仅体现在游戏画面上。游戏最大的变革在于武器选择栏的引入：通过收集琥珀色的发光胶囊，玩家可以在武器栏中进行切换，并通过街机上的按键挑选新武器。每款武器都可以进行若干次升级，只有"加速器"这一选项的升级可能会带来点小麻烦——等你离喷发的火山太近的时候你就知道怎么回事了。

  五个可升级武器中最关键的大概就是"子机"（option）了（那个失真的游戏语音也管它叫"multiple"）。这个黄色小球会紧跟你的Vic Viper战舰，和你一起开火。你也可以携带一排子机像蛇一样跟着你跑，通过适当的编队可以集中火力进行攻击，这对于某些需要"攻击核心部位"的Boss来说尤其有效果。

  总而言之，《宇宙巡航机》在给玩家带来前所未见的华丽而复杂的关卡的同时，还附赠了自选武器升级这一道豪华大餐——这一全新设定影响了整个射击类游戏。《宇宙巡航舰》系列续作自然也沿袭了这一模式，其中1988年的续作《宇宙巡航机2》（Gradius II）更是该系列中最为耀眼的一部作品。**JB**

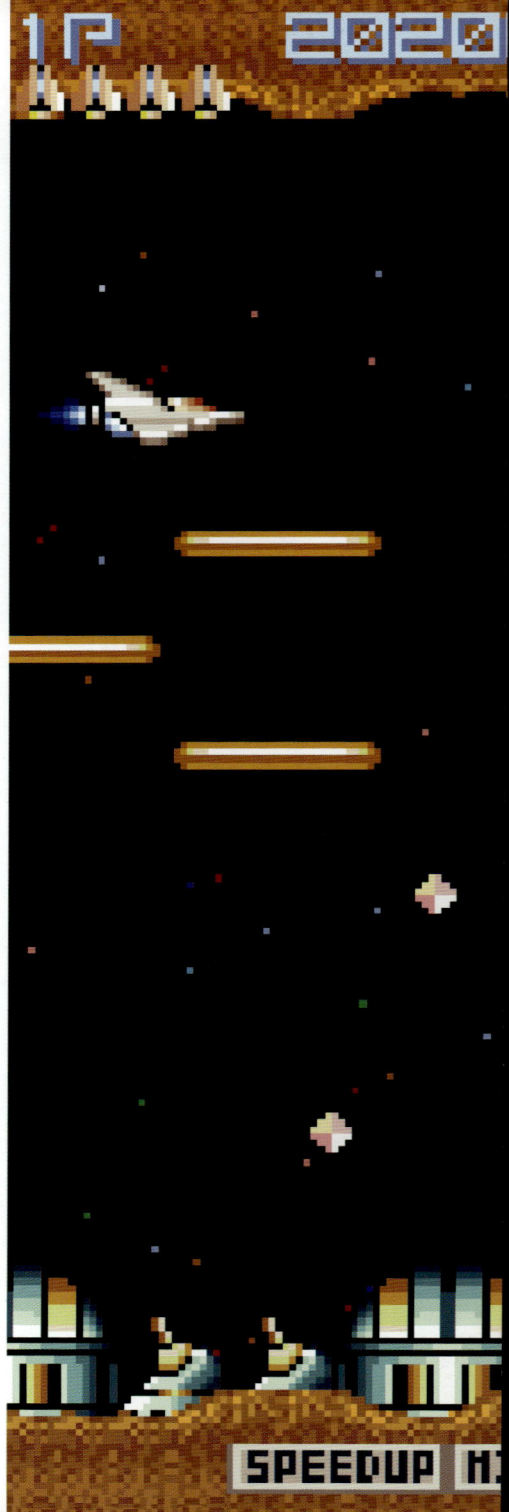

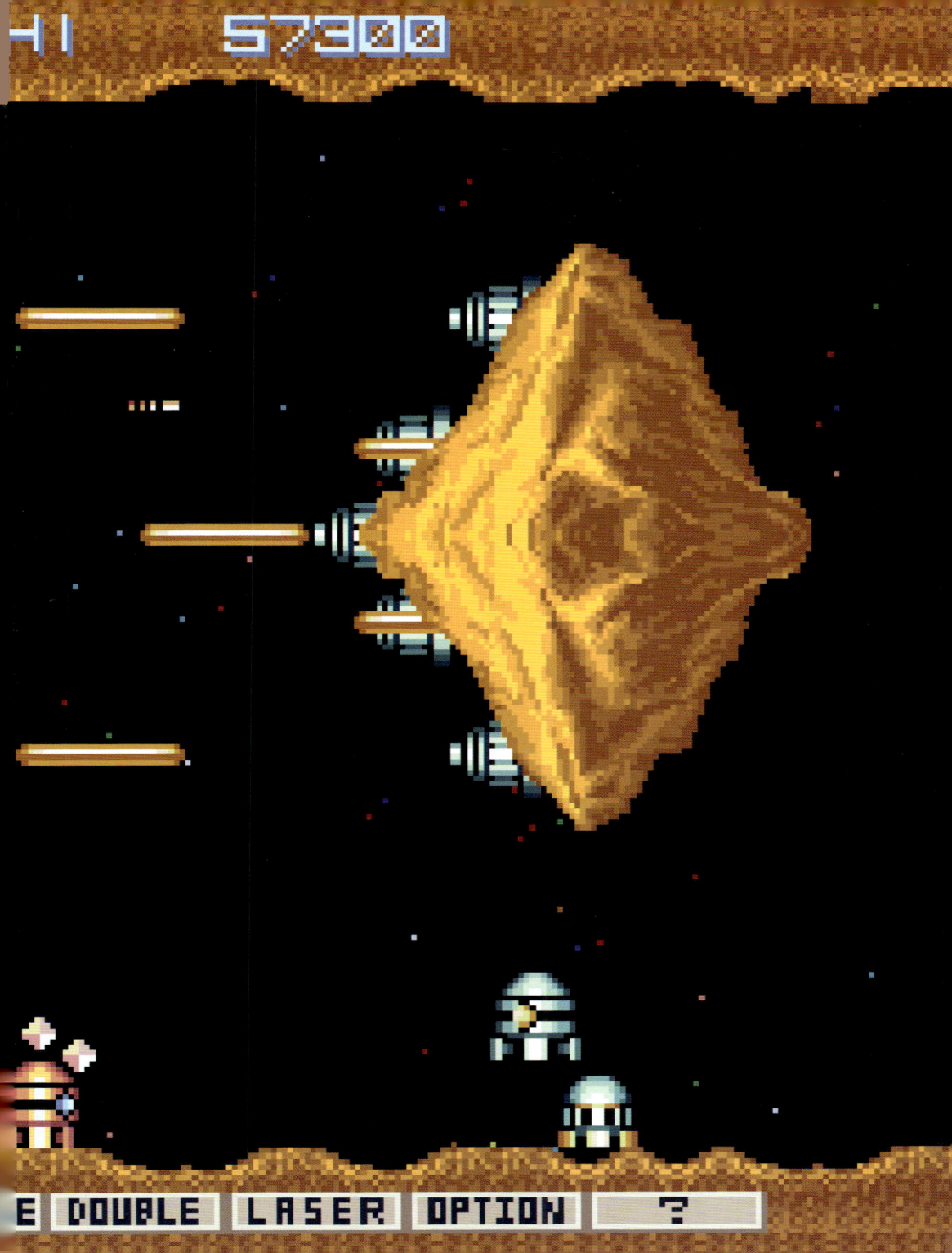

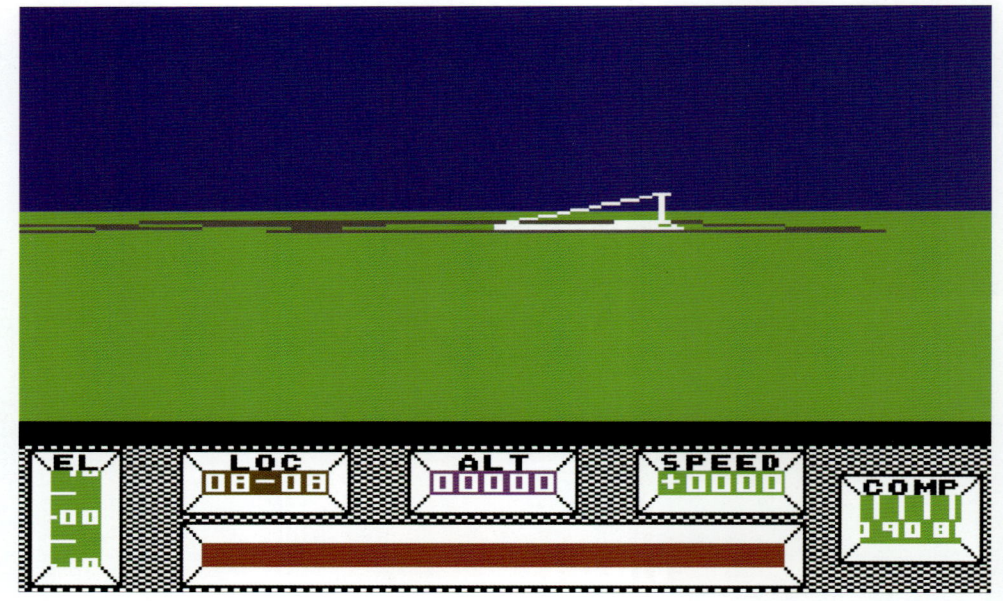

Mercenary
雇佣兵

发售年份：1985
平台：多平台
开发商：Paul Woakes
类型：动作/冒险

　　在今天的游戏界，经常可以听见游戏开发商们吹嘘自己的产品如何能够向玩家提供自由探索的环境。但通常情况下，这样的游戏往往还是充斥着游戏旁白、场景切换、强制任务和不可通过的区域。相比之下，《雇佣兵》只是创造出一个世界扔给玩家，你想怎么样就怎么样。

　　这款游戏没有选项栏也没有开场介绍，游戏一开始玩家只看见一艘受到重创的飞船冲向塔格星。飞船坠毁后玩家就来到一个散落着线框式建筑和符号式景观的微小世界。程序师保罗·沃克斯（Paul Woakes）使用最基本的图形工具创建了一个全三维的环境，这个世界的地下甚至还有一大片迷宫般的管道和密室。

通过一个名为"本森"（Benson）的私人电脑助手，我们逐渐了解了游戏的故事背景：两个种族——生性和平的原住民帕利亚斯（Palyars）和侵略成性的麦卡诺德（Mechanoid）军队——正为了争夺星球的控制权而开战。作为一名雇佣兵，玩家可以接受任何一方的任务，一边攒足钱买一艘新宇宙飞船离开这个星球。

　　《雇佣兵》有着现代电子游戏的一切元素：双重任务、多重结局以及一个重要的赚钱系统。游戏甚至还有一些狡黠的幽默，如在Commodore版的游戏中，玩家可以通过摧毁雅达利的商标获得奖赏（其他平台如此类推）。这款游戏获得了巨大的成功，当年的游戏评论家和游戏制作者们对《雇佣兵》完整的游戏世界赞不绝口。就其前瞻性、技术性以及单纯的游戏性而言，《雇佣兵》已经达到了一个顶峰，直至十五年后《杀出重围》（Deus Ex）的诞生。**KS**

Little Computer People
小小电脑人

发售年份：1985
平台：多平台
开发商：动视（Activision）
类型：模拟生活

  《小小电脑人》已经被作为《模拟人生》（Sims）的灵感源泉而无数次被提起，但游戏本身的品质也是非常出色的，尤其是在当年的技术条件限制下更显可贵。游戏展现了一幢三层楼房的横截面图。房子里住着一个小人，生活平凡而闲逸——吃饭、喝水、睡觉、看电视、逗他的宠物狗玩——其余的则由玩家自己来决定。

  除了给小人足够的食物和水来维持良好的健康状况之外，玩家的存在其实很多余。只要你用词礼貌（"请弹奏钢琴！"），电脑小人就会听从你的意见；他偶尔还会写封信来表达他对当前生活的满意，或者向玩家发出挑战玩几把扑克牌。但大多数时间，他只是悠哉悠哉地做着一些无关痛痒的事情。《小小电脑人》就像是个虚拟鱼缸，除了冷静与关心外，对玩家别无所求。对于某些人来说，这都要的够多了。《小小电脑人》在粉丝眼中的独特与迷人之处，对于批评者而言实在是无聊透顶。

  游戏的大前提就是这些虚拟人物确实存在于你的电脑里，这款软件只不过是一个镜头，帮助你观察他们的生活——游戏的手册和包装一再强调这一点的真实性，固执得令人敬佩。但事实确实如此，没有哪两款游戏中的人物是一模一样的。每一份游戏都会生成一个独特的角色，给每一位玩家一种别样的游戏体验。最不幸的是被困在那些缺陷版游戏中的可怜家伙，每次游戏启动都会生成一个全新的角色，把之前的全部存档都抹个一干二净。**KM**

Tehkan World Cup
Tehkan世界杯

发售年份：1985
平台：街机
开发商：Tehkan
类型：体育休闲

有些游戏创造了一个游戏类型，有些游戏则只能去完善这个游戏类型。《Tehkan世界杯》属于后者，但我们绝不能因为它不是世界上的第一款足球游戏而低估它的重要性。在Tehkan公司的这部作品闯入球场之前，游戏市场上已经有了大量的足球模拟游戏，但还没有哪一款能比得上这款游戏带给玩家的刺激感。

《Tehkan世界杯》通过俯瞰视角展现踢球动作，丝毫没有被复杂的游戏动画和游戏操作缚住了手脚。游戏将足球运动的动感流畅地展现出来，一记三十码远射从球门上角得分的动作也可以进行自然的表现。游戏的俯瞰视角可以确保你不会错过足球的精确位置，比此前龟速的侧边视角足球游戏显得更加快节奏。

由于《Tehkan世界杯》特殊的运动视角，游戏机被设计成"桌面"式，方便玩家可以面对面而不是肩靠肩进行比赛，这也使得游戏能够更好地传达实际足球运动的那份对抗的紧张感。但真正让游戏粉丝盛赞不已的是它的追踪球控制器，这种控制支持玩家进行大量流畅的控球。在游戏中，一边绕开对手运球一边寻找最佳射门机会确实是一门艺术。

游戏的缺陷也在于其强烈的竞争性和它的控制方式，这些年来，不知有多少玩家因为转追踪球转疯了最后被小球夹伤皮肤。但对于它庞大的粉丝群而言，这样的伤痛只是玩游戏应该付出的小小代价。**TB**

Super Mario Bros.
超级马里奥兄弟

发售年份：1985
平台：NES
开发商：任天堂（Nintendo）
类型：平台动作

  经典游戏的最大缺憾，就是它们太老了。它们带来巨大变革，它们创造了历史，但一些跟风作品反而能够通过模仿和完善而在娱乐性上比经典更胜一筹。比如《星际火狐》（Starfox）在太空游戏中远未达到《爆破彗星》的革命性高度，但任何一个在电梯里无所事事的人无疑都倾向于用这个游戏来打发时间。

  然而，虽然《超级马里奥兄弟》（原为街机游戏，但渐渐成为任天堂的NES平台游戏的代名词）是平台动作游戏的鼻祖级作品，但二十多年后的今天，本作依然是同类游戏中的佼佼者。从今天的标准来看，这款游戏画面可能不够鲜艳，水管工的标志性胡须分辨率也不高，但当你控制马里奥——或是双人模式下的路易基（Luigi）——展开冒险、拯救被狰狞的库巴囚禁的公主时，游戏中出色的敌人设计、隐蔽诡秘的世界，以及充满加勒比风情的音乐定会让你过目难忘。

  最重要的是，超级马里奥兄弟给人一种真实感——这正是当今许多平台动作游戏所缺少的重要品质——当马里奥处于快跑状态时，玩家需要一定的时间和空间距离来进行减速；要想控制马里奥大跳，玩家就要提前起跑；踩死一个敌人后，玩家在空中就要决定马里奥的落脚点在哪里。紧张的地下关卡和空中关卡对玩家操作的精准性有更大的要求，可破坏度极高的环境与那些知名变身元素——比如变大蘑菇和火球小花——都令人印象深刻。《超级马里奥兄弟》可谓德高望重，但又还不至于到垂垂老矣的地步。许多游戏远比《超级马里奥》来得复杂，但这款明快的小游戏所取得的巨大成就却是它们望尘莫及的。**CD**

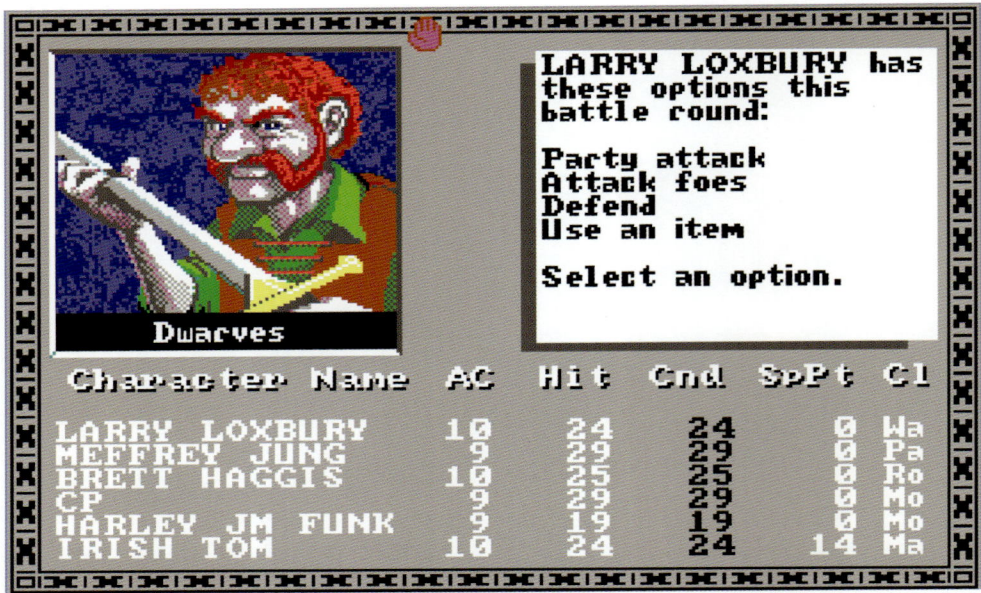

The Bard's Tale
冰城传奇

发售年份：1985
平台：多平台
开发商：Interplay
类型：角色扮演

在大多数角色扮演游戏中，吟游诗人是一个很鸡肋的职业，一个盗贼、医师和药剂师的混合体，喜欢自以为是地说着一些花里胡哨的台词，但却远没有他们自己吹得那么聪明或重要。但在《冰城传奇》中，吟游诗人却成为一个至关重要的存在，一个饱受侵略的城市的最后一道防线。斯卡拉布拉城（Scara Brae）受尽了魔法师曼加（Mangar）手下的蹂躏，能够拯救这座城市于危难之中的只有这群冒险者。

整个游戏都发生在斯卡拉布拉城，城市中有街道、下水道、地下陵墓，甚至还有一个酒窖。不辞辛劳的玩家们用纸和笔画出了城市的全貌，并在其中小心翼翼地探索。这是一款和《巫术》、《创世纪》等主流系列齐名的地下城游戏。和《巫术》一样，屏幕上会显示出玩家的数据和指令，另外有一个小窗口展示角色眼前的画面。游戏中共有十种职业（其中包括四种魔法类）供玩家选择，为角色塑造提供了更大的自由度。更了得的是，游戏居然还可以输入其他同类竞争游戏中的角色。相比于其他角色扮演游戏中的烧杀抢夺和各种Boss战，靠吟游诗人唱着颂歌引领一帮子年轻冒险者走向胜利的游戏设定确实要更显有趣。

《冰城传奇》共催生了两部续作，2004年，Inxile公司甚至还开发了一款全新的游戏，把《冰城传奇》主角的那套唬人把戏搬上了现代主机平台，并在游戏中把这类角色扮演游戏中的俗套桥段全都恶搞了一番。而游戏的原开发商Interplay公司则在90年代末期用《辐射》（Fallout）和《异域镇魂曲》（Planescape: Torment）赋予了角色扮演游戏全新的定义。**CDa**

Fairlight
古堡魔光

发售年份：1985
平台：多平台
开发商：Bo Jangeborg
类型：冒险

1984年，凭借《魔域之狼》的发售，英国游戏开发工作室Ultimate Play the Game瞬间把游戏技术提高到一个难以企及的高度，使其他家用电脑游戏看起来像一件古董。像Sinclair公司的ZX Spectrum电脑这样原始的硬件，如何能在屏幕上生成如此神奇的三维图像？这就仿佛是8位系统上的软件工程所能达到的顶峰。

当然事实并非如此。一年后，《古堡魔光》的诞生让Ultimate公司的程序师们见识了一下什么才叫画质和复杂游戏操作。瑞典程序师波·简戈伯格（Bo Jangeborg）之前已经通过一款名为"艺术家"（The Artist）的自制程序奠定了他在家用电脑图形领域的先驱地位，而他为完善视觉效果而进行的不懈努力，加上杰克·维基斯（Jack Wilkes）的协作帮助，最终赋予了这款《古堡魔光》华丽的游戏细节。

这是一款斜四十五度视角游戏，你将在一座巨大的城堡中进行探索，寻找一本《光明之书》（Book of Light）。《古堡魔光》的关键魅力在于其中的物品设定。和同时期的其他冒险游戏不同，游戏中的物品多种多样，并有着各自的物理特性，玩家还在游戏环境中自由操作这些物品。

游戏的超高精细度是要付出代价的。例如游戏在不同的地点中进行转化时需要花上些时间，当游戏热闹起来时速度会减慢。另外，游戏中牵涉到各种类型的杂兵战斗也很普通。但这些并不能掩盖《古堡魔光》的光芒，游戏发售后一直鲜有其他8位游戏能与之一较高下，这一点就足以证明它的伟大。**TB**

Paradroid
机械狂暴

发售年份：1985
平台：Commodore 64
开发商：Graftgold
类型：动作

Skool Daze
疯狂校园

发售年份：1985
平台：ZX Spectrum
开发商：Microsphere
类型：动作

　　《机械狂暴》是Commodore 64系统有限技术条件下的创意大作，游戏的故事很简单：你将控制一台机器人并被传送到一艘出状况的宇宙飞船上，船上的机械船员已经全部失控，你必须设法毁掉这艘船。

　　《机械狂暴》之所以能够从同时期泛滥的多方向射击游戏中脱颖而出，得归功于两点关键设计元素。第一，敌方机器人只有进入我方视线时才可见，这让每扇将被打开的舱门或是拐角都充满了危险；第二，只要通过一个迷你小游戏破坏敌人电路，就可以入侵敌方机器人的CPU、破坏它的防御系统，并可以控制敌方机器人。这样一来，玩家便化身为疯狂的机械人抢匪，在各个关卡之间搜寻更新更强大的机器宿主。

　　从游戏画面上看，《机械狂暴》不论整体还是细节上都充满了美感。另外游戏中由不协调的哔哔声构成的背景音乐也让设计师安德鲁·布莱布鲁克斯（Andrew Braybrook）所创造的这个完全机械化的世界进行了听觉上的补完，仿佛是一首专为失控机器谱写的二进制交响乐。**KS**

　　和《小小电脑人》一样，《疯狂校园》也算是另类游戏的一个鼻祖。作为一款校园模拟类游戏，玩家将在里面扮演一位调皮捣蛋的学生，你的游戏任务便是设法潜入校长办公室，从保险箱里把你的学生手册偷出来，以免遭被开除的厄运。这是个棘手的活儿，因为你必须从学校的其他老师身上摸出保险箱密码的组成部分，不幸的是每一位老师都相当精明。

　　整个学校在屏幕上一览无余，这个以横截面展现出来的校园看上去和蚁箱没什么区别。老师和学生有各自的行走路线，你必须好好研究并加以利用。如果你没来上课或是在廊道里做什么缺德事，会很容易被老师发现，所以大部分时间你都要一边扮乖一边策划你的突袭行动。这也许是第一款要求玩家去"演"而不是"玩"的游戏。

　　游戏任务虽然简单，但是达成的方法却丰富多彩。可惜的是，《疯狂校园》虽然得到众多玩家的青睐，但却没能催生出类似的游戏。**RS**

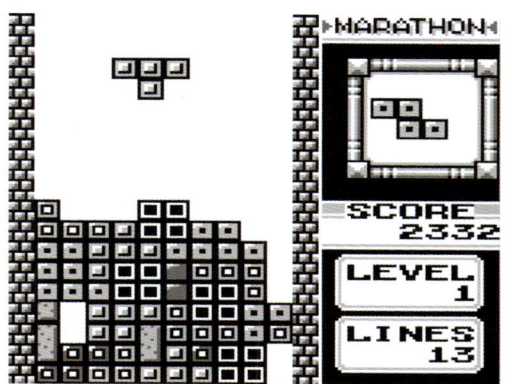

Tetris
俄罗斯方块

发售年份：1985
平台：多平台
开发商：Alexey Pajitnov
类型：益智

作为一款全球无人不知无人不晓的游戏，阿莱克西·帕杰诺夫（Alexey Pajitnov）的经典"掉砖块"已经趋近完美了。只要看一眼《俄罗斯方块》的实际操作，你就知道这款游戏该怎么玩——在形状各异的图形占据整个屏幕之前查漏补缺，逐行消除方块。带着这种化混沌为秩序的强迫心理（这貌似也是人脑中根深蒂固的思想），五分钟的试玩很快就会变成长达数小时的鏖战。历史上的游戏作品此起彼落，但还没有几款能像《俄罗斯方块》这样令人不分昼夜乐此不疲。

《俄罗斯方块》出自莫斯科科学院的帕杰诺夫之手，游戏推出后立即引发包括美国、日本、英国、苏联政府在内的国际版权争夺战。当任天堂公司相中这款游戏，并把它放进了公司新开发的掌机——Game Boy时，《俄罗斯方块》在电子游戏史上的地位就此确立。不难想象如果没有这款简单的砖块游戏插入卡槽，任天堂的这个小灰盒子的卖相肯定也好不到哪里去。**CD**

Trinity
核子惊魂

发售年份：1985
平台：多平台
开发商：Infocom
类型：文字冒险

作为Infocom公司一款风格大胆的游戏，《核子惊魂》集解谜与幻想元素于一身，展现了现代历史上最黑暗的一段时期：核武器的发明与测试。游戏开始时，玩家还在英国肯辛顿花园中惬意地散步，身边围绕着年轻的妈妈和婴儿车。突然间一颗带着镰刀锤子标志的核弹现身晴空：第三次世界大战爆发，所有人都离死亡不远了。但在末日来临之前，一只走鹃却把你引向了一扇神秘的白色大门——出路就在这里，你得到了一个改变历史的机会。

生动优美的文字和沉重的局势形成了鲜明的对比。你会在长崎原子弹爆炸的前一刻和一个小女孩交换折纸，或是在密林中面对反向的文字不知所措。

现实与幻想、恐惧与谐趣交织：既有新建核弹避难所的可怖，也有尸体嘴里含着的硬币上刻着"不可转让"这样的黑色幽默。这是一款混杂着惊喜与恐惧的游戏，展现其高超文学造诣的同时又令人深思。**CDa**

Alex Kidd in Miracle World
艾利克斯大冒险

发售年份：1986
平台：世嘉 Master System
开发商：世嘉（Sega）
类型：平台动作

　　上世纪80年代末，如果你家里摆着的不是又老又笨重的红白机，而是一台黑得发亮的世嘉Master System，那么艾利克斯就是你眼中的超级马里奥了——至少你会这样说服自己。虽然这个看似患有脑积水的欢乐少年并没有给后世留下太深印象，但对于一些边缘玩家来说，提起《艾利克斯大冒险》绝对能让他们陷入回忆的深渊。

　　虽然游戏中没有蘑菇王国，但这个冒险世界也不差：你可以坐汽车也可以搭飞机，你可以逛商店也可以打章鱼——当你遇上一只的时候，艾利克斯的拳头可以变得像他的头那么大，这种在虐待野生动物上效果奇佳——游戏中的环境也数不胜数，从岩石遍布的大峡谷到岩浆涌动的火山群，都可以去探索。从MS游戏机原始语音芯片中传来的欢乐游戏音乐也算是这一平台游戏中的佼佼者。

　　游戏中还有一群脑袋长得像手一样的反派会在你毫无准备的情况下蹦出来，要用石头剪刀布和你决一死战（好可怕……），这种随机性极强的战斗设定虽然可怕，但幸运的是，你可以通过特殊的组合键作弊来看穿敌人的想法。

　　游戏色彩斑斓、节奏明快，虽然没有马里奥那帮角色出色的惯性物理设定，但却也不乏精彩的关卡和变态的难度。作为上世纪80年代平台动作游戏的一个代表例子，《艾利克斯大冒险》刺激而有趣，可惜有点太容易被人遗忘。但在寻找马里奥那些被人遗忘的竞争对手过程中，我们很高兴找到了这款佳作。《艾利克斯大冒险》绝对值得你一试。**CD**

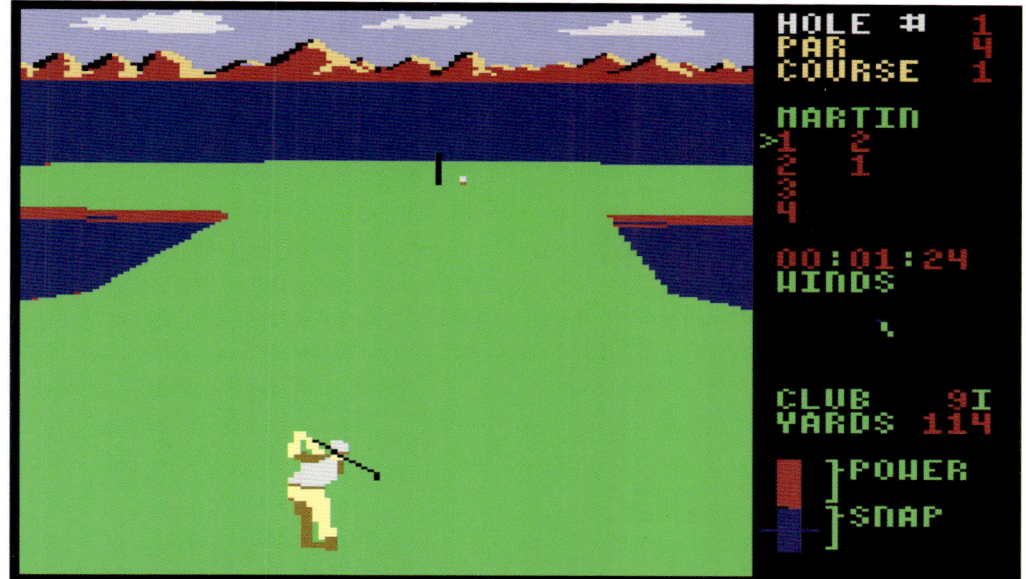

Leader Board
高尔夫大赛

发售年份：1986
平台：多平台
开发商：Bruce Carver，Roger Carver
类型：体育休闲

　　高尔夫实在没什么魅力，但是不少高尔夫游戏却无疑是最优秀的体育模拟游戏。为什么？这都是《高尔夫大赛》——一款完全靠画面表现吸引玩家的游戏——的功劳。

　　当其他游戏都因为硬件设备限制而选择俯瞰视角时，《高尔夫大赛》却用上了最原始的三维画面来表现它的球场。要在Commodore 64游戏机上绘制这样的球场很耗时间，但这都不是问题。最重要的是这样的画面能让你感觉置身游戏当中，而不是从头顶往下看。眺望你的高尔夫球飞向远方，祈祷着风速不要太快，当球稳稳地落在球洞旁边时暗叫一声好……这些都是三维画面才能带给玩家的游戏体验。游戏确实向虚拟现实迈出了一大步，给玩家的感觉也相当逼真。

　　除了三维画面的魅力外，《高尔夫大赛》还因为确立了沿用至今的游戏设定而出名。游戏的能量槽和扣腕表给这款普通的小游戏增添了一丝街机大作的味道。按一下操纵杆上的按键开始向后挥杆，再按一次则开始向前挥杆，按第三次则选择是击出左曲球还是右曲球。这样的操作简单而有趣，并影响了之后的每一款成功的高尔夫球游戏。

　　《高尔夫大赛》后来又衍生出多款续作，并收录了世界上各大著名高尔夫球场。但是原作中的球场却是设在一个小岛上，击出去的高尔夫球很容易落入水中，这样的担忧也让这个球场别有一番风味。最重要的是，这是一款在紧张的多人竞赛模式和有趣的单人模式上都做得极为出色的游戏。**JM**

Alter Ego
另一个我

发售年份：1986
平台：Commodore 64, Apple II
开发商：动视（Activision）
类型：角色扮演

《另一个我》被宣传为"一款关于生活的角色扮演游戏"，可以说是上世纪80年代电子游戏发展过程中的一部神作。游戏分男性版和女性版两个版本发售，游戏任务就是引导你的虚拟角色走过人生的七个阶段，在这一过程中实现情感、事业和身体健康的平衡——或者也可以尝试着在游戏允许的范围内创造一个精神异常的怪胎。

《另一个我》可以被看成是一份有趣的迈尔斯-布里格斯（Myers-Briggs）性格测试调查。在人生的各个阶段，游戏都会给玩家展现一系列代表不同人生经历的图标，点击这些图标就会生成用来测量你角色道德取向的多项选择题。当你是婴儿时游戏为你提供了一些基本的社会交流体验——比如，你是要通过大声哭泣还是开心的咯咯笑来引起妈妈的注意？在青少年阶段，如果一帮朋友想在学校彻夜拼酒，你又该怎么做？工作与情感要如何实现平衡？关于性、自杀、吸毒等主题也在游戏中得到巧妙的体现。游戏会根据玩家的选择做出评分，对每个选择做出的简洁有力的短评也体现出游戏对人生发展理论的深刻理解。游戏在发售当年获得了极高的评价（虽然商业上并未取得成功），它以当时的流行的文本字冒险形式来展现"现实"，是一次有趣的尝试。

后来，社交与人格发展模拟游戏通过艺电大获成功的《模拟人生》系列而跻身主流游戏行列。现在《另一个我》不仅有了粉丝自制的在线游戏版本，玩家甚至可以在iPhone平台上进行体验。如果你只体验过威尔·莱特（Will Wright）制作的互动式肥皂剧，那么现在你有机会尝试一下这款《模拟人生》黑暗而棘手的鼻祖了。**KS**

Arkanoid
超级砖块

发售年份：1986
平台：街机
开发商：Taito
类型：动作

上世纪80年代中期，各大公司对经典街机游戏的无耻改造一度搞得热火朝天。《彗星大爆破》（Blasteroids，增加升级系统和Boss战的《爆破彗星》）、《疯狂吃豆人》（Pac-Mania，伪3D版本的《吃豆人》），最值得一提的当然就是这款《超级砖块》。雅达利的《打砖块》已经做足了前期工作：把《打乒乓》九十度掉个头，然后在玩家的球拍上方砌一堵砖墙。但在《打砖块》十年后的卷轴射击游戏风行的年代，《超级砖块》仍旧带来了各种新奇的创意。

首先游戏对那个荒谬的球拍有了重新定义。《超级砖块》中的球拍华丽了很多，末端闪光，充满金属质感。但这玩意儿其实是艘名为Vaus的宇宙飞船，刚从爆炸的母舰中逃离出来，闯进了另一个平行空间，而这个世界则充满了——还用说吗——可摧毁的砖块。打穿三十二屏的砖块后你就要面对最终Boss DOH——一个长得像复活节岛石像的巨大堡垒。

《超级砖块》发售后人气陡增，并迅速转战各大游戏平台，还衍生了三部正统续作。这是一款专为升级一代而设计的游戏。打穿某些特定砖块后会出现胶囊，接住这些胶囊可以给飞船装备激光来射穿砖块、增加小球，甚至是把球变得具有"粘性"（玩家可以选择抓取或是发射小球）。游戏中还会出现各种敌机，它们会通过牺牲自己来改变小球轨迹。不同的砖块分值也不一样，有些砖块得分很高，有些砖块根本打不烂。

和之前的《打砖块》一样，《超级砖块》使用一个转盘来控制球拍。虽然对于新手玩家来说有点不好控制，但相比与家用版的键盘或摇杆来说实在高级得多。NES平台还专门设计了属于自己的控制器——一个连接电位计的旋钮。《追踪HQ》（Chase HQ）是唯一支持这个控制器的另一款游戏。**DH**

Darius
大流士战机

发售年份：1986
平台：街机
开发商：Taito
类型：射击

"警告！一艘巨型战舰正快速接近中！"对于这款水下探险游戏《大流士战机》而言，这句标语就意味着一个体积庞大、浑身鳞片、血又很厚的东西即将出现，如果这时你的升级武器恰好都没了，那你就有福了。

1986年，尖端视觉效果被认为是吸引街机玩家的最有效方法。除了比之前的8位游戏有更多更强更快的敌人外，这款游戏还提供给玩家前所未有的游戏体验，这份感动是无法移植到家用平台上的，因为你不可能把这么巨大的游戏机搬进你的卧室。

Taito公司的这款水下横向卷轴游戏的游戏机框体里安装的不是一块，而是三块显示屏。通过重叠和反射到后方一块垂直镜面上，最终的效果则是带有大块黑边的宽屏全景画面。和这一壮观的游戏画面相搭配的是令人大呼过瘾——当然也超级耗币——的双人模式，以及震耳欲聋的电子合成音乐（作曲则是Taito公司的内部游戏乐队Zunata）。

那些拜倒在《大流士战机》巨大魅力下的玩家们面对的是极端严苛的战斗。玩家所操控的银鹰战机配有导弹、炸弹以及一个护盾，看上去好像战斗力充足，但战机的初始火力很弱，武器升级也比较慢。当你面对游戏中那群灵敏的机械鱼Boss时，你就有得受了。

Taito公司在游戏操作上可能缺乏创新，但《大流士战机》中的水下世界和深海的古怪居民在今天看来仍是一道道奇观。**JB**

Gauntlet II
圣铠2

发售年份：1986
平台：街机
开发商：雅达利（Atari）
类型：动作

《圣铠》有着繁多的关卡和对游戏币无止境的欲望，这也意味着只有当你腰包见底或是被游戏机店老板拔下插头时，游戏才会结束。1985年的这款人气地牢游戏让玩家对续作充满了期待。

仅仅过了一年，《圣铠2》就与玩家见面了。对于一款街机游戏而言，像《圣铠2》这样在成功摆脱前作框架的同时又没有削弱游戏精髓的情况实属难得。《圣铠2》最大的改动在于玩家可以在游戏中任意选择他想扮演的角色，团队角色重复的话则用不同的颜色来进行区别，而不像原作那样只能在四个固定的角色中选择其一。只要你喜欢，你和你的朋友完全可以选择红、蓝、绿色三位魔法师加一只精灵奔赴战场，但因为这样的组合在战斗力上并没有太大优势，

对付那些狂暴的怪物时你可能就要多下点工夫了。

《圣铠2》还通过增加"禽兽"（It）关卡来考验团队的平衡性。任何被"禽兽"触碰的玩家都会把整个屏幕上的怪物全部吸引过来。在一个角色职业平衡的团队中，往往由行动敏捷的精灵来扮演"禽兽"的角色，并依靠其他队友来消灭所有被他引开的敌人——但如果你是在周六夜晚和一群陌生人组队，这个过程中会发生什么事情就很难说了。游戏中的喷火恶龙仍需要团队合作来获取胜利。其他的一些新增设定还包括反弹射击、隐形墙、酸滴和更多的魔药剂，帮助你永久性升级你的角色。

在《圣铠2》的家用机移植版中，类似街机版中生命值、战斗力和零花钱之间的紧张关系自然不复存在，因为你随时都可以"Continue"。同样消失的还有玩家与围观群众的互动。讽刺的是，作为一款预见了联机电脑时代组队战斗可能性的游戏，这款出色的《圣铠2》始终都没能得到大众的关注。**OB**

Salamander
沙罗曼蛇

发售年份：1986
平台：街机
开发商：科乐美（Konami）
类型：射击

  《沙罗曼蛇》是一款风格奇特、难度偏高的游戏。作为科乐美公司的《宇宙巡航机》的后续作品，游戏延续了武器升级、"攻击特殊部位"的Boss战、华丽而精美的画面设计以及难得令人发慌的关卡，并在此基础上增加了独具特色的游戏元素，使《沙罗曼蛇》看上去更像是款外传性质作品而不是续集游戏。

  游戏在一开始看起来就是个不折不扣的《宇宙巡航机2》，但当你搞定第一波敌人后，游戏二话不说就赏了你一艘子机；你会发现《沙罗曼蛇》抛弃了《宇宙巡航机》中的能量槽，并简化了升级系统，使你不需要再死盯着武器栏或者为了挑选武器而去敲那个选择键。这也使得《沙罗曼蛇》在道具升级上更加便利，你可以在众子机的护航下把挡路的一切轰个干干净净。

  问题是，如果你不小心犯了个错误，那你便什么都没有了。游戏没有Restart，一切照旧进行，一艘新的飞船立刻原地出现，你还有机会抓住落下的子机，但是所有的武器升级全部丢失。

  这样的情况经常会发生。《沙罗曼蛇》难度很大，对精准性的要求也高，你常会被各种危险围得团团转，如果你想单凭一管炮打通关，你就必须用心记住每一个关卡的情况。你可以通过加币来获得额外的生命并一路猛冲下去，但只要通过练习，单凭一条命在疯狂的环境下迂回前进并达成通关也不是不可能的。这些精彩的设定影响了整个弹幕类游戏的发展。

  《宇宙巡航机》很快便再度回归，偶尔也借用《沙罗曼蛇》的一些设定，但在射击游戏历史上，真正影响深远的还是这款复杂的衍生游戏——《沙罗曼蛇》。**JM**

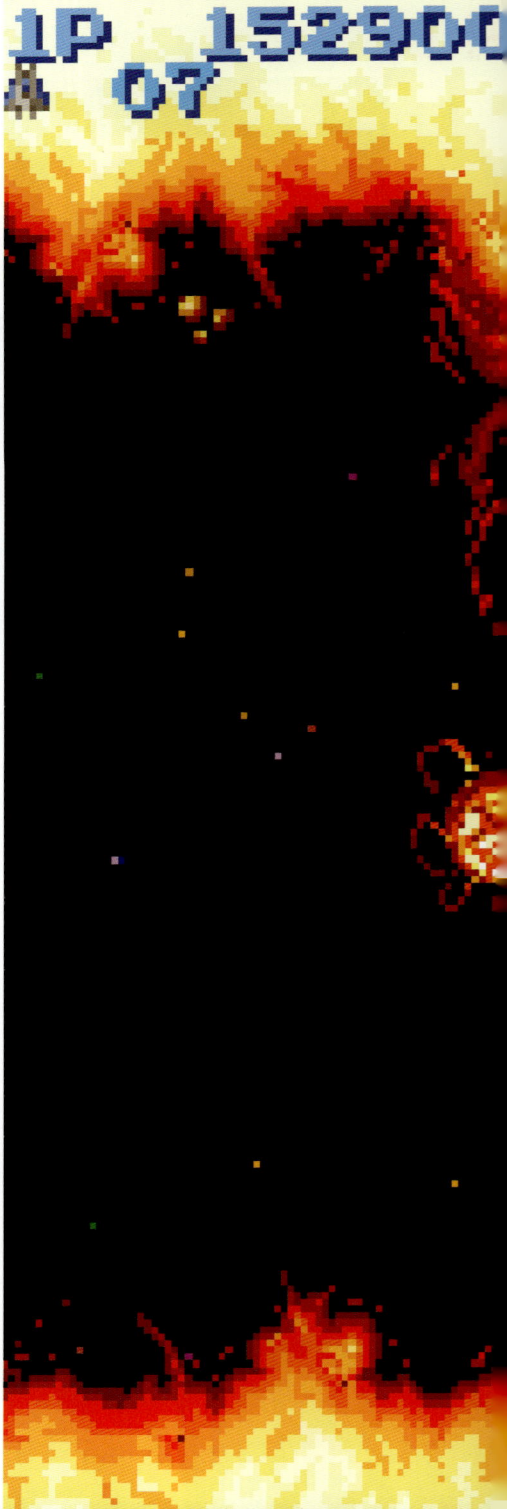

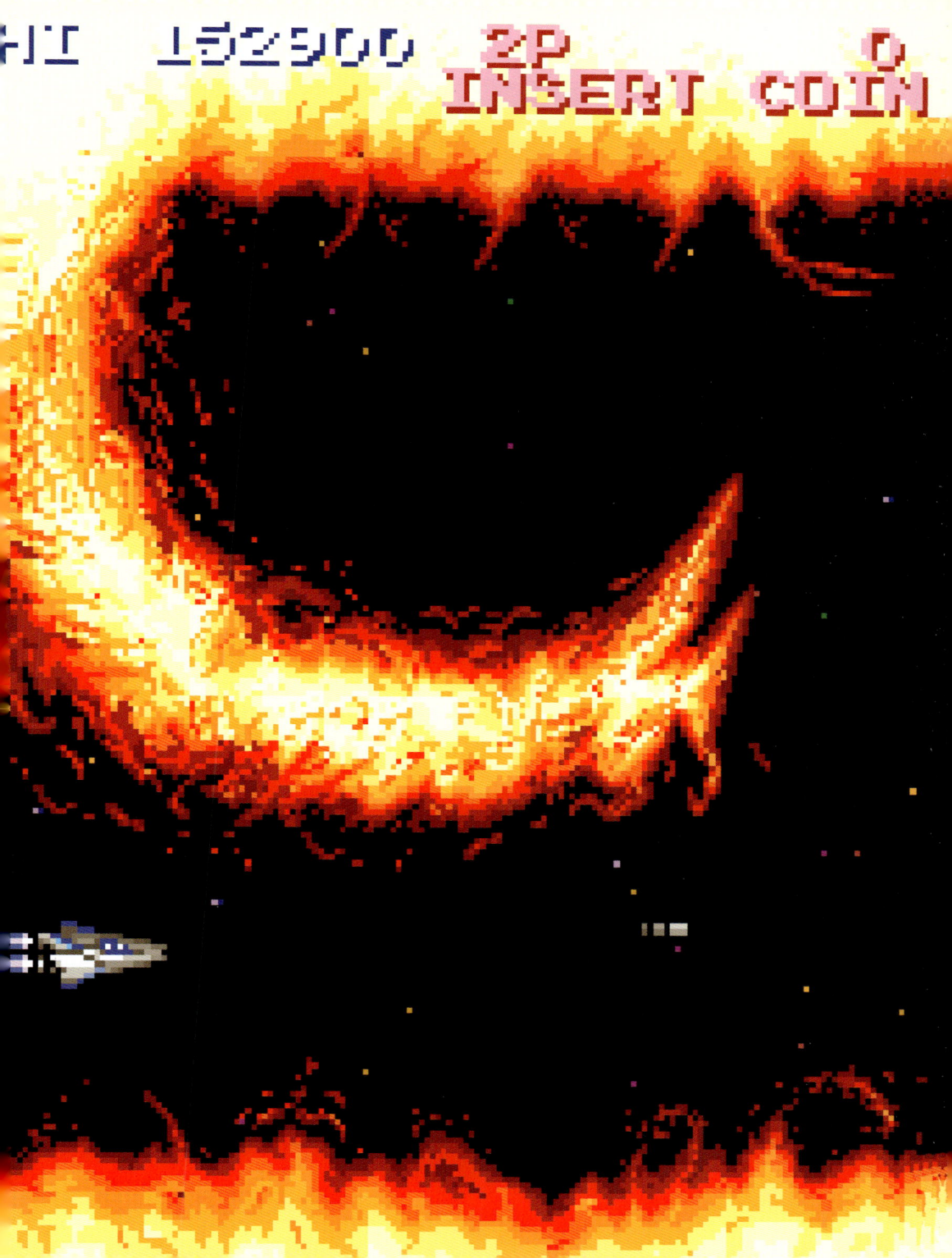

Bubble Bobble
泡泡龙

发售年份：1986
平台：街机
开发商：Taito
类型：平台动作

在《超级马里奥兄弟》之前，其实还有一款很普通的《马里奥兄弟》（Mario Bros.）。在这款游戏中，游戏背景是静止不动的，两兄弟只是在各种垂直平台上跳上蹿下躲避敌人，偶尔也会一起合作来清屏。任天堂和宫本茂很快就放弃了这个设计，并继续埋头改进这款游戏，但是Taito公司没有忘记它。1986年，《泡泡龙》借鉴了《马里奥兄弟》（其实这款游戏本身也是很不错的）的基本概念，一款游戏经典由此诞生。

游戏的内容很简单：一对恐龙兄弟巴布（Bub）和波布（Bob）要解决掉屏幕上的所有敌人，方法就是把它们困进泡泡中，然后轻轻一碰让它爆炸。每一个好孩子都知道，这种方法不仅可以杀死敌人，还可以把它们变成可以得分的水果。但如果你不赶快把它们弄破的话，这些坏蛋就会以愤怒状态逃出来。

除了各式各样的关卡之外，《泡泡龙》就再没更多东西了。但是游戏中抓捕敌人、顶破泡泡以及四处跑跳所带来的动感体验不仅在同类游戏中数一数二，更重要的是你可以和另一名玩家同时分享这份快乐。游戏的怪物设计简单而个性十足，而游戏中的幻想世界更是《泡泡龙》的一大魅力所在。可爱的关卡下面掩盖的是巨大的难度——毕竟这是一款街机游戏，经过几轮简单的挑战后，你就会开始叫苦了（但是之后的家用平台移植版本在一定程度上降低了游戏难度）。

虽然是一款诞生自普通游戏的伟大作品，但《泡泡龙》本身的影响力却非常有限——那款著名的续作《彩虹岛》（Rainbow Islands）也许是个特例。倘若要说这两部作品的对电子游戏有什么贡献，大概也只是对平台动作游戏的模式进行了完善。**RS**

Kid Icarus
光之神话

发售年份：1986
平台：NES
开发商：任天堂（Nintendo）R&D1
类型：平台动作

在那个年代，任天堂的每一款游戏都注定要成为寿命长达几十年的产品链，但《光之神话》是个例外。虽然这款平台动作游戏在90年代初期的Game Boy平台上推出过一款半吊子的续集作品，但那个背着弓箭的天使皮特（Pit）基本上就是个昙花一现的角色，只能眼巴巴地看着马里奥、林克（Link）和萨姆丝（Samus）和其他任天堂角色的游戏事业飞黄腾达。

《光之神话》本应该在8位游戏经典中享有一席之地，这只能说游戏产业的事情实在是变化莫测。但《光之神话》缺乏偶像地位的最主要原因很简单：这游戏太难了。只有极少一部分精英级玩家能够成功闯过游戏全部四个世界中的第一个。《光之神话》的剧情如下：光之女神帕鲁蒂娜在和邪恶的美杜莎的战斗中失利，她的唯一希望便落在了皮特——一个从外表看上去实在配不上这个任务的角色——的身上。

虽然装备有间歇性发挥作用的双翼和弱小的弓箭，皮特似乎还是敌不过被派来干掉他的茄子女巫、岩洞蝙蝠和塞壬女妖。游戏对技术有着极高的要求，如果你敌人杀得太少，或是没有搜索完全部的房间，你很可能错过重要的升级道具，这会让你后面的旅程更加难过。

《光之神话》发售后不久，玩家中便开始流传一些游戏作弊码——比如"伊卡鲁斯攻击美杜莎天使"（Icarus fights Medusa angels）——这些作弊码在全新的Wii平台移植版上可起不了作用。也许这样才最好，因为《光之神话》本来就应该难，如果麦片包装和开心乐园餐上的广告不能让人们记住皮特，那么他至少能以一个在通往胜利之路上挑战不可能的英雄身份活在人们记忆中。**JT**

Spindizzy
星球勘探

发售年份：1986
平台：多平台
开发商：Paul Shirley
类型：动作

1984年的街机游戏《疯狂弹球》曾一度掀起了一股滚球冒险热潮，这款简单而优秀的小游戏则是这股风潮中的佼佼者，尽管游戏程序师保罗·雪利（Paul Shirley）声称自己的创作灵感其实是来自于Ultimate公司的《魔域之狼》和《机器人8号》（Alien 8），而不是雅达利那款大受欢迎的追踪球游戏。

作为星际开发公司的一名实习地图绘制员，玩家将被丢进太空去探索一个新发现的星球Hangworld。但你不需要亲自去接触这个星球，而是遥控操纵一台名为GERALD的机器进入这片区域。随后呈现在玩家面前的是一款在386电脑上运行的斜四十五度视角益智游戏，你必须操纵GERALD小心翼翼地探索狭窄的小道和陡峭的斜坡、避开危险水域和峭壁，通过各种图标来打开新的出路。游戏控制受到惯性和动力的极大影响，在加速和倒车时尤其考验你的动作精确性。加上一个计时器一直在倒计时，速度和精准性则成了游戏成功的关键。

游戏的关卡设计非常精妙，变化莫测的多边形地形向玩家提出了一系列的空间挑战。蹦床和升降梯的加入则提高了动作的多样性，另外GERALD还可以变形成三种不同形态——金字塔形、陀螺形和球形——每种形态的操作方法都不太一样。

《星球勘探》比《疯狂弹球》难度更大也更挑战你的脑力，丰富多彩的场景设计也揭示了冒险游戏的重要本质：这和地质绘图其实是一码事。**KS**

Ikari Warriors
怒

发售年份：1986
平台：街机
开发商：SNK
类型：射击

西尔维斯特·史泰龙（Sylvester Stallone）的火爆动作片《第一滴血2》（Rambo II: First Blood）可以说是越战创伤下的美国人走向自愈迈出的第一步：彪悍的动作明星光着膀子绑个布条架着机枪在东南亚浴血战斗，设法营救被国家遗忘的战俘。《怒》大大方方地山寨了这一电影模式，甚至把兰博的经典造型直接搬进了游戏，但它成功地把这些元素糅杂成为一部轻松带劲的动作片。游戏支持双人玩家在雨林中通力合作，避开敌人的超慢火力、狂扔手雷扫清前路。河流、桥梁、碉堡的阻挡让你的征途变得异常困难，但只要炸开炮台就可以救出战俘，更重要的是隐藏其中的武器可以帮助你增强火力继续前行。

作为无数款深受卡普空的《战场之狼》影响的游戏之一，《怒》支持在同一台街机上的双人合作。玩家可以通过多位摇杆向四面八方移动和扫射。游戏限制了你的子弹和手雷数量，迫使你在疯狂地杀戮中注意保持克制。虽然沿途的障碍物和角落皆为敌方提供了极好的藏身之所，但与此同时你也可以获得一项逆天武器——坦克。这东西不仅刀枪不入，开着它还可以大肆践踏敌军——当然燃料用完后又是另外一码事了。

游戏很明智地淡化了其中的政治因素，按照当年儿童观众对《第一滴血2》的理解——一部人死得挺多但打得挺爽的动作片——还原了这部电影。佀游戏的幕后制作团队可比你想象的要激进得多：SNK在《怒》之后又推出了《革命英雄》（Guerilla War），把切·格瓦拉和菲德尔·卡斯特罗直接搬进了游戏。不过英语国家的马克思主义者可能要伤心了——在针对西方市场发行的游戏版本中，这两位大人物的名字在翻译过程中被删掉了。**CDa**

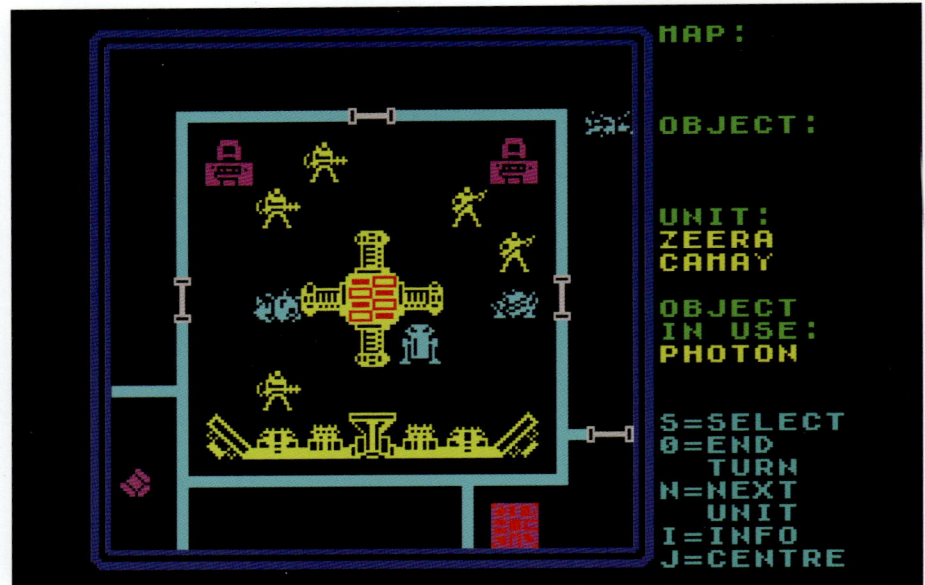

Rebelstar
叛星

发售年份：1986
平台：ZX Spectrum, Amstrad CPC
开发商：Julian Gollop
类型：策略

  1992年，《Your Sinclair》杂志贴出的"100款Spectrum游戏"榜单上，名列"有史以来最佳游戏排名"第二的便是这款《叛星》。《叛星》是这款长寿游戏系列的第二作，系列开山之作则是《叛星突击队》（Rebelstar Raiders）。游戏由朱利安·盖洛普利（Julian Gollop）用机器代码设计制作，和由基础码编写、仅有双人游戏模式的《叛星突击队》相比，续作中新加入的单人模式给游戏带来更大的挖掘深度。

  《叛星》的目的就是突入一个月球基地，并摧毁一台智能电脑，同时避免被你的对手——一群电脑控制的防御守卫——发现并消灭你的突击小队。

  虽然游戏容易被批流程太短——整个游戏只有一个地图——但游戏的巧妙设计足以弥补这一点的不足。游戏有着其他桌面战斗游戏无法复制的操作和简洁的科幻风格画面，你的小队会在士气上苦苦挣扎，你要和周围环境进行互动，还要学会利用地形作掩护。最重要的一点，也是影响盖洛普后续作品的一大特色，就是你的小队可以在对方进攻的回合进行"机会开火"（opportunity fire）。

  作为早期的一款面向非战争类游戏玩家的回合制策略游戏，《叛星》铸造了一座里程碑。凭借设计出色的游戏界面和电脑AI，以及八种不同的游戏难度，《叛星》成功地打入了更广泛的玩家群，并为盖洛普的后续作品积攒了大量人气，直到被日式回合制策略游戏后来居上。

  不论是单人模式还是多人模式，《叛星》至今仍是一款极具可玩性的策略游戏，它也让玩家们记住了那个8位游戏年代经典游戏的简洁设计风格。**MKu**

OutRun
环游世界大赛车

发售年份：1986
平台：街机
开发商：世嘉（Sega）-AM2
类型：赛车

  在数十年后的今天看来，一些经典游戏在发售当年进行的华而不实的宣传实在有些不可理喻，但《环游世界大赛车》绝对是个例外。AM2的这款杰作有着令人过目难忘的设计和完美的平衡性，绝对是这一热门游戏类型中的经典杰作。

  作为当年的一款技术显摆品，《环游世界大赛车》伪3D画面表现技术现在看来显然已经过时，但其美学品味——尤其是当你以三位数车速狂飙时在你眼前飞驰而过的那十五条主题各异、色彩跃动的赛道——还没有失尽它的魅力。游戏的操作亦是如此。所有的车道都是金字塔形布局，玩家必须跑完五个关卡才算成功通关。整体赛车路线由玩家自己来决定，每个赛道在终点都有个分岔口。这是一个很有趣的设定，因为不同的岔路提供不同难度的赛道——通常左边的赛道要相对简单一些。这也意味着玩家对于游戏难度有着灵活的选择权，尤其是当游戏带有时间限制时，这一设定便使游戏更具策略性。并不是所有的玩家都畏惧《环游世界大赛车》中繁复的弯道，或驾驶特斯塔罗萨跑车在交通拥堵的公路上四处穿梭、闪避各种路障，毕竟这么做还是能取悦到副驾驶座上那位金发女郎的。

  《环游世界大赛车》无疑有着所有赛车游戏中的最佳背景音乐——谁不会在车道通畅的马路上哼上几首《Splash Wave》或是《Magical Sound Shower》呢？AM2的这款游戏囊括了一切成功元素，为玩家献上了电子游戏史上最纯粹、最享受的游戏体验。**JDS**

Solomon's Key
所罗门之钥

发售年份：1986
平台：多平台
开发商：Tecmo
类型：益智

《所罗门之钥》是一只披着羊皮的恶狼。游戏乍一看上去是一款极为普通的平台动作游戏，有着再简单不过的任务——拿钥匙、躲怪物、找出口——仿佛是铁了心要为你做一款简单的游戏。你还可以自己创造石块往高处蹦，当然你也可以摧毁石块，如果上面碰巧有只怪物的话就再好不过了，因为石块被破坏后它们就会落下来当场死亡。这样的游戏能难到哪里去？

是啊，这游戏能难到哪里去。《所罗门之钥》的第一关只是一个简单的导入，给你机会来感受这款游戏的操作，鼓励你去自创楼梯获取钥匙，发现一些藏有奖励宝石的石块，并且释放一只精灵，如果你能抓住它的话还可以把它用来当武器。

在这之后，《所罗门之钥》就把羊皮脱下来了，展现在你面前的则是一款极端变态的解谜游戏。虽然你有着一手的技能，但每个关卡都会想方设法考验你对这些技能的掌握水平，要多难有多难。有些怪物会毁掉挡道的一切石块，有些则会沿着障碍物的轮廓来回地走，有些干脆就坐在那里喷火。当这些怪物凑到了一块时，游戏的关卡就变成了一个个雷区，迫使你看准时间、小心思考。更带劲的是，游戏还有个倒计时。你本来就需要时间来设计每一关的打法，但《所罗门之钥》压根就不给你时间。

《所罗门之钥》又难又残忍，还老是骗你跳到一些根本无法通关的地方去。但是游戏的设计确实很出色，也得到了很好地展现。这是一款更适合家用平台而不是街机的游戏。但《所罗门之钥》并非无解，它只是不太适合脑子慢的玩家。**JM**

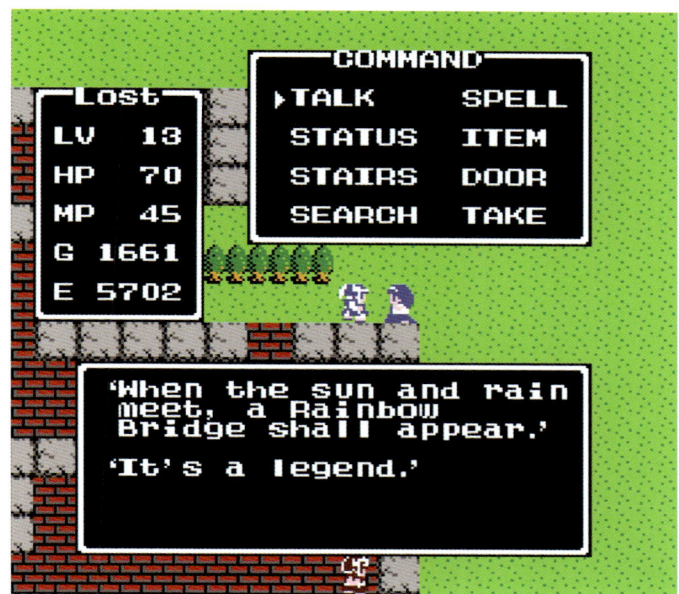

Dragon Quest
勇者斗恶龙

发售年份：1986
平台：NES
开发商：艾尼克斯（Enix）
类型：角色扮演

即使你从来没玩过初代的《勇者斗恶龙》（日本以外地区也称《龙武士》[Dragon Warrior]），你也绝对能感受到它的巨大影响力。任何一款角色扮演游戏——或者任何一款包含"RPG元素"的游戏——都要感谢《勇者斗恶龙》。这款游戏借鉴了《龙与地下城》一类桌游的核心设计，并把它搬上了电视屏幕。生命值、经验值、随机遇敌、升级，这些概念也许不是《勇者斗恶龙》的首创，但它们却是通过这款游戏成为电子游戏界的标准。

在游戏中，你可以为你所扮演的角色取任何一个名字，只要它不超过四个字母。游戏主角是英雄埃德里克（Erdrick）的后裔，恭喜你，这也意味着你是唯一一个可以从龙王手中夺回光珠并拯救王国的少年。和其他游戏一样，你必须击倒越来越强大的怪物并和最终Boss展开决斗。但《勇者斗恶龙》的战斗系统又和以往的任何一款游戏都不一样。敏捷的反应在这部作品中派不上用场。当你从菜单中选择战斗指令时，最重要的是要会谨慎策划、衡量风险。虽然敌方会越来越强大，但你自己也在不断地变强，因为游戏的升级系统可以把你的辛苦努力转化为强大的战斗能力。

这是一款家庭型游戏，界面简单，故事俗套，地图也小得可怜。但当年游戏推出时，却掀起了一场革命。游戏通过绝对的自由探索和无处不在的潜在危险带给玩家无尽的快感。对于现代玩家来说，要理解《勇者斗恶龙》在80年代中期是何等地新奇与刺激并不容易，但对于任何一位RPG迷来说，体验这款为RPG奠基的游戏都将是一次受益匪浅的经历。**JT**

Defender of the Crown
王冠守护者

发售年份：1986
平台：多平台
开发商：Cinemaware
类型：策略

　　《王冠守护者》是在Commodore的Amiga 500型电脑成功打入市场之前发售的。这是由Cinemaware公司制作的第一款游戏，正如公司名（意为"电影软件"）所暗示的那样，Cinemaware后来也以创作带有强烈电影感的游戏而闻名业界。

　　《王冠守护者》是一款普通的冒险型游戏，背景设在中世纪。玩家将扮演四位撒克逊君主中的其中一位，通过派遣军队横扫全国、占领城郡、筹集资金来征服英国，并最终将对手从地图上抹去。游戏最独特的地方就在于1986年的家用电脑上展现出如此精致的游戏图像。虽然游戏没有完全发掘Amiga的潜力，但这却是第一款有着色彩鲜艳、细节丰富、风格统一的图像的家庭游戏，使得游戏中的骑马长矛战和城堡突袭等动作片段能够像电影场景般展现在家用机玩家眼前。

　　虽然《王冠守护者》是一部里程碑式作品，但最早发售的游戏版本却因为赶工而充满各种遗憾，不少已接近竣工的游戏元素——更多的战略选择、更多的场景、不同的围城战投射武器——都被抛弃。但在游戏获得巨大成功之后，这些游戏内容又在游戏的大量移植版中再度现身，其中雅达利ST版应该算是最完美的一个版本。

　　虽然《王冠守护者》简单得有些幼稚，即便是最完美的游戏版本也缺乏重玩性。但这款游戏最大的贡献不仅仅限于游戏性，更重要的是它给玩家带来一种电影般的游戏体验，这一点在整个游戏产业中将得到不断地继承和完善。**MKu**

Rolling Thunder
雷霆任务

发售年份：1986
平台：街机
开发商：南梦宫（Namco）
类型：射击

对于一款从头到尾都在不停地从左往右、靠砍杀大同小异的敌人来赚分的游戏而言，《雷霆任务》已经很出色了。游戏也许不像初代《忍者龙剑传》（Ninja Gaiden）那样重口——比如我们的孤胆英雄主角会被下降的电锯开膛破肚——但至少比普通的除恶游戏要强上一截。风格化的动漫角色、邪恶的游戏音乐加上可怜的女主角，在那个南梦宫和世嘉争夺世界街机霸权的年代，这绝对是一款佳作。

雷霆小组是国际刑警组织下属的秘密间谍机构。玩家将在游戏中扮演特工奥巴特罗斯（Albatross），你的任务便是找到并营救失踪的女警员蕾拉·布利兹（Leila Blitz）。囚禁蕾拉的则是杰德拉（Geldra），一个藏匿于纽约秘密基地、妄图控制全世界的邪恶犯罪组织，由马布（Maboo）——一个巫师加妖怪型的角色——领导，其私人军队有着取之不尽的武装力量来对抗入侵者，因此在游戏的十个巨大关卡中，奥巴特罗斯的那些小把戏能否派上用场确实是个难题。如果他失败了，世界将陷入混沌——这是个艰巨的任务，不像蕾拉，只需要在每个关卡之间的巨型电视上露个脸。

即使是以今天的标准来衡量，这仍是一款精致的游戏，大多数玩家也是通过这款《雷霆任务》第一次接触到日式动漫略显淫秽的幻想世界。游戏比动画电影《阿基拉》（Akira）还早两年进入玩家视野，给毫无心理准备的西方玩家带来的震撼已不是《涂鸦小子》（Jet Grind Radio）或《杀手7》（Killer 7）可以相提并论的了。除去这些文化震撼，《雷霆任务》的过渡式地位、武器库设定也是令游戏声名远扬的重要原因，更不用提它超高的游戏难度——这点受到1983年的人气游戏《电梯大战》（Elevator Action）的影响——以及游戏操作和游戏画面，整整一代动作游戏都因为这部作品的影响而变得更具活力、更受玩家欢迎。**DH**

Super Sprint
环形赛车

发售年份：1986
平台：街机
开发商：雅达利（Atari）
类型：赛车

720°
720°

发售年份：1986
平台：街机
开发商：雅达利（Atari）
类型：体育休闲

当你看到眼前只有一个踏板来控制车速时，你就知道这《环形赛车》根本没把竞速游戏太当一回事。事实上，你会很想知道雅达利为什么费心给《环形赛车》街机配上一个昂贵的方向盘而不是一个单纯的摇杆。但当你摸上游戏的方向盘开始在赛道上乱跑后，你就会明白制作者的良苦用心。

《环形赛车》是一款超级流畅的竞速游戏，游戏中F1赛车式的汽车在各种复杂的弯道上游走宛如玻璃桌面上滑动的冰块。方向盘固然重要，但真正让你心甘情愿狂塞硬币的是精良的游戏动画和出色的速度感。你还可以通过收集赛道上的螺丝刀来改良你的汽车，这些螺丝刀可以拿来交换提升车子性能的道具，从而提高汽车的抓地力和加速性能。

如果你想找一款令你热血沸腾的竞速游戏，《环形赛车》会是一个不错的选择。**TB**

世界上的第一款滑板游戏中可不止有些滑板花式和U池，它更多的是鼓励玩家四处滑行，开创自己的滑板生涯。游戏中你将在一个又一个滑板公园间游走、避开车流，并赚取足够的钱以便通向下一关。

大多数家庭游戏都要求玩家来回搜索，发觉隐藏其中的秘密，而作为一款街机游戏，《720°》的目的则在于逼迫你不停地移动。如果你逗留时间太长，你就会听到那句著名的台词——"要么继续滑，要么给我死！"——以及一群准备把你活活叮死的杀人蜂，除非你赶紧往下一个滑板公园进发。如果你没有赚到足够的钱继续前进，那么游戏便宣告结束。

游戏的操作系统虽然简单但却非常有效。你只有两个按键和一根摇杆，但却可以做四种不同的动作，在U池上炫技、灵活闪避各种障碍，或是在下坡道上开创新的速度纪录。游戏中的动作显然不及今天那些华丽的滑板游戏来得复杂，但那些场景却足够刺激，同时也证明了一件事情：《720°》揭开了极限运动类游戏的发展序幕。**CDa**

The Sentinel
哨兵

发售年份：1986
平台：多平台
开发商：Geoff Crammond
类型：策略

在一些人眼中，杰奥夫·克雷蒙德（Geoff Crammond）的这款风格独特的策略游戏就是一盘神经质的西洋棋。游戏讲述一种名为"哨兵"（Sentinal）的生物在宇宙间横行，每着陆一个星球便把当地的能量吸收殆尽，直至这个世界一片死寂。为了进行反击，人们制作了一台同样可以吸收周围环境能量的机器人。这个机器人必须找出并吸收掉可怕的哨兵，然后向下一个生死垂危的世界进发。

克雷蒙德充分利用了自己的数学才能而不是设计能力创造出这款游戏中无边无尽棱角分明、颜色平淡的多边形世界。外形诡异的哨兵直插云霄，带有浓郁的奥威尔式风格。如果哨兵察觉到你的存在，它便会开始吸收你的能量，所以你必须远离它的视野。

对于一些玩家而言，《哨兵》就是一款祖宗级别的潜入类冒险游戏。巧的是，1998年的续集《哨兵归来》（The Sentinel Returns）恰好是和《合金装备》同一年发售。但是到了那个时候，玩家们已经对这种抽象游戏完全提不起兴趣，他们只想躲在盒子里痛快地射杀士兵。**KS**

Thrust
突击战舰

发售年份：1986
平台：多平台
开发商：Jeremy Smith
类型：射击

还在伦敦帝国理工学院读书时，杰瑞米·史密斯（Jeremy Smith）就创作了这款物理游戏史上最重要的游戏——《突击战舰》。

《突击战舰》有着8位游戏典型的短小剧情。玩家必须驾驶一艘小飞船穿过一系列洞窟般的地形，搜寻能源舱来驱动战舰参加银河反抗战。游戏的画面非常微小，只有一些岩壁和星球地表，以及一艘矢量飞船和一些敌方炮塔。游戏最大的魅力在于它精准的物理模型——你的飞船受到惯性和驱动力的双重作用，通过一些简单的操作可以在各个方向上进行突进和旋转。

《突击战舰》考验的是玩家的集中力、前瞻力以及在物理性挑战面前从容不迫的反应能力。这款游戏已经催生了数十款粉丝自制改编游戏，同时这也为史密斯后来的另一款游戏《异星流放》（Exile）打好了坚实的基础。《异星流放》是一款更加复杂的街机物理游戏，也是有史以来最好的8位冒险游戏之一。**KS**

Space Harrier
太空哈利

发售年份：1985
平台：街机
开发商：世嘉（Sega）
类型：射击

在今天的眼光看来，《太空哈利》仍像当年刚在街机厅露面时那样充满迷幻气息。时间回到1985年，当年这款游戏凭借它的独特发明创造了不少奇观。《太空哈利》就是想给玩家提供一种壮观的游戏体验：玩家爬进一台液压驱动的街机，找个位置坐下来，然后迅速陷入这款疯狂的第三人称射击游戏的世界。

你扮演的是一个飞侠哥顿式的角色，飞翔在一片被称为"幻想之地"（Fantasy Zone）的世界，怀里抱着一个多功能火箭。这东西还能变成一管炮，你可以用它瞄准那些挡路的虚拟角色并冲他们开火。武装飞碟、飞行巨石、独眼长毛象等等各种古怪的动植物把游戏的全部十八个关卡挤得满满当当，直到你和最终Boss展开史诗级的大战。

在今天看来，《太空哈利》最奇特的地方在于它的伪3D图像系统能给人一种逼真的纵深感。这都应归功于世嘉的Super Scaler技术——《冲破火网》（After Burner）和《环游世界大赛车》也使用到这一技术——使那些平面怪物朝你逼近时会变得越来越大，而飞奔的棋盘式地面则给你一种强烈的速度感。撞上一棵树就能要你的命，但只要你不死就能源源不断地得分。每一轮战斗洗礼都会帮助玩家更好地习惯游戏奇特的视角。抵抗敌人的唯一途径就是直接冲到他面前朝他开火，即使敌人的火力直接朝你袭来也不要犹豫。

《太空哈利》之于三维射击类游戏正如西洋镜之于电影，但是游戏宏大的画面和紧凑的动作节奏确实值得现代玩家一试（要玩的话务必找台原版街机来体验，各式各样的家庭版虽然也移植得不错，但和原版游戏绝对不是一个档次）。**CDa**

Super Mario Bros.: The Lost Levels
超级马里奥兄弟：失落的关卡

发售年份：1986
平台：NES
开发商：任天堂（Nintendo）
类型：平台动作

　　《超级马里奥兄弟：失落的关卡》是一款让人觉得熟悉而神秘的游戏，本作实际上是原版《超级马里奥兄弟》的秘密续作，但在NES统治市场期间，游戏并未在日本以外的地区发售。原因很简单：对于非日本玩家来说这游戏实在是太阴毒了（好在我们有《超级马里奥兄弟2》来弥补这一缺憾）。

　　《失落的关卡》很难。更准确地说，这游戏实在是不厚道。游戏沿用了那款神奇的前作中的敌人、砖块和操作设定，但是在游戏的过程中增加了不少毒辣的陷阱，在一定程度上削弱了游戏的娱乐性。本作中会有有毒的蘑菇，当它在地面向你滑来时你最好还是躲远一点；在一些变态的关卡你必须找到隐形砖块才能顺利过关；另外在跳跃过程中，吹来的风还会影响你落地的精准性。

　　游戏的地图设计也莫名其妙的残忍：食人花无处不在、跳跃的间隙宽得让人腿软、敌人的数量也多得出奇。但游戏仍然很好玩，特别是你会很好奇这些熟悉的游戏面孔和地图会给你带来怎样邪恶的惊喜，另外，很少有玩家在还没撑到关尾的城堡之前就放弃这款游戏。

　　直到《超级马里奥全明星》（Super Mario All-Stars）合集在SNES上发售时，收录其中的《失落的关卡》才最终和西方玩家见面。这个马里奥家族的怪胎很快便积攒起了人气，这也证明任天堂想当然的猜测并不总是那么准确。你现在可以在Wii的Virtual Console上体验这款游戏，如果游戏把你难哭了可别抱怨。**CD**

Buggy Boy
越野小子

发售年份：1986
平台：街机
开发商：Tatsumi
类型：赛车

　　虽然被移植到多个家用平台，但要想体验这款《越野小子》，最好的方法还是在通过豪华的原版街机和三屏全景画面来感受。色彩鲜艳的图像、独具风情的地图、出色的速度感足以媲美《环游世界大赛车》，虽然《越野小子》不及这款同年推出的世嘉经典游戏受追捧，但它仍不失为竞速类游戏中的一部重头作品。《越野小子》引入了跳台和坡度路面，且不像其他赛车游戏那样把玩家栓死在赛道上，汽车偏离赛道时的持续颠簸感非常逼真，不会让人觉得那只是些颜色不同的普通道路。

　　游戏共提供了五个赛道，其中有四个是定点越野赛道。当你开车时屏幕上会显示倒计时，但是完成每个赛道或是穿过赛道上的时间门就可以获得额外的时间。比赛的路线很重要，但是沿路上却布满了各种障碍：撞上碎石会让你的车子飞上天或两轮腾空；撞上大点的东西会让你翻车，你必须把车档从"Hi"调至"Lo"才能重新开始加速。

　　想尝试些新东西的玩家可以去收集旗子。每收集到一面旗都可以得分，但如果你能按特定的顺序收集旗子，就能获得额外的奖励分值；如果你发现并撞上一个隐藏足球，你的得分还会更高。

　　每个赛道一般都由三条车道组成，偶尔还会出现隧道和桥梁。可幸的是，路边的标志会向你及时提出警告，确保你不偏离车道，但是游戏中的障碍又实在太多了。感谢游戏的多样性、灵敏的操作反应和对娱乐性的强调，使这款《越野小子》没有落入普通竞速游戏的俗套。**BM**

The Legend of Zelda
塞尔达传说

发售年份：1986

平台：NES

开发商：任天堂（Nintendo）

类型：动作 / 冒险

　　《塞尔达传说》有着属于自己的传说：据传宫本茂是在打开自己书桌的抽屉时产生了创作林克的大冒险的想法，并且幻想每个抽屉中都有一个独立的小花园。我们也许应该庆幸他没有个钉枪或打孔机之类的东西，不然的话电子游戏史估计又会是另一番面貌。

　　不管这个趣闻是真是假，至少都解释了《塞尔达传说》简单而精巧的游戏结构。在这款动作RPG游戏中，勇敢的冒险者林克身披绿衣，手持剑盾，只身闯入各种潮湿的地洞，挑战Boss，寻找道具，希望将魔王加农（Ganon）从这片土地上赶走。游戏地图被分成有序排列的若干独立小块，每块都有一个入口、一个岩石迷宫、一群讨打的敌人，或者一些喜闻乐见的

奖励。玩家们一个接一个的通过这些迷宫，收集加血的爱心以及打Boss必需的道具。打败Boss之后你又可以打开更多的地图，使你能够更深入地探索海拉尔的世界。

　　正是从这款平衡而有趣的作品之中，诞生了现代游戏史上最丰富多彩的传说：这是一个充满精致复杂而又扣人心弦的冒险故事的游戏系列，每一部作品在延续原作传统的同时，又为整个系列增添全新的游戏元素。这些年来，《塞尔达》系列作品一直都被誉为游戏史上最聪明、最精致的冒险游戏，最令人佩服的是：系列作品的许多出色创意其实都是来自这部开山之作——不管宫本茂到底是怎么想到这些点子的。**CD**

World Games
世界大赛

发售年份：1986
平台：多平台
开发商：Epyx
类型：体育休闲

  作为大获成功的"大赛"系列的第三作（其他几作分别为《夏季大赛》［Summer Games］、《冬季大赛》［Winter Games］和《加州大赛》［California Games］），《世界大赛》正如它的几部前作，包含了一系列按顺序排列的小游戏。不同的是，系列前作包含的是和相应赛季有关的比赛项目，但这次的《世界大赛》收录的比赛绝对令人耳目一新，每项比赛都有其浓郁的异国风情。

  游戏中的比赛项目包括俄国举重、法国障碍滑雪、加拿大滚木头、德国跳木桶、美国骑牛、墨西哥悬崖跳水、苏格兰抛杆以及日本相扑。和你的朋友们一起玩《世界大赛》才是这个游戏的真正乐趣所在。游戏最多可支持八人竞赛，每位玩家可以在游戏开始时选择自己喜欢的国家然后轮流比赛。唯一两项非回合制的赛事是相扑和滚木头，在这两项比赛中双方玩家将同时进行对抗。游戏中不同的比赛操作控制也不一样，要想玩通关，玩家就必须熟练掌握每一项比赛的操作。

  新奇的比赛令人眼前一亮，游戏的实际表现也同样精彩。每一关都会对某一赛事的历史进行简单介绍，并配上风格独特的民族音乐（其中的苏格兰风笛尤其值得一提）。游戏的画面也极富魅力：抛杆失败的话，巨大的木桩会把你控制的苏格兰人打翻在地；滚木头失败后跌入水中，鲨鱼便会绕着你可怜的加拿大伐木工转圈。自1986年发售自今，《世界大赛》依旧魅力不减当年，其游戏性也毫不逊色现在的聚会性游戏。**BM**

Super Hang-On
超级摩托车

发售年份：1987
平台：街机
开发商：世嘉（Sega）-AM2
类型：竞速

  1985年《摩托车大赛》（Hang-On）的面世，代表着世嘉制作人铃木裕正式跻身电子游戏设计师行列。凭借极具带入感的街机和游戏设计，铃木裕成为了街机游戏界乃至家庭游戏界（代表作如命不好的《莎木》系列）的领头羊。相比之下，《超级摩托车》对铃木裕以及整个电子游戏史而言似乎显得有些无足轻重，只不过是他两年前那部革命性大作的普通续作而已。

  没错，《超级摩托车》的游戏模式看上去和原版的《摩托车大赛》（Hang-On）一模一样，但这款游戏增加了来自不同大洲、长度各异的赛道（每过一关都能给游戏中的倒计时表增加时间）。非洲共有六关，是最短也是最容易的一个大洲；亚洲共有十关；美洲十四关；欧洲共有十八关，在所有大洲中也是最难的。这些赛道的设计都很精彩，配有各具风情的背景画面，给人一种别样的视觉享受。和铃木裕1986年的人气游戏《环游世界大赛车》（OutRun）一样，玩家在比赛中可以选择四种不同的背景音乐，每一关的结束动画也各不相同。

  今天看来，在这样一个由铃木裕的作品开垦出来的游戏时代与游戏市场，《超级摩托车》确实显得毫无新意，但人们往往忽略了"重复"的意义所在，通过汲取《摩托车大赛》和《环游世界大赛车》的成功经验，《超级摩托车》绝对是1992年《VR赛车》（Virtua Racing）诞生之前，铃木裕所有竞速游戏中最具可玩性的一款。游戏还通过各种出色的家用机移植版获得改良。尤其值得一提的是，在世嘉MD版中，玩家可以在比赛与比赛之间对摩托车进行升级。《超级摩托车》也许并不起眼，但它却能给你留下经久不衰的印象。**Mku**

Blasteroids
彗星大爆破

发售年份：1987
平 台：街机
开发商：雅达利游戏（Atari Games）
类 型：射击

　　雅达利的历史就是一个在漫长而纠结的游戏竞赛中被各种公司频繁出售商标的悲苦故事。我们在这里要谈论的是80年代中后期的雅达利街机游戏分部——雅达利游戏，这一游戏分公司一度受尽冷落，直到一次员工收购使其重拾昔日辉煌，再度成为街机界的领头羊。这段时期雅达利推出了一系列热门游戏大作，其中包括《圣铠》、《环形赛车》、《疯狂弹珠》，当然还有这款《彗星大爆破》。

　　雅达利游戏的作品很少会和雅达利早期黄金年代的游戏扯上关系，但《彗星大爆破》是个例外。《彗星大爆破》极大地还原了原版《爆破彗星》的经典感觉，同时又在这一基础上进行了大胆的创新改造。

　　在游戏中，玩家已经看不到简陋的矢量图了，取而代之的是太空中滚滚袭来的大块岩石；你的飞船可以在三种形态中进行变换，或巨大而迟缓，或纤小而敏捷；飞碟被击毁后还会掉落升级胶囊。但仅仅在游戏中追求保命是远远不够的，你现在有了一条能量槽，每次启动推进器或被击中时，能量就会下降；能量槽降为零时你就死了。每过一关你的能量值都会略微上涨，但你还必须通过击毁红色彗星来获取能量水晶。

　　《彗星大爆破》新增了Boss战、多种类型的陨石和可选地图；在双人模式下，两艘飞船还可以组合成一台炮塔式超级战舰！电子游戏教科书里的小把戏这里全都有，但《彗星大爆破》绝不会给你那种显摆的感觉。游戏确实很难，但它会让你慢慢的发掘其中的秘密，并给你足够的机会去一一解决各种难题。**JM**

NetHack

NetHack

发售年份：1987
平台：多平台
开发商：多平台
类型：角色扮演

乍一看来，《NetHack》不过是经典的ASCII风格游戏《罗格》的简化版，需要玩家探索一系列随机生成的地下迷宫、打怪，并收集物品。但经过这么多年，游戏已经变得更加的复杂精美、令人着迷。《NetHack》就像一个互联网幽灵，自1987年以来就一直在网上四处游走。多年来，游戏从外观到特色设定一直处在不断变化当中，但《NetHack》的核心游戏体验却不曾改变。

选择设定好角色后，玩家就要下到《NetHack》多达五十级的地牢当中（这些地牢都是以简单的俯瞰视角展示给玩家），开始寻找一串宝贵的饰品——"彦铎项链"（Amulet of Yendor），这东西据说就藏在地牢的最底层。游戏将会渐渐向你展示它的玩法和秘密（包括前进过程中会遇到的怪物和药剂），接下来会发生些什么则完全取决于你。尽管《NetHack》已经有二十多年历史，但正是因为游戏的开放性，至今仍有游戏开发团队和死忠粉丝在不断开发这款游戏，其中最引人瞩目的当属NetHack DevTeam的开发成果——这支由一群程序员和神秘天才组成的团队会定期发布官方版本的游戏更新。经过在互联网阴暗角落里二十多年的努力和积累，《NetHack》已经成为一款独一无二的经典，一个等待玩家探索的魔法与杀戮的巨大世界，一个复杂而富有魅力的网络群体。今天要体验这款游戏并不是件难事，谷歌一下就可以看到那些地牢向你招手。但要想从里面再走出来可不是一件容易事。**CD**

A.P.B.

全面通缉

发售年份：1987
平台：街机
开发商：雅达利（Atari）
类型：动作

警匪剧一直都是电视和电影中的常客，所以当这东西摇身一变现身游戏平台时，也没人觉得惊讶。玩家要在《全面通缉》中扮演警官Bob。在你的上司眼中，你就是个只敢去街上铐个交通路锥回来的菜鸟警员。经过一些基本训练后，你很快就会接到一份日常任务清单，但你的工作无非是抓些小流氓，或是乱扔垃圾的路人之类的。生活很美好（甜甜圈也很容易找），但很快你就会接到个大单子——逮捕一个大毒贩。这可是个货真价实的通缉犯。游戏正是从这里开始变得有趣起来的。虽然在今天的《极品飞车》（Need for Speeders）玩家眼中，这款游戏实在入不了眼，但《全面通缉》确实知道如何上演一场高速追车的好戏。

《全面通缉》诞生时，街机游戏热潮已近结束，但游戏的表现依旧不俗。通过漫长的职业生涯和闪着警灯的拉风筐体，《全面通缉》成功地把小孩子们从任天堂游戏机边吸引进了游戏机厅。游戏中的主角简直就是像是从烂俗警匪剧中直接走出来的一样，Sid Sniper和Freddy Freak等反派角色亦是如此，当然更少不了一位你一犯事就往你脸上喷火的顶头上司。对付普通的违法者，你只需要用十字准星瞄准然后用警车撞上去就完事。警车的速度很快，在高速行驶过程中也能轻易抓住嫌犯。如果你工作表现够好你就会获得奖励——上司会赏你一支枪。

《全面通缉》中的飞车体验令人大呼过瘾。游戏充分利用了超长的纵向卷轴画面，布满了分岔路和并行路、小道捷径和急转弯道。撞上太多无辜车辆的话你就饭碗不保了，但如果你能把目标嫌犯抓回局子里，一顿严刑逼供让犯人认罪，那你的警员培训就顺利结束了。**CDa**

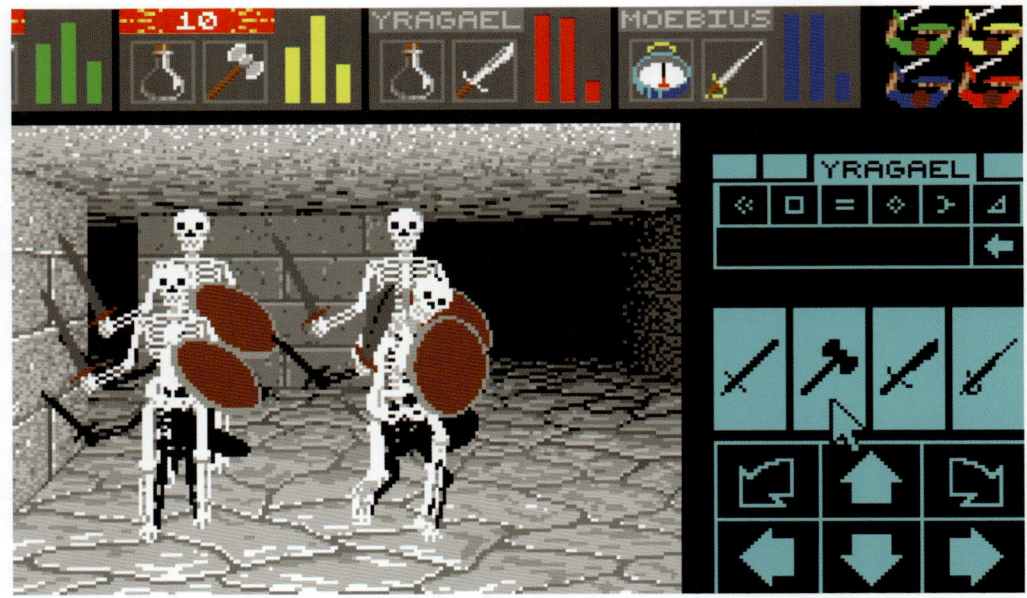

Dungeon Master
地牢城主

发售年份：1987
平台：多平台
开发商：FTL游戏（FTL Games）
类型：角色扮演

电脑角色扮演游戏经历了多个发展阶段。早在1987年，此类游戏就已经迈出了走向即时三维画面的第一步——这便是《地牢城主》。游戏最早出现在雅达利ST电脑上，并迅速登陆当年的各大游戏平台。游戏催生了一系列的效仿者，被认为是当年RPG类游戏中的最高杰作。

《地牢城主》是一款第一人称视角游戏，通过一个小窗口把玩家带入游戏世界。游戏没有后《毁灭战士》（Doom）时代的即时三维空间，而是逐帧表现动作画面，但这种设计已经象征着游戏的表现与互动性迈出了革命性的一步，其中通过鼠标（代表角色移动、装备栏中的各种技能等等）点击不同的图标来执行动作的操作方式尤其值得一提。这一极具影响力的变革在游戏界中大受欢迎，直至90年代中期游戏技术的发展使得游戏机自由生成三维环境成为现实。

《地牢城主》最引人注目的地方在于游戏操作上给予玩家极大的自由度。游戏发生在一系列的地牢与地下通道之中，但其游戏路线并不是固定的。如果玩家碰上了难度太高的怪物或是谜题，完全可以选择改道探索其他区域。游戏的这种设定在1987年显得非常新奇，并一直延续至今。但真正令《地牢城主》如此意义非凡的原因还在于它改变了人们对角色扮演游戏玩法的看法，把RPG从文字命令和枯燥的数值中解放出来，开拓了一个全新的时代。在这里，用户操作界面成为了玩家和游戏互动的关键。**JR**

California Games
加州大赛

发售年份：1987
平台：多平台
开发商：Epyx
类型：体育休闲

上世纪80年代，在落后而沉闷的英国，人们所能想象到最刺激的事情无非两种：玩一款电脑游戏，或是去美国海滩度个假。对他们而言，Epyx公司的《加州大赛》就是一束射穿阴霾的阳光，生活在伦敦灰色天空下和工业重镇中的玩家们终于有机会体验一系列超酷的西海岸运动，顺带在电脑显示屏中映出的和煦阳光下做做日光浴。

在那个合集游戏还很罕见的年代，Epyx已经推出了《夏季大赛》（Summer Games）和《冬季大赛》（Winter Games）等多部合集作品。类似《抢滩登陆》（Beach Head）和《空袭莫斯科》（Raid Over Moscow）这些动作游戏每一关都有新奇的操作和规则，而《加州游戏》则在不同关卡献上不同的运动：旱冰、滑板、花式自行车，当然还有冲浪等更为传统的加利福尼亚运动项目。

游戏中其他的比赛则更为新鲜一点——不管当年的你身在世界何处，一场传统的花式沙包比赛总会带给你别样的感觉——在这一款另类的游戏合集被推向市场时，这样的创意还是非常罕见的。

《加州大赛》是一款十分厚道的游戏，其中的一些比赛项目——尤其是冲浪——可算是Epyx合集游戏中的佼佼者。如果今天的你还在玩《加州大赛》，那你肯定是一位试图寻找逝去青春回忆的中年玩家。事实上，除了《马里奥与索尼克奥运会》（Mario & Sonic Olympics）系列和艺电的相关作品外，对于那些不会沉溺于忧伤怀旧情结的玩家而言，现在的好游戏合集多了去了，但问题是，回到上世纪80年代，你去哪里找这些游戏？**CD**

International Karate +
国际空手道2

发售年份：1987
平台：多平台
开发商：Archer Maclean
类型：格斗

　　原版的《国际空手道》（International Karate）做得很精致，但作为一款格斗类游戏它毫无新意可言。事实上，这款游戏和1984年的人气街机游戏《空手道》（Karate Champ）实在太像了，以至于Data East公司都设法告它侵权。

　　表面上看，《国际空手道2》是一款再普通不过的游戏，但这部续集作品确实有其独到的创新之处。最明显的当属游戏超快的摇杆反应和极其流畅精准的动作画面，二者结合共同为玩家献上了又快又准的格斗。程序师阿切尔·马克林（Archer Maclean）为了在游戏中表现出富有动感的后空翻动作，还特意拿来电影《火爆浪子》（Grease）的录像带，对一位伴舞的动作进行动作捕捉。

　　游戏真正的制胜法宝在于增加了第三位格斗家，这一角色可以由电脑控制，当然最好还是交给另一位玩家来操作。这样一来游戏便打破了传统一对一对战的格局，多了一份群殴的快感。从1984年Datasoft公司的平台动作游戏《李小龙》（Bruce Lee）以来，玩家第一次可以和朋友合作痛殴电脑对手，这的确是一种令人大呼过瘾的游戏体验。**KS**

Double Dragon
双截龙

发售年份：1987
平台：街机
开发商：Technos
类型：格斗

　　里根时代的闹腾街机游戏大多偷师好莱坞电影：矫情的反派、可笑的正义、非人的肌肉，一千来个游戏像素卖力地展现着动作场面的极致。《双截龙》囊括了各种关键要素：吃苦耐劳的美国人主角、胡作非为的邪恶势力，以及被卷入交战双方的无辜平民。游戏有着漫画式的主角和甩着铁链的暴徒，其中不少人物看上去活像等着参加试镜成为Village People【译注：上世纪70年代美国男子演唱组合，知名作品有《YMCA》】的第七号成员。

　　作为一款延续《热血硬派》（Renegade，Technos公司早期动作游戏）精神的游戏作品，双截龙引入了不少全新设定。比如你可以捡拾敌人的武器反击敌人、让同伴抓住敌人然后由你来实施殴打，或是干脆和你的同伴互殴来耗钱玩。游戏双人合作模式下的"友方伤害"设定大受玩家欢迎，而游戏中通过抓敌引发的投掷甚至一系列连击动作也对后来的《忍者龙剑传》、《快打旋风》（Final Fight）等作品产生重要影响。《双截龙》的人气极高，并催生了两部街机续作和一系列移植作品。不要提那部惨不忍睹的真人电影，但记住那句不朽的游戏台词"尝尝我的拳头吧，混蛋！"。**DH**

Head Over Heels
狗狗迷宫

发售年份：1987
平台：多平台
开发商：海洋软件（Ocean）
类型：动作

《狗狗迷宫》是一款不折不扣的另类斜四十五度视角游戏，充满令人惊叹、震撼人心的挑战。上世纪80年代，这款游戏在8位家用电脑上获得出人意料的成功，更重要的是，自此以后，还很少有其他作品敢尝试这样的游戏概念。

两位古怪的主角头仔（Head）和脚仔（Heel）是两名星际间谍，他们接受了一项危险的任务，从一位神秘的宇宙君王手中解救一批囚犯。游戏任务很困难，但这两位间谍也不是省油的灯，头仔很能跳，还可以向敌人发射甜甜圈；脚仔会攀爬还能搬动物品。要想顺利完成任务，两位主角必须进行合作。

最有趣的是这款精巧的小游戏其实是一款合作式的单人游戏，你常常需要"头脚并用"来探索周围一系列古怪的环境。游戏玩起来确实很新鲜，也非常出色，现在要想玩上这款原版游戏也许不太容易（除非你手头上有台古董级游戏机）。幸运的是，游戏团队Retrospec已经开发出了一款重制版《狗狗迷宫》，你可以在当前的大部分操作系统上顺利运行这款游戏。**CD**

Nebulus
魔塔

发售年份：1987
平台：多平台
开发商：John Phillips
类型：平台动作

早在塔防游戏成为主流玩家群青睐的策略益智游戏之前，这个8位游戏世界流行的其实是"塔毁"。其中较具代表性的是一只名为Pogo的古怪小外星人。玩家操控的这个双眼暴突、来历不明的青蛙状生物一旦登上塔顶，这座塔便会轰然倒塌。你在登塔的途中将面临两大障碍：古怪的敌人和时钟。Pogo通过弹跳登上这些笔直的高塔，穿过塔门来躲避敌人或是寻找新的出路，最终一步步逼近塔顶。游戏的设计很有创意，Pogo始终都在画面的正中心，当你左右移动时，圆柱形的高塔便会自动旋转。Pogo的这种动态感源自游戏对视差滚动技术的高超运用，给予高塔一种强烈的3D感，使游戏的整体视觉效果相当出色，但游戏主角和塔身的设计其实相当简单。Pogo这一角色概念后来又在无数游戏平台上出现，并始终保持了它原有的耐玩性和持久的魅力。**RSm**

Oids
太空营救

发售年份： 1987
平台： Macintosh, ST
开发商： FTL 游戏（FTL Games）
类型： 射击

不管从哪个角度看，FTL游戏公司的《太空营救》都不仅仅是一款具有很高可玩性的重力游戏。它是那个游戏年代的最后堡垒，在那时，游戏设计理念还很单纯，不像今天的游戏有那么多的商业考虑。这是一款深受玩家喜爱的作品，但其知名度却仅限于ST和苹果平台用户。在《太空营救》中，玩家将驾驶一架V翼战机，只靠推进键和方向键只身闯入各种危机四伏的星球。你的任务则是去营救一个被奴役的机械种族，它们被分散在银河系各个角落，被迫为遥远的星系工厂做苦力。

好像那些扭曲的地形还不够难，如果不能操纵飞船安安稳稳在平地上着陆，等待你的就是被炸死的结局。工厂老板装备了强大的防御火力迎接你，幸运的是你的飞船也配备了一管炮和一个护盾。但是你得小心，使用护盾可是会消耗燃料的，如果你用得过量，你就不得不把宝贵的任务时间花在寻找能源补给上了。一旦敌方的火力被解除，你只需要一颗子弹就能炸掉工厂，解救出那些被困的机器奴隶。这些机器人会很高兴看见你，等你找到安全的地方着陆，他们立刻就会涌入船舱。接下来你只要起飞、找回母舰，然后继续向下一个星球进发。

游戏的概念简单而伟大，精简的游戏画面把令人爱不释手的操作与趣味十足的航行元素、紧张的动作射击融合在一起。这是一道强大的游戏大杂烩，给玩家带来难以抗拒的神奇体验。值得一提的是，当你对游戏的高难度挑战感到筋疲力尽时，游戏的关卡编辑功能又向你提供更多的游戏选择，使得这款游戏有着宇宙般无限的生命力。**JDS**

Galaga '88
大蜜蜂88

发售年份： 1987
平台： 街机
开发商： 南梦宫（Namco）
类型： 射击

找一款够老的游戏，用全新的视听技术和更新的游戏元素进行重制，重新包装一下再卖给年轻玩家，这年头似乎很流行这种做法，但这绝对不是什么新招：《大蜜蜂88》就是早期的一个典型案例。这款1987年的作品把六年前的老游戏重新拿出来，并对原作的方方面面都进行了改造提升。

谢天谢地，南梦宫并没有在那艘飞船上动太大手脚，你仍旧只能左右移动，唯一的攻击选择只有那个开火键。但是，在游戏的开始你却有了一些有趣的选择。你可以只开一艘飞船进入游戏，也可以花掉两条命同时驾驶两艘飞船参加战斗，以便增强你的火力（但同时也给敌方提供了更大的攻击目标）。你甚至还可以把两架飞船合体成为一艘超级战舰。

和游戏的动作场面相映成趣的是游戏的背景，不同于原作中简单的星空，《大蜜蜂88》有着各式星云、星球以及空间站。但真正区别两部作品的是你要面对的敌人。更多的敌机会在你前面聚集，它们比以前更加颜色鲜艳、更加讨人喜爱，但同时也更加致命。这款续作还引入了滚动关卡，你需要避开小行星或摧毁水晶群，击败一只Boss机后，游戏才全部通关。没错，《大蜜蜂88》在很大程度上都要比原作更具挑战性。

在《大蜜蜂88》独特的奖励关卡中，敌机会伴着探戈音乐的节奏在屏幕上翩翩起舞——"这是银河之舞！"（That's galatic dancin'！）屏幕上的文字这样显示——对于这样一款可爱的游戏你很难对它说不，但《大蜜蜂88》献给玩家的可远不止是几段花哨的拉丁乐和一群很会踩节奏外星人。**TB**

Maniac Mansion
疯狂豪宅

发售年份：1987
平台：多平台
开发商：卢卡斯艺术（LucasArts）
类型：冒险

《疯狂豪宅》为冒险游戏开创了一个全新时代。这是第一款使用到著名的SCUMM（疯狂豪宅脚本创建程序〔Script Creation Utility for Maniac Mansion〕）引擎的游戏，这是由卢卡斯艺术公司开发的脚本语言，在它的帮助下，游戏设计人员不必使用源代码的开发语言就可以完成大部分的游戏开发，使游戏变得更具视觉吸引力，给玩家带来更为有趣的游戏体验。

《疯狂豪宅》也对冒险游戏的发展产生了重要影响——这类游戏不再需要一脸严肃，玩起来也不需要步履艰辛，而是可以变得机智诙谐，充满个性与流行文化暗示，甚至可以恶搞少儿电影中的鬼宅，或是拿电锯杀人等各种血腥死法来开玩笑。

为了营救被绑架的拉拉队长女友珊迪·庞兹（Sandy Pantz），我们的男主角戴夫·米勒（Dave Miller）来到一幢可怕的豪宅。但他不知道的是，这栋房子里还住着疯狂科学家弗雷德博士和他不正常的一家人，以及一颗邪恶的流星。于是戴夫便开始探索这幢神秘的房子，试图找出隐藏其中的秘密，同时确保自己不被这些怪胎家族成员——比如弗雷德博士可爱的儿子：怪人艾德——给杀死。另外，戴夫要找到珊迪的唯一办法便是解开一系列精心设计、考验脑力的谜题。

《疯狂豪宅》是一款诙谐有趣的游戏，为你的冒险之旅预备了各种古怪的小秘密等待你的发掘。游戏也许不像后来的《猴岛小英雄》（Monkey Island）系列的笑料那么张扬，但在冒险游戏的发展过程中仍是一次重大的突破。这款游戏在今天玩起来仍像1987年那样充满代入感和氛围感。**CD**

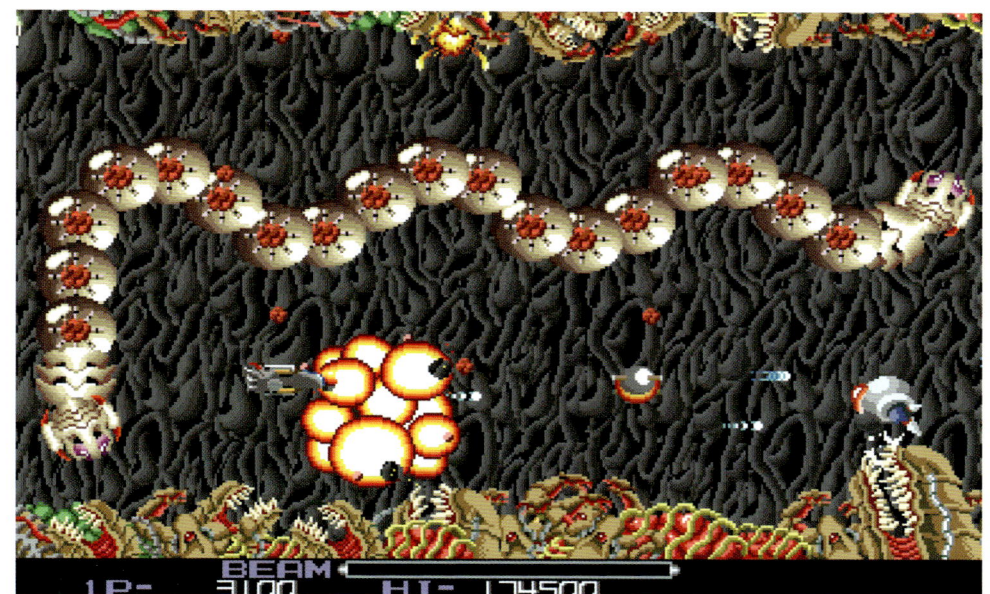

R-Type
异域战机

发售年份：1987
平台：街机
开发商：Irem
类型：射击

《异域战机》经久不衰的原因很简单：它带给玩家的游戏体验绝不仅仅是射击那么简单。游戏卖力地展现着那些次元穿越一类的把戏，并把足够的时间与空间花在了其他游戏所忽略的剧情、角色、主题塑造上。热衷这款游戏的更多是游戏史学家而非普通玩家——游戏难度实在太高，而且存在一些根本性缺陷。另外，游戏每关的背景都像精美的艺术品。

想活命，玩家就必须以毒攻毒，压制住敌人火力。"拜多"（Bydo）是件被遗弃太空的生化武器，现在它已经进化成一个帝国，并随时可能毁灭我们的世界。玩家接受的命令很简单："反击并打败敌人"。你的工作则是控制两个飞行单元：流线型的"R-9箭头"（R-9 Arrowhead）战机和名为"原力"（Force）的子机。"原力"本是拜多身上的一块组织，被装进了一个小球中随行战斗。这个标志性的子机是系列的核心，它刀枪不入，既可以和战机合体，也会跟着玩家上下移动。这台子机实在是太重要了，游戏后期难度陡增，不小心死掉一次后，你会顾不上成群的敌机和障碍物，一心只想夺回自己的武器。有些敌机的运动阵形会非常阴险，有些则让人恐惧，但大多数还是偏向于固定轨迹，你可以通过不断的失败尝试来前进。只要你能穿过这些敌机，那便会获得各种奖励。不管是第一关Boss令人眼晕的尾巴，或是第三关拜多战舰的躲闪分析式打法，都体现了《异域战机》"形式"与"功能"的完美结合。

《异域战机》还有着此类游戏中数一数二的游戏原声，打击感十足的音效带有强烈的Chiptune电音风格。但游戏真正的天才之处在于充分利用了屏幕空间和资源，视差滚动的背景、旋转起舞的敌机、来回弹射的镭射激光让游戏中的每一个像素都有机会展现自己。倘若有一个游戏版的卢浮宫，那么《异域战机》应该是第一件被摆进里面的艺术品。**DH**

Gemini Wing
捉虫敢死队

发售年份：1987
平台：街机
开发商：Tecmo
类型：射击

  你几时在一座瀑布前遇见过一只绿色的巨型变异海象，来回移动着朝你吐着一些巧克力球一样的东西？这样的神兽也只有在电子游戏中才碰得上，尤其是这款《捉虫敢死队》——上世纪80年代中后期街机游戏中最别出心裁、生动迷人的一款射击游戏。

  《捉虫敢死队》可以被归类为"合作式射击游戏"，游戏支持两位玩家操纵略显笨重的飞机穿过一系列充满奇异生物的纵向卷轴关卡。游戏中的敌人造型大多可以在大自然中找到原型，比如窃虫、三叶虫，甚至是鳐鱼的卵壳，但是奇异的颜色让它们看起来更像是群外星生物。

  和同类游戏不同的是，《捉虫敢死队》从头到尾只有一种原始武器，但它用另外一种方式弥补了游戏在大招上的空缺。你可以在屏幕上收集各种一次性的武器，只要你靠近它们，这些武器就会像尾巴一样串在你的飞机后面。但当你不慎中枪时，眼睁睁地看着身后那些小家伙四射开来的感觉实在是揪心——尤其是当你的队友冲上来把那些武器全部抢走时，更是倍感凄凉。

  今天看来，《捉虫敢死队》明显不如《几何战争》（Geometry Wars）一类的极速游戏来得刺激，但是，哪款游戏会有一根雨刷一样的武器满屏开火？又有哪款游戏有艘巨型空中战舰，舰尾还会冒出打转的三眼骷髅？要是所有的游戏都这样有个性就好了。**TB**

1943
1943

发售年份：1987
平台：街机
开发商：卡普空（Capcom）
类型：射击

  世界大战结束的时间也许是1943年，那年食物配给依然吃紧，五角大楼刚刚竣工，日本军队也被迫撤离瓜达康纳尔岛……但如果你把这一切想象成卡普空的这款华丽的纵向卷轴射击游戏，一切都在瞬间变得好玩起来。

  作为那款人气爆棚的《1942》的续作，发售于1987年街机热潮中的这款《1943》把战场设在了太平洋。玩家必须击退成群袭来的敌机，深入日本舰队心脏展开恶战。你将面对各式各样旋转回舞、猛翻筋斗的敌机以及强大的地面火力，应对复杂的Boss战，同时收集各种升级武器。和前作一样，游戏的胜利取决于你对基本武器和特殊技的灵活运用。在本作中，游戏的能量系统有所调整，但游戏的难度还是一如既往的高，要想完美通关并不是那么容易（虽然新增的双人合作模式极大地提高了玩家的成功几率，这在Boss战中尤其有效）。和《1942》一样，《1943》已经成为用来练习一币通关的神级作品，在核心玩家群体中享有极高的地位。

  完成了这款街机续作后，卡普空又在NES平台上推出了这款游戏的家庭移植版。但是名目繁多的移植版不论在游戏质量或是还原度上都严重地参差不齐。如果你现在实在手痒，想体验一把《1943：中途岛海战》，不妨试试那款《卡普空经典合集》（Capcom Classics Collection）——一款内容豪华的PS2及Xbox平台合集游戏——里面就收录了这款游戏，同时还有其他不少经典大作可以一并体验，游戏的菜单也做得相当有趣。**CD**

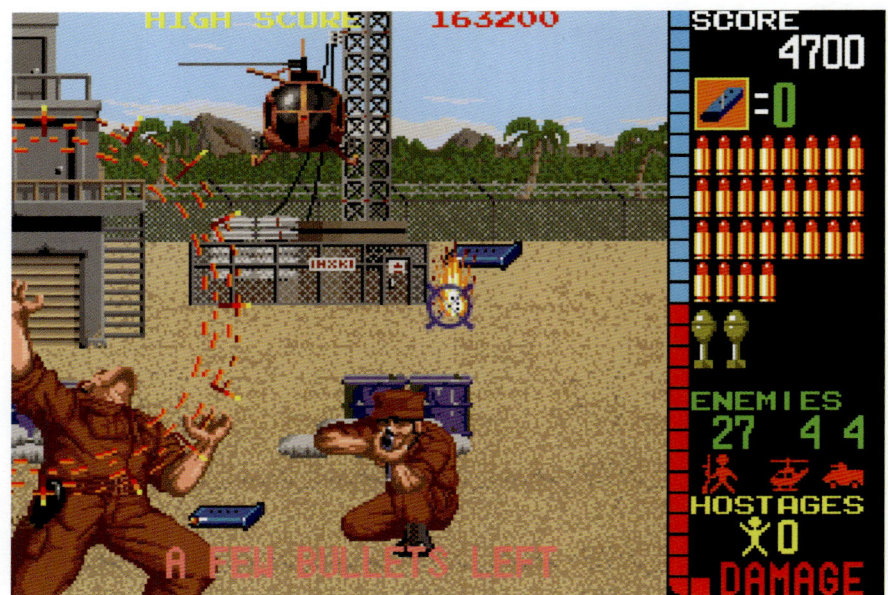

Operation Wolf
野狼计划

发售年份：1987
平台：街机
开发商：Taito
类型：射击

  这里有必要澄清一个误区，《野狼计划》并不是一款光枪游戏。这是款打枪游戏没错，但枪管和屏幕之间被没有直接联系。真正起作用的是连接在游戏机上的枪底，通过枪身的移动来确定准星的路径。这两种射击游戏很容易被玩家混淆，原因有二：（a）没人会去在乎这种游戏枪的工作原理，只要它能打中目标就可以；（b）当你趴在游戏机上玩《野狼计划》时，这东西和光枪游戏一样爽。

  作为系列四款游戏的开山之作，《野狼计划》极似80年代的动作片神作《第一滴血2》，唆使你开枪扫死大片大片的敌人。但游戏又不仅只有这点料。在深入南美战俘营中解救俘虏的任务途中，你将穿越六个地图，期间会有无数的傻子带着军刀、坐着直升机、扛着火箭筒、拿着步枪朝着你的屏幕冲过来。除了控制器上便捷的手雷按键外，游戏中还有不少物品可以帮助你补充弹药。游戏说明告诉你："奖励物品——子弹、迫击炮弹、加血饮料——会在击中椰子、秃鹫、鸡等等目标后出现。"不用说，这个"等等"指的应该就是那些该死的外国武装分子。

  1987年的这款《野狼计划》带来的新鲜感可不是一点点，比如你手中的枪在开火时会有强烈的后坐力，游戏中还有快速移动的加分目标。虽然几乎所有的平台都对这款游戏进行了移植，但街机版《野狼计划》的游戏效果是家用主机和家用电脑无法模拟的。

  顺带说一句，如果你觉得轰杀一帮子彻头彻尾的坏蛋只是80年代游戏的过时做法，不妨试试2008年那款带有"电脑级图像和实际电影画面"的街机游戏《兰博》（Rambo）。**DH**

Rainbow Islands
彩虹岛

发售年份：1987
平台：多平台
开发商：Taito
类型：平台动作

  在《泡泡龙》大获成功之后，Taito公司的三辻富贵朗又制作了一款更为出色的续作。《彩虹岛》是那种人们心目中典型的怀旧平台动作游戏：湛蓝的天空、明亮的色彩、精致的Boss以及可爱的动物。这是一款跑跳游戏佳作，放在今天玩起来仍旧和发售当年一样有趣。

  游戏背景设在一系列小岛上，每个岛都在往海里缓缓地下沉。这是一款把纵版游戏发挥到极致的作品，除了独特的滚屏方向外，游戏还加入了不少独具创意的内容。最大的乐趣就在于你可以制造出彩虹：这是一些牢固的平台，你既可以利用它们来跳上难以企及的地方，也可以用来攻击敌人。除此之外，游戏的十个岛屿——其中有三个隐藏岛屿，只有当你把其他七个全部通关之后才会出现——散布着各种秘密和技能升级，这也意味着纵使脚下的水在不断往上面漫，你还是会忍不住四处调查，使尽浑身解数想办法跳上那些可能永远也够不到的地方。

  明快而欢乐，这便是《彩虹岛》的成功所在。游戏还在90年代催生了一系列《泡泡龙》的后续街机作品，如《泡泡龙交响曲》（Bubble Symphony）和《泡泡龙回忆》（Bubble Memories）。Taito公司把能移植的平台都移植了个遍，直到今天仍在榨取游戏版权的剩余价值，用老一套的游戏设定在DS掌机上制作各种续集。如果你想感受原版《彩虹岛》的话，最好还是耐心坐着，祈祷哪一天任天堂Wii主机的Virtual Console上会出现这款游戏的身影。**CD**

Shinobi
忍

发售年份：1987
平台：街机
开发商：世嘉（Sega）
类型：动作

  表面上看，《忍》不过是在重复电子游戏产业惯用的那一套把戏——把各种模式化的元素打包卖给玩家。游戏只是给南梦宫的《雷霆任务》（Rolling Thunder）披了件忍者外衣，把主角的子弹换成了手里剑。但在这层粉饰之下，却是上世纪80年代街机动作游戏中一款绝对的上乘之作。

  玩家在游戏中扮演乔·武藏（Joe Musashi），你要从邪恶的Zeed组织手中营救被绑架的儿童。这款横向卷轴游戏共有五大关卡，每关下面又分成若干小关，并各以一场Boss战收尾。《忍》和同时期的类似题材游戏——如《最后的忍道》（Ninja Spirit）和《忍者龙剑传》——最大的不同就在于敌人和环境的多样性，以及和武藏的飞镖一样犀利的游戏操作。一开始，你会因为畏惧前进路上的各种危险而加倍小心，一边投射武器一边利用木箱作掩体。但渐渐熟悉敌人的攻击和移动套路之后，你的信心也会逐渐增强。你会开始面对面的和敌人展开厮杀，并感觉这身暗杀行头对你来说再合身不过了。

  《忍》有着巨大的游戏魅力，尤其是当你使出忍术，用特殊技解决掉身边的所有敌人时，满屏的视觉特效令人大过眼瘾。由于这种大招有限，玩家会尽量把它留到Boss战使用。但是真正的忍者大师根本就不属于用这种东西，他们更喜欢靠普通的攻击来展现自己的实力。这就是那种为炫技而存在的游戏，对于能够提供炫耀场地的街机厅而言，这样的游戏在适合不过了。**TB**

Xybots
迷宫任务

发售年份: 1987
平台: 街机
开发商: 雅达利游戏（Atari Games）
类型: 动作

　　作为所有现代第三人称射击游戏的老祖宗，这款科幻题材游戏《迷宫任务》给玩家提供了千奇百怪的迷宫，你可以独自探索，也可以和另一名玩家携手合作。游戏的操作比较特殊，玩家可以通过左右移动摇杆来调整视角。

　　另类的界面导致《迷宫任务》远没有现代第三人称射击游戏爱好者所期望的那么流畅，蹩脚的控制更容易带出各种各样的危险。游戏由艾德·罗格设计，他也是曾经打造《圣铠》系列的传奇设计师。《迷宫任务》原本是作为《圣铠》系列的新作，而且游戏也确实保留了《圣铠》系列的著名元素，如藏有钥匙的复杂迷宫、隐藏路径以及动不动就少一截的血槽设定。和《圣铠》一样，这些游戏内容——配合其另类的操作——创造了一款强调速度与决断力的游戏、一款最好是双人合作闯关的游戏，这样的话玩家可以互相照顾。当然，如果是两人同时游戏的话，散落在地图上的钱币的所有权就容易引发争端，由谁第一个走出迷宫去拿奖励也是个问题。

　　也许是因为这样的设计在那个时代太超前了，《迷宫任务》的界面设计过于混乱，游戏视窗只占了一个小小的角落，其他屏幕空间则用来显示地图和玩家信息。如果是单人模式的话会让玩家觉得非常局促。游戏对于技巧的要求也过于苛刻，感觉像是故意想从你身上多捞些钱。但是如果是两人一起玩的话，《迷宫任务》便俨然是一款延续了《圣铠》经典设计的佳作，在三维游戏统领天下之前就预示了《战争机器》（Gears of War）一类的双人合作射击游戏所带来的巨大乐趣。**MKu**

Sid Meier's Pirates!
席德·梅尔的海盗

发售年份：1987
平台：多平台
开发商：Microprose Software
类型：动作/冒险

　　这款以"动作冒险模拟游戏"为宣传卖点的《席德·梅尔的海盗》有着从海战与拼剑到商贸和夺宝等各类元素。玩家所扮演的角色是一位普通的海盗船长，一路上你需要购买船只、招募船员，并进入大海闯出自己的一番天地。随着角色的年纪不断衰老，你的海盗生涯也会走向终点——游戏的开放式目标就是要你在最后一次落锚前赚足够的钱、赢取足够的头衔和荣誉。对于那个时代而言，游戏中的内容简直多得令人眼花缭乱。这一刻你还控制着一艘小船游弋在加勒比群岛，下一分钟你已经跳上了敌船，以平面动作游戏的方式和船长大比剑法。

　　和席德·梅尔的其他作品一样，游戏中的背景都经过了细心考究，有着丰富的历史细节。玩家可以在六个历史阶段中进行选择，从1560年西班牙全权控制这片区域开始，到1660年荷兰、英国、法国后来居上。每一个阶段都有不同的船只，船的造型都是严格按照当时的样式进行设计。不同时期玩家面对的挑战也各不相同，最重要的是游戏中的不少元素也为席德·梅尔的后来的游戏巨作《文明》奠定了基础。最明显的是游戏每一轮开始的世界都是随机的，迫使玩家把大量的时间花在探索新的地理环境、经济状况以及政治体制上。另外，和《文明》中的部落关系一样，游戏中的四个国家的外交关系也处在不断变化当中，时而和平相处，时而兵戎相见，循环往复无休无止。但是《席德·梅尔的海盗》本身仍是一款出色的梅尔游戏，内容丰富、令人沉醉、充满历史的魅力与美感。**KS**

Wizball
太空魔球

发售年份：1987
平台：多平台
开发商：Sensible Software
类型：射击

《太空魔球》有着游戏史上最没前途的开场。游戏中你将扮演一个弹跳的卷心菜状物体（就是那个太空魔球），你只能控制它旋转或是开火。要向四处走动，唯一的办法就是通过改变你的旋转速率来调整弹跳的角度——这个简直难爆了。纵使游戏开始时面对的是静态的敌人，你仍然很容易因为转得太快而一头撞上敌人，宝贵的三条命就这样浪费了一条。但只要经过一些练习，你很快就会掌握这两项重要的原始技能，得心应手地控制魔球，进而获得魔球猫（Catel-lite）来帮助你完成游戏。这是一个痛苦的过程，但至少可以让你在正式投入游戏之前熟悉游戏的感觉。

一旦你过了这一道坎，《太空魔球》的游戏目的和它在游戏史上的独特性就开始显现出来了。你要收集大量的彩色气泡，向这些气泡开火，然后派出魔球猫去抓住气泡里面释放出来的彩色斑点。每个世界中只有一种颜色的气泡。所以你必须四处跳动来收集其他的颜色，然后把它们混在一起创造出你所需要的颜色。听起来挺简单，但是沿途会有成群的敌人向你发动进攻，被打中一枪就什么都完了。

游戏有着炼狱般的难度，摇杆控制更是别扭，但《太空魔球》出色的游戏概念和优美的游戏画面弥补了种种的缺憾。游戏考验你的耐心与技术的极限，但同时也会给出丰富的奖励。**JM**

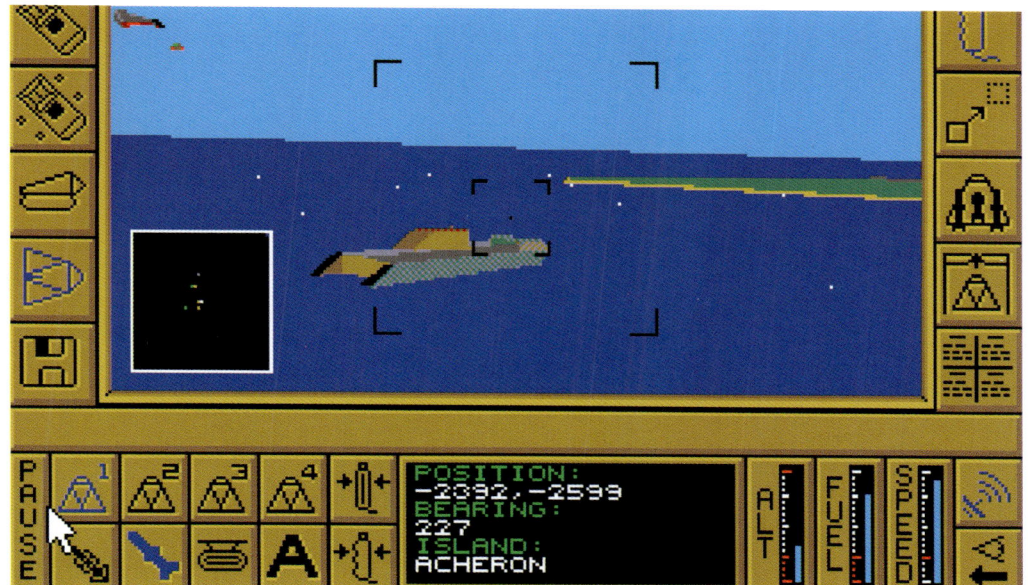

Carrier Command
航母指挥官

发售年份：1988
平台：Amiga, ST
开发商：Realtime Games
类型：策略

  作为三维图像和即时策略游戏的先驱，在那个游戏类型混沌的16位年代，《航母指挥官》是一款绝对的经典佳作。游戏时间是被设在2166年，频繁的核武器试验居然创造出了一个充满待开发能源的列岛。面对这一"奇迹般的经济发现"，科学家制造了两艘机器航母去海岛上建立指挥中心，并在必要时刻进行海陆空多方位防御。所有人都没有预料到的是，两艘航母最后要走上自相残杀的道路。ACC Omega号航母在技术上更具优势，却不慎落入了恐怖组织STANZA手中，恐怖分子黑掉了舰上的软件，企图控制整个群岛。正义的一方既没有时间来支付赎金，也无法进行核打击，只有命令另一艘航母ACC Epsilon号坐守阵地，把这片海域变成战场。面对技术上更胜一筹的敌舰，单纯的硬碰硬是无法获得胜利的。但在《航母指挥官》中，你可以调用大量的海象两栖战车和蝠鲼战机去对抗敌人。

  《航母指挥官》在1988年的发行是具有革命性意义的。在即时战斗中，面对残忍的AI敌人，游戏强调的是作战单元和我方领土的重要价值。游戏的界面操作非常方便，你不仅可以调动战场上的兵力，还可以操纵航母上的舰载武器和维修系统，对所有的三维武器都进行直接控制。除了充满话题性的故事背景外，游戏的最大特点在于一个聪明而强大的对手的存在，你不要指望在游戏中可以轻松偷懒，更不能鲁莽行事。另外，对手越强，胜利的果实也越甘甜。在所有即时策略游戏中，《航母指挥官》绝对是一款大师级的作品。**DH**

Forgotten Worlds
失落的世界

发售年份：1988
平台：街机
开发商：卡普空（Capcom）
类型：射击

　　对于充斥着吃力不讨好的太空与科幻主题的卷轴射击类游戏来说，"失落的世界"这个词大概是最好的概括了。但是《失落的世界》却是因为抓住一切机会来反其道而行之而被玩家所铭记，却也因此注定成为一款昙花一现的游戏传奇。《失落的世界》从1985年的射击游戏《Z地带》（Section Z）借鉴了不少创意，并迅速成为玩家口中的"那个Boss和屏幕一样大的游戏"。这样的噱头很难成为持久卖点，但如果是交给卡普空的艺术家来设计，这里面的花样就能吸引你排队去一探究竟。

　　作为新发售的CPS街机基板上的重磅作品，《失落的世界》抛弃了其他游戏中常用的宇宙飞船，而是引入了可以自由飞行的人类做主角，除了爆炸的肌肉、喜感的发型和巨大的护肩外，一无所有。从埃及众神与神庙到海边的巨龙，这些无名英雄要面对各种疯狂的敌人和环境。游戏的街机版配有支持朝八个方向移动的摇杆，使玩家可以在战场上畅通无阻地运动。

　　设计者在八位Boss身上下了不少工夫，比如那个巨大的战神，按广告词上的说法是"比屏幕还大！"但这些Boss却是游戏中最容易搞定的敌人，论灵活性也就主题公园中的那些人造恐龙的水平。但是快速解决掉Boss却可以给你加分，这些分值并非一无是处，因为游戏还有个重要的创意设定——商店。在这里有个置身硝烟战火之外、彬彬有礼的女服务员，她会用一系列新式武器来奖励你的出色表现，比如火力强大的汽油弹发射器。这一设定立即被电脑和主机平台的各种游戏争相效仿，这也算是《失落的世界》最伟大的贡献。**DH**

Ghouls 'n Ghosts
大魔界村

发售年份：1988
平台：街机
开发商：卡普空（Capcom）
类型：平台动作

　　面对1985年的人气横版街机游戏《魔界村》，要做出怎样的续作才能配得上这款以怪物般难度著称的作品呢？如果你是卡普空的藤原得郎，那么答案很简单：等个几年时间，再推出个更大、更好、更难的重制版就行了。

　　《大魔界村》似曾相识的第一关就直截了当地告诉你：这游戏和前作真的差不多。和《魔界村》一样，《大魔界村》就是变着花样把你往死里整。你的铠甲只能阻挡一次攻击，然后你就被脱得只剩条内裤；一个跟头、一次错误的跳跃，或是当你脚下有东西朝你冲上来时你却分了会儿神，那你就直接变白骨了。

　　游戏欢乐地向你呈现各种宝物箱，但箱子里蹦出来的通常都是邪恶魔法师，你不赶紧把他杀了的话就会被他变成只鸭子或者快断气的老人。游戏就这样一遍又一遍地玩你，在你好不容易快要抵达某一关关尾时无情地把你弄死。游戏会给你各种新武器和一套特质的黄金铠甲，让你能集气进行魔法攻击，然后再把你弄死。如果你铁了心披荆斩棘打到最后一关，《大魔界村》还有最后一份大礼要送给你：它会把你送回第一关让你去找到一个究极武器，没有这东西你连参加大决战的资格都没有。

　　《大魔界村》是台充满哥特气息的残忍舞剧，它能从男生玩家中筛选出真正的男人，然后再把他们一起弄死。游戏考验的是耐心和技巧，否则你只能一遍又一遍地被整，让你对自己的能力产生怀疑。但是如果你能把游戏打通关，想想成功的滋味该有多么甜蜜。**JM**

Laser Squad
激光中队

发售年份：1988
平台：多平台
开发商：Mythos Games
类型：策略

在《叛星》（Rebelstar）系列大获成功后，朱利安·盖洛普（Julian Gollop）趁热打铁，推出了《激光中队》系列的第一作，和深受《异形2》（Aliens）影响的《叛星2》（Rebelstar II）于同年发售。《激光中队》在视觉风格上和盖洛普之前的作品很像，基本是基于《叛星》的游戏概念进行拓展，并增加了三个故事情节。你还可以通过邮购游戏扩充包来体验第四个剧情。

和《叛星》一样，《激光中队》采用了回合制战斗，支持一到两名玩家进行游戏，并引入了"行动点数"系统。每一轮中玩家都需要小心安排角色的行动，在移动、转身、射击等动作中进行选择。现在回头来看，《激光中队》和《叛星》的雷同度实在太高了，但对于1988年的玩家而言，这却是对这种伟大游戏设定的进一步完善。《激光中队》从ZX Spectrum上移植到了一系列的家用电脑平台——其中包括Amiga、雅达利ST、Amstrad CPC等等——1992年，游戏还在PC平台上发布了一个更新版，通过这种方式，游戏把盖洛普的行动点数系统在玩家群中大范围的普及开来。虽然游戏的画面一如既往地简朴，简单易懂的界面让游戏看起来更像一部动作游戏而非军事游戏，这也意味着游戏的策略性操作——小心分配你的行动点数，一边保护你的小队一边向目标逼近——很容易就能上手，而不需要去死磕游戏手册《激光中队》极具可玩性的游戏任务代表着这类游戏的顶峰，其成就直到五年后才被《幽浮：未知敌人》（UFO: Enemy Unknown）所超越，即使放在今天，《激光中队》仍能向玩家提供令人上瘾的游戏挑战。**MKu**

Impossible Mission II
不可能的任务2

发售年份：1988
平台：多平台
开发商：Novotrade
类型：动作

　　《不可能的任务2》不是由游戏原作者丹尼斯·卡斯维尔（Dennis Caswell）制作，而是交给了匈牙利的游戏公司Novotrade（该公司后来还制作了《海豚历险记》[Ecco the Dolphin]等作品），这款续作几乎照搬了前作的成功模式。

　　邪恶的天才反派埃尔文·艾托班德（Elvin Atombender）又来毁灭世界了，身手矫健的特工4125又被派来阻止他的邪恶计划。这次的任务是对艾托班德老巢中的每个房间进行搜索，找出目标物品的同时避开机器守卫的攻击。但是这次的地图要大得多，共有八座塔楼需要探索，玩家在进入下一个塔楼之前必须先寻找出一个数字密码，与此同时你还要收集一段乐曲来打开最顶层的控制室。另外，所有的房间中除了熟悉的守卫之外，还增加了一群机器人：带爪子的机器人会试图把你推下平台，"害虫机器人"则会通过乘坐电梯来拖延你的进程。

　　帮助平衡游戏难度的则是可收集的炸弹（这些炸药还可以在地板上炸出个坑）和感应地雷。和前作一样，游戏中一直有个时钟在计时，成功通关的关键就在于在每个房间中快速摸索出正确的路线，并迅速找出所有物品。

　　虽然向玩家提供了更多千奇百怪的重大挑战，《不可能的任务2》还是缺乏那款知名前作的冲击力。游戏中的角色动画不再那么具有革命性，前作中令人印象是深刻的合成语音也几乎没有了，只有原作中那声著名的尖叫会在本作唐突的结局中突然蹦出来。**KS**

Power Drift
动力甩尾

发售年份：1988
平台：街机
开发商：世嘉（Sega）-AM2
类型：赛车

　　世嘉公司想要制造一个和里面的游戏内容一样速度感强烈的街机筐体，于是《动力甩尾》应运而生。你要坐在一台随着游戏画面剧烈摇晃的街机上，除了可能会让你的胃略感不适，或是让你把午饭呕出来之外，游戏基本没什么危险。世嘉的Y-Board硬件能够生成炫目的游戏视效，高超的图形缩放技术创造出震撼的速度感。然而，《动力甩尾》却是业界传奇人物铃木裕诸多冷门游戏中的其中一款。这款游戏不应受到这样的冷落。尽管有着充满运动感的画面和在现代竞速游戏中的重要地位，但玩家们还是容易忘记《动力甩尾》的极速与流畅。游戏画面达到罕见的每秒六十帧，车子开起来像是在黄油上跑——这是一款感觉第一，比赛第二的游戏。另外本作的游戏原声也是世嘉公司的一大经典，每个赛道都有自己的主题音乐。

　　《动力甩尾》一向以无法模拟而出名，最后只能通过勉强合格的DC移植版同家用机玩家见面。游戏被收录在著名的《铃木裕经典游戏作品集》（Yu Suzuki Game Works）中，这也是唯一一款成功还原原版游戏帧率与转弯时全屏倾斜效果的官方版游戏。**DH**

Super Mario Bros. 2
超级马里奥兄弟2

发售年份：1988
平台：NES
开发商：任天堂（Nintendo）
类型：平台动作

　　说起来可能有点乱：《超级马里奥兄弟2》其实不是真正意义上的《超级马里奥兄弟2》。首款马里奥横向卷轴冒险游戏的真正续作由于被认为难度太高、不适合日本以外的玩家而未在海外发行，直到数年之后才以《超级马里奥兄弟：失落的关卡》的身份和全世界玩家见面。西方玩家所看到的《超级马里奥兄弟2》实际上是被重新加工过的另一款古怪的日式平台动作游戏：《梦工场》（Doki Doki Panic）。

　　在这款绘制精美的游戏中，马里奥坐上了神奇的飞毯，他所对付的各种生物似乎和蘑菇王国的板栗仔、诺库龟也相差甚远。一起消失的还有马里奥标志性的踩敌攻击，取而代之的是马里奥会从地里拔出蔬菜砸向敌人。这是一次精彩的游戏之旅，你还可以操纵路易基、奇诺比奥、碧奇公主等其他角色，每个角色都有其特殊的能力。

　　本作给人的感觉可能和传统的马里奥游戏不太一样——即使你不是这个系列的粉丝也能够察觉到这一点。但这仍是一场神奇的冒险，成功地把本作中的独特角色与游戏设定融入了庞大的蘑菇王国大家庭。**CD**

Splatterhouse
腐尸之屋

发售年份：1988
平台：街机
开发商：南梦宫（Namco）
类型：格斗

NARC
缉毒特警

发售年份：1988
平台：街机
开发商：Midway
类型：射击

  成功抓住了上世纪80年代经典血浆片的无聊重口和弱智剧本精髓，这款《腐尸之屋》简直就是一部游戏版《十三号星期五VI》（Friday the 13th Part VI）：俗气、阴森，却又令人深陷其中不能自拔。

  游戏讲述两个年轻学生——里克（Rick）和詹妮弗（Jennifer）来到疯狂的维斯特博士（Dr. West）偏僻的宅邸。詹妮弗突然失踪，醒来后的里克却发现自己躺在一个地牢中，脸上戴着一张能赐予他极端暴力的面具。为了救出他的女友，里克在大楼中四处搜索，一路拳打脚踢各种怪物，或是直接将它们分尸。游戏的惊悚风格融入了丰富的恐怖片元素：挂在墙上的腐尸嘴里吐着血浆、耷拉着的骷髅被刺穿在长矛上、古怪的变异生物在屏幕上四处爬行……你总是能找到一把砍肉刀，把这些源源不断上门找死的丧尸的脑袋一刀劈开。

  和那些恐怖电影一样，《腐尸之屋》进入家庭娱乐市场后便经历了一场道德洗礼，其中不少极端元素都被审核掉了。但是游戏的剧情震撼依旧，即使被删减了一遍，《腐尸之屋》仍然是恐怖游戏迷的最爱。**KS**

  通过《机器人2084》，设计师尤金·查维斯（Eugene Jarvis）发明了双摇杆射击游戏。作为动作类游戏的分支，这类游戏一直都很受欢迎。和《机器人2048》同样暴力、快节奏的《缉毒特警》则把目光对准了另一个疯狂题材：里根执政期间开始引起美国社会关注的毒品战争。《缉毒特警》表面上是款简单的横向卷轴射击游戏，讲述Max Force和Hit Man这两位潇洒的警察如何干掉各种街头混混，最终挑战大毒枭"Mr.Big"。游戏内容很简单，但不同于同时期的任何一部作品，作为一款炫目的都市枪战游戏，其暴力写实风格已经达到了前所未有的高度。

  游戏现在看来仍然相当具有魅力，以正义为名而进行的大肆杀戮让整个游戏充满喜感，最终的Boss战更是让人过目难忘，你必须削尽Mr.Big的皮肉直至他露出里面的骨骼，最后把他的脊椎骨打得四处飞散。

  《缉毒特警》可能已不如从前那么震撼，但它仍是上世纪80年代街机热潮中的璀璨明珠。如果你现在想尝试这款游戏，劝你不要去碰2005年PS2和Xbox平台上的那款同名垃圾游戏，它和原作全无可比性。**CD**

Zak McKracken and the Alien Mindbenders
异星入侵者

发售年份：1988
平台：多平台
开发商：卢卡斯艺术（LucasArts）
类型：冒险

　　在卢卡斯艺术公司早期的鼠标操作式冒险游戏中，《异星入侵者》既不是最精巧，也非最有气氛，但却无疑是最具雄心的一款。游戏简直就是一部在全球取景的新世纪悬疑片，男主角满世界乱跑，从旧金山的街道到中美洲的古玛雅神庙，甚至还到了火星变幻莫测的沙丘。

　　游戏主角扎克（Zak）是个小报记者，一个平凡的小人物。每天的工作无非是做一些狗血的报道，比如采访三头松鼠，或是刊登些飞碟照片。他穿着上世纪80年代典型的男装——纤细的领带、紧身的裤子——住在一个垃圾场般的公寓，经常要做一些基本的家务活（比如支付电话账单、洗盘子之类），在四处奔波的同时，还要留心自己的经济状况。这样说起来可能很无趣，但在《异星入侵者》的世界中，钱就意味着自由。如果你的银行卡里钱不够了，游戏还会提供一种独特的娱乐方式让你卡里的金额再多起来——通过意想不到的方式来赢得彩票大奖。

　　《异星入侵者》把各种现代未解之谜和阴谋论糅杂在一起，创造出了一个精彩绝伦的故事，对火星上的神秘人脸、非洲巫教以及百慕大大三角进行了毫无保留的彻底探索。作为一款杰出的游戏，虽然没有推出正式的续作，但这些年来的粉丝自制游戏却层出不穷。虽然这个小报记者从来都没有像《猴岛小英雄》（Monkey Island）里的男主角和他的海盗伙伴、或是《触手也疯狂》（The Day of the Tentacle）中的宅男们那么出名，但扎克也有着属于自己的一批玩家追随者，有趣的是，大部分的铁杆粉丝都来自德国。**CD**

The New Zealand Story
新西兰故事

发售年份：1988
平台：多平台
开发商：Taito
类型：平台动作

　　纵观电子游戏史，街机平台一直都是射击游戏和动作闯关游戏进行革命创新的沃土。相比之下，自1985年《超级马里奥兄弟》横空出世以来，平台动作游戏粉丝们好像就没在这类游戏上看到多少惊喜。

　　1988年，Taito公司紧随《泡泡龙》（Bubble Bobble）等单屏横版游戏的热潮，顺势推出了这款卖萌之作。《新西兰故事》只在家庭移植版上获得成功全在意料之中。但实际上，这款游戏是一只披着羊皮的狼。大部分人会认为这不过是一款直来直去的卷轴平台动作游戏，但从《新西兰故事》的第一关开始你就会发现游戏其实比你预想的要另类得多。

　　《新西兰故事》讲述一只小小的奇异鸟如何拯救他的朋友。游戏中有随机生成、四处漂浮的敌人、迷宫般复杂的平台和非常考验跳跃技术（除非你能搞到一台敌人的飞行器）的尖刺，你还可以不停地向敌人射击，给人感觉就像是把一款极端硬派的射击游戏和一款粗陋的平台动作游戏糅杂在一起。但游戏中不乏另类的设定，比如死掉后会被传送至位于天堂的关卡，还有一只浑身裹着冰的Boss需要等它把你吞进肚子里后，你才能从里面把它杀死。

　　《新西兰故事》简直乱得无法无天——游戏中的奇异鸟都穿着运动鞋，游戏开场时有只鸟居然还在吸烟——让人感觉好像开发者们就是想挑战自己的恶搞极限，结果却整出了这样一款极具可玩性和挑战度的游戏。这是一款与众不同的街机游戏，不应该被Taito其他的知名作品的光辉所埋没。**MKu**

Exile
异星流放

发售年份：1988
平台：多平台
开发商：Peter Irvin，Jeremy Smith
类型：动作/冒险

　　《异星流放》是一款类似任天堂的《银河战士》（Metroid）系列的游戏，向玩家展现的也是充满奇异生命的外星洞穴，需要你通过解谜和战斗来一步步探索。但二者也不是完全相同，在《银河战士》系列里，玩家在递进式的探索中，需要通过寻找各种升级来解锁一件件全新武器和技能，而《异星流放》则是在一开始就把所有的武器和技能都交到玩家手上。

　　《异星流放》强调的不是通关，而更像是一款披着平面动作冒险外衣的模拟类游戏。游戏中的世界有它自己的规律，要求玩家使用一台喷射飞行器小心翼翼地对抗地心引力、风力以及自身惯性，仔细探索周围的环境。游戏中的物品也有明显的物理特性。在其中的一个任务里，玩家需要用一杯水来浇熄一团火，那么如何在背着飞行器颠簸前进的同时确保水不要洒出来又成了一个难题。

　　作为一款严重考验早期家用电脑硬件的模拟类游戏，《异星流放》并不会向你解释任何东西，你在游戏过程中自然可以体会到牛顿定律的存在。虽然玩家需要花上数小时的时间来掌握游戏技巧，但游戏对于你鲁莽的探索行为并没有明显的惩罚；就算你在游戏中死亡，你也只会被传送到前一个传送站。

　　游戏经历了多次移植，其中1991年的Amiga版和1995年的CD32版的画面尤其出色。《异星流放》本应该催生出更多的动作冒险续作，可惜的是这一切并没有实现，这也许是因为这款原作已经足够完美了。**MKu**

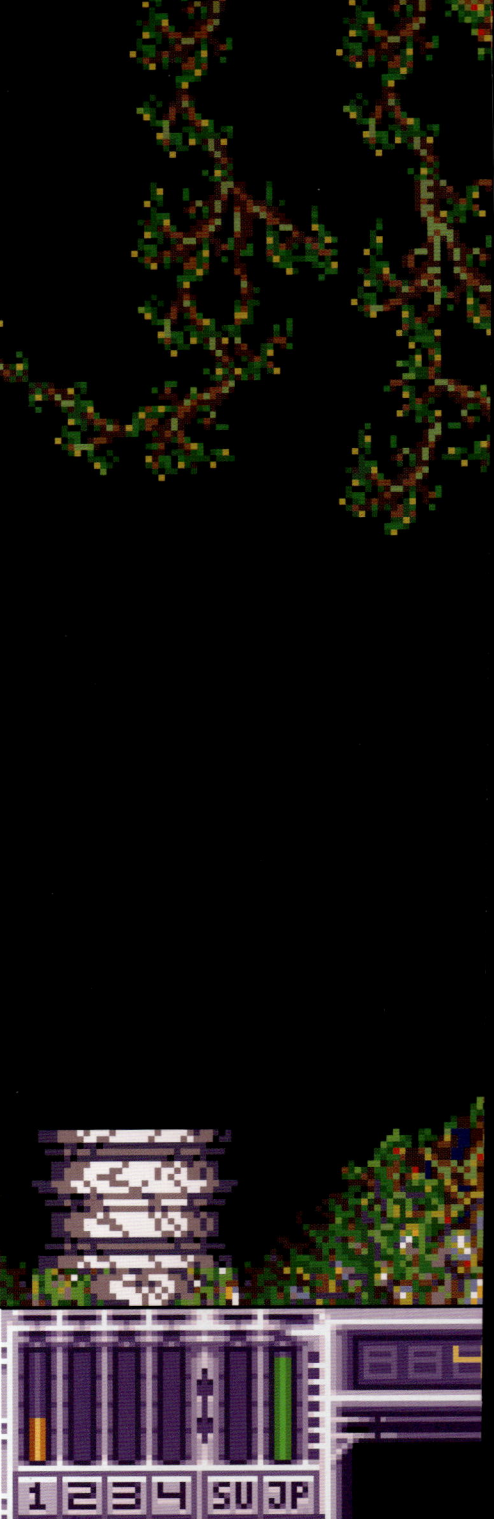

Fantasy World Dizzy
眩晕世界

发售年份：1989
平台：多平台
开发商：Andrew Oliver, Philip Oliver
类型：动作/冒险

　　《眩晕》（Dizzy）系列中的这个标志性蛋形主角就像任天堂的马里奥，是个技术限制下的产物。负责游戏开发的菲利普·奥利弗（Philip Oliver）和安德鲁·奥利弗（Andrew Oliver）想要创作一个能够给玩家留下深刻印象的角色，这也意味着角色必须具备鲜明的脸部特征。但是由于当时的8位家用电脑在图形表现上的技术很有限，整个人物模型只能完全以这张脸为基础——于是便有了这个长了手和脚的鸡蛋。就游戏动画而言，要表现它翻筋斗比表现跳跃要容易得多，于是这个蛋头便有了个名字叫"眩晕"。就这样，一位游戏明星诞生了。

　　发行方Codemasters推出《眩晕世界》时，《眩晕》已经是个非常成功的系列了。在本作中，主角眩晕被邪恶的巫师活捉并丢进了一个地下迷宫。为了从巫师的魔塔中救出女友黛西（Daisy），眩晕必须赶紧逃出去。在本作中，寻找和使用物品是游戏的关键，游戏的装备栏界面也更加的完善，这一设定在系列的续作中一直保留下来。

　　通过灵活运用自己的专利图形技术，创造出阴暗的古堡和枝繁叶茂的树村，奥利弗两兄弟甚至敢向游戏环境细节更为丰富的其他平台——如Sinclair的ZX Spectrum电脑——叫板。同时，主角和其他角色可笑的文字对白、搞怪的设计细节，都延续了上世纪80年代英国游戏特有的无厘头幽默。比如眩晕在游戏中跌落一口深井，结果却来到一个上下颠倒的世界；在另一个地方，它还可以拾起地上的一个洞并使用它——这也是对电影《黄色潜水艇》（Yellow Submarine）的致敬。

　　本作是《眩晕》系列中菲利普·奥利弗最中意的一部，游戏无处不迸发着创意，展现了制作者对8位硬件的娴熟使用，在电子游戏界享有持久魅力。**KS**

North & South
南北战争

发售年份：1989
平台：多平台
开发商：Infogrames
类型：动作 / 策略

  美国内战可不是什么好玩的事情。因为受到该死的工业化进程影响，这场战争可是枪支炮弹齐上阵，有些人把脸给炸糊了，有些人被自己人的剑给刺穿，士兵们动不动就被马踩死，我们可爱的凯文·科斯特纳（Kevin Costner）还差点废了条腿，最后干脆跑去和美国土著一起过日子【译注：此处指美国电影《与狼共舞》（Dances with Wolves）中的相关剧情】。

  但《南北战争》的故事则要轻松一些。Infogrames公司的这部经典游戏改编自比利时漫画《蓝衣军》（Les Tuniques Bleus），把冷酷的战略和快节奏的战斗融合在一起，这也意味着游戏的写实程度不会太高。但除去那些讨喜的卡通脸和古怪的动画——比如你可以在主菜单界面用鼠标指针给那个摄影师挠痒痒——以外，这仍是一款表现不俗的战略游戏。

  《南北战争》共有两种游戏模式。统领模式可以让你在美国地图上调动军队，纵览全局，钳制敌人；战役模式则让你亲自参加大大小小的战役，在成群的步兵、骑兵和大炮间前进。出色的音画表现伴随着游戏剧情发展，给整个游戏一种精致感，这也是同时期其他游戏中所缺失的重要品质。在游戏的结尾处，疲惫的军队启程回家、战争彻底结束的场景给当时的游戏动画设立了一个新的标杆。总而言之，《南北战争》虽然没有特别的深刻，但放在今天仍然能给你提供一次有趣的策略游戏体验——前提是你能找到这款原版游戏，还要想办法让它跑起来。**CD**

SimCity
模拟城市

发售年份：1989
平台：多平台
开发商：Maxis
类型：策略

在成为业界传奇人物之前，威尔·莱特（Will Wright）还在为《帝国直升机》（Raid on Bungeling）——Brøderbund公司在Commodore 64平台上推出的一款战地射击游戏——绘制游戏地图。他突然意识到一个问题：他更喜欢设计建造城市，而不是把它们给轰掉。这股冲动诱使他设计一款模拟游戏，使玩家可以自行设计并管理一座城市——这就是《模拟城市》的来源。1987年的一次派对上，莱特遇上了制作人杰夫·布劳恩（Jeff Braun）。布劳恩看中了这款游戏的潜力，正如他后来接受《纽约客》采访时说道：这是一款能够吸引"想要控制世界的妄想狂"的游戏。布劳恩和莱特创建了游戏开发公司Maxis，并凭借这款简单的"上帝游戏"狂赚了上百万美元。

游戏的革命性特点在于它最基本的前提：在《模拟城市》中你不会"取胜"，但你可以从游戏过程中获得源源不断的满足感。游戏规则很明确，收效也很迅速：建一条有用的公路，人们就会往上面开车；往你的新工业园区拉一条电线，生意便会做进来。当事情变得不对头时，你很容易就能找到错误的原因；有时候，城市最大的敌人其实是玩家自己：往一个规划完美、运作良好的城市里放一头哥斯拉大肆破坏似乎是不少玩家的乐趣所在。毕竟，创造和破坏都是人们学习的途径。

Maxis公司之后又推出了多部续作，不断壮大这个系列。《模拟城市》同时也为《模拟人生》这一PC史上最畅销的游戏铺平了道路。最新的一款《模拟城市》更加的无微不至，你不仅可以开咖啡店，还要关注困扰全球的民众健康问题。但新手玩家最好还是从这个系列的第一作开始：确保一个城市的基本设施正常运转仍旧是扮演上帝最大的满足所在。**CDa**

Midwinter
冬至

发售年份：1989
平台：多平台
开发商：Maelstrom Games
类型：动作/角色扮演

　　开放式游戏在今天已经无处不见了，这类游戏最早可以追溯至《太空精英》（Elite）等经典作品，当然还有这款游戏传奇《冬至》。由麦克·辛格顿（Mike Singleton）制作的这款规模宏大的第一人称角色扮演游戏可谓品质非凡。游戏背景设在核子冬天开始后的一个虚构的小岛上。游戏的地图十分广阔，覆盖数百平方公里的土地。游戏中共有三十二名可选角色，每个角色都有各自的特殊技能和背景。游戏开始时你将只身一人驾驶一辆雪地车，你的任务就是招募全部三十二位角色加入一个合作网，共同阻止邪恶的General Masters控制这个小岛。

　　《冬至》有着各种各样的交通工具和武器供玩家使用，其强大的策略性给人留下了深刻的印象。狙击步枪、飞机、滑雪板、炸弹——一切能够用来搞破坏的工具这里都有。但游戏本身却并不张扬，需要玩家通过各种雪地护目镜视角来探索这个世界。游戏的过程充满了惊险刺激，难度也相当高。你将置身于各种险境之中，身后是各种追兵，你却只有一个人，所以等待你的往往是死路一条。即使敌军没有逮住你，你也可能被严酷的自然环境搞垮。游戏中的麻烦会接二连三地出现，即使当你开始招募伙伴，各种险情仍旧会死咬住你不放。

　　鉴于这是一款1989年的老游戏，《冬至》中的一切都令人惊叹：以生态灾难为背景的剧本、特工们各自鲜活的性格、岛上成百上千的其他角色、广袤无边绵延起伏的地形——游戏难得可怕，但却让人爱不释手。很少有游戏的目标定位如此之高，真正能够达到这个高度的游戏更是寥寥无几。"一款现代版的《冬至》"是一些玩家经常挂在嘴边的说法，希望有一天这样的作品能再度出现在我们面前。**JR**

Minesweeper
扫雷

发售年份：1989
平台：PC
开发商：微软（Microsoft）
类型：益智

  《扫雷》很容易吸引这样一批成年人，他们要上班、身上担子重、要养家糊口，还要还房贷，他们其实根本就不鸟电子游戏，但却会玩《扫雷》玩上瘾。《扫雷》是一款经典的Windows"彩蛋"，游戏给玩家的任务相当简单：在一块灰色的小格子上清扫地雷，根据不同小方块上标注的数字推测出地雷的具体方位。

  老实说，《扫雷》不是一款特别有吸引力的游戏。之所以能吸引非玩家群体，大概是因为这款游戏很好打发时间，而且游戏界面看上去有点像日历、计算器一类的和工作挂钩的软件。但是《扫雷》仍然很容易让人上瘾，这款棘手的小游戏有着一个非常便捷的Restart键，这也意味着，这一刻你还在发誓就此收手投奔午餐，下一秒钟你又忍不住点开了全新的一局。

  《扫雷》能给玩家带来巨大的紧张感，仿佛你正在剪一根炸弹引爆线。但当你双手太闲时，游戏也可以为你提供一些活动时间，锻炼你一心两用的能力，你可以在任何时候玩这款游戏：接电话、浏览垃圾邮件或是打印发票都是练手的好机会。另外，虽然就图像、画面或游戏剧情而言，《扫雷》完全没有任何获奖潜质，但当你的电影大片级游戏都在柜子里吃灰时，玩玩这款游戏也是个不错的选择。

  每一代Windows操作系统——包括最近的Win7——都有《扫雷》的身影。每当你打开电脑，《扫雷》都在那里等候你的光临；每当你在深夜准备关机入睡时，《扫雷》总是会引诱你再次点开游戏，在上面多耗上个把小时的时间。**CD**

Final Fight
快打旋风

发售年份：1989
平台：街机
开发商：卡普空（Capcom）
类型：格斗

  历史总是充满各种看似无关痛痒、实则影响深远的决定，比如当年卡普空把这款横向卷轴动作游戏的名字由《街头霸王89》（Street Fighter '89）改为《快打旋风》的决定（因为街机营业方觉得这游戏和《街头霸王》风格差太远了：《街头霸王》是固定的场景和一对一的格斗，但这款新游戏则完全不是这么回事）无疑是给《街头霸王2》的开发重开了一扇门，不然的话《街霸2》也许压根就不会存在。

  当然让《快打旋风》声名显赫的原因绝不止于此。《快打旋风》掀起了一个游戏类型的革命，虽然横向卷轴游戏早在80年代初期就有了一定的发展根基，但却是卡普空最先开始简化游戏控制（只有攻击和跳跃两个按键），大量经过精心设计、细节丰富的角色更是让这款游戏在当时游戏泛滥的街机市场鹤立鸡群。

  《快打旋风》讲述前摔角手、现任市长麦克·哈格（Mike Haggar）如何过关斩将营救自己被绑架的爱女。协助战斗的还有哈格女儿的男友科迪（Cody），以及科迪的忍者朋友盖伊（Guy）。游戏为玩家们献上了街机史上最著名、当然也是最暴力的双人闯关体验。

  毫无疑问，《快打旋风》展现的是一种简单的极致，作为许多90年代街机游戏设计的典范，《快打旋风》考验的不只是游戏技巧，还有你往游戏机里塞钱的能力。只要你手头宽裕，你就能真切地体会到：这款游戏简直就是当年最热门动作片的游戏版，内容简单却娱乐性十足。

  如果你对《快打旋风》的重要地位仍抱有怀疑，不妨看看卡普空在此后多年的游戏作品——一直到1997年的《战斗回路》（Battle Circuit），占主导地位的几乎全是横版动作游戏。**MKu**

Revenge of Shinobi
超级忍

发售年份：1989
平台：Mega Drive
开发商：世嘉（Sega）
类型：动作

1987年，《忍》刚在街机厅现身就一炮走红。作为《忍》系列登陆世嘉MD平台的处女作，这款《超级忍》似乎有些姗姗来迟。

游戏中玩家将扮演忍者大师乔·武藏。你要出发营救自己的被绑架的未婚妻尚子，并向此次事件的幕后犯罪集团——新Zeed组织发起复仇。游戏各关卡中到处都是反派走卒的身影，但他们只是太想死在你的格斗技和手里剑之下，或是满怀敬畏地欣赏一次你的忍术华丽的破坏力。

虽然时间紧迫，但在各个由平台组成的关卡中奔跑翻跃前进时，你总是忍不住欣赏游戏瑰丽的背景。作为早期16位游戏佳作的榜样，从开场的日本森林到令人难忘的美国外景，再到结局新Zeed组织的海底要塞，《超级忍》的游戏环境充满了海量的场景细节和鲜明的艺术风格。

游戏的画面虽然出色，但硬件技术和时代终究在变，真正不曾过时的还是游戏的操作。乔能够对每一个指令做出精准而快速的反应，这种可靠的操作感极大地弥补了游戏攻击选择上表现出的局限性（只能做出忍术、攻击、跳跃这几种动作）。

游戏的动作节奏快速凌厉，但令人欣慰的是，每一关的Boss的攻击方式都是可以看破的。《超级忍》并没有为它所属的游戏类型掀起一场革命——现代玩家会觉得这款游戏实在毫无亮点可言——但它代表的是这类游戏中的经典，纵使隔着二十余年的技术差距，游戏仍不失为一款上乘之作。**JDS**

Herzog Zwei
公爵2

发售年份：1989
平台：Mega Drive
开发商：TechnoSoft
类型：策略

早在《命令与征服》、《魔兽争霸》（Warcraft）甚至是《沙丘2》（Dune II）出现之前，《公爵2》已经在1989年悄悄地开创了一个全新的游戏类型。《公爵2》由日本射击游戏专家TechnoSoft公司开发，这款横空出世的游戏为未来十年最为成功的几款游戏作品确立了一个模板，然后又默默地淡出了人们的视线。

游戏含糊不清的原名（Herzog Zwei）并不能让玩家了解这款游戏的大致信息（游戏是另外一款名字莫名其妙的MSX平台游戏——《公爵》[Herzog]的续作）但最重要的是，这款游戏自己都没意识到它的理念在当时是何等的超前。

《公爵2》的重要意义在于孕育了一款几乎成型的即时战略游戏。游戏中，红蓝双方通过建造和调遣各种战斗单位，在布满基地（双方各有三个基地，其中包括一个最重要的大本营，另外还有三个中立设施需要占领）的卷轴地图上展开地盘争夺战。相比于后来的PC鼠标点击式操作，《公爵2》采用了一架变形战机来组织战斗，这架战机能把各种战斗单位运输至指定位置，或是把它们带回基地进行修复，当它降落至地面时则会变形成一台直立行走的战斗机器人。

乍一看来，《公爵2》很容易被人误解为是一款单纯的射击动作游戏：那只变形金刚被摧毁之后还会重生，玩家大部分时间里都会依赖它来做主要进攻力量——这些设定在《公爵2》刚推出时误导了很多玩家。但游戏革命性的创新之处是在后面才慢慢展现出来的。《公爵2》混杂着策略和资源管理元素，玩家不仅要选择不同价格、不同功能的道具，还要根据其用途为它们安排不同的战略角色，加上多样化的地形和刺激的分屏双人对战模式，《公爵2》就这样悄然无息地揭开了一场游戏革命的序幕。**ND**

Pang
魔鬼气泡

发售年份：1989
平台：多平台
开发商：Mitchell
类型：射击

《魔鬼气泡》由Mitchell公司（该公司比较出名的另一款作品是《旋转气泡》[Puzz Loop]）开发制作。作为一款重量级电子游戏，《魔鬼气泡》的名声还是有点暧昧。事实上，游戏的设计和1983年一款名为《炮弹》(Cannon Ball)的游戏几乎一模一样。《炮弹》是由Hudson Soft公司为日本MSX家用电脑平台开发的一款游戏。两部作品最明显的雷同之处就是当玩家发射鱼叉时，后面都会跟一根扭曲的绳索。

这也意味着《魔鬼气泡》的标志性设定并不是它的首创，但这仍是少数几款没有被过度山寨的经典设计。游戏将《小蜜蜂》和《爆破彗星》融合在一起，但游戏的主角却是两个身着狩猎服环游世界、相貌奇异却无比欢乐的人。玩家在游戏中只能进行一维平面的运动（即在屏幕底端左右移动），你需要向天空发射鱼叉来破坏坠落的气泡（估计是来自其他星球），防止它们破坏世界各地的名胜古迹。游戏最有意思的地方在于，这些气泡每被射中一次都会分裂出两个小气泡。如果你没把握好射击的时间和位置，一个大气泡最终将分裂为八个小气泡，而且这些小气泡会越弹越低，极大地增加了游戏的难度。

《魔鬼气泡》的成功之处在于它的精致华丽与极好的上手度。游戏有着鲜艳养眼、趣味十足的关卡设计，玩家只能把每一次的失败归咎于自己——比如急于消灭太多的气泡。《魔鬼气泡》在双人模式下最有意思。和它的精神前身《泡泡龙》一样，要想成功你就得展开团队合作，而不是一个人单打独斗。也许《魔鬼气泡》确实借鉴了早期作品的创意，但当你和朋友一起开战时，游戏的娱乐性绝对是独一无二的。**MKu**

Populous
上帝也疯狂

发售年份：1989
平台：多平台
开发商：牛蛙（Bullfrog Productions）
类型：策略

《上帝也疯狂》是一款具有革命性的模拟游戏，和上帝有着各种扯不清的关系。显然，当上帝可不是件容易的事情。你的信徒会让你思想闭塞，你还要忍受他们的反复无常，当他们民心涣散或是开始逐个死亡，你该你向子民展现神力的时候，却总发现自己已经无计可施。但游戏仍然充满了乐趣：你可以任意降低或是抬高地势、改变你的人民的文化，反正不要让他们的日子过得太舒坦。如果在《上帝也疯狂》之前也有"上帝模拟游戏"，那么牛蛙公司这部作品的出现将把那些游戏直接踢出这个类型。《上帝也疯狂》把伟大的神力简化为在大地上浮动的指针，对于Windows一代而言，这款游戏就是他们心中完美的神：游戏中的上帝是一个一心多用的管理人才，监视着各界的动态、把自己的目标划分成块。游戏让人感觉仿佛上帝的本来角色就是个园艺工，把大量的时间都花在削平山峰、填平谷地，为他的追随者创造宜居之地。

《上帝也疯狂》在当年是一款非常优秀的游戏——游戏中的实时地形调整直到最近几年才再度兴起，《红色派系：游击队》（Red Faction Guerrilla）和《战地：叛逆连队》（Battlefield: Bad Company）都引入了类似的设定来把自己同其他游戏区别开来。但本作最大的影响还在于它发展出了一个全新的游戏类型。在彼得·莫里纽克斯（Peter Molyneux）和他的游戏团队用《黑与白》（Black & White）为这一游戏类型融入道德善恶元素之前，《上帝也疯狂》中形成的各种游戏概念已经被上百余家PC游戏团队争相效仿。客观来说，考虑到游戏的主题，你可能会喜欢也可能会讨厌这款游戏，但不可否认的是，《上帝也疯狂》的影响如今几乎无处不在。**CD**

Prince of Persia
波斯王子

发售年份：1989
平台：多平台
开发商：Brøderbund
类型：平台动作

　　《波斯王子》一直是个谜。这么一款难度奇高的平台动作游戏、一款山寨《洛克人》（Mega Man）比《超级马里奥兄弟》还多的游戏，怎么就成了一款浪漫冒险游戏？这个波斯王子为什么会出现在一波斯地牢里？游戏里的时间限制到底是福是祸？还有你怎么可能杀得死一个骷髅？

　　毫无疑问游戏画面表现现在已经非常过时了，但游戏的风格却没有：这是早期动作捕捉动画技术在游戏中应用的一个先例，通过数帧图像就能使人物栩栩如生。游戏创作者乔丹·马奇纳（Jordan Mechner）拍下他弟弟奔跑、跳跃、坠落的动作并用在了游戏当中，正是这些影像赋予《波斯王子》生命。马奇纳已经把这些影像上传到网上，鉴于游戏中人物动作对真人录像的高还原度，这个幕后花絮确实值得一看。

　　游戏的任务很简单：逃出地牢，打倒反派，救出女人。但这却几乎是一个不可能的任务，没几个人能顺利通关。这得感谢游戏中那些变态的跳跃和可怕的对战系统，当然还有那个一小时的时间限制，时间永远都在无情地倒数，再勇敢的玩家也要死在它手上。

　　可是你干嘛还要继续尝试下去呢？因为游戏操作虽然很难，但玩家能从波斯王子身上看到自己，他像我们一样面对各种失败与挫折，他那张空白的脸孔和同样空白的装束能够引起玩家极大的共鸣感，而他身上那股普通人的冲劲让这个困难重重的冒险愈显悲壮。游戏通过最简洁直白的叙事方式展现出一颗不折不挠的心。**RS**

Strider
出击飞龙

发售年份：1989
平台：街机
开发商：卡普空（Capcom）
类型：动作

不是所有卡普空的游戏主角能够永远活在大家心中，比如《出击飞龙》就被死死地禁锢在二次元世界中，得不到三次元世界的合理关注。它获得的只有一款PS游戏、一些全明星大乱斗游戏中的几个客串镜头，仅此而已——《出击飞龙》的影响到此结束。但也许这才是它最好的结局，就像那些选择自杀的作家和摇滚歌手。《出击飞龙》太出色、太爷们了，它的尊严是时光也无法剥夺的。

出击飞龙——也许他更愿意玩家管他叫"出击蜘蛛"——可以抓墙和攀爬天花板，急走飞奔如履平地，动作难度不是一般的高。在那个令人印象深刻的开场关卡中，在一片被探照灯照亮的天空下，出击飞龙从一架机器滑翔机上飞跃而下，落在卡法祖（游戏版的苏联）的一个建筑屋顶上。时间是2048年，俄国母亲已经发展成了一个蔚为壮观的国度。金属哥萨克侏儒们在巨大的教堂里巡逻，入侵者们被留给了一帮超人运动员来解决。苏联国会大臣们在自我防御上也很有一套，一群干部会从椅子上腾空跃起组成个含尾蛇一样的东西向你发起进攻，最后化身成为一条挥舞着镰刀和锤子的金属蜈蚣。在这样空间封闭四四方方的关卡中，你很难往你预期的方向进行移动。

游戏接下来又进入西伯利亚、亚马逊，然后又到天空，穿过飞翔的堡垒和雪顶的山峰，最后到达敌人的大本营：第三月球。《出击飞龙》的游戏关卡是一件件艺术品，敌方角色是艺术品，挥舞着长剑、滑行避开陷阱、翻身躲过子弹的出击飞龙本人自然也不例外。

现在如果想要体验这款游戏，而不是《出击飞龙II》（Strider II，一款和原作毫无关联的欧洲版"续作"）或者是PS平台上的《出击飞龙2》（Strider 2），不妨试试《铳舞者》（Cannon Dancer），一款由四井浩一创作、神似《出击飞龙》的游戏。**DH**

Stunt Car Racer
特技赛车

发售年份：1989
平台：多平台
开发商：MicroStyle
类型：赛车

风格另类的《特技赛车》也许是杰奥夫·克雷蒙德最受欢迎的一款游戏。他的上一部作品是1986年的《哨兵》，这是他唯一一款没走现实模拟路线的游戏。

《特技赛车》是一款与众不同的赛车游戏。玩家所行驶的爬坡赛道很像大型的过山车跑道，只不过没有可以固定赛车的轨道，沿途还有各种危险的障碍物需要清理。但是，不同于其他预设好各种不安全因素的游戏，在《特技赛车》中，就算你脱离了赛道也不会造成太大的损失，顶多在吊车把你吊回原地的过程中浪费点时间。不过如果你连续出现翻车、撞车或是刮擦的情况，你的车可能就离报废不远了。

游戏共有八个不同赛道和联赛模式，其中的各种挑战都充满吸引力。游戏的图像清晰而明亮，唯一美中不足的是其他参赛车型的设计，看上去只是一些堆在块状轮子上的方盒子。克雷蒙德的物理设定确保了赛车有着极佳的操纵感，即使是以二百三十英里的时速飞跃一座小山也不在话下。另外赛车的涡轮推进功能也意味着每一场比赛都会让你一路爽到终点，即使在比赛中有几次小失误，也不会给你带来任何挫败感。

极速、有趣和无尽的可玩性是游戏的一大特色，但真正让《特技赛车》至今仍长存玩家心底的是游戏的另一大惊喜：支持两台Amiga或雅达利ST联机。狂热的玩家会把自己的家用电脑和连带的电视机一起拖到朋友家中进行联机游戏。在当时，你根本找不到第二款游戏能提供这种爽快的双人竞赛模式，直到三年后《超级马里奥赛车》（Super Mario Kart）的出现。即使是现在，游戏仍然能给你带来别样的乐趣。克雷蒙德原计划在2003年推出《特技赛车》的续集《特技赛车专家》（Stunt Car Racer Pro），可惜的是这款游戏一直都没能面世，使新一代玩家失去了一次独特的游戏感动。**MKu**

Wonderboy III: The Dragon's Trap
神奇小子3：龙之陷阱

发售年份：1989
平台：Master System
开发商：世嘉（Sega）
类型：平台动作

　　神奇小子一直被看成是矮胖版或是暴力版的林克或马里奥。作为一个平台动作游戏系列（有时也带有一些RPG元素）的主角，为了打响自己的名声，神奇小子付出了太多。

　　但令人惊讶的是，《神奇小子3》居然成为了电子游戏设计史上的一座里程碑。这是一个有着巨大卷轴世界的冒险游戏，玩家几乎可以随心所欲地探索游戏广袤无垠的地图，而不会被无形的墙壁或是人造的壁垒挡住去路。鉴于该系列略显颓势的几部前作，《神奇小子3》的成功实在令人惊叹。

　　在1989年，《神奇小子3》的游戏广度是具有革命性的：这是一款如RPG般细节丰富、考验玩家耐心的平台动作游戏。如果你掉入海中，你最终会一直沉到海底；如果你飞上天空，你可能会在茫茫云海中找到一扇门。除了经典的《塞尔达》系列外，你几乎找不到第二款有着如此巨大自由度和可探索性的游戏。《神奇小子3》的世界被分成不同的区域，有些你只能靠变身成为适当的动物形态才能进入。在之前的冒险中，神奇小子因为受到恶龙的诅咒而具有了变形的能力，现在他可以在蜥蜴、狮子、老鼠、鱼和鹰之间自由变化，每种形态都有各自的特殊技能。

　　放在今天来玩的话，游戏的缺憾也非常明显：《神奇小子3》基本就是一次苦旅，其中的幻想世界虽然千奇百怪，但却缺乏对个性。但是游戏承诺的未来感还是值得一试的，每一扇门都通往一个全新的世界，每一口许愿井都会吸引你一头栽进去，探索井底的秘密。**CD**

- 1991年，《刺猬索尼克》提高了世嘉MD（Mega Driver）游戏机的知名度
- 在愈加强大的电脑和愈加廉价的处理器的帮助下，3D图像开始走进电子游戏
- 即时策略游戏，如1992年的《沙丘2》，成为一类全新的主流游戏
- 大型多人在线角色扮演游戏（MMORPG），如1997年的《网络创世纪》，推动了国际线上社区形成
- 1998年发售的《塞尔达传说：时之笛》成为史上评分最高的游戏
- 游戏主机，比如世嘉的DC（Dreamcast）游戏机，开始附带内置调制解调器支持在线游戏

1990年代

The Secret of Monkey Island
猴岛小英雄

发售年份：1990
平台：多平台
开发商：卢卡斯艺术（LucasArts）
类型：冒险

  电子游戏的一大遗憾在于搞笑的作品并不多，或者说，有意走搞笑路线的作品并不多。每当人们谈及游戏中的喜剧元素时，有一款游戏必然要进入人们的话题，这便是《猴岛小英雄》。卢卡斯艺术公司这部看似气派的冒险游戏其实充满了精心设计、充满创意且令人捧腹的笑料。这款闹腾的海盗游戏有着百转千回的剧情和另类的叙事方式，更有一大批令人过目难忘的脑残角色和妙语连珠的对白。这是一款有史以来最出色的喜剧游戏，足以把其他同类游戏甩出几海里。

  游戏讲述男主角 Guybrush Threepwood 来到位于加勒比海域的恶斗岛，试图打入海盗这一行。为了成为海盗，他接受了著名的"海盗入门三挑战"，召集了一些船员，给自己买了艘船，还发现了神秘猴岛上潜藏已久的秘密。一路上，他遇见了吃素的食人族、脾气暴躁的地方长官玛丽，以及深爱着长官玛丽但却对根啤怕得要死的可怕幽灵海盗勒恰克（Le-Chuck）。

  从羞辱式斗剑到对电脑游戏有限技术的揶揄，《猴岛小英雄》从头到尾都在抖着快速凌厉的笑料包袱。更重要的是游戏营造出的氛围感：从午夜的恶斗岛上残破的木板路，到勒恰克炼狱般的老巢里岩浆滚动的地下世界，很少有游戏能做到像《猴岛小英雄》这样令人印象深刻。虽然已经发售多年，猴岛系列的经典地位和创意丝毫没有减弱。现在，你可以在 Xbox Live Arcade、PC 平台甚至是苹果的 iPhone 上玩到这款游戏的最新版，你还可以把游戏调成原版画面，感受最原汁原味的《猴岛小英雄》。**CD**

Speedball 2: Brutal Deluxe
速度球2：豪华暴力

发行年份：1990
平台：Amiga
开发商：The Bitmap Brothers
类型：体育休闲/动作

  《速度球》是款混合了冰上曲棍球、澳洲橄榄球和轮滑球（出自1975年詹姆斯·凯恩［James Caan］电影中的虚构血腥运动）等运动的游戏。比内容更具争议性的是游戏的名字——Speedball其实是种非法混合毒品。两支全副武装的球队将围绕一个钢球展开真实的战斗。钢球会在封闭球场墙壁间四处弹跳，直到有人把它投进对方的球门，而进球的常用方法就是把守门员打残。作为系列的第一作，《速度球》并没太多亮点——除了中场休息时的一些可购商品，比如向主办方行贿之类的东西，但续作《豪华暴力》却来了次彻底升级。

  游戏时间设定在2105年，在原来的速度球比赛陷入混乱并转入地下赛场后，一种全新的"速度球"诞生了。这项比赛现在在一个巨型的圆形赛场举行，每支队伍各有九名球员。球场就像个桌上弹球台，有弹力板、轨道、标靶和门道。游戏中甚至还有个弹射器能给钢球充电，使对方选手完全不敢碰球。游戏的赚分系统意味着你不需要进球得分也可以赢。如果你能弄伤对手，迫使替补上场，游戏便会奖励你高分。这次走进球场的是支名为"豪华暴力"的球队。"豪华暴力"是史上最烂的球队，但现在这支球队被交到了你的手中。

  这款华丽的游戏汇集了各路幕后精英，其中最出名的如像素艺术家丹·马龙（Dan Malone）、音效设计师理查德·乔瑟夫（Richard Joseph）。游戏通过这种方式打响了自己的名声，而这正是前作所欠缺的东西。相比前作，游戏的动作更加劲爆、更加快速，甚至更加暴力，不过因为游戏沿用了Amiga一贯的单键操作，整个比赛并不至于太过混乱。比赛的走向很难预测，因为得分的途径多种多样（更不用提那些可以在交易市场上派上用场的随机硬币）。《速度球2：豪华暴力》一直被认为是有史以来最伟大的多人游戏之一，本作能够荣获这样的头衔是不无道理的。**DH**

ActRaiser
雷莎出击

发售年份：1990
平台：SNES
开发商：史克威尔（Square）
类型：动作/策略

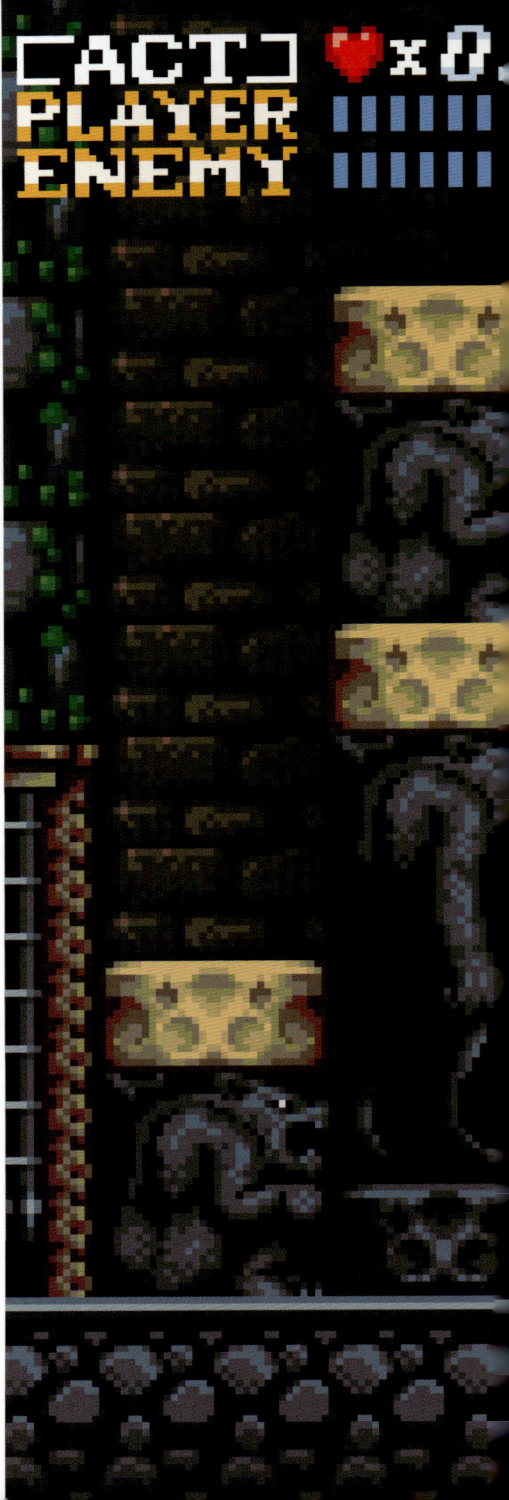

有时候，一款纯粹的动作游戏并不能满足玩家；有时候，想要玩得开心，你就得把简单的冒险游戏和城市建造、上帝模拟一类的元素混合在一起。《雷莎出击》也许没有史克威尔公司的其他传统游戏——比如人气爆棚、销量百万的《最终幻想》系列——那么出名，但它特殊的混合类型却是绝对独一无二的。

玩家在游戏中扮演"大师"（The Master）的角色，你的任务便是穿过各个横向卷轴关卡，挥剑杀敌，解决掉一个比一个大的Boss怪物，最终重建整个文明。你还得时不时地休息一下，让游戏转换为俯瞰视角，以便说服你的追随者去建造公路、房屋以及类似的重要建筑，令整片土地焕然一新。你可以把这款游戏看成是《战神》（God of War）和《模拟城市》的杂交产物，但是《雷莎出击》有着属于它自己的独特灵魂。游戏十分强调宗教与文明元素，因为这个原因还和宗教团体闹了许多年。与其说《雷莎出击》是一款人气作品，不如说是个另类游戏，在娱乐大众的同时也让一部分玩家困惑不已。出现这种情况的原因很简单：虽然整个游戏很有趣，但《雷莎出击》对不同游戏类型的混合处理做得并不是很好。

但是，这种看似格格不入的游戏类型混搭肯定有其内在的魔力。游戏的续作弱化了城市建设元素，却也因此而完全失去了原作的魅力与乐趣。今天，不管《雷莎出击》是不是你的菜，你大可亲自品尝其中的滋味：只需要花点时间通过Wii的Virtual Console服务来下载这款奇特的游戏，你就可以亲身体验这部作品。**CD**

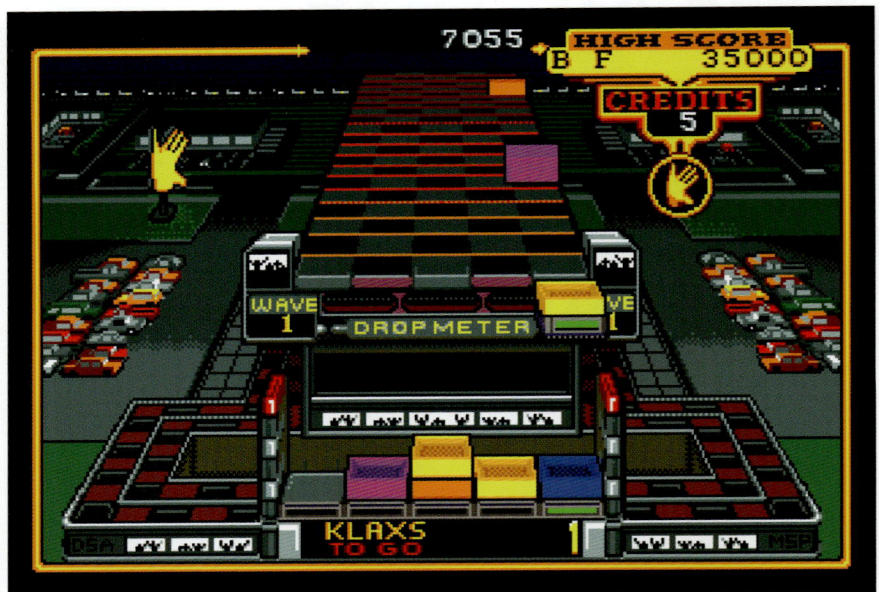

Klax
立体方块

发售年份：1990
平台：多平台
开发商：雅达利（Atari）
类型：益智

一块块的多米诺骨牌从一条传送带上一翻一滚地传到屏幕跟前，等待玩家把这些色彩各异的小方块堆在一起，通过储存尽量多的方块来赚取高分。《立体方块》混合了多种不同的游戏类型：游戏的"一百个关卡"和"滚动+消除"式结构和《太空侵略者》非常相似，但游戏的节奏感和严格的游戏规则又类似四子棋和《宝石方块》（Columns）的混合体。

《立体方块》每一关的"停止-开始"式玩法恰好概括了游戏的整体行进方式。玩家可以直接跳过五关或十关进入后面的关卡进行游戏，这样的设定不仅可以增加游戏的重玩次数，带着赌博心理或是自负的玩家还很容易被引诱直接跳关，结果只能灰头土脸的败下阵来。《立体方块》通过各种系统陆陆续续地登上了各类家庭游戏平台，它令人上瘾的游戏操作一直完整地延续到了任天堂的GameBoy，甚至是微软的Xbox上，不过在Xbox平台上的《立体方块》已经成了Midway公司的《游戏宝藏》（Treasures）合集中的游戏了。

《立体方块》被公认为是一款怀旧类游戏经典，游戏中Commodore 64年代的方块颜色赋予游戏背景强烈的复古感和艺术美。游戏各式各样的背景——从茂密的森林到上帝的双手——为游戏增色不少。艳丽的画面是当时游戏的一大特征，但在这里它起到了一个更为重要的作用，把《立体方块》街机箱体变成了一个瑰丽的万花筒，只不过仍然严格遵循大卫·艾克（David Aker）苛刻的游戏规则。

游戏的巨大影响一直延续至今，从水口哲也的《Rez》到杰夫·明特（Jeff Minter）的《鹿豹星座》（Space Giraffe）都可以看到《立体方块》的影子。迷幻的游戏视效是《立体方块》留给游戏界最伟大的遗产。**DV**

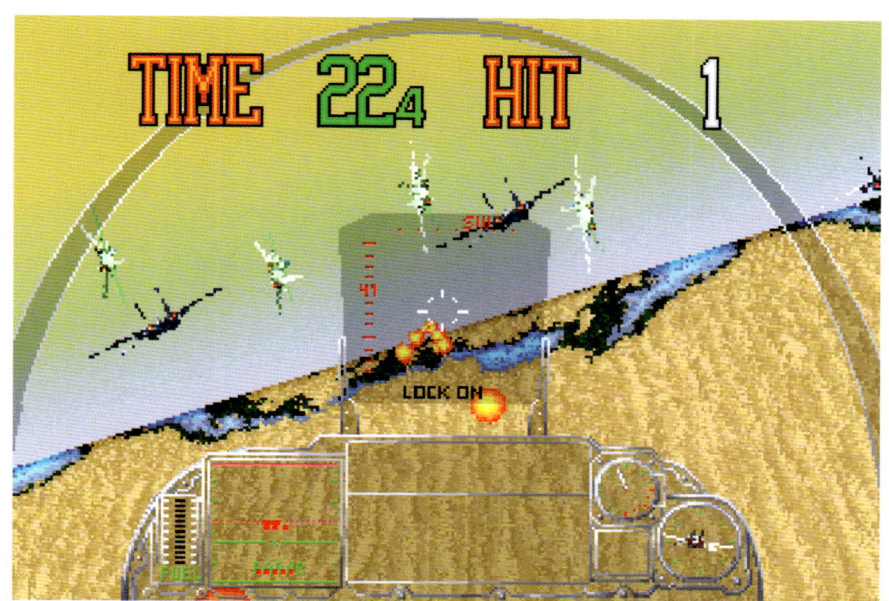

G-LOC: Air Battle (R-360)
空战神兵

发售年份： 1990
平台： 街机
开发商： 世嘉（Sega）
类型： 射击

要论世界街机史上谁的贡献最大，有一家公司的成就绝对可以傲视群雄。世嘉虽然以开发了无数的家用主机而闻名于世，但事实上，早在上世纪70年代公司就已经投身投币式街机娱乐市场。多年来世嘉在这一领域的创新成果也是非常显著的，从80年代带动3D游戏革命性发展的画面缩放硬件，到在成千上万铁杆玩家的带动下在全日本流行开来的世嘉游戏中心，都是世嘉公司的显赫战功。虽然相比其他世嘉名作，这款《空战神兵》要显得默默无闻得多，但游戏的创新之处仍然值得一提。

和许多其他街机游戏一样，《空战神兵》生产了多个不同版本的街机筐体。不同的筐体价格也不一样，供街机店老板自由选择，但只有究极豪华版的

《空战神兵》值得我们在本书中进行讨论。《空战神兵》筐体的设计者是铃木裕，他也是发明各种世嘉游戏设备（如《摩托车大赛》的等比例摩托）的幕后天才。《空战神兵》的360度可旋转机台是街机游戏史上最霸气的一项发明，与其说这是一款像素游戏，不如说它是一个游乐场景点。

坐进游戏座舱，小心翼翼地系好安全带，你就要随时做好进行360度大翻转的准备。其他的世嘉游戏设备只会让你左右摇晃或是四处旋转，但R-360版的《空战神兵》完全改变了这些规则，游戏将根据你的摇杆控制进行大幅度的旋转。虽然游戏水准相比《冲破火网》（After Burner）并没多大改进，但当你坐在这样欢乐的一个街机筐体中、想方设法咽住你的早饭时，这样的瑕疵真的就不是那么重要了。**TB**

Pilotwings
飞行俱乐部

发售年份：1990
平台：SNES
开发商：任天堂（Nintendo）
类型：飞行模拟

《飞行俱乐部》是一款画面梦幻、制作精良、氛围宁静的游戏，也是一款光提名字就能让你陷入感伤回忆的作品。游戏没有《超级马里奥世界》那么完美有趣，也没有《奥特曼》里的巨型怪兽，但它给你的是一种别样的游戏体验。即使是在它发售二十年后的今天，你仍然很难将它进行归类，而游戏中蕴藏的那份魔力更是难以言述。

虽然游戏从头到尾都是在模拟飞机驾驶，但严格说来这并不是一款飞行模拟游戏。飞行模拟游戏基本都是属于工程师的游戏，充满了仪表盘、开关、矢量图，还会要求你在能见度极低的情况下在云层密集的芝加哥国际航空港降落。但《飞行俱乐部》用属于自己的方式来展现这些元素，给人的感觉不像是属于工程师的游戏，而更像是献给诗人的游戏：云团中的冲刺、飞机周围迷人的风景——《飞行俱乐部》以一种技术与美感并存的方式向玩家展现了什么叫飞行，它追求的更多是一种乐趣，而不是模拟的精准性。

不管是什么让这款游戏如此与众不同，在游戏中你可以享受的东西有很多：各种各样的挑战、五花八门的飞机；你可以在传统的飞机上安装火箭喷射包，有一关你甚至还可以跳出驾驶舱感受一次定点跳伞的刺激。

《飞行俱乐部》后来又在N64平台推出了一个升级版。但这样一款仿佛是为Wii量身定做的游戏，任天堂总部居然没有任何移植的表示，这点实在令人费解。但不管怎样，我们至少还有SNES上的《飞行俱乐部》。这是一款拿来打发一两个下午的空余时间的好游戏，即使你仍旧无法确定这到底是一款什么类型的游戏。**CD**

Out Zone
异域战将

发售年份：1990
平台：街机
开发商：Toaplan
类型：射击

对于大部分人来说，知道Toaplan这个名字，更多是因为这家公司开发的《零翼战机》（Zero Wing），以及因这款游戏而在网络爆红的"All Your Base"现象【译注：《零翼战机》发行的英文版充斥着劣质的翻译，最臭名昭著的就是这句无视语法规则的"All your base are belong to us"】。但事实上，Toaplan是上世纪80年代末至1994年间最伟大的射击游戏开发商之一。1994年公司破产后，里面又走出了不少制作射击游戏的行家，如Cave公司（《首领蜂》[DonPachi]）和Takumi公司（《雷鸟之翼》[Giga Wing]）。

《异域战将》是Toaplan作品中比较另类的一款。游戏仍是传统的纵向卷轴射击，可向八个方向射击，和《战场之狼》（Commando）、《怒》（Ikari Warriors）等跑轰式游戏非常类似。但如果玩家接到三叉式的子弹，角色的视角就会被锁定在正前方，这时《异域战将》又变成了一款传统的射击游戏，但有一点除外，游戏只会在玩家向前移动时才会滚屏（玩家必须保持前进，因为不断消耗的能量槽需要你收集物品来回血）。游戏的双重属性意味着可以依据情况灵活转变战术。鉴于形势可能会转变很快，这样的设定非常人性化，这也是本作比之前的游戏更出彩的地方。

《异域战将》有着Toaplan引以为豪的图像风格，丰富的场景细节和鲜亮的金属色泽让原本机械化的敌人与场景看起来特别有生物感，给玩家带来震撼的游戏体验。即便是面对极端严苛的游戏难度，你也会坚持不懈地玩下去。游戏关卡如迷宫般交错复杂，玩家需要一边躲避敌方火力一边谨慎前行。

《异域战将》考验的更多是玩家的记忆力而非单纯的技巧。游戏中还有不少隐藏彩蛋，比如Toaplan其他游戏角色的客串出场。这是一款质量上乘的射击游戏，游戏的制作方理应在电子游戏史上获得外界更多的关注，而不是因为几句蹩脚的翻译被世人围观。**MKu**

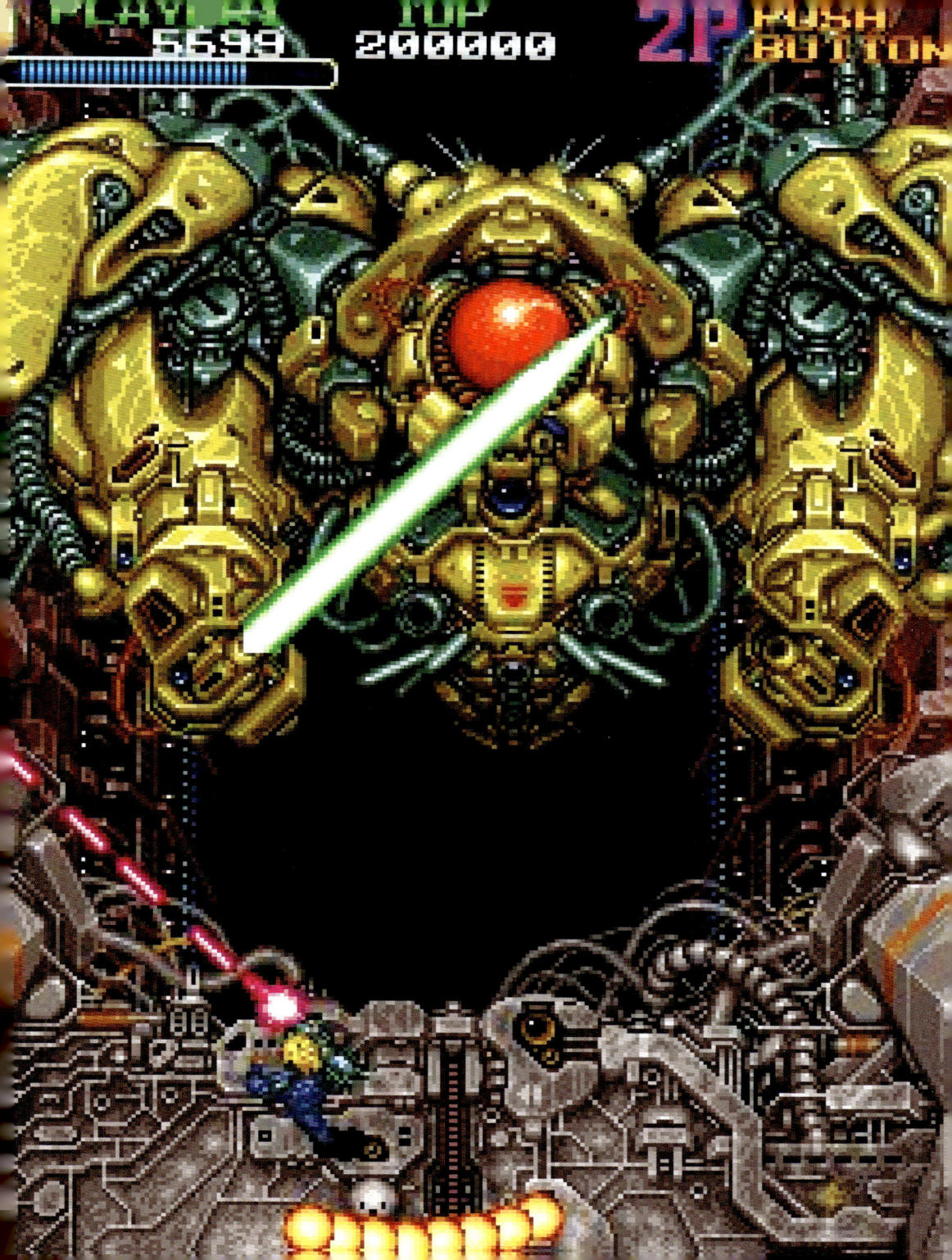

Powermonger
权力征战

发售年份：1990
平台：Amiga
开发商：牛蛙（Bullfrog Productions）
类型：策略

　　《权力征战》是牛蛙公司革命性游戏《上帝也疯狂》的精神与技术继承者。游戏使用到了和彼得·莫里纽克斯这款原创上帝游戏同样的制作引擎，但在游戏效果上则退去了那层神力的外衣。《上帝也疯狂》中的地震、火山、地势剧变等元素已经不复存在，取而代之的是更加写实的游戏体验：你将通过征战掠夺来招募士兵长，然后靠他们统领、扩充军队，帮助你征服游戏中的一百九十五块土地。

　　这是一个神奇的游戏世界。莫里纽克斯也许是因为小时候喜欢糟蹋蚂蚁穴，长大后才灵感迸发发明出了上帝类游戏。但在《权利征战》中，他和制作团队却竭尽所能让游戏中的居民看起来更接近人类。这些居民过着各自的日常生活，他们中有渔夫、农民还有伐木工，都是些让人看了就忘掉的小人物，但你却可以用鼠标点击他们，查看他们的姓名、性别、年龄、忠诚度甚至是他们的家乡所在地。这种设定比《模拟人生》还要早十年。《权利征战》中的世界是如此引人入胜，以至于很多玩家都会忽视制作者所设下的陷阱。和《上帝也疯狂》一样，游戏中的三维地形只占据屏幕的一部分，剩下的区域都留给了用户操作界面。游戏镜头支持八种不同程度的缩放和九十度的旋转，这在那个年代是相当了不起的技术。

　　当你统领军队、维持食物来源时，说《权利征战》开创了即时策略类游戏未免有些牵强，但当你指挥士兵长在领土上守卫村庄时，你就会发现这种说法也并非夸大其词。此游戏的一个很有意思的地方在于你下达给远方士兵长的命令会有延迟，延迟的时间取决于你的信鸽离目的地有多远。

　　《权利征战》是一部被人遗忘的经典，更是一款游戏先驱，游戏甚至还支持通过零调制解调器电缆进行双人模式。《黑与白》的诞生就是从这里开始。**OB**

Eye of the Beholder
魔眼杀机

发售年份：1990
平台：PC
开发商：Westwood Studios
类型：角色扮演

虽然《地牢城主》更早面市，但《魔眼杀机》才是一款真正的"龙与地下城"游戏。经历了《金盒》（Gold Box）游戏系列的成功后，发行商SSI趁热打铁，委托Westwood Associates制作一款能在气氛和质量上都媲美《地牢城主》的游戏。《魔眼杀机》沿用了《地牢城主》的第一人称视角，并引入了龙与地下城的游戏规则和遗忘国度（Forgotten Realms）的战役设定。

相比于《金盒》系列，《魔眼杀机》弱化了游戏的剧情，只对故事进行了极少的铺陈叙述。游戏故事设在遗忘国度中的深水城，四位勇敢的冒险者（根据官方数据、种族和职业生成的角色）受雇前来调查地下水道，结果却因为塌陷事故而被困其中，不得不另寻出路逃离险境。

游戏在剧情方面的不足，得到了出色的动作冒险元素的弥补。不同于《金盒》系列冷静沉着、以各类数值为基础的回合制战斗，《魔眼杀机》系列（也被称作《黑盒》系列）是以疯狂的即时鼠标点击战斗为核心，这种战斗方式尤其适合游戏的砍杀加迷宫寻宝式冒险。

游戏的结局也许有点令人失望（后来的重制版中增加了新的结局动画），但是龙与地下城的游戏规则、遗忘国度的背景设定和第一人称视角却把游戏打造成了一场史诗般的冒险。游戏也为后来的《百战迷宫》（Dungeon Hack）、《魔域传奇：神圣之符》（Ravenloft: Strahd's Possession）、《魔索布莱城》（Menzoberranzan）等龙与地下城式游戏铺平了去路。虽然可能不及《魔眼杀机》这般出色，但这些游戏都有着各自的特点，在娱乐性上也不相上下。**DM**

Bomberman
炸弹人

发售年份：1990
平台：PC Engine
开发商：哈德森（Hudson）
类型：动作

《炸弹人》系列虽然有着超过六十款游戏，却仍旧缺乏马里奥的知名度。但对于这样一个出身平凡的角色来说，它已经够长寿了。《炸弹人》不像大多数游戏经典有着坚实的原作基础或绝妙的游戏体验——这个系列的第一作在诞生时简直平庸得出奇。原版《炸弹人》是于1983年在日本发售的一款简单的MSX平台游戏，随后又被移植到ZX Spectrum平台，并被更名为《艾瑞克与漂浮灵》（Eric and the Floaters），最后才在NES平台安顿下来。但这款游戏有着五十多个高重复地图，每个关卡都只是一味寻找出口，更没有多人游戏模式，使得游戏毫无魅力可言。事实上，因为没有多人模式，很多人都认为这款作品根本不能算是《炸弹人》。

但到了1990年，当哈德森软件公司和NEC合作为PC Engine主机推出了一款多插头转换器时，一切就此改变。把这款设备插入游戏机仅有的一个手柄插口后，便可支持五位玩家同台竞技。游戏的潜在魅力瞬间被激发出来，原版游戏所缺乏的刺激与乐趣感也得到完美体现。

《炸弹人》系列的后续作品变得越来越复杂，有些增加了游戏的乐趣，其他的则反响平平，因此重新回顾PC Engine平台上的这款作品还是很让人耳目一新：探索迷宫般的地图、放置炸弹、干掉你的对手、想方设法成为最后一个活下来的炸弹人。游戏中需要你炸开障碍物、收集升级物品（比如加速道具和可以向敌人方向踢炸弹的能力），但是游戏的规则仍旧非常简单。

《炸弹人》的粉丝也许会为哪一版才是系列中的最佳作品而争论不休，但真正把游戏的简单和纯粹乐趣带出来的还是这款PC Engine上的原版游戏。**JB**

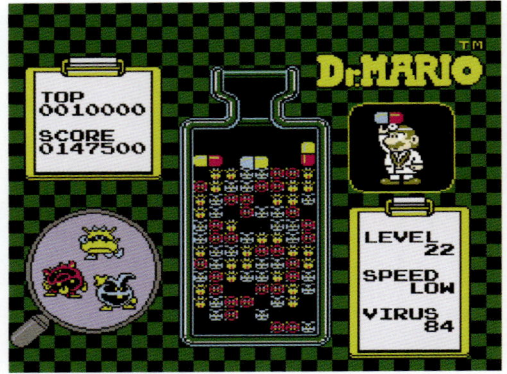

Dr. Mario
马里奥医生

发售年份：1990
平台：多平台
开发商：任天堂（Nintendo）
类型：益智

　　面对这样一款任天堂成功避开版权纠纷而创造出来的《俄罗斯方块》山寨品，似乎没有人会去质问一些基本问题，比如这个忙着拯救世界的水管工几时有时间去考了个医学博士？之所以没有人提出这样咄咄逼人的问题，也许是因为大家已完全沉浸在了这款游戏当中。

　　不同于大多数《俄罗斯方块》游戏开场时空荡荡的游戏框，《马里奥医生》的每一关都散布着红色、黄色、蓝色的病毒。马里奥要通过旋转胶囊来攻击它们，这些胶囊的两端分别是随机的红、黄、蓝三色，把胶囊靠到或是堆到颜色相同的病毒上就能把它们消灭；如果有四个或四个以上颜色相同的连在一起就会全部消失。

　　《马里奥医生》中的胶囊和《俄罗斯方块》中的方块一个最大的不同点在于前者的操作更加灵活。这也意味着游戏非常强调玩家的灵活性：如果你想成功，那就最好练练自己的即时反应能力。作为一款《俄罗斯方块》的克隆品，《马里奥医生》已经很有自己的特色了。游戏催生了一系列"落砖"式的益智游戏，如果没有这款《马里奥医生》，也就不会有后来的《音乐方块》（Lumines）和《宝石迷阵》（Bejeweled）。**JT**

Columns
宝石方块

发售年份：1990
平台：多平台
开发商：世嘉（Sega）
类型：益智

　　虽然透着一股子《俄罗斯方块》山寨品的味道——狭窄水井般的游戏场地、掉不完的砖块、装模作样的抽象背景——但《宝石方块》的最终成品还是给人很不一样的感觉。游戏讲究的是颜色搭配、空间感知和图案的排列，并引入了物理性，使得悬空的方块会落下来填补空缺空间。对于上世纪90年代早期的世嘉主机拥有者而言，这就是他们的《俄罗斯方块》。可喜的是这款游戏本身的质量确实不错。《宝石方块》可能不及阿莱克西·帕杰诺夫的那款传奇经典来得质朴，但游戏加入了一些全新元素，能让玩家感觉到这是一款色彩明艳、紧张刺激的脑力游戏。

　　"三色连消"类的游戏有着属于它们自己的历史，这些游戏中的基本设定也是益智类游戏中的奠基石，而《宝石方块》永远是一个另类。游戏中闪闪发亮的宝石正是世嘉公司努力的真实写照，而游戏中的高分连锁总是能够吸引玩家熬夜奋战。《宝石方块》已经把能移植的平台都移植了个遍，所以现在要想体验这款游戏并不是什么难事。**CD**

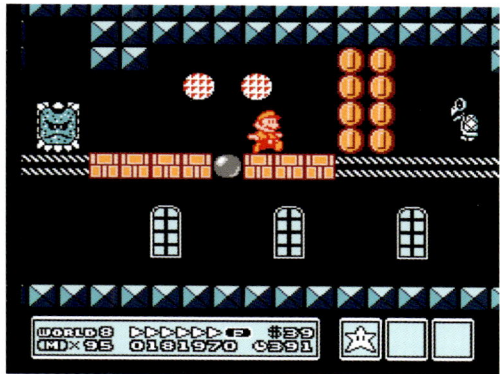

John Madden Football
约翰麦登橄榄球

发售年份：1990
平台：Mega Drive
开发商：Park Place Productions
类型：体育休闲

要把像美式橄榄球这样复杂的运动塞进上世纪80年代末期技术落后的16位主机实非易事，但艺电公司并未向困难低头。虽然这不是第一款橄榄球游戏，但游戏破天荒地采用了从四分卫后方向下俯视的视角，这在当时绝对是神来之笔。

这种设定以一种养眼而实用的方式来展现复杂的比赛，更有趣的是，游戏中还有三个独特的"传球窗口"用来同时展现不同接球员的动作。简洁的菜单式操作仅需简单的三个按键就可以完成，游戏对美式橄榄球核心元素的准确把握更确保了游戏的深度。略显生硬的游戏画面虽然和出色的游戏体验有些脱节，但也不乏迷人之处。

作为有史以来最成功的电子游戏系列之一，《约翰麦登橄榄球》中球场上的动作场面也是游戏的一大兴奋点所在。虽然以今天的标准看来，这是一款再普通不过的游戏，但作为《约翰麦登》系列的第一作，它仍能为玩家奉上一场精彩的美式橄榄球赛。放在今天，这款游戏也许更像一堂历史课，但这堂课绝对不会让你感到无聊。**JDS**

Super Mario Bros. 3
超级马里奥3

发售年份：1990
平台：NES
开发商：任天堂（Nintendo）
类型：平台动作

经过梦幻般的《超级马里奥2》之后，任天堂这个旷世神作系列的第三作又变成了一款错综复杂的冒险游戏。这也是任天堂最具野心的一款游戏，在这款非线性平台动作游戏中，你可以自主选择下一关要去向哪一个世界。

游戏中还充满令人耳目一新的升级道具，比如青蛙装可以让马里奥跳得更远、游得更快，浣熊装可以让马里奥发动可爱的尾巴攻击，或是进行短暂的空中飞行。没有发放各种特殊道具时，游戏则专注于自身的关卡设计，把你丢进上下左右滚动的关卡，再往里面塞进一些巨大的敌人，比如那么丑陋的吞食鱼。如果你能活下来，等待你的将是迄今为止所有马里奥游戏中最令人头痛的一场结局战。

先干掉库巴魔王全家，然后再和Boss本人一决胜负，游戏的每个角落都隐藏着奇思妙想的点子，这就是《超级马里奥兄弟3》带给玩家的乐趣体验，也正是这款完美的8位游戏带领整个马里奥系列蹒跚地迈向了16位游戏时代。**CD**

Rampart
城堡防卫战

发售年份：1990
平台：街机
开发商：雅达利（Atari）
类型：策略

"预备！瞄准！开火！"是三个可以诠释大多数游戏核心的词汇，但在《城堡防卫战》开战前喊出来的这三个词，却能让你真切地闻到一股火药味。这款游戏沿用了传统的轰炸式主题，只不过这里使用的是火炮炮弹。但这并不是《城堡防卫战》被人们铭记的原因。这款游戏之所以能名垂青史，得益于它成功地将《俄罗斯方块》和策略性战争游戏融合在了一起。

在单人模式下，你首先要挑守一座城堡，然后在城堡旁边架好大炮。随后游戏便进入战斗阶段，你要用准星瞄准远方逼近的战舰，把所有的火力都集中在它们身上，确保这些敌舰无法靠岸。与此同时对方也会疯狂还击，在你的城墙上轰出一个个窟窿。当这一轮战斗结束之后，你就会意识到你有多少的修复工作需要做了。《城堡防卫战》正是从这里开始引入《俄罗斯方块》的游戏元素，你必须从一系列随机生成的大小不同、形状各异的方块中选出适当的材料来修补你的阵地。如果你速度够快的话，你甚至还可以用围墙围住其他的城堡，以此来扩充自己的领地，毕竟，更多的城堡就意味着更多的大炮。

《城堡防卫战》是一款具有很强策略性的游戏。你是要死守住你所拥有的一切，巩固你的战场地位，还是为了追求更多的领土，自己的城堡还没围上就冒险跑去抢其他的城堡？除了出色的单人模式外，游戏还提供支持最多三人对战的多人模式。《城堡防卫战》把分配式进攻与快节奏防守融合在一起，造就了一款与众不同、令人上瘾的策略游戏。虽然游戏已经被移植到许多家用平台上，但体验《城堡防卫战》的最佳方式还是那款追踪球操控的原版游戏。**TB**

Raiden
雷电

发售年份：1990
平台：街机
开发商：Seibu开发（Seibu Kaihatsu）
类型：射击

射击类游戏一向都缺乏个性。作为一个故事情节严重薄弱的游戏类型，射击类游戏基本上都是把玩家设定为只身对抗整支侵略舰队的孤胆战机，除了操作设置的不同外，你很难把这些游戏区分开来。这大概也解释了为什么近期的纵向卷轴射击游戏越来越走向弹幕化。

制作于1990年的这款《雷电》出自Seibu开发公司之手，该公司除了这个系列之外就没什么名气了。《雷电》清水般的剧情也没比同类游戏好多少，游戏画面也并不抢眼，干净简洁、强调实用性、倒也不乏吸引力，但即便是和同时期的竞争对手相比也毫无优势可言。作为一款从头打到尾的游戏，《雷电》就是一款上世纪90年代早期典型的"烧钱型"街机游戏。

但是，对于那些愿意在这游戏上下工夫的玩家来说，《雷电》的回报是很丰富的。虽然《雷电》很难，但其平衡性非常完美。游戏不需要你用子弹清屏，对于追求高分的玩家来说，这可是个难得的游戏，因为游戏并不依赖于其他射击游戏所强调的超复杂操作。既没有华丽的火力，也无需谨慎地控制连击，你所要做的就是小心玩、用脑子玩，同时留心隐藏在奖章里的奖励分数，另外避免使用炸弹也可以获得额外加分。

玩家每一次冒险都会得到丰厚的回报，虽然游戏中的武器升级并不多，但其效果却是射击游戏史上最让人满意的。也许就游戏画面、背景故事和游戏操作而言，《雷电》没法在大量的街机射击游戏当中做到鹤立鸡群，但是就游戏的设计而言，这的确是一部杰作。对于有鉴赏力的玩家来说，《雷电》提供了一次精心设计、平衡感出色的游戏体验。**MKu**

Sid Meier's Railroad Tycoon
席德梅尔的铁路大亨

发售年份：1990
平台：多平台
开发商：Microprose Software
类型：模拟经营

　　19世纪中期蒸汽机车的兴起也带动了铁路模型的流行，对于铁路迷们来说，持久耐玩的铁路模型就是他们打发时间的最爱。但自从传奇游戏设计师席德·梅尔（Sid Meier）推出游戏《铁路大亨》之后，情况可就大不相同了。

　　即使是以当年的标准来看，这款1990年的游戏在图像上也制作得相当简陋，毕竟对细节的狂热追求是每一位铁路模型制作者的基本要求。但《铁路大亨》带给玩家的体验是任何一款铁路模型都无法提供的，这就是铁路出现早期各大公司之间的竞争。

　　和席德·梅尔其他知名作品（最著名的如《文明》）一样，《铁路大亨》并不会用固定的玩法把玩家框死。你可以选择适合你的游戏难度和地点，其中包括美国、英国和威尔士，以及欧洲大陆。玩家需要小心铺设铁轨、安放站点来实现利润的最大化（一定要注意供求规则）、购买并抛售股票。《铁路大亨》的这种玩法虽然把现实中的经营管理过于简单化了，但游戏仍然能紧紧抓住玩家的心，不会让你觉得无趣。

　　游戏的界面也许早已过时，但即使是那些对交通进步毫无兴趣的玩家也会在游戏中快速进入铁路大亨的角色。完美主义者可以把时间花在改善车站条件上，追求荣耀的玩家则可以想办法造出速度最快、行程最远的火车。游戏的最终乐趣就在于建造一套成功的铁路网，偶尔腾出点时间搞垮竞争对手，然后欣赏你自己的铁路模型如何精准运转。**MKu**

Smash TV
电视斗士

发售年份： 1990
平台： 街机
开发商： Williams
类型： 射击

面对这样一款目标简单直白（杀光屏幕上的每一个人）的游戏，你可以从许多方面来分析它的构成要素：比如，游戏的背景设在未来的一场电视游戏竞赛节目中，参赛者们被关在一系列的摄影棚当中，必须杀死闯进棚中的所有人才能赢得自由——你可以分析一下其中蕴含的讽刺讯息；你也可以讨论一下游戏对暴力的轻率处理态度——这在游戏发售当年可是震惊了一大批的家长；你还可以分析一下这款强大的游戏是如何迅速挖掘出玩家内心深处原始的杀戮欲望；或者你也可以直接拿起控制器一通乱射，然后再去考虑这些复杂的问题。

对于这款《电视斗士》，你要做的就是不停地开枪。你可以只身闯关，通过收集物品和武器来干掉你的对手，你也可以把你的朋友拉进来一同参战。不管是哪种模式，你都必然要杀红了眼。随着游戏关卡逐层深入，杀戮的惨烈程度也在不断升级，游戏屏幕上很快就会挤满了敌人，你只能用子弹在人群中暂时扫出一条窄道，绝望的期盼游戏能够给你点时间休息一下。但这几乎是不可能的，除非你最终通关，或者耗光所有的命死在战场上。鉴于游戏的难度，后面这种情况的可能性比较大。

不管是哪种结果都不重要，你迟早还是会跑回来享受《电视斗士》带给你那份喘不过气来的快感。虽然过去这么多年，游戏的sprite图像魅力至今仍未减分毫（因为它的图像根本就毫无魅力可言），但在今天，想要找到一款如此令人痴迷上瘾的游戏已经不是那么容易的事了。**JDS**

Snake Rattle 'n' Roll
双城蛇

发售年份：1990
平台：多平台
开发商：Rare
类型：平台动作

1954年，大西洋唱片公司的第一任老总赫伯·艾布拉姆森（Herb Abramson）邀请R&B音乐家杰西·斯通（Jesse Stone）为蓝调歌手"胖子"乔·特纳（Big Joe Turner）写首歌。于是便诞生了这首入选滚石评选的"史上最伟大的500首金曲"的《Shake, Rattle and Roll》。这首歌人气如此之高，很大程度上应归功于歌词强烈的性暗示，比如有句歌词唱到这个男人"硬在那里，一直到底"。很难说这首可怕的歌曲究竟和这款游戏有什么关系。也许和那两只蛇有关吧——游戏中的两条蛇名字分别叫Rattle 和Roll，它们必须通过吞食一些名为Nibbley Pibbley的小东西来帮助它们长得更长……

好吧，我们就从《双城蛇》里根本就没什么性暗示。游戏鉴于《疯狂弹球》和《跳方块》之间，你要在一个西洋棋盘状的立体环境中探索，边躲避敌人边收集物品。但游戏还是和蓝调音乐有那么点关系的：负责作曲的大卫·怀兹（David Wise）（后来的《大金刚国度》[Donkey Kong Country]中充满节奏感的打击乐就是他的杰作）为《双城蛇》献上的精彩的拉格泰姆乐，给平淡的游戏增添了强烈的音乐感。

今天，Rare公司已手握一批知名原创游戏，如《班卓熊大冒险》（Banjo-Kazooie）、《杀手学堂》（Killer Instinct）和《完美黑暗》（Perfect Dark）。但在上世纪80年代末，它可没这么好命。Rare在那段时期的作品都是些质量平庸的授权游戏，如《谁陷害了兔子罗杰》（Who Framed Roger Rabbit？）、《双重挑战》（Double Dare）等。《双城蛇》是当时仅有的几款原创，游戏也预示着Rare将为N64平台注入新奇血液，事实证明，公司后来确实在N64上取得了巨大成功。就在《双城蛇》发售一年后，Rare紧接着推出了当时最震撼、最另类、难度最高的游戏《忍者蛙》（Battletoads），不过相比之下，《双城蛇》在游戏创新性上还是要略胜一筹。**JBW**

Super Tennis
超级网球

发售年份：1991
平台：SNES
开发商：东京书籍株式会社（Tokyo Shoseki）
类型：体育休闲

　　史上最佳网球游戏？放在今天讲这样的话实在有待商榷，但回到那个竞争差距明显的1991年，纵使游戏自《打乒乓》以来已有了突飞猛进的变化，《超级网球》的这个头衔也是没人可以撼动的。

　　《超级网球》的简单纯粹恰好反映出那个年代的单纯，但同时这也是一款精彩纷呈的游戏。你要在单人模式、双人模式或巡回模式（以提升自己的世界排名为目标参加锦标赛）中进行选择，然后从二十名相貌迷人、技能各异的选手中选出自己喜欢的球员，最后再选你想要的比赛场地（泥地、草地或硬地）。比赛过程中，游戏操作的精准性令人尤为印象深刻。球员会对你的方向键输入做出完美的反应，而游戏的按键所能支持的击球方式之多，绝对超出这些虚拟网球选手的实际需要。当游戏中加入一名对手或搭档时，《超级网球》的节奏感便完全展现出来了，精彩华丽的对打将为你奉上有史以来最出色的双人主机游戏体验。

　　《超级网球》最明显的缺憾在于游戏技术的不足（比如SNES的Mode 7已经很难再弄出什么令人眼前一亮的东西了），但这并不影响游戏的操作。也许《超级网球》已不再是史上最佳网球游戏，但毫无疑问它为后来诞生的佳作铺设好了场地。如果你非得拿它和那些后起之秀一较高下，《超级网球》也绝对还有实力和它们耗上几回合，甚至打成平手。无需惊讶，虽然已经过去这么多年，《超级网球》仍是这类游戏当中最具可玩性和吸引力的佳作典范。**JDS**

Loom
魔音危机

发售年份：1991
平台：多平台
开发商：卢卡斯艺术（LucasArts）
类型：冒险

　　《魔音危机》是卢卡斯艺术公司诸多冒险游戏中最与众不同的一部。这是一款气氛神秘、基调严肃的幻想游戏，完全没有以往作品中的羞辱式斗剑、小报狗仔队，或是会说话的陨石等等哗众取宠的喜剧元素。事实上，《魔音危机》的故事相当冷静、理智。游戏讲述了一个发生在虚构世界的可怕故事，其独特的叙事方式使游戏比卢卡斯艺术的其他作品显得更具想象力，也更加沉重。SCUMM引擎的标志性特征——占满屏幕底端指令菜单——在本作中也不见踪影。

　　在把玩家们送上征途之前，《魔音危机》会先奏上一段音乐旋律，然后再让玩家操纵Bobbin Threadbare（卢卡斯艺术公司难得给主角挑了一个没有任何恶搞含义的名字）历尽劫难，从一个神秘的敌人手中拯救这片古怪的幻想世界。而之前的那段旋律在这里就要开始派上用场了。

　　《魔音危机》中的大部分动作都是靠播放简单的音乐来实现，不同的旋律对游戏世界有不同的影响，而不是像其他卢卡斯艺术游戏那样通过游戏主角拼凑各种零散的句子来进行游戏。

　　游戏系统和任天堂在《塞尔达传奇：时之笛》用到的那一套设定有那么一点类似，但《魔音危机》显然要复杂得多。《魔音危机》不仅仅是给标准的冒险游戏操作提供了一个"音乐战斗"备选方案，它根本就是用这个备选方案完全取代了传统的游戏模式。

　　虽然是一款引人入胜的实验性作品，但《魔音危机》的出名更多还是靠《猴岛小英雄》中的那条植入式广告。然而这确实是一款值得你重新回味的游戏。所有的卢卡斯艺术经典游戏都不可避免地要登录iPhone平台，但要回味《魔音危机》，最好的方法是去Steam网上下载这款游戏。**CD**

Monkey Island 2: LeChuck's Revenge
猴岛小英雄2：勒恰克的复仇

发售年份：1991
平台：多平台
开发商：卢卡斯艺术（LucasArts）
类型：冒险

虽然猴岛小英雄系列的前三作（这个系列从第三部以后就开始走下坡路）很难代表你心目中的震撼三部曲，但续作《勒恰克的复仇》却验证了三部曲作品惯用的"黑暗续集"定律——类似作品不妨参考《星球大战》、《黑客帝国》（The Matrix）和《夺宝奇兵》（Indiana Jones）系列。

Guybrush Threepwood 仍旧没成为他梦寐以求的大海盗，而在本作中，他又被海水冲进了一个海盗窝。这次我们的主角开始寻找一个名为 Big Whoop 的财宝，这趟旅程将会带领他经历一系列俗套的海盗剧情，解开繁复的谜团，并遇上各式各样的怪咖——其中还包括他的亲生父母。与此同时，Guybrush 身上开始出现了每一个孤独而迷茫的男人在这个年纪都会产生的变化——他长胡子了。满脸的胡须让他看起来酷似肯尼斯·布拉纳（Kenneth Branagh），不过这倒挺符合这次冒险略显成人化的氛围。

新引入的巫蛊元素为游戏增添了一些恐怖喜剧色彩，其中的谜题也变得更加复杂。比如，要想取得游戏中的一个望远镜和一张鹦鹉照片，玩家将进行长时间的探索和思考；而其他的任务——比如设法从一个人手中取得一个水桶，结果却发现那个水桶根本不属于他——则充分展现出制作者在玩文字游戏上出神入化的水平。

《勒恰克的复仇》是一款狡诈而迷人的解谜游戏，以精美的手绘做背景，并有着同时期冒险游戏中数一数二的游戏动画。本作也许没有第一部作品中令人印象深刻的挑战和经典的构思，或是第三作中夸张搞怪的卡通风格，但它仍旧是一款成功的游戏。游戏也再度证明一个道理：如果你真心想把一件事情干好，就千万别把它交给任何名叫 Guybrush Threepwood 的人去代工。**CD**

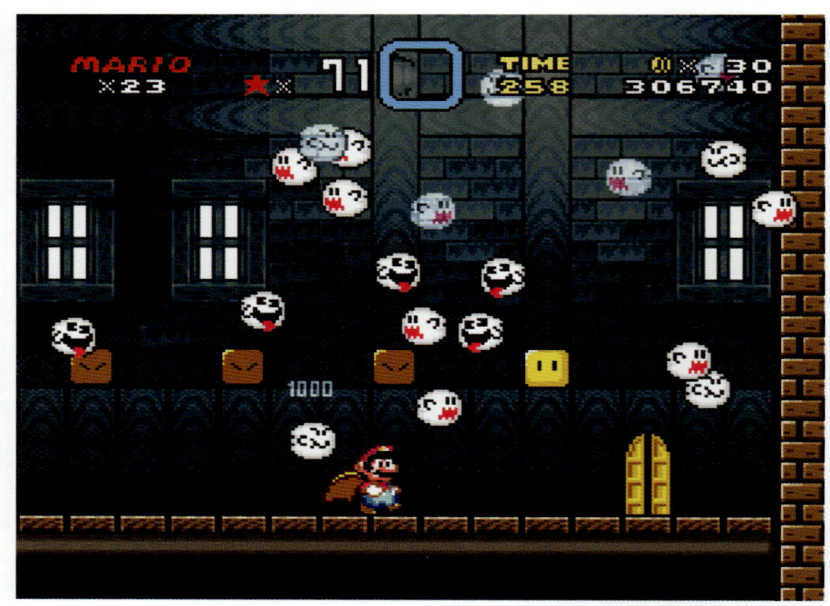

Super Mario World
超级马里奥世界

发售年份：1991
平台：SNES
开发商：任天堂（Nintendo）
类型：平台动作

什么叫一山还有一山高？你有雪茄，但别人有蒙特克里斯托牌的；你有二维平台动作游戏，别人有《超级马里奥世界》——任天堂的这位天皇巨星在8位主机世界中学会或创造的东西，被《超级马里奥世界》一股脑儿带进了更为广阔的16位世界。

最早拉开次世代主机竞争序幕的是世嘉的MD主机，相比之下，任天堂显得滞后不少。吹嘘了这么久的SNES现在正急需一款重量级作品来彰显它的宝刀未老，而《超级马里奥世界》正是背负着众人这样的期望来到这个世界。巨大的游戏角色、数以百计的敌人、全新的游戏背景、将游戏机Mode7图像效果发挥到极致的超级Boss，以及一系列全新的升级武器——本作就是对马里奥世界的一次精彩重塑。最引人注目的是游戏前期从彩蛋里蹦出来的恐龙耀西，它不仅在游戏中扮演一个忠诚的伙伴、一件强力的武器，更是一头拉风的坐骑。

游戏中，马里奥可以借助他的斗篷飞上天空，每个关卡都是为那些巨大而鲜活的冒险世界而特别设计的，千奇百怪的大陆上隐藏着无数令人印象深刻的谜题。第一次进入游戏中那个光怪陆离的星光世界确实给人带来叹为观止的游戏体验。另外游戏还沿用了《超级马里奥3》革命性的非线性关卡设定：每一关都有不止一个出口，每个出口都通向不一样的世界。

《超级马里奥世界》有着系列游戏中最出色的音乐和最精彩的关卡，相比之下，自此以后的每一款作品——甚至是那款经典到让人发指的《超级马里奥64》——有时都会给人一种退步感。马里奥一直都是冒险爱好者的最佳伙伴，但想要再现这款游戏带给玩家的感动可绝非易事。**CD**

Another World
异世界

发售年份：1991
平台：多平台
开发商：Delphine Software
类型：平台动作

《异世界》是一款伟大的16位电子游戏，充满了大胆的实验气息，为玩家奉上一道感官盛宴。游戏创作者艾瑞克·查伊（Eric Chahi）曾经在鼠标点击式冒险游戏《未来战争》（Future Wars）中担任美术师和动画师。查伊对游戏《龙穴》非常着迷，尤其是Commodore Amiga平台的移植版。

镭射光碟能表现的图像，电脑软盘上也可以忠实地再现，只不过需要消耗大量的内存。为了解决这个问题，查伊在游戏中用上了大量的矢量线条。《异世界》其实是融合了查伊最爱的两款游戏——《空手道》（Karateka）和《不可能的任务》（Impossible Mission，《波斯王子》的创作者乔丹·马奇纳的处女作）。查伊本人则把这两年的游戏制作称为一个"即兴创作"的过程。《异世界》是一款极具电影感的游戏，没有对白，没有文字，仅靠一个游戏开场就完美地交代了一切。但实际上当查伊完成这个游戏开场时，对于整个故事究竟要如何发展，他心里完全没有底。

游戏讲述一个风雨交加的夜晚，物理学家莱斯特·奈特·柴金（Lester Knight Chaykin）来到他的地下实验室。实验室里摆着一台巨型粒子加速器。他像往常一样做完全身扫描，然后坐在电脑前开始做实验。这些细节非常重要，因为在此之前，还没有哪一款游戏用如此具有代入感的动画来叙述剧情。当粒子开始碰撞时，一道闪电击中了实验室，随之引发的实验事故将莱斯特带到了一片荒凉的异域世界，等待他的则是各种陌生而危险的生物。

莱斯特随后被俘虏，而游戏的大部分时间就是在讲述他如何设法逃脱。《异世界》是款各方面都充满创新元素的游戏，比如其中动作要素多得让人吃惊，包括危险的跳跃和一把多功能火枪。更难得的是，随着时间的流逝，游戏的美术和动画显得越来越有吸引力。**DH**

Super Castlevania IV
超级恶魔城4

发售年份：1991
平台：SNES
开发商：科乐美（Konami）
类型：平台动作/动作

德古拉伯爵（Count Dracula）在部《恶魔城》游戏中都阴魂不散，但玩过该系列最优秀的几款作品的玩家都知道我们只不过是去参观他的豪宅。而当出现不尽如人意的作品，如三维化的《恶魔城：暗黑的诅咒》（Curse of Darkness），那也只能怪德古拉住的石头城堡实在是太闷了。在系列的几部佳作中，德古拉城堡本身就扮演了一个强敌的角色，也只有最勇敢的人才胆敢闯入这个阴森可怖、错综复杂的鬼宅。《超级恶魔城4》则是该系列出了名的高难度经典。

游戏最令人难忘的场景当属那个令人头晕目眩的旋转走廊，主角西蒙·贝尔蒙特（Simon Belmont）在浮动的石台之间跳跃，而圆柱形墙壁则以迷幻的速度围绕他旋转。但这样的高水准画面是要付出代价的，因为超级任天堂的硬件要表现这样的场景还是很吃力的，所以当有敌人出现时，游戏动作便会慢得离谱。但这样做意图很明显：这个城堡没有一个地方是安全的。

城堡的其他区域则没有这么抓人眼球，但却同样充满邪气，从会落下钟乳石的泥泞地洞到一个满是滚动齿轮、对主角有利有弊的古怪钟楼，莫不如此。《超级恶魔城4》就是系列前作的加强版，游戏中的线性关卡充满了大大小小的Boss，你可以在各类经典电影中找出这些食尸鬼般的怪物的原型。在本作中，西蒙可以朝八个方向挥动自己的长鞭，当《恶魔城》系列中频频现身、令人抓狂的敌人——以正弦曲线为移动路径的美杜莎头颅出现时，这种攻击设定便立刻显示出其强大的功效。当然西蒙也很容易栽死在这条鞭子上。游戏中还有很多升级道具，可以增长或增强鞭子的威力。

继本作推出之后，《恶魔城》系列便开始走上了改革的道路，《月下夜想曲》（Symphony Of The Night）就是个例证。但这并不意味着《超级恶魔城4》已经过时，只是在同样的模式下，科乐美已无法制作出超越本作的游戏了。**MK**

Civilization
文明

发售年份：1991
平台：PC
开发商：Microprose Software
类型：策略

想要让PC玩家流下怀旧的泪水吗？试着在他或她的耳边轻声念出"文明"二字吧。他们的眼泪会夺眶而出，因为没有哪款游戏能像《文明》这样让他们失去如此多的睡眠、双休、工作，甚至是爱情。

这部影响深远的策略游戏有着极其宏大的格局。游戏开始于公元前四千年，你将扮演一个移民，在危机四伏的世界四处游荡。首先你会发现一座城市，在你做出各种选择后，一个全新的文明将随之诞生。这个强大的文明能够打败所有的敌人，甚至可以把你用宇宙飞船送去遥远的阿尔法半人马星。阻碍其发展的是未知的世界、凶残的蛮族和其他文明势力，你手中的工具既能帮你展开贸易和外交，也能帮你驱赶所有的敌人。

在游戏中，玩家要决定扮演哪一种文明。你可以选择蒙古、罗马，或是从古至今任何一个全球霸主的竞争者，而你的选择将对非常细微的事物产生影响，比如城市的名称，或是你的军队的颜色。但《文明》的高明之处就在于你选择的文明类型并不会决定你的国家的去向。

真正起到决定作用的是科技树。这个创意绝妙的设定可以用来展示人类的发展进程。而自《文明》问世以来，"科技树"的概念已被大部分策略游戏所效仿使用。通过调查研究车轮，玩家可以解锁相关的科学技术，比如发展交通运输，或是制作可移动作战武器。游戏几乎覆盖了人类探索过的所有科技领域，但由于你一次只可以研究其中一种技术，你的文明也将根据你探索的顺序而逐渐成形。

游戏的日常任务多种多样，从战争到务农，再到交通规划和建造世界奇观，向玩家提出许多不同的要求。最神奇的是当你沉浸其中时，你根本意识不到时间的流逝。如果你有几个星期的时间可以打发，《文明》将是你的不二之选。**OB**

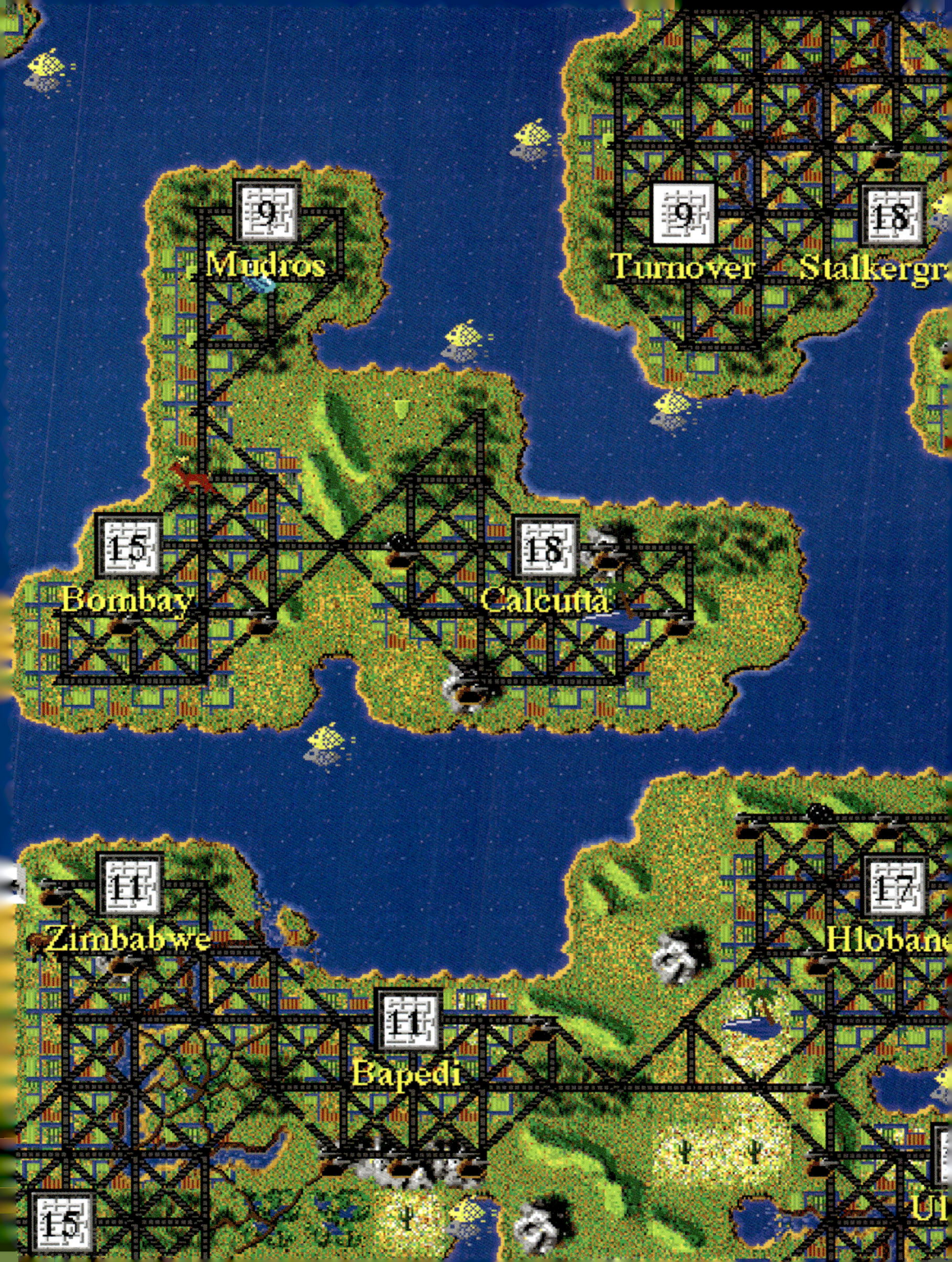

Cruise for a Corpse
游轮凶案

发售年份：1991
平台：多平台
开发商：Delphine Software
类型：冒险

Hunter
猎人

发售年份：1991
平台：Amiga, ST
开发商：动视（Activision）
类型：动作/冒险

  对于Delphine公司来说，Commodore Amiga就是它的最佳舞台，没有哪家游戏公司能在这个平台和它一较高下。虽然Delphine对冒险游戏的热衷程度要高于鼠标点击类游戏，但这并不妨碍这家巴黎游戏公司继续创作一系列鼠标游戏，收官之作便是这款风格独特但并不完美的航海题材游戏：《游轮凶案》。

  《游轮凶案》使用Delphine的第二代游戏引擎制作，讲述上世纪20年代，大侦探Raoul Dusentier受邀登上一艘游轮，却被卷入一场凶杀案。举办此次活动的主人被害，而船上的每一位客人都有作案嫌疑。按照阿加莎·克里斯蒂（Agatha Christie）的传统，大侦探必须逐一摸出每位客人背后的故事，调查他们的不在场证据。当你在各种线索或对话上苦思冥想时，《游轮凶案》中的时钟也会跟着转动。这些线索和对话并没有明确的标记，也缺乏逻辑推理性，但你大可不用担心……

  游戏用一个菜单栏取代了传统的文字分析系统，在矢量技术的运用上也非常超前，而游戏的高潮部分更是早期多边形游戏图像使用的最佳案例之一。**DH**

  保罗·霍姆斯（Paul Holmes）的这款游戏十分超前，同时也被认为是日渐流行的沙盒游戏的祖师爷。《猎人》的故事发生在一系列群岛上，而这些群岛都处在一位独裁者的统治之下，玩家则要扮演"猎人"——一位头脑灵敏、善于利用周围一切道具的间谍专家。

  不论是自行车、吉普车、卡车，或是小船、直升飞机甚至是风浪板，游戏中的一切都可以拿来对付敌人。散布在岛上的各种建筑可以任你出入，通常可以在里面发现各种有价值的物品（偶尔还会出现台滚筒洗衣机）。与此同时，大型机库里可能还会藏着一台坦克，你大可用它来好好发泄一番。被损毁的物品会一直保持损毁状态，为你后面的游戏提供可能的战略性帮助；你可以偷取敌人的制服穿到自己身上；只要给点贿赂，当地的居民就会向你透露有用的情报。游戏有剧情、有任务，最有趣的地方在于你可以自己制定战术，根据情况随机应变，形成不同于其他玩家的作战风格。**BM**

Tecmo Super Bowl
Tecmo超级碗大赛

发售年份：1991
平台：NES
开发商：Tecmo
类型：体育休闲

对于一小批狂热分子而言，《Tecmo超级碗大赛》就是他们心中有且仅有的一款美式橄榄球游戏。游戏有着多达二十八支NFL橄榄球队和一本可以特别定制的游戏手册，可算是对之前所有原始的橄榄球模拟游戏来了一次革命性升级。但是，游戏的操作仍旧十分简单，任何一个普通的橄榄球迷都能在数分钟内轻易上手。

由于游戏的节奏很快，玩家只需花大约二十分钟时间就可以打完四节球赛。另外，因为游戏可以模拟整个职业赛季，玩家很容易趴在上面玩昏了头。在每次进攻前，双方玩家都要偷偷地从游戏菜单上选出八位球员（四名冲锋，四名传球），小心翼翼地盖着手柄，防止对手偷瞄。

《Tecmo超级碗大赛》完美地再现了美式足球的战术元素。赛场上的动作场面也许不够逼真写实，但那种心理战确毫不逊色于真实比赛。这就是为什么游戏的死忠玩家群们至今仍在乐此不疲地修改原版卡带中的游戏数据，掺入最新的NFL球员名单，并在线上展开《Tecmo超级碗大赛》对战。**JT**

Mega Lo Mania
诸神之战

发售年份：1991
平台：多平台
开发商：Sensible Software
类型：策略

作为Sensible Software公司著名"小人"图像风格的诞生地，《诸神之战》是这家嚣张的游戏开发商诸多作品中难得低调的一部。这是一款继承了《上帝也疯狂》衣钵的即时策略游戏——或称上帝游戏也行。玩家将在四种神明之间选择其一，然后在十个不同时代中，为了夺取二十八个岛屿和其他众神展开争斗。游戏中的武器从石头、棒子到飞碟、激光炮无所不包。虽然玩家不能直接控制各个战斗单位，但《诸神之战》的操作非常精细微妙，极具策略性。

简洁明了的设计辅以高效直白的界面，其他许多即时策略游戏身上暴露的问题都在《诸神之战》中得到解决——本作至今仍是一款可玩性极高的游戏，这也使得《诸神之战2》的夭折更加令人扼腕叹息。

虽然游戏不大可能再推出新作（Sensible Software在1999年被并入Codemasters公司），但《诸神之战》仍是上帝类游戏中令人痴迷的空前绝后之作。不管你是Sensible Software的粉丝还是即时策略游戏爱好者，都应该试试这款游戏。**MKu**

Lemmings
疯狂小旅鼠

发售年份：1991
平台：多平台
开发商：DMA Design
类型：益智

　　除了《俄罗斯方块》外，还没有哪部作品能像这款名垂青史的动作类益智游戏一样登陆如此多的游戏平台。究竟移植了多少个平台？DMA Design的创始人戴维·琼斯（Dave Jones）声称自己算到了二十个就昏了头，而这还仅仅是大量PS平台和手机平台复刻版出现前的数据。

　　游戏创意纯属偶然。关于它的灵感起源还有一则轶闻：美术师麦克·戴利（Mike Dailly）正在一个8×8的像素网格上对一些微小角色进行动画测试，一旁的程序师罗素·凯伊（Russell Kay）看着测试结果突然大喊："这不就是个游戏么！"《疯狂小旅鼠》由此诞生。

　　乍一看来，《疯狂小旅鼠》不过是80年代后期的一款标准平台动作游戏，画面闲散而简洁，充满了细小而闹腾的角色。但事实上，这是一款带有沙箱游戏元素的杰作，玩家可以用无数种方式来实现每一次通关。在千奇百怪的关卡中，玩家必须避开熔岩、悬崖等致命危险，把一群小小的旅鼠从入口引至出口。你不能直接控制这些小东西，而是通过一个鼠标点击界面在八种不同的技能之间进行选择。

　　比如，游戏中的"建筑师"技能可以让一只旅鼠在裂谷上建造一道楼梯，"打击者"、"矿工"、"挖掘者"则可以让你从不同的角度进行挖掘，打出全新的通道。玩家自行决定选取哪些技能来解决每一关的难题。

　　《疯狂小旅鼠》的发售得到了新闻媒体界的热情报导，游戏上架当天就卖出了五万五千份拷贝，这在当时可不是个小数目。随之而来的系列续作和重制版共卖出了超过一千五百万份的好成绩。和同时期的《百战天虫》（Worms）、《上帝也疯狂》等游戏一样，《疯狂小旅鼠》是英国游戏设计领域的不朽标杆。**KS**

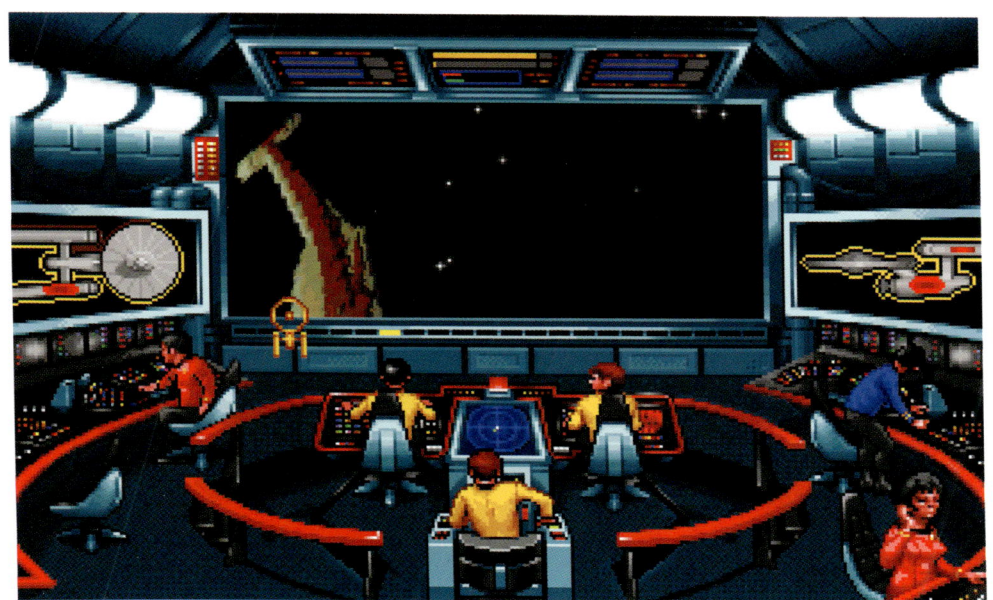

Star Trek: 25th Anniversary
星际迷航：25周年

发售年份：1991
平台：PC
开发商：Interplay
类型：动作/冒险

十个星际迷航粉丝，就有八个宁愿看《星际迷航：下一代》中俗套模式化的剧情，不愿看柯克船长和那些造型奇烂的外星人亲吻，或是拿硬纸板糊出来的石头对打。这真是悲哀！同样悲哀的是由《星际迷航》所衍生、霸占各大平台的游戏，这些作品基本都是第一人称射击和太空战斗模拟游戏。2009年那部荷尔蒙爆棚的电影版也没能点燃人们对原版系列的兴趣，导致那两款过时的鼠标点击游戏：本作和《审判仪式》（Judgement Rites）仍是迄今为止最优秀的星际迷航游戏。

《星际迷航：25周年》是款早期的语音光盘游戏，玩家可以听到威廉·夏特纳（柯克）、伦纳德·尼莫伊（史波克）、德福罗斯特·凯利（麦考伊）的声音。画面颜色之艳丽，恐怕连蓝光版船员的丝绒制服也望尘莫及，256色VGA图像能到这个地步，已算是前无古人后无来者。

游戏非常忠实于原作，把游戏时间分为船长控制台和外部任务两大块，甚至还出现了炮灰学员和他们悲壮的红色制服【译注：穿红色制服的一般都是必死角色】。剧情分成七个章节，论玩弄电视剧传统，《25周年》可比《鬼屋魔影》（Alone in the Dark）要早得多。

明星参与配音，无非两种结果：满堂喝彩或一败涂地。正面的例子：《捉鬼敢死队》（Ghostbusters）、《天剑》（Heavenly Sword）和《侠盗猎车》（Grand Theft Auto）；反面的例子：《007：俄罗斯之恋》（From Russia With Love）中的肖恩·康纳利、《潮湿》（Wet）中的伊莉莎·杜什库；悲剧的例子：《赏金猎人》（Mace Griffin: Bounty Hunter）中的亨利·罗林斯。幸运的是，进取号全体船员的此次回归不负众望，弥补了这款游戏不能被搬上银幕的遗憾。游戏的剧本在危机、喜剧和外交博弈等元素上做到了完美平衡，多少弥补了别扭的游戏界面的不足。这是献给粉丝的大餐，更不用说那些厌倦了日渐严肃化游戏的玩家们。**DH**

Sonic the Hedgehog
刺猬索尼克

发售年份：1991
平台：Mega Drive
开发商：世嘉（Sega）
类型：平台动作

人们很容易把索尼克看成是世嘉公司对马里奥的简单回应——那个修水管的胖子动作慢慢吞吞，索尼克就飞速乱窜；那个任天堂的吉祥物慈眉善目，索尼克就一脸的不爽——但不管怎样，中裕司的这个原创游戏角色早已成为一个经典。

浑身是刺、通体发蓝、脚上还蹬着一双时髦的跑鞋，索尼克本身就是一个独一无二的电子游戏界大腕，飞速穿梭在西洋棋盘般的绿色山林关卡之间，一副"全世界与我何干"的桀骜态度。索尼克已经变成了一个电子游戏的符号。

即使是现在，游戏的速度感仍然让人惊叹。只需轻轻一推，索尼克就上路了，疾驰在游戏屏幕的边缘，甚至时不时跳出玩家的视线之外。那些给索尼克当跑道的精致关卡像极了桌上弹球台，事实上，游戏中的一个关卡看上去就是一个真正的弹球台。索尼克在各种弹射器之间来回弹跃，这一刻消失在金属管道中，下一秒又从别的什么地方突然蹦出来。

进入布满致命的岩浆池和石块陷阱的大理石关卡，或是满是水潭的迷宫关卡，游戏的动作节奏便不可避免地拖沓起来。但是各种隐藏内容、出色的Boss战以及简单刺激的游戏音乐都极大地弥补了游戏节奏的不足。

事实上，在那个索尼克大家族入侵索尼克的专属世界之前、在3D风潮削弱索尼克的自信之前，作为整个系列的开山之作，《刺猬索尼克》中的索尼克应该是所有系列中状态最好的一个。今天你可以在Xbox Live Arcade 或是其他各种游戏合集上体验这款游戏，感受一下昔日的电子游戏对未来的美好憧憬。**CD**

The Legend of the Mystical Ninja
大盗五右卫门

发售年份：1991
平台：SNES
开发商：科乐美（Konami）
类型：动作 / 冒险

　　虽然在日本国内已有着漫长而复杂的作品史，但对于西方玩家来说，《大盗五右卫门》仍是一件稀罕物。这是一款精彩而有趣的动作冒险游戏，它伴随着SNES的诞生而出现，至今仍是16位时代的佳作典范，也是后来各类经典游戏的发展基石。

　　《大盗五右卫门》是一款双人合作式游戏，为玩家献上极富娱乐性的游戏体验。游戏的每一关都被分为一系列不同的事件。先是城镇探索，紧接着是平台动作式的冒险。但游戏也不乏其他娱乐元素，如突然闯入的华丽Boss。在某些关卡中，玩家还要背着同伴进行赛跑。

　　在疯狂的冒险途中，武器与动作设定也非常精彩。在发售当年，游戏允许玩家参与的活动种类多到令人咋舌。寻找各种滑稽的石像也许没有多大的游戏价值，但却让整个游戏世界显得更加多姿多彩，富有互动性。这一类设定正是游戏令人难忘的地方。就连本作的音乐也是MD游戏中的佼佼者，即使在你把游戏卡带尘封阁楼多年以后，那些活泼欢快、富有东方情调的旋律仍然常驻在你的记忆当中。

　　对于怀念电子游戏美好过去的怀旧玩家而言，《大盗五右卫门》确实是一款值得回味的经典游戏：欢乐、搞怪、充满双人游戏的乐趣。当然，如果你真喜欢这款游戏，你还可以在eBay上搜到该系列的其他所有作品。**CD**

The Legend of Zelda: A Link to the Past
塞尔达传说：众神的三角力量

发售年份：1991
平台：SNES
开发商：任天堂（Nintendo）
类型：动作 / 冒险

  SNES主机之所以在玩家群体中——甚至是那些年纪小到根本买不起游戏的玩家群中——有着如此高的地位，是因为任天堂的知名游戏系列一直都在不断更新，而且每款新作都被认为是系列中的最佳。马里奥永远也比不上《超级马里奥世界》中的自己，《银河战士》在风格和内容上都无法媲美《超级银河战士》（Super Metroid），而《众神的三角力量》一直都是塞尔达系列中最复杂、最自信的一部作品。

  年轻的林克（Link）在午夜醒来，开始启程前往海立尔城堡。灾难即将降临，连接两个世界的上古之门即将被开启。林克发现自己的故乡已经被分成了两个平行世界：一个光明的世界，树绿草青，村落干净而整洁；一个黑暗的世界，到处是沙漠和粗糙的岩石，可怕的怪物踩踏着大地，原来那座小小的皇家城堡变成了一座可怕的金字塔。

  两个世界互为关联，游戏的解谜就取决于你如何操控两个世界不断前进。《众神的三角力量》充满了令人拍案叫绝的简单创意：塞尔达系列标志性的复杂迷宫、出色的Boss，以及各种用途各异的道具。

  从世界摇摇欲坠的主线剧情到发现在桥下安营的旅者的细节，《众神的三角力量》有着丰富的情感元素和精彩的创意，使其成为一部几乎无可匹敌的游戏。玩家们期待已久的续作《时之笛》虽然成功地延续了前作的神话，但相比之下还是差那么一口气。**CD**

NHL Hockey
NHL冰球大赛

发售年份：1991
平台：Mega Drive
开发商：Park Place Productions
类型：体育休闲

大多数知名运动游戏之所以如此有趣，是因为它们是该类运动项目的电子游戏版中最早诞生、或是最优秀的一款。但对于艺电（Electronic Arts）1991年的这款冰球游戏而言，情况却并非如此。《NHL冰球大赛》远不能成为此类游戏的代表，但本作自有其精彩之处。

让《NHL冰球大赛》从同类作品中脱颖而出的秘诀就在于它的一项完美设定——即时回放。对于争强好胜的玩家们来说，这就是多人体育游戏的重点所在。没有哪一款游戏把即时回放做得像这款游戏这般完整、刺激。

面对满场熙熙攘攘的球手和体型硕大的守门员，要想把冰球打入球门可没那么简单。每一次进球和进球后所响起的警报声带来的快感都让你忍不住想要反复体验。你只需看看1996年的经典独立电影《全职浪子》（Swingers），就能感受到《NHL冰球大赛》的即时回放功能是如何挑起男性的战斗欲的：片中男子无耻的特兰特（Trent，文斯·沃恩[Vince Vaughn]饰）进了苏（Sue，帕特里克·冯·霍恩[Patrick Van Horn]饰）心爱的洛杉矶国王队一球，然后强迫苏一遍又一遍地看进球的回放镜头，直到两人的嘴仗演变成暴力肢体冲突。这就是即时回放的强大所在！

原版的《NHL冰球大赛》在北美以外地区以《艺电冰球大赛》（Hockey）为名进行发行，而且除了单人赛和锦标赛外，就再没有其他模式可选了。但游戏的质量并未缩水。球员在冰场上的移动感让人感觉前所未有的棒，频繁登场的球员斗殴更确保了每场比赛的刺激性（球员斗殴设定在《NHL'94》中被取消了）。和《感官足球》（Sensible Soccer）一样，《NHL冰球大赛》也是同类游戏中出类拔萃的二维佳作。就冲着首轮进球得分的回放镜头，这游戏也值得你翻出封存已久的MD游戏机来重新体验一回。**MKu**

Micro Machines
微型机车

发售年份：1991
平台：NES
开发商：Codemasters
类型：赛车/竞速

在这款电子游戏面世之前，所谓的"微型机车"其实是一些廉价的迷你汽车模型。微型机车的重复购买率非常高，因为这些小东西动不动就会被吸尘器给吸走，或是掉进沙发后面的什么地方再也无法找到。许多人已经不记得这种玩具了，对他们而言，"微型机车"这个名字更多还是和Codemasters公司为NES平台开发的那款经典迷你赛车游戏挂钩。

用"迷你"这个词来形容这款游戏实在再适合不过了。《微型机车》充分利用了玩具的微小身型，把背景设在各式各样《格列佛游记》般的环境下，充满了熟悉的家居感。点缀着野草和碎石的花园小径是车道，餐桌上的麦片碎屑围起来也是车道，就连学习课桌上的笔记本和笔都可以成为你前进过程中的路障。游戏还有各式各样的赛车，不同款式的车子将会带给你意想不到的新奇体验。另类的赛道加上有趣的赛车，你便有了一款极富娱乐性的游戏。

但是，如果游戏水准不够高，美术设计做得再好也无济于事。Codemasters公司的赛车专家们设计的赛车可谓麻雀虽小五脏俱全，强大的驱动力可以带你冲破终点线，也可能让你飞出赛道，蜿蜒曲折的赛道看似可爱却也暗藏杀机。当NES游戏机已经被摆在阁楼里吃灰多年时，《微型机车》的品牌仍然凭借其新奇的创意在游戏界屹立不倒，系列的许多后续作品（包括仅在欧洲和澳大利亚发行的《微型军车》[Micro Machines Military]）席卷从世嘉MD到N64等各大游戏平台。每款游戏放在今天都极具可玩性，但是毫无疑问，没有哪一作比得上这款8位游戏原作带给玩家的那份新奇体验。**CD**

Final Fantasy V
最终幻想5

发售年份：1992
平台：Super Famicom
开发商：史克威尔（Square）
类型：角色扮演

玩家翘首企盼了整整十年才等来了《最终幻想5》官方英文版的发售，在此之前，粉丝们可是冒着被起诉的危险煞费苦心地翻译了上万条游戏对白。如此辛苦的付出，《最终幻想》系列死忠和角色扮演游戏爱好者对于这款游戏的热衷程度之高可见一斑。这部SFC平台大作至今仍是史克威尔艾尼克斯（Square Enix，史克威尔公司现在的名称）许多员工心目中的最佳最终幻想游戏。

继前作玩了一回宏大剧情后，《最终幻想5》又把游戏重心放到了战斗系统上，给日式角色扮演游戏（RPG）来了一次彻底翻新。游戏的最大创新之处在于ATB战斗系统的引入，即在战斗中将你花在输入指令上的时间也计入实际战斗，这也更加大了日式RPG这一特色战斗模式的难度。ATB系统的影响在该系列的后续作品中几乎都有体现，其中也包括最近在PS3平台上推出的《最终幻想13》。

本作还极大地丰富了角色的职业系统，使玩家可以依据个人喜好设定自己的队伍，战斗也因此变得更具多样性和灵活性。游戏中提供的二十二种职业各有其优缺点，玩家可以决定是走进攻路线还是防守路线。《最终幻想5》的职业系统取得了巨大成功，并对史克威尔艾尼克斯的其他知名游戏产生了重大影响，其中最明显的当属《最终幻想战略版》（Final Fantasy Tactics）。

虽然《最终幻想5》的剧情不及前作与后续作品复杂，但本作的故事能够帮助玩家感受游戏的精髓——游戏的战斗系统和角色成长系统——所在，那么这就已经足够了。**SP**

Dragon Quest V
勇者斗恶龙5

发售年份：1992
平台：多平台
开发商：ChunSoft
类型：角色扮演

《勇者斗恶龙5》把日式RPG的各种标志性特征都发挥到了极致。游戏世界中的每一次旅程中都遍布着传统的随机战斗，在一章章简单的童话式剧情中，玩家将把一个神秘的男婴抚养成人——《勇者斗恶龙5》的整体框架并未对这类游戏做出什么改良，但尽管如此，作为日本国民级RPG游戏的第五作，这款游戏仍旧充满了令人激动的创意。游戏的巨大成就应部分归功于融入游戏剧情之中、拿捏得当的幽默与悲情元素，虽然很容易被人贴上陈词滥调的标签，但却以精彩的主题和充满思想性的手法成功地避开了这些缺点。

但是，游戏最成功的地方应该是它的怪物降服系统，这一创意也直接催生了《口袋妖怪》（Pokémon）及其大批模仿者的出现。到了游戏中期，玩家可以收服战斗中遇上的任何怪物，让它加入到你的四人怪物组合中去攻打它的同类。游戏中的每只怪物都有其复杂的培养流程，使得游戏中最渺小、最不起眼的敌人也能被驯化成强大的武器。《勇者斗恶龙5》系统的自由度在游戏发售当年是无人匹敌的，即使放在今天，本作灵活的团队系统仍享有极高的地位。

现在，玩家们可以在NDS上玩到最新的复刻版《勇者斗恶龙5》。新版游戏在图像上进行了彻底翻新，游戏也显得非常成熟，但游戏的风格和设计对现代玩家来说可能有点过时。但对于那些认定日式RPG剧情至上的玩家来说，《勇者斗恶龙5》清新的游戏过程仍旧让人倍感新鲜，不断吸引玩家深入探索。游戏在发售当年就大受欢迎，不仅衍生出一部漫画，甚至还发行了椙山浩一的游戏原声碟。**SP**

Alone in the Dark
鬼屋魔影

发售年份：1992
平台：多平台
开发商：Infogrames
类型：生存恐怖

固定视角、早期3D、强烈不真实感的有限游戏控制——要给生存恐怖类游戏寻根问祖，最早还得追溯于《鬼屋魔影》。没错，《生化危机》的创作灵感确实来自于1989年的NES同名游戏改编电影《甜蜜之家》（Sweet Home），但《鬼屋魔影》在预渲染背景上表现多边形角色的做法对其影响更为深远。此作代表了3D时代的首次亦是最重要的一次技术性突破，生化系列能保持十五年长盛不衰，功劳也有它的一半。即便是承诺要摆脱"坦克式操作"（tank control）的《生化危机5》，也仍能看到《鬼屋魔影》的影子。

《鬼屋魔影》和《生化危机》的相似之处从游戏开始就体现出来了。冒险之前，玩家需在两名异性角色中选择一位。爱德华·康柏（Edward Carnby）是名私家侦探，受雇去一位古董商的阁楼寻找一架贵重的钢琴；艾米丽·哈特伍德（Emily Hartwood）也在找这架钢琴，结果却发现了来自她故叔杰瑞米（Jeremy）的一封自杀遗书。两条角色路线都引向德赛托公馆——一座位于路易斯安那郊外的鬼宅。德赛托公馆里有着各式各样的怪物、陷阱和隐藏文件，这一切元素的灵感都来自于美国恐怖作家H.P.洛夫克拉夫特（H. P. Lovecraft）所创建的克苏鲁神话体系。

对于生化危机迷来说，《鬼屋魔影》中混杂的丧尸、变异生物、逃脱情节和解谜元素再熟悉不过了，更不用提游戏所宣传的"绝望的危险感"。不过相比之下，由于缺乏军事元素，《鬼屋魔影》中的武器显得更加平民化。由于游戏中的多边形物体没有材质贴图，使游戏画面呈现出一种纸模感，从《闪回》（Flashback）和《波斯王子》中进化而来的人物模型总是和游戏背景显得格格不入。但多年来，游戏的固定视角系统一直备受青睐，并在其他作品中广为使用，逐渐成为一种传统。**DH**

Pinball Dreams
梦幻弹球

发售年份：1992
平台：多平台
开发商：Digital Illusions CE
类型：桌上弹球

《梦幻弹球》能够同时吸引两类怀旧分子。首先是上世纪70年代伴着弹球机长大的弹球高手，那时的弹球桌还很简单，数字游戏版的桌上弹球更是闻所未闻。另外，对于流行于80年代末至90年代初的Commodore Amiga电脑的玩家来说，本作同样能唤起他们的美好回忆。原版的《梦幻弹球》在Amiga上极受欢迎，Commodore后来甚至把《梦幻弹球》和Amiga电脑放在一起捆绑销售。如今，Amiga已死，但《梦幻弹球》的魅力却是永恒的。游戏在许多平台上推出了移植版，最近的包括苹果的iPhone版和索尼的PSP版。

游戏包括四台不同的弹球机，它们分别是Ignition、Steel Wheel、Beat Box和Nightmare。每一台都效仿街机时代早期不同的弹球台设计。其中的一些设计可谓越陈越香。以音乐为主题的Beat Box球台的霓虹涂鸦和另类口号（如"rock da house！"）在今天看起来出奇的带感，而以火箭发射为主题Ignition球台上大块的红色和蓝色图案看上去一如既往的醒目。

要想在这些复杂球台上的坡道、标靶、当然还有两块挡板之间瘆人的缺口之间游走可不是闹着玩的，但只要稍有些恒心，你就会发现自己的操作越来越精准。当然，一款弹球游戏能不能成功，就看它的物理性如何。而《梦幻弹球》之所以获得如此巨大的声誉，就是因为这是第一款赋予弹球分量感的游戏。游戏玩起来也许和街机厅有点差异，但是感觉上已经相当接近了。对于经常搭乘长途交通的弹球迷来说，考虑到你不太可能把一张真正的弹球桌拖进地铁（玩太久你的背也得断掉），《梦幻弹球》绝对是你打发乘车时间的不二之选。**JT**

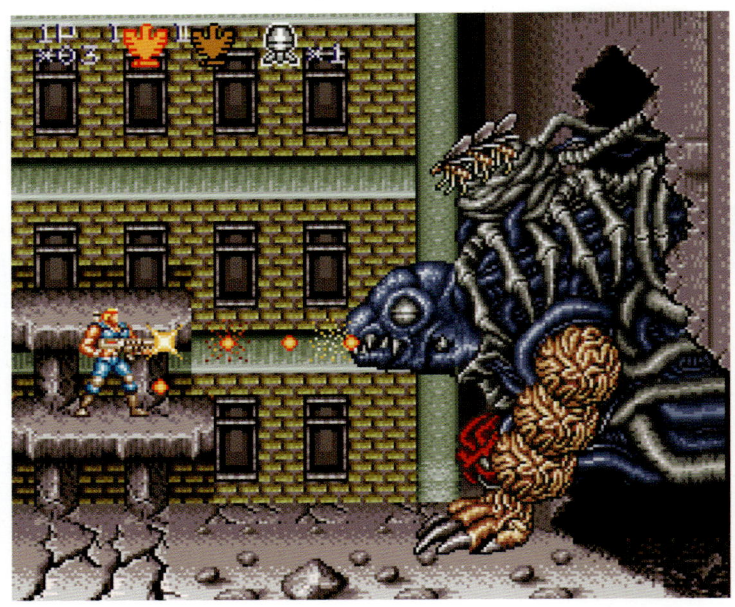

Contra III: The Alien Wars
魂斗罗3：异形战争

发售年份：1992
平台：SNES
开发商：科乐美（Konami）
类型：射击

　　那些喜欢令人荷尔蒙激增的横向卷轴射击游戏的玩家们该跪谢上苍了，因为《魂斗罗》第三作的登场，标志着科乐美公司终于从那些老掉牙的模式化套路中搞出了些新花样。在《魂斗罗3：异形战争》中，玩家仍将扮演彪悍的电子版史蒂芬·席格（Steven Seagal）和约翰·兰博（John Rambo）——兰斯（Lance）和比尔（Bill）。游戏抛弃了前作中的人类敌人和鲜明的里根时代政治，取而代之的是激光横飞的太空战争，以及排队等待炮轰洗礼的外星侵略军团。

　　《异形战争》基本上仍是一款横向卷轴射击游戏，不同的是，现在你可以在火箭之间来回跳跃，轰炸丑陋的绿色怪物，或是坐在飞行摩托车，或是干脆

穿着你的标准军靴徒步前进。《异形战争》的部分关卡采取了俯瞰视角，游戏也可以借此机会好好炫耀一下SNES强大的的Mode7图形。在这些关卡中，攻向你操控的狂战士的敌人会在屏幕上迅速出现或消失，游戏的地图甚至还引入了一点迷宫的元素，但都只是点到为止。

　　游戏的流程并不算长（通关所花的时间不会超过两小时），但《魂斗罗3》会想尽一切办法把你震撼到下巴脱臼，当然也会尽力把你的脑袋轰烂。游戏中既有占满半个屏幕的巨大Boss，也有从头到尾强迫你攀爬巨型建筑的关卡，更不乏高速而致命的交通工具，以及可以随时进行更换的强大武器。游戏的影响力是显而易见的：十年后，当科乐美终于下定决心制作《魂斗罗4》时，负责游戏开发的Wayforward Technologies公司向《异形战争》借用了如此之多的游戏元素，以至于那款新作看上去更像是一部致敬作品，而非正常的续集游戏。《魂斗罗3》也许不是你见过的最聪明的游戏，但却绝对比大多数游戏都有趣。**RS**

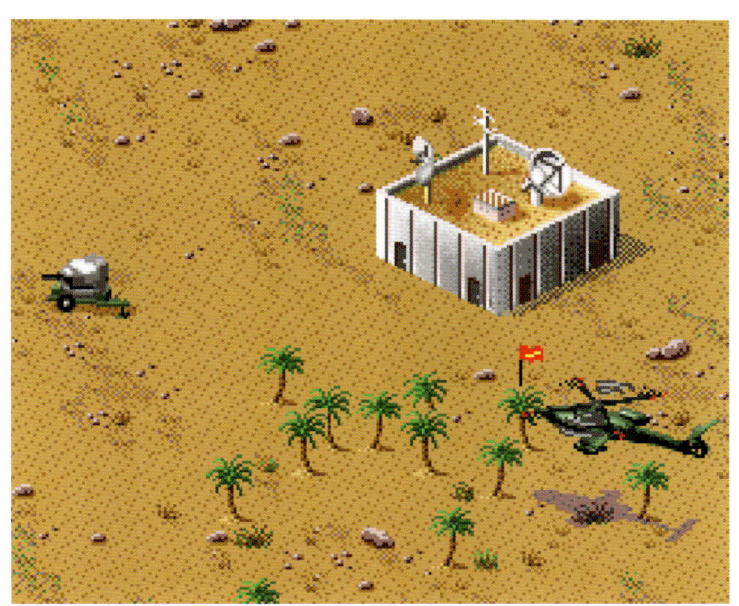

Desert Strike: Return to the Gulf
沙漠风暴：重返海湾

发售年份：1992
平台：多平台
开发商：艺电（Electronic Arts）
类型：射击

又是款经典！在《沙漠风暴》中，诺曼·施瓦兹科（Norman Schwarzkopf）将军会先向你介绍：你所面对的敌人是个名为基尔巴巴（Kilbaba）的"神经病狂人"（美术师基本就是照着萨达姆画的，改都懒得改一下），随后你便开着阿帕奇武装直升机来到了这个数字版伊拉克。虽从《防卫者》中借鉴了不少创意，但《沙漠风暴》凭借其斜四十五度视角和战术性武器，以及任务上的高自由度，打造出了一款战略至上的动作游戏。

游戏的最伟大之处在于直升机本身：操作简单灵敏，但控制好也不容易，更何况你要把它送进战火硝烟中。游戏的中心任务便是营救被困士兵。你的直升机将在他们头顶前后摇晃，边放下绳梯边在心中默默祈祷这些小兵们能赶在直升机一头扎进土里前赶紧爬上来，然后拖着一梯子人掉头就走。在《沙漠风暴》中，你既是救世主又是毁灭者。你就是一支单人军队，整场战争都压在你肩上，所有的营救任务也交予你执行。

之后，艺电又陆续推出了四部续作，从1993年的《丛林风暴》（Jungle Strike）到1997年的《核子风暴》（Nuclear Strike）（一直有暗示称一款名为《未来风暴》[Future Strike]的续作在制作中），风暴系列的名声一部比一部响。尽管续作质量过硬，但还没有哪款作品能做到《沙漠风暴》在袭击和营救上表现出的简洁度：前倾后倾，仅此而已。在《沙漠风暴》里可怕的橙色世界中，到处散落着无助的生命。飞毛腿导弹发射装置自然也有登场，随着政治色彩的淡化，这款巨大而笨重、日益流行符号化的武器在90年代初红透半边天。如果天堂会为早期战争游戏留块墓地的话，躺在里面的《沙漠风暴》应该树一块墓碑，墓志铭为"原声里没有瓦格纳（Wagner）的最佳游戏"【译注：暗讽瓦格纳的名曲《女武神》（The Valkyrie）在各类战争游戏中泛滥成灾】。**RS**

Cybernator
机动装甲

发售年份：1992
平台：SNES
开发商：NCS
类型：射击

Super Mario Kart
超级马里奥赛车

发售年份：1992
平台：SNES
开发商：任天堂（Nintendo）
类型：驾驶

　　《机动装甲》是那种会让西方游戏设计师晚上睡不着觉的游戏，它融合了日本游戏设计师们所擅长的一切元素，展现出充满未来气息和机械质感的太空战斗，将平台动作、射击、喷射包飞行和机械格斗有机结合在一起。

　　这款混搭式游戏包含了不少新奇的创意。游戏最大的亮点无疑是玩家操控的那台机器人：这是一台笨重的战争机器，带有逼真的重量感、武器后坐力和惯性。一把机枪、一架火焰喷射器、一个拳头和一块护盾，设计师们能给的貌似都已经给了。但好在NCS公司高瞻远瞩，设定了可转向的机枪和护盾，这样你的机器人便可以在往一个方向跳跃的同时往另一个方向开火。

　　《机动装甲》的英文翻译版砍掉了很多原版的内容，导致游戏失去了日本原版的严肃气氛。但是本作仍然是街机游戏设计发展过程中的一座里程碑。游戏仅有的缺憾在于关卡太少，导致《机动装甲》成为一部备受低估的游戏经典。**JB**

　　想象力一直都是马里奥蘑菇王国的重要基石之一，但要创造这款《超级马里奥赛车》，需要的却是天马行空的奇思。把这个活蹦乱跳的意大利水管工从横向卷轴关卡中拖出来、扔进这个满是赛道的竞速世界确实是个勇敢的决定，对这个系列的发展也有着重大而积极的意义。《超级马里奥赛车》标志着马里奥正式成为"万事通"，在各类题材的游戏中扮演着主角。

　　但坐在卡丁车中的马里奥却毫无违和感，这也许是因为他把自己以前的世界一起带进了这款游戏。从沿路蹦出来的食人花，到担任赛车发令员的快乐云以及其他和马里奥一起比赛的赛车手（包括深受玩家喜爱的路易基、耀西龙和大金刚），游戏对任天堂世界的灵活使用精彩而充满创意。游戏本身也是一款非常出色的赛车游戏，SNES标志性的Mode7图像让游戏环境可以在赛车周围平滑地旋转，各式各样的道具也可以帮助玩家扭转战局。**CD**

Axelay
银河战机

发售年份：1992
平台：SNES
开发商：科乐美（Konami）
类型：射击

《银河战机》是任天堂的第一款16位射击游戏经典。早期的SNES射击游戏，如《空中战机》（UN Squadron）和《宇宙巡航机3》（Gradius III）等，因为技术有限而严重缺乏速度感。相比之下，《银河战机》从一开始就展现出一股明星气质：这是一款制作精良的射击游戏，辅以强大的速度感、特效和街机级的画面质量，让所有对SNES平台持怀疑态度的人都彻底叹服。

虽然游戏中的火力升级内容非常普通，但真正让人铭记《银河战机》的是它的伪3D纵向卷轴画面，以及细节丰富的横向卷轴式太空站、未来城和狭小的水下洞穴。游戏中还有一大群令人过目难忘的Boss，比如那个借鉴《机械战警》（RoboCop）中的ED-209形象的两足机械人，充满氛围感、夹杂着科乐美标志性评论语音的游戏背景音乐也令人印象深刻。

《银河战机》唯一的缺憾在于游戏流程太短（只有短短的六关），难以维持长久的生命力。但作为90年代早期家用游戏直逼街机水准的佳作典范，大部分玩家都会同意这是一款值得反复回味的游戏。**JB**

Flashback
闪回

发售年份：1992
平台：多平台
开发商：Delphine Software
类型：动作 / 冒险

《闪回》被誉为"有史以来最畅销的法国游戏"。1992年，游戏在Commodore的Amiga电脑上一经推出便一炮走红，至今仍是一款颇具吸引力的游戏。作为一款科幻冒险游戏，《闪回》把故事背景设在了2142年。和传统的2D平台动作游戏一样，游戏采用了侧身视角，玩家以一个普通人类的身份在游戏世界中进行探索，给人一种强烈的写实感。

但是《闪回》并不过分强调玩家的平台动作技能，游戏真正的成就感来自于对周围丰富环境的探索。设法搞明白你接下来到底应该做什么，这样才能继续推动游戏发展。和传统的鼠标点击式冒险游戏一样，游戏中的解决方案往往很隐蔽，这也意味这游戏不仅考验你的技巧，更考验你的耐心和探索精神。但如果游戏本身没有一个精彩的故事的话，那么所有这些技术和游戏设计都是徒劳无功，《闪回》讲述了一个有关外星人潜入人类社会和强制性失忆的故事，这样的剧情有着很大的吸引力。《闪回》熟练地把动作元素融入浓厚的游戏氛围中，创造了一款紧张而有趣的游戏。**JR**

Indiana Jones and the Fate of Atlantis
夺宝奇兵：亚特兰蒂斯之谜

发售年份：1992
平台：多平台
开发商：卢卡斯艺术（LucasArts）
类型：冒险

为了看到印第安纳·琼斯（Indiana Jones）重新杀回大银幕，粉丝在漫长的电影筹备中苦等了近二十年，才在2008年盼来了《夺宝奇兵4：水晶头骨王国》（Indiana Jones and the Kingdom of the Crystal Skull）。但事实上，对于很多人而言，夺宝奇兵系列"真正"的第四集早在1992年就诞生了，这便是《夺宝奇兵：亚特兰蒂斯之谜》——距离上一部《夺宝奇兵3：圣战奇兵》（Indiana Jones and the Last Crusade）结局博士策马扬鞭奔向夕阳的镜头只过去了短短三年。

《亚特兰蒂斯之谜》由哈尔·巴伍德（Hal Barwood，曾在《横冲直撞大逃亡》[The Sugarland Express]中和史蒂芬·斯皮尔伯格有过合作）和诺亚·费尔斯汀（Noah Falstein）负责设计，游戏中有着粉丝所期待的一切元素：阴险的纳粹、环球冒险、神秘的文物，当然还少不了一个比敌人还麻烦的女人——这一切都打包收录在卢卡斯艺术全盛时期的这款SCUMM冒险游戏当中。

不同于同时期的插图式冒险游戏只提供单一游戏方式，《夺宝奇兵：亚特兰蒂斯之谜》把选择权交到玩家手中，你可以选择"拳头路线"（偏向动作电影，更轻松），或是"头脑路线"（需要解决大量谜题），或是"拍档路线"（过程中一直有恋人索菲娅·哈古德[Sophia Hapgood]相伴）。这种设定可以让你按照自己对琼斯的理解——是情圣？斗士？还是个风度翩翩的考古学家？——来编织这个游戏，精心撰写的剧本也向你提供了大量对话，让你感觉像是自己在创作。不过你很容易被各种谜题绊住，运气不好的话甚至会送命。

电影遭遇失败的地方，《夺宝奇兵：亚特兰蒂斯之谜》却获得了成功，这在游戏史上还是极为罕见的。游戏没有糟蹋那个经久不衰的角色，至今仍是一款可玩性极高的游戏经典。**MKu**

Mortal Kombat
真人快打

发售年份：1992
平台：多平台
开发商：Midway
类型：格斗

作为史上最具人气的街机游戏之一，《真人快打》最令人不能理解的地方就在于这游戏居然成了一部经典。没有几款游戏像《真人快打》这样，臭名昭著、满身缺陷，却仍能在今天拥有大批的死忠粉丝。但平心而论，除了血腥之外，《真人快打》还是有其可取之处的。

《真人快打》中的"照片级"画面在当时看来确实新潮，但游戏中所有七名角色的动作招式大同小异，实在对不起这先进的视觉效果。《真人快打》是第一款在格斗系统中引入"杂耍"（juggling）概念的游戏，即玩家把对手打飞后仍可以在空中发起连击，同时这也是第一款带有隐藏角色（蜥蜴人）的格斗游戏。

然后不得不提一提游戏中的终结技。每一轮战斗结束，当对手被击倒时，他们会在你面前晕头转向，等待你发起致命一击。接下来该怎么做呢？是把刘康变成恶龙吃掉对手？还是用冰冻人的急冻技能，加上一记上勾拳粉碎对手身体？又或是使用索尼娅（Sonya）的死亡之吻？当年游戏大热时，对于那些年轻玩家来说，各种格斗秘籍都是他们吹嘘的资本；而对于发起美国政府关于"电玩暴力与社会堕落"调查活动的议员乔瑟夫·李伯曼（Joseph Lieberman）和赫伯·科尔（Herb Kohl）而言，正是《真人快打》的出现，让此后的每一款游戏都有必要接受娱乐软件分级委员会的审查分级。

就暴力元素而言，《真人快打》远未达到"血腥"的地步，这只是一款无厘头的游戏。更何况这么多年来，真正经受住时间考验的其实是游戏的角色，而不是格斗。抛开各种不足不谈，《真人快打》的魅力仍然不减当年。与其说这是一款游戏经典，不如说它是一座文化里程碑。但在1992年秋天那一阵子，它仿佛真的是全世界最了不得的一款游戏。**RS**

Sonic the Hedgehog 2
刺猬索尼克2

发售年份：1992
平台：Mega Drive
开发商：世嘉（Sega）
类型：平台动作

　　马里奥系列游戏的每部新作都能给人一种焕然一新的感觉，相比之下，索尼克虽然跑起来速度不赖，在游戏变化上却显得十分滞后。《刺猬索尼克2》保持了一切人气作品的续作应有的水准：套路不变，画面好看了点，场面壮观了点，内容也精致了点。

　　如果一代索尼克游戏中的关卡看起来像是一张张失控的桌上弹球台，那么《刺猬索尼克2》就是在这基础上变本加厉。虽然面对混乱的场面，玩家多少有些控制权，但大部分时间还是看运气。游戏快地让人瞠目结舌，但飞旋复杂的画面却也充满了观赏性。游戏地图变得更大也更有新意，Boss战虽然还是老一套，但也不乏一些狡猾的手段。奖励关卡的图像水准得到最显著的提升——2D迷宫转到让人头痛；带着强烈迷幻气氛的3D滑雪道上，索尼克飞速向屏幕中心奔去，边跑边收集沿途的指环。的确，游戏在今天看来有些过时，但在90年代初期，它基本可以代表16位游戏所能达到的巅峰水平。

　　游戏的另一个亮点是索尼克的小伙伴塔尔斯（Tails）——一只长着两条尾巴的小狐狸。好消息是，这家伙的存在使得双人模式成为可能。游戏的双人模式相当出色，并确保了原有的帧率。坏消息是，塔尔斯的出现为索尼克系列游戏开了一豁口，让一大帮子烦人的配角全部涌进来了。最让人受不了的就是那个暗影刺猬，而他居然还有了自己的专属游戏在GameCube、PS2和Xbox上发售，不过这几款游戏的质量实在让人不敢恭维。

　　但作为索尼克系列诸多续集中的第一作，《刺猬索尼克2》中只有索尼克和塔尔斯——这才是一个平衡的世界，绿林地带（Greenhill Zone）中的一切也显得如此干净美好、充满极速运动的快乐。**CD**

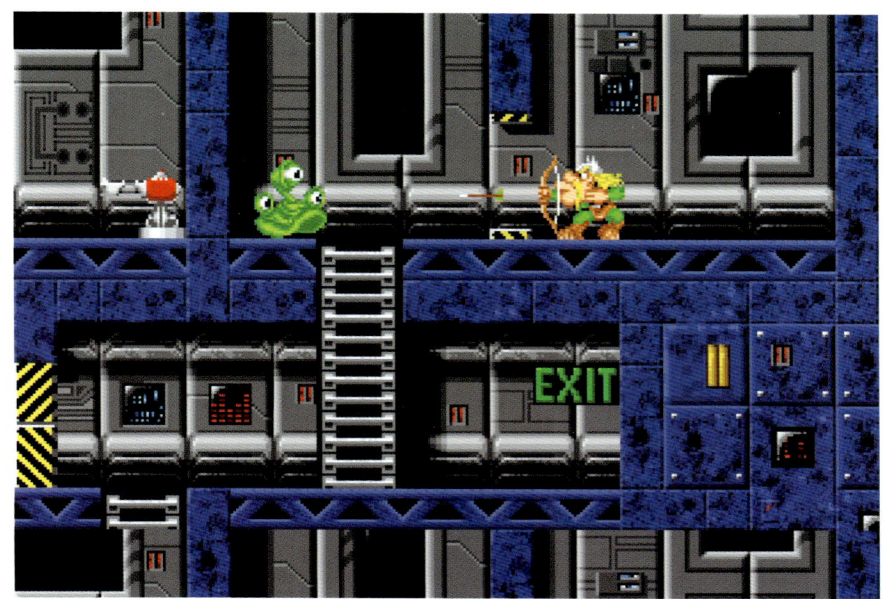

The Lost Vikings
失落的维京人

发售年份：1992
平台：多平台
开发商：Silicon & Synapse
类型：益智/平台动作

《失落的维京人》的幕后制作公司听起来也许有些耳生，那是因为在这款游戏发售后不久，公司就改名了。等到那款轰动性的《魔兽争霸：人类与兽人》（Warcraft: Orcs & Humans）推出时，公司已经更名为暴雪娱乐（Blizzard Entertainment），并开始踏上前往《魔兽世界》的征程。

但是，Silicon & Synapse无疑是一个更有意思的公司。后来的暴雪倾向于借鉴《战锤》（Warhammer）和《沙丘2》的场景和设计，而《失落的维京人》却是款不折不扣的原创游戏。游戏的主角分别为雨燕埃里克（Erik）、硬汉巴里奥格（Baleog）和矮人奥拉夫（Olaf），这群维京战士被一个外星种族绑架，进入了一个混乱的时空。玩家的目的就是灵活使用这三人组各自的能力（埃里克能跑步跳跃，巴里奥格能战斗射箭，奥拉夫可以用盾牌防御攻击）打通关。作为一款鲜有效仿者的平台动作解谜游戏，《失落的维京人》为感兴趣的玩家准备了不少乐趣。

虽然过多的错误容易导致其中某位维京战士的死亡（每个战士只有三点生命值），而且只要有一位角色丧生，整个关卡就得重来，但每一关都有特别的通关技巧，这样的设定和《疯狂小旅鼠》系列非常相似。想出了通关办法后，要把三个维京人挨个带出去可就有点繁琐了——这些游戏角色可没有自我行动能力。所幸的是玩家可以时不时欣赏一下这三个家伙之间的幽默对话，调剂一下略显沉闷的气氛。

经典平台动作游戏的关卡主题大都大同小异，但加入了引人入胜的解谜要素后，《失落的维京人》的游戏魅力便延续至今。**Mku**

Virtua Racing
VR赛车

发售年份：1992
平台：街机
开发商：世嘉（Sega）
类型：赛车

　　玩过了《VR赛车》，你就会明白游戏3D化不是一种可能，而是一种必然。虽然这并非第一款3D竞速游戏（这项殊荣应归于三年前雅达利的《超强赛车》[Hard Drivin']）但本作也许是第一款没有把多边形图像当成一种画面噱头，而是切实利用它来为传统赛车游戏开拓新疆界的游戏。《VR赛车》是在用技术服务游戏，而不是用技术来牺牲游戏。

　　"VR视角"系统是这款游戏的诸多创新点之一。这个系统让玩家在驾驶过程中，可以在四个不同的视角中自由切换。"VR视角"的效果非常赞，你的视点可以十分流畅地从后轮滑至赛车上方，感受更高更宽广的视角。你所选择的视角也将影响你的驾驶：车内视角可以让你对驾车有更好的掌控，但没有足够的时间来对赛道和其他对手做出反应；俯瞰视角可以让你看清前方的一切，了解其他赛车的动向，但却切断了你和赛车之间的联系。你可能对某一个视角情有独钟，也可以根据实际情况在不同的视角间自由切换。

　　《VR赛车》在当年极具超前性。通过将一个名为"世嘉虚拟处理器"（Sega Virtua Processor）的多边形处理硬件焊进游戏卡带中，玩家还可以在16位世嘉Genesis游戏机上感受这款游戏。《VR赛车》的家庭版刚推出时价格十分昂贵，但在今天，你可以以低廉的价格在网上购得这款游戏。另外，薄命的世嘉32X平台上也有这款作品，该版本不仅更加接近街机原版，还增加了两条全新的赛道。街机版的《VR赛车》是无可匹敌的，但不管你玩的是哪一个版本，你都会明白后来的3D热潮为何汹涌袭来——《VR赛车》简直就是3D游戏界的火种。**MK**

The Incredible Machine
神奇机器

发售年份：1992
平台：多平台
开发商：Dynamix
类型：益智

　　自生性游戏（emergent game play）和物理式互动游戏（physics-based interactivity）似乎是个很新潮的概念，但早在二十年前，《神奇机器》就把这些重要的游戏元素带到了玩家面前。

　　《神奇机器》的灵感明显来自于漫画家希斯·罗宾森（Heath Robinson）和卢布·戈德伯格（Rube Goldberg）作品中的精心设计的机械装置。游戏要求玩家自己发明各种装置来完成一系列简单的动作。每一关都有一个任务，从刺破气球到发射火箭再到给金鱼搬家等等。你的装备箱里有各式各样"有用"的道具，你可以把它们拖曳、放置到游戏屏幕上，建造一个实用的机械装置。篮球、手电筒、滑轮都是重要的道具，老鼠、猫和骑自行车的猴子也不例外，这一切都可以变着花样组合在一起以便完成任务。

　　游戏的美妙之处在于它对重力、惯性和其他物理现象精准的模拟效果。每一关的通关途径都不仅仅局限于一种，而是鼓励玩家进行各种大胆尝试。游戏还有一个沙盒模式，允许玩家根据自己的构想自由建造机器。

　　《神奇机器》在PC平台上获得了巨大的成功（游戏后来又登陆了Mac和3DO平台），游戏创作者凯文·莱恩（Kevin Ryan）和杰夫·塔内尔（Jeff Tunnell）随后又推出了两款续作，以及一系列的衍生游戏，直到2001年两人的公司Dynamix倒闭。2007年，《神奇机器》系列在手机平台推出了重制版，其产权归Vivendi所有。两年后，塔内尔买回了游戏产权并开始制定新游戏计划。经过长达十年的闲置，神奇机器终于要重新启动了。**KS**

Ultima VII
创世纪7

发售年份：1992
平台：PC
开发商：Origin Systems
类型：角色扮演

　　在理查德·加里奥特（Richard Garriott）这个知名系列中，本作是最后一款称得上成功的《创世纪》作品。玩家将再次以圣者（the Avatar）身份拜访不列颠尼亚，与老友Iolo、卡特里娜（Katrina）等人再聚首。不列颠王又一次遇上麻烦，王国亟待你的拯救。但这次，《创世纪7》对界面进行了改进，游戏体验较前几作也更流畅。一旦进入游戏，几乎每个动作都要靠鼠标来完成。一开始，你就要被指派去调查一宗发生在马厩里的谋杀案。这是一起涉及宗教仪式的凶案，现场惨不忍睹。而马厩中的一切物品，不论多么不起眼，都可以用鼠标进行点击。《创世纪》系列中耳熟能详的大陆和城镇将再次迎接你的到来，但游戏对这些传统设定的改进将会给你种耳目一新的感觉。

　　为解开谜题，玩家大部分时间都要花在寻找线索和发掘秘密上，并要和见到的每个人交谈。游戏故事主线中潜藏着不少哲学思考：玩家将发现一个团体正在暗中反对圣者的教义，宣扬团结、信任和价值等美德。玩家还会发现这个团体其实是个邪教组织，其所作所为和自己宣扬的理论完全相悖。但这却是个很有思想的邪教团体，而这也恰好符合加里奥特往这个任务型游戏中引入更多抽象价值观的想法。

　　游戏获得了市场和口碑双丰收，但制作方Origin却迎来了灾难：公司被卖给了艺电。因为这个原因，《创世纪7》中充斥着对新东家的各种调侃。比如，游戏中两名叛徒的名字首字母分别是E和A，便是暗指艺电（EA）。《创世纪7》还推出了两个游戏扩充包和一部续作《毒蛇岛》（Serpent Isle），但该系列的下部作品《创世纪8》却充斥着很多的问题，1999年的完结篇《创世纪9》更因严重的Bug导致整个系列惨淡收场——到最后，技术问题竟成了Origin的这个伟大的奇幻游戏系列留给后世的遗产之一。**CDa**

Dune II
沙丘2

发售年份：1992
平台：多平台
开发商：Westwood Studios
类型：策略

虽然游戏《沙丘2》讨好了原作者弗兰克·郝伯特（Frank Herbert）那本风格沉重的畅销书的粉丝，但这款游戏是如何做到在原作所创造的复杂科幻世界中游刃有余，恐怕早已被历史所遗忘。对于游戏玩家——甚至是那些根本不知沙虫为何物的玩家——而言，《沙丘2》的重要意义在于：它为一个即将兴起的游戏类型打下坚实基础，给后来的同类游戏确立了一个大框架。

这个游戏类型就是即时策略游戏，一种以PC为主要平台的超人气游戏。在这类游戏中，玩家将扮演一个指挥官的角色，组建自己的军队，并派遣他们征战沙场。和大多数随之兴起并逐渐壮大的RTS游戏一样，《沙丘2》要通过开采资源（即郝伯特原作小说中的香料）来创建战斗单位，以便带领自己的家族在竞争中获取胜利。

你很容易就会发现Westwood公司在本作中的各种首创：《沙丘2》是第一款使用全鼠标控制的RTS游戏，第一款出现复杂的科技树的游戏，更是第一款将资源要素摆在至高位置的游戏。但玩家们难以发现的是《沙丘2》优于其他游戏的方方面面。最明显的当属游戏地图本身。《沙丘2》的战场非常密集、变化多样，可玩性很强，不论是缺乏创意的玩家还是天资秉异的战略高手，都可以在游戏中尝试探索出勘查形势的有趣方式。

《命令与征服》也许是Westwood最成功的游戏系列，但一切的起源还要回到这款《沙丘2》，就算你只是把它看成Nod和GDI【译注：《命令与征服》系列中的两大敌对阵营】之间无尽战争开始之前的小打小闹，《沙丘2》仍然值得你一探究竟。**CD**

Street Fighter II Turbo: Hyper Fighting
街头霸王2：究极格斗

发售年份：1992
平台：多平台
开发商：卡普空（Capcom）
类型：格斗

1991年，卡普空推出了《街头霸王2：世界勇士》（Street Fighter II: The World Warrior），此作一出，格斗游戏从此进入一个新纪元。极富个性的角色、高水准的音画效果、紧凑精细的游戏操作赋予传统格斗游戏更多华丽的必杀技。游戏很快便风靡世界，并且和其他人气游戏一样，很快就推出了各种续作。在1993年的《超级街头霸王2：新挑战者》（Super Street Fighter II: The New Challengers）诞生之前，《街头霸王2：究极格斗》可以说是卡普空最出色的单人格斗游戏。

1992年的《街头霸王2：冠军版》（Super Street Fighter II: Champion Edition）推出后不久，玩家对《街头霸王》的狂热已经到了前所未有的高度，中国的盗版商甚至开始私开生产线，对卡普通的街机主板进行改造。其中最臭名昭著的当属《街头霸王2：彩虹版》（Street Fighter II: Rainbow Edition），这一版本的《街头霸王》极大地提高了游戏速度，加入了许多额外内容，比如增加了跟踪波和火墙，这些非法修改极大地破坏了游戏的平衡性，但仍然深受玩家欢迎。

随后，卡普空又推出了《街头霸王2：究极格斗》，试图遏制这类非法修改游戏的肆虐。《究极格斗》在普通版《街头霸王2》的基础上提高了游戏速度，每个角色也有不同的颜色造型可供选择。最重要的是，游戏改进了角色能力，增加了全新的格斗技能，如春丽的火球和达尔锡的瞬间移动。这款游戏可以说是《街头霸王2》系列的巅峰作品，为玩家提供了一系列速度选择和无可比拟的平衡性，迫使彩虹版等非法游戏逐渐退出游戏市场。如此全方位的改进升级意味着《究极格斗》在今天仍能给玩家带来巨大的游戏乐趣。**Mku**

NBA Jam
NBA嘉年华

发售年份：1993
平台：多平台
开发商：Midway
类型：体育休闲

　　从《NBA嘉年华》里走出来的流行语早已成经典，如"He's on fire！"（他爆发了！）、"Is it the shoes？"（是不是鞋子有鬼？）、"From downtown！"（外线得分！）。在《NBA嘉年华》的任何比赛中，你都可以听到所有这些解说词。想要知道游戏对流行语的影响有多大，只要走到一个人身边，说出任何一句台词，看他会有什么反应，大多数时候他都会喊出那句经典的"Boom shakalaka！"

　　《NBA嘉年华》就像是从哈哈镜里看篮球赛。游戏使用到真实的NBA球队和明星球员，如查尔斯·巴克利（Charles Barkley）、帕特里克·尤因（Patrick Ewing）等等，但游戏和现实的相似之处就到此为止了（值得注意的是游戏中没有出现迈克尔·乔丹［Michael Jordan］，因为乔丹的肖像权费用对于Midway来说实在太昂贵）。游戏以二对二的形式展开比赛，使得游戏节奏更快、得分更高，省去了太多的传球和战术问题。

　　游戏真正亮点在于对篮球运动的夸张化处理，当某个球员连续三次投篮得分，他便开始"爆发"，从这刻开始直到对方得分，他的投篮将百发百中，篮球甚至会出现火焰效果，把篮网都烧焦。另一个亮点在于球员们花样百出的灌篮方式：长距离战斧式灌篮、身后运球，甚至是让球员离开画面的凌空翻转式灌篮，而且每次灌篮都配有一个酷似马夫·艾尔伯特（Marv Albert）的声音进行激情解说。

　　本作娱乐性无穷尽，每次灌篮仿佛都能把玻璃震碎，可解锁的隐藏角色给将你带来各种有趣的组合。在各种街机版和家用版游戏中，你还可以选择使用演员、吉祥物、其他运动明星，甚至是克林顿总统。于是你也可以看到总统给了哈基姆·奥拉朱旺（Hakeem Olajuwon）一记隔人扣篮，然后观众一片沸腾。**MK**

Myst
神秘岛

发售年份：1993
平台：多平台
开发商：Cyan Worlds
类型：冒险 / 益智

在这个充斥着喧闹的平台动作游戏、横向卷轴射击游戏和动作游戏的世界里，这款空旷而晦涩的《神秘岛》是个异类。显然，游戏自一开始就有着属于自己的独特创意。《神秘岛》强调的是探索，而不是从屏幕左边一直往最右方疯跑；强调的是对游戏剧情的思考，而不是强记各种连招。这是一款适合在深夜对着电脑独自摸索的单人冒险游戏，或者也可以在身边放一份打印好的攻略，以免卡在晦涩难懂的游戏中寸步难行。

评论称《神秘岛》不过是个略带互动性的幻灯片展。乍一看来，他们对游戏的攻击并非空穴来风。玩家要通过用鼠标点击一系列制作精美的风景来探索游戏中的神秘岛屿，选择你的下一处地点，和沉默的机器进行互动，凭借自己的想象拼凑出——但往往又拼凑不出——一个复杂的背景故事。游戏的创作者严格控制了游戏的互动性，确保有足够的时间把游戏外观做得更出色。一时间，《神秘岛》仿佛是一份来自未来的精彩礼物，相比于其他主机上奋力喷射着像素的游戏，显得宁静沉着、复杂精致。

但现实并没有想象中那么完美，《神秘岛》标志性的轻互动变成了一个徒有创意的死胡同，虽然《星空断层》（Riven）等续作获得了一定的成功，但游戏开发者最终还是停止了相关企划。幸运的是，原作的神奇力量并未因此而衰减，这是一部毁誉参半的作品，不过在发售当年确实赚得钵满盆盈；游戏献上了一次通往神秘大陆的奇异旅程，恐怕再没有哪款游戏能以如此宏伟而自由的方式来迎接玩家。**CD**

Cannon Fodder
炮灰

发售年份：1993
平台：多平台
开发商：Sensible Software
类型：策略/动作

在90年代早期，Sensible Software可算是英国最标新立异的一家游戏公司。不论是《感官足球世界》还是《诸神之战》等2D游戏经典，无不洋溢着肆无忌惮的幽默。而《炮灰》则以顶尖的游戏设计、细节丰富的画面、粗俗没品的笑料成为Sensible Software的典型作品。

《炮灰》将射击游戏和即时策略游戏元素结合在一起，要求玩家带领一支最多人数为八人的军事小队穿越七十二片区域，杀敌军、炸碉堡、救战俘。玩家不能直接指挥士兵，而是需要通过一个鼠标点击界面来进行控制。另外你还可以把你的小队分成三个小组，以便完成战略难度更高的关卡。这种小组控制元素给人感觉极其复杂，玩家可以在不同的小组间共享重要武器，更支持坚守阵地或围剿敌军等战术。

游戏的精彩之处在于它自由的沙盒式设计。玩家可以在游戏世界中随意走动，获得各种通关所需的道具，如手雷、火箭筒、各式各样的交通工具以及那些古怪的升级系统。但玩家取胜的方法绝对不止一种，这和同时期的《疯狂小旅鼠》和《沙丘2》的开放式游戏操作有着异曲同工之妙。

令人难以忘怀的还有《炮灰》的幽默感。游戏以一首名为《战争从未如此有趣》的主题曲开场，而每一关都以壮烈牺牲的同志的坟墓结束，充满了对战争的揶揄嘲讽，暗地里又传达了和平主义的讯息。《炮灰》不仅得到了评论的盛赞，更被游戏粉丝誉为一款划时代的16位电脑游戏。**KS**

Maniac Mansion: Day of the Tentacle
疯狂豪宅：触手也疯狂

发售年份：1993
平台：多平台
开发商：卢卡斯艺术（LucasArts）
类型：冒险

  1987年的《疯狂豪宅》是由罗恩·吉尔伯特（Ron Gilbert）创作的一款搞怪有趣、气氛十足的鼠标冒险游戏。如果说《疯狂豪宅》还透着一股可爱的B级片味道，那么续作《触手也疯狂》则绝对是一部一流大片。这款炫目的游戏有着50年代的美术风格和张弛有度的角色动画。游戏的主角是一群倒霉的宅男，而摆在他们面前的则是卢卡斯艺术公司有史以来最精彩、最残忍、也最让人大呼过瘾的谜题。另外，几乎游戏的每一个角落都潜藏着各式各样的笑料，大部分都戳中你的笑点。

  但是《触手也疯狂》的最大魔力并不在于重复老一套的角色和背景设定，而是源自游戏的时空穿越型剧本。时空的紊乱（游戏角色们要通过马桶穿梭时空，阻止紫色触手占领全球）带来的是一系列让人挠破头皮的谜题，经常需要你去不同的时代寻找同一地点，牢记你的每一个举动可能对历史造成的影响。比如，在过去砍掉一棵树，那你就可以等着它在未来消失；更改一座未完工雕塑的设计图，数年之后，它又将是另一番摸样。《触手也疯狂》中充斥着木乃伊般的干尸和脑子秀逗的年轻人，还想方设法挤出时间来拿美国开国元勋开涮。游戏每隔几分钟都能给你带来一次惊喜，每一次的逆转都将游戏剧情领向一个完全无法预知的方向。这是一款值得玩家铭记的游戏，它告诉我们在卢卡斯艺术公司投靠黑暗面、沉溺于《星球大战》系列游戏的开发而无法自拔之前，这家公司也能够制作如此复杂精妙、乐趣无穷的原创游戏。**CD**

Doom
毁灭战士

发售年份：1993
平台：多平台
开发商：id Software
类型：第一人称射击

这么说可能会让你大吃一惊，但现代电子游戏基本都受到这款《毁灭战士》的影响。几年前一份报道总结（其实早就已经是世人皆知的事实）称：鉴于其获利可能性（就是说更可能赚到钱），对于发行商来说，第一人称射击是"最具吸引力"的一类游戏。当然今天的所有游戏看起来都像是第一人称射击游戏：《光环》、《使命召唤》（Call of Duty）、《抵抗》（Resistance）、《孤岛惊魂》（Far Cry）、《生化奇兵》（BioShock）、《战地1942》（Battlefield 1942）不过是其中的佼佼者。但《毁灭战士》是最早的佼佼者。当然它不是最早的第一人称射击游戏，但至少是最早让人血脉贲张、大呼过瘾的游戏。

游戏中，玩家将扮演一位无名英雄被放逐到火星上的一个陆战队基地，很快你便会发现你是基地中的最后一个活人，等待你的则是成群结队的怪物。游戏的目的很简单：穿过一波接着一波千奇百怪的鬼怪，看见什么打什么，在这个人间炼狱走一趟，然后活着回来。游戏的魅力简单而直白，从游戏主角那张血污的脸到那款威力逆天的武器BFG都在讲着一个道理：要么杀人，要么被杀。

"要是你能和那些怪物说说话就更好了，"早年的一份游戏评论这样总结道，但很明显这完全误解了这款游戏。《毁灭战士》的最大魅力就在于对刺激快感的无止境追求。这是款为冷酷高效的杀戮而专门制作的杰作。但和游戏的杀戮本质同样重要的是它的巨大影响力。《毁灭战士》诞生后，其视角设定便流行开来，不管是牛仔土著还是太空异形、不管是和角色对话还是和角色对射，到处都是对这种视角应用。《毁灭战士》为《生化奇兵》、《现代战争》（Modern Warfare）等风格完全不同的游戏也奠定了基础，这大概是这款游戏最伟大、最长远的贡献。**DM**

Gunstar Heroes
火枪英雄

发售年份：1993
平台：Mega Drive
开发商：Treasure
类型：射击

　　只要是Treasure公司出品的游戏，你大可期待满屏横飞的子弹。《火枪英雄》不是Treasure的最出色射击游戏，但无疑是一款不论冒险元素或是杂兵设计都近乎完美的横向卷轴游戏、一款充满个性角色的作品、更是16位时代游戏画面的集大成者。

　　《火枪英雄》中有好几种不同的武器，每一种都可以通过组合变成全新的武器，这是一个绝佳的点子，在实际游戏中，这也意味着你有更加丰富的武器选择。

　　游戏中的普通杂兵在战斗上并不构成威胁，但虐待他们并看着他们屁滚尿流的逃走确实是一大乐事。真正成就《火枪英雄》的是游戏中精彩的Boss——二十年后的今天，其中的一些Boss的精巧设计与战术设定仍能让你大吃一惊——以及穿插在各关卡之间、暗示着敌军的废柴属性的过场动画和旁白。你可以在游戏中炸掉一列火车，火车着火后会继续在铁轨上奔驰，从屏幕上短暂消失后又再次出现，车身上爬满了大哭小叫的杂兵，聚到他们的伟大领导脚下求助，却被只顾逃命的Boss蛮横地踢了出去。你还将和一个刀枪不入的敌人展开恶战，直到你最终击穿他的护罩，看着他怯懦地拱手交出他的水晶，在失败面前号啕大哭。

　　正是这些丰富的细节解释了为什么《火枪英雄》虽然不是Treasure公司的最佳游戏，但仍是许多曾经拥有世嘉MD游戏主机的成年玩家最情有独钟的一部作品。《火枪英雄》不仅是要你来感受它，更希望给你带来欢笑，而游戏的特殊结构也赋予它丰富的游戏内容，确保玩家每次重玩都能体会到完全不同的东西。**RS**

Ecco the Dolphin
海豚历险记

发售年份：1993
平台：多平台
开发商：Novotrade
类型：动作 / 冒险

　　风格强烈、色彩优美、抚慰人心，这就是《海豚历险记》。你也许会把这盘卡带插进你心爱的黑色MD游戏机，用它来向那些蔑视游戏的人证明：电子游戏不仅只是关于拿枪扫射、四处飙车，或者把全世界搞得鸡犬不宁。《海豚历险记》有着大多数游戏所没有的一切：典雅、成熟、富有氛围感的音乐，以及一只估计现在已经被列为濒危物的宽吻海豚做主角。

　　但这并不意味着《海豚历险记》只是给反感电子游戏的父母的一味定心丸。开发公司Novotrade的这部作品是一款精致的平台动作游戏。游戏中复杂的海底世界更像是一个个迷宫，在各式各样高难度的弯道之间，玩家将操控这只柔软的水族精灵在网格般的隧道中蜿蜒前行，探索出隐藏通道，同时留心屏幕上的空气槽以免海豚窒息而死。而在华丽得惊人的游戏画面下潜藏的却是大自然的残酷无情与难以捉摸——至少对于当时年仅十岁、习惯了传统动作游戏中甜得发腻的游戏世界的你来说，这就是这款游戏带给你的震撼。

　　令人惊讶的是，《海豚历险记》居然获得了巨大的成功。通过摒弃热门游戏的俗套，Novotrade公司破天荒地创造了一款可以和《刺猬索尼克》媲美销量的MD游戏。和索尼克系列一样，《海豚历险记》迎来了一系列的续作和移植，虽然其中不乏精品，但还没有哪一款抓住了原版的精髓。《海豚历险记》成功后，诸多发商们不计销量、绞尽脑汁地开发起了类似的游戏，这也更加反衬出这款奇特、优雅而略带忧伤的游戏的强大实力。**CD**

Daytona USA
梦游美国

发售年份：1993
平台：街机
开发商：世嘉（Sega）
类型：赛车

  第一次在《梦游美国》中漂移成功时，一切都显得如此合情合理。首先，把车开入弯道，然后猛踩刹车——玩过你就知道踩的力度要有多狠了——并且根据路况修正车子的方向。随后你便会发现自己正处在高速侧滑当中，而你的赛车则在失控与漂移之间实现了完美的平衡，随时准备在进入直线赛道后再度狂飙起来。逼真吗？这倒不见得。重要的是《梦游美国》的表现十分自然，玩过本作之后，其他的竞速游戏都让你觉得做作而别扭。

  在《梦游美国》的众多技术创新当中，最突出的是游戏在多边形贴图上的先锋成就，相比与世嘉之前的《VR赛车》和《VR战士》（Virtua Fighter）中阴影效果简陋的多边形图像，《梦游美国》的3D建模显得更加自然逼真。材质贴图在游戏中起到了很大的作用，给赛道两旁增添了葱郁的绿树、壮观的峭悬崖壁和多变的城市风景。游戏支持八人连线同时竞速，漂移时跟在对手赛车后向气流中形成的引力助推特效更令人过目难忘。

  《梦游美国》也有它臭名昭著的一面。在观光模式的恐龙峡谷赛道上，你会听见一首风格休闲但俗不可耐的歌曲《Let's Go Away》，演唱者操着一口标准的日本英语，保证你听过一次就没办法把它从脑子里抠出来。

  1995年的世嘉土星（Saturn）版《梦游美国》因其糟糕的帧率而饱受诟病。1996年，世嘉又推出了《梦游美国锦标赛版》（Daytona USA Championship Circuit Edition），以升级的图像、更带感的操作和三条全新赛道摆脱了之前的窘境。《锦标赛版》更加忠实于街机原版——只有那首纯音乐版的《Let's go away》除外——绝对是最出色的家庭版《梦游美国》。**MK**

Return to Zork
重返魔域

发售年份：1993
平台：多平台
开发商：Infocom
类型：冒险

  "你站在一座白色房子西边的一片空地上，房子的前门用木板封死了，你面前有个信箱。"这便是1980年的著名文字冒险游戏《魔域大冒险》的经典开场。此后Infocom又推出了两部续作和各类相关作品，但直到1993年，原作粉丝才真切地感觉到自己重新回到了他们深爱的那个魔域世界。《重返魔域》以十三年前玩家们碰上的同一座白色房子为开场，不同的是，这次玩家面对的不是文字描述，而是由游戏美术精心绘制、真实展现在屏幕上的一幢漂亮房子。

  虽然《重返魔域》的光芒被《神秘岛》所掩盖（其实本作的发售时间比《神秘岛》还要早），但却是早期利用到日渐增大CD-ROM容量的游戏之一。DOS平台的《重返魔域》简直就是第一人称式的Sierra On-Line冒险游戏，只不过有着鲜明的《魔域大冒险》特色。但这款非文字游戏中加入了大量的真人表演影像和高质量的音效，这在当年也是非常盛行的做法。游戏中的演员表演非常做作，但这也恰好符合了游戏所传达给玩家的荒诞气氛。玩家甚至还可以通过选择自己的情绪来和游戏中的角色进行更加多样化的交流，这在当时也是十分超前的一个设定。

  《魔域大冒险》中著名的文本分析器在本作中变成了一个类似的开放式鼠标点击界面。在这个界面的支持下，玩家可以在游戏中进行的动作远比同时期的其他游戏，乃至此后的大部分冒险游戏都要多得多。游戏并不会阻止你破坏关键道具，也不会警示其重要性向你发出警告，因此很容易导致游戏无法通关，不过只要玩家小心点的话就不会有这样的遗憾。抛开这点不谈，《重返魔域》中细节丰富的世界给玩家献上了一次精彩的冒险，穿插其中的幽默元素更增添了不少乐趣。**BM**

Ridge Racer
山脊赛车

发售年份：1993
平台：街机
开发商：南梦宫（Namco）
类型：赛车

在这个到处都是高清画面的年代，笔者很难向你传达当年南梦宫把《山脊赛车》开进游戏机厅时，游戏画面给全世界玩家带来的那份震撼。简单来说，《山脊赛车》就是当年玩家们见过的画面最先进的游戏，经过材质贴图处理的多边形运动速度之快让人目不暇接，其中出现的各种游戏元素更是成为日后赛车类游戏中的经典俗套（直升机、喷气式飞机、路障——《山脊赛车》该有的全都有）。

当你还在努力适应游戏画面时，游戏筐体已经在提醒你集中注意了。看一眼街机的三个踏板你就知道游戏还带有离合器，车座旁边还有一根六速变速杆。很少有几款街机游戏能像《山脊赛车》这样抓人眼球，你仿佛能听见它尖叫着"快来玩我！"更没有几款街机能像《山脊赛车》这样吸引每一个路过的年轻人都往里面塞个币，误以为能够以自己的车技在身边的女友面前大秀一番。

幸运的是游戏对玩家的注意力要求太高了，你根本没空去瞟站在一旁观众，自然也就看不到写在她脸上的厌烦。《山脊赛车》使用了当年罕见的第一人称视角。游戏难度相当高，但是游戏的局限性在今天看起来也非常明显，没有精细的操作、强大的AI对手，更不存在撞车效果。

唯一没有随着时间褪色的是游戏中赛车的甩尾效果，虽然被处理得过分夸张，但却能把当年玩家第一次接触《山脊赛车》时的那种刺激和快感完整地传达出来。《山脊赛车》之后又出现了大量的赛车游戏，但你很难找出几款能给你带来如此巨大的兴奋感。**JDS**

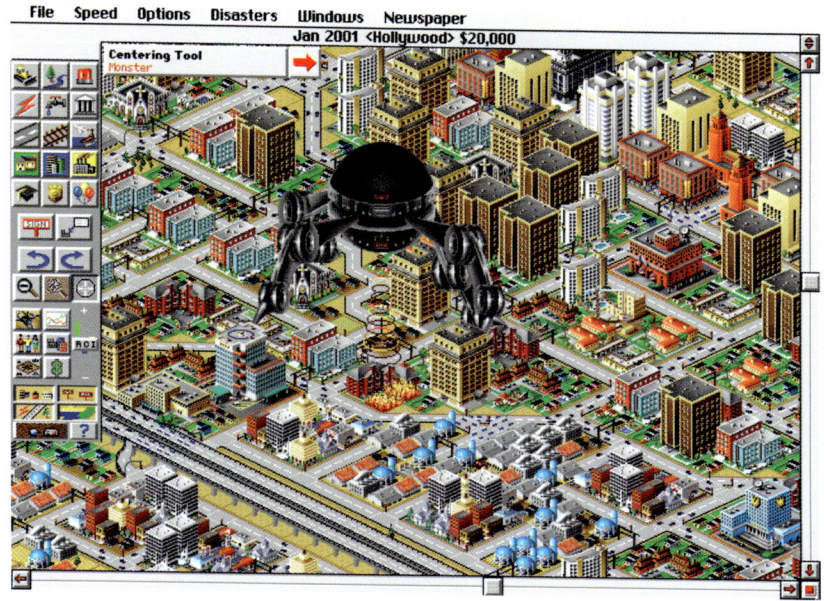

SimCity 2000
模拟城市2000

发售年份：1993
平台：多平台
开发商：Maxis
类型：经营模拟

技术的飞速前进也许会让游戏开发者们头痛不已，因为他们必须不停地用新瓶去装老酒，消费者们也不得不定期掏钱去更换硬件，但不可否认，游戏的发展却因此而受益颇丰。

就拿《模拟城市》来说吧，1989年该系列在PC平台上发售的开山之作就是一座里程碑。《模拟城市1》不仅是一个展示游戏无限可能性的奠基石，一位让非游戏玩家消除疑虑、皈依电玩大业的传教士，更是一款找不到同时期对手的耗时大作。但是就游戏画面而言，《模拟城市》给你的感觉像是在设计一块电路板。

相比之下，发行于原作四年之后的《模拟城市2000》却让玩家可以创造一个有血有肉的大都市，不仅在创建和经营的过程中带给你乐趣，城市本身也让

人赏心悦目。游戏抛弃了前作中的俯瞰视角，而是用斜四十五度视角来展现你手中蒸蒸日上的城市——摩天大楼俯览周围的公园，古色古香的老城区亟待你的开发。这种伪3D视角还可以让玩家设置地势的高低起伏，这样你的专属住宅区就可以凌驾于周围的城区之上。从在建的工厂到年久失修的城市角落，游戏丰富的细节令人叹为观止。

游戏的核心内容，如对居民区、商业区、工业区的规划分配仍然保留下来了，但现在，你还可以加入全新的公共设施，如监狱、医院和动物园等等。你还将拥有更多样化的交通选择、更多的发电途径，财政管理内容也更具深度。和威尔·莱特（Will Wright）的其他优秀游戏一样，《模拟城市2000》也延续了这一系列标志性的恶搞态度。各种灾难——从大火到龙卷风再到怪兽袭击——无所不包。新闻报道有些很实用，有些则无厘头。如果你的生态建筑发展到了一定的科技水平，你还可以将摩天大楼发射进入太空。**OB**

1990年代 | 241

Syndicate
暴力辛迪加

发售年份：1993
平台：多平台
开发商：牛蛙（Bullfrog Productions）
类型：策略 / 射击

彼得·莫里纽克斯的牛蛙制作公司之前也做过金融模拟游戏，但这款《暴力辛迪加》绝对是最与众不同的一部。其他的模拟经营类游戏大都充斥着数据表格和年度财政报告，《暴力辛迪加》则把焦点放在了肮脏的武器和商业间谍活动上。游戏由西恩·库柏（Sean Cooper）创作，宛如一部冷峻的斜四十五度视角黑色电影。游戏故事发生在未来，大公司为了争夺市场份额、提高自身影响力而相互倾轧，把会议谈判变成了街头枪战，赋予"恶意收购"这个词以全新含义。

受电影《银翼杀手》（Blade Runner）和科幻小说家威廉·吉布森（William Gibson）作品——当然还有《商业周刊》（Businessweek）——的影响，《暴力辛迪加》将城市阴暗面与夜间暴力糅杂在一起，这种做法很容易让玩家联想到另一款游戏《暗影狂奔》（Shadowrun）。《暴力辛迪加》不仅仅是一款复杂的RPG游戏那么简单，要想正确地描述这款作品可能有点麻烦：这是一款以小队为单位、强调战术的游戏，玩家要经营自己的企业，并操纵一个四人小组来搞垮其他竞争对手，招募地方民众，然后逐渐把城市引向一片混乱。

之前说到这游戏里有很多枪，对吧？要想在游戏中和对手一争高下，武器研发就显得十分重要。《暴力辛迪加》为各位老板们准备了一个武器库。游戏中的一些武器——比如那款著名的高斯枪——早已名垂游史。另外，玩家们在控制街区时，也不能忘了分配研究经费等辅助措施对游戏的重要影响。

《暴力辛迪加》原本带有多人模式，但在正式发售前却删除了这一模式，实在令人惋惜。但剩下的游戏内容仍向玩家展现出了一个精彩的黑夜版邪恶未来。今天，玩家可以以相当实惠的价格在PlayStation Network 上下载这款游戏。**CD**

Sam & Max Hit the Road
妙探闯通关：大脚之谜

发售年份：1993
平台：多平台
开发商：卢卡斯艺术（LucasArts）
类型：冒险

那些经过精心撰写剧本、有意要戳人笑点并且确实给玩家带来不少欢乐的游戏，用一只手就可以数得清：《疯狂豪宅：触手也疯狂》、《异星入侵者》、《疯狂豪宅》、《猴岛小英雄》的前两作，最后的大拇指则属于所有鼠标点击游戏中最搞笑的《妙探闯通关》。此作由全盛时期的卢卡斯公司创作，游戏改编自史蒂夫·柏塞尔（Steve Purcell）的漫画，柏塞尔不仅是名艺术家、作者，同时还是位游戏主设计师。

人称"自由警察"（这也让他们在维护法纪的同时也可以自由践踏法纪）的山姆和麦克斯是专注调查美国社会疯狂案件的警探。山姆是只西装革履、会说人话的狗，同时也是典型的菲利普·马洛【译注：Philip Marlowe，美国侦探小说家雷蒙德·钱德勒（Raymond Chandler）笔下的侦探角色】式角色，有着人类的矛盾和痛苦，尤其是当身边蹦跶着拍档麦克斯——一只"极端亢奋的兔子形生物"——时，这痛苦就愈加明显。《大脚之谜》讲述大脚怪布鲁诺（Bruno）带着长颈女翠西（Trixie）从当地的游乐场中逃走了，玩家要通过搜寻线索将两人找回。除了穿插其中的迷你小游戏和厕所之旅外，玩家还将参观一系列知名旅游景点，如世界上最大的毛线团、鳄鱼高尔夫球场和名人蔬菜馆等等。

《妙探闯通关：大脚之谜》中的笑料足以媲美《莱恩与史丁比》（The Ren And Stimpy Show）、《踢克超人》（The Tick）等经典卡通。成年玩家或成熟的青少年玩家都能够体会其中的幽默。成功传达这些笑点的则是制作优良的角色、配音演员精彩的演出、搭配完美的爵士原声，以及和人物对话、游戏情境相映成趣的谜题。这绝对是有史以来最值得一提的游戏，纵使最新的3D版《妙探闯通关》系列早已被人遗忘，这款原版游戏仍将永远被人铭记。**DH**

UFO: Enemy Unknown
幽浮：未知敌人

发售年份：1993
平台：多平台
开发商：Mythos
类型：策略

　　为了增加玩家对所扮演游戏角色的认同感，不少游戏费尽了心思，纵使把游戏人物始终置于舞台中央、使用动作捕捉技术、真人配音等等，效果也并不理想。然而，游戏界真正让玩家关爱有加的角色却是《幽浮：未知敌人》中随机生成的士兵。这些军人不过是由一堆2D像素构成，带着一些基本的角色资料，取着一些烂大街的欧洲名字，但是每个玩过这款游戏的玩家都会有惊心动魄的游戏经历可以和其他人分享。

　　《幽浮：未知敌人》是一款集策略性资源管理和回合制战斗于一身的游戏。你在游戏中扮演一名X-COM的司令官，这是一个致力于对抗外星侵略者的组织。一方面你要在地球各地建造基地来击落飞碟、提高研究能力、调查外星飞船并创造更强大的武器。另一方面，你必须派遣小队士兵去调查坠毁的飞碟，但这同时也会把他们置于极大的危险当中。当你意识到生与死都是一个回合之间的问题时，你便会愈加珍惜你的士兵的生命，并设法把他们培养成技术合格、百发百中的战士。当他们牺牲时（如果你不增派支援营救，他们很容易战死）你将会非常怀念这帮战场精英。

　　这是一款几乎完全自由的游戏，故事如何发展完全取决于你。每一个坠毁点的调查任务目标都由你决定，你可以选择活捉一只外星军官进行拷问，或是收集资料加以利用，或者干脆把资料卖掉筹集资金。正是这份责任感让你在游戏中建立起如此强大的意志力，这也是为什么《幽浮：未知敌人》至今仍是电子游戏界的一座里程碑。**AW**

Frontier: Elite II
宇宙边境：太空精英2

发售年份：1993
平台：多平台
开发商：Gametek
类型：策略 / 射击

还记得那款有着超大宇宙的游戏吗？事实上，只有很少一部分游戏把宇宙描绘得如此精确。其中一款便是《宇宙边境》，经典开放式太空游戏《太空精英》的续作。在游戏中，你将再一次被丢入深空展开星际冒险，没有剧情、没有目标也没有游戏指示。

你要自己决定怎么利用你的宇宙飞船，你也可以通过合法或非法贸易来获得金钱。在你制定行程时需要考虑各种因素，比如银河两大势力之间的冷战局势、不同星球的政治环境等等。《宇宙边境》中的精确宇宙模型和物理设定已不是《太空精英》可以同日而语的。游戏开始时你将处于众多星系（也包括太阳系在内）中的一个，并要设法从星系中飞出来。受游戏的物理模型影响，你的飞船将利用星球的重力井弹射出来，就像真正的宇宙飞船那样。

在那个年代而言，游戏的细节制作简直令人叹为观止。你可以在星球表面着陆或是起飞，一直穿过大气层进入深空，甚至还可以利用超光速推进器进行星际旅行。各种星球和空间站都能向你提供贸易场所和飞船维修服务。你也不再像第一代游戏中那样局限于一台升级缓慢的飞船，游戏中有着各式各样用途各异的飞船供你选择。牛顿物理学的存在也意味着游戏中的战斗会非常复杂，你的飞船和敌机将会绕着对方旋转，直至其中一方发射出激光将对方摧毁。这的确是一款充满挑战的游戏。**JR**

Plok
普罗克大冒险

发售年份：1993
平台：SNES
开发商：Software Creations
类型：平台动作

  1991年的《索尼克大冒险》（Sonic the Hedgehog）掀起狂潮，游戏公司争相效仿制作平台动作游戏，希望推出比世嘉的蓝刺猬更酷、更"极端"的人物。到了1993年，玩家们都快玩吐了，这也意味着这款画面"可爱"、主角强大的2D平台动作游戏《普罗克大冒险》注定悲剧。

  这结局实在令人叹息，《普罗克大冒险》不论在当时还是现在都是相当出色、创意十足，只可惜它在错误的时间出现在了错误的地方。此作由皮克福德（Pickford）兄弟设计，到发售时，两人已耗了足足五年的心血。主角普罗克是个戴着头套的奇怪生物，它能把自己的手臂丢出去攻击敌人或是开启开关。游戏故事很简单：普罗克发现自己最爱的旗帜被偷，便踏上一次略显曲折的寻旗之旅。如果你觉得这听上去已经很古怪了，那么后面的游戏只会让你更加大跌眼镜。

  这是款内容疯狂但剧情紧凑的稀有平台动作游戏，除了较高的难度外，游戏整体给人感觉还是很不错的。独树一帜的图形风格和由蒂姆·弗林（Tim Follin）、吉奥夫·弗林（Geoff Follin）打造的精彩原声也相得益彰。**MKu**

Secret of Mana
圣剑传说2

发售年份：1993
平台：SNES
开发商：史克威尔（Square）
类型：角色扮演 / 动作

  如果说《最终幻想》标志着开发商史克威尔将回合制角色扮演游戏提升了一个台阶，那么《圣剑传说2》就是这家顶级游戏公司向动作类角色扮演游戏领域发起的进攻。进攻的成果便是这款节奏明快、机智幽默、极其华丽的冒险游戏，将疯狂的战斗和精细的探索，以及品质非凡的16位游戏图像完美地融合在一起。

  《圣剑传说2》讲述的是人类与神族之间为争夺资源而展开的一次战争，但游戏最著名的还是它的界面——出色的指令菜单支持玩家在所选角色的各种可选项目之间快速切换，这对整个RPG世界都产生了巨大的影响。

  同样先进的还有游戏的团队系统，游戏支持最多三名角色同时冒险，这一设定赋予了游戏强大的生命力。这是一款时刻强调团队协作的游戏。

  除了游戏出色的封面外，来自菊田裕树的出彩的游戏音乐和上田晃绘制的精致的游戏背景都为业界设定了全新的标准。**CD**

The Settlers
工人物语

发售年份：1993
平台：多平台
开发商：Blue Byte
类型：策略

  游戏的创意很简单：创建一个能够正常运转的王国，供养军队去征服整个地图。但是，大多数即时策略游戏在倾向军事元素的同时，往往把财政元素弱化成简单的开矿，相比之下，《工人物语》则把经济作为游戏的重中之重。在游戏中，当你拥有了军队，要打胜仗就不是件难事，但建造军队却是一个相当漫长的过程。你不仅要确保有足够的矿工、精炼工、铁匠来锻造刀剑，更要提高道路交通的畅通性，以免运送资源的工人们堵在半路上，给你的整个经营网带来毁灭性灾难。

  游戏的乐趣就在于看着收支平衡的账目的满足感。这可要比自己做账有趣得多，因为《工人物语》有着迷人的魅力（游戏中的角色都很可爱）和宏大的规模——游戏中多达六万六千名的可控制角色至今仍令人印象深刻。《工人物语》后来的续作加快了游戏节奏，但要想知道一款单纯的劳动型游戏的娱乐性能达到什么地步，第一代《工人物语》就是最好的答案。**KG**

The 7th Guest
第七访客

发售年份：1993
平台：多平台
开发商：Trilobyte
类型：益智

  赶着上世纪90年代的"互动电影式游戏"热潮，《第七访客》将真人实景表演与预渲染3D画面结合。游戏因其恐怖元素与性暗示被评为儿童不宜，更让人津津乐道的是，游戏制作成本仅为三万五千美元，靠一台S-VHS摄像机和一套改进过的蓝幕技术就完成了全部制作。《第七访客》和续作《第十一小时》（The 11th Hour）共卖出了超过两百万套拷贝，销售额超过一亿美元。

  欢迎来到斯塔夫公馆。这里是深居浅出的玩具匠斯塔夫的住所，他本人则是被自己制作的玩具娃娃给诅咒死的。六位毫不知情的客人被邀至公馆过夜，他们要在这里解开一系列可怕的谜题，发觉隐藏其中的恐怖秘密。没人可以活着离开，玩家所扮演的健忘的角色则要复原出每个人物在游戏中经历的一切。

  《第七访客》的预渲染特征意味着探险元素不会太重。但每个场景都会提供给你一个之前提到的谜题，比如藏在望远镜中的字谜。与此同时，过场电影向你详细而做作地描绘出那些可怜的拜访者所经历的惨剧。这些过场片段都是由真人演员来表演……就演技而言恐怕还难以称得上是演员，但至少都是真人。**DH**

The Legend of Zelda: Link's Awakening

塞尔达传说：梦见岛

发售年份：1993
平台：Game Boy
开发商：任天堂（Nintendo）
类型：动作/冒险

  一个被冲上海滩的陌生人，一座顶着一颗巨蛋的山峰，一次寻找八件魔法乐器的冒险之旅——《梦见岛》不仅标志着塞尔达系列第一次把宏大的冒险故事塞进小小的掌机平台，更是游戏首次离开遍布着森林平原的海拉尔王国，连系列常客——塞尔达公主、魔王加农和精彩的三角力量也被丢到了一边。本作讲述林克来到了神秘的库洪林（Koholint）岛，而他很快便发现，要想离开这个小岛，唯一的出路就是唤醒沉睡的风之鱼。

  除了表面上做了些变动外，《梦见岛》仍是一次令人心旷神怡的冒险，另外，玩家很快就会发现，游戏中的世界地图和千回百绕的地下迷宫仍旧是传统的塞尔达模式，有着大批的Boss和令人过目难忘的道具，向你提供你所想要的各种冒险与挑战。相比与塞尔达系列的其他游戏，本作对寻找特定道具的要求尤其高，但它也不少创新之处，如游戏中有根羽毛可以帮助林克进行跳跃，并出现了该系列自《塞尔达2》以来就销声匿迹的横向卷轴关卡。更有趣的是，马里奥世界中的不少小角色也在本作中有精彩的客串演出。

  《梦见岛》原本是一款标准的GB游戏，后来又以《塞尔达DX》的形式在任天堂的GBC掌机上推出了彩色再版，新版的游戏中还增加了一个特别迷宫供玩家探索。不管怎样，这都是一款绝赞的冒险游戏，虽然这是塞尔达系列首次登录掌机平台，但却是最忠实于原版《塞尔达传说》的一款作品。**CD**

Zombies Ate My Neighbors

邻居不是人

发售年份：1993
平台：多平台
开发商：卢卡斯艺术（LucasArts）
类型：射击

  这是一款有着史上最拉风的名字的游戏（可惜的是游戏在欧洲发行时，该死的审查部门把名字删减成为《丧尸》[Zombies]），但如果没有亲自体验过这款游戏，你也无法真正体会到它名字背后的霸气。

  只要花上几秒钟了解两位主角的运动鞋，你就会知道这款深受B级片影响的恶搞游戏为何如此具有感染力。这款可爱的游戏在结构上遵循传统的跑轰式游戏规则，玩家需要把每个关卡中的敌人全部消灭才能进入下一关。但是，正如游戏标题所暗示的那样，这可不是款甘心流俗的游戏，游戏内容就是个例证，那些丧尸和他们的帮手遍布在游戏的五十余个关卡当中，其中包括狼人、木乃伊、吸血鬼、巨蚁、邪恶巨婴，而这些怪物还只是其中的一部分。

  如果你觉得这些敌人的设定已经够离谱了，不妨看看你的军火库。从盘子到水枪再到十字架，什么都能当武器。虽然其中还包括一些令人讨厌的选择，但正是这些滑稽的设定赋予《邻居不是人》一种贱贱的幽默感。

  游戏的背景也同样体现出卢卡斯艺术的疯狂创意。游戏开始时，屏幕上出现的只是一些普通的郊区生活即景，如后院、商厦等等，这些背景都带着讨喜的视觉风格。但游戏马上便急转成为各种奇异而邪恶的场景，你最好自己去游戏中一探究竟。

  不管游戏中的敌人、武器或环境如何，《邻居不是人》的核心操作感可一点都不马虎，有限的解谜要素让已经富有娱乐效果的游戏更具可玩性。不管是单人模式还是双人合作模式，这都是一款趣味十足的16位游戏，值得每一位玩家亲自去发掘体验。**JDS**

Virtua Fighter
VR战士

发售年份：1993
平台：街机
开发商：世嘉（Sega）
类型：格斗

上前、蓄力两秒、前、前、下……下前？要想玩好格斗游戏，没个博士学位好像还真搞不定。即使你掌握了出招秘籍，其他熟练掌握格斗技巧的玩家还是有办法把你打成肉饼。相比之下，世嘉的《VR战士》则要简单得多，对于任何一位菜鸟来说都极易上手，因为《VR战士》只有三个输入指令：拳、脚、防御，游戏要求的是玩家对时机的把握和快速的反应能力，而不是对摇杆的出神入化的操作。

简单的操作并不意味着游戏缺乏深度。与此相反，《VR战士》中的八位格斗家有着风格迥异的格斗术，这在那个年代是极为罕见的。当时格斗游戏中的角色只有颜色不太一样，但格斗动作的重复率极高。但在《VR战士》中，要想击倒彪悍的摔跤手沃尔夫·霍克菲尔德（Wolf Hawkfield）或娇柔的沙拉·布莱恩特（Sarah Bryant），你需要的战术完全不同。

从电子游戏标准来看，《VR战士》的格斗相当写实。游戏角色不会放火球、瞬间移动，也不会喷硫酸。他们靠的都是一拳一腿的真功夫，仔细寻找对手破绽，然后用快速致命的一击撂倒对手。游戏也有特殊技，如反击、连击、格挡，但这些技巧都是用来服务格斗，而不是游戏的重心。

《VR战士》是最早迈入全三维画面的游戏之一，但以现代的眼光看来，游戏画面实在是太原始了。角色棱角分明，背景更是毫无细节可言。但重要的是游戏动作仍然流畅优雅，充满速度感，正是这款游戏为后来的3D格斗作品确立了一块模板。**MK**

Ultima Underworld II: Labyrinth of Worlds
地下创世纪

发售年份：1993
平台：PC
开发商：Looking Glass Technologies
类型：角色扮演

　　视角如此广阔，为何会让人觉得这么幽闭？《地下创世纪》采用了当时最尖端的第一人称3D视角，其高自由度的角色扮演元素与《毁灭战士》不谋而合，更为后来的《网络奇兵》（System Shock）和《神偷》（Thief）系列打下了坚实的基础，而这两款游戏也正是《地下创世纪》的制作方Looking Glass Technologies后来引以为傲的。

　　一开始，玩家就置身于密不透风的黑色岩石封禁的城堡之中，而封禁这个城堡的正是万年反派：守卫。你的任务则是逃离囚牢，躲开其中的怪物。你唯一的出路就是下到地下水道和洞穴之中，直到找到一颗神奇的水晶，使你能够在不同的次元间进行瞬间移动。虽然这些异世界千奇百怪且充满创意，但每一个世界都十分狭小、封闭。这不仅是用来表现城堡所处的困境，更反映出当时技术的局限性。

　　在监狱塔（Prison Tower）中，你必须潜入一个由哥布林控制的监狱，营救出囚犯，而在屠杀竞技场（Pits of Carnage）中，你面对的是以剑论生死的世界，需要通过决斗来继续前进；塔罗鲁斯次元（World of Talorus）是个抽象但却等级森严的世界，充满了神秘的能量形式；而在赛提鲁斯学院（Scintillus Academy），你必须通过魔法师的实践考试。不同的世界有不同的主题，如解谜、战斗或是探索，但你可以通过不同的方式来完成剧情。物品地点和角色对话都带有随机性，玩家通常都可以选择自己喜欢的方式（对话或是战斗，洗劫或是漂浮）来进行游戏。《地下创世纪》的高自由度还体现在游戏的一个魔法系统上，玩家可以通过古代符文和语言规则来创造新的咒语，比如，用cause/life/matter就可以使出"创造食物"的魔法。游戏为你准备了合乎逻辑却又灵活多变的系统，你的任何尝试都会得到巨大的惊喜。**AW**

Shadowrun
暗影狂奔

发售年份：1993
平台：多平台
开发商：Beam
类型：动作/角色扮演

　　FASA公司的塞博朋克RPG游戏《暗影狂奔》原本是一款桌游，后来又变成了SNES平台上的斜四十五度角动作RPG，再后来又堕落成一款PC和Xbox360上的多人在线射击网游。就"哪一个版本最烂"这个问题几乎毫无争议，而SNES上的这款《暗夜狂奔》也无疑是最优秀的一个版本。

　　玩家在游戏中被丢进了一个遍布企业大亨和反抗黑客的大都市，你所扮演的是穿着整洁的皮靴和军外套的杰克·艾米泰格（Jake Armitage）——一个内心阴暗、为达目的不择手段的人。游戏讲述艾米泰格在执行最后一次任务时遭人出卖，醒来却发现自己躺在太平间里，记忆全失。意识到自己正处在一个巨大的阴谋当中后，玩家必须找出幕后的真凶以及他想要杀害自己的原因。接下来要做的就是不断升级、获取更强大的武器，然后揪出真正的幕后黑手，不管他到底是谁。

　　即使是以现在的游戏标准看来，《暗影狂奔》仍是一款令人称奇的风格化游戏，情绪化的游戏角色、出色的游戏原声，以及从令人窒息的黑暗中照射出来的灯光，以及被光线分割的支离破碎的游戏世界都充满了个性；游戏还有一个精彩的剧本，以传统武器和魔咒为主的战斗系统一点也不会让人无聊，这些元素更增加了游戏的吸引力。

　　不管是什么版本，《暗夜狂奔》都是一个值得尊敬的游戏系列，它有着鲜明的游戏特色和内涵深度，即使是那款差强人意的新作也有不少网上粉丝簇拥。SNES版《暗夜狂奔》的世界塑造得非常出色，剧情精致而复杂，只要想到有一天这款游戏可能会推出续作就让人感到热血沸腾。**CD**

Breath of Fire II
龙战士2

发售年份：1994
平台：SNES
开发商：卡普空（Capcom）
类型：角色扮演

在这个充斥着RPG的SNES平台上，《龙战士2》仍旧是一款伟大的游戏。游戏在SNES上推出，融合了包括《圣剑传说》、《最终幻想》系列、《超时空之轮》（Chrono Trigger），以及一代《龙战士》在内作品的游戏元素，其素质在角色扮演类游戏中可谓数一数二。游戏时间设定在前作结局五百年之后，故事围绕一个名为龙的蓝发少年展开，讲述他的朋友被陷害入狱后，他为寻求正义而踏上征途。

《龙战士2》沿用了前作中的昼夜循环系统，整个游戏世界和其中的居民会随着时间的改变而发生相应变化，当然游戏中也少不了回合制战斗、随机遇敌等日式RPG的标志性元素。在战斗中选择正确的队形是游戏一个很重要的部分。游戏的另一个特点是每个角色的特殊能力，比如主角可以变身成为一条龙、弓箭手可以融合成为一架炮弹发射器。

游戏最有意思的地方在于整个世界逐渐展开的方式。队伍的每位成员都有其特殊技能，你可以利用钓鱼和捕猎一类的技能，玩一些主线剧情外的小游戏。但是真正能让你深入探索这个庞大世界的是游泳或通过裂谷的能力，探索过程的高潮起伏也是本作的一大亮点。另外，游戏也为后来的《暗云》（Dark Cloud）系列提供了灵感：在游戏中，玩家可以建立自己的城镇、选择喜爱的建筑风格、在其中安置各种对你完成主线任务有帮助的NPC——游戏甚至还有多个结局，具体出现哪个结局取决于你在游戏中操作龙及其伙伴的效果。《龙战士2》的剧情在16位游戏中绝对是个经典。**DM**

Tekken
铁拳

发售年份：1994
平台：多平台
开发商：南梦宫（Namco）
类型：格斗

在那个3D格斗游戏风靡全球的年代，《铁拳》首先取得了街机界的游戏霸主地位，随后又成为主机上的格斗游戏冠军。《铁拳》是第一款销量破百万的PS游戏，作为电子游戏界的大腕，这款游戏对格斗类游戏的影响一直延续至今。

《铁拳》的巨大魅力部分源自于它出色的上手度。南梦宫在这款游戏中的指令设定是游戏界的一个榜样——容易入门，不易精通。游戏的每个按键分别对应格斗者的四肢，因此玩家自然而然就知道应该怎么出招。只需要一点点技巧，就可以取得很大的进步，这也让《铁拳》成为一款具备高成就感与可玩性的游戏。

除了经过材质贴图处理的3D人物外，每位游戏角色的鲜明个性也赋予了《铁拳》独特的魅力。南梦宫给每位格斗者都精心设计了一段背景故事，而随着系列续作的不断推出，这些故事也在不断发展。游戏剧情围绕三岛家八展开。平八是一家跨国集团的老板、铁拳大赛的创始人。他曾为了考验后代的勇气而把年幼的儿子三岛一八抛下悬崖。现在，三岛一八重新杀了回来，并打败、羞辱了自己的父亲。游戏中的其他角色还包括三岛一八唯一的对手——柔道高手保罗·菲尼克斯（Paul Phoenix）、筹钱建立孤儿院的墨西哥摔角手豹王等等。此后游戏剧情逐渐开始朝多条故事线发展。正是因为确立了这样一批富有魅力的角色，才使这款《铁拳》从其他游戏中脱颖而出。而经过精心设计的游戏操作，更是以其极具写实感的格斗风格而得到武术界的盛赞。游戏推出后得到评论的积极反馈，并推出了六部续作。

《铁拳》——正如游戏中的裁判所说——是一次完美的"KO"。**JBW**

EarthBound
地球冒险2

发售年份：1994
平台：SNES
开发商：HAL
类型：角色扮演

《地球冒险2》一直都是一款曲高和寡的游戏，游戏专家们把它捧上天，但真正玩过的却鲜有人在。这是个悲剧，因为隐藏在《地球冒险2》口碑背后的确实是一款相当出色的游戏。这是一款奇特而搞笑的RPG游戏，不同于同类作品中的龙与仙的世界，《地球冒险2》把背景设在了现实世界，讲述一群勇敢的平民英雄如何展开不可思议的旅程。游戏生动而多彩，惊喜无处不在，充满了令人印象深刻的敌人和带有浓重美式风格的优美景色。

在日本，《母亲》（Mother）系列（《地球冒险2》就是这一系列的第二作）是一个知名度很高的RPG系列，甚至可以和《最终幻想》、《勇者斗恶龙》系列齐名，但在西方，这个系列的发行却经历了不少波折。游戏的第一代已经完成了翻译，但却一直没有发售——网上一直在谈论这部作品，并称之为《地球冒险Zero》（Earthbound Zero）——而离得最新的第三作则只能通过游戏粉丝的自制翻译版来体验。

唯有这款《地球冒险2》完整地呈现在我们面前，鉴于游戏的各种古怪设定（在第一部中第一个攻击玩家的敌人居然是一盏台灯）实在缺乏卖相，能玩上这款游戏确实令人庆幸。游戏中的世界有趣而迷人，每一位游戏角色也可爱至极，游戏的战斗系统更是精致，你甚至可以选择放手让游戏自动去处理各种战斗。虽然没能在西方市场大热，《地球冒险2》仍旧活跃在游戏界的角落，那里的城郊永远是黑夜，那里的暗处永远潜伏着外星人，那里的每个拐角处都有冒险在等待你的到来。**CD**

Doom II: Hell on Earth
毁灭战士2：人间地狱

发售年份：1994
平台：多平台
开发商：id Software
类型：第一人称射击

《毁灭战士2》中，新的武器升级可以让你用拳头把东西打到爆炸。很少有一款续作能做得这么赞，也很少有一款续作在原作基础上做了如此之少的改动。《毁灭战士2》对前作的改进做得非常精细，游戏新增了包括一只威力巨大的双管猎枪在内的各种新武器，以及更多的关卡和更多的怪物，同时游戏也见证了id Software公司为求尽善尽美而做的不懈努力：游戏中不仅有电影大片般的关卡、粗犷暴力的激战，甚至可以在混战过程中进行短暂的休息——这也是最早出现的FPS（第一人称射击）类游戏中的所谓"游戏节奏"（Pacing）。

游戏的成功因素很多。《毁灭战士1》是90年代早期最伟大的FPS作品，而这款续作很好地利用到了一代的骨架。另外游戏的制作速度也奇快：id公司不仅把令人窒息的速度和无尽的创造力融进了这款游戏，更用在了提高公司的生产效率上。游戏的主创之一、已经远离游戏界的神人约翰·罗梅洛（John Romero）一直和id的小团队非常疏远，最终导致自己的脑袋被插到了最终Boss"邪恶化身"身体里的一根棍子上。所以当玩家们以为他们在打最终Boss时，他们其实是在虐杀罗梅洛。与此同时，主程序师约翰·卡马克（John Carmack）从此便一发不可收拾地迷上了开发全新3D引擎，为《雷神之锤》（Quake）的诞生打下了基础。

《毁灭战士2》的完成也埋下了id公司分裂的种子，但游戏本身并不仅仅是《毁灭战士1》伟大的继承者，更是第一款实现在线联机的FPS游戏。多亏了被称为DWANGO的网络对战平台，《毁灭战士》的局域网激战已经袭遍全国。相比之下，《毁灭战士2》中的那把超级双管猎枪实在显得微不足道，不过它确实是一把拿来撒野的好武器。**RS**

Earthworm Jim
蚯蚓战士

发售年份：1994
平台：Mega Drive
开发商：Shiny Entertainment
类型：平台动作 / 射击

  当大卫·佩里（David Perry）向一个香港人开出上百万美元的高价时，他已经是一名炙手可热的程序师，制作过的游戏包括迪士尼的《阿拉丁》（Aladdin）和为麦当劳公司制作的获奖平台动作游戏《麦当劳斗士》（Global Gladiators）。而这位香港来客则是玩具巨头Playmates的老板，正试图进军电子游戏产业。面对Playmates的委托，佩里的Shiny Entertainment公司——一支汇集了英美两国游戏开发精英的梦幻团队——建议制作一款极具原创性的游戏。

  在道格·滕纳佩尔（Doug TenNapel，尼克少儿频道的著名系列动画《抓抓猫》[Catscratch]的创作者）的帮助下，Shiny Entertainment公司推出了这位蚯蚓战士——一个身穿太空服、手拿激光枪的美国英雄。蚯蚓战士就和他的英文名一样，又细又长。佩里意识到这是个创造一条多媒体产品链的大好机会，便说服Playmates公司和环球公司开发了一系列周边产品，并制作了一档动画节目。三者相辅相成，但其中最有号召力的还是这款电子游戏本身。

  《蚯蚓战士》中的游戏动画使用的不是16位主机游戏的技术，而是类似电视动画的技术。游戏中的人物尤其抢眼，蚯蚓战士吉姆和其他配角——比如猴子教授、猫魔、杀人金鱼鲍勃——都是先用铅笔手绘，然后再进行扫描填色创造角色。开发团队专门找来特克斯·埃弗瑞（Tex Avery）的动画影碟寻找灵感，以卡通风格展现所有的游戏创意。

  游戏的成品几乎就是一部互动式卡通，动作极尽流畅、夸张之势。游戏创作者们显然是一群富有创意的人，这一刻你还在把母牛射入太空，下一分钟你又骑上了一只巨型仓鼠。游戏中，玩家可以充分感受到早期跑轰游戏的灵敏反应度，对于一个没手没脚的游戏角色来说，这种感觉实在再好不过了。**DH**

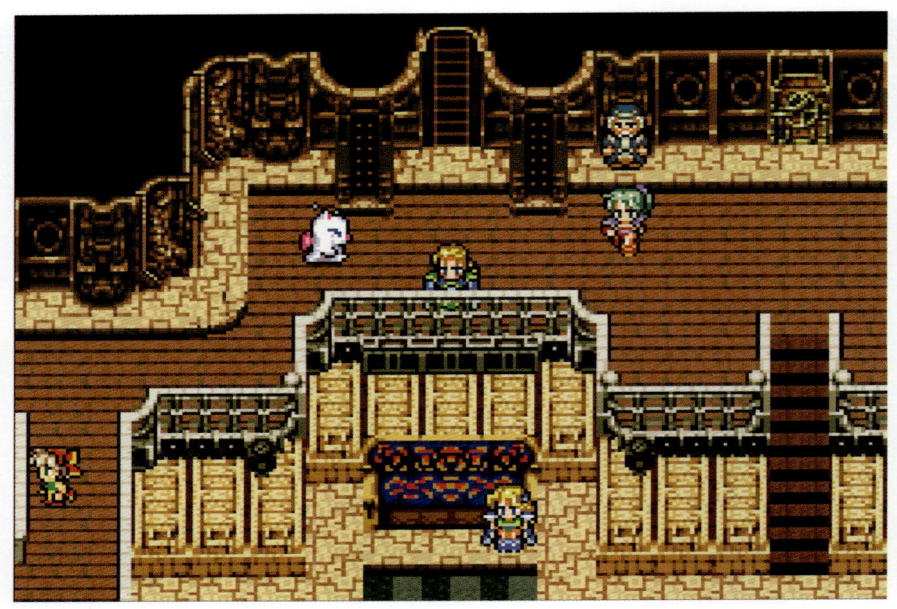

Final Fantasy VI
最终幻想6

发售年份：1994
平台：多平台
开发商：史克威尔（Square）
类型：角色扮演

对于一个常被抨击自我重复的游戏系列来说，《最终幻想6》的出现绝对是一个惊喜。除了一些概念设定上——如城镇、迷宫、音乐和战斗系统——的雷同，游戏在许多方面都实现了自我突破。

不同于传统J-RPG（日式角色扮演游戏）的单主角设定，玩家可以操控一大群角色，并可以在不同的角色之间进行转换。每一个可控角色都有其独特的战斗方式，更有各自丰满的背景故事等待你去发掘。毫无疑问，游戏在剧情上延续了最终幻想系列一贯的风格，充满了笑料与机智的对白，而没有像其他同类游戏那样被俗套的日式动漫元素拉低了水准。每个角色都有其真实可信的冒险动机、性格缺点和癖好，使得游戏剧情更为丰满有趣。游戏在奇幻哲学上尽量点到为止，而把更多的篇幅放在政治和帝国的塑造上，这一明智的决定也使得游戏更具厚实感和可信度。游戏剧情在深刻与搞笑之间游刃有余，吸引玩家不断前进；另外本作也不再过分强调战斗对角色的磨练，使得反感这类游戏冗长流程的玩家也能从中找到乐趣。

和游戏的故事情节相比，本作的战斗系统虽然略显平凡，但仍然很有创新性，角色五花八门的技能也使得战斗充满刺激。史克威尔艾尼克斯公司已经在GBA上推出了这款游戏的重制版，新版游戏不仅有全新的翻译，还对原作的一些缺陷进行了修复。如果你在SNES平台上错过了这部作品，那么强烈推荐你选择这款重制版《最终幻想6》。**SP**

Micro Machines 2: Turbo Tournament
微型机车：涡轮联赛

发售年份：1994
平台：Mega Drive
开发商：Codemasters
类型：赛车/竞速

　　初代的《微型机车》为Codemasters的这款赛车系列树立了不错的口碑，但真正把游戏做到尽善尽美并俘获更多玩家芳心的则是这款《微型机车2：涡轮联赛》。续作中理所当然地加入了更多的可选赛车和家居场所作为赛道供你飙速。相比于NES平台上的前作，《微型机车2》在背景细节刻画上有了质的飞跃：摆在工具桌上危险的电钻头、散落在沙坑四周的铁锹和掉落的冰淇淋、弹球桌和上面烦人的弹球板——大块的sprite、漫画式的配色，所有的这一切都带着鲜明的Codemasters风格。

　　续作在单人模式中增加了新的联赛模式和限时赛道，但游戏的最大魅力还是刺激的多人模式。在多人模式下，如果玩家的车子被对手甩得太远，还会暂时从赛道上消失。在意识到多人模式的魅力之后，Codemasters又在游戏上用上了他们的J-Cart技术——带有两个额外手柄端口的特制盒子，使游戏可以支持四人甚至最多至八人共同游戏。MD玩家们爱死这些东西了。

　　《微型机车2》成功地从一个幼稚的主题中创造了一款真正的游戏。游戏带有Codemasters在8位和16位年代标志性的肆意恶搞，其中有场比赛的赛道居然是厕所的坐便器！游戏的赛道设计非常出色，尤其适合有技术、有经验的玩家。游戏中不乏各种小道捷径和有趣的创意，例如造厨房洗碗池中的海绵渡船关卡，玩家可以把对手挤进洗碗水中。你在《GT赛车》里可看不到海绵渡船。**KS**

Tempest 2000
暴风射击2000

发售年份：1994
平台：Jaguar
开发商：Llamasoft
类型：射击

Little Big Adventure
小小大冒险

发售年份：1994
平台：多平台
开发商：Adeline
类型：动作/冒险

　　杰夫·明特的这款《暴风射击2000》是对戴维·休勒的矢量射击游戏经典《暴风射击》的一次改造升级，赋予原作中的基本游戏元素以全新的面貌。游戏将视听体验完美地结合在一起，紧张中混杂着快感，而游戏的核心理念就是尽量多干掉一些敌人。

　　游戏的视觉风格——从游戏的反馈画面到彩虹般绚烂的色彩——无人能出其右。当你射击时，画面上充满了飞驰的闪光、跃动的光影和散落的粒子效果。游戏的原声音乐就是一系列的劲舞节奏，夹杂着与游戏画面同步的声效，帮助你发现你目光所不能捕捉的危险。

　　除了视觉享受外，《暴风射击2000》还是这位除了设计顶尖射击游戏外什么都不做的设计师设计过的最顶尖的射击游戏。在游戏的全部七十个关卡中，游戏难度时而暴增，然后又渐渐减低，给你短暂的放松之后又把你扔回了疯狂的战斗当中。《暴风射击2000》仍然是一款相当紧张刺激的游戏，这也是为什么今天仍有部分玩家对雅达利Jaguar游戏机如此不舍。**RS**

　　《小小大冒险》在法国完成开发，但游戏背景却是一个纯幻想世界。在1994年，这款早期的动作冒险游戏根本找不到第二款和它类似的游戏。玩家在游戏中扮演特文森（Twinsen），他频繁的噩梦让别人以为他是个疯子，但这些梦最终却能拯救星球上的居民。这个看似可爱的星球基本上是个军营，其中的古怪居民包括形似大象的格洛博斯（Grobos）、兔人（Rabbibunnies），以及有着标志性球形身体的古代圆球族（Spheroids）。《小小大冒险》采用了斜四十五度视角的3D图像，游戏有着较高的自由度，只要是没上锁的地方都可以自由出入。对于今天的玩家来说，这样的设定早就司空见惯，但在当时却是极具突破性的尝试。比《小小大冒险》中的技术成就更经得住时间考验的是游戏世界本身：多边形人物的3D表现相当出色，丰富的环境和音乐营造出一种强烈的临场感。《小小大星球》有着玩具般的角色、有趣的对白、多彩的环境，在今天，很少有动作冒险游戏能像这款标题有爱的作品一样，把这种异世界奇观同游戏剧情结合得如此巧妙。**OB**

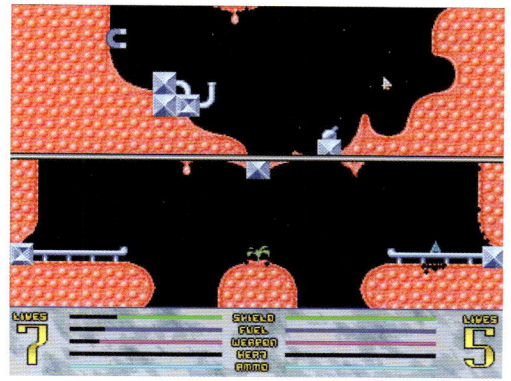 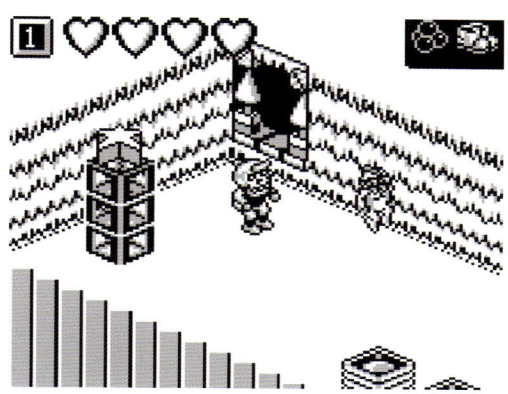

Gravity Power
重力战舰

发售年份：1994
平台：Amiga
开发商：Bits
类型：射击

  在特定的时间和环境下，《重力战舰》可以被称为有史以来第二伟大的游戏，而这个特定的时间和环境便是90年代中期奄奄一息的Commodore Amiga平台，特别是在英国杂志《Amiga Power》的读者群中，游戏尤其受欢迎。游戏实为《重力之力2》（Gravity Force 2）的特别版，游戏名字中的"Power"就取自《Amiga Power》的杂志名。

  对于《重力战舰》而言，制作成本并不重要，重要的是游戏体验。你将控制一艘飞船一边对抗地心引力一边消灭敌人。重力元素让那些扭曲的关卡变得和敌方的枪炮火力同样可怕。《重力战舰》的特点就在于用一个简单的概念贯穿了整个游戏。游戏还允许玩家自制关卡，更增强了其可玩性。一些关卡中，你的飞船很容易飞速坠入湖中，其他的关卡则极尽复杂之势。

  《重力之力2》是通过共享软件模式进行发行的，用户可以对游戏进行更新升级。《重力战舰》则是游戏的最终版本，增加了一些额外的挑战和关卡。当你选择双人模式和朋友一起战斗时，《重力战舰》便成了最伟大的游戏。**KG**

Monster Max
怪物麦克斯

发售年份：1994
平台：Game Boy
开发商：Jon Ritman，Bernie Drummond
类型：冒险

  一个名叫克荣德王（King Krond）的人类出现在了麦克斯的星球，并禁止了所有的音乐，这便是这款《怪物麦克斯》的故事背景。游戏中的六百余个房间中充满了同类作品中最出色的谜题。游戏刚开始时，你什么都没有，但很快就会得到各种装备来武装麦克斯，比如一双可跳跃的靴子、一个力场盾以及闪电技能。

  游戏的场景中布满了尖刺、传送带和砖块，而这些基本元素的不同搭配正是《怪物麦克斯》世界的乐趣所在。种种的环境限制下造就了这款小小的游戏杰作。游戏从简单规则中挤出来的新奇创意令人印象深刻，而且在游戏过程中你很少会感到无聊。

  这里有必要特别提一下伯尼·德拉蒙德（Bernie Drummond）对游戏视觉风格做出的贡献。Gameboy掌机上从来都看不到什么技术革新，但是麦克斯和他所生活的世界却彰显着个性。机械人、陷阱、花样繁多的怪物弥补了游戏剧情的不足，敌人和陷阱的数量多得有些不合逻辑，有时甚至让人觉得被游戏恶整了一番。但真正撑到通关的玩家都不会忘记冒险结束时那种通体舒畅的感觉和无法抑制的兴奋。**RS**

Point Blank
爆笑枪弹

发售年份：1994
平台：多平台
开发商：南梦宫（Namco）
类型：射击

上世纪90年代，光枪游戏市场几乎完全被肌肉型射击游戏——如《VR特警》（Virtua Cop）和《化解危机》（Time Crisis）——所霸占。此类作品中尽是些高大威猛的坏蛋和极尽华丽之势的暴力场景。这款《爆笑枪弹》正是在这样的大环境下诞生，执着地把玩家拉回这类光枪射击游戏的老祖宗——艳俗的游乐场打靶游戏当中。

《爆笑枪弹》先是在街机平台登陆，随后又被移植到PS上。游戏中包括各式各样的射击类迷你游戏，但没有一个拿人类来当靶子（那些古怪的纸板忍者除外）。游戏开始时，玩家要选择一个难度等级，然后开始孤身一人或是和朋友一道（街机配有蓝色和粉红色两把光枪）在无数的疯狂关卡中大肆开火。其中的一些关卡是专门考验玩家开枪速度的，比如在有限时间内在一辆车上轰出五十个洞，或是打光屏幕上所有的弹跳球。其他的则强调射击的精准性，比如只用一发子弹击中树上飘落的一片叶子。

《爆笑枪弹》的亮点在于数量繁多而花样百出的任务。游戏中充斥的荒诞而无厘头的创意，从咯咯大叫的鸡到上蹿下跳的骷髅，全都以一种艳丽而可爱的形象展现在玩家面前。为了保持游戏的整体感，《爆笑枪弹》中引入了两个贯穿游戏任务的角色：Dan博士和Don博士。这对活宝经常要面对袭来的坦克或是拿着火把的土著等各种危机。在后来的PS版及衍生续作当中，这对搞笑二人组的戏份也越来越重，用笑果十足的段子把游戏过场和关卡介绍部分搞得非常有气氛。

《爆笑枪弹》最近又登陆了DS平台，作为全家同乐型游戏的雏形，不论是南梦宫的狂热爱好者，或是绝对的游戏菜鸟，都能在这款游戏中找到你想要的乐趣和挑战——能做到这点的游戏确实不多。**KS**

Puzzle Bobble
魔法泡泡龙

发售年份：1994
平台：多平台
开发商：Taito
类型：益智

同样颜色的物体放到一起，达到一定数量就会消失——这已经是电子游戏界的一条老规矩了。《魔法泡泡龙》常被认为只是各种益智游戏的混合物，但事实上，这是一款原创游戏。一大堆的彩球会从屏幕上方缓缓下降，玩家则在屏幕下方控制一门大炮，炮管里发射出的彩球可以以任意角度在墙壁上来回反弹。当小球碰上那个球堆时就会被黏住。《魔法泡泡龙》的经典之处就在于玩家常常会自掘坟墓。因为游戏简单的重力设定，游戏屏幕很少会被小球所占满，但你糟糕的枪法和错误的估算却会让本该空无一物的地方节外生枝，老的问题还没解决，又给自己带来了新的麻烦。所有玩过《魔法泡泡龙》的玩家应该都有过这样的经历：就在你玩得一肚子火、绝望与愤怒交织时，射出去的一球又给打偏了，于是你便自暴自弃一通连射，妄图靠运气挽救残局。

但这种做法从来都不会见效。如果玩家枪法够准的话，只用一枪就能把一串小球从球堆中分离出来，这也意味着坏球再多，只要你有足够的耐心，你都可以把它们变成好球。但这款游戏的玩家缺的就是冷静，尤其是当上方的球墙步步逼近时，大炮旁边的巴布和波布会表现得越来越恐惧。但彩球总是要触地，游戏总是要Game Over，因为这就是益智游戏。但是你还是会忍不住，一局又一局地重玩。当然，如果是和你的朋友进行双人对战，游戏将会给你带来数倍之多的喜悦和沮丧。**RS**

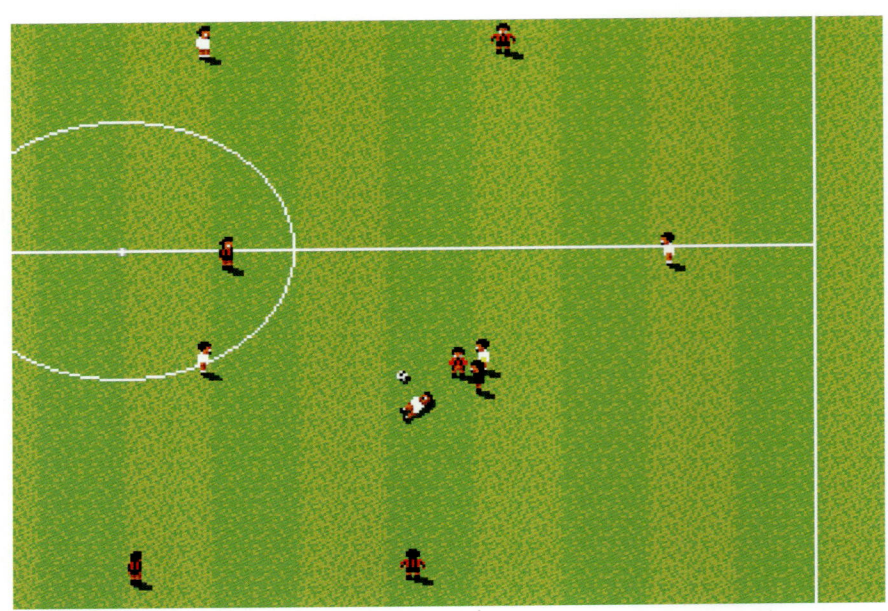

Sensible World of Soccer
感官足球世界

发售年份：1994
平台：多平台
开发商：Sensible Software
类型：体育休闲

　　《感官足球世界》最早于1994年推出于Commodore的Amiga平台，游戏不仅延续了前作《感官足球》（Sensible Soccer）中的精彩比赛，更破天荒地加入了精细的足球管理模式。

　　《感官足球世界》最令人印象深刻的是它的巨大规模与广阔视角。有史以来，游戏界出现了第一款包含上万支真实世界球队以及更多的真实世界球员的游戏，游戏中的虚拟足球经理更是拥有无穷种战术选择，为他们二十年的职业经理生涯——从坐在球场边线上冲着球员大喊到直接指挥比赛——提供帮助。

　　和有着超逼真的假摔球员的现代足球游戏比起来，《感官足球世界》多了一份复古的美感，但事实上，这款游戏的画面实在没什么东西能拿给你看：球员不过是一丁点儿大的像素，他们脚下简单的2D球场也只是大块的棕色或绿色色块。游戏真正的强大之处在于它的速度感和对细节的考究：像素球员们仿佛有自我意识般在球场上移动、足球弹跳和滚动时极具逼真感、通过轻触按键还可以从球门上角射进弧线球，而所有的这一切仅靠一个按键就能实现。

　　游戏设计的一大亮点在于那些看似单调朴素的长方形球场居然能表现出实际场地极其细微的差异感：潮湿的球场会粘着球，而在新铺的草皮上，足球的移动和弹跳效果则要好得多。最精彩的地方在于游戏中的这些小火柴人居然可以说服你的大脑，让你相信你正处在一场真实的足球比赛现场，这种代入感比后来的许多全3D足球游戏还要强。**DM**

Samurai Shodown II
侍魂2

发售年份：1994
平台：多平台
开发商：SNK
类型：格斗

在90年代初期，街机游戏生产商SNK决定用一款属于自己的格斗游戏来打败《街头霸王2》。《饿狼传说》和《龙虎之拳》（Art of Fighting）是两次风格迥异的尝试，可惜都没能够吸引街机玩家的兴趣。

于是SNK决定另辟蹊径，指派一支名为Team Galapagos的内部开发团队来制作一款一对一的格斗游戏。这款作品没有现代街头格斗式的淘汰赛，而是把背景设在封建时代的日本，用刀剑武装角色，弱化了特殊技在游戏中的使用。这款游戏便是初代的《侍魂》（Samurai Shodown）。

虽然《侍魂》并不完美——游戏的英文标题中的Showdown（决战）居然还拼成了Shodown——但游戏很快便在玩家群中流行开来。游戏节奏紧张，强调战术的运用。玩家必须小心把握攻击时间，以免暴露自己的致命弱点。而《侍魂》中的每一项成功元素都在续作《侍魂2》中得到了提升。

虽然被广泛认为是侍魂系列的巅峰之作，《侍魂2》对初代的改进——增加新角色、新招数和防御选择——其实并不明显。游戏保留了一代的简洁的操作，也正是这种操作让侍魂系列的兵器对战显得如此爽快。续作中加入了细节更为丰富的画面和更灵敏的指令反应，可以说是90年代中期最成功的一款格斗游戏之一。游戏还新增了一些突破性元素，如格挡和大量的游戏彩蛋。

事实上，《侍魂2》最大的缺憾就在于它糟糕的英文翻译，烂到让你怀疑它是不是故意逗你玩的。幸运的是，游戏出色而平衡的设计并没有因为翻译的影响而失色。**MKu**

Uniracers
无敌单轮车

发售年份：1994
平台：SNES
开发商：DMA Design
类型：竞速

　　从1988年成立一直到2002年的这段时间内，大名鼎鼎的Rockstar North公司其实一直叫DMA Design。这家著名的苏格兰游戏开发商创作了大量知名游戏，其中既有《疯狂小旅鼠》这样的益智游戏，也有《侠盗猎车》这类开放世界式作品。其中名声稍逊的，则是这款《无敌单轮车》。这是DMA Design的第一款主机游戏，也是公司为任天堂开发的第一款游戏。

　　《无敌独轮车》不出名绝不是因为质量不佳。这款在英国被称为《独轮竞赛》（Unirally）的游戏采用了侧面视角，将独轮车比赛和平台动作游戏元素巧妙结合，动作流畅而充满速度感。比赛的场地设在一个抽象空间里，比赛用的管状赛道犹如莫比乌斯环般交错扭曲。《无敌独轮车》还有一个特技系统，玩家可以突然提速，在空中完成一系列的回旋动作，不过落地的时候你就得小心了。在双人分屏模式下，游戏就变成了一场狂欢。每次跳跃过程中，参赛者双方都会使尽浑身解数来表演特技动作。

　　游戏中的独轮车采用了预渲染CGI技术进行表现（这种风格在当时非常盛行，同时期的同类作品还有Rare公司的《大金刚国度》［Donkey Kong Country］）并被赋予了极其生动的角色个性：比赛开始前它会在起跑线上左右晃动，当你加速时它的车身会朝前倾，当对手快要追上来时车座会回头看，而当你胜利时它还会向你鞠躬致敬。

　　但正是栩栩如生的赛车让此作没能流芳至今。1994年，皮克斯虽然还没推出那部令它跻身主流视线的《玩具总动员》，但也已有不可小觑的实力。皮克斯向法庭起诉，状告《无敌独轮车》中的独轮车系抄袭皮克斯1987年的动画短片《独轮车的梦》（Red's Dream）中的角色。DMA Design和发行方任天堂最终没能打赢这场官司，因此除了首发的三十万份外，任天堂公司便再没继续发行这款游戏。**AW**

Sub-Terrania
旋风战机

发售年份：1994
平台：Mega Drive
开发商：Zyrinx
类型：射击

　　除了彗星和外太空侵略者外，多年以来玩家在游戏中面临的另一大威胁其实是惯性。在《重力战机》、《突击战舰》、《异星流放》以及《班凯奥》（Bangai-O）等游戏中，玩家都要带着一根逐渐减少的能量槽，操纵飞船穿越迷宫般扭曲的通道，同时还要和可怕的地心引力较劲。Zyrinx公司的《旋风战机》这是这类游戏中的最佳代表。游戏丝毫不肯迁就无经验的新手玩家，在十个气氛十足的关卡中，向玩家提出了巨大的挑战。

　　故事讲述一个地下殖民矿场遭到外星人袭击，玩家将扮演一名孤胆飞行员，驾驶试做型攻击舰出发消灭外星侵略者。虽然《旋风战机》借用了之前的不少作品中的游戏元素，如重力效果、有限燃料，以及营救被困矿工的任务等等，但游戏也有自己的创新之处。如矿场铁轨可以帮助你节省燃料；水下模式可以让你的飞船潜水等等。但虽然有这么多的福利，游戏的难度仍然令玩家和游戏评论家感到咋舌。世嘉公司将MD定位为面向硬核玩家群体的游戏机，而这款《旋风战机》就是最好的证据。

　　游戏的画面做得比较敷衍，只起到了一个和玩家交流互动的作用，和同时期的其他大场面游戏相比，《旋风战机》并没有优势。但游戏画面也有其自身的魅力，让人联想起Psygnosis公司带起的生化恐怖类游戏艺术热潮。另外，配上激昂的背景音乐，《旋风战机》的画面也令那些誓要爆关的玩家难以忘怀（在第八关耗死无数条命后，就算他们想忘也忘不了）。这是一款勇敢者的游戏，但对于那些肯下狠功夫的玩家来说，《旋风战机》的乐趣也会在游戏中不断体现出来。**BM**

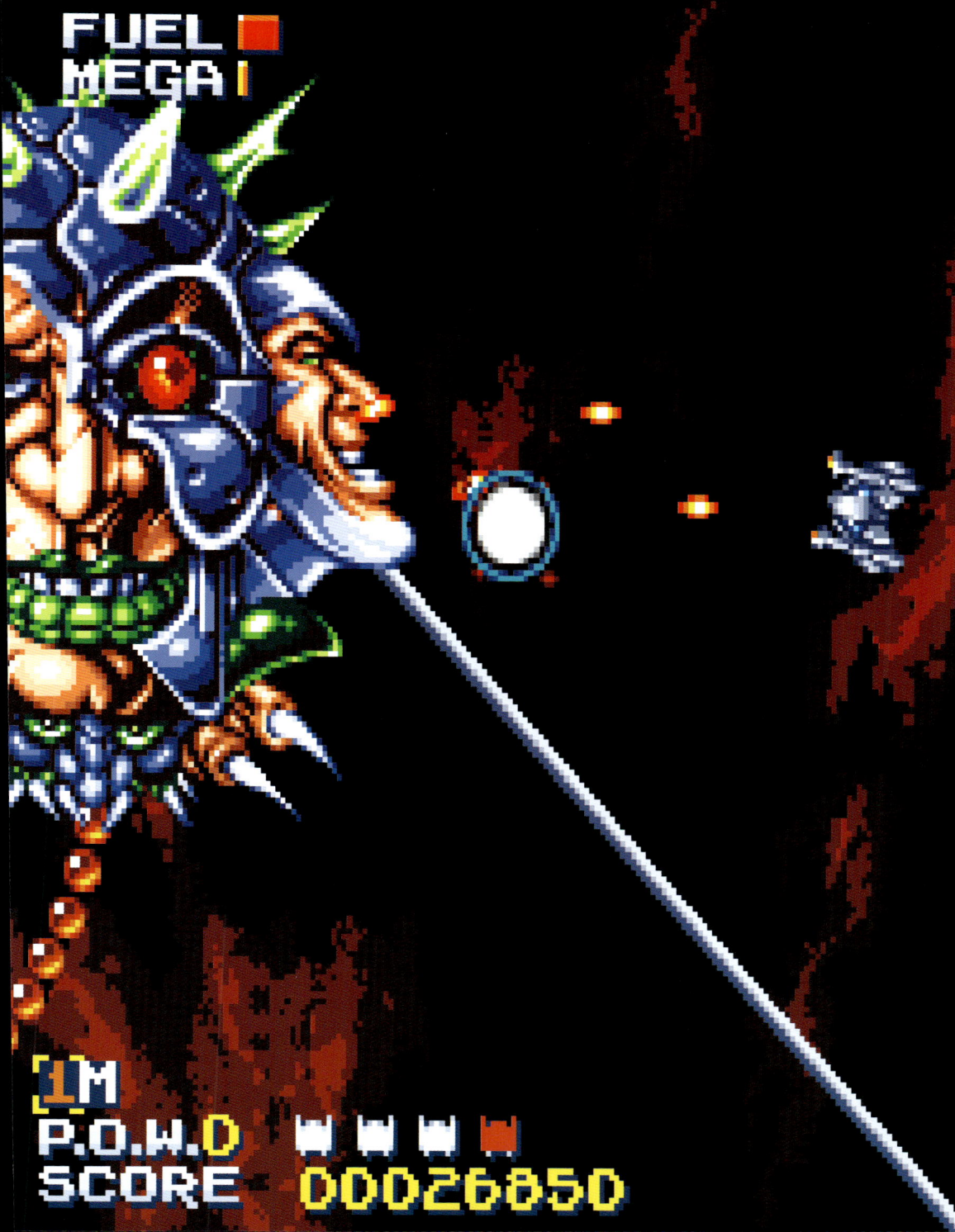

Super Punch-Out!!
超级拳击

发售年份：1994
平台：SNES
开发商：任天堂（Nintendo）
类型：体育休闲

也许只有任天堂公司才能把拳击做成有趣的卡通，创造出英语如此蹩脚、却又如此刺激的游戏。《超级拳击》的伟大之处在于使格斗变得充满可预测性，整个游戏系统都建立在比赛一方选手看穿对手出拳的那一瞬间，把复杂的拳击运动简化成为一些基本的动作招数。

简单的攻击：一个按键控制左拳，一个控制右拳，按住向上的方向键则会瞄准头部，不按则瞄准身体，另外一个单独的按键控制必杀技。简单的防御：要挡拳，按上；要闪避，按下；要侧闪，按左或者右；要保护身体，则什么都不用按。简单的游戏目的：摸清你对手的攻击套路，学会如何反击。

对于一些人来说，《超级拳击》不过是个虚有其表的快餐游戏，一旦摸透了对手的进攻套路，他们根本无法近身。但对于其他人而言，这便是游戏的意义所在。对于如何放倒那个有着无敌大肚子的伐木工"熊抱男"，你也许早就掌握了秘诀，但你还是会走进赛场和他再战一回；每当"壮汉先生"的教练开始在场外大喊大叫时，你都知道他要使出什么招数，每当"飓风皮森"打出那招"飓风突袭"时，你都知道如何去抵挡他的进攻，更不用说如何用一击必杀干倒"秃头公牛"。

《超级拳击》的吸引力部分来自于游戏中个性十足的角色，以及他们面对残忍对手时试图用计取胜的挣扎，或是使用心理战术时那点嘴皮子功夫。当他们肆无忌惮地耍赖却惊讶地发现比赛已经结束时，面对失败瘫倒在地的场景最具喜感。但真正让你觉得胜利如此美妙的原因，是因为你花了数小时的时间来使自己变得如此强大。这是你应得的荣耀。**RS**

Super Metroid
超级银河战士

发售年份：1994
平台：SNES
开发商：任天堂（Nintendo）
类型：平台动作／射击

当马里奥和塞尔达都在沉浸快乐的冒险旅途中，时而打打敌人、时而交交朋友时，《银河战士》系列却在探索宇宙的黑暗面。这是一款向太空恐怖片取经，而不是从周六早间卡通档节目中获取灵感的游戏，用一种迷失感和禁闭感来营造复杂而惊悚的游戏氛围，恰好中和了任天堂第一方游戏过分欢乐的风格。

正如许多SNES平台游戏会对经典的NES游戏进行改造升级，《超级银河战士》也保留了前作中的经典游戏元素：令人窒息的探索、逐渐展露全貌的世界、原路撤离、升级变形成为变形球等等，并在此基础上增加了绝妙的想象和精致的图像，使整个游戏变得如此卓然不同。

游戏的背景设在了神秘的Zebes星球，讲述萨姆丝启程找回被夺的Metroid幼虫的故事。《超级银河战士》有着游戏史上最诡异、孤独、可怖的横版关卡，让人感觉仿佛置身极深的地底，四处弥漫着强烈的无助感。虽然游戏设计生动形象，但毛骨悚然的恐惧感有时仍会袭遍全身。游戏的地图巨大而复杂，充满了秘密和隐藏角落，武器升级系统更会不断地改变游戏给你的感觉。这是完美主义者所追求的游戏，让他们在实现完美通关的过程中享受一个引人入胜的故事。

游戏也成为了最速通关爱好者的最爱，玩家会试图在最短的时间内完成这场史诗般的冒险，同时尽量避免收集任何武器升级。但如果这是你第一次降落Zebes星球，你最好还是悠着点，多花点时间仔细检查每一个阴暗的廊道，享受这个电子游戏史上最令人沉溺其中的幻想之旅。**CD**

Beneath a Steel Sky
钢铁苍穹下

发售年份：1994
平台：多平台
开发商：Revolution Software
类型：冒险

  这么多年来，在英国游戏公司制作的所有游戏中，《钢铁苍穹下》永远都是最具英伦气息的。游戏集精致、复杂、煽情、忧郁于一身，简直就是本精彩绝伦的互动式漫画。鼠标点击式操作加上由《守望者》（Watchmen）作者戴维·吉邦斯（Dave Gibbons）绘制的过场画面都让它成为90年代早期冒险游戏当中最令人印象深刻、广为玩家津津乐道的作品。

  游戏背景被设在澳大利亚阴暗的未来，主人公罗伯特·弗罗斯特（Robert Foster）年幼时是一次坠机事故中唯一的幸存者，并被澳洲内陆土著抚养长大。弗罗斯特能言善辩，又精通机械技术和求生技能，结果却被联合城（由一台万能计算机操控的穹顶大都市）派来的突击队所绑架。弗洛斯特的族人全部被害，只剩下乔伊（Joey）——一个被他储存在电路板中的人工智能——与他相伴。直升机在城中坠毁后，弗罗斯特成功逃出。他穿过一系列的工厂和摩天大楼，并从那些古怪的市民口中得到了一些他追寻已久的答案。

  带着约克郡口音的工人、满口英国俚语的美国人，以及各种对《神秘博士》（Doctor Who）、道格拉斯·亚当斯（Douglas Adams）以及Joy Division乐队的致敬，这款以澳洲为背景的游戏给人强烈的不协调感。但《钢铁苍穹下》的灵感来源——从弗里茨·朗（Fritz Lang）的《大都会》（Metropolis）到反乌托邦小说和尼采——确是可以引起所有人共鸣的。游戏的背景也相当惊艳，联合城巨大而丰富的细节足以和卢卡斯艺术公司或Sierra On-Line公司的任何作品相媲美。《钢铁苍穹下》在2003年一度成为一款免费游戏，但2009年的iPhone收费版你一定要入手。这个版本不仅有触屏控制、原版对白，更有重新制作的游戏音乐以及穿插在过场中的动态漫画，令Revolution Software的这枚珍宝再次熠熠生辉。**DH**

Killer Instinct
杀手学堂

发售年份：1994
平台：多平台
开发商：Rare
类型：格斗

　　任天堂一直都以其巨大的家庭亲和力而闻名，因此当这家公司在90年代挤破头皮去和别人争夺暴力格斗游戏的霸权时，所有人都大跌眼镜。而当时任天堂竞争对手的作品，基本上都是靠挖空心思加入各种毫无意义、哗众取宠的怪异游戏元素作为噱头。这款《杀手学堂》至今仍是Rare公司作品中最另类的一部。这是一款没有任何限制条件的格斗游戏，游戏角色千奇百怪，有拖着口水的狼人、会变形的外星人、挥着长剑的骷髅，当然少不了一位着装暴露、充满异域风情的美女——每个角色都誓要将对方打到肝脑涂地。《杀手学堂》没有《街头霸王2》的研究深度，也没有《真人快打》（Mortal Kombat）的霸气绝招，但游戏仍然从同类作品中脱颖而出，其原因有二。首先，游戏的预渲染图像使画面更加饱满、厚重，这也是这些年来即时演算3D游戏一直在设法达到的画面效果。游戏中的角色看上去充满了胶泥的质感，仿佛是一个个手办模型，这非常符合他们的漫画式造型。游戏背景则有着强烈的纵深感和细节感，这是其他同时期作品中那些简陋、呆板的战斗场地所无法比拟的。

　　其次，游戏中有着不计其数的连击，每次发动连击时，都有个画外音像父母夸孩子那样称赞你的技术，这也使得《杀手学堂》非常适合在群众围观的情况下进行游戏。连击的发动并不需要复杂的组合键操作，相反，一个简单的控制输入就可以触发长得变态的连续技。你完全可以在发动一个逆天的"究极连击"后，从街机上潇洒的走开，和旁边的人击个掌，任由你的角色在一边狂扁那些可怜的对手。话说格斗游戏如果不能羞辱对手的话，那还有什么意思呢？ **MK**

Theme Park
主题公园

发售年份：1994
平台：多平台
开发商：牛蛙（Bullfrog Productions）
类型：模拟经营

　　作为一款模拟经营类游戏，《主题公园》和同类游戏最大的不同就在于：你经营的东西是真的很有趣。牛蛙制作公司的这款经典游戏要你自主管理一个小型迪士尼乐园，包括其中的棉花糖摊子和过山车。游戏一开始会免费给你一片土地和几十万美元，接下来的一切都由你自己决定，你需要铺路、安置摊点、雇佣员工，并存好钱修建最棒的云霄飞车，一步步走向致富之路。虽然你也要考虑如何提高利润率或调节供求关系，但相比于在服装行业排挤竞争对手或控制跨国银行巨额资产等沉闷事务，经营主题公园可要轻松好玩得多。

　　牛蛙公司高超的细节刻画技巧在本作中得到了充分体现：演员们身着动物服装在游乐场摇摇晃晃走动、快餐摊点向游客提供足够的糖分和脂肪、过山车则充满了刺激的回环、下落和急转弯道，如果你玩的是这款游戏的升级版，你还可以点击欣赏回放片段。如果你喜欢的是充气城堡、树屋或是摩天轮，你也可以在主题公园内一一体验。

　　《主题公园》内容新颖而乐趣无穷，充满现代化气息与冷幽默元素。这款游戏几乎被移植到了所有的游戏平台上——最近的一次移植是在DS上，但评论褒贬不一——《主题公园》之于经营类游戏正如牛蛙的《上帝也疯狂》之于上帝类游戏，其影响力之大不言而喻。牛蛙制作公司被艺电收购后，这个曾经的游戏巨头便带着这款独具英式风情的游戏逐渐离开了人们的视线。但如果你对处理数据表和年度账目情有独钟，或是对烤肉上该放多少盐之类的问题满怀兴趣，《主题公园》绝对是你期待已久的游戏。**CD**

King of Fighters '94
拳皇94

发售年份：1994
平台：多平台
开发商：SNK
类型：格斗

　　《拳皇》是一个获奖无数、成就显赫的格斗游戏系列。在2003年之前，这个系列每年都要推出一款新作，在2003年以后仍旧定期推出新产品。作为《拳皇》系列的开山之作，《拳皇94》其实是借用了SNK公司的《饿狼传说》和《龙虎之拳》两部作品中的游戏人物，再加入一些原创角色，形成了一款组队比赛型的2D格斗游戏，并从此成为SNK公司的重头产品。

　　《拳皇94》的目的在于吸引和糅合SNK不同游戏系列的玩家，同时也是第一款引入组队概念的一对一格斗游戏。玩家可以选择三人一组的格斗团队参加比赛，每一位格斗家轮流上场，直至被打败或取得胜利。和之后的《拳皇》系列不同的是，《拳皇94》只允许玩家在不同国籍的格斗组中进行选择，而不能进行单人选择。游戏也将大批偶像级的游戏角色介绍给了玩家，比如频频现身海报的草薙京。不管你喜欢什么口味的格斗游戏，你总能在这款游戏中发现你中意的东西。

　　虽然对于不少粉丝而言，相比于游戏后来的各种升级版，原版的《拳皇94》实在很不上眼（作为一款转型作品，游戏在平衡性上也存在不少问题），但这仍是一款可玩性很高的游戏，对于那些被升级版中的海量人物与格斗风格弄昏头的玩家而言，本作就是一本绝佳的入门教材。游戏有着经典的SNK美术、音乐风格以及超高挑战难度的AI，成功地把SNK的街头格斗类作品同卡普空的游戏区分开来，累积了极高的人气。当其他同类作品在竞争中被淘汰时，《拳皇94》却做到了经久不衰。**MKu**

Star Wars: TIE Fighter
星球大战：钛战机

发售年份：1994
平台：PC
开发商：Totally Games
类型：射击

　　《星球大战：钛战机》标志着一次完美的合作。在制作这款游戏之前，卢卡斯电影游戏公司的设计师劳伦斯·霍兰德（Lawrence Holland）已经创作了一系列二战题材的空战游戏，如《德军秘密武器》（Secret Weapons of the Luftwaffe）。而导演卢卡斯为了制作《星球大战》影片中的太空激战，还特意去电影《敌后大爆破》（The Dam Busters）和《633轰炸大队》（633 Squadron）中寻找灵感。当霍兰德受邀制作一款太空战斗游戏时，他很快便意识到自己和卢卡斯其实是一条路上的人。合作的结果便是一系列有史以来最出色的电影改编游戏。

　　《星球大战：钛战机》的成功秘诀就在于对星战传奇的忠实还原，以及在原作基础上的大胆发挥。耀眼的绿色、橙色激光横飞的太空站战、紧张而混乱的机战、《星球大战》电影中标志性的太空飞船让人一看就倍感震撼。但游戏最大的特色还在于它有着游戏史上最精彩的操作设定：飞船的动力系统。游戏要求你在激光武器、引擎和护盾之间谨慎分配你有限的能源供应。你必须仔细考虑如何应对各种情况。倘若你为了提速而把所有的能源都充入引擎，那么遇上危险时，你可能就射不出激光也调不出防御了。

　　在《星球大战：钛战机》中，玩家将为帝国而战。游戏中有着色彩精细的战机和精心设计的任务。虽然你可能比较倾向于为勇敢的反抗军战斗，但游戏中隐藏在虚伪官僚体制下的黑暗政治阴谋也同样扣人心弦。今天，驾驶这些不太牢固又有些轻飘飘的钛战机仍是件让人心惊肉跳的事情，而从另一个黑暗面来展现《星战》故事的叙事手法，也给玩家提供了一个全新的角度更好地了解星战世界。**AW**

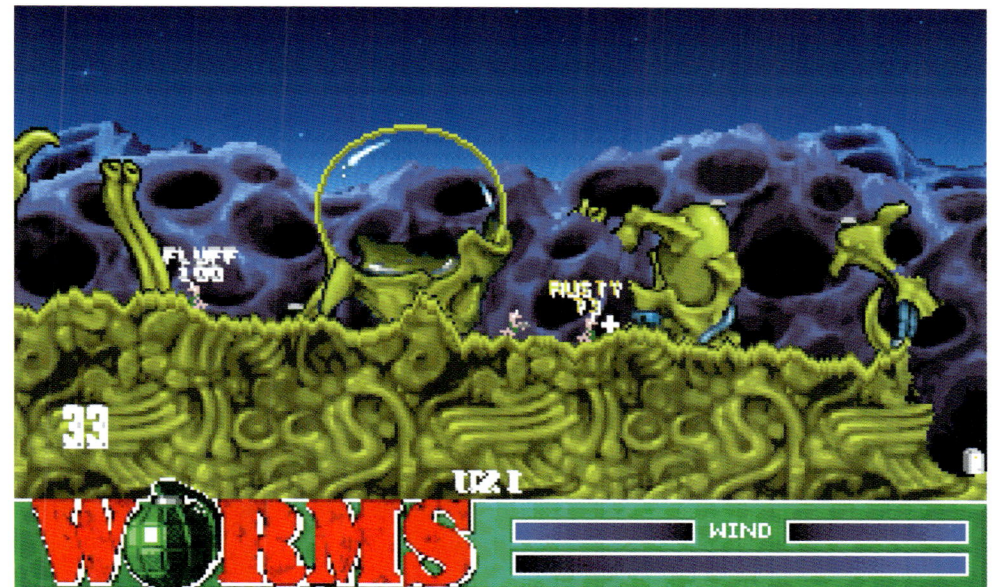

Worms
百战天虫

发售年份：1995
平台：多平台
开发商：Team 17
类型：动作 / 策略

　　即使是用当年的标准来看，《百战天虫》也显得非常朴素。但掩藏在普通的游戏画面之下的却是伟大的创意。《百战天虫》是一款回合制游戏，玩家要操纵四人一组的战斗小队，利用各种古怪的武器彼此厮杀。游戏既鼓励彻底的疯狂破坏，也强调精心制订战斗计划。游戏的特色很多：玩家控制的四人组宛如虫子版的披头士乐队；作战要考虑风速对作战的影响；你可以通过一系列近战格斗来一决胜负，甚至还可以选择自杀。

　　《百战天虫》支持四组队伍参战，每位玩家轮流进攻，但每一轮都有时间限制，以免战斗过程被拖得太长。每次的游戏地图都不一样，战场都是随机生成的，且具有极高的可破坏性。导弹会炸出巨大的弹坑，玩家可以畏畏缩缩地挖地道躲避火力、地雷可以掀起一大片土地，当然也能顺便带出几只虫子。每一轮战斗结束后，整个战场都会变得面目全非。

　　强大的武器库中贮存着各式各样的武器：比如导弹、手雷、猎枪等等，但真正让玩家铭记这款游戏的是那些蹦极绳、终结技"升龙拳"，以及蹦蹦跳跳的绵羊炸弹等无厘头武器。

　　《百战天虫》最出色的地方就在于你永远都不知道下一刻会发生什么。另外，一些有趣的小细节也为游戏增色不少，比如你可以为你的队伍取名、可以把对手推入水中，游戏甚至还会给光荣牺牲的虫子立墓碑。游戏的伟大之处不仅在于各种元素的混搭，更在于一个简单的事实：这是一款让你和朋友们可以好好享受半个小时时光的游戏，给你们带来各种欢乐。你甚至可以把《百战天虫》看成是社交类游戏的最早雏形。**RS**

Command & Conquer
命令与征服

发售年份：1995
平台：多平台
开发商：Westwood Studios
类型：策略

作为公认的即时战略游戏集大成者，Westwood Studio的这款史诗级巨作运用当时最先进的PC技术，对《沙丘2》进行了拓展和推广。游戏打下的坚实基础可不仅仅是为系列的续作和衍生作品服务。

故事围绕泰伯利亚（Tiberium）展开。泰伯利亚是一种遭到多方激烈争抢的外星资源，而在虚构的1995年，整个世界都在渐渐被泰伯利亚所感染。游戏的一方是全球防卫组织（GDI），扮演着游戏中的联合国，具备各种真实存在或虚构的武器装备；另一方则是NOD兄弟会，一个神秘而又极度危险的结社，其首领是名极具领导魅力的恐怖分子，名叫凯恩（Kane）。本作创造了一个几乎被后来每一款RTS（即时策略）游戏所沿用的游戏结构，两大阵营有着各自的游戏剧情和战斗方式，战斗对泰伯利亚资源有着很强的依赖性。

《命令与征服》中的大部分战斗都需要玩家精心准备，果断突破敌方封锁，并摧毁敌军的采矿系统，使其无法自我修复和重新武装。游戏中有一招"坦克快攻"（tank rush）法，将屏幕上的大批战斗单位以单个或多个战斗群组为单位进行指挥。这都有赖于游戏大幅改进的界面和性能，但敌方AI实力也不容小觑。其他的游戏任务则包括使用单兵执行一些特殊任务，或是在战斗中确保某一小组零伤亡等等。

游戏中间穿插着廉价而有趣的真人过场影片，这已经成为本系列的一大标志，而在原作衍生出来的冷战题材游戏系列《红色警戒》（Red Alert）中，这些过场片段尤为抢眼。深受玩家喜爱的真人过场在2008年的《红色警戒3》中再度回归，并获一片赞许，本作的过场影片中集结了一批豪华阵容，从蒂姆·克里（Tim Curry）到乔纳森·普雷斯（Jonathan Pryce），再到MMA综合格斗巨星兰迪·库卓（Randy Couture）和詹尼·麦卡锡（Jenny McCarthy）都参与了演出。**DH**

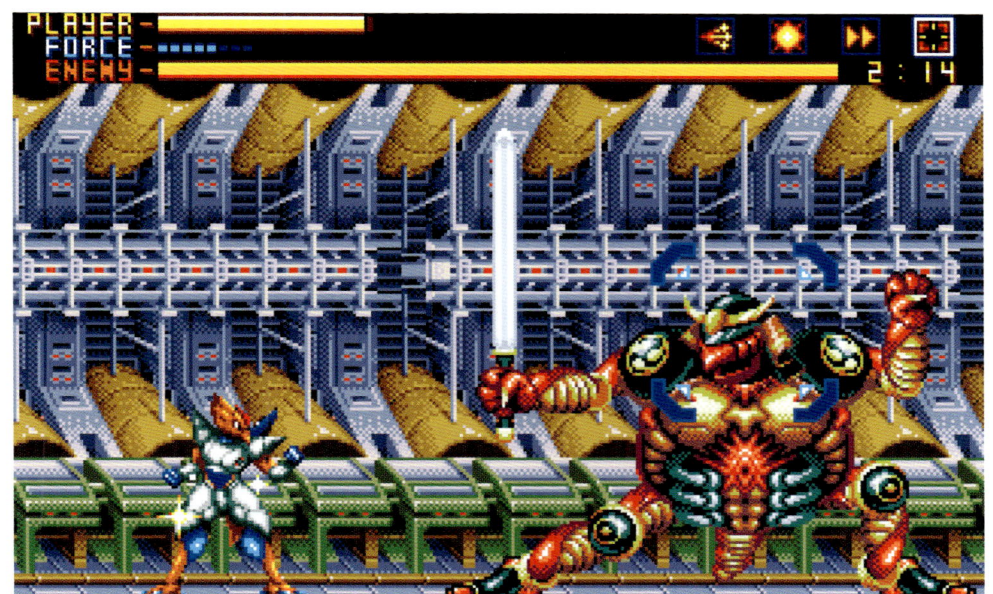

Alien Soldier
异型战士

发售年份：1995
平台：Mega Drive
开发商：Treasure
类型：射击

　　据说Treasure公司曾做过一次调查，内容是玩家在玩Treasure游戏时的兴奋指数变化，结果发现数值高的地方都出现在Boss战的部分。于是，这家日本知名游戏开发商心里开始琢磨：既然是这样的话，那为什么不做一款以Boss战为主，让其他东西都统统闪一边的游戏呢？

　　《异型战士》就是这一想法最主要的受益者。作为一款横向卷轴式跑轰游戏，本作在很多方面都代表了世嘉MD时代Treasure公司优秀作品的巅峰水准。《异型战士》共有三十一位Boss，遍布在游戏的二十五个关卡之中。游戏向玩家提供了最为紧张刺激的游戏体验，满屏都是令人眼花缭乱的敌人，你要操纵主角爱普希隆之鹰（Epsilon Eagle）避开或是将他们一一击倒。

　　《异型战士》只有两种游戏难度——"超级容易"和"超级困难"——但事实上，不管你选的是哪一种难度，游戏都极其棘手。两种游戏难度只有一个明显区别，即在"超级困难"难度下不允许存档和继续。相比于Treasure公司先前的经典游戏《火枪英雄》（1993），《异型战士》的游戏难度要高得多。和《火枪英雄》一样，本作也有类似的武器组合设定，要想指望通关，你就必须好好钻研并掌握这套武器系统。

　　《异型战士》推出于MD的衰亡期，由于发行量小，加上不曾登陆北美市场，《异型战士》已经是MD平台上价格最昂贵的一款作品了。英文版的《异型战士》中故意增加了一些Bug，确保日文原版的尊贵性。今天，玩家也可以通过任天堂Wii的Virtual Console服务玩到这款游戏。**SP**

Full Throttle
极速天龙

发售年份：1995
平台：PC, Mac
开发商：卢卡斯艺术（LucasArts）
类型：冒险

　　来自公路的诱惑是西方文化永恒不变的主题。电子游戏自然没放过这个大好题材，来自卢卡斯艺术工厂高端冒险游戏流水线上的《极速天龙》便是这样一款游戏。这部浸淫着摩托车文化的作品将背景设在了卡通版的美国西南部，宛如献给个人主义的赞歌。

　　我们的男主角——胸肌发达、声音嘶哑、名叫 Ben 的摩托车手——是个典型的反英雄式人物。Ben 是一个名为"臭鼬帮"的黑社会团体的老大，他严格遵循着自己的一套荣誉和原则，但只要有人敢动他，他必定还手。而这次对他动手的人，是一个名叫亚德里安·利普伯格（Adrian Ripburger）的企业老板。利普伯格一心想把世界上的最后一家摩托车制造商"克利摩托公司"变成小货车生产商（惨绝人寰！），为实现这个卑鄙的计划，利普伯格以谋杀罪陷害 Ben，迫使 Ben 踏上了证明自己清白的征途，并找出克利摩托公司真正的继承人。

　　和所有卢卡斯艺术的冒险游戏一样，《极速天龙》的大部分游戏内容都是以谜题形式呈现，有时甚至显得十分生硬。但是为了配合 Ben 莽撞的性格，本作中的解谜要比以往更加直接。油箱没油？用虹吸管弄些汽油进来；门上锁了？把它踢开！游戏的动作要素也很多，Ben 要在沙漠公路上进行摩托车对决，还要参加一场爆笑而激烈的破坏赛车大赛。

　　由蒂姆·沙弗（Tim Schafer）和戴维·格罗斯曼（Dave Grossman）编写的强大剧本和精彩配音（尤其是罗伊·康拉德[Roy Conrad]扮演的 Ben 和马克·哈米尔[Mark Hamill]扮演的老奸巨猾的利普伯格）赋予游戏相当的深度、幽默和感伤情怀。这是个典型的美国式故事：解决掉财迷心窍的上流败类后，Ben 却选择抛下了一切，骑上摩托消失在落日的余晖当中——因为这个汉子追寻的东西叫自由。**MK**

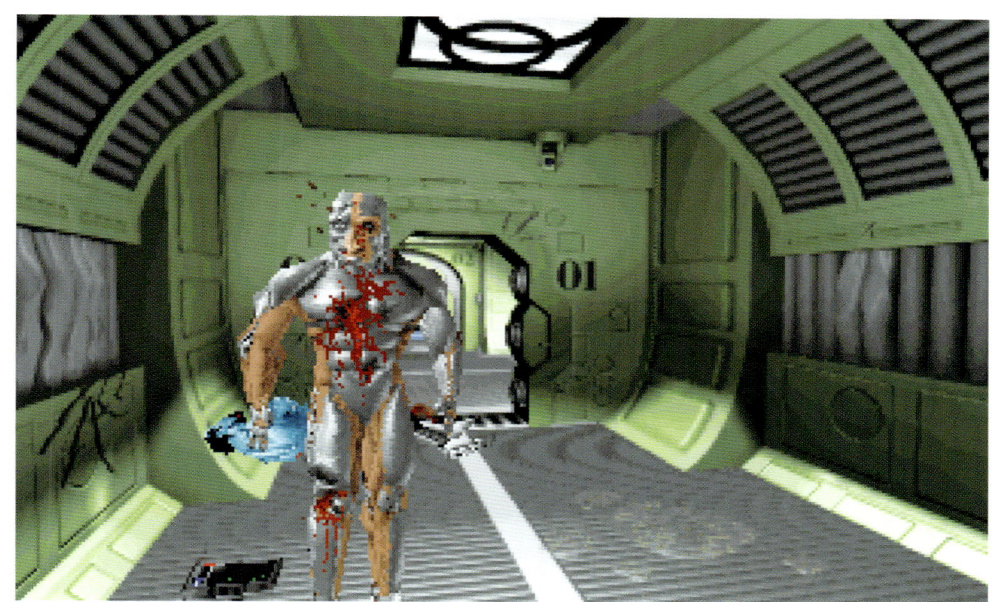

BioForge
生化悍将

发售年份：1995
平台：PC
开发商：Origin Systems
类型：角色扮演 / 益智

《生化悍将》在开发阶段的名字叫做《互动电影1》（Interactive Movie 1），从中不难看出Origin System公司制作一款电影级游戏的野心，和它对这款游戏给予的厚望。游戏把背景设在一个面目全非的遥远未来，宗教极端分子坚信人类只能通过机械改造才能继续进化。玩家将扮演一个从昏迷中苏醒过来的失忆的半机械人，发现自己正置身于一个遥远星球上的被损毁的研究站中。

在这片废墟中，该死人的都死了，活着的也都疯了，玩家必须从现场遗留下来的笔记和日志拼凑出背后的故事——虽然类似的故事背景在其他作品中并不罕见，但《生化悍将》仍是一款独一无二的游戏，因为游戏坚持要通过一种特殊的电影方式来展现这个故事，使用第三人称控制和固定游戏视角小心翼翼地引导玩家进行冒险。

由于在《生化悍将》中，玩家扮演的是一个弗兰肯斯坦式的怪物，所以游戏的坦克式操作和粗糙的战斗让人感觉更像是制作者有意为之，而不是受到当年的技术限制。这款游戏在今天玩起来会让人感到很痛苦，因为游戏只有固定的320×200分辨率和256色图像。但在当年，游戏的画面还是非常特别的，经过皮肤纹理贴图的角色和骨骼动画都非常新潮。

虽然在技术上已经毫无亮点可言，但《生化悍将》精心设计的游戏内容仍是它的一大强项。作为一名丧失记忆的角色，玩家并不知道自己要干什么，但游戏不会牵着你的手走，而是鼓励玩家通过探索和试验来找出谜题的答案。和大部分互动电影式游戏不同的是，《生化悍将》以其特有的方式讲了一个独特的故事，希望玩家能够在其中发挥自己的特色。这才是对"互动电影"的最好诠释。**MKu**

MechWarrior 2:
31st Century Combat
机甲战士2：31世纪战争

发售年份：1995
平台：多平台
开发商：动视（Activision）
类型：动作/策略

　　《机甲战士2：31世纪战争》源自大受欢迎的《暴战机甲兵》（BattleTech）桌游系列。游戏不仅满足了这款老字号桌游系列的硬核粉丝，同时，作为发行方动视公司最重要的一款PC游戏，本作还意在尝试两类新技术——3D图像和联网对战的实际效果。《机甲战士2》在这两方面都获得了成功，在简便的游戏控制与粉丝要求的复杂个性化改装上做到了完美平衡，游戏实际表现更是相当出色。

　　在游戏中，玩家将扮演两大对战阵营——野狼族（Wolf）或是玉隼族（Jade Falcon）中的一名战士，驾驶配备强大火力、名为"机甲战士"的人形兵器进行战斗。虽然充满了幻想味道，但这些机甲战士的设计却非常写实化。在这个被战争折腾得奄奄一息的世界，这些武装机械人也像老爷飞机一样脆弱不堪。机甲战士携带的弹药量有限；它们的机体会过热；它们的肢体会掉落，并像残废一般踽踽前进。

　　这也意味着想在《机甲战士2》中获胜，玩家更需要的是战术，而不是对敌人进攻的条件反射。在每次任务开始前，玩家都要谨慎考虑。不论是和单个对手进行网战，还是在单人模式下同时应对若干敌人，最重要的是要耗尽敌人的力量。对付移动速度快、弹跳力高的机甲战士，先把它的腿打断；对付移动缓慢、火力强大的机甲战士，尽量破坏它的武器包。

　　当你的机甲战士快要爆炸时，玩家会被自动弹射出来，但是游戏的人工操作允许你和你的座驾一同毁灭。虽然不管选择哪种方式都没多大区别，但是许多背负着尊严的驾驶员仍然会在残破不堪、摇摇欲坠中的机甲战士中继续坚持战斗，即使早已没有了最后一丝修复的希望。MK

Tactics Ogre:
Let Us Cling Together
皇家骑士团2：荣光的颂歌

发售年份：1995
平台：多平台
开发商：Quest
类型：角色扮演

　　《皇家骑士团2：荣光的颂歌》在游戏界的地位是毋庸置疑的。时任史克威尔总裁的坂口博信对这款游戏的开发团队的表现相当赞赏，并将整支团队都雇下来参与《最终幻想战略版》（Final Fantasy Tactics）的制作，因此《最终幻想战略版》中融入了许多来自《皇家骑士团2》中的游戏元素。这款西洋棋式的战略RPG游戏也让天才设计师松野泰己的事业开始蒸蒸日上，松野后来又创作了不少同类游戏中的经典作品，如《放浪冒险谭》（Vagrant Story）和《最终幻想12》（Final Fantasy XII）。

　　在这款游戏中，成功的种子已经十分明显了。《皇家骑士团2：荣光的颂歌》最早在SNES平台现身，将宏大的历史背景、莎士比亚式骑士与政治阴谋与和高深而复杂的战斗系统结合在一起，玩家则要在一块斜四十五度视角的场地上进行战斗。游戏的战斗系统很有创意，玩家要根据每位角色的速度值来决定角色的战斗顺序（以往的游戏中，双方只是轮流把队伍中的所有角色一起推出去开战）。另外《皇家骑士团2》也是第一款引入了分支剧情的战略RPG游戏，故事主线中包含了多条叙事支线，让玩家感觉到自己的每一次成功或失败都对游戏进程有着重大影响。

　　游戏剧情精致，音乐气势恢宏而富有感染力，极具突破性的游戏系统对模式化的RPG游戏进行了一次更新升级。《皇家骑士团2》时常打入"史上电子游戏百佳"的榜单，更在日本的知名游戏杂志《Fami通》（Famitsu）评选的"史上最伟大的游戏"中排名第七。即便不考虑它对后来的许多经典游戏的影响，《皇家骑士团2》也绝对是一款殿堂级作品。**SP**

Descent
侵袭

发售年份：1995
平台：多平台
开发商：Parallax Software
类型：射击

关于许多早期3D游戏最黑暗的秘密就是：游戏中的世界其实并不是真正的3D环境。噢，它们只是给你一种纵深感的错觉，但这些都是些障眼法！在早期的3D游戏中，你永远无法在Z轴上进行移动，你所在的只是一个平面，没有更多的维度。而Interplay的这款《侵袭》的出现，就像是在收音机上听到了来自外星文明的讯息，改变了我们所知晓的一切。这是一款炫目的廊道飞行射击游戏，给玩家带来了全3D的游戏画面。

游戏讲述一种电脑病毒入侵了一个自动化采矿系统，使之变得极具攻击性。玩家将驾驶一架小型悬浮机穿过复杂的隧道，消灭这个病毒。游戏沿用了当年的第一人称射击游戏的传统设定：浮动的图标是专门为你的飞机提供的武器和护盾升级；通过触碰可以解救人质；在各关卡间不断前行，只是为了寻找彩色钥匙卡，打开相应的门。游戏中不存在层层揭露的剧情，你的举动也不会对游戏的发展产生什么影响，类似的设定在这样一款游戏中并没有多大意义。

真正充斥游戏的是令人头晕目眩、错综复杂的关卡设计，游戏环境基本由单色调的墙壁构成。你的飞行器可以向各个方向掉头、旋转。要想找出哪边是向上已经够难的了，更别提检查你究竟有没有走对路。在每关的结尾你都会触发一个自爆装置，并要在有限的时间内逃离矿场。这可不是件容易的事情。幸运的是，游戏的操作手感非常好（前提是你使用的是摇杆）。飞机悬浮和倾斜的感觉非常自然逼真，甚至有早期玩家声称在游戏过程中出现眩晕和呕吐等不适症状。这也许是对游戏的另一种褒奖吧。**MK**

Wing Commander IV: The Price of Freedom
银河飞将4：自由的代价

发售年份：1995
平台：多平台
开发商：Origin Systems
类型：射击

《银河飞将》就像是《太空堡垒卡拉狄加》（Battlestar Galactica）的游戏版，只不过你是通过飞行员的眼睛来观看，而且增加了许多二战风格的空中激战。

大型军舰就是城市，飞行员们个个是能手，而位于两者之间的真空宇宙则静观着银河系命运将走向何处。阴谋会暴露，巡逻会遭遇埋伏，为了给死去的战友报仇，格林机枪和导弹会轮番上阵。情节联系非常紧密，轻松的插科打诨从战场持续到食堂再回到战场，营造出氛围浓厚的同志之情。

在此后的九年中，系列的每一部新作都标志着游戏过场内容的一次突破，如《银河飞将2：帝国逆袭》（Wing Commander II: Vengeance of the Kilrathi）中先进的动画过场、《银河飞将3：猛虎之心》（Wing Commander III: Heart of the Tiger）中的真人演员和蓝幕技术。游戏的模式不曾改变，但相应的资源要素却一直处在变化当中：玩家需要更强大的硬件，游戏需要更高的预算。《银河飞将4》更是以当时前所未闻的一千二百万美元高预算傲视群雄。

人类与杰拉提（Kilrathi）的旷世战争贯穿了系列的前三作，而本作则把背景设在战后的世界。这也是该系列第二款由马克·哈米尔（Mark Hamill）和马尔科姆·麦克道威尔（Malcolm McDowell）参与演出的游戏。过场影片使用到了真实的布景，基本可以拿到电视上去播出。而这些B级片般的过场足足占用了六张游戏光盘的空间，要在当时的游戏硬件上进行播放还必须降低视频采样率，直到后来的DVD版发行才解决这一问题。为了将游戏同电影完美结合，《银河飞将4》确实花了很大心血，但和90年代的许多互动电影式游戏一样，这是个吃力不讨好的活儿。当你看到的东西如此真实，你反而很难置身其中去享受，而蹩脚的剧情和拙劣的导演更让人忍不住吐槽。**DH**

Wipeout
反重力赛车

发售年份：1995
平台：PS1
开发商：Psygnosis
类型：竞速

人们很容易忘掉《反重力赛车》，这是一款特别针对西方市场推出的PS1游戏，由利物浦的游戏公司Psygnosis负责制作。游戏打入流行文化的时间，比第一代《侠盗猎车》早了整整两年。《反重力赛车》本身是一款优雅而精致的竞速游戏。出色的游戏原声和时尚尖端的外观更为游戏增色不少，而这都是已破产设计公司Designers Republic的功劳。游戏不仅有着极具未来感的场地和赛道挑战——如坐落于格陵兰、由人造水晶打造而成的Silverstream 赛道和位于火星上的Terramax 赛道，更有着来自Chemical Brothers、Leftfield、Orbital等乐队动感十足的新潮音乐。先锋音乐配上有趣的原创科幻概念，让玩家感觉像是听着电子音乐打了一剂兴奋剂。

游戏做得相当完美，以至于本作早期的概念视频都可以直接放在电影《黑客》（Hackers，一部安吉丽娜·朱莉主演、讲述高中电脑高手与互联网恐怖分子的电影）当中做视觉特效。即使没有那些广告牌和封面上的夸张宣传，当赛车手操纵针状的悬浮车如清风般掠过每个弯道时，你也能切实感受到《反重力赛车》出色的运动感。3D的飞船和赛道、虚构的和现实的比赛地点，都使这款游戏秒杀之前的另一款反重力竞速游戏——任天堂的《零式赛车》（F-Zero）。

十四年的续作和效仿者都没能够把这款原作比下去，而本作的游戏原声仍是整个系列中的佼佼者。《反重力赛车》作为一款摒弃武器元素、充满危险竞速与计时赛的游戏，其游戏地位令所有后继者都嫉妒不已。现在的反重力赛车游戏充满了各种游戏模式、升级系统和视觉特效，已经回找不回当年那个索尼游戏味道了，这也让这款1995年的处女作显得更加独特、纯粹。**DH**

Virtua Cop 2
VR特警2

发售年份：1995
平台：街机
开发商：世嘉（Sega）
类型：射击

VR城的市民们不需要警察，他们要的是一支军队。走合法程序？在这个武装黑帮分子与普通老百姓比例为三比一的城镇，还是算了吧。罪犯们嚣张跋扈，骑着摩托倾巢出动，甚至背着火箭包从空中发动突袭。而所谓执法，就是看你能打出多少发子弹。作为VR城中三名顶尖警官中的其中一位，你的任务很简单：不停地扣动扳机，直至和平再临。

光枪射击一直都是最受欢迎的街机游戏类型，但在《VR特警》系列出现之前，这类游戏都做得相当死板：蹑手蹑脚地走在预设的移动轨道上，千篇一律的敌人出现的地点都在你的意料之中。《VR特警2》没有改变任何一条游戏规则，你仍然要在屏幕外打枪上膛，在可损毁的木箱与木桶中搜寻武器升级。不同的是，《VR特警2》把这些俗套打磨得宛如钻石般耀眼夺目。

《VR特警2》把玩家丢进一系列刺激的动作场景当中，游戏镜头从来都不会在一个地方停留太久，而是在城市街道或高楼之间极速移动。地下铁和高速公路等流畅的场景转换令你感觉仿佛置身动作大片。最有意思的是你可以射爆敌人的车胎，然后欣赏他们的车子一路狂翻。虽然游戏的流程很短，只有三个关卡外加一个战斗训练模式，但游戏中一些精巧的设计使得每次游戏都充满新鲜感。游戏的每一关都有分支路线，因此你不会看到重复的场景。另外，根据你的射击部位不同，中枪的敌人会做出各种不同的反应，给玩家逼真的代入感。打中坏人的膝盖，他们的腿便会瘫软；打中手臂，武器便会掉落；打中裆部，呃……你自己试下就知道了，射击裆部是所有人的最爱。**MK**

The Dig
异星大冒险

发售年份：1995
平台：PC, Mac
开发商：卢卡斯艺术（LucasArts）
类型：冒险

《异形大冒险》是卢卡斯艺术最独特的作品。这款特立独行的高难度解谜游戏足以媲美《魔音危机》和《神秘岛》。游戏创意来自史蒂芬·斯皮尔伯格，特效由工业光魔公司（Industrial Light & Magic）负责，人物对白更是由作家奥森·斯科特·卡德（Orson Scott Card）亲自操刀。游戏时常脱离鼠标点击式的传统轨道，呈现出明显的硬科幻和好莱坞作品风格。在评论眼中，这是款内容混乱、缺乏幽默、令人分心的游戏，但游戏死忠则认为带有上述偏见的人可能在注意力集中上有些毛病。和往常一样，事实真相只鉴于二者之间。

游戏以满天繁星下的天文观测站的经典镜头开场，讲述一群宇航员受命调查一颗即将与地球相撞的小行星"匈奴王"。波斯顿·洛（Boston Low，严格遵循规章制度的生存专家）、鲁格·布林克（Ludger Brink，行事干练的明星级地质学家）和玛姬·罗宾斯（Maggie Robbins，性格泼辣的记者兼语言学家）构成了一支怪异的三人组合，他们用核弹在小行星上轰开了一个洞，冒险深入其中后，却被藏在里面的星际飞船给传送到了遥远的母星。和近年来极具突破性的游戏和电影作品一样另类而精彩的是，这个完全陌生的世界透露出来的信息并不多，需要玩家通过仔细调查、发挥想象来进行探索，并最终逃离这个星球。

《异星大冒险》中的大多数谜题都涉及到各式各样的解锁，只不过散落在游戏中的锁和钥匙都是以几何形状的宝物、壁画和机械装置等形态展现在玩家面前。你要找出各种符号的含义，发现其中的各种联系，但你不要指望能从游戏中得到任何提示。波斯顿·洛由善于饰演冷血军人的罗伯特·帕特里克（Robert Patrick）配音，洛不是印第安纳·琼斯，这个全新的异星世界也不是猴岛。本作的平铺直叙和充斥游戏中的奇异音乐和场景显得甚至有些格格不入，但不管如何，这都是一款另类而大胆的游戏奇葩。**DH**

Yoshi's Island
耀西岛

发售年份：1995
平台：SNES
开发商：任天堂（Nintendo）
类型：平台动作

在16位游戏时代，超级马里奥游戏的设计者对自己化繁简单像素为巨大乐趣的能力有着可怕的自信，想要一窥究竟，只需看看这款《耀西岛》。在这部《超级马里奥》的前传式游戏中，我们的水管工只是个退居二线、牙牙学语的婴儿配角，而马里奥的忠实伙伴恐龙耀西却晋升为主角，在马里奥展开大冒险之前，为把这些被绑架的孩子们送回父母身边而忙个不停。

马里奥系列一直延续着欢乐的传统，这款《耀西岛》则为玩家献上了也许是迄今为止最具想象力的平台动作体验。游戏就像是一次引人入胜的接力赛，一只只胖墩墩、圆鼻子的小恐龙轮流背着小马里奥和路易基穿过想象力爆棚的关卡，然后把小孩交给下一位接力选手。游戏中的关卡包括滑冰竞速、闪闪发亮的矿道以及必不可少的火焰地牢。新加入的机关更让你全神贯注投入其中，使得游戏充满乐趣，如可以打碎的泥块、不小心会陷进去的湿地，以及从背景中蹦出来的巨大Boss，当然还有耀西的主要技能：把比他小的敌人吞进肚子里转化成龙蛋，再利用这一排排的蛋作为武器发动攻击。

游戏的视觉风格和马里奥系列的其他作品有着很大的区别：蜡笔涂鸦版的画面让游戏看来宛如一本神奇的Pop-up立体书，充满了美丽的蝴蝶、奇异的水怪和发光的纸板硬币。可惜的是，这款游戏已经触到了一个顶峰。虽然《耀西岛》后来又推出了一系列续作，如N64上的《耀西的故事》（Yoshi's Story）和DS上精彩的《触摸耀西》（Yoshi Touch & Go），但初代的《耀西岛》从未被超越过，也没有再得到改进。现在，要想体验这款游戏，你可以尝试GBA上的复刻版，或是等待Wii的Virtual Console上出现它的身影。**CD**

Chrono Trigger
时空之轮

发售年份：1995
平台：SNES
开发商：史克威尔（Square）
类型：角色扮演

《时空之轮》充分利用了大部分游戏所忽视的重要元素——时间——来创造一款情节紧凑、格局宏大、激荡着想象力的划时代巨作。游戏的最终成品是所有RPG经典游戏中结构最另类的一部，但同时也是最受玩家喜爱的一款。《时空之轮》就像一道真正的魔法，SNES上的角色扮演游戏从来不缺乏精彩创意，而《时空之轮》便是SNES献给玩家的最佳日式角色扮演游戏。

故事的一切都开始于千年祭会场，一位不靠谱的发明家对一个传送装置进行测试，却引发了灾难性的事故。游戏的开场很低调，但随之展开的是一个时间跳跃性极强的宏大冒险故事，从遥远的远古穿越到遍布着生锈铁路、空荡工厂的辐射后的末世。今天，玩家们仍然对其中的设定津津乐道，最出名就是你在游戏开始初期就可以直接挑战最终Boss，前提是你够胆去碰碰运气。但是，《时空之轮》真正的亮点还在于游戏的许多瞬间：第一眼看到这个世界荒芜的未来时，回想起曾经在它的全盛时期探索过这片土地，不禁心生无限感慨；踏上前往一个神秘修道院的旅程，却发现里面的修女们都是邪恶的魔族；另外还有和一个小机器人之间感人至深的对话。当然，每一位玩过《时空之轮》的玩家都有关于这款游戏的独特回忆。游戏把史诗般的剧情与角色情感处理得平衡得当，这也是游戏的魅力所在。在经历了数款续作、外传甚至是非官方的粉丝重制之后，可喜的是，随着NDS版《时空之轮》的发售，这款过去欧洲玩家只能靠进口来感受的游戏终于在家门口的游戏商店货架上现身了。**CD**

The Logical Journey of the Zoombinis
祖比尼逻辑大冒险

发售年份：1995
平台：PC, Mac
开发商：Brøderbund Software
类型：教育娱乐

  在90年代，教育类游戏大有"撑过这顿午饭就给你吃甜点"的意思，其中的典型例子当属《数学冲击波》（Math Blaster）系列：学生在学校里刚熬过了一堆数学题和单词拼写，现在又要在《数学冲击波》中重来一次，才能得到一些简单的动作游戏作为犒赏。其他的教育学家都很反感这种游戏模式，而由克里斯·汉考克（Chris Hancock）和斯科特·奥斯特维尔（Scot Osterweil）创作的这款《祖比尼逻辑大冒险》则设计出了一套完全不同的教学方案。

  玩家们将在游戏里遇见一群名为祖比尼（Zoombinis）的生物。这是群毛茸茸的小家伙，平日里过着快乐的生活，但当祖比尼们被仇家布罗特（Bloat）奴役之后，好日子就到到头了。这些小东西逃出了布罗特的魔爪后，想要寻找一个新的家园。为了把它们带到目的地，玩家需要解开各种毫无头绪的谜题。玩家要在这些谜题中对一堆元素进行配对、分组等尝试。而越到后面的关卡，谜题的难度就越高。比如，碰上一条绳索桥，祖比尼当中的某些角色是无法通过的——譬如那些穿着旱冰鞋的家伙——玩家只有通过仔细观察才能找出这些角色。儿童向的视觉风格下隐藏的是随着游戏深入而难度递增的谜题，但学习的过程中又饱含游戏的乐趣，另外学校课堂里强调的团队合作在这款游戏中也同样得到鼓励。

  本作发售后立刻成为热门，并衍生出两款续作。但直到今天，还没有几款游戏沿着《祖比尼》的这条路走下去。教育类游戏仍未在学校站稳脚跟，《数学冲击波》的游戏模式仍非常普遍，不管是大人还是小孩都早已看穿了那套把戏。但电子游戏仍然可以起到教会儿童解决问题、推导演算和团队合作的作用，这也意味着此类游戏还有很大的发展潜力：像《祖比尼》这样的游戏经典就是最佳研究案例。**CDa**

Return Fire
重返火线

发售年份：1995
平台：3DO
开发商：Silent Software
类型：射击

　　任何一款游戏，只要配上瓦格纳（Wagner）的《女武神》（Ride of the Valkyries），似乎就会立刻显得特有内涵，这点实在很有意思。鉴于这款《重返火线》中除了《女武神》外，还有罗西尼（Rossini）的《威廉退尔进行曲》（William Tell Overture）、格里格（Grieg）的《山魔宫中》（In the Hall of the Mountain King）和霍尔斯特（Holst）的《行星组曲》（The Planets），火药味之重，不禁让你怀疑游戏光碟和配套说明会不会是用铀做的。

　　客观地说，Silent Software的这款游戏在当年还是很有分量的。在这款以军事车辆为基础的游戏中，你要做的就是在一系列越来越复杂的地图中展开夺旗大战。游戏基本以双人模式为主（《重返火线》也有单人模式，但差强人意的AI让单人游戏变得没多大意思），敌我双方各有四种能力各异的作战单位——直升机、坦克、后勤车和吉普车。玩家必须使用这些武器扫荡整个战场，找出敌方的旗帜并把它带回大本营。另外，如果能把敌人全部歼灭也算通关。

　　游戏的魅力就在于制定出一套比你的对手更高明的作战方案，根据你的战术来调整武器装备，这在那个年代的游戏中还是比较罕见的。前面提到的经典游戏原声（附带环绕声音效）与多样化的游戏镜头视角、激烈的双人分屏战斗相结合，使得《重返火线》一发售便成为一款3DO必玩游戏。

　　自《重返火线》发售以来，电子游戏发展已有十五年之久，命不好的3DO也早已成为一个古老而陌生的文物，现在的玩家想要感受这款游戏的刺激已经没那么容易了，不过本作仍然带着一种简单的魅力。这是一款外观华丽火爆、内容简洁、策略性极强的游戏。**JDS**

Warcraft II: Tides of Darkness
魔兽争霸2：黑暗之潮

发售年份：1995
平台：PC、Mac
开发商：暴雪娱乐（Blizzard Entertainment）
类型：策略

  《魔兽争霸2：黑暗之潮》也许不是RTS（即时战略）爱好者玩过的最成熟的游戏，但却可能是最令人津津乐道、回味无穷的一部作品。同时，本作也可能是最搞笑的一款游戏。《魔兽争霸》的主要竞争对手《命令与征服》有着著名的真人游戏过场，《魔兽争霸》则是以其角色恶俗的俏皮话而闻名。游戏台词上的幽默感也延续到了视觉风格上，尤其是游戏中的兽人形象，有着讨喜的卡通质感，让人不禁联想起Games Workshop的《战锤》系列，而《魔兽争霸》系列确实也从《战锤》上汲取了不少灵感。

  《战锤》的影响、加上《龙与地下城》和一点托尔金的奇幻风，都在游戏剧情中得到了很大的体现。游戏讲述人类与兽人以及兽人同僚地精、精灵、巨怪、哥布林之间的宏大战争。暴雪在讲故事上很有一套，但就游戏性而言，这些种族设定实在没多大差异。除了外观不一样外，敌我双方的作战单位几乎一模一样，区分两者的只有一些咒语。同样，虽然在战役模式下会出现一些英雄角色，但这些角色无非是比普通的炮灰强一点，起到一个推动剧情发展的作用，算不上什么战斗上的特色。

  《魔兽争霸2：黑暗之潮》虽然简单，但却无疑是那个年代最出色的RTS游戏，尤其是游戏的多人模式——把金矿和木材当作资源、随着科技树的发展创造出更先进的建筑和战斗单位、由正常的战斗变为无耻的群殴——更是充满魅力。其中的水上及空中单位也是游戏的一大亮点。

  没有《魔兽争霸2》的成功就没有《魔兽世界》。就凭这一点，这款游戏就值得我们的尊敬，或心怀怨念——具体就看你上一次团队副本打得如何了。**OB**

The Beast Within: A Gabriel Knight Mystery
心魔：加百利骑士之谜

发售年份：1995
平台：PC, Mac
开发商：Sierra On-Line
类型：冒险

全动态影像（FMV）将游戏制作带入了一个全新的时代，借助电脑光盘技术，为演员提供了又一个展现演技的舞台。将具备高互动性的好莱坞电影带入千家万户，这一概念的出现似乎敲响了传统电影的丧钟。人们仿佛看到了未来，但这只持续了大约五分钟。

FMV得到了业界的迅速关注，但也以同样的速度沦为一个笑柄。然而，经过了首部"加百利骑士"冒险游戏的巨大成功后，续作仍旧义无反顾地搭上了FMV的流行花车。本作强烈的真实感和刺激的游戏体验离不开真人演员的精湛演技。游戏使用到蓝幕技术进行拍摄，演员的表演（游戏由迪恩·埃里克森［Dean Erickson］饰演加百利，乔安娜·高桥［Joanne Takahashi］饰演加百利的调查助手、精神向导、文艺女神和抬杠对象）将被添加到一块静态的背景上，玩家则要在这块背景上寻找线索和重要信息。

游戏讲述小说家加百利回到德国老家寻根，却碰上了当地的狼人袭击事件。加百利的调查和格蕾丝（Grace）的研究结果逐渐指向国王路德维希二世（King Ludwig II）和作曲家瓦格纳，而他们也渐渐意识到这起怪物袭击事件绝没想象中那么简单。游戏剧情很复杂，但也很巧妙，引人入胜，给玩家带来一种真切的危机感和恐惧感。

庞大的故事情节、翔实的说明和真正的冒险，加上对当时硬件的出色运用，正是这样一款优秀的游戏，却最终淡出了人们的视线，广大冒险游戏迷们至今仍不清楚这其中的原因。本作也让设计师简·詹森（Jane Jensen）名声大噪，成为业界最具创意的编剧之一。**RSm**

Sega Rally Championship
世嘉拉力锦标赛

发售年份：1995
平台：街机
开发商：世嘉（Sega）
类型：赛车

在《世嘉拉力锦标赛》中，你要和其他赛车一起比赛冲过终点线。但对你而言，最凶狠的对手其实是赛道本身。蜿蜒狭窄的街道会时不时蹦出一个U形急转弯，挑战你的反应能力。从打滑的越野泥路，到欧洲乡镇的鹅卵石路，不断变换的路况将严重影响你对赛车的掌控。赛道上也有不少的起伏路，但它们更多时候是带给你巨大的危险，而不是腾空飞起的快感。如果没有把握好起跳角度，你就只能等着车子着地后发了疯似地打转，或者等着其他更悲催的事情出现。

在《世嘉拉力锦标赛》中，不论你选的是丰田Celica或是蓝旗亚Delta，每一款车都给人一种真实的分量感和动力感。有时它们就像一匹恣意横行的骏马，需要你的细心调教和熟练技巧来驾驭它，奔向你想要去的地方。漂移是游戏的一大关键，但你必须在弯道上持续和赛车惯性做斗争，而不是在漂移开始就固定一个最佳角度，对于一款街机游戏而言，这样的设定已经很有深度了。

因为游戏是以拉力赛模式为主，因此玩家不是在完美的专业赛道上重复转圈，而是在一系列线性赛道上竞速。你将飞驰在各种截然不同的赛道上，每一关都充满了挑战。帮助你保持方向的是你的副驾驶，这是个只闻其声不见其人的家伙。每当前面出现弯道时，你都可以听到他喋喋不休地絮叨"稍微左转！"或"正常右转！"；有时他对自己的导航似乎也不太肯定，于是会担心地在他的指示后面加一句"maybe"（大概），虽然全世界的玩家都感觉他在喊你"baby"。《世嘉拉力锦标赛》是一款快节奏高难度的游戏，相比世嘉公司之前的《VR赛车》和《梦游美国》（Daytona USA），本作献上了更加动感、逼真的赛车体验。**MK**

Broken Sword: The Shadow of the Templars
断剑：圣堂武士之谜

发售年份：1996
平台：多平台
开发商：Revolution Software
类型：冒险

鼠标点击类游戏一直受到卢卡斯艺术公司作品荒诞幽默的风格影响，然而，Revolution Software却另辟蹊径，以历史事实为基础创造了一个真实可信的谜样世界，这便是《断剑》系列。

游戏主角是个名叫乔治·斯托巴特（George Stobbart）的普通人，玩家将跟随他的脚步感受一次扣人心弦的历险。游戏将经典的犯罪故事编织到这段动画冒险当中，故事剧情则在惊悚片和角色广播剧间游刃有余。为了揭开隐藏在谋杀背后的可怕阴谋，男主角斯托巴特和女记者妮可·克拉德（Nico Collard）四处奔走，而在此期间，游戏的另一大亮点也随之呈现在玩家面前，这便是游戏中的各种场景。游戏开场时的巴黎带着浓郁的秋日气息，这个场景极富层次感和吸引力，以至于后来的场景完全不能与之相提并论。但是，虽然游戏对建筑场景和细节问题极为考究，游戏的解谜元素却常常显得有些不伦不类，如使用一只猫去取得关键道具等等。这也许是这类游戏的一大通病，但却令游戏失色不少。

游戏的高水准不仅仅局限在视觉效果上。电视、电影作曲家巴林顿·费隆（Barrington Pheloung）创作的游戏原声赋予《断剑》的慢热剧情以交响乐的沉稳优雅。安静而充满思考的调查与令人毛骨悚然的音效共同营造出阴谋的气氛，这种紧张的感觉也将久久地粘在你的记忆中挥之不去。《断剑》不仅仅是一次追寻答案的解谜冒险，更是一次充满学问、引人入胜的视觉之旅，和《神秘岛》一道为这类游戏树立了一个榜样。游戏的动作极富动感，每一次探索都充满了回报，这是一个精心打造、扣人心弦的故事，叙事方式更是充满了智慧与美感。**DV**

Super Puzzle Fighter II Turbo
超级街霸方块2：Turbo

发售年份：1996
平台：多平台
开发商：卡普空（Capcom）
类型：益智

  千万别让这个游戏的名字糊弄了你。游戏史上既没有非超级版也没有非Turbo版的《街霸方块2》，就连《街霸方块1》都压根不存在！这不过是90年代卡普空抱着《街头霸王2》屡试不爽的"究极版"、"Turbo版"、"冠军版"的老一套伎俩。不过，这款《超级街霸方块2》虽然看似坑爹，但游戏质量确实不俗，将宝石方块类益智游戏操作和独具新意的对战系统融合在一起，虽然把格斗游戏恶搞了一番，但其格斗系统的深度与效果却和正常的格斗游戏不相上下。

  《超级街霸方块2：Turbo》看上去和一款格斗游戏确实没什么两样。游戏开始时，玩家要和对手要各选一名角色，这些格斗者都是卡普空的《街头霸王》和《恶魔战士》（Darkstalkers）系列中的人物，只不过被经过了高度的风格化处理，带有浓郁的日漫色彩。玩家双方的屏幕两边各有一块方格场地，里面会掉落成对的彩色宝石方块。要想消掉一块宝石，就必须把同色的撞击宝石（crash gem）和它发生接触。这不仅可以消掉那一块宝石，更能把靠在一起的所有同色宝石一起消掉。哪一方的场地最先被宝石填满便宣告失败。

  游戏的乐趣就在于你不仅仅只是在和对手比赛清屏。当你消掉了自己的宝石时，对手的场地就会相应地掉落方块，而双方选择的角色则在屏幕中央互殴。把相同颜色的宝石垒成2×2甚至更大的矩形，便能形成极具破坏力的超级宝石。超级宝石的块头越大，当你消掉它时掉落在对手场地的宝石就越多。《超级街霸方块2》对战的精髓就是看谁能把宝石摞到极限，然后用一记连消把满屏的宝石都落到对手的场地中。在这种游戏中，失败后再战一回合便成为一种必然。《超级街霸方块2：Turbo》不是个笑话，而一款十分了得的游戏。**MK**

Duke Nukem 3D
毁灭公爵3D

发售年份：1996
平台：多平台
开发商：Apogee Software
类型：第一人称射击

20世纪末，电子游戏史上最大的传奇之一，也是最大的笑话之一，便是《永远的毁灭公爵》（Duke Nukem Forever）。这款游戏原本是要为这个伟大的游戏系列揭开一个全新篇章，可惜现在没人指望能在有生之年盼到它的出现【译注：不过此作已于2011年正式在全球上市】。问题是人们干嘛这么在乎这样一款游戏的呢？要怪就怪他们对《毁灭公爵3D》的那份怀旧情结。作为早期第一人称射击游戏中的经典，它为厌倦了《毁灭战士》和《雷神之锤》（Quake）紧张的怪物战的玩家提供了更为轻松爽快的游戏体验。

毁灭公爵开场的名言基本就总结了他的人生哲学："是时候嚼泡泡糖大开杀戒了。我的泡泡糖已经吃完了！"从洛杉矶破旧的街道到《碟中谍》（Mission: Impossible）般的游戏场景，毁灭公爵一路清扫沿途的外星人，在成人用品店里练靶子，还和邪恶的警察（其实更像是野猪）开打。如果子弹打光了，用靴子踢人也很有效。但公爵的世界可不只是个打靶场，游戏中有不少隐藏地点和武器，需要你花点脑子去仔细探索每个关卡。别忘了第一个场景中就藏了把火箭筒。

《毁灭公爵3D》也是早年局域网和互联网多人联机对战的热门游戏。游戏上市后不久，Total Entertainment Network 就开始提供联机对战收费服务，并受到玩家的热烈追捧。游戏的玩法充满了想象力和娱乐性，在"回旋引力场"一类的关卡中，移动的墙壁和令人头晕目眩的画面都可以媲美现在的游戏。

游戏在iPhone和Xbox360上的复刻使得这个游戏传奇得以延续下来。2009年的一款恶搞动作游戏经典的作品《吃我子弹：马特哈扎德的回归》（Eat Lead: Matt Hazard）也明显受到了此作的影响。虽然游戏图像早已过时，但《毁灭公爵3D》仍然值得你抱着吐槽的心态试一试。不过，要玩得得趁早，赶在续作出来之前把前作赶紧通关。**CDa**

Command & Conquer: Red Alert
命令与征服：红色警戒

发售年份：1996
平台：多平台
开发商：Westwood Studios
类型：策略

　　即时策略游戏一般都非常严肃。首先，这些游戏都和战争有关，而战争一向都是个严肃的话题，其次，游戏通常都非常复杂棘手，要求玩家能够把握全局、迅速铲除威胁，并在紧张的战斗中对局势剧变做出正确的反应。因此《命令与征服》成为一款严肃向的即时策略游戏完全在意料之中。但该系列的衍生游戏《红色警戒》却完全是另外一回事。《红色警戒》是一款空想即时策略游戏，游戏假设爱因斯坦穿越时空回到过去，把当时还是无名小卒的阿道夫·希特勒给杀了（你看，从这里开始就已经很不严肃了），但当他回到自己的时代时，却发现盟军在欧洲战场陷入了苦战，而他们的对手正是在纳粹德国衰亡后借机崛起的强大的苏联帝国。

　　这事儿没准还真能发生，但不太可能成为现实的是《红色警戒》交给你捣鼓的那些战斗单位。比如科幻作品最喜欢的特斯拉线圈，用一道电弧就能对敌军发起致命打击。后续游戏对这一武器概念进行了进一步的延伸，而到了《红色警戒3》，玩家已经拥有了全副武装的战熊，或是可以变形为战斗机的坦克。

　　但是，除了这些花哨的装备和做作的游戏过场外，《红色警戒》仍然算是款严肃的游戏。敌对阵营和作战单位的平衡性很好，地图是简洁的战略空间，用户操作界面更确立了这类游戏的标准。虽然红警系列越来越不着调——《红色警戒3》游戏封面上居然是个穿着热裤的苏联女兵——但《红色警戒》仍为《命令与征服》正传剧情中压抑的世界冲突提供了一些必要的调剂，在这个弹坑累累的世界给玩家带来一次视觉上的色彩轰炸。**CD**

Civilization II
文明2

发售年份：1996
平台：PC, Mac
开发商：Microprose Software
类型：策略

席德·梅尔或许就是靠《文明》奠定了自己的名声，但他却并未参与续集的创作。不过，《文明2》正是以这款革命性的前作为基础，才把人类的发展进程制得如此富有魅力。在本作中，玩家将再一次面对变幻莫测的人类历史，把一支近乎野蛮的部落培养成一个科技发达的文明，为飞出地球、探索更加广阔的外太空做好准备。

如果说《文明2》有个游戏目标的话，那便是使你的对手国家全部臣服于你，或是在2020年将一艘宇宙飞船发射到阿尔法半人马星去。但是，和以往一样，旅程永远比终点要有意思，玩家的真正目标就是从无到有建立起一支文明，并协调好各种繁琐而矛盾的文明需求。你要处理战争、学会外交、发展科技、扩张帝国版图、发展人口、确保人民的幸福。简而言之，你就像个表演抛球的杂技演员，要抛的球很多，而此时所有的球全都在空中。游戏很紧张也很考验技巧，这种独特的结合也使得游戏非常容易令人上瘾。

《文明2》最精彩的地方在于游戏如何在各种大大小小的任务中做到游刃有余，这其中包括游戏一开始的小规模地方事务，再到游戏结尾的星球扩张问题。在游戏早期，你只是关心如何来探索这个星球；到了结尾你则要负责管理维护你的家园。虽然游戏的说教成分有点重，但其中的环保讯息传达得恰到好处——在游戏中，污染环境是会被扣分的。要是现实世界也能这么文明就好了。**DM**

Mario Kart 64
马里奥赛车64

发售年份：1996
平台：N64
开发商：任天堂（Nintendo）
类型：赛车

N64版本的《马里奥赛车》遭受了太多的非议。虽然相比于高人气的初代《马里奥赛车》，本作少了一份像素的魅力；但就游戏本身而言，这仍是一款赛车游戏经典。即使是现在，游戏也能吸引你在上面耗上一整晚的时间。

抛开了前作用Mode7生成的平面赛道，《马里奥赛车64》采用了全三维图像。当你在扭曲的赛道上飞奔时，可以感受到效果绝佳的斜坡、坑道、起伏路，甚至是古怪的隧道。这些内容在赋予游戏一种动感的同时，也考验着你的视力，这也意味着你要尽快记下每个场地的路线以及赛道上的障碍点与捷径。

赛道本身就是游戏的一大亮点：蘑菇公路是《马里奥赛车》系列中的第一条出现非卡丁车车流的赛道，而皇家赛道则让你有机会逃离主赛道，进入碧奇公主的城堡一探究竟。玩家在每一关都能欣赏到鲜明的游戏特色和可爱的细节设计。但是，并非所有的赛道都很经典。彩虹路做得很漂亮但是难度太高了，至于那个迷宫般错综复杂的耀西谷，我们最好还是不要去谈它。但整体上讲，正是这些关卡将这个成功的赛车系列带入了一个充满刺激的崭新世界。

游戏最重要的新增特色在于它支持四人同屏竞技。游戏屏幕将被划分为四块，因此玩家可以同时看见自己和其他三位对手的赛况。当玩家们开始使用阴险的道具互相拆台时，咒骂声便源源不断地开始了。所有的道具都十分有趣，尤其是当对手准备凌空跃起时，抓住时间给他当头来一道闪电的感觉是最爽的。如果你想找一款能让你玩上数小时的赛车游戏，《马里奥赛车64》就是你的最佳选择。**CD**

The Neverhood
粘土世界

发售年份：1996
平台：多平台
开发商：The Neverhood
类型：冒险

鼠标点击式冒险游戏一直是电子游戏界的一个另类。一些大受欢迎、有口皆碑的游戏被贴上了这样的标签，但这些游戏有着极佳创意和质量，却没能取得它们应得的商业成功。《粘土世界》便是其中之一。这是一款富有创意的原创游戏，讲述主角克雷曼（Klaymen）在一个奇异而美丽的世界中的冒险故事，并配有欢乐的游戏音乐。

游戏由艺术家兼动画师道格·滕纳佩尔（Doug TenNapel，Shiny公司的《蚯蚓战士》就是出自他之手，此人还创作了一系列热门漫画）负责设计，游戏的粘土动画艺术风格为游戏中的谜题元素和情节发展提供了一个鲜明的背景环境。主角克雷曼的目标就是唤醒粘土世界的创造者霍伯格（Hoborg），玩家需要通过解谜推动故事情节的发展。而在这个过程中，通过点击各种谜题来寻找下一个地点本身就是件很有趣的事情。

所有的好故事都离不开一个出色的反派，而《粘土世界》中的克罗格（Klogg）就是这样一个角色。克罗格从霍伯格手中夺走了皇冠，而克雷曼的任务就是把皇冠物归原主。克雷曼对皇冠做出的选择，将引向三个不同的游戏结局。整个冒险旅程中遍布着有趣的场景，而这只鸭子一样的克雷曼和它的朋友们也充满了魅力。《粘土世界》确实是一款充满魅力的游戏，精心射击的笑料段子也有力地回击了"这只是一款小孩子的游戏"的偏见。这是一次迸发着想象力的旅程——克雷曼要弄明白自己的身世与去向，而唯一的办法就是在散落世界各地的电视上播放碟片，从影片里的解说员威利·特兰伯恩（Willie Trombone）的讲解中了解事情的真相。玩家很容易在《粘土世界》中迷路，这也使得游戏结尾处的最终决定显得至关重要。**RSm**

Guardian Heroes
守护英雄

发售年份：1996
平台：土星（Saturn）
开发商：Treasure
类型：格斗

　　日式游戏工厂Treasure公司从来都不缺人气作品，但很少有哪款游戏像《守护英雄》这样如此彻底地抓住玩家们的想象。《守护英雄》是一款横向卷轴式动作游戏，有着色彩明艳的角色设计、出色的战斗系统和一些精彩的附加元素。粉丝网站乐此不疲地分析着游戏中的人物角色，强调以战术取胜的战斗，以及代表了Treasure作品最高水准的美术设计。亮丽的色彩和复杂的内容，这两者结合在一起，似乎已经成了Treasure公司作品的一大标志了。

　　《守护英雄》讲述四位武士与一把潜藏着古代神力的魔法之剑，以及被这把魔剑复活的黄金武士之间的故事。游戏的一大创新之处在于加入了非玩家控制的主角，这些角色会在你一路过关斩将时和你并肩作战，在你需要帮助的时候向你伸出援手。另外，《守护英雄》还借用了其他类型游戏的一些概念，如可以用来升级角色的经验值、新奇的多平面战斗场地、在战斗中将二维和三维融合在一起。如果觉得这还不够，游戏的剧情还带有多重分支路线，这也意味着每次重玩都会给你带来不一样的感觉。

　　《守护英雄》的游戏平台是世嘉的32位土星游戏机，这款主机特殊的配置意味着想要完美模拟土星游戏并不容易，《守护英雄》到了今天也已经被炒至高价。续作《超级守护英雄》（Advance Guardian Heroes）推出于任天堂GBA平台，是一款背离Treasure公司反传统作风的游戏。虽然该作本身素质不赖，但和原作相比恐怕连提鞋的资格都没有。**CD**

International Track & Field
国际田径运动会

发售年份：1996
平台：PS1
开发商：科乐美（Konami）
类型：体育休闲

  有时候，期望越小的东西往往给我们带来越大的惊喜。乍一看来，科乐美80年代的游戏《田径运动会》的PS世代重制版实在让人提不起多大兴趣。不管这款街机游戏在当年有多么火爆，从玩家口袋里掏钱的速度比玩家敲奔跑按钮的速度还快，但到了90年代中期，三维游戏的出现已经把人们的关注焦点转移到了一个全新的世界。

  《国际田径运动会》无意阻挡历史大潮，而是向这一目标奋力冲刺、跑跳，希望和同期其他游戏共同迎接三维时代的到来。但讽刺的是，正是这样一款很少有人愿意看上第二眼的街机经典重制作品，在当时却找不到几款游戏能与它一较高下。除了游戏逼真的动画和体育馆气氛外，游戏机的多插头设计使得另一项重要的游戏方式成为可能：四人同台竞技。

  如果只是你一个人玩的话，在你打破《国际田径运动会》中的所有世界纪录后，游戏的全部十一项赛事所散发的魅力恐怕就到此为止了。但如果游戏中加入另外三位竞争者——这在之前的几款重制版中是不可能实现的——共同参与到百米冲刺一类的对抗赛，或是传统的单人竞技项目（标枪、跳远等等），那么这款游戏将瞬间变身为世界上最紧张刺激的体育赛场。

  虽然利用全新的硬件处理能力对游戏画面进行了彻底的改良，但科乐美却明智地保留了原版《田径运动会》的三钮操作设定，这也使得游戏体验变得异常的纯粹。唯一的不足之处在于你可能要为多弄几个手柄而大伤脑筋。**JDS**

Nights Into Dreams
梦精灵

发售年份：1996
平台：土星（Saturn）
开发商：索尼克小组（Sonic Team）
类型：动作

　　如果你梦见过自己会飞，那么在《梦精灵》里，你马上就能找回那种熟悉的感觉。在游戏中，你将控制一个名为Nights的小鬼，这个角色穿得像个小丑，能在天空中优雅地自由穿梭。游戏准确地抓住了飞翔时那种轻快的感觉，那种你想象出来的自由感，而不是现实中的飞翔感。《梦精灵》强调的是即时体验的乐趣——朝着地面俯冲、穿过一个又一个圆环——而不是传统电子游戏中的做任务。

　　当然，《梦精灵》中也有游戏任务，只不过这些不是游戏的重点。要想继续前进，Nights就得在有限的时间内，在每一关收集特殊宝石。对于玩家来说，要想从一关打入下一关再简单不过了，但是每关结束时，游戏都会根据你的通关的速度和风格对你的表现做出字母评分。通过展现各种连续技、飞越漂浮门，Nights可以在推进剧情发展的同时获得风格得分。游戏唯一的挑战就是如何获得A级评分。

　　《梦精灵》围绕两个小孩展开。他们白天在学校遭遇欺凌，夜晚则备受噩梦的折磨。这些剧情是推动每关情节发展的关键。通过化身为Nights，并打败Boss，两人将最终克服内心的恐惧。坚持用这样一个甜得发腻的故事作为剧情是游戏的失策，但当你沉浸在飞行的快乐中时，你很容易就会忘掉这一败笔。《梦精灵》还推出了一个简短的圣诞主题版，游戏中一身圣诞老人装的Nights要穿越风雪收集节日饰品。这一版本的游戏现在已经很罕见了，但也并非找不到。圣诞元素和这款游戏实在是太搭了，可惜的是这版游戏只有短短的两关。**MK**

GTI Club Rally Côte d'Azur
GTI俱乐部拉力赛

发售年份：1996
平台：街机
开发商：科乐美（Konami）
类型：赛车

《GTI俱乐部拉力赛》给早已泛滥成灾的赛车类游戏注入了革命性的新概念，但令人诧异的是，正是这样一款出色的游戏，却只是在90年代末期的街机厅中昙花一现。不过，虽然《GTI俱乐部拉力赛》的油烧得有点太快，但却给所有见证过这款游戏狂野表现的玩家们留下了难以磨灭的印象。

谁又能忘记游戏中那几款动感十足的欧洲掀背车艳丽的画面效果（游戏的色彩表现在当年相当出色），以及千回百绕、人来人往的地中海式街景呢？更不用说那个足有一个小商店那么大的筐体，还附带有一根手刹帮助你对付那些讨厌的九十度弯道。

虽然上述这些元素都很重要，但它们只是用来配合游戏的大环境。《GTI俱乐部拉力赛》给你提供了一个自由飞驰的环境，你可以碰运气寻找出赛道的捷径，抄小道来超过你的另外七名对手。游戏就是一次紧张的交通危险大杂烩：你需要避开平民车流（不然的话就有壮观的撞车戏看了），严格的时间限制迫使你尽快冲过每一个checkpoint，突如其来的路况会让你时不时地狂打方向盘，更有数不尽的撞车危险与你擦身而过。

美中不足的是游戏中的车辆动态表现。即使在那个年代，游戏的赛车模型也做得非常一般，除了夸张而又矫揉造作的侧倾和近乎难以察觉的抓地性能，玩家几乎感受不到任何回馈。但在这个案例中，这一切并不重要。因为游戏重在强调驾驶的轻松与魅力，就这一点而言，《GTI俱乐部赛车》至今仍难以超越。**JDS**

Harvest Moon
牧场物语

发售年份：1996
平台：SNES
开发商：Natsume
类型：角色扮演

你想在游戏中扮演什么？一个宇航员、一名士兵、一个踏上危险征途的骑士？要不，当个农民怎么样？你知道的，挖挖地、养养牲口、种种粮食，看什么季节过什么日子，冒着大雪去给奶牛挤个奶什么的。不好玩？你确定？

《牧场物语》是一款农业模拟游戏。但在这款农业模拟游戏中，折鸡脖子、敲牛头一类的可怕农活可是被省略掉了，游戏只想通过可爱的动画来表现温暖有爱的乡野生活。在这款阳光的游戏中你要饲养照料你的牲口，给庄稼浇水、给奶牛挤奶——边挤奶还要边和它们聊天——尽量把所有的时间都放在各种类似的农活上，以实现农场利润的最大化。

《牧场物语》并不像听上去那么无聊，这些安逸而富有田园气息的任务很快会产生一种魔咒，让你深深陷入其中无法自拔。游戏很强调对时间的分配管理，同时也善于用极富娱乐性的方式来包装它枯燥的时间表，让你心甘情愿地为一些吃力不讨好的活儿四处跑腿。

粉丝们也似乎不在意买到一口袋换汤不换药的续作，直到今天仍巴不得每一季游戏发售表上都会有《牧场物语》的身影。该系列近期的作品也许只是针对系列的核心玩家，但最早的这一版却是一款老少皆宜的游戏。不出所料，《牧场物语》现在已经现身Wii的Virtual Console服务中，等待你的尝试。所以，在你对扮演农民的提议说"不"之前，何不试试这款《牧场物语》呢？**CD**

Marathon Infinity
马拉松：无限

- 发售年份：1996
- 平台：Mac
- 开发商：Bungie
- 类型：第一人称射击

  远在士官长的战斗打响前，Bungie公司一直都在关注着另一场巨大的战争。《马拉松》三部曲在神话设定上同《光环》世界有不少相似之处（最像的还是《马拉松》推出之前的那款《黑暗之路》[Pathways Into Darkness]）。但这些相似点都十分隐蔽，就如同游戏中涉及的外星种族一样神秘莫测。如果《马拉松》系列和《光环》真有明确的相同点，那便是对游戏中架空世界的细节追求。作为系列故事的最终章，《马拉松：无限》被广泛认为是该系列的巅峰之作。

  《马拉松：无限》用非线性叙事和分支剧情改变了第一人称射击游戏。游戏剧情极其复杂，要想把它搞清楚，最好先把前面两代游戏打通关。游戏讲述主角为寻找没有邪恶的实体"W'rkncacnter"存在的世界而四处搜寻。要想达成这个目标，玩家就必须在数条不同的时间线中进行探索，其中一些时间线中的现实会和你之前遇见的事情发生冲突，而且每一条时间线后面都会跟随一段梦境。你在梦中的所作所为将决定你是否能找到一条新的时间线，或是直接被送回之前已经探索过的时间线。这些存在主义设定比传统的"见什么打什么"的第一人称射击叙事要超前得多。

  游戏的多人模式是在专门设计的地图上进行，而非空荡荡的单人模式关卡。除了基本的"death match"模式外，《马拉松：无限》还提供了其他多种多人模式游戏。但最令人印象深刻的还是游戏摆出的民主姿态——Bungie公司在游戏中包含了Anvil（物理与图形编辑器）和Forge（一个地图编辑器）供玩家自行设计关卡。由于《马拉松：无限》是Mac平台独占，导致这款神奇的游戏系列的光芒被其他PC竞争对手所掩盖。但现在，Linux和PC上已经出现了兼容版的《马拉松：无限》，没有人可以以任何理由拒绝尝试这款游戏。**BM**

Quake
雷神之锤

发售年份：1996
平台：PC
开发商：id Software
类型：第一人称射击

　　《雷神之锤》是第一人称射击类游戏中使用全三维图形的先驱，在游戏关卡设计上也属于顶尖水准。游戏对于场景空间和牢固感的把握相当出色，就连游戏的难度和章节选择界面也令人印象深刻。游戏中塞满了谜题、隐藏区域，也是进行death match的最佳战场。但事实上，只要你在《雷神之锤》二十余个关卡中任选一关，你就会发现真正的通关路线并没有想象那么复杂。

　　岩石凿刻的场景、兵戎相见的战斗，游戏阴森可怕的视角至今仍显得十分独特，你可以想象id公司急躁的设计师们当初是如何在黑色幻想式角色扮演风格和科幻射击风格之间争论不休。《雷神之锤》带起了一批"棕色回廊"风格画面的游戏，但是这种压抑而单调的场景之中还是蕴含着艺术感和目的性的。互不相连的场地隐匿在令人窒息的黑暗之中，带有强烈的地方感以及不经意间抓人眼球的细节：如银色十字架镶边的地窖、金属巨神浮雕、镶嵌在恐怖房屋的窗户上带着末日气息的彩色玻璃。

　　《雷神之锤》的制作与作曲之间的完美合作更为游戏增色不少。摇滚乐队Nine Inch Nails的主唱为游戏专门打造的原声音乐时而喧嚣、时而妖娆、时而冷酷，已经成了《雷神之锤》不可或缺的重要组成部分。对于场景中的危险或即将出现的敌人，游戏都会给出提示音效，你甚至可以闭着眼睛去打这款游戏，但在可怕的困兽战与过火的近距离战斗中，你往往会陷入盲目的恐慌。在《雷神之锤》的任何一关当中，开启"始终奔跑"（Alway Run）模式不是一种选择，而是一种必须，游戏表现出的高水准更让所有人对它的怀疑都变成了肯定。**BS**

Resident Evil
生化危机

发售年份：1996
平台：多平台
开发商：卡普空（Capcom）
类型：生存恐怖

　　游戏界关于生存恐怖类游戏的起源争论已久，有的人认为应该可以追溯至 Commodore 64 平台上那款幽闭色彩浓重的冷门游戏《不可能的任务》（Impossible Mission），有的人认为游戏在做到恐怖之前先要足够聪明，从这个标准看来《网络奇兵2》（System Shock 2）才是第一款真正的生存恐怖游戏。但对于大多数人而言，真正的生存恐怖类游戏诞生于这幢穿插着粗糙的真人过场影片的可怕豪宅。

　　《生化危机》其实就是一个简单的鬼宅故事，只不过用离谱的企业阴谋进行了一层包装。《生化危机》基本可以被归类为射击游戏，但游戏中的一些要素又使其不同于任何一类传统游戏。首先是它复杂的操作，使角色的移动和精确的瞄准都让人叫苦不迭；其次，游戏中的敌人和弹药数都比标准的动作类游戏要少得多。游戏更强调对战斗的表现和对资源的有效利用，而不是纵容玩家耗尽手中拥有的一切。

　　这款游戏同样也能把你吓一大跳。从在你毫无戒备的情况下突然窜出的丧尸，到破窗而入的丧尸犬，《生化危机》具备了各种老套的恐怖桥段，但总有一次能把你吓到尖叫。也许这个系列只有第四部作品才能算得上"聪明"，但抛开俗套的剧情、糟糕的配音和简单的谜题不谈，生化危机系列在首作中还是表现出了强劲的发展势头。本作就像一部风头已逝的丧尸片，留给现代观众更多的是一种情结而不是恐惧，但这些行动迟缓的古怪丧尸确实能给玩家带来长久的心理阴影。**CD**

Pilotwings 64
飞行俱乐部64

- 发售年份：1996
- 平台：N64
- 开发商：任天堂（Nintendo）/ Paradigm
- 类型：飞行模拟

这款备受玩家喜爱的续作给《飞行俱乐部》中恬静的世界来了一次卡通风格大换装。任天堂的全新N64主机将梦幻般的飞行模拟体验带入了一个全新的三维图形时代。有了可爱的飞机、难度各异的挑战任务和用来评价玩家表现的奖章，这款续作明显有了更明确的游戏目的。

初代《飞行俱乐部》中的任务混合了各种不同交通工具，赋予游戏极大的可玩性，而这款续作也延续了同样的任务设定，不同的是，游戏有了难度各异的任务目标，从给某一景物拍照到用导弹摧毁特定目标。海量的游戏内容得益于游戏硬件的更新升级，使得游戏能够进行更多的尝试和探索。当你飞行时，可以看见山脉逐渐隆起，而地平线则逐渐从山峰降至海面。

《飞行俱乐部》系列要是能再来一款续作就再好不过了，但这样的计划对于任天堂而言似乎还不是当务之急。不过，《飞行俱乐部64》倒是很有可能和它的SNES前作一起在Wii的Virtual Console服务上现身。**CD**

PaRappa the Rapper
啪啦啪啦啪

- 发售年份：1996
- 平台：PS1
- 开发商：七音社（NanaOn-Sha）
- 类型：音乐

这款看似不靠谱的游戏影响了今天不少的热门游戏类型。《啪啦啪啦啪》是一款音乐节奏类游戏先驱，游戏中玩家要通过配合屏幕上的提示和音乐节奏来通关。著名艺术家罗德尼·格林布拉特（Rodney Greenblat）为游戏打造了可爱的视觉风格。七音社的这款另类游戏中讲述一只名叫啪啦啪（PaRappa）的嘻哈狗想要获得女友Sunny Funny的芳心。游戏中的角色则是一群令人过目难忘的怪人，啪啦啪的音乐导师——从空手道场的洋葱大师到啪啦啪烦人的驾校教练慕斯里尼（Mooselini）——更是电子游戏界有史以来最出色的游戏角色。

游戏中的歌曲绝对完美。即使是在放下这款游戏多年之后，你仍会不由自主地哼出其中的旋律，然后思绪在瞬间回到那个独特的游戏世界当中。《啪啦啪啦啪》推出了数款续作，但什么也比不上你第一次看见啪啦啪的纸片世界动起来的那种感觉，更没有什么比得上你第一次拿起游戏手柄，赚得"U Rappin Good"的评价时的那份感动。**CD**

Time Crisis
化解危机

发售年份：1996
平台：街机，PS1
开发商：南梦宫（Namco）
类型：射击

  光枪游戏天生就有很大的局限性，但这并不意味着它不能创新。《化解危机》只用了一个再简单不过的创意就把光枪游戏推上了一个新台阶，并从此成为此类游戏的标准——此前的同类游戏只是要求你在被敌人击中之前尽快把敌人打死，但在本作中，玩家可以进行躲避。

  《化解危机》的筐体带有一个脚踏板，当你踩上去的时候，你操控的顶级特工便会自动躲避并给武器上膛。当然，这毕竟是一款投币街机游戏，如果你把时间都耗在躲避上，危机就来了。《化解危机》带有时间限制，开始时时间很充裕，但越到后面越吃紧。但每通一关，时间便会再次回满。

  游戏的剧情已成为同类中的经典：趁那些墨镜枪手把你打死之前先把他们打死，然后再干掉他们的老大。多亏游戏的创意和沉稳的游戏表现，《化解危机》至今仍是一款出色的射击游戏，不过可惜的是游戏的系列续作都不及初代有诚意。PS1移植版的《化解危机》相当出色，抢尽了原版游戏的风头。**RS**

Saturn Bomberman
土星炸弹人

发售年份：1996
平台：土星（Saturn）
开发商：Hudson Soft
类型：动作

  带着制作精良的日式动画过场和精致的游戏画面，《土星炸弹人》为32位游戏时代带来了全新的游戏乐趣。就游戏图像而言，这就是二维版炸弹人游戏所能达到的神级画面：《土星炸弹人》拥有一系列极富细节感的地图和一大群可选角色——从普通的彩色炸弹人到Hudson Soft的各种经典游戏人物，可谓应有尽有。

  游戏的故事情节要求玩家闯过一系列的关卡，并面对大量的Boss战。本作新增的双人合作模式是个绝妙的点子，另外游戏还有标准的战斗模式和八种不同的关卡设计，玩家们可以在里面为烧死每一个对手而展开大混战。

  但是，这款土星版游戏最关键的新增元素还是大名鼎鼎的十人混战模式，在这一模式下，游戏需要使用外置转接插座和宽屏显示设备。感谢土星附带的调制解调器，日本玩家和美国玩家还可以在网上对战。至于游戏的其他部分，时间会证明它们的永恒性。**KS**

Tomb Raider
古墓丽影

发售年份：1996
平台：多平台
开发商：Core
类型：动作

人们很容易就把《古墓丽影》的成功归结于游戏身材火辣的女主角——上流探险家劳拉·克劳馥（Lara Croft）。但在这款游戏于90年代中期推出之前，使用女性来当游戏噱头早已不是什么新鲜事了。《古墓丽影》真正成功的原因很简单：这是一款冒险氛围十足的平台动作佳作。它是一部划时代的经典作品，把大量的奔跑、跳跃元素引入了一个逼真的三维世界，而游戏的精致和复杂程度又是许多二维动作游戏无法比拟的。

富家女劳拉就是个现代版的印第安纳·琼斯，这位经验丰富的女冒险家尤其钟情摩托车、露脐装以及虐杀濒危动物。虽然她总是喜欢在腿上绑两把手枪出门，但大部分时间她都是安安静静地探索，而不是成排成排地杀敌。你会发现这确实是个明智的选择，因为开枪杀人太土了。劳拉的任务在于深入巨大的地下空间寻找各种神秘的古代艺术品，在那里你要启动各种古老的机关、发掘隐藏在各个角落的秘密。

作为这个系列的第一作，《古墓丽影》无疑是最好的一部。这就是一次紧张刺激的远足旅行，茂密的丛林、埃及的斯芬克斯以及亚特兰蒂斯的恐怖金字塔都是沿途的景点。安静而华丽的环境是游戏的一大特色，同时期的游戏中几乎找不到类似的作品。自首作推出以来，无数的游戏开始纷纷效仿《古墓丽影》系列，但却很少有青出于蓝者。就游戏的宣传推广而言，劳拉功不可没——她曾让《古墓丽影》荣登《Face》杂志封面——但在现实中，创作者托比·加德（Toby Gard）和他的设计团队才是这些传奇冒险背后的真正英雄。**CD**

Metal Slug
合金弹头

发售年份：1996
平台：街机，Neo Geo
开发商：Nazca
类型：射击

战争恐怕是电子游戏最屡试不爽的主题，但是很少有游戏能像Nazca公司的这款横向卷轴射击经典《合金弹头》这样，以如此另类幽默的方式表现战场的可怖。在设计师精湛的技术下，游戏卡通化的视觉效果让其他同时期类似题材的二维游戏相形见绌，从另一方面也展现了NeoGeo硬件的高超性能。但是真正让你感受到《合金弹头》魅力的是色彩浓艳的动画、角色以及紧凑的游戏控制。你要跃过冰窟、开着一蹦一跳的坦克Metal Slug穿过河流、一边欣赏欧洲小镇在战斗背景后面华丽地滑过。当你解开俘虏身上的绳子和镣铐时，这些光着膀子、胡子拉碴的家伙们就会朝你敬礼；当你不小心进入敌方士兵的视线时，这些原本靠着街灯无精打采的军人会猛地跳起来，但一发火焰喷射弹就能把他们烧成灰。《合金弹头》无疑是有史以来最具个性和表现力的战争游戏，在对战争残忍和视觉幽默的平衡上获得了罕见的成功。

《合金弹头》的灵感来自于《魂斗罗》，但相比之下，本作的节奏更加从容、缓慢，用多样化的敌方攻击方式取代了模式化的进攻。这款诞生于街机平台的游戏交给新手玩家的是一个几乎不可能完成的战斗任务，但只要你注意培养技巧、加强记忆，学会如何灵活使用手雷等武器，以及你的近战匕首，那么胜利通关指日可待。游戏后来又衍生出了一系列续作，一部比一部更具野心，但真正历久弥新的恐怕还是最早的这一作——突出的游戏重心、大师级的关卡设计以及系列游戏标志性的细节和道具，让这款游戏至今仍值得一玩。**SP**

Super Mario RPG: Legend of the Seven Stars
超级马里奥RPG：七星传奇

发售年份：1996
平台：SNES
开发商：史克威尔（Square）
类型：角色扮演

当任天堂的吉祥物遇上史克威尔的RPG游戏时会擦出怎样的火花？把这样一款作品作为苟延残喘的SNES上推出的最后一款马里奥游戏，又会出现什么样的结果呢？即便不考虑这款游戏的重大意义——游戏标志着马里奥首次踏入一个和他快乐的平台动作生活完全对立的游戏领域——《超级马里奥RPG：七星传奇》也注定要成为一部伟大的作品。即使你还没感受到游戏中丰富多彩的细节，这也注定是一次令人心驰神往的游戏体验，而且最终的结果也肯定不会让人失望。

令人高兴的是，《超级马里奥RPG》并没有辜负这一番吹捧。整个地图玩起来就像个斜四十五度视角的平台动作游戏，带着鲜艳的色彩和来自马里奥世界的熟悉角色。游戏的战斗系统将回合制战斗和动作元素有机结合在一起，给传统的角色扮演带来别样紧张感。而当你找到了伙伴们和你一同冒险时，游戏才真正开始有趣起来。

传统马里奥游戏中的绑架式剧情在这个角色扮演世界中并没有遇到任何表达障碍，游戏的户外风景和阴森的哥特式室内环境也毫无违和感。总而言之，这就是一次精彩的配对，只有那些渲染糟糕的三维角色模型暴露了游戏的年龄，以现在的眼光来看，这些浑身油光发亮的角色确实显得很假。

作为一次不同游戏类型和游戏风格之间的转换，《超级马里奥RPG》获得了巨大的成功。游戏的成功自然带动了后续作品的发展，史克威尔的这部作品为后来的《纸片马里奥》（Paper Mario）主机游戏系列和掌机平台的《马里奥与路易基》（Mario & Luigi）冒险游戏打开了一扇门——单凭这一点我们就该叩谢《超级马里奥RPG》了。如果你之前还没有机会尝试这款游戏，现在赶紧动手吧！ **CD**

Donkey Kong Country 3
大金刚国度

发售年份：1996
平台：SNES
开发商：Rare
类型：平台动作

　　《大金刚国度》是Rare公司第一款使用任天堂的这位标志性角色开发的游戏。这是一款视觉效果绝赞的平台动作游戏，其高超的技术水准成为Rare公司日后的一大标志。在当时，对于一个像任天堂这样传统保守的发行公司来说，把自己的原创角色交给一支英国开发团队，并由这支团队来对它进行三维包装、加入其他金刚家族角色、并把它放进一个全新的平台动作游戏当中，实在是个冒险的举动。

　　真正广获赞誉的是游戏的续作《大金刚国度2》，但《大金刚国度3》才是系列中规模最宏大、最具特色的一款作品。游戏是在N64面市之后不久发售的，但并未得到业界的足够关注。游戏还削弱了大金刚的主角地位，而由Rare的原创角色Dixie和Kiddy抢尽了风头，但这也提高了游戏的市场曝光度。游戏的结构和控制十分流畅，并给游戏中优美的横向卷轴关卡注入了冒险精神。游戏的开放式地图设计改变了这类游戏固有的预设游戏路线和关卡顺序，赋予《大金刚国度3》强烈的个性和氛围感，各关卡中的探索元素也非常丰富。游戏不只是简单地强迫玩家去收集物品，而是在你和你想要拿到的道具之间安一个谜题。

　　《大金刚国度3》的画面在今天看起来仍然很震撼，这都得归功于另类的角色设计和流畅的动画。这是一款充满创意、非典型性二维平台动作游戏。另外，这个系列也让任天堂和Rare之间擦出了火花，双方在此后的十年间携手推出了不少游戏佳作。**KM**

Syndicate Wars
辛迪加战争

发售年份：1996
平台：多平台
开发商：牛蛙（Bullfrog Productions）
类型：策略

《辛迪加战争》是那种先给你些战斗实力，再把你往死里整的游戏。作为欧洲公司（EuroCorp）的领导人物、世界统治者、未来街区最有头脑的人物，玩家很快就会发现自己的全球企业正在对手的威胁下摇摇欲坠。

这份威胁来自于势力渐增的新纪元教会（Church of the New Epoch）——一个对于未来有着不同构想的敌对组织。当然这一切都不过是为了实施阴谋计划和企业暴利而打出的借口，毕竟这是一款"辛迪加"游戏。《辛迪加战争》延续了前作中的四人小队，你能幻想出现在系列第三作（也是目前为止的最后一作）中的一切精彩点子，在这款游戏中都有了。游戏中的地图比前作更大、更华丽，街上来来往往的NPC也比以前更多，游戏的动画和爆炸场面也比前作更加富有电影感。

游戏中还加入了交通工具，使得游戏的任务更具多样性。前作中取消的多人局域网战在本作中终于现身了，玩家现在可以把电脑拖到机友家中，打着凯恩斯经济学和企业忠诚的名号相互开战。

《辛迪加战争》进一步奠定了《辛迪加》系列在电子游戏界的名声，使其成为最新潮的暴力游戏。但现在看来，这款游戏已经老得不行了。有传言称拥有游戏产权的业界巨头艺电公司正在考虑推出一款续作——这样再好不过了，现在正是个重新回到未来的好时代。**CD**

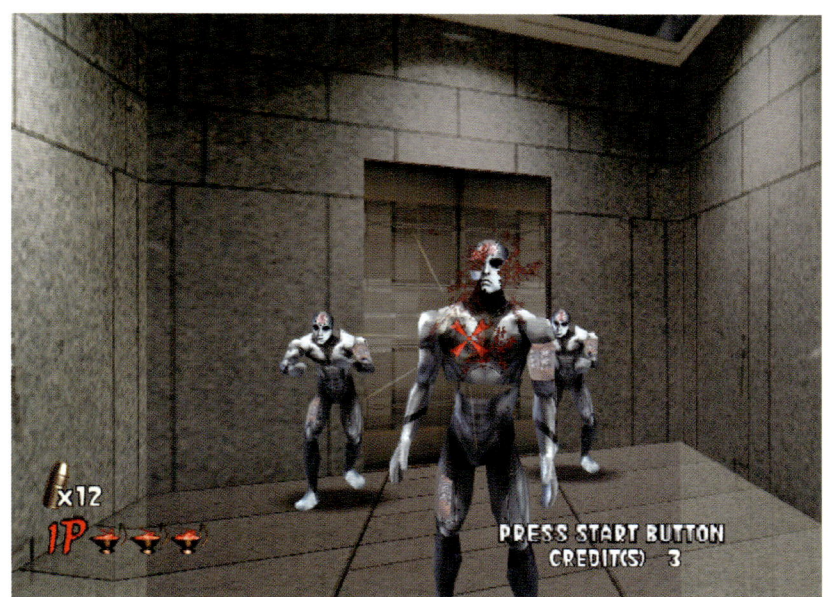

The House of the Dead 2
死亡之屋2

- 发售年份：1996
- 平台：街机
- 开发商：世嘉（Sega）
- 类型：射击

人生中最刺激的事情，莫过于朝丧尸脸上开枪。谢天谢地，世嘉公司以此为基础，为我们献上了一整个系列的游戏。作为轨道光枪射击游戏的一次进化升级，《死亡之屋》系列最明显的特点就是其大量紧张的关卡设计远没有之前的游戏那么模式化、局限化。除了游戏在主题上的明显优势外，《死亡之屋》还提高了游戏速度和同屏敌人的数量。这也意味着游戏虽然沿用了传统的模式化攻击，但敌人疯狂的进攻节奏给了游戏更爽快的动作感。

节奏与气氛是《死亡之屋2》得以击败同时期其他作品的两大杀手锏。在游戏中，你将面对的是成群蹒跚而来、垂涎于你的肉体的腐尸，而游戏则把激烈的屠尸战和重口味的视觉特效、可怕的音效和流畅的镜头运动结合在一起，创造出真实的恐惧感。所幸的是，游戏喜感的动画过场和糟糕的配音减轻了那份巨大的压抑感。但游戏仍然十分紧张，你好不容易得来的那一丝宽慰会在下一关来临之前的短暂读取中消失得一干二净。

这一类的游戏必须能够提供让人喘不过气的游戏体验，否则玩家很容易失去兴趣并被其他同类竞争者所吸引。《死亡之屋2》在游戏一开始就将你的注意力牢牢抓住。毫无疑问，这款游戏和它之前和之后的轨道射击类游戏一样肤浅、幼稚、短命，但就提供源源不断的刺激感而言，你会发现没几款游戏可以和《死亡之屋2》一较高下。**JDS**

Star Control 3
星际管理3

发售年份：1996
平台：多平台
开发商：Legend Entertainment
类型：策略/射击

和任何一场精彩的太空激战一样，《星际管理3》面临着巨大的危险。游戏面对的是一大批系列前两作的铁杆粉丝，而与此同时，《星际管理》系列的原创公司Toys for Bob并没有参与到这款作品的开发中来——很显然，这款游戏的制作从一开始就需要巨大的勇气。虽然游戏粉丝对本作的一些改动（如伪3D的太空战斗和角色对话时出现的数字化布偶人物）表示不满，但《星际管理3》仍是一次巨大的成功，这也是《星际管理》系列中开发最完善的一款。

《星际管理3》紧接着前作的结尾展开故事，玩家必须率领一支联盟对抗"永恒者"（the Eternal Ones），这是一个神秘的种族，它们每隔一千万年都会消耗所有思想的生命的能量。为了保护自己免遭厄运，先驱者（the Precursors）将自己改造成智力接近牛的六条腿生物，岂料用来帮助他们恢复原样的机器人出现故障，先驱者们因此被禁锢在这种低等形态下无法复原。而一直在苦苦寻找传说中的先驱者的人类却发现这些野兽非常美味，在完全不知情的情况下，一口一口吃掉了先驱者残存的希望。在这个荒诞不经的剧情下是一款复杂的策略游戏，游戏中的外交手段和军事动作同样重要，因为你遇上的每个新种族既有可能是朋友也有可能是敌人。

但游戏中也有即时太空战斗、引人入胜的冒险和用来供养军力的殖民地管理。把这么多不同类型的游戏混在一起通常是个坏点子，但在此作中这些元素却凝成了一个整体，让你沉浸其中欲罢不能。在游戏的"究极混战"（Hyper Melee）模式中，玩家还将有机会和电脑或者朋友比试飞行技术。激战之下，伤亡在所难免，但《星际管理3》绝对是该系列出色的继承者。**BM**

Super Mario 64
超级马里奥64

发售年份：1996
平台：N64
开发商：任天堂（Nintendo）
类型：平台动作

当所有的游戏都开始迈入三维时代时，马里奥似乎气数已尽了。任天堂的这个吉祥物越来越老了，但他还是和那个日渐无趣的二维卷轴世界紧紧地联系在一起，很多粉丝都在怀疑，随着任天堂的新主机N64的面市，马里奥是否面临退休，或者从此彻底消失。

事实上，这都不是问题。在这款马里奥的首次三维冒险中，这个水管工像过去一样扮演起了一个开拓者和弄潮儿的角色，向竞争对手们展现他的宝刀未老，游戏还充分发挥了模拟摇杆的优势（向前轻推则可以行走，一直推则开始跑），创造一款令所有人——尤其是马里奥在其他平台的竞争对手——过目难忘的冒险游戏。

老一套的模式在这里发生了根本性改变。《超级马里奥64》放弃了从地图左边一直跑到最右边的观光冒险模式，而是把碧奇公主的城堡作为一个连接各关卡的集线器，只要你从游戏中集满了一定数量的星星，就可以进入其他关卡。进入各主题关卡的方式——跃入油画当中——至今仍是一项高明的设计。而你即将探索的世界更是想象力的结晶，其中充满了各种不同的任务，这一分钟你还在收集硬币，下一分钟就开始和Boss开战了。

和集线器一样，游戏中的关卡都是非线性的，从冰凉山的起伏的峰顶到鬼屋里缠绕不清的小道，《超级马里奥64》给人感觉更像是个主题公园，而不是一系列主题关卡。但是，不管是从哪里获得的灵感，《超级马里奥64》至今仍是有史以来最具影响力也最优秀的一款电子游戏。**CD**

Wave Race 64

水上摩托64

发售年份：1996
平台：N64
开发商：任天堂（Nintendo）
类型：竞速

我们还是实话实说吧：没几个人会爱上这款《水上摩托》。虽然和《超级马里奥64》是同一个娘胎里生出来的，但这款水上摩托艇竞速游戏和那四个头像像嫌疑犯照片一样的驾驶员实在很没有个性。唧唧歪歪的解说员和80年代末街机风格的视觉效果也没有帮上多大忙。乍一看来，《水上摩托》甚至有点——嘘，小点声——讨人嫌！

然而，这款游戏在发售后引起了极大的反响，而且和其他老游戏不同的是，《水上摩托64》仍然值得你重新体验，即使你不去考虑它的历史意义（其实也没什么历史意义，因为这款游戏根本没有催生出其他知名的水上摩托艇游戏）。游戏的乐趣就是那些逼真的水面效果，以及开着摩托艇在上面飞驰的刺激感。

N64创新性的控制杆设计已经证明了模拟摇杆就是游戏的未来。正是因为有了出色的摇杆控制，马里奥在N64上的处子秀才获得如此巨大的成功。而《水上摩托64》虽然是N64上的一款早期游戏，却更能体现出摇杆的重要性。当你控制蹦跳的摩托艇穿越汹涌的海浪，或是来一个锐角急转时，你仿佛能看到游戏的二维时代正在波涛中浮浮沉沉，几近消失。

游戏的结构和传统的竞速游戏没什么两样，只不过把场景设在了海上。在大多数的比赛中，你都要在不同的天气状况下绕着一个小岛甩开你的对手，同时驾驶你的摩托艇穿越导航浮标。正确地穿越浮标将会给你的摩托艇提速，动力达到最大时你基本就能飞起来了。锦标赛、限时赛，以及特技模式使游戏变得更加丰富有趣，而强制性的双人模式也非常有趣，不过分屏模式下玩家的视野还是会受到一定影响。

《水上摩托》至今仍是所有的水上游戏中最出色的一款，不过不得不承认在这个游戏类型下根本就没几款游戏。**OB**

Wipeout 2097
反重力赛车2097

发售年份：1996
平台：PS1
开发商：Psygnosis
类型：竞速

　　《反重力赛车》系列就是索尼对任天堂的《零式赛车》系列的回应，而作为这一系列的第二作，《反重力赛车2097》无疑是最出色的一款。初代游戏已经在娱乐性上做到了完美，而这部续作不仅在游戏性上表现出色，对流行文化也有重要影响，尤其是游戏中的夜店风格音乐和来自Designers Republic的图形设计。

　　《反重力赛车2097》延续了初代游戏酷炫的外观和感觉，但本作的开发更加完善，武器和赛道系统也更加多样化。游戏背景设定在发售时间的一百零一年后，这是一款重拳出击的科幻竞速游戏。悬浮在赛道上的赛车非常精致，在赛场上疾驰的时候像刀锋般锐利，其他时间则像海上的浴缸般上下浮动。你可以在不同的车型间进行选择，不同的赛车在加速、操控和护盾能量上各有优劣。游戏中的赛道非常复杂，包括令人头晕目眩的垂降、坡道、九十度急转和刚进去时完全让人找不到方向的密集隧道，要在这些场地上找准路线、稳住赛车的同时又不让速度放慢可不是件容易的事情。更复杂的是你和你的对手们使用的武器，这些通过拾取获得的高能量武器包括可以沿着赛道发射震荡波的Quake Disruptor和随意射击的Autopilot。如果因为敌方火力或碰撞造成的车损达到一定程度，赛车就会爆炸，这也是一种极其反高潮的失败方式。

　　人们很容易忘掉《反重力赛车》曾经是多么出类拔萃的一个系列，它标志着主机游戏进入一个全新的时代。虽然相比现在的游戏，《反重力赛车》中的装饰显得非常的肤浅，但《反重力赛车2097》的游戏性绝无肤浅可言，放在今天仍是一款可玩性极高的完美游戏。**OB**

Vectorman 2
粒子斗士2

- 发售年份：1996
- 平台：Mega Drive
- 开发商：BlueSky
- 类型：动作 / 平台动作

在《粒子斗士》系列的第二作登陆MD平台时，MD主机的全盛时期早已过去。但MD在程序设计技术上的进步还是让游戏受益颇多，《粒子斗士2》也可以称得上是16位技术在游戏画面表现上的一个最佳范例。但在当时，业界的目光都放在了新一代的游戏硬件上，导致关注这款游戏的玩家并不多。

这也解释了为什么《粒子斗士2》成了一款默默无闻的游戏，但我们并不能忽视这款曾经的平台动作游戏佳作的优秀品质。游戏的一大亮点就是它的美学风格，干净利落、细节丰富的图像，以及当时罕见的高水准动作画面（这都是预渲染3D模型的功劳）。与游戏视效相得益彰的是厚重的声效，以及与游戏动作场面配合完美的原声音乐。

游戏的动作元素也很丰富。《粒子斗士2》在一开始就让玩家坠入其中——确实是坠入其中，因为你要从空中空降到地面——游戏的间奏一刻也不肯放缓，你将在二十五个精心设计的关卡中杀出一条血路。沿途中你将遇上各种变异昆虫、升级后的武器、富有创意的道具，自然也少不了大量的可收集物品。最重要的是，游戏的操作和动作同样完美，手柄的输入反馈非常出色，当你出现错误时，你也无法归咎游戏本身。

重游《粒子斗士》中危机四伏的世界，最令人震撼的就是关卡的难度。老游戏一般都比新游戏更难，但这款游戏却残忍得有些过分，除非你的大脑已经适应了游戏的高难度属性，否则光是第一关就够你受的了。但是你最好还是坚持下去，因为在后面等待你的是一次完美的平台动作体验。**JDS**

Age of Empires
帝国时代

发售年份：1997
平台：PC
开发商：Ensemble Studios
类型：策略

虽然电子游戏的进步常常被定义为技术上的飞跃或操作上的创新，但游戏类型的交融也是非常重要的一种进步。仿佛是给策略游戏的神殿中引入了一种新奇的科技，《帝国时代》将两类已有的游戏模式融合在一起，创造出策略游戏的一种全新分支。孕育《帝国时代》的一方是《文明》——席德·梅尔1991年的经典游戏。《文明》的骨灰级玩家们爱死了这款游戏，但游戏的复杂性和回合制还是令大部分玩家对其敬而远之。到了90年代中期，即时策略的发展让将领们能够更加方便地指挥他们的军队。但部分人气策略游戏，如《命令与征服》和《星际争霸》，及其跟风作品都是走科幻或奇幻路线。Ensemble Studios（包括曾经和席德·梅尔共同开发《文明》的游戏设计师布鲁斯·雪利［Bruce Shelley］）所做的就是把《文明》的历史背景同创建帝国的点子与即时策略游戏的操作和华丽的图像融合在一起。

融合的结果便是这款《帝国时代》，一款让每个人都能轻松化身独裁君王的游戏，同时又不乏大量的历史修饰来满足所有玩家——除了那些书呆子考据狂。在游戏中，你可以统治各种民族，从希腊人到巴比伦人再到日本大和文明。你将带领你的族人一步步从猎人和收集食物的原始人走向文明，在铁器时代创造霸权。游戏中的十二支文明被分成四组，每组都有其鲜明的建筑风格。

《帝国时代》的重心放在军队的组建和发展上，当然游戏胜利的条件还包括建造一项世界奇观——比如埃及的金字塔。在战斗方面，游戏的AI并不出色。但是，罗马不是一天建成的，《帝国时代》带起了一个征服全球玩家的游戏系列，并逐渐卖出了超过两千万份拷贝的好成绩。**OB**

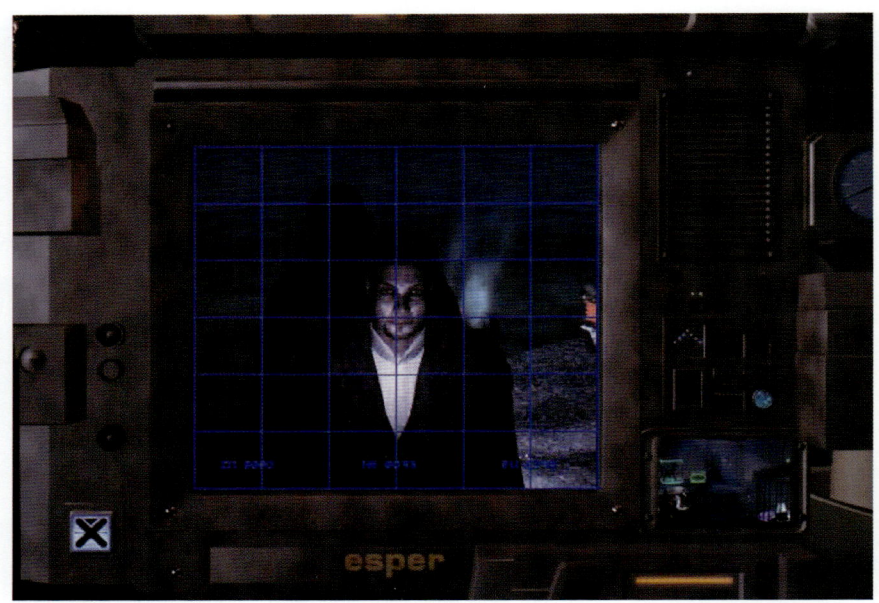

Blade Runner
银翼杀手

发售年份：1997
平台：PC
开发商：Westwood Studios
类型：冒险

　　Westwood公司的《银翼杀手》向世界证明：要创造一款出色的电影改编游戏并不一定要忠实于原作剧本，尤其是当这部电影的形式和意象大于剧情时，这种做法便更没必要了。作为《命令与征服》的开发商，Westwood并非以鼠标点击式冒险游戏闻名，这也解释了Westwood为何采取了如此前卫的方式来表现这款游戏。而事实证明Westwood公司的做法确实很有效，游戏不仅生动地再现了原作中2019年的洛杉矶，更把管控这座城市所需要的外勤、文书工作以及可能的风险展现得淋漓尽致。

　　男主角雷·麦考伊（Ray McCoy）是个负责追捕反叛复制人的新警员。这个角色可比哈里森·福特饰演的狄卡德要有精神得多。麦考伊工作的地方正是电影中那座壮观的圆柱形摩天大楼，而相比于传统鼠标点击式游戏，麦考伊的解谜任务更接近《警察故事》（Police Quest）系列。玩家要做的不是寻找毫无意义的配对钥匙，而是一点一点地搜集线索，然后把它们输入到电影中似曾相识的侦查工具当中进行分析，或是寻找正确的人盘问正确的问题。新的线索出现后，地图上也将随之产生新的地点，嫌犯会以非线性时间在游戏中来来去去，正是这些设定造就了一款充满机遇和随机事件、足有十三种不同结局的游戏作品。

　　《银翼杀手》使用的是一种特制的体素引擎，可以创造出安妮莫尔大道和布拉德伯利旅馆等效果绝赞的游戏背景，以及ESPER 3-D扫描仪和复制人识别器等机械设备。游戏通过旋转大量的体素来配合实际多边形数据，并向外界声称自己使用到了"实时3D图像"，虽然游戏根本没有使用任何三维软件。对CPU的高要求导致游戏人物建模的缩水，许多玩家也因此抱怨相比逼真的游戏环境，游戏中的角色做得实在是太粗糙了。**DH**

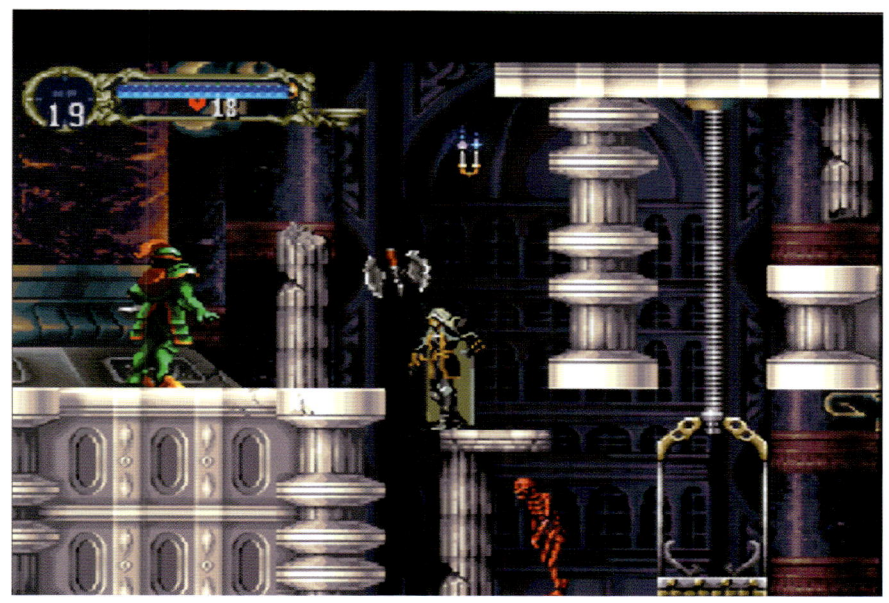

Castlevania: Symphony of the Night
恶魔城：月下夜想曲

发售年份：1997
平台：多平台
开发商：科乐美（Konami）
类型：动作

即使是放在1997年，《恶魔城：月下夜想曲》也是一款过时的游戏。整个游戏界的眼睛都死盯着劳拉·克劳馥和她满是马赛克的傲人曲线，没人对这款二维游戏感兴趣——和索尼开拓出的全新三维世界相比起来，《月下夜想曲》的图像实在是毫无时代感可言。

《月下夜想曲》标志着科乐美公司首次将《恶魔城》系列标志性的横向卷轴滚动、魔幻暴力和角色发展融合在一起，但这东西任天堂几年前在《超级银河战士》中就已经玩过了。然而时至今日，《月下夜想曲》仍旧被奉为史上最佳动作冒险游戏之一，并将同时期的竞争对手远远地甩在了身后，这都应该归功于游戏历久弥新的核心体验。玩家在游戏中扮演充满内心斗争的德古拉之子——阿鲁卡多（Alucard）。你要在错综复杂的哥特式城堡中杀出一条血路，寻找吸血鬼的同时发掘隐藏角落、裂缝和各种可怕的Boss。当阿鲁卡多获得了新能力，能够进入游戏中的新区域时，游戏设计的精妙之处便开始显露出来。当你顺着来路回去时，之前无法到达的地点现在便可以轻易进入，整个城堡的全景图也随之在你眼前展现开来。

《月下夜想曲》有着电子游戏史上最伟大的交响乐原声，另外游戏的画面也十分契合主题。科乐美对色彩和建筑艺术的高超应用赋予游戏的每一个区域强烈的特色和浓郁的气氛，与此同时又保证了各区域之间的整体感。游戏的怪物设计也达到了一个相当的高度，这是《恶魔城》系列的续作或是同类竞争游戏不可比拟的。游戏最后的惊喜（在你快打到最终Boss时才会解锁）在于整个城堡会颠倒过来，地板会变成天花板，门槛变成壁架，这在电子游戏界绝对是独一无二。**SP**

Bushido Blade
武士道之刃

发售年份：1997
平台：PS1
开发商：Lightweight
类型：格斗

Final Furlong
终极赛马

发售年份：1997
平台：街机
开发商：南梦宫（Namco）
类型：竞速

　　《武士道之刃》最大的创举不过是让格斗游戏看起来更加接近真实格斗。在现实中，如果肚子上被武士刀来一下的话，普通人是没办法潇洒地走开的，而《武士道之刃》就是第一款严肃对待这类问题的游戏。当然，这样的写实设定没有在业界流行开来也是可以理解的，但《武士道之刃》大胆地选择了这种写实化格斗，通过提高每场战斗的风险，成功地将格斗的紧张气氛推至一个疯狂的顶峰。

　　游戏的健康系统迫使玩家万分小心。该系统将格斗者的身体划分为若干部分，对手臂的一记弱攻会把你的手臂废掉；腿部中剑的话你就得单膝跪地作战，跑不了也躲不开；脑袋或者身体上被砍一刀，你就等着看伤口喷血，宣告着这局比赛和你的生命的结束。

　　《武士道之刃》独树一帜的游戏手法并未能得到其他游戏开发商的追随效仿，而后来那款索然无味的续作也证明这样的创意也许已经到了一个极限。因此，《武士道之刃》至今仍旧是电子游戏界最令人胆战心惊的格斗游戏。**SP**

　　20世纪90年代后期，投币街机市场渐渐被画面表现力强大的32位主机所吞噬，街机游戏商们开始不遗余力地开发各种新奇设备，试图把玩家拉回街机厅。这款赛马模拟游戏就是最引人注意、最具娱乐性的一个例子。

　　玩家将骑上一匹微型塑料马，握住金属把手，前后晃动控制屏幕上那匹骏马。一个"鞭打"按键可以让马儿做出一些额外的花样，缰绳也可以对驾驭你的坐骑起到一些帮助。每匹马的耐力都有限，因此玩家必须万分小心，以免在冲刺前耗尽体力。《终极赛马》也不乏策略性，游戏向玩家提供了六匹赛马，每一匹都有各自的风格特色。

　　多年来，日本的游戏机厅里常常能看到各种商业人士疯狂地骑着南梦宫的塑料马释放压力。2006年的E3游戏展上曾放出Wii版《终极赛马》的消息，但至今未见成品。**KS**

Blast Corps
毁灭军团

发售年份：1997
平台：N64
开发商：Rare
类型：动作

  这是个很简单的游戏概念：你要做的就是给一辆搭载硝化甘油的重型卡车清理前路，以免卡车碰上障碍物引发爆炸。但正是从这样简单的创意中，诞生了N64大批游戏中的一颗璀璨明星：《毁灭军团》。

  《毁灭军团》中有一支专门小队负责为这辆移动炸药清理每一关的障碍物，作为小队的一员，你的任务就是坐进各种破坏力惊人的交通工具中，四处横冲直撞，直至道路清理完毕。一个接一个的破坏任务无疑给你带来极大的满足感，但很快，你就会意识到光使劲已经不够了，你的脑子也得派上用场。因为后面的关卡引入了解谜元素，给原本已经高度紧张的游戏增加了巨大的难度。

  这款游戏现在玩起来仍很新鲜。Rare一开始就把这个游戏模式运用得非常出色。当然，游戏玩起来重复感很强，游戏控制需要花时间熟练掌握。游戏难度偏高，不少交通工具实在不好操纵，但整体上来说，《毁灭军团》已经做得很好，不需要什么大改动了。这大概也解释了为什么其他游戏开发商都没有再碰这个题材，这也是游戏界的一大损失。**JDS**

Beatmania
狂热节拍

发售年份：1997
平台：街机
开发商：科乐美（Konami）
类型：音乐

  科乐美的《狂热节拍》是一款DJ游戏，也是这家日本游戏公司的第一款节奏类动作游戏，紧随其后的则是《劲舞革命》（Dance Dance Revolution）、《疯狂吉他》（Guitar Freaks）和《疯狂鼓手》（Drummania）。事实上，《狂热节拍》和真正的DJ硬件设备还有区别。

  玩家要根据屏幕上落下的图标用左手按键，同时右手也要时不时地转一下转盘，以触发游戏中的rewind或scratch音效。

  《狂热节拍》就是DJ转盘和单手钢琴的怪异组合，玩家在扮演听众的同时也是在学习如何演奏。当细小的符号如流水般从屏幕上滑落，而你则要对准下落的符号按游戏键以触发相关的音乐时，这款音乐游戏的规则已经再明显不过了：这就是专门为数字一代量身打造的"我说你做"【译注：西方传统儿童游戏，游戏中一人充当发令员作出指示，其他人要迅速做出相应的动作】游戏。虽然《狂热节拍》在街机厅里已经出到第十三代，但它早已被其他给予玩家更多表达自由的音乐游戏所取代。但不可否认，现代的每一款成功的音乐游戏中都能看到这款游戏的影响。**SP**

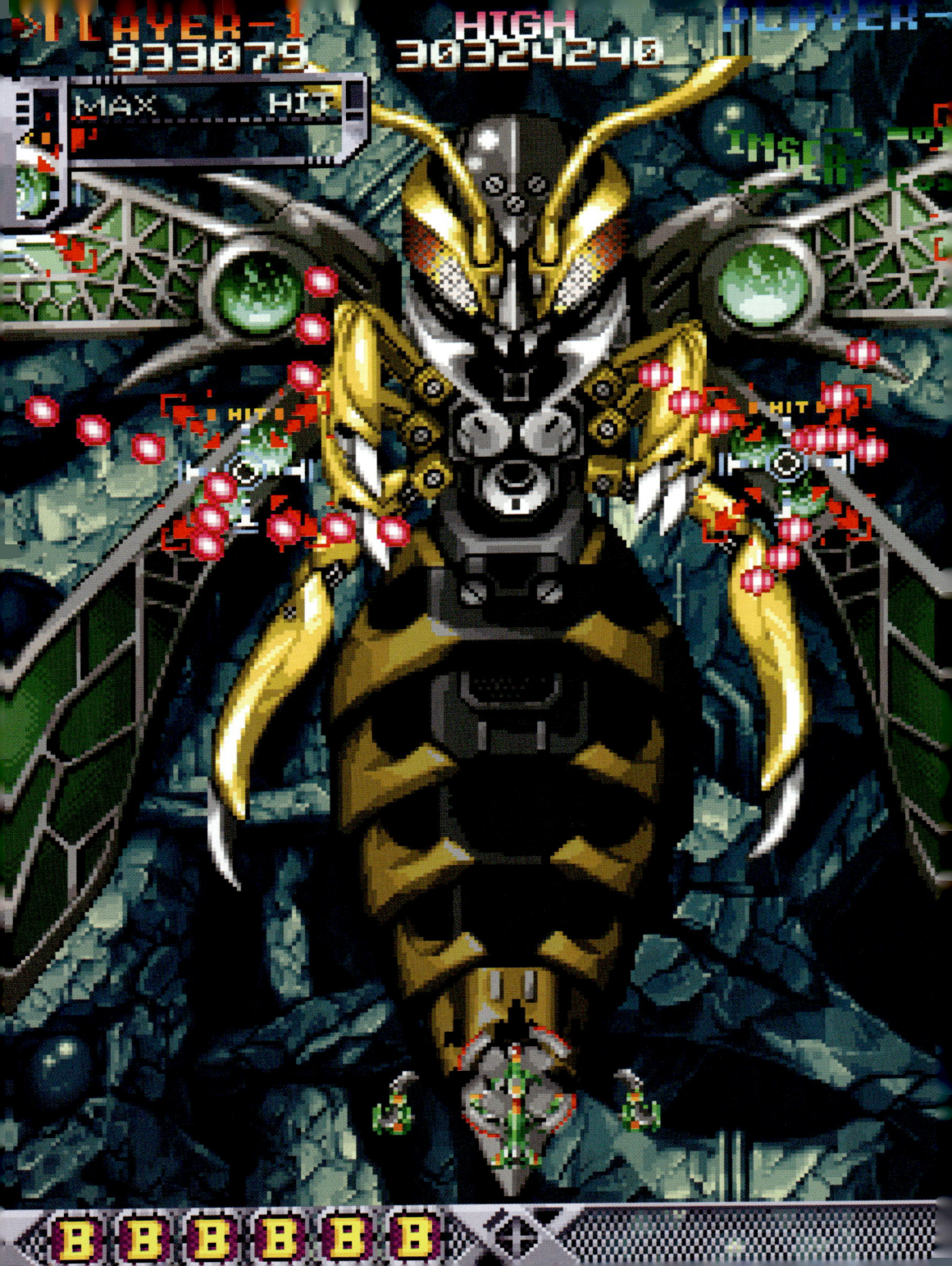

DoDonPachi
怒首领蜂

发售年份：1997
平台：多平台
开发商：Cave
类型：射击

　　《怒首领蜂》比其他任何一款游戏都更好地诠释了"地狱弹幕"这个词，为玩家带来了一场刺激的像素风暴，并由你来选择躲避还是消灭这些像素。《怒首领蜂》是对感知能力和反应速度的一次无情进攻，游戏沿袭了飞行射击类游戏的经典模式，但对射击的精准性要求却达到了一个极限。但游戏的基本规则仍然不变：击落敌机的同时避免被敌机击落。

　　《怒首领蜂》和传统型射击游戏前辈的区别就在于玩家和敌机之间的弹幕规模与强度。游戏很强调记忆力和反应力，要求玩家从火力网中辨别出敌人，并在极短的时间内做出决定采取应对措施。武器升级系统会把开始时水滴般的细小子弹（激光或散弹）变为急流般的强大火力。子弹横扫之处，所有的敌人都将化作飞溅的彩色霓虹或是五彩缤纷的奖励物品，把整个屏幕都包裹在一片灼热和炫目的像素当中。

　　作为一款街机游戏，《怒首领蜂》自然很鼓励玩家追求高分。游戏有个简单的连击系统，用来记录你的歼敌频率，连续击中的敌机越多，得分就越高。《怒首领蜂》的玩家们录制了上万支高分视频，以DVD合辑的形式在日本流通，这大概也是其他飞行射击游戏所望尘莫及的巨大影响。

　　不断变化的弹幕迷宫在巨大的Boss战中达到了高潮，成串的模式化子弹将在屏幕上无情地逼迫你四处躲闪。《怒首领蜂》就是地狱弹幕式射击游戏的最高顶峰，随便玩几局都能让你手指起泡、身心俱惫。**SP**

Intelligent Qube
IQ方块

发售年份：1997
平台：PS1
开发商：索尼（Sony）
类型：益智

　　《IQ方块》（又名《Kurushi》）的推出标志着一款稀有益智游戏的诞生，因为这游戏有种厚重感。这很不寻常，因为大多数带有益智解谜元素的电子游戏骨子里都透着一股浮夸。你为了挑战自我而去玩这些益智游戏，但一些更为重要的问题（比如游戏中我们为什么要这么做）却被回避了。

　　《IQ方块》给人一种阴森的气氛和宏伟的感觉。游戏的场景设在一个悬浮在无尽黑暗太空中的灰色组合棋盘上，你控制的角色要面对一波接一波袭来的方块阵，并想办法躲避或是移除这些方块。反复的逃命让游戏玩起来十分紧张，即便是在休息的时候，屏幕中央那个穿着绿色裤子的小人也跳个不停，不知是对下一轮的挑战满心期待，还是已经被接踵而至的危险搞得筋疲力尽。

　　但真正赋予游戏沉重感的是其他的元素。游戏的原声来自曾经为两部"哥斯拉"电影作曲的服部隆之，高亢的人声编排和激昂的铜管乐萦绕耳边久久难以忘怀。当你逃命时，紧咬着你不放的方块在翻滚时会发出巨大的回响。更令所有玩家难忘的是庄严而神秘的画外音，当你在各关奋战时不停地说着"Perfect"或是"Again？"

　　即便是各种类型的方块，如绿色方块（Advantage）和黑色方块（Forbidden）也给《IQ方块》一种肃穆感，让玩家在其中扮演道德罗盘的决策者，由你决定哪些方块该被获，哪些该被扔进黑暗的万丈深渊。

　　这款游戏更接近于《最终幻想》系列的各种Boss战，而不是轻浮的益智类游戏。索尼的PS1上推出了不少动作类益智解谜游戏，而《IQ方块》就是其中最令人印象深刻的一款。**JBW**

Einhänder
独臂擎天

发售年份：1997
平台：PS1
开发商：史克威尔（Square）
类型：射击

  没人对《独臂擎天》抱太高期望。这款横向卷轴射击游戏在错误的时间出现在了错误的平台，而游戏的开发商更是一家从未碰过（后来也再没有碰过）射击类游戏的日式RPG游戏制作公司。作为日本的幻想角色扮演类游戏领域的领头羊，史克威尔在创作情节华丽的史诗级游戏上确实是很有一手，但它的作品和那些考验游戏技巧和反应能力的科幻街机类射击游戏实在是八竿子打不着。同样，世嘉土星（Saturn）虽然在商业上不及PS成功，但却是有口皆碑的射击游戏平台。没有几家公司敢冒险在索尼的PS上推出射击游戏。然而，史克威尔却还是打造出了一款精致华丽、内容深刻、惊险刺激的太空射击佳作。

  《独臂擎天》中的敌军由巨大的组合型Boss与杂兵构成，玩家要想获胜就必须把它们一块一块肢解。游戏黑暗阴森的美学风格——紫色阴霾的天空被叉形的闪电一分为二，黑暗的隧道中散落着星星点点的霓虹——烘托出浓烈的战斗气氛。敌人们会来回地跳跃，可怖的怪物像一只只超尺寸的野兽，你要根据它们的进攻和闪避的路径在屏幕上摸索出安全区域。

  游戏的名字来自于你的飞船下面的那只机械臂，你可以利用它来抓取敌人掉落的武器。这些武器都带有有限的弹药，这一大胆的设定也赋予了游戏一定的资源管理要素，否则的话整个游戏就只是考验玩家的反应能力了。

  游戏发售后虽然取得了一定程度的成功，但游戏开发团队随即便被解散，并投入到其他项目的制作当中，《独臂擎天》在全新游戏领域中的精彩探索再没有被其他作品复制。**SP**

Dungeon Keeper
地下城守护者

发售年份：1997
平台：PC
开发商：牛蛙（Bullfrog Productions）
类型：策略

  PC游戏开发商花了二十多年的时间才意识到：角色扮演游戏其实也可以做得很邪恶。早在20世纪70年代，聪明的地下城桌游高手们就深知一个道理：在黑暗的洞穴中布置恶魔来残杀他的玩友可比找财宝救美女有趣得多。但是真正把这个概念引入PC游戏，还得靠古怪点子不断的游戏设计师彼得·莫里纽克斯。《地下城守护者》把玩家所知道的地下城冒险游戏元素——从《罗格》到《圣铠》再到《暗黑破坏神》——全都糅杂在一起。在游戏中，你要做的不是探索漆黑的通道或躲避阴险的陷阱，相反地，你的小鬼们会为你挖通隧道、开采金矿，只为创造出各种能置各路英雄于死地的陷阱。

  在《地下城守护者》中，你不是要杀怪，而是规划好你的建筑图纸，设计好居所以便吸引吸血鬼和恶魔在你的地下宫殿繁衍生息。一切准备妥当后，你就等着看成群的冒险者如何在你手下的折磨下化作亡魂，兴许还能乘机壮大你的骷髅军团。

  最重要的是，《地下城守护者》是一款即时策略游戏。你要开采资源，通过养鸡来喂饱你的怪物，通过发展科技来解锁更多古怪的地下城居民。成就这款游戏的是它无处不在的幽默，从你那只可以用来掌掴各种生物的手，到那个不明白为什么没人想用诅咒之河来做商业街的旁白，《地下城守护者》有着成桶的黑色幽默等着你来感受。

  一些游戏评论认为《地下城守护者》的图像略显过时，一些人则认为游戏的创意过于超前，但更多的人仍旧在等待游戏的升级版的到来。莫利纽克斯后来又在《黑与白》系列游戏中继续发掘扮演恶魔的创意，但《地下城守护者》才给玩家提供了最纯正、最黑暗，当然也是最好玩的扮演反派的方式。**OB**

Final Fantasy Tactics
最终幻想战略版

发售年份：1997
平　台：多平台
开发商：史克威尔（Square）
类　型：角色扮演

　　时至今日，《最终幻想》系列的衍生作品早已泛滥成灾，但在1997年，推出一款挂着系列招牌却与正统游戏无关的作品的想法简直是天方夜谭。不仅如此，作为一款集历史性与战略性于一身的角色扮演游戏，《最终幻想战略版》与系列其他作品几乎毫无共同点可言，不过陆行鸟和超大尺寸的重剑倒是一样没缺。

　　然而，《最终幻想战略版》不仅是这一系列的上乘之作，更是游戏历史上的一颗明珠。这是一款平衡性和游戏性都相当出色的回合制策略游戏，宏大的故事情节与出色的游戏操作配合得天衣无缝。每次战斗的场地都是布满网络的三维地图，每一轮战斗中角色都将先移动若干方格（移动距离取决于角色的职业和等级）后再向敌人发动攻击。如果你是一名骑士，那么你只能攻击邻近方格的敌人；但如果你操控的是弓箭手或魔法师，你就可以进行远程攻击。每一次行动，从挥剑到补药，都能给你增加经验值（帮助角色升级）和取得职业点数（帮助提升角色职业技能）。这套经典的战斗系统对于《魔界战记》（Disgaea）等游戏的玩家来说应该再熟悉不过了，但除了《最终幻想战略版》之外，真正把这一系统功能发挥得如此出彩的游戏大概也没有几个。

　　尽管游戏的剧情、声效、强烈的代入感和吉田明彦精致的美术设定得到了游戏界的广泛好评，但游戏在日本以外的销售成绩只能说差强人意。直到游戏强大的PSP重制版以《狮子战争》为名再度发售，《最终幻想战略版》才开始真正风靡欧洲。鉴于新版游戏对原版日文对白进行了重新翻译，推荐玩家优先玩重制版。**SP**

Fallout
辐射

发售年份：1997
平台：多平台
开发商：黑岛工作室（Black Isle Studios）
类型：角色扮演

在《辐射》中，玩家将扮演诞生于核战后美国废土上的一名少不更事的冒险青年。当你所生活的地下避难所失去了GECK（一种可以净化污染水、帮助人们继续在废土上生存下去的芯片）后，你便被选中走出避难所，踏上寻找芯片替代品的旅程。对于路上将要发生的一切，你都一无所知，更没有人会在你身边向你提供指导。

玩家很容易就会走错路，并陷入超出角色能力的困境中无法逃脱。但只要多摸索几次，你就能在陌生的环境中发现一些头绪。譬如，剧情中一条关键线索隐藏在一幢废弃的房子里，而这幢房子又位于城市废墟中的数十幢房子之中。角色的升级和战斗需要大量的点数以及痛苦的交易。不同于其他可以同时提升魔法技能和物理技能的幻想类游戏，在《辐射》中，如果你提升了科学和谈判技能，那你就比那些挖空心思学习枪械的玩家要弱许多。即便你学会了掌握小型武器，也并不表示你就能熟练使用大型枪械。游戏中的回合制战斗需要按行动点数来移动角色，迫使你谨慎考虑你走的每一步和做出的每一次攻击。但这并不会让游戏变得乏味无聊，因为你面对的大多数战斗都相当棘手。

令人印象深刻的还有《辐射》的风格，游戏仿佛把玩家带回了上世纪50年代的美国。在那时，整个国家都处在战后发展的巅峰时期，同时又笼罩在美苏对抗的核阴影之下——只不过在《辐射》设想的未来世界，丢核弹的变成了中国人。故事开始时，虽然全国各地的核辐射已经趋于稳定，但人们已经处在无政府的混乱状态之下。你的便携式电脑上那个咧嘴微笑的标志性形象"哔哔小子"就是对一切的最好概括：保持微笑吧，因为这世界还能糟到哪里去？**CDa**

Final Fantasy VII
最终幻想7

发售年份：1997
平台：PS1
开发商：史克威尔（Square）
类型：角色扮演

　　《最终幻想7》也许不是游戏史上销量最好的游戏，但却无疑是最举足轻重的一部作品。在它登录PS1平台之前，日式角色扮演游戏在西方玩家眼中还是个陌生而新鲜的玩意儿。这类古怪的游戏属于托尔金（Tolkien）式角色扮演游戏的分支，不是玩家们随随便便就能接受的。

　　但《最终幻想7》带来了角色扮演游戏界的一次技术革命：多达三百三十张CG地图和长达四十分钟的全CG过场动画，背后是高达四千五百万美元的制作成本和超过百名全职工作人员长达两年的辛苦作业。这些创纪录的数据吸引了全世界的眼球，《最终幻想7》所代表的日式RPG也因此迅速跻身主流游戏之列。

　　游戏背景设在一个在大型公司的污染下岌岌可危的蒸汽朋克世界。这是一个之前不曾有电子游戏涉足的游戏主题，也显示出最终幻想系列的日渐成熟。游戏以玩家所熟知的角色克劳德·斯特莱夫（Cloud Strife）参与一起恐怖袭击事件为切入点，游戏情节紧凑，丝毫不拖泥带水。

　　以今天的眼光看来这款游戏早已过时，矮胖的多边形角色与CG过场动画之间的切换极为生硬，找不到系列前作的流畅感。但除此之外，游戏中的知名人物和米德加尔（Midgar）出色的场景设定都不曾在游戏技术发展的大潮中褪色。玩家要求重制《最终幻想7》的呼声非常高，感兴趣的玩家也可以尝试本作在PSP平台上的续作《核心危机》（Crisis Core,），这部作品对《最终幻想7》的剧情进行了补全，但在游戏风格上还是存在一定的差异。**SP**

Diablo
暗黑破坏神

发售年份：1997
平台：多平台
开发商：暴雪娱乐（Blizzard Entertainment）
类型：动作／角色扮演

　　假如摆在你面前的是一张Excel电子表格，那么拿着鼠标在上面四处点击绝对是件乏味透顶的事情；但如果把它换成《暗黑破坏神》，那么同样的鼠标操作将变得乐趣无穷。这大概是因为，不同于微软公司那套知名办公软件，你在《暗黑破坏神》里点击的每样东西都会给你带来华丽的感官刺激。

　　爆成血浆或化成白骨的敌人、敏捷地奔向指定地点或等待你的下一个指示的勇士、怪物掉落的物品进入到你的装备栏时那一声美妙的音效带给你的快感、装备属性比较、道具管理——《暗黑破坏神》不仅只是一款可爱的斜四十五度角迷宫探险游戏，它是史上最优秀的一款斜四十五度角迷宫探险游戏。你将在充满魔怪与宝物的阴森洞穴中展开一次简单而不用太花脑子的长征，你所要做的只是点击一下鼠标或是看准时机按几个热键。暴雪的技术人员们在地下迷宫的过程生成【译注：指玩家边玩游戏，游戏系统一边自动生成景物的技术】上花了巨大的精力和财力，这也意味着每次你进入游戏，你所看到的物品、敌人和地理环境都是不一样的，从理论上讲，游戏带给玩家的探索的乐趣也就没有止境。《暗黑破坏神》就是这样一款始终都能带给你新鲜感的游戏。

　　以今天的标准来看，《暗黑破坏神》中的职业、角色和成堆的奖励其实非常的肤浅，但是每当你进入那些洞穴，游戏总能展现出它的魔力。游戏本身是如此的简单，基本上是人都能掌握其中的基本技巧；但游戏的内容又是如此的丰富、富有质感，即使是高手玩家也会一遍又一遍地回来探索更多的乐趣。时至今日，游戏的基本战斗模式仍然被其他游戏原封不动的拿来效仿。**CD**

GoldenEye 007

007黄金眼

发售年份：1997
平台：N64
开发商：Rare
类型：射击

你可以认为"最佳邦德游戏"这个头衔其实应该授予三款和詹姆士邦德没半毛钱关系的游戏——《潜龙谍影3》（Metal Gear Solid 3）、《现代战争2》（Modern Warfare 2）和《无人永生2》（No One Lives Forever 2: A Spy In HARM's Way）。但毋庸置疑的是，"最重要的FPS主机游戏"这个称号非《007黄金眼》莫属。此作改编自1995年的007电影，在这款游戏诞生之前，这个称号几乎没人敢提。

不同于《恐龙猎人》（Turok: Dinosaur Hunter），《007黄金眼》向玩家证明了手柄控制不是种残废。两款游戏都基于N64的摇杆设备，强调精确地瞄准，但Rare最清楚该怎么利用这项优势。游戏没有PC过分夸张的控制，而是确保每枪都充满手工打造般的高品质手感。击中敌人的肩膀，敌人便会转着圈倒地；击中下身（人人都爱打下身）的敌人便会痛苦地跪地蜷缩；击中头部或躯干，敌人便会像被长柄武器击中般倒地，《VR特警》等游戏也采用了这样的设定，但套用一句经典台词，"没有人干得比邦德更漂亮"。

单人模式下的《黄金眼007》有着罕见而写实的游戏难度，每一关都有一个不同的任务目标，这也使得游戏在今天仍具有高度的重玩性。游戏的分屏模式最多可支持四人同时参战，这不仅是对N64硬件设备的考验，更为所有主机平台的多人游戏树立了一个伟大的榜样。当《光环》一类的游戏试图通过Xbox Live来重现这种多人体验时，它们所参考的就是《007黄金眼》中的"黄金枪"（Golden Gun）——游戏中无数种武器中的一款，同时也是让这款游戏流行至今的游戏模式之一。

在版权许可下，《007黄金眼》把整个邦德系列中能拿来的道具和角色全都塞进了这款游戏，穷尽了一切机会来挖掘这些元素的游戏价值。**DH**

Gran Turismo
GT赛车

发售年份：1997
平台：PS1
开发商：Polyphony Digital
类型：驾驶

不可否认，当年《GT赛车》的魅力很大一部分来自于游戏中辨识度极高的车型。其他赛车游戏习惯于向玩家提供怪物级的改装车，配备着接近科幻水平的高端尾翼和引擎。《GT赛车》里也不乏这一类汽车，但游戏里还收录了不少小型车和家用车。

《GT赛车》里有你老爸开的那种车，也有你老爸想开但却开不起的那种车。虽然游戏不支持你把车子撞得稀烂（《GT赛车》系列至今仍不愿在车损设定上做太多文章），但你还是可以掀开车盖倒腾一下你的引擎。在这款PS1时期的划时代赛车游戏——《山脊赛车》请别生气——诞生之前，《GT赛车》的开发商Polyphony Digital公司曾制作过一款卡通风格的赛车竞速游戏《卡通格兰披治赛车》（Motor Toon Grand Prix），这款可爱有趣的游戏确实是打发时间的不错选择，但和打响公司名号的《GT赛车》相比，这玩意儿什么都不是。画面豪华、细节丰富、主题成熟——《GT赛车》改变了整个游戏市场，成为了一个让其他游戏公司追赶了多年的奋斗目标。

在这个竞速游戏都带着夸张的街机风格的世界，《GT赛车》向玩家提供了真正的模拟驾驶体验。但与此同时，游戏中赛车的灵敏性和多人模式的刺激程度却也丝毫不逊色于其他作品。游戏最让人上瘾的地方在于那些可以通过比赛解锁的车款，以及摆弄引擎和操作时的那份真实感。

《GT赛车》发售时，可算是PS1上有史以来画面表现最好的游戏，看过游戏炫目的回放模式你就会知道其中的原因。今天重新体验这款作品，你会真切地体会到游戏中的个性化元素是如何改变整个竞速游戏的发展轨迹。**CD**

Star Wars: X-Wing vs. TIE Fighter
星球大战：X翼VS钛战机

- 发售年份：1997
- 平台：PC
- 开发商：Totally Games
- 类型：射击

1997年，《星球大战：X翼VS钛战机》的发售无疑是当年最令人失望的游戏事件。对于那些深爱着X翼战机和钛战机、身陷这类游戏的战役模式不能自拔的狂热粉丝来说，最大的打击莫过于发现这款游戏根本就没有战役模式。

当然，玩家们其实事先就知道了消息，但是由于他们的反应太过极端，卢卡斯艺术公司与开发商Totally Games公司赶紧又推出了一个扩充版来救场，这个版本的游戏居然还取了个讽刺的名字叫《能量平衡》（Balance of Power）。但是一味强调游戏的缺憾，导致很多玩家忽视了游戏的优点。作为一款太空战斗游戏，《星球大战：X翼VS钛战机》沿用了之前X翼战机类游戏的成功设计，使用到极具策略性的战斗方式——在护盾、激光枪和引擎之间进行能量调度，为玩家奉上精彩的空战体验。和当年在网络上盛行的在线FPS游戏一样，本作的多人模式有很好的上手度，但游戏并没能让自己在历史上烙下深刻的印记。《星球大战：X翼VS钛战机》基本代表了多人游戏所陷入的一个死胡同，《血色苍穹》（Crimson Skies）等游戏试图走出这个僵局，但成效并不明显。对于那些无视这款游戏的玩家而言，他们错过的是游戏史上最精彩的多人游戏体验。《星球大战：X翼VS钛战机》将街机风格的射击游戏和无人匹敌的模拟元素融为一体，在和他人的对战过程中，游戏所带给玩家的那份紧张感可谓达到了《星球大战》系列的顶峰。如果不信的话，不妨去问问那些至今仍在用自制对战平台之类的东西玩这款游戏的骨灰级玩家。**MKu**

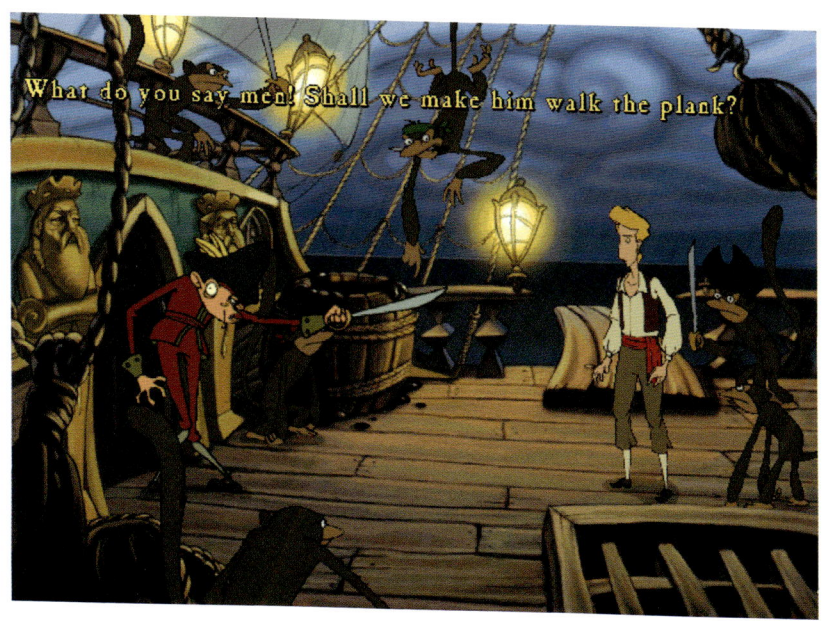

The Curse of Monkey Island
猴岛的诅咒

发售年份：1997
平台：PC
开发商：卢卡斯艺术（LucasArts）
类型：冒险

  Guybrush Threepwood的第三次海盗冒险——也是第一部没有猴岛系列元老人物罗恩·吉尔伯特和蒂姆·沙法（Tim Schafer）参与制作的猴岛游戏——并没有得到业界的广泛认可。虽然不及前两部作品来得风趣机智，但就游戏本身而言，这仍是一次风格犀利、力道十足的加勒比冒险。

  这一次，Threepwood的任务是解救他心爱的暴脾气长官伊莲·玛丽（Elaine Marley）——她被一只被诅咒的戒指的咒语给变成了一尊黄金雕塑。我们可爱的白痴主角为此而踏上了有生以来最为疯狂的冒险旅程。游戏没放过一切可以恶搞的机会，从莎士比亚戏剧演员矫揉造作的举止到肯尼迪总统遇刺纷繁复杂的阴谋论都没逃过它的揶揄。班卓琴、火药枪、橡胶树等元素不出意料地一一出现，上演精彩高潮战的小岛和前作一样令人毛骨悚然、充满代入感。游戏结尾处主角坐上了崎岖的过山车，并穿过了一连串展现猴岛系列中重大事件的可动模型，对于一个三部曲系列来说，以这样的表现方式收尾再合适不过了。

  《猴岛的诅咒》的画面也是整个系列中水准最高的，华丽的赛璐珞动画风格、娴熟的角色动画和蜷曲迷幻的云朵让游戏最终成品看上去就像一部高质量的迪士尼动画。猴岛系列的最后一部作品是引入了三维画面的《猴岛大逃亡》（Escape from Monkey Island），这款游戏不仅抛弃了原系列的美术风格，更找不到《猴岛》引以为傲的文字幽默。《猴岛的诅咒》是猴岛系列的一次精彩谢幕，凝聚着多年欢乐冒险的难忘回忆。也许对于真正的《猴岛小英雄》粉丝来说，这款游戏就标志着猴岛系列的结束。**CD**

MDK

MDK

发售年份：1997
平台：多平台
开发商：Shiny Entertainment
类型：射击

　　玩过了《MDK》（又名《孤胆枪手》），你可能就会感慨为什么游戏不能都做成这样。事实上，你会想知道为什么就找不到第二款类似的游戏。《MDK》的开发商沿用了《超级马里奥64》的三维平台动作模型，但却把它用在了一条完全不同的路上。Shiny Entertainment公司创造了一个身材短小、动作迅猛、个性十足的突击队员，把8位游戏时代的疯狂创意和次世代玩家所要求的三维元素紧紧地焊接在了一起。

　　即便是在当年，《MDK》也遭到了很多的曲解，但常常是因为玩家自己钻牛角尖。比如"MDK"这三个字母到底是代表"谋杀、死亡、屠戮"（Murder, Death, Kill）还是"麦克斯、博士、柯特"（Max, Dr Kurt，游戏中的三位主角），还是像日版游戏包装盒上写的"我亲爱的骑士"（My Dear Knight）？这究竟是款平台动作游戏还是射击游戏？这到底是严肃风格还是搞笑风格？游戏手册居然是一位老宇航员的日记摘录，这游戏到底是要想怎么样？

　　但事实上，《MDK》并没那么复杂。游戏讲述来自外太空的巨星采矿虫把地球挖了个底朝天，作为主角柯特，玩家将从太空轨道上空降至敌区，一路奔跑、下落、跳跃，用武器在千奇百怪的战场（这些战场均由一款出色的游戏引擎生成）轰开一条血路，最后在一片爆炸中返回基地。既然你要做的只是命令你的小狗发动炸弹袭击，或使用你最爱的狙击爆掉那些闲着挖鼻孔的杂兵，那这款游戏还能复杂到哪里去？

　　《MDK》只有短短的六关，但却是你体验过最紧张刺激的六关。之所以没有其他制作公司跟风，除了《MDK》身上有着太多古怪的谜团外，更在于游戏设下了一个旁人难以企及的标准。**OB**

Myth: The Fallen Lords
神话：堕落之神

发售年份：1997
平台：PC、Mac
开发商：Bungie
类型：策略

即时策略游戏的模板早已确立：第三人称视角、技能树、资源管理、对砍，或是把你拥有的武器一股脑儿往敌人头上扔。那么一家在日益萧条的Mac游戏界出名的游戏公司，又要如何挤进一个被Westwood Studios和艺电等业界巨头所统治的游戏领域呢？答案就是自制一款战术类游戏，制定自己的特殊规则，并用上革命性的游戏引擎。

对于一款新游戏而言，"矮人投弹手投掷燃烧弹"的设定确实是个不错的卖点。一次精准的投射可以灭掉一整支军队，但要找准位置、瞄准目标、衡量气候环境确是必不可少的环节。矮人的移动速度很慢，这也意味着你必须小心翼翼、偷偷摸摸地把它们送到目标附近，祈祷路上不要碰上热衷群殴的军队。万一下雨的话怎么办？燃烧弹会被雨水浇熄；如果目标正在渡河怎么办？或是正在翻山呢？受山体坡度的影响，燃烧弹很容易错失目标然后黄掉。

这些都还只是这款原创策略游戏所需要考虑的极小的一部分。游戏鼓励玩家组建自己的个性化军队，而你的军队中的每一个单位都有扭转战局的能力。表面上看，紧凑的单位数量和小规模的混战意味着游戏中的战斗更多的只是小打小闹，而没有大规模的厮杀。但对那些矮人纵火狂产生的强烈依赖，会迫使你在每次会战时都用尽各种战术来保护每一个单兵的生命。**RSm**

Star Wars Jedi Knight: Dark Forces II
星球大战：暗黑力量2

发售年份：1997
平台：PC
开发商：卢卡斯艺术（LucasArts）
类型：第一人称射击

你可以想象一下这其中的压力：前作《暗黑力量》（Dark Forces）成功地给一款《毁灭战士》型第一人称射击游戏披上了星球大战的外衣，这款游戏取悦了玩家、销量又好，续作也被直接提上了制作议程。玩家对于凯尔·卡塔恩（Kyle Katarn）的二次冒险的期待值已经爆棚，卢卡斯艺术公司也不负众望，推出了一款令人惊艳的射击游戏，将角色扮演风格、绝地武士成长过程和剧情选择等元素融合进了一款传统的跑轰式动作游戏中。另外，游戏中还加入了光剑，我爱光剑。

《暗黑力量2》有着特殊的系统设定，当卡塔恩抽出那根已被证明在技术上无法完美实现的光剑时，游戏会流畅地转为第三人称视角。雇佣兵卡塔恩曾经是一名帝国军官，当他发现了原力时，整个故事便开始有了质的飞跃。现在他可以学习新的原力技能，在追寻杀父凶手的冒险中选择投向光明还是黑暗。

作为一款剧情上紧跟《星球大战：绝地大反攻》的游戏，《暗黑力量》把一个如此重要的角色交给玩家塑造确实是一次引人入胜的游戏体验。即使玩腻了单人剧情，你也可以再重玩一次，选择不同的绝地技能从另外一个角度来感受这个故事。你还可以在多人模式下带着这些技能进行网战，在经典的四人对战中进行光明与黑暗绝地武士的巅峰对决。

这款游戏不仅是给未来的星球大战系列、更是给整个第一人称射击类游戏树立了一个全新标杆。随着三维图形在游戏界日益站稳脚跟，《暗黑力量2》更给了那些仍在犹豫的游戏一个充分的理由加入三维革命。而对于星战系列粉丝而言，他们想要的只是伴着那段熟悉的音乐开始游戏，让那份感动袭遍全身。**RSm**

Star Fox 64
星际火狐64

发售年份：1997
平台：N64
开发商：任天堂（Nintendo）
类型：射击

原版的《星际火狐》（在西方市场被称为《星际之翼》[Starwing]）是对任天堂的Super FX技术的一次实践。Super FX芯片使得日薄西山的SNES也能在游戏中表现大量的三维多边形图像，这是SNES的原设计者做梦也想不到的。《星际火狐》系列在N64上的这款续作具有更大的野心，它想用一群毛茸茸的战斗飞行员打造出一出太空歌剧。

《星际火狐64》中到处都是山寨的影子，而游戏也似乎毫不避讳这样大胆的借鉴。游戏最后一关的沟渠战直接照搬自《星球大战》，甚至还俗不可耐地安排了一场类似的父子团聚戏给游戏收尾；《独立日》（Independence Day）则为游戏中壮观的母舰战提供了视觉灵感。原版的《星际火狐》暗示着除了游戏中的世界外还有更广阔的宇宙，而《星际火狐64》则直接走向了外面的世界，从大洋底部一直到岩浆密布的异星球，中途稍作停留，在三维战场上展开激烈的空战，穿越令人目眩神迷的虫洞。这一刻你还在开着坦克追火车，下一刻你又和群机械猴子跳起了激光芭蕾。

当然这是一款任天堂作品，你知道游戏的亮点绝不止于此。比如你和团队成员的战友之情：刚才还在抱怨行动过于危险，下一秒便为了营救队友奋不顾身冲入危险当中。又比如游戏的震动卡（Rumble Pak），使得《星际火狐64》成为第一款带有力回馈的主机游戏，如今也早已成为业界的标准配置。游戏还有多条剧情路线，这都取决于你之前游戏中的成败。无情地嘲笑你的Boss、终极大反派安德罗斯（Andross）那张巨大的塑料脸，以及游戏结尾当你把行动费用的账单交给佩波将军（General Pepper）时他那声震惊的"什么？！"都令人记忆犹新。任天堂的茸毛飞行小队和他们壮阔的太空歌剧已经给许多人留下了难以磨灭的回忆。**RS**

X-COM: Apocalypse
幽浮：启示录

发售年份：1997
平台：PC
开发商：Mythos
类型：策略

Snake
贪吃蛇

发售年份：1997
平台：多平台
开发商：诺基亚（Nokia）
类型：益智

《幽浮：未知敌人》（又名《X-Com：幽浮防御》[X-COM: UFO Defense]）是一款游戏珍品，把几乎所有的传统游戏类型统统结合到了一起。游戏的第一部续作《幽浮：深海出击》（X-COM: Terror from the Deep）基本是照葫芦画瓢，只不过安了个海底主题。之后的《幽浮：启示录》才是一款真正意义上的续作，用即时战斗取代了回合制战斗。本作仍然以紧张恐怖的追捕外星敌人为核心内容，你要通过迷宫般的关卡，同时通过发展科技来从源头上截断来自外星人的威胁。

《幽浮：启示录》并不如前作条理清晰，游戏将动作点数和即时战斗怪异地结合在一起，似乎并未找准感觉，但确实令人眼前一亮。《幽浮：启示录》标志着策略游戏在被《文明》系列和《命令与征服》系列同化之前的最后一次另类创新。游戏将基地建设、追捕外星人、科幻角色扮演有机融合在一起，令人期待的是，《生化奇兵》的制作公司Irrational Games正在开发一款官方正式版的《幽浮》系列新作。**AM**

《贪吃蛇》是电子游戏中的异类，你根本不会真的把它看成一款游戏，你也很少意识到自己正在玩这款游戏，你更不会集中注意力关注自己究竟在玩什么东西。《贪吃蛇》的规则很简单，在一块空白区域移动一条蛇，但不要触碰到墙壁或自己的身体；你要一路收集各种宝物，吞下去的财宝越多，蛇的身体就越长，但想要继续活下去就越难。这是一款完美无瑕的作品，游戏毫不费力地把简单的创意与简易的操作融合在一起，如果你在游戏中出现失误，那也只能怪你自己手笨。

《贪吃蛇》的天才之处就在于把游戏安进了手机当中。手机是一个追求简单操作和直白叙事远胜过繁琐升级与复杂背景故事的平台，本作正是在这样一个平台上获得了新生。

和《俄罗斯方块》一样，就算有一天太阳熄火，地球脱轨飘到银河系的陌生角落，《贪吃蛇》也会以其他某种形式继续存在下去。**CD**

Tekken 3
铁拳3

发售年份：1997
平台：街机，PS1
开发商：南梦宫（Namco）
类型：格斗

The Last Express
东方快车谋杀案

发售年份：1997
平台：PC，Mac
开发商：Smoking Car Productions
类型：冒险

　　索尼公司的PlayStation主机能作为一支新兴势力在游戏界站稳脚跟，《铁拳》系列功不可没，而这都得感谢《铁拳1》那款直逼街机水准的PS移植版。虽然《铁拳1》已经包含了后续系列该有的一切元素，但真正确立铁拳模式并将其延续至今的还是该系列在PS1上的最后一作《铁拳3》。

　　一代中的十人格斗家名单到了本作中已经翻了一倍，其中新增的人物更成为《铁拳》系列的中坚角色。同样被塞进这款游戏中的还有各种附加模式，《铁拳排球》（Tekken Balls）要求玩家用拳术和腿功来打沙滩排球，而《铁拳力量》（Tekken Force）则是一款延续至今的迷你平台动作游戏。《铁拳3》在让玩家沉浸于游戏创造的夸张角色和铁拳大赛当中的同时，也在PS1上设下了令其他游戏望尘莫及的画面标准。

　　《铁拳3》在前作的坚实基础上创造了一款令业界震惊的游戏，而游戏的新增内容又成为了系列续作的基础。本作承前启后的意义如此重大，让人很容易忘记游戏本身仍是一款绝赞的格斗游戏。**RS**

　　五年时间、六百万美元，加上一家摇摇欲坠的开发公司（Smoking Car Productions在游戏发售后就直接关门大吉了），造就了乔丹·麦克尼（Jordan Mechner）的这款游戏杰作——《东方快车谋杀案》。这是一款被忽视的图形冒险佳作，本应该凭借其创新元素在电子游戏编年史中占有一席之地，而不是作为业界最大的商业失败案例被人铭记。

　　玩家将在游戏中扮演罗伯特·卡西（Robert Cath）——一位在逃的医生。卡西原本是要打上火车去见一位老朋友，结果却发现这位好友被人杀死在卧铺间里。游戏中以加速的现实时间进行，各种事件会陆续发生，NPC角色也会根据自己的AI自主行动，游戏还设有多种不同结局。

　　《东方快车谋杀案》提供了一次精彩而复杂的游戏体验，游戏采用到新艺术运动风格的转描图像，游戏中的东方列车也还原了这列火车1914年的原貌。可惜游戏的发售并未获得业界关注，现在早已绝版，可以算是玩家没有玩过的游戏中最伟大的一款作品。**MKu**

Grand Theft Auto
侠盗猎车

发售年份：1997
平台：多平台
开发商：DMA Design
类型：动作

不要告诉任何人，《侠盗猎车》——这款令全世界家长震惊、让那帮苏格兰游戏设计师频现报端，甚至遭到国会怒斥的暴力犯罪游戏——实际上只是一款人畜无害、披着警匪喜剧外衣的老式桌上弹球游戏。

之所以说它是款弹球游戏，是因为游戏采用的是和桌上弹球同样的俯瞰视角和见什么撞什么的玩法，这也是位于英国邓迪的DMA Design工作室用来表现他们所创造的沙盒世界的最佳方式。但是，在这样一款玩家可以为所欲为的非线性游戏中，要如何给玩家设定目标，营造成就感呢？答案就是给每个任务附上一百万奖励点数。

《侠盗猎车》的都市凶杀主题确实引起了媒体的注意——老实说，当你在游戏中把车主从车子里揪出来，然后开着他们的车从他们身上碾过时，确实会有种莫名的快感——但真正赋予这款《侠盗猎车》初代作品无限乐趣的是它精细的细节刻画，譬如车辆之间会有些微小差异、发现火车时就可以乘坐火车四处探索（或者把火车给炸了）、进入不同的车子时车内电台会播放不同的音乐。

即使在那么多年以前，游戏中的自由城仍是个充满乐趣的游乐场，你可以飞跃断桥、在摩天大楼间开车狂飙，或是割草般碾过沿途的行人，来获取游戏界最独一无二的奖励。《侠盗猎车》系列续作也许有着更加逼真的3D画面、更为生动的角色刻画以及电影般的故事情节，但这部2D始祖作品却有着令人上瘾的神奇魔力。这款细节丰富、充满挑战的游戏就是一部黑帮版的《疯狂弹球》、桌上弹球版的《好家伙》（Goodfellas）。**CD**

Ultima Online
网络创世纪

发售年份：	1997
平台：	PC
开发商：	Origin Systems
类型：	大型多人在线角色扮演

网络角色扮演游戏的历史最早可追溯至小众的文字类多人地下城游戏（Muds），这类游戏都是由早期黑客和其他懂得使用Telnet的玩家们所推广开来。到了21世纪初期，网络角色扮演游戏终于席卷主流市场，这都得感谢《魔兽世界》，正是这款游戏让操纵精灵、加入工会变得快捷而简单。但在这两款游戏之间，雄踞榜首的则是《网络创世纪》。《网络创世纪》以理查德·加里奥特开发的《创世纪》系列二维游戏为基础，将成千上万的玩家带入这个大型多人在线角色扮演游戏（MMORPG）的世界。

《网络创世纪》中包含了一切元素——griefer和ganker、大量的虚拟经济元素、任你购置销售或是洗劫的房屋、写实的角色扮演、突变性叙事（emergent narratives）——并影响了之后的每一款网络游戏。游戏设计者竭尽全力创造了一个活生生的世界，除了冒险和杀戮外，游戏还提供了"法医鉴定"（forensic examination）和"乞讨"（begging）等社交互动。

和今天的游戏比起来，《网络创世纪》还是很容易上手的。游戏角色一开始都很弱，通过慢慢培养技能，玩家便能够学会处理这个世界的各种问题。多年来，客户端软件一直在不断更新换代，由于原版的俯瞰视角常常让人摸不着头脑，你可能要花上一段时间来适应它。

据说在今天，《网络创世纪》的玩家数量仍和游戏黄金年代时差不多，有着广泛的玩家群和深刻的角色扮演元素。正如Muds从来不曾过时，《网络创世纪》一直都在填补着过去高自由度的角色扮演游戏和现代大型多人在线游戏之间的空缺。**CDa**

Quake II
雷神之锤2

发售年份：	1997
平台：	多平台
开发商：	id Software
类型：	第一人称射击

作为当年最受期待的一款PC游戏，《雷神之锤2》其实和《雷神之锤》没半毛钱关系。之所以挂了个续集的标题，是因为开发公司实在想不出什么更好的名字来给这款新游戏命名。各种备选方案一次次被拒，筋疲力尽的id Software最后选择了再次使用《雷神之锤》这个名字。但除了游戏类型和武器、升级上相似之外，两部作品之间就找不到更多联系了。《雷神之锤2》没有像一代游戏那样把黑暗奇幻与高科技元素欢乐地捣鼓在一起，而是开始引入了游戏叙事。

在本作中，玩家将扮演比特曼（Bitterman），在对外星人母星发起的反击战中，你是唯一一名幸存下来的战士。游戏并没有在剧本上花太多功夫，而仅仅是把剧情作为不断射杀可怕的外星人斯卓格（Strogg）的驱动力，但《雷神之锤2》仍然为第一人称射击在背景叙事上树立了一座里程碑。玩家爬出破损的降落舱后便进入了一座残破的房间，可以看到到处是火花和浓烟，一名名海军陆战队员横尸角落。

虽然这些气氛十足的创意在数年之内就已经烂大街了，但《雷神之锤2》仍是值得铭记的一大步，它将非线性关卡引入游戏，用集线器般的关卡将它们组合在一起（不到一年之后，革命性大作《半条命》就把这一设定发扬光大了）。游戏也展现出它在枪械表现上的才华，游戏中厚重的武器和出色的音效正是《雷神之锤2》不朽的成就。

单人模式不是唯一卖点。《雷神之锤2》有着出色的netcode，其服务质量多年内都未被超越。早期的补丁为游戏增加了精彩的死亡竞技关卡，其中的不少关卡已成为经典。在丰富的mod场景的帮助下，《雷神之锤2》成为了1998年最高人气的在线游戏。虽然掩盖在续作《雷神之锤3》的光芒之下，但《雷神之锤2》仍是多人游戏史上一款重头作品。**MD**

Interstate '76
公路争霸战

- 发售年份：1997
- 平台：PC
- 开发商：动视（Activision）
- 类型：驾驶/射击

不少游戏很善于模仿早期游戏视觉风格，为自身营造一种复古的美感，但能够做到早期8位游戏的那股酷劲的游戏却屈指可数。也许是灵感迸发，也许只是巧合，《公路争霸战》从70年代的电视剧和B级片中挖掘出了大量的创意，并为玩家献上了一次真实刺激的游戏体验。游戏成功地抓住了那个年代的怀旧感觉，在这一点上做得甚至比昆汀·塔伦蒂诺（Quentin Tarantino）等电影人还要出色。

《公路争霸战》一开场就开始模仿电视剧片头，伴随着风骚的funk音乐（由Arion Salazar打造的游戏原声把70年代的funk音乐模仿得惟妙惟肖），在介绍主要角色的同时附上虚构的演员表。游戏讲述赛车手格鲁佛·钱潘（Groove Champion）在妹妹被杀后转行成了一名警员。格鲁佛坐上了妹妹的1971年产Picard Piranha（其实就是游戏版的Plymouth Barracuda肌肉车），在妹妹的朋友托勒斯（Taurus）——一个留着爆炸头、酷爱诗歌的警察——的陪伴下横穿德克萨斯，踏上了寻找真凶的旅程。

《公路争霸战》故意被做成了一部公路B级片，但游戏有的可不仅仅只是氛围。作为全三维游戏界中的第一款汽车战斗游戏，本作定义了一个游戏类型，并从未被超越。游戏有着完整的车损模拟系统和精心设计的武器，方便玩家在射击对手的同时更好地操纵车子。本作有着紧凑的游戏设计和简洁明快的图像风格，现在看起来也丝毫没有陈旧的感觉，这也许是因为游戏采用了平面着色和没有材质贴图的多边形来表现角色。醒目的画面预示了卡通渲染技术在《杀手7》（Killer 7）等游戏中的盛行。这是一款让人感觉"过时"的游戏，但《公路争霸战》要的就是这份怀旧的感觉。**MKu**

Total Annihilation
横扫千军

发售年份：1997
平台：PC
开发商：Cavedog Entertainment
类型：策略

　　90年代中期是即时策略游戏的黄金时期，游戏销量暴涨，每隔几个月都有一款新游戏杀出来，挑战Westwood的《命令与征服》和暴雪的《魔兽争霸》的权威。

　　Cavedog公司的科幻游戏《横扫千军》正是在这样一种环境下默默地踏进了这个战场的。游戏中的两支大同小异的军队展开了一场长达四千年的战争，而玩家则有幸全程参与其中。有眼光的评论家很快便意识到《横扫千军》绝非等闲之辈，把射击游戏中常见的图形效果引入了策略游戏当中，并加入了不少创新元素。最重要的是游戏可以给单位设定定点巡逻、建立防御等连续指令，听上去好像无关痛痒，但却非常有效，叠加指令不仅可以让玩家有更大的自由去做其他更有趣的事情，同时也彻底地改变了游戏的操作——你只需要点几下鼠标就可以制定好复杂的基地和防御建设计划。

　　对于每场战斗而言，最重要的就是指挥官。指挥官不仅能够建造建筑和作战单位，还可以自己参战。《横扫千军》中还有着即时策略游戏标准的科技树需要玩家来解锁，但是游戏中的科技树的平衡性非常好，先进的单位并不会完全优于老式的单位，而且任何攻击都有相应的反攻击方式。就画面而言，《横扫千军》在当时算是鹤立鸡群，不过当游戏战斗激烈化时会出现画面迟滞。游戏的物理引擎支持游戏单位被炸成碎块。另外，战场虽然是二维的，但却包括高度数值。虽然本作拿奖拿到手软，但最终还是没能登上策略游戏的霸主地位。《横扫千军》也许是有这个实力的。**OB**

Shining Force III
光明力量3

发售年份：1998
平台：土星（Saturn）
开发商：Camelot Software Planning
类型：角色扮演

《光明力量3》的发售正好赶上了世嘉土星游戏机的垂死期。游戏共分三个章节发售，但只有第一章在日本本土以外发行。如果土星能再多撑一下，世嘉就能把剩下的故事全部讲完了。但由于剩下的两章始终未能发行，因此本作的第一章仍是最好玩的策略角色扮演游戏之一。

《光明力量》系列汲取了《皇家骑士团》和《最终幻想战略版》等更复杂的回合制角色扮演类游戏元素，让玩家把精力集中在走位和进攻上，而不是纠结于战斗升级、战斗环境和防御考虑。这也意味着游戏有着更加快速紧凑的对战，也给予追求战术的玩家更多的游戏空间。《光明力量3》增加了秘密区域（需要你把你的十二人小队分成若干组完成任务）、常用武器的熟练度提升以及一项出色的友情系统。任何在一起作战或是攻击同一个敌人的角色都会建立一种友情联系，此后当两名角色邻近作战时，便会对对方产生辅助作用。

游戏还引入了三维战场，虽然土星的三维表现能力并不出众，但本作中的美术设定还是相当吸引人的，充满了色彩鲜艳的大眼睛日漫角色。但游戏绝非徒有其表：《光明力量3》的视角可以进行旋转、网格状地图也可以自由巡视，这两项特点在战斗中都将起到很重要的作用。

游戏的本地化工作做得出奇的好，即使是苍白的配音表现也无法掩盖引人入胜的剧情。《星之海洋》（Star Ocean's）的作曲者樱庭统为本作献上了精彩的游戏原声，更为游戏增色不少。这是一款理应得到更多玩家关注的经典游戏。**BM**

R-Type Delta
异域战机Delta

发售年份：1998
平台：PS1
开发商：Irem
类型：射击

驾驶一架太空战机游走于剃刀边缘，《异域战机Delta》的核心游戏体验似乎难得有点过火。不同于同时期作品追求越来越神秘的游戏风格和越来越多的得分物品，《异域战机》系列始终对玩家的记忆力有着严苛的要求。而这款系列第四作在延续前作的纯正性的同时，也对操控自由度进行了拓宽、提升。

在《异域战机Delta》中，玩家要学会摸透游戏的固定节奏，锻炼出预测下一颗致命的子弹会来自何处的第六感，但还只是这款游戏的一半。剩下的游戏部分要求你灵活使用各种武器、超级武器和你的油门，学会如何在绝望中逆转乾坤。这是一款从头至尾都透着一股深沉的射击游戏，简朴的游戏设计甚至把整个系列推上一条抒情式道路，最终诞生了2004年的系列完结篇《异域战机Final》。

《异域战机Delta》的各个关卡之间相互独立：废弃的城市、北极站、冰冷的深水或深空。游戏就像是一部深海自然纪录片，不只是吸引人，更带着一种迷人的可怖，充斥着金属与血肉、安全与突变的强烈对比，很有大卫·柯南伯格（Cronenberg）电影的味道。游戏在对多边形3D图像的使用上也表现得非常出色，抓住了各种障碍物落入水下通道或是在零重力环境下旋转漂浮的那种动态感。

游戏困难重重，同时又带有强烈的自指性——最终战的前一刻，游戏居然又回到了开场时的飞船选择界面——《异域战机Delta》是一款独一无二的游戏，但却提升了整个系列的内涵。如果1987年的那句"打倒邪恶的拜多帝国"已经为初代游戏注入了足量的剧情，那么《异域战机Delta》则为游戏增加了一个背景，并创造了属于自己的叙述方式。**BS**

Banjo-Kazooie
班卓熊大冒险

发售年份：1998
平台：N64、Xbox 360
开发商：Rare
类型：平台动作

任天堂64见证了Rare最后的黄金时代，那时的Rare可是一家随便捡个游戏类型都能搞出一部名作来的公司。《班卓熊大冒险》也许是Rare最大胆的一次尝试，这款游戏简直可以和同平台上的《超级马里奥64》一较高下。当然，《班卓熊大冒险》还没能走到这一步，但它离这一目标如此之近，已经是个奇迹了。

班卓（Banjo）是一只熊，小笛（Kazooie）是住在它背包里的一只鸟。为了打倒女巫格兰蒂（Grunty），两人必须收集一系列的拼图碎块和其他各种物品——比如"音符"和"曼波头像"——来协助他们完成探险。《班卓熊大冒险》标志着一个时代的起点，平台动作游戏里面不再充斥着各种毫无意义的收集品。事实上，游戏在角色设定上毫无特色可言，但色彩明亮而充满亲和力的游戏世界在许多细节上都彰显着非凡的魅力：比如角色含糊不清的喃喃自语，以及班卓熊精细的动画。

《班卓熊大冒险》的游戏世界之大足以媲美马里奥的那款3D冒险名作，游戏还借用了不少马里奥的元素，并起到了不错的效果，同时游戏自己也加入了一些创新的东西。九个非线性世界相当有料，比如水下的巨大洞窟，交错复杂的疯怪大楼，当然还有常见的冰世界和火世界。每个关卡都非常巨大，对每个世界所代表的相关元素都进行了精细的再加工。在寻找拼图时，这对英勇的拍档也会在冒险过程中逐渐展露各自惊人的技能。

《班卓熊大冒险》只在想象力上输给了《超级马里奥64》，这并不是什么不可原谅的事情。游戏至今仍是一座里程碑，见证着那个Rare公司一手包揽任天堂64第三方游戏制作的年代。**RS**

Burning Rangers
救火奇兵

发售年份：1998
平台：土星（Saturn）
开发商：索尼克小组（Sonic Team）
类型：动作

　　《救火奇兵》最大的讽刺在于，这款以高科技消防员为题材的游戏本可以拯救世嘉土星于水火之中，可它来得实在太迟了。因为在游戏市场上受到来自索尼PS主机的倾轧，可怜的土星在1998年已是奄奄一息。《救火奇兵》是世嘉公司旗下的"索尼克小组"（Sonic Team）开发工作室的作品，《刺猬索尼克》风潮就是从这家工作室掀起的。如果当年真有什么东西可以拯救世嘉土星，那便非《救火奇兵》莫属。

　　《救火奇兵》是一款有趣而独特的游戏，尤其是它的背景设定。游戏在很多方面都很像一款典型的第三人称射击游戏，只不过你的敌人变成了变幻莫测的熊熊烈火。把火浇熄的话可以获得水晶，你可以利用这些水晶把受害者传送至安全地带。和《刺猬索尼克》中的戒指一样，《救火奇兵》中的水晶就是你的生命值。被火燎伤的话你身上的水晶便会统统掉落，但你还是可以把它们一一收回的。只要你身上还有一块水晶，你就不会死掉。

　　游戏的流程很短，只有四个关卡。但游戏元素的随机性很强，每次重玩时，受害者和火焰的位置都会发生变动，给你带来强烈的新鲜感。火焰会从你意想不到的地方爆出来，在危险来临之前游戏还会发出令人发慌的警告音。虽然在没有迷你地图的情况下，四处探索显得很不方便，但游戏中的平台游戏元素又为玩家减轻了不少负担：你的角色能够做出各种高难度动作，比如二段跳、空中冲刺等等，另外游戏的双人分屏模式也给玩家带来别样的乐趣。

　　《救火奇兵》的宣传工作做得声势浩大，但销量却极不理想。不久之后，土星主机便入土为安了，《救火奇兵》随即沦为这台满是冷门作品的主机上的又一款冷门游戏。**MK**

Sid Meier's Alpha Centauri
半人马座阿尔法星

发售年份：1998
平台：PC
开发商：Firaxis Games
类型：策略

《半人马座阿尔法星》的宣传语——"这是人类的未来"——已经概括了席德·梅尔这款游戏的一切：席德·梅尔的《文明》系列已经演绎完了人类的历史，并以飞向群星收尾。而《半人马座阿尔法星》则以《文明》的结局作为游戏故事的开始，讲述人类在寻找新土地、开拓新疆界的过程中面对的全新的殖民挑战。游戏中，人类的未来和过去的历史惊人地相似。换句话说，《半人马座阿尔法星》不过是把一坛老酒装进了一个太空时代的新瓶。

游戏的任务就是在一个星球上安家。玩家必须探索这个全新的世界，收集、管理资源，开发新技术，通过战争或和平外交手段与外敌展开竞争。游戏采用了斜四十五度视角，整个世界则被网格划分为一个个小单元，便于控制和开发。不过现在，你拥有的不再是拓荒者和长矛兵，而是地球化设备和超能力战士。相比于之前的作品，《半人马座阿尔法星》在战斗部分有了很大的改进，玩家可以对默认武器进行自由改造，捣鼓出更为尖端的战斗技术。

《半人马座阿尔法星》的另一项改进，在于对社会工程学的强调。游戏中大量引入各种古代哲学家和艺术家的经典思想，从马基雅维利到约翰·弥尔顿无所不包，创作者对政治哲学的迷恋可见一斑。不过这些文绉绉的玩意儿都被外星人造物、神秘的遗迹等等科幻式背景设定给弱化掉了。最有趣的是一种巨大的集体精神力量的存在使游戏在《文明》系列基础上多了一种胜利条件：除了通过征战、经济或外交手段使你的对手臣服于你外，你还可以通过脱离物质躯壳、寻找一种全新的存在形式来获取胜利。**DM**

1080º Snowboarding
1080°滑雪

发售年份：1998
平台：N64
开发商：任天堂（Nintendo）
类型：体育休闲

  电子游戏总能给你带来各种神奇的体验，你可以在游戏中尝试那些现实生活中永远无法做到的事情：从飞驰的马车上射杀牛仔、和会说话的青蛙飞向太空，或是让你沉浸在滑雪的速度与激情当中，而不用担心自己会一脑袋磕死在岩石上。

  对于许多虚拟极限运动爱好者来说，继艺电那个华丽而精彩的《极限滑雪》（SSX）系列之后，便再无真正的单板滑雪游戏，但《1080°滑雪》却以另一种方式带给玩家不同的游戏感受。

  《1080°滑雪》降低了单板滑雪运动的复杂性，是一款极度风格化的速降竞赛游戏。游戏由《水上摩托64》的幕后团队负责开发，并由宫本茂亲自参与制作。游戏的成功元素有很多：秀丽的雪山美景、任你急速飞驰的动感世界、一系列花式动作和多种比赛模式，这些都给有限的赛道带来无限的生命力。游戏刚推出时，不少试玩者对游戏中赖皮的AI对手非常不满，因为不管你滑得多好，敌方AI总能滑到你身边把你一头撞翻。但事实上，这样的设定只是为了让游戏的刺激感一直延续下来，因为如果你永远都是一个人遥遥领先，那这款游戏便毫无急迫感可言。

  虽然《1080°滑雪》看起来有些平淡无奇，但游戏真正的亮点在于那些滑雪花式和特技。把游戏交到高手玩家手中，《1080°滑雪》便成了一项令人血脉贲张的观赏性运动。他们会把一系列特技动作串联在一起，在急速下滑的过程中，充分利用周围的每一寸环境来为自己服务。你对单板滑雪所期待的一切，统统包含在这款轻松而精彩的游戏当中。最重要的是，你完全不用担心最后会被送进一家瑞士医院。**CD**

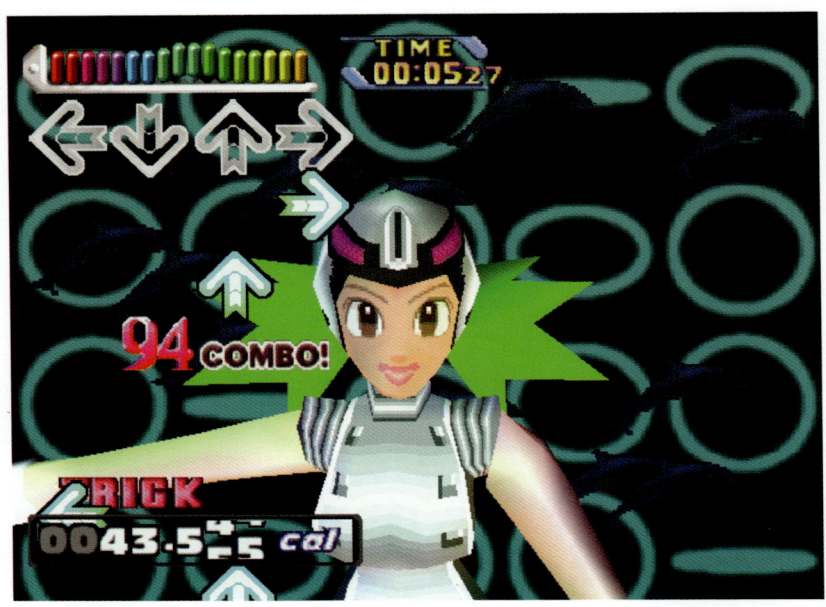

Dance Dance Revolution
劲舞革命

发售年份：1998
平台：多平台
开发商：科乐美（Konami）
类型：音乐

上、下、左、右——现代电子游戏中还没有几款作品能把游戏互动性浓缩到四个简单的方向键中。不过话说回来，也没有哪一款游戏是靠双脚来操作的。《劲舞革命》诞生于日本的节奏游戏大爆炸时期，这是一款影响最为深远，同时也是最经久不衰的游戏之一。但第一次接触这个游戏时，你只会感到手足无措，既不潇洒，也没什么特别的乐趣可言。

《劲舞革命》配有一块塑料跳舞毯，游戏的目的则是让你的舞步跟上屏幕上随着音乐节奏流动的指示标记。游戏会对你的每一次输入做出精准性评分，评分共分为Good、Great、Perfect三个等级，而高分永远都是属于那些节拍踩得准、肢体又灵活的玩家。

和其他所有的电子游戏一样，不断地重复总能增强你的肌肉记忆力，只不过《劲舞革命》中的肌肉就是你的整个身体。你必须锻炼好你的全身，才能迎接最高难度的挑战。高难度关卡满屏都是令人眼花缭乱的指示箭头，你的身体必须始终处在运动状态当中，以便随时为下一个动作做好准备。

游戏以明亮炫目的日式风格呈现在玩家面前，华丽醒目的视效和张扬的电子音效搭配得恰到好处。《劲舞革命》的游戏操作启发了不少玩家自己编排舞蹈动作。这些玩家习惯调低游戏难度，确保在每次输入之间有足够的空余时间进行自由发挥；其他玩家则倾向于找个身边的家具稳住身子，让双脚在下面狂舞，勇敢地面对满屏飞舞的指示箭头，踩出一个个"Perfect"。不管你偏好哪一种玩法，建议你在游戏开始前先把周围的家居饰品全都挪远一点，另外，最好把你家的窗帘也拉上。**SP**

Carmageddon II: Carpocalypse Now
死亡赛车2：飙车启示录

发售年份：1998
平台：PC, Mac
开发商：Stainless
类型：驾驶

拿汽车当武器使的点子在电影和电子游戏中早已屡见不鲜，但只有在《死亡赛车》游戏系列中，这样的设定才得到了最合理的解释。在《死亡赛车》中，汽车不再是一种交通工具，而是一种高速撞槌。这个系列的第二作《飙车启示录》无疑是最出色的一部。本作既有令人瞠目结舌的暴力，也有娱乐性十足的挑战。游戏共有十个关卡，每一关都是一场车赛。你要做的就是干掉其他对手的车子，或是轧死路上所有的行人。

正是这些赤裸裸的暴力让《死亡赛车2：飙车启示录》从其他同类游戏中脱颖而出。比赛的街道上布满了行人，每一个都可以是你的目标。在许多地区发行的版本中，为应付敏感的游戏市场，游戏中的行人都换成了丧尸。之后游戏又在互联网上发布了一个"血浆补丁"，购买到丧尸版《死亡赛车》的玩家们通过打这个补丁可以还原出原版中的人类，并实现红色的溅血效果。游戏的最终成品充满了喜剧式的恐怖感：当你在人行道上横冲直撞时，尸体会在简陋的城市背景下被撞得满天飞，同时在你早已扭曲变形的座驾上留下更多的凹痕。

不用说，如果没有一款好的游戏作支撑，这样无谓的暴力很快就会让人生厌。我们得感谢游戏的制作团队，正是他们让这款游戏的操作充满娱乐性和挑战性。游戏中的跳跃和特技动作非常考验玩家的技术；在巨大的地图上追杀丧尸的任务也能吸引你一遍又一遍地重玩，这便是开放式游戏的魅力所在。**JR**

Cyber Troopers Virtual-On: Oratorio Tangram
电脑战机Oratorio Tangram

发售年份：1998
平台：多平台
开发商：世嘉（Sega）
类型：动作

卡普空的《铁骑》（Steel Battalion）一面市，其强大的配套控制器就让其他游戏控制器的所谓实用性都成了笑话。但在《铁骑》问世之前，虚拟机器人驾驶员所能奢求的最复杂的驾驶舱则非世嘉《电脑战机》系列的双摇杆控制器莫属。这套控制设备为原版街机游戏的玩家们提供了极为复杂而精准的输入操作，以便控制游戏中那些巨型格斗机器人。土星版和DC版的游戏也配套了双摇杆操作，这也是还原街机版游戏操作感的唯一途径。《电脑战机Oratorio Tangram》看上去就是款标准的格斗游戏，只不过游戏用机器斗士取代了人类角色。但实际情况并非如此，游戏以其特有的方式将战略和动作元素混合在一起。

《电脑战机OT》是《电脑战机》的续作，大幅提升的平衡性使得本作更加受到玩家的青睐，随时准备在炫彩夺目的机械格斗场中一决生死、充满未来技术感的机器人们更令玩家深深着迷。从MBV-707-G Temjin到RVR-42 Cypher，游戏中的每台机体都是一款视觉艺术杰作，而它们拗口的名字更增强了游戏的伪技术魅力。除了用来装点竞技场外，每台机器人都有各自的特性，有些适合地面战，有些则在空战上更具优势。在这样一款难度极高的游戏中，选择合适的虚拟机器人才是你成功的关键。

游戏可怕的上手难度和复杂的控制极大地限制了游戏受众群，但却挡不住狂热爱好者的追捧。2009年，《电脑战机OT》破天荒地通过Live Arcade服务在Xbox平台上推出重制版。不过，DC版的《电脑战机OT》还支持用可视记忆卡保存自定义上色，并可在街机上使用，Xbox版可就没这个功能了，这大概也是重制版的唯一缺憾。**DM**

Body Harvest
猎杀人类

发售年份：1998
平台：N64
开发商：DMA Design
类型：动作

  这里有一款DMA Design的全体员工都想参与制作的游戏，但它不是《侠盗猎车》，而是《猎杀人类》——一款非线性、成人向的科幻射击游戏。游戏一开始就是作为N64上的首发游戏进行开发的，这对游戏来说已是一项不小的殊荣。

  《猎杀人类》的背景设在噩梦般的未来。玩家将在游戏中控制一位全副武装的超级战士，回到过去挫败食人外星昆虫的侵略计划，拯救全人类。游戏剧情在时间上横跨一百年，涉及到超过五个国家。外星人内部存在等级划分，这也意味着不同的外星人在侵略中扮演着不同的角色，玩家必须对此仔细研究，以便在外星人攻击人类时顺利将其消灭。

  虽然《猎杀人类》的每个关卡都布满了谜题和障碍，但游戏的非线性结构意味着玩家有着极大的自由进行探索和尝试。作为一款开放式冒险游戏的雏形，游戏中收录的大量交通工具更加提高了《猎杀人类》在游戏史上的鼻祖级地位，你可以自由获取并驾驶这些车子在游戏中四处行驶，甚至还可以射杀或是轧死路边的行人。你还可以通过和当地人谈话接受各种支线任务，这一设定对后来的游戏产生了极其重要的影响。

  然而可惜的是，糟糕的帧率和景深、频频出现的画面穿透问题使这款革命性的《猎杀人类》完全没有革命者的气质。任天堂公司无法理解隐藏在游戏火爆爆炸场面背后的魅力，便决定放弃这款游戏。游戏最终还是通过第三方发行方与公众见面，虽然《猎杀人类》早就以其强烈的原创性获得评论界的盛赞，但大部分玩家对于这款游戏都表现得相当犹豫不决。**KS**

Xenogears
异度装甲

发售年份：1998
平台：PS1
开发商：史克威尔（Square）
类型：角色扮演

　　究竟是一款耗资数百万日元、情节曲折的科幻作品，还是有史以来最气势恢宏的RPG游戏？对于许多人而言，《异度装甲》做到了二者兼具。《异度装甲》的背景故事在时间跨度上长达一万年之久，游戏由四位编剧执笔，牵涉到无数战争、种族和科技。虽然被批为只是给巨型机器人披上一件故作高深的哲学外衣，但宏大的世界观多少弥补了一些不足。

　　《异度装甲》有着日式角色扮演游戏中最有趣、最壮阔的剧情，复杂的战斗系统和引人入胜的游戏元素以其纯粹的想象力和灵魂性使《异度装甲》从其他同类游戏中脱颖而出。游戏角色数量众多，个性鲜明。主角黄飞鸿（角色名直接取自中国广东传奇英雄）从小饱受被附身的母亲的折磨，是一个充满内心矛盾、令人同情的角色。游戏把宏大的星系同微小的个体联系在一起，探讨宇宙的变化如何对细小的群体产生影响。到了结尾处，游戏已经把宗教、哲学、人际关系等主题提升到了一个神圣的高度。

　　完善的战斗系统和精彩的探索元素给游戏故事带来了灵魂和目标，但宏大的规模也是游戏的致命伤。由于经费告急，而制作方又急于将整个故事讲完，导致游戏的后半部分充斥着过多的过场动画，限制了玩家与游戏的互动。尽管如此，《异度装甲》在游戏世界的构建上仍旧取得了巨大的成功，这是游戏开发方，也是游戏媒介所能达到的一个巅峰。**SP**

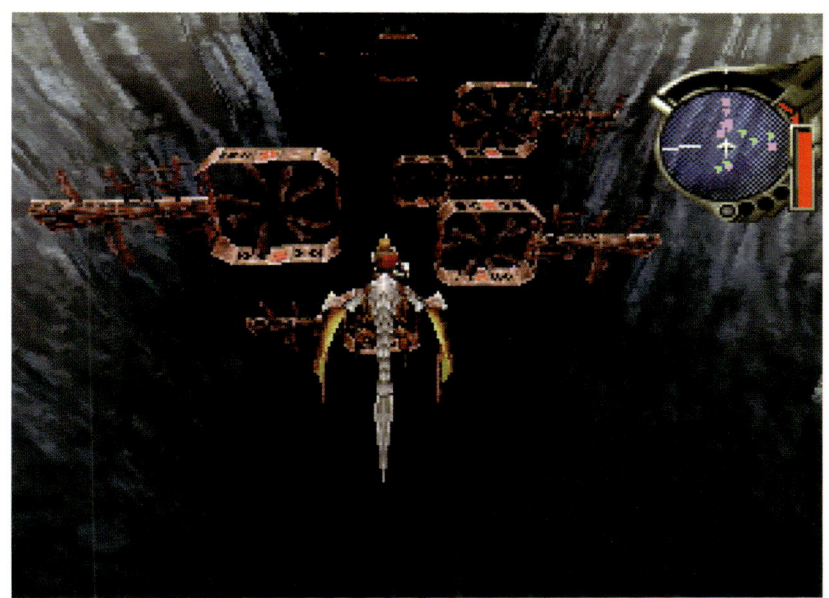

Panzer Dragoon Saga
铁甲飞龙传奇

发售年份：1998
平台：土星（Saturn）
开发商：Team Andromeda
类型：角色扮演

　　《铁甲飞龙》系列前两作被冠以"戏剧化射击游戏"的头衔，而紧随其后问世的四碟装第三作居然以RPG的形式登场，这不免有点突兀。但是在这个古典未来主义游戏系列的制作上，世嘉的内部开发团队Team Andromeda从来都不缺乏灵感。

　　1995年的原版游戏《铁甲飞龙》（Panzer Dragoon）和出色的续作《铁甲飞龙2》Panzer Dragoon Zwei）已经构建出了一个庞大的幻想世界，游戏的很多灵感都来自于知名幻想漫画家莫比乌斯（Moebius）。但是，玩家们渴望已久的游戏深度——尤其是游戏的剧情铺陈、探索以及宏大、爽快的战斗系统——直到《铁甲飞龙传奇》中才最终得以实现。

　　相比于那些废话连篇的RPG游戏，《铁甲飞龙传奇》在叙事上显得异常含蓄内敛，但又能引起玩家的极大共鸣。游戏中隐藏了关于这个世界的海量细节，不管你是步行或是骑龙，你都可以通过锁定目标来获取相关信息。

　　就游戏画面而言，《铁甲飞龙传奇》就是一个神话。3D表现一直都是世嘉土星的软肋，但在本作中，可探索的环境广阔而多样，包括峡谷、森林、沙漠地下遗迹等等。当然，现在看来游戏的过场CG动画还是相当简陋的。《铁甲飞龙传奇》的音效也很出色，每个角色都有全程配音，游戏的配乐也同样令人印象深刻。游戏的许多方面比现在的RPG佳作还有过之而无不及。英文版的《铁甲飞龙传奇》已经很稀有了，就算有也会在eBay上拍出高价——这就是完美的代价。**JB**

F-Zero X

零式赛车

- 发售年份：1998
- 平台：N64
- 开发商：任天堂（Nintendo）
- 类型：竞速

　　《零式赛车》有着赤裸裸的竞速元素：飞驰的速度、紧凑的控制以及无处不在的危险。游戏的赛道根本不能被称为赛道，因为这只是些悬浮在太空之中的环状、螺旋状的抽象平面。参赛车辆既没有数据显示屏也没有自定义选择界面等复杂丰富的细节，相反地，这不过是一些由若干多边形组成的极速悬浮车。游戏的美学设计极尽简朴，但操作起来却很有难度。这就是一款概念化的赛车游戏。

　　《零式赛车》的上手难度很高，除非你已经有了精确的手感，否则要想在二十九辆极具攻击性的赛车中幸存下来几乎是个不可能的任务。游戏不断地设置危险，诱使你牺牲部分血槽来提速或是把其他对手撞毁在赛道护栏上。游戏就想看你如何在成败之间铤而走险，是飞速飘过终点线或是在急转弯道撞上护栏炸成碎片。

　　有护栏还算好，问题是在各种发夹般的急转弯道上根本就没有护栏，玩家很容易就脱离赛道飞向虚空之境。和如此多的对手同台竞技，意味着游戏有着强烈的竞争性。《零式赛车》的"死亡竞赛"（Death Race）模式就充分利用了这一优势，把毁掉赛场上的其他车辆作为游戏的首要目标，而出色的AI使得赛道上的每一位对手都充满进攻性。游戏内容也非常丰富，不同的游戏难度、赛道以及可解锁车型都提高了游戏的耐玩性。

　　赛车与赛道细节的缺失是为了确保帧率和速度感，但这种极简化的风格却也赋予了游戏独特的棱角美。**KM**

Grand Prix Legends
格兰披治传奇

发售年份：1998
平台：PC
开发商：Papyrus Design Group
类型：驾驶

20世纪60年代末是属于F1赛车的神奇时代：赛车手们必须小心翼翼地和这些四轮赛车进行较量，为飙出最高车速而挑战车身每个零部件的忍耐极限。那年头，换挡可是要手离开方向盘、使用离合器的；赛车失控冲出车道，帮你减速的不是墙就是树，要么就是一群观众。

很少有游戏能像《格兰披治传奇》这样精准地捕捉到那份危险感和刺激感。作为模拟竞速游戏中的佳作典范，《格兰披治传奇》逼真地还原了1967年的F1赛季，你可以亲自坐进当年的莲花、法拉利、库柏等赛车之中，在蒙扎、摩纳哥、纽堡北环（那年头这个赛道可是相当危险的）等F1赛道上和克拉克（Clark）、布拉汉姆（Brabham）等知名赛车手一较高下。

和传统赛车游戏不同的是，《格兰披治传奇》的上手过程极度耗时——即使是精通赛车游戏的玩家亦是如此。游戏的赛车模型以丰富的细节精准地还原了1967年的赛车性能和表现，这也意味着普通玩家把手搭上方向盘时可能会感到巨大的恐慌。不同于以往和日后的任何一款模拟竞速游戏，《格兰披治传奇》让你泄气的速度，绝对比固特异轮胎爆胎漏气还来得快。虽然有着令人咋舌的车速、撞车的危险和高难度的挑战，你还是会忍不住坐进赛车内。因为当你置身图像简洁的驾驶座内，让全速开动的V12发动机的啸叫包裹你的身体直至汗毛竖立，驾驶赛车在危险的柏油路上华丽地施展漂移车技、向历史级劲敌车手发起挑衅时，其他任何一款游戏对你而言都是浮云。**JDS**

Radiant Silvergun
闪亮银枪

发售年份：1998

平台：街机,土星（Saturn）

开发商：Treasure

类型：射击

通过《闪亮银枪》，Treasure公司带来了一款完全不同的纵版飞行射击游戏。游戏中玩家不能拾取新武器，飞船在游戏一开始就配备了全部的六种武器，你可以通过不同的组合键来使用这些武器。每种武器都能在特定的环境下发挥奇效。在你打败成群的敌机的同时，你所使用的武器威力也会得到相应的增长。你必须做出决定：是把所有的能量都平摊给各项武器，还是着重升级你最中意的那几款。

游戏中的敌机都有各自的颜色，只要连续击落若干台颜色相同的敌机，或是按照特定顺序将敌机击毁，就能获得奖励得分。除了极高的策略性外，《闪亮银枪》也是有史以来最优秀的飞行射击游戏之一，接二连三的残酷Boss战、令人眼花缭乱的视觉效果都将射击类游戏推上了一个崭新的台阶。游戏的伪续作《斑鸠》（Ikaruga）更加强调色彩属性和连锁攻击，但要论游戏各方面的平衡性，《闪亮银枪》还是要更胜一筹。**SP**

Grim Fandango
冥界狂想曲

发售年份：1998

平台：PC

开发商：卢卡斯艺术（LucasArts）

类型：冒险

曼尼·卡拉维拉（Manny Calavera）是一名旅行社的导游，这个油腔滑调的骷髅男的工作就是向死去的客户提供一张前往第九地狱的单程车票。当他开始怀疑自己的新客户美琪（Meche）谜样的身份时，却发现自己已经身陷一场可怕的阴谋当中，并从此踏上了一场宏大的四幕剧冒险。

《冥界狂想曲》的各方面都做得相当用心，比如游戏中对各种经典电影的致敬、精心构建的剧情和高超的表现手法（游戏剧情跳跃性很强，经常会留下长时间的叙事空白）。本作也是卢卡斯艺术公司首度尝试把静态的冒险游戏搬入三维世界当中，将个性十足的3D建模同预渲染的背景画面融合在一起。

不管从哪方面看，《冥界狂想曲》都是一次巨大的成功。游戏在今天仍然具有很高的人气，但这都是它应得的关注，不管谈论它的人究竟有没有亲身体验这款游戏。**CD**

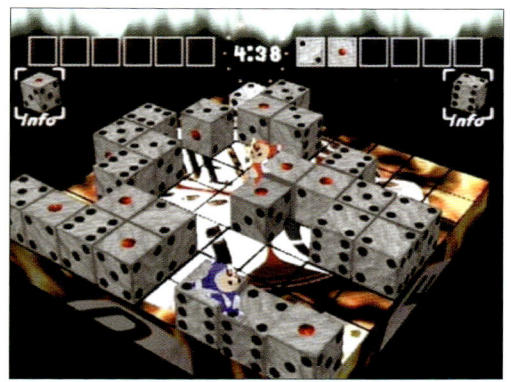

Half-Life
半条命

发售年份：1998
平台：多平台
开发商：Valve Corporation
类型：第一人称射击

  在这个充斥着肱二头肌和小平头的第一人称射击世界中，最著名的一位男主角就是这位二十七岁的瘦弱物理学家戈登·弗里曼（Gorden Freeman）。弗里曼是一名科学家而不是军人，因此《半条命》中的游戏世界也和他本人一样，冷静而富有理性。游戏讲述黑山研究所深处出现一起实验事故，产生了一个"回声瀑布"，并在地球和另一个世界之间撕开了一道裂口。当其他员工惊恐地四处躲避，或是因为重伤致死时，弗里曼将自己全副武装并向地面进发，沿途不仅要射杀各种头蟹、藤壶怪和其他各种外星生物，同时还要在堵塞的通道间寻找出路。

  虽然《半条命》是一款彻头彻尾的射击游戏，但游戏真正的亮点还是在它的风格上：《半条命》放弃了过场动画，因为这样会让弗里曼失去亲自观察周围环境、科学地判断形势的机会。

  在游戏后面等待你的是地面上的各种惊喜和弗里曼穿越到另一个世界的高潮战，千万不要错过去看"黑山"的机会，那里正是这个传奇游戏诞生的地方。**CDa**

Devil Dice
魔鬼骰子

发售年份：1998
平台：PS1
开发商：Shift
类型：益智

  Yaroze计划是针对用户自制游戏的一次早期试验，亦是前所未有的一次尝试。这项计划提供了一套简化的PS游戏开发套装，允许有能力的程序师自行开发游戏，而所需开发成本仅是专业游戏开发花费的极小一部分。

  由这项计划产生的大部分游戏都是些粗糙的试验品，但是其中也不乏成功案例，《魔鬼骰子》就是其中之一。《魔鬼骰子》也许是PS1上最优秀的益智游戏，这款游戏如此成功，以至于已经催生出数款续作，之后还被移植到PS3和PSP平台上。

  和其他所有优秀益智游戏一样，简洁就是《魔鬼骰子》的精髓。游戏的目标就是滚动这些骰子，让它和周围的点数相同。点数对上后骰子就会消失，你的分值也会上升。游戏包含了你所能想到的一切模式，其中包括一个预生成的解谜模式和一个疯狂的多人对战模式，玩起来真能让你着魔。**DM**

Oddworld: Abe's Exoddus
奇异世界：阿比逃亡记

发售年份：1998
平台：PC, PS1
开发商：Oddworld Inhabitants
类型：平台动作

究竟一个存档能带来多大改变？《奇异世界：阿比历险记》不仅在美术设计上备受赞赏，更给2D平台动作游戏带来新的曙光。但对许多玩家而言，这款游戏有个致命的缺陷：它实在太难了。更要命的是，游戏还不能即时存档。但自从续作（实际上只是《奇异世界》世界观下的一款衍生游戏）中加入了即时存档元素后，每个人都开始义无反顾地爱上这款游戏。

即时存档之争也提醒我们：即使是像《阿比逃亡记》这样在背景与叙事上下足了功夫的游戏，也不能在操作设定上掉以轻心，毕竟这是游戏互动体验，而不是电影。可喜的是，游戏操作设定的方方面面都超出了你对横版游戏的预期。《阿比逃亡记》把你吸引到这个神奇的世界当中，赋予你各式各样的奇特技能，但你绝非刀枪不入。实际上，你始终都离死亡仅一步之遥。

《阿比逃亡记》的背景故事和操作选择非常丰富。游戏讲述无良工厂利用姆多贡（Mudokon）一族的眼泪和骨头来生产能量饮料。作为阿比，玩家必须把你的族人从工厂的奴役中解放出来。你可以利用Gamespeak功能来指挥他们操纵开关或攻击敌人，你还可以控制斯里格（Slig）、斯洛格（Slog）、格拉空（Glukkon）等敌人，利用敌方的武器进行还击。

但这都只是游戏的表象，任何一款像《阿比逃亡记》这样拿放屁当炸弹使的游戏多少都能挖掘点深度出来。本作中，在你开打之前，最好还是先进行交流。阿比多样的表达能力和丰富的环境细节都是同类作品所缺失的重要品质。正如《小小大冒险》利用斜四十五度3D视角为我们带来一个更具活力的游戏世界，这款卡通味十足的2D游戏《阿比逃亡记》则为我们献上了一批苦瓜脸、佝偻背的鲜活角色，相比之下，劳拉·克劳馥呆板得像个人体模型。**OB**

Metal Gear Solid
潜龙谍影（又名《合金装备》）

发售年份：1998
平台：PC, PS1
开发商：科乐美（Konami）
类型：潜入

当游戏设计师小岛秀夫把他的《潜龙谍影》系列搬上PS平台时，他不仅揭开了游戏史上人气最高的潜入类游戏系列的序幕，更开始了一段延续至今的讨论，同玩家分享了他对核武器巨大破坏力的恐惧、对军工企业的不信任、对《纳瓦隆大炮》（The Guns of Navarone）和《007之雷霆谷》（You Only Live Twice）等电影的痴迷，以及对饱受战争摧残的军人的同情。小岛秀夫称这些军人为"战场上的幽灵"，并给电子游戏中这类俗套的角色注入了全新的生命。

游戏讲述退役特种兵索利德·斯内克（Solid Snake）被派往Shadow Moses——一个远在阿拉斯加的军事小岛——执行任务，任务内容是挫败FOX-HOUND的叛乱计划。FOXHOUND是一个恐怖分子组织，他们掌握着小岛上的秘密武器：一台可行走的毁灭性核打击武器Metal Gear Rex。索利德不知道的是，那个代号"液体蛇"的FOXHOUND头目其实是自己的双胞胎兄弟，而他们都是政府培养超级战士的计划的一部分。另外，他的手下都是一群各自心怀鬼胎的精神病和暗杀者。政府称他们为叛国者，但是在这个新世界秩序下，事情真的有这么简单吗？

如果你觉得这剧情听起来太绕了，游戏为你准备的可远不止这些。小岛秀夫不是那种喜欢长话短说的人，他也不会做一款玩一遍就会让人满足的游戏。随着游戏的深入，游戏剧情只会愈加错综复杂。同样花样百出的还有你的战斗和潜入选择。作为一款潜入式游戏，《潜龙谍影》节奏快速凌厉，但难度并不会太过分，大部分时候你只要躲在纸箱下面就可以顺利逃脱，就这么简单。除了极富电影感的人物特写镜头和过场动画外，最让玩家难以忘怀的就是游戏中一个有趣的设定：通过迅速切换手柄端口来打败其中一个Boss。**DH**

Street Fighter Alpha 3
少年街霸 3

- 发售年份：1998
- 平台：多平台
- 开发商：卡普空（Capcom）
- 类型：格斗

　　《少年街霸3》除了沿用了系列前作的经典角色外，还新增了一批新人物，以及三种不同的格斗模式。这款游戏一直被认为是一部正统的街霸游戏，直到2008年《街头霸王4》（Street Fighter IV）的横空出世。

　　铁杆玩家也许更青睐《少年街霸2》（Street Fighter Alpha 2）的平衡感，其他玩家可能因为喜欢《街头霸王3：三度冲击》（Street Fighter III: Third Strike）而忽视这款游戏的存在，但对于钟情街头霸王世界背景设定的玩家来说，《少年街霸3》为他们奉上的是前所未有的丰富玩法和出色的游戏设计。玩家可以在A模式（基于《少年街霸》的操作风格）、X模式（基于相对简单的《街头霸王2》的操作）和V模式（基于《少年街霸2》中首度出现的一种连击模式）之间进行选择。有了更加华丽的连击和特殊技，每场格斗都变得极具观赏性，当然相比画面炫到让人头晕的《漫画英雄对卡普空》（Marvel vs. Capcom）还是有一定差距的。

　　《少年街霸3》是每一位格斗游戏爱好者都不会错过的佳作，游戏为系列人气角色设定了各种有趣的背景故事，面对不同的对手会引出不同的剧情对白。单人通关后玩家将能够选择更多的角色进行对战，其中还包括一些颇具喜感的游戏角色，比如桑吉尔夫（Zangief）的粉丝——女摔角手R. Mika。作为奖励，游戏中还将出现卡普空其他打斗类作品中的人物，比如《快打旋风》中的主角科迪（Cody）也将成为可选角色，另外盖伊（Guy）和一些其他《快打旋风》的反派人物也有出场。**MKu**

Resident Evil 2
生化危机2

- 发售年份：1998
- 平台：多平台
- 开发商：卡普空（Capcom）
- 类型：生存恐怖

　　《生化危机1》除了可怕的活死人外，还用无处不在的惊悚感完善了生存恐怖类游戏。对于《生化危机2》来说，要想再续辉煌不容易，但游戏却做得相当得壮观：当生化危机爆发时，除了大都市你还能逃向哪里？

　　浣熊市有着类似《生化危机1》中洋馆的迷宫式结构，但却不着痕迹地给人营造出一种更加庞大的感觉：道路被成堆的汽车堵得水泄不通，房门被大量的杂物封死，房间里弥漫着一股死亡的味道。你杀出一条血路来到满是丧尸警员的警察局，穿过警局进入拜占庭式的下水道和工厂，并在结尾处毫无悬念地进入一个秘密实验室。

　　《生化危机2》只有着B级片水准的概念设定，但这并不影响游戏本身的质量。《生化危机2》给这个都市丧尸战及背后隐藏的阴谋编了一个不算太糟的故事，但最重要的是这款游戏包括了一切刺激元素：和大批丧尸展开的游击战、舔食者和它们致命灵活的长舌头，以及暴露着牙齿和骨骼的可怕Boss。

　　首次通关只算玩完了游戏的一半，游戏的另一半现在才刚刚解锁。在游戏二周目中，你将扮演一名全新的角色。这种剧本设置最大限度地利用了游戏环境。你会发现你在一周目中完全没有感受到这款游戏的动作元素，这其中就包括笨重而可怕的追击者，这个打不死的军衣怒汉只有一个目的：用尽一切机会把你杀死。

　　《生化危机2》发售后迅速成为一款畅销游戏，游戏着重点的转变也推动了该系列的进一步成功：摒弃躲在暗处吓人的伎俩，引入轰天的枪炮和长着獠牙的巨型怪物。不用花太多时间思考——反正你的脑子迟早要被吃掉——你要做的只是不停上膛、瞄准，然后开火。**RS**

Sonic Adventure
索尼克大冒险

发售年份：1998
平台：Dreamcast
开发商：索尼克小组（Sonic Team）
类型：平台动作

　　设计师兼制作人饭塚隆找到原作者中裕司，称自己想为世嘉的这只明星刺猬制作一款全新的游戏：一款索尼克RPG。游戏中将会有更庞大的故事背景，数量更多的角色，另外，索尼克还将首度3D化。正是这一初始概念催生了索尼克小组的这款游戏杰作。

　　《索尼克大冒险》把玩家们熟悉的平台动作元素天衣无缝地融入到动作冒险游戏模式当中，新加入的探索和叙事元素则使整个游戏更加完整。索尼克仍然会以极高的速度在这个原色世界中四处疯跑，但玩家这次可以控制其他许多角色，比如比格猫（这个角色的迷你钓鱼游戏俘获了大批粉丝）和一个名为伽马（Gamma）的机器人。在冒险主线之外，还有针对不同角色而设定的各种迷你游戏，你还可以把一种名为卡欧斯（Chao）的可爱生物当成电子宠物来饲养。

　　《索尼克大冒险》也是少数几款支持DC游戏机的可视记忆卡（Visual Memory Unit）的游戏，你可以把以一个叫《卡欧斯大冒险》（Chao Adventure）的小游戏下到记忆卡上，随时训练你的宠物。

　　但《索尼克大冒险》真正的亮点还是蕴藏在游戏的每一个动作关卡当中。游戏中交织缠绕的巨大世界无处不彰显着索尼克小组的标志性细节。游戏牢牢地抓住了传统的索尼克游戏元素，你可以在"闪耀公园"（Twinkle Park）关卡开碰碰车，也可以在"极速公路"（Speed Highway）中的摩天大楼上飞檐走壁。其中一些关卡，尤其是"失落世界"（Lost World）经过了制作小组数十次的重制，只为创造一个更完美的3D世界。游戏视角在索尼克奔跑时会不停地切换，摇摆不定的镜头有时会对动感的游戏过程造成影响，但整体而言，《索尼克大冒险》仍是一款设计精巧的游戏，完美地重现了出了索尼克曾经的速度感。**KS**

Wetrix
围水方块

发售年份：1998
平台：多平台
开发商：Zed Two
类型：益智

　　《围水方块》是对益智方块传统模型的一次美学创新和规则创新，带着科学家追求谜团、魔术师追求挑战的热情重新审视了这个三维时代。游戏的斜四十五度视角既是一个伟大的创意，也是一次可怕的灾难，赋予这款以蓄水（然后通过把水蒸发掉）来赚分的游戏强烈的猜测意味。

　　玩家可以控制的东西很多，从可以改变地形的方块到可以在地上炸窟窿的炸弹，把《围水方块》变成一款以气候调节为主要内容的游戏。深谋远虑的玩家能够以特别的方式控制全局，延长游戏时间，这也是强调即时反应能力的《俄罗斯方块》所不可比拟的。不断下落的方块会让游戏变成一种自虐，你只能在最坏的结果中避重就轻，这也使得《围水方块》弥漫着一种绝境求生的恐惧感。挑战模式和障碍模式玩得更过火，玩家只能依靠直觉来进行游戏，不断祈祷彩虹道具从天而降拯救世界。而在双人分屏模式下，单人模式中那些害死人的物品在这里成了玩家互相报复发泄的道具。

　　虽然游戏推出了不少移植版——其中以世嘉的DC平台版本最为出色——但最适合《围水方块》的平台还是N64。这展现出任天堂的机器不论是在实际设计还是理论上，都能够挑战、改变旧式的游戏方式。**DV**

Star Wars: Rogue Squadron
星球大战：侠盗中队

发售年份：1998
平台：N64, PC
开发商：Factor 5
类型：射击

感谢雅达利1983年的矢量图像街机经典，死星沟渠战已成为早期最令人难忘的电子游戏体验之一。十五年后，卢卡斯艺术委托Factor 5将死星突袭战再度搬上游戏屏幕，一同回到玩家眼前的还有乞丐谷、霍斯战役，以及源自星战世界宏伟历史中的各类经典场景。最终的成品则是一款极具权威性的星战游戏。

游戏延续了《X翼战机》和《钛战机》系列的高水准制作，同时也是一款为主机玩家量身定做的游戏。在游戏中的大部分时间里，你都将控制天行者卢克坐在他的X翼战机——或A翼战机、或Y翼战机、或雪地飞行艇、或V翼战机的驾驶舱中，当然如果你技术够好的话，你还可以解锁千年鹰隼号、钛截击机、T-16跃空号战机、AT-ST，以及正好赶上在电影中首度露面的纳布星际战机。游戏最赞的地方在于它成功地满足了星战狂热粉丝的心愿：把星战广袤世界中的各种物品、交通载具、技术、星球和人物都搬进了游戏，仔细搜索了二十多年积累下来的庞大的星球大战世界细节，并探索到了乔治·卢卡斯（George Lucas）电影胶片以外的宏大宇宙。

游戏的每一章都以经典的星战爬行字幕开场，随之而来的是从《新希望》（New Hope）结局到《帝国反击战》（The Empire Strikes Back）开场中间发生的各大重要战役，壮观的画面、音效和战斗场面精彩地再现了星战中的战争场景。在N64的内存扩充包的帮助下，游戏能以更高的分辨率表现最原始的游戏图像。最重要的是，《星球大战：侠盗中队》抓住了印卡姆T-65战机（Incom T-65s）在惨烈的空战中穿梭飞行的真切感觉。拯救世界从来都没有像这款游戏里表现的这般有趣。**DM**

Space Station Silicon Valley
硅谷太空站

发售年份：1998
平台：N64, PS1
开发商：DMA Design
类型：动作 / 平台动作

光能和动物说话算什么？能让你直接操纵那些动物才叫厉害。《硅谷太空站》的背景设在3000年，游戏中到处都是模拟地球生物的机器人：带轮子的老鼠、腰上绑着火箭包的狐狸、蒸汽驱动的河马等等。而你是一块可以控制任何机器人的芯片——前提是它们处于瘫痪状态。基本上这就是一款机器人版猎人与猎物之间的游戏，只不过在本作中，一旦时机成熟，双方的角色可能就发生转换。

这个简单的概念就是这款平台动作游戏的基础，同时也展现出制作方DMA Design公司疯狂的想象力。轻跳可以把你带到你的目标身边，蓬起的绵羊衣可以帮助你软着陆，你还可以通过冲上斜坡来飞跃湖面——毕竟对于电子生物而言，沾上水可不是什么好事。你会在游戏中四处躲避捕食者的尖牙利爪，但很快你就可以找到机会以牙还牙。游戏中最大的挑战就是弄明白自己究竟要做什么，而不是没头没脑地闯入这个生态系统中，穿着一身动物皮毛四处乱撞。

《硅谷太空站》在游戏概念上极具超前性，仅在存档点和游戏控制上有些小瑕疵。游戏的概念虽然可爱，但游戏的难度却十分苛刻，有些关卡中你会被追着到处逃命，也只有没有感觉的机械程序才能坚持得下去。但是疯狂而搞笑的剧本让你即使在最痛苦的游戏过程中也会有兴趣继续玩下去，游戏的质量也是其他经典佳作难以媲美的：你永远都不知道下一秒钟等待你的会是什么。**RS**

R4: Ridge Racer Type 4
山脊赛车4

发售年份：1998
平台：PS1
开发商：南梦宫（Namco）
类型：驾驶

　　虽然《山脊赛车》系列容易被批缺乏控制自由度、游戏机制也相当一般，但我们应该认识到，这样的一种做法也能带来重要的游戏体验。

　　《山脊赛车4》就是一个典型。这款游戏在《山脊赛车》系列中最值得一提，因为除了延续南梦宫的那套对控制的狂热外，本作还成功把自己的元素和谐地融入到游戏当中。

　　从技术角度来看，《山脊赛车4》的图像在PS上属于顶尖水平。游戏出众的明暗处理和精细的打光至今仍令人印象深刻，虽然暗色的设定与传统《山脊赛车》系列的审美有些不太搭。游戏中的八个赛道则是用来炫耀游戏在减少多边形上的强大技术。在游戏的主要模式下，你还能发现更多的实质性内容，除了一系列的环道赛外，本作还提供了不同的选择来实现《山脊赛车》中标志性的甩尾。

　　从今天的标准来看，游戏的控制有点奇特，但是《山脊赛车4》中有着系列前作所缺失的深度和可预见性。同时游戏也延续了《山脊赛车》系列出类拔萃的风格和表现，时至今日仍然不同凡响。游戏提供了八条极富视觉震撼的赛道，虽然多达三百余辆的可解锁赛车未免有些过火，但《山脊赛车4》仍有自信为玩家献上惊险刺激、独一无二的四轮极速体验。**JDS**

StarCraft
星际争霸

发售年份：1998
平台：PC
开发商：暴雪娱乐（Blizzard Entertainment）
类型：策略

  流行文化创作者总喜欢吹嘘自己的东西"红遍日本"。但《星际争霸》却是第一款先在韩国遍地开花的西方游戏。这款即时策略科幻游戏的某些东西让玩家们着了魔，以至于在韩国90年代末日渐盛行的网吧中，《星际争霸》成了一款必备游戏大餐。游戏在该地区的销量高达四百五十万份，同时也确立了韩国的职业电竞大国形象。

  当然，就其世界范围内一千一百万份的销售成绩而言，《星际争霸》放在哪里都是一款畅销的PC游戏。但是，虽然游戏在刚上市时得到的都是评论界的热情赞扬，但可以说，当时没几位评论家——至少在西方——能够预示到游戏将会获得如此巨大而持久的成功。《星际争霸》采用了斜四十五度视角，但并不能给人留下特别深刻的印象。相比之下，成绩稍逊的竞争对手在RTS元素创新上，尤其是单位控制和资源管理上做得都更为出色。

  但《星际争霸》有属于自己的杀手锏——三个特色鲜明的可选种族：人族（人类）、虫族（成群出动的恶心外星人）和神族（数量稀少但精神力强大的魔法武士）。不同的种族有其各自的控制单位，他们不仅外观相差甚远，玩法也各不相同。比如，虫族会钻地，善于以数量上的绝对优势压垮对手；神族在军队数量上可能有些吃亏，但却能够操控更加强大的武器。游戏刚发售时，没有哪个种族有着绝对的优势，暴雪公司随后又陆续推出了几款补丁，以解决快攻战术问题及其他缺陷，维持游戏的平衡性。

  要想实现多样性与平衡性的和谐统一绝非易事，但《星际争霸》做到了。不论在韩国或是全世界，这款长寿游戏至今仍是多人游戏的首选。**OB**

Thief: The Dark Project
神偷：黑暗计划

发售年份：1998
平台：PC
开发商：Looking Glass Studios
类型：潜入

起初，这是一款关于共产主义者变丧尸的游戏，后来又演变成了一款《卡米洛黑暗时代》（Dark Age of Camelot）式的游戏，把亚瑟王传奇改得面目全非：莫德雷德（Mordred）成了男主角，梅林（Merlin）是个时空旅行者，吉娜维尔（Guinevere）则是个非常爷们的女同性恋。最终的成品便是这款蒸汽朋克式幻想游戏——这是20世纪90年代末最有影响力的一款PC游戏，也是潜入类游戏发展过程中至关重要一部作品。

《神偷：黑暗计划》和同时期作品《潜龙谍影》分享了不少荣誉，但是，小岛秀夫游戏只在快节奏刺激感和审美上对《分裂细胞》（Splinter Cell）等游戏系列产生影响，论及游戏操作，大部分潜入式游戏还是效仿了Looking Glass Studios的这款经典游戏。《神偷：黑暗计划》之于潜入类游戏，正如《爆破彗星》之于射击类街机游戏，抛弃了之前作品的数字化游戏，追求更加写实的游戏体验。游戏不是让你简单地选择开启或关闭隐蔽模式，而是赋予周围环境多层次的光影效果。由于主角有着超自然的偷窃技能，阴影越暗，他对守卫而言就越无形。因此，游戏的关键不在于你有没有在躲藏，而在于你躲藏得够不够好。游戏还加入了一系列道具来协助潜入，如可以熄灭火把的水箭和下蹲潜行一类的简单技能。其他的道具还可以帮助你在天花板上挂上一整天。

当《潜龙谍影》时不时从秘密潜入变为暴力进攻时，《神偷：黑暗计划》仍旧坚守自己的核心宗旨：回避敌人。它向我们证明了即使是一款从头至尾都窝在暗处、看一眼在廊道巡逻的守卫都要吓个半死的游戏，仍然可以向其他动作巨制一样令人痴迷。**KG**

The Legend of Zelda: Ocarina of Time
塞尔达传说：时之笛

发售年份：1998
平台：N64
开发商：任天堂（Nintendo）
类型：动作/冒险

　　《塞尔达传说：时之笛》是一次纵贯角色一生的冒险之旅，游戏中对海拉鲁的重塑让人感觉耳目一新却又毫无违和感，而在这场宏大旅程的终点，一切又回到了整个故事的开端。

　　在N64的复杂世界中重塑《塞尔达传说》是一次艰巨的任务，但当玩家们首次看到林克忧心忡忡地穿过迷雾、奔跑在海拉鲁平原上时，就知道任天堂绝对能够胜任这项工作，这场冒险之旅也绝不会让玩家失望。

　　令人惊讶的是游戏所带来的海量新元素。本作的战斗系统开创了手柄左扳机瞄准，通过在不同的时代穿梭，完成解谜、推动剧情发展的做法类似于林克曾经在光世界与暗世界之间的穿越。《时之笛》的设计把游戏提升到了一个令人感动的高度，你将见证林克如何从少年成长为大人，并设法适应一个扭曲的成人世界。

　　当然，我们还有必要说说艾波娜（Epona）——电子游戏史上最出色的一匹座驾。林克的这匹马的存在，也许是用来证明本作中的海拉鲁平原已经变得无比辽阔巨大，但是艾波娜和林克之间形成的关系却是如此温馨有爱，如此真实，在你意识到它多有用之前，你已经把它当成一只真实的动物来看待了。在这款有着无数精彩瞬间——奔向地平线的巨大鬼魂、从一幅阴森的油画中跃出的吓人骑士——的游戏中，最能抓住塞尔达系列那份欢乐感的就是艾波娜了。你将跨上它越出隆隆牧场的篱笆，探索外面的广阔世界，你也知道等待你的必将是一个完全不同的世界。**CD**

Driver
车神

发售年份：1999
平台：多平台
开发商：Reflections Interactive
类型：赛车

上世纪70年代的美国警匪剧总是不乏各类夸张的街头飞车桥段和华丽的九十度拐角刹停场景。对于看着这类剧集长大的玩家们来说，《车神》就是所有警匪剧精华元素的集大成者。简言之，玩这款游戏就是在磨车胎。

《车神》的主角不是那个奉命潜入并捣毁犯罪集团、举止投足之间尽显史蒂夫·麦奎因（Steve McQueen）风范的纽约卧底警探泰纳（Tanner），而是游戏中出现的各种汽车。其中就包括那个年代的各种重量级车款，如雪佛兰Chevelle、道奇Charger，以及福特Gran Torino等等。当然游戏也少不了雷打不动的四大标志性美国城市：迈阿密、洛杉矶、纽约和旧金山。在这个开放式世界中，你所做的事情基本大同小异，不管是驾车逃逸、驾车跟踪，或是上演一场精彩的的士速递，游戏基本就是一个A-B或A-B-A的路线模式。同样普遍的还有四处可见的警察，但不同于那些重复度高、障碍不断的驾驶任务，在这样一个向经典剧集的追车戏致敬的游戏环境中展开追车大战永远都不会让人觉得厌烦。游戏甚至还提供了一个导演模式，允许玩家回放刚才的追车场面。

在城市车流间蛇行前进，把沿途的肌肉车远远甩开，看着别人的车在后边穷追不舍，或是在小巷中一路猛冲，用保险杠撞开成堆的硬纸盒——《车神》是那种会让所有的玩家都会心一笑的游戏，不论你出生自哪个年代。**JDS**

Sega Bass Fishing
钓鱼高手

发售年份：1999
平台：多平台
开发商：世嘉（Sega）
类型：体育休闲

摆弄成堆的蝇蛆，制作恶臭的鱼饵，四处找地儿撒撒饵料，起早摸黑在雨里直愣愣地坐上几个小时……毋庸置疑，钓鱼确实是件闷骚而无趣的休闲活动。但感谢历史机缘巧合，一心要创造世界上最优秀的电子娱乐活动的世嘉公司把目光对准了钓手们对垂钓的痴迷，为玩家献上了电子游戏史上最新奇刺激、无视逻辑与意义的游戏体验。

《钓鱼高手》和《人面鱼》（Seaman）、《死亡打字员》（Typing of the Dead）、《欢乐桑巴》（Samba de Amigo）等游戏同为DC平台上大赞的另类佳作。任何有幸把鱼竿投入世嘉水产丰富的水域中的玩家，都会对这款游戏爱不释手——除非你用的不是官方正版鱼竿——基本上所有的盗版鱼竿都很差劲。

当你手持世嘉的配套正版鱼竿设备时，钓鱼便在瞬间变得有趣起来。游戏有着华丽的画面和惊人的流畅度，给你带来高难度挑战的同时，也为你奉上极致享受的游戏体验：选好鱼饵、投出鱼线，然后和不幸上钩的任何一位水族成员一较高下。要想把这些难以捉摸的大鱼钓上岸，关键就在于选对鱼饵和选择正确的挑衅动作，然后你才会感受到手中的鱼竿传来令人兴奋的震动。《钓鱼高手》之于真实垂钓，正如《疯狂出租车》之于真实驾车，是对现实活动的超凡再创造。对钓鱼的成功加工一直都是《钓鱼高手》最伟大的成就。虽然这项休闲活动仍旧毫无意义，但至少不再那么无聊。**DM**

Aliens Versus Predator
异形大战铁血战士

发售年份：1999
平台：PC, Mac
开发商：Rebellion
类型：第一人称射击

　　《异形大战铁血战士》最大的讽刺在于，从游戏中获得最大娱乐享受的种族（人类）居然没有出现在游戏标题里。和雷德利·斯科特（Ridley Scott）的原版电影以及詹姆斯·卡梅伦（James Cameron）的续集一样，游戏的殖民军模式将背景设在了遥远的LV-426行星上，这是史上最骇人的生存恐怖游戏，更是福克斯这一知名系列近三十余款改编游戏中最精彩的一部。事实上，这是Rebellion公司第二次将这个系列搬上游戏屏幕，前一款是在雅达利的Jaguar主机上推出的类似结构的游戏，早已被奉为收藏必入的经典。而此作的恐怖效果在今天仍令人震撼。

　　怪物也许都神出鬼没，但细节却做得相当精细：脉冲步枪的哒哒声、移动探测器急促的警报音、异形的啸叫声应有尽有。把细节部分做好了，《异形大战铁血战士》就成功了一半。事实上，这大概是继电影《异形2》（Aliens）之后唯一遵循了"异形黄金定律"的改编作品，即：你唯一能看见异形的那刻，就是你临死前的那刻。在与世隔绝的废弃殖民地中，在那些极度压抑的廊道里，你只能朝黑影绝望地开火。

　　《异形大战铁血战士》剩下的三分之二的内容纯粹是用来了却粉丝的心愿的角色扮演，即扮演游戏中的那两种鬼鬼祟祟的怪物。在铁血战士模式下，玩家将造访三个异星球，其中就包括《异形3》中的殖民监狱"菲奥里纳161"。你将配备铁血战士的标志性武器：冷兵器、肩炮、隐形装置等等，这也意味着虽然你常常要面对成群的敌人，但在火力上你却有绝对的优势。而在异形模式下，你则可以感受从内部控制这只杀人机器的奇妙感觉。异形的超强攀爬能力意味着该模式下的控制系统有着极高的自由度，但控制难度也相应地增加了许多。而异形的鱼眼视角则给玩家带来独特的视觉体验和强烈的速度感。**DH**

Age of Empires II: The Age of Kings
帝国时代2：帝王时代

- 发售年份：1999
- 平台：PC, Mac
- 开发商：Ensemble Studios
- 类型：策略

《帝国时代2：帝王时代》是继微软的初代《帝国时代》大获成功后推出的续作，这是一款制作精良的即时策略游戏。本作把背景设在中世纪，但游戏只是从真实历史中获取灵感，而非身陷其中。历史大环境提供的只是氛围和时代背景，而没有成为约束游戏的桎梏。游戏共有的是三个可选民族，随着科技的发展进步，玩家可以建造城镇、组建军队，从一个时代迈入下一个时代。

《帝国时代2：帝王时代》中的民族来自世界各地，从不列颠人和凯尔特人，再到哥特人、蒙古人和日本人。历史跨度则从游戏开始时的黑暗时代一直到结束时的封建时代。在漫长的历史中，在多种单人模式和没完没了的多人竞争模式中，游戏的目标基本是一样的：收集食物、木材、黄金和石料，用这些东西来建造你的文明；获取足够的资源来扩充你的人口、壮大你的帝国。

游戏在界面设计和有效控制上的创新被后来的RTS游戏广泛沿用。比如你可以发现偷懒闲逛的建筑工并把他送回去工作，也可以轻松地把单位进行分组或排阵形，方便高高在上的将军对士兵进行更好的操控。《帝国时代2：帝王时代》在PC和Mac平台上取得了巨大的成功，积攒了超高的人气，以至于这款电脑游戏居然罕见地被主机平台相中，不仅登陆了PS2，还推出了NDS掌机版，并在2000年推出了一款资料片。但这款1999年的原版电脑游戏才是最完美的版本，足以作为RTS游戏的最佳代表名留青史。**DM**

Bangai-O
班凯奥

发售年份：1999
平台：Dreamcast
开发商：Treasure
类型：射击

当《爆裂无敌番外王》在N64上推出时，这还只是一款仅在日本国内发售、且发售量非常有限的游戏。《爆裂无敌番外王》将微小的sprite、古怪的角色和奖励水果融合在一起，创造出了一款看似充满怀旧风格的射击游戏。但真正将游戏推向完美的还是本作的DC版。DC版将游戏更名《班凯奥》并在全世界范围内发行。在这一版游戏中，微小的巨型机器人、铺天盖地的爆炸场面和有史以来数量最多的水果等标志性元素都得到了极大的完善。

《班凯奥》本质上是一款极度紧张的射击游戏，玩家将驾驶名为班凯奥的巨型机器人穿过四十四层关卡，你可以向任何一个方向自由开火，摧毁场景、收集水果以获得额外加分。但实际上，这是一款玩起来像益智游戏的射击游戏。首先，你要选择正确的武器弹药：在开阔的空间应该用跟踪导弹，狭小的空间和拐角则应该切换为反弹子弹。其次是选择正确的路径，游戏的关卡设计像是一次大杂烩，从弹幕轰炸到巨大Boss战，从复杂的迷宫到瀑布般满屏下落的石块。其中有一关你要点燃一根引线，然后跟着它一路跑到关尾。有些关卡还会遭遇不会还击的Boss。

最后一点，也是最刺激的一点——游戏的炸药槽。DC版游戏对N64版的改动也正是在这里。在N64版本中，玩家要通过收集水果来蓄满炸药槽。而在DC版中，玩家则是通过释放炸弹后靠近爆炸区域来蓄满炸药槽，爆炸越猛烈，炸药的回复速度就越快。《班凯奥》赋予"高风险，高回报"全新的含义，这是款速度与暴力同在，兴奋与紧张并存的游戏。**DM**

Ape Escape
捉猴啦

发售年份：1999
平台：PS1
开发商：SCE Japan Studio
类型：平台动作

　　《捉猴啦》绝对不是一款古董游戏。游戏中的猴子们是索尼旗下最接近索尼克和马里奥的角色——一个让年轻玩家一看到就会兴奋的游戏吉祥物。这款迷人而多彩的平台动作游戏也是这些年来少有的几款带来硬件创新的游戏。

　　《捉猴啦》需要两个手柄摇杆来控制。双摇杆控制器现在已经成了业界标准（当然不走寻常路的Wii是个例外，只有单摇杆的PSP也算是个另类），但在1999年，这也意味着任何想要感受这款游戏特殊魅力的玩家都必须另外买一个DualShock手柄。但这笔投资是值得的，因为不仅DualShock手柄迅速成为索尼公司的杀手锏，引入这种手柄的《捉猴啦》也有着高超的游戏水准和精彩的游戏体验。

　　游戏讲述一只戴上脑力增强帽的邪恶猴子穿越了时空，并指使手下去完成征服世界的老土任务，而拯救世界的任务则不可避免的落到了玩家身上。你要在数千万年的漫长历史中来回穿梭，抓住所有的猴子特工，使世界恢复正常。

　　从恐龙时代到现代，游戏对各个历史时期的描绘都充满了戏谑调侃，关卡的编排也非常出色。另外游戏极大地发挥了控制器的新增功能——两只摇杆分别控制移动和武器瞄准。

　　《捉猴啦》将追踪猴子和利用各种小道具捕捉猴子融合在一起，是一款缤纷多彩、快速有趣的游戏，充满了幽默和对流行文化的暗示。游戏除了催生了数款续作外，还在《小小大星球》（Little Big Planet）、《潜龙谍影》等游戏中有客串演出。**CD**

Silhouette Mirage
侧影幻象

发售年份：1997
平台：PS1、土星（Saturn）
开发商：Treasure
类型：动作

这已经不是第一次有游戏把光明与黑暗之间的战斗具象化并以此作为游戏操作的灵感来源了，体会过《塞尔达传说：众神的三角力量》（The Legend of Zelda: A Link to the Past）中的黑白世界的玩家就可以作证。就Treasure自己的作品而言，《侧影幻象》也绝不是这家开发公司最后一次使用这一概念，混合了射击与益智游戏元素的《斑鸠》就采用黑与白来区分危险与安全，或是在二者之间进行转换。但《侧影幻象》也许是第一款将这一概念应用到平台动作游戏当中的作品，而最终成品也是游戏界一个异类。

游戏的核心概念就是每个敌人都被分为两大类：蓝色的"侧影"或是红色的"幻象"。面向屏幕的右侧时，你扮演的角色——小小的救世主希娜（Shyna）——就变成了"侧影"，这时你只能对敌人的战斗力造成破坏，而不能消耗它的健康值。但当面对屏幕的左边时，她就变成了"幻象"，这时你就能耗敌人的血，但却不能对其战斗力造成伤害。通过略微消耗你的精神槽，你可以对游戏控制进行切换，也就是说当你面向右侧时你可以变成"幻象"，反之亦然。非常复杂但却十分精彩，这便是这款游戏中的益智元素。

可惜的是，虽然希娜是个很好操控的角色，但游戏的平台动作部分却做得非常乏味，而复杂的游戏规则也让刚接触游戏的玩家迟迟难以前进。但游戏的Boss战却彰显着创意，如果你熟练地掌握了游戏技巧，你也将在游戏中获得许多乐趣。《侧影幻象》在欧美市场发行时经过了拙劣的改造，而对游戏的改动只能说弊大于利。因此，日本原版的《侧影幻象》才是玩家的最佳选择。**SP**

ChuChu Rocket
咻咻火箭

发售年份：1999
平台：Dreamcast, Game Boy Advance
开发商：世嘉（Sega）
类型：益智

谈及网络游戏，人们眼前马上会浮现出全世界上百万玩家躺在椅子里兴致勃勃地互相对射的场景。但在此之前的网络游戏可完全是另外一幅景象：猫和老鼠们在蜡笔画般的迷宫中展开没完没了的追逐战，踏错一步，你那些吱吱叫的萌物们就要落入橙色夺命猫的肚子里。

Dreamcast（DC）游戏机配有modem端口，除非你有足够的勇气面对《梦幻之星Online》（Phantasy Star Online）中没完没了的打字，否则你最有可能迷上的在线游戏就是这款《咻咻火箭》。这是一款基调明快的益智游戏，游戏中你需要把各种箭头放在地图上，引导你的老鼠逃入火箭中躲避追捕。游戏的多人模式只能用疯狂来形容，每位玩家在努力确保自己的老鼠的生命安全的同时，绞尽脑汁把猫引入其他对手的逃跑路线当中。但是游戏的互动体验之所以能如此持久，是因为玩家可以利用关卡编辑器把自制地图上传到网上进行分享。这当然是《咻咻火箭》的主要卖点，但游戏仍有足够的魅力吸引你在上面耗上数小时时间，你甚至会拔掉电话线一心一意沉醉其中。

但是，新型在线游戏的出现不可避免地把《咻咻火箭》一类的异类作品推下了历史舞台，取而代之的是各种在多人网战、死亡模式，还有在线语音的无穷乐趣。虽然面对《光晕》、《杀戮地带2》（Killzone 2,）、《使命召唤4》（Call of Duty 4）一类游戏带来的享受体验，玩家们都没什么可抱怨的了，但回头尝试一下曾经的网络游戏，尤其是像《咻咻火箭》这样风格大胆、个性十足的作品，仍然可以给你带来一些思考。如果你的DC游戏机碰巧在阁楼里吃灰，不妨试试《咻咻火箭》在GBA上的移植版。**CD**

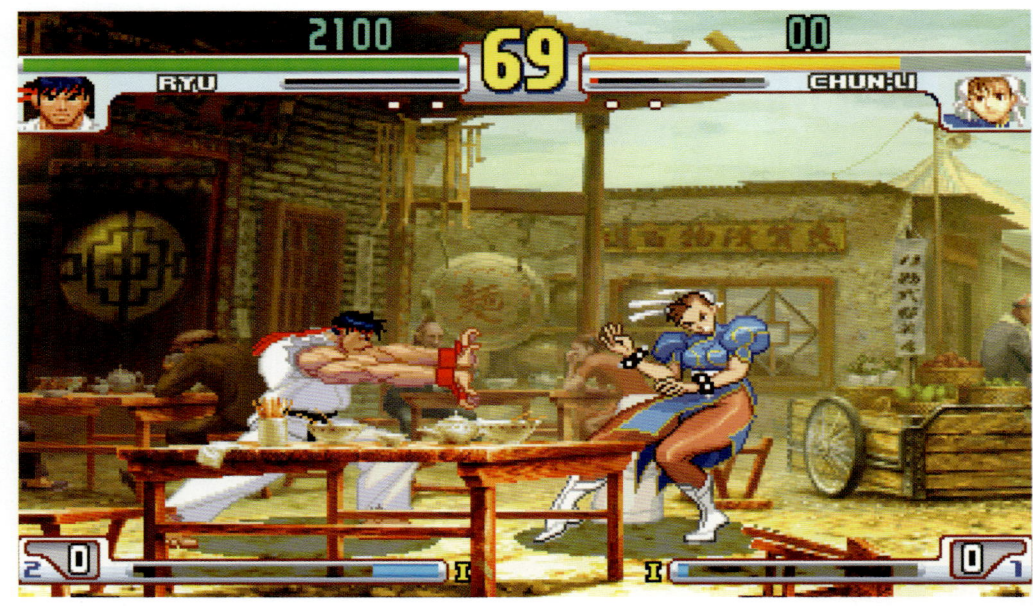

Street Fighter III: Third Strike
街头霸王3：三度冲击

发售年份：1999
平台：多平台
开发商：卡普空（Capcom）
类型：格斗

"三度冲击"这个副标题是有来头的。卡普空一向以拿这个格斗系列的各种重制版出来炒冷饭而闻名，但如果只批判游戏的商业考虑的话，未免对游戏的本身质量有失公允。不得不承认，这个系列确实越做越好。《街头霸王3：三度冲击》是卡普空和街霸系列的第三次走好运。原版游戏已经被许多玩家公认为2D动作游戏中的巅峰之作（当然这些玩家都是高手），而本作则是对原作的究极改良。

不管孰优孰劣，《街头霸王：三度冲击》和那款著名前作的最大区别就在于：这款游戏不适合菜鸟。流畅的动作是为了无止境的连击和连续反击而存在的，全新的格挡设定也使得对战更具策略性，深受专业玩家的推崇（梅原大吾的神逆转——连续十五次无伤防御掉贾斯汀·王［Justin Wong］的超必杀连击，并最终打出自己的超必杀技，一举反败为胜——也是因此而来，欲知详情请登录YouTube）。另外，新的选人界面也意在改掉《街头霸王2》玩家的一些坏习惯。

当然，没几个玩家愿意改掉自己的习惯，《三度冲击》甚至在也有点妥协，最明显就是春丽这一可选角色的回归（原本只有肯和隆幸存下来，这还是专题小组讨论的结果）。从任何评判标准来看，《三度冲击》都是一部成功的作品，但在知名度和销量上，《三度冲击》仍然稍逊于前作。但这东西也只有卡普空自己关心，对于玩家而言，这绝对是一款2D游戏杰作，兼具令人窒息的暴力与美感，以及最高水准的人物设计。这是一款伟大的游戏，对于那些愿意花上足够时间去研究游戏细节的玩家而言，它的乐趣是无穷无尽的。**RS**

Fatal Fury: Mark of the Wolves
饿狼传说：狼之印记

发售年份：1999
平台：多平台
开发商：SNK
类型：格斗

　　《饿狼传说：狼之印记》应该是以格斗类游戏而闻名的NeoGeo上最受推崇的一款格斗游戏，也是SNK在这一游戏类型中的顶尖佳作。《狼之印记》是NeoGeo上后期推出的一款游戏，以超乎所有人想象的方式发掘出了这款主机的机能，为一对一格斗游戏的动作和剧情涂抹上了一层高雅而不失动感的2D视效。在其中一个场景中，玩家可以看到在一座巨钟鸣响时，一群鸽子在飞舞的羽毛中扑腾而起；在另一个场景中，则可以看见一列火车隆隆地驶过一个个沐浴在落日余晖下的车站。

　　但《饿狼传说：狼之印记》最重要的创新之处不在于游戏画面，而是它的操作系统。游戏不像SNK公司的《拳皇》（King of Fighters）系列那样，给每个角色都设定一套独特而冗长的出招表，与此相反，游戏中所有角色的操作都是相同的。通过简化互动方式，玩家可以在不同角色中自由切换，而不必花太多的时间去适应每个角色的出招方式，因而可以更好地操控每一个角色。能够轻松地满屏放特殊技固然爽快，但更重要的是知道什么时候该放特殊技。因此，游戏虽很容易上手，但在深度上却和其他格斗经典一样深不可测。

　　虽然骨子里是款街机游戏，但《狼之印记》的人性化设计却让玩家的游戏之旅更轻松：如果你在一局战斗中被击败，你可以选择以更低的难度继续，并且气槽全满，或让你的对手的血槽降为四分之一。原版的游戏卡带现在已被炒至数百美元的高价，好在SNK已把这款游戏移植到Xbox Live Arcade 和PlayStation Network上，玩家现在可以用优惠的价格下载这款游戏。另有传言称游戏的续作正在企划阶段。**SP**

Grand Theft Auto 2
侠盗猎车2

发售年份：1999
平台：多平台
开发商：DMA Design
类型：动作

　　《侠盗猎车2》一直都被前作和续作的光芒所掩盖。游戏延续了一代《侠盗猎车》的俯瞰视角，因此一直被认为不过是在重复之前的模式，直至续作带领这个系列一脚跃入3D时代，触及技术革命的顶峰。但是本作的创新之处绝不容小觑。和前作一样，《侠盗猎车2》设定了一个巨大的开放式城市，在这个靠犯罪赚大钱的环境中，玩家将在里面扮演一个自由委托人。但在续作中，游戏给路边的行人也注入了鲜活的生命力：他们会上公交、会拦出租车，甚至会和地方帮派开架。

　　游戏中的帮派设定也表现出重大进步，不过《侠盗猎车3》并未完全将其延续下去：玩家将同时收到来自当地三个帮派的委托任务，而这三个帮派互相为敌。当你成功完成一个任务，你将提高雇主帮派对你的好感度，与此同时降低其他帮派对你的好感度。玩家必须谨慎协调三者之间的关系，以免在进入帮派地盘后被人一枪干掉。

　　也许游戏最大的失误就在于没有把背景设在当代美国，而是放在了戏谑性的近未来反乌托邦社会，塞博朋克式的外观让游戏竭力打造的有血有肉的城市变得不伦不类。但是，游戏中的世界仍然强烈地展现出制作者辛辣——有时还有点幼稚——的幽默感。例如那些变态科学家和复仇心极强的克利须那派教徒。游戏中的存档点则是带着闪烁标志的教堂【译注：这一设定是一种双关讽刺，因为"存档"与"救赎"的英文均为"save"】，但要想存档你就必须捐献足够多的钱。这是一个颓败、堕落的城市，图像表现更为优越的PC版中用永恒的昏暗、抑郁的霓虹灯完美地传达出了这一气氛。**MD**

Ferrari F355 Challenge
法拉利F355

发售年份：1999
平台：多平台
开发商：世嘉（Sega）
类型：驾驶

　　从铃木裕在世嘉公司的游戏制作生涯中，可以明显看出他对法拉利的钟情，而他的痴迷也催生了这款以单一车型为主题的游戏经典《法拉利F355》。

　　《法拉利F355》一开场就展现出法拉利的马拉内罗总部的外景和355 Challenge跑车充满光泽感的车身。这是一款为街机特制的游戏，但本作中也有着其他街机游戏不曾尝试表现过的模拟体验。《世嘉拉力赛》（Sega Rally）把专业的土路驾驶转变成对漂移技术的考验，关掉驾驶帮助的话你基本无法控制你的赛车，在这一点上，《法拉利F355》的难度仅次于《世嘉拉力赛》。能跑完一场比赛就已经很不错了。这当然不是一款靠狂踩油门或是刹车就能够玩得好的游戏，这么做只会让车子不停地打转。每场比赛前，你光是调整赛车就要花一番工夫。

　　但是《法拉利F355》仍保留了一切限时和延时元素：如果没能在规定时间内通过checkpoint，游戏机中便会传来那一声欠揍的"游戏结束！耶！"；除了单人模式和一个锦标赛模式之外，玩家的选择也十分有限。事实上，在主机版游戏中，你根本不能在锦标赛模式下进行存档，而玩过了主机版《法拉利F355》之后，你才会意识到只有街机版游戏才能做到最完美、最精确的模拟。《法拉利F355》的三屏街机筐体允许玩家把屏幕当成侧窗来用，让玩家感觉像是在驾驶一辆真实的汽车，而这仅仅是这次紧张而特别的驾车体验中的一部分。街机游戏从来不会牵着你的手走，它们只会鼓励你为追求刺激而放手一搏，因此，你很少会因为没能通关而感到遗憾，比起胜利，你更多的是想要感受开车的乐趣。《法拉利F355》玩起来和开真正的法拉利跑车一样爽？这倒不见得，不过已经很接近了。**AW**

Chrono Cross
穿越时空

发售年份：1999
平台：PS1
开发商：史克威尔（Square）
类型：角色扮演

　　《穿越时空》的制作者坚称游戏并非1995年的《时空之轮》——SNES平台上最受欢迎的一款RPG游戏——的续作。但是《穿越时空》却一直都被掩盖在那款16位游戏经典的光环之下，这对《穿越时空》来说实在很不公平。但游戏的制作者并没有撒谎，《穿越时空》确实是一款完全不同的游戏。本作延续了《时空之轮》经典的时间元素和分散的故事线索，但却从中打造出一款截然不同的游戏，蕴含着令人惊叹的丰富情感，理应得到玩家的公正评价。

　　《穿越时空》讲述十七岁的赛吉（Serge）在海滩为女朋友拾贝壳时，意外跌入一个异次元空间。赛吉发现这是一个平行世界，而在这个世界中，自己在十年前就已经溺水身亡，而现在的他之所以没有遭遇厄运，是因为一个时空穿越者救了他的命，并创造出一个时空裂痕，让赛吉去完成自己拯救世界的使命。后面的故事就开始变得复杂起来，赛吉会在不同的身体中转换、角色会遇上平行世界中的自己、怪物会在时间之外产生。《穿越时空》的剧情虽然让人摸不清头绪，但却是有逻辑可循的，只不过需要数周目的通关才能完全理解。

　　听到重复通关可能会让玩家们觉得腻烦，但《穿越时空》并不像大多数RPG游戏那样又臭又长。游戏中没有随机战斗，所有的怪物都明明白白地摆在那里，只要你愿意，完全可以避开它们不触发战斗。你也没必要苦练升级，因为游戏有个很人性化的升级系统。游戏中旖旎的热带风光也值得你重游一回，同时再度感受那令人感动的游戏音乐。游戏原声混合了凯尔特音乐、地中海音乐和日本现代流行乐，独特的音乐风格更证明了《穿越时空》不仅没有效仿《时空之轮》，更不同于之前或以后的任何一款主机RPG游戏。**JT**

Silent Hill
寂静岭

发售年份：1999
平台：PS1
开发商：科乐美（Konami）
类型：生存恐怖

要想探索寂静岭中的迷雾小镇，请首先确保你已具备以下这些条件：受虐的欲望、强大的内心、装满治愈食物的冰箱，以及良好的经济条件——因为在接下来的一个星期内，你都可能要开着灯睡觉，这电费可不是一笔小数目。

这是一款非常令人不适的游戏。虽然其他的生存恐怖游戏也会吓你一跳，但主角总能找把散弹枪，这也意味着你不至于被吓得太死。相比之下，《寂静岭》带给你的是从肉体到精神上的完全裸露感。这也许是一款当《生化危机》中的怪物想吓唬吓唬自己时才会玩的游戏。

闪电在游戏中扮演着一个重要角色。大部分时间里，你只能看见你那只弱电手电筒照得到的地方，而且使用手电筒只会照出更多阴森可怖的影子（光线太差时你连那张可爱的旅游地图都看不了）。黑暗中潜藏的怪物时不时发出奇怪的声音；怪物接近时无线电也会发出诡异的噪音。这算是种警告，但就帮助你平复情绪而言毫无帮助。你所扮演的角色哈利身子偏弱（一跑步就喘个不停），他对操控武器的无能更让你安全感暴减。

游戏的环境也让人不适：老旧的医院、疾病与死亡的恐惧、废弃的轮椅，以及游离于现实世界与地狱般的"异世界"之间的畸形护士。把这些元素整到一个故事中来显得有些愚蠢和过头，但游戏带给你的那巨大孤独感却是异常真切。当你关掉PS游戏机走出房间享受阳光和新鲜空气时，你会真心实意地为苟活在寂静岭中的角色扼腕叹息。**OB**

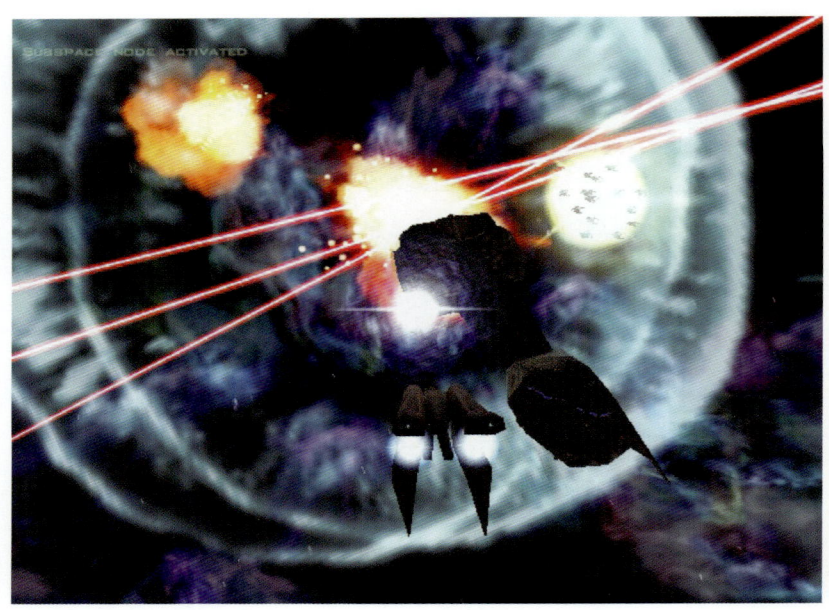

Freespace 2
自由空间2

发售年份：1999
平台：PC
开发商：Volition, Inc
类型：射击

　　幻想模拟游戏曾经是PC游戏界的中流砥柱，大量的游戏都秉持着严肃的态度，通过模拟现实世界中的事件来表现科幻场景。这一类游戏最早可追溯至20世纪80年代，之后又被Origin公司的《银河飞将》系列进一步完善和统一。但幻想模拟游戏真正走向成熟，是通过卢卡斯艺术公司的《星球大战：X翼战机》（Star Wars:X-Wing）实现的。这款游戏不是要你像在1983年的《星球大战》（Star Wars）中那样坐在街机上一味地进行太空战斗，而是要求你控制一架"真正"的战机，一架带有油门和防护罩的战机。在这类游戏当中，你要把幻想世界当成现实世界一样对待，你也会带着一种敬畏的心情沉浸其中。

　　然而这类别致的游戏却随着《自由空间2》的发售而逐渐停止了发展。《自由空间2》得到了评论的盛赞，但在商业上却成绩惨淡。此后，一切都开始倒退到单纯的街机风格，或是试图重现《太空精英》中的自由太空贸易。重新体验《自由空间2》，你就会意识到我们究竟失去了什么。这是一款先驱作品，有着《太空堡垒卡拉狄加》的基调和《质量效应》（Mass Effect）的黑色科幻，把你牢牢地塞进了一场史诗级星际大战的中心。游戏的关键要素就是规模：真空世界中挤满了太空战舰，超新星般耀眼的激光来回穿梭，创造出令人惊叹的奇观。

　　在1999年，没有人见过如此壮观的游戏，之后亦是如此。游戏的影响之深远，从现在仍然活跃的玩家群体就可以看出来。自从2002年《自由空间2》对外公布游戏源代码以来，粉丝们一直都在对游戏进行更新，使之紧跟技术前进的脚步，并通过制作各种mod把自己喜欢的科幻世界变成现实。**KG**

Final Fantasy VIII
最终幻想8

发售年份：1999
平台：PS1
开发商：史克威尔（Square）
类型：角色扮演

如果你刚打造出了一款全世界最成功的RPG游戏，那你下一步又该怎么做呢？你敢去推出一部和前作八竿子打不着、视觉风格也截然不同的新作品吗？但这就是《最终幻想8》的制作背景，从公布第一张游戏截图开始，游戏就在日本饱受诟病，因为游戏用等身比例的角色取代了系列一贯的Q版人物。不仅如此，游戏更是最终幻想系列中最复杂的一部，角色从《最终幻想7》中落魄的雇佣兵团转变为六名主要角色，玩家更有极大的自由度来培养自己的队伍。游戏的基本规则一如从前——回合制战斗、升级、在广袤的游戏世界中四处游历探索——但凌驾于这一切之上的是令人眼花缭乱的人物技能和战斗选择，其复杂程度远超《最终幻想7》中的魔石系统。

《最终幻想8》有着史诗般的故事和足量的过场动画，但玩家只能眼睁睁地看着基本剧情与高潮戏的发展，并不能进行干预，这并不是什么败笔，但却显示这一游戏类型在叙事上已经走进了一个死胡同。

但《最终幻想8》的实力不容小觑，这款游戏是PS1上少数几部能够经受时间考验一直到今天的作品。史克威尔的成功秘诀不在于增强日渐过气的PS1机能，而是充分发挥主机功能创造出一个鲜活美丽的世界：玻璃装饰的大学拱门、瀑布般倾泻在皮衣上的樱花、先进的太空科技和复古的社会。史考尔（Squall）、塞法（Seifer）和莉诺雅（Rinoa）之间的故事漫长、曲折而又充满各种纠葛——正如这款游戏本身，带给玩家足够的乐趣。**RS**

Jet Force Gemini
双子传奇

发售年份：1999
平台：N64
开发商：Rare
类型：动作

　　Rare公司对任天堂主机系统高超的驾驭能力是人所共见的，它为我们带来了有着那个年代最佳画面表现的作品。但不可否认的是，这家公司的艺术指导和人物设计水平并不总能让人满意。既有班卓熊这样的经典角色，也有踢踏龟这种瞪着死鱼眼的奇葩，既有《宝贝万岁》（Viva Pinata）这种有着萌到让人想一口吃下去的皮纳塔宝贝的游戏，也有《完美黑暗：零》（Perfect Dark Zero）这类索然无味的梦魇级烂作。然而，《双子传奇》中的世界却极其壮丽、深邃、成熟，涂抹着大块的紫色、绿色、蓝色，可算是Rare公司一次真正的艺术成功。

　　游戏的动作分派给了三位主角：走跑轰路线的朱诺（Juno）和维拉（Vela），以及他们全副武装的小狗天狼（Lupus）。既有第三人称射击，也有平台动作元素，偶尔还会出现一些第一人称射击，并以娴熟的技术和丰富的经验将这三类游戏元素融为一体。游戏的三条故事线会逐渐交织在一起，玩家可以利用角色探索各个关卡，获得之前的角色无法取得的宝物。

　　Rare的幽默细胞也在本作中展露无遗：比如两位主角分别叫杰夫国王（King Jeff）和巴里王子（Prince Barry）【译注：Jeff King 和 Barry Prince均为西方国家常用名字，游戏取King和Prince这两个姓氏的双关意】，Rare的非官方吉祥物Mr. Pants也隐藏在Juno路线中一堵隐蔽的墙上。

　　不幸的是，《双子传奇》糟糕的任务设定严重影响了游戏体验。这也是90年代盛行的"收集癖"任务中的恶性代表：玩家被要求收集大量的飞船零部件，并解救每一个躲在关卡之中的可爱土著，然后才能推动剧情发展。这些任务相当棘手，因为一束镭射光就能送那帮小土著萌物们归西。但考虑到游戏整体的高水准，这样的瑕疵还是可以被原谅的。**KM**

Front Mission 3
前线任务3

发售年份：1999
平台：PS1
开发商：史克威尔（Square）
类型：策略

　　《前线任务》系列选择了一个日本本土制造的游戏类型，并把它和日本设想的未来科技紧紧地结合在一起。这是一款回合制策略游戏。游戏中巨大的两足机器人要在城市中进行决斗，脚下的网格将会显示你的攻击范围和移动距离。

　　《前线任务3》发售时，这个系列已有五年历史了，而本作也是该系列第一部发行了官方英文版的游戏。游戏中的巨型机器人被称为"Wanzer"，名字源于德语的"行走坦克"（wanderung Panzer）。只要你能忍住不在这个喜感的名字上面乐太久【译注："Wanzer"在英语俚语中有男性生殖器之意】，你便能在这款游戏中发现大量的战术策略元素，供你一头扎进去研究个痛快。为了和《前线任务》系列前作保持联系，游戏的策略元素被包裹在一个错综复杂的剧情当中，充斥着军国主义政治和未来大国对霸权的争夺。

　　《前线任务3》的背景设在2112年，讲述一名普通的机甲试驾员被卷入一场国际阴谋当中。游戏还有不少支线剧情，从不同的角度复述整个故事。游戏中还有一个虚构的E-mail系统和大量的网站（后来的《侠盗猎车4》和《.hack》中也出现了类似的设定），玩家可以通过这些方式逐渐了解游戏中的世界，解开各种谜团。

　　除了拜占庭式外交和细节丰富的游戏世界外，改造你的Wanzer也是《前线任务3》的一大乐趣所在。在任务开始前，你可以通过装备腿部、臂部、肩部武器、背包等部件调整机器人的有效荷载，优化机器人的结构。但游戏中最重要的还是战斗本身，你的全副武装的钢铁巨人将向敌方Wanzer发动猛攻，彻底将其摧毁，或是解除对方的武装，迫使其投降。**DM**

EverQuest
无尽的任务

发售年份：1999
平台：PC
开发商：索尼在线娱乐（Sony Online Entertainment）
类型：大型多人在线角色扮演

在90年代，角色扮演游戏已经有了一群稳固而热情的粉丝群。玩家可以在游戏中接触壮阔的幻想世界，扮演任意等级、种族，甚至是性别的角色，感受他们的生活和历史。到了20世纪末，多人游戏带着尖端视效杀入互联网，但直到《无尽的任务》的出现，在线角色扮演游戏体验才被彻底抬上了一个全新的台阶，并走进了一个真正的3D时代。

《无尽的任务》需要高速持久的网络和昂贵的3D显卡，在1999年，能玩上这样的游戏的人可不多。但是游戏通过这些苛刻的技术要求彻底发挥出了自己的潜力，将一个生机勃勃的经典奇幻世界"诺拉斯"（Norrath）展现在玩家面前，将玩家们的想象化为现实，吸引玩家们一次又一次、一次又一次、一次又一次地进入游戏，如此反复，不知疲倦。

没错，高等精灵要在广袤的平原、山地、地下洞穴中生存并不容易，但这个职业就是能吸引猥琐的玩家花钱给这些楚楚可怜的美女们换衣服；或者你也可以扮演高贵的骑士，征服这个驱逐那个；或者扮演盗贼和其他伙伴潜行；或者扮演巫师大施法术。各种各样的选择向你提供无穷无尽的游戏体验。

你将在游戏中不断地探索，学习如何交易，如何掌握新的技能、语言，甚至还能接触到不少游戏词汇——比如那个再贴切不过的"EverCrack"【译注：《无尽的任务》因为容易吸引大批玩家长时间沉溺其中，而被戏称为"EverCrack"，意为"无尽的毒品"】。毫无疑问，从无到有建立一个全新的世界和游戏操作系统，必然带来各种争论、平衡性问题和瑕疵，但可供探索的广袤地图、充满野心的游戏内容、玩家之间相互交流的机会都吸引着RPG粉丝们长时间为之着迷。**RSm**

Homeworld
家园

发售年份：1999
平台：PC, Mac
开发商：Relic Entertainment
类型：策略

《家园》在PC游戏中处于一个非常独特的地位。很少有一款游戏——更不用说是一个游戏公司的处女作——能够集游戏操作、剧情展开、游戏图像，甚至是游戏音乐等多方面创新于一身。

《家园》的伟大之处在于将即时策略游戏的鼠标点击式操作送入了太空，而这么做的结果则是创造了一款从头至尾都难得让人发憷的游戏。《家园》没有你熟悉的2D地貌轮廓，而是在三维空间中从各个方向进行防守反击。当你逐渐掌握在这种环境下的操作要领时，你会感觉整个头脑思维都被拓展开来。游戏可不只是将战场进行了扩大，没有了地面的河流山川和战场废墟，所有的冲突都集中体现在舰队和太空船的摆位，以及如何躲避炮塔的火力上。这就像是打海战，只不过所有的战舰都能起飞或是下潜。

玩家如果能够克服游戏开始时的畏难心理并掌握游戏的操作方法，等待你的将是一个架构精彩的故事。游戏将动作元素与剧情完美地结合在一起，让你感觉像在看一部伟大的电影。《家园》沿用了传统RTS游戏中的采矿、建造和研究新技术等元素，但游戏给人感觉更具个性，而不是典型的烧杀抢掠式RTS（即时战略游戏）。

同样出类拔萃的还有《家园》的视觉效果和操作体验。因为不需要绘制土地和山峰等地貌，游戏引擎可以着力表现太空船和动作特效，打造出一出多年无人匹敌的太空歌剧。游戏的新世纪风格音乐和壮观的太空战斗更是相得益彰。

没有几款游戏能在单人和多人模式上媲美《家园》，而游戏的在线战斗更是在宽带发展早期就吸引了成千上万的玩家参加网战。纵使官方的在线服务早已关闭，游戏死忠们仍在乐此不疲地探索这款独一无二的RTS游戏。**OB**

Mr. Driller
钻地先生

发售年份：1999
平台：多平台
开发商：南梦宫万代（Namco Bandai）
类型：益智

　　假如钻地先生没有那么鲜艳、可爱、亲切，那么你会发现这款游戏基本上是在围绕"活埋"这一病态而可怕的主题展开。随着空气的流失，每一次呼吸都事关生死存亡。

　　当然，游戏完全没有给人这种感觉。在地层中不断下降时，敏感的玩家可能会感到一丝幽闭恐惧。另外不可否认的是，当你的氧气槽快接近临界值时，难免会让人产生恐慌。但这些可怕的元素都被游戏美术部门精湛的技术所掩盖了。当你逐层下降时，你打穿的是一层层的糖浆、糖霜、蛋奶沙司和雪糕。假如你喜欢自动扶梯而不是升降梯，那么《钻地先生》还真有可能吓着你，但真正应该提防这款游戏的应该是那些正在减肥的玩家。

　　《钻地先生》就是看你到底能往地下钻多深。游戏的内容很简单，也很容易上瘾。你要一边钻地一边躲避下落的碎块，尽快从拼图般的地层中找出一条出路。多年来，南梦宫万代公司这个貌不惊人的角色已经登陆了几乎所有主机和各种平台。从这款欢乐的初代作品中，我们不难看出它走红的原因。

　　但这一切的辉煌险些与这款游戏无缘。一开始《钻地先生》并非一款正式游戏，期间甚至还因为其他重要项目而一度被中止开发。但渐渐的，《钻地先生》（当初原本叫《挖地人3》[Dig Dug 3]）凭借其独特的魅力和精彩的创意赢得了重视，这款小小的游戏经典才最终得以诞生。**CD**

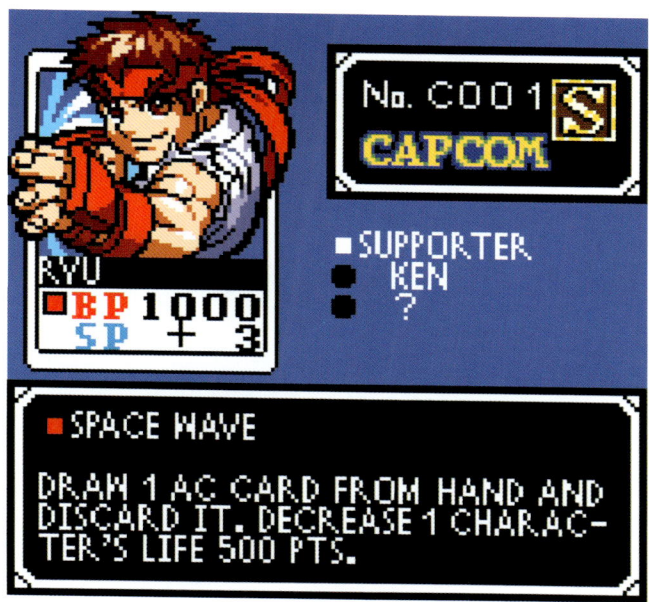

SNK vs. Capcom: Card Fighters' Clash
SNK vs. 卡普空：卡片战士

发售年份：1999
平台：Neo Geo Pocket Color
开发商：SNK
类型：策略

  作为最cult的一款游戏机，NGPC（Neo Geo Pocket Color）绝非浪得虚名。虽然选择了一个绝对错误的时间发售——恰好在制造商SNK被Aruze收购并进行大规模改组之前——但NGPC却把同时期的GBC甩出几条街。虽然这款游戏机上只推出了八十五款游戏，但这其中却不乏精品。

  NGPC最伟大的成就无疑是《SNK vs. 卡普空》系列。上世纪90年代，卡片收集游戏因为"万智牌"（Magic: The Gathering）的走红而开始流行开来，而《SNK vs.卡普空：卡片战士》正是最早的集卡电子游戏之一，也是最成功的一款。因为游戏不是照搬现实卡牌游戏中那套复杂冗长的游戏规则，而是向《口袋妖怪》系列取经。为了成为最强卡片战士，玩家需要展开冒险，不仅要参加锦标赛，还可以通过一个简单的RPG系统来频繁地参与卡片战斗、赢取新卡、完善卡组。

  《SNK vs. 卡普空：卡片战士》中的卡牌规则很简单，玩家有三种卡片，分别可以进行攻击、防御和特殊进攻，游戏的平衡性并不好，部分卡片比其他卡片强太多了。但是由于卡片种类繁多，游戏仍然非常吸引人。卡片上的人物均来自SNK和卡普空的经典游戏，并经过了出色的美术加工。

  因为卡片对战的时间并不长，你可以随时打开这款《SNK vs.卡普空》杀一局。唯一一款更出彩的NGPC游戏就是《SNK vs.卡普空》的续作。这款续作一直都没有在日本以外地区发行，但你仍可以找到粉丝自制的翻译版。**MKu**

Mario Golf
马里奥高尔夫

发售年份：1999
平台：Game Boy Color
开发商：Camelot Software Planning
类型：体育休闲

业余时间的马里奥大概是世界上最全能的运动员，随着极具可玩性的《马里奥赛车》系列走进马里奥的体育生涯，一款马里奥高尔夫球游戏的出现便只是时间问题，而蘑菇王国滚圆的山丘也将是击球入洞的绝佳场地。高尔夫球游戏早已形成了一套固定的游戏模式，《马里奥高尔夫》完全可以在此基础上自由发挥——事实上，任天堂此前已经推出了不少高尔夫游戏佳作——而马里奥那一票朋友和宿敌穿着格子球裤、polo衫、戴着滑稽的小帽子的造型也应该会是十分欢乐的景象。

但谁也没料到游戏的最终成品居然能做到这么出色。Camelot公司开发的这款《马里奥高尔夫》有着轻微的RPG元素——当在你探索俱乐部会所、学习相关规则、结交新朋友时就会发现这一点。但这更是一款为单人或多人玩家精心设计的模拟游戏。《马里奥高尔夫》玩起来也许很简单，但其中的游戏内容却丰富多变，给你带来完全不同的游戏体验，同时也不乏迷人的游戏细节，比如一系列构建完美的高尔夫球场、出色的物理性和高尔夫球效果。你的最佳成绩还会被记录在一个详尽而可爱的排行榜上，方便你拿来向朋友炫耀。正如你所料，游戏的画面和音效也十分出色，一切都沐浴在马里奥世界温暖和煦的阳光之下，虽然在游戏中，你可能会把大部分时间花在解锁那些非马里奥角色上。

马里奥系列之后的体育类游戏似乎有些疲态，因为这些作品中开始掺入越来越多、越来越刺眼的自我宣传、特殊技能和哗众取宠的游戏元素，但在这里，在GBC平台上，一切都如此完美地融合在一起。站在翠绿色球场、手持推杆和沙坑用杆的马里奥，就和穿着浣熊装飞跃诺库龟的马里奥一样，令人爱不释手。**CD**

Outcast
时空英豪

发售年份：1999
平台：PC
开发商：Appeal
类型：动作 / 冒险

　　《时空英豪》又是一款在刚发售时就惨遭滑铁卢的游戏经典。游戏遭遇的失败是如此惨痛，以至于制作公司还没完成续作就已经拿不出钱了，最后不得不宣告破产。这起悲剧是否又该归咎于电子游戏消费群体的不识货呢？也不尽然，《时空英豪》的最大问题还是在于游戏本身。

　　《时空英豪》的开发公司用一套尖端的软件渲染引擎取代了正在日渐兴起的3D硬件加速，并最终打造出了一个瑰丽的Adelpha世界——起伏的山峦和热闹的外星村庄、泛光效果、镜头光晕、带有反射效果的透明水流等诸多视觉特效都是当时的3D卡上无法表现的。

　　游戏的硬伤在于你需要买一台全新的电脑来跑这款游戏，而且这台电脑的英特尔处理器还必须是最近一两个月刚出来的新产品，没有新电脑的玩家根本就不敢去买这款游戏。鉴于一款新游戏只有大约六周的时间来证明自己的质量，《时空英豪》注定要走向悲剧。

　　讽刺的是，如果想要在现在的电脑上跑这款游戏，你还得打补丁来减速，这也意味着即便是在今天，也很少有人能够体验这场精彩的冒险。在游戏中，玩家将扮演前美国海豹突击队员卡特·斯雷德（Cutter Slade），你要护送三名科学家进入一个平行宇宙，结果却和科学家们失散，并被卷入塔兰人（Talan）——一群外形酷似人类、以"要素"（essence）为知识、文化核心的生物——的内战之中。《时空英豪》有着充满生机活力的城市、那个年代出类拔萃的AI、合情合理的动植物以及带有致命吸引力的武器。不论是栽死在这款游戏上的开发公司，还是任何感受过这款游戏的人，对于他们而言，所有为《时空英豪》所付出的努力都是值得的。**OB**

Planescape: Torment
异域镇魂曲

发售年份：1999
平台：PC
开发商：黑岛工作室（Black Isle Studios）
类型：角色扮演

  《异域镇魂曲》采用了Bioware公司的无限（Infinity）引擎，创造了一个规模宏大，但却强调个体存在的故事。游戏的主角是个刺满文身、蓝色皮肤、记忆全失但却拥有不死之身、偶尔道德沦丧的家伙，玩家将跟随他在整个多元宇宙中穿梭，格局之庞大令人惊叹。主角无名氏（Nameless One）是个一直在寻找自己的身份和答案的人，这也是整个游戏的目的所在。相比于其他RPG游戏中只简单地表现矛盾的化身，《异域镇魂曲》更注重对人性的刻画。

  如果主角在游戏过程中死掉，他将会被送回停尸房的床板上。除了牺牲掉多元宇宙中的一个无辜生命来延续自己的生命外，并不会带来其他的后果。不过那些冤魂会一直死咬着他不放，这也警示玩家在这款游戏中，每一个选择都可能带来意想不到的结果。但是，把主角设定为不死之身可不只是为了服务于这场架构精妙、充满邪气的冒险旅程，这更是一个富有创意的叙事元素，带出了各种关于人生的尖锐问题。现在的游戏很流行用道德选择来考验玩家，而这样的设定在《异域镇魂曲》中早就出现了。

  游戏充满了智慧和想象，如可以为无名氏带来能量的文身，以及对传统RPG中略显累赘的团队系统的创新改造。游戏中的地点都有着意味深长的名字，比如"悔恨城堡"（Fortress of Regrets），这些场景中包含着绝妙的画面和出色的音效。无名氏的队友也是一大亮点：会说话的骷髅头、魔妓、纵火狂、还有一个与族群失散的机器人——从中即可看出这款独具匠心的游戏是多么反传统，不屑于随波逐流。**DM**

Quake III Arena
雷神之锤3：竞技场

发售年份：1999
平台：PC, Mac
开发商：id Software
类型：第一人称射击

在《雷神之锤3：竞技场》中，轨道枪的出现就意味着"你死了"。这款武器最早在《雷神之锤2》中现身，需要很长的时间来填充弹药，而且只一枪就会把所有弹药耗尽。这一枪会在你的准星中央和目标之间划出一道完美的直线，如果这条线上刚好挡着个人，那他就会被射爆，你的HUD中便会跳出个小图标洋洋得意地宣告目标死亡；如果挡着的是两个人，那就是他们的不幸了。当然这一枪会暴露你的位置，也摆明了告诉别人你没有弹药了，但这就是炫耀必须付出的小小代价。

这也是为什么这游戏能在职业电子竞技领域如此坚挺的原因之一。《竞技场》是世界上仅存的一款风格简约、怪异（参见地图Q3dm17）、罕见的硬核射击游戏，同时也是平衡性最好的一款。游戏培养出了一批电竞精英玩家，如"Fatal1ty"乔纳森·温德尔（Jonathan Wendel）和"Zero4"约翰·希尔（John Hill）。

游戏有着令人胆寒的专家级难度，并在过去的十年中，给玩家们带来了奖金丰厚的电竞比赛。

《雷神之锤3》不仅是一款属于完美主义者的游戏，更是一款苛求完美的游戏。游戏的死亡竞赛（Death match）模式被奉为游戏界的巅峰，这也是唯一一款抛弃了前作单人模式的续作，但与此同时，却又并未对前作的多人模式进行太大改动。除了有口皆碑的高效的netcode代码外，游戏最大的进步就在于它的引擎：这是最早能够表现复杂而丰满的游戏环境的引擎之一，在当时的游戏中非常流行，并被用在了后来多款RPG经典系列当中。

《雷神之锤》并未停止前进的脚步。继稍作升级并在《雷神之锤4》中再度回归后，这些经典模式和武器又成为支撑起《雷神之锤Live》的基石。和过去一样，《雷神之锤Live》这款免费的网页游戏版《雷神之锤》追求的仍然是最纯粹的游戏性。**DH**

Rocket: Robot on Wheels
火箭：机器乐园

发售年份：1999
平台：N64
开发商：Sucker Punch Productions
类型：动作 / 平台动作

　　《火箭：机器乐园》并不是唯一一款在世纪之交淹没于3D横版过关游戏的汪洋大海之中、从此难觅踪影的作品。游戏将精彩的物理解谜元素融进了巨大、多彩、充满了可收集物品的传统关卡中，而每一个关卡都由一个中心世界像集线器般连接在一起。游戏有着高水准的创意和丰富多变的挑战，但却缺乏《班卓熊大冒险》等游戏的卡通视觉魅力。

　　玩家在游戏中扮演的是一只负责维修的独轮机器人，你将进入一个出现故障的游乐园，通过收集入场券和机器零件来修复设备，帮助游乐场恢复运作。随着主题公园中的各种设施逐渐恢复正常，玩家便可以和游乐园中的交通工具及其他巨型机器进行互动。因为选择了游乐园题材，所以《火箭：机器乐园》中还加入了不少可爱的迷你游戏来炫耀游戏的物理引擎：你可以用小球把架子上的彩色猫砸下来，可以和一只鸡玩三连棋，或是用重物投掷目标。你甚至还可以自己建造过山车，然后以第一人称视角坐上去——这可要比当年的大部分横版过关游戏都更有野心。

　　随着你收集到的随机物品越来越多，你的技能也将逐渐增加。在解谜过程中，主角"火箭"（Rocket）的牵引光束还能够抓取各种物品或是敌人，这使得游戏不仅仅局限于单纯的场景设置和传统的平台跳跃，给玩家带来一种别样的感觉，游戏的创意十分超前，比如你可以搬运石块来做垫脚石或搭建梯子，或是利用其他交通工具来进行解谜。

　　《火箭：机器乐园》是一款技术完美、充满活力的平台动作游戏，可惜的是缺乏Sucker Punch公司后来作品的个性与火花。但是，本作的价值不应该局限于它的新奇感，如果在市场营销上再加把劲的话，这款游戏也许会是N64上的一大成功经典。**KS**

Samba de Amigo
欢乐桑巴

发售年份：1999
平台：街机, Dreamcast
开发商：世嘉（Sega）
类型：音乐

现在的游戏界，各种外置游戏设备——塑料吉他、架子鼓、滑板甚至是DJ打碟台——仍旧方兴未艾，但我们有必要记住：这股潮流最早始于世嘉命运多舛的DC主机的辉煌时期。在那时，这些设备往往更出人意料，也更讨人喜爱：钓鱼游戏有配套的鱼竿和鱼线轮（同样的设备甚至可以用来玩《灵魂能力》）、无穷无尽的轨道射击游戏带来了各种精致武器，《欢乐桑巴》更是创造了一款从头至尾仅靠一对沙铃来进行控制的游戏。

在世嘉公司种类繁多、充满活力的游戏目录下，《欢乐桑巴》应该是最欢乐的一款。在这款经典的原色节奏动作类游戏中，伴随着一系列经典的——说实话也不是很经典——拉丁舞曲，你将带领猴子Amigo在屏幕上踩着动感的音乐节奏上下摇摆。《欢乐桑巴》很耗体力，但如果是在派对气氛下玩的话，游戏的精彩之处便体现出来了。本作就是一颗专门用来轰炸羞涩的智能炸弹，在游戏的诱惑下，即使是最放不开的玩家也会在朋友面前大肆献丑。

由于世嘉公司对于过往游戏"客串"的热爱，这些年来《欢乐桑巴》还在其他一些游戏中频频露脸。原版游戏还经过FPS游戏专业户Gearbox（该工作室里有大批《欢乐桑巴》的骨灰级粉丝，这也使得这次重制有点爱心工程的意思）的重制登陆Wii平台，但任天堂的遥控器并不能精准地还原原版的游戏体验（再说遥控器也不能代替沙铃）。这也就意味着只有原版游戏才是最棒的，像这种游戏硬件的更新换代起不到有效作用，却只能换来玩家会心一笑的例子实属罕见。下次邀请朋友来家里搞派对之前，从eBay上拍一份《欢乐桑巴》吧。**CD**

Shenmue
莎木

发售年份：1999
平台：Dreamcast
开发商：世嘉（Sega）
类型：动作/冒险

　　不管你怎么看，《莎木》最杰出的贡献恐怕就是快速反应事件（QTE）了。看看今天的游戏，哪一款ACT大作没有QTE？《莎木》的革命性突破实在太多了，让人不知从何说起。或许我们应该从铃木裕决定在世嘉土星上推出一款RPG游戏开始。但是在《莎木》曲折的开发过程中，游戏逐渐变成了一款以现实世界为背景的RPG，而游戏的发售平台也变成了世嘉土星的继任者：Dreamcast。

　　《莎木》紧跟当时游戏界的最新潮流，并进行了不少创新：昼夜循环和变幻的天气（根据真实的天气记录而变化）、带有各种升级道具和可收集物品（如鱿鱼丝和刺猬索尼克的钥匙扣）的自动售货机和便利店、模拟《太空哈利》等真实街机游戏的游戏机厅、掷飞镖、叉车比赛等各种迷你游戏，玩家可以通过网络交换物品或比拼分数，游戏还真实地还原了日本横须贺市蜿蜒的公路和小公园等景色。

　　如今的我们早已被柔顺的多边形图像宠坏了眼睛，要想向你传达《莎木》中粗糙的块状动画是如何逼真实在是件很牵强的事。游戏重塑了一个现实世界，虽然游戏图像的写实度逐渐为人所不齿，但游戏对于细节的追求却从未被超越。在当时，你很容易被游戏中的现代技术所震撼，被游戏中所蕴涵的海量内容所打动。如果这一切在现在看来不过如此，那也只能证明《莎木》对整个电子游戏界产生的影响之巨大、主角芭月凉和他为父报仇的冒险旅程的魅力之深。**DM**

Seaman
人面鱼

发售年份：1999
平台：Dreamcast
开发商：Vivarium
类型：模拟养成

当微软公司正试图通过Xbox360的外置设备——Natal的语音识别功能开启一个全新的互动时代时，我们很容易忘记早在新千年伊始，世嘉公司就开始引领这项技术的开发。世嘉的做法就是给你一条相貌怪异、长着一张男人脸的鱼，随你们聊，这家伙从政治到生育再到黑帮说唱的优缺点什么都能和你侃。

就游戏系统而言，《人面鱼》有点类似于电子宠物，把一只虚拟宠物从咯咯乱叫的婴儿时期一直抚养到势利的中年时期。不过，《人面鱼》的生命不是以小时而是以日和周作为时间单位。游戏一开始，你只能控制水箱里的温度和空气质量，直到孵化箱里的卵里孵出一团分子生物。随后经过几个阶段的进化，成型的人面鱼会开始说一些简单的词，在你利用配套麦克风设备和他进行交流的过程中，他将学会一些指令和句子。每一个进程都伴随着伦纳德·尼莫伊（Leonard Nimoy）详尽的画外音解释。

随着游戏的逐渐深入，你要还养虫子来喂养你的人面鱼，但游戏的电子宠物元素总是处于次要位置，真正的重头戏还是游戏的对话系统。虽然存在缺陷，但游戏的语音识别系统仍然令人印象深刻。在和他的对话过程中，你会始终感觉人面鱼真的在获取知识、了解你的感受。但为了避免产生疲倦感和重复感，你最好是在短时间把这游戏打完。《人面鱼》巧妙地展现出了培养虚拟侃友的神奇与局限所在，仅这点而言，这款游戏就值得业界的称颂和学习。**SP**

The Longest Journey
最长的旅程

发售年份：1999
平台：PC
开发商：Funcom
类型：冒险

《最长的旅程》一开始就把玩家弄得晕头转向。游戏开场处，一位老妇人在向两个戴着滑稽帽子的农民讲述有关"平衡"（the Balance）的故事。一个穿着内衣的女孩梦见自己站在一座悬崖上，为了营救一枚龙蛋而和一棵树展开争执。梦醒后，我们发现自己已置身未来，没有人告诉我们这个世界已经变成了什么样子，唯一可以确信的是我们已经见过女主角艾波拉·芮恩（April Ryan），不管接下来的旅程何等疯狂，她都会始终保持冷静的头脑和敏锐的思维。

《最长的旅程》标志着一个时代的终结：这是最后一款挑战智力的图形冒险游戏杰作。图形冒险类游戏一直被认为已经彻底作古，直到Telltale Games公司用更为简易的游戏形式将其复活。游戏中有大量烧脑子的难题等着玩家，但是精彩的剧情绝对值得玩家为之辛苦付出（或是辛苦作弊）。《最长的旅程》是拉格纳·托恩奎斯特（Ragnar Tørnquist）的科幻/奇幻三部曲的第一作，他曾发誓就算是做成桌游也要把这个系列故事讲完。

艾波拉·芮恩看似只是个住在纽波特（Newport）的穷学生，但随着游戏的深入，我们会发现她还是个"转移者"，能在科技世界和魔法世界之间自由穿梭，负责维持两个世界的平衡。托恩奎斯特并非混合科幻与奇幻的第一人，但他独特的视角黑暗而时尚，塑造了令人过目难忘的角色。他和他的制作团队创造了一个尖端、新潮而又不失迷人之处的世界：艾波拉和她在纽波特的朋友们像成年人一样交流，有着成年人的冲突矛盾，但艾波拉的拍档之一居然是一只会说话的乌鸦。这款混杂着乐趣与绝望的游戏还催生了续作《坠梦》（Dreamfall），《坠梦》更加简单，但却不及前作令人满意，但你仍然会跃跃欲试，只为了知道后续的故事将要走向何处。**CDa**

Space Channel 5
太空频道5

发售年份：1999
平台：Dreamcast
开发商：United Game Artists
类型：音乐

　　《太空频道5》又是一款给自己惹上官司的游戏（类似案例请参考《丧尸围城》[Dead Rising]）冒着向被告支付超过六十万美元法律费用的风险，Lady Miss Kier——90年代复古摇滚（retrofunk）乐队Deee-Lite的主唱——将世嘉公司告上法庭，指控世嘉的游戏角色Ulala——一个姿态撩人、衣着艳丽、热衷于带动周围人一起跳舞的另类御姐型人物——其实是抄袭她的形象。两者都有粉红色的头发、穿着类似的高跟靴、过膝袜、迷你裙，画着醒目的彩妆。

　　在宪法第一修正案的保护下，世嘉公司最终打赢了这场官司。《太空频道5》由《Rez》的创作者水口哲也负责开发，目的是开拓一直备受冷落的女性玩家市场。游戏把女主角Ulala设定为一个配备两只射线枪和一个麦克风的外太空记者。Ulala的射线枪可以发射"快乐能量"，这种枪在对付莫洛星人（Morolians）时尤其奏效。莫洛星人是一种迷你外星人，它们入侵银河系并强迫每个人都开始跳舞——而且跳得很烂。玩家在游戏中不是控制Ulala，而是根据她的指示来跳舞，利用方向键重复她的舞蹈动作，用其他按键开枪射击。动作完成得好的话，Ulala的伴舞团就会不断壮大，做得不好的话，伴舞们就会放弃。

　　《太空频道5》就是一款简单的Simon Says游戏，Ulala把所有的指令都丢在了屏幕和麦克风上。游戏的原声音乐充满了动感，使用的是肯·伍德曼（Ken woodman）的那首《The Mexican Flyer》作为主题曲，并对它进行了各种欢乐的变奏。游戏的背景和角色把世嘉公司引以为傲的鲜艳色彩（DC的硬件似乎就是为了表现这些色彩而专门设计的）融入了60年代媚俗的流行风格当中。至于我们的银河系女王Ulala，她会让你怀疑原告打这场官司到底有什么根据。除了"欢乐"，我们找不到更合适的词来形容她。**DH**

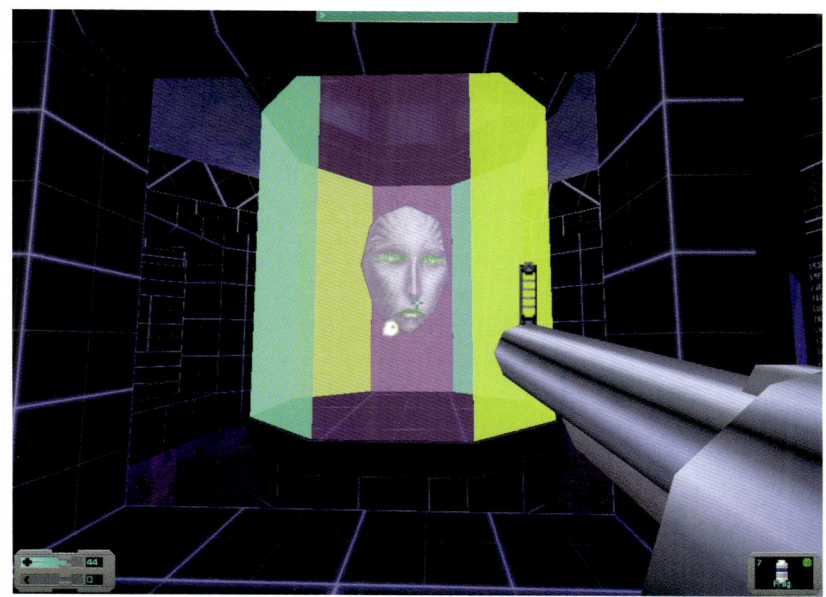

System Shock 2
网络奇兵2

发售年份：1999
平台：PC
开发商：艺电（Electronic Arts）
类型：第一人称射击

废弃太空船Von Braun号上的那群疯子并不是真的想伤害你，他们之所以向你狂奔过来完全是身不由己，因为他们的身体被一种名为"Many"的邪恶外星生命体所操控，只能眼睁睁地看着自己做出各种丧尽天良的可怕事情。所以他们会哀嚎着"我很抱歉！"，一边求你行好赶紧把他们给杀了，而这群疯子正是你在这个人间炼狱中唯一的伴。

《网络奇兵2》知道如何调动玩家情绪，尤其是游戏带给玩家的那份令人窒息的孤独感。当你一觉醒来，你会发现自己躺在一艘弃船中，没有朋友，没有希望，只有吃人的怪物和以开枪为乐的保安系统。当你的收音机里传来求救的声音时，你会毫不犹豫地伸出援手，只为了能遇上一个正常的人类。同样的主题，《网络奇兵》的设计师肯·莱文（Ken Levine）在《生化奇兵》中故技重施，而这款游戏对主题的揭示也同样震撼，只不过不及后者出名。

《网络奇兵2》有意要折磨玩家。游戏开始时，你要在三类角色中进行选择，他们分别是：适应力强、只对枪械在行的士兵，能够修改飞船安全系统为自己服务的黑客，以及有着远程遥控能力的超能力者——如果使用正确的话，这项技能将会产生极大的破坏力。每类角色都有其自身的长处，但更多的情况下你只会感觉到他们致命的弱点。武器和装备会在使用过程中损毁，这也引发了一个又一个难题：究竟是要把最强力的武器即刻用掉，然后在游戏后期裸奔，或是试着找出一个更为两全的解决方案？游戏确实有些复杂，但这仍是一款极具影响力的FPS（第一人称射击）恐怖游戏，冷酷无情得令人难忘。**MK**

Faselei!
法塞雷

发售年份：	1999
平台：	Neo Geo Pocket Color
开发商：	Sacnoth
类型：	策略 / 角色扮演

　　《法塞雷》恰好发售于SNK的NGPC掌机夭折数周之前，导致游戏上架产品并不多，于是乎，这款军事题材的战略RPG游戏成了NGPC上最具收藏价值的游戏之一。但《法塞雷》的价值不仅体现在它的稀有度，更体现在它的游戏质量上。

　　游戏从史克威尔的《前线任务》系列汲取了一些灵感，让玩家在游戏中操控一系列机械士兵——这是一些巨大的两足战斗机器，对于日饭们来说这样的造型设计应该再熟悉不过了。在你的操控下，这些在游戏中被称为"玩具兵"的战斗机器人将踏入布满方格的棋盘状战场，通过战略性移动来打倒敌方的装甲部队。

　　游戏的独特之处在于你必须提前预测敌人的进攻方式，并在每轮战斗前设定好自己的作战单位。每台机械人都可以携带有限的指令芯片，这些芯片包含"前进"、"左转"、"右转"、"发射主要武器"等功能。你在战斗之前就要选好指令芯片，这也意味着你必须小心谨慎地平衡好进攻和防御，确保你的机械士兵能够以理想的方式进行移动和攻击。如果想在战斗中发射辅助武器或三级武器，那你可能就要放弃"向后移动"的指令功能了。

　　除了指令芯片外，每个单位身上还可以附带各式各样的独特装备，因此玩家在改造机器人上享有极大的自由度，这让玩家感觉到自己的选择意义重大，这一点在任何一款策略角色扮演游戏（SRPG）中都是非常重要的。现在要找到一款《法塞雷》也许得花上一番工夫，但这款游戏绝对值得你的辛苦付出。**SP**

Threads of Fate
晶莹之露

发售年份：	1999
平台：	PS1
开发商：	史克威尔（Square）
类型：	动作 / 角色扮演

　　《晶莹之露》是一款很特别的游戏：它也许是唯一一款特意针对英语玩家进行更名的游戏，因为游戏的日版原名"Dew Prism"听上去带有反犹太含义【译注：Dew Prism发音类似"Jew Prison"（犹太人监狱）】。这是一款色彩鲜艳、轻松明快的作品，也是史克威尔在PS1时代最温馨的一款动作RPG，但其中也不乏黑暗主题。游戏剧情把两位年轻的主角——路（Rue）和蜜特（Mint）的命运交织在一起，而两位主角鲜明的性格和特殊能力也为游戏的操作和叙事擦出了火花。

　　路的强项也许主要体现在他那把巨斧上，但真正的亮点还在于他能够变身成为被他打败过的敌人，并能模仿它们的能力，这也是《晶莹之露》解谜部分的魅力所在。游戏中的大多数解谜都要求玩家根据情况选择合适的形态来渡过难关或是打败强大的敌人。相反，如果你扮演的是痴迷寻宝的公主蜜特，那么你将用魔法双子环和一系列的咒语来和游戏世界进行互动。

　　《晶莹之露》的画面出色地发挥了PS1的强大机能，另外，由于是在PS1末期发售的游戏，史克威尔得以充分展现其色彩和风格优势，使得这款游戏成为同时期游戏中画面最好的一款。这是一款非常值得一试的游戏，在精细的3D环境下，平台动作元素和战斗元素得到了完美的结合，精心设计的镜头运动更赋予整个冒险过山车般的刺激与爽快感。两位主角各自的冒险历程被高超的叙事手法交织在一起，欢快的基调和故事中夹杂的幽默元素更让《晶莹之露》跻身史克威尔最佳剧情的行列，成为一款叙事方式和故事本身一样有趣的游戏。**SP**

ISS Pro Evolution
ISS职业进化（又名《欧版实况足球》）

发售年份：1999
平台：PS1
开发商：科乐美（Konami）
类型：体育休闲

1999年《ISS职业进化》发售前，科乐美的足球游戏史可谓一片混乱。起初为开发家用机市场，科乐美的大阪分部KCEO在SNES上推出了《国际巨星足球》（International Superstar Soccer）系列，也即大家所熟知的《ISS》系列。《ISS》最早于1994年发售，向艺电的《FIFA足球》（FIFA Football）发起挑战。《ISS》有着和《FIFA》类似的上手度和街机般的快节奏动作。

《ISS》虽然取得巨大成功，但科乐美的第二支足球游戏系列不仅掩盖了《ISS》的光芒，更在接下来的十余年间为足球游戏树立了一个标杆。《ISS》推出一年后，科乐美的东京分部KCET推出了《胜利十一人》（Winning Eleven），意在提供比姐妹游戏更为真实的足球体验，更加强调战术与传球，而不是哗众取宠的画面。

对于西方玩家而言，认识到这两个系列之间的区别着实花了他们不少时间。两个游戏系列在日本并行发售，且在日本的名字分别为《实况世界足球》和《胜利十一人》。但在英国，这两款游戏的名字却让人有些摸不清头脑。《胜利十一人》被冠名为"职业版"（Pro）的《ISS》进行销售，但即便如此，当《胜利十一人4》以《ISS职业进化》为名在英国的PS1上登陆时，KCET这款更精良、更具挑战性的游戏已经在足球游戏市场傲视群雄，因此，玩家们不再用"ISS"来称呼这款游戏，而是直接称其为《职业进化》（Pro Evo），这一称谓在后来也得到了科乐美的官方认可。除了干净利落的策略型玩法（如三角传球、假射真扣等等）将两个系列完全区别开来外，本作还首次出现了"大师联赛"（Master League）模式，这一模式下包含转会窗口和队伍组建等内容，赋予游戏极高的耐玩性，取得了巨大的成功，也是至今仍将《ISS职业进化》同其他竞争对手区别开来的利器。**ND**

Vib-Ribbon
线条兔子

发售年份：1999
平台：PS1
开发商：七音社（NanaOn-Sha）
类型：音乐

《线条兔子》诠释了什么叫做"以小见大"。游戏从黑色背景上一团变幻无常的白色线条中提取出了海量的游戏创意，用最简单的游戏设定纺织出了一款节奏明快、内容紧凑的游戏。索尼的这款游戏体积极小，事实上，整个游戏甚至可以一次性传到PS1那小得可怜的内存卡中。但这却是一款让你不厌其烦地一次次重玩的游戏，一款放在身边才是明智之举的不朽经典。

游戏非常简单，《线条兔子》自带一系列歌曲，所有的曲子都会转换成简单的崎岖路线，游戏主角兔子维布拉（Vibri）要在这条路上谨慎前行。路途中的各种障碍都是由音轨生成，你可以通过按手柄按键来越过这些障碍。简而言之，《线条兔子》就是在考验玩家的辨识力和反应力，当两种不同的障碍开始融合在一起，游戏也将越来越棘手，你会突然意识到你真得好好熟悉熟悉键位控制。

《线条兔子》比它听上去要有趣得多，当你意识到你可以用你自己的CD来取代游戏原盘时，游戏的真正乐趣才开始体现出来。任何音乐都可以拿来修建游戏路线：流行金曲、经典蓝调，甚至是古典名曲（虽然这么做的结果会让你哭笑不得），赋予游戏无限种可能。如果你想挑战自我，不妨试试硬摇滚。

游戏的后续作品都试图延续《线条兔子》古怪的魅力，并将它运用到其他艺术形式当中，但没有一款做到像原作这般紧凑、欢乐，在画面上也没有如此高明的简洁性。《线条兔子》是一款有着主流魅力的地下经典，纤小而完美，必将在游戏史中长存。**CD**

Team Fortress Classic
军团要塞经典版

- 发售年份：1999
- 平台：PC
- 开发商：Valve Corporation
- 类型：第一人称射击

每个传奇都有它开始的地方，而在经典游戏《军团要塞2》（Team Fortress 2）之前，就有一个《军团要塞经典版》。《军团要塞经典版》诞生于1996年，当时还只是id Software的《雷神之锤》的一个mod，但是这款由约翰·库克（John Cook）和罗宾·沃克（Robin Walker）开发的游戏在羽翼未丰的Valve Software公司找到了归宿。有趣的是，《军团要塞2》的开发其实先于《军团要塞经典版》，但是在开发《半条命》的mod制作工具期间，Valve Software决定通过制作《军团要塞经典版》来测试他们的工具。

和知名度更高的《军团要塞2》一样，在本作中，两支队伍要相互展开竞争：夺旗、占领地盘，或是护送某一目标人物（如弱不禁风的VIP）。每支战队中都包含了一系列不同的职业：侦察兵、狙击手、士兵、重装兵、爆破兵、医疗兵、喷火兵、间谍和工程师，不同的职业至少有一种特殊武器。

《军团要塞》系列最具标志性的关卡——以夺旗为主的2Fort——正是从这里走出来的。在这一关卡中，两座相同的基地隔着壕沟相望，游戏中几乎包含了所有的多人组队元素。基地的不同入口适应不同的职业或是战术，因为这一模式很强调防御，要想取胜就必须具备出色的团队协作能力。

作为一款mod游戏，相比于花费八年开发制作的《军团要塞2》，《军团要塞经典版》在设计和娱乐性上都稍显逊色，职业武器冗杂，不同职业间的差异性也不尽如人意，但对许多人而言，这款游戏仍旧十分出色，游戏死忠们甚至用《半条命2》的引擎对《军团要塞经典版》进行了重制，并更名为《永远的军团要塞》（Fortress Forever）。时至今日，《军团要塞经典版》仍是最热门的十款《半条命》mod之一。**MKu**

The Typing of the Dead
死亡打字员

发售年份：1999
平台：多平台
开发商：WOW / Smilebit
类型：动作 / 教育娱乐

　　《死亡之屋》是世嘉公司血腥、重口的光枪恐怖游戏系列，糟糕的配音、矫揉造作的对白充满了B级片氛围，要想在这个世嘉丧尸屠场里保住小命，你就必须疯狂地向屏幕开火。然而，谁又曾料到这个系列中最成功、最令人难忘的一款作品，竟然是靠在键盘上敲打一些随机的单词和短语来把成群蹒跚袭来的丧尸轰得肠穿肚烂？

　　而这些词句确实有够随机：在玩《死亡打字员》时，你可能要打出"我在和一个拉拉队长约会"这样的句子，类似的话题还会扯上健康、安全知识或者审慎理财等等主题。有时屏幕上跳出来的短语实在令人思绪万千——比如"不要自责"（"自责个什么玩意儿？"你可能会一边这样想，一边以你每分钟六十个单词的高速火力把一只丧尸打成肉酱）。大多数词句都让人瞠目结舌，而大部分时间里，这些词句甚至比那些毫无逻辑、随意拼凑的所谓过场剧情还要来得疯狂。游戏的过场动画和原版的光枪游戏基本一模一样，只不过我们勇猛的丧尸终结者们手上拿的不是枪，而是电脑键盘。

　　不管是谁做出决定把世嘉的这部丧尸大屠杀经典改编成一款打字教学游戏，他都是一个疯子型的天才。他们藐视一切逻辑和偏见，创造出电子游戏界最出人意料、非同凡响，同时又不失紧张气氛的游戏作品，成功地打入了娱乐市场。**DM**

- 《模拟人生》于 2000 年问世，并成为有史以来最畅销的 PC 游戏
- PlayStation2（PS2）于 2000 年开始发售，并成为全世界最畅销的游戏主机
- 《魔兽世界》于 2004 年发售，并成为全世界最热门的大型多人在线角色扮演游戏，游戏共有一千一百五十万用户
- 《使命召唤 2》于 2006 年发行，是第一款在美国销量突破百万的 Xbox360 游戏
- 任天堂的 Wii 于 2006 年发售，其无线手持遥控器带有体感功能，可支持运动类及其他互动性游戏

2000年代

Perfect Dark
完美黑暗

发售年份：2000
平台：N64
开发商：Rare
类型：第一人称射击

作为《007黄金眼》——一款永远改变了主机平台第一人称射击游戏的发展方向的游戏——的精神续作，《完美黑暗》的成功可谓历尽磨难。游戏没有詹姆士·邦德（James Bond）系列的官方授权，开发过程中又遭遇大批《007黄金眼》幕后功臣的离职，再加上开发周期一再延后——即使是在发售前的那一刻，《完美黑暗》给人感觉仍是一款失败之作。

让《完美黑暗》一脸衰相的原因有很多：游戏讲述两大外星种族之间的战争如何在地球上演变为两大科研公司的行业竞争，这样的剧情实在是闷爆了，即便是对于刚去电影院看完商战大片《星球大战：魅影危机》（Phantom Menace）的观众来说，这样的故事也实在难以入眼。而游戏的角色塑造——从酷似劳拉·克劳馥的女主角乔安娜·妲克（Joanna Dark）到负责搞怪的外星伙伴艾尔维斯（Elvis）都欠缺火候。

但一味地关注这些缺点很容易让人错过这款N64上的技术水准大作。在记忆扩展卡的帮助下，《完美黑暗》可以支持高分辨率的图像和杜比环绕声，将硬件设备的性能发挥到了极致，甚至是超出其所能达到的极限。

但是，《完美黑暗》仍以其写实度极高的场景击败了PC游戏《杀出重围》（Deus Ex），创造出一种完整可信的游戏体验，弥补了游戏在剧情上的重重缺陷。

2000年年末，《完美黑暗》还在任天堂的新掌机GBC上推出了新版游戏。虽然在角色和场景上有不少交集，但这仍是两款不同的游戏。最吸引人的是2010年Xbox Live Arcade上的重制版，这版游戏以流畅的帧率为充满想象的多人模式增色不少。**MKu**

Baldur's Gate II
博德之门2：安姆的阴影

发售年份：2000
平台：PC
开发商：BioWare
类型：角色扮演

1988年，SSI公司的金盒系列重新定义了西方人对RPG游戏的看法。他们借用了最经典的一套桌游规则——专家级龙与地下城系统（AD&D），并将它和一系列席卷整片大陆、延续数款游戏的史诗级战役结合在一起，给盖瑞·盖加斯（Gary Gygax）创造的这个龙与地下城的传奇世界注入了全新的生命。然而，进入90年代初期，D&D系列日益见衰。直到Bioware公司创造了《博德之门》，局势才得到扭转，宛如穿越彩虹，一切都从黑白变成了彩色。

此前，没有哪一款RPG游戏能像《博德之门》这样洋溢着生命力。如果说《金盒》系列只是把单调的砍杀与马赛克图像带给了玩家，那么《博德之门》就是给这群菜鸟冒险家们准备了丰富的冒险、巨大的地图和有意义的互动，用细节丰富、精致优美的斜四十五度角环境重塑了一个真实可信的奇幻中古世界。

从《博德之门1》到《博德之门2：安姆的阴影》，这其中的变化是显而易见的。这款续作虽然简化了操作界面，但却大大增强了游戏体验。和《金盒》系列一样，玩家可以继承前作中的角色和物品，随着你的角色能力逐渐增强，游戏也会出现相应改变，反映出角色的影响力。你可以建立自己的根据地，召集追随者；你也可以在游戏迷宫般复杂的主线剧情和相对独立的支线剧情中自由行动，走出一条自己的道路。游戏的一些支线故事之宏大复杂，甚至可以和整个一代游戏相媲美。

这款近乎完美的游戏至今仍未被其他游戏的光芒所掩盖。《博德之门2》也许仍代表着欧美RPG的巅峰。**DM**

Banjo-Tooie
班卓与图伊

发售年份：2000
平台：多平台
开发商：Rare
类型：平台动作

　　《班卓与图伊》是90年代末期的3D平台动作游戏热潮中场面最大、画面最好、最具代表性的游戏。《班卓与图伊》也许不是最好的一款——游戏的前作《班卓熊大冒险》有着本作所没有的想象力和新创意——不过，本作借用了已有的基础，把玩家丢进了一个更大、更多彩、自成一体的3D世界，里面充满了更多的物品和财宝来吸引你的眼球。

　　但这并不意味着游戏没有属于自己的东西。《班卓与图伊》把各种不同的游戏元素和动作、收集品融合在一起，内容比《班卓熊大冒险》要丰富得多，甚至到了复杂过头的地步。游戏的关卡非常大，大到需要传送器来帮助你寻找出路，但是相比前作而言，本作关卡的分布相对分散，不够紧密。每一关中都有一个古怪的射击内容，仿佛纯粹是用来炫耀Rare对N64技术高超的驾驭能力，好像那些复杂的闪光效果和巨大的开放式关卡还不够证明自己的实力。

　　《班卓与图伊》也许有些浮夸，但绝对充满想象力，更不乏精彩的迷你游戏、角色和创意。相比于马里奥紧张敏捷的特技动作，本作显得更加稳实，游戏世界的线条也更加粗犷、鲜艳。游戏中的每一关都有一个隐藏变身，可以把班卓熊变成一系列古怪的形态，如炸药、洗衣机或是小恐龙；《班卓与图伊》并不全是这些晦涩的幽默，但却绝对与众不同，甚至另类得有些出格。

　　再度现身Xbox Live Arcade的《班卓与图伊》有了更加细腻的画面表现，不过为了配合Xbox手柄，游戏的控制做了相应的调整，但原版游戏中纯粹的奇异元素仍然得以保留。**KM**

Marvel vs. Capcom 2: New Age of Heroes
漫画英雄Vs卡普空2：英雄新纪元

- 发售年份：2000
- 平台：多平台
- 开发商：卡普空（Capcom）
- 类型：格斗

　　《漫画英雄Vs卡普空2：英雄新纪元》最厉害的地方就在于它能够激起关公战秦琼般的大辩论。美国队长看起来确实挺猛，但你知道一记升龙拳就能让他满眼星条旗；绿巨人浩克想怎么怒就怎么怒，但是他根本碰不到洛克人。游戏不见得有多高明，但却非常壮观，把漫画英雄和电子游戏动作明星混搭在一起，单就其气势磅礴的攻击、组队和把敌人打到腾空而起的上百连击，本作就已把前作甩出了数光年的距离。

　　《漫画英雄Vs卡普空2》把前作中的二对二格斗提升至三对三，并支持通过切换队伍成员来进行回复体力或向对方发动辅助突袭。本作中，玩家还可以通过snapback攻击迫使对方下一位队员强制入场战斗，如果对手没能阻挡这一攻击，场内角色就会飞出场地，被下一名队友所取代。当然，对于卡普空的格斗系统深度你大可放心，但是在华丽的画面面前，连击和组队永远都是次要的——充满漫画感的拟声词、飙升的连击计数器就像添给格斗游戏的味精，源源不断地加入其中。

　　让我们再重申一下《漫画英雄Vs卡普空2》的庞大阵容。游戏中共有五十六名可选角色，从隆（Ryu）到蜘蛛侠，从毁灭博士到拜森（M. Bison），就连战斗场地也比以往大得多。游戏把超炫丽的色彩和爆发力十足的格斗、快速换人、反击和绝望的脱逃快速凌厉地混杂在一起，但在慢动作下，你便会真切感受到这些元素之间的相互共鸣与反衬。对于真正的游戏信徒而言，《漫画英雄Vs卡普空2》就是一款不折不扣的究极格斗游戏。**RS**

Deus Ex
杀出重围

发售年份：2000
平台：PC
开发商：Ion Storm
类型：第一人称射击/角色扮演

当《杀出重围》首度亮相时，人们的关注焦点都放在游戏的杂交属性上。《杀出重围》将RPG风格的角色成长要素、第一人称格斗和玩家自主选择混合在一起，这在那个年代还是相当罕见的。在这个《辐射3》、《生化奇兵》和类似游戏早已风靡游戏界的年代，人们很难体会到《杀出重围》的新奇感，但这也恰好说明这款游戏仍然在影响着整个游戏界。

在游戏中，玩家将扮演J. C. 丹顿（J. C. Denton）——一名配备纳米技术的联合国反恐新兵。当一种新流行病开始袭遍全球时，只有少数人掌握病毒解药，你心中的疑问也越来越多：你的老板真的是在维护公众利益吗？这种病毒究竟从何而来？哪些人在销售药品的过程中获取暴利？《杀出重围》用一种大杂烩的方式来叙述一个阴谋论故事，把人们对千禧年的一切妄想元素都熬进了这口大锅里：黑衣人、光照派、圣殿骑士和各种阴险的企业集团，加上神秘的外星人登陆、邪恶的基因改造实验、冷酷的控制论的兴起，以及有自我意识的人工智能。

玩家选择探索这些事件的路线充满了不确定性，这也是游戏的惊喜所在。《杀出重围》至今仍是多线叙事类游戏的一个里程碑，避免了极端化的正邪设定。讽刺的是，游戏虽然取名为Deus Ex【译注：带有"解围"之意】，但事实上，要在游戏中的近未来反乌托邦社会中寻求解决方案绝非易事，每一个决定都是在两种不尽理想的"理想方案"中做出可悲的妥协。在交予玩家自我表达权利上，《杀出重围》也是个典范，面对任何一件物品，玩家都可以有多种处理方法。但是，不论是顺着通风管道秘密潜入还是直接用EMP手雷狂轰滥炸，游戏真正想传达的是对于神秘寡头政治、专制暴政及混乱社会的恐惧——除了暴力，你还有什么更好地解决方案？ **MD**

Diablo II
暗黑破坏神2

发售年份：2000
平台：PC
开发商：北方暴雪（Blizzard North）
类型：动作/角色扮演

《暗黑破坏神》的高明之处在于它懂得偷师。游戏把ASCII角色扮演经典游戏《侠盗》（Rogue）搬过来，然后把它变成了一款斜四十五度角鼠标点击式冒险游戏。正如《侠盗》衍生了一整个表现孤胆英雄冒险追寻财宝和名誉"侠盗游戏"（Roguelike），《暗黑魔坏神》也催生了一大批动作RPG效仿者，给《侠盗》的回合制地下迷宫战换上了一件即时战斗的外衣和更加华丽的图像。

《暗黑破坏神》对RPG进行了最大程度的精简，游戏中那个孤独的英雄将步步深入地下城，逐层探索，见到物品就拿鼠标往死里点，然后把战利品收入囊中。游戏基本只有三种攻击方式：魔法咒语、近战搏斗、远距离攻击，分别对应初代游戏中的三类职业：战士、魔法师和浪人。北方暴雪公司沿用了这些基本设定并进行深加工，从简单易懂的操作界面设计到冒险与奖励之间的出色平衡，无不展现出制作者高超的技术，《暗黑破坏神2》正是建立在这一坚实的基础之上。

《暗黑破坏神2》的设计始终以多人游戏为宗旨，并辅以北方暴雪擅长的网络技术。游戏新增了不少重要内容：协助完成任务的佣兵、五种全新的角色职业；甚至还有一个隐藏的恶搞关卡，里面充满了手持长戟、面目可怖的母牛——初代游戏发售时网上一直谣传游戏中有这样一个隐藏母牛关卡，这也算是对这一谣言的回应。

《暗黑破坏神2》是一次巨大的成功，它甚至被吉尼斯世界纪录评为世界上销售速度最快的电脑游戏，这一切都归功于前作中的成功元素：用最简洁的方式来讲述一个英雄的冒险旅程。**DM**

Elasto Mania
疯狂摩托车

发售年份：2000
平台：PC
开发商：Balázs Rózsa
类型：摩托车模拟

　　没有长时间的游戏体验，你很难感受到《疯狂摩托车》的持久人气。就游戏图像而言，说得好听点就是这游戏有种幼稚的魅力。刚接触这款游戏的玩家很快便会选择放弃。游戏只有几个基本控制要素：加速、刹车、调整你前后的重心、改变方向。但刚开始玩《疯狂摩托车》时，游戏的操作简直难得可笑。光是学会如何在加速过程中不后翻就要花一段时间，游戏的物理性并不拟真，反而像是在做梦一般。一切仿佛都是在梦魇般的慢动作中进行，空气仿佛又厚重又粘稠、地心引力也不太对劲，你的摩托车还有着某种聒噪的弹性。总之在游戏一开始，一切都是如此的令人不爽。

　　但事实上，这却是一款表现惊人的游戏。独特的物理性和看似无解的关卡结合在一起，鼓励玩家去探索微妙的游戏控制、超越摩托车的能力极限。很快你就可以炫耀自己的单轮驾驶、空中翻转，或在平台上独轮平衡等花式技巧。《疯狂摩托车》发售已有十年之久，但玩家仍能通过研究游戏中奇异的物理性，在快速通关中刷新毫秒级的纪录。

　　不久前，《疯狂摩托车》还是仅有的一款摩托车模拟类游戏，后来RedLynx公司推出了人气渐增的《特技摩托》（Trials）系列，将《疯狂摩托车》的游戏概念照搬而来，并把它做得更大、更快、更炫。但是《特技摩托》的游戏节奏和快速重启的特性让这款游戏更像是对《疯狂摩托车》的补全，而非替代。《疯狂摩托车》比这款年轻而急躁的新兴游戏多了一份深度、少了一份线性，而且也更疯狂。要想体会这款游戏并不容易，但如果你肯花上足够的时间和精力，游戏带给你的回报将是不可估量的。**JM**

Excitebike 64
火爆机车

发售年份：2000
平台：N64
开发商：Left Field Productions
类型：竞速

原版的《火爆机车赛》（Excitebike）于1984年在NES平台诞生，是一款简洁而完美的像素游戏。十六年后，游戏的续作终于问世，除了都代表着各自年代对娱乐性的追求外，两款游戏几乎没有任何共同点。今天再回头看这两款游戏，初代《火爆机车赛》的几何精确度明显比续作中满是泥浆的棕色画面更令人叫绝，不过这要归功于初代游戏主机平台的技术局限，而不是各种赛道的越野环境。

只有当你拿起手柄开始玩《火爆机车赛64》时，你才能真切感受到游戏的精彩所在。游戏将真实世界的物理性同超现实的夸张操作融合在一起。各种地形对摩托车控制会产生不同影响，摩托车在二十余条越野赛道上极速跃入空中，旋转、滑落、翻滚，冲向胜利的过程中，摩托车手的重量也会影响你对车身的操控，而游戏的高明之处就在于在这两种影响之间做到了绝佳的平衡。

当然，游戏的亮点绝对不止于此。《火爆机车赛64》自带一个赛道编辑器，给游戏增添了无限种玩法。你可以把你的最佳成绩保存下来作为以后比赛的竞争对象，你还可以解锁奖励内容，其中包括一个随机生成的沙漠关卡和原版的NES《火爆机车赛》。游戏中还有一个特技系统，将游戏出色的空中操作系统展现得淋漓尽致。

但和多年前的初代游戏一样，《火爆机车赛64》的最大亮点还是在于任天堂公司对游戏质量一贯的高要求。也许正是这个原因，本作至今仍是开发商Left Field Productions电子游戏产品中的巅峰之作。**DM**

Grandia II
格兰蒂亚2

发售年份：2000
平台：多平台
开发商：Game Arts
类型：角色扮演

对于玩着充满道德选择、自由探索、组队和阴暗材质贴图的欧美RPG长大的玩家来说，《格兰蒂亚2》看起来就像是一款来自外太空的游戏：湛蓝的天空下，动感的卡通风格角色看起来就像是发着冷光的外星人，冗长而说教性极强的游戏过场更是习惯了单纯对话框的玩家们所不能理解的。《格兰蒂亚2》充分表现出两派RPG游戏在设计理念上存在的巨大差异，游戏本身则是一个矫揉造作的少年向线性故事，由过场动画串起来的一次次冒险则是作为游戏战斗系统的表现舞台，游戏的战斗系统很复杂，但却充满了乐趣。

发行于PS1和世嘉土星平台的初代《格兰蒂亚》解决了日式RPG最饱受诟病的一大特征——随机遇敌。游戏中的敌人是可见的，玩家可以选择避开战斗。游戏也有一套极富活力的战斗规则。就其他方面来看，这就是一款典型的日式RPG游戏，续作《格兰蒂亚2》亦是如此。游戏在战斗设定上也进行了类似的创新，角色在战斗中可以进行有限的移动，使得游戏在战略复杂度上远比传统RPG游戏的静态作战技高一筹。

游戏讲述脾气火爆的年轻雇佣兵里特（Ryudo）接下了一个新任务——保护歌姬艾蕾娜（Elena），不料却踏上了一次危险的旅程。

《格兰蒂亚2》理直气壮地获得了来自日本周刊《Fami通》（Famitu）的白金评分，并赢得了大批忠实粉丝。对于所有玩着欧美RPG游戏长大的玩家来说，本作就是尝试日式RPG的最佳入门游戏。**DM**

Paper Mario
纸片马里奥

发售年份：2000
平台：N64
开发商：Intelligent Systems
类型：角色扮演

　　《七星传奇》作为史克威尔将《超级马里奥兄弟》的世界带入RPG领域的首度尝试，证明了这个著名的水管工除了跑步和跳跃之外还有不少的潜力可挖掘。任天堂带着《纸片马里奥》再度回归这一题材，证明了离开三维环境的马里奥同样活力不减。

　　这是场天马行空的幻想，对于每一位觉得马里奥在进入3D世界后好像少了些什么（但不可否认马里奥的三维转型几乎接近完美）的玩家而言，这款游戏就像一份圣诞大礼。在《纸片马里奥》中，我们的英雄再度回归，不过这次是把欢乐的二维形式和动感的三维世界结合在一起。马里奥要踏上一次荒诞而复杂的冒险，这回要寻找的是神秘的星星精灵（Star Spirits），并用它们来打败一件神奇的魔杖，而正是这根魔杖赐予了马里奥的万年死对头库巴无敌的力量。

　　游戏的视觉效果令人赏心悦目——尤其是和N64上大量画面惨不忍睹的游戏相比之下——当你在这个全新的马里奥世界中探索、遇见新伙伴，并在回合制战斗中打败奇怪的新敌人的过程中，你会发现开发商Intelligent Systems在游戏中加入了大量的新元素。除了感觉新奇外，这款RPG游戏的内容也十分丰富，有着各种等待发掘的有趣物品，和让你头疼不已的角色升级。

　　《纸片马里奥》是在卡带上进行发售，并迅速成为收藏者的最爱，但现在你也可以通过神奇的Virtual Consule在Wii上玩到这款游戏。在《纸片马里奥》推出四年后，续作《纸片马里奥：千年之门》（Paper Mario: The Thousand-Year Door）在NGC平台上诞生。这款游戏也很容易在二手网站上淘到，即使你的NGC已经封存多年，你也可以在Wii上跑这款游戏。**CD**

Crimson Skies
血色苍穹

- 发售年份:2000
- 平台:PC
- 开发商:Zipper Interactive
- 类型:飞行模拟/射击

飞行模拟类游戏在很多外行玩家眼中一律相当乏味,这种看法确实有失偏颇,但也并非没有根据。《血色苍穹》的突破性创举在于把冒险元素注入了飞行模拟模型当中,强调娱乐性而不是拟真度,追求令人提心吊胆的空战而不是精准的着陆流程,在街机飞行射击游戏和飞行模拟游戏中建立了属于自己的中间地带。

《血色苍穹》把背景设在虚构的20世纪30年代,讲述的是侠盗内森·扎卡里(Nathan Zachary)的冒险故事。内森是个风流倜傥的情圣、飞行大盗,也是个十足的流氓,你可以把他当成是30年代版的汉·索罗(Han Solo)。游戏有着精彩的配音和引人入胜的紧张剧情,间歇性有效的无线广播和飞行员的拌嘴更为游戏增色不少。

《血色苍穹》强调的是表现各种不可能完成的飞行动作和击落敌机,而不是凸显真实飞行的种种限制,但这并不意味着游戏的控制不够完美、不考验技巧。事实上游戏中的飞机很难控制,尤其是当游戏鼓励你进入一些狭窄区域来甩掉其他敌机时,飞机的操作更显棘手。空战给了玩家一个展现自己控制技术的好机会,但游戏并没有向写实主义妥协,以免失去那份拼死炫技的刺激感。

游戏的另一个迷人之处在于提供了一份记录你飞行成就的剪贴簿,你完成的每一次任务、特技和大胆的探索都会得到一份剪报或是照片作为奖励。这一设定加上高自由度的飞机改造,拉近了玩家和游戏之间的距离,并让《血色苍穹》永远留在了玩家的记忆当中。**KS**

Giants: Citizen Kabuto
巨人：公民卡布托

发售年份：2000
平台：PC
开发商：Planet Moon Studios
类型：射击/策略

当你发现一款游戏无法用寥寥数语来概括时，这通常意味着这款游戏除了够另类外，还能够凭借其自身质量获得商业发售。《巨人：公民卡布托》就是这样一个例子。这款游戏在它的三段式结构中塞进了大量的游戏元素，以其奇异的内容令你手足无措的同时，又能做到十足的娱乐性。

《巨人：公民卡布托》的不寻常之处在于游戏把第三人称射击同即时策略元素结合在了一起。在游戏中，你将从三类人形种族中选择其中一个作为主角，不同的角色所对应的游戏内容也不一样。你可以选择完成整个故事模式，或是到线上参加多人网战。

游戏的第一部分讲述背着火箭飞行包的小个子梅卡林族（Meccaryn）试图在岛上建立一个基地，首先他们要和岛上的动物进行对战，随后要进行即时基地建造和资源收集。打枪和探索元素混合地恰到好处，引人入胜，充满乐趣和挑战性。

《巨人：公民卡布托》的第二部分以人鱼（Sea Reaper）为中心。她有着一系列的不同能力，如在战斗中施咒或是召唤火球。只有打通了这一部分才能继续扮演游戏中的最后一个角色：岛上的原住野兽卡布托（Kabuto）。卡布托会在岛上暴走，通过捕食动物来保持体力，大肆破坏，最后揭示一个令人大吃一惊的结局，不过如果在这里剧透的话就太对不住玩家了。

以上对游戏的描述是无法向你展现游戏中的幽默的。《巨人：公民卡布托》充满了无厘头式的笑话和经典的创意。从狙击步枪到巨人的泰山压顶，游戏中既有创意十足的设定，同时也不乏恶俗与美丽的元素，令人爱不释手。**JR**

Jet Set Radio
涂鸦小子

- 发售年份：2000
- 平台：Dreamcast
- 开发商：Smilebit
- 类型：动作

对逼真画面的无休止追求在《涂鸦小子》中稍作暂停。这是款将赛璐珞渲染技术（cel-shaded 3-D）普及开来的伟大游戏。"Cel"一词指的是传统动画中使用的赛璐珞画片，这种复杂的技术能对3D物品进行纯色填充并镶上黑边，使画面看上去带有强烈卡通感。这项技术在《街头霸王4》（Street Fighter IV）、《大神》（Okami）、《红侠乔伊》（Viewtiful Joe）、《塞尔达传说：风之杖》（The Legend of Zelda: The Wind Waker）等游戏中得到延续发展。

游戏创造了一个光鲜亮丽的东京，这个城市中活跃着一群让人头疼的少年。从弁天町的夜店里，到横越涩谷闹市的电线上，穿着轮滑鞋的少年帮派们打着一场无休无止的地盘争夺战。他们的武器就是颜料喷罐，他们的受害者则是任何可以用来当画布的平坦物品：店铺橱窗、建筑器材、游乐场、公交车，甚至是警察总长鬼岛队长的后背——一切都不能幸免于难。

游戏中，玩家可以在活力四射的涂鸦帮中选择不同的成员，你必须学会利用周围的环境够到更高更难的标记点。当你在飞檐走壁的时候，海盗电台的DJ——K博士则会为你播放各种带感的音乐。这些日式Pop和电音放克的混杂曲可不是《涂鸦小子》唯一的High点，游戏的狂欢气氛让下水道井盖看上去都酷劲十足，《涂鸦小子》就是写给"新人类"——东京充满活力的激进年轻人——的一封情书。

游戏元素混杂着膜拜与挑衅、时尚与叛逆，是典型的日式风格，这也解释了为什么游戏在美国发售后销量惨淡。要想体验更适合美国人口味的游戏的话，不妨试试那款充斥着暴力斗殴和无政府主义的《嘻哈狂潮》（Getting Up: Contents Under Pressure），这也是流行设计师马克·伊克（Marc Ecko）的电子游戏处女作。**DH**

Capcom vs. SNK: Millennium Fight 2000

卡普空vs.SNK：千年之战2000

发售年份：2000
平台：街机，Dreamcast
开发商：卡普空（Capcom）
类型：格斗

虽然SNK的《拳皇》系列从来不曾获得《街头霸王》般的巨大影响力，但《卡普空vs.SNK：千年之战2000》的游戏意义一目了然，这就是两大2D格斗游戏开发巨头之间一次游戏名角的大对战。

本作并非系列的第一作，但却是第一款街机游戏，当然对于这款游戏而言，街机平台才是它的最佳平台。本作最大的决定就是采用了SNK的四键控制系统（轻拳/重拳；轻腿/重腿）而不是卡普空惯用的六键控制。但是游戏的碰撞系统和物理设定则更接近于《街头霸王》，因此这款游戏是一个混合品，而不是某家公司的专属游戏。但两家公司并没有回避对峙：在游戏的开始你要在卡普空或是SNK的战斗模式中选择其一，不同的战斗模式将影响你角色发出的究极技。

游戏中甚至还引入了新的对战设定，至今仍很特别：在小组对战中，你要填满四个空槽，而每个角色都对应特定的点数，比如嘉米（Cammy）是一点，隆和特瑞（Terry）是两点，卢卡尔（Rugal）是三点，豪鬼和八神庵是四点。相比其他游戏，这样的小组对战设定明显更具策略性，同时也让双方玩家在一开始就能看出彼此的战术。

不用说，在这一切华丽的外观下，是一款相当出色的格斗游戏。《卡普空vs.SNK：千年之战2000》将两家公司的优点结合在一起，而没有过分偏袒各自的角色和战斗系统，本作不仅是这一系列中的上乘之作，其本身也是一款精彩的格斗精品。**RS**

Metropolis Street Racer

大都会街道赛

发售年份：2000
平台：Dreamcast
开发商：Bizarre Creations
类型：驾驶

《大都会街道赛》的开发日志让我们看到了为一款尚未面市的主机开发游戏是何等的困难。这份开发日志由开发公司Bizarre Creations写于1998至1999年间，即世嘉的Dreamcast主机发售数月之前。他们在日志中记录了与同行公司Argonaut尴尬的非正式会面，在错误的时间给世嘉领导层观看游戏demo，以及为了表现游戏中真实的世界级大都市而进行的巨量贴图工作等等开发事件。

《大都会街道赛》在当时绝对是一款大手笔，游戏中有着海量的建筑，构成了多达二百六十二条赛道。游戏发售于《侠盗猎车3》和《大逃亡》（The Getaway）之前，共为超过四万张3D城市图片进行了材质贴图，创造出面积超过十五平方英里的伦敦、东京和旧金山。游戏中的虚拟电台为《大都会街道赛》增添了不少文化背景，但真正的挑战在于抛开一切杂念，专心应对圣詹姆士公园、海军拱门、新宿以及渔人码头等赛场上怪异的急转弯道、环道和减速弯道。

《大都会街道赛》为Xbox平台独占的《世界街头赛车》（Project Gotham Racing）提供了蓝图，并为驾驶类游戏带来了全新的思考："这和你开得有多快没有关系，重要的是你怎样才能开得快。"这也是你在游戏中获得"荣誉值"（kudo）的方式。游戏将根据你的驾驶风格和精准度奖励你一定的荣誉值，你可以用荣誉值来解锁新的赛车和赛道。《世界街头赛车》系列对这一设定进行了进一步拓展，但让《大都会赛车》与众不同的是它严苛的系统：比赛结束后，游戏会根据比赛中出现的小事故扣除荣誉值，Joker牌将会使你的荣誉值翻番或减半，鼓励玩家在自己的车技上赌上一把。后来的《世界街头赛车》没这么苛刻，但同时也失去了不少乐趣。**DH**

Resident Evil Code: Veronica
生化危机：代号维罗尼卡

发售年份：2000
平台：多平台
开发商：卡普空（Capcom）
类型：生存恐怖

  《生化危机》系列的开发经历了太多变动：一款几近完工的《生化危机2》被作废；数版《生化危机4》被弃用；而《生化危机：代号维罗尼卡》原本是要作为该系列的第三作发售，后来却又变成了DC平台独占游戏。《代号维罗尼卡》虽然比预定发售时间晚了一年，但却是"老式"生化危机游戏中最优秀的一部。

  游戏继承了系列前三作的不少缺点，如大量的重复路线和生硬的战斗。但游戏却在前作的模版之内进行了不少大胆的创新：这是生化系列中第一款带有即时3D渲染环境的游戏，并且推出了玩家们渴望已久的Continue功能，而不是单纯从存档点处继续游戏。

  虽然是款很老的游戏，但《生化危机：代号维罗尼卡》仍然魅力不减当年，它的规模和节奏尤其值得一提。本作对前作中的许多未交代的疑问都进行了解答，给玩家带来了不少意外惊喜，更不曾停止挑战极限。游戏中既有俗套的剧情也有华丽的过场，在营造恐怖氛围的技巧上更是如炉火纯青——突然发现自己正在看着俩孩子折磨蜻蜓的家庭录像确实是件令人毛骨悚然的事情。

  《生化危机：代号维罗尼卡》中让人震惊的东西还有很多。游戏中的每个丧尸都不尽相同，身体的腐烂程度也各不一样；经典的猎杀者又再度回归，这次是带着爪子的巨怪；你的伙伴将被变成没有思想的怪物，你不得不将他打死——都是这些让人头疼不已的东西。

  《生化危机：代号维罗尼卡》暴露出旧式生化危机系列模式的局限，但同时也展现出在这样的局限下游戏能做到何等完美的程度。**RS**

Final Fantasy IX
最终幻想9

发售年份：2000
平台：PS1
开发商：史克威尔（Square）
类型：角色扮演

  骑士、城堡、公主、追寻荣耀的历险——《最终幻想9》就是对系列传统主题的一次彻底回归。两部前作均把背景设在蒸汽朋克式的幻想世界，其中一部还玩起了青春校园剧的悲欢离合，但在此之后，坂口博信便下定决心：这个由自己一手打造、名字极具误导性的游戏系列的第九作必须要回归早期的游戏主题。对于玩着红白机上的初代《最终幻想》系列长大的玩家而言，此举无疑是一次惊喜。游戏将用轻松的对白、明亮的色彩、轻盈的幻想故事赋予经典游戏模式以现代化气息，同时保留本系列原始的魅力。

  但对于那些从闻名全球的《最终幻想7》开始接触该系列的玩家来说，他们对新作的反应却有些不温不火，游戏刻意卖萌的图像和造型扭曲的角色和同时期走阴暗青少年剧情路线的其他作品相比实在是毫无魅力可言。这款发售于PS1末期的游戏也许在图像表现上取得了巨大成功，但对于那些被《最终幻想8》冷酷的写实风吸引而来的玩家来说，本作古怪的视觉风格实在触不到他们的兴奋点。就游戏销量而言，《最终幻想9》也彻底败给了前两作。

  《最终幻想9》抛弃了系列前作的自定义角色选项，回归了更为严格的职业系统，限定了每个人物在战斗中所扮演的角色，没有转变的空间。讽刺的是，这种传统的设定保留了系列的魅力，回避了写实主义，反倒使得本作比那几款高人气前作更能经受时间考验。清新可爱的角色；天马行空的剧情；充满活力、丰富多彩的世界——对于现代玩家来说，《最终幻想9》仍是一款充满吸引力的游戏。**SP**

Power Stone 2
能量宝石2

- 发售年份：2000
- 平台：街机，Dreamcast
- 开发商：卡普空（Capcom）
- 类型：格斗

老玩家们之所以痛悼DC的失败，原因之一在于它宣判了街机游戏文化的死亡。世嘉的这款主机和公司的最新一批街机采用了相同的NAOMI硬件，这给许多玩家带了希望，至少这意味着彻底的变革还未到来，快餐式娱乐和鲜艳诱人的图像还未被棕绿色的写实类战争游戏所取代。不管情况变得多糟，至少我们还有《能量宝石》，对吗？

错啦！虽然关于游戏娱乐性已死的报导未免夸大其词，但不可否认的是《能量宝石》确实代表着一份暌违已久的乐趣。这是一款有着典型3A级游戏特征和激情的多人游戏，你要做的就是在一个儿童乐园般的场景中，用玩具般的武器杀死你的朋友。但现在，《能量宝石》已经变成了PSP平台上一款被人遗忘的移植游戏。

《能量宝石2》从街机厅顺利地走进了玩家的卧室，这是一款上手度极佳的多人游戏，支持四人同台格斗，而不像前作只允许双人对战。玩家可以从一系列角色中进行选择，如拳击手兼战斗机飞行员爱德华·弗克（Edward Fokker）或是会喷火的占卜师罗格（Rouge）。玩家可以使用传统的格斗方式，但最有意思的玩法还是充分利用周围的环境、道具和能量宝石，获得三个能量宝石即可使用特殊技"能量融合"（power fusion）。

游戏的十个关卡中，有一关把场景设定在一艘飞艇上。这艘飞艇一边在云层中滑行一边缓慢解体。当飞艇的最后一块平台和炮塔脱离后，战斗仍会在自由落体中继续进行，玩家将通过俯冲展开混战，同时留心接住可以救命的雨伞。坠落地面后，战斗将在一座多层寺庙中结束，你还可以利用一辆坦克来协助战斗。游戏中充斥着这种花哨的噱头，但其水准之高却是毋庸置疑的。**DH**

Phantasy Star Online
梦幻之星Online

发售年份：2000
平台：Dreamcast
开发商：索尼克小组（Sonic Team）
类型：动作／角色扮演

发售于2000年的《梦幻之星Online》并不是第一款在线主机游戏。光是在DC平台上就已经有了《啾啾火箭》和《雷神之锤2：竞技场》，而其他主机平台的在线游戏也早已取得了大大小小的成功。然而，《梦幻之星Online》却是第一款让人觉得真正对味的游戏，也是第一款抓住主机特殊设计的在线游戏，通过联网游戏创造出一种有别于PC游戏的全新体验。

《梦幻之星Online》从当时已经在PC上盛行的大型多人在线角色扮演游戏中获取灵感，游戏借用了MMORPG的连通性和社区概念，但又采用了更加紧张的主机风格冒险，并提供了出色的动作RPG操作，通过组建四人小组，不断升级改造角色，穿过一系列科幻式场景，打败巨大Boss、拯救星球。

《梦幻之星Online》的神来之笔在于游戏体验中的交流与合作方式：来自世界各地的玩家可以通过一本多语言习语书展开交流（世嘉在英国的那句著名广告词"我们都在玩游戏，为什么不能一起玩？"终于成为现实）实际上，如果你有幸在游戏发售时、作弊风行之前玩到这款作品，你将会收到来自高等级的日本玩家的礼物，他们会把见面礼放在低等级的新手玩家的脚下。这就是《梦幻之星Online》和不苟言笑的PC竞技的区别所在——这是一款真实有趣的游戏，不管情人节那天的游戏大厅会不会堆满了巨大的爱心。**DM**

Tony Hawk's Pro Skater 2
托尼·霍克职业滑板2

发售年份：2000
平台：多平台
开发商：Neversoft
类型：体育休闲

虽说有点老调重弹，但这确实又是一款横空出世并把自己的大名刻入游戏史中的一款游戏，一款很难想象没有它游戏史又将是怎样一番景象的经典作品。这就是《托尼·霍克》系列。《托尼·霍克》系列游戏从默默无闻中一步步走来，变成一个多平台、销量数百万的游戏系列，它的出现可谓时机完美，乘上了Playstation浪潮的同时掀起并推动了滑板游戏的复兴。

《托尼·霍克职业滑板2》至今仍是该系列中的佳作，游戏延续了前作的核心元素——比如其革命性的操作系统，将这种极度复杂的娱乐活动转变成Dual Shock手柄上的八个按键和两根摇杆——并以"更大、更好、更多"的态度对游戏的方方面面都进行了翻新。

玩家将在游戏中扮演一名虚拟职业滑板选手，你可以享受超大的滑板场地，数量可观的花式技能，以及大量的任务型目标，最引人瞩目的当属经过精心打造的游戏机制。正是这些提升和改良的结合使得《托尼·霍克职业滑板2》成为一代人的滑板游戏，甚至是一款最能表现PlayStation时代包罗万象的特性的游戏。

今天，本作所面临的竞争不是来自于游戏的后续版本，而是艺电的《滑板》（Skate）系列。相比之下，《托尼·霍克职业滑板2》更加极限、夸张的元素也许显得有些喧哗，但这样的比较并不公平。本作比系列续作采用了更为浓厚的街机氛围，就是为了提供更具疯狂娱乐性的游戏体验。从这点看来，游戏至今仍有着巨大的存在价值。**JDS**

Silent Scope 2: Dark Silhouette
沉默狙击手2：黑色暗影

发售年份：2000
平台：街机
开发商：科乐美（Konami）
类型：射击

有些游戏可以完美地从街机平台移植到家用机上，有些则在移植过程中大幅缩水，让你搞不清这样的移植到底有多大意义。在20世纪80年代，不少悲剧性移植可以归咎于家用机的不自量力，那些移植版游戏和玩家们至爱的街机原版游戏根本毫无共同性可言，对于当年的玩家来说，这份毁灭性的打击是难以磨灭的。但在近几年，随着街机和家用机技术的融汇，对主机而言已经没有多少办不到的事情了。但专用硬件是个例外，比如《沉默狙击手》系列中的步枪。

据说科乐美公司的一名设计师是在把玩自己的摄影机时灵感迸发，想到可以把这种取景技术运用到街机中已有的光枪硬件中。他设想的游戏概念便是利用狙击工具从远处狙杀敌人，这样的狙击武器在《沉默狙击手》之前的许多游戏中都有现身，但还从来没有哪款游戏把它作为焦点，更没有出现过专门的配套硬件设备。最终的结果便是一款独特而紧张的游戏，你将先用双眼来扫视游戏画面，然后用鼻子贴近手中的武器，眯着眼锁定目标并开火。

《沉默狙击手2：黑色暗影》（在欧洲被称为《致命审判》[Fatal Judgement]）包含了大量无厘头的幽默（其中一个场景中，还可以听到一个角色兴奋地说自己就是在玩"现实版的《潜龙谍影》"），以及一系列充满氛围感的场地和传统的时间限制。

虽说本作的家用机移植版让人避之不及，但街机游戏体验所提供的与敌人真实的交战感却是其他任何一款游戏都无法比拟的。**TB**

Skies of Arcadia
天空之阿卡迪亚

发售年份：2000
平台：多平台
开发商：Overworks
类型：角色扮演

　　DC上一直缺乏一款像《最终幻想》这样的游戏，而正是世嘉公司对这一缺憾的一种弥补。在世嘉的DC寿终正寝后，《天空之阿卡迪亚》又转战NGC，但如果你有幸玩过原版游戏的话，你将会非常怀念DC附带的VMU设备——这也是游戏设计上一次出彩的试验。

　　《天空之阿卡迪亚》本身是一款精彩的传统日式RPG游戏，有着属于这类游戏的一切强项：性格鲜明的角色、引人入胜的故事、令人惊叹的世界和华丽过头的Boss战。游戏也有着日式RPG典型的瑕疵：过多的随机遇敌，还有……华丽过头的Boss战。《天空之阿卡迪亚》有着一个儒勒·凡尔纳式的故事，以大多数游戏剧情的结尾作为整个故事的开端，讲述空贼柏斯（Vyse）和艾卡（Aika）以及他们的"蓝空贼"（Blue Rogues）团伙如何营救一位公主，并由这位神秘的公主牵出了一场对抗邪恶帝国、拯救世界的英勇冒险。

　　《天空之阿卡迪亚》给早已定型的日式RPG模式带来的最具革命性的创新便是对飞空艇的操作。游戏中，空贼们要乘坐飞空艇来探索世界，这也给限制玩家的游戏进展提供了一个绝佳的借口。在气流中升空或下潜到云层之下都给游戏中的世界带来一种史诗般的壮阔感，而飞空艇之间的对战则给游戏中的战斗增添了一层战略维度。

　　尽管《天空之阿卡迪亚》并未掀起日式RPG的革命，但却在这类游戏的局限下做到了近乎完美：解谜、复杂的战斗机制、奇幻的环境、高潮史上最长的Boss战高潮以及一些精彩的桥段（如其中有一段从多角度来展现同一段剧情）。《天空之阿卡迪亚》没有跟风一些史克威尔作品中常见的阴郁年轻人角色，可以算是天空类游戏中的精品佳作。**DM**

Sin & Punishment
罪与罚

发售年份：2000
平台：N64
开发商：Treasure
类型：射击

由于从来没有在西方市场正式发行，Treasure公司这款火爆而精致的射击游戏《罪与罚》注定要成为这家知名游戏开发商最受玩家追捧、最常被拿来显摆的游戏之一。但是本作有的可不仅仅只是稀有度。《罪与罚》是一款有着鲜活色彩和犀利控制的轨道射击游戏，是喜欢快节奏动作游戏迷不容错过的游戏经典。事实上，本作的冷门不只是一个卖点，更是对这款游戏的一种犯罪。

《罪与罚》采用了盛行的"在近未来地球人为争夺日益枯竭的资源展开争斗"的俗套剧情，除去这个毫无新意的故事外，这是一款控制至上的游戏。虽然游戏的"轨道"属性为你免去了一切迷路的烦恼，但游戏仍交给玩家大量的选择权，比如你可以选择手动瞄准或自动瞄准，在你通过子弹横飞的关卡时，要想避免过多的Restart，你也必须强化你的躲闪和跳跃技能。

从游戏第一关中发着橙色光芒的炼狱，到后面关卡中拥挤的街道和机甲战斗，《罪与罚》为玩家提供了一道视觉盛宴，每一个新场景都为你献上意想不到的华丽设计，每一个新Boss都会给你带来不一样的视觉冲击，这样的奇观也只有东京的Treasure总部里那些家伙才能创造出来。

一个好消息是《罪与罚》已经出现在了Wii的Virtual Console服务中了，鉴于原版游戏的过场已经使用了英语对白，你没有理由不好好体验一下这款经典游戏。**CD**

The Legend of Zelda: Majora's Mask
塞尔达传说：姆吉拉的假面

发售年份：2000
平台：N64
开发商：任天堂（Nintendo）
类型：动作 / 冒险

　　虽然被公认为是史上最具创意的电子游戏，但《塞尔达传说：姆吉拉的假面》却让不少玩家有些不知所谓，评论也出现两极化趋势。但本作的故事把经典塞尔达游戏的游戏机制同电影《偷天情缘》（Groundhog Day）的设定融合在一起，已经远胜《塞尔达传说：众神的三角力量》和《塞尔达传说：时之笛》的次元穿梭谜题。这两种古怪的元素交织在一起，形成的最终游戏体验就如你所能想象的一样：令人困惑却又引人入胜，更让你拍案叫绝。

　　一开始就想理清《姆吉拉的假面》的头绪实非易事。在美丽而忧伤的开场过后，林克发现自己置身时钟镇。时钟镇位于塔米纳斯王国，这片土地在三天之后就要被一颗坠落的月亮所摧毁。不同于其他游戏，本作中的时间限制可不是虚张声势：三天大限一过，月亮就必然撞上地球，塔米纳斯从此成为历史，一切又将从头开始。

　　随着游戏深入，你会发现有时要理解剧情实在是件头疼的事情。三天的冒险中充满了各种任务，这一刻你还在推动故事向下一步发展，下一刻你又穿越回到了故事的起点，而月亮仍在不紧不慢地逼近地球。

　　《姆吉拉的假面》很震撼，也很高明。也许游戏中的地下迷宫并未给你留下深刻的印象，但其表现手法如此错综复杂、技艺超群，光凭这一点这游戏就很强大了。你将遇见有趣的角色、解决精巧的谜题、收集并使用一系列会变形的面具，最有意思的是你头顶上那个无时无刻不散播着威胁的凶兆的存在。《姆吉拉的假面》是《塞尔达传说》这个游戏界最阳光的游戏系列中的黑暗梦魇，一个值得你细细探索的另类世界。**CD**

The Sims
模拟人生

发售年份：2000
平台：PC, Mac
开发商：Maxis
类型：模拟养成

许多人都曾害怕千年虫会在2000年爆发，其他的人则在担心世界末日要来临，但结果，这一年真正吸引人们视线的却是家庭生活。2000年是属于真人秀《老大哥》（Big Brother）的一年，这档节目就像一个真人金鱼缸，让观众可以深入洞察人们的日常行为和对话。这股风潮也席卷到了PC玩家群中：自从《模拟人生》在千禧年现身以来，许多玩家就已经沉溺其中难以自拔。

作为史上最畅销的PC游戏，《模拟人生》让竞争同行们输得狼狈不堪，因为他们一直在费尽心思设计古堡和太空船，最后却发现玩家们真正想要的不过是一台游戏中的微波炉。就这样，幻想元素通通让道，模拟人生隆重登场，不论是成人、儿童或是婴儿，每个人都有自己的想法，他们不仅需要吃饱肚子，更需要情感上的满足。

在游戏中，你不是直接控制模拟角色的一举一动，而是随着你口袋里的钱越攒越多，为他们设计住房、摆设家具和装饰品。你也可以鼓励你的角色去找工作或是结婚，否则的话他们就会按自己认为合适的方向生活，如果你不加以小心的话，你的角色通常会走向颓废，只知道成天瘫在沙发上看电视。

模拟角色们甚至会因为饥饿、触电、火灾或是病毒而死亡，最后变成鬼魂守着他的老房子。一些玩家热衷于寻找各种另类的方法来杀死自己的模拟角色，但大多数玩家还是竭尽全力为这些角色的谋幸福。

各种游戏扩充包赋予模拟村庄更多的生命力，带来了更多的物品、角色和新的场景，以及一款续作。事实上，就算奥威尔式的老大哥噩梦结束多年以后，我们也许还会继续乐此不疲地玩着《模拟人生》。**OB**

Vagrant Story
放浪冒险谭

发售年份：2000

平台：PS1

开发商：史克威尔（Square）

类型：动作/角色扮演

  这是发生在中世纪法国废土上的一次苍凉的漫游、一个以沉重的莎士比亚式笔调讲述的故事、一个需要你花上数天而不是数小时的时间去挖掘的战斗系统。《放浪冒险谭》是一款打破陈规的动作角色扮演游戏，这款由松野泰己创作的游戏试图摆脱传统RPG游戏类型、故事与背景的束缚，而它也确实成功地做到了这一点。

  这款发售于PS1衰亡期的游戏无疑是一次技术奇迹，但游戏的动画和舞台指导把粗糙而原始的多边形图像变成了有血有肉的人物。《放浪冒险谭》的镜头移动极具电影感，这也是其他游戏所不能比拟的，游戏精彩的剧本亦是如此。

  游戏有着繁复的武器选择，这也展现出《放浪冒险谭》RPG元素的复杂性，让玩家在慢慢了解游戏系统的同时，随着壮阔的剧情不断深入游戏。这是一款不向传统妥协的游戏，一部个性导演的作品，其表现方式用再多溢美之辞来赞扬也不为过。**SP**

Super Monkey Ball
超级猴子球

发售年份：2000

平台：街机, GameCube

开发商：世嘉（Sega）

类型：动作

  只有包罗一切、雅俗不拒的世嘉才能做出这款《超级猴子球》。这是一款《疯狂弹珠》的模仿品，玩家控制的是一只被困在一个透明球中的猴子，你要保证它毫发无伤的同时，引导它尽快寻找出每一关的出口。

  如果有一天动物保护组织也会开个电子产品监管分部的话，《超级猴子球》估计要像《侠盗猎魔》（Manhunt）那样躲得远远的。游戏中的每一条精巧的跑道都悬在半空当中，让人看了就心寒。走错一步，你那只可爱的小猴子就要垂直跌落进下方的无底深渊。闭上眼睛，你不难想象出这份恐惧感。

  《超级猴子球》提供的其他游戏模式也不少。"猴子标靶"（Monkey Target）是一个滑翔模拟游戏，你的猴子球将顺着一个陡峭的斜坡滚下，随后小球会打开变成一对滑翔翼。你要操控你的小猴降落在你能找到的分值最高的标靶上，不过更多的时候，你只会一头扎进海里。《超级猴子球》是一款可爱与残忍并存的游戏，每个人都能在其中找到自己想要的东西。这款另类经典也是世嘉公司A级大作中的又一次成功典范。**CD**

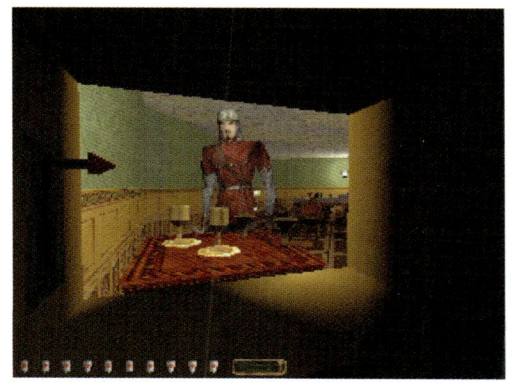 

Thief II: The Metal Age
神偷2：金属时代

发售年份：2000
平台：PC
开发商：Looking Glass Studios
类型：动作

　　《神偷：黑暗计划》有着强烈的潜入主题，但其中也不乏其他元素，如《古墓丽影》式的地下迷宫探险。大多数类似的附加元素在《神偷2：金属时代》中都被剔除了，以求尝试只用这一核心游戏机制能把游戏做到何种地步。

　　《神偷2：金属时代》在关卡设计上有了极大的进步，但却并没有牺牲初代作品的氛围。初代中的丧尸一直是一个备受争议的设定，许多玩家一看到丧尸就有暴力冲动。续作中将丧尸删除后，游戏中的超自然恐怖元素也随之消失，也许这样才比较合适。就游戏主题而言，前作充满了带有酒神精神（Dionysian）的荒诞无理，而本作因为有着一个关于机械崇拜的剧本，则展现出阿波罗精神（Apollonian）式的新奇。

　　《神偷2：金属时代》是Looking Glass公司的最后绝唱，游戏界至今仍为痛失一家如此具有创造力与才华的公司而扼腕叹息。Looking Glass的游戏至今仍被许多当代游戏开发商所提起，也从另一方面证明了它不朽的影响力。**KG**

Sacrifice
献祭

发售年份：2000
平台：多平台
开发商：Shiny Entertainment
类型：动作/策略

　　如果哪天希罗尼穆斯·波希【译注：Hieronymus Bosch，荷兰画家，作品通常以表现人的罪恶与堕落为主题，充满了象征与符号，被认为是20世纪超现实主义的启发者之一】变成一名电子游戏艺术指导，他可能会做出一款类似《献祭》的游戏。这款第三人称动作策略游戏充满了灵魂、巫师、神明和诡异的视觉设计。玩家扮演一个穿梭时空的巫师，任务就是解决众神间的争斗，消灭其他巫师。扮演这群奇异天神的幕后演员可算得上是全明星阵容，其中包括蒂姆·克里（Tim Curry）和布拉德·加瑞特（Brad Garrett），他们高超的配音为这个黑暗的魔法世界创造了娱乐性十足的戏剧氛围。

　　就视觉效果而言，《献祭》给玩家献上了充满浮游岛和梦魇般场景的世界，你要通过屠戮敌人为自己收集灵魂。游戏还有一系列的咒语可供选择，具体效果根据你在战斗中选择站在哪些神明边来决定。

　　《献祭》是最瑰丽也最怪异的一款游戏，但与此同时它的架构也出奇的好。它是Shiny公司的另类杰作，一款制作精良的策略游戏，虽然有着超现实和附庸风雅的主题，但仍不失为一部经典巨作。**JR**

Animal Crossing
动物之森

发售年份：2001
平台：GameCube
开发商：任天堂（Nintendo）
类型：模拟养成

任天堂的GameCube（NGC）游戏机带有内置时钟，你可能会觉得这是个很鸡肋的功能，毕竟没几个玩家会在玩《路易基鬼屋》（Luigi's Mansion）或《零式赛车GX》（F-Zero GX）之前费心思去调一调时钟，但《动物之森》却充分利用了这一功能，使用流逝的时间来酿造一款令人感动的神奇游戏。

这一切都非常简单：当你在早上九点打开《动物之森》时，游戏中的大部分动物朋友们都已经醒来了。它们在鹅卵石堆砌的村庄里忙忙碌碌，聊天、交换物品、开始它们奇特的生活；当你晚上九点打开游戏时，大多数的动物就已经躺在床上了。小镇广场上一片寂静，只有可爱的小房子里会溢出温暖的灯光。冬天打开《动物之森》，游戏中的世界便会下雪；秋天打开游戏，你就能看到叶子逐渐枯黄（如果你是在土拨鼠日打开游戏，你还会在信箱里收到一封来自妈妈的玩笑信）。这都是些再简单不过的创意，但却让《动物之森》显得如此与众不同。

表面上看，这就是一款彻头彻尾的社交模拟游戏，把你扔进一村子的陌生人当中，压你一身房贷，再给你一座空房子让你自己摆设家具，然后把你推出房子让你去结识新朋友。但实际上，这就是一扇通向异世界的大门，一个有苦有乐、充满小资幻想的大陆，其中千奇百怪的生物即会给你送来铺天盖地的礼物、逗你开心，也会对你大发雷霆、弃你而去。《动物之森》是一款超越游戏核心操作的作品，精巧、辛辣却又可爱至极，以娴熟的技术将游戏同现实生活交织在了一起。**CD**

Final Fantasy X
最终幻想10

发售年份：2001
平台：PS2
开发商：史克威尔（Square）
类型：角色扮演

一群冒险者因为命运和时局走到了一起，共同对抗邪恶势力，保护整个星球免受灭顶之灾。提问：这是最终幻想系列中的哪一部作品？如果你的回答是"每一部"，那么恭喜你答对了。但这个系列二十余年经久不衰自有原因，它总能找到不同的方式来表达同样的主题。正如专业爵士乐手能在一个基本的riff上即兴演奏出各种不同的曲子，游戏开发团队每次都以类似的游戏元素为基础，然后再从中发展出一些全新的有趣内容。

作为第一款登陆PS2平台的最终幻想游戏，《最终幻想10》的最大特点在于摒弃了过去宏大的叙事格局，重点不再是如何阻止世界末日，转而关注游戏角色的性格刻画。我们留着老套金色刺猬头的男一号是一位职业运动员，但他一直觉得自己辜负了父亲对他的殷切期望，而我们的头号反派不是邪恶的大型企业头目或邪教组织的教主，而是一位孤独避世的魔法师。这些角色在同外界敌人战斗的同时，也在努力克服自己内心的挣扎。

但是世界和平的命运仍旧掌握在这些人手中，而《最终幻想10》的战斗表现也确实相当精彩。PS2的强大图像处理功能赋予魔法攻击华丽的色彩，为咆哮的角色增加了流畅的战斗动画。游戏角色在旅程中要穿过冰穴，攀上山顶，这都是该系列玩家耳熟能详的地图，但在本作中的画面表现已今非昔比。最终幻想系列的其他作品也许有着更加丰富的角色扮演元素和更具挑战性的探索要素，但很少有哪一部能像《最终幻想10》这样如此有"心"。**MK**

Baldur's Gate: Dark Alliance
博德之门：黑暗同盟

发售年份：2001
平台：多平台
开发商：Snowblind Studios
类型：动作 / 角色扮演

　　PC平台上的初代《博德之门》系列游戏时长达数百小时，开辟出了一整片奇幻大陆和偶尔出现的异次元世界，把几乎全套的专家级龙与地下城（AD&D）规则都搬进了游戏。《博德之门》共有六张游戏碟，这还不包括讲述支线剧情和外传故事的资料片，加上游戏强调经验值、采用菜单式界面和鼠标操作，要想把这款游戏搬上家用主机或是在主机上进行操控几乎是不可能的任务。

　　但《博德之门：黑暗同盟》的创作者们灵机一动，将前作中的世界观与设定搬进了《暗黑破坏神》式的游戏当中。用以战斗为主的动作RPG元素取代了迷宫般纷繁复杂的剧情。在本作中，你操控的不是一个团队，而是在游戏开场时从三名角色中选择一位进行游戏。角色的能力不再是根据AD&D的规则增长和发展，取而代之的是玩家可以自由使用经验点数，依个人喜好对角色进行改造升级。

　　和其他精彩的冒险故事一样，《博德之门：黑暗同盟》的故事也从下水道开始，带领玩家依次走进各种奇幻的环境之中。所有的场景都由一款革命性的游戏引擎生成，支持全3D图像、动态光线及各种尖端视效。下水道中的水泛着紫色光泽，你会发现在游戏中涉水前进也变成了一件极富乐趣的事情。

　　本作从PC版游戏中延续下来的最重要元素便是献给玩家的惊喜。在游戏中，龙与地下城粉丝们会兴奋地发现黏胶怪、狗头人、龙、蜥蜴人，还可以解锁传奇的黑暗精灵武士——崔斯特·杜垩登（Drizzt Do'Urden），并选择他作为主角展开冒险。**DM**

Commandos 2: Men of Courage
盟军敢死队2：勇往直前

发售年份：2001
平台：PC, Mac
开发商：Pyro Studios
类型：策略

门口掉落的一包香烟吸引了一个百无聊赖的德国哨兵的注意，他走上前去，不料却被人从身后来了一刀。几分钟后，这个倒霉鬼的制服穿在了一名魁梧的盟军突击队员身上，并帮助他顺利地潜入了敌方的海军基地。在Pyro公司的这款二战策略游戏代表作中，每一个关卡都充满了新奇有趣的谜题，当玩家们在这片辽阔的斜四十五度角三维环境下行动时，你要学会转移敌方注意力，通过乔装、敏捷的身手、出色的隐蔽和那套老式的暴力来协助你完成任务。游戏大胆地借用了《纳瓦隆大炮》（The Guns of Navarone）、《血染雪山堡》（Where Eagles Dare）等经典电影的桥段，引人入胜的战斗场景横跨全球，既有小岛要塞，也有巴伐利亚城堡，甚至是远东的河村。虽然你只能在四个固定视角下观察这些场景，但这都不是问题，画面的精致性将弥补视角的缺憾。

角色各自的绝技和特定地图下的危险更为游戏增添了不少个性和挑战。在其中一个典型的关卡中，玩家的任务是要从一艘冰封的U型潜艇中偷出一台恩尼格玛（Enigma）密码机。你不仅要面临来自子弹的威胁，更有严寒的考验。

虽然有着丰富的游戏内容和高重玩性，但《盟军敢死队2：勇往直前》并没有得到业界的一致好评，批评者尖锐地指出了游戏AI的局限所在。尽管警觉的守卫会仔细地搜查每一片区域，但却不会对尸体堆产生足够的怀疑。友军的自卫能力也不甚理想，对于来自特殊区域的袭击无法做出反应。类似的小瑕疵在续作中得到了一定的改善，但《盟军敢死队3》中缩水的地图和被裁减的队伍意味着游戏根本无法和《勇往直前》这部谍战经典相提并论。**TS**

Gran Turismo 3: A-Spec
GT赛车3

发售年份：2001
平台：PS2
开发商：Polyphony Digital
类型：赛车

当《GT赛车》飚上PS2时，在这款全新主机无人可敌的强大画面表现下，在把游戏中的赛车吹得比F1还彪悍的宣传炒作下，《GT赛车》已经把其他同类游戏远远地甩在了身后。

凭借这些强大优势，《GT赛车》获得了任何一款赛车游戏都不曾经历过的商业成功，但与此同时，要一边猛踩油门一边稳住车身，Polyphony Digital公司面对的压力也前所未有地巨大。

《GT赛车》看上去并没有太多惊喜，但掀开引擎盖，你会发现游戏在操作系统上对前作进行了改良，轻松地表现出车子行驶过程中的细微变化，这在当年可算是主机平台上的最高水平表现。通过钻研跑道跑出最佳赛绩，你还可以购买或赢取大批的新车。

《GT赛车3》的核心结构仍旧保持原封不动，游戏试着拓展自己的魅力，但却又担心失去系列前作的粉丝。游戏仍旧延续了一定的RPG元素，要求玩家不断获取、改良自己的赛车，以便进入更多的赛道进行比赛，通过赢取比赛来解锁新的升级和车型。

车损的缺失和不尽如人意的AI表现仍是《GT赛车》鲜亮完美的外壳上扎眼的凹痕，时间对《GT赛车3》的腐蚀亦是它出众的游戏内容所无法抵御的。这也许不再是你想开的车，但它的引擎还没有停止转动，教会菜鸟玩家一些赛车类游戏的小技巧还是绰绰有余的。**JDS**

Black & White
黑与白

发售年份：2001
平台：PC, Mac
开发商：牛蛙（Bullfrog Productions）
类型：模拟养成/策略

　　《黑与白》是一款怪异而充满魅力的游戏，见证了曾经用《上帝也疯狂》开创上帝类游戏的牛蛙工作室如何用最另类的方式重塑这一游戏类型。在《黑与白》中，道德要素占据了整个游戏的核心地位，其次则是宠物养成元素，因为玩家需要通过一只巨兽来管理他的子民。为了驯服这些巨兽听从命令，玩家可得好好花一番工夫。

　　这就好像是和一个巨型婴儿住在一块，而这只巨兽的不可预知性也是游戏的一大趣味所在。当你命令你的巨兽去攻击敌人时，它可能会扭头闯进我方军队当中，这样的情形实在令人无语。你可以把这当成是游戏的Bug，但这却是非常抢眼的画面。另外，摸索游戏复杂的操作也是种独特的乐趣。

　　《黑与白》的道德设定也许有些肤浅，但从令人毛骨悚然的《生化奇兵》到任你飞檐走壁的《恶名昭彰》（Infamous），几乎所有的类型游戏都开始沿用这样一种设定，而《黑与白》正是这一切开始的地方，这一创意的基本理念也是在这里得到最辛勤的尝试。

　　和彼得·莫里纽克斯创作的许多游戏一样，《黑与白》中充满了难题与挑战，而其中的一些特色内容就连这位传奇游戏人自己也承认略显多余。比如，游戏花了很大工夫来表现实时天气，结果却只有英国玩家才能在无尽的阴霾下淡定地扮演上帝。但电子游戏需要的正是《黑与白》这种特立独行的游戏，这种奇特、宏大、野心十足的试验作品，有想法，有行动，从来不拘一格。**CD**

Tribes 2
部落2

发售年份：2001
平台：PC
开发商：Dynamix
类型：第一人称射击

提起大型多人在线第一人称射击游戏，首先浮现在玩家脑海中的也许是《虚幻锦标赛》（Unreal Tournament）和《反恐精英》（Counter-Strike），但实际上，这类游戏的鼻祖其实是《星际围攻：部落》（Starsiege: Tribes）。《部落2》延续了《星际围攻》的世界观，在原作的基础上对游戏进行了全方位的改进。虽然没有像同类竞争对手那样带出一大批追随者，但却为这类游戏树立了一个标杆。而《部落2》的玩家数量相对较少，也许是因为这款游戏拒绝妥协的坚决态度。

除了教学关卡外，《部落2》并不迁就菜鸟玩家，别说玩出水平，就连在游戏中保命都需要大量的练习。游戏非常强调垂直空间的探索，也给玩家带来了不小的困难。除了可以跑轰外，玩家还可以使用火箭背包在空中飞行若干时间，调查辽阔的地图，向脚下的敌人随意开火。轻型、中型、重型装甲有着各自的能力效果，而其他角色职业则给玩家带来更多战斗风格选择。

由于每一位进攻者都有着灵敏矫健的身手，游戏在战术选择上更倾向于溅射攻击。预测出敌人的进攻轨迹并用一枚火箭弹将其迅速解决是一项独特的技术，也是必不可少的一项技能。但交通工具在游戏中也扮演着重要的角色，像三人轰炸机一类的载具就需要和队友默契的配合以发挥最大效果。

多人游戏的隐患就在于：终有一天游戏的官方服务器要关闭。这也是《部落2》玩家群们所遭遇的不幸。可喜的是，在2009年，由玩家自主运营的服务器开始运作。现在人们又可以再度感受这款游戏的魅力了。当然你是否有勇气来挑战游戏中的高手玩家则是另外一回事了。**BM**

IL-2 Sturmovik
捍卫雄鹰

发售年份：2001
平台：PC
开发商：1C
类型：飞行模拟 / 射击

Devil May Cry
鬼泣

发售年份：2001
平台：PS2
开发商：卡普空（Capcom）
类型：动作

　　游戏取什么名字很重要吗？1C的游戏开发者们找不到一个抢眼的名字来销售这款硬核军事飞行模拟游戏，最后他们决定使用目标玩家群们所熟悉的东西——战斗机的名字来为游戏命名。IL-2 Sturmovik是苏联空军在二战时期大量投入生产的战斗机，并在东线战场作为强击机使用。

　　游戏的名字也再度声明这不是一款适合胆小鬼的模拟游戏。《捍卫雄鹰》的飞行模型做得相当精准，这也意味着你必须学会俯冲和旋转等技术、监控飞行速度和高度及其他飞行数据以确保你的飞机不要中途掉下来。等你搞定了这一切，你还有一大帮德国空军需要应付。

　　游戏的任务编辑器允许玩家自己设定目标和挑战，极大地增强了游戏的可玩性。玩家们还可以在线和其他飞行员们一比高下，持久的娱乐性也足以掩盖游戏为追求实际效果而牺牲的画面美感。独一无二的背景、任务风格、战机模型成就了一款原创飞行模拟游戏，向这类游戏狂热分子们提供了异彩纷呈的游戏体验。**RSm**

　　有时你根本就不想花脑子思考自己到底在做什么，有时你只想一边讲着冠冕堂皇的台词一边大肆破坏掉周围的一切，这个时候等待你的就是这款卡普空的哥特式乐园——《鬼泣》，里面不仅有恐怖小说里的究极恶魔，更混杂着其他各种大卫·鲍伊（David Bowie）也会爱到发狂的花哨玩意儿。

　　《鬼泣》把华丽的打斗方式凌驾于一切之上，不管是把敌人轰成渣还是切成条，最重要的是你杀人时怎样看起来才会比较酷。我们举止高调的主角但丁（Dante）在各关卡的破旧环境之中打得甚是欢乐，战斗过程中，单是要跟上角色的速度都会让你眼球发涩。其他的游戏在剧情上可能会更正常，角色也会更深刻，节奏也会更轻缓，但是如果你是想试试千人斩，那么但丁和《鬼泣》绝对是你的正确选择，没有之一。**CD**

Frequency
电音频率

发售年份：2001
平台：PS2
开发商：Harmonix
类型：音乐

Stretch Panic
琳达大冒险

发售年份：2001
平台：PS2
开发商：Treasure
类型：平台动作

　　在全身心投入对摇滚乐的解构之前，《吉他英雄》（Guitar Hero）的创作公司Harmonix为它的节奏类游戏选择了另一种更为自然的音乐类型：电子乐。作为该公司在PS2上的第一款、亦是最优秀的一款游戏，《电音频率》如同通往节奏类游戏最黑暗角落的一次深刻而复杂的旅程。

　　《电音频率》将游戏中的音乐分为多音轨，三条音轨分别对应不同的乐器和音乐样本。所有的音轨都被放进了一个隧道，玩家要通过PS2控制器配合音符"锁定"音轨，空余部分则由摇杆控制的自由风格（freestyle）部分来填充。游戏的基本概念就是要玩家把音乐演奏出来，并一直维持到音乐结束。

　　游戏的"隐形"操作界面把玩家带入了一个始料未及的高度——长时间的游戏会让你产生肌肉记忆和条件反射，你仿佛能和游戏产生某种心灵感应，成串的音符从你手中流过，宛如穿过19世纪计算机的穿孔卡片。很少有游戏能把音乐创意做得如此简单易懂，《电音频率》至今仍有一批线上玩家群为这款游戏痴迷不已。**DH**

　　琳达（Linda）有一条魔法围巾，她必须依靠围巾的魔力闯遍整个世界，到处招人，把她的姐姐们从吞噬一切的虚荣魔鬼手中解救出来。是的，这款游戏的开发商又是Treasure——日本游戏公司中的精英分子，以打造充满想象力的迷你游戏经典、精彩的游戏机制、满屏的色彩轰炸和电子游戏中最出色的Boss而蜚声业界。

　　《琳达大冒险》（在欧洲称为《Freak Out》）最大的乐趣在于你可以用你的魔法围巾随意拉扯这个富有弹性的世界，抓住地面的橡胶块把自己弹入空中或是飞跃峡谷，用力掐那些怪异Boss的肉——哪里疼掐哪里。你实在找不出其他几款类似的游戏。

　　《琳达大冒险》也并非完美无瑕：一些游戏操作非常棘手，方向也不好寻找，但除此之外游戏非比寻常、乐趣无穷的核心体验还是会让你忘掉这些小瑕疵，全身心投入到游戏的疯狂之中。**CD**

Mario Kart: Super Circuit
马里奥赛车：超级巡回赛

发售年份：2001
平台：Game Boy Advance
开发商：Intelligent Systems
类型：赛车

真正的传奇游戏总是凤毛麟角，但在SNES上推出的《超级马里奥赛车》无疑是其中之一。《马里奥赛车：超级巡回赛》大量借用了初代游戏的模式，并取得了不小的成绩——至少做到了和初代一样出色。本作大胆地收录了《超级马里奥赛车》中的所有赛道（只进行了一些微小的改动），并新增了二十条赛道，仿佛是摆开场子让玩家自己来比较孰优孰劣，向前作发起赤裸裸的挑战。

《马里奥赛车：超级巡回赛》采用了平面赛道，虽回避了3D的使用，但却不乏图像上的提升（比如游戏中的道具就是悬浮在赛道上空，而不是作为赛道贴图的一部分），让16位图像迷们看得赏心悦目。

但最令人印象深刻的是本作对SNES和N64上的系列前作艺术风格的巧妙融合，鲜艳醒目的色彩运用弥补了GBA掌机在背光上的不足。游戏之间的融合不仅只体现在视觉画面上，《马里奥赛车64》中的一些设定也在本作中有所体现，其中最有趣的莫过于当你在战斗模式下输掉后，你可以变成一颗移动炸弹。

感谢GBA的连线功能，游戏最多可支持四人同台竞技，不论竞赛或是战斗，游戏的多人模式都展现出《马里奥赛车：超级巡回赛》的成功。游戏充分利用了GBA的"一卡多机"功能，向玩家提供了最划算的多人游戏体验，即便只有一个人有游戏卡带。另外由于每个人都有自己的游戏屏幕，悄悄接近对手变得更加容易。有些玩家会抱怨这样没办法察觉对手的一举一动，但正是这些微小的差异让《马里奥赛车：超级巡回赛》显得如此与众不同，并给这款已经很出色的游戏增添了别样的深度。**BM**

Gitaroo Man
吉他小子

发售年份：2001
平台：PS2, PSP
开发商：iNiS
类型：音乐

作为一家夫妻档发行公司，光荣（Koei）公司推出过不少风靡数十年、细节丰富、历史考究的战争模拟游戏，而《吉他小子》则是光荣的一次另类尝试。但这并非首例，事实上，光荣此前就尝试过转型，抛开封建日本时代，在恋爱策略类游戏中寻求突破，比较出名的作品如日本的人气大作《安琪莉可》（Angelique）。恋爱策略和战争策略游戏之间的共同点可比你想的要多得多，至少比《吉他小子》和……嗯……任何一款游戏之间的共同点都要多。

就动作元素而言，《吉他小子》看上去和《啪啦啪啦啪》非常接近，都是要求你根据屏幕上的指示，随着音乐节奏按按钮。但对于吉他小子来说，这一切基本要素都只是个发射台，把游戏射入最遥远的外太空，带入无厘头的极致地带，沿途还吸收了打斗类游戏元素。《吉他小子》采用了一种涂鸦般的霓虹艺术风格，讲述一群会说话的狗和一个获得太空神力、背着神奇吉他的男主角U-1的故事，为了保护自己，U-1不得不起身对抗Zowie领导的Gravilians一族。《吉他小子》也是一个先兆，预示着节奏动作游戏专家iNiS公司日后一系列另类游戏的诞生，如NDS上的《应援团》（Oendan）和《节奏特工》（Elite Beat Agents）系列等等。

但是游戏有的可不止是另类，《吉他小子》把新奇元素融进了游戏操作当中，把打斗与Simon Says进行了神奇的组合，因此在游戏中，踩节奏只是游戏的一个方面，游戏的真正内容还是面对Zowie的疯狂走狗引发的一连串Boss战。《吉他小子》没有后续作品，鉴于这款游戏在海外的发行量并不大，《吉他小子》已经成为西方市场的一件稀罕品了。**DM**

Grand Theft Auto III
侠盗猎车3

发售年份：2001
平台：多平台
开发商：DMA Design
类型：动作

在这部里程碑式的第三作面市之前，《侠盗猎车》只是个偶尔惹些小争议的另类游戏，但在《侠盗猎车3》发售之后，这个系列便迅速风靡全球。不定期的游戏发售成为游戏界的热议话题，全球玩家都从午夜开始在游戏店门口排起长龙，新闻媒体更是不惜用大篇幅对游戏进行相关报道。

但至少这是一款名不虚传的游戏。《侠盗猎车3》画面的3D化也许不是3D游戏中做得最好的，但这款游戏玩的就是一种感觉——街道的夜景、飙车急转时车胎的啸叫、警察撞上你的引擎盖和挡风玻璃上时的闷响。《侠盗猎车3》很好地抓住了电影《好家伙》（Goodfellas）的那种阴郁风格，正如系列续作完美地捕捉到佛罗里达暧昧的橘色天空和南加州日光暴晒的人行道。游戏中的自由城不仅是个背景，更像个抢眼的角色。拔地而起的逼真建筑与脏乱差的街道都是你百玩不腻的乐园。

但真正营造出游戏趣味性的还在于一些细节。就叙事能力和任务构建而言，《侠盗猎车3》确实迈出了一大步——虽然这个系列在任务要素上一直有点滞后，毕竟这个沙盒世界中的自由度实在太高了——但这个游戏真正让你产生快感是当你坐上一辆刚偷来的车时，潇洒地在车主身边倒个车，然后调着电台一路飙走。正是这种流行文化的随意感觉和游戏的传统操作难以驾驭的无限可能，使得《侠盗猎车3》的世界显得如此真实，游戏也正是凭借这点吸引你进入这个世界感受一番。**CD**

Return to Castle Wolfenstein
重返德军总部

发售年份：2001
平台：多平台
开发商：Gray Matter Interactive
类型：第一人称射击

开发周期过长的游戏要担心的可不止是新作和前作之间的衔接问题，第一人称射击游戏《德军总部3D》（Wolfenstein 3D）和续作《重返德军总部》之间隔了近十年时间，这期间的技术进步意味着开发者要彻底重新考虑这款续作的性质问题。前作《德军总部3D》根本都不算是3D游戏，只不过用上了光线投射（ray casting）和精灵缩放（scaled sprites）技术。那么这款续作又要如何运用专用图形处理芯片创造的全3D游戏环境呢？

负责开发本作单人模式的Gray Matter Interactive公司很明智地采取了"重启"的方式，将《德军总部》的主角B. J. 布莱克维奇（B. J. Blazkowicz）再度扔进了前作的古堡地牢中，并从那里开始进入一个完全不同的世界。布莱克维奇要对抗纳粹和丧尸，阻止党卫军超自然部门复活海因里希一世（Heinreich I）——德国历史上一名拥有魔力的邪恶军阀。

对于许多玩家来说，《重返德军总部》缺失了原作中最重要的一个元素——你不能在游戏结尾杀死希特勒。但是本作却用一个通俗的冒险故事为这个系列注入了全新的活力，把这个系列重塑成为了一个夺宝奇兵式的世界，里面隐藏着纳粹苦苦追寻的魔法与神力。游戏剧情有了其存在的意义，而不再只是作为一款街机风格三维射击游戏的苍白背景。

真正让游戏与众不同的是它的多人模式。在此模式下，轴心国和同盟国将比赛完成任务，或是极力阻止对手完成任务。《重返德军总部》用四种能力各异、平衡性绝佳的职业和精心设计的地图影响了后来所有的第一人称射击游戏。虽然相隔十年，但本作和前作一样，对它所在的游戏类型产生了深远影响。**MKu**

Max Payne
马克思·佩恩

发售年份：2001
平台：PC
开发商：Remedy Entertainment
类型：射击

《马克思·佩恩》有个听上去像是某种栓剂品牌的名字，还有个貌似患有便秘的男主角。面对这样一款游戏，你很难把它当一回事。但本作采用的材质贴图却让《马克思·佩恩》成为第一款真正意义上的照片级3D游戏，这也意味着早期显卡的制作者可是很把这游戏当一回事的。

游戏由位于赫尔辛基的Remedy公司制作，起初这款游戏和其他游戏并没什么两样，但当从美国采风回来的美术师们带回来数百张纽约的照片时，他们发现照片中的这个城市仍然像电影《法国贩毒网》（French Connection）般透着一股冷酷的感觉，就在那一刻，他们意识到这游戏还没有真正完成。

游戏在叙事上效仿黑色电影风格，并穿插着脏兮兮的漫画风格过场，马克思·佩恩这个阴郁的角色则是对好莱坞经典犯罪片和犯罪片中冷峻无情的电影角色的致敬。游戏以马克斯·佩恩的悲剧开场。佩恩是一名初为人父的纽约警察，一天他回到家后却发现自己的家人全部被杀害，而一种新型的街头毒品Valkyr和这一切有着脱不开的关系。为了复仇，佩恩从曼哈顿市中心一直追到毒品生产基地——Aesir公司大楼。随着游戏剧情的展开，佩恩的内心世界也逐渐展露出来，而他的复仇之旅也充满了磨难与背叛。

《马克思·佩恩》把先进的粒子效果和"子弹时间"引入了游戏当中，也算是PC动作游戏界的一座里程碑，使得这类游戏终于不必在家用主机游戏面前抬不起头来。游戏的鼠键控制赋予了战斗极大的精准性，游戏贴图的分辨率也高得令人惊叹。寒冬中的纽约处处都是对北欧神话的隐喻，更给游戏中的毒窟和巷道带来一种异世界的感觉。讽刺的是，这部充斥着对经典电影致敬的《马克思·佩恩》却毁在了好莱坞手上。2008年的游戏改编电影令人失望透顶，伤透了玩家的心。**DH**

Halo: Combat Evolved
光晕：战斗进化

发售年份：2001
平台：Xbox
开发商：Bungie
类型：第一人称射击

  令人大跌眼镜的是，这款令微软从办公软件与浏览器大亨化身硬核电子游戏救世主的动作游戏，在一开始居然是要做成一款策略游戏；更令人震惊的是，这款游戏原本是要在苹果电脑上推出！除了这些不靠谱的原计划外，游戏制作者基本保持了清醒的头脑。于是，Xbox主机生涯刚开始，就一鸣惊人地带来了一款优秀的处女作。

  《光晕：战斗进化》无疑是一出波澜壮阔的太空歌剧。故事讲述人类和星盟（Covenant）之间的战争。星盟是一群笃信宗教的外星人，一直设法把人类从宇宙中抹去。玩家在游戏中将扮演全副武装的超级战士"士官长"（Master chief），探索一个古老而神秘的环形世界。这里既有闪闪发亮的外星设施，也有苍翠茂密的森林和山峦。你将要和敌军展开一连串大大小小的对战，活用一系列近乎完美的道具，驾驶着疣猪战车拯救全宇宙。

  《光晕》验证了那句著名的"30秒钟乐趣"——每一次遭遇战斗都能带出游戏的主循环（game loop），将一连串经过精心设计的敌人类型和各种有趣的武器混合在一起——除开气势恢宏的原声和含糊不明、常常言之无物的剧本，《光晕》追求的就是经济紧凑的游戏设计、刺激的爆炸、多样化的环境和敌人一股脑儿袭来的永恒快感。

  《光晕：战斗进化》已经变成了属于Xbox的《星球大战》——一个流行文化巨星，不断丰富发展着其中的架空世界。虽然每一部新作的发售都会进行天花乱坠的宣传造势，但考虑到游戏本身始终保持了如此高的可玩性，再过火的营销手段也无法掩盖游戏的真正成就。**CD**

Silent Hill 2
寂静岭2

发售年份：2001
平台：多平台
开发商：Team Silent
类型：生存恐怖

  《寂静岭2》的故事背景是典型的梦魇式日式恐怖：男主角詹姆斯·桑德兰（James Sunderland）收到一封妻子的来信，邀请他来两人度假时曾来过的小镇——"寂静岭"陪她。唯一的问题是——他的妻子去世已经三年了，但詹姆斯还是赴约来到了寂静岭。Team Silent团队制作的又一款心理生存恐怖游戏就从这里开始。

  初代《寂静岭》把焦点放在了外部的超自然危险上，而这部续作基本以对抗内在心魔为主要内容。《寂静岭2》笼罩在一片迷雾当中，这基本也折射出詹姆斯混沌的情感世界，而他在游戏中遇见的其他角色——一个酷似他亡妻的风骚女人、一个可疑的连环杀手、一个寻找失踪母亲并带有自杀倾向的女子——都可以看作是他内心的痛苦挣扎。詹姆斯有一个秘密——一场和他妻子的死有关的悲剧，而随着詹姆斯深入探索这个荒芜的小镇，逐渐接近这一切痛苦的中心——寂静岭的旅馆，这个秘密也逐渐揭露出来。

  Team Silent给这个阴暗潮湿、腐朽发臭的世界蒙上了一层又一层诡异的图像，医院的墙上布满了血迹、厕所里填塞着内脏——一切都在腐烂，一切都在被焚毁、被破坏。游戏中的怪物也同样令人十分不适：畸形的护士、一瘸一拐的橱窗模特、令人毛骨悚然的三角头。他们都很丑陋，但却又莫名地性感；非常真实，却又如梦魇般模糊不清。

  和该系列的其他作品一样，《寂静岭2》也带有多版本结局，具体取决于玩家在游戏的过程中的举动和玩家所发现的物品。没有一个结局是圆满的，不过其中两个恶搞型结局却出人意地有趣。但对于詹姆斯而言，最好的结局就是自我觉醒。这是一个典型以悲剧收尾的故事，一次紧张的冒险历程，游戏中充斥的大量性暗示和弗洛伊德式意象，它更像一部希区柯克电影，而不是一款恐怖游戏。**KS**

Shenmue II
莎木2

发售年份：2001
平台：Dreamcast, Xbox
开发商：世嘉（Sega）
类型：动作/冒险

作为铃木裕未完成的《莎木》系列的第二章，《莎木2》不仅拓宽了前作的游戏系统，也拓宽了刺猬头男主角芭月凉的视界。游戏开始时，当芭月凉下船后发现自己已经置身于栩栩如生却又陌生得令人忧伤的香港时，很明显，相比与一代游戏中熟悉的横须贺小路，凉已经来到了一个大得多的世界。这是一个超自然事件与普通生活并存的世界，前一分钟还在和巨人打得你死我活，下一分钟又在为赚零花钱而四处搬箱子、掷骰子。有时，凉还会和争夺九龙地盘的黑社会起冲突，有时他又会在寻找蓝帝、为父报仇的旅程中隐居寺庙，学习神秘的格斗技。

此次的复仇之旅中包含了更多的迷你游戏、更多的街机游戏、更多的打斗以及更多的自由，因为芭月凉的行动不再被睡眠时间所剥夺。本作也对初代游戏中的不少设定进行了改良，比如允许玩家直接跳入和其他角色的会面，而不需要苦苦等候。但两项最重要的元素是游戏的剧情和角色：《莎木2》中增加了新的对手，也出现了新的恋情，还有大批性格鲜活的配角，如海盗装的刃武鹰（Ren）和黄头发的乔伊（Joy）。

就图像和互动性而言，《莎木2》牺牲了前作中细腻的细节表现，但却呈现出了一个格局更为庞大、主题更为多样的游戏世界，间接反映出芭月凉的冒险已经把他从安逸舒适的青年小天地强行推向了一个充满挑战的成人世界。也许终有一天，他的旅程会找到一个结果。**DM**

Serious Sam
英雄萨姆

发售年份：2001
平台：PC
开发商：Croteam
类型：第一人称射击

当第一人称射击游戏开发商们正想方设法推动这类游戏的革新，往里面加入RPG元素、策略元素、角色发展、掩体设计以及引人入胜的剧情时，《英雄萨姆》却摆出了一副"与我何干"的态度，把这些毫无意义的元素抛到了一边，坚持在疯狂的环境下用重型武器轰杀一切才是王道。最终的开发成果便是一道不用太花脑子、地地道道的射击大餐。随着你逐渐深入《英雄萨姆》中的古埃及关卡，游戏也将变得越来越疯狂。

主角萨姆（Sam "Serious" Stone）来到古埃及的原因本身就荒唐透顶：他穿越时空回到古代，是为了打败"神经病"（Mental）——你没看错，就是这个名字——率领的外星势力，从而改变历史轨迹，使现代的地球免遭灭顶之灾。任何一款优秀的射击游戏都需要令人过目难忘的敌人，而《英雄萨姆》从来都不缺货。手持炸弹、没有脑袋的神风特攻队就是一个亮点。游戏强大的3D引擎可以生成广袤的沙漠场景，这些怪物就是从远处的沙丘中出现，向萨姆狂奔而来，然后在你眼前炸开花。游戏中的其他怪物还包括野蛮的牛头人、飞行女妖和开着机关枪的巨蝎，你可以看到萨姆从来都不缺枪靶子。

但当数百只牛头人凭空出现时，你不得不佩服游戏强大的引擎和疯狂的创意，你将逐渐习惯这种莫名其妙——尤其是当你好不容易拿到了血包和补充弹药时——蹦出一大批怪物的设定。游戏中的一些音效很可能是绞尽脑汁恶搞至死的制作团队自己发出的笑声。在遭遇和攻克各种难题的同时，再冷酷的玩家也将被各种无厘头的设定逗得一路欢笑。**RSm**

Luigi's Mansion
路易基鬼屋

发售年份：2001
平台：GameCube
开发商：任天堂（Nintendo）
类型：动作

　　NGC上的这款《路易基鬼屋》充斥着梦魇与幻象。在这款马里奥游戏中，你可不能像以前那样四处乱跳或是一屁股坐死敌人。实际上，在这款马里奥游戏中你扮演的根本就不是马里奥，而是他干瘦的兄弟路易基。这个穿着一身绿的豆芽小人来到了一幢鬼屋，寻找他那个被一群搞怪的鬼魂绑架的明星哥哥。随之而来的是迄今为止最古灵精怪、最令人目瞪口呆的一款马里奥游戏。《路易基鬼屋》基本借用了电影《捉鬼敢死队》的那一套凶宅搜鬼的桥段，路易基则扮演了一个有模有样的驱魔人，把那些卡通化的亡灵吸进它的便携式吸尘器Poltergust 3000中。

　　《路易基鬼屋》基本上是用一个简单而可怖的故事把一系列极度古怪的Boss战串在了一起。游戏在场景表现上绝对是一款大师级作品，每一个房间都有自己的一套唬人的把戏：自动弹奏的乐器、走廊里火光摇曳的大烛台、大量梦魇般的镜子和房门，最经典的是一个林中的天文台，当路易基往望远镜里看一眼时，立刻就被带进了群星闪烁的宇宙，展开一次小小的神奇太空之旅。

　　这是一次大胆的尝试，在游戏的过程中你可以感受到在对马里奥经典游戏模式不断拓展完善多年之后，这只经验丰富的开发团队终于在本作中抛开了一切重新开始。《路易基鬼屋》不仅在捉鬼的生意上做得远比2009年Xbox360和PS3上的《捉鬼敢死队》（Ghostbusters）要出色得多，更给马里奥系列游戏注入了全新的生命力。游戏展现路易基如何从一个胆小的弟弟成长成为一个英雄，为这个星光耀眼的游戏系列带来了一丝角色深度，但更多时候，路易基还是依靠对线索反复地解密实现自己的英雄壮举。**CD**

Jak and Daxter: The Precursor Legacy
杰克与达斯特：先驱者的遗产（又名《旧世界的遗产》）

发售年份：2001
平台：PS2
开发商：顽皮狗（Naughty Dog）
类型：平台动作

　　《杰克与达斯特》自己的先驱者其实是古惑狼。古惑狼这个角色已经成了PS1的某种吉祥物，同时也是顽皮狗公司高超技术的一大例证。《杰克与达斯特：先驱者的遗产》在角色设计和对索尼游戏硬件的开发上同样也展现出了顽皮狗的才华。游戏给玩家献上了高度丰富的细节，充满魅力的动画和一个无缝衔接、看不到加载画面的流畅世界。游戏由后来出演过《黑道家族》（The Sopranos）并参与《侠盗猎车：夜生活之曲》（Grand Theft Auto: The Ballad of Gay Tony）配音的麦克斯·卡西拉（Max Casella）扮演达斯特，并为诺兰·诺斯（Nolan North）后来多产的配音生涯铺平了道路。

　　因为3D图像在前一代主机上已经得到了很好的开发，要想在128位世界中脱颖而出，游戏就得使用些新手段了。《杰克与达斯特：先驱者的遗产》最主要的创新之处就是前面提到的零加载。在此之前，大多数游戏提供的都是缺乏整体感和持续性的抽象体验，但在本作中，你看得到的地方就走得到，已经被触发的谜题也会保持原样，而不会在你二次经过时重启。之前的平台动作游戏中使用到的元素在本作中则被赋予了全新的生命，为游戏创造出了一个活灵活现的世界。

　　游戏中的操作很容易让人联想到《超级马里奥64》和《班卓熊大冒险》等经典游戏，这也是本作值得被力荐的原因之一。游戏的操控精细而流畅，单是移动杰克（Jak）就能给你带来不小的乐趣。在对这类游戏俗套元素的再加工中，本作也加入了不少新的创意。游戏中的收集品不再是一些抽象的饰品，而是能量宝石，它的存在在游戏的剧情背景下有自己的意义，这也为游戏的连贯性和游戏动机确立了新的标杆。**BM**

Maximo: Ghosts to Glory
马克西莫：鬼之荣耀

发售年份：2001
平台：PS2
开发商：卡普空（Capcom）
类型：动作

　　《马克西莫：鬼之荣耀》是一款罕见的由海外游戏公司负责开发的日本游戏佳作，更令人瞩目的是，这是一款《魔界村》游戏。《魔界村》是一款以其外科手术般精准的关卡设计、神奇的人设和超耗币的难度而著称的街机游戏经典。但这并不只是款单纯的续作，而是一款3D外传游戏——一个注定要悲剧的做法。

　　卡普空的新企划《快打旋风：复仇》（Final Fight Revenge）迟迟得不到批准，不过托它的福，卡普空利用这段时间搞起了这款《马克西莫：鬼之荣耀》——一款有着属于自己的主角、美术风格、控制系统和故事情节的独立游戏。故事讲述勇敢的骑士马克西莫在战争结束后回到故乡，却发现自己的王国已经被远古恶魔所诅咒，他的王位也被自己最信赖的大臣阿基利（Achille）所夺走，就连公主也被囚禁、被逼婚。四位掌控国家的魔法师也被锁入高塔之中，每一座塔牢都有成群的丧尸和魔兽重重把守。一把好剑、一张铁盾、三条命，外加一份弹跳力——这就是马克西莫仅有的一切。要想恢复魔力，他就必须打倒一切。

　　讽刺的是，在那么多街机经典的3D改编游戏中，这款难得的佳作居然要用一个化名。《马克西莫：鬼之荣耀》本可以成为《魔界村》的伟大续作，也有着一切实力成为该系列的巅峰作品。在这个充满动感的3D世界当中，当棺材如电梯般从地下升起时，脚下的泥土会化成岩浆。你的每一次跳跃和挥打都必须格外小心，仿佛每一次失误都有可能耗掉你一枚游戏币。事实上，游戏还真有吃币这么一回事：每一次continue都要求你把一枚珍贵的"死亡硬币"交给死神，而且这东西还带通货膨胀。《马克西莫：鬼之荣耀》在风险与回报、策略与整蛊之间做到了极佳的平衡，绝不是一款平庸的改编作品。**DH**

Ikaruga
斑鸠

发售年份：2001
平台：多平台
开发商：Treasure
类型：射击

《斑鸠》并不是Treasure公司的第一款纵向卷轴射击游戏，更不是第一款使用颜色配对设定的游戏——这样的设定源自现在ebay上身价飙涨的《闪亮银枪》（Radiant Silvergun）。但是游戏的简洁风格和永不停止的节奏注定了这是一款杰作：一款值得你细细品味、反复重玩的游戏，一款设计完美的迷你经典，即便是在你最后一次通关结束后的很长时间里，仍会在你睡觉合眼的时候浮现出来。

《斑鸠》的核心概念非常简单直白：敌人和敌方火力分为黑色和白色两种，你的飞船也可以在黑白两色中切换，攻击和你颜色相反的敌人便可增大破坏力。但是，虽然你能够吸引同色敌人的子弹来升级特殊武器，对于异色敌机的火力你却极度缺乏防御力。

以这个简单的框架为基础，Treasure创造出了一款标志性的游戏杰作，游戏中喷涌着一波接一波阵形各异的敌人，整个屏幕都浸泡在密集的火力之下，把《斑鸠》带向了一个射击类游戏的弹幕极致，在你到达终点线之前把一大群外星Boss扔给你解决。和Treasure公司的其他优秀作品一样，撑到终点只是游戏的开始，《斑鸠》不是要你苟活，而是要你变强。高分排行榜才是真正的战场，在那里的竞争将继续持续数年之久。

在街机平台取得巨大成功后，《斑鸠》又迅速转战DC和NGC平台。今天体验这款游戏的最佳方式无疑是通过Xbox Live Arcade来感受。**CD**

Metal Gear Solid 2: Sons of Liberty
潜龙谍影2：自由之子

发售年份：2001
平台：PS2
开发商：小岛秀夫（Kojima）
类型：动作

2000年的东京游戏展上，当大屏幕上的索利德·斯内克（Solid Snake）从华盛顿大桥上纵身跃下，落在一艘途径的游轮上，准备开始新的潜入冒险时，全世界对《潜龙谍影2：自由之子》的期望值都达到了一个沸腾的顶峰。感谢PS2强大的机能，索利德的这次新任务注定要成为一场视觉盛宴。预告片中可以看到瓢泼大雨打在他的外套上的效果，他的脸也终于开始有点人样了。不过现在回头看来，这款预告片也许不是展现《潜龙谍影2：自由之子》的最佳方式，毕竟这款游戏的主角可是来了一次大换血。

在《潜龙谍影2》中，伪装成易洛魁·普利斯金（Iroquois Pliskin）——这是对电影《纽约大逃亡》（Escape from New York）的男主角斯内克·普利斯肯（Snake Plissken）最直白的致敬——的斯内克大部分时间是个酱油角色。真正走到聚光灯下的是个全新的面孔："猎狐犬"组织的特工雷电（Raiden）。在预告中的油轮戏过后，这个金发美少年就被派去被劫持的钻井平台"大贝壳"上营救美国总统，而绑架总统的则是名为Dead Cell的反恐小队。这次的核威胁更是之前的双倍，平台里藏着个巨型武器载具Arsenal Gear，以及新型机械移动作战武器Metal Gear Rex。

在这款设计大胆、有意偏离原作的续集中，雷电的出现引发了巨大争议。往难听了说，这就是挂羊头卖狗肉，这也标志着设计者小岛秀夫与粉丝间全新摩擦的出现，并延续至今。这一切都让本作成为一款令人痴迷的艺术品。除了政府阴谋论与民主背叛的复杂故事外，游戏在结尾处还玩了些精彩的心理游戏，在给剧情进行精彩收尾的同时，打破了游戏和玩家之间的"第四道墙"，甚至要在点头眨眼间"毁掉"玩家的PS2主机。游戏新增了大量角色、武器和战术，高潮戏更有段长达四十五分钟的超长过场动画。**DH**

Operation Flashpoint: Cold War Crisis
闪点行动：雷霆救兵

发售年份：2001
平台：PC
开发商：Bohemia Interactive Studios
类型：射击

　　多年来，电子游戏界一直试图创造出一款真正的"军人模拟"游戏，但真正确立了这个名词的含义的游戏则是这款《闪点行动：雷霆救兵》。本作的设计非常具有吸引力，对菜鸟玩家更是毫不心软。你要么对这款游戏爱不释手，要么直接退盘另寻其他游戏。

　　《闪点行动：雷霆救兵》提供的步兵体验至今仍真实得令人恐惧。几发子弹就能要你的命，敌人之凶残更是射击游戏中前所未有的。在大多数游戏中，敌人都是坐等你来杀他，最终目的就是让你取胜。但在《雷霆救兵》中，玩家可没这么好命。单人模式以要求玩家长时间匍匐前进而闻名，这也是唯一能够避免被巡逻部队打死的方法。但随着游戏的深入，你将逐渐意识到游戏世界之辽阔。在这个开放式小岛上，你可以和一切交通载具进行互动，如果你找到一辆拖拉机或是坦克，你就可以开着它走。《闪点行动：雷霆救兵》是对写实主义的一曲颂歌，正因如此，除了游戏的续作外，你几乎找不到第二款和他类似的游戏。

　　但是，《闪点行动：雷霆救兵》最大的成就在于释放了玩家的创意。游戏自带的编辑器和mod系统非常自由灵活，允许玩家创造五花八门、惊喜有趣的多人任务。对创意的鼓励和支持吸引了更多的新手玩家群进入这款游戏，分享其他技术型玩家的劳动果实。倘若没有采取这种做法，《闪点行动：雷霆救兵》也许不过是另一款昙花一现的游戏。JR

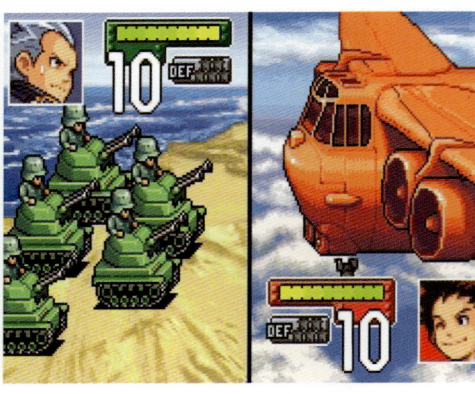

Pikmin
皮克敏

发售年份：2001

平台：GameCube

开发商：任天堂（Nintendo）

类型：策略

作为马里奥和塞尔达之父，宫本茂从来都不用费心寻找创作灵感。《皮克敏》显然就是在他种菜之后萌生的创意。这是一款非常另类的作品，它是即时策略游戏，但却不同于其他任何一款即时策略游戏，在取悦玩家的同时也会让玩家感到不适。

《皮克敏》讲述奥利马尔船长（Captain Olimar）在一颗神秘的星球坠落，他需要找回飞船的碎片才能离开这里。面对这样凶险的陌生环境，奥利马尔船长召集了皮克敏来协助他的工作。皮克敏是一群有趣的蔬菜小人，即便奥利马尔船长要下地狱，他们也会义无反顾地跟着走。随之而来的是一系列空间解谜、野生动物大战，当然还有强烈的策略元素，因为你要搞清楚每场战斗需要多少不同种类的皮克敏。

《皮克敏》就是对达尔文理论的一次实践。和蔼可亲的太空船长将利用这帮外星新朋友来维持生命，即使皮克敏们会因此丧命也无所谓。这便是所谓的适者生存。游戏很可爱，但也很残忍，但这并不妨碍《皮克敏》成为一款卓尔不群的游戏设计精品。**CD**

Advance Wars
高级战争

发售年份：2001

平台：Game Boy Advance

开发商：Intelligent Systems

类型：策略

和象棋一样，《高级战争》也暗示着国际冲突没必要搞得一团混乱。战争也可以开拓思维、清爽干净甚至是以礼相待。如果你想要的是一款风格明快、携带便利、十五分钟就能搞定一局的游戏，那么这就是一款为你量身定做的作品。

游戏中的吵吵嚷嚷的国际闹剧是以色彩明艳的日式动漫过场来体现的，一帮年轻游戏角色对于全球战争的态度如同看待一场弹珠比赛。《高级战争》在表现国际冲突上也许过于儿戏，但是用"幼稚"来形容这款游戏又未免太不公平，因为游戏骨子里还是有一颗跳动不已、令人畏惧的战略之心。

这是一款精致的游戏，扣人心弦、令人过目难忘。这样一款乐趣无限的游戏也证明Intelligent Systems（意为人才系统）公司的这个名字是众多电子游戏公司中最名副其实的一个（公司的大部分员工都来自于任天堂传奇人物横井军平的研发小组）。**CD**

Golden Sun
黄金太阳

发售年份：2001
平台：Game Boy Advance
开发商：Camelot Software Planning
类型：角色扮演

　　Camelot公司的《黄金太阳》是一款剧情精彩、引人入胜的RPG游戏，同时也坚定地走着过去RPG的老路。游戏华丽而鲜艳的视效和伪3D战斗系统把GBA的机能发挥到了极限，但这一切都只是服务于一个极其传统的故事，而且RPG类游戏的经典要素在这款游戏中一个也不落。

　　游戏背景设定在一个平面大陆式的幻想世界，讲述一群勇敢的少年设法保卫世代用来封印邪恶力量的"元素之星"（Elemental Stars），以便让世界恢复繁荣和平。

　　出色的美术设计、紧张复杂的剧情、丰富而感伤的音乐都给《黄金太阳》增色不少。游戏很鼓励玩家自主尝试，大部分游戏乐趣都来自于在频繁的战斗中不断试验全新的战斗组合。

　　《黄金太阳》是一款真诚而充满史诗味道的游戏，每一位想感受一下旧式游戏模式的玩家都可以尝试一下这款作品。GBA上的初代游戏和它精彩的续作很容易就能在网上购得。2010年，该系列还首次在NDS上推出了自己的新作。**CD**

RuneScape
RuneScape

发售年份：2001
平台：PC
开发商：Jagex
类型：大型多人在线角色扮演游戏

　　不少成人玩家们每月都要在《魔兽世界》一类的游戏上花不少银子，但其实网络上有着一大批大型免费在线多人游戏，这些游戏同样能够给你提供在线角色扮演体验。其中《RuneScape》便是这类游戏的鼻祖，你可以在任何电脑上用网页浏览器来玩这款游戏，它不会每月来收你钱，而是通过广告和价格低廉的会员制盈利。游戏由安德鲁·高维（Andrew Gower）和保罗·高维（Paul Gower）两兄弟编写。2001年游戏运营时只是款十分传统的冒险游戏，即便是在2003年转为3D后，《RuneScape》看上去仍然非常原始，但却不乏可爱与迷人之处。不过，游戏的角色简单易于操作，并配有二十四种技能，如钓鱼、伐木、盗窃、召唤等等，但战斗部分仍显得死板过时。

　　《RuneScape》也面临来自各方的巨大挑战，游戏比《企鹅俱乐部》（Club Penguin）更成熟，却又不及索尼的《自由国度》（Free Realms）华丽。但是，《RuneScape》让其他游戏难以望其项背的是它庞大的玩家群体。游戏有着数百万粉丝，其中大多数是年轻玩家，从严苛的游戏和无尽的冒险中获得的满足感足以让他们一路乐此不疲地玩到成年。**CDa**

Super Smash Bros. Melee
任天堂明星大乱斗DX

发售年份：2001
平台：GameCube
开发商：任天堂（Nintendo）
类型：格斗

格斗游戏《任天堂明星大乱斗》系列借用了不少日本相扑的概念，不过游戏往这项日本最著名的格斗运动中融入了令人震惊的复杂度、速度感和横向卷轴元素。和同类游戏一样，在《任天堂明星大乱斗》中，玩家要利用各种组合招数对对手造成伤害，不过本作中真正的目标还是把你的对手打出不同风格主题的擂台。

在这款游戏中，战术与技术就是成功的关键（最基础的关卡除外），但游戏仍然不忘抓住一切机会向你展现华丽的画面。即便你再怎么小心翼翼，游戏玩起来仍像是在全世界最危险的烟花厂进行的末日大混战。玩家们会被一拳打至飞天，然后又重重地摔下，急于显摆的特效则会把大量闪亮的粒子效果喷向天空。

在NGC上推出的《任天堂明星大乱斗DX》则是建立在N64上初代游戏成功的基础之上。本作有了更加流畅的动画，一整套主题各异的优美音乐，还加入了更多任天堂的人气长青角色参加混战。游戏共提供了二十六名可选角色——比初代多出整整十四名！其中包括来自《塞尔达传说》、《超级马里奥》、《火焰纹章》（Fire Emblem series）系列以及《母亲》（Mother）RPG系列中的众多角色。

散落在战场上的升级道具带着各种任天堂游戏的影子，战斗速度慢下来哪怕一秒钟，你都能看见不少熟悉的面孔和物品。像《任天堂明星大乱斗DX》这样的乱入式混战也只有在电子游戏中才能见识得到。当强调精准的格斗遇上人气爆棚的明星，再加上一点卡通式的暴力，一切便热闹成了一锅粥。**CD**

The Legend of Zelda: Oracle of Seasons/Ages
塞尔达传说：不可思议的果实大地之章/时空之章

发售年份：2001
平台：Game Boy Color
开发商：卡普空（Capcom）
类型：动作/冒险

要想延续GameBoy上那款绝赞的《塞尔达传说：梦见岛》的辉煌，其困难程度可想而知。更何况，这次任天堂居然破天荒地把这个镇社之宝系列交给了第三方进行开发。虽然卡普空离任天堂的原班设计师还是有一定差距的，但在维护这个品牌上，卡普空的工作已经做到了完美，由它经手的数款游戏都做得有模有样，并将成功的经验一直延续了下来。

《塞尔达传说：不可思议的果实大地之章/时空之章》是两款相互联系、相互补充的游戏。这两款同时发售的游戏可通过一根任天堂游戏连接线进行互动，使得两款游戏可以在两台不同的GameBoy上同时进行。两款游戏分别把林克传送到两个不同的魔法世界，营救被挟持的强大先知。虽然只有在打通两款游戏之后才能了解整个完整的剧情，但每款游戏本身也是一次精彩的冒险历程。卡普空也没忘记事先做好功课，它在游戏中加入了玩家们熟悉的物品收集、世界探索、迷宫探险等要素。游戏对系列前作的模仿都做得很到位，开发团队还成功地加入了足量的新难题和新创意，让你在一系列旅程中饶有兴致地不断前行，整个冒险的精彩程度只和塞尔达粉丝的初始期待有着微小的差距。

由于在画面和控制上基本照搬《塞尔达传说：梦见岛》，《大地之章/时空之章》基本达不到任天堂亲手制作的游戏的高度，虽然游戏本身仍然做得很不错。但这两款充满诚意、创意和不少高明设计的游戏向我们证明：一个好的品牌总有巨大的感染力，让参与其中的每个人都鼓足干劲做到最好。**CD**

SSX Tricky
极限滑雪2

发售年份：2001
平台：多平台
开发商：艺电（Electronic Arts）
类型：体育休闲

作为超人气的《托尼·霍克职业滑板》系列的竞争对手，《极限滑雪》系列大概是艺电在PS2时代的最佳体育游戏。系列第二作《极限滑雪2》中花样繁多的关卡标志着《极限滑雪》系列的搞怪设计又达到了一个新的高度。相比之下，《极限滑雪3》的场景则更加壮观、一致，所有的赛道都设在同一座山峰上。但在《极限滑雪2》中，每一条赛道都是一次独特的冒险体验，且一条比一条挑战极限：如冰雪覆顶的梅沙布兰卡山峰、飘着雪花的莫克利城，以及阿罗哈冰坝无视地球引力的消融冰川等等。这些隐藏着捷径与惊喜的地图才是游戏的主角。

当然，《极限滑雪2》真正的主角也不赖，你将从千奇百怪的角色中选取你的滑雪选手，如日本女学生、英国飞车党等等，然后向登上国际巡回赛的冠军宝座之路进发。流畅的控制让滑板与赛道急转弯的每一次触碰都充满了快感，但只有当你开始在空中表演旋转、抓板、空翻等花式动作时，你才开始体会到真正的乐趣，这也是《极限滑雪2》的闻名之处。事实上，这款游戏的"炫技模式"（Show-Off Mode）完全抛弃了竞赛元素，纯粹看你能秀出多少嚣张的跳跃动作，同时避免落地时一脸栽进雪中。

嘻哈和电子风格的背景音乐会配合你的动作，因此当你实现了"Über Tricks"（超级花式）时，音乐的节奏便会震耳欲聋。这种音效设定让你感觉和游戏有关的一切——从你的拇指到屏幕上的每一个像素——都是在跟着音乐的节拍走。体感控制当然不错，但一件花哨的控制器不见得比得上《极限滑雪2》中的运动快感。**JT**

Star Wars Rogue Squadron II: Rogue Leader
星球大战侠盗中队2：侠盗领袖

发售年份：2001
平台：GameCube
开发商：Factor 5
类型：射击

Factor 5 公司的《星球大战侠盗中队2：侠盗领袖》以大多数游戏的高潮戏——经典的死星歼灭战——作为游戏开场，从这一点就足见其卓尔不群。玩家从一开始就身临其境地感受了一回电影史上的名场面，并摧毁了银河系里威力最大的武器。那接下来还要干嘛？

呃，接下来呢，你就要开始执行十项任务了，并将直接来到《星球大战3：绝地大反击》结尾处的第二死星上。这就像是对初代《侠盗中队》的一次加强版重制，把三部星战电影内容全部收录其中，这也意味着游戏以惊人的忠实度还原了星战宇宙中的场景与音效，如钛战机的啸啸、帝国歼星舰的庞大身躯等等。一直以来，开发公司Factor 5都以其业界领先的技术成就而闻名，本作则代表了公司的最高制作水平。

虽然游戏只提供了十个任务，但这些任务却把和星战有关的一切都包容了进来：从霍斯星（Hoth）到贝斯平星（Bespin），从翁普鼠（womp rats）到尼恩·农布（Nien Nunb）都在游戏中出现。游戏的重玩价值也很高，这都得归功于和前作中同样的任务评价系统。专家级飞行员可以解锁五个隐藏关卡，并有机会扮演达斯·维达（Darth Vader）或是驾驶各种隐藏载具，包括波巴·费特（Boba Fett）的那艘太空蜗牛"奴隶一号"和音效设计师的别克林荫大道225号。

《星球大战侠盗中队2：侠盗领袖》唯一的遗憾之处大概就是游戏结尾处的变态难度，让最后高潮部分的死星大战玩起来好像播放一张劣质《星球大战》影碟般不停地在关键部分卡机。但这都不是问题，毕竟你早就知道了故事的结局，不是么？**DM**

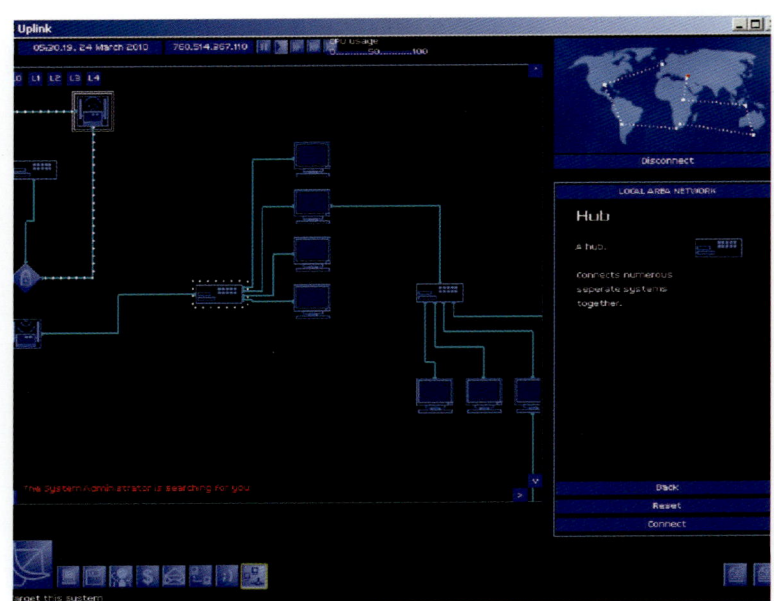

Uplink
黑客精英

发售年份：2001
平台：PC, Mac
开发商：Introversion Software
类型：黑客模拟

在写实类游戏中，代入感是个非常重要的东西，但这一要素常常受到游戏编剧传统叙事方式的限制——当你在操控一个论长相和勇气都完爆你，但却沉默寡言的哑巴角色时，你很难感受到所谓的真实游戏体验。虚拟游戏也许是个提升玩家成就感的理想途径，但如果你真想变成游戏中的主角呢？

创作这款《黑客精英》的是来自Introversion Software公司的一支开发团队，他们自称为"最后一批卧室程序员"，因为他们是在自己家里组建了这家公司（所谓"技术宅出品，必属精品"，早期游戏的成功让他们过上了"一周之内在快艇和跑车上面花了一万英镑"的生活）。在《黑客精英》中，你就是游戏主角，只要你有一台电脑，游戏场景就算搭建完成了。

《黑客精英》是一款黑客模拟游戏，灵感来自于好莱坞一度钟情的电脑犯罪片。游戏向你提供了一个真实可信的稳定网站前端，将玩家的电脑和神秘的Uplink公司的网关"连接"到一起。经过短暂的教学模式后，玩家就要开始用密码破解器和其他软件来侵入世界各地的电脑，通过窃取资料或者大肆破坏为自己牟利，但是危险总在不远处：玩家必须时刻注意不要被对方追踪到自己的机器，你很有可能因为忘记删除访问日志这种小疏忽而暴露了自己。

《黑客精英》玩起来刺激而恐怖，虽然游戏看上去和一张电子表格没什么两样，但游戏设计的代入感却非常强，你真的会担心自己的电脑被追踪，害怕警察随时会上门来查水表。**MKu**

Age of Mythology
神话时代

发售年份：2002
平台：PC, Mac
开发商：Ensemble Studios
类型：策略

Ensemble公司完全不惧怕任何风险，它没这个必要。从1997年那款集建造与破坏于一身的《帝国时代》发售开始，Ensemble未来的发展轨迹就已经定型了：它就是个即时策略游戏界的天皇巨星。不管悲观者把PC和Mac平台游戏的前景说得如何黯淡可悲，Ensemble的游戏总能莫名其妙的爆红。东家微软公司于2009年关闭Ensemble的做法实在有些不可理喻，毕竟没有几家开发商能像Ensemble这样旱涝保收。

作为Ensemble为微软开发的第一款游戏，《神话时代》也没有面临任何风险，相反，游戏把相对弱势的竞争对手所惯用的幻想元素信手拈来，放入了自己古板而精致的策略结构当中：收集木材和石料、按顺序建造基地，把每个单位都打造成克敌制胜的工具。Ensemble把别人的风险改造成了自己的优势，游戏中有牛头人、有斯芬克斯也有女武神，但当他们出现在传统的骑兵和弓箭手之间时，却并不会显得扎眼。相反，他们是非常聪明、战略地位十分重要的高端单位，对于扭转战局起着重大作用。《神话时代》很清楚自己在做什么，即便是与一群神兽为伍也丝毫没有改变游戏的模式。

《神话时代》也许做得中规中矩，但这款游戏的出现却似乎暗示着：从这里开始，Ensemble公司的作品将越来越有趣。可惜事实并非如此，随后推出的《帝国时代3》表现平庸，而《光环战争》（Halo Wars）则成为公司精彩的绝唱。这一切使得《神话时代》显得格外不平凡，对于这家一度傲视群雄的游戏公司来说，本作也许是它唯一的一款展现高超策略设计技术的同时又融入自身特色的游戏。**AM**

Battlefield 1942
战地1942

发售年份：2002
平台：PC, Mac
开发商：Digital Illusions CE
类型：第一人称射击

　　《战地1942》让多人团队射击游戏有了深度。自从《半条命：军团要塞》（Half-Life Team Fortress）以来，PC玩家们就开始聚在一起开战，而早在《星际围攻：部落》中就已经出现了有限的协同作战要素。但是《战地1942》却通过把各种兵种的战队成员放进一个设计精巧的二战战场下，更进一步地增强了游戏的合作要素，创造出一款波澜壮阔的多人游戏巨制，将其他游戏远远地甩在了身后。

　　在"征服"模式下，游戏把动作场景设在了相对写实的战场上，再现历史上的两军对战：欧洲战场上的英德大战，或是太平洋上的美日大战。每一支队伍都有自己的据点，一般都是位于战斗打响的村庄或是小岛。在这些据点，阵亡的士兵可以以某一特定兵种复生。你将和其他玩家并肩作战，人数最多可达三十二人，战斗的目标就是夺取这些战略意义重大的据点，逼退敌人，将敌方的重生次数耗减至零并结束游戏。每一次死亡都会消耗重生次数，激励着玩家为求生而作战，而不是盲目地执行自杀式任务。

　　游戏还通过简化操作来提高可玩性。《战地1942》提供了一系列的载具——从吉普到坦克，再到航母和飞机——让你驾驶，或是让你送命。但游戏避开了繁复的操作，以追求一种更为简单的游戏方式。游戏的图像引擎很出色，在和队友的作战过程中，你能时刻感受到电影般的震撼体验。

　　这一切都是为了吸引数量庞大的在线玩家（通常都是些菜鸟），让他们感觉自己正奋战在异常紧张的胶着战中。这给人感觉就像是《怪车大赛》（Wacky Races）撞上《荣誉勋章》（Medal of Honor），不过千万别小看了这款游戏，因为这不仅是款爆炸性作品，更随之衍生了一个怪物级游戏系列。**OB**

Burnout 2: Point of Impact
火爆狂飙2：死亡终点

发售年份：2002
平台：多平台
开发商：Criterion Games
类型：驾驶

　　带着《汽车总动员》（Cars）中闪电麦昆（Lightning McQueen）的激情和《疯狂麦克斯》（Mad Max）的无政府主义破坏欲，《火爆狂飙》（Burnout）猛踩油门一路咆哮着闯进了汽车类电子游戏领域。在那个竞速类游戏争相追求现实物理规则、大量的AI以及无聊的驾驶测试的年代，Criterion公司的这款游戏却选择了街机式的夸张热情与高速刺激，把正常的比赛和疯狂的撞车放在了同等重要的地位。这是一款鼓励驾驶员在慢动作车体碰撞与燃烧爆炸场景中玩命的游戏。《火爆狂飙2：死亡终点》相中了撞车带来的巨大吸引力，并通过一个撞车模式把它变本加厉地表现出来，这个撞车模式就像是个破坏狂版的汽车保龄球大赛。但是，真正最主要的竞速模式却基本和前作没有太大区别：在繁忙的道路上轰鸣着飙走，紧贴着车流来回穿梭、在弯道上急转、飞跃坡道可以帮助你蓄满加速槽，确保你比对手多出一点决定胜负的速度。《火爆狂飙2：死亡终点》把电子游戏的优势发挥到了极致，让玩家能够感受到现实生活中无法体验的惊险刺激——当然这些东西我们也不鼓励在现实中尝试，现在你可以在许多游戏开始画面中看到类似的郑重警告。

　　《火爆狂飙2：死亡终点》把整个竞速类游戏都从写实主义的枷锁中解放出来，为世嘉经典的《OutRun》系列的再度复活以及PS3上泥浆四溅、火爆十足的《摩托风暴》（MotorStorm）等游戏铺平了去路。当然，游戏中也不乏写实，但如果写实才是你所追求的一切，那充满极度危险车道的《火爆狂飙2：死亡终点》绝对不是你的菜。**DM**

Crazy Taxi 3: High Roller
疯狂出租车3：高速狂奔

发售年份：2002
平台：多平台
开发商：Hitmaker
类型：赛车

不大可能被游戏化的职业——排名第三十七位：出租车司机。理由：出租车司机老实听话，不乱炸东西，不玩微型冲锋枪，成天坐在狭小的工作环境里四处兜圈子，身边的一切要多无聊有多无聊。

稍等！经过一番思考，最适合被游戏化的职业——排名第101位：还是出租车司机！理由：出租车司机听从指令，知道如何充分利用狭小的环境，从无数无聊的客户口中接受各式各样的任务，而且每完成一项任务都能得到一小笔赏金。另外，他们有时还可以开车轧人。

换句话说，出租车司机深知游戏角色的差事之苦，但是《疯狂出租者》可不是RPG。这是一款快节奏的街机式竞速游戏，你要载着顾客往返于城市的各个角落，追求高分，与时间赛跑，同时避免引发过多的事故。所有的《疯狂出租车》系列游戏基本都是一个样：明艳的色彩、傻得可爱的角色、极富电影感的驾车，以及世嘉游戏特有的灿烂阳光。游戏还经常喜欢重复使用前作中的场景。

而让《疯狂出租车3：高速狂奔》从系列中脱颖而出的，则是本作新加入的地图——充满拉斯维加斯风情的"闪耀绿洲"（Glitter Oasis），以及若干夜间关卡。表面看来似乎没有多少料，但很快你便会感觉到这又是一款极具可玩性的游戏：虽然节奏紧张，但从另一个角度看，振奋的摇滚乐、明亮的光线、美妙的天气都令人心旷神怡，即便是夜晚也是如此。**CD**

Dark Chronicle
暗黑编年史

发售年份：2002
平台：PS2
开发商：Level-5
类型：动作／角色扮演

  Level-5公司早就打响了自己的名声：《勇者斗恶龙8》（Dragon Quest VIII）、《圣女贞德》（Jeanne D'Arc）、《雷顿教授》（Professor Layton）等游戏早已深受全球游戏迷的热爱。然而，当《暗黑编年史》的前作《暗云》（Dark Cloud）首次面市时，Level-5还只是游戏界的无名小卒，在一个尚未缔造游戏史神话的主机平台上推出了这样一款再三跳票的实验性RPG游戏。

  《暗云》的实验味道确实很重：游戏史无前例地将世界建造与地下城探险结合在一起，显得有些不太协调，玩起来就像是《模拟城市》和《暗黑破坏神》的混合体。把两种游戏风格结合在一起的，则是游戏细腻的角色设计与丰富的故事内容——这也是这家公司后续人气大作的标志性特征。游戏的概念就是让玩家在随机生成的地下城中杀出一条血路，寻找收集碎片并把它们带回去重建一系列村庄和城市，另外游戏中还外加了一个钓鱼小游戏（没有钓鱼小游戏的日式RPG不是完整的日式RPG）。

  评论界和消费者们都把这款游戏当作是个另类的试验品，却没有意识到这是RPG游戏史上一座新的里程碑。古怪的设定和略显粗糙的制作似乎掩盖了游戏的典范光芒，直到《暗黑编年史》打磨掉前作粗糙的外表，加入了一些新的迷你游戏，并引入了许多游戏公司引以为傲的动画渲染技术，游戏才终于翻身。实际上，本作对前作的改动并不彻底，游戏中的创新元素和摄影小游戏也和前作中的世界建造、打斗、钓鱼等内容同样违和。但游戏延续了前作的设定，并兑现了看似难以实现的承诺，这一点已经足以打动评论。**DM**

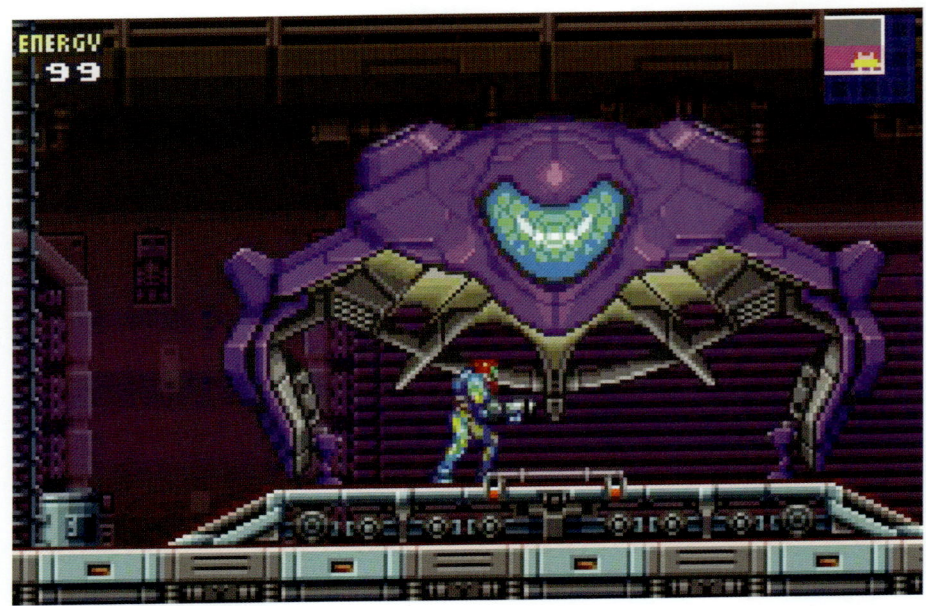

Metroid Fusion
银河战士：融合

- 发售年份：2002
- 平台：Game Boy Advance
- 开发商：任天堂（Nintendo）
- 类型：平台动作 / 射击

从2D的《银河战士》到3D的《银河战士Prime》（Metroid Prime）的转变也许是现代游戏史上一次伟大的成功，但在转换的过程中，有些东西也随之消失，这便是游戏的幽闭恐惧感。受空间轴的影响，二维空间可以比三维空间更有效地约束玩家。作为继SNES上的系列巅峰作品《超级银河战士》发售以来的第一款2D的《银河战士》游戏，也是第一款没有任天堂传奇人物横井军平参与设计制作的系列作品，《银河战士：融合》的诞生标志着任天堂再度回归只有2D廊道才具备的幽闭恐惧与惊悚元素。

这次的卖点是萨姆丝（Samus）的战斗服。作为萨姆丝的力量之源，本作中的战斗服却要致萨姆丝于死地。而造成这一切的幕后真凶是名为Phazon的可怕生物体，另外Phazon还设法克隆出了一个更加强大的萨姆丝，这个克隆体来到了游戏中的2D廊道，一心想要杀死真正的萨姆丝。在你彻底升级之前，你是无法应对它的挑战的。这是一次纠结的追捕，不太爽快但却布局精巧：你将蜷缩在管道中听着假萨姆丝发出的巨大声响，你只能一动不动等着她从离你头顶数英寸的地方缓缓走过。但是当你熬过多次类似的险情并迎来最后的对决时，游戏便开始有一泻千里的爽快感与壮观场景。

除此之外，游戏还带有一个只有任天堂才设计得出来的完美2D地图，以及一套绝赞的升级系统，帮助你进入那些此前根本无法进入的区域，发现其中的隐藏内容。《银河战士：融合》微小的体积意味着这款游戏永远不可能和系列杰作《超级银河战士》相提并论，但是一些本作的拥护者——或者让我们管他们叫"异教徒"——也许会觉得这游戏已经超越了《超级银河战士》。**RS**

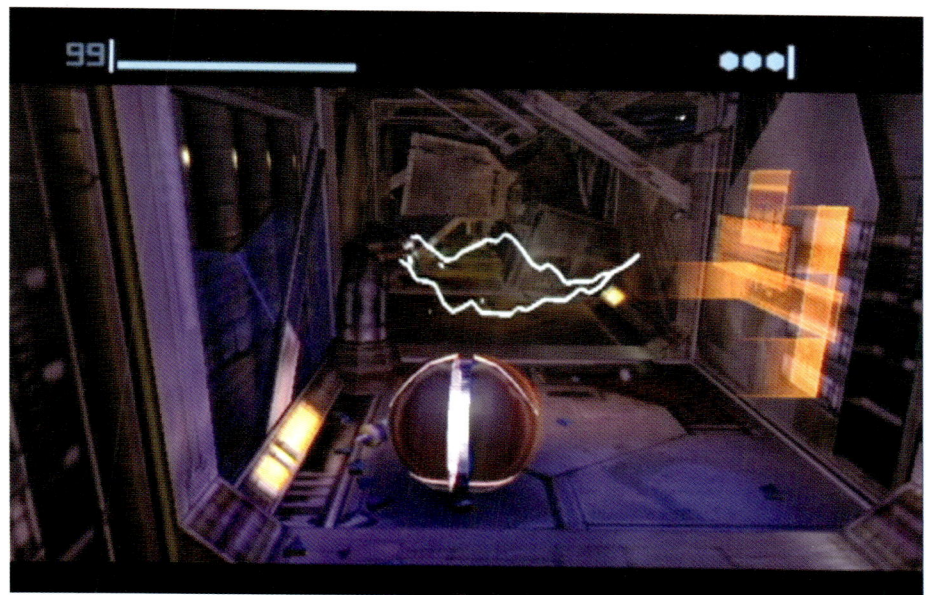

Metroid Prime
银河战士Prime

发售年份：2002
平台：GameCube
开发商：Retro Studios
类型：动作 / 第一人称射击

让我们实话实说吧，没人对这款游戏抱有太大期望。首先，这款游戏的开发工作交给了Retro Studios而不是任天堂。一家外部公司（更别说还是家美国公司）真的能理解萨姆斯·阿兰的慢热型神秘冒险？更要命的是，这款老字号的平台动作游戏要转型成为第一人称射击。这到底是在搞什么玩意儿？任天堂这次是要放任它最有内涵的动作游戏堕落成为另一款脑残廊道射击游戏么？

很明显，答案是否定的。《银河战士Prime》是游戏史上最受欢迎的一次革新。阴郁而扭曲的游戏原声、丰富多样的废弃环境——Retro公司成功地把系列2D前作标志性的压抑、孤立氛围带进了这款新作，同时，和前作一样，随着你不断深入游戏中的恐怖废墟，你将获得越来越多的武器和技能，帮助你渐渐了解这个复杂的游戏环境。更重要的是，本作在继承前作精神的同时，还成功地开拓出了属于自己的道路，让你觉得这是一款从系列前作中裁剪下来的游戏，但其中的精彩创意又不乏原创性。

游戏色彩也非常丰富鲜艳：无休无止的深绿、锈黄和耀眼的白色闪光疯狂地混合在一起。各式各样的场景有着各自令人眼花缭乱的生态系统。后续的作品也许不及本作精彩，但即使Retro公司就此封笔，光这一款游戏就已经让动作游戏粉丝们感激不尽了。精致、深刻、悲伤——《银河战士Prime》和它所在游戏系列中的经典作品一样，是一款创意十足、风格犀利而又带着神秘吸引力的游戏。**CD**

Dungeon Siege
地牢围攻

发售年份：2002
平台：PC, Mac
开发商：Gas Powered Games
类型：角色扮演

《地牢围攻》自称为团队版的《暗黑破坏神》。既然可以和NPC同伴一起上路，那干嘛还要一个人对抗恶魔呢？面对这款游戏，伴着传统RPG游戏长大的玩家，以及让暴雪的那款RPG风靡全球的游戏狂人们都垂涎三尺。得知这款游戏出自曾经设计过《横扫千军》的克里斯·泰勒（Chris taylor）之手时，玩家们的期待又被推向了一个高峰。

然而，《地牢围攻》面市后，玩家们却发现游戏中并没有他们所期待的团队战术要素。没错，你可以组一支战队，有法师、射手、挥斧子的矮人，甚至还有骡子驮着战利品，而且每个角色各显奇招，但游戏也就这样了：完全可以让电脑自动去打这个游戏。玩家们的作用主要体现在资源管理上：收集掉落的武器和物品，把多余的东西丢骡子背上，然后四处找商店。不管怎么玩，你的队伍都会自动升级。这也是款很典型的线性游戏，玩起来就好像被《指环王》（The Lord of the Rings）一类的故事情节牵着鼻子走，这也让游戏颇具创新意义的无缝读取技术显得毫无意义。你的征途无非就是在推动剧情发展，也许是因为游戏情节发展太好猜了，反正你一定会成功。

那我们干嘛还在这里讨论它？因为如果我们把关注点放在它"做到了什么"，而不是"没有做到什么"上时，你就会发现这是款绝赞的游戏。《地牢围攻》发售时，它的画面华丽到令人瞠目结舌，即使放在今天，不少细节仍令人印象深刻。高可玩性也让人不好意思再对它挑三拣四。另外，正如那些让你聊起细节来优越感爆棚的电影一样，游戏中的内容相当丰富，你很少会觉得这只是一款无聊的砍杀游戏。

最后的一个亮点：虽然本作剧情基本是沿着一条路走下去的，但游戏自带一个出色的模组编辑器，并催生出了大量的游戏mod。**OB**

Medieval: Total War
中世纪：全面战争

发售年份：2002
平台：PC
开发商：The Creative Assembly
类型：策略

　　《中世纪：全面战争》将《幕府将军：全面战争》（Shogun: Total War）获得的意外成功从战国时代的日本移植到了中世纪的西欧，把极具异国风情的战斗变成了玩家更为熟悉的战场。这是一个充满了矛盾与争斗的时代，为一场漫长而有价值的战斗提供了绝好的背景。

　　在游戏中，战役被分为两种形式：即时战略决定战斗的结果，回合制策略决定你的王国的长久命运。这两种模式原本可以分为两款游戏销售，但《中世纪：全面战争》却找到了合二为一的方法。玩家被赋予了充分的自由，如果你不想兼顾两种游戏模式，你大可以设置自动战斗，或是无视冗长的回合制政治活动一头扎进战斗当中。游戏中也有真实历史事件，那些喜欢《勇敢的心》的玩家可以在游戏中感受斯特灵桥战役，而那些渴望长时间挑战的玩家则可以尝试百年战争。

　　《中世纪：全面战争》中的战斗代表了当时即时战略游戏的顶峰：漫山遍野全副武装的骑士与弓箭手在3D战场上展开厮杀，并使用到真实的围攻器械。与此同时，回合制游戏部分则出色地抓住了当时王朝与宗教政治的精髓：家族成员可以当作你外交策略的棋子，而违抗教皇命令则有可能被逐出教会。

　　《中世纪：全面战争》把军事战斗和政治斗争结合在一起，出色地还原出了一个令人着迷的历史时期。历史游戏并不少见，即时战略、回合制策略游戏也不计其数，但没有其他哪一款游戏能把这三种要素结合在一起，创造出如此具有独创性和吸引力的游戏体验。**DM**

Steel Battalion

铁骑

发售年份：2002
平台：Xbox
开发商：卡普空（Capcom）
类型：动作

你见过吉他、架子鼓、钓鱼竿一类的塑料游戏外设，但你见过像《铁骑》这种超大型机器人控制器吗？这是一款能让你感觉仿佛亲自操控一台巨型两足机器人的游戏，而这套外设则是这份游戏体验必不可少的组成部分。如果你的桌子上有足够的空间摆放这套设备（当然把这东西摆上去之后你就真没什么空间了），那么你的卧室将瞬间变成一个超复杂的机器人驾驶舱，里面有着全套的开关、度量仪、仪表等各种科幻驾驶员所需要的一切操作道具，甚至还塞进了几根摇杆。

从商业角度考虑，这种做法完全就是自杀，但这也是游戏产业始终如此令人痴迷的原因所在。更何况包装在这复杂设备下的游戏也并不赖：这是一款潮爆的驾驶舱视角机战游戏，你要驾驶你的可行走索命机器人经过重重的考验，用最具爆炸性的方式去把敌人撂倒。

但可以料想到的是，就其游戏复杂度、高昂的价格和可怕的占地面积而言，这款游戏只会让绝大多数玩家敬而远之。另外，《铁骑》一系列的残忍设定让最有爱的玩家也难以忍受：在你的机器人爆炸之前你不能把自己弹射出去，而且死掉之后游戏还会删除你的所有存档，让你真切地体会到什么叫死亡的恐惧。

我们还是暂时把这些古老的伤痛放到一边去吧。在这个电子游戏争相比拼谁更简便、谁更人性化、谁上手度更好的年代，有这样一款复杂、有趣、超难的疯狂游戏存在应该是一件令人欣慰的事情——即使游戏已经被你封在柜子里吃灰。**CD**

 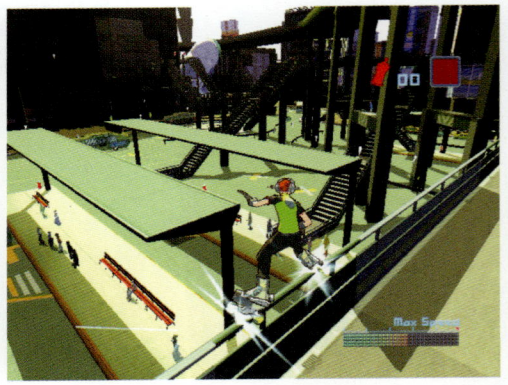

Eternal Darkness
永恒黑暗

发售年份：2002
平台：GameCube
开发商：Silicon Knights
类型：生存恐怖

　　《永恒黑暗》描绘了一个被诅咒的家族世代遭受的恐怖厄运，加拿大游戏开发公司Silicon Knights 几乎要用这款游戏把玩家逼疯。

　　本作和其他生存恐怖游戏大不相同。当然，你仍然要在一系列阴森森的走廊中漫游，搜寻可怕的线索，对抗恐怖的敌人，但《永恒黑暗》有着更远大的目标：它有一个横跨数千年的复杂剧情，一系列可选角色（几乎所有的角色都以荒诞的悲剧收场），以及不少对哥特文学的致敬。《永恒黑暗》让玩家看到了游戏的内涵深度所在，而不是像其他游戏那样一味追求感官刺激。

　　但《永恒黑暗》真正的伟大之处在于：随着角色面对眼前发生的一切越来越感到不安，游戏将营造出一种精神错乱的可怖效果。有些只是一些简单的视效，但最赞的是那些直接传达给玩家的恐惧：存档会扬言要把自己删除；当成群的丧尸奔向你时，一个冷静的画外音会告诉你你的手柄松线了。很少有游戏能像这样把玩家吓得心惊肉跳。**CD**

Jet Set Radio Future
涂鸦小子未来

发售年份：2002
平台：Xbox
开发商：Smilebit
类型：动作

　　要给像《涂鸦小子》这么另类而有个性的游戏做一款续作可不是件容易的事，虽然Smilebit公司的《涂鸦小子未来》只勉强卖出了三千份拷贝，但这却是一款充满了创意的游戏，动感、可爱，迸射着一股酷劲。

　　游戏把舞台搬到了充斥着亚文化怪人和霹雳舞机械人的未来，你和你的轮滑涂鸦艺术家们将一起对抗妄图控制你的城市的邪恶六角团（Rokkaku Group）。涂鸦仍旧是你进行反抗的主要方式，只不过这次的效率更高。有了新一代的硬件支持，游戏中的街道上现在充满了邋遢的叛逆分子，你必须一边做任务一边从他们中间迅速穿过。

　　但是，本作最大的乐趣还是游戏中紧张刺激的垂直空间。你要在高耸入云的摩天大楼区域沿着那些巨型建筑疾驰；在卫星天线之间来回跳跃、碾过一道道水管、最后回到下方的街道。

　　《涂鸦小子未来》是少有的几款能真正把你带入另一个世界的游戏。**CD**

Soul Calibur II
灵魂能力2

发售年份：2002
平台：多平台
开发商：南梦宫（Namco）
类型：格斗

谁又曾料到，那款默默无闻的街机格斗游戏《魂之利刃》（Soul Edge）能够衍生出电子游戏界最经典的格斗游戏系列呢？但是，当《灵魂能力》在DC上现身时，就标志着家用主机已经超越了街机：游戏有着赶超街机的画面，以及格斗类游戏有史以来最完美的单人模式。

《灵魂能力2》延续了前作的强项：单人模式、直观的控制系统、角色、略暴露的服装、武器，还有当你把对手打出场外时那一声洪亮的"OUT OF THE RING!"（出场！）。游戏还新增了三位高人气主机角色：PS2《铁拳》中的三岛平八、NGC《塞尔达传说》中的林克，以及Xbox上古怪的少年英雄再生侠。而这三款主机版的《灵魂能力2》都有着超高的画质和更完善的格斗引擎。

游戏开场时你会听到一个巨大的声音高喊着："欢迎来到历史的舞台"，这也恰好为这款史上最佳格斗游戏之一奠定了基调。**DM**

Kingdom Hearts
王国之心

发售年份：2002
平台：PS2
开发商：史克威尔（Square）
类型：动作/角色扮演

《王国之心》将史克威尔的人气RPG世界同迪士尼的经典名角融合在了一起，这样一款游戏的出现似乎不可避免，但这并不意味着最终成品没有个性、不够亮丽、不够完美。

《王国之心》是一款精妙复杂的RPG游戏，也是最畅销的一个游戏系列。游戏讲述少年索拉（Sora）获得了一种名为键刃（Keyblade）的神奇武器，他必须利用键刃打败一群邪恶的暗影生物"无心者"（Heartless）。索拉还和唐老鸭、高飞狗等角色走到一起，为拯救世界免遭厄运而开始了一场宏大的冒险。

游戏的美术风格华丽、故事波澜壮阔而主题深刻，时常会涉及到死亡与牺牲的话题。游戏还为特别大量的迪士尼角色提供了客串镜头。具备了这些元素，《王国之心》在PS2上发售后反响热烈也就不足为奇。继本作之后，史克威尔按照自己的老一套办法，继续推出了大量续作和稀奇古怪的外传作品，其中还包括一系列针对手机市场的另类游戏。**CD**

The Elder Scrolls III: Morrowind
上古卷轴3：晨风

发售年份：2002
平台：PC, Xbox
开发商：Bethesda Game Studios
类型：动作 / 角色扮演

　　《上古卷轴》系列之所以闻名业界，得益于该系列2006年推出的第四作《上古卷轴4：湮灭》（The Elder Scrolls IV: Oblivion）。《上古卷轴3：晨风》则有点两面不讨好，既没有获得商业上的成功，也没有得到评论的盛赞。但也许正是因为如此，本作反而是一款更有趣的游戏，《晨风》不像《湮灭》那样走传统的托尔金式奇幻路线，而是把传统的奇幻元素同着怪诞的冥界气息的人物和地点混合在一起。

　　不可否认的是，两款游戏的创作者都向玩家提供了无与伦比的自由度。相比于其他同类型游戏，《上古卷轴3：晨风》有着令人信服的完整社会和文化设定，另外，游戏还延续了《上古卷轴》系列的编辑器，允许玩家创造属于自己的游戏内容。

　　游戏的设计非常出色，比如，游戏的教学部分把整个角色的创建过程天衣无缝地融入了剧情当中：玩家将向一位监狱官描述自己角色的背景，并在这个过程中选择确定自己的属性和技能；又比如角色技能会在玩家使用过程中自行提升，也就是说，如果你想要提高剑术，你只需要不停地挥剑战斗就可以了。

　　游戏中的各种规则的设置都意在把玩家从对角色经验值的顾虑中解放出来，而游戏的技能升级系统正体现了这点原则，有利于帮助喜欢手动提升角色技能的玩家更好地挖掘这款游戏。这样的设定虽然免不了有缺陷，但却绝对出于对玩家的考虑，同时也更好地丰富了玩家的游戏体验。《上古卷轴3：晨风》确保了玩家可以自由地感受这款游戏，你可以把它当作是一次经历，品味其中的故事，书写自己的传说；你也可以把它当作是一套规则，让你强迫自己沉浸其中——研究，以求打通这款游戏。**DM**

Mafia: The City of Lost Heaven
黑手党：失落的天堂

发售年份：2002
平台：PC
开发商：Illusion Softworks
类型：射击

《黑手党：失落的天堂》证明开放式世界并不一定要提供无限种游戏可能，这款游戏对其中的虚构城市只有一点要求：细节。确切地说，是历史细节。这款黑帮史诗巨作真实地再现了城市在禁酒时代的车辆、街道、装饰甚至是法律。把它比作《教父》也许言过其实，但绝对让你有观看《铁面无私》（The Untouchables）的代入感。

游戏剧情以闪回的形式呈现，故事的讲述者则是汤米·安吉罗（Tommy Angelo）。安吉罗曾是"失落天堂"城的黑帮分子，如今却厌倦了这样的生活。现在他正坐在一家餐厅里，向警探透露整个黑帮家族的信息，以寻求证人保护。故事要从他踏入黑社会的第一天讲起：两名黑帮分子跳进他的出租车并"请求"他甩开身后的持枪追击者。在唐·萨列里（Don Salieri）的胁迫下，安吉罗只能接受黑手党派下的任务，并逐渐攀升至黑帮家族上层，同时向新崛起的敌人唐·莫里洛（Don Morello）宣战。不用说，一场卧底好戏就此上演。

《失落的天堂》的游戏探索元素就是要玩家开车在不同的街道间转悠，找出最佳地点然后下车执行任务。游戏真的会让人深陷其中，让你有机会切身感受属于汤普森冲锋枪（Tommy guns）、老爷车、地下酒吧和非法酒贩的年代。你可以在电台中听到路易斯·阿姆斯特朗（Louis Armstrong）和米尔斯兄弟（the Mills Brothers）的经典旋律，而对电影《好家伙》的致敬更是无处不在，尽管电影的时代背景并非20世纪30年代。

除了在当时可称得上华丽的视效外，最令人记忆犹新的是游戏中严苛的交通法规——警察绝不会对你的超速行为心慈手软。这种让安全驾驶变得和人行道追杀同样有趣的设计被《车神：平行线》（Driver: Parallel Lines）和《侠盗猎车4》（Grand Theft Auto IV）等游戏后来居上，不过这都是许多年以后的事了。**DH**

Disaster Report
绝体绝命都市

- 发售年份：2002
- 平台：PS2
- 开发商：Irem
- 类型：动作

很奇怪，一直以来很少有游戏会选择灾难电影中常见的故事题材做文章。从《海神号遇险记》（The Poseidon Adventure）到《2012》，灾难片一直都是电影院的最爱，你也会觉得灾难题材应该是电子游戏的一片沃土，因为它比第一人称射击游戏有着更多的摧毁和破坏、更壮观的动作场景，还可以对众角色的背景故事进行深入挖掘。

《绝体绝命都市》囊括了上述一切元素，更展现出一系列的灾难景象：地震、滑坡、海啸、火灾，以及任何一部优秀灾难片都必不可少的组成部分：灾民。和所有伟大的灾难电影一样，《绝体绝命都市》的灾难背后也隐藏着一个谜团，而这个谜团牵涉到个巨大人工岛的建造——或者说这个巨大人工岛的崩裂。游戏的男主角就是要从这次灾难中设法逃脱。游戏的挑战不在于寻找新奇有趣的方式来杀人，而在于保住你自己的小命，比如俯身爬行穿过一座燃烧的大楼，避免窒息而死，或是在一座缓缓塌落的大桥上跳出一条求生之路。

游戏最有趣的地方在于你的角色会时常感到口渴，为此你不得不制定好你的前进路线，这也极大地加剧了游戏的紧张度。因为每一次余震出现时，你都不确定你离下一杯救命水有多远，但是你总能在游戏中找到一些乐子，因为游戏为你准备了各种荒唐的收集品，比如一个《异域战机》指南针。

最后，游戏深藏的阴谋最终浮出水面，虽然最终答案没有多大说服力，但对于一个以打斗为默认互动形式的娱乐媒介而言，《绝体绝命都市》就是一缕新鲜空气——好吧，其实也够呛人、够致命了。**DM**

Grand Theft Auto: Vice City
侠盗猎车：罪恶都市

发售年份：2002
平台：多平台
开发商：Rockstar
类型：动作

　　《侠盗猎车3》的续作可是比80年代还更80年代。游戏将带领玩家乘坐艳丽的时光机器，领略那个年代时髦而疯狂的佛罗里达黑帮文化。接手这个系列的Rockstar公司的目标，正如公司总裁山姆·豪瑟（Sam Houser）所言，就是为了证明电子游戏也可以做到电影水准——从美学角度而言，《侠盗猎车：罪恶都市》是一次令人惊艳的成功。

　　游戏中沐浴着阳光的世界、衣着、车辆和音乐都以一种超逼真的手法重现了80年代的美国。当你开着敞篷车飞驰在海滨大道上时，从电台中飘出的Blondie的那首《Atomic》瞬间勾起一股浓烈的怀旧情结，但相比于那个年代的颓废堕落、令人反感的贪婪风气以及可怕的垫肩风潮而言，这实在不算什么。

　　在游戏中，玩家将扮演刚出狱的汤米·维赛提（Tommy Vercetti），你来到罪恶都市接洽一笔毒品生意。结果生意黄了，汤米丢了货又没了钱，还欠了自由城的老板们一屁股债。在收回货物的过程中，汤米逐渐在罪恶都市的犯罪精英中声名鹊起，并捣毁了对手的阴谋。按老规矩，汤米自然要在游戏中偷不少车，但他同时还盗来了大量的黑帮电影经典。你将在游戏过程中连连惊叹：这不就是《情枭的黎明》（Carlito's Way）里那个哭哭啼啼的律师么？那不是《疤面煞星》（Scarface）里的豪宅么？那个镜头不是照抄《迈阿密风云》（Miami Vice）的么？

　　本作也证明了《侠盗猎车》的模式可以得到进一步探索拓展，但又不会让人觉得花哨过头。虽然Rockstar公司对游戏任务设计的野心越来越大，但它在《侠盗猎车：罪恶都市》中表现出的对那个年代和环境的疯狂痴迷，已经远超游戏中的其他一切，这也使得这款游戏成为整个系列中最与众不同的一款。**MD**

Medal of Honor: Allied Assault
荣誉勋章：联合行动

发售年份：2002
平台：PC, Mac
开发商：2015
类型：第一人称射击

Valve公司在制作初代《半条命》时，就已经在通过精心打造游戏剧本为游戏创造更多的戏剧性，以及更多的电影感。面对Valve的做法，游戏产业的其他同行幡然醒悟并奋起直追只是时间问题。但直到2002年，《荣誉勋章：联合行动》才把同样的理念灌入了这款二战射击游戏当中，并获得了惊人的成效。

游戏的开场对于每一个看过《拯救大兵瑞恩》（Saving Private Ryan）的玩家来说都不陌生，因为它就是对史蒂芬·斯皮尔伯格那部战争片巨制中梦魇般紧张的抢滩登陆战情节的再加工。登陆艇舱门一落下，你就要顶着来自滩头的密集火力冲上岸。如果你活着撑到了第一个沙丘，接下来就要攻下头顶的碉堡，然后向欧洲和北非战场一步步进发。

玩家在游戏中扮演陆军中尉麦克·鲍威尔（Mike Powell），并将陷入一系列可怕的险情中。你要攻下德军在挪威和摩洛哥的军事要塞，还要在法国遭受入侵期间执行一系列敌后营救任务。

如果说《荣誉勋章：联合行动》有什么败笔的话，那应该就是游戏中极少露面的友军士兵。大部分时间里，你都是孤身一人面对德国兵，因此游戏的动作元素更偏向于传统的射击游戏。游戏的最后一关（本关中你要带着防毒面具作战）也非常令人失望。

但是不管怎样，《荣誉勋章：联合行动》是第一款向《半条命》取经的游戏，正是这款游戏为近年来多款射击游戏大作——如大获成功的《使命召唤》系列——铺好了前路。**JR**

No One Lives Forever 2: A Spy in H.A.R.M.'s Way
无人永生2：危险间谍

发售年份：2002
平台：PC, Mac
开发商：Monolith Productions
类型：第一人称射击

在成为都市恐怖游戏的代名词之前，Monolith Productions的作品类型还是非常丰富的，比较出名的代表作如那款新潮犀利的《电子争霸战》续作《电子争霸战2.0》（Tron 2.0），和带着迷幻气息的间谍游戏三部曲：《无人永生》续作——《无人永生2：危险间谍》及其外传作品《杀手杰克》（Cotract Jack）。这个系列从《复仇者》（The Avengers）、《碟中谍》（Mission: Impossible）等剧集中获得灵感，而那时候3D游戏还没有陷入无止境的现代战争泥潭。

在《无人永生2：危险间谍》中，玩家们再次和女主角凯特·雅琪（Cart Archer）——一名换装比Lady Gaga还勤快的前飞天大盗——见面了。本作在游戏质量、技术和规模上都实现了飞跃，如角色动画、渲染，以及对Havok引擎的早期试用。一开场，我们就看见雅琪带着古怪的武器在一个日本村庄里跟踪H.A.R.M组织（一个国际犯罪集团）的首脑，结果却被一名忍者刺客给刺伤，但这名刺客却饶她不死。保住小命的雅琪回到英国，康复之后却又接到了她所接过的最荒唐的任务：H.A.R.M组织正与苏联合伙，妄图把希腊的希俄斯岛改建成共产主义旅游胜地。雅琪顺着线索一路走来，与凶残的小丑、超级战士展开殊死搏斗，并遭遇了第一人称射击游戏中罕见的疯狂场景，比如在一场巨型龙卷风中和忍者拼剑。

和后来的《半条命2》（Half-Life 2）、《斩妖除魔》（Painkiller）等使用物理引擎的先驱作品一样，《无人永生2》把游戏的环境变成了主角，表现出夸张的动作场景，并在后续的游戏中日臻成熟。在那款把游戏物理性玩到极致的恐怖大作《极度恐慌》中，Monolith公司又再次进行类似尝试。早已隶属华纳兄弟公司（Warner Bros.）的Monolith现在已没有重回老路的迹象，这也让这款游戏愈显珍贵。**DH**

Tom Clancy's Splinter Cell
分裂细胞

发售年份：2002
平台：多平台
开发商：育碧（Ubisoft）
类型：动作

在黑影中，一个人也可以成为一支军队；在黑影中，所谓完美就是死一般的寂静和一击致命的力量；而《分裂细胞》中的黑影可是又长又深。《分裂细胞》是育碧公司在惊险小说家汤姆·克兰西（Tom Clancy）许可下开发的知名游戏系列的第一作。《分裂细胞》使用到了虚幻2引擎，游戏中的关卡就是仓库和油轮构成的黑白风景画，在照明灯和电脑显示屏的柔光下忽明忽暗。在这片黑暗中，只有受命阻止第三次世界大战爆发、神出鬼没的国安局特工山姆·费舍（Sam Fisher）才能找到回家的感觉。

《分裂细胞》并非第一个发明潜入式游戏（《潜龙谍影》才是首创），但游戏大胆的阴暗视效却是个令人瞩目的创新。从来没有哪一款游戏把暗杀任务表现得如此紧张、孤独，弥漫着阴郁的氛围，但对费舍（演员迈克尔·艾恩赛德［Michael Ironside］赋予了这个角色极富沧桑感的声音）而言，这样的环境再合适不过，常年在黑暗中的工作早已让这位老兵变得悲观而多疑。

《分裂细胞》在骨子里其实是一款关于"干活"的游戏，并不是说一个劲儿地折断敌人的脖子（虽然这东西还是挺多的），而是决定如何去执行每一项任务。你是要杀死守卫，还是扔个瓶子引开他注意力？是偷偷从灌木丛中穿过去，还是像猫一样从头顶的管道上爬过去？游戏的挑战就在于如何根据具体环境来选择你的武器。

《分裂细胞》中大量的战术道具是典型的克兰西作品风格，而当你在探照灯下潜行时，游戏带给你的那种迫人的紧张气氛绝不输给任何一部惊险小说。虽然充斥着高科技道具，但《分裂细胞》追求的其实是一种古老的禅宗式和谐，成为一名真正的影子武士的快意。**JRu**

Neverwinter Nights
无冬之夜

发售年份：2002
平台：PC, Mac
开发商：BioWare
类型：角色扮演

没有哪一款电脑RPG游戏比得上真人桌游的游戏体验；没有哪一台电脑能像真人地下城主那样思维灵活、创意十足，能在游戏过程中创造角色和支线剧情、随时调整规则，确保每个玩家都能玩得开心；电脑的应变能力和带有无限想象力的人脑根本不是一个水平，这样的例子我们可以一直举下去。

然后《无冬之夜》诞生了，让扮演地下城主（DM）的玩家能够像控制真人桌游玩伴一样控制这款电脑RPG，彻底推翻了上面的论断。

继《博德之门2》表现的拜占庭式宏伟之后，BioWare公司的这款新作虽然在单人模式的游戏规模和复杂度上有所降低，但从那个在可怕瘟疫中拯救无冬城的故事之中就可以看出，BioWare丝毫没有吝啬自己的创造力。但是，《无冬之夜》的单人模式只是游戏极小的一部分，整个游戏从一开始就是为多人模式而特别打造的。这一点非常明显，因为游戏向玩家提供了一系列的工具，供他们创造属于自己的游戏世界和冒险故事，把人类无限的想象力化为真实的电子游戏。

另外，游戏的DM客户端在让玩家扮演地下城主并在游戏过程中裁定战斗的同时，也向他们提供了真正桌游般的高自由度，只不过他们没有像实战那样和其他玩友坐在一个房间里（在一些人眼里，这一不同点正是《无冬之夜》的游戏体验比真人桌游略胜一筹的地方）。

因此，《无冬之夜》向我们证明了电脑RPG游戏也能像他们的鼻祖那样多彩有趣，唯一缺少的只是奇形怪状的骰子、啤酒和披萨。**DM**

Panzer Dragoon Orta
铁甲飞龙：Orta

发售年份：2002
平台：Xbox
开发商：Smilebit
类型：射击

　　《铁甲飞龙》在世嘉土星上隆重登场时，它所达到的技术高度是今天难以想象的，游戏迅速成为展现世嘉公司这台全新主机强大机能的活广告。之后，《铁甲飞龙》整个游戏居然又被全部收录进了该系列在Xbox上的第四作《铁甲飞龙：Orta》之中，电子游戏技术发展之迅猛可见一斑。

　　虽然《铁甲飞龙：Orta》是由一支全新的游戏团队负责开发制作，但该团队的不少员工都曾参与过系列前作的创作。开发团队保留了飞龙的变形能力：基准翼（base wing）各项能力都较平衡；重装翼（heavy wing）有着强大的火力；滑翔翼（glide wing）则有着较好的机动性。

　　《铁甲飞龙：Orta》面市时，轨道射击游戏已经沦为一个相当不受待见的游戏类型，尽管《Rez》为这类游戏引入的舞蹈元素曾一度引起业界的关注。相比于其他允许你自由射击、掠夺、潜行的游戏，《铁甲飞龙：Orta》的自由度很有限，你只能操纵你的神秘飞龙在屏幕上兜兜圈子，跟随预设的轨道前进。

　　但这条轨道却充满了惊喜。游戏轻松地为玩家献上了大段的壮观场景。其中一些场景是对初代游戏的高度还原，其他部分则是完全的原创，譬如其中有一关你将操纵你受损严重的飞龙在地面疾驰，而你要击倒的对手——一只巨型蝠鲼则会在你身旁时隐时现。

　　游戏中还有不少的华丽元素，以及叉状的分支路线，还有一个潘多拉魔盒，里面充满了隐藏内容和可收集物品，其中还包括一些隐藏任务和影片，极大地提高了游戏的重玩性。**DM**

Star Wars Jedi Knight II: Jedi Outcast
星球大战之绝地武士2：绝地放逐者

发售年份：2002
平台：多平台
开发商：Raven Software
类型：动作／第一人称射击

　　接连推出的系列星战题材游戏均未能延续《星球大战：黑暗原力》（Star Wars: Dark Forces）系列的辉煌，乔治·卢卡斯的公司深刻检讨后得出的新方案很简单：把某一游戏领域中名声最响的开发公司拉来，然后把星球大战世界控制权交给他们。谁会拒绝呢？在FPS领域，Raven公司早通过《异教徒》（Heretic）和《毁灭巫师》（Hexen），以及《星际迷航：精英力量》（Star Trek Voyager: Elite Force）等游戏奠定了精品游戏开发商的地位。这家位于威斯康星的公司还有过运用《雷神之锤3：竞技场》游戏引擎的经验，该引擎出自id Software的约翰·卡马克（John Carmack）之手，是当时最先进、最优秀的引擎。Raven公司正是利用这款引擎打造出了备受期待的《绝地武士》续作《绝地放逐者》。

　　游戏在剧情上紧承《星球大战之绝地武士2：黑暗原力》（Star Wars Jedi Knight II: Dark Forces）的资料片《西斯之谜》（Mysteries of the Sith），并再度以抛弃原力的凯尔·卡塔恩为主角。在确信好友兼拍档詹·奥尔斯（Jan Ors）被黑暗绝地迪桑（Desann）杀害后，卡塔恩再次踏上冒险历程。游戏以这种取巧的方式重新演绎了一次获得光剑的过程、引出了使用何种原力的两难选择。

　　凭借新游戏引擎和Raven公司多年游戏制作经验，开发团队往系列中加入了不少全新的元素，比如时不时地让其他角色和卡塔恩并肩作战。游戏也献上了炫目的视觉特效，给原力增加了更多嘶嘶的音效。卡塔恩将要拜访一系列著名地点，如兰多·卡瑞辛（Lando Calrissian）的老家"云城"（Cloud City），当然你也会在游戏中和兰多见面。

　　Raven没有辜负FPS游戏领军人物的称号，打造出了丝毫不逊色于星战系列其他名作的游戏体验。**RSm**

Suikoden III
幻想水浒传3

- 发售年份：2002
- 平台：PS2
- 开发商：科乐美（Konami）
- 类型：角色扮演

《幻想水浒传》（Suikoden）改编自中国古典名著《水浒传》，是一款对大规模、大场面有着特殊嗜好的游戏。当这个系列准备登陆PS2平台时，科乐美公司仍旧延续了这一传统，创造出一个复杂而出奇成熟的剧本，虽然没有避开俗套的幻想故事桥段，但却加入了全新的深度与别样的视角。视觉上的变化也非常明显：进入3D世界后，游戏中矮胖的美术风格给人留下了深刻的印象，不禁让人联想起《天空之阿卡迪亚》。

但和其他方面的改进相比，游戏美学风格的变化完全可以忽略不计，新引入的三位视角系统充分利用了这个结构复杂的故事，允许玩家从三个不同角度体验游戏前段的事件，通过扮演雨果（Hugo）、格多（Geddoe）或是克里斯·莱特菲洛（Chris Lightfellow）来打通游戏的前几章。游戏的高明之处在于你可以以任何顺序来扮演这些角色，一条角色线的事件将会对另一条角色线产生影响。随着游戏的深入，你还将解锁更多的视角，另外你还可以收集《水浒传》中的一百单八将，并在战斗中使用这些角色。《幻想水浒传3》发布时，游戏的战斗系统还引发了一些争议，因为你的六人小队在战斗中会分成三对，也就是说你只能下达三项指令，但是华丽而刺激的遭遇战足以弥补这些小小的缺憾。

除了团队作战和大规模战役外，游戏还附加了海量的角色自定义选项。所有的角色都可以学习技能，但只有特定角色可以技能专精，因此不同玩家的队伍不可能出现雷同。要塞建设元素也再度回归，这一元素除了可以帮助你驻扎军队外，还在主线剧情外为你提供了大量的迷你游戏。总而言之，这款游戏是对小说原著的一次完美的致敬。**BM**

Shinobi
忍

发售年份：2002
平台：PS2
开发商：Overworks
类型：动作

人们管忍者叫"影子武士"是有原因的，正如初代的《忍》屁股后面有个Tecmo公司的《忍者龙剑传》如影随形，《忍》在次世代主机上重启的两年后，死对头《忍者龙剑传》跟着又蹦出来，彻底掩盖掉了《忍》的光芒。为什么会出现这种实力悬殊的局面呢？部分原因在于PS2和Xbox之间的机能差距，但更多的原因在于玩家的怀旧情结：新版《忍者龙剑传》生来就适合在卧室里面打，但在玩家心目中，《忍》似乎永远属于街机厅。

真正欣赏Overwork公司这款游戏的玩家群不多，其中也基本以老玩家为主。作为第一款3D化的《忍》，同时也是暌违七年以来《忍》系列的首部新作（前一作是世嘉土星上饱受诟病的《忍X》[Shi-nobi X]），本作将高效战斗与传统街机元素高超地融合在一起，存档点少，死亡率高，速度感暴强。

游戏剧情围绕"胧"族（Oboro clan）忍者展开，并采用了新主角：忍者秀真。秀真在一场宿命对决中亲手杀死了自己的哥哥，并开始领导胧一族，而与此同时，反派产土蛭户在消失数十年之后，卷土重来，展开复仇。仿佛是日式游戏某种约定俗成的传统，游戏又把一座巨大的金色宫殿搬到了东京市中心，将大量的魔物引上了街头。

没有时间限制的街机游戏不是好游戏，而秀真的剑在这里起到了很大的作用。这把剑是真的会嗜血，没有敌人的血它甚至会消耗主人自己的能量。因此，当你用一个按键操控秀真在成群的杂兵间疾走时，你必须确保每一击都能有效杀敌。通过施展一系列快速连续技可以实现连杀，连杀可以帮助你获得更多灵魂能量、更强大的剑技，最赞的是，可以让你欣赏到敌人被斩成碎块落地的即时电影场景。**DH**

Resident Evil Zero
生化危机

发售年份：2002
平台：GameCube
开发商：卡普空（Capcom）
类型：生存恐怖

早在《生化危机5》可笑的联网作战出现之前，合作模式就已经在《生化危机》系列中出现了。作为生化系列在NGC上的最后一作，《生化危机0》抛弃了以往双剧情双主角的传统，而是让两名角色同屏出现，采用了一个"搭档切换"系统使玩家可以在主角之间进行切换。不同的角色有各自的优势，比如一个擅长移动重物和抵御进攻，另一个则擅长穿过狭小空间及混合救命草药。

在初代《生化危机》故事发生前一天，浣熊市警方分支STARS正在当地的山区调查一连串谋杀案。不久一架直升机坠毁，机上人员也被困在一个遥远的森林中，医护兵蕾贝卡·钱伯斯（Rebecca Chambers）孤身一人上了一辆有着大批丧尸出没的火车，并遇上了在逃的前海军陆战队员比利·科恩（Billy Coen）。两人一起顺着轨道来到一所地下实验室，而这里正是安布雷拉公司（Umbrella Corporation）的老巢和那些可怕实验的发生地。

《生化危机》系列在新世纪到来后面临着巨大的压力，不知道要如何改进游戏，尤其是那个游戏味道过重的异次元箱（存在一个箱子里的物品会出现在另一个箱子当中）和那些呆板的谜题。《生化危机0》原本是要在N64上发售（当时卡普空里没几个人相信光碟游戏的加载速度能快到哪里去），但不久游戏便登陆了NGC，而没有像《生化危机4》那样经历史诗般漫长而惨烈的开发变动。

你可以发现，游戏中不受你控制的角色AI实在不是什么好拍档，而当需要合作完成的解谜任务同翻新过的装备栏系统发生冲突时，游戏的解决方案又显得非常勉强。但是《生化危机0》仍然是整个系列中最具诱惑力的作品之一，在画面表现上也常常超越《生化危机复刻版》（Resident Evil Remake）。**DH**

Sly Cooper and the Thievius Raccoonus

怪盗史库柏

发售年份：2002
平台：PS2
开发商：Sucker Punch Productions
类型：平台动作

索尼公司的这只浣熊大盗身手是如此矫健轻盈，以至于很多人根本没有意识到它的出现：这是一款有意要打造全新游戏吉祥物的纯平台动作游戏，诞生于那个游戏吉祥物、甚至是纯平台动作游戏的垂死期。虽然《怪盗史库柏》更倾向于动作冒险游戏，但其中的支线游戏仍尝试了多种游戏风格，并获得了不同程度的成功，但骨子里这仍是一款关于奔跑、跳跃和抢时间的游戏。如果这些特征在第一遍通关时还不够明显，一系列限时速通的可解锁游戏会让你意识到这些关卡实际上是多么紧张。

在视觉效果上，游戏也给人一种后知后觉的惊喜感。色调黯淡的水彩和极富表达力的流畅线条带有鲜明的萨利文—布鲁斯动画公司（Sullivan-Bluth production）制作风格。但这些个性化的绘图风格只是这款硬朗游戏的陪衬，游戏的关键在于其物理性和动作感，最明显的就是游戏抓住一切机会让你去颤颤巍巍地走钢索或是晕头转向地玩旋转木马，任何一个没有平稳下来的物体都会受卡通重力影响而摇摆不定。主角飞檐走壁的场景就是一道道视觉盛宴，游戏让你能牢牢地抓住墙壁，以求给你秀出最精彩的表演，而不是迫使你摔死重来。

但游戏的绝大多数乐趣还是来自瘦小的史库柏本人。史库柏是一个极具表现力的角色，从蹑手蹑脚的潜行到紧张时尾巴的抽搐，每一个夸张的动作都暗示出丰富的情绪。如果说配角们太过喧闹或是太过平淡，不及史库柏来得有漫画效果，那么游戏对反派们的塑造绝对在模式化角色刻画上做到了完美。《怪盗史库柏》把一位英雄和一票反派涂抹进了一张画布，是一款适合周末消遣的最佳游戏，充满了轻盈优雅的动作场景，却又不乏对娴熟技巧的考验。**BS**

Hitman 2: Silent Assassin

杀手2：沉默刺客

发售年份：2002
平台：多平台
开发商：IO Interactive
类型：动作

杀人可不是个容易的活儿，即便对杀手而言亦是如此。作为这款"潜入—伪装—暗杀—脱逃"式游戏的反英雄主角，特工47在这个著名系列的开山之作中，就已经奠定了自己"良心杀手"的形象。在续作中，他希望在维克多神父（Father Vittorio）的指引下涤荡自己此前的罪孽，但那些希望47回来接活的黑恶势力知道怎样才能逼他重出江湖——他们绑架了神父，并向他索要赎金，而这位终极杀手很清楚，要想支付如此大笔的赎金，摆在他面前的路只有一条……

面对游戏中充满挑战、想象力和原创性的任务，如何顺利完成它们取决于你自己的创意，而不是受限于游戏中的规则。每一项任务的多重解决方案意味着每一位玩家的游戏体验都有机会和其他人大不相同，这也赋予了游戏极大的重玩性，以摸索全新的战术。操着枪冲进去一顿乱射是一种方案，虽然这么做通常来说都死得比较快，但这毕竟也是一种方案。不论是避开各种危险一步步逼近目标，还是干掉路人、藏尸垃圾箱，然后换上他们的衣服伪装潜入，你拥有的选择空间非常大，但要想顺利执行一项任务却没你想象得那么简单。

当然，虽然这是一个有关特工47的良心救赎的故事，游戏中还是充斥着死亡与暴力。在你发现自己不过是一个巨大国际权利游戏中的一颗棋子时，如此可怕的真相在唤起你的思考的同时，也会激起你的报复。《杀手2：沉默刺客》正是通过这些道德难题挖掘出了游戏的深度与复杂性，并最终被好莱坞相中把游戏搬上大银幕。营救维克多是一件神圣的使命，但却需要你做出不齿的勾当，而最终，你将征服心魔，寻回自己的名字，而不只是一个代号。**RSm**

Pokémon Ruby/Sapphire
口袋妖怪：红宝石/蓝宝石

发售年份：2002
平台：Game Boy Advance
开发商：Game Freak
类型：角色扮演

强劲的品牌魅力、无孔不入、效果强大的营销手段让我们都快忘了《口袋妖怪》（Pokémon）作为一款游戏是有多优秀——出色的RPG机制、充满乐趣的世界探索、最重要的是那些令人印象深刻的可收集怪物。优美而新奇的视觉设计、巧妙而顺口的怪物名字——每一款《口袋妖怪》都是一道视觉甜点，游戏的标语也是鼓励你走完漫长而复杂的冒险旅程的祷文。你会发现你真的会想要"集齐所有的口袋妖怪"。

虽然在剧情的展开上有些混乱，但《口袋妖怪》其实就是一个关于探索与收集的简单故事，而游戏的灵感则是来自创作者田尻智对昆虫收集的痴迷。在《口袋妖怪》的原野中艰难前行也是一种享受，因为随机遇敌在这里充满了乐趣，你可以有机会见到追寻已久的新品种，也可以借此机会降服、拥有，并渐渐了解这只全新的口袋妖怪。

虽然每一款《口袋妖怪》基本都是换汤不换药，不管故事多纠结、角色多混乱，每款新作都有其独特的魅力与特征，《口袋妖怪：红宝石/蓝宝石》亦是如此。本作把《口袋妖怪》系列搬上了GBA平台，不仅提升了游戏画面，还把多人模式下的参战人数提至四人，并加入了双打模式。

即使弄不到《红宝石》或《蓝宝石》，这个系列中的任何一款游戏你都可以拿来玩。因为这个系列中没有次品，因此你不可能撞上一款烂作。只要记住：如果沉迷游戏太久的话，你可能会患上收集癖。**CD**

Ratchet & Clank
瑞奇与叮当

发售年份：2002
平台：PS2
开发商：Insomniac Games
类型：动作/平台动作

如果你想知道身为一只猫科动物、背着一台科学机器人游历太空是什么感觉，不妨试试这款《瑞奇与叮当》，不过到时候玩到身份混乱的话可不要怪我们。

和顽皮狗公司的《杰克与达斯特：先驱者的遗产》一样（Insomniac 公司正是借用了这款游戏的游戏引擎和控制系统），《瑞奇与叮当》也强调双角色合作，不同的角色有着自己的特殊能力。大多数情况下你扮演的都是年纪轻轻却郁郁寡欢的猫人瑞奇，用你的扳手（OmniWrench 8000）痛殴敌人或是用你的炸弹手套（Bomb Glove）远距离轰杀敌人。但在某些特定区域，你必须替换成叮当，虽然在其他情况下，它不过是瑞奇的一个背包。

除了引人入胜的剧情外，《瑞奇与叮当》最主要的魅力来自于沿途拾取的武器与道具。其中包括可以把敌人吞下去再当作子弹射出来的吸吮炮（Suck Cannon），或是可以帮助你分散敌人、各个击破的奚落器（Taunter）。你还可以通过打破物品或击败敌人来收集闪电。闪电就是游戏中的货币，你可以把它们存起来去商店中购买武器弹药，人性化的存档系统也为你减轻了不少负担。

就图像而言，《瑞奇和叮当》绝对够华丽。每一个星球都充满了丰富多彩的视效，角色动画也非常出彩。如果你喜欢Shiny Entertainment 公司的《MDK》并觉得没有玩过瘾，《瑞奇与叮当》值得你一试。虽然Insomniac的这款游戏明显更接近于动画《飞出个未来》，而不是带有特瑞·吉列姆（Terry Gilliam）式荒诞的《MDK》，但就丰富的科幻闹剧元素而言，《瑞奇与叮当》和《MDK》在作品寥寥的3D平台动作游戏领域还是有不少相似之处的。**OB**

Grow
奇异生长

发售年份：2002
平台：互联网
开发商：Eyezmaze
类型：益智

虽然业界对沙盒世界和开放式游戏进行了大量讨论，但对于玩家而言，在游戏中接受一个游戏任务无非产生两种结果：把它做完或中途放弃。没错，在大多数开放式游戏中，每个人历经的旅程都不尽相同，但如果在一款游戏中，不管最终结果是好是坏，都能给你带来无穷的乐趣呢？

《奇异生长》的作者是一位不知名的日本Flash游戏开发者，他只以自己的公司Eyemaze的名义发布作品。游戏交给你一个红色的球，上面贴着一个单词"Grow"，要你把十二件毫不相关的物品——包括一个盘子、一段梯子、一个旋风——一个接一个地放到球上去，然后静观其变。等你把几件物品拖到球上后，小球就会开始变化了。根据你拖放物品的顺序，这些物品将会改变形状，要么变得越来越大，要么变成另外一种存在（一座小山会变成一座火山），并开始相互影响，比如旋风会开始吹动一个竹蜻蜓。

游戏的目的就是把所有的物品都升级到极限。但如果这便是有关游戏的一切的话，那这将会是一次痛苦的失误体验。比如，你根本就搞不懂一根管子因为什么原因或是通过什么方法能够"进化"成一枚蛋。游戏的成功之处在于每一次失败都能带来有趣的结果。在竹蜻蜓和小山之前先放上一根管子，那么管子中吐出的泡泡就不会被竹蜻蜓吹走，而是滴落在山上阻止它变成一座火山——但如果这样做的话你可能就不能让电视屏幕正常运转，或是建造机器人，于是你便重来一遍。

《奇异生长》很容易会被嘲弄成一个幼稚玩意儿，一个Flash小品，一个浪费时间的游戏。但如果你的每一个选择——甚至是错误的选择——都能带来不一样的惊喜，那这又有何不可呢。**MKu**

The Legend of Zelda: The Wind Waker
塞尔达传说：风之杖

- 发售年份：2002
- 平台：GameCube
- 开发商：任天堂（Nintendo）
- 类型：动作 / 冒险

　　林克的在NGC上的首次冒险被设定在了狂风暴雨的大海上，随之而来的是互联网上对于游戏艺术风格突变的强烈抗议。《塞尔达传说：风之杖》没有使用128位图像对《塞尔达传说：时之笛》中忧伤的幻想世界进行升级，而是选择了用大块的原色来描绘背景，并把我们穿梭时空的忧郁少年变成了一个大眼睛、卡通化的小孩，有着粗短的双腿、草草绘制的眉头，还顶着一个巨型气球般的大脑袋。

　　但玩家的恐慌完全是多余的，因为《风之杖》犀利的赛璐珞渲染让本作成为除《塞尔达传说：众神的三角力量》之外最经得住时间考验的塞尔达游戏。游戏风格大胆新潮，迷宫的设计在整个系列中亦是数一数二，其中的亮点包括一座建在一个巨型涡轮上的神殿，而在一座森林中，还会有带刺的藤蔓从地下爆出来构成临时迷宫。

　　《风之杖》将系列前作中的海拉尔大陆沉入波涛汹涌的蓝海中，这一做法看起来和游戏的低龄化走向一样，都是一种对塞尔达系列的亵渎。没错，《风之杖》缺乏系列前作复杂的多次元结构，但这种鲁莽的改变却为更新鲜的冒险故事提供了发展空间：海盗、在阳光下泛白的海岛、幽灵船，以及困在海浪之下的神秘封冻城堡——这样的改变绝对物有所值。

　　对于系列前作的粉丝而言，《风之杖》中的一些Boss可能非常眼熟，而且不少迹象都表明这是一款完成得十分仓促的游戏，大片的迷宫都被彻底删除。但《风之杖》仍是整个系列中一款惹人喜爱的游戏，给每一位敢于在泛着银光与白沫的大海上扬帆起航的玩家带来了数不尽的财宝、谜团和传说。**CD**

Super Mario Sunshine
阳光马里奥

发售年份：2002
平台：GameCube
开发商：任天堂（Nintendo）
类型：平台动作

在花了这么多年时间营救公主、拯救世界之后，马里奥难免要休一个假。而当他搭上飞机前往目的地享受阳光时，必然又要出现令人哭笑不得的麻烦。刚踏上热带天堂海豚岛没多久，可怜的马里奥就发现自己被诬陷搞破坏，而事实证明真凶是一个神秘的蓝色山寨马里奥，它正在用又脏又黏的污水糟蹋这个度假胜地。

清理小岛的任务理所当然地落在了马里奥的身上，你将使用FLUDD来协助马里奥完成任务。背在马里奥背上的FLUDD不仅可以作为喷水枪，还可以当作火箭飞行包，甚至是涡轮喷射机来帮助马里奥穿过各种障碍。FLUDD让3D游戏中的跳跃变得不再困难，因为它能像鹞式垂直起降战斗机般带着马里奥缓缓升空、悬浮，任何障碍都不在话下——在这款马里奥系列最具挑战难度的游戏中，FLUDD扮演了最至关重要的角色。

《阳光马里奥》中的场景也都是辨识度极高的真实世界景点，这在整个马里奥系列中也是很罕见的。在这些景点的旅馆中，还充满了变形的鬼怪、屋顶的迷宫、怪石嶙峋的悬崖，以及海里的一只患有牙痛的怪物。

这款游戏至今仍激荡着想象力和刺激性，以及各种精彩的时刻——探索高耸的蘑菇村庄的地下世界，或是在阳光灿烂的海滩上被炮弹比尔（Bullet Bill）穷追猛打——将游戏抬高到与系列其他作品同等的标准高度。《阳光马里奥》是一次大胆的新尝试，更是有史以来最伟大的一款夏日游戏。Wii平台上的《阳光马里奥》和NGC上同样出色，因此不要让自己错过这款经典游戏。**CD**

Warcraft III: Reign of Chaos
魔兽争霸3：混乱统治

发售年份：2002
平台：PC, Mac
开发商：暴雪娱乐（Blizzard Entertainment）
类型：策略

虽然《沙丘2》被认为是即时策略类游戏的鼻祖，但真正让这类游戏成型的则是《命令与征服》系列，不然的话这类游戏不知道会发展成什么样子。1995年，两款重磅游戏——《命令与征服》和《魔兽争霸2》同时问世。两款游戏都很优秀，但《命令与征服》在此后似乎推出了数百款续作，相反，魔兽迷们却苦等了七年才盼来了续作。

如果《魔兽争霸》和它的对手出现在同一款RTS游戏中，战况必将十分惨烈，因为暴雪的即时战略（RTS）在数量上处于绝对的劣势。但《魔兽争霸》一直在静候时机，为最后的残局储备资源。随着《魔兽争霸3》的发售，真正意义上的RTS游戏终于到来。

《魔兽争霸3：混乱统治》在原作的人类（Human）和兽人（Orc）的基础上增加了暗夜精灵（Night Elf）和不死族（Undead）两个种族，针对每一个种族都有各自的单人战役路线。如果你要用一张示意图描绘出游戏的进展，那么它必将是一条平衡于简单与深度之间、平衡于学习新技能的痛苦与使用新技能的快感之间的斜线。

和任何一款RTS游戏一样，本作的精髓就在于资源管理——如黄金、木材、食物等等——然后用它们来建造一支军队击败你的对手。但让《魔兽争霸3：混乱统治》与众不同的是：本作在各方面都极力做到不让游戏复杂化。论剧情，《混乱统治》的故事完美地融进了游戏当中；论操作界面，游戏的界面就是直观操作的典范；论图像，游戏已经预示了《魔兽世界》的大气恢弘；论设计，游戏从资源收集到军队扩展已经确立了一个完美的游戏流程。**DM**

TimeSplitters 2
时空分裂者2

发售年份：2002
平台：多平台
开发商：Free Radical Design
类型：第一人称射击

夹在略显粗糙的第一作和令人大失所望的第三作之间，《时空分裂者2》是一款相对平衡、各方面都可圈可点的游戏。在这款第三人称射击游戏中，有着你所能想要的一切角色、武器和无厘头笑料，充满了对电子游戏俗套桥段的揶揄恶搞，但却丝毫不拖沓，也未让笑话段子喧宾夺主。

在《时空分裂者2》中，真正扮演主角的是枪械。为了追击外星人，游戏要你穿越各类重大历史事件，这个精彩而搞怪的剧本为摆弄各种武器提供了绝佳的理由，从狂野西部的六发左轮手枪到遥远未来的镭射枪，应有尽有。至于本作开场处那个拙劣致敬《007黄金眼》的游戏片头，我们不能忘记这款游戏的制作人员和《007黄金眼》的幕后功臣其实是同一批人，正是他们首次让第一人称射击游戏——一个PC专属的游戏类型——在主机上也能操作得如此舒适。

游戏剧情充满了活力与战斗元素，既有在外星球上对《星际迷航》的恶俗戏仿，也有在19世纪巴黎的疯狂闹剧，反派们个性十足的脸部表情更为这些场景增色不少。但是，和《007黄金眼》一样，能让你今天还把这款游戏翻出来重新体验的主要原因在于它精彩而疯狂的多人模式，一系列紧张刺激且与众不同的竞技场对战，还有一个基本的关卡编辑器，为更多的欢乐提供了可能。

《时空分裂者2》已经被第一人称射击（FPS）迷们所遗忘了（由于《薄雾》［Haze］表现不佳，Free Radical 也终于关门大吉，并成为Crytek的英国分部），但这是该制作团队鼎盛时期留下来的珍贵遗物，一款平衡性极好的射击游戏，总是能给玩家带来无尽的欢乐。**CD**

The Mark of Kri
禁咒的纹章

发售年份：2003
平台：PS2
开发商：索尼（Sony）
类型：动作/冒险

《禁咒的纹章》同时向波利尼西亚（Polynesia）部落文化和迪士尼动画取经，用最简单粗犷的笔墨来表现动作冒险。只要和这个虚构传奇故事不搭调，任何冗余的类型游戏元素都被恣意剔除、弃置，同样的随性也在沉默寡言的蛮人主角拉奥（Rau）身上得到充分的体现。

虽然拉奥有个旁白，以及一群比他健谈的配角来弥补他台词的缺失，但这就是个完全靠动作来表达自我的电子游戏主角。他爬梯子时一股子蛮劲，让人感觉他随时要把梯子踩断。这样的角色正是电子游戏的一种回归：在过去，要想塑造一个符号化的角色，张扬的外貌和夸张的动作就是一切。

和过去一样，这样的角色设定给拉奥充满暴力的冒险带来成熟的叙事和本能的残忍，这也是《禁咒的纹章》那些花哨的竞争对手所不具备的气质。游戏对卡通元素的使用非常克制，而没有像其他游戏那样走泛滥化路线，它所借鉴的"迪士尼"元素更倾向于《黑神锅传奇》（The Black Cauldron）和《加勒比海盗》（Pirates of the Caribbean）的风格。和《加勒比海盗》一样，本作的单轨式关卡玩起来就像主题公园的过山车般狂暴，高超的色彩运用和美术设计赋予乐高玩具般的块状环境一种原始的质朴感和异域风情。

丰富的游戏内容在《禁咒的纹章》精心设置的游戏节奏下一一展现出来：暴力捕杀、精心策划、对突然死亡之前的前戏有着独到的研究。当敌人小心翼翼地把拉奥团团围住时，你便会深刻地感觉到这是一个多么强大的角色，只有以人数的绝对差距才能弥补对战的不公平性。充满魄力，拳拳到肉的战斗相当精彩，但归根结底，《禁咒的纹章》仍是一款以角色行为举止至上的游戏，这也是游戏如此不朽、令人过目难忘的原因所在。**BS**

Eve Online
星战前夜

发售年份：2003
平台：PC, Mac
开发商：CCP Games
类型：大型多人在线角色扮演游戏

　　《魔兽世界》也许是不少玩家喜结良缘的媒介，但在CCP公司波澜壮阔的大型多人在线角色扮演游戏《星战前夜》中，玩家群之间的互动可要壮观复杂得多。巨大的阴谋、精心设计的骗局、血腥的突袭侵略以及跨星级规模的诈骗——所有的这一切都由玩家自己掌控。

　　《星战前夜》设在一个充满政治阴谋的世界，这里有着五千多个星系，玩家通过自建的大型企业相互展开竞争，想尽办法开矿、交易、开战、使诈，用尽一切手段争夺统治权。从这场争斗中衍生的故事可谓惊心动魄。其中一起著名的事件中，一支自称Guiding Hand Social Club的雇佣兵团在一家大型企业潜伏了近一年时间，最后夺走了公司财产，伏击了公司的女老板，摧毁了她那艘独一无二的飞船，并把这位CEO被弹射出来的冰冻尸体找回来，送到了他们的委托人手中。从公司金库掠得的资金在当时价值数万美元。

　　虽然根据用户协定，游戏中的资产不得转换为现实货币，但玩家的辛苦劳动就这样在一个卑鄙的阴谋中化为乌有。这款游戏的开发商可是专门雇了经济学家来塑造、稳定其中的市场。玩《星战前夜》绝不是件轻松的活儿，你可以把这看成是太空中的工作，但宏伟绚烂的场景并没能减轻游戏臭名昭著的复杂性以及劳动的紧张感。游戏中的太空航行或太空战斗更是常常被简化成显示屏上的几个数据，而看不到嗖嗖作响的激光束。《星战前夜》可不是《星球大战：钛战机》，但却是有史以来最迷人、最鲜活、最残忍无情的数字社区。**MD**

Beyond Good & Evil
超越善恶

发售年份：2003
平台：多平台
开发商：育碧（Ubisoft）
类型：动作 / 冒险

　　《超越善恶》由《雷曼》（Rayman）之父迈克尔·安塞尔（Michel Ancel）一手打造。这个精彩的太空故事采用了玩家们非常熟悉的游戏元素，比如物品收集系统和塞尔达系列的迷宫结构，并利用这些元素创造出了一款独一无二的动作冒险游戏。

　　《超越善恶》的主角是一位住在灯塔中的绿嘴唇女记者杰德（Jade），玩家将跟随她一边揭开威胁矿石星球西丽斯（Hyllis）和平安定的巨大阴谋，一边探索各式各样昏暗的工厂与阴森的洞穴、拍下当地的野生动物，并用一根可伸缩的长棍痛殴敌人。

　　但让安塞尔的这款游戏真正与众不同的不是它的剧情或动作，而是游戏的场景和角色。西丽斯星上潮湿的小路赋予这个未来世界一种浓郁的欧洲风情，而伤感的灰色、银色、绿色、蓝色则给游戏笼上了一层忧郁诡谲的气氛。和其他大多数游戏相比，杰德这个角色非常具有人性，而杰德的猪形朋友兼拍档八戒（Pey'j）也许是电子游戏中最讨喜的跟班角色，只不过他经常不厌其烦的重复着那句"是时候了就说一声，杰德！"让你忍不住想把他推下悬崖摔死。

　　就游戏机制而言，育碧的这款《超越善恶》并不是最令人印象深刻的一款——虽然不断升级你那艘犀利的小飞行器、最后飞向宇宙确实挺有意思——但这是罕见的一款气氛大于动作的游戏。

　　育碧一直在计划制作一款续作，鉴于《超越善恶》低调问世之后积攒的巨大人气，育碧的计划确实有其商业可行性，但什么时候能重返那个神奇的未来还有待时日。是时候了就说一声！**CD**

Disgaea: Hour of Darkness
魔界战记

发售年份：2003
平台：多平台
开发商：日本一（Nippon Ichi）
类型：角色扮演/策略

英文标题元音太多不会读？受不了那些日系风格的刺猬头？事实上，关于《魔界战记》——日本一公司超人气策略RPG系列的第一作——你真正需要知道的只有一件事，那就是这款游戏最高可以练到9999级。

大多数RPG游戏都喜欢玩升级。游戏做得好的话，杀一回怪就能增强一点实力的提升途径会让人疯狂地上瘾；但如果做得烂的话，这种设定就能磨死人。但为了积攒实力进入下一个世界、打倒下一个Boss或是挺进下一个地下迷宫，你不得不咬紧牙关埋头作战。《魔界战记》只不过把这种升级的数学问题带入了一个没人敢尝试的境界，使得角色的升级几乎没有封顶，直到玩家的级数已经逼近五位数才肯罢休。

这也是对游戏质量的一种考验，而许多玩家也确实为了练到最高级而顶破头皮。《魔界战记》讲述的是一帮魔界居民和他们疯狂的冒险故事，这是一款相当复杂的策略RPG游戏，每一个新环境都会变成一个斜四十五度角棋盘，你要在这上面移动你的角色、攻击敌人、寻找物品、通力合作向敌人发起毁灭性打击。

华丽而明快的美术风格已经催生了不少周边漫画和小说，而主角们肥皂剧式的奇异生活故事足以让最乏味的战斗也变得轻松有趣起来。极端、复杂、高难度——游戏界仍然存在这样的精品佳作实在令人欣慰，更令人高兴的是这款游戏取得了巨大的成功，并催生出了一系列续作，以及PSP和NDS平台的掌机版游戏。**CD**

Fatal Frame II: Crimson Butterfly
零·红蝶

发售年份：2003
平台：PS2, Xbox
开发商：Tecmo
类型：生存恐怖

　　游戏常常被比作电影，特别是游戏在叙事和情感表达上和电影有不少共同之处。但《零·红蝶》向世界展示了游戏也能像任何非互动形式娱乐那样把观众吓个半死，甚至技高一筹。

　　继前作大获成功后，本作再度回避五花八门的武器，采用一台简单的照相机作为基本道具。游戏主角——年幼的女孩天仓澪将一边寻找自己失踪的姐姐天仓萤，一边使用这台照相机来发现邪灵，并进行除灵。这款游戏就像《路易鬼屋》（Luigi's Mansion）与《口袋妖怪即可拍》（Pokémon Snap）的结合体，但内容明显偏向成人化。

　　但是，并不是所有的鬼魂都想加害于你，其中有不少还会愿意向你提供指导和帮助。不管是好是坏，所有的鬼魂都是裸眼无法看到的，只有在特定的环境下，或是当你的相机光圈变色时，鬼魂才会现形。为了能看到这些鬼魂，玩家必须使用相机的取景器。取景器会将游戏视角转为第一人称，迫使玩家紧张兮兮地扫描周围的环境，因为你知道，那些鬼魂已经盯住你很久了。

　　《零·红蝶》的音效设计也相当出彩。Tecmo公司用一些特定的声音和音乐来表现危险或是安全，在玩家自以为躲过一劫的时候，将他们仅存的一点安全感一点一点地击垮。但是，如果你觉得自己够勇敢，不妨在首周目通关之后再战一回。游戏二周目会继承你之前收集到的所有物品（特殊镜头、胶片以及其他升级道具），你还可以设法打出另外四种不同结局。但这些额外的内容丝毫没有减弱游戏的恐怖感，这也更加证明了《零·红蝶》过硬的恐怖效果。**BM**

Call of Duty
使命召唤

发售年份：2003
平台：PC, Mac
开发商：Infinity Ward
类型：第一人称射击

作为名声大噪的《使命召唤》系列的开山之作，本作在今天仍然能为玩家带来一场紧张、暴力、令人血脉贲张的游戏体验。游戏共分成三个部分，分别从英国、美国、苏联三方角度来表二战。游戏中充满了气势磅礴的战争场景和充满创意的战斗故事，而这些内容都是为各个部分的游戏主角量身打造。苏联部分的开场处，没有武器的红军战士通过驳船横渡伏尔加河、进入被围困的斯大林格勒的桥段，至今仍是射击游戏中最扣人心弦的游戏体验。

《使命召唤》的叙事手法——通过不同战场上不同士兵的经历来串起整个故事——至今仍是该系列的核心传统。但是，这种游戏模式之所以在《使命召唤》中大获成功，归根结底还在于游戏传达出的紧张迫人的战斗体验。《使命召唤》使用的是《雷神之锤3》的id Tech 3引擎，该引擎经过改进和增强后，能够高效地表现近战搏斗，同时也使得Infinity Ward制作小组能够在大口径武器与爆炸的攻击中表现可怕的弹震效果。虽然之前的射击游戏已经展现了很多二战中的类似场景，但还没有哪一款能如此逼真地再现MG42机枪咆哮时的巨大威力，让你惊恐地畏缩在奶牛尸体下不敢喘气。斯大林格勒部分充分表现出《雷神之锤3》游戏引擎的性能飞跃：数百名士兵同屏出现，而随着进攻的深入，一副巨大的城市图景也将在你面前展现出来。

在这样的超人气系列中，很少出现这种第一代游戏仍能和系列续作相媲美的情况，但《使命召唤》便是其中之一。毫无疑问，这款游戏仍然是有史以来最伟大的射击游戏之一。**JR**

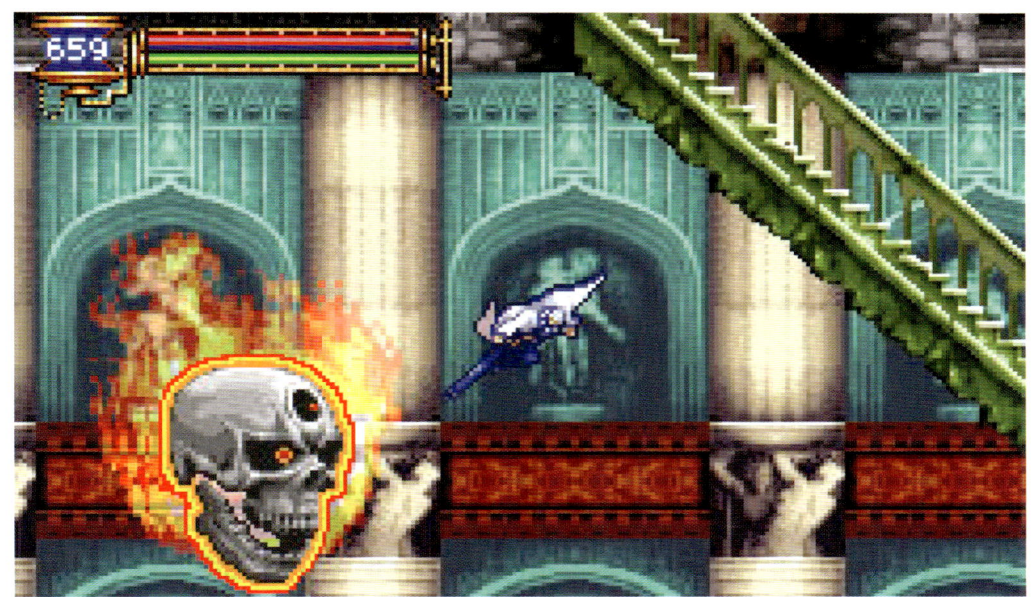

Castlevania: Aria of Sorrow
恶魔城：晓月圆舞曲

发售年份：2003
平台：Game Boy Advance
开发商：科乐美（Konami）
类型：动作

自初代《恶魔城》在任天堂的FC磁碟机上问世以来，已经过去二十多个年头，整个《恶魔城》系列也推出了近二十五部作品。该系列游戏已经从简单的横向卷轴打斗游戏进化成为融RPG与平台动作元素于一身的探索型史诗，创造出一系列充满令人沉迷的复杂元素的猎魔经典。

在NDS版恶魔城到来之前，《恶魔城：晓月圆舞曲》就是掌机平台最完美的恶魔城游戏。《晓月圆舞曲》紧承系列剧情，将时间设在2035年，再度讲述贝尔蒙特（Belmont）传人设法打败德古拉（Dracula）的故事。随之而来的是一系列典型的奇异事件与超自然动作场景，这些都是从PS1上的《月下夜想曲》——第一款将《恶魔城》的环境设定同任天堂的《银河战士》系列元素融合在一起的恶魔城游戏——中延续至今。

和系列前作一样，《晓月圆舞曲》将动作与探索元素融合在一起，通过一轮轮接踵而至的战斗让角色逐渐获得各种技能，方便玩家进一步探索周围的环境。《恶魔城》系列游戏后期章节最赞的地方就在于地图的缩小感：随着你的超能力的增长，之前超长的距离也将显得越来越短。

游戏最主要的创新之处就在于"战术灵魂"（Tactical Soul）系统，玩家可以通过打败敌人并吸收对方魂魄来获取新能力，这也给传统的恶魔城模式增添了类似《口袋妖怪》的集齐元素。在那个互联网尚未成熟的年代，玩家们只能靠GBA连接线来交换灵魂，但这丝毫没有减弱游戏的乐趣。本作在发售后成为日本权威游戏杂志《Fami通》（Famitsu）上评分最高的恶魔城游戏，至今仍是一款经典佳作。**DM**

Amplitude
动感音符

发售年份：2003
平台：PS2
开发商：Harmonix
类型：音乐

Donkey Konga
大金刚鼓

发售年份：2003
平台：GameCube
开发商：任天堂（Nintendo）
类型：音乐

　　虽被微软告知没有外设硬件的音乐游戏不是好游戏，但Harmonix仍凭借极具迷幻效果的《电音频率》成功地展现出了强大的魅力，并赶在公司将焦点转向塑料吉他之前，推出了游戏的续作《动感音符》。

　　游戏把前作的音符隧道压扁成一波浪状的平面，虽然画面做得够炫，但却被批评将前作的成功模式给糟蹋了——当然这样的批评也不无道理。如果说前一款游戏给人感觉像在一位疯狂舞者体内展开的一次精神漫游，这款续作则更为具体化：玩家要操纵一艘悬浮太空船，将下方的一个个音符连在一起。

　　和《电音频率》一样，《动感音符》因为向《吉他英雄》和《摇滚乐队》（Rock Band）系列游戏提供蓝图而闻名业界。虽然游戏使用的只是PS2的普通手柄，但把所有歌曲安排成一个可解锁性歌单并附带返场"Boss战"的设计和《吉他英雄》、《摇滚乐队》有着异曲同工之妙，更不用说使用升级道具来获取进攻得分的设定。

　　Harmonix公司已经表示有兴趣在PS3上继续这个系列的制作，这对在《动感音符》中沉溺已久的粉丝来说绝对是个好消息。**DH**

　　最好的节奏动作类游戏永远都离不开最好的游戏外设，继《欢乐桑巴》中的沙铃、《太鼓达人》中的太鼓、吉他英雄中的各种周边配件之后，《大金刚鼓》中亮橙色的手鼓也成了大受欢迎的乐器新品。

　　游戏故事讲述大金刚和迪迪刚（Diddy Kong）在沙滩上发现了一些神秘的手鼓，这些手鼓能给他们带来的香蕉数量之多是他们做梦都想不到的。于是两只猩猩伴着三十余首歌曲展开一场击鼓对抗赛。游戏的歌单中还有不少任天堂的知名曲目，比如粉丝大爱的马里奥和塞尔达系列歌曲，其他曲目还包括经典手鼓名曲《匈牙利舞曲第五号》（"Hungarian Dance No. 5 in G Minor"）——来自长期霸占歌榜榜首的流行天后约翰内斯·勃拉姆斯（Johannes Brahms）。

　　《大金刚鼓》符合一款优秀音乐游戏的所有标准，更不用提那个绝赞的游戏外设。但因为诞生于命运多舛的NGC主机末期，《大金刚鼓》并未取得巨大的成功。当然，鉴于现在高人气的Wii对NGC的兼容性，想要再次体验这款游戏完全不成问题。**DM**

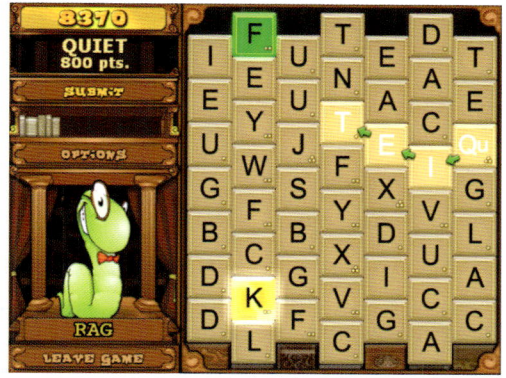 

Bookworm
书虫大冒险

发售年份：2003
平台：多平台
开发商：宝开游戏（PopCap Games）
类型：益智

Wario World
瓦里奥世界

发售年份：2003
平台：GameCube
开发商：Treasure
类型：动作 / 平台动作

  通过《书虫大冒险》，PopCap公司证明了即便是像单词测试这种无聊到爆的事情，到了它手中也能充满快节奏的乐趣。这不过是个简单的找单词游戏，但游戏一旦开始，你便会沉浸其中难以自拔。

  在书虫雷克斯（Lex）警惕的目光下，玩家必须从一系列随机排列的字母砖中尽量拼出最长的单词，但必须小心只能使用相邻的两个字母。各种颜色的砖片可以用来提高你的单词得分——当然单词越长得分也就越高——而与此同时，那些讨厌的红色砖片也会陆陆续续出现，等它们慢慢烧到屏幕底端，游戏便宣告结束。

  游戏如此令人上瘾，部分原因在于那些搞怪的卡通视效和可爱的音效，也有可能只是因为读书时的单词测验本身就挺有意思的——当然如果你有阅读障碍，那这份乐趣将大打折扣。

  今天你可以在许多网站上下载到《书虫大冒险》的原版游戏，iPhone上则有经过界面改良的移植版。**CD**

  在疯狂而扭曲的《瓦里奥制造》（WarioWare）系列把瓦里奥推上任天堂的名人榜之前，面对马里奥的这个死对头，大名鼎鼎的任天堂似乎也完全无从下手。《瓦里奥世界》是第一款由瓦里奥担任主角的游戏，一部流程虽短却充满魅力的3D平台动作游戏，而且游戏质量也确实不错。

  游戏讲述瓦里奥的财宝被人给偷了，于是他踏上征途，勇闯四个主题各异的关卡，设法夺回自己的财物，同时解决掉沿途遇见的各种敌人。游戏画面做得非常漂亮，甚至有些过度华丽，但并不影响玩家游戏。游戏最大的亮点在于瓦里奥一系列刺激爽快的打斗动作。虽然战斗动作不是特别复杂，但瓦里奥的特色在于他招招凶狠的冲撞、抓投、打桩，给这个充满幼稚怪物的蘑菇世界带来一丝WWE【译注：世界摔角娱乐（World Wrestling Entertainment），是美国著名职业摔跤上市公司】摔角竞技场的感觉。

  玩家在任天堂的游戏世界中有的是机会扮好人，这也是我们为什么如此需要瓦里奥的原因——做一些正义英雄主角不能做的事情，给我们一个探索生命的自私与黑暗面的机会。**CD**

Freedom Fighters
自由战士

发售年份：2003
平台：多平台
开发商：IO Interactive
类型：射击

《自由战士》带来了游戏史上第二出名的水管工兄弟——克里斯·斯通（Chris Stone）和特罗伊·斯通（Troy Stone）。这两名普通工人跌入了一个平行世界，在这个世界中，苏联成了第一个用核武器结束二战的国家。不出意料，战后苏联便横跨大西洋，准备打倒大洋彼岸腐朽堕落的美国人。红军占领纽约市后，克里斯·斯通加入了反抗军，并走上街头用尽一切方式对抗老大哥的走卒——当然大部分情况下靠的是枪械和炸药。

作为一款汤姆·克兰西（Tom Clancy）【译注：美国军事作家，当今世界最畅销的反恐惊悚小说大师】式的严肃主旋律游戏，《自由战士》也许会让人觉得无法忍受，但因《杀手》系列而闻名业界的开发商 IO Interactive 绝非浪得虚名，他们把一个谐趣的工人冒险故事同出色的团队作战系统完美地结合在一起，最终创造出了一款PS2和Xbox时代最令人难忘的动作游戏。

游戏体验的一项核心要素便是"魅力值"（Charisma Meter）。每当克里斯做出了英勇的举动，他的魅力值就会随之上升，帮助他招募更多的团队成员——小组成员数最高可达十二人。当你为推翻暴政而在破败的曼哈顿街头战斗时，你还可以向你的队友下达战斗指令。不同于其他普通游戏，本作中你的战友的智商还是很高的，大部分时间都懂得如何保护自己。

凭借大量的多人游戏选择和一个喧闹的单人战斗模式，《自由战士》成功地掳走了大批玩家的心。游戏做到这个地步，顺势推出一款续作必定大受欢迎。一直有消息表明《自由战士》确实有续集计划，但到目前为止，要想体会这份刺激，你最好还是别急着把老式主机丢进阁楼里吃灰。**CD**

Final Fantasy Crystal Chronicles
最终幻想：水晶编年史

发售年份：2003
平台：GameCube
开发商：史克威尔艾尼克斯（Square Enix）
类型：动作/角色扮演

作为世界上人气最高的RPG系列的开发商，史克威尔一向都是厚着脸皮拿着《最终幻想》的牌子到处乱贴，妄图以此进一步壮大它的粉丝群。这种做法诞生了不少私生子，如针对傻瓜玩家的《最终幻想神秘历险》（Final Fantasy Mystic Quest）以及那款惹人嫌弃的《陆行鸟赛车》（Chocobo Racing）。但千万别因为这些奇葩作品而放弃《最终幻想：水晶编年史》，因为这可是一款让它所在的游戏平台也跟着长脸的多人RPG游戏精品。

在传统的菜单中设定好你的角色（战士/法师/医生等等）后，你便要开始出发寻找瘴气之源。这种神经毒气从很久以前便已经在这片大陆肆虐了，在你的家乡有一种可以阻挡瘴气的水晶（这是款RPG游戏，RPG里的水晶都是万能的）。因为这种水晶每年都需要回复一次魔力，所以你每年都要回一次家乡，而游戏中的一年就是现实中的数小时时间。这听上去可能会很无聊，但实际上并非如此：每年一次的任务赋予游戏时间以流逝感，战斗系统也更加高效，取消了随机遇敌或是专门的战斗场景切换，也就是说战斗与探索发生在同一个世界中，你不会受到太多的干扰。

《最终幻想：水晶编年史》可以单打独斗，但游戏的设计亮点只有在双人或是三人游戏时才会展现出来。队友可以抓准时机，同时展开物理攻击或是汇集魔法攻击，发出必杀。可惜的是，游戏的硬件的要求太高。《最终幻想：水晶编年史》的多人模式不仅需要一台NGC，更要求每位玩家人手一台GBA和特制的连接线。但这些外设并不难找，任天堂的老粉丝们家里应该都摆着这些东西。为了能和你的朋友坐在一起共同体验这次漫长而有趣的冒险，这样的额外花费还是很值得的。**JT**

Flipnic
迷幻弹球

发售年份：2003
平台：PS2
开发商：索尼（Sony）
类型：桌上弹球

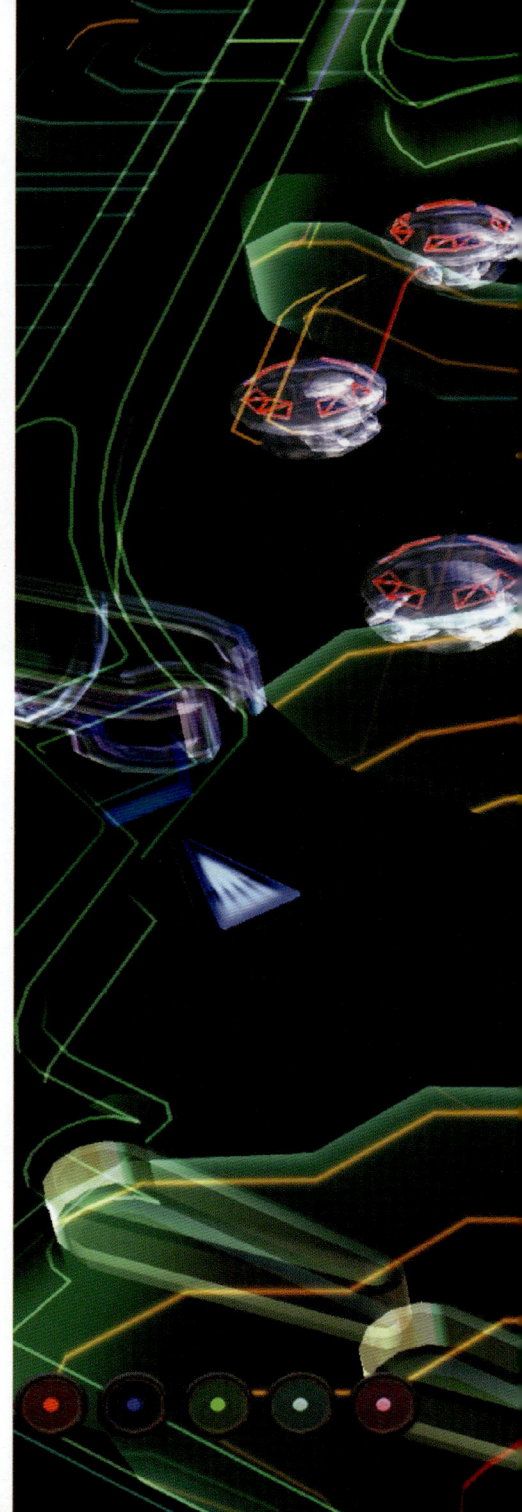

　　日本原版的《迷幻弹球》包装盒上有句著名的广告词，称这是款"为您准备的弹球游戏，操作简单，其乐无穷"。这一标语在更为低调的西方发行版中被去掉了，这一做法也许为游戏免去了不少虚假广告的官司。如果你是个受虐狂，这游戏还真是其乐无穷，从技术层面讲，三个游戏按键输入的设定也确实是"操作简单"，但再往后，游戏就变得有些复杂了。

　　即便桌上弹球本来就是种非常苛求技术的游戏，《迷幻弹球》也不免难得有些任性。当游戏疯狂的8位风格开场动画出现时你的厄运就开始了，令人恼火的结果会让你恨不得把游戏机斜过来。关卡花样太多太复杂、太电子游戏化，根本就不能叫弹球台了。物理性、重力、动力被肆意地融进了个各关卡当中。游戏里不仅有小游戏，甚至还有Boss战。

　　事实上，这根本不是一款桌上弹球游戏，而是关于弹球游戏的电子游戏概念专辑，类似于1988年那款挂着迷你高尔夫名号的游戏《滑稽高尔夫》（Zany Golf）。《迷幻弹球》以一种伪怀旧的姿态唤起人们对于桌上弹球游戏厅的记忆。游戏不是把现实弹球游戏干巴巴地照搬，而是以一种意识流的方式对这种游戏体验进行神化：太阳系式的菜单界面、卡利普索（calypso）【译注：特立尼达岛上土人即兴演唱的歌曲】风格的原声、自我陶醉的过场画面、充满迷幻感的画外音、由一群骷髅拖着调子喊出来的"Game Over"以及一堆听上去像高中课本般的关卡名字。

　　《迷幻弹球》仿佛把玩家带回了过去，虽然这个过去从来不曾存在，但《迷幻弹球》却凭借其古怪的创意让你深信确实有过这样的时光，而且你也亲身经历其中。就冲着这一点高明的手段，《迷幻弹球》就算不是一款够精彩的弹球游戏，也至少是一款精彩的电子游戏。如此自我而另类的一款游戏，也只能是"为您准备"的了。**BS**

Astro Boy: Omega Factor
铁臂阿童木：阿童木心之秘密

发售年份：2003
平台：Game Boy Advance
开发商：Treasure / Hitmaker
类型：动作 / 格斗

Treasure公司之所以能成为游戏界的传奇，是因为它致力于开发原创作品，很少复制别人的品牌。但它的一些改编游戏同样制作用心，质量不俗。这类作品中的巅峰制作必然是这款《铁臂阿童木：阿童木心之秘密》。这是一款混杂着射击与打斗元素的2D横向卷轴游戏，俨然是一封写给《铁臂阿童木》之父——著名漫画家手冢治虫的足料情书。

在《铁臂阿童木：阿童木心之秘密》的故事模式下，玩家将扮演阿童木，并遇上手冢治虫笔下的其他名角（例如著名的怪医黑杰克［Black Jack］、小白狮雷欧［Kimba the White Lion］等等），一边学习知识，一边通过一个简单的升级系统获取新技能。当游戏剧情开始在"诞生"与"重生"两个章节间穿越时，玩家必须使用所学到的一切技能来拯救这个手冢治虫的世界，而到了这个时候，玩家也将深知这一切的重要性。

Treasure一向偏爱高难度游戏，但玩家不必担心，《铁臂阿童木：阿童木心之秘密》提供了一个更易上手的简单模式，你可以一路狂按游戏键通关，也可以潜心学习各种新奇的射击/打斗招数（虽然本作只有四个按键和一个十字键来控制，但阿童木的连招绝不比《漫画英雄Vs卡普空2》中的角色逊色）。而对于那些不满足于一次通关的玩家来说，"普通"和"困难"模式也充满了乐趣，这样的设计不禁让人联想起Treasure公司1993年的处女作《火枪英雄》系列。

《铁臂阿童木：阿童木心之秘密》也许不是展现手冢治虫世界的最佳途径，但却无疑是一款可玩性极强的游戏佳作。**MKu**

Midtown Madness 3
疯狂都市3

发售年份：2003
平台：Xbox
开发商：Digital Illusions CE
类型：驾驶

初代《疯狂都市》恰恰发售于《车神》之前，把一系列疯狂的竞速元素放在了一个虚拟的芝加哥城，常常被认为是自由驾驶类游戏的鼻祖。开发商Angel Studios以其"鲜活、生动的游戏环境"而备受称赞，其中充满了骂骂咧咧的行人、知名的地标性建筑、可破坏的街景和狂乱的交通。游戏用掀背车和公交车取代了炫酷的超级跑车，并设置了不少比赛模式，比如在"存点"（Checkpoint）模式下，玩家要挑战高难度的交通路况，而"警匪"（Cops & Robbers）模式下，玩家则要上演一场汽车版的夺旗大战。

本作由微软发售，目的在于宣传Windows的游戏潜能以及便利的联网服务MSN Gaming Zone。因此当机能与联网两大要素再度成为微软的第一台主机Xbox的主要卖点时，微软立马又把这系列给搬了出来。

《疯狂都市3》交由《战地1942》的制作公司Digital Illusions CE进行开发（该公司在当时以制作竞速游戏而出名），并迅速挑起了微软交予的重任。游戏将赛场移至巴黎和华盛顿，是在开放式世界中尝试复杂光影效果的先例，更进一步展现了开放式世界给竞速游戏带来的不同感觉。《疯狂都市3》中并没有固定路线，而是需要你自己去探索。这是个风险与回报并存的世界，你可能碰巧发现一条捷径，也有可能倒霉开到一片湖里或是闯进一座公交车站。你在游戏中不是要学会跑弯道，而是仔细研究城市的路况，摸清车子在不同道路上的不同表现。

这是一款为网战而生的游戏，具备现代可联线主机游戏应有的简易上手度。狂欢般的派对模式当然是一大特色，但真正让《疯狂都市3》与众不同的东西在游戏发售时还不在游戏盘里，这便是通过DLC（可下载内容）获得的定期更新升级，这一全新服务形式将于数年之后在游戏界掀起革命。**DH**

WarioWare, Inc.: Mega MicroGames!
瓦里奥制造：超微型游戏

- 发售年份：2003
- 平台：Game Boy Advance
- 开发商：任天堂（Nintendo）
- 类型：动作

《瓦里奥制造：超微型游戏》虽然在名字上就摆明了只是个小制作，但倘若你流落荒岛，这款游戏绝对是你消磨人生的不二之选。本作将整个电子游戏史都掰成乐趣十足的小块，然后用这些五秒钟一个的小游戏向你发起高速攻击。游戏讲述马里奥的死对头瓦里奥建立了自己的电子游戏公司，并开始制作各种史上最古怪的游戏。作为玩家，你的任务就是把这些游戏一个个打通。这些奇特的小游戏都按照不同主题进行了分类，每一类小游戏都以一个较长时间的Boss战收尾。

从RPG到竞速游戏，再到任天堂自家的老字号作品，几乎没有哪一类游戏逃过了本作的嘲弄。在《瓦里奥制造》中，《马里奥》被简化成了一款跳跃游戏，而大名鼎鼎的《塞尔达》则变成了钻洞冒险。瓦里奥的记性更是出奇的好，还把当年任天堂做过的一款有关吸尘器的游戏拿出来开涮，还拖出了红白机曾经的机器人吉祥物ROB，把它放进了自己的一个糟糕的游戏当中。

除此之外，还有关于眼药水、理发、吃苹果、打喷嚏、抓土司等等各种游戏，你可以切牛排、在大玻璃杯下抓小火柴人，或是帮一群鸡躲开人们的踩踏，每一款新游戏都能给你带来耳目一新的体验，每一款游戏都超出你五分钟前的预期，同时在自成一体的美学标准中恣意撒野。

鲜活、欢乐、极具美感，《瓦里奥制造：超微小游戏》就是你毕生期待的游戏。电子游戏史已经不是第一次被碾磨进这样的游戏当中，但却没有几款能像本作这样令人大呼过瘾。**CD**

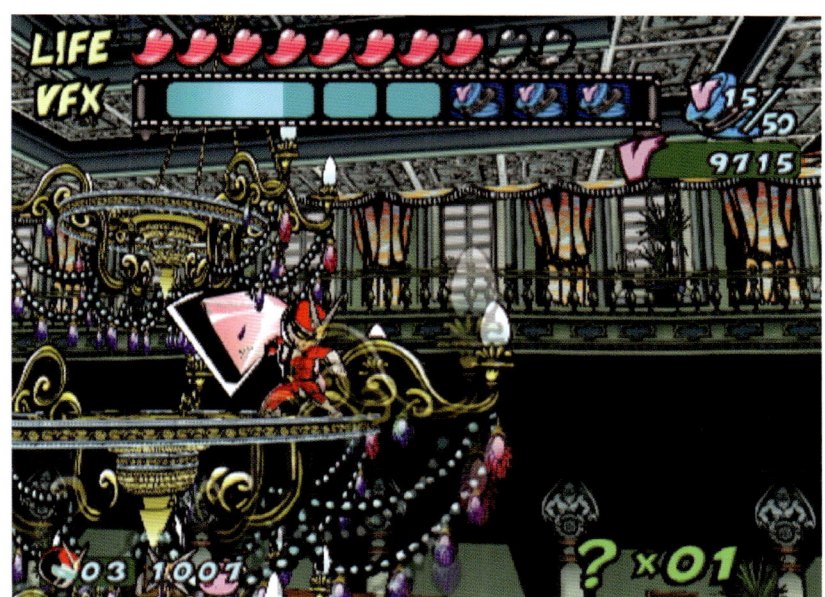

Viewtiful Joe
红侠乔伊

- 发售年份：2003
- 平台：多平台
- 开发商：卡普空（Capcom）
- 类型：动作／格斗

面对这个短小结实、身着恶俗红色紧身衣的主角，你很难对这款游戏产生太大兴趣，不过这只是因为你还没看见他如何移动。在这个风格鲜明的2.5D环境下，红侠乔伊将会在其中疾驰、暴击、飞腿，时而把时间加速导致屏幕一片模糊，时而放慢至龟速的慢动作镜头，炫耀自己如何将子弹打回枪膛、把机器杂兵炸成碎块，或是高速暴打各种Boss直至他们全身起火。

在那个靠屏摄截图来卖游戏的年代，你很难对《红侠乔伊》做出直观的评价，更不可能通过几张简单的静止画面——充满机械枪手的巴黎大道、躲避各种杂兵的红色肥胖战机——来判断这游戏到底是在讲什么。然而这却是PS2时代最具想象力的一款动作游戏，每一个新场景都赋予游戏紧凑的操作以更多的乐趣，每一位新Boss都让你手足无措，你会被一连串另类的视觉风格设计和紧张的模式化攻击搞得晕头转向，直到你最终摸索出如何把一套冗长的招数链接在一起达成胜利。

《红侠乔伊》可爱而不失精彩，但最重要的是这款游戏很有难度：精细复杂的世界、毫无规律的记录点难倒了一片玩家；而即便是二周目通关，游戏的Boss也能把你折磨得死去活来。尽管如此，玩家们还是会兴致勃勃地打开游戏并玩上一整天，只为感受游戏所传达出的那份纯粹的动感与活力。没有哪一款游戏在屏幕上如此肆意地迸射激情与创意，也没有几款游戏能在惨痛的挫败感和华丽的画面之间做到如此平衡。**CD**

Hidden & Dangerous 2
隐藏与危险2

发售年份：2003
平台：PC
开发商：Illusion Softworks
类型：射击

　　《汤姆·克兰西：彩虹六号》（Tom Clancy's Rainbow Six）让虚拟世界中的战士们意识到：在现实世界中，一颗子弹就能要了你的小命。但最令人惊讶的是，这样一款深受《雷神之锤》影响的死亡竞赛式游戏居然也能把这个道理阐述得这么好。战术策略、单兵威胁，加上汤姆·克兰西的金字招牌，《彩虹六号》给射击类游戏带来了一次革新，并不可避免地引发了一股跟风潮流。

　　Illusion Softworks 公司找准了机会效仿这一游戏模式，并把背景设在了第二次世界大战期间。在初代的《隐藏与危险》中，制作团队创作了一个充满野心的剧本，讲述英国特种空勤团（SAS）的一支四人小组深入敌后，展开破坏行动。可惜游戏的粗糙表现辜负了这个好剧本，但借这部续作的机会，制作小组终于可以把他们的原始想法转变成更为紧凑的游戏体验。

　　2003年，玩家们还没有玩腻二战题材的游戏。这一次，SAS小组横跨全球，除了对抗纳粹外，还在缅甸和日军杠上了。游戏的策略色彩从一开始就体现出来：你必须要从你的小队中选出四名战士执行特定任务。游戏强调的就是跑什么道选什么马，而不是无视情况直接把枪法最好的四个兵拖出来行动。一旦到了战场上，你的组员将会对你的命令做出迅速地回应。高度灵活的互动在应对游戏中的紧张任务中很有必要，因为从茂密的丛林到冰雪覆盖的平原，每一个任务都有其特有的巨大挑战。

　　这款令人满意的续作自然不是什么惊爆眼球的动作大戏，但游戏的多样性（包括其中的载具）、盘错复杂的关卡，以及对脚印、枪声、单发子弹致命性等细节的考究都让《隐藏与危险2》从射击游戏过剩的市场中脱颖而出。**RSm**

Jak II
杰克2

- 发售年份：2003
- 平台：PS2
- 开发商：顽皮狗（Naughty Dog）
- 类型：动作 / 平台动作

正如《化身博士》（Dr. Jekyll and Mr. Hyde）中的海德先生（Mr. Hyde）之于杰基尔博士（Dr. Jekyll），《杰克2》就像是前作《杰克与达斯特：先驱者的遗产》的第二人格。两年的监禁生活让主角杰克身上的那股阳光魅力早已荡然无存，剩下的只有对社会的厌恶和对枪械的痴迷。《侠盗猎车3》的成功显然对顽皮狗公司产生了巨大影响，而一开始看似荒诞无稽的设定逐渐也变成精彩绝伦的游戏体验。

游戏讲述杰克在穿越一个传送门后来到了一个反乌托邦式的未来世界，很快便被克林姆森护卫兵（Krimson Guards）俘虏。杰克被逮到了邪恶的普拉西斯男爵（Baron Praxis）手中，普拉西斯则把他用作暗黑战士计划的实验体，唤醒了杰克体内的黑暗自我。可喜的是，虽然名字没有出现在游戏标题中，但达斯特还是在本作中现身，并成功地展开了营救计划。很快你就会发现自己置身于一个陷入三方势力混战的世界：普拉西斯男爵、混合生命体金属兽（Metal Heads）以及反抗军（之后你也将加入）。最重要的是，杰克现在可以通过收集"黑暗自我"变身为暗黑杰克，这一形态在近距离战斗中特别有效。

避难城（Haven City）就是一个中心世界，玩家可以通过气闸进入相互独立的关卡。你可以在这里强烈地感受到《侠盗猎车》对的影响，因为这个忙碌的大都市中充满了行人和交通工具（你也可以通过暴力"借用"这些载具）以及由当地人委托而触发的海量任务、支线冒险、竞速比赛。真正的主线剧情基本发生在避难城之外，游戏进入气闸外的世界后才最有前作的感觉。

传统的续作都习惯于在原作基础上进行各方面的增强，《杰克2》大胆地拒绝了这一做法，而是选择从头做起，并打造出了一份独一无二的游戏体验。**BM**

Harvest Moon: Friends of Mineral Town
牧场物语：矿石镇的朋友们

- 发售年份：2003
- 平台：Game Boy Advance
- 开发商：Marvelous Interactive
- 类型：模拟养成/角色扮演

　　《牧场物语》诞生于90年代中期，最初只是用来向数百万住在钢筋混凝土里的日本人传达农村生活的美好。而这款GBA版则是创作者和田康宏对于最简单、最理想化的农业生活的究极表达。

　　《牧场物语：矿石镇的朋友们》把务农变成了一种社会性活动。游戏的背景设在一所破败的大农场，农场位于一所热闹的村庄的外围，村里住着各种大同小异的角色。这是一个为了农活而存在的小镇，镇上每个人的生活都在随着四季的更迭而忙碌。《牧场物语》就是劳动与收获的可爱循环，让玩家深深地陷入种庄稼、养牲口和收获农产品的恬静生活中。和现实生活一样，游戏中的大部分内容都是一些日常劳作，期待着某一天房子的扩建、婚礼的来临或是小牛犊的出生。游戏事件的不可预知调剂了拖沓的节奏，你永远不知道今天会有什么令人兴奋的事情发生，也许是一场暴风雨，也许是一个新访客，又或者是村子里的一场惊喜派对。

　　游戏中的角色很可爱，但并不乏味，这也是《牧场物语：矿石镇的朋友们》和其他《牧场物语》系列的区别所在。本作中的角色们有自己的生活和自己的性格，为了把新娘娶回家，还需要拍老丈人和女方闺蜜的马屁，而这些角色之间的关系也会以隐藏游戏过场的形式表现出来。

　　游戏让你感觉像是个活生生的世界，一个有付出就有回报的平行现实，而游戏的巨大深度也意味着即便你在游戏中摸爬滚打数年时间，你仍能发掘到一些全新的东西。农村生活对于避世者来说也许是个奇怪的追求目标，但《牧场物语：矿石镇的朋友们》却让它显得格外吸引人。**KM**

NBA Street Vol. 2
街头篮球2

发售年份：2003
平台：多平台
开发商：艺电（Electronic Arts）
类型：体育休闲

　　篮球运动在登陆电子游戏平台时，似乎很容易走向夸张化。严肃向的体育模拟游戏自然有其粉丝，但如果这项运动的比赛选手都是些七英尺高的大个子，比赛追求的也都是竭尽全力往你的对手头上来一记凶猛的扣篮，那么这样的运动改编游戏往往节奏会很快、也不会太计较规则。这款《街头篮球2》是自Midway 1993年的街机人气大作《NBA嘉年华》以来，第一款成功地将街机式爽快感同基本篮球要素融为一体、令人大呼过瘾的游戏。

　　《街头篮球2》的模式建立在初代的《街头篮球》之上，将三对三的篮球赛放在了街头，比赛的目标不是简单地追求胜利，而是想尽办法炫技。游戏的控制系统支持表现各种控球技术，从简单的防守假动作到篮板传球等更为复杂的球技。所有的这一切技巧都是用来提高你的Gamebreaker值，蓄满一次Gamebreaker可以让你使出华丽的灌篮或是远投，在为你增减两分的同时还会减掉对手一分。如果你能成功地蓄满两次Gamebreaker槽（这么做有一定的危险，因为技术相当的对手可能截断你的蓄力），那么你便能使出无人可挡的超凶狠灌篮或是远投，最高可扣除对手四分。

　　听起来似乎不太公平，但一旦你掌握了控制技巧，两名高手玩家之间的对决将变成一场你来我往的持久战，双方都想办法超越对手的前一次进攻。《街头篮球2》中的一些玩法可能并不符合篮球规则，但规则这东西制定出来，不就是让人来打破的么？ **MKu**

Kill Switch
杀戮时刻

发售年份：2003
平台：PS2
开发商：南梦宫（Namco）
类型：射击

历史似乎非常青睐这款被誉为最早发明《战争机器》中的掩体系统的战术射击游戏——《杀戮时刻》，虽然游戏根本没有利用这一系统做出什么很了不起的事情，浪费了一个比Epic公司的外星人入侵剧情精彩得多的故事背景，但我们强调的是理论上的贡献。要知道评论家和硬核玩家们就喜欢到处邀功行赏，尤其喜欢在多年以后再去把一些作品捧上天。

一开场，你就被丢在一片战场上，扮演尼克·毕肖普（Nick Bishop），穿着典型的美式英雄行头向成群造型一致的敌人疯狂开火。但游戏在这里玩了个花样：你其实只是个傀儡，你那身正义造型也都是计划的一部分。真正在背后操控尼克的是邪恶的"控制者"——也就是玩家自己。控制者利用这个傀儡发动恐怖袭击，并试图把他的罪行转嫁到一个超级大国身上，以此来挑起战争从中获利。随着这个差强人意的剧情逐渐发展，有关家庭的回忆时不时浮现在尼克的脑海，与此同时，一个名叫公爵夫人（Duchess）的神秘战友也在想尽办法操控他的心智。

这一切谜团都诱使你仔细分析游戏中那些毫不起眼的任务简报，但你会发现你什么信息也得不到。随着尼克·毕肖普恢复自我意识，整个故事大环境便消失了，游戏开始幼稚化，变成一款普普通通的射击游戏。当然，虽然说普通，《杀戮时刻》的掩体系统还是改变了整个第三人称动作游戏。

和光荣公司的《秘密行动》（Operation Winback）一样，《杀戮时刻》也被认为是将"跑轰"变成"停射"的游戏。石柱、水泥墙、车辆都可以成为尼克的掩体，敌人的火力间隔期间，尼克可以偷瞄对方，并狙杀或用手雷干掉敌人。这种掩体系统的成败，关键就看敌方AI能否将玩家从一个掩体逼迫到另一个，以及控制系统能否很好地应对这样的战斗环境，而这两点在《战争机器》中都做得非常完美。**DH**

Ninja Five-0
忍者刑警

发售年份：2003
平台：Game Boy Advance
开发商：Hudson Soft
类型：动作

　　时不时会有几款看似普通至极的游戏能让你惊喜不已，而这款《忍者刑警》便是其中之一。游戏讲述一位名为乔（Joe）的忍者的执法故事，乍看上去不过是一款毫无新意、山寨《影舞者》（Shadow Dancer）或是《超级忍》的复古式横向卷轴忍者游戏，但事实上，你会发现这款游戏充满了《银河战士》式的复杂关卡供你探索。游戏中有着凶猛而快速的敌人、人质、大量隐藏区域和钥匙，更有一双独到的慧眼，精准地捕捉到了80年代末期横向卷轴动作游戏带给玩家的受虐快感。

　　《忍者刑警》从大批毫无新意的致敬类作品中脱颖而出，成为一款独树一帜的再创作游戏，关键就在于那个钩爪。这个装备的设计灵感来自《生化尖兵》中的伸缩手臂，需要极好的技巧和时间感才能控制自如。利用钩爪潇洒地荡上头顶的平台而不是一脸撞到墙壁上，能让你感觉自己就是个超人。这是一款难度奇高、结构紧凑的平台动作游戏，更是一款令人抓狂的动作游戏。一只手里剑一不小心就会误杀重要的人质，忍者也会不时地在游戏中出现，论技术与灵活性绝对和你本人不相上下。另外，游戏中的Boss（有时是大到占满整个屏幕、快被GBA那么小的可怜的机身挤爆的巨怪）只消两击就能送你归西。

　　《忍者刑警》迎合了玩家的怀旧心理。在一个技术非人的高手玩家手中，这游戏可以在无视探索的情况下二十分钟内速通。但和本作的那些前辈游戏一样，《忍者刑警》的高难度和高重玩性绝不仅仅局限于短暂的二十分钟。游戏致敬了那些旧式经典游戏核心的简单理念与魅力，但它不是将他们生搬硬套过来，而是赋予这一古老的游戏类型以全新的创意。**KM**

Prince of Persia: The Sands of Time
波斯王子：时之沙

发售年份：2003
平台：多平台
开发商：育碧（Ubisoft）
类型：动作／平台动作

在这个以技术为导向的产业中，很少有经典游戏能经得住时间的考验，但《波斯王子：时之沙》是一个伟大的特例。除了实现了历史性飞跃的马里奥外，《波斯王子》也许是最伟大的一款由2D走向3D的游戏。

本作中的世界除了深受波斯文化影响外，还从原版游戏中的陷阱和钉刺中汲取了灵感。不管从视觉画面还是从游戏角度来看，这都是一款杰作。举个例子：当你站在一座圆柱形的高塔顶端时，你将绕着塔身一路跑下去。鲜艳的挂毯随风飘动，并为你疾驰的脚步让道，而你将以螺旋状路线一路跑下降到塔底。这是一段惊心动魄的体验，仿佛整个世界都在绕着你旋转，而不是你自己在转。这只是游戏的一个缩影。

真正让《波斯王子：时之沙》跻身伟大游戏行列的是它的创意：你可以更正你的错误。如果你在游戏关卡中遭遇了失败，你根本不用去在乎它们，你要做的只是回到过去然后重来一遍。

最后，游戏还有一个精致的故事。王子的历程既是成功也是悲剧，每一次的胜利都不是那么光彩，因为你知道你只是在囚禁被你释放出来的恶魔。游戏的叙事结构很简单但也很聪明：你在玩游戏的过程中，王子也在和你讲述这个故事。如果你死了，王子便喃喃地说一声"不，故事不是这个样子的"，然后你又重新开始。

这是一款操作极富创意的3D平台动作游戏，一件充满艺术美感的作品，一个娓娓道来的精彩故事，一次令人感动的旅程。《波斯王子：时之沙》集上述荣耀于一身，打造出一场令人叫绝的冒险之旅。**RS**

PlanetSide
星际Online

发售年份：2003
平台：互联网
开发商：索尼在线娱乐（Sony Online Entertainment）
类型：第一人称射击

问世短短几年，在线RPG大作《无尽的任务》就已经吸引了超过四十万用户。这些人平均每人每月要在这游戏上花费十美元，只求在诺拉斯大陆享受自由的冒险，这还没有把购买游戏本体的钱计算在内。试想一下，如果索尼在线娱乐能把这份游戏魅力融进一款多人第一人称射击游戏上，那该套牢多少玩家啊。

但是，大场面的火力射击和角色扮演完全是两码事。同时，这个游戏世界要足够平衡，既要能保证老玩家不断升级提升经验值，又不能把潜在的新人拒之门外。但这也是《星际Online》从一开始就做得很出色的地方：游戏共分为三个阵营——地球共和国（Terran Republic）、瓦努主权国（Vanu Sovereignty）和新联盟（New Conglomerate）。这三大阵营矛盾由来已久，玩家一进入游戏就要选择立场，然后迅速加入战斗。

游戏角色虽然都带有强烈的战斗倾向，但也有着职业区分：在前线战斗中，医护兵和工兵同突击队一样重要。另外，和那些在线战斗游戏佳作一样，载具在战场上扮演了一个十分重要的角色。游戏的基本玩法和FPS老鸟们所期待的一样，更不乏开阔的环境与需要集中火力的咽喉点。获得的经验值被分为三大类：战斗经验值、支援经验值和指挥经验值，不管你是以什么方式参与战斗，都可以获得经验回报。因为每位玩家都能在游戏中参与战斗，因次奖赏也可以得到合理分配，最勇猛的玩家将获得一定的地位，这对他们的经验升级也有巨大的帮助。

《星际Online》一直没能获得它所希望的高人气，但游戏的一些突出成就已经使它成为在线动作游戏发展史中的一座里程碑。**RSm**

Railroad Tycoon 3
铁路大亨3

发售年份：2003
平台：PC, Mac
开发商：PopTop Software
类型：模拟经营

  铁道模型套装总是能让小孩子们浮想联翩，但真正准备身陷其中的铁路网制作爱好者们却难免要面对经济能力和摆放空间的难题。席德·梅尔肯定也为同样的问题而倍感头疼，所以才在1990年推出《铁路大亨》。该作获得评论界的一片盛赞，但其销量表现却和游戏如今的传奇地位极不相称。幸运的是，《铁路大亨》在PopTop Software公司有着不少死忠，该公司买下了游戏的版权，并开发了一款续作。不过直到第三作推出时，该系列的巨大潜力才被真正挖掘出来。

  虽然从二维跃入了三维，但《铁路大亨3》仍旧保留了前两作轻松独特的美学风格，成功地将精细的策略元素、复杂的商业模拟元素和大量的铁道模型打包其中，同时又为这样大规模的游戏保证了极好的上手度。

  不同于前两作游戏，乘客与信件不再是更根据运输距离付款的普通货物，而是必须优先送达指定地点。相反，工业原材料不再是固定在地图上的某一处，因此火车不需要开到原产地去拉货。而在初代游戏中，经常需要在遥远的农场或是矿场附近建站，以便满足城区经济发展的要求。你可以选择和竞争对手联网，虽然需要分摊盈利，但却能够抢占地理优势，类似的策略元素在游戏中数不胜数。

  考据狂们可以在游戏中见识到铁道历史上大批经典的火车头，每一款都在游戏中得到精准的再现。游戏热情的粉丝们还推出了大量自制内容。要享受《铁路大亨3》的乐趣，你最好是通过在线或局域网和真人对战。这样看来，你的铁路模型总算可以摆到阁楼里去了。**BM**

Rise of Nations
国家的崛起

发售年份：2003
平台：PC, Mac
开发商：Big Huge Games
类型：策略

　　《国家的崛起》并不是那种让你看一眼就想买的游戏。表面上看，这不过是又一款历史策略游戏，而实际上，游戏界面和游戏机制各方面都和普通历史策略游戏没什么两样。但事实真的并非如此：这就好像是一个精明的编辑在审一本又长又臭的书，剔除所有的废话与俗套，只留下那些节奏紧凑、情节紧张的内容。《国家的崛起》就是它看上去那个样子，但它的节奏、重心和紧凑性却彰显着胆量和勇气。

　　关键一点在于游戏采用了回合制策略游戏——尤其是《文明》（《国家的崛起》的首席设计师布莱恩·雷诺兹［Brian Reynolds］也参与了《文明2》的创作）的核心模式，并把它放进了更为好战的即时策略游戏当中。这种做法获得了惊人的效果：游戏不再是一味地强调摧毁敌人，或是迫使对方投降，而是看重领土和技术；不只是单纯的变强，而是要让你选定的地盘变得更加广阔、工业变得更加先进。在游戏中，工人会自我管理、资源永远不会枯竭、被征服的殖民地也会扩充你的力量，而不是让大片的地图变成毫无疑义的存在。游戏讲究的是发展与速度，而不是把时间浪费在一些琐碎的小事上。因此，在多人模式下，你很有可能一顿饭的时间就横跨了整个人类历史。相比于《文明》一类最快也需要一周才能征服全球的游戏，《国家的崛起》的出现无异于火的发明。

　　雷诺兹后来加入了社交游戏专门户Zynga（曾制作过Facebook上的热门游戏《血战黑手党》［Mafia Wars］）。这一举动似乎有些奇怪，但如果能把他对策略游戏乐趣的独到理解应用到一个全新的游戏领域，这样的结果确实令人充满期待。**AM**

Zone of the Enders: The 2nd Runner
终极地带2：引导亡灵之神

发售年份：2003
平台：PS2
开发商：科乐美（Konami）
类型：动作

　　《终极地带》实在配不上那些《潜龙谍影》铁杆粉丝所寄予的不切实际的厚望。为了能一窥《潜龙谍影》系列下一部巨作的身影，许多玩家都购买了这款《终极地带》，仅仅是因为游戏中带有《潜龙谍影2》这款专门用来炫耀PS2强大机能的游戏发布的第一款试玩Demo。许多人都是在爽过试玩Demo之后才想到试一试这款《终极地带》，结果游戏被狂批流程过短、内容简单、控制糟糕。

　　但科乐美并没有被这些负面评价打垮，而是低调地把所有的问题一一解决，并推出了一款被低估的动作游戏经典续作。和前作一样，《终极地带2：引导亡灵之神》由小岛秀夫担任制作，新川洋司负责机械设定。游戏则是由一系列的任务构成，将第三人称机器人对战同一个典型的烧脑型剧情结合在一起。

　　本作再次挖出了一代中的机器人巨星——一台名为杰夫提（Jehuty）的Orbital Frame（游戏中巨型战斗机器人的总称），并凭借高超的战斗引擎和大幅增加的敌人数量献上了令人欲罢不能的战斗体验。游戏有着快速而华丽的打斗，你可以用次级武器发射出满屏的烟火，还可以举起敌人被砸烂的机体奋力投向它的队友。

　　《终极地带2：引导亡灵之神》还献上了波澜壮阔的Boss战、一对一模式以及大量可解锁小游戏——其中还包括一个致敬科乐美的《宇宙巡航机》的3D游戏，不过为了划清界限，游戏被命名为《终极巡航机》（Zoradius）。和《潜龙谍影》铁杆粉丝所期待的旷世杰作相比，《终极地带2》还是差了一大截，但这也未必是件坏事。**DM**

Samorost
银河历险记

发售年份：2003
平台：PC, Mac
开发商：Jakub Dvorsky
类型：冒险

《银河历险记》问世后，很快便确立了雅库布·多佛斯基（Jakub Dvorsky）在独立游戏开发界的天才地位。但实际上，这款游戏只是多佛斯基在布拉格艺术建筑与设计学院读书时的一份作业设计。《银河历险记》算是多佛斯基毕业论文的一部分，而老师们对于他为何设计一款电脑游戏的举动十分不解，打分时只给了个B。但他们不知道的是，这款游戏近乎重新振兴了一个游戏类型。

作为一款免费Flash游戏，《银河历险记》的难度并不是很大。游戏的任务——阻止一艘飞船迎头撞上一群宇宙精灵的家园——可以非常轻松地完成，以鼠标点击为主的解谜也没有太大难度。但正是这些元素结合在一起的方式——超现实感强烈的背景、可爱的角色、简单轻松的环境音效——让《银河历险记》成为一次令人难以忘怀的艺术享受。

游戏中的世界是由大量的微距相片和矢量图拼贴在一起，赋予整个游戏环境一种强烈的手工感，令人不禁联想起Cosgrove Hall公司的停格动画和奥利佛·波斯盖特（Oliver Postgate）的《太空鼠》（The Clangers）。《银河历险记》以复古的手法将天马行空的想象力与天真但却并不幼稚的童趣结合在一起，就连那个地精般的游戏主角也被注入了一份单纯的魅力，充满了生气。

游戏的续作出色地将这个有趣的故事延续了下去。在此之后，多佛斯基便投身《机械迷城》（Machinarium）的制作，进一步巩固了自己在这类游戏中的地位。业界普遍认为鼠标点击类冒险游戏的辉煌期在90年代初期就已经结束，但《银河历险记》证明了只要有美感与智慧，就能有令枯木逢春的神奇力量。任何对这类游戏互动局限性的质疑都在本作面前烟消云散。**MD**

SimCity 4
模拟城市4

发售年份：2003
平台：PC, Mac
开发商：Maxis
类型：模拟经营

在《模拟城市4》出现之前，《模拟城市》系列中的邻镇都是一些神秘的存在。你可以看见隔壁市的名字，可到最后你也走不出你脚下的这一小片土地，这不禁让人对外面的世界浮想联翩。《模拟城市4》的标志性特征——区域管理（region play）解决了这一问题。玩家只需要点一下缩小键，任何神秘的区域都将在你眼前一目了然。在这款游戏中，你可以先建一座阿猫镇，再在隔壁建一座阿狗镇，然后如此循环往复。巨大的地图鼓励玩家创建一座热闹的巨型大都市，让《模拟城市》系列前作显得狭隘不堪。

游戏的微观细节与宏观场景同样精彩。你的城市中的模拟市民们比以往更加复杂，他们会对周围环境的细小变化表现得很敏感。如果在街角处的交通拥堵状况太严重，他们便会忍无可忍离开你的城市。但只要把路再拓宽一点，他们便又会成群结队地跑回来。道路状况、烟尘、水质、公交、地价——所有的这一切都会影响你那些挑三拣四的市民的情绪，细心地城市规划者则会在不断地完善自己的电子乌托邦的过程中获得极大的快乐。

但是，《模拟城市4》最大的亮点还在于允许玩家自制mod。如果你喜欢玩一些搞怪的东西，不妨钻进网上《模拟城市》社区创作的海量mod中一探究竟。其中的一些mod制作得相当出色，甚至修正了原作中的不少问题。例如，游戏中的模拟市民经常把自己困在拥堵的交通中抓狂不已，即便隔壁就有个地铁站也不知道过去搭乘。而一款玩家自制补丁会让这些市民们长点脑子，这款补丁如今已经成了游戏必备。《模拟城市》的玩家们如此辛勤劳作并不难理解：他们喜欢造东西，而《模拟城市4》给他们提供了一个理想的建筑工地。**JT**

Star Wars: Knights of the Old Republic
星球大战：旧共和国武士

发售年份：2003
平台：多平台
开发商：BioWare
类型：角色扮演

　　《博德之门》系列大获成功后，加拿大游戏开发公司Bioware成了游戏界最炙手可热的品牌。因此，当它把手伸向娱乐界另一个炙手可热的品牌时，我们只能说这是天作之合——或者说是"遥远的银河系"牵下的缘。

　　《星球大战：旧共和国武士》代表着《星球大战》世界首次进入角色扮演类电子游戏领域（但在其他领域并非首次）。和《博德之门》系列一样，《旧共和国武士》也是基于威世智（Wizards）公司的桌游规则。既然不用费心思设计自己的一套游戏机制，Bioware的游戏专家们便有时间专注于雕琢角色和打造架空世界——这也正是所有RPG游戏佳作的关键所在。

　　这个架空世界被设在一个很远很远的时空中，大概在原版电影剧情事件的四千年前——这样的设定很重要，因为它确保了设计者在描绘乔治·卢卡斯的星战世界上能享有极高的自主权。而这一前所未有的自由度使得Bioware公司能够打造一个在情节跨度和复杂度上都足以媲美整个星战六部曲的故事，充满了如达斯·维达向天行者卢克揭露他的身世般令人震惊的情节。

　　Bioware还借此机会创造了一批新角色，如西斯君主达斯·马拉克（Darth Malak）和达斯·雷文（Darth Revan）。这两个角色在邪恶和阴险程度上绝不输给他们臭名昭著的后继者达斯·维达和达斯·摩尔（Darths Maul）。最重要的是，《星球大战：旧共和国武士》还给了玩家极大的自由：你可以走出属于自己的道路，通过你的行动来决定投靠原力的光明面还是黑暗面。**DM**

Tales of Symphonia
仙乐传说

发售年份：2003
平台：GameCube, PS2
开发商：南梦宫（Namco）
类型：角色扮演

南梦宫的"传说"系列游戏虽然在日本取得了巨大成功，但却从来不曾达到史克威尔和科乐美RPG作品的人气高度。这不仅是个巨大的遗憾，更是一种讽刺，因为"传说"系列在日式RPG游戏中算是最容易上手的。而在NGC平台推出的《仙乐传说》也许是对这个经久不衰的系列的游戏特色的最好展示。

《仙乐传说》将背景设在希尔瓦兰特（Sylvarant），随着名为mana的自然之源不断枯竭，这片大陆也濒临死亡。玩家将在游戏中扮演罗伊德·埃尔文（Lloyd Irving），你要和柯蕾特·布鲁尼尔（Colette Brunel）一起挑起世界交予你的重担。但是当你拿起手柄，你会发现游戏对你来说绝不是什么负担。《仙乐传说》中取消了常见的随机遇敌，因为敌人们在3D世界和迷宫中都是肉眼可见的，因此你可以直接避开危险。不过要想击败Boss，大量的打怪升级还是必不可少的。南梦宫的线性动作战斗系统在本作中再度回归，这次还新加入了威力逆天的合作攻击、自定义队友AI，以及召唤属性精灵的能力。

除了升级外，在战斗中达成一定条件还可获得相应称号，帮助提升相关的技能。但这些称号并不是铁饭碗，你必须始终保证优秀的战斗表现才能守住你的称号。游戏剧情发展也一如既往的紧凑，在旅途和城镇中还穿插着不少充满提示性的角色对话，游戏中玩家的决定还会对整个故事有细微的影响。所有的一切都是以一种极其质朴的赛璐珞渲染风格呈现在玩家面前，和游戏的基调再适合不过。可以说，这款出色的游戏足以让最鄙视日式RPG的玩家也消除偏见。**DM**

Manhunt
侠盗猎魔

发售年份：2003
平台：多平台
开发商：Rockstar
类型：动作

在《侠盗猎魔》的开场处，詹姆士·厄尔·卡什（James Earl Cash）坐在监狱里被执行死刑，等他醒来后却发现自己已经置身梦魇之中。在一个猎奇电影加真人游戏节目般的环境下，我们的主角变成了一只待宰的羔羊，面临着成群嗜血成性的蒙面暴徒的追杀，试图找出在幕后操纵这一切的神秘导演。《侠盗猎魔》讲述的是一个极其残酷的故事，游戏的构思也出色得令人发指。在你挣扎着逃离这个由导演设置的可怕迷宫的过程中，精彩的游戏设定将把你一次次推向虐杀电影般的情境，逼迫你一个接一个地杀死你的对手。

在《侠盗猎魔》中，你要做的就是耐心等待：在黑影中潜伏，拿你的时间做赌注。如果你不小心和敌人面对面撞上了，那你很快就会被他干掉。最好的方法就是在墙角里屏气凝神，好好研究你的猎物的一举一动，然后从后面走上去把他们弄死。一旦你锁定了目标，一个按钮就会出现，让你去杀死目标。在动手之前，忍耐的时间越长，你被发现的几率就越高，但与此同时，杀人的过程也越残忍、刺激。《侠盗猎魔》会为你呈现出一些你在其他媒体上不愿看到的场景，但可怕的是，在游戏中，你却很可能会为了享受这些镜头而长时间地耐心等待。

《侠盗猎魔》甚至还被卷入了一宗真实的谋杀案调查之中，但其实真正玩这款游戏的不是那个少年杀手而是被害者。不管怎样，本作还是变成了电子游戏暴力与极端内容的替罪羊。对于游戏的种种指控其实更适合它那款更加变态的续作，对于这款初代游戏则显得有失偏颇。《侠盗猎魔》是一款冷静的游戏，迫使玩家去思考娱乐媒体与暴力之间的自然联系，这可是其他那些扮乖的游戏从来不曾想过去投钱探讨的主题。**CD**

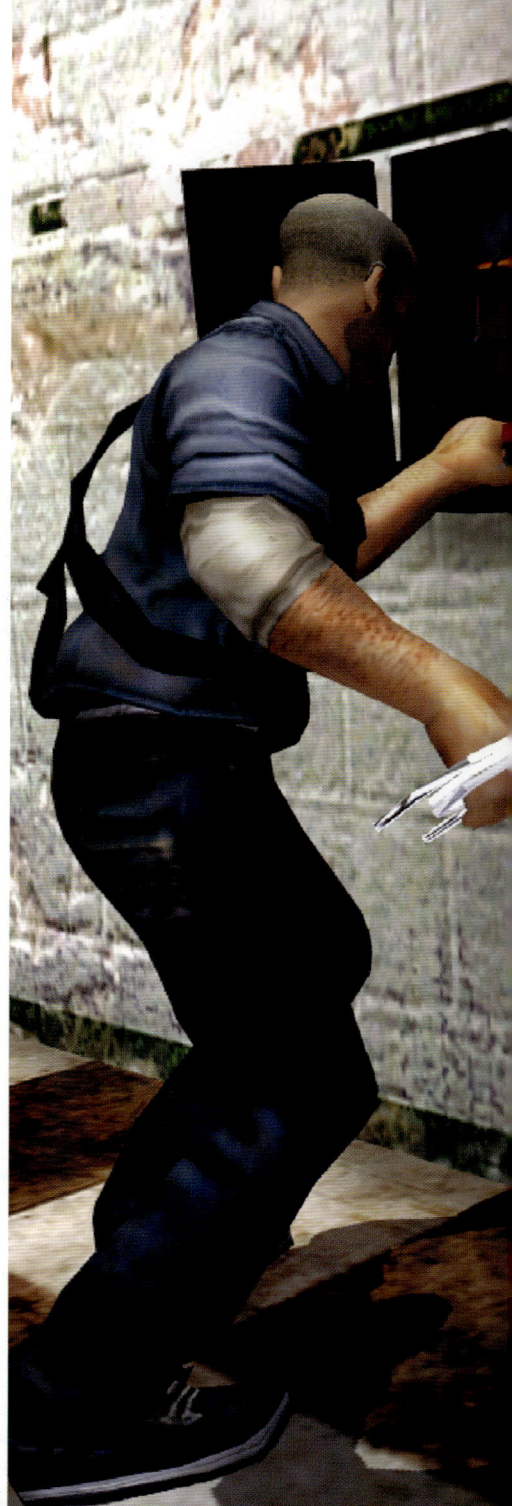

Max Payne 2: The Fall of Max Payne
马克思・佩恩2：马克思的堕落

发售年份：2003
平台：多平台
开发商：Remedy Entertainment
类型：射击

本作的名字可能容易引起歧义。抛开游戏中的那些惨剧不谈，再度回归的马克思・佩恩的情况其实已经开始大有好转。他给自己弄了个女朋友，虽然这个名叫莫娜・萨克斯（Mona Sax）的女人还差点把他给杀了；他再度重装上阵，不过都是托一个秘密犯罪家族的福；他甚至还有了一张新脸蛋，不再是Remedy公司编剧山姆・雷克（Sam Lake）的那张脸——不知是否是因为技术原因而始终带着一种便秘的表情——而是来自真人演员蒂莫西・吉布斯（Timothy Gibbs）。可以说这款有着长达六百页剧本的《马克思・佩恩2：马克思的堕落》（初代剧本只有一百六十页）在各个方面都实现了提升。

在前作中为家人报仇后，续集中重新复职的佩恩有了新的目标：一群和最近一连串高调的凶杀案有关的雇佣杀手——清理者（the Cleaners）。莫娜・萨克斯在一代游戏中就是一名杀手，而到了本作中则变成了一名逃犯。但她现在已经无处可逃了：警察想把她逮捕，清理者想把她灭口。碰巧的是，佩恩也是个一无所有的人了。两人惺惺相惜，并一起携手对抗幕后的真正反派：俄国黑手党和"圈内人"（Circle，一群恶棍，不是那个牙买加雷鬼组合）。

Remedy的这款续作得到了来自Rockstar Games的大力支持，这也意味着游戏在质量上有了质的飞跃。Havok物理引擎赋予你的子弹逼真的打击力，而吉布斯的精彩表演仅次于游戏环境带给玩家的震撼。新加入的动态填弹（active-reload）系统令游戏的枪战部分大放异彩。游戏的故事也加入了更多冒险元素，后面的任务中甚至还会更换角色。更让Remedy公司和粉丝们高兴的是，本作的主机版也在前作基础上有了巨大的提升。**DH**

Wolfenstein: Enemy Territory
德军总部：敌区

发售年份：2003
平台：PC、Mac
开发商：Splash Damage
类型：第一人称射击

和主机游戏相比，PC游戏少了很多限制和麻烦，更重要的是PC游戏还给新兴开发商提供了一个发展空间。《德军总部：敌区》起初只是Raven公司的《德军总部3D》的续作——《重返德军总部》的一个半业余性mod。玩家们对这家英国新兴公司Splash Damage制作的地图赞不绝口，动视闻讯赶紧给这家公司塞一袋钱，双方随即达成协议把这个mod做成一个免费的、独立的《德军总部》游戏。

今天，我们已经对多人射击游戏中的可解锁内容、等级和升级设定习以为常，但《敌区》在2003年引入升级系统时，这些东西可都还是新鲜玩意儿。这款游戏推出之后，玩家们发现除了通关之外终于还有别的目标了，他们会竭尽全力做到最好，只求那点微乎其微的回报。游戏强调的是抢夺、摧毁、保护目标，而不是单纯的计分制混战，这更加强了游戏的刺激性，把每一轮比赛都变成一部微型动作电影，而不是同时期游戏那种古怪的屏幕竞技。

即便在今天，这款免费游戏仍不乏新鲜感和紧张性，就连许多斥巨资打造的射击游戏的多人模式也难以望其项背。创作者对团队作战的热情，对快节奏、高策略性动作的追求是显而易见的，这也是为什么《德军总部：敌区》将比《重返德军总部》更为人铭记、更受人喜爱的原因。

可惜的是，Splash Damage公司并未能在零售游戏《敌区：雷神战争》（Enemy Territory: Quake Wars）中延续它的魔法，过度复杂的游戏设定将那份一流的新鲜感扼杀掉了。当然这款游戏也没指望取代至今人气不减的《德军总部：敌区》，毕竟作为一部里程碑式作品，本作要想这么快退出舞台也不是件容易的事。**AM**

F-Zero GX
零式赛车GX

发售年份：2003
平台：GameCube
开发商：Amusement Vision
类型：竞速

  超快是有多快？《零式赛车GX》几乎已经接近了这个问题的答案。即使是在简单模式下，这块游戏的移动速度也快得令人咋舌。设想一下，如果你坐在一列没有被固定在轨道上的过山车里，然后顺着波浪起伏的车道极速前进，并不时地从赛道上飞腾而起，在爆炸中提前结束比赛该是什么样的感觉。要想掌握《零式赛车GX》，你需要的不是灵敏的技巧，而是要训练好你的大脑以应对迎面扑来的的巨量信息——这可不是正常进化的人脑可以应付的速度。

  癫痫病患者请注意：《零式赛车GX》是一道势不可挡的感官刺激盛宴。游戏的美学设计是典型的快餐文化，闪烁的灯光加上鲜亮的色彩，辅以动感十足、不肯放松的电子节奏。即使有三十辆赛车同屏，游戏的帧率也锁定在每秒六十帧，以流畅的画面来表现混乱的动态场景。

  虽然《零式赛车GX》中找不到哪怕一点可被称为写实主义的东西，但游戏中也不乏可以提高比赛趣味性的策略元素——前提是你能在赛场上撑满足够长的时间来把它付诸实践。**MK**

R-Type Final
异域战机Final

发售年份：2003
平台：PS2
开发商：Irem
类型：射击

  要能找到一款有剧情的飞行射击游戏已经很不容易了，知道如何给游戏画上完美句号的更是寥寥无几。然而这款《异域战机Final》给人感觉不像是在实行军事打击，倒像是在出殡。游戏中充满了无精打采的敌人，对80年代chiptune音乐的重新演绎庄严而肃穆，和曾经的可怕敌人的对战也充满了阴郁气氛。在本作中，《异域战机》系列的常驻Boss巨型拜多（Dobkeratops）居然插着管子靠在一台泡在培养液里的生命维持机上；有一关甚至可以看到拜多帝国的士兵们气息奄奄地躺在担架上，其他的关卡则以墓志铭或是俳句开场，带你见识空袭过后的城市废墟和萧瑟的森林。

  但是，这款由制作人九条一马花十八个月时间秘密开发出来的游戏很快便抛下了沉郁的气氛，并开始大肆开火，带领它的子机穿越时空进入平行空间和不同的关卡，冲破重重火力展开壮观的Boss战。虽然本作之后还有几款新作，但九条一马坚持《异域战机》在2004年正式终结。对于这样一个备受尊敬的游戏品牌而言，《异域战机Final》做了一次完美的谢幕。**DH**

Gregory Horror Show
格里高利恐怖秀

发售年份：2003
平台：PS2
开发商：卡普空（Capcom）
类型：生存恐怖

　　一看到游戏那方方正正的卡通式画面，你就会意识到《格里高利恐怖秀》是一款非典型性生存恐怖游戏。但游戏对重口、惊悚及这类游戏其他传统元素另类的处理方式，却让这款游戏更加毛骨悚然。游戏改编自一部同样令人不适的日本动画，把玩家困在一个超现实的炼狱——一座破旧的旅馆之中，而经营这家旅馆的老板，则是一支名为格里高利的老耗子。你唯一的同伴就是一只丧尸猫，他的主人曾是旅馆的一名房客，但是邪恶的旅馆老板把他的眼睛和嘴巴都给缝起来了。格里高利是个虐待狂，外表彬彬有礼但却内心阴险，被他囚禁的客人全都精神失常，并表现出严重的暴力倾向。

　　游戏任务包括窥探其他客人、收集他们的信息，并设法把每个人随身携带的瓶装灵魂偷到手，再把它们交给死神以换取逃生的机会。随着时间的流逝，游戏会变得越来越难、谜题也会变得越来越隐晦，要成功脱逃几乎成了一件不可能的任务。

　　从画面来看，《格里高利恐怖秀》绝对是这类游戏中最有意思的一款，而就质量而言，游戏也不失为一款水准之作。**KM**

Zuma
祖玛

发售年份：2003
平台：多平台
开发商：宝开游戏（PopCap Games）
类型：益智

　　PopCap公司的《祖玛》的创意来自于Mitchell Corporation公司的《旋转泡泡》（Puzz Loop）。这一次致敬也让这家休闲游戏公司迅速蜚声业界。虽然原版游戏已经很完美了，但PopCap却利用自己独特的风格和表现手法对这款连珠游戏进行再加工，把它变成了一个以一只有趣的青蛙为主角的冒险故事，对核心游戏创意的再创造成功地超越了游戏原作。

　　在《祖玛》的世界中，布满了百转千回的隧道，其中不时地会有成排的彩珠通过。玩家要做的就是从青蛙的嘴里射出和隧道中经过的同色珠子。如果那一串珠子碰到了出口，那么游戏就Game Over。游戏相当有趣，虽说是一款休闲游戏，但却也出奇的难。一场限时赛打到最后，你可能会因为在最后一秒与胜利擦肩而过而对着电脑厉声哀嚎。

　　PopCap的其他游戏也许有着更即时的娱乐性和更抢眼的角色，但不管经过多长时间，《祖玛》都是一款令人上瘾的游戏——如果你任凭自己沉溺其中，这游戏绝对能把你的生活给毁了。**CD**

Pool Paradise
台球天堂

发售年份：2004
平台：多平台
开发商：Awesome Developments
类型：体育休闲

虽然获得了台球大师吉米·怀特（Jimmy White）的代言，但要想和以精准模拟著称的《虚拟台球》（Virtual Pool）以及获得官方授权的《世界斯诺克冠军赛》（World Snooker Championship）一争高下，亚切·马克林（Archer Maclean）的《台球天堂》还得想点新招数。Awesome Developments公司的解决方案就是把游戏设在一个热带小岛上，提供一群搞怪的可选对手，并在锦标赛之外附加不少小游戏。仿佛是担心游戏这种不着调的风格不够显眼，游戏中借钱资助你参加台球比赛居然是一只放高利贷的鲨鱼【译注：英文中放高利贷者被称为"loan shark"，字面意思为"贷款鲨鱼"】。

但是《台球天堂》浮夸的外表下掩饰的其实是一款严谨的台球游戏。简单易懂的模拟操作让玩家可以充分利用写实的物理规则：游戏的一切都设计得很完美，你可以打跳球、设定并大秀一番花式台球技巧。《台球天堂》中提供了大量可选规则、形状尺寸各异的球台、AI对手也很有挑战性，而且游戏真正做到了面面俱到，不仅提供了各类自定义球杆、台面以及球台主题，更有大量可解锁小游戏，其中包括掷飞镖、椰子大炮，最赞的是在海滩上的一台立柜式街机上，你还可以玩到完整版的经典8位射击游戏——由马克林开发的《坠落地带》（Dropzone）。

从昼夜循环到根据视角变化而变化的球杆末端，再到那双代表对手的悬空手，游戏处处可见对细节的关注。《台球天堂》之于台球，正如《死或生沙滩排球》（Dead or Alive Xtreme Beach Volleyball）之于沙滩排球，提供了一个令人流连忘返、极富代入感的世界，而不只是干巴巴地模拟。最重要的是，即使你对台球不感兴趣，游戏仍能给你带来巨大的乐趣，甚至可能让你爱上这项运动。**BM**

Half-Life 2
半条命2

发售年份：2004
平台：多平台
开发商：Valve Corporation
类型：第一人称射击

我们完全可以认为：最伟大的游戏最具影响力。但有时事实又并不尽然。有时这样的游戏只是定个更高的目标，承担更大的风险，并孕育出了其他任何一款游戏都无法匹敌的强大实力。简而言之，这类游戏抬高了业界标准。

《半条命2》就是这样一款游戏。经过长达五年的开发，游戏终于在2004年与玩家见面，并继续以技术狂人兼科学家戈登·弗里曼为主角，讲述他如何处理一起实验事故的故事。在本作中，戈登被神秘的G-Man送回了地球后，进入了17号城。整个世界现在已经被外星人统治，而冰冷可怕的17号城则是现在世界的首都。在《半条命1》中悄悄潜入我们的世界的联合军（the Combine）已经瓦解了全人类的抵抗，并把城市变成了监狱。衣衫褴褛的市民们在房子里挤作一团，等着国民警卫队把它们带到没人知道的地方去。另外，这个世界已经没有儿童了。

如果这款游戏只是在拙劣地效仿电影，那么好莱坞在几年前就该推出一部电影版《半条命》了。但《半条命2》成功的秘诀就在于游戏中充满了平行历史，复杂的叙事方式让你感觉除了游戏外，地球上已找不到第二种媒介可以讲好这个故事。游戏中没有过场动画、大段的说明文字，你能找到和流行文化相关的元素只有奥威尔（Orwell）和H. G. 威尔斯（H. G. Wells）。在这款游戏中，Valve公司的美工、技术人员、编剧和音效师共同打造了一个独一无二的世界：正在被外星建筑所蚕食的典型苏维埃式大都市。概念车设计师维克多·安多诺夫（Viktor Antonov）担任了游戏的艺术总监，为游戏注入了天马行空的想象。

《半条命2》是第一人称射击中的大师级作品，它证明了虚拟射击游戏并不都是做给精力过剩的男孩子们的廉价货——至少并非全部如此。**DH**

Bejeweled 2
宝石迷阵2

- 发售年份：2004
- 平台：多平台
- 开发商：宝开游戏（PopCap Games）
- 类型：益智

　　如果你想把所有改变了整个游戏界的游戏都收集起来，那么你的清单之中必然要出现《宝石迷阵》系列——简单、上瘾、鲜艳、多彩，每十秒就能在全世界卖出一份新拷贝。

　　《宝石迷阵》也许是一款再简单不过的三连消益智游戏，但它也证明了小游戏也能做大买卖。《宝石迷阵》已经出口了数百万份，PopCap公司还曾经在办公室里装了个蜂鸣器来宣告每一笔新买卖，结果却因为响地太过频繁而不得不把它关掉。《宝石迷阵》千奇百怪的续作进一步提升了游戏的知名度，巩固了系列的传奇地位。《宝石迷阵2》大概是系列游戏中最优秀的一款，在保留前作的基本规则的基础上，引入了一系列全新的游戏模式——比如扭转地球引力的"暮光模式"（在该模式下，宝石下落的方向会发生改变）——以及其他可解锁彩蛋。音效和视效也令人赏心悦目，直到每一回合游戏在一片清脆的奖励声中结束。最近，《宝石迷阵：闪电风暴》（Bejeweled Blitz）又把《宝石迷阵2》的魔力带进了Facebook。该作提供了一个紧张的追分模式，并带有一分钟的时间限制和一个出色的得分统计系统，可算是接触整个游戏的最佳入门方式。

　　《宝石迷阵2》的玩家们不分男女老幼，这些所谓的"休闲"玩家实际上会趴在电脑前奋战到深夜。大多数评论都只是羡慕《宝石迷阵2》的好运，但实际上游戏远比他们所想像得更精明。这是一款罕见的游戏，它吸引了大批非玩家群体走进了电子游戏的世界，并让他们沉溺其中，常常玩到第二天早晨上班迟到。**CD**

Cave Story
洞窟物语

发售年份：2004
平台：多平台
开发商：Studio Pixel
类型：动作 / 冒险

对于免费网络游戏，你可能有一些期待，但更多情况下，谨慎的你可能对这类游戏根本不抱任何期待。免费游戏的开发制作通常非常匆忙、草率，游戏的流程也往往很短，而且总是试图给你推销点东西，比如打折的饮料、廉价的球鞋等等。但《洞窟物语》完全是另外一回事。这是一款流程极长，但却高潮迭起的像素游戏巨制，足足花费设计这五年时间打造，无处不闪耀着旧式游戏风格的精致光芒。

游戏的规模十分宏大，把我们失忆的男主角（又是失忆⋯⋯）丢进了巨大而复杂的地下洞窟，和住着可爱的咪咪卡（Mimiga）的村庄里。咪咪卡们饱受邪恶的博士的欺凌。虽然记忆仍未恢复，但你很快便踏上了一次营救冒险，希望改变整个种族的命运。

多种结局设定，以及大量有待搜寻和发掘的奇特隐藏内容都使得《洞窟物语》很容易被误认为是动作RPG黄金时代的SNES或GBA上的某款经典游戏。游戏的免费属性更为这款已经散发着神奇魅力的作品增色不少。《洞窟物语》发售后获得了压倒性的好评，并被评选为史上最佳免费游戏。在网上，你除了可以很方便地找到下载外，还会发现众多游戏粉丝发布的同人图、同人小说和覆盖一切游戏细节的FAQ。Wii用户还可以在WiiWare服务上购买到游戏的升级版，该版本同时包含了升级版和原版的游戏图像。当然你必须为此支付一小笔费用，不过在当了这么多年无尽福利的伸手党后，这也许是我们唯一的回报途径——就当是为了咪咪卡吧。**CD**

City of Heroes
英雄之城

发售年份：2004
平台：PC, Mac
开发商：Cryptic Studios
类型：大型多人在线角色扮演游戏

大型多人在线游戏（MMOG）有着其他任何一类游戏都无法比拟的乐趣：向玩家提供一个巨大的滚动世界，让成百上千名玩家能聚在一起书写属于自己的传奇。但在游戏设计上，MMOG 的局限性也是最大的。虽然幻想色彩浓重，但却永远都只是那么几套把式：魔幻、中世纪，到处都是森林妖精和野蛮的兽人。这么做并不犯法，但却让《英雄之城》倍显难能可贵。当然，这款游戏仍然让我们置身于属于青少年的幻想世界，但这并不是一个属于狼牙棒的世界，而是充满了披风和面具、火箭喷射靴和灭世武器。

《英雄之城》让漫画迷的梦想成真，游戏开发商创造了一个闪亮的大都市任你在其中自由飞翔、奔跑、蹦跳。城市里有抢劫案需要你来阻止、有着丧尸危机等待你来化解、更有超级大坏蛋等着被你送进监狱，每一项任务都和传统的攒分升级系统搭配得天衣无缝。讽刺的是，在漫画书中，通常只有极少数的超级英雄在四处奔波，而在 Cryptic 公司创造的游戏世界里，超级英雄的数量比普通群众还多。但高明的开发者们为玩家准备了许多荒诞的冒险和奇异的难题，让你感觉到自己仍是如此与众不同。另外，见识其他玩家所扮演的各种奇葩超级英雄永远都充满了惊喜和乐趣。

《英雄之城》的资料片《反派之城》（City of Villains）的推出也许是史上最不出人意料的游戏事件，但却取得了同样的成功。Cryptic 的游戏也许早已过了辉煌期，但游戏中仍有不少令人拍手叫绝、值得玩家回味的东西，特别是最新的 Mac 版尤其值得一试。**CD**

Counter-Strike Source
反恐精英：起源

发售年份：2004
平台：PC
开发商：Valve Corporation
类型：第一人称射击

　　《反恐精英：起源》是对原版《反恐精英》——一款反恐主题的团队射击mod游戏——的彻底重制，Valve公司是在为《半条命2》革新它的Source游戏引擎、并建立一个名为Steam的数字下载平台时推出的这款游戏。《反恐精英：起源》的推出，既是对这款大型多人射击游戏的必要重制，也是一次带有浓厚商业味道的举动，因为任何想要体验这款新版游戏的玩家都必须安装Steam。正是这款免费游戏让Steam这个游戏下载平台成为众多PC玩家的首选。

　　《反恐精英：起源》是一款无人匹敌的对战游戏经典。游戏中恐怖分子和反恐部队要竞争一系列地图的控制权，战斗双方各有自己的目标：安装或是拆除炸弹、营救或是守住人质。如果一方全灭，游戏便宣告结束。游戏中的武器都是走半写实路线，其中包括9毫米手枪、自动霰弹、狙击步枪等等。几轮战斗下来，玩家将获得一定数量的金钱，你可以在每一轮战斗开始前用钱购买武器。玩家可以存钱在后面关卡购买自己喜欢的高端武器或身体防具，这将极大地提高玩家的生存几率。

　　这次重制再现了原版游戏中的大部分经典地图，但也做了许多细微的调整。比如烟雾弹的扩散速度要比之前慢很多，但效果却更加明显，使用增强的图形技术模糊受伤害玩家的视野。游戏环境也更加逼真，地图中的物品都可以被碰倒或是击穿。**JR**

Donkey Kong: Jungle Beat
大金刚：丛林节拍

发售年份：2004
平台：GameCube
开发商：任天堂（Nintendo）
类型：平台动作

虽然需要使用到任天堂为节奏动作游戏《大金刚鼓》专门设计的手鼓控制器，但《大金刚：丛林节拍》其实是一款平台动作游戏，更是有史以来最具物理性的游戏之一。

《大金刚：丛林节拍》是Rare公司在SNES和N64上的传统平台动作游戏——《大金刚》的后续作品，由后来负责开发《超级马里奥银河》的小泉欢晃创作，但本作有着属于自己的创新亮点：精细的手鼓以及预示了Wii体感的简易控制系统。整个游戏只有三种输入：拍右边的手鼓向右走，拍左边的手鼓向左走，同时拍两只鼓则跳跃。鼓拍得越快，大金刚就跑得越快。游戏强调的不是抵达关卡终点，而是你能够拿到多少分。这些分值，或是游戏中所称的"Beat"，需要通过抓取香蕉或实现连招来获取。

本作也是任天堂熟练运用旗下游戏品牌的最佳案例。游戏中除了传统的《大金刚》式平台动作元素外，还加入了《超级拳击》风格的Boss战，让你和一票灵长类拳击手在赛场上展开拳击大战。

《大金刚：丛林节拍》的关卡数量虽然不多，但严格的得分攻击系统赋予游戏不小的深度和挑战，就连摘香蕉也不例外。大多数关卡都鼓励你施展一系列特技动作，比如爬墙和荡藤条，只要你能保持不落地，就能获得越来越多的分数。但真正让你难以忘怀的是游戏各关的结尾：如果你指望能在终点喘口气，做梦去吧！每关结尾的小游戏就是个变相的打鼓环节，目的是赢得尽量多的香蕉，让你的手臂和手掌在欢乐的游戏过程中火辣辣地疼起来。**AW**

Dragon Quest VIII: Journey of the Cursed King
勇者斗恶龙8：天空、碧海、大地与被诅咒的公主

发售年份：2004
平台：PS2
开发商：Level-5
类型：角色扮演

《勇者斗恶龙8：天空、碧海、大地与被诅咒的公主》一开场就上来一个诅咒。施咒者是邪恶的弄臣多尔马格斯（Dhoulmagus），受害者则是特罗迪安王国（Trodain）和国王特罗德（Trode），游戏中的无名英雄们随即启程冒险，踏上拯救国王和王国的旅程。从许多方面来看，《勇者斗恶龙8》本身就是一段长征的高潮点：本作浓缩了自1986年第一部《勇者斗恶龙》在日本发售以来所有日式RPG游戏的设计精华。《勇者斗恶龙》在日本市场为RPG游戏开拓出了一片新疆界，而到第八作发售时，整个游戏系列已经在各主要游戏平台上售出了五千万份的好成绩，每一款新作的发售都是一件大事件。在日本，《勇者斗恶龙8》在首周就卖出了三百万份拷贝。自《勇者斗恶龙》系列诞生以来，游戏在设计上一直保持着较高水准，部分原因在于每款游戏都由同一批重要人物负责制作——系列主创堀井雄二一直负责游戏设计，鸟山明一直负责人设，而椙山浩一则始终负责游戏音乐。

《勇者斗恶龙》系列的特色就是它的冒险结构、回合制战斗、随机遇敌、史莱姆（slime，很多很多的史莱姆），以及你在旅途中遇上的各色有趣人物和地点。而在本作中，所有的这一切都由令人惊艳的赛璐珞渲染技术表现出来。

虽然这一系列有着超高的人气，但《勇者斗恶龙8》却是系列中第一款在欧洲正式发行的游戏。鉴于这款游戏的巨大影响，游戏的本地化工作做得极好也不足为奇。一位评论者将其创造的游戏体验形容为《巨蟒圣杯》（Monty Python）遇上《公主新娘》（The Princess Bride）——不管是哪一个都是种娱乐享受。**DM**

Doom 3
毁灭战士3

发售年份：2004
平台：多平台
开发商：id Software
类型：第一人称射击

超过三百五十万份的销量让《毁灭战士3》成为id Software公司历史上最成功的游戏，但是作为一款第一人称射击游戏和一部续集作品，外界的评论却褒贬不一。当《毁灭战士》里的怪物、机械人、BFG、火星走廊等等满是狗牙的画面都已经变成了十一年前老物，你要如何开发一款新作延续昔日的辉煌呢？对于早期3D图形开发专家id Software来说，答案当然是用上最先进的技术。

不论光影有多复杂，也不管物体有多黑暗，大多数游戏制作商的第一直觉就是打环境光（ambient light）。因为没有环境光就没有了一切，摆在你面前的不只是穿不透的黑暗，而是绝对的黑暗，那种你在恐怖片里见过的黑暗——陆战队士兵的手电筒找到怪物的一刹那灯光熄灭的那种感觉。而这种黑暗正是恐惧的来源。但有了先进的动态像素打光（dynamic per-pixel lighting）和模版阴影（stencil shadowing）技术，《毁灭战士3》选择关掉环境光，让玩家对周围环境产生极端的敏感和恐惧。你只有一只手电筒，而且在开枪射击之前，你还得把它收起来。

《毁灭战士3》在这点上玩得有点过火，而且游戏中那些吓唬人的段子很快就会让人腻烦，但随着你从遗留的人事档案中逐渐揭开事实真相时，《毁灭战士3》又开始变成一款生存恐怖游戏。游戏的环境——火星上的军工研究站——就是一个填满了重型机械、盘错的管道和监狱围墙的压力锅，气密室总会带给你虚无的逃生希望，而暴露在这个红色星球下，你的存活时间不会超过数秒钟。当你来到炼狱般的最后一关时，如你所料，这一切背后的真正恶魔正是这里的人类和他们的邪恶计划。这也引出了一个多年争执不下的问题——这游戏还是《毁灭战士》吗？**DH**

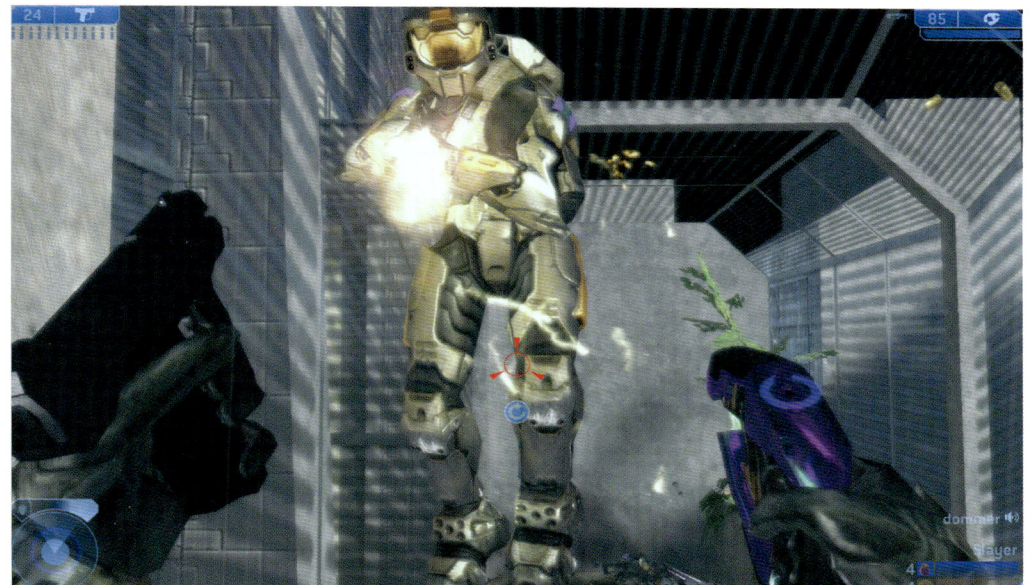

Halo 2
光环2

发售年份：2004
平台：PC, Xbox
开发商：Bungie
类型：第一人称射击

早期宣传透露《光环2》将把人类与星盟的战场搬到地球的城市中后，游戏粉丝们一片怨声载道。不过Bungie公司的这款续作终究还是安安稳稳地降落在了新蒙巴萨（New Mombassa）的灰色巨型建筑之间（给人感觉像是在一个极端现代化的大学校园里漫游），但游戏并未在这个设施密布的环境下逗留太久。很快士官长和战士们便再度启程，前往玩家们期待的地方。

虽然在本作中还不能感受到把疣猪战车开上倾倒的埃菲尔铁塔、或是横穿燃烧的时代广场的震撼体验——事实上我们至今仍未感受到——但《光环2》仍是Xbox上最宏大的一款游戏续作。本作也许没有前作的神秘气氛和惊人发现（游戏的后半部分倒是把前作的剧情缺点都发扬光大了），但是本作有其引以为傲的创新之处，其中包括双手武器和威力逆天的针刺枪。

更重要的是，游戏沿袭了前作的局域多人游戏模式，并把它放进了它的真正归宿：Xbox Live。《光环2》线上网战迅速蹿红：快速的节奏、丰富的动作、复杂的地图（如无可比拟的Zanzibar地图），更有着最精良的武器设备。

出人意料的是，游戏无耻地选择了一个令人颇为不爽的悬念作为本作结局。但单凭出色的多人模式，《光环2》就足以保证即使这个系列全部终结，也仍会有玩家为这款游戏奋战不已。另外，你很难去讨厌一款如此看重针刺枪的《光环》游戏。**CD**

EverQuest II
无尽的任务2

发售年份：2004
平台：PC
开发商：索尼在线娱乐（Sony Online Entertainment）
类型：大型多人在线角色扮演游戏

《无尽的任务》曾是业界打造三维游戏世界的先驱，因此游戏在一些基本设计上露出短腿也是可以理解的。作为一款线上游戏，《无尽的任务》可以通过不断的更新和补丁来解决过分强大的道具、咒语或技能带来的平衡性问题，但推出一款续作才是开发公司一次性整合所有的经验教训与用户反馈的最佳途径。因此，索尼在线娱乐通过《无尽的任务2》在许多关键领域实现了显著的进步。首先，经过改进的游戏引擎完全改变了游戏中的诺拉斯（Norrath）世界，给每一个角色、地点都增加了令人惊叹的细节，确保了每一次的接触——即使是接触耳熟能详的道具、咒语或种族——都给人一种耳目一新的感觉。

游戏开发阶段最大胆的决定就是给每一位角色都增加语音。据称游戏最终成品包含了近一百三十小时的语音内容，其中还包括克里斯托弗·李（Christopher Lee）和海瑟·格拉汉姆（Heather Graham）的友情客串。这也间接鼓励玩家去和每一个城市中的每一位角色见面、交谈，并完成他们派发的任务。游戏的重心从前作的杀怪变成了冒险，鼓励玩家更多的探索这个距离前作五百年后的诺拉斯大陆。在这个时代，剧烈的地壳运动早已改变了整个世界的面貌，甚至连去往卫星露卡琳（Luclin）的通道也被毁灭。

虽然代表着索尼公司手中的第二大奇幻主题的MMORPG，但《无尽的任务2》诞生时，整个MMORPG类游戏仍处于成长阶段。本作在技能树的发展、升级、物品获得等方面做到尽量平衡，也没有给玩家制定任何硬性规定。同时，这仍是一款处在更新中的游戏，陆续加入的一些新游戏内容不断完善着游戏世界和游戏操作。**RSm**

Gradius V
宇宙巡航舰5

- 发售年份：2004
- 平台：PS2
- 开发商：Treasure
- 类型：射击

《宇宙巡航舰》善于以其清爽的升级系统鼓励玩家一边前进、一边努力收集升级物品。这个横向卷轴游戏系列很少出现令人失望之作，而《宇宙巡航舰5》则常常被认为是整个系列中最优秀的一款。部分原因在于本作设计出彩、内容丰富，更提供了源源不断的视觉轰炸；部分原因则在于这款游戏出自Treasure公司之手，这便意味着《宇宙巡航舰5》注定要成为一款与众不同的游戏。

游戏的剧情并不是很清晰，大致讲述了一个人类与巴克特里安（Bacterian）之间的大战。而在这场战争中，你要操纵的则是一艘名为Vic Viper的太空飞船。作为《宇宙巡航舰》系列的第五作，游戏保留了系列传统的武器升级系统，并支持武器组合，这还是第一款支持双人玩家同时游戏的《宇宙巡航舰》作品。这个充满创意的系统让Treasure加快了卷轴星际大战的节奏，并创造出令人叹为观止的战斗场景。

壮丽的日落和Treasure最拿手的爆炸效果同《宇宙巡航舰》的经典游戏规则配合地完美无瑕，但真正令人叫绝的是这个正走向衰亡的游戏系列居然仍能绽放出如此多的新鲜元素。游戏的难度等级设置更加人性化，使得传统的极限难度挑战能吸引不同水平的玩家，最明显的就是游戏中你死后的升级道具仍然散落在屏幕上，游戏允许你把它们再次捡起来，而不会让它们彻底消失。《宇宙巡航舰5》绝对是一款值得你一试的游戏，即便你不是这类游戏的狂热粉丝。作为同类游戏中的佼佼者，本作成功地超越了横向卷轴射击游戏的传统与局限，摆脱了玩家对这类游戏的偏见。**CD**

Grand Theft Auto: San Andreas
侠盗猎车：圣安德列斯

发售年份：2004
平台：多平台
开发商：Rockstar
类型：动作

　　自2004年发售以来，《侠盗猎车：圣安德列斯》已卖出超过两千万份的惊人销量，使其成为史上销量最大的PS2游戏，而本作的热卖也并非没有原因。游戏一开始只是讲述发生在虚构的洛杉矶（游戏中名为"洛杉托斯"［Los Santos］）的黑帮分子与地盘争夺战，顺便照搬了《威胁2：社会》（Menace II Society）和《街区男孩》（Boyz N the Hood）等电影中的一些场景，但随后游戏故事便扩散到了整个西海岸。三个完整的城市，另外两个分别是圣菲耶罗（San Fierro，旧金山）和拉斯文图拉斯（Las Venturas，拉斯维加斯）共同构成了一款规模四倍于那款融合了Rockstar所有创意的《侠盗猎车：罪恶都市》。增肥、拉皮条、打劫、开车杀人、游泳、买衣服、武术、赌场挥金、赛马，戏中的活动数都数不完。

　　这次的男主角是"CJ"（卡尔・强森），土生土长的洛杉多斯人。他在自由城混了五年后回家参加母亲的葬礼，没想到等待他的却是一片混乱。街区笼罩在黑帮暴力阴影之下，而自己的家庭也正因猜忌与矛盾而四分五裂。强森一直受到腐败警官汤普尼（Tenpenny），一个游戏版的塞缪尔・杰克逊的胁迫，又和各种女人、嬉皮士有着扯不完的琐事，但渐渐地他发现了母亲被害背后的秘密，并在追寻线索的同时奔向更广阔的游戏世界。

　　和中心城市同样重要的是那些郊野地带和开阔的马路，这些元素把游戏变成了一部公路电影。没有哪款《侠盗猎车》像这样让你随便朝着地平线一直开下去，把《逍遥骑士》（Easy Rider）、《粉身碎骨》（Vanishing Point）等经典片中的后伍德斯托克精神展现得淋漓尽致；也没有哪款有着如此群星闪耀的配音阵容，提供如此之多不同的行走路线。虽然偶尔看上去略显粗糙，但本作的内容绝对丰富到让你感动。**DH**

Far Cry
孤岛惊魂

发售年份：2004
平台：PC
开发商：Crytek
类型：第一人称射击

Katamari Damacy
块魂

发售年份：2004
平台：PS2
开发商：南梦宫（Namco）
类型：动作

    既然你是英雄，为什么还要躲躲藏藏呢？既然你是个有周密计划、有重型武器的爷们，那为什么还要龟缩在一个木箱子后面，不跳出去拿弹药好好泄泄火呢？

    《孤岛惊魂》可不会逼迫你躲在黑影里，不过游戏确实提供了充足的机会让你潜行，开放式的构造设计也允许你摸索出一套属于自己的玩法。不过由于游戏的背景被设在一个热带小岛上，你也很难再想出有什么其他的玩法：你铁定会忍不住想要探索风光旖旎的沙滩和丛林，而游戏也不会阻止你这么做。《孤岛惊魂》发售时，游戏中生机盎然、植被茂盛的自然环境在业界设定了一个全新的标杆，和传统第一人称射击PC游戏中惯用的棕色、灰色场景形成鲜明的对比。

    游戏最大的弱点体现在室内动作场景，以及科幻主题一类的俗套桥段上，但在游戏史上，《孤岛惊魂》的登场仍是最具魄力的，骄傲地彰显出Crytek公司强大的技术实力，并使其成为一家备受瞩目的游戏公司。**TB**

    在《块魂》中，玩家将扮演宇宙王子——微小而高贵，还顶着一个仿佛被信箱夹过的大脑袋。你要在一系列乱得可爱的世界中四处移动，通过滚动一个名为"块魂"的巨大粘性球把沿途的各种物体粘到球面上，以便完成你的父皇提出的特定要求。目标物体越大，你的块魂也必须足够大，才能把它粘到球上。游戏正是以这种循序渐进的模式不断深入，起初你只是在粘一些灰尘和回形针，到最后就连摩天大楼和巨型怪兽也逃脱不了你的魔掌。

    游戏的画面充满了"块"感，生动有趣，令人耳目一新。但游戏真正的乐趣在于你收集的那些奇异物品：家具、科学仪器、世界各地的名胜古迹等等，那个在酒后狂欢中不慎毁掉整个银河系的国王还在游戏中扮演了一个出色的顾问，他高傲、荒唐，更是个不折不扣的邪神。一首首精彩的游戏原声轮番响起，与混乱的游戏世界配合得恰到好处，把游戏变成了一个充满活力音乐的自动点唱机，不过其中的大多数歌曲根本无法分门别类。**CD**

Mashed
暴力赛车

发售年份：2004
平台：多平台
开发商：Empire Interactive
类型：竞速

　　《暴力赛车》采用了罕见的俯瞰视角，车型粗糙、赛道泥泞而缺乏明确界线。当然这些都不是问题，因为《暴力赛车》的节奏之快，让你根本无暇顾及周围的环境细节。当其他游戏都在为跑道、换挡、车体外观和程序性物理设计而想破头皮时，在《暴力赛车》中，你所要做得就是保持领先，与此同时确保不要在其他对手互相猛撞时掉落到屏幕之外。因为一旦你的汽车从屏幕上消失，你的比赛便宣告结束。人世间最大的痛苦莫过于坐在场外，看着朋友们兴高采烈地继续享受比赛。仿佛是为了向你证明这个道理，游戏失败后你将变成一个浮动的光标，垂头丧气地看着其他对手带着爆炸性武器在剩下的比赛中继续撒野。

　　如果作为一款单人游戏，《暴力赛车》基本就是部烂作，但如果周围有一群朋友，这款有着简单规则、廉价图像的游戏会让你的夜晚变成一场狂欢。**CD**

Mario Power Tennis
马里奥网球

发售年份：2004
平台：GameCube
开发商：Camelot Software Planning
类型：体育休闲

　　和许多经典游戏一样，《马里奥网球》也有着绝佳的上手度，但同时也不乏复杂的模拟类游戏中常见的微妙策略性元素，另外，你还可以用乌龟壳把敌人撂倒。

　　游戏提供了一系列经典的马里奥角色供你选择，不同的角色有着不同的赛场技能，干瘦的瓦路易基是个发球上网的高手，而行动迟缓但力道十足的库巴则非常适合打底线。游戏中的球拍还可以蓄力放出必杀。但是，和那个布满陷阱的特殊球场Gimmick Court及各种花哨的小游戏一样，《马里奥网球》中的必杀技不过是些哗众取宠的把戏，时间一长便会让人倍感乏味。

　　除了这些华而不实的游戏元素以外，真正耐玩的还是纯粹的网球对战：耗人的截击、上旋的门道以及球场走位的技巧都是游戏的乐趣所在。即便你对这个著名的意大利水管工无爱，你也会敬佩Camelot公司把网球体验从球拍转到手柄上的高超技术。**JT**

Mario vs. Donkey Kong
马里奥vs大金刚

发售年份：2004
平台：Game Boy Advance
开发商：任天堂（Nintendo）
类型：平台动作／益智

谁又能料到，让马里奥和它最早的宿敌大金刚再度会面的，居然是在GBA这种掌机平台上的一款衍生游戏。作为GBA上的第七款马里奥作品，《马里奥vs大金刚》是一款出色的平台动作类益智游戏，从其他动作策略游戏中借鉴了不少创意，同时又赋予它们任天堂独有的魅力。

游戏的故事一如既往的反复无常：就在马里奥的迷你发条玩具即将席卷全球商店时，大金刚突然脑子一热，把这些玩具全部偷走。为了寻回这些玩具，马里奥踏上了一次全球冒险。但在游戏中，这个有关商业阴谋的忧伤故事变成了一系列有趣的平台动作挑战。这些关卡坐落在一堆似曾相识的主题世界中，其中既有建筑工地，也有鬼屋。我们活蹦乱跳的大英雄

将冲过一个个2D平台关卡，有时他只需要收集一些钥匙和迷你马里奥玩具，其他时间则要间接引导这些嘟嘟喳喳的小家伙们找到出口，或是和那只顽固的大猴子本尊一步步展开较量。

《马里奥vs大金刚》为马里奥世界增添了一抹亮色。游戏在强调缜密计划的同时，并未限制玩家疯玩的乐趣，绝对值得你从eBay上拍一款下来亲自体验。游戏丰富多彩，看似轻松的外表下隐含着巨大的挑战。也许这不是马里奥粉丝们所期待的史诗级冒险，但却是个和GBA平台契合完美的口袋巨制。游戏的续作在NDS平台和NDSiWare下载服务中推出，并用全新的游戏机制和支持Wi-Fi的关卡编辑器进一步完善了游戏概念。**CD**

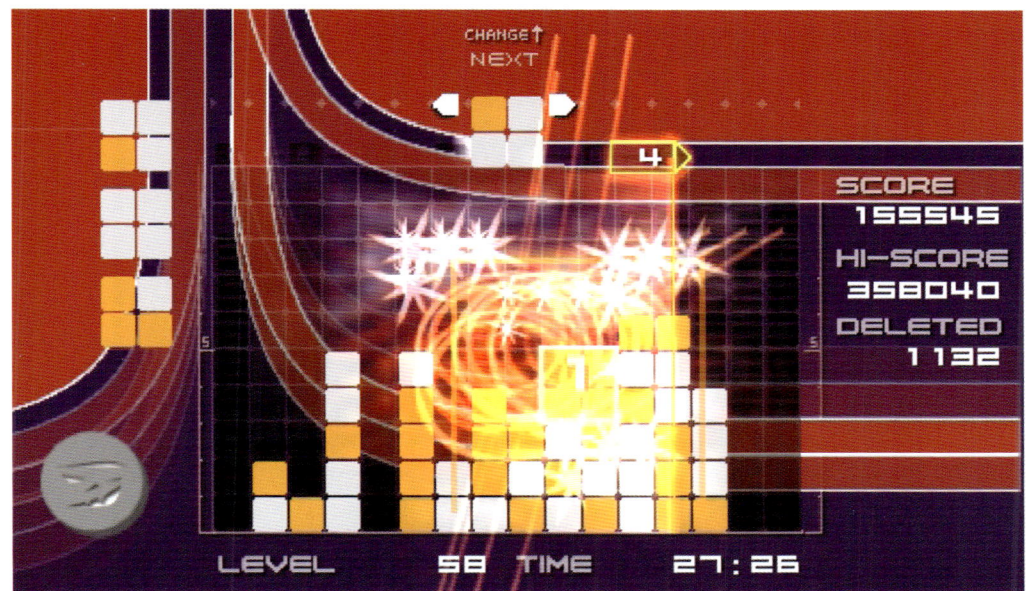

Lumines
音乐方块

发售年份：2004
平台：PSP
开发商：Q娱乐（Q Entertainment）
类型：益智

在《音乐方块》中，既有给人带来快感的节奏，也有给人带来"块感"的节奏。游戏是水口哲也的Q娱乐公司的处女作，这款宽屏版的《宝石方块》加《俄罗斯方块》延续了水口哲也之前作品——《Rez》和《太空频道5》——的优良传统，利用声光效果赋予经典游戏全新的感觉。但《音乐方块》绝不仅仅只是一个游戏原声和视觉特效的载体，而是一款与PSP游戏机配合得天衣无缝的游戏杰作。

在游戏中，4×4的方块会不断下落到屏幕上。在这些方块着陆锁死之前，玩家可以对它们进行移动或是旋转。方块的每一个组成部分都有它自己的颜色，如果四个颜色相同的小方块凑到了一起，那么这些方块就会消失并产生得分。这样的同色小方块会组成各种各样的形状：2×3、5×2或者是L形——只要颜色对上号，都可以被消除。但是只有在一根垂直线缓缓滑过屏幕后，这些同色方块才会被消除，所以你有重要的几秒钟时间来构建方块，实现超级连锁。由于游戏的重力设定，周围的方块都是会下落的，所以各种颜色经常会随机地聚到一起。如果屏幕上没有多余的空间，游戏便宣告结束。

这样的游戏放在一个毫无亮点的单一关卡都会很有意思，但是和21世纪的大多数游戏一样，《音乐方块》喜欢更换"皮肤"。如果你消除了足够多的方块，游戏的视效和音乐就会完全改变，每一次放置或是消除方块都会带来全新的音效，这些音效又会叠加在原有的背景音轨上，创造出一种动感起伏的音响背景。各种音乐风格尽收其中，让每个关卡都给你留下深刻的印象。

相比之下，其他的游戏也许更加华丽，但在PSP上，《音乐方块》是你的首选：携带便利、变幻无穷、热力十足。**DH**

Metal Gear Solid 3: Snake Eater
潜龙谍影3：食蛇者

- 发售年份：2004
- 平台：PS2
- 开发商：小岛秀夫（Kojima）
- 类型：动作

在第三作推出后，《潜龙谍影》系列便被分成两半，一半是对未来世界的各种说教，一半是对过去时代的怀旧致敬。另外，粉丝也划分成两大阵营，分别力挺创作者小岛秀夫的两种极端做法。不过，大多数玩家都同意这款回溯至60年代的《潜龙谍影3：食蛇者》是Kojima公司的杰作：紧凑连贯、个性十足，极富浪漫气息。

游戏顺着索利德·斯内克的家谱摸上去，把他的传奇"父亲"Big Boss搬出来做主角。时间是1964年，地点位于苏联的丛林深处。在冷战的高峰期，CIA特工利奇德·斯内克（Naked Snake）被派遣营救一名叛逃科学家索科洛夫，同时处理索科洛夫的新型核武器Shagohod。游戏开场的这个所谓"贞洁行动"（Virtuous Mission）惨遭失败。斯内克的导师（the Boss）选择叛变，并把一切都交给了残虐成性的沃尔金上校（Colonel Volgin）。而这位上校则发动了一次核袭击，将全世界引向了战争边缘。一周后，斯内克再度参与新任务"食蛇者行动"，以求力挽狂澜。

《潜龙谍影3》的得意之处就在于经过改进的潜入系统，强调户外环境与伪装等级，对玩家的耐心要求更高。但游戏推进力却丝毫没减弱，过场动画更炫目，游戏角色也更鲜活。在本作中抢尽风头的非山猫莫属，这个系列反派似乎对双枪左轮和西部片有特殊爱好。其他亮点包括能用古怪的超能力暴虐敌人的眼镜蛇小队以及热辣惹火的双面间谍：蛇蝎美人夏娃。

但游戏中真正的明星还是小岛秀夫本人。由他设计的那些看似闲乱的对白充满了隐藏笑话、文化暗示、问题与答案，而这位最新登场的斯内克（或者该说资历最老的斯内克）给人感觉就是小岛秀夫心目中的理想化偶像。《007黄金眼》可以去死了，《潜龙谍影3》才是你要的邦德游戏。**DH**

Metal Gear Solid: The Twin Snakes
潜龙谍影：孪蛇

发售年份：2004
平台：GameCube
开发商：Silicon Knights
类型：动作

继《潜龙谍影》在PS1上定义了一种全新的游戏类型后，游戏硬件出现了一次更新换代，而Silicon Knights公司的任务就是在次世代大背景下，对这款游戏进行更新——听上去像个吃力不讨好的活，但实际上并非如此。2004年，初代的《潜龙谍影》看上去已经有些过时了，而Silicon Knights公司采用了一种令人钦佩的低调手段完成它的任务——它对游戏进行了重制，只加入了能够对游戏有所改进的新元素，如全新的动画、小岛秀夫本人对剧情的修改，并移除了所有游戏机制上的瑕疵。

《潜龙谍影：孪蛇》绝对是游戏界的试金石。你能献给《潜龙谍影》的最好赞誉就是：过多的描述和解读都是对这款游戏的亵渎。首先，这是一款出色的游戏，但同时也是一款关于游戏的游戏、关于玩家应该如何玩游戏的经典之作。向老玩家提起意念螳螂、左轮山猫或是影子摩西岛，都可以带出长达数小时的攀谈与交流，而且没有人的理解会和你雷同。

和《潜龙谍影3：食蛇者》一样，《孪蛇》是整个系列的巅峰之作，更重要的是这是一款实实在在的游戏，而不是论文般枯燥的长篇过场动画（游戏中仍要熬过长篇累牍的对话，不过出色的翻译起到了很大的帮助）。许多游戏都有着很大的野心，但却很少能将这一远大的目标和游戏本身协调起来，更没有几款游戏能在玩家的体验过程中将这份目标体现出来。Silicon Knights精湛的技艺让《潜龙谍影：孪蛇》充满了惊喜与新鲜感，这是一款不妥协版本的游戏经典，丰富的内容与细节、高超的设计丝毫不逊色于系列的其他几部作品。**RS**

Metroid Zero Mission
银河战士：零点任务

发售年份：2004
平台：Game Boy Advance
开发商：任天堂（Nintendo）
类型：平台动作/射击

萨姆丝·爱兰（Samus Aran）也许是任天堂最成人向的标志性角色，此次她带着动作冒险游戏《银河战士：零点任务》再度回归，开始了一次寻根之旅。本作是对她1986年NES上的冒险处女航的重制，视效炫目、氛围浓厚，把原版游戏中的科幻故事从粗糙的8位时代带入了32位时代，最大限度地挖掘了GBA的机能。

这一次的冒险丝毫不逊色于老玩家们记忆中的那款经典游戏，你将跟随任天堂的这位经过精心制作的赏金猎人深入到Zebes星球内部，感受幽闭、阴森的冒险，追踪并击败可怖而恶心的母脑。《银河战士：零点任务》是对这个有着二十年历史的游戏设计的考验，但是初代《银河战士》那份变态的高明设计与令人毛骨悚然的游戏魅力在重制后也丝毫没有减弱，而《零点任务》在对原版游戏的重新诠释中也做到了尽善尽美。

游戏新增了一个迷你地图，使得黑暗中的探索不再那么令人绝望。但地图并不是本作中唯一受欢迎的新元素，除了沿途收集一件又一件新装备外，《银河战士：零点任务》还增加了新Boss、新难点和一个名为Chozodia的新地图。另外游戏还有一个新增流程：当萨姆丝被伏击后，玩家首次能够操控脱下战斗服，只穿着一件迷人紧身衣的萨姆丝，只拿着一把手枪四处潜行。至今仍有人抱怨游戏的流程太短，但却很少有人批评这款游戏不够精致、不够人性化。《银河战士》系列集刺激、复杂、华丽于一身，很少有次品出现。而在这款游戏中，它又回到旅程的起点，重新把一切做到完美。**CD**

Metroid Prime 2: Echoes
银河战士Prime2：回声

发售年份：2004
平台：GameCube
开发商：Retro Studios
类型：动作/第一人称射击

《银河战士Prime》的成功证明了萨姆丝的3D化冒险也能像2D冒险一样扣人心弦、紧张复杂。在此之后，Retro Studios公司便有了足够的信心。《银河战士Prime2：回声》就是一款意在超越任天堂的任天堂游戏。本作的核心创意取自《塞尔达传说：众神的三角力量》。游戏设定了两个世界：一个光明，一个黑暗。这一设定直接影响到游戏中的基本武器和敌人，这也是游戏的最大成功之处，但设计上的失败也差点把它给毁了。

本作的3D环境非常自由、开阔，由于找不到明显的路标，玩家们免不了要迷路。游戏也有其他的问题：死而复生的杂兵、难得出奇的Boss和虐人的找钥匙任务。但对你而言，这些不足之处不过是体验这款精彩游戏付出的小小代价，即便是迷路，你也可以藉此机会好好欣赏一下游戏中华丽的世界。

从用光明武器寻找黑暗生物，到同一地点在不同的世界中的差异，游戏的美术指导和表现都是一流水准。游戏的难度很高，为了解谜你常常要在两个不同的世界中穿梭，在这个世界中改变一些事物，从而对另一个世界造成影响，而最终解决这些谜题的巨大满足感更是不言而喻。

"光明"与"黑暗"是本作的叙事重心，围绕暗黑Aether星球展开的剧情紧张而复杂，可谓是《银河战士》系列中的上品，故事之精彩甚至让宇宙海盗和Metroid等元素也黯然失色（当然并未完全掩盖它们的存在）。本作充满暗示性的副标题已经说明了一切——这是一款充满了"回声"的游戏：我之前是不是有见过这个走廊？那个东西是不是在黑暗世界中也出现过？我在哪里见过这个雕像？这就是为什么《银河战士Prime2：回声》虽然有些瑕疵，但却值得你一路探索下去，寻找出回声的来源。**RS**

Def Jam: Fight for NY
说唱明星大乱斗：纽约之战

发售年份：2004
平台：多平台
开发商：Aki Corporation
类型：格斗

　　玩家可能只知道那部糟糕透顶的最终章：傲慢张扬却手感极差的《偶像》(Def Jam: Icon)。但在此之前，曾制作过无数摔角游戏的日本著名游戏公司Aki Corporation总共为这个系列打造了两部游戏。《偶像》把这群匪帮说唱明星塑造成粗鄙不堪的大老板，但Aki却深知他们应该是深谙挑衅之道、浑身是劲的擂台演员，换句话说，就是群职业摔角手。

　　《说唱明星大乱斗：复仇》(Def Jam: Vendetta)直接做成了款摔角游戏，把DMX、Ludacris、Method Man等说唱歌星惟妙惟肖地在游戏中表现出来，让他们直接在摔角比赛中用劲爆的特殊技一决胜负。但该作常被玩家拿来和已有的摔角游戏——尤其是让Aki名震海外的里程碑式作品《世界摔角联盟：决不宽恕》(WWF: No Mercy)相比较，并因此招致负面评价。因此到了第二作，游戏便改变了风格。

　　《说唱明星大乱斗：纽约之战》是款独一无二的打斗类游戏。本作对游戏规模进行了大胆拓展，其强大的角色阵容包括男演员丹尼·特乔（Danny Trejo）、歌手兼语言大师亨利·罗林斯（Henry Rollins）、性感偶像卡门·伊莱克特拉（Carmen Electra）以及多名耳熟能详的嘻哈巨星，包括Sticky Fingaz、Xzibit以及Busta Rhymes。玩家们可以创造属于自己的英雄，选择跆拳道、摔跤等风格，然后打出通向冠军宝座的漫长征程。玩家扮演的是卷土重来的大佬D-mob的手下，要负责把街区和俱乐部地盘从无耻恶棍Crow（Snoop Dogg饰）和他的弟兄手中抢回来。

　　有些战斗要求你把对手丢到飞驰而过的地铁下，或是从窗户扔下，或是砸到一辆SUV上，直到把车子砸烂为止。通过"Violator"或让人光听名字就蛋疼的"Balls to the Wall"等终结技，游戏确保了足量的暴力元素。这么变态的游戏是不该有续作的。**DH**

Ninja Gaiden
忍者龙剑传

发售年份：2004
平台：Xbox
开发商：Team Ninja
类型：动作 / 冒险

有些游戏很阴险，有些游戏很棘手，有些游戏在无休无止的暴力中让你怨气缠身，而这一切的集大成者，便是《忍者龙剑传》中的炼狱世界。Team Ninja 公司的这款第三人称动作游戏（把这么一款要求严苛的游戏称为打斗游戏实在有失偏颇）凭借其炫丽的画面吸引了不少玩家，却也因为它难点密集的变态关卡吓跑了一大批新手。游戏为玩家准备了大量难到令人发指的挑战，作为这一切的先兆，你在游戏第一个地图结尾碰上的第一位Boss就是个过分彪悍的怪物，许多玩家和他交手之后便直接放弃，从此封盘。也许还有玩家虎目含泪，将游戏碟一掰为二。

当然，他们错失了一款经典，因为《忍者龙剑传》看似无止境的自虐外表下，掩盖的是一套绝赞的战斗系统。在高手玩家手中，轻击、重击、防御、躲闪的组合都是如此华丽而轻松，而真正的忍者大师则可以让一切关卡都显得赏心悦目地简单。

诚然，裹着一身黑丝的游戏主角隼龙常常看起来像个白痴，但一旦你掌握了他的剑术和咒语攻击，他就成为了一个完美的游戏化身。随着游戏的深入，隼龙将横扫各种奇异的关卡，遭遇并暴虐各类脑子进水的敌人。《忍者龙剑传》不仅是一次视觉盛宴，更是对拇指的锻炼，把你带回到那个绝望而无情，却又能让你在通关后成就感爆棚的电子游戏年代。**CD**

Paper Mario: The Thousand-Year Door

纸片马里奥：千年之门

发售年份：2004
平台：GameCube
开发商：Intelligent Systems
类型：角色扮演

继马里奥系列在掌机上推出了数款RPG冒险游戏后，《纸片马里奥：千年之门》又再次用华丽的视效与RPG史上最具创意的游戏机制相结合，对这一类型游戏进行了大胆地改造。

为了开启掩埋在破败的罗格港（Rogueport）下的千年之门，马里奥踏上了一系列的旅程。在这些令人喷饭的冒险中，每一章都会涉及到一套全新的游戏机制，我们的超人气水管工也常常要转变角色。故事刚开始时，你面对的只是一系列再传统不过的横向卷轴关卡，把你引向各种传统的Boss战。但很快，马里奥就会发现自己的能力受到了各式各样的考验。比如，马里奥要乘上一趟豪华列车，并扮演起阿加莎·克里斯蒂（Agatha Christie）式的大侦探；而在另一个创意十足的关卡中，马里奥要在职业摔角比赛中勇攀冠军宝座，同时还要揭露这一行背后的肮脏内幕。

与马里奥的主线冒险剧情同时发生的还有不少平行故事，比如碧奇公主被绑架，并被困在一艘UFO中，这期间她还和一个有情感的人工智能进行了不少颇具哲思的探讨；与此同时库巴也在痛苦地四处奔走；路易基则踏上了属于自己的荒诞历险，并在每一章节之间跑出来向马里奥汇报自己的最新进展，不过他的报告通常都会让马里奥听得倒头大睡。

这一切共同打造出一场你所能体验到的最另类、最可爱的冒险。《纸片马里奥：千年之门》是一款频频拿RPG经典俗套来开涮的新潮游戏，但同时仍然遵循着RPG类游戏家喻户晓的升级规则。这绝对是一扇值得你开启的大门，甚至屡次开启也不为过。**CD**

The Sims 2

模拟人生2

发售年份：2004
平台：多平台
开发商：Maxis
类型：模拟养成

在《模拟人生2》中，Maxis公司带来的不是更多供那些电脑小人们消遣的东西，而是更多的个性。初代《模拟人生》中的模拟角色们都是一些棱角分明、千人一面的人物模型，除了吃饭、派对、上厕所之外就没有更多的追求。但《模拟人生2》中的角色们有了独特的性格、可信的面部表情和贯穿一生的梦想。

在本作中，这些活蹦乱跳的卡通化人物们充满了生命力，而且比以往更具有人格魅力。你可以对他们的外表进行非常细微的改动，不过要把他们弄丑看来还真不太容易。你可以让模拟角色们自主活动，反正他们的人格已经发展得很完善了。你的角色会抛开一切家庭责任，悄悄溜出去打电子游戏，这就好像从一面扭曲的镜子里看自己一样。

令人伤心的是，除了这些鲜活的个性外，游戏还增加了生老病死。模拟角色们会衰老死亡，他们短暂的生命也有可能上演各式各样的悲剧。《模拟人生2》就是对自生性游戏性（emergent game play）的最好定义；让游戏变得如此引人入胜的不是每天周而复始的工作和玩乐，而是每天随机发生的各种故事。

除了满足玩家们的强迫倾向外，游戏还释放了玩家充沛的创意。玩家们已经自制了大量的物品、房屋和角色供其他玩家下载，YouTube上更是有数不尽的"引擎电影"【译注：Machinima，利用游戏引擎实时渲染生成的3D动画电影，虽然在质量上和预渲染动画没有可比性，但有着成本低廉、创作自由等诸多优势】，从场面浩大、编排精彩的群舞到翻拍的《星际迷航》（Star Trek）剧集、小甜甜布兰妮（Britney Spears）的MV等等，无不令人印象深刻。这一切都证明：能用游戏引擎来创作抢眼作品的绝不只是那群mod高手。**KM**

Daigasso! Band Brothers

大合奏！乐团兄弟

发售年份：2004
平台：DS
开发商：任天堂（Nintendo）
类型：音乐

一款主机的首发游戏通常都是为这款主机广撒网，这样的首发作品通常会有一款体育游戏、一款打斗游戏、一款射击游戏等等，以便确保这款新主机能够迎合尽量多的玩家的口味。因此，没人会对这类作品的创新性抱有太大幻想。但是，与任天堂的新机种NDS同时发售的游戏《大合奏！乐团兄弟》却超出了所有人的期望，打造出了一款新奇独特、前所未见的音乐游戏。

《大合奏！乐团兄弟》从科乐美的Bemani系列游戏中获取灵感，其基本互动方式也非常相似：根据屏幕上的提示短按或长按按钮，触发音乐片段。和传统音乐游戏的不同之处在于，《大合奏！乐团兄弟》中的每一首歌曲都包含不同的乐器类型，多人游玩时不同的玩家可以选择不同的乐器，通过NDS的无线设备展开合作，组成一支临时的NDS乐队或交响乐团。

《大合奏！乐团兄弟》是第一款用这种方式来探索多人音乐游戏潜力的作品。游戏中的乐器种类繁多，包括口琴、鼓、钢琴、吉他，跨越多种音乐类型。除了日式流行乐和动漫主题曲外，任天堂饭们还可以体验《超级马里奥》、《塞尔达传说》、《零式赛车》的游戏曲目。但本作最有价值的特色在于游戏的MIDI合成器，会写曲子的玩家可以利用这个程序谱写多音轨乐曲，然后通过游戏把它播放出来。虽然这一功能是作为一项隐藏解锁内容存在于游戏当中，但它却把你的NDS变成了一把乐器，对这款主机的功能进行了重新定义。**SP**

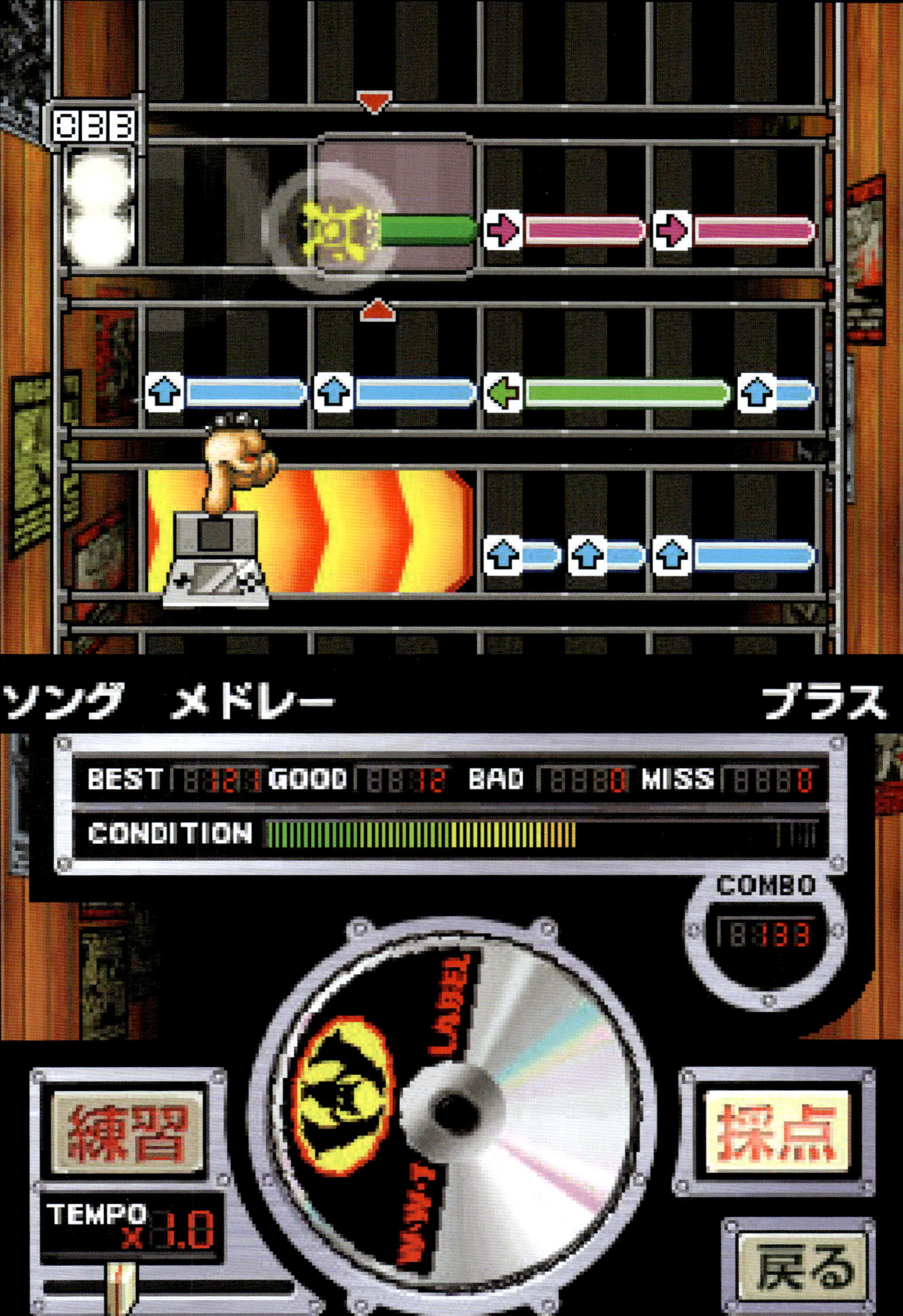

033
ソング　メドレー
ブラス
BEST 121
GOOD 12
BAD 0
MISS 0
CONDITION
COMBO
133
練習
TEMPO
x 1.0
採点
戻る

Second Sight
超能力战士

发售年份：2004
平台：多平台
开发商：Free Radical Design
类型：动作

　　Free Radical Design公司比较出名的还是《时空分裂者》一类的第一人称射击游戏，在这些游戏中，爆头远比剧情来得重要得多。但Free Radical Design也创作了一款颇具思想深度的游戏：《超能力战士》。这是一部精彩的第三人称射击游戏，延续了公司一贯表情丰富的角色设计，但却更注重复杂有趣的故事情节。这也标志着Free Radical Design 公司的一次全新突破。

　　约翰·瓦提克（John Vattic）一觉醒来，发现自己躺在一所奇怪的军事医院当中，虽然身体状况奇差，但却意外地获得了各种可怕的超能力。他可以通过"心灵遥感"用精神念力移动周围的物体，也可以通过"投射"灵魂出窍侦查前路，越过那些肉身无法通过的障碍。

　　随后，游戏剧情将同时在两条时间线上展开：现实中，瓦提克要在军事建筑间行进，逐渐发掘自己神秘的过去；而在闪回部分，他的记忆并未丢失，玩家可以改变历史轨迹，拯救那些原本已经死去的同僚，在过去逐渐扭转不利局势。瓦提克的现实时间线中充满了精巧的谜题和高难度的潜入要素，你要在寻找答案的同时避免被敌人俘获；但在闪回部分，《超能力战士》马上变成一款绝赞的第三人称射击游戏，有着生猛的武器，一系列紧张的任务目标，以及随着瓦提克的探索不断深入、越来越浓郁的阴谋气氛。

　　不同的故事线最终将神奇地交织到一起，事实真相将让你脊背发凉。虽然《超能力战士》处处显露着预算紧张的迹象，但即便在游戏通关后，瓦提克的冒险经历也将在你的记忆中长存。**CD**

Psi-Ops: The Mindgate Conspiracy
超能力战警

发售年份：2004
平台：多平台
开发商：Midway
类型：动作

在Midway公司旗下的最佳动作游戏团队开始制作《枪神》（John Woo's Stranglehold）——一款看似没脑子，实际上却出人意料的好的射击游戏——之前，他们还制作了这款《超能力战警》——一款看似没脑子，实际上却出人意料的好的物理性射击游戏。当然，游戏看上去也没你想得那么烂。

2004年是让整个游戏界为之兴奋的一年，随着新一代的主机平台得到了开发商们的进一步理解，游戏的物理效果迅速成为各方竞争的新擂台。对高质图像的追求不再那么狂热，相反，现在业界看重的是细节更为丰富、架构更为完善、互动性更高的游戏世界，让你感觉真实可信、并会以各种有趣的方式对你的存在做出相应反应的游戏场景。《超能力战警》的剧情也许十分鸡肋——你要扮演一名失忆的超能力特工潜入恐怖分子组织——但游戏却提供了一系列有趣的环境，弥补了剧情上的短腿。这个很难给人留下什么印象的主角倒是有不少令人印象深刻的技能。

他的精神控制能力能帮助你任意操控敌人，并带来极具喜感的枪战场面；遥感能力能让你把可怜的敌人拎到窗外，而火焰能力则意味着在你把他们丢到楼下前，你还可以先把他们点燃。这一切都确保了游戏的光芒不至于被低能的敌人、荒谬的剧本以及平庸的桥段所掩盖。除去俗烂的游戏封绘和标题外，《超能力战警》就是一个简单的物理游乐场，包裹在一款娱乐性不赖的游戏当中，其游戏效果仍和当年刚发行时一样，荒诞而有趣。**CD**

Sly 2: Band of Thieves
怪盗史库柏2：侠盗帮

发售年份：2004
平台：PS2
开发商：Sucker Punch Productions
类型：动作 / 平台动作

  初代的《怪盗史库柏》已经够刺激了，但是续作仍在各方面都实现了突破。《怪盗史库柏2：侠盗帮》可谓是PS2上平台动作游戏的巅峰佳作。

  游戏卡通渲染的美术风格一如既往的华丽，角色塑造也更有个性。我们狡猾的主角史库柏这次可以扒窃他的对手，另外这个角色也被赋予了更多的"生命力"——游戏新增了一个健康槽，这也意味着角色不再那么容易暴毙。在支线任务中，史库柏的拍档也成了可操控角色，这也标志着本作在原作出色的迷你游戏基础上的一大飞跃。你将迫不及待地期盼再次扮演乌龟本利参加坦克大战，或是扮演河马穆瑞展开近身搏斗。就连《怪盗史库柏2：侠盗帮》中的黑客游戏也是个亮点：你将操纵一架2D飞船一边在迷宫中穿行，一边轰开一波接一波的敌人。这种街机般的游戏体验让《生化奇兵》中的水管黑客游戏相见形见绌。

  《怪盗史库柏2：侠盗帮》的最大成就无疑是那些任你洗劫的城市环境。从巴黎到巴格达，各种城市场景宛如一个个设计精良的游乐场，主角的二段跳和轻松爬管道走钢索的能力在这些场景中得到了充分的施展。游戏的标志性乐趣就在于攀爬上最高的建筑，然后俯瞰在你脚下延伸开来的可探索环境。一旦你了解了这些城市，在楼宇间穿越就会变得越来越有趣，虽然有时时间拖得太长也会让人心生腻烦（这款二十小时的游戏如果能缩短到十五小时就再好不过了）。

  另外，你可能会想入手一个PS2的USB麦克风，因为在《怪盗史库柏：侠盗帮》中，你可以通过大喊来引开敌人的注意力。**CB**

Ridge Racers
山脊赛车PSP

发售年份：2004
平台：PSP
开发商：南梦宫（Namco）
类型：驾驶

玩《山脊赛车》就像是听你最喜欢的CD唱片：你挑好一首曲目，等着激光束找准盘上的纹理，然后让旋律掌控一切。《山脊赛车PSP》是一款街机游戏合集，充满了富有时代特色的图像和音效，为那些哀悼逝去的街机文化（至少在西方街机文化已死）的玩家提供了一次缅怀之旅。

《山脊赛车PSP》把最热门的系列作品全收入其中，并出色地将它们移植到PSP平台，一同被移植进来的还有早期游戏中通向山脊市的所有道路。这是一个充满隧道、立交桥、海滨路、直线道的驾驶天堂，让你有机会远离现代驾驶游戏的种种暴行。没错，游戏也强调重力感，但仅仅是为了确保车辆在极速打弯时不至于脱出跑道，或是在腾空跃起后把车子拖回地面。这里没有车损、没有一丝尘土，更不需要去靠排挤对手来获得奖励。这是款不折不扣的日式游戏，讲究的是跑出你自己的成绩，而不是毁掉他人的比赛。

完美是一个令人望而生畏的目标，但这个系列却被索尼两度要求做到完美。第一次是要达到街机游戏的完美水准——初代的《山脊赛车》曾尝试在家用机上还原街机版游戏的尖端表现。但《山脊赛车PSP》的尝试更为伟大，它要做到的是达到PS主机的完美水准，把PS2时代的先进技术移植到一台仅有你口袋大小的机器上。凭借PSP上至今仍旧罕见的明确目标性和超强表现，这款首发游戏在PSP上的排名始终稳坐前五。从车辆、音乐到游戏加载与驾驶的速度，《山脊赛车PSP》中没有一样东西让你觉得有所缩水。

《山脊赛车PSP》回顾了整个系列的精彩旅程，避免了后续作品的不幸遭遇，并在掌机平台上发挥出了自己的最佳水准。那些如清风拂面般的驾驶体验原本是拿来消耗你的游戏币的，现在却成了消磨时光的大好方式，也让这款合集游戏经久不衰。**DH**

Red Dead Revolver
荒野大镖客

发售年份：2004
平台：多平台
开发商：Rockstar
类型：动作

《荒野大镖客》就是一部典型的意式西部片，讲述主人公雷德（Red）在罪恶横生的边境地带不断成长，为父母的惨死展开复仇的故事。长大后的雷德成了一名赏金猎人，一边在潇洒的枪战中铲除奸恶，一边一步步完成他未竟的事业。

这款第三人称视角游戏为玩家献上了乐趣十足的冒险，虽然有时游戏的控制会和那些令人生厌的角色一样差强人意，但你仍可以感受到精彩、爽快的射击体验。游戏同时还大胆地引入了新奇元素，而且效果不错。

对于这类游戏而言，最重要的就是气氛的营造，好在游戏中鲜血从弹孔中流出的场景精准地抓住了塞尔吉奥·莱奥内（Sergio Leone）经典西部片的精髓，将玩家带入了一个逼真可信、充满个性、讲究复仇与报应的世界。尤其值得一提的是，《荒野大镖客》的音乐绝对你所能期待的最完美的游戏原声。**JDS**

Rome: Total War
罗马：全面战争

发售年份：2004
平台：PC
开发商：The Creative Assembly
类型：策略

《罗马：全面战争》对战场地形、军队士气等历史细节的重视，是绝大多数同类游戏所不能比拟的。这是一次纯粹的策略游戏体验，包含了研究、贸易、间谍、军队调遣等各种元素，让你在长达三个世纪的战役中一刻也不得消停。如果你不想在战场上脏了你的鞋，那也可以。

但是，你绝对发了疯似的想去感受战场的气氛。《罗马：全面战争》标志着《全面战争》系列迈入全3D时代，为游戏增添了不少壮观的场景：希腊长矛兵、迦太基大象，还有你的罗马精锐步兵都栩栩如生。游戏可以同时渲染三万名士兵，让战斗变得极具史诗性。游戏非常的宏大，你将扮演罗马三大家族中的其中一个，不仅要让埃及、迦太基帝国以及原始游牧民族臣服于你，还要和罗马元老院谈判，将它压制住，并最终将其征服，更不用说那些宏伟的多人游戏模式。如果您想体验有深度的策略挑战、无可匹敌的战术游戏，条条大路通向《罗马：全面战争》。**OB**

Pikmin 2
皮克敏2

发售年份：2004
平台：GameCube
开发商：任天堂（Nintendo）
类型：策略

  在初代的《皮克敏》中，奥利马尔船长被困在了一个遥远的星球上，因为不想眼睁睁地看着自己的生命一点点走向尽头，他招募了一群欢乐的蔬菜小人——皮克敏来帮助自己收集散落的飞船残骸，以便离开这个星球。而在《皮克敏2》中，奥利马尔船长又卷土重来。因为他的生意正面临破产，而为了实施他的新计划，他必须得到皮克敏们的帮助，收集各种破铜烂铁来重建自己的财富。

  和初代游戏一样，《皮克敏2》的每一丝一毫都充满魅力和精彩的设计，更增加了不少新特性。除了全新的任务外，游戏中还出现了地下迷宫，还可以和另一名船长一起展开双人合作，攻克高难度的任务。游戏中新增了两种皮克敏：邪恶的白色有毒皮克敏和体型巨大、行动迟缓但却力大无穷紫色皮克敏。两种皮克敏都为你提供了更多工具进行选择。这是一款以小见大的游戏，和前作一样令人沉浸其中，爱不释手。**CD**

Puyo Pop Fever
噗哟噗哟狂热版

发售年份：2004
平台：多平台
开发商：索尼克小组（Sonic Team）
类型：益智

  一对对彩色气泡从屏幕顶端落下，你可以左右移动或是旋转它们；当四个以上的同色气泡粘在一起时，气泡就会消失——游戏就这么简单。但真正把本作提升一个档次的是它的竞赛模式。在该模式下，每一个被你从场上消去的彩色气泡（按官方的说法它们就叫"噗哟"）都会以半透明的形态出现在对手场地上，成为对手的障碍。只有当相邻的彩色气泡被消除后，障碍气泡才会消失。这一设定催生的竞争气氛相当激烈，没有什么比往对手场上怒砸一层障碍气泡来得爽快。游戏的概念在大量的后续作品中得到了进一步的探索，但《噗哟噗哟狂热版》把这一点做到了极致，本作的"狂热"模式引入了更多更新的噗哟组合和海量的全新品种。

  每一款《噗哟噗哟》新作都会给这个系列的知名玩法带来至少一种创新，任何没有尝试过这款游戏的人都将错失一款无懈可击的益智游戏经典。**TB**

Star Wars: Knights of the Old Republic II
星球大战：旧共和国武士2

- 发售年份：2004
- 平台：PC, Xbox
- 开发商：Obsidian Entertainment
- 类型：角色扮演

  Bioware公司的《星球大战：旧共和国武士》获得巨大成功后，一部续作指日可待。而开发这款续作的任务则落在了Obsidian Entertainment公司的肩上。和之前的黑岛工作室（Black Isle Studios）一样，Obsidian一直都像是Bioware富有哥特气质的小弟，接手Bioware的游戏作品、游戏引擎，并打造出更黑暗、更另类，但却毫不逊色于前作的续集游戏。

  在《星球大战：旧共和国武士2》的开发中，包括制作人克里斯·阿瓦隆（Chris Avellone）在内的一批关键人员大胆地将原作引上了一条更加黑暗的故事路线。本作剧情围绕一个流亡者展开，他将在冒险的过程中恢复有关绝地武士和原力的记忆。你连最亲密的同伴也不能相信，邪恶的西斯（Sith）更是排着队找你麻烦，其中包括《星战》系列中最不好惹的几个反派，比如带着红白面具、讲起话来低声颤语的达斯·尼赫勒斯（Darth Nihilus）。

  和《星球大战：旧共和国武士》一样，本作在平衡战术设置和坐观战斗之间做得很别扭，玩家只需在战斗中按下暂停键，选择光剑进攻，剩下的就交给你的角色自己来处理。这种设定既难以满足策略向玩家的高需求，也难以讨好寻求即时战斗刺激感的玩家。但游戏真正的勾人之处在于精彩的剧情，而且你有机会再次回到旧共和国感受《星球大战》的配乐，而不用去考虑剧情的关联性。

  不幸的是，Obsidian公司的开发团队并没能得到充足的开发时间，阿瓦隆也公开表明了他的遗憾，因为游戏为了赶工而删减了大量的内容。之后，忠实粉丝们找回了这些被删减的内容，进一步充实了这个几近经典的黑色传奇。**CDa**

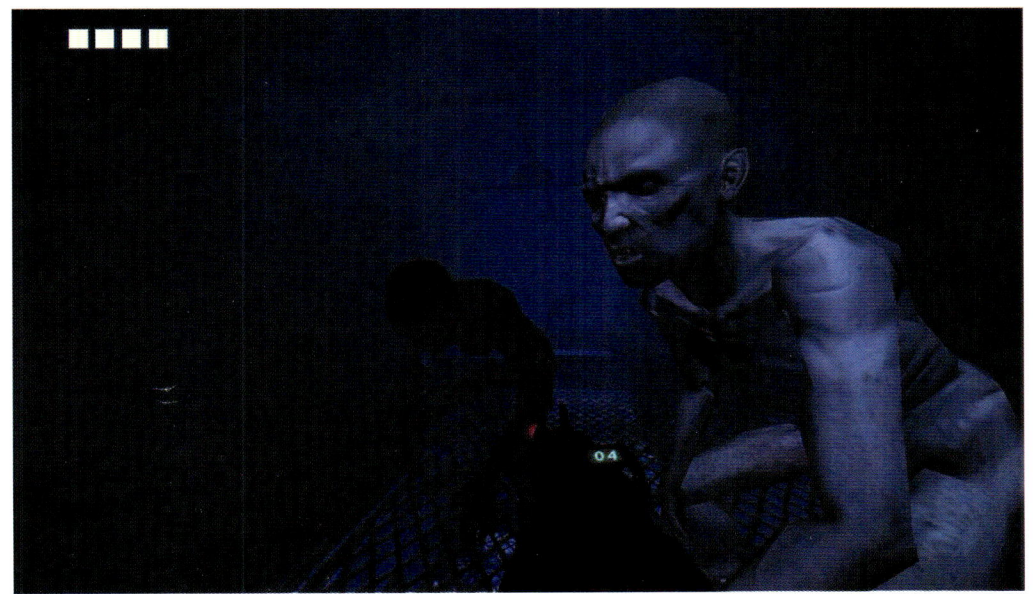

Chronicles of Riddick: Escape from Butcher Bay
星际传奇：逃离屠夫湾

发售年份：2004
平台：PC, Xbox
开发商：Starbreeze Studios
类型：第一人称射击

　　《星际传奇》系列的出现让我们不得不重新考虑"角色扮演游戏"的定义。它是否一定指代和长途冒险、角色数值、掷骰子有关的游戏，抑或是一切模糊玩家与游戏角色界线的游戏都可以叫"RPG"？不管怎样，你在《星际传奇》中和理查德·雷迪克（Richard Riddick）之间的亲密感是其他游戏所不可比拟的。麻烦的是，这家伙碰巧是个精神病。

　　不同于其他大多数电影改编游戏，《星际传奇：逃离屠夫湾》是由一名电影明星（范·迪塞尔［Vin Diesel］）、一家制作公司（Tigon Studios）和一家游戏开发公司（瑞典Starbreeze Studios）合作的产物。本作是电影《星际传奇》（Pitch Black）的官方前传，讲述的原创故事不仅忠于你在电影中见过的那个世界，更有不少对电影内容的暗示。玩家会发现屠夫湾的可怕监狱就是雷迪克获得重要夜视能力的地方。另外，通过血腥而残忍的细节，我们还知道雷迪克正是在这里奠定了"全银河系最危险犯人"的称号。

　　游戏的内容会让你越来越喜欢这个角色。这里有监狱：一个阴暗潮湿、充满怨念的垃圾坑，对于关在里面的犯人而言，死刑都是奢侈；这里有肌肉：本作是少有的几款会显示角色整个身体的第一人称射击游戏，你会看到双脚跳跃着地，肱二头肌勒断脖子的场景；这里有剧本：充满了为范迪塞尔特别撰写的冷酷独白；最重要的是这里有动作场面：使用自制武器的暴力近身搏斗，之后又演变成紧张的枪战和猎杀性潜行。

　　子弹在《星际传奇：逃离屠夫湾》中很有杀人效果，但螺丝起子和弹簧刀也不赖。如果游戏没有不间断地提醒你雷迪克这个角色虽然技艺过人、充满危险，但毕竟也是个凡人，那么这款游戏的紧张性绝对要折半。而与此相反，雷迪克那些狂妄而自负的敌人却往往呈现出非人的特性。**DH**

RollerCoaster Tycoon 3

过山车大亨3

发售年份：2004
平台：PC, Mac
开发商：Frontier Developments
类型：模拟经营

经营虚拟主题公园带给你的幸灾乐祸的快感可绝非一点点：上升的票价、飞走的气球、没完没了的排队、让人惊叫的过山车，别忘了还有数不尽的呕吐，不过，总有人会来把呕吐物打扫干净，只为了能从老板手中拿到那点被你称为"薪水"的微薄工资。游客的呕吐情况无时不在、无处不有、更无视地心引力，不过这些呕吐物可永远脏不到坐在办公室里的你的身上。

游客们该向你感恩戴德，利用他们的钱、耐心和恐惧，你在《过山车大亨3》中造出来的过山车在全世界找不到第二个。九曲回肠、螺旋状穿过瀑布、进入刻着你大名的群山中的过山车，大概只是你能做出来的最简单的款式。

《过山车大亨》是大获成功的《运输大亨》（Transport Tycoon）系列的变种，由业界传奇人物克里斯·索耶（Chris Sawyer）在1999年完成。到这款黑马游戏第三作推出时，其制作权已交给了大卫·布兰本（David Braben）的Frontier Developments公司，而索耶只担任顾问。但Frontier并没毁掉这款游戏，而是对它进行了进一步改进提升，并增添了大量积极的新元素。比如"过山车镜头"可以让你坐在你设计的过山车车头感受刺激，而"混合王"则让你自己来设计烟火表演。昼夜循环系统将会影响到顾客的类型和品位，不同景点还带有不同主题，比如西部世界或科幻世界等等。

和那些伟大的喜剧演员一样，本作看似插科打诨的外表下有颗认真的心。随后推出的资料片给游戏加入了更为复杂的地图设计和水纹效果，自定义设计元素也远比你想的要更有深度。上帝类游戏一直强调掌控多过管理，通过把这一点极致化，你所获得的游戏体验便不再是头晕恶心，而是巨大的自豪感。**DH**

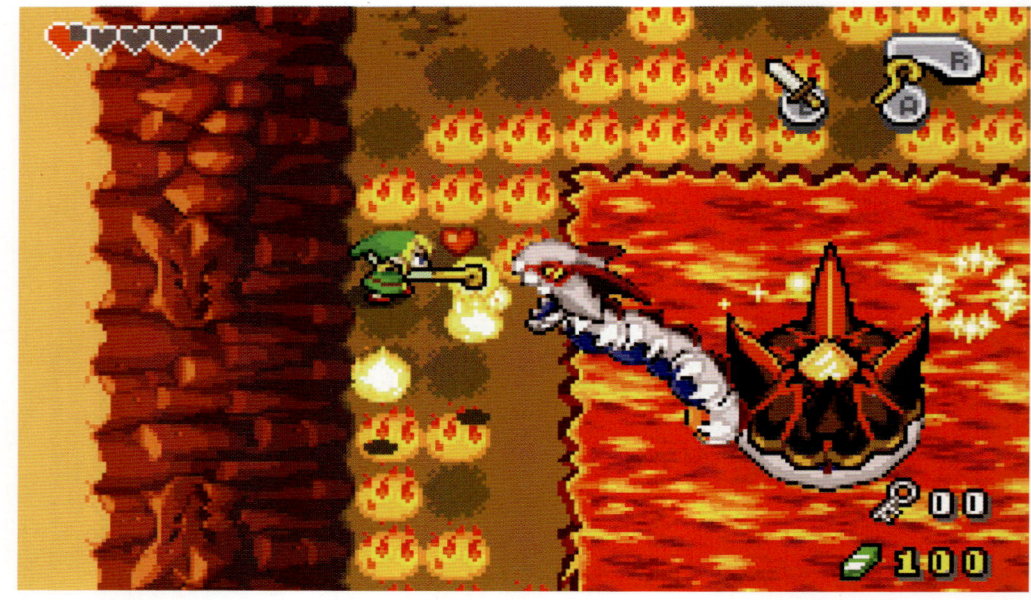

The Legend of Zelda: The Minish Cap
塞尔达传说：缩小帽

- 发售年份：2004
- 平台：Game Boy Advance
- 开发商：卡普空（Capcom）
- 类型：动作/冒险

和系列前作《不可思议的果实之大地之章》（Oracle of Seasons）与《时空之章》（Oracle of Ages）一样，任天堂把这款《塞尔达传说：缩小帽》也交给了卡普空公司的精英团队进行开发。如果说前两作还只是在效仿任天堂的塞尔达系列经典上做得有模有样，那么《缩小帽》就真正开始抓住了这个本土系列的精髓。这款口袋大小的冒险游戏有着史诗般的宏大剧情，以及系列佳作毫不勉强的复杂精致感。

游戏的成功很大程度上应归功于这项"缩小帽"本身。缩小帽是一顶鸟头状的俏皮帽子，戴上之后能在必要时让林克缩小至若干像素大小。这个颇具塞尔达风格的点子非常有挖掘潜力，卡普空更是把这个创意运用得淋漓尽致。至少在林克沿着梁木悄悄潜行、蹑手蹑脚穿过巨大的橡子、探索游戏中的村庄与迷宫时，游戏展现出的那份魅力已经达到了一个极致。你可以从两个不同的视角来探索游戏中的世界。

本作在各方面都彰显着个性与创意。林克在旅程中可以使用到各种道具，其中的亮点之一就是可以吸入并射出空气的魔法壶，以及能让林克像地鼠一样挖土的挖掘手套。游戏的设计绝对是一流水准，尤其是那些精彩的迷宫。其中一个迷宫被设在空中，林克要推开可爱的卡通云朵才能继续前进。

所有的这些元素，和那场不逊于整个系列中的任何高超设计的最终Boss战一起，构成了一场绝妙的冒险。随着续作在NDS上的登陆，任天堂再度收回了这个神作系列在掌机平台的游戏开发权。但是，虽然《塞尔达传说：幻影沙漏》（The Legend of Zelda: Phantom Hourglass）等作品也做得非常精致完美，《缩小帽》的成功暗示着这个品牌在外人手上也能得到很好地开发。**CD**

The Legend of Zelda: Four Swords Adventures
塞尔达传说：四支剑

发售年份：2004
平台：GameCube
开发商：任天堂（Nintendo）
类型：动作 / 冒险

塞尔达和马里奥不一样。马里奥没有干自己的老本行时，他可以去绿意盎然的草坪上打打高尔夫，可以去尘土飞扬的球场上打打棒球，还可以去赛车场跑跑卡丁车，相比之下，塞尔达系列对跨类型游戏表现出了坚决的抵制态度。这款任天堂RPG神作系列仅有的非正统作品大概只有《塞尔达十字弓训练》（Link's Crossbow Training，一款内容有趣但很容易被遗忘的Wii平台射击游戏，配有一把外形抽象的塑料枪）和这款《塞尔达传说：四支剑》。

《塞尔达传说：四支剑》的硬件配备要求相对复杂，一定程度上限制了能够玩到本作的玩家数量，但对于拿下这款游戏的铁杆粉丝们来说，他们体验到的是任天堂游戏中最容易被忽略的一款杰作。

《四支剑》沿用了《塞尔达传说：众神的三角力量》的美术风格，支持四人同时游戏。你可以在游戏世界中独自探索，也可以组队开开关、搬石头，闯过一系列创意十足的难关。游戏的理想玩法是用四台GBA连接到一台NGC上，这种古怪的玩法限制了游戏的商业成功，但你仍可以在三名AI的协助下享受自己的单人冒险，不过这样就失去了多人游戏闹腾的乐趣。

游戏确实做得够闹腾。塞尔达系列一向都是严谨与秩序的典范，但《四支剑》却把海拉尔大陆变成了一系列疯狂的战场，玩家要相互争夺游戏中的每一件宝物。这样的冒险充满了财宝的诱惑，也成了展现贪婪堕落的秀场，每一回合结束时，屏幕上都会显示出每位林克收集到的宝物总数，并选出优胜者，挑唆下一番混战的爆发。**CD**

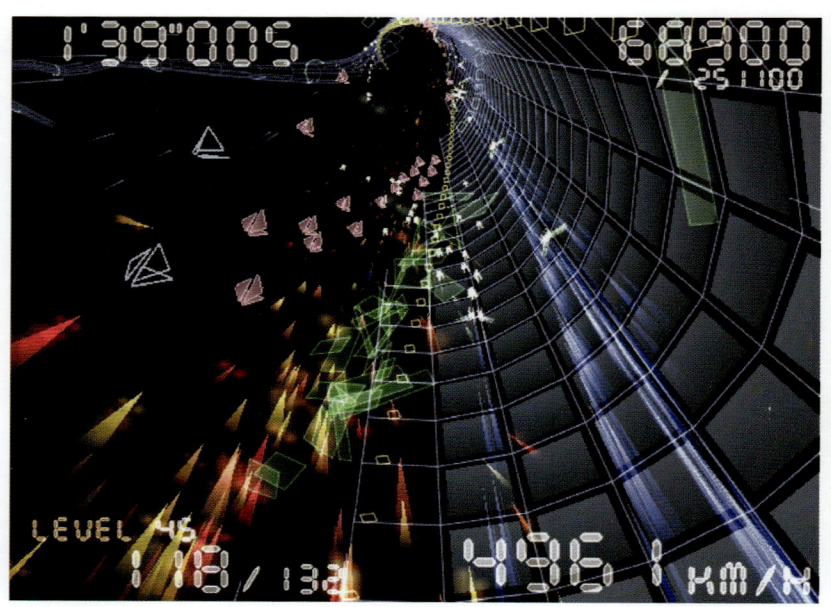

Torus Trooper
黑洞战机

发售年份：2004
平台：PC
开发商：长健太（Kenta Cho）
类型：射击

作为一名抽象类弹幕射击游戏设计师，日本游戏开发商长健太（常以ABA Games为名在网上发布免费游戏）从来都不需要对自己的游戏做太多解释。这款《黑洞战机》可以被看成是雅达利游戏公司1989年的街机游戏《S.T.U.N.赛车》（S.T.U.N. Runner）的全新版，但他在个人网站上对这款游戏的描述仅有寥寥数字："速度！更多的速度！"

但关于这款游戏，确实有必要多说几句。玩家要操控一艘飞船深入一条扭曲的隧道（即标题中的黑洞）击毁敌人与Boss。游戏目标就是在计时结束前有多远走多远，但在此期间，通过杀敌和赚取高分可以赢取更多的游戏时间。为了快速杀敌以免时间耗尽，你会更加卖力地加速前进，游戏掌控得好的话，很快就能达到5000km/h的超高速度。

游戏中的黑洞就是跟随网格状隧道源源不断袭来的弹幕（使用的是由长健太自己开发的BulletML脚本语言）。有些玩家可能会觉得：只要把飞船稳定在一个速度上，保证足够的杀敌数量就能打败计时器。但答案绝非这么简单，不停地加速才是唯一的出路，你只能把手指摁在加速键上，并相信自己能够在弹幕中穿梭出一条生路，消灭一切挡道的敌人。

抽象的线框式图像，动感十足的音乐，以及对反应能力的高要求——《黑洞战机》让人感觉像是给磕过药的宇航员进行的未来飞行测试。虽然死亡有时像是甩不掉的厄运，但你失去的不过是速度与时间。这都没什么关系，因为只要你能把速度提上去，你总能赚取更多的时间。你需要的只是速度！更多的速度！**MKu**

Unreal Tournament 2004
虚幻竞技场2004

发售年份：2004
平台：PC, Mac
开发商：Epic Games
类型：第一人称射击

关于《雷神3》与《虚幻竞技场2004》的强弱之争也许永远都没个头，但可以确定的是后者应该是《虚幻竞技场》系列中最优秀的一部。游戏的3D引擎非常出色，即便是当年的低配置电脑也能够很好地处理游戏中巨大的地图和强大的图像效果。如此强悍的适应性与稳定性从此再没有出现过，即便是最新的虚幻竞技场引擎也没能达到这个水平。

《虚幻竞技场2004》也许只是Epic公司的一次技术展示，但游戏本身仍然相当出色，而就关卡设计而言简直就是大师级水平。标准的竞技场式死亡竞赛地图囊括了从沸腾的熔炉到悬浮的太空站的一切环境，而其他游戏模式则引入了更为巨大的地图、疯狂的载具甚至是移动关卡，比如一场发生在一列高速行进火车上的突袭战。但是，真正让玩家身陷其中的是游戏的平衡性，Epic公司将这款游戏打造至近乎完美。武器的物理表现非常真实可信，即便是菜鸟玩家也能在这个枪林弹雨的紧张世界中感到非常自在。

《虚幻竞技场2004》发售时，正值第一人称射击游戏mod制作的高峰期，这对游戏来说是个福音，现在这款游戏已经衍生出了成千上万的新关卡、新地图、新元素。光是把原版游戏打通就得耗上数百小时时间，而即便小试游戏粉丝群体自制的mod内容都能花费你数千小时甚至更多时间。这是一款狂野而精彩的战斗游戏，但同时又不乏令人大呼过瘾的另类mod体验，如"空贼"（Air Buccaneers）中疯狂的飞艇大战，以及《马路杀手》（Roadkill Warriors）中的"疯狂麦克斯"（the Mad Max）式的末日死亡竞赛。**JR**

WarioWare: Twisted!

瓦里奥制造：旋转！

发售年份：2004
平台：Game Boy Advance
开发商：Intelligent Systems
类型：动作

在一些地区，至今仍见不到这款瓦里奥续作厚实而古怪的卡带，比如，欧洲就从来没有发售过这款游戏。这真是一大遗憾，虽然这是任天堂公司最不可能走红的游戏系列的又一款诡异新作，但《瓦里奥制造：旋转！》有着大量新奇的点子供你享受，更有令人眼花缭乱的可解锁物品——比如唱片、小人偶，甚至是乐器——等待发掘。

《瓦里奥制造：旋转！》有着一个内置加速计，而其中的大多数小游戏，包括所有的菜单界面和导航，都需要你通过前后摇晃你的GBA掌机进行操作。游戏有着高度的精准性和欢乐的震动回馈——类似的技术最早可追溯至古老的《滚滚卡比》（Kirby Tilt 'n' Tumble），但重要的是，虽然这样的技术听上去华而不实，局限性也很大，但《瓦里奥制造：旋转！》的天才设计师们似乎有着用不完的创意。可以说，这款游戏有着《瓦里奥制造》系列迄今为止最具想象力的游戏内容，既有刺耳的DJ转盘，也有被异化成扭曲小径的《超级马里奥》世界。每一个全新解锁游戏都将把你带到一个意想不到的奇异世界，随处可见的鲜艳色彩与高频率的笑料更给整个系列树立了一个新高度。

GBA退出历史舞台已久，如今要想看到游戏在欧洲发行基本是白日做梦，这也意味着你更应该赶紧上eBay拍一款，亲自体验这款奇异而精彩的游戏。不管你偏好本作或是NDS上的魅力无穷的《瓦里奥制造：触摸！》（WarioWare: Touched!），都是你的选择，但你不管怎样你都应该找一款《瓦里奥制造：旋转！》，并把它拿出来好好摇一摇。**CD**

Warhammer 40,000: Dawn of War

战锤40K：战争黎明

发售年份：2004
平台：PC
开发商：遗迹娱乐（Relic Entertainment）
类型：策略

作为一家让战棋游戏风靡全球的公司，Games Workshop的电子游戏作品却平庸得让人惋惜。绝大多数改编自Game Workshop桌面战棋游戏的电子游戏都差强人意，但《战锤40K：战争黎明》绝对是其中一颗耀眼的明星。

本作将《战锤40K》中战火连天的世界同遗迹娱乐公司最擅长的即时策略结合在一起，对大多数RTS游戏中的基地建造元素进行了简化，并用一个更加适合桌游式小队战斗的策略性战场控制系统取而代之。《战锤40K：战争黎明》强调的不是快攻和资源收集，而是聚焦于和敌人开战，以及战斗过程中如何制定正确的战术。

但是《战锤40K：战争黎明》在即时策略的实现上并没有什么革命性的举措，其游戏价值更多地体现在它的完美无缺上。游戏的强项在于将即时策略规则和战棋游戏世界中恢弘的历史背景结合在一起，吸收了原版战棋游戏中反乌托邦式世界的精髓。游戏中囊括了《战锤》系列所有的主要种族：笃信宗教、骁勇善战、誓死效忠皇帝的星际战士（Space Marine）；兽性十足、残暴凶狠的欧克蛮族（Ork）；外表孱弱、能力致命的太空流民艾尔达灵族（Eldar）以及堕落邪恶的混沌势力（Chaos）。

《战锤40K：战争黎明》给人感觉就像是送给粉丝的一个巨大福利，鉴于这款游戏所伺候的粉丝可是史上最出色的桌面战棋的粉丝，这样的形容大概是你能献给游戏的最佳褒奖。**DM**

Spider-Man 2
蜘蛛侠2

发售年份：2004
平台：多平台
开发商：Treyarch
类型：动作

　　2010年1月，动视暴雪CEO鲍比·科提克（Bobby Kotick）公开表示："我们的蜘蛛侠系列游戏已经烂了五年了，这都是些烂游戏，它们的评分很低是因为它们实在太烂了。"但对于《蜘蛛侠2》而言，这样的评论并不中肯。实际上，鉴于这款游戏并不是那么烂，评分也没那么低，这样的言辞实在是对游戏的一种伤害。不过，对于习惯了《吉他英雄》和《使命召唤》级别的赞誉和商业成功的科提克来说，《蜘蛛侠2》仍旧不够档次。

　　本作显然要比前作更好地抓住了这个织网工的精髓。《蜘蛛侠2》被设计为一款开放世界式游戏。游戏对蜘蛛侠的吐丝能力进行了改进，玩家现在必须把蛛丝射在牢固的物体上，而不是像前作那样随便往天上乱射。事实上，作为一款先于各大开放式游戏大作之前问世、在上一代硬件上运行的游戏，《蜘蛛侠2》中的纽约市已经做得很逼真了。游戏也沿用了鸟瞰视角，让玩家在极速探索这个城市的过程中感受到前所未有的刺激。

　　《蜘蛛侠2》的原版电影通常被认为是对游戏的一大限制，但问题是电影本身也是一部改编作品。你可能以为游戏的剧情会很烂、缺乏新意，但Treyarch公司在剧本上拿捏得非常好，来自电影原版人马——托比·马奎尔（Tobey Maguire）、克里斯汀·邓斯特（Kirsten Dunst）以及艾尔弗雷德·莫利纳（Alfred Molina）的精彩献声更为游戏增色不少。游戏也没有一味地效仿电影，比如神秘法师（Mysterio）在山姆·雷米（Sam Raimi）的电影中并未出现，但在游戏中却成了蜘蛛侠的头号敌人。和原版电影若即若离的关系令《蜘蛛侠2》受益颇多，和那个发行这款游戏的人给出的评价比起来，游戏其实要成功得多。**JBW**

Transformers
变形金刚

- 发售年份：2004
- 平台：PS2
- 开发商：Melbourne House
- 类型：动作

多年来，孩之宝（Hasbro）公司的这些塑料玩具在大量的电子游戏中频频现身，但真正优秀的游戏只有一款。Melbourne House公司不是简单地通过改编一部动画剧集或是电影来骗钱（虽然游戏也是改编自动画《变形金刚：微型传说》[Transformers Micron Legend]），而是仔细调查整个产品系列，找出玩家究竟想从一款巨型机器人动作游戏中得到什么。最终的答案大概是这个样子：要有一系列宏大而华丽的关卡，要让玩家可以在其中扮演擎天柱或是救护车或是激射，要能一路砍杀成群的霸天虎，最后的Boss战最好要以整个太空为舞台。游戏中的基本变形过程——从交通工具变身机器人再变回交通工具——仅通过一个按钮来完成，而整个变形过程是以相当华丽的动画来展现，任何机器人粉丝都会为之倾倒。另外，暴力的机械肉搏战也和快速刺激的竞速体验一样令人上瘾。

剩下的大部分乐趣来自于寻找并装备迷你金刚（可以提高相关战斗值的微型机器人）、强力武器或是全新的能量。因为你每次携带的装备都很有限，所以你做出的每一次选择都需要放弃其他装备。另外，游戏后面的关卡有很强的策略性，你在装备的更换上要多花点心思。

游戏避开了漫画和动画故事线，但却成功地保留了《变形金刚》的精髓。《变形金刚》对这个伟大的系列表现出了令人惊叹的尊重，这是一款极度新潮、动作感十足的电子游戏，即便没有"变形金刚"的头衔，仍然可以成为一款成功的作品。但是，带上变形金刚的名号，这就是一次令人难以抗拒的流行文化怀旧，一次令人感动的品牌体验。**CD**

World of Warcraft
魔兽世界

发售年份：2004
平台：PC, Mac
开发商：暴雪娱乐（Blizzard Entertainment）
类型：大型多人在线角色扮演游戏

《魔兽世界》已经功成名就，这一切荣耀的到来仿佛都是天意，好像这样一款充满令人兴奋的抢夺、技能及升级元素的《魔兽世界》是社交类RPG的发展的历史必然，大势所趋。但这种想法只会让人忽视游戏在2004年末问世之前及发售之后暴雪在开发过程中倾注的大量心血和创意，以及为不断升级完善游戏世界、增添全新游戏内容所付出的巨大努力。

对于旁观者而言，这个游戏简单地有点过时：毫无深度的虚拟角色在一个现在看来粗糙不堪、生硬死板的虚拟世界中展开机械的对战，外加一层薄薄的社交互动元素。但对于在《魔兽世界》中耗上成百上千小时游戏时间的玩家而言，这完全又是另一回事。他们看到的是历经无数冒险的自己的化身，穿着他们拼死获得的装备，拥有取胜所需的知识技能。他们看到的是一个复杂精细、层次分明的战斗系统，不同的战术与打法能带来不同的乐趣，要为提升十种设定各异的职业技能而苦练八十级。

他们还看到了一个有着丰富奇幻历史的世界，每一个角色、每一个地点都有着引人入胜的背景故事，成千上万的玩家在交战中也不断为这个世界谱写新的神话。这是一个集经济、社交、政治于一身的文化，出色的游戏设计将这个世界呈现在玩家面前，即便是玩腻了《魔兽争霸》中的一切的玩家也会惊叹于这款游戏的伟大。

但暴雪并未死守着这棵电子游戏界最大的摇钱树，带着最新的资料片《大地的裂变》（Cataclysm），暴雪又将整个世界重新翻新。毋庸置疑，《魔兽世界》仍将继续稳坐MMORPG类游戏的王座。**AW**

Clubhouse Games
谁都可以玩游戏大全

发售年份：2005
平台：DS
开发商：Agenda
类型：改编游戏

大多数游戏制作商都会偶尔回归一次自己的本行，但对于从1889年就开始做纸牌游戏起家的任天堂来说，这个本行实在老得有些离谱。《谁都可以玩游戏大全》（在欧洲地区以《42款经典游戏》[42 All-Time Classics]为名发售）是通过电子游戏媒介对前电子游戏时代的一次致敬，把一系列纸牌游戏、桌面游戏，以及酒吧游戏放进了一款令人欲罢不能的斗智游戏合集中，鼓励新一代玩家去发掘这些昔日游戏珍品的光芒。这其中收录的游戏包括：二十一点、德州扑克、象棋、鲁多（Ludo）、多米诺、单人扑克、海战棋（因为版权原因而在游戏中被更名为"格子大战"[Grid Attack]）跳棋、黑白棋（也叫翻转棋）、飞镖、拉密牌、西洋双陆棋、七牌、猜字游戏等等。

《谁都可以玩游戏大全》的内容就像堆放在乡村老酒吧的威士忌酒瓶旁边灰的酒吧游戏。在这个属于Wii的后任天堂时期，迷你游戏合集早就烂大街了，真正让这款游戏从其他同类作品中脱颖而出的是它的实机表现。任天堂将每一个小游戏都和NDS的触屏功能完美地结合在一起，轻松的画面与游戏效果令人爱不释手。

游戏AI有一定实力但算不上完美（任何有经验的象棋玩家都会发现这一点），但这款游戏合辑中的缺憾并不多。除了三款单人游戏外，所有的游戏都支持在线或局域无线对战。自带的涂鸦聊天（Picto-Chat）功能可以在线上游戏时自动翻译聊天内容，你还可以把任何一个小游戏当作礼物发送并储存到好友的NDS记忆卡中。这些特别功能都确保了游戏能够同时给个人和大众都带来精彩的娱乐体验。这是一款与NDS平台搭配完美的游戏，也必将像其中所包含的游戏经典一样经久不衰。**SP**

Dr Kawashima's Brain Training

川岛教授的脑力训练

发售年份：2005
平台：DS
开发商：任天堂（Nintendo）
类型：益智／策略

  当前主宰游戏市场的，不是肘部装备加特林机枪（Gatling guns）的彪悍机器人，就是沉默寡言、重出江湖执行"最后一次任务"的超级间谍，类似数学题、阅读理解、记忆测试这样的东西貌似很难维持长久的成功。但随波逐流从来都不是任天堂的风格。不过，当任天堂在NDS掌机上推出这款杀手级应用时，它的各种小心谨慎也是可以理解的。

  就这样，超级马里奥的老东家又有了一个全新的吉祥物，这便是日本知名神经学家川岛教授那个漂浮的大脑袋。《川岛教授的脑力训练》改编自这位著名教授的畅销书，为玩家提供了一次脑力锻炼大赛。它不仅能通过规律性的训练让你保持灵活的思维，甚至还能为你的大脑年龄绘制出一张一目了然的示意图，当然这样的图示结果往往令人自信心备受打击。

  游戏背后的所谓科学依据实在有待商榷，但《川岛教授的脑力训练》这款游戏本身的独特魅力是不容置疑的。它有着简洁明了的游戏界面和亲切友善的鼓励话语，任何一个人都可以轻易上手并理解这个游戏。游戏中各种简单的数学谜题、阅读理解和其他益智训练就和你在牙医诊所泛黄的杂志上看到的那些趣味测试一样有着古怪的吸引力。精细微妙的游戏机制鼓励你每天都玩上一小会儿，并和朋友分享你的游戏感受，与此同时你也会像玩《魔兽世界》打怪升级般开始上瘾。川岛教授也许会对游戏的成功不屑一顾，但这款脑力游戏的走红至少证明任天堂的脑袋还是挺会做生意的。**CD**

Castlevania: Dawn of Sorrow

恶魔城：苍月十字架

发售年份：2005
平台：DS
开发商：科乐美（Konami）
类型：动作

  作为第一款在任天堂NDS平台上推出的恶魔城系列游戏，游戏的英文副标题的设计可谓一绝【译注：Dawn of Sorrow首字母缩写为DS，与运行平台名称相同】。本作沿用了GameBoy平台上最出色的恶魔城作品——《恶魔城：晓月圆舞曲》的操作，剧情上也和前作相衔接。故事讲述德古拉妄图统治世界的邪恶阴谋失败一年后，游戏主角苍真仍旧在对抗自己"德古拉化身"的命运。鉴于门外有一票邪教徒等着抓你去献祭，好再度复活他们的黑魔王，游戏玩起来可并不容易。

  本作的在平台动作和地图探索上做到了完美的平衡。德古拉城堡的诡异地图一直是系列的一大亮点，另一个当属该系列的吸魂系统。这一系统来自于《晓月圆舞曲》，但似乎是在NDS平台上才找到了真正的归宿，这都得归功于NDS的无线功能，使得玩家可以进行魂魄交换。不同的魂魄设置之间的转换也更加简单方便，使玩家可以按需要迅速切换各种不同的能力。

  NDS的触屏功能也是该作的一大亮点，全新的魔封阵系统要求使用触控笔来击败各关Boss，另外还有各种简单的触屏拼图（这些拼图确实有点多余，但因为数量不多，也不会对游戏产生太大影响）。不出意料，本作更为主流化的画面风格遭到了不少核心玩家的诟病，但却获得了主流市场的青睐。

  继《苍月十字架》之后，《恶魔城》又继续在NDS上推出了不少续作，但这都不影响这部作品在NDS平台的最佳恶魔城游戏的地位。**DM**

ATT	35		NEXT 6124
DEF	39		
STR	32		
CON	28		
INT	29		GOLD
LCK	21		0

SOMA
LV.25

- BULLET — LARVA
- GUARDIAN — GHOST
- ENCHANTED

NO. 47 GREAT AXE ARMOR

ITEM 1 ---
ITEM 2 ---
SOUL 1   RARITY ★

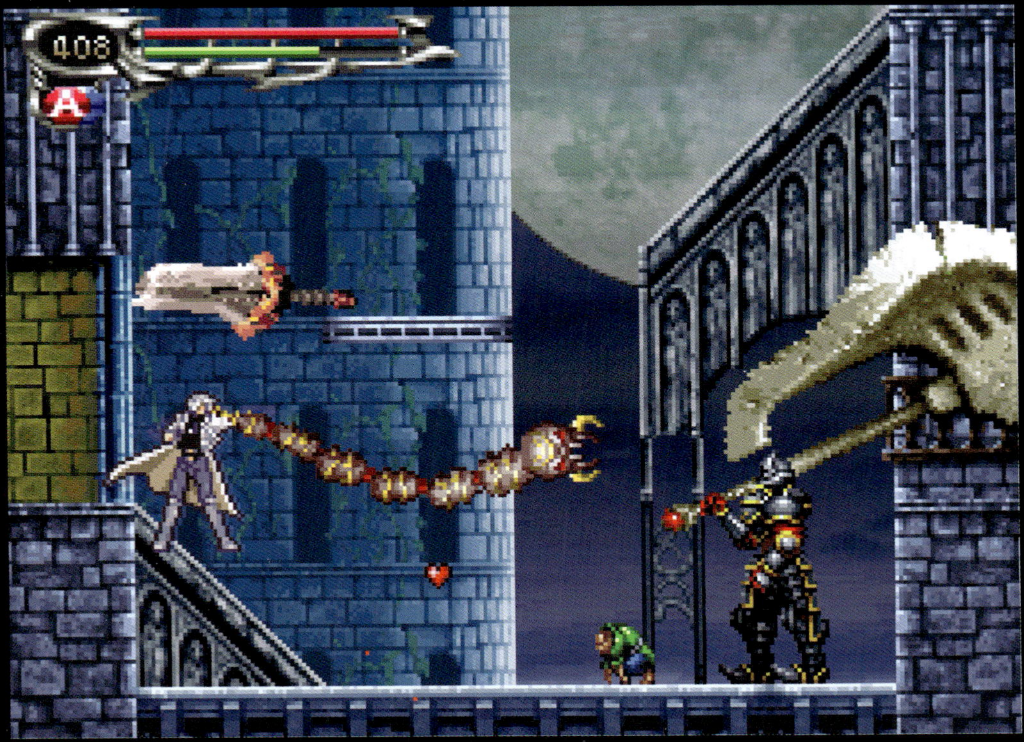

408

Battalion Wars
军团大战

发售年份：2005
平台：GameCube
开发商：Kuju
类型：动作/策略

  《军团大战》是任天堂大获成功的掌机游戏《高级战争：双重打击》（Advance Wars: Dual Strike）在电视主机平台的衍生物。这是一款色彩丰富、卡通味浓厚的战争游戏，由英国游戏公司Kuju负责开发。不过即使你对任天堂的《高级战争》系列没什么了解，也不妨碍你享受其中。

  除了采取了更适合主机平台的第三人称三维视角外，《军团大战》还大胆地放弃了原版系列标志性的回合制战斗，转向更为疯狂的即时战斗。但这里的即时战斗可不同于其他任何一款游戏，你可以从一台杀人载具蹦到另一台杀人载具上，以便从微观角度控制多方战局。

  对原作系列核心要素的大胆改动应该是制作公司最明智的选择。通过用更为疯狂热闹的元素来取代原版游戏的象棋式传统，并放弃任天堂原作中那一票性感的女性人物，《军团大战》表现出了极大的自信。如果你正愁找不到一款画面艳丽、场景火爆的游戏，NGC的这款作品值得你一试。**CD**

Battlefield 2
战地2

发售年份：2005
平台：PC
开发商：Digital Illusions CE
类型：第一人称射击

  瑞典游戏开发商Digital Illusions将它在第一人称射击在线游戏领域的高超设计带入了现代战争，打造出这款大受好评的《战地2》。游戏背景设在一个战火蔓延的21世纪，玩家要从美国、中国、中东联盟三方中选择其中一方，然后挺过大大小小的战斗。和系列前作一样，游戏的重点就在于强调多人合作的"征服"（Conquest）模式。在该模式下，每队成员最多可达三十二人。你们的目标就是争取胜利，守住一系列地图上的控制点。

  玩家可以组成六人小队协力完成游戏任务，你可以在队友身边复活，并使用游戏内置的VoIP系统进行语音交流。游戏中加入的军事官僚元素赋予在线战斗紧张的结构与目的性。《战地2》强大的游戏引擎将飞速发展的布娃娃系统（ragdoll physics）、可破坏环境、材料穿透建模又推上了一个全新的台阶。后续的扩充包则进一步提高了这款引人入胜的游戏的战术深度。**KS**

Call of Duty 2
使命召唤2

发售年份：2005
平台：多平台
开发商：Infinity Ward
类型：第一人称射击

God of War
战神

发售年份：2005
平台：PS2
开发商：索尼（Sony）
类型：动作/冒险

  史蒂芬·斯皮尔伯格（Steven Spielberg）的《拯救大兵瑞恩》（Saving Private Ryan）引来了大批游戏的疯狂效仿。这些游戏卯足了劲相互比拼，试图做到比隔壁竞争对手更大声、更逼真、更具内涵。但是，《使命召唤2》才有着一款高水准游戏真正应该追求的东西：动力。这款二战游戏紧紧围绕着狂风骤雨般的战事展开。

  游戏从三大战场的不同士兵角度来讲述整个故事，从斯大林格勒战役跳到埃及阿拉曼、突尼斯，最后从诺曼底挺进莱茵河。游戏一刻都不给你喘息的机会，当你没有战斗的时候，你要考虑该去打谁；当你没有中枪的时候，你要填装弹药；如果你想舒舒服服地躲在掩体下，那你就等着手雷落到你腿上吧。

  《使命召唤2》的成功还在于它把握住了时机。这款Xbox360平台首发游戏和PC版几乎同时发售，且在游戏质量上也毫不逊色于PC版。游戏的音效让人仿佛置身闪电战的轰鸣中，高解析度的画面更赋予宏大混乱的战场更多的细节。最重要的是，你能在里面扮演一名真正意义上的优秀战士——一个不知疲倦的高效杀人机器。**DH**

  读过《伊利亚特》（The Iliad）或《奥德赛》（The Odyssey）的人都知道，这些古代神话经典远没有你想象得那么老土无趣，而是充斥着斩首情节，或是带着霸气名字的壮士一拳打爆别人肚子的故事，好玩极了。从这点考虑，大卫·杰夫（David Jaffe）的《战神》不过是真实再现了这类神话故事的优良传统。

  《战神》用即兴的杀戮、怪物和暴力元素重新诠释了神话经典，而把一切不符合这一标准的内容统统删去。斯巴达人奎托斯（Kratos）带着各种狗屁不通的理由血洗上古世界的设定令人热血沸腾，让玩家从头到尾爽到欲罢不能。

  总而言之，《战神》就是一头世间稀有的狂暴野兽，这款游戏深谙神话素材的精髓所在，同时又对玩家的嗜血渴望了如指掌，是一款在极端暴力的同时又能确保其独特美感的作品。**CD**

Freedom Force vs. The 3rd Reich
自由力量vs第三帝国

发售年份：2005
平台：PC
开发商：Irrational Games
类型：策略/角色扮演

　　超级英雄一向都和电子游戏打得火热。虽然一般来说，二者结合的产物都是些拙劣之作，但在极少数情况下，也会诞生类似《自由力量vs第三帝国》这种战术类角色扮演游戏精品。

　　《自由力量vs第三帝国》中的角色均为戏仿黄金时代【译注：指1930年至1950年中期美国漫画的兴盛时期，大量知名超级英雄人物正是在这段时期诞生。】的漫画角色，负责设计这些角色则是曾参与制作过《神偷》和《网络奇兵》的罗布·华特斯（Robb Waters）。游戏中的每一个形象都极尽夸张，更有着让人惊奇的能力。当他们开始和纳粹及其党羽展开战斗时，你会发现这群超级英雄比2002年的初代《自由力量》（Freedom Force）还要浮夸。反派们同样奇葩，比如德国的闪电王（Blitzkrieg）、意大利的极强人（Fortissimo）以及日本的红日（Red Sun），他们将联手对抗全美阵容的自由力量。遗憾的是，一代《自由力量》中最出彩的角色铁甲人（Man-Bot）并未在本作中现身。

　　《自由力量vs第三帝国》允许玩家创造属于自己的超级英雄，赋予他们一系列奇异的能力与荒唐的造型。游戏非常引人入胜，因为它通过第三人称战术角度来表现游戏动作，你可以随时暂停，思考施展英雄壮举的最佳方案。游戏的角色们有着海量的技能，他们巨大的力量和其他的超能力也意味着周围环境中的一切都可以拿来作为御敌的武器。在你闯过一个个地图的过程中，你还将见识心灵控制，能量光束、飞行、群攻等技能，最后和Boss展开面对面的殊死搏斗。时至今日，《自由力量vs第三帝国》仍像发售当年那般有趣带感。**JR**

Civilization IV
文明4

发售年份：2005
平台：PC
开发商：Firaxis Games
类型：策略

在玩《文明》系列时，玩家很容易过分依赖军事力量。事实上，你常常会认为这就是玩《文明》的唯一途径：进行大量的武器研究、组建一支暴徒军队，然后发了疯似地开战。因此当你看见你的第一辆坦克完工时，你将陷入狂喜，并用敌人的鲜血来庆祝这一伟大成果。但在《文明4》中，你却会因为猫王的出现而同样激动到落泪。

"文化"的概念是从《文明3》开始被引入这个系列的，通过利用剧院、图书馆来扩大你的文化影响力，你可以扩张你的帝国版图，甚至不费一兵一卒来接管其他文明的城市。但是，真正把这一点具象化的是《文明4》。你只需把猫王安置在一个边境城市，随着他的名声在土地上扩散，人们将会为一睹他的风采而蜂拥而至，你的领土也将迅速扩展。

《文明4》也剔除掉了不少系列中的令人头痛的常驻设定。你不再需要把单位从生产城市中大老远地拖过来，从欠发达的小城市中搜刮资源的"腐败"元素也不复存在。这些只会让玩家对于管理帝国产生官僚主义恐惧。《文明4》强调的是统治的乐趣，你可以调动大批军队，并把一切资源都用在建造一个摇滚名人堂，而且这样的奇观在游戏中确实很有用处。

《文明4》没有选择忠实于系列模式，而是进行了巧妙的改造，其真正成就在于让玩家一心一意追求更加高远的目标，而不是在管理的细枝末节上斤斤计较。当你意识到这一点时，你就会发现《文明4》才是《文明》系列乃至这一类游戏中的顶尖佳作。**AW**

Chibi-Robo!
小小机器人

发售年份：2005
平台：多平台
开发商：Skip Ltd
类型：平台动作／冒险

　　日本游戏开发公司Skip的这款冒险游戏把关注点聚焦在了视角的变化上，将电子游戏中传统的宏大世界缩小至两室一厅的民宅之中，游戏的主角更是不超过两英寸高。这款游戏做得很精彩，虽然类似的游戏，如《玩具司令官》（Toy Commander）和《蚊子先生》（Mister Mosquito）在十年以前就已经出现了。

　　《小小机器人》的成功秘诀就在于把背景设在了一个充满婚姻矛盾的家庭，其情况之严重堪比一部彩色版、阳光版的《灵欲春宵》（Who's Afraid of Virginia Woolf》）。故事讲述山德森先生（Mr. Sanderson）失业后成天靠看卡通片和给自己买高价礼物（比如身高两英寸的小小机器人）混日子，还借口称是买给女儿的礼物。竭尽全力维持收支平衡、保障基本全家生活的山德森夫人只会对丈夫睡沙发。紧张的家庭关系导致女儿杰妮（Jenny）的行为举止日渐怪异，她成天带着一个青蛙面具，嘴里只会不停地说着"ribbits"。

　　你的工作就是通过帮忙做些零碎的家务活来避免这个家庭走向破裂，你可以收拾散落的糖纸，或是用牙刷清干净小狗留下的爪印，并为每位家庭成员遭遇的困扰提供建议帮助。之后你还将陷入更复杂的剧情当中，结识大批《玩具总动员》式的角色，而这些角色又有着各自的古怪性格和烦恼。

　　《小小机器人》是NGC上最出色的游戏之一，不仅是因为它把楼梯变成了攀登困难的山峰，更因为他把日常家庭生活里的真情实感融入了冒险之中。**BB**

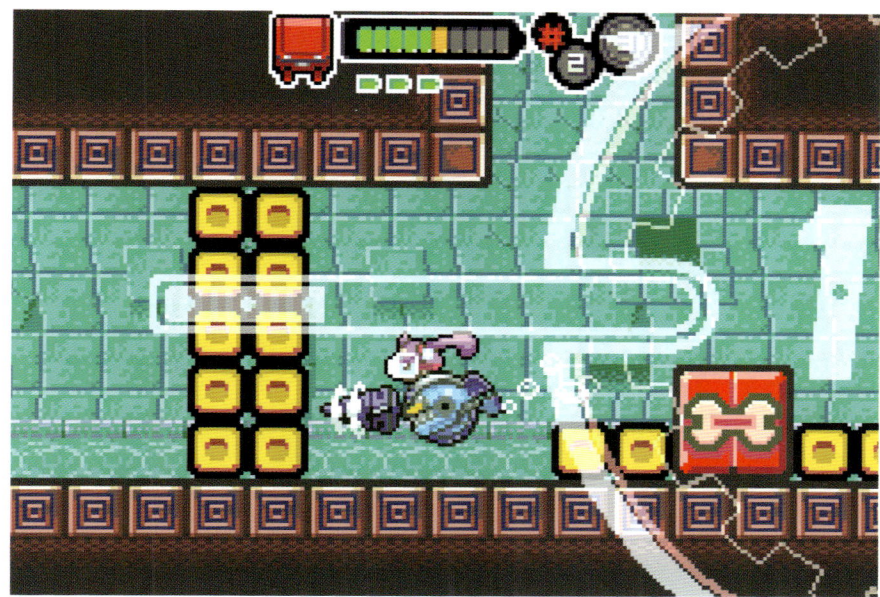

Drill Dozer
螺旋破坏者——轰振钻子

发售年份：2005
平台：Game Boy Advance
开发商：Game Freak
类型：动作

  这又是一款出自超人气系列游戏《口袋妖怪》的开发商Game Freak公司之手的作品。虽然就人气而言，本作完全比不上它那个屡破纪录、频现榜首的同门师兄，论知名度更是差了十万八千里，但其魅力和乐趣却绝不输给任何一款有可达鸭（Psyduck）和小火焰猴（Chimchar）的游戏。

  游戏中玩家将扮演少女吉尔（Jill），这个名字烂大街的女主角是盗贼团伙红钻（Red Dozers）首领的女儿。你的任务就是潜入游戏世界中的各种博物馆和高度戒备的场所，打倒Boss，然后带着各式钻石逃离现场。为了达到目的，你必须用到一台名为Drill Dozer的挖掘机，而这台可升级的载具貌似已经和吉尔融为一体了。吉尔可以驾驶它推到墙壁掘开岩石、找出隐藏区域。遇见挡道的敌人，你甚至还可以通过逆转钻头把它身上的重要零部件给旋下来。这是一场无比欢乐的冒险，所有的动作更是极尽夸张。

  但《螺旋破坏者》的独特卖点其实在于游戏超大尺寸的卡带。这张卡带能赋予GBA游戏机震动效果，把这款荒诞不经的动作平台游戏升级成为轰鸣破土、倍具成就感的全新体验。粉笔画般的色调、喧哗的盗贼团伙、冗长的过场对白都使得《螺旋破坏者》显得艳俗不堪，更不可避免地沦为一款边缘游戏。但游戏仍有其自身的独特魅力，值得你花点时间体验一番。

  游戏的结局刻意为续作安排了伏笔，但鉴于本作差强人意的销售成绩，续作的推出基本没有希望。但光是这一款游戏已经能够提供足够的乐趣。另外，本作也向我们证明那个浸淫在精灵球中的游戏公司可不只是会做《口袋妖怪》。**CD**

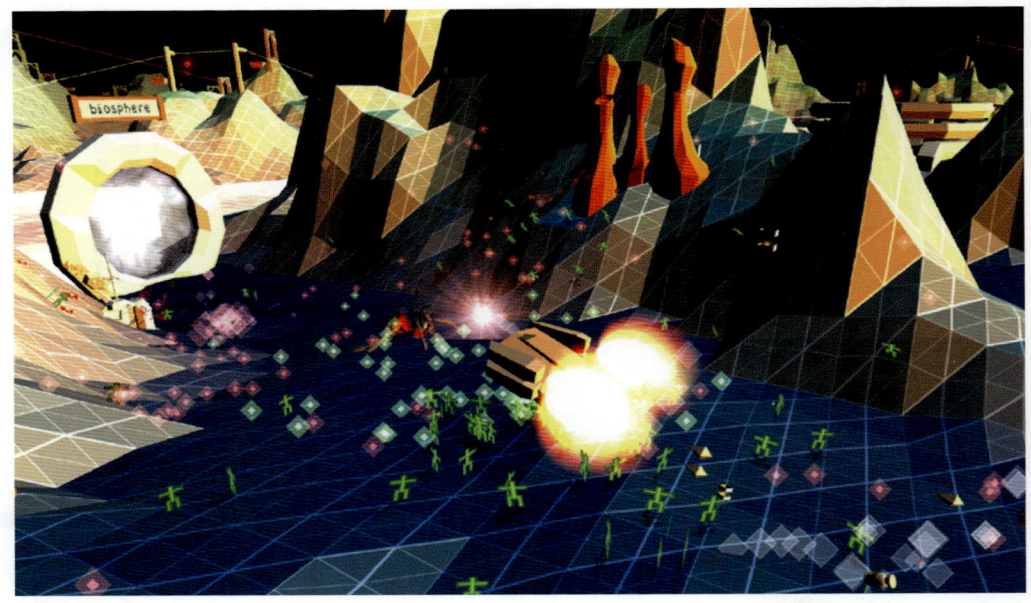

Darwinia
数码战争

发售年份：2005
平台：PC
开发商：Introversion Software
类型：策略

谈起《数码战争》，就不得不提到这款游戏所获得的最具分量的一个奖项：2006年的独立游戏节（IGF）大奖。2006年是IGF上群星闪耀的一年，冠军得主《神话精灵》（Wik: Fable of Souls）被相中成为Xbox360的Live Arcade上的首发游戏，独立游戏开发新星乔纳森·布劳（Jonathan Blow）和陈星汉分别凭借《时空幻境》（Braid）和《云》（Cloud）获奖，但当晚真正的巨星还是Introversion的游戏开发小组，他们共斩获了三项大奖，每一项都可谓名副其实。

但游戏本身是个什么水准呢？Introversion向来以快节奏的另类策略游戏著称，《数码战争》则以一群"达尔文人"（Darwinian）为主角设定了一场战争。达尔文人是一群简单的电子生命体，面对Introversion往游戏世界中丢进来的各种可怕灾难往往显得绝望而无助。这群生物生活在塞浦维达博士（Dr. Sepulveda）的电脑里，而在游戏过程中，这位博士也会通过网络摄像头指导你前进。玩家要穿过一系列网格状的地图，引领达尔文人反抗红色病毒的入侵。

特殊武装单位是抗击侵略的主力军，而普通的达尔文人则负责一些微观管理工作，但他们仍然是一群高尚、勤劳、勇敢的生物。当他们死后，他们的精神会被释放进天空，暗示着他们的灵魂仍然游荡在你的电脑之中。

继《数码战争》后，Introversion又推出了《莫堤文战争》（Multiwinia），这是一款快节奏的多人游戏。游戏中达尔文人将开始互相残杀，当特殊武器从天而降时，战场便将陷入一片混乱，局势也会在数秒之内出现大逆转。两款游戏起初都是为PC平台开发的，2010年Introversion将两款游戏打包，以《数码战争+》（Darwinia+）为名在Xbox360上发售。**CDa**

Dead or Alive 4
死或生4

- 发售年份：2005
- 平台：Xbox 360
- 开发商：Tecmo
- 类型：格斗

从诞生伊始，《死或生》（Dead or Alive）系列游戏就和"致命"与"性感"紧紧联系在一起。美得超凡脱俗的格斗女子、击打速度惊人肌肉猛男、前所未见的华丽画面以及完美无瑕的肢体动作——这个系列对女主角的乳摇表现比其他所有格斗游戏加起来还要多。

但千万别让那些暧昧而肤浅的画面掩盖了游戏的基本格斗要素。虽然《死或生》从来没能像《VR战士》系列那样获得大批玩家的推崇，但这仍不失为一款经典格斗游戏系列。《死或生》系列的一大标志就是对新技术的大量使用，因此该系列自然而然地登陆了Xbox平台，并以《死或生4》的面貌展现在玩家面前。速度和反击是格斗取胜的关键。对于新手来说，游戏的控制和连击可能非常棘手，但在高手玩家的手中，这些就是他们的致命武器。微软的这款尖端游戏主机极大地改善了游戏的组队格斗效果和多平面环境，赋予它们前所未见的华丽画面。游戏还支持联网对战，玩起来有种街机的味道。

《死或生4》还引入了几名新角色，并带来了更多的格斗风格：比如心的八极拳就和霞的忍术联合在了一起。游戏角色的魅力是如此之大，以至于不少人物都在各种衍生游戏中再度亮相，如Zack和他的小岛出现在了《死或生沙滩排球》（Xtreme Volleyball）、隼龙和他的复仇之旅被放进了《忍者龙剑传》等等。但Temco公司的最大成功还是《死或生》格斗系列。

为了感受最真实的《死或生》游戏体验，请回避那些改编电影，专注于格斗，享受《死或生4》这一系列巅峰之作吧。**DM**

Animal Crossing: Wild World

动物之森：野生世界

发售年份：2005
平台：DS
开发商：任天堂（Nintendo）
类型：模拟养成

《动物之森：野生世界》和NGC上的《动物之森》并没有太大区别，但却标志着这个系列从受狂热追捧的小众游戏一跃成为销量百万的热门大作。虽然NDS版《动物之森》对原作游戏操作的改动极少，但任天堂这款动感的生活模拟小游戏仿佛找到了一个完美的游戏平台。游戏发售后，当你环顾四周时你会发现：不论是坐火车、喝咖啡、或是舒舒服服地躺在图书馆的椅子上，各年龄层的人都在照料他们的花园、寻找家具，偶尔在快速转身时不小心一铲子敲到其他村民。

但本作对游戏的基本规则上还是做了少许的改动。除了支持NDS掌机的触屏控制外，《动物之森：野生世界》还把整个村庄设在了一个滚动的球体上，把俯瞰视角和精致的滚动平面融合在一起。你可以不时地看到树和房子从地平线上冒出来，这也意味着村里的居民们第一次可以仰起脸来看见头上的天空。说到天空，《动物之森：野生世界》最令人百玩不腻的可爱元素就是村庄博物馆中新增的天文台。玩家可以把很多时间花在观察宇宙之上，还可以画出自己的星座（典型的任天堂风格），让它在夜晚照耀你的村庄。

NDS还支持《动物之森》粉丝们和朋友进行快速联网，互相拜访彼此的村庄。镇上还新开了一家咖啡屋，当你坐在里面听着世界上最忧伤的旋律时，猫头鹰店主还会给你上一杯有爱的爪哇咖啡——正是这些有趣的小细节让《动物之森：野生世界》成为一道不容错过的精致甜点。**CD**

Yoshi: Touch & Go

触摸耀西

发售年份：2005
平台：DS
开发商：任天堂（Nintendo）
类型：平台动作 / 益智

虽然比不上《马里奥64》和《飞行俱乐部》的经典地位，但《触摸耀西》也许是最能代表任天堂公司行事风格的作品，即：新的游戏硬件一定要能带来新的游戏体验，而相应的游戏一定要充分挖掘硬件的潜在机能。当NDS这样具有革命性的主机问世时，你需要的就是一款能够简洁有力地展现其潜力的游戏。

《触摸耀西》完全放弃了传统的游戏控制，是一款很具迷惑性的游戏。虽然看上去是一款经典的二维平台动作游戏，但实际上这是一款抢分游戏，要求你通过不断的重复练习、提升技巧来不断刷新自己的分值纪录。当你明确了它的游戏理念之后，《触摸耀西》的高明之处就一目了然了。游戏的关卡分为两种类型：每一关开场，婴儿马里奥都会无助地从天空垂直落下，你要在下屏画出云朵来引导马里奥抓取硬币或是避开危险。而在地面等着的则是耀西龙（耀西的颜色和技能由空中收集到的硬币数量决定），一旦马里奥宝宝着陆，耀西便要背着马里奥向着屏幕右方一路前进，开始他的冒险之旅。

通过不断地画云，你还可以帮助耀西越过沟壑、困住敌人，或是收集更多的硬币。触碰耀西他便会跳起，而触碰其他地方则可以发射龙蛋（这在收集上屏的硬币时很有效果）。更有意思的是，对着NDS的麦克风吹气还可以把多余的云朵吹开。但是，只消一个敌人就能让你Game Over。整个游戏采用了一种强烈的手绘风格，不禁让人联想起SNES上的经典名作《耀西岛》。在开拓创新上，《触摸耀西》是个杰出的榜样，同时它也证明"多云"有时也并不是件坏事。**BM**

Advance Wars: Dual Strike
高级战争：双重打击

发售年份：2005
平台：DS
开发商：Intelligent Systems
类型：策略

《高级战争》系列设定很有超前性和远见，以至于Intelligent Systems公司在推出新作品时，根本不必要做太多翻新工作。玩家只需要再来一场战役、一些新地图或是一个戴着超大耳机、笑声撩人的性感新CO（指挥官）就够了。而当制作方硬要强加一些新元素时，便有了《高级战争2》中讨厌的管道网，根本没给游戏增加什么实质性内容。

但是，整个系列转战NDS后必然需要来些创新，开发商在这时倒是应付自如，在游戏图像上来了一次巨大的革新，赋予游戏地图出色的视角，并极大地增强了画面的转换与表现能力，同时加入了全新的模式与技巧以满足已有的CO。

主要剧情模式下，玩家又要在炼狱般的战争中经历一场卡通味道浓厚的混战。游戏设定了一系列任务，每个古怪的任务目标都带有一定的故事情节，比如说阻止导弹发射，而不是像系列游戏一贯的打到死为止。本作中的CO还可以组队，这在某种程度上也改变了游戏的策略性。其他新加入的游戏模式也让玩家们在主线剧情外忙得不亦乐乎。比如生存模式下，玩家要在有限的条件下完成一系列战斗，而对战模式则基本就是个射击游戏，用即时制取代回合制，并带给你意想不到的结果。

要想在线进行多人战斗的玩家们得等到那款风格更为黑暗的续作《毁灭之日》（Days of Ruin）的出现，该作抛弃了轻松明快的色调，并献上了一个更为严肃的剧情。但相比之下，《高级战争：双重打击》更忠实于原版系列，也是更具想象力的一款游戏。**CD**

Golden Tee Live
金牌高尔夫Live

发售年份：2005
平台：街机
开发商：Incredible Technologies
类型：体育休闲

当《金牌高尔夫Live》开始在酒吧机场现身时，街机厅市场在西方早已一片萧条。在公共场合打游戏似乎已经成了一种怪癖，甚至是一种古董行为，但这款游戏和包括光枪游戏《猎鹿人》（Big Buck Hunter）在内的一批作品一样，仍然在延续着街机文化最后的残光。

《金牌高尔夫Live》最不寻常之处在于这款游戏摒弃了一切哗众取宠的元素。在那个全世界玩家都在翘首企盼最新次世代主机的年代，《金牌高尔夫Live》的图像只能用"原始"来形容。游戏的概念更是再简单不过：你和朋友比赛玩高尔夫……没了。对于那些在果岭上表现不佳的玩家，《金牌高尔夫Live》还非常周到地在球道外准备了大量彩蛋博君一笑。值得注意的是，这还是第一款带有联网功能的西方街机游戏，支持玩家不断刷新自己的纪录，在国际锦标赛中展开角逐。

归根结底，《金牌高尔夫Live》的吸引力在于它的追踪球控制器，玩家可以通过它来进行挥杆和旋球。和街机原版的《疯狂弹珠》一样，《金牌高尔夫Live》鼓励玩家秀出自己的球技，你控制的高尔夫球手有着大量的技能，你要做的就是竭尽所能快速前推或是旋转追踪球。带感的操作，加上啤酒和一点竞赛精神，让《金牌高尔夫Live》成为打发时间的最佳活动，更把高尔夫特有的策略与技巧转变成纯粹的暴力展示。只是可怜了那些在大半夜还要出来修理损坏的追踪球的维修工。**JBW**

F.E.A.R.
极度恐慌

发售年份：2005
平台：PC
开发商：Monolith Productions
类型：第一人称射击

《极度恐慌》（英文名F.E.A.R.为"第一类接触突击队"的缩写）是Monolith对《午夜凶铃》（Appleseed）、《暗水幽灵》（Ghost in the Shell）一类的日式恐怖片、大量慢动作镜头的吴宇森电影以及《苹果核战记》（Appleseed）、《攻壳机动队》（Ghost in the Shel）等赛博朋克式动漫这三类流行文化的成功组合。玩家将扮演一支特别行动组的新人，前往调查发生在美国大都市菲尔伯特（Fairport）的灵异事件。

帕斯顿·菲特尔（Paxton Fettel）是一支通过心灵感应进行控制的超级士兵队伍的首领，他夺取了Armacham科技公司的控制权，而这家神秘的研究公司正是他诞生的地方。更糟糕的是，一个名为艾尔玛（Alma）的烦心孩子被释放出来。艾尔玛是一项残忍的精神实验的实验体。这个几万年没剪过头发的小女孩会在你摸着线索深入游戏的过程中变着花样吓唬你。她会在突然起火的走廊中现身，会把战士拧成支离破碎的肢体，还会在你毫无心理准备的情况下控制你的视线。最强的是，她会让你冲着一群鬼魂开火，但你的扫射只会在墙上留下冒烟的弹坑。游戏非常强调特效，让当时的电脑一度被拖残，其精彩程度绝不亚于那些高成本动作大片。

类似的灵异袭击非常残忍但却并不多见，玩家真正面临的是来自菲特尔的克隆战士的频繁威胁。《极度恐慌》的战斗AI可以算是游戏界数一数二，环境的设计搭配也相当出色。办公室小隔间和摇摇欲坠的仓库也许不是什么大气的战斗场所，但当你在慢动作模式与正常模式间切换、躲避子弹和敌人时，这些场景就变得相当刺激。游戏通过嘲弄的方式来给予玩家战术建议的做法非常高明，但又总能想办法从你背后给你来一枪，这大概是除了游戏中的鬼魂外最让人脊背发凉的事了。**DH**

Fahrenheit
幻象杀手

发售年份：2005
平台：多平台
开发商：Quantic Dream
类型：冒险

  Quantic Dream 公司是大卫·凯奇（David Cage）在法国设立的开发部。这是一家目标远大的制作团队，致力于创作富有电影感的游戏，抬高游戏界的叙事水平，打造成人化的游戏体验和真实可信的角色、动机，同时给予玩家充足的选择空间，让他们在游戏的过程中也能够积极思考。

  所以让人奇怪的是，由 Quantic Dream 开发的这款《幻象杀手》居然会有一个如此劣质的故事。《幻象杀手》（美版游戏名为《靛青预言》[Indigo Prophecy]）的游戏背景设定在纽约，这个城市出现了一连串邪教性质的凶杀案，而作案凶手们却是一群看似极为普通的市民。虽然设下了一个充满悬念的背景，游戏的剧情走向却越来越扯淡，最后居然开始在灵异事件中挖掘深度。

  抛开剧情不谈，《幻象杀手》仍然充满了吸引力。在这款偏向动作型的冒险游戏中，玩家将要在一系列不同的角色中来回变换身份，以求找出破坏这个城市的种种神秘谋杀事件背后的真相。

  最令人瞩目的是游戏的控制。对于一款冒险游戏来说，本作的控制非常新奇，大部分时间内都只是用手柄的两根摇杆进行控制：一只摇杆控制运动，另一只则包揽了其他所有的动作，比如开门、处理凶器、打斗甚至是弹吉他。

  从游戏的开场介绍——由凯奇本人效仿希区柯克进行教学解说——开始，《幻象杀手》就用悬念与诱惑对你进行轮番轰炸。显然，Quantic Dream 并没有创造出一款杰作，但却无疑做出了游戏界最神秘荒诞的一款游戏。《幻象杀手》现在可以在 Xbox360 的 Xbox Originals 下载合辑中找到，你一定要亲自试试。**CD**

Fable
神鬼寓言

发售年份：2005
平台：Xbox
开发商：Lionhead Studios
类型：动作 / 角色扮演

  Xbox独占游戏《神鬼寓言》质朴美丽、宏伟迷人，但真正让游戏出名的不是它"有什么"，而是它"没有什么"。炒作大王彼得·莫里纽克斯（开发制作这款游戏的正是他的Lionhead Studios公司）在游戏开发阶段就向外大肆宣称游戏的创新之处如何强大，玩家将在这其中感受到何等逼真持久的游戏体验云云。

  但是，他承诺的一些卖点——比如种下一颗橡果，数年之后就会长出一棵大树——并没有在游戏中出现，因此《神鬼寓言》一发售便被网上愤怒的玩家掀起的一片声讨给淹没了。当然在今天，每款新发售的游戏都要面临这样的局面，但在2005年，这种情况还是比较罕见的。撇开玩家的失望和泣诉，《神鬼寓言》仍是一款出类拔萃的游戏，为你献上了一次大胆的冒险，你将见证你操控的主角从儿童时代一路走来，历经惨痛的悲剧，获得强大的力量与勇气，并向威胁艾尔比恩（Albion）大地的邪恶势力发起挑战。如果你对当英雄没兴趣，你也可以化身恶魔，残杀无辜、偷抢拐骗，并时不时地把那些可怜的图书管理员吓个半死。游戏会记录下你的一举一动，根据你的善恶取向来改变你的角色，同时镇民们也会对你的角色表现出相应的喜爱、恐惧或者厌恶反应。

  或者你也可以抛开一切到处找乐子，施展魔咒、剪无聊的发型，沉静在这个充满独特英式幽默的世界当中。《神鬼寓言》是一次对自我与娱乐的精彩试验，极大地满足玩家的兴趣与怪癖。每次进入这场喧闹的冒险，都能给你带来不一样的体验。**CD**

Façade
婚姻战争

发售年份：2005
平台：PC
开发商：Procedural Arts
类型：互动戏剧

你的老朋友格蕾丝（Grace）和崔普（Trip）邀请你共进晚餐，但很快你就后悔来赴这个宴了。这两口子的谈话中充满了指桑骂槐和恶语暗讽，这顿晚饭也变得越来越尴尬、无礼。你必须对这种局面作出回应，如果你愿意的话，还可以扮演婚姻调解员。你的唯一的工具便是谈话，你还要用完整的句子和他们对谈——就和现实生活中一模一样。

《婚姻战争》由迈克尔·马蒂斯（Michael Mateas）和安德鲁·斯特恩（Andrew Stern）共同设计。这款游戏就是一出独幕剧，意在对自然的语言处理进行试验。游戏引擎共花费五年打造，能够处理有关具体话题的完整语句，而不是过去简单的"往北走"或是"拿杯子"一类简单的短语。你可以要一杯饮料，谈论假期，甚至还可以调戏这对夫妇；如果你言语粗俗，他们也会把你一脚踹出去；另外格蕾丝和崔普的拌嘴也确实很有看头。

格蕾丝和崔普能够用两万句台词和你进行交谈。这些台词从愤怒到伤心，感情各异，他们的行为也是根据具体情形做出反应，而没有固定的剧本。《婚姻战争》一直在尽力为你们三人创造一种自然逼真的互动关系，直到游戏结尾你发现自己已经挽救或是毁掉了这段婚姻。

游戏的图像非常的朴素，语言分析器也并不完美，格蕾丝和崔普经常会对他们不能识别的句子做出怪异的眼神或是惊恐的表情。基本上，《婚姻战争》只能算是一个实验品而并非一款游戏成品，但对于这个二人制作团队而言，它却是一个浩大的工程。游戏展现出互动式戏剧的前景和游戏角色的精细极限——你已经可以用自己的语言和他进行交流互动了。这是绝对是一款值得反复重玩的游戏。**CDa**

Guild Wars
激战

发售年份：2005
平台：PC, Mac
开发商：ArenaNet
类型：大型多人在线角色扮演游戏

在开发这样一款大型多人在线角色扮演游戏时，ArenaNet公司居然没有打算按月向玩家收取游戏费，从这点上来说这家公司就已经够勇敢了。而NCsoft公司居然还够胆来发售这款游戏，更让人佩服的是它居然坚持了游戏的免费原则——即使上百万玩家都很乐意为这款游戏掏腰包！《激战》可不只是一款超赞的游戏，它更是大型多人游戏的一座里程碑。

《激战》的反传统结构让它在叙事上比其他大型多人在线游戏更加大胆。所有的探险都带有副本，这意味着每个玩家或每个团队都在属于自己的巨大而瑰丽的游戏世界中探索。玩家不需要为了屠龙、收集物品、杀人或是制作五个什么东西并把它带回附近的村庄而排队。因此，游戏可以像单人RPG那样讲故事，有过场动画、出人意料的情节，以及充满戏剧性的场景设定，而不会有满世界的玩家在你周围瞎转，毁掉游戏气氛。

这是一个别有风味的幻想世界，出色的艺术指导更为游戏增色不少。《激战》中的每一位玩家看起来都像是个古希腊神明，这在这个充斥着兽人、矮人和巨怪的游戏类型中，这无疑是个喜闻乐见的新颖设定。泰瑞亚（Tyria）是个地理环境复杂多变的世界，既有苍翠的森林，又有崎岖的山峰，也有被遗弃的荒漠。一些玩家会觉得副本世界非常孤独，但感谢游戏相对低难度的设定，在《激战》中玩家不需要忍受长时间的无聊寻宝和经验值提升，在这个辽阔世界中的生活也就没了那么多的麻烦事。《激战》有一个创意十足的成功故事，吸引玩家在上面耗上数百小时的游戏时间。游戏绝对对得起它经久不衰的人气。**KM**

Fire Emblem: Path of Radiance
火焰纹章：苍炎之轨迹

发售年份：2005
平台：GameCube
开发商：Intelligent Systems
类型：策略

继《高级战争》中充满军国主义色彩的未来战争之后，Intelligent Systems 又通过另一个经典品牌——《火焰纹章》系列中的魔幻世界扩大了自己在策略游戏上的影响力。作为该系列的第九作，《火焰纹章：苍炎之轨迹》也许是所有作品中最强大的一部。这是一次特色鲜明、引人入胜的冒险经历，更为喜欢战术的玩家们准备了大量的战斗以供探索研究。

《火焰纹章：苍炎之轨迹》的故事和系列前作毫无瓜葛。游戏讲述一群勇敢的战士抵御外敌入侵，捍卫国家尊严，同时帮助真正的国主继承王位。这就是个再典型不过的幻想故事，换句话说，玩家将会有大量的机会进行大规模战斗。虽然本作延续了系列前作的风格与精髓，以及大量《火焰纹章》系列标准的战术要素，但游戏仍然腾出了不少空间进行创新和发挥。

从游戏的表现上来看，《火焰纹章：苍炎之轨迹》是整个系列中第一款带有全程语音的一作，更有犀利的赛璐珞渲染视效。就游戏内容而言，本作引入了一个全新的种族进行开战，并创造了一个全新的战斗准备系统，进一步提升了游戏的策略性。

除此之外，系列的特色也在本作中得到了延续。花了好几个小时升级的团队角色一旦被杀就不能复生，而全新的卡通画面仍旧保留了这个系列标志性的西方美学风格。《火焰纹章：苍炎之轨迹》绝不是NGC上最好看的游戏，但其深邃的战术与宏大的冒险都让这款游戏值得一遍又一遍地重玩，更是所有策略游戏迷们不容错过的游戏精品。**CD**

Garry's Mod
盖瑞模组（又名《物理沙盘》）

发售年份：2005
平台：PC
开发商：Team Garry
类型：角色扮演

在本书中出现的所有游戏当中，把"游戏"二字的内涵拓展的最广的大概就是这款《盖瑞模组》了。当本作于2004年首度问世时，它显然还不够这个资格。当年的《盖瑞模组》只不过是《半条命2》的一款另类的mod，让你在一个空旷的环境中摆放各种道具，用绳子把它们捆起来，然后用一把普通的手枪发射飞旋的机器人。在各类自带软件开发工具的Source引擎游戏的推动下，接下来的十二款续作积攒了越来越多的人气，并最终从Steam上的一个mod升级为一款独立游戏。

在没有任何扩充包的点缀下，对于新玩家来说这款全新的《盖瑞模组》也很难称得上是一款游戏。没有任何目标，也没有胜利条件，更无所谓游戏经验的运用，《盖瑞模组》在你面前无异于一个玩具或是一个工具。游戏的功能很多，它可以是一个物理沙盘——你可以给西瓜安装动力推进系统，或是用移动垃圾箱造出一辆坦克；它也可以是Valve风格的场景模型制作器，附带有摄影工具包。游戏还支持多人合作，玩家可以在同一个服务器上协力打造出属于自己的精巧作品，当然，更多时候还是互相拿西瓜丢对方的头找乐子。

这款游戏也孕育出了其他许多mod，比如多人团队游戏《丧尸突围》（Zombie Survival）——要求玩家挺过六波越来越难的活死人袭击、紧张的角色扮演平台动作游戏《黑暗RPG》（DarkRP），还有物理团队游戏《超级马里奥盒子》（Super Mario Boxes）——一款将玩家限制在X轴上运动的游戏，对NES上的欢乐、块状的画面大肆恶搞了一番。《盖瑞模组》有时看上去也许很幼稚，但却包罗万象。这也进一步证明了它作为一款游戏有着何等巨大的创意潜力，当然前提是你把它当成一款游戏来看待。**MD**

Devil May Cry 3
鬼泣3

发售年份：2005
平台：PS2
开发商：卡普空（Capcom）
类型：格斗／动作

《鬼泣》系列第一作原本是要做成一款《生化危机》系列的新游戏，结果卡普空发现神谷英树的这版游戏实在太动感了，似乎和《生化危机》中那些成群蹒跚袭来的丧尸不太搭，于是便诞生了这款《鬼泣》（Devil May Cry）。初代的《鬼泣》借用了《生化危机》的结构，但游戏灵感不是来自于丧尸B级片，而是动作大片。《鬼泣》成功地开创出了一个全新的游戏类型。你很难想象如果没有《鬼泣》铺路，《猎天使魔女》（Bayonetta）和《战神》等游戏会是怎样一番景象。就剧情时间顺序而言，《鬼泣3：但丁的觉醒》（Devil May Cry 3: Dante's Awakening）应该是系列三部曲的第一部。继《鬼泣2》让初代粉丝大失所望后，本作的出现得到了玩家们的热烈欢迎。和之前的游戏一样，整部作品的焦点就是游戏的恶魔主角：但丁（Dante）。这一回他和亲兄弟维吉尔（Vergil，在游戏的特别版中该角色亦是可选人物））一起联手作战，对抗神秘的阿克汉姆（Arkham），并讲述了鬼泣事务所成立背后的故事。

不过，游戏真正的亮点在于喧嚣的战斗，这也是源自神谷英树的个人创意。《鬼泣3：但丁的觉醒》回到了那个充满平台跳跃、解谜和超华丽战斗的炼狱世界，通过暴虐敌人来提高自己的等级，像杂耍般把它们打入空中以造成巨大伤害。

除了延续系列前作中的魔人变身和武器升级外，游戏还支持你在六种不同的格斗风格之间进行选择，比如看名字就一目了然的"剑圣"（Swordmaster）和"枪神"（Gunslinger）技能，这些招数在对抗系列中的一些高难度Boss时很有效果。没错，继《鬼泣2》之后，鬼泣事务所仍旧照常营业，用残暴而不失华丽的招数为你团灭无休不止、成群袭来的恶魔。**DM**

Meteos
陨石方块

发售年份：2005
平台：DS
开发商：Q娱乐（Q Entertainment）
类型：益智

落砖配对游戏《音乐方块》给索尼时尚的PSP掌机更增添了一份潮爆的感觉，与此同时，该作的开发商Q娱乐为任天堂更为朴素、居家的NDS掌机也开发了一款益智游戏，这便是《陨石方块》。相比于那款让PSP尽显优雅的经典游戏来说，本作明显要更吵闹、更喧嚣。游戏有着简单的色彩，舒适的触笔控制，以及一个有关一颗邪恶小行星的陪衬剧本，不过貌似所有玩家都选择忽视这个背景故事，这也实在无可厚非。

虽然在这款游戏中你也要倒腾各种砖块，不过这次游戏在重力上玩了点花样。你要设法通过搭配颜色来引燃一层层方块，并将它们从屏幕底端发射进入太空。利用触控笔在屏幕上移动排列各色方块的玩法完美地利用到了NDS的硬件及特殊性能，令这款简单直白的益智游戏大放异彩。《陨石方块》的关卡均以各种星球为主题，并有着各自的视觉风格。各关卡还尝试了不同形式的重力，因此你不要指望能一直用老一套的技巧延续自己的辉煌战绩。

但是，游戏高效的触控笔控制也有个问题。《陨石方块》实在是太好上手了，狡猾的玩家很快就会发现，游戏的每一关都可以通过用触控笔在屏幕上随意上下划动获取胜利。鉴于游戏的精巧设计，采用这种粗鲁的游戏方式进行游戏实在令人不齿，不过这也给游戏设计者带来了一点教训。

按照《陨石方块》正常的游戏方式进行游戏将会给你带来巨大的乐趣，而当你意识到自己的不断进步是基于你自己的细心思考与谨慎行动，而不是投机取巧的作弊时，一步步的成功带来的喜悦与满足更是难以名状。**CD**

Grand Theft Auto: Liberty City Stories
侠盗猎车：自由城故事

发售年份：2005
平台：PS2, PSP
开发商：Rockstar
类型：动作

人人都知道《侠盗猎车》的伟大之处在哪里：这是最早的一款任由你自由走动、为所欲为的犯罪模拟类沙盒游戏。人人都知道自由城：它至今仍是Rockstar公司的犯罪设计师们创造的最令人难忘的地图。自由城仍是最优秀的（也许是因为这个地图从初代游戏延续至今），它承载着数百万玩家的美好回忆，记录着他们在城中扮演恶棍、重犯、劫车犯等各种极端暴徒时的点点滴滴。

《侠盗猎车：自由城故事》让你有机会重回犯罪现场，再当一回恶人。但本作变成了为掌机平台特别打造的一次游戏体验。游戏中的任务比以往更小件，但却同样挑战道德底线。和原版的主机游戏一样，本作也在游戏中塞入了足量的毒辣讽刺和复杂的反社会因素。和《侠盗猎车3》一样，游戏给予玩家极高的自由度去做他们想做的任何事，不管他们的行为有多么丧尽天良。

本作还在自由城中加入了摩托车，并出现了一系列全新的支线剧情与任务。托自定义音效的福，玩家还可以选择自己喜欢的音乐做游戏原声。技术上的飞跃让游戏能够把一整个城市都放进你的掌心。游戏还引入了整个《侠盗猎车》系列中的第一个多人模式，确保有Wi-Fi的玩家们也能感受到手持电锯与朋友展开摩托追逐战的疯狂快感。

Rockstar的这张怀旧牌打得非常好，《侠盗猎车：自由城故事》甚至还被移植回了PS2，并为PSP上另一款游戏《侠盗猎车：罪恶都市》的PS2移植铺平了去路。本作就是一小段电子游戏史，值得每个人亲自去体验一回。**DM**

GT Legends
GT传奇

发售年份：2005
平台：PC
开发商：Simbin
类型：竞速

　　就连《GT传奇》的菜单都被注入了60、70年代的汽车大赛精神：复古的字体、蓝橙相交的色彩设计，唤起人们对当年风靡法国勒芒的Gulf livery赛车的回忆。作为那款激情洋溢的《GTR》的后续作品，《GT传奇》的成功得益于一套全新的游戏引擎，支持游戏表现细节更丰富、线条更优美的赛车以及令人应接不暇的风景。你在游戏中扮演一名潇洒的赛车手，身着舒适的Nomex赛车服，你可以选择一款经典车型，然后在一系列欧洲环道上飞驰。

　　"飞驰"这个词再好不过了，和Simbin的处女作《GTR》中底盘稳、速度快的现代赛车不一样，本作中你的座驾很容易在弯道侧滑。当后车身开始往前猛撞时，你可得使劲反打反向盘了。作为这方面的专家，Simbin确保了每一款赛车的动态表现都足够逼真。只有死板的解锁系统（大概是Simbin最大的失误）让你无法从游戏一开始就充分感受与比较所有的车型。

　　但是，不管你乘坐的是拉风的Mini Cooper还是令人胆寒的De Tomaso Pantera，比赛都充满速度感和紧张性。除了丰富的赛车表现和亲民的氛围外，《GT传奇》还炫耀了大量俱乐部级别的环道，这些赛道对于大部分玩家来说也许很陌生，大部分赛道在结构上都更短、更普通、更低级，类似Dijon-Prenois和Mondello Park一类的赛道在授权锦标模拟游戏中更是罕见。

　　但这就是《GT传奇》的魅力所在，这些赛车和赛道常被其他游戏所忽视甚至是遗忘，但却在本作中得到精彩的再现，并被赋予真实可信的细节。**MCh**

Guitar Hero
吉他英雄

发售年份：2005
平台：PS2
开发商：Harmonix
类型：音乐

在《吉他英雄》强势袭来之前，吉他类电子游戏就已经存在多年了。科乐美的《疯狂吉他》（Guitar Freaks）也是要求玩家背一把塑料吉他，跟着自选音乐进行弹奏。但直到Harmonix公司的《吉他英雄》出现，成功地抓住大型摇滚演唱会的精髓、并将游戏操作融入了几个基本的颜色当中时，吉他游戏才算是真正成型。

当然，懂行的观众马上就会一脸不屑地指出：这游戏玩起来和真正的弹吉他完全是两码事。但不管那些傲慢的批评者到底怎么说，这款游戏玩起来绝对能给你一种扮演摇滚巨星的感觉，而游戏对玩家弹奏精准度的严苛评价也让《吉他英雄》化身一位货真价实的音乐老师。

从许多方面来看，《吉他英雄》在屏幕上的显示画面其实就是某种五线谱。音符顺着乐谱向你移来，当它穿过标记时，你就要摁住相应的按钮，弹出这个音符。只要你抓准了时间，相应的旋律就会盖过背景音，大声而骄傲的响起来；但如果你错了时间，音乐中就会响起一声怪异的杂音，相当于电视游戏节目中的"回答错误"。

《吉他英雄》的美学风格很俗丽，没有正正经经地追求写实，但对于这样一款玩法本身就有些无厘头的游戏而言，这样的游戏风格还是可以接受的。你需要做的不是冷嘲热讽，而是跟着游戏一起无厘头。但千万别被游戏给骗了，《吉他英雄》在骨子里可是很严肃的。它带起了一件塑料乐器的革命，在今天已经严重威胁到了音乐明星们的饭碗。**SP**

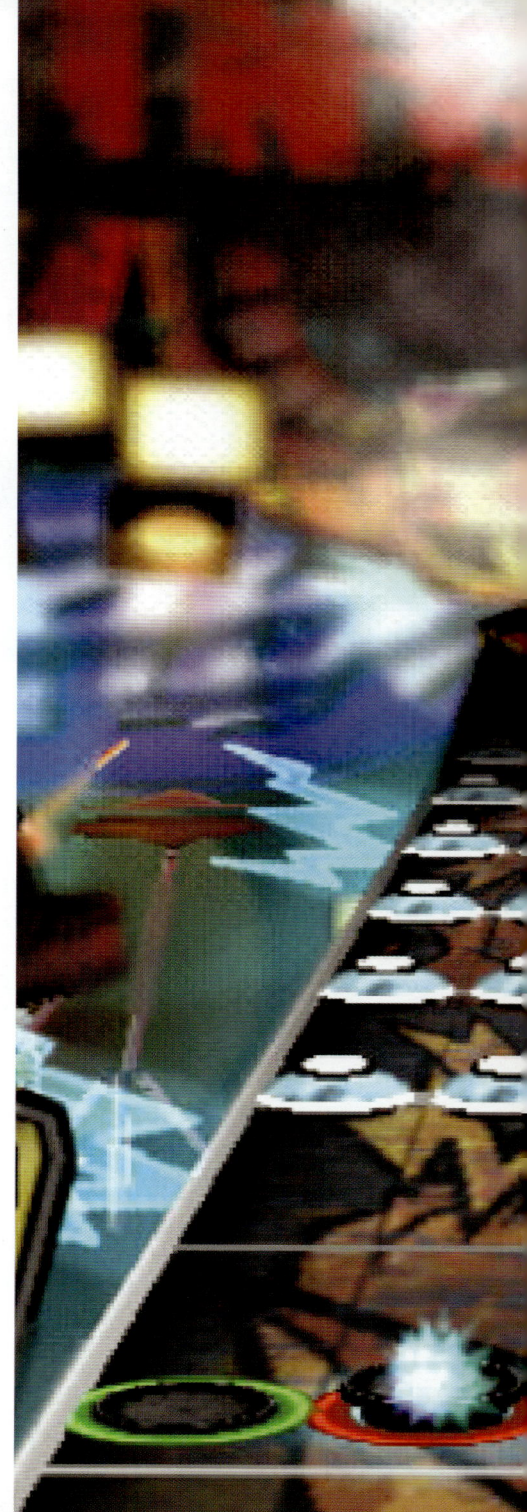

Gunstar Super Heroes
超级火枪英雄

发售年份：2005
平台：Game Boy Advance
开发商：Treasure
类型：射击

　　90年代初期，一群前科乐美员工组建成立了Treasure公司，而《火枪英雄》就是这家公司的处女作。十五年来，这款游戏催生了一系列看似无关、实则互为补充的经典佳作，而其中多以射击类游戏为主，比如《闪亮银枪》、《斑鸠》、《班凯奥》、《罪与罚》等等。

　　但直到2005年，《火枪英雄》才迎来它的真正续作——《超级火枪英雄》。这款游戏推出于任天堂的GBA平台。有意思的是两款游戏都出现在快要被更具技术优势的新主机继任的游戏平台上——当然这是Treasure公司的一贯做法。《超级火枪英雄》在剧情上紧承前作，但在动作上却进行了令人感动的再创造。这款炮轰射击游戏还不忘挤出时间致敬其他世嘉经典游戏（其中也不乏冷门作品），如《冲破火网》（After Burner）和《弗利奇大冒险》（Flicky）等等，并成功地把它们融入了任天堂这款掌机有史以来最炫丽的画面当中。

　　游戏和前作也有不同之处。前作的组合型武器在本作中被三种更简单爽快的武器取代，并附有能量槽可蓄力进行特殊攻击。近战武器上也有了更丰富的选择，角色还可以把飞来的子弹打回去——由于Treasure热衷于反复榨取优秀创意的剩余价值，这一打子弹的设定还出现在了《班凯奥魂》（Bangai-O Spirits）和《罪与罚2》（Sin and Punishment 2）等游戏当中。

　　唯一保持原汁原味的是游戏的娱乐性和想象力，这也是Treasure作品的一贯标志。《超级火枪英雄》的流程不长，只有六个关卡，但是对于追求疯狂游戏体验的玩家来说，这款游戏从来都不缺乏可玩性和重玩性。**DM**

Fire Pro Wrestling Returns
火爆职业摔角回归

- 发售年份：2005
- 平台：PS2
- 开发商：Spike
- 类型：格斗

现代三维摔角游戏的悲剧在于：游戏的写实性只能够带来商业上的成功，但在其他方面，对职业摔角写实性的过分追求意味着《美国职业摔角联盟》（WWE Smackdown Vs Raw）等游戏系列无法提供粉丝们真正想要的全套比赛模式、摔角明星，以及摔角技能。由于每年一部新作的制作计划，游戏没有足够的时间来做到完美，加上摔角手之间的激烈竞争，游戏的制作也没有那么多的自由。

那么既然如此，为什么要死咬住写实性不放呢？看看《火爆职业摔角回归》：三百二十七个山寨选手、狡猾的重命名选择，以及两百名自定义角色。廉价的2D图像和斜四十五度角擂台让《火爆职业摔角回归》看上去就像游戏界的"神秘人"雷尔

【译注：Rey Mysterio，墨西哥裔美摔选手，多次获得WWE摔角冠军】——一个草根冠军。作为一款海外引进游戏，《火爆职业摔角》可是90年代一个横跨PC Engine、SFC等多个游戏平台的传奇系列，制作相当用心。游戏粉丝们可以感受梦幻般的对战和海量的选择：综合格斗、地面格斗、铁笼战、钩刺战、八人对战、皇家大战等等，甚至还有90年代无聊的日本宣传赛中的地雷战，而这些都还只是该系列的冰山一角。

抛弃了WWE游戏传统而无趣的狂按式玩法，《火爆职业摔角回归》采用了更为复杂的系统，要求玩家踩准时间按键，更强调技巧而不是蛮力。游戏的还击和必杀系统也非常完善，迫使你的每一招都要审时度势，从暴打猛击一步步变成重摔、冲撞以及终结技，胡乱敲按键只会让你成为挨揍的对象。和《摔角天王》（King of Colosseum）、《全日本摔角》（Giant Gram）一样，这是一款追求真实体育娱乐精神的游戏，既强调胜利，也看重观赏性。**DH**

Killer 7

Killer 7

发售年份：2005
平台：多平台
开发商：卡普空（Capcom）
类型：冒险 / 射击

　　《杀手7》是少有的几款无法进行归类的游戏。轨道射击、解谜、光枪、惊悚，各种元素交织混杂；游戏设计特立独行，娱乐性十足；游戏风格及内容晦涩难懂，但却能把你牢牢吸引，一刻也不敢松懈，而不像其他游戏那样屈从于传统。

　　从游戏的剧情就可以看出这不是一款走正常路线的作品。哈曼·史密斯（Harman Smith）是一个永生不死的存在，他可以在七种不同人格之间进行转换，每种人格都有自己的特殊技能。史密斯需要利用自己的这项异能来对抗一个名为"天堂微笑"（Heaven Smile）的恐怖组织，这是一群无影无形的致命杀手，有时甚至会用自己当人肉炸弹。就游戏操作而言，这样的剧情设定让这款动作冒险游戏中充斥着七种人格地来回转换，玩家将在预设的游戏路线（偶尔要停下来在岔路口选择你的前进方向）上解开谜题，解决"天堂微笑"的凶残成员。

　　和游戏怪异结构相混杂的是同样怪异的视觉风格。《杀手7》中用到了大块的纯色和粗犷的边线，以及大量飞溅的血花。游戏角色也非常丰富，既有吊在门上的变态受虐狂，也有外形冷酷的俊男与性感火辣的护士。从游戏开始时那声神经质的狂笑到疯狂的结局，《杀手7》充斥着令人着迷也让人不适的内容。这是一款没有多少人会真正喜欢的游戏，但至少每位玩家都会想要亲自感受一次它的魅力。**CD**

LEGO Star Wars
乐高星球大战

发售年份：2005
平台：多平台
开发商：Traveller's Tales
类型：动作 / 冒险

很少有游戏仅仅靠标题就能把自己的内容完整地传达给玩家，但《乐高星球大战》却做到了"名副其实"。游戏把乔治·卢卡斯的超人气太空歌剧简化成了一出草台戏，用虚拟的塑料块重新演绎了一场场高潮迭起的战斗，把著名的绝地武士、机器人和暴风突击队丢进了一个吵吵闹闹、充满荒诞的平台动作元素的世界中。

游戏的最终成品实在让人难以抗拒。《乐高星球大战》把每一部星战电影都编排成了一系列哑剧式的过场动画，以及精心设计但欠缺火候的表演（一代游戏选择了处境尴尬的前传三部曲作为游戏背景，给自己泼了一头冷水，但续作转向了原版三部曲的主线故事），你将有机会扮演星战系列中每一位英雄和反派。激光、光剑、神秘的原力都可以用来暴虐那些没脑子的敌人。仔细探索周围环境，你将发现史无前例之多的可收集品和可解锁内容。虽然游戏的背景均为静态图像，但大多数设施道具都是由乐高积木搭建而成，游戏的一大乐趣就在于把这些东西打个稀烂，看看你能在里面找到些什么。

如果新奇的风格、亲切的画面和游戏的合作系统是本作的强项所在的话，那么你在游戏中遭遇的各种谜题便是本作的瑕疵了。大多数的谜题都非常啰唆，鉴于这是一款面向儿童观众的游戏，这些谜题对技术的要求实在有些苛刻。但这并不能掩盖Traveller's Tales 公司这款游戏带来的周六早间档动画般的巨大乐趣。游戏通关后，你仍会忍不住反复尝试，直到你找出其中所有的隐藏内容。顺带说一句，这将消耗你很久很久的时间，不管你所在的银河系有多么遥远。**CD**

Mario & Luigi: Partners in Time

马里奥与路易基RPG2

发售年份：2005
平台：DS
开发商：AlphaDream
类型：角色扮演

继那款大放异彩的《马里奥与路易基RPG》之后，AlphaDream 公司又在NDS上推出续作，再度将这对全世界最著名的水管工兄弟送上了角色扮演的大冒险。本作中玩家们将穿越到蘑菇王国灰暗的过去和遥远的未来，面临各种古怪的角色和复杂的游戏机制。游戏剧情围绕一次外星人入侵展开，驾驶这些飞碟的居然是一群蘑菇，但事情远没有看上去那么简单。

这又是一次五彩缤纷的冒险，充满了系列游戏惯用的笑料、高超的节奏型对战以及令人惊喜的客串镜头。游戏略显局限的地图并不如前作有着令人大呼过瘾的探索乐趣，但游戏世界中仍有足料的Boss战和战斗，即便是最挑剔的玩家也能从头酣战到结束。

这次历险的复杂之处在于马里奥和路易要和他们自己组队，确切地说是年幼版的自己（上次见到这对婴儿兄弟还是在那款令人惊艳的《耀西岛》中）。游戏在安排这支队伍分分合合、玩弄时间旅行与因果循环的过程中整出了不少纠结的乐趣，当然，你这一路上少不了忍受小婴儿的哭闹。

复杂的时空题材并不算什么新鲜玩意儿，游戏的最终Boss也实在难得有些过分，但对于GBA上那款经典的《马里奥与路易基RPG1》而言，《马里奥与路易基RPG 2》绝对是一款出色的续作。这次冒险的精彩程度在NDS上绝对数一数二，操作系统虽然复杂但却并不让人觉得苦手。不管是骨灰级玩家还是系列的新人菜鸟都会对它爱不释手。**CD**

Mario Kart DS

马里奥赛车DS

发售年份：2005
平台：DS
开发商：任天堂（Nintendo）
类型：竞速

当《马里奥赛车DS》登陆NDS时，《马里奥赛车》系列至少已有十年历史了。一边是一款任天堂的全家乐型游戏，一边是虏获了妈妈、妹妹甚至是爷爷级玩家的最新掌机，当这两者结合在一起时，奇迹便发生了。《马里奥赛车DS》一直卖个不停，其销量至今仍在持续上升当中，这款游戏很少跌出过榜单之外，甚至从来都没有被全球NDS用户从"在玩游戏"的名单中踢出来过。

这是一款不折不扣的不朽经典，抛弃了GBA上的《马里奥赛车：超级巡回赛》的sprite画面，选择了粗粝的三维模型和一系列充满创意的赛道，如库巴城堡中的螺旋楼梯以及《阳光马里奥》中海豚岛上绿树成荫的滨海路。随着游戏的进行，大量的可解锁角色和车型赋予游戏别样的挖掘深度。你还可以在比赛名单上见到打不死的城堡常客：骷髅龟；在高难度等级下，你还可以有机会开着库巴丑陋的螺旋飞机转上一圈。游戏中的道具一如既往地充满惊喜，确保玩家在每次满心期待地冲向那些问号盒子时，都有不一样的新鲜感。

游戏的在线模式则有些瑕疵，技术好的玩家通过蛇形前进可以获得极快的车速，这种投机取巧的方式也把在线比赛逼入了一个死胡同。但对于任天堂来说，这仍是一款里程碑式的游戏，因为它大方地接受了任天堂一向讳莫如深的在线游戏世界。总而言之，《马里奥赛车DS》能持久坚挺并不是什么奇怪的事情。有了这次罕见的成功做基础，Wii版的《马里奥赛车》或许将为这个系列带来更耀眼的销售成绩。**CD**

Jade Empire
翡翠帝国

发售年份：2005
平台：多平台
开发商：BioWare
类型：动作/角色扮演

通过《博德之门》、《无冬之夜》等作品，加拿大游戏公司Bioware献上了史上最优秀的几款欧美奇幻类RPG游戏，而《质量效应》（Mass Effect）及其续作《质量效应2》（Mass Effect 2）更证明Bioware在擅长创造充满矮人与盔甲的世界的同时，也能轻松搞定科幻类游戏。《翡翠帝国》也许是Bioware迄今为止最具野心的一部作品。这款角色扮演游戏把背景设在一个极具东方色彩的虚拟世界中，将一个寓意深刻的故事娓娓道来，并与一套出色的武术格斗系统结合在一起。

《翡翠帝国》讲述一群学徒肩负起寻找、保护一件名为"龙符"（Dragon Amulet）的神器的任务，游戏在中式风格的背景处理上态度非常严谨，打造出了一个放在真正亚洲电影大片中也毫无违和感的精彩故事。但游戏的最终成品仍然让人感到熟悉与亲切，这一点确实令人惊叹。

通过《翡翠帝国》中两大流派的设定，Bioware再度展现它最中意的道德选择元素。大量奇异的打斗风格等着你来解锁，并将在游戏过程中不断升级，总之你能在华丽的环境和快节奏的战斗中看到许多典型的Bioware的东西。虽然游戏的整体感不如Bioware的其他名作来得强烈，但大量的可选角色、精彩的冒险故事、多彩而有深度的画面表现让《翡翠帝国》至今仍是最与众不同、最引人入胜的一款RPG作品。

一直有传言称游戏将推出续作，不过希望实在很渺茫。但本作绝对能在Xbox Originals上找到。如果你想找一款风味独特的冒险游戏，《翡翠帝国》绝对值得一试。**CD**

Rogue Galaxy
银河游侠

发售年份：2005
平台：PS2
开发商：Level-5
类型：角色扮演

　　日本的角色扮演游戏市场一直被大名鼎鼎的《勇者斗恶龙》系列所统治。继在《勇者斗恶龙8：天空、碧海、大地与被诅咒的公主》中大秀了一番高超的开发技术后，Level-5公司决定用一款自己的原创游戏——《银河游侠》来再续辉煌。《勇者斗恶龙8》对RPG游戏元素的改进在《银河游侠》中也体现了出来。比如巨大的无缝衔接环境、令人震撼的赛璐珞渲染图像等等。游戏在其他各方面也都进行了大胆创新。

　　《银河游侠》的开场几乎是对《星球大战》赤裸裸的山寨：主角杰斯特·罗格（Jaster Rogue）从小被父母遗弃在一个沙漠星球，他从沙漠中的一个神秘人那里学会了战斗技巧，随后又遇上了一个娘娘腔机器人和它矮胖的小跟班，并和它们组队同行。但是，游戏剧情很快便复杂起来，把杰斯特的故事和陆续加入团队的另外几名角色交织在一起。在视觉设计上，游戏更难掩对其他电影的借鉴，比如《加勒比海盗》系列，甚至是迪士尼那部票房惨败的《星银岛》（Treasure Planet）。

　　《银河游侠》由各式各样的地点构成，基调明快而欢乐。游戏中的迷宫也许有些冗长，但里面的即时战斗系统对于喜欢研究战术或是倾向单纯砍杀的玩家来说都很好上手。另外，游戏还有大量的支线任务与丰富的休闲元素，这也意味着在你腻烦了主线剧情时，你还可以抽时间去杀杀虫子或是发明几种新武器。

　　现在的Level-5已经全身心地投入到《雷顿教授》（Professor Layton）系列的开发中，对于推出一款《银河游侠》的续作似乎没什么兴趣，这也让这款日式RPG愈显弥足珍贵，成为和《天空之阿卡迪亚》一样极易被忽视的佳作。**MKu**

Need for Speed: Most Wanted
极品飞车：最高通缉

发售年份：2005
平台：多平台
开发商：艺电（Electronic Arts）
类型：竞速

作为Xbox360上的首发游戏，《极品飞车：最高通缉》被广泛认为是艺电毫无诚意的圈钱之作。但游戏虽有瑕疵，却是该系列都市街头赛游戏中最过瘾的一款，倘若能更靠近电影《福禄双霸天》（The Blues Brothers）而不是《速度与激情》（The Fast and the Furious）的话，肯定能让游戏再上一个档次。

《最高通缉》背景设在虚拟的美国小镇Rockport。玩家不小心卷入了当地飙车党和克罗斯警官之间的恩怨中。克罗斯誓要将这帮飞车混子全部关进监狱，这也意味着要把黑名单上的十五名车手全部拿下，这些人可是代表着这一片速度最快、车技最好的前十五名赛车手。你的目标当然就是争取挤进黑名单的榜首。《极品飞车：最高通缉》从《极品飞车：地下狂飙2》（Need for Speed: Underground 2，类似《速度与激情》式的夜间飙车赛）和《极品飞车：热力追踪2》（Need for Speed: Hot Pursuit II，充满公路追逐战的警匪赛车游戏）等系列前作中吸取了不少经典元素。和《火爆狂飙》一样，本作也带有氮氧加速。游戏中的"里程碑赛事"（milestone）基本都是和黑名单上车手展开的点到点竞速，但真正抢眼的是这些里程碑之间的内容。

你要赢取足够的赏金才能挑战每位黑名单车手，这也意味着你要赢得收费站计时赛及其他挑战赛，并激怒当地警方。尾行警车会引起他们的注意，但要想把他们惹毛到通缉你，并在你的大名传遍每个警方电台时躲过警察追捕可不容易。很快你便要开始想方设法躲避警方的直升机、SUV的追捕，劫听警方电台制定逃跑路线，突破重重路障、拉手刹过发卡弯。坚持的时间越长，获得的赏金就越多，但一旦你被抓获，所有赏金就全部清零。这也提出了一个问题：究竟哪一个才更危险？是他们的车技？还是你的自负？ **DH**

Project Gotham Racing 3
世界街头赛车3

- 发售年份：2005
- 平台：Xbox 360
- 开发商：Bizarre Creations
- 类型：竞速

想知道《世界街头赛车3》发售时最引人瞩目的特点是什么吗？不是当时无与伦比的高分辨率图像，不是游戏逼真到令人叹服、细节考究、实用性强的车内视角，也不是Bizarre Creations公司以数字形式在游戏中再现的拉斯维加斯、纽约、东京、伦敦以及可怕的纽博格林。虽然上述内容都非常强大、重要，但没有一样能代表这款Xbox360首发游戏的最抢眼元素——后视镜。

直到《世界街头赛车3》中极具实用价值的后视镜出现时，高清赛车游戏才真正展现出它的存在价值。游戏中多达八十辆的高性能车型、高水准的车体建模深受玩家欢迎。同样大受欢迎的还有从系列前作中延续下来的独特的荣誉值系统，给车技炫目的玩家奖励经验值。

就其他方面而言，游戏独特的街机式控制让新手玩家也能很快上手，即便他不懂入弯点、弯道顶点、油门相位等专业问题也没影响。《世界街头赛车3》至今仍是一款精彩绝伦的游戏，同时也是一款被严重低估的作品。从许多方面来看，本作也许只是一款高清版的《世界街头赛车2》，但游戏的影响力不容小觑，因为正是这款游戏让玩家意识到了应该对新一代的驾驶游戏抱有怎样的期待。《世界街头赛车3》已经被其他游戏后来居上，但在它发售后很长一段时间里，Bizarre Creations公司的后视镜里可是连个竞争对手的影子都看不到。**JDS**

Nintendogs
任天狗

发售年份：2005
平台：DS
开发商：任天堂（Nintendo）
类型：Pet-Raising Simulation

关于本作的一切都浓缩在游戏的名字当中。对于几代玩家而言，如果"任天堂"这三个字有什么含义的话，那便非"游戏"莫属。但在这个词后面加上一个g和一个s后，便产生了一个有趣的多义词。这个单词的定义也更加倾向于另一个更为简单的概念："娱乐"。与其说《任天狗》代表了一款新游戏，不如说它代表了一种全新的动物。这是一款娱乐至上的游戏，把最普通的游戏任务变成一种触碰的兴奋感，让你的所作所为都变得有趣起来。因为《任天狗》在骨子里就是一堂精彩的实物教学课，再普通的互动也能被它点石成金。

游戏的规则非常简单，你挑一只狗，然后好好照顾它，带它散步，喂它吃东西，给它洗澡，陪它玩游戏。这里没有通关，没有任务，没有分值，甚至连一个可以被称作"游戏结构"的东西都没有，只有你和一只异常逼真的动物。《任天狗》把你们俩牵到了一起，并向业界展示了任天堂的掌机硬件找对软件伙伴时可以绽放出怎样的光彩。

《任天狗》的一切都是基于简单的触碰和语音，你可以给狗挠痒，牵着它散步，通过和它说话教会它一些小把戏。传统的界面屏障在这里消失得无影无踪，一切都取决于你对物理性的感知和你选择的这只动物背后的程序效果。

你的任天狗能直接对你的声音做出反应，并不需要你去按按钮，因此你会觉得这东西简直就是一只活物。对于许多《任天狗》的玩家来说，这种感觉非常真007，仿佛《任天狗》中的"任天"二字已经褪色不见，只剩下手中的一台游戏机，里面神奇地住着一只活生生的宠物。任天狗就和真正的宠物一样令人沉醉、着迷，更重要的是它还不会拉一地屎。**RS**

Tower Bloxx
都市摩天楼

发售年份：2005
平台：多平台
开发商：Digital Chocolate
类型：策略/益智

在iPhone问世之前，人们并不怎么谈论手机游戏，手机游戏的质量和水准也无法和普通掌机游戏相提并论。这一切都让《都市摩天楼》愈发显得与众不同。

《都市摩天楼》出自艺电创始人崔普·霍金斯（Trip Hawkins）的Digital Chocolate公司之手。这款益智游戏就是手机游戏的楷模：快速紧张、回合时间短、简单易懂、控制简便且极易上瘾。

在游戏的精彩之下，我们应该注意到：面对手机上千奇百怪的输入方式，《都市摩天楼》却只选择了用一个按钮来完成所有的操作。游戏的目标在于建造一座摩天大楼，你要用一个摇摇晃晃的吊车把已经建好的楼层一层层垒在已有的大楼上。如果位置偏差次数过多，你那摇摇欲坠的大楼可能就要倾倒、垮塌；但如果把各楼层摆齐了，你便将赢得连击奖励，帮助你连续实现完美搭建。掉落三层楼层（完全没能垒上去或是掉落到深渊），游戏就Game Over了。

游戏不仅仅局限于建楼，还要求你通过修建一系列不同尺寸的摩天大楼来改造一个城市。虽然充满乐趣与策略性，《都市摩天楼》追求的其实仍是最简单、无止境的堆楼体验：你可以无休无止的往楼上面盖楼，看着这幢摇摇欲坠的巨型建筑一步步穿过云层、热气球、夜空，最后甚至触碰到宇宙中的繁星。现在，在任何出售手机游戏的地方，你都能以相当实惠的价格买到这款游戏，因此你没有理由不去尝试一下这款《都市摩天楼》。**CD**

Trauma Center: Under the Knife

超执刀：神使之杖

发售年份：2005
平台：DS
开发商：Atlus
类型：医学模拟

　　主角的名字德雷克·斯泰尔斯（Derek Stiles）【译注：此为美版角色名，日版名为月森孝介】总让人觉得少了点什么。这名字听上去像是个卖报纸或是卖保险的，而不是闻名世界、妙手回春的外科医生。但你确实就是个起死回生的医生，而Atlus在2005年推出的这款NDS平台医学游戏《超执刀：神使之杖》更是一匹不折不扣的黑马。

　　在一系列特写镜头式手术中，游戏随着疯狂而荒唐的剧情层层深入。当你在竭力拯救每一位病患的同时，你要在严苛的时间限制下确保尽量少犯错误。不管是激光切除还是缝合，游戏都让人感觉瘆得慌，即便那些人体器官被绘制地充满萌感也无济于事。渐渐衰竭的器官、手中颤抖的手术工具——《超执刀：神使之杖》带给玩家的那份巨大压力，是其他大多数游戏做梦也办不到的。

　　游戏的代入感如此之强，根本原因在于这是款NDS平台作品。当你盯着触屏画面时，你会很自然地感觉自己就在面对一个胸腔，甚至会突然相信你手中的塑料笔（虽然大部分时间都被你塞在沙发里）就是一把经过消毒、闪着冷光的手术钳。

　　游戏的难度有时会突然陡增，仿佛负责平衡性的制作者们自己也遭受了某种精神创伤，而每一关结束后的奖励内容也常常让人出乎意料（顺利的手术只算勉强通过，出了岔子却反而得到褒奖）。但如果你想在无聊的火车之旅中干点既刺激又重口的事情，玩《超执刀：神使之杖》应该是唯一可以被社会接受的活动。**CD**

Rebelstar: Tactical Command

叛星：战略指令

发售年份：2005
平台：Game Boy Advance
开发商：Codo Technologies
类型：策略

　　距上一款《叛星》游戏发售已时隔十七年，此次该系列以新作《叛星：战略指令》重出江湖确实是一个惊喜。值得注意的是游戏是在GBA上登场，这已经是一个充斥着《最终幻想战略版》、《高级战争》等日式策略游戏的平台了。期待能体验到《幽浮：未知敌人》系列多样性操作的玩家可能要失望了，他们最爱的基地建设、研究搜索、资源管理等游戏元素在这里连个影子都没有。

　　《叛星：战略指令》中没有日式策略游戏华丽的美术风格和不合逻辑的经验值技能升级，是一次对原版《叛星》系列回合制策略动作的彻底回归。游戏使用到朱利安·盖洛普知名的动作点数系统，给玩家提供了大量的战略战术选择，但同时也对玩家的技术有了苛刻的要求。2005年的玩家也许已经有些疲软了，但《叛星：战略指令》却一如从前般困难，要求玩家谨慎使用他们的动作点数，以确保突击小队在每一回合的安全。

　　很可能是因为其令人咋舌的难度，导致游戏没能像《高级战争》系列那样走红，但更大的原因应该归咎于游戏的各种瑕疵。不够精细的设计和糟糕的剧本都让游戏缺乏系列前作的完整感，对于这样一款需要玩家高度集中注意力和思维里的游戏而言确实是不小的遗憾。但如果能够忍受游戏的缺点，玩家们便会发现这款游戏在掌机市场的独特魅力，作为该系列的最后一部由朱利安·盖洛普接手的作品，《叛星：战略指令》是一件不容错过的艺术品。**MKu**

Phoenix Wright: Ace Attorney
逆转裁判：复苏的逆转

发售年份：2005
平台：多平台
开发商：卡普空（Capcom）
类型：冒险

作为人气飙涨、已推出四款续作的系列，《逆转裁判》其实更像史上最佳律政剧。经典律政剧元素都出现在这里：胸有成竹的角色、"每周反派"式结构、宏大的剧情背景以及数不胜数的喜感配角。虽然经常被诟病剧情线性化、缺乏自由度，但这个勇敢的律师却拥有大批为游戏世界和角色疯狂着迷的粉丝，看看本作在cosplay和同人小说界的恐怖人气就知道了。

《逆转裁判》三部曲讲述了菲尼克斯·莱特（Phoenix Wright）【译注：日版中名为成步堂龙一】从缺乏自信的二货律师成长为略有自信的二货律师的故事。而《逆转裁判1》或称之为"《逆转裁判》第一季"奠定了系列的基调。在一个不幸的灵媒师（经常被他死去的导师的灵魂附体）的协助下，游戏相当无厘头。游戏通常由残忍的凶杀案和辩护律师与检察官之间不断深入的对谈构成，而后者诞生了不少系列中的经典瞬间，比如莱特的死对头——自负的迈尔斯·艾吉华斯（Miles Edgeworth）【译注：日版中名为御剑怜侍】就经常和莱特爆发出火药味浓厚的法庭对峙（他还因此获得了属于自己的衍生游戏）。

虽然原作者功不可没，但游戏成功很大程度上还受益于接地气的英文版翻译（日版游戏中也带有英文文本）。英文版游戏角色名充满了双关和讽刺，比如Wendy Oldbag，音同windy old bag，意味"罗里吧嗦的老女人"；Will Powers，音同willpower，意为"意志力"；Sal Manella音同salmonella，意为"沙门氏菌"等等，而人物对白则充满了对电视剧集的荒诞致敬。其中一位证人作证时，台词中还隐含了电视剧《新鲜王子妙事多》（Fresh Prince of Bel Air）的主题曲歌词。和过去的卡普空和它的《生化危机》系列的拙劣剧本相比，真是天壤之别。**MC**

We Love Katamari
我们爱块魂

发售年份：2005
平台：PS2
开发商：南梦宫（Namco）
类型：益智

面对这款充满艺术气息与实验味道的《块魂》所取得的巨大成功，"块魂之父"高桥庆太的感情似乎比较复杂。你可以看到在《块魂》那一大堆耐玩性越来越糟糕的续作中，有高桥庆太本人直接参与制作的只有这款《我们爱块魂》。另外，本作略显心酸的故事也反映出他对游戏粉丝的无奈。我们爱块魂，但是高桥庆太爱不爱可就很难讲了。

这样的猜测也许有些过头。虽然续作中没有加入太多的新元素，但游戏的制作仍然非常用心，并充满了辛辣的讽刺。宇宙之王现在已经名声大噪。为了满足父皇的崇拜者的各种奇怪要求，我们的王子又要开始滚块魂了。这给玩家带来了一系列五花八门的任务，你仍旧要把找到的东西给粘到球上来，但这次你的目标物体已经不一样了。

游戏的规模将越来越壮观，到最后你甚至要对灾难性事故进行有效管理。《我们爱块魂》中也不乏新元素，如你可以给小王子自定义造型，并增加了一个合作模式对应前作的竞赛模式。如你所料，这个全新的合作模式相当另类（双方玩家将分别控制块魂的一半），但这却是非常独具匠心的设计，让人感到开发者在游戏开发过程中仍有一丝创作热情。

但这份热情在开发公司近期的作品中已经很难再感受到了。高桥庆太已经投身《伸缩小子》（Noby Noby Boy）的怪趣味当中，而南梦宫还在竭尽全力榨干这个摇钱品牌中的最后一滴剩余价值。如今《块魂》已经变成了一个每年都要推出两款新作的系列，瘦小的王子现在看起来已经疲惫不堪，如果你也推着这么大堆东西四处转悠，你也会累成这副模样。**CD**

2000年代 | 639

Silent Hunter III
猎杀潜航3

发售年份：2005
平台：PC
开发商：育碧（Ubisoft）
类型：Submarine Simulator

很少有推迟消息能得到粉丝的热烈欢迎，但育碧公司在2004年7月6日发布的延期消息却是个特例。对于任何喜欢战斗模拟类游戏的玩家来说，得知《猎杀潜航3》将延后六个月发售以便打造一个更具自由度的战役模式的消息确实振奋人心。这意味着游戏将更自由、更具重玩性和共鸣度。

《猎杀潜航3》允许玩家操纵潜艇在北大西洋自由航行，完美地捕捉到了二战时期U型潜艇的操作精髓。随机生成的护航舰和天气状况给每一次航行都带来不同的感觉，每一次任务都充满不可预知性。富有弹性的写实主义和"时间压缩"选项意味着这场海上猫鼠游戏可以很磨人，也可以很轻松。如果你是个图省事的船长，游戏为你准备了自动鱼雷锁定和源源不断、极易侦察的猎物；如果你是个有受虐倾向的历史考据狂，你也可以成天在指挥塔里死盯着空无一物的地平线或进行大量真实的三角计算。不管你选择哪一种玩法，《猎杀潜航3》带给你的那种海上气氛都是不变的。

《猎杀潜航》系列的前几款游戏就已经包含了船员控制系统，但直到本作推出后，玩家才第一次亲眼看见了自己的船员。

不是所有的潜艇模拟爱好者都会喜欢原版的《猎杀潜航3》，但这款模拟游戏之所以能吸引大批忠实信徒的另一个原因在于它允许玩家自己动手改造游戏。本作的"海狼GWX mod"就是这一可塑性的最佳例证，这个mod几乎从各方面对原版游戏进行了补完和改进，把一款已经接近完美的模拟游戏变成了这一类型游戏极品中的极品。**TS**

Shadow of the Colossus
旺达与巨像

发售年份：2005
平台：PS2
开发商：Team Ico
类型：动作 / 冒险

继那款充满浪漫色彩、令人久久难以忘怀的平台动作冒险游戏《古堡迷踪》后，Team Ico又推出了另一款结构松散、气氛神秘的游戏，保留了前作荒凉萧瑟的艺术风格，但在游戏玩法上却进行了很大改动。

这次你要做的不再是带着一个像鬼一样的女孩子探索阴森的废弃城堡。在《旺达与巨像》中，游戏一开始就丢给你一匹马，把你放进一个巨大而空旷的开放式世界，要你去追踪一系列四处游荡的巨像（身形巨大、行动迟缓的怪兽，身上长有苔藓以及半机械化的古怪装置），并设法把它们杀死，为你死去的女友回复生命。说起来容易做起来难，这一系列Boss战还涉及到不少的新奇的平台动作要素，你要爬上那些超大型对手的身体，在它们的四肢间来回穿梭，紧紧抓住它们的毛发、盔甲和骨架，最后才能向它们的弱点发出致命攻击。

和这只开发团队的第一款PS2游戏一样，搞清楚你的举动的真正意义正是游戏神秘魅力的一部分，但随着游戏的深入，越来越多的怪物倒下，你会开始对你自私的屠杀之旅产生怀疑。正因如此，《旺达与巨像》同时兼顾了视觉与情感的震撼，暴力之中不乏深邃思考，考验你拇指技巧的同时也在拷问你的良心。

虽然经常被人提及且鲜有差评，《旺达与巨像》却并不完美，毕竟游戏推出于垂垂老矣的PS2上。但游戏是如此引人入胜、挑战如此巨大，以至于大部分玩家都选择无视糟糕的帧率和偶尔不太灵敏的控制。即将问世的第三作——《遗迹守护者》（The Last Guardian）看似将《旺达与巨像》中的怪物和《古堡迷踪》中的友情元素结合到了一起，我们大可期待它将给我们带来的感动。**CD**

Psychonauts
精神世界

发售年份：2005
平台：多平台
开发商：Double Fine Productions
类型：平台动作

  高明的笑料、犀利的段子凑成了一场五彩缤纷、疯狂不羁的闹剧——《精神世界》中数不胜数的点子似乎很难融合进一款紧凑的游戏当中，但游戏却找到了最为合适的结构把这些创意结合在一起。

  游戏的主角拉兹（Raz）是个矮小的男孩。他来到一个超能力夏令营，并要进入一大群可爱的疯子角色的精神世界，通过探索令人叹为观止的三维内心世界，找出他们的症结所在。好吧，所以这游戏骨子里是个平台动作游戏，但玩上去可并非如此。从一个乱作一团、充满阴谋的精彩的送奶工大冒险（一个荒诞不经的物品收集历险故事，背景设在一个典型的美国式郊区，但一切都如莫比乌斯环般处在着无休无止的循环当中）到通过回合制战斗和拿破仑在棋盘上开战，《精神世界》中的每一步都充满了惊喜。游戏总能把你带到一些前所未见、始料不及的境地中。另外，鉴于这款游戏出自冒险游戏专家蒂姆·谢弗（Tim Schafer）和他在Double Fine公司的制作团队之手，游戏的热闹气氛更是不可小觑。

  虽然《精神世界》始终显得很散乱，而那些多到让人抓狂的收集品更是让玩家晕头转向，但这确实是一次宏大的冒险、一份纯粹想象力的产物。这款自成一派的游戏已近乎神作，其中的闪光点不是一下子就能说完的。

  可惜的是，《精神世界》刚发售时销量可谓惨淡。为了弥补这份遗憾，现在是时候在Stream或是Xbox Live上的Xbox Originals下载服务中翻出这款游戏了，你绝对会为这个游戏的每一个精彩的反转沉迷不已、大呼过瘾。**CD**

The Movies
电影大亨

发售年份：2005
平台：PC
开发商：Lionhead Studios
类型：模拟经营

　　《电影大亨》是Lionhead公司将"引擎电影"（利用游戏引擎来讲故事的艺术形式）从"三维时代的边缘文化"变成主流游戏的一次尝试。不同于《斯皮尔伯格教你拍电影》（Steven Spielberg's Director's Chair）这样的全动态影像互动体验，本作既是一款游戏，也是一种创意工具（1996年的《斯皮尔伯格教你拍电影》和这两点基本都挂不上钩），让你身兼制片和导演数职。

　　大明星需要去请、去宠，有时还得拖他们去戒酒，或是干脆炒掉；公司需要搭建、招募员工并妥善经营；剧本需要购买，或是从头开始写。从早期的默片到今天的CGI都需要你细心研究，由不得半点放松。《电影大亨》的问世，标志着凯利·德武奥诺（Carey DeVuono）1997年推出的那款《好莱坞大亨》（Hollywood Mogul）创造的神话到此结束。大量的布景、道具、演员、事件，加上以制作音轨为主的后期制作工具——《电影大亨》中的电影制作标志着用户生成内容（UGC）的新里程碑。游戏不仅有大量的提示和模板来帮助你完成拍摄，更有足够的自由度让你形成属于自己的导演风格。拍摄期间的每一个流程、每一帧画面都能在电脑上自定义更改，并输出回放。

　　作为一款意识到Web 2.0时代重要性的3A级游戏，《电影大亨》对《电影大亨Online》网站的悉心照顾绝不输给光盘内容。玩家可以把电影上传到该网站，并和全世界用户分享他们的作品，未来的影评家们则将在用户评论界面点赞或是吐槽。通过这种方式，游戏实现了UGC应用的一个最高目标：让没有或是没体验过这些软件的人们也能分享到这些软件的乐趣。可惜的是《电影大亨Online》在2008年12月正式停止服务。截止当月，该网站收到的用户上传影片时长共达三千三百万秒。**DH**

The Warriors
战士帮

发售年份：2005
平台：多平台
开发商：Rockstar
类型：冒险/格斗

对于Rockstar Games来说，把沃尔特·希尔（Walter Hill）1979年的电影《战士帮》改编成游戏搬上PS2和Xbox并不是难事。故事讲述纽约的一个街头帮派被诬陷杀害了城市里地位最高的黑老大，结果只能把整晚时间花在四处逃命和越来越多、越来越棘手的对手互殴上，比如"孤儿帮"（Orphans）——一帮又脏又邋遢的混混，以及"棒球之怒"（Baseball Furies）——一群挥着球棒的花脸怪人。

一刻不停的动作场面、轻描淡写的人物和剧情，加上关于这趟壮烈冒险的大致故事轮廓——这部电影本身就是一款电子游戏。在这种情况下，游戏版的《战士帮》居然还能拿得出这么多新东西着实令人惊叹。本作基本是款动作游戏，沿袭了《双截龙》和《快打旋风》的优良传统，但却比这些街机游戏有着更复杂的格斗系统。在《战士帮》里，你需要的可不是狂敲按键、推摇杆，战斗只能用一片混乱来形容。

仿佛是为了响应这个帮派"人人为我，我为人人"的帮规，在大多数战斗中，你都要向其他帮派成员发号施令。这里面的策略味道并不重，大部分时间只是要他们进行进攻或自卫。但扭打的过程实在是残暴。帮派分子们可以利用周围的一切道具做武器来暴打对手。即使是一些基本的攻击也有很大的伤害性，当然和把对手摁倒在地打到求饶相比还是差了一截。

相比于Rockstar的其他著名作品，《战士帮》是一款典型的线性游戏，但里面也有大量的支线任务供你尝试，比如打劫商店、偷车，或是在墙上画上你的帮派标志。游戏在电影的基础上对情节进行了大量的扩充，即便不是《战士帮》的影迷，你也会爱上这款游戏。**MK**

TimeSplitters: Future Perfect
时空分裂者：完美未来

发售年份：2005
平台：多平台
开发商：Free Radical Design
类型：第一人称射击

　　《时空分裂者：完美未来》更像是一次对系列经典模式的完善升级，而非完全的原创新作。在艺电公司的管理下，《完美未来》相比前两作要精良很多。游戏对《时空分裂者2》的多人模式基本没做什么改动，这一点完全在意料之中，毕竟这仍是主机平台上节奏最快、质量最好的死亡竞赛模式之一，要想对它进行更改可得有非凡的勇气。游戏中提供的经典场地和经过精心设计的新地图既讨好了老玩家，也满足了新人的需求。相比之下，游戏的单人模式则选择了一条新路，也标志着整个系列首次尝试更为连贯的故事线。本作的关卡仍旧在不同的历史点间跳跃，但这一回你始终都在扮演时空穿梭英雄Cortez，有时当时间线开始出现交汇时，你甚至还将和过去的你或是未来的你展开合作。

　　你也可以和你的朋友一起玩这款游戏，游戏关卡的多样性更是罕见。前一分钟你还在一列急速飞驰的火车上阻止核弹发射，下一分钟你又在向一头致敬《生化危机》的丧尸鹿怪疯狂开火。

　　其他的亮点大部分都体现在细节上，包括一个更为灵活的地图编辑器和一个在线游戏模式。在线模式中含有大量可下载的用户自制关卡，可惜的是这个线上模式已经关闭了。但是在线服务的停止并没有它看上去那么严重，你仍旧可以在经典的四分屏模式下和你的朋友坐在一起，享受《完美未来》带给你的巨大乐趣。**MCh**

Tom Clancy's Splinter Cell: Chaos Theory
细胞分裂：混沌理论

发售年份：2005
平台：多平台
开发商：育碧（Ubisoft）
类型：潜入

　　超级特工山姆·费舍（Sam Fisher）的第三次行动标志着潜入式动作游戏又达到了一个新水准。动态光源的革新把《细胞分裂》的阴影战术推上了一个新台阶，但如果没有紧张的动作元素和刺激的游戏原声，《混沌理论》的技术成就也没有多大意义。

　　山姆在黑暗角落中一动不动地注视着守卫时的紧张感、猛然冲出黑暗扭断对方脖子的速度感、害怕被发现的恐惧感——所有的这一切都在埃蒙·托宾（Amon Tobin）创作的原声的烘托下进一步升华。这些受侦探片和间谍片电影原声影响的游戏音乐本身就是一首首杰作，散发着一股黑色电影的忧郁气息和工业废弃感。游戏中的每一个环境都鼓励你挖掘山姆的技能。他可是最有能耐的一位游戏英雄，最无害的道具在他手中也能变成致命武器，比如把起重架上的栏杆变成可怜的杂兵飞向夜空的跳板。

　　整个游戏过程中，演员迈克尔·艾恩赛德（Michael Ironside）一直都在冷言冷语地耍嘴皮子，听众则常常是被山姆生擒、瑟瑟发抖的敌人，在山姆的威慑下，他们往往当场将秘密招供，更是不止一次在他面前吓到小便失禁。

　　《混沌理论》不仅在单人模式上大获成功，更有一个极为宏大的合作模式，要求玩家合作制定高超的战术，这也是其他游戏未曾实现的。不出所料，玩家必须时不时地协助另一名玩家跳上各种高台，但当你们分开行动、协调配合时，游戏才真正开始大放异彩。这份自由极好地展现出《分裂细胞》摄魂夺魄的魅力：黑夜中，几十根脖子摆在那里，等着你用各种方式把它们拧断。**MD**

Oddworld: Stranger's Wrath
奇异世界：怪客的愤怒

- 发售年份：2005
- 平台：Xbox
- 开发商：Oddworld Inhabitants
- 类型：动作/冒险

　　Oddworld Inhabitants公司稀奇古怪的创意带来了电子游戏界前所未闻的作品——一个一切皆有可能、一切都会实现的游戏系列。在PS1时代，Oddworld赋予备受忽视的二维平台动作冒险游戏以华丽的艺术设计，并给这类游戏带来了新的希望与乐趣。这款令Oddworld声名远扬的游戏便是《奇异世界：阿比历险记》（Oddworld: Abes Exoddus）。游戏故事讲述可怜的姆多贡（Mudokon）一族在RuptureFarms工厂打工，给食品做包装，却不知道食品的原料就是他们自己。

　　游戏的世界随着新作的推出不断拓展、丰满，且惊喜不断，绝不亚于托尔金或是卢卡斯的作品，但却完全没有借鉴后两者的创意。《奇异世界：怪客的愤怒》则是无人预见的黑马作品。本作的世界与其说是奇幻，倒不如说是像一部意式西部片。赏金猎人怪客（Stranger）四处捉拿逃犯，为一个神秘的拯救行动筹钱。当他得知附近城镇中一个名为Grubb的族群被一只残暴的恶魔奴役的苦难境遇时，他意识到这便是他寻觅已久的买卖。怪客储备好足够的"活体弹药"（把活物从十字弓上射出去，不同的弹药带有不同的伤害效果），开始了一场交织着动作与潜入、气势恢弘的战斗，但他没有想到的是，他的冒险带来的结果可不只是赏金那么简单。

　　乍一看来，这款热情洋溢、西部味浓厚的第一人称射击游戏和之前的《奇异世界》系列完全是两码事，但系列前作的标志性元素都在，只不过被制作团队用高超的技术隐藏在材质、武器与态度之下，等待时机向人们展现各式各样的残酷。而当这一切爆发出来时，整个游戏的调子都彻底改变，激荡着活力，让那些吹嘘成熟的游戏自愧不如。《奇异世界：怪客的愤怒》秒杀了这类游戏的惯用俗套，更枪毙了对人们这类游戏的偏见。**DH**

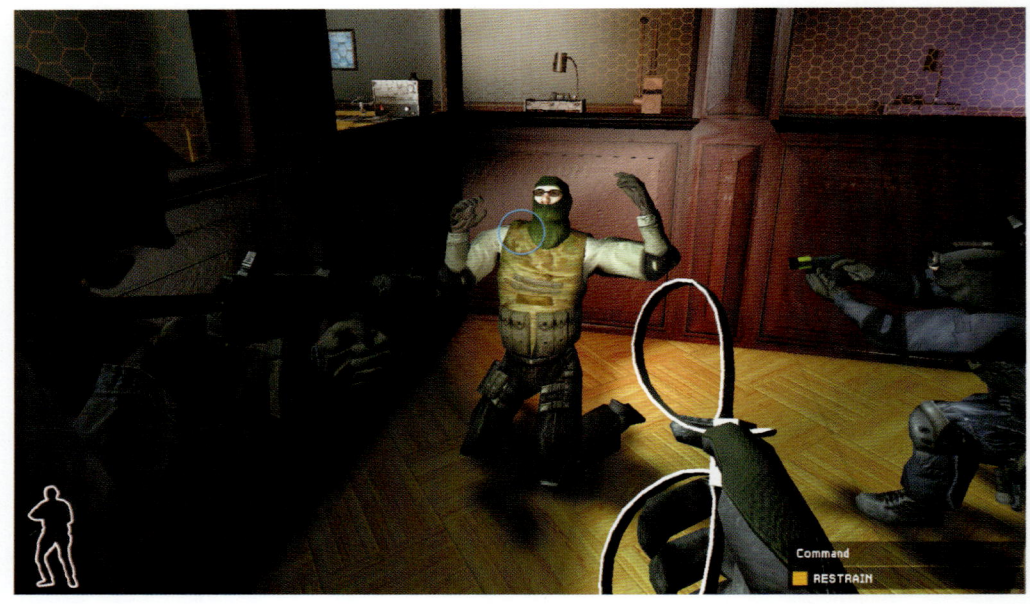

SWAT 4
霹雳小组4

发售年份：2005
平台：PC
开发商：Irrational Games
类型：第一人称射击

  Irrational Games公司的《生化奇兵》推出后获得评论的盛赞，不过在下潜至游戏中的那个海底世界之前，Irrational Games还在陆地上处理过不少都市罪案。《霹雳小组4》的游戏名非常直白，但却并不能让你真正了解这款游戏。这是自《超级特警》（Police Quest）以来最逼真的执法游戏，至少在行动章程上做到了令人信服的还原。游戏中的每一项任务都像是一部电影，比如喜欢布置变态的杀人现场的连环杀手，以及夜总会中被扣的大批人质等等。

  游戏推出时，《CSI犯罪现场》（CSI）一类的节目还没有把受害者尸首变成家常便饭，因此，《霹雳小组4》在当年的团队作战类战术射击游戏中可算是极其黑暗的一款。对于每项任务而言，比任务目标更重要的是每次遇敌是必须遵循的严格规则。除非情况开始危及生命，否则禁止使用杀伤性武器。如果嫌犯不肯就范但并未举枪，用眩晕枪或是更轻微的武器射击敌人都将招致严重的扣分处罚。同样，如果你误伤平民，或是因为疏忽或战术错误而导致队友伤亡，也将遭到扣分。

  这是一款非常理性的射击游戏，甚至比由美国军方委托开发的《全能战士》（Full Spectrum Warrior）还优秀。每次任务前911电话中的对话、游戏前的准备以及游戏中的菜单选择都有着至关重要的作用。《霹雳小组4》比近期的《彩虹六号》、《幽灵行动》（Ghost Recon）做的都要高明，充分利用到电脑的鼠键控制系统，甚至牺牲了部分代入感以加入大量精简的菜单。玩家通过点击鼠标右键和滚轮来执行菜单功能，左键则是专门用来进行传统的第一人称射击，你很容易就会在混乱中触发射击。另外，游戏的多人模式还支持在故事模式下进行四人合作，其制作水准放到现在仍是数一数二。**DH**

Ninja Gaiden Black
忍者龙剑传：黑之章

发售年份：2005
平台：Xbox
开发商：Team Ninja
类型：动作 / 冒险

除了那个该死的视角外，《忍者龙剑传》几近完美。但Team Ninja并没有停止对这款神作的修缮。《忍者龙剑传》一向被不少打斗类游戏迷誉为这一代最伟大的打斗游戏，而在《忍者龙剑传：黑之章》中，Ninja Team进一步提升了这一份"伟大"。从敌人存档到隼龙的服装，初代游戏中的方方面面都在本作中进行了修改。

本作中还新增了一个令许多人不屑的全新简单模式："忍犬"（Ninja Dog）。你只有死过若干次后才能开启该模式，然后你的角色将在手臂上系着一条粉色缎带加入战斗。而对于那些痴迷一代游戏高难度的玩家来说，本作为你们准备了更大的挑战。虽然《忍者龙剑传：黑之章》常被诟病上手太难，但这却是享受爽快的打斗体验的必经之路。隼龙操作起来就是一种享受，你的思想有多快，他的行动就有多快。而他的那些华丽的招数更是帅得让人窒息。与此同时，游戏中的杂兵也是一个个高级杀手。只要你不留神，单一个敌人就能置你于死地。

人们常说玩《忍者龙剑传》系列只需要不停地格挡，这种观点完全低估了游戏战斗的深度。《忍者龙剑传：黑之章》确实需要大量的格挡，但更少不了定位、冲刺、反击，打出"一夫当关、万夫莫开"之气势。你可以在战斗中等待那一个绝佳的机会，冲入敌阵然后以一百下连击将敌方团灭。本作还带来了全新的战术、改变你整个游戏方式的新型敌人，当然还有足以成为最佳忍者电影的炫目场景。《忍者龙剑传：黑之章》这款电子游戏验证了那一句至理名言：残忍有时也是一种仁慈。**RS**

Resident Evil 4
生化危机4

- 发售年份：2005
- 平台：多平台
- 开发商：卡普空（Capcom）
- 类型：生存恐怖/射击

《生化危机4》的出现将动作游戏的成规戒律打得粉碎。作为一款开发过程历经磨难的游戏，《生化危机4》前期开发样本的风格可谓走尽极端，要么延续早期生化系列的固定视角，要么就干脆变成了《鬼泣》。最终熬出来的是一款技惊四座的游戏，将玩家对系列的审美疲劳一扫而光，重塑了生化系列在生存恐怖类游戏中的霸主地位。

游戏讲述美国总统的女儿被一个神秘的邪教组织所绑架，美国政府特工里昂·S·肯尼迪（Leon S. Kennedy）奉命前往欧洲农村地区执行营救任务。但他哪里知道，住在这块地上的居民可不是好惹的主。这群被称为Los Ganados（西班牙语，意为"暴徒"或"家畜"）的居民成天拿着草叉，要么在叉稻草，要么在叉被他们烧死在镇广场上的异教徒的脸。在他们身后的山上，雷蒙·萨拉扎（Ramon Salazar）城堡里正进行着可怕的人体实验，将一种名为Las Plagas的会操纵思想的寄生虫植入被试者的体内。与此同时，邪教组织Los Illuminados的科学家和教徒们也都藏匿在这个城堡当中。

强制显示比例加上越肩视角——《生化危机4》标志着宽屏游戏的一个转折点。但游戏中出色的杂兵群体和不可预测的AI则把生存恐怖类游戏带入了一个全新的疆界。这些眼中燃烧着宗教式愤怒的Los Ganados和他们的邻居们实在让人毛骨悚然，他们不仅会从各个角度向你发起进攻，还懂得躲闪和冲刺。他们有梯子和各种中古武器，对你而言，这里没有一个地方是安全的，附近突然响起的电锯声更是要人老命。卡普空的强大实力在《生化危机4》中展现得淋漓尽致。**DH**

X^3: Reunion
x^3：重聚

发售年份：2005
平台：多平台
开发商：Egosoft
类型：太空模拟

在《X》系列出现之前，玩家如果要想真正经经做一笔宇宙生意，三部《太空精英》系列是他们仅有的选择。在《太空精英》系列中大卫·布拉本和伊安·贝尔将开放式经济、战斗元素以及精彩的探索内容结合在一起，可惜多年来未有人再度涉足这一领域。但是现在，无畏的飞行员们终于可以进入全新的星系了。作为整个系列的倒数第二作，《X^3：重聚》大概是最具革命性的一款，带来了一个令人叹为观止的宇宙。

如果说《银河飞将》是游戏版的《星球大战》，那么《X^3：重聚》就是游戏版的《2001太空漫游》：利用广袤无垠的宇宙和未知的世界——而不是人与人之间的战斗——来创造阴郁、孤独的体验。

虽然游戏也设有任务剧情，但你可以在这个剧情中自由出入，甚至也可以完全无视它。你很容易就会把几个小时的时间花在探索各种可选游戏方式上，比如太空贸易、宇宙海盗，或是给各种银河系文明势力当手下。你可以通过建立工厂和太空站来扩大贸易，你甚至还能用自己的自动商船船队开辟出一条贸易路线。

当你手捧着《X^3：重聚》那厚重的说明手册时，你就该知道这款游戏是多有深度了。不看教程和指南的话，即便是最有经验的太空游戏玩家也会在游戏中迷失方向。但是，通过把玩家丢进一个沙盒式宇宙，让他们自己带着脑子去探索，Egosoft公司成功地给游戏营造出一种强烈的真实感，让玩家感觉到除了复杂的游戏系统外，这片宇宙还有着大量的冒险等待他们去发掘。《X^3：重聚》刚推出时，游戏存在的一些Bug给游戏获得的盛赞泼了一盆冷水，不过这些Bug后来都得到了修复。但即便存在瑕疵，游戏强烈的氛围感也没有受到影响，而氛围这东西可是太空游戏中最至关重要的元素。**BM**

Armadillo Run
犰狳空间

发售年份：2006
平台：PC
开发商：Peter Stock
类型：益智

在解谜游戏的分支——物理解谜游戏中，没有多少经典作品，不过《犰狳空间》可以算是一个。这款游戏也属于鲁布·戈德堡（Rube Goldberg）【译注：鲁布·戈德堡机械是一种被设计得过度复杂的机械组合，以迂回曲折的方法去完成一些其实是非常简单的工作】风格的复杂机械游戏，胜利的条件很简单：你只要把那只蜷成一团的犰狳送到屏幕上的蓝色区域就可以。

要做到这一点，你就得仔细设计整个装置的架构，而它的构造取决于关卡中会提供给你的材料。玩家将使用一批具备不同物理特性的材料，例如绳子、金属棒、木板、布料、橡胶、塑料和火箭，构造出一个复杂的装置，让那只犰狳抵达目的地。每种材料的花费都不尽相同，玩家得在有限的预算中挑出合适的材料构建自己的装置。和其他那些物理解谜游戏不同，《犰狳空间》中有一个复杂的三维物理引擎，这个引擎使那只犰狳的运动轨迹十分真实，玩家完全可以预计到它将如何运动。

虽然游戏中已经包含了一些动态十足的华丽方案，但关卡编辑器可以做出更加壮观的东西。利用游戏里提供的简单工具，每个人都可以做出自己的神奇装置，于是网上就有了成千上万种玩家自制的关卡可供下载。很多玩家自制关卡都非常具有创意，能够让《犰狳空间》的老玩家打穿游戏后再继续玩下去。

玩家们喜欢这种充满创意的游戏，也热衷于向其他人展示自己的设计技巧和《犰狳空间》的物理引擎，这一切都催生了很多十分神奇的装置设计。那些玩家自制关卡可以在《犰狳空间》的网站上下载到，当然，在YouTube上我们也能看到很多玩家利用《犰狳空间》做出的过山车、风车甚至钟表齿轮系统的视频。玩家们都是非常具有想象力的——这款游戏充分证明了这一点。**JR**

Line Rider
划线骑士

发售年份：2006
平台：互联网
开发商：Boštjan Čadež
类型：动作

《划线骑士》是一个游戏还是一个玩具呢？也许答案并不重要。无论把它贴上哪类游戏的标签，它都是那么吸引人，那么好玩。它提供的是一块在物理法则下让你随意发挥的场地，无论是规则还是场景，都取决于你的想象力。

塞尔维亚的大学生博什蒂杨·卡迪兹（Boštjan Čadež）做出了这款神奇的游戏。在《划线骑士》中，你要在一片空白的场地上画出一个滑雪场来，然后看着你的小骑士乘着自己的雪橇勇敢地把自己丢上你画出的赛道，从上面猛冲下去。游戏中的物理效果很出色，即使你刚开始玩这个游戏，也可以把那个悲催的主角摔得要死要活……

这个游戏中真正的乐趣就在于，费了半天劲画好赛道以后，看着它变成现实。你可以看到主角在赛道上撞来撞去，也会看到这个可怜的家伙用各种你想不到的姿势摔倒。

《划线骑士》里会出现什么情况，完全取决于你的所作所为。如果你想精心设计一条能够跑得最远的赛道，那么就去这样做吧。如果你比较喜欢那种死亡大回环或者恶魔螺旋降，在这个游戏里也都随你。或者，你也可以像那些YouTube上的视频贡献者学习，简单地画出一个赛道，建造出属于自己的幻想王国。要不就是学着别人的经典赛道画一个，再看看它把那个可怜的主角和他的雪橇折磨成什么样子。

《划线骑士》赌的是游戏的未来。在这款游戏里，自由超越了规则，乐趣超越了可以简单定义的成就。它的做法对错与否，仍然有待观察。虽然NDS和Wii上也出现了《划线骑士》更复杂的移植版，但却没有那么成功。目前体验这款奇怪的小游戏的方法，依旧是在网上玩它的免费版。你一定要去试试这款游戏，它的简洁和优雅很少有其他游戏能够比肩。**CD**

Mother 3
地球冒险3

发售年份：2006
平台：Game Boy Advance
开发商：Brownie Brown / HAL Laboratory / 任天堂（Nintendo）
类型：角色扮演

在谈到《地球冒险3》时，有些人会认为它的知名度高是因为围绕着这款游戏发生的故事，以及它的制作者。这款游戏仅在日本发售，在开发过程中遇到了大量的问题。而且在原本的计划中，它在十年前就应该在超级任天堂上推出了。《地球冒险》的前两部作品构成了一个剧情松散的系列，主角卢卡斯（Lucas）和弗林特（Flint）带领着其他一些角色对抗着邪恶的猪面军团（Pigmask Army）。就跟《永远的毁灭公爵》一样，《地球冒险3》一直漂浮在遥远未知的以太中，只出现在广告和网络上那些兴冲冲的讨论里，久久未曾面世。

它的神秘感部分来源于剧情的作者糸井重里。糸井重里具有很多头衔，他曾经在宫崎骏的动画《我的邻居山田君》中为一个角色配音，还与知名作家村上春树合写了一系列故事集。糸井重里为《地球冒险3》撰写出了曲折优秀的剧情，举例来说，游戏中的塔尼黑尼瑞岛（Tanehineri Islands）其实只是两名主角家庭的邪恶镜像。

当任天堂决定只发售这款游戏的日版时，一群爱好者就自己开始了翻译工作。这可不是个小工程，《地球冒险3》和那些出色的角色扮演游戏一样，具有大量的文本内容，游戏中有成千上万行对话。在经过了两年的艰苦工作后，他们发布了最后一个翻译补丁，爱好者们用自己的辛苦证明了自己对这个系列的热爱。

《地球冒险3》的英文版被下载了十万次以上。虽然这个数字对它的商业利润没有什么太大影响，但英文化这个行为为全世界的玩家们展现出了这款游戏的魅力。这是一款有趣的复古型角色扮演游戏，十分值得一玩。**JBW**

Uno
优诺牌

发售年份：2006
平台：多平台
开发商：Carbonated Games
类型：改编游戏

一开始，对世界上大多数玩家来说，《优诺牌》只是一个不起眼的美国纸牌游戏。有一天它登陆了Xbox下载游戏卖场，很快就凭借自己那出色的多人游戏乐趣在众多游戏中脱颖而出，成为了一款世界流行的经典游戏。直到今天它也依旧是那么流行，Carbonated Games公司的这款充满活力却又需要仔细琢磨的游戏，成为了很多家庭的必备。《优诺牌》的规则本身就很出色，于是开发者们就可以将时间花在如何用电子画面实现它的游戏性上。

这是一款需要玩家匹配牌色和牌面数字的纸牌游戏，你需要将手上的牌尽可能快地都打出去。玩《优诺牌》的时候，时间总是会过得很快。虽然Carbonated Games公司是在一个已经确定了的游戏架构中进行制作，但它们依旧加入了一些聪明的设计，提升了游戏的乐趣。在这款电子游戏中，玩家可以清楚地看到对手的状态，也可以在每个回合开始前，让系统为你自动选择应该被打出的牌，抽牌和打牌的动画都十分平滑。跟《优诺牌》的现实版本不一样的是，电子游戏版的《优诺牌》可以自动把你抽到的牌组织起来，这必然能满足你内心那潜在的洁癖。

《优诺牌》和现实中的纸牌游戏一样，在Xbox下载游戏卖场中具有很大的潜力。在游戏中你一样可以跳牌、转色或者打出万能的黑牌，一点点接近最终的胜利。

《优诺牌》的电子版拥有让人上瘾的能力。游戏中那些巧妙的设计都很出色，计算机会为你洗牌，计算分数，在这款《优诺牌》上，我们似乎能看到卡牌游戏的未来。它始终躲在你的Xbox360的操作界面下，只需要简单的几下点击，就会出现在你的电视屏幕上。《优诺牌》是一款虽然小巧但却娱乐性十足的游戏，它令人着迷上瘾，十分好玩。**CD**

Gears of War
战争机器

发售年份：2006
平台：Xbox 360
开发商：Epic Games
类型：射击

Epic Games利用他们开发的虚幻引擎，开发过一系列优秀的作品。但《战争机器》的面世是一个转折点，借助这款游戏，他们一举奠定了业界一流公司的地位，从开发那些跟风之作转变为引领新的游戏流派。仅用了两部作品，《战争机器》这个充满男性味道的抵抗外星侵略者的传奇系列就卖出了超过一千万份。

《战争机器》中的侵略者并非从天而降，而是来自地下。一直住在地下的嗜血兽族部落决定攻上地面，夺取人类占据的萨拉星地表。兽族二十四小时内就攻占了人类所有重要城市，这场被称作"事变日"的战争几乎灭绝了萨拉星上的人类。残存的政府和抵抗力量组成了COG（维安政府联盟），他们的军队就像是批端着激光枪的美式橄榄球壮汉。马库斯·菲尼克斯（Marcus Fenix）是名身经百战的战士，他曾被军事法庭判处四十年徒刑。如今他带领着一个精英小队潜入了兽族的地下世界，试图用一枚实验型炸弹一举解决兽族的威胁。嗯，至少计划上是这样的。

《生化危机4》对本作影响颇大，它们同样使用了第三人称越肩视角，巴洛克式美术风格，血淋淋的电锯杀人设计。作为一款节奏快、刺激强的动作游戏，它设计了一个点对点的掩蔽系统，这使反围攻和侧翼攻击成为了主要战术。Xbox360上最醒目的一个按钮就是为这个系统设计的，玩家足够靠近掩体时按下A键，就能看到角色自动利用掩体进行掩蔽。而如果玩家离掩体不够近，角色就会像在好莱坞电影里那样猫腰奔向掩体。若玩家在跑向掩体时持续按住A键，角色还会自动跳过去。

虽然它借鉴了一些老游戏例如《杀戮开关》和《不可能的任务》中的类似设计，但《战争机器》的表现是最出色的。它的多人游戏部分也是那么令人激动，这一切加起来使《战争机器》成为了第三人称动作游戏的一个标杆。**DH**

Black
黑煞

发售年份：2006
平台：多平台
开发商：Criterion Games
类型：第一人称射击

　　《黑煞》这个简单的标题似乎表现出了一种小心翼翼的克制，但其实我们都被它的标题误导了。《黑煞》中的确有个主题，但在游戏中这个主题也没起到什么作用。一旦游戏开始，它就会带着你不停前进，直到你射空最后一个弹夹为止。

　　Criterion Games已经用他们招牌的《火爆狂飙》系列将赛车游戏变成了夸张的高速爆炸嘉年华。很明显，他们是想用《黑煞》对第一人称射击游戏做同样的事。你猜怎么着？这种尝试居然很成功。《黑煞》的故事发生在车臣，以一名隐秘行动专家的眼光来看，Criterion Games的这款游戏的剧情中的确有一些阴谋设计——这些剧情推动着一个个任务，最终会把玩家引向一个爆炸性的结论。但实际上，《黑煞》讲述的是一个男人和他的爱枪的故事。这些枪可以撕裂环境，可以把敌人打得像布娃娃那样滚向远方；这些枪的模型细节都十分精细，占据了玩家大部分的视野；这些枪的使用都很简单，能带给玩家不断开火的乐趣。

　　《黑煞》从《光环》系列中偷来了最多只能携带两把武器的设计，于是你就得仔细考虑应该把哪些钟爱的武器带上战场。不过老实说，每把武器都很有用。

　　如果你喜欢射击——或者只是心情不好，那么《黑煞》就是你所需要的那个游戏。在几个小时的硬派战斗后，它保证可以舒缓你的心情，让你可以振作起来。毕竟，你可以用各种方式杀出一条路来，打到下一关。打穿游戏吧，这样你就可以解锁无限手榴弹模式。这款游戏能为你提供另一种激情四射的快感，玩了肯定不会后悔。**CD**

Prey
掠食

发售年份：2006
平台：多平台
开发商：Human Head Studios
类型：射击

《掠食》开发了十一年，是游戏开发地狱中臭名昭著的成员，能超过它的只有3D Realms的《永远的毁灭公爵》。2006年，它终于发售了，最初被定位为虚幻风格的展示之作，用来向世人展示公司的技术实力。后来，《掠食》陷入了不断修改发布日期的恶性循环。虽然它依旧能用一些事件吸引玩家的注意力，但几乎被自己的野心压垮，每隔几个月就会提出几乎无法完成的新目标。最后在多家公司联合努力下，它被勉强摆上了货架。新开发公司是Human Head Studios，并由2K游戏公司发行（3D Realms公司也对它进行了直接的协助）。

完成版的《掠食》出人意料地接近最初的设计版本，而考虑到开发过程中的这一切，不得不说很令人惊讶。主角叫汤米·塔武迪（Tommy Tawodi），1997年的时候他还叫做泰伦·布瑞夫（Talon Brave），是名美国土生土长的印第安人，被外星飞船从他们的保留地中绑架了出来。这艘巨大的半机械半生物飞船就像个大磨坊，吞噬着血肉、车辆甚至房子，它的目的就是吞下地球上的一切。汤米的女友和祖父都面临着死亡的威胁，他必须组织起叛军的力量，从内部消灭这艘飞船。他的爱鹰"利爪"（Talon）的灵魂、印第安部落的先祖之魂、飞船内四处的传送门都将帮他达成目标。

经过多年开发后，游戏主体却被飞船内的这些传送门搞得七零八落。在《掠食》那些看似传统的关卡中，你会见到比Valve那款《传送门》还多的传送门。那些传送门和重力开关配合在一起，让玩家经常找不着北。当你追踪那些奇异的武器和可怕的敌人时，你永远不知道自己到底是在地上，还是在天花板上。作为少数几个利用《毁灭战士3》的技术做出的游戏之一，《掠食》也属于那种大多数场景都是走廊的射击游戏，但它却被这些传送门和重力开关搞得很扭曲——是的，就是扭曲，尤其是你在墙壁和天花板上跑来跑去时，就知道这个词是多么贴切了。**DH**

ArmA: Armed Assault
武装突袭

发售年份：2006
平台：PC
开发商：波西米亚互动工作室（Bohemia Interactive Studios）
类型：策略/射击

　　《武装突袭》的制作公司是捷克的波西米亚互动工作室，它的发展历程绝对值得一看。最初，它与Codemasters公司在《闪点行动》中的合作大获成功，随后该工作室决定独自开发游戏。他们的单飞后的第一个作品就是这款充满争议的现代战争模拟游戏《武装突袭》。

　　波西米亚互动工作室的这款《武装突袭》虽然是商业软件，但却特别接近真实的军事模拟器（它也被改编为一款军事模拟训练软件《虚拟战场2》［Virtual Battlespace 2］，供澳大利亚国防军作为辅助的军事训练系统）。游戏中包含完整的单人战役，同时也支持网上对战。虽然它难以上手，系统也很复杂，但它依旧十分流行。

　　《武装突袭》的野心十分庞大，试图在技术和游戏设计方面都达到顶峰，最终它在游戏中提供了一种最令人生畏的战斗体验。和之前的《闪点行动》一样，《武装突袭》也依赖于它的在线社区。网上的爱好者对它的模组修改和内容创造使《武装突袭》更加完整了，而如果你想体验到最棒的《武装突袭》，那么一定要花些时间去玩玩最新的版本。

　　玩家可以修改几乎所有不直接影响游戏的变量，爱好者们使用功能强大的编辑器，已经制作出了数以千计的自制任务。没几个人在《武装突袭》那平淡无奇的单人战役中真正找到乐趣，是那些多人游戏模式、玩家自制内容（包括各种充满竞争力和合作感的高度复杂的多人任务和战役）为这款游戏带来了生命。虽然续作《武装突袭2》让它显得有些过时，但出自这个十分专注的工作室的《武装突袭》依旧是一款经典的游戏。**JR**

Company of Heroes
英雄连

- 发售年份：2006
- 平台：PC
- 开发商：遗迹娱乐（Relic Entertainment）
- 类型：策略

在《英雄连》之前，即时战略游戏基本上是让人毫无罪恶感的一种游戏。玩家会挖出些矿石，精炼为游戏中的金钱，造出一队队喊着口号的士兵，然后嘲笑那些输掉了与喷火坦克的战斗的虚拟士兵。随后，玩家会调整战术，再往前线派上一队"志愿兵"。而这款包含了第二次世界大战中一些关键的残酷战役的《英雄连》，和那些即时战略游戏是完全不同的。

它成功的诀窍很简单，那就是努力贴近HBO拍的那部美剧《兄弟连》。《荣誉勋章之空降神兵》（Medal of Honor: Airborne）一样在做这样的尝试。它是第一人称射击游戏，于是你就会期待能够体验到更接近前线的战斗，但它却没能做到。那是因为虽然在《兄弟连》里人们也在射杀纳粹，但那基本上还是一部关于痛苦的选择的电视剧。在敌人的炮火袭击中，士兵们躲在散兵坑内无法动弹，作为指挥官，是应该把任务目标还是把兄弟们摆在第一位？是应该继续向前推进，还是应该停下去救一名普通士兵？这才是HBO这部名作中的精华。遗迹娱乐的这款《英雄连》，同样会让你面临这些艰难决定。

《英雄连》所使用的Essence Engine引擎，使它变得栩栩如生。这款游戏的引擎是遗迹娱乐专为《英雄连》开发的，可以展现出丰富的角色动作、材质细节和特殊效果。当然，Havok物理引擎的运用也同样重要，我们可以在游戏中看到四处飞溅的人类肢体，向前推进的坦克撞倒一堵堵墙壁，街道上的滚滚浓烟，还有倒塌的建筑物那飞向四周的砖石瓦砾。

多亏华丽的画面效果，你才会被部队遭受攻击的景象牢牢吸引：士兵们会被敌军的子弹压制在原地，无助地看着战友的肢体残片，向你乞求救援。一个单独的士兵都会有超过两千帧的独立动画。仅这一点，就足以让对即时战略游戏情有独钟的玩家选择本作。**DH**

Bully
学园坏小子

发售年份:2006
平台:PS2
开发商:Rockstar
类型:动作/冒险

  Rockstar这款《学园坏小子》的灵感来自于1985年ZX光谱电脑上的游戏《学校捣蛋鬼》(Skool Daze)。游戏的名字"Bully"(恶霸、欺凌弱小)源于游戏中那所虚构的学校"布斯沃斯学院",而那也正是游戏的场景所在。在欧洲它的名字是争议较少的《狗咬狗》(Canis Canem Edit),而这个名字也更加准确地反映了游戏的内容。Rockstar的游戏中都有一种道德倾向,而这款游戏同样讲述了一个富有原则性的故事。当然,在游戏中大多数时间你都是在打架,它向你说教的时候很少,但这依旧是一款鼓励玩家们站出来反抗学校恶霸的游戏。

  你可以玩到一大堆关于课程的小游戏。而在课程之外的游戏体验,则比较类似《侠盗猎车》那些游戏。《学园坏小子》中毫无疑问地充斥着Rockstar公司的自由暴力设计,只不过这次的场景是学校的操场。想要成为称霸操场的学园老大,你得用自己的如簧巧舌通过恋爱的挑战,说服你的同学们,还得联合起学校中的各个派系——书呆子帮、小流氓团伙,还有那些体育社团的家伙们。显而易见,《学园坏小子》绝对不是一款给小孩子设计的游戏。**DM**

Yakuza 2
如龙2

发售年份:2006
平台:PS2
开发商:Amusement Vision
类型:动作/冒险

  《如龙2》是制作人名越稔洋手中这个犯罪传奇系列中最棒的一作。虽然你得忍受一大堆过场动画,但是它那出色的战斗系统和优秀的娱乐性,还是让《如龙2》值得入手。

  在《如龙2》的剧情里,你能看到白描式的心情描写、喧闹的扭曲情节,还有一批令人印象深刻的角色——这都多亏了游戏提供的英文字幕。我们的主角桐生一马在故事中总是被卷入各种战斗,无论他是在便利店里,还是在摩天大楼的楼顶。他是一名有担当的冷酷战士,能够用流畅的组合技放倒一群敌人,最后用道路标志这种路边随手可见的"武器"把他们干掉。

  除了战斗,游戏中有数不尽的可玩之处,从大型电子游戏厅到打麻将,你可以找到各种乐趣。它就是这种游戏,即使是最小的细节都足以让你细细把玩。探索游戏中的世界总能让人兴奋不已,玩家总会沉浸于《如龙2》的世界中无法自拔。我们几乎不会去想象有组织犯罪应该是什么样子,于是这种题材的游戏也就很少。没想到《如龙2》是如此美丽。**RS**

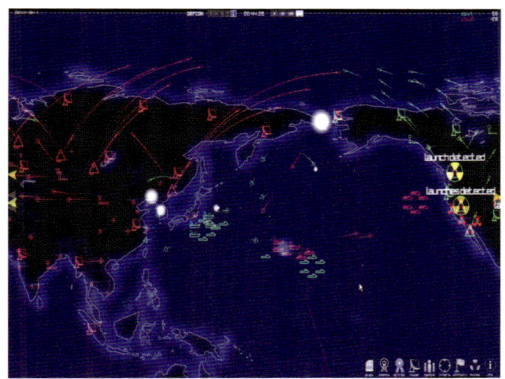

Dead Rising
丧尸围城

发售年份：2006
平台：Xbox 360
开发商：卡普空（Capcom）
类型：生存恐怖/动作

  2008年2月，美国联邦地区法院受理了一起投诉。电影《活死人黎明》（Dawn of the Dead）的版权所有者理查德·鲁宾斯坦（Richard Rubinstein）和制作人乔治·A·罗梅罗（George A. Romero）认为僵尸游戏《丧尸围城》涉及侵权。《活死人黎明》向法院提出了一系列和《丧尸围城》的对比材料。

  法官宣判前也有人提出在两部作品中"僵尸都穿着格子衬衫"。尽管被指为抄袭之作，《丧尸围城》也依旧具有自身的品质。它将无情的战斗和限制性颇多的存盘系统出色地融合，角色和环境细节做得很好。游戏主角摄影记者弗兰克·韦斯特（Frank West）是个经常不赶趟的家伙，他跳过障碍时会被绊倒，也常在错误时间说出错误的话，去拯救他人时，并不是总能做得很好。

  游戏中最大的败笔，就是他护送的那些人弱得可怕的人工智能。而且游戏中只有一个储存槽，于是低估任何两个路径点之间的距离，都有可能会对你的护送过程造成无可挽回的危害。然而，《丧尸围城》中所展现的僵尸数量，依旧是游戏界的最大成就之一。这是丧尸的黎明，也游戏新技术的体现。**DH**

DEFCON
核战危机

发售年份：2006
平台：PC
开发商：Introversion Software
类型：策略

  80年代的核危机和马修·布鲁德里克（Matthew Broderick）的那部经典电影《战争游戏》（War-Games）催生了这部休闲型即时战略游戏。它用既可怕又俗气的方法，让我们重新唤起了对冷战的记忆。

  始终萦绕在你耳边的背景音乐、战术指挥部风格的界面、线稿感十足的图像效果都渲染着一种独特的气氛。而且这款游戏利用简洁的设计回避了任何有可能出现的现实世界冲突。在平等的基础上，世界被简单地分割为六个区域。所以中国、日本和亚洲的其他国家都包含在一个区域里，而整个拉丁美洲也联合在一起，对抗太平洋对面的敌人。游戏中的战略不算复杂，只要你的防御体系仍旧存在，要将地方的核弹打下来还是很简单的。

  游戏中的其他特点都不太靠谱。私聊系统可以让玩家们组成联盟，但是因为只有一名玩家可以赢得游戏，所以通常来说联盟也很容易破裂。而一旦某国的防御系统被摧毁，你也一定会试图把那里先轰成平地。在《核战危机》里，你的游戏体验是欢乐还是恐怖，取决于你的游戏态度，同时也取决于那些你认为是自己朋友的人的态度。**CDa**

Eets: Hunger. It's Emotional
伊特：饿了就吃

发售年份：2006
平台：PSP
开发者：Klei Entertainment
类型：益智

　　《伊特：饿了就吃》和《神奇机器》与《疯狂小旅鼠》很像。在这些游戏里，玩家要利用各种技巧和工具，将一个无助的小家伙引到某处去。卡通风格的主角伊特看起来有些像狗，眼神略显空洞，拥有一张巨大的嘴巴。你该怎么让它前进呢？

　　答案很简单——用食物引诱它。向它丢巧克力会让它生气，这样它就会从一个台子跳到另一个台子去；而棉花糖可以让它平静下来，停在原地不动。它很怕黑，鲸鱼也是它的敌人之一。伊特有各种怪癖，这使你可以用各种新颖的方式来控制它的行为。当然，你只能间接地影响它。你必须仔细地设计一整套精巧的连锁反应来达到自己的目的。《伊特：饿了就吃》的画面十分可爱，它用这种风格淡化了游戏中那一系列困难的谜题所带来的挫折感。这个游戏拥有超过一百个关卡——算上玩家自制的关卡就更多了——你会渐渐获得新工具和新挑战。例如发光的人参、可以从背上发射出飞猪的猪等等。

　　实际上，如果你打开编辑器，就会看到一大堆令人生畏的选项。每个选项都有不同的用处，外加一张愚蠢的图示。不过，游戏的关卡会循序渐进地为你介绍各个选项的用途，让你能够发挥它们的作用。随后你就可以在那些难度不等的关卡中测试自己学到的东西了。

　　一些高级的操作技巧只能实时触发。大多数谜题都有不止一种解决方案，这也可以激发玩家的创意。在Xbox版上，《伊特：饿了就吃》增加了新的得分方式，还多了一个动作模式。虽然第一眼看上去会有些傻，但《伊特：饿了就吃》这个看似轻松的游戏却有着令人惊讶的深度。轻快的幽默感、疯狂的行为和用食物堵嘴这个傻乎乎的行为，就这样地结合在了一起。**CDa**

Elebits
能源小精灵

发售年份：2006
平台：Wii
开发商：科乐美（Konami）
类型：动作 / 射击

体感操作？是的。全家同乐？是的。拿起来简单放下难？是的。作为Wii上最早的第三方游戏之一，《能源小精灵》同时也为"什么是出色的Wii游戏"下了一个定义。它并不和其他平台上那种画面华丽、节奏快速的游戏一争高下，《能源小精灵》用自己温和的方式打下了一片天空。

《能源小精灵》玩起来就像是一个增强版的躲猫猫游戏。在游戏的世界里，被称为"能源小精灵"的外星生物负责生产全世界的电力。这个设定本来是很有趣的，但当它们开始反抗的时候，整个世界就停电了。玩家将扮演名为凯（Kai）的勇敢男孩，他的任务就是找回能源小精灵们，从而恢复世界的电力供应。你不必跑太远，游戏的场景就是你的家、邻居的家还有市中心之类的地方。你得找到并抓回能源小精灵，你会发现它们藏在各种奇怪的地方。

主要的游戏玩法就是使用凯的那把抓捕枪。它可以发出重力射线，让玩家举起、移动各种物体，也可以开门和抓住能源小精灵。有些体感操作看起来没什么意义（要开一扇门的话，真的有必要抓住门把手拧一下才能打开吗？通常来说，按一个按钮就应该能打开门了才对），不过在各种现实环境中寻找隐藏的能源小精灵的基本操作就是冲击。它们会躲在盒子、垃圾桶、微波炉里，还有诸如此类的有趣地方中。

凯可以用他的抓捕枪举起物体丢到一边，那些东西会弹到无法预测的地方去。每当凯找到一些新的小精灵，附近的电器就会自动打开，让你感到自己的所作所为是具有意义的。当然，《能源小精灵》中也有多人模式和地图编辑器，毫无疑问这是一款经典的初代Wii游戏。**MK**

Elite Beat Agents
精英节拍特工

发售年份：2006
平台：DS
开发商：iNiS
类型：音乐

《精英节拍特工》是极少数模拟了拉拉队的游戏之一。但你一定不要理解错误。在西方世界，拉拉队员是穿短裙挥绒球的姑娘们，她们跳着精心排练的舞蹈，激励运动员发挥得更好。而在日本，拉拉队或称为应援团的组织中男女都有。他们通过能够激励士气的呐喊歌唱鼓舞士气。应援团会出现在各种场合，例如年终酒会或是重要的体育赛事。《精英节拍特工》的日版前身叫做《押忍！战斗！应援团》（Osu! Tatakae! Ouendan！）。在那部游戏里，角色们衣着整齐，发型尖耸朝天，在人们遇到问题的时候就会出现。他们会用自己的歌声激励人们渡过难关。《押忍！战斗！应援团》可以说是近年来最具创意的节奏游戏之一。这款游戏来到西方以后，就变成了《精英节拍特工》。节拍特工是一个秘密的政府组织，他们的任务是把世界从垂头丧气和失败中解救出来。

游戏出色却又荒诞的故事中有各种情节，从帮助保姆到抗击巨大的机器人，应有尽有。游戏高潮看似是特工们对抗外星人保卫地球的剧情——这些外星人都很痛恨音乐——但其实它最棒的情节却是有些忧郁的。在那段剧情里，特工们唱着芝加哥合唱团的经典轻摇滚情歌《你鼓舞着我》（You're the Inspiration），使一个悲伤的女孩恢复了笑容。游戏里还有艾薇儿的《滑板男孩》（Sk8er Boi）、皇后乐队的《我注定爱你》（I Was Born To Love You），以及杰米罗奎尔乐队的《热罐头》（Canned Heat）。每首歌里都有过场动画，从iNiS的另一款音乐游戏《吉他小子》中继承并进化来的游戏方式要求玩家在正确的时间敲打屏幕、画圈并且划线，以跟上音乐的节奏。

如果痛恨音乐的外星人真的来侵略地球，《精英节拍特工》就是我们所能依仗的武器。如果这款近年来最棒的节奏动作游戏仍然无法抵挡他们的入侵，那么人类也就没有希望了。**DM**

Tomb Raider Legend
古墓丽影：传奇

发售年份：2006
平台：Xbox 360
开发商：晶体动力（Crystal Dynamics）
类型：动作／冒险

在《古墓丽影：传奇》里，更有活力、更真实的劳拉在东京的房顶上四处游荡。一开始身着套装的劳拉走起来似乎有些蹒跚，而当她拔出枪来恢复了本性。在套装外绑上枪套的她看起来更有魅力了。随后她要在旗杆上悠来荡去，从房顶跳下，骑上一辆杜卡迪（Ducati）999超级摩托，面对各种危险：正在倒下的脚手架、激光围栏、看门狗、突击步枪，最后才能被直升飞机救走。

这些描述让你觉得《传奇》听起来像个美式游戏，没错，而且它也应该转变了。对英式风格的最佳描述就是保守，就好像老爷车里那种胡桃木仪表板一样的保守。系列在经历了《古墓丽影：黑暗天使》（The Angel of Darkness）那并不成功的邦德风格后，不能再因保守而失败了。这个经典的系列渐渐衰落：拙劣的操作感、节奏迟缓的战斗、低下的画面表现、越来越多的Bug……《古墓丽影》和《波斯王子：时之沙》比起来，愈发无法让人满意。于是Eidos公司找到了美国旧金山的晶体动力（因《凯恩的遗产》［Legacy of Kain］闻名），希望能让系列重现辉煌。

一开始，游戏就会带你回顾劳拉的母亲在喜马拉雅山那座寺庙中的遇难过程。《传奇》强烈地希望能够向玩家表达自己的进化效果：你会看到在大瀑布后面现身的加纳神庙，杀入克格勃（KGB）的研究设施，还将在荒漠中和秘鲁的雇佣军进行激烈的枪战。

游戏中最棒的就是那个在劳拉庄园的独立任务。我们可以看到劳拉在自己家里的冒险，有时你得炸开墙壁寻找密道，有时也得在健身房里面对一些限时挑战。通过不断的练习，最终你对劳拉的操作将变成自己的本能反应。这部《古墓丽影：传奇》是那么出色，甚至于晶体动力自己制作的续作《古墓丽影：地下世界》（Tomb Raider Underworld）都付出了很多努力，才能追上并且超越它。**DH**

Exit 2
逃脱大师2

发售年份：2006
平台：PSP
开发商：Taito
类型：益智/动作

通常来说在游戏中，对英雄的定义都很简单：能大杀四方的好汉就是英雄。不过在《逃脱大师2》中，主角"逃出"先生就不太符合这项定义的描述。他为人们提供各种紧急服务：他会在着火的建筑中带着孩子们跑向出口，拯救不知所措的人们，或者是在火势越来越大之前，把受伤的人扛到安全地带去。

《逃脱大师2》的风格既独特又朴素。它的关卡都是二维平面的，用火焰、阻挡物和遇难者们组成了各种谜题供玩家挑战。那些遇难者们被分散在各个地方，他们有些是强壮的成年人，有些断了腿，还有些是被困在角落中的孩子。他们会跟着你，同时，他们也都具有各自不同的能力。在每个关卡中，"逃出"先生都要亲自救出那些遇难者，或者鼓励他们使用自己的力量逃出生天。当然，你所要做的这一切都有着相当大的时间压力。

这款游戏超越前作的一个亮点就在于，它设计了一批全新的角色，他们的能力可以让你以多种方式解决谜题。而这也是一款偏爱对称性的游戏，很多关卡玩起来都会让人想起钟表的结构，只需要你在正确的地方触发它们的运作就可以看到那种不断推进的进程。当然这也是游戏难度偏高的原因所在，在一些困难的关卡中，不断地重新开始几乎是无法避免的。

《逃脱大师2》中的谜题经常让人感到无法下手，那些滑动的物体和解决问题的关键之处，总是在周围那恶劣的环境中显得遥不可及。不过，这也是为什么你解决掉谜题，护送大家惊险地冲过最后一扇通往安全地带的门之后，能够显得那么兴奋了——你真的是个英雄。**RS**

Earth Defense Force 2017
地球防卫军2017

- 发售年份：2006
- 平台：Xbox 360
- 开发商：Sandlot
- 类型：射击

《地球防卫军2017》几乎无视了一切当时对该类游戏的期望，画面和表现都很令人惊讶。它的情节苍白得几乎可以塞进一个火柴盒里：巨大的昆虫入侵地球，玩家要把它们用枪都杀光。它的视觉效果让人有种当年刚看到哥斯拉电影时的感觉：东京的街道被导弹肆意践踏，超巨型的蚂蚁和蜘蛛充斥着你的眼球。

除去这些，这款游戏中还有令人难以忍受的帧速率，最简单的物理特性，几乎不存在的附加内容……就连玩家也不是那么重要。不过，就在整个世界都在努力把自己的游戏尽可能地做得再真实些的时候，这家Sandlot公司却反其道而行之，在他们这款游戏里怎么疯狂怎么来。所以最终他们做出了一款虽然不那么优秀，但是潜力十足的游戏。玩家会扮演一名士兵，将要面对永无止尽的巨大昆虫、银光闪耀的UFO，还有表面光洁无比、几层楼高的两足步行机器人。

你身上只有两把武器。它们的弹药无限，但是你一旦选定武器，就无法改变。敌人会掉落更强力的新武器，也会掉落小型生命包，每次能够提升角色一点的生命值上限。虽然这款游戏的情节有些荒谬，但如果外星人真的打来，那么政府肯定会把你派去抵挡他们的。

这款游戏里有各种我们喜闻乐见的元素，它们综合在一起造就了一款我们喜欢的游戏。向着东京繁华地带七十多米高的摩天大楼顶上身长六米的巨型蚂蚁无限发射追踪导弹这种事，在别的游戏里并不多见。而只要这场世界大战始终不停息，我们的这种乐趣就不会间断。**SP**

Fight Night Round 3
拳击之夜3

发售年份：2006
平台：Xbox 360
开发商：艺电（Electronic Arts）
类型：格斗

2005年的时候，《拳击之夜3》看起来距离我们还很遥远。2006年的1月4日晚上八点，微软两大巨头比尔·盖茨（Bill Gates）和史蒂夫·鲍尔默（Steve Ballmer）在消费电子展上向世人展示了它的在线对战，很快它就占据了全世界玩家的主机。

这是款高分辨率的游戏，能够让你和别人在网上对战。你可以在自己的沙发上玩它而不需要使用台式电脑。它的贴图十分真实，艺电为拳手拍摄了赛前赛后的很多照片，例如因肿胀而无法睁开的眼睛，还有张开的毛孔和各种伤口的照片。自然，游戏中采用了运动捕捉技术来制作动态图像。比赛场地的杂乱显得十分真实，拳手的行为也都基于现实制作——你可以看到阿里（Ali）靠在围绳上伺机反击，温吉·赖特（Winky Wright）在场上灵活的脚步，拳手们的左右摇摆和低头闪躲，正统的右手选手……甚至还有左撇子拳击手。操作方式和前作一样，依旧采用了手感一流的"组合拳系统"。通过左摇杆可以使出勾拳和刺拳，打起来就好像在现实中出拳一样自然。还有重拳——制作者们从《骇客帝国》中学来一些新点子，每次重拳都会出现慢动作效果，这也使击倒对手时的视觉效果看着更加凶狠刺激。不过对很多人来说，这一点也是游戏的败笔所在。

在充满植入式广告的职业生涯模式中，这种华丽的击倒效果可以让每个回合看起来都好像是精彩回放一样。喘息和攻击对手都可以获得生命值，当然，EA承诺的隐藏生命和耐力值的游戏方式并不是所有人都喜欢。你需要密切关注那个有缺陷的耐力系统，很快你就会发现得手动选择把生命值显示在屏幕上。更加内敛的续作《拳击之夜4》对这些问题进行了修正，它显得更加保守，把注意力都集中在了拳击本身上。**DH**

Rockstar Presents Table Tennis
实况乒乓球

发售年份：2006
平台：多平台
开发商：Rockstar
类型：体育休闲

是的，你没看错。《实况乒乓球》是个乒乓球游戏，由那个制作了《侠盗猎车》和《侠盗猎魔》的Rockstar开发。考虑到这一点，这款游戏最让人惊讶的地方，就是它居然忠实地还原了那项运动。我们玩到的并不是极限乒乓球，选手们也不会做出后空翻这种动作。在比赛胜利后，你甚至不能处决掉自己的对手……《实况乒乓球》是对这项运动的严谨模拟。

游戏的操作很简单。如果你的角色可以够到球，他就会自动挥拍。你的任务只是控制回球的方向，为球加上各种旋转。当然，除了默认的扣杀以外，你也可以打出轻柔的吊球。这款游戏的操作就是就这么简单。不过，基于这些基本的操作的《实况乒乓球》却能够展现出令人惊讶的复杂变化。乒乓球的行进方向和速度变化得都十分迅速，而且有无数种可能性。无论是面对电脑还是真实的玩家，赢球的唯一法则就是改变球路。这就意味着你要在挥出每一拍的时候随时调整自己的战术。

比赛双方为一个球反复争夺时，就是这款游戏最具戏剧性的时候。球会因为球速的加快而开始闪光，背景的电子配乐也会渐渐加快节奏和音量。这一切的速度都是逐步提升的，所以你可能不会察觉到自己会变得多么紧张。直到这一球最终落地得分，你才会长舒出一口气，深深陷入沙发里。

Xbox360版本的《实况乒乓球》用它的双摇杆手柄玩起来很舒服。再加上Xbox Live网络的便利性，你很容易就能找到对手。Wii版比较好上手，因为毕竟体感操作更加直观些，但是实际玩起来你就会发现，体感操作会使对球路的控制变得不那么精确，而且Wii版的《实况乒乓球》没有网上对战功能。不过，无论你选择哪个版本，都会发现它是那么好玩。只是尽量不要因为紧张过头而忘掉呼吸就好。**MK**

Galactic Civilizations II: Dread Lords
银河文明2：死亡领主

- 发售年份：2006
- 平台：PC
- 开发商：Stardock
- 类型：策略

20世纪正在接近尾声，Stardock公司将自己定位为PC游戏界最直言不讳的开发商和发行商，他们认为盗版并不是什么问题，发行商对盗版的严格控制才会疏远玩家。Stardock公司认为，打击盗版最好的方式就是提高服务的水平，以及制作盗版商不感兴趣的游戏——例如，策略游戏。

《银河文明2：死亡领主》就是这家公司想法的具体表现，后来2009年他们又发行了那款著名的《太阳帝国的原罪》（Sins of a Solar Empire）。《银河文明2：死亡领主》是一款太空争霸游戏，与《太阳帝国的原罪》同属策略游戏中的4X一类——4X就是4个英文单词"探索（explore）、扩张（expand）、开发（exploit）、消灭（exterminate）"的缩写。Stardock公司认为，游戏设计是一项工程，而不是一门艺术。于是，他们并不耻于承认从经典的《银河争霸》及《猎户座之王》（Masters of Orion）中汲取了灵感。他们将那些主题进行了拓展，使之成为了更加符合当今时代特色的游戏。

你可以用各种不切实际的想法来设计自己的飞船，这特别有趣。不过撇开这点的话，《银河文明2：死亡领主》中最突出的特点就是它的人工智能。虽然在大多数游戏中人工智能是标准配置，但是在Stardock公司的理念影响下，《银河文明2：死亡领主》中的人工智能被大大提高了。

在它第二个资料片《阿诺的黄昏》（Twilight of the Arnor）中，这一点得到了极好的体现。这个资料片里的每个种族都有着独立不同的科技树，这就使玩家的主要策略从攀升科技进行研发变成了研究当前就能投入使用的设备。这体现了每个种族在智力层面上的根本区别。而这些创意也是一款从其他经典作品中汲取灵感的游戏的标志所在。**KG**

Disgaea 2: Cursed Memories
魔界战记2：被诅咒的记忆

发售年份：2006
平台：多平台
开发商：日本一（Nippon Ichi）
类型：角色扮演

创建《魔界战记》这样一个战术角色扮演游戏的流派，并且还给它设置了如此高的等级上限，真的有必要吗？虽然游戏中的一些地图和战场的设计足够出色，可以让玩家不断重玩，但玩家要求它推出续作的要求似乎并不那么迫切。

和其他游戏的续作一样，《魔界战记2：被诅咒的记忆》也和前作十分相似。但它的进化也是很明显的：节奏更加明快、风格更加可爱，很难让人对其产生不满。其实，除了准备开始重新陷入这个游戏世界，再度开始无尽的练级之旅以外，别的事都挺难的。在第一场战斗中熟悉了一些怪物的特点之后，史诗级的冒险很快就拉开了帷幕。这群可爱的英雄们的目标是去打破一个强力的诅咒，这个魔王的诅咒将使人们变成恶魔。

在这个丰富多彩的幻想世界里，战斗的重要性和其他元素同样重要。独特的角色设计和华丽的战斗效果，共同造就了有史以来最有风格的战斗体验。道具界的面积大得惊人，地图也比前作更加曲折了。但是，从本质上来说，《魔界战记2：被诅咒的记忆》中没有任何会使粉丝们感到不熟悉的改动。

和前作一样，《魔界战记2：被诅咒的记忆》也被移植到了各个掌机平台上。PSP版的名字变成了《魔界战记2：黑暗英雄》（Disgaea 2: Dark Hero）。虽然PSP版的可玩性也很强，但铁杆玩家们可能还是更加喜欢原始的PS2版，PS2版的游戏中还附带一张原声音频CD。**CD**

Art Style: Orbient
艺术系列：万有引力

发售年份：2006
平台：多平台
开发商：Skip Ltd
类型：益智

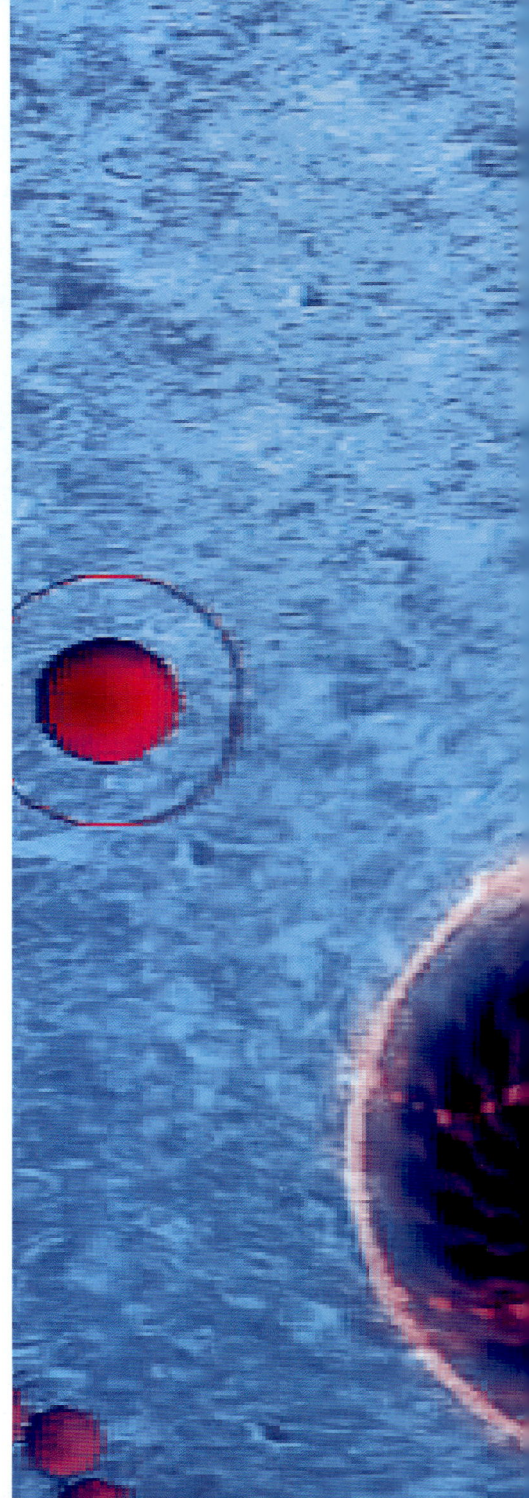

任天堂的障眼法一向都具有相当高的水准，他们最出色的尝试就是这个《艺术系列》，Skip Ltd公司几乎独自完成了整个系列的游戏制作。在这个总是纠结于文化正当性的游戏产业里，其他开发商经常会把游戏做得画面华丽至极，系统复杂得过分，并且为其赋予各种深刻的寓意。而对任天堂来说，简单的概念和执行才是他们所奉行的唯一信条，游戏不需要任何多余的东西。

《艺术系列：万有引力》就是任天堂这个信条的表现之一：游戏中有一个星球稀疏的太阳系，一颗小行星正在穿越这个星系。它的画面看起来就好像孩子们的天文学教科书一样。你无法直接控制你的小行星，但是可以通过引力来吸引或者排斥其他星球。游戏的目标就是吸引足够多的天体碎块来增大自己的体积。

当你的体积还很小的时候，你可以进入大个行星的卫星轨道，绕着它飞行；如果你的体积变大了，也可以把比较小的星体吸引到你的卫星轨道上。你的小行星作为其他行星的卫星时，是不可以随意移动的，但是你可以选择脱离轨道的时机。游戏中的关卡都遵循着这些简单的规则，你需要在特定的时机吸引不同大小的物体，以达到最终的目标。

在这个简单的系统里，你只需要用到两个按键，还有一些基础的物理学知识。不过，这只是制作者精心为我们打造的行星及天体结构的核心内容而已。在美妙的音乐中，你会发现有越来越多的物体在围绕你的行星旋转。很快，你就将开始毫不停歇地吞掉它们，变成一个会让宇宙面目全非的行星吞噬者。《艺术系列：万有引力》中有一个由你掌控的小小天文馆，整个系统都十分简单。不得不说，这款游戏是个迷人的杰作。**RS**

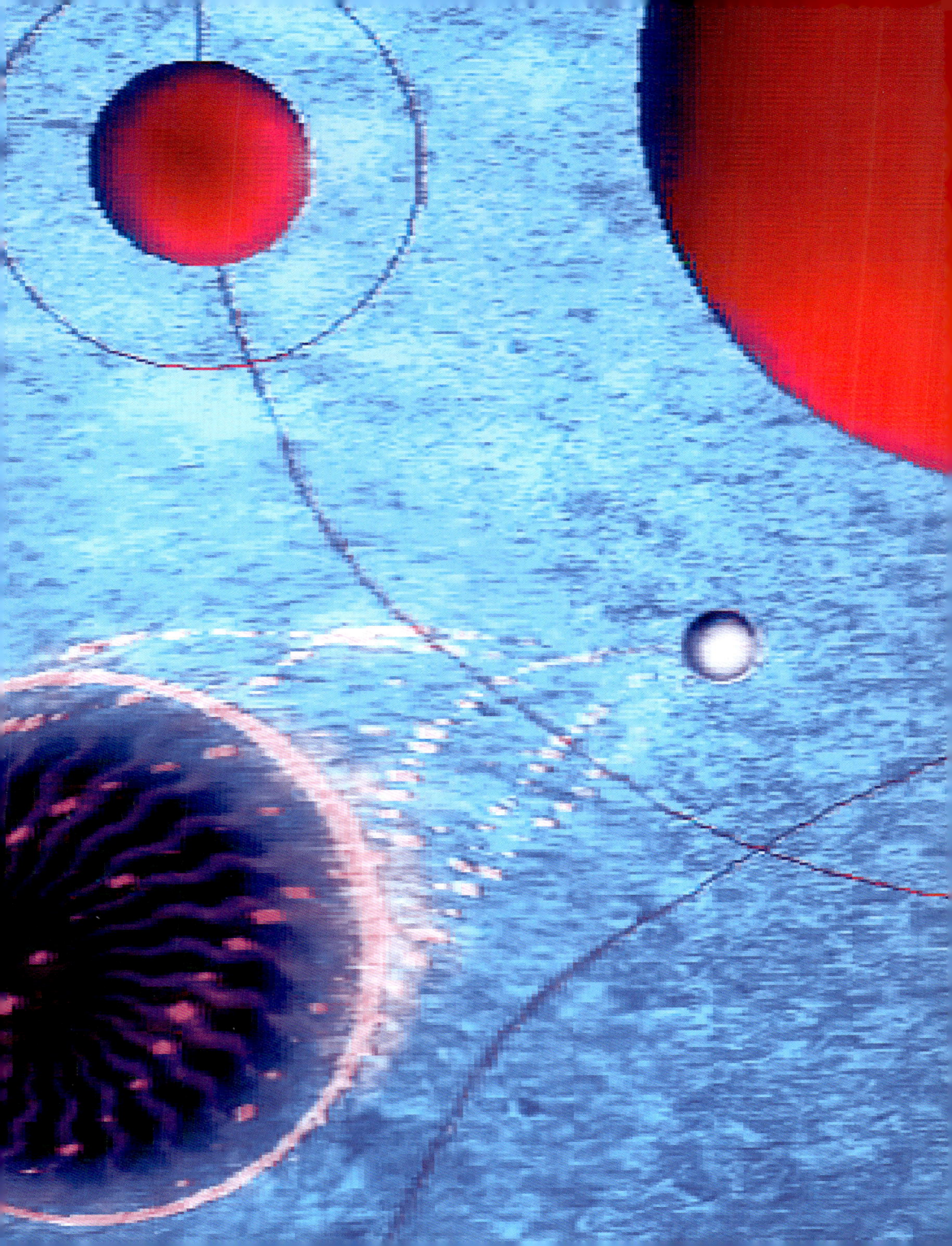

Final Fantasy XII
最终幻想12

发售年份：2006
平台：PS2
开发商：史克威尔艾尼克斯（Square Enix）
类型：角色扮演

制作《最终幻想12》时，史克威尔艾尼克斯决定，重新定义二十年前设计师们为《最终幻想》系列所设计的基础设定。虽然《最终幻想12》依旧具有史诗级的水准，游戏中有数百名角色，还有一个巨大的世界供玩家探索，但《最终幻想》系列的回合制随机遇敌战斗系统已经一去不复返了。取而代之的是半即时的自由战斗模式。在战斗中，玩家所扮演的角色比较类似于一个队伍的组织者，而不是参加战斗的人员。我们要感谢创新的"战斗指示系统"，它使电脑能够控制你的小队成员，在战斗中自主行动。

《最终幻想12》不再遵循原本系列中所惯用的叙事轨迹，它的情节将着眼点专注于大型的政治阴谋上。游戏中的时间充满着欧洲风情，每个城市都有独特的角色和主题。

尽管最终幻想系列的粉丝们因为它的改变而有些失望，不过对它的批评也只是游戏还不够有趣。很可惜的是，如此一项大型试验性改变的商业失败，可能会对这个系列未来的创新带来不利的影响。**SP**

Okami
大神

发售年份：2006
平台：多平台
开发商：四叶草工作室（Clover Studios）
类型：动作/冒险

《大神》是卡普空有史以来制作的最精致的冒险游戏。日本神话中的太阳神"天照"化身为白狼，为拯救世界下凡而来。卡普空旗下的四叶草工作室负责游戏制作，他们给玩家展现了一片被诅咒的大地，而玩家的任务就是净化这个世界。线性的冒险剧情，按规律出现的升级机会，这一切都让《大神》看起来有些类似任天堂的经典动作RPG神作《塞尔达传说》。

游戏的核心设定是笔调系统。它可以让玩家暂停游戏进程，直接在世界中作画以攻击敌人。当然，你也可以画出一座桥以改变世界，或是吹飞挡路的东西。在游戏中，大神会渐渐恢复所有的十三项笔画能力。

《大神》仅仅在塞尔达系列的又一款作品《塞尔达传说：黄昏公主》（The Legend of Zelda: Twilight Princess）前几个月发售，于是有很多人在争论这两部作品谁的品质更高。当然，《大神》的画面更加漂亮，毕竟它那独特的水墨风格是那么令人沉醉。后来《大神》也被移植到了Wii上，也许现在这个版本会比PS2版更加容易玩到。**CD**

God Hand
神之手

发售年份：2006
平台：PS2
开发商：四叶草工作室（Clover Studios）
类型：格斗

　　《神之手》的制作者们致力于把它打造成有史以来最棒的打斗游戏，在这款游戏里你随随便便就可以把敌人踹到太空中去。故事的开始，主角基尼（Gene）的右手被砍掉了，但他醒来后却发现自己得到了传说中的"神之手"。这只威力无穷的右手闪着金光，可以击败宇宙中的一切。

　　游戏设定十分有趣。玩家将遇到各种各样奇怪的敌人，包括侏儒流氓、名叫猫王并且背景音乐也是猫王名曲的胖子等等。主角拥有一批复杂且能不断进化的技能，这使游戏变得十分耐玩。玩家用一个键就能使出组合技，只需不断按下按键就可以。当然，在组合技中也可以加入别的键形成不同的变化。这样的设定使战斗系统很容易上手，同时也给玩家留出了很大的自由空间。除此之外，基尼的快速闪避能力在熟练的玩家手中，可以让敌人根本碰不到他的一根汗毛。

　　这是一款与众不同的游戏。多种多样的战斗方式、大量的笑点、能够衬托出动漫风格的暴力行为的背景音乐，让人欲罢不能。《神之手》可以给人带来一种独特的打斗体验，在这款游戏中不断击打各种事物是那么的有趣。这是一款出色的杰作。**RS**

Flow
浮游世界

发售年份：2006
平台：多平台
开发商：陈星汉、N. Clark、A. Wintory
类型：模拟养成

　　《浮游世界》是一款十分有感觉的游戏。这也许是因为它利用了PS3的六轴感应手柄，玩家需要倾斜或摇晃手柄来操作。它诞生时只是款免费的Flash游戏，而它的游戏体验从那时开始，也没有太多变化。

　　玩《浮游世界》时，仿佛回到了母亲子宫中的羊水里一般奇妙。各种微粒、单细胞生物以及红色或蓝色的有机体漂浮在你的身边。这些不同颜色的有机体是这个液体世界中最重要的物体，玩家需要通过它们才能下潜或上浮。一开始，玩家是只尚未成长的微生物。你需要做的只是控制着它在水中游来游去，吞吃其他的生物，或是被吃掉。你所吃掉的每个细胞状或鞭毛状的生物，都会让你长出更多的卷须或触角。

　　当你吃光附近的所有生物后，你就得潜入更深的地方寻找和你类似的生物。你得先打败它们，让它们变得虚弱，然后才能将它们同化在体内。这些对决和我们所熟知的游戏中的战斗截然不同。在玩家向深处的缓慢游动中，点缀着这些微小的Boss战。而在《浮游世界》那深黑的水底，并没有公主或者最终的奖励在等着我们，玩家所能获得的只有再一次重生的机会，然后就要在这个循环中再次向进化下潜。**GM**

GTR 2
GTR赛车2

发售年份：2006
平台：PC
开发商：Simbin
类型：竞速

这款游戏的副标题是"国际汽联的GT赛车游戏"，它向我们证明了模拟游戏并不一定就意味着内容贫乏无趣。《GTR赛车2》不仅仅是对汽车和沥青赛道这对好友最真实的游戏模拟之一，同时它也是一场华丽、嘈杂并且充斥着汽油味的奇观。

先不管玩起来怎么样，至少它的音效和音乐都达到了令人惊艳的高度。无论是TVR（特雷沃跑车）引擎空转的轰鸣，还是法拉利的V12引擎接近极限转速时那独具特色的哀嚎，都让人无法忘怀。从没有一个游戏能在你轰下油门时就散发出如此强烈的吸引力。而一旦你真正把赛车开到跑道上，SimBin公司就会用他们出色到了极点的赛车物理引擎让你感受到有史以来所能接触到的最富有层次感和细节性的车辆操纵体验。在你所能感受到的表面感觉之下，游戏引擎中所要计算的变量达到了一个惊人的数字——连琐碎如汽油在油罐中的晃动都会被列入计算之中。《GTR赛车2》中同样也采用了实时赛道更新技术（该技术在如今的一流模拟游戏中已经属于标配了），赛道的表面及抓地力将一直处于变化之中，而变化的程度则取决于玩家和对手的赛车对赛道的影响。这项技术在雨天比赛的时候表现最为明显，玩家可以清晰地看到随着比赛的进行，赛道上被赛车跑出的干燥痕迹。

虽然他们在细节上做的似乎有些过火，但是为了那些真正想在GT赛车中考验自己实力的玩家，SimBin公司还是坚持做了下来，他们的成果也十分完美。《GTR赛车2》中不仅有玩家们梦寐以求的法拉利和保时捷，也有世界上最著名的那些超级名车，它就好像是一款赛车游戏的终极天堂一样。也许它并不如《GT赛车》或者《极限竞速》（Forza）那样有名，但它同样应该出现在每一个赛车游戏爱好者的收藏中。**MCh**

Guitar Hero II
吉他英雄2

- 发售年份：2006
- 平台：多平台
- 开发商：Harmonix
- 类型：音乐

　　《吉他英雄》已尽人皆知了。不过Harmonix在开发中所展现出的自由和快乐告诉我们，《吉他英雄》的成功并不是他们所能预言的。《吉他英雄》已为媒体做了很多，但到目前为止，它所做到的最重要的一件事就是将音乐产业从自己的呆滞中一巴掌搧醒，并要求这个渐渐日薄西山的产业开始重视音乐游戏。

　　《吉他英雄2》里依旧包含了那些玩家的模仿作品，曲目介绍中会标明这一点。当然，游戏里也有大量原创作品。这个系列是那么成功，以至于甲壳虫乐队（The Beatles）都将出一款独立的"吉他英雄—甲壳虫"版本。《吉他英雄2》是系列中最棒的一作，因为它是最后一款由真正热爱音乐的人们创造的系列作品。Harmonix是家由音乐家们组成的公司，他们中的很多人都玩乐队。所以本作才能在那些流行金曲之外，为玩家们发掘出不为人所知的优秀作品来。

　　《吉他英雄2》后来的续作质量渐渐下降。游戏的魅力一方面在于弹出你所熟知的名曲，另外一个很重要的方面就是发掘出好听的新曲来。没有多少玩家听过Drist、Megasus这些偏门乐队，也没几个人听过Honest Bob and the Factory-to-Dealer Incentives，但如果游戏中收录了他们的曲子，大家也都会很高兴。这点小小的改变就可以使整个游戏模式变得不同。举例来说，在你开始不同以往的音乐之旅前，练习模式必不可少。

　　职业模式玩起来更加平衡了。在这个模式中玩家可以解锁很多歌曲，然后在其他的模式中随意弹奏。最后请你记住一点：当你完成了"自由鸟"（Freebird）中那段SOLO，并且不用再看提示就能华丽地弹完一首歌以后，不要忘记这是Harmonix在《吉他英雄》这个系列中的绝唱。这家自由如鸟一般的公司后来跑去开发了《摇滚乐队》（Rock Band），从此《吉他英雄》的商业化气息也就越来越浓了。**RS**

Hitman: Blood Money
杀手：血钱

发售年份：2006
平台：多平台
开发商：IO互动（IO Interactive）
类型：潜入

这款《杀手》系列的第四作展现了创作者所达到的新高度。《杀手：血钱》一问世就爬上了隐秘暗杀游戏的巅峰，游戏中一系列十分精巧的关卡将逼迫其光头主角使出浑身解数，利用各种器材和能力达成自己的目标。

在每一个关卡中，代号为47的无名杀手都会面临着很复杂的情况，经常要刺杀多个目标。玩家将遇到各种场景，从海滨别墅中正在举办的一场派对，到山顶上的一座戒毒所，甚至还会出现街头数百人的狂欢。在《杀手：血钱》中，玩家所需要考虑的就是如何采取最简单的手段杀死目标。

例如说，如果你要刺杀一对富有的南方佬，可以在他们准备婚礼时简单地开枪干掉他们。你也可以在他们宣誓时，丢一颗手雷过去。而最好的法子，也许是在他们的结婚蛋糕里放进炸弹……还有，如果你要刺杀一个正在表演歌剧的目标，就应该把握好时机，在剧中情节里他被枪杀时用你的狙击使他由假死变成真死。当然了，这种高招只有你足够聪明才能想得出来。不过也许你玩的那次，只是简单地在更衣室割断了他的喉咙。有时简单的方法才是最好的。

另外与其他游戏有所不同的是，在这款游戏里你经常可能需要杀出一条血路来逃离犯罪现场——在你搞砸了刺杀之后。别的那些游戏通常来说都太过严格，以至于玩家的雄心壮志总是会把自己带向失败，只能重新来过。而在《杀手：血钱》里，你有犯错的余地，可以在做出一系列有趣的错误举动后，依旧可以继续任务。这款游戏里到处都是出色的设计，例如在游戏的主界面中的那个教堂里，都是你曾经杀死过的人。还有，在每关之间所出现的报纸中写着的故事，都直接关系到最后一个任务的事件。**JR**

Jeanne d'Arc
圣女贞德

发售年份：2006
平台：PSP
开发商：Level-5
类型：策略 / 角色扮演

　　如果有一名年轻的农家女孩站在你的面前，请求你帮助她拯救法国，你会答应吗？你会相信她的预言，并且给她一支军队吗？在Level-5公司这款加入了时尚元素的游戏中，我们再度看到了贞德最终殉难的一生，看到了那场她率领法国人民抵抗英国入侵的伟大战斗。请不要介意她戴着一个具有魔力的手镯，也不要介意一些士兵长着动物的脑袋，更不要介意亨利六世被恶魔附了体。虽然它披着漂亮的动漫风格外皮，但是这款出色的策略角色扮演游戏还是为我们原汁原味地还原了那名圣女波澜壮阔的一生。

　　在开场动画里，年轻的贞德和她无助的朋友莉安（Liane）就不得不拿起武器，反抗焚烧家园的英军。贞德最终将成为你手中最厉害的角色，但在此之前，她必须掌握自己的力量，不断说服遇到的每个人成为自己的同伴。可是，她最强的一些伙伴最终将会离去，或者成为她的敌人。

　　《圣女贞德》是Level-5推出的首款策略角色扮演游戏，同时也是该工作室在PSP平台上的处女作。这是一款不容错过的游戏，即使对于策略游戏新手来说也是如此。很多次要角色可以在战斗中加入贞德的队伍；每张地图都十分独特，充满了高低不平的地形和各种门、桥等障碍。游戏的策略简单易学，玩家可以学习新技能，或者是通过日、月、星的属性相克创造优势来击败敌人。如果你觉得自己有些难以前进，游戏中也有一些自由战役可供玩家磨练策略和技巧。

　　即使你已经读过圣女贞德的故事，你也能在这款游戏中发现一些新的改变。而不论贞德变得多么强大，她这个角色依旧是那么让人同情。她始终都是那个出身于无名小镇的年轻英雄，为了自己的祖国而献身。《圣女贞德》这款游戏是对古老传说故事的出色改编。**CDa**

Shin Megami Tensei: Persona 3
女神异闻录3

- 发售年份：2006
- 平台：多平台
- 开发商：Atlus
- 类型：角色扮演

作为女神转生系列的一部分，《女神异闻录3》中同样充满了魔怪意象和自杀主题——角色们举起手枪形状的"召唤器"（evokers），对准自己的头部开枪以召唤"人格假面"（Persona）来使用魔法。如果这个系列更加著名的话，这种设定无疑将会引发一定范围内的小恐慌。

不过，游戏中的内容远非如此。《女神异闻录3》巧妙地设计让玩家可以体验到明快而有趣的高中日常生活，借此与那些黑暗的景象形成鲜明的对比。在一座现代的日本城镇中，玩家的角色每天都要去上学，体验各种事件，然后随意分配时间。你可以与朋友一起出行，参加学校里的社团，或者自己跑去唱卡拉ok。轻松活泼的画风、好听的音乐、自然真实的日本学生生活表现，这些都十分有趣。而在此同时，玩家与朋友们建立社会关系的时候也会获得新的人格假面。这种设计使角色的日常生活与"黑暗时刻"产生了一种独特的共生关系。

在"黑暗时刻"里，玩家将可以去探索塔尔塔罗斯（Tartarus）之塔，这是一座每晚都会随机生成、充满秘密的巨大之塔。这是一种在黑暗的地牢中探险的游戏体验，会让人想起当年的《侠盗》（Rogue）。在回归日常生活之前，玩家需要小心地平衡探索更广阔的区域以及升级之间的关系。

我们提到经典日本角色扮演游戏时，总会不小心落入一个怪圈。那就是把史克威尔艾尼克斯的作品当作日本角色扮演游戏的代表，认为它们都拘泥于一种空想型世界的设定中。实际上，游戏可以让我们看到它背后的文化背景，并且更好地去理解那种文化。只不过，游戏的这种潜力在大多数时间都没有被发掘出来。而《女神异闻录3》则为愿意沉浸在它所创造的游戏世界中的人们提供了这样一个机会。**MKu**

Just Cause
正当防卫

发售年份：2006
平台：多平台
开发商：Avalanche
类型：动作 / 射击

瑞格·罗德里格斯（Rico Rodriguez）是个奇怪的游戏主角。他装备着一个抓勾、很多大枪，剪着一个十分难看的发型，跳伞来到了一个放着光芒的小岛上（该游戏的泛光画面风格）。他很友好，略显纨绔，十分具有魅力——即使他举着一挺火箭筒时也是如此。

《正当防卫》是一款关于颠覆一个政权的游戏。为达到这个目的，玩家需要在一个开放性的世界里完成很多任务，并且将视野内的一切轰成数十亿块碎片。在这种基调下，游戏从一开始就会让玩家感受到它的特点。《正当防卫》中那广阔的游戏天地看起来总是那么危机四伏又妙趣横生，这世界让人觉得随时处于一种即将崩溃的情况边缘。例如说，可以让你完成任务的车库，门总是处于被卡住的半开状态；你制造的最微小的车祸都会引来武装直升机的追杀，它会试图用跟踪导弹将你轰上天去。好吧，也许武装直升机只是独裁者多年来对这座岛进行强权统治的一个标志，但主角可以获得空投的载具用以反抗暴政这个设定就很难让人理解了。还有就是一个独特而令人难以忘怀的Bug，这时罗德里格斯会在游戏的大部分地区变成空洞的存在，不过至少这也能让他变成无敌状态。

尽管这个游戏是那么粗糙，但你也很难抗拒《正当防卫》的魅力。游戏中的这座岛屿植被丰富、山麓崎岖，美不胜收。主角的环岛之旅可以使用各种交通工具，还有降落伞和抓勾可以用——老实说，在续作中有些必须使用抓勾的可怕关卡。如果你因为喜欢制造混乱或是即兴的狂欢而偏爱开放式世界的游戏，那么玩完《镇压》（Crackdown）之后，这款《正当防卫》就应该是你的选择。**CD**

Metal Gear Solid: Portable Ops
潜龙谍影：掌上行动

发售年份：2006
平台：PSP
开发商：小岛秀夫（Kojima）
类型：潜入／动作

　　《潜龙谍影》系列发售时总能引发话题。这些精心制作的游戏可以推动主机的销售，每部都能在故事的复杂性上再创新高。截止到2007年，索尼的PSP平台上已经有过一些该系列的游戏，但那些游戏要不就是像《潜龙谍影：数码影像小说》（Metal Gear Solid: Digital Graphic Novel）那样晦涩难懂，要不就是像《潜龙谍影Acid》（Metal Gear Acid）那样令人上瘾的卡牌游戏一样具备周到的旁白。而《潜龙谍影：掌上行动》是款动作游戏，看上去玩起来都和其他平台上的兄弟作品一样出色——同时它将挑战它们的地位。

　　游戏达到了令人惊叹的高度。把《潜龙谍影》系列那如同电影一般的潜入过程硬生生塞进一款机能有限且只有一个摇杆的掌机里，不是件容易的事。但

《潜龙谍影：掌上行动》几乎没有砍掉任何该系列的特点，故事延续了《潜龙谍影3：食蛇者》的剧情，在3代剧情发生后的1970年继续让玩家扮演斯内克。剧情复杂程度恰如其分，操作虽略显繁琐，但依旧可以让玩家方便地射击敌人、搬动尸体，在游戏中那些军事化环境中隐秘地爬来爬去。《潜龙谍影：掌上行动》里甚至还加入了一个新的小队系统。在游戏中，斯内克可以招募很多同伴一起进行那些困难的任务。

　　通常来说，当有不同之处出现时，都是有其原因的。任务目标都被设计为符合电车旅行的平均长度，而《潜龙谍影：掌上行动》的一大卖点，就是玩家可以轻松通过无线热点和GPS找到更多志同道合的战友。

　　《潜龙谍影：掌上行动》符合你所能想到的此系列游戏的所有特点——风格独特、系统复杂，充满聪明的小技巧。它为我们树立了一个榜样，一个如何将系列游戏移植到PSP上的榜样。另外它还告诉我们，虽然潜龙谍影系列一向销售业绩出色，但它也依旧在尽最大努力来满足爱好者们的各种渴望。**CD**

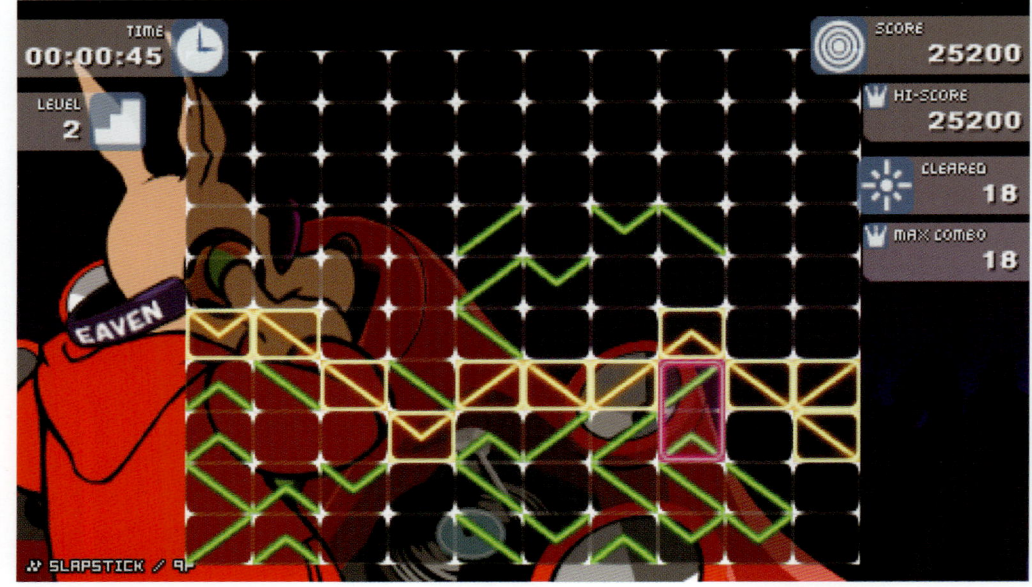

Gunpey
线条方块

发售年份：2006
平台：多平台
开发商：Q娱乐（Q Entertainment）
类型：益智

　　《线条方块》的故事，同时也是两位游戏大师的故事。第一个故事的主角是任天堂的横井军平。他是GB（Game Boy）之父，将自己的一生都献给了任天堂。其职业生涯末期因为开发虽理念超前但缺陷重重的VB（Virtual Boy）失败，而从任天堂黯然离职。他后来悲剧性地在一场车祸中丧生。第二个故事：水口哲也不仅仅是游戏界最出色的制作人之一，同时也是最有天赋、思想最开放的一个制作人。

　　横井军平的遗产之一可能就是我们现在已知的整个游戏产业。任天堂如今总在谈论的蓝海战略很大程度上不就来源于GB时期的理念吗？他为我们留下的另一份遗产就是《线条方块》。最开始它只是一款基本的解谜游戏，出在万代公司（BANDAI）的掌机WS（神奇天鹅［Wonderswan］）上——这款掌机也是横井设计的。最终水口哲也的Q娱乐公司重新将这款游戏捡了回来，为它进行了现代化的改造，在NDS及PSP平台上再度推出。它玩起来和《俄罗斯方块》差不多，游戏的目标就是将从屏幕顶端不断落下的线条连接在一起，在它们充满屏幕之前消除干净。如果屏幕被断掉的线条堆满，那么游戏就结束了。

　　《线条方块》与水口哲也其他那些掌机解谜游戏，例如《音乐方块》和《E3》差不多，都具备迷人的结构谜题作为游戏的核心，同时又以有水口偏爱的华丽风格的光线和声音为外表。事实上，当水口哲也开始开发《世嘉拉力》（Sega Rally）系列之后，他就渐渐开始努力将爱与和平、霓虹灯、迪厅舞曲等元素融入自己的游戏中。他的尝试结果之一，就是这款《线条方块》——该游戏也是对游戏界最被人忽视的梦想家横井军平的纪念之作。**DM**

Mercury Meltdown
水银熔化

发售年份：2006
平台：多平台
开发商：Ignition Banbury
类型：益智

  伟大的解谜游戏通常来说玩起来都很流畅，不过《水银熔化》是第一个将液体作为核心的游戏。制作者在PSP上开发出了一个滚动的有毒水银球，这款初代作品取得了成功，于是Ignition Banbury公司在开发续作时更加富有创造力了。

  在《水银熔化》中，依旧能看到《平衡球》的很多影子：你需要旋转一个迷宫，让一个或多个水银球滚到你所期望的地方去。你得让它们融合在一起以获得新的颜色，这样才能打开前进的门。但是《水银熔化》的关卡都更加复杂，玩家有更多融合以及分割水银球的方法，需要克服更多困难。你会遇到复杂的颜色谜题、积极主动的敌人，时间也是你的对手——毕竟水银球滚起来没有弹子球那么行动自如。游戏中有超过一百六十个关卡，很多关卡在你第一次玩到的时候，都会让你感到头痛不已——即使它们没有恶毒的强制时间限制，或者要求你必须保有一定量的水银到达关底也是如此。这些关卡分为十个主题，在游戏过程中你会渐渐解锁它们。最开始玩家只需要躲过那些砖块就可以，越往后关卡的地形就会越复杂。

  Ignition Banbury公司为《水银熔化》加入了派对模式，当然，丰富多彩的多人游戏模式也是少不了的。游戏的极客感十足，这让它看起来很有特点，颇具怀旧感。

  《水银熔化》不像那些经典游戏一样，有个你可以记住的角色。但是当你好久没玩再度将它捡起的时候，你也可以很简单地在它上面获得几个小时的快乐时光。你无法再要求一款解谜游戏能够做到更好了。**OB**

Naked War
赤地战争

发售年份：2006
平台：PC
开发商：Zee-3
类型：策略

《赤地战争》的名字，也许来源于游戏中的设定——当你的小士兵们被打败的时候，他们不会死，但是会失去自己的衣服（游戏的原名Naked War也可以翻译成"裸体战争"）。不过这也是个恰当的名字，因为制作者们借制作该游戏的机会表现出了自己的想法。这款游戏由开发了《围水方块》（Wetrix）系列的Zee-3公司制作，看起来很像是《高级战争》和《百战天虫》的结合体。而在《赤地战争》的背后，有一些小作坊式、DIY的代码存在。这种设计在部分程度上，是对目前主流游戏产业中不断高涨的制作费用，以及因为种种"大作"而两极分化的市场所进行的一种抵抗。

游戏里没有细节复杂的粗脖子陆战队员，也没有对巨型炸弹进行过度的描绘，它只是很简单的回合制策略游戏。卡通风格的士兵分为红蓝两个阵营，他们将努力争夺各种装在板条箱里的资源。在战斗过程中士兵可以获得很多升级，例如盾牌和急救箱。他们也可以驾驶坦克、直升机，或是操纵炮台向敌人射击。

最重要的是，每个士兵都带着胜利点，游戏的目标就是击败对方的士兵，集齐胜利点。不过胜利点是可以被对手抢回去的，这就使得每局游戏都有着独特的战斗情况。在某些情况下，被打倒的士兵们可以重新投入战斗，这就为战斗带来了更多的变数。战局不利的情况下，翻盘也是有可能的。

《赤地战争》的主要创新在于，它可以通过电子邮件在玩家间传播，这使得制作者们可以从传统的"发行商/开发商"合作模式中解脱出来。玩家们只需要花一点点钱就可以开始游戏，而玩游戏本身是免费的。但这种商业模式并不是使《赤地战争》特别好玩的原因所在，是那些设计奇巧的地形和色彩丰富明快的地图，那些复杂多变的战术挑战，那种身临其境的感觉，让玩家对它爱不释手。**DM**

Slitherlink
数回

发售年份：2006
平台：DS
开发商：Hudson Soft
类型：益智

你玩过那些拿起来就放不下的游戏吗？那些游戏就好像蛇一样死死缠住你，让你停不下手。《数回》就是这样的游戏。

日本的开发商Hudson是第一批利用任天堂NDS那令人意想不到的成功赢利的公司之一。它在发现任天堂这款新掌机能够发掘出新玩家受众的第一时间，就为其制作了一系列解谜游戏。这个系列的第一作是《解谜系列第一作：拼图谜题》（Puzzle Series Vol. 1: Jigsaw Puzzle），于任天堂NDS发布后的一年推出。这款游戏的封面就很明白地告诉了大家游戏的内容是什么，它里面只有一些拼图而已，不多不少。

半年后，和它一样朴素纯粹的《数回》发布了。它的乐趣是如此纯粹，根本不需要任何的修饰。《数回》原本是由日本游戏界的一流解谜公司Nikoli设计的（这家公司同时也是大获成功的《数独》的开发商），它是一款十分简单却又十分复杂的逻辑解谜游戏。在《数回》里，你要把一个个的点连起来。这些点分布在一个棋盘上，游戏的目标是把一条线把它们连起来，形成一个密闭的环路。听起来很简单，但游戏的挑战在于，棋盘上分布着一些数字，而数字四周的线段数量必须与该数字的值相同。玩家就必须利用逻辑知识来计算出，哪些点可以被线段连起来。

和那些伟大的解谜游戏一样，这个过程听起来很枯燥，但实际上玩起来却很有意思。玩家开始只会遇到很小的棋盘，慢慢地就会见到令人眼花缭乱的数字分布在巨大的棋盘上。若想完成游戏中所有的谜题，需要大概七十至一百个小时。但即使如此，你也无法抵抗重温那些谜题的诱惑，你会一遍遍地进行尝试，希望不断减少完成时间。最后，你会借此获得超强的记忆力——虽然仅限在这个游戏中。它是有史以来最有趣，也最容易上瘾的解谜游戏之一。**DM**

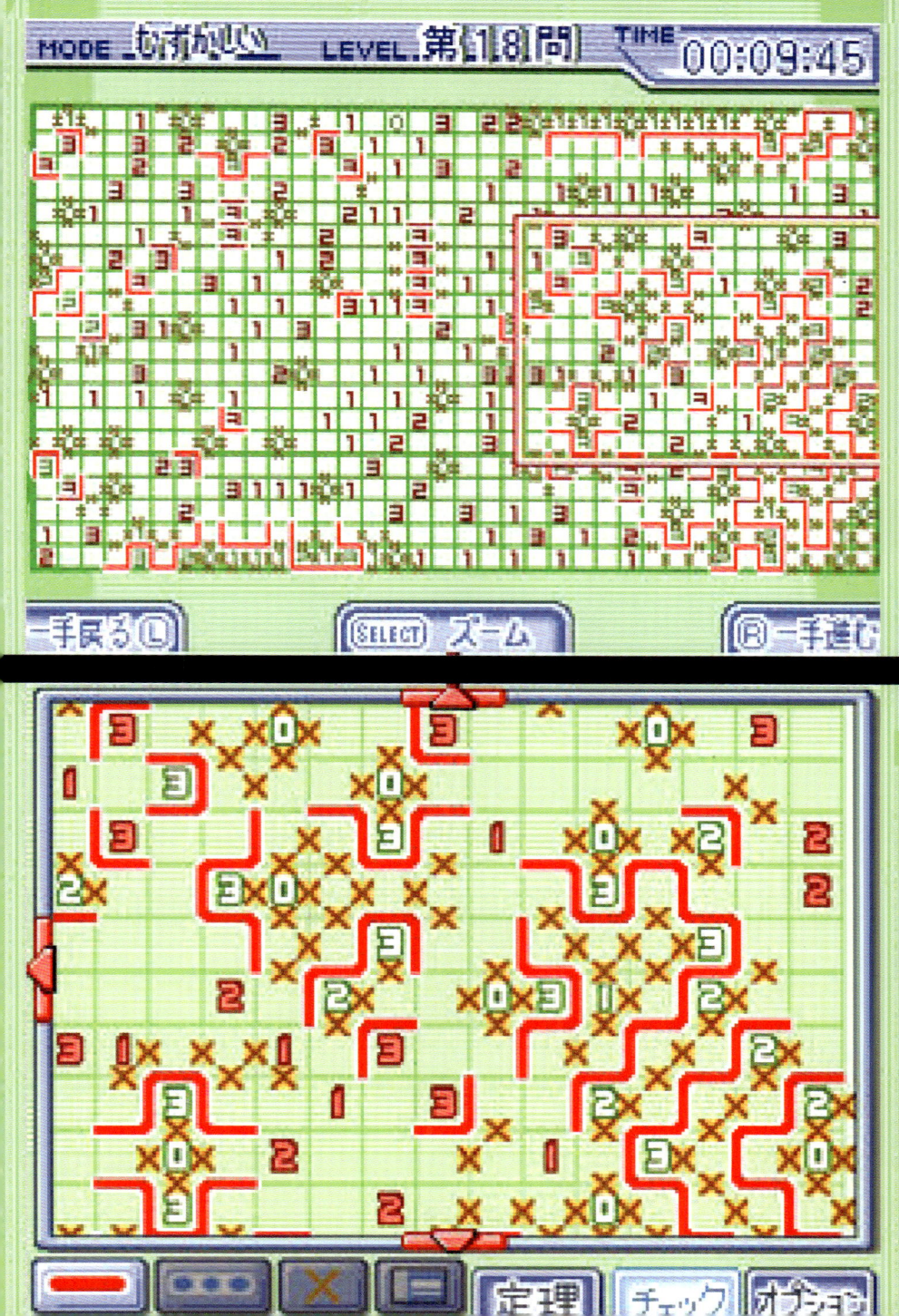

Gottlieb Pinball Classics
加特莱布公司的经典弹珠台（弹珠名人堂）

发售年份：2006
平台：多平台
开发商：远见工作室（FarSight Studios）
类型：弹珠台

弹珠台爱好者们对电子游戏产业始终抱有怀疑态度。毕竟这个产业的崛起，同时意味着弹珠台机的衰退。所以，利用真实世界中的弹珠台机（而且是由加特莱布公司开发的经典机型）制作电子游戏，听起来就像是落井下石。但《加特莱布公司的经典弹珠台》的设计者们本身就是弹珠台爱好者，他们一丝不苟地制作这款游戏，使它成为对弹珠台历史的一次致敬。

如何使三维电子弹珠的运行轨迹表现得和真实的十八毫米弹珠一样，是开发时最令人生畏的挑战。在这一点上，远见工作室比其他公司做得都好。弹珠台电子化过程十分完美，你甚至可以像真实的弹珠台一样，挤压台面以改变弹珠的行进路线。游戏中那虚拟的街机厅里有一些机台是开始就可以玩的，为解开其他的机台，你必须在游戏中完成一些特定的分数要求。这方式不错，可以让玩家更深入地去玩这款游戏，而不是像那些传统的仅仅追求高分的游戏一样枯燥。

本作收录的十一款经典机台跨越了七十年历史，从1932年出品的扑克主题的"花花公子"（Play-Boy，这款机台甚至没有辅助弹板）到电子弹珠台，应有尽有。这台古董和经典的"黑洞"（Black Hole）有些像，曾大获成功的"黑洞"上有个小型游戏面板（甚至还包括独立的辅助弹板），这块小型面板的位置就在主游戏区域下面。另一个经典就是"中央公园"（Central Park），它是19世纪60年代出现的又一款华丽的弹珠台。在那个时代，加特莱布公司正处于事业的巅峰，开发出了无数绘制华丽的弹珠台。本作可以作为一个弹珠台博物馆而存在，它保留了那些玩家对经典弹珠台的重要回忆，而对于大多数人来说，也许永远也没有机会见到这些弹珠台的实物。这款游戏并不是对弹珠台爱好者的羞辱，它是一个礼物，可以重新燃起你对弹珠台的热情。**JT**

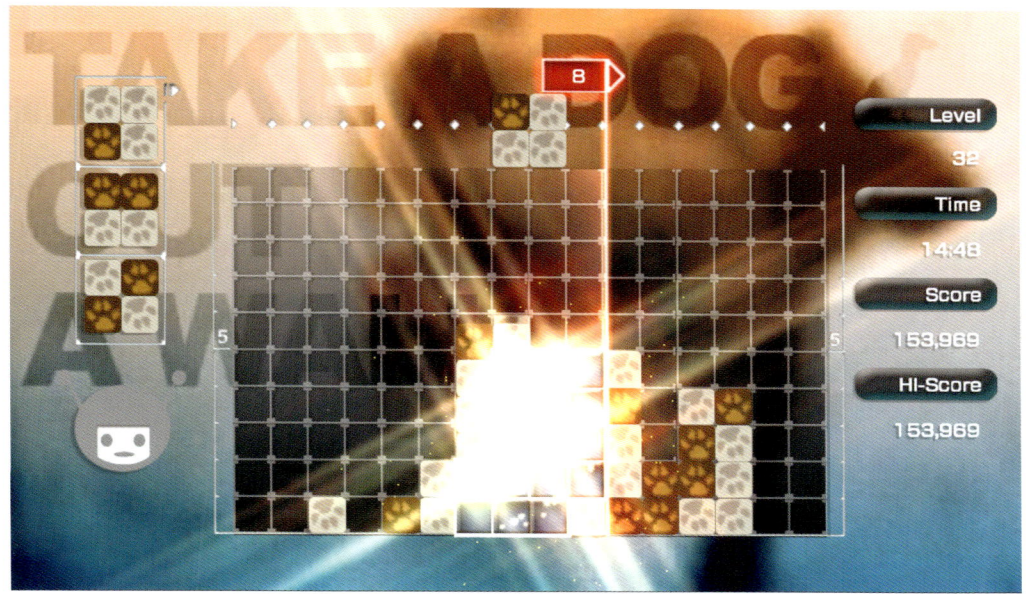

Lumines Live
音乐方块在线

发售年份：2006
平台：多平台
开发商：Q娱乐（Q Entertainment）
类型：益智

　　《音乐方块在线》告诉我们，只要游戏有品质有风格，那么在俄罗斯方块类型的下落方块式解谜游戏的世界中，就可以具有竞争力。这款游戏具有色彩丰富的华丽背景、节奏鲜明的日式迷幻音乐，还为经典的下落方块游戏模式加入了小小的有趣改动。

　　在PSP平台上，它是一款帮助主机在发售初期站稳脚跟的游戏，就好像当初为绿色屏幕的GB打下半壁江山的《俄罗斯方块》一样。后来它登上了微软的Xbox Live Arcade下载平台，在这里，它的定价是人们争论的焦点。《音乐方块在线》在微软的主机上发售时，被分割成很多部分出售，每一部分都不便宜。玩家们很快就做出了反应，他们认为自己被Xbox360平台上最有钱的Q娱乐公司一点点把钱都榨干了。

　　但是抵抗是没用的。《音乐方块在线》在高清晰度的电视屏幕上，和在你的掌机上一样让人上瘾。虽然它的方块消除和时间限制看起来有些像《俄罗斯方块》，但实际上玩起来和《俄罗斯方块》一点都不一样。那些可解锁的皮肤可以让你的游玩更加有乐趣，不过你可能会因为Xbox Live的文件下载上限而感到些许不爽。即使这款游戏出色的游玩体验会因为它那有些奇怪的模糊外表而略打折扣，但它同时还提供了一个稍微有些杂乱的多人模式，这个多人模式的优秀程度完全可以让你忘记它的瑕疵。

　　同时，绝对再没有任何事可以降低你玩它的无尽乐趣。你甚至都不会因为用手柄玩《音乐方块在线》过久，而感到关节的疼痛。**CD**

Rise of Nations: Rise of Legends
王国的兴起：传说再现

发售年份：2006
平台：PC
开发商：Big Huge Games
类型：策略

如果你想为科学类的即时战略游戏套上一层大胆的艺术风格，有什么能比莱昂纳多·达·芬奇的设定更合适呢？《王国的兴起：传说再现》和基于历史的《王国的兴起》系列游戏不同，它采用了更加有趣的幻想风格。不过，在《王国的兴起：传说再现》中没有兽人和精灵，也没有斧头对刀剑。它的背景来源于最古老、最伟大的战争：科技与魔法之间的战争。

在游戏中，第三个种族的出现使得另外两个种族联合了起来，这个种族使用着可能创造了人类的神力。制作者们知道如何利用这些设定为我们呈现出一场战争来。梵希族拥有着发条士兵、飞行机械，还有蒸汽朋克风格的摩天大楼，是这场战争的发动者。梵希族被米亚娜省和凡努奇省之间的内战所困，他们的创造力都使在了开发毁灭性的武器上，他们的领导人还沉迷于暴力和权力。这个故事由一起单独的谋杀案开始，最终变成了种族之间的灭绝威胁。

神秘的艾灵族加入了战斗。他们是沙漠之子，由于信仰的冲突而处于内战中。就在这两个种族打得难解难分时，克德族崛起了。这个崇拜虚假的外星神灵的部落，拥有着不可思议的技术和实力。

站在《王国的兴起：传说再现》身后的人，乃是《半人马座阿尔法星》（Alpha Centauri）的主策划布莱恩·雷诺兹（Brian Reynolds）。他是那么伟大，所以他不愿意简单地将这款游戏做成传统的即时战略游戏。《王国的兴起：传说再现》中的一些单位能有一座城市那么大，而因为有区域扩展系统的存在，城市最终能够升级为特大都市的规模。你可以把城市的某个区域造成一座巨大的蒸汽锤，它能够射出有房子那么大的弹头，射程可以横穿整张地图。在游戏的地图上，还有很多中立的种族，它们都具有十分精细的细节，足以让你体会到玩到了好游戏的感动。**DH**

Medieval II: Total War
中世纪2：全面战争

- 发售年份：2006
- 平台：PC
- 开发商：The Creative Assembly
- 类型：策略

这款游戏就是《全面战争》系列品质出色的证明，它是系列中最差的一作，但依旧保有了如此高的水准。《中世纪2：全面战争》是全面战争系列第二作《中世纪：全面战争》的重制版，使用了Creative Assembly公司为系列第三作《罗马：全面战争》所开发的新3D引擎。这个组合的效果十分令人兴奋。

游戏的形式依旧混合了回合制的战役和即时战略模式。在回合制的战役模式下，你可以控制中世纪的几股主要势力之一，在1080年至1530年间不断发展壮大自己的力量。战役模式的获胜规则是达到一些特定的要求，例如控制某些派系中的特定行省。虽然玩家可以选择是否进行即时战略型的战斗，但你要知道，中世纪的战场就意味着宏大的规模和迷人的战斗。这可是著名的骑兵冲锋加上强大的弓箭手的时代。在历史战役模式下，我们可以重温史上那些闻名于世的大型战役，例如公元1415年英军以六千人面对三万名法军的阿金库特（Agincourt）之战。你可以在这里体验到令人陶醉却又简单明了的历史知识。同时，《中世纪2：全面战争》的游戏引擎能够让你的部队在最大意义上接近历史中的那些部队——这款引擎支持每支部队里有四千八百名独立的士兵。

与原版的《中世纪：全面战争》不同的是，《中世纪2：全面战争》中的战场扩大到了美洲。欧洲人发现了美洲，他们便要征服它。对于一些势力来说，控制北美就是他们宏大战役的胜利条件之一。尽管这款游戏的优点多多，前作《罗马：全面战争》也获得了很大成功，但它那智力低下的人工智能和单位寻路能力依旧令人不爽——即使打了补丁也没有什么改善。这些缺点使战役和即时战斗模式都有些让人沮丧。总体来说，这是一款带有缺陷的史诗级游戏，不过依旧是经典作品。**JR**

Test Drive Unlimited
无限试驾

- 发售年份：2006
- 平台：多平台
- 开发商：伊甸游戏（Eden Games）
- 类型：竞速

游戏的广告词从夏威夷的瓦胡岛（Oahu）开始："享受最棒的乡村风光，感受从热带雨林开到城市中的惊人反差。在威基基岛体验大都会氛围、滑水和走向瀑布的远足……只有不到一个小时的路程，向风海岸，美国最好的海岸。"

如果世界上有那么一个地方里有着速度一流的跑车、昂贵的衣物、漂亮的人们，那么《无限试驾》的世界就是这儿了。它被称为一款规模宏大的开放世界型在线竞速游戏。伊甸游戏公司重新制作了当年Accolade公司（此系列最早的开发者）的经典作品，为我们还原了这座岛屿从东海岸到西海岸的全部路程。玩家可以在游戏中开上超过一千英里——这个数字已经被吉尼斯世界纪录收入册中。你要做的只是选择一个角色，带上一堆现金，然后去名车陈列室把钱花出去。

随后你要去找间公寓，坐进车里，打开游戏的地图，把视角拉到云端然后再调下来。你会发现视角可以拉得更远，最远的视角就好像是在一页地图上看自己一般。游戏里有时间挑战赛、普通的竞速赛，还有送东西的任务。警车也会在路上等待你违反交通规则。然而《无限试驾》最大的诱惑，是车窗中吹进的海风；你可以调大收音机的音量，看看脚下的路会把你带到哪里去。在游戏中，你不仅能获得赛车的乐趣，同时也可以用挣得的钱给自己的角色买新衣服、新房子、新车、给赛车升级——干什么都行。

从微观视角到宏观视角的切换，是《无限试驾》的另一个魅力所在。把视角切换到车里，你可以看到细节齐全的仪表板和抛光的金属隔栅；向远方望去，道路看起来都好像没有尽头一般。而且，《无限试驾》处于一个最广大的世界中，那就是互联网。在多人模式下，你可以简单地与其他人开始一场较量。**DH**

OutRun 2006: Coast 2 Coast
超越赛车2006：海岸

- 发售年份：2006
- 平台：多平台
- 开发商：Sumo Digital
- 类型：竞速

在人的一生当中，没有多少事可以像发现一款世嘉的经典游戏被重制那样令人兴奋。你可以沿着山脉上起伏的高速公路狂飙，在绿树成荫的街道上比赛，冲过霓虹灯闪烁的城市……这就是世嘉的经典赛车游戏《超越赛车》（Outrun）。我们可以回过头来看看1986年的第一作，那时它还是投币型的街机游戏，你会在它身上发现很多漏洞和瑕疵，当然怀旧的情节也一点都少不了。而2003年重新制作的《超越赛车2》就已经十分出色，连时间似乎都无法抹去它的光芒。

直到今天，《超越赛车2》依旧是游戏史上最令人兴奋的驾驶游戏之一。虽然它只具备最简单的物理性能，但却为我们提供了最爽快的驾驶体验。《超越赛车2006：海岸》重新制作了这款投币式的竞速游戏，对其进行了忠实的再现。它向我们证明，没有任何事物能比一次时机准确的强力甩尾更有感觉。同时，它还在前作那些出色的音轨之外添加了更多的音乐，在你开始单人游戏时提供了超过十五辆法拉利赛车供你选择。

《超越赛车2006：海岸》的迷你游戏比《超越赛车2》的更多。在你开始比赛前，会遇到逻辑测试、记忆测试、驾驶测试，还有一些其他的测试。不过没有任何一种测试是开车所必须经历的，相信我。

这一切的精心设计都很完美，但是最终你其实没法对《超越赛车》系列的核心驾驶体验做什么手脚，因为它已经是那么完美了。在这里，真正有趣的旅程就是开着车跑在路上。无论那些高速公路会把你引向数字谜题，还是要求你记住音乐的旋律，你会发现真正的乐趣只在于驾驶着法拉利开过云雾山或者是荒芜岭的山麓。**DM**

Tom Clancy's Splinter Cell: Double Agent

汤姆克兰西的分裂细胞：双重间谍

发售年份：2006
平台：多平台
开发商：育碧（Ubisoft）
类型：潜入

《分裂细胞》系列的第四作《汤姆克兰西的分裂细胞：双重间谍》，为该系列的英雄主角萨姆·费舍尔的爱国主义特点抹上了些阴影。故事由两个使他动摇的事件开始：一名新手因为他的命令而死；他的独生女儿在一名司机的醉驾中车祸丧生。不过他克服了悲伤，离开了日常的工作，开始了一次最为黑暗的行动：在一个恐怖组织中卧底。萨姆通过了该组织的考验，最终获得了新的身份。

在《分裂细胞：混沌理论》获得广泛的赞誉之后，育碧发现这个系列已经具有了很多无法更改的要素，于是他们只得开创出一条新路来。《双重间谍》中出现的萨姆，一般都不会穿着他标志性的战斗服和三眼夜视镜。他的任务通常都会有两个冲突性的目标，一些目标来自恐怖组织JBA（约翰·布朗军团），另一些则来自于他的老东家NSA（美国国家安全局）。他的忠诚一直受到双方的考验，他的卧底身份也可能会因为完成的任务目标不同而遭到威胁。而由于玩家通常来说都会在一定程度上盲从于任务给予者，可以说玩家的忠诚从一开始就已经被分成了两份。

《双重间谍》也是系列中第一次尝试让主角潜入人群的试验。在那些JBA的安全屋任务中，你会和自己背叛过的人擦肩而过，还得偷偷离开一个任务以完成另一个。最终任务也是首次出现的模式：在开放式的战场中，光天化日之下的隐秘任务。交战规则比以往都自由。《汤姆克兰西的分裂细胞：双重间谍》在《潜龙谍影4》之前就做出了风格独特的重点标示系统。《双重间谍》还为玩家提供了完全独立的多人游戏模式，值得你为它花更多的钱。在多人模式下，游戏为玩家提供了各种各样的间谍对战模式。**DH**

The Elder Scrolls IV: Oblivion

上古卷轴4：湮灭

发售年份：2006
平台：多平台
开发商：Bethesda Game Studios
类型：动作/角色扮演

每一代新的游戏主机，都需要一个重量级的游戏来告诉大家，它值得拥有。对于Xbox360来说，《上古卷轴4：湮灭》就是这样一款作品。从你开始建立人物走出下水道的那一刻起，到你走进泰姆瑞尔（Tamreil）那开放性的世界，都会被这世界的魅力所诱惑。你将探索每一个角落，沉浸在它的美库之中。

从寺庙的废墟、远方的山丘和山谷（它们上面生长的植被都根据海拔高度会有不同的变化）到游戏中的城市和地牢，《上古卷轴4：湮灭》能为你提供电影级别的视觉体验。著名演员帕特里克·斯图尔特（Patrick Stewart）、特伦斯·斯坦普（Terence Stamp）以及西恩·潘（Sean Bean）的配音会让你更加爱上这个世界。泰姆瑞尔绝对是一个巨大的世界，你会欢快地走过它的每一个角落（或者是骑马跑过，如果你得到了一匹马的话）。当然，会有一个故事情节推动着你走过那些大陆和关键的地点，但是就和前作《上古卷轴：晨风》一样，你可以自己选择什么时候去做那些主线剧情任务。

真正令人印象深刻的是，这款沙箱型游戏可以让你入戏多深。如果你经常偷东西或者打架，就会引起盗贼公会或是战士公会的注意。随后你就可以接到很多支线任务，渐渐存下一笔钱财，顺便在练习中提高技能。你会因为沉浸在支线任务中而渐渐忘掉主线剧情。当然，它会一直在那里等着你，不弃不离。

战斗的形式很自由，与那些形式僵化的老式角色扮演游戏差别巨大。魔法十分绚丽。游戏中有不计其数的NPC，跟他们聊天通常都很有意义。技能提升系统十分讲究，你也不需要进行什么微操，一切都很简单。Bethesda公司制作的这款游戏的主题就是冒险，随时随地。如果你想在游戏中迷失自我，那么你一定要玩玩这款《上古卷轴4：湮灭》。**OB**

The Legend of Zelda: Twilight Princess
塞尔达传说：黄昏公主

- 发售年份：2006
- 平台：GameCube, Wii
- 开发商：任天堂（Nintendo）
- 类型：动作／冒险

虽然说很多玩家都喜欢2002年推出的《塞尔达传说：风之杖》，但是《塞尔达传说：时之笛》的爱好者们还是渴望着能够见到更加合适的续作。在他们心中，那是款可以保留《风之杖》那种更加传统的3D艺术风格的"塞尔达传说"，可以让玩家们回到海拉尔王国那广阔的原野和草原上，跟着长大的林克一起探索这个世界。《塞尔达传说：黄昏公主》满足了他们的愿望，只不过同时也付出了不小的代价。

当然，这款游戏的所有内容都满足了玩家的需要，但也许这正是问题所在。虽然《塞尔达传说：黄昏公主》依旧是华丽的游戏冒险，但和这个出色的系列中的其他游戏比起来，就显得有些局限性，有些似曾相识。所以说，回到海拉尔王国再次面对那些谜题

和挑战这件事，也许是祝福，同时可能也是诅咒。格隆族和佐拉族也回归了，过去曾经出现过的寺庙至少也有一个再度出现在游戏中——比原来的版本更难，也更加复杂。当然，《黄昏公主》也有几个新点子。林克在进入可怕的黄昏领域时可以变身成狼，追寻气味的踪迹。黄昏领域中的一切都笼罩在一层霓虹灯光似的光晕中，这种感觉和系列里的其他作品完全不同。就游戏整体来说，《黄昏公主》就好像是对这个系列过去的成功作品致敬，不过却没有多少创新。

如果有什么系列的游戏宁愿循规守据、保持传统，而不是对自己进行有创造性的重复，《塞尔达传说：黄昏公主》就是这样了。虽然它在从NGC平台转向Wii的最后一分钟才加入了体感操作功能，但《塞尔达传说：黄昏公主》依旧可以说是一场良心十足、令人记忆深刻而又感觉温暖的冒险。这款游戏在任何其他的系列中，都可以算是巅峰之作。只有在这里，在塞尔达系列里，它就只能躲在那些出色的兄弟姐妹身后，带着些许失望之色仰望天空。**CD**

Viva Piñata

宝贝万岁

发售年份：2006
平台：多平台
开发商：Rare
类型：模拟养成

　　《宝贝万岁》的发售配合着儿童动画的上映，这种吸引孩子的市场战略下掩盖着一款Xbox360上画面最精美的策略游戏。玩家拥有着一块孤独且杂草丛生的土地，你的任务就是把色彩斑斓的皮纳塔（piñata）宝贝吸引到自己的花园里来定居、繁衍、互相捕食，直到这块小破土地变成能够自给自足的生态系统。华丽繁复的色彩让《宝贝万岁》看起来很显眼，但它实际上是一款可以让人有些上瘾、节奏合理的策略游戏。这才是它令人难以忘怀的真正原因。

　　如果有什么问题的话，那就是这款游戏还是太复杂了。在你的想法和最终游戏的执行之间，有很多层菜单阻拦着你。这种断层在早期的关卡中，可以让你觉得这款游戏的要求非常苛刻，以至于最后你会把给植物浇水和照顾皮纳塔这些动作变成下意识的行为。这是开发商Rare公司的一大败笔，虽然这家公司曾经做出过很多出色的横版过关游戏，但这次的《宝贝万岁》却做得表面可爱但是内在复杂过度。开发者们在做出可以令人接受的界面这件事上苦苦挣扎着。

　　是游戏角色的设计，以及逐步提升的游戏节奏，最终打破了界面这令人痛苦的障碍，使我们可以体会到这款游戏的乐趣。皮纳塔们的颜色丰富多彩、性格十足，它们的纸质羽毛和毛发在空中随风飘荡，异常美丽。你可以繁殖出小皮纳塔来吸引大家伙们，那些潜在的新居民们可能会在你的花园周围徘徊好几周，最后才会小心地踏入你的领地。伟大的游戏总是在胡思乱想中产生的。"为什么不是我的吱吱泡泡糖引来了那只嘶嘶熊呢？""必须保护好我的长毛兔兔！""滚开，酸壳豆！"《宝贝万岁》就是从这样的妄想中诞生的，它向我们展现了制作者经久不衰的天才创意。**KM**

Trauma Center: Second Opinion

超执刀：二次鉴定

发售年份：2006
平台：Wii
开发商：Atlus
类型：医学模拟

　　Atlus不是第一家看到手术题材具有游戏改编潜力的公司，但他们也发现这个创意实施起来没那么简单，手术不是把器官割下来就行的。他们避开了真实的手术模拟，做出了发生在手术室里的《超执刀》系列。一台大手术被分解为一个个要求精确的小游戏，在打开病人的胸腔时，你必须在手术策略和伤害控制间找到平衡。玩家所切开的切口也具有自己的评价，这和《鬼泣》系列的过关评价看起来没什么两样。但如果病人没能撑过手术，这评价也就毫无意义了。

　　《超执刀：二次鉴定》是NDS上该系列第一作的重制版，这款游戏和Wii的遥控器真是天作之合。例如说缝合这个操作，和Wii的遥控器比起来，NDS的触摸笔就好像根本没有操作感一般。实际上，在《超执刀：二次鉴定》中Atlus使这种体感操作更加好玩了。Wii的遥控器和双节棍控制器结合，就可以变成心脏的除颤电击器；利用Wii遥控器的旋转功能，还可以更加精确地进行骨头复位治疗。还有个特别棒的设计是AB键的组合，从肌肉中拔出玻璃碎片时，你必须一直按着这两个键，而它们会为你提供独特的触感。

　　从NDS的小屏幕来到电视的大屏幕上，也让本作有机会借鉴那些医学类的电视剧。在游戏中你会看到一种人造病毒的爆发，它的名字叫做罪蚀（GUILT，神经性肌营养相关蛋白免疫潜伏毒素）。这种病毒会摧毁病人的肺部，游戏里那个发型华丽的医生总是在对别人喊着病人大限已到。病人的名字很多都来自于电视剧中的知名医生，以及那些扮演他们的演员。后来，游戏中还加入了合作模式、在线排行榜，甚至还有更夸张的发型。虽然游戏十分有趣，但是在医学院中挣扎的那几年，依旧是你作为医生最重要的基础（据说它被很多医学院的学生当做十分有意义有趣味的课程）。**MC**

Slaves to Armok II: Dwarf Fortress
阿莫克之奴2：矮人要塞

发售年份：2006
平台：PC
开发商：Bay 12 Games
类型：经营模拟

　　《矮人要塞》看起来是那么富有极客味，在它全名的每个冒号间都散发着这种味道。它的全名如下："阿莫克之奴·血神第二章：矮人要塞"（Slaves to Armok:God of Blood Chapter 2: Dwarf Fortress）。它同时也是21世纪以来游戏界最令人着迷、最非凡的成就之一。没有游戏的世界能比它更加广阔、更加疯狂、更加壮丽，或者是更加能够使人玩起来就开始离群索居。《阿莫克之奴：矮人要塞》的核心，是人们通常所说的"侠盗"型游戏。在游戏中你要控制着一个小字母（通常来说是ASCII码），去探索随机生成的地下城。这是个合适的描述，但这点内容连《阿莫克之奴：矮人要塞》的一丁点游戏体验都算不上。

　　摆在你面前的是个由各种人类人种族组成的小型探险队，你得用岩石和土壤为他们建造出一块可以立足的地方。游戏的关键词就是模拟，它试图为玩家建立出一个真实的环境。在游戏一开始你就得创建世界，这是个逼真的过程，它将为你创造出各种地形，然后让时间流逝几千年。光是岩石的种类就有无数种，你可以在游戏中找到从植物到大象的一切。甚至矮人们都具有自己的心理活动，他们会悲哀、有自己的愿望，当然也会发疯。当你造出一个矮人，并时刻防着其他人把他抓去做成矮人皮皮靴时，你就知道自己正在玩的是《矮人要塞》了。

　　英雄们的存在基本就是个悲剧。这款游戏被援引最多的那句座右铭就是"失败即是乐趣"。本作的陷阱之一就是它的界面，那些东西复杂得让人发狂。虽然也许界面问题最终将得以改善，但那也是在开发者们修补完游戏中的其他问题之后了。不幸的是，这一天似乎永远不会到来。对开发者和玩家们来说，这都是款令人着迷、独一无二、伟大异常的游戏。**KG**

Pokémon Diamond and Pearl
口袋妖怪：钻石/珍珠

发售年份：2006
平台：DS
开发商：Game Freak
类型：角色扮演

　　在口袋妖怪的世界中，有无数种怪物。随着系列的发展，越来越多的怪物被加入到这个世界里。不过这个系列的基石就在于玩家们可以通过简单的相克关系来对战。电击系的怪物（具有电击能力的口袋妖怪们，其代表就是吉祥物皮卡丘）面对水生系的怪物时非常具有攻击力，而面对陆地型怪物时就失去了力量。这是因为水生系怪物可以导电，而陆地型怪物则接了地。

　　从这些基础上，渐渐站起了一个商业帝国（有时由特定的作家来进行衍生作品的创作。你要记住的是，"口袋妖怪不是生物，它们就是口袋妖怪"）。口袋妖怪的族群越来越庞大，到《口袋妖怪：钻石/珍珠》这一作的时候，游戏中已经有了超过五百种口袋妖怪。它们被分为十三种类型，而且还有混血怪物的存在。游戏中和往常一样的部分依旧是刚开始的教学部分，在开始的一些挑战中游戏将一步步引导你前进，直到你掌握了基本操作为止。随后你就可以自己去探索这个广阔的世界了。

　　这种设计很有帮助，因为《口袋妖怪》的游戏内容总是十分庞大的冒险历程。开始的时候你只是一个孩子，只拥有一只口袋妖怪；你的野心就是成为一名伟大的口袋妖怪训练师。几百小时后，你就会成为一名口袋妖怪大师，坐拥一只由数百只口袋妖怪组成的大军。《口袋妖怪：钻石/珍珠》具有在线功能，玩家可以在全球范围内交换怪物，进行战斗。这就意味着对一些玩家来说，这款游戏永远不会完结。

　　在某些程度上来说，它是有史以来最复杂的角色扮演游戏之一。但是对于它的数百万玩家来说，它的核心玩法却是最简单不过的设计。《口袋妖怪：钻石/珍珠》完完全全就是那些玩家心中所想要的游戏，他们能够从中获得所有乐趣。**RS**

Tony Hawk's Project 8
托尼·霍克滑板：八强计划

发售年份：2006
平台：PS3, Xbox 360
开发商：Neversoft
类型：体育休闲

《托尼·霍克滑板：八强计划》里可能会有滑板运动员做到的各种动作，例如ollie（双脚带板起跳）、grind（碾磨），或空中转向。游戏里也会请来专业运动员做动作捕捉，如罗德尼·木伦（Rodney Mullen），还有霍克本人。你在游戏里可以跃起十码高，在Hosoi滑板上做出360度的脚后跟踢板动作。但这并非一款滑板模拟游戏（想找这种游戏，不如去试试艺电的《滑板》），而是一款生活方式的模拟游戏。

进入游戏后，你身处于超现实的美国郊区，有些大卫·林奇的风格，有些《狗镇之主》（Lords of Dogtown）的感觉。有穿着吉祥物人偶装的男子漫步，诺基亚和杰森·李（Jason Lee）的Stereo滑板公司植入了广告。你不仅仅在玩滑板；你要为角色穿上低调时尚的装束，听着卡萨比安乐队和死亡金属之鹰乐队的曲子，让他们飞速地滑上涂满涂鸦的半管场地。这并不只是个滑板游戏，它所表现的是种亚文化。

是什么让此作在这个已出了十多年的系列中达到巅峰呢？其实并不是因为它在传播那种街头文化的生活方式，而是它的即时可玩性。进入它所构建的城市丛林中（没有读盘时间，不过偶尔画面会有点丢帧），马上你就可以放下滑板开始自由滑行。你想在房顶边缘做个碾磨滑行，借此吸引到托尼的注意，加入精英的"八强计划之队"吗？去做吧。想在飞跃披萨饼小屋时做个单脚抓板尾，然后再翘起滑板用单轮滑过那个肥胖的房地产商身边吗？随你去做，失败的动作都很有趣，怎么二怎么来，看看能花掉多少医药费。

游戏一大亮点就是翻板特技。这是开启慢动作子弹时间的模式，启动后你可以尽情做翻板动作。游戏就是为滑板艺术所创建的一个母体空间，你可以随意完成真实的爱好者们只能在梦中完成的特技。现在是时候放松身心，去踩上滑板做出各种华丽的动作了。**JRu**

Virtua Fighter 5
VR战士5

发售年份：2006
平台：多平台
开发商：世嘉（Sega）-AM2
类型：格斗

它是格斗游戏中的格斗游戏。无论《街头霸王》和《铁拳》最新作有多么出色，与《VR战士》系列那沉着成熟的大师风范相比，依旧像是散漫的小孩。原因也很简单：在《VR战士》里，格斗不仅仅是出拳和踢脚那么简单，你必须把这些动作连接起来。

刚开始玩时，《VR战士5》的节奏看起来会比那些动作激烈的竞争者们缓慢不少，但实际上对手之间隐藏在表面之下的碰撞会更激烈，玩家需要更敏捷的反应能力。你可以去看看职业玩家间的战斗，有时你就能看出，在他们的交手中，会有那么一瞬间好像世界都静止的感觉。那就是他们在思考，他们要在按下什么键之前考虑好下一步的动作，而这一切都发生在眨眼之间。而在技术不那么熟练的玩家手里，《VR战士5》看起来也一样出色。不过你也的确需要基本掌握操作，了解所选角色具备的格斗风格，而不是乱打一气。它的底蕴是那么深厚，那么吸引人，以至于你都会忘掉这是一款打起来多么华丽的格斗游戏。

《VR战士5》的角色动画十分流畅，完美地还原了各种流派的武功。它所构建出的场景也十分迷人。战斗场景包括一座孤峰的顶端、一座被霓虹灯和噪音所包围的笼子、及踝深的湛蓝海水，还有一座被铜质建筑围绕的寺庙。而你的战斗始终是这些设计的核心所在。

那些新的角色——例如艾尔·布雷兹（El Blaze）——为游戏带来了完全不同的新战斗风格。但是在这十多年里，开发者们总是可以很轻易地为新角色和老角色之间的实力做到完美的平衡。毫无疑问，《VR战士5》是系列里最棒的一作。这是一个不断对自己进行精雕细琢的系列，它不需要再次进行创新。如果一款游戏太过尊重它的玩家，那么它就可能毁掉自己所创立的一切。**RS**

Virtua Tennis 3

VR网球3

发售年份：2006
平台：多平台
开发商：世嘉（Sega）-AM3
类型：体育休闲

  自从1999年街机平台上推出第一代作品后，《VR网球》这个系列就用独特而又不完全模拟现实的风格，为古板的网球模拟游戏带来了活泼的新鲜血液。《VR网球3》于2006年在街机上发布，一年后世嘉就发布了各项内容都经过强化的家用机版。它是该系列的巅峰之作，你可以看到华丽的动画、细节丰富的网球场，还有一批著名网球选手令人兴奋的出场。

  《VR网球3》的核心是一套直观得惊人的控制系统。这套通过按键的压感程度控制球速的系统中只有三个按键：吊高球、侧旋球和上旋球。初学者可以在刚开始比赛时摸索出自己的打球方式，随着他们打出越来越多刁钻而又快速的好球，他们的信心也会提高。而如果想打出高速的快球，你只需尽早按住按键就可以提升击球力量。简单的操作再加上球员流畅的移动，《VR网球3》为我们提供的网球体验就是如此让人着迷。实际上，铁杆体育迷们所追求的真实性并不是这款游戏所要达到的目标。它是一款充满乐趣和戏剧性的游戏，因此，几乎每一个压着边线的好球，都可以被球员们用飞身救球这种高难动作救回来。

  家用机版本的一个重要内容就是世界巡回赛模式。在这里，玩家要建立自己的网球新星，操纵他开始自己的职业生涯。你要参加各种比赛，还要去尝试各种类型的迷你游戏，以提升自己的网球水平。你得考虑好要主攻哪些关键技能，是练习发球、上网截击、步法还是底线回球的精确度。那些看起来傻傻的迷你游戏包括用网球击倒不断前进的一片机器人，在发球线上用网球打倒大号的保龄球瓶，还有跑来跑去收集巨大的水果等等。这就是《VR网球》的魅力所在。虽然2K游戏的《上旋高手》（Top Spin）系列一直坚持着真实的网球模拟，但他们可没法让你用网球玩一次宾果游戏。**KS**

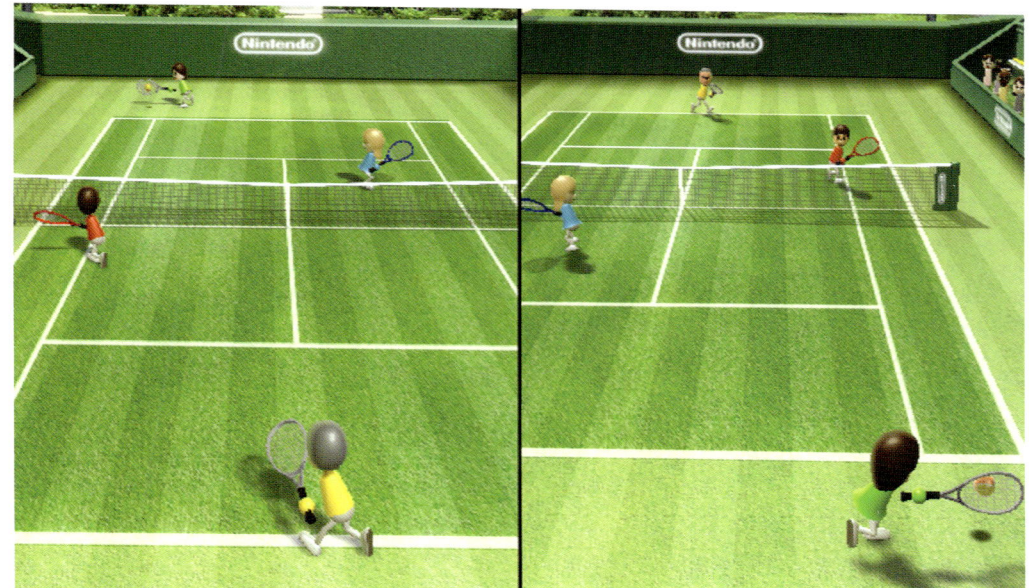

Wii Sports
Wii运动会

发售年份：2006
平台：Wii
开发商：任天堂（Nintendo）
类型：体育休闲

《Wii运动会》与每台Wii进行了捆绑销售。它可以让玩家们简单地对任天堂这款略有些古怪、可以给人带来快乐，但却不太可能在世界范围内大获成功的主机产生一个初步印象。然而，这款游戏并不仅仅是技术演示，也不算是教程。在毫无个性的界面、没意思的进度图表和乏味的菜单之下，隐藏的是一组小游戏集合。它们令人上瘾、设计出色、简单但却有趣。

在《Wii运动会》里，你能玩到保龄球、拳击、网球、棒球，还有高尔夫，如此多的选择保证了你不会被一种小游戏所束缚。它们都是很不错的消遣，玩一局也不会让你花费太多时间，完全可以在晚上和朋友聚会的时候随时玩上一玩。尤其是其中的拳击游戏，你要在电视前做出躲避、挥拳或是大力刺拳的动作，那种乐趣完全可以吸引住年近三十的老玩家。这些都是吸引力惊人且十分激烈的团队运动，大家会玩得不亦乐乎。是时候把电视前的沙发推到一边，看着朋友们做出各种夸张的动作了。

你可以把自己的虚拟形象导入游戏，作为操纵的角色，但这个举动带来的风险和乐趣一样高——例如打棒球的时候，你打出的一记完美的高飞球在落地前的最后一秒被自己的奶奶接住，你被接杀出局，那真是难堪。虽然没有人喜欢被自己的弟弟、杰克·布莱克（Jack Black，著名笑星）、V字仇杀队中的主角或是自己家的狗在各项赛事中击败，但这样的游戏设定还是可以提高玩家的体育道德，让大家笑声不断。

《Wii运动会》是个现代的经典游戏。它那种动态操作很好地掩盖了Wii本身因为先天机能不足而造成的画面模糊感，后来也很少有游戏能做到这一点。如果你有一台通过合法渠道购买的Wii，那么你肯定已经拥有了这款游戏。实际上，很可能现在你就在它的开始界面上了。**CD**

Dreamfall: The Longest Journey
梦陨：无尽的旅程

发售年份：2006
平台：Xbox
开发商：Funcom
类型：冒险

  对冒险游戏玩家来说，没有任何游戏的名字能比《梦陨：无尽的旅程》更具吸引力了。这款发布于1999年的点击式冒险游戏，质量远超人们的期待。如今它和《冥界狂想曲》一起，并列成为了冒险类游戏的代表之作。它的续作让玩家等了很久很久（大概七年），不过《梦陨：无尽的旅程》值得这漫长的等待。

  游戏故事发生在前作的十年后。玩家将扮演一名叫做佐伊·卡斯特（Zoe Castillo）的女孩，她充满街头智慧，魅力十足，正在学习生物工程学。有一天她开始收到奇怪的信息，一个小女孩在信息中恳求她"救救爱普尔·莱安（April Ryan）"。从这时开始，她就被卷入了一场宏大的冒险。她将来到科技世界斯塔克（Stark）和魔法世界阿卡迪亚（Arcadia），追寻梦境的秘密。《无尽的旅程》充满想象力的艺术设计拒绝刻板和陈腐的想法，除非是刻意为之。这种设计能让人玩起来都不会感到累。例如说，佐伊对阿卡迪亚的一座城市有着令人难忘的描述，她说"它看起来就好像从角色扮演游戏中跑到现实里的城市一样"。这种俏皮的描述比比皆是。

  和《断剑：沉睡之龙》（Broken Sword: The Sleeping Dragon）一样，本作试图加入战斗和潜入部分，以重振冒险游戏这个日薄西山的类型。游戏没有沿用传统的固定视角，而是采用了近距离的第三人称视角。

  不过，把它当成动作游戏的玩家是会失望的。这是一款着重于叙事的游戏，它的乐趣来源于节奏紧凑的脚本场景、配音员杰出的声音演出，还有充满激情的情节叙述。虽然狂热的点击式游戏爱好者可能会因为这款游戏对商业性的妥协而感到惋惜，但开发商Funcom依旧应该因勇于创新而得到嘉奖。他们在游戏中所表现出的叙事功力为其他厂商建立了一个新的标杆，说是前无古人也没有太大关系。**BM**

Rayman Raving Rabbids
雷曼：疯狂兔子

发售年份：2006
平台：Wii
开发商：育碧（Ubisoft）
类型：聚会

《雷曼：疯狂兔子》有点像当年那个科幻喜剧《默克与明蒂》（Mork & Mindy）。其主演罗宾·威廉姆斯曾在当时的著名情景喜剧《幸福的日子》（Happy Days）里客串，随后被《默克与明蒂》的导演看中，担任了主角。《默克与明蒂》把所有的希望都压在了这个新人天才的表演上。育碧一直以来的英雄雷曼有着这样一些敌手——长着大龅牙、疯疯癫癫还有些知名度的疯兔。在《雷曼：疯狂兔子》里，它们就好像是当年的罗宾。只不过在游戏界，这种让之前作品中的配角担任主角的做法并不一定能够保证成功。

《雷曼：疯狂兔子》是在Wii上推出的。而直到游戏发售那天，主机能否成功都是未知。它可能是第一款由主机的特点来定义自身模式的游戏。《雷曼：疯狂兔子》是组迷你游戏的集合体，存在目的就是让你站在一屋子的家人面前疯狂地挥动手中的遥控器，自然，这会让某些人感到尴尬。举个例子，在一个迷你游戏里，疯兔要以链球的形式丢出一只牛。这种脱线的幽默风格，和十多年前的《蚯蚓战士》如出一辙。

《雷曼：疯狂兔子》从某种意义上来说是其开发者的一件反常作品。育碧曾经将彼得·杰克逊（Peter Jackson）的电影《金刚》改编成了很不错的游戏，通常来说他们的注意力都集中在改编好莱坞大片上，而不是和任天堂争夺全家同乐的家庭娱乐市场。实际上，育碧也把詹姆斯·卡梅隆（James Cameron）的《阿凡达》做成了游戏。同时，其名下的《波斯王子》系列也被改编成了电影。

所以也许《雷曼：疯狂兔子》离这家公司的大银幕战略并不遥远。顽皮的兔子们就已经是天然的电影角色了，而疯兔们进入儿童节目很明显并不是什么难事。它们那热闹而滑稽的尖叫声，至少也足以吸引到一些导演的注意力了。**JBW**

Microsoft Flight Simulator X
微软模拟飞行X

发售年份：2006
平台：PC
开发商：ACES
类型：飞行模拟

　　微软的这个飞行模拟游戏，到现在已有二十五年以上的历史。它的诞生时间比这个软件巨人开始策划Xbox主机项目都要早很多。和体育类游戏一样，微软模拟飞行系列的每个版本也都会有些许不同，对于休闲玩家来说，这些差异基本可以忽略不计。但在这个系列的铁杆爱好者们眼中，可以调整机翼的曲度来控制飞机爬升和俯冲时的速率，或是当飞机穿越大气湍流时视角会发生抖动这些改动，就是让这个系列越来越完美的关键性小细节。

　　任何款出色的模拟游戏，其标志都是整体上的完美表现。《微软模拟飞行X》（通常被简称为FSX）对于那些希望体验短途飞行的玩家来说，就是业界标杆。在核心游戏体验方面，它的表现符合预期。模游戏的优劣判断程度，是根据它与真实事物有多大区别而定的。FSX在这一点上完全可以让你信服，和真实的飞行一样，你必须时刻关注无数的细节。

　　行李车就位，燃油车就位，你的飞机已经做好起飞准备。真实的道路数据信息为FSX里的地形提供了依据，你会发现一切都像是真的。此外，微软模拟飞行系列游戏有个庞大而活跃的在线社区，通过游戏中的"分享天空"这个在线功能，玩家们可以一起进入一个驾驶舱进行操作。每当你的游戏中加入一个新玩家，飞机的升限就会提高到三万米以上，之后你的飞行高度还可能会超过地球直径的两倍（约25512千米，FSX的极限飞行高度约为地球直径的2.39倍）。不过，这款游戏的发售也意味着一个伟大的系列的终结。由于经费的缩减，微软关闭了ACES工作室，让玩家们继续看到微软模拟飞行系列新作的愿望完全化为泡影。然而，这种举动无法阻止那些爱好者们。他们依旧为《微软模拟飞行X》制作着各种插件，努力让它继续保持活力。**JBW**

Ultimate Ghosts 'n Goblins
极魔界村

发售年份：2006
平台：PSP
开发商：卡普空（Capcom）
类型：平台动作/格斗

　　当老制作人重新把目光投向他们十多年前的作品时，其结果可能超凡入圣，也可能毁天灭地。换种说法就是，为当年那些手绘风格、画面精美的平台动作游戏进行3D化，或把街机上的摇杆和按钮那种操纵模式移植到如今的手柄上。以上的努力可能都会很烂，要不就是特别棒。看看当年的牺牲者吧：《战斧》（Golden Axe）、《洛克人》、《合金弹头》、《炸弹人》、《蚯蚓战士》，这些曾经的一流作品基本都死在这种尝试中了。不过，当"F教授"藤原得郎（《生化危机》系列的制作人三上真司称他为"可怕的大师"）再度出山，重新为二十一年前第一个作品《魔界村》制作新作时，这款《极魔界村》就成为了平台动作游戏的王者。

　　《极魔界村》的命名恰如其分：它的人物采用了3D的模型构建，但模式依旧是固定的横向卷轴。在充分利用索尼这款掌机性能的同时，也保持了该系列的一贯风格。所以，它仍然对操作要求极其变态，每次跳跃都需要玩家保持冷静的头脑，同时也要进行大胆尝试。退缩，你会死；犹豫，你也会死。不要以为PSP的宽屏就可以让你更早看到敌人，有更多思考的空间：大屏幕只能让卡普空塞进更多造型独特的敌人来。

　　可解锁的传送点，利用盾牌实现飞行，丰富的关卡设计，把玩家逼到绝境的Boss……就像你在游戏中的辗转腾挪一般，本作也进行了自我进化。你要先活下来，再谈打穿它。你必须使用新武器打倒几乎无解的敌人，使用新技能抵达遥不可及的地点。如果这款已达到了"极"的境界，那么《极魔界村 改》（Goku Makai-Mura Kai）是什么样子呢？《极魔界村 改》从未在亚洲之外的地区发售过，它重新加入了1998年的《大魔界村》中的蓄力魔法攻击，调整了难度，玩家也可以在游戏开始时获得更多的能力。虽然有诸多改动，但玩家依旧可以感受到原汁原味的魅力。**DH**

Ace Combat 6: Fires of Liberation
皇牌空战6：解放的战火

发售年份：2007
平台：Xbox 360
开发商：南梦宫（Namco）
类型：飞行模拟/战斗

南梦宫的《皇牌空战》系列是一个著名的公式化的空战游戏系列，它因为两个特点而获得了大众的认可：飞机越来越真实的造型，还有以几何级数增长的空战美感。因为角色的戏剧性和故事的背景总在变化，所以对于这个游戏最好的描述，是过关之后的飞行轨迹重放。战机的飞行轨迹在空中不断扭转缠绕，就好像装饰性的缎带一般美丽。而《皇牌空战6：解放的战火》在保持以上特性的前提下，是系列中故事性最好的一作。

这个游戏的画面有时甚至很难和现实区分开来。如果你想要张游戏截图的话，那就靠在窗边抬头看看天空吧。但是别往下看，因为游戏中的地面看起来就不像照片了。街道、房屋、大地和波浪并不像无法触及的天空那么容易制作，但至少在《皇牌空战6：解放的战火》中，它们看起来不像是一锅粥了。这要感谢Xbox360的强劲技能。这个游戏甚至尽力在街道和摩天大楼中做出了危险的城市峡谷。

在城市中来回滚转，感觉有点像被困在一台洗衣机中。但是南梦宫这个制作了满载剧情的格斗游戏《铁拳》的公司，很擅长如何给战斗加点料。游戏的背景是一场虚构的战争，战争的双方为Emmeria共和国和Estovakia联邦。玩家将以四名人物的视角来观察这场战争：一名不再飞行的战斗机王牌驾驶员，如今在地面从事文职工作；对方飞行中队的一名队长；一位在空袭中失去了房子，开始浪迹天涯的母亲；一名试图在敌后搞点不义之财的坦克车长。

《皇牌空战6：解放的战火》同样为粉丝们准备了他们最爱的多人模式。在多人模式的网络天空中，可以有最多十六架战机进行混战。但是，现在还有人在玩吗？这就是另一回事了。**DH**

Crush
压缩空间

发售年份：2007
平台：PSP
开发商：Zoë Mode
类型：益智／平台动作

　　如果你在寻找一颗被人遗忘的宝石，那么你可能会找到它——《压缩空间》，一款由英国Zoë Mode公司开发的PSP版脑力考验解谜游戏。它也许就是你想要的那种东西。《压缩空间》以一种很罕见的方式将奇怪的游戏类型和独特的风格混合在一起，最终做出了一款与众不同的杰作，但几乎不为人所知。不过，当你深入研究过它之后，就会知道为什么这个游戏一直没有流行起来了。这款游戏把空间推理、令人神经紧张的关卡设计和用心理呓语讲述的故事古怪地混合在一起，令人无法捉摸。

　　主角是因为失眠而变得呆呆的丹尼（Danny）。在《压缩空间》里，你要在一片错综复杂的浮动平台构成的迷宫中找到出口，而这个空间其实是主角最漫长的噩梦。如果你严格遵守这个游戏中3D环境的限制和规则，那么永远也无法过关。你必须经常将视角上下左右旋转，然后进行"压缩"这个操作：将3D的环境压缩成2D的平面，使处于不同平面的平台可以连在一起，借此创造出之前并不存在的通路来。但你得非常小心，因为如果在错误的地点进行压缩，就会把自己挤死。而如果在错误的时间进行反压缩操作，你就会发现自己将出现在半空中，即将掉进无尽的虚空里。

　　游戏中你要躲开一些讨厌的敌人，但是各种奖励设计得都很巧妙，还有为速度穿越型关卡设置的奖杯。《压缩空间》绝对是被它古怪的艺术风格拖了后腿，不然它肯定是可以成功的。它是一款一切都做得很不错的邪派游戏，Zoë Mode公司将他们的奇怪风格表现得十分成熟。但是，也许因为他们公司的规模不够大，目前可以发现竞争对手已经偷走了他们太多的出色创意。**CD**

BioShock
生化奇兵

发售年份：2007
平台：多平台
开发商：2K
类型：第一人称射击

  《生化奇兵》带着它风格独特的心理恐怖和书卷气的智慧，闯进了一个通常来说只有廉价刺激和苍白剧情的游戏流派。它设计巧妙、内容复杂、充满黑色幽默，而这些通常都是电子游戏所缺少的。

  在《生化奇兵》的开场中，一架飞机的失事将我们的无名主角丢进了海里。他在黑暗的海水中醒来，被水面上燃油燃烧的火焰包围着。他努力游到附近的一块礁石上，在那里发现了一个入口，它通往一个潜水钟。潜水钟将他带到了深深的海底，海底有一座建造在水下的城市。这就是极乐城，一座人们可以不受道德束缚的城市。它的建立基于艾茵·兰德（Ayn Rand）的客观主义哲学理论：绝对的利己主义将通往无尽的伟业。

  总之，这就是游戏的哲学源头，但是它正在崩塌。极乐城的幸存者们正在缓慢地互相残杀，而一种神秘的力量在争夺他们仅存的心灵和意志。

  从基础上来说，《生化奇兵》是一款具有基因升级系统的射击游戏。这个系统可以让你把机关枪、手枪和扳手与一系列元素和心灵能力结合起来。而实际玩起来的时候，这个游戏曲折的故事将把你完全吸引住，它会带你走过极乐城那复杂的环境，颠覆的你各种期望，让你最终会考虑一些不那么令人愉快的东西。游戏中的大老爹角色已经成为了现代电子游戏的一个经典形象：他们是巨大的凡尔纳式噩梦人物，穿着手臂装有钻头的黄铜潜水服，保卫着那些看起来有些可怕的小妹妹。这款游戏的剧情——人类的本性就是狂妄自大、充满空想，而且十分不确定——就是对游戏体验的详细描述。**CD**

Call of Duty 4: Modern Warfare
使命召唤4：现代战争

发售年份：2007
平台：多平台
开发商：Infinity Ward
类型：第一人称射击

伊恩·弗莱明（007系列作者）谈到詹姆斯·邦德时说道："在他身上会发生各种充满异国情调的故事，但他本身会保持中立。他只是一把政府部门所挥舞的无名武器。"如果我们用这种概念来批判《使命召唤4：现代战争》，就会发现游戏中那躲在各种装备下、没有魅力的主角，完全不适合做一位编号可以用"00"开头的情报员。

让我们看看Infinity Ward制作的《使命召唤》这一作中，都出现了哪些场景吧：一次对俄罗斯极端民族主义者的全球追捕，一次从正在沉没的货轮中紧张的逃离，一次狙击刺杀行动，一次为解除恐怖分子的核弹而与时间进行的赛跑，一场与武装直升机的对决。最后，当你以为一切都结束了的时候，又出现了一个三分钟限时的解救被劫持客机的行动。自然，任务结束后你要从三万英尺的高空跳下来。

而这些只是故事的一半。剩下的故事散落在那些紧张激烈的任务里。你需要从各个地方杀出自己的路来，也可以看到各种电影电视风格的战斗。其中最主要的就是一个AC-130炮艇的轰炸任务，它模仿了一些政府允许播出的表现敌人被轰杀的网络视频。在那种模糊不清的黑白画面中，打击者显示出了惊人的准确度，好像蚂蚁一般细小的敌人被一团团白热的火焰所抹去。这是《现代战争》游戏还是真实的战争影像？在这种时候，实在是很难分辨。

它是一款获得巨大成功的多人射击游戏。《使命召唤4：现代战争》在2009年赢得了吉尼斯世界纪录——它是在线游戏人数最多的电子游戏。这一部分要归功于制作者，那个充满智慧、十足精明又反应迅速的工作室，也得益于Infinity Ward公司与爱好者们持续的交流。同时，它还为那些不重视多人模式的快餐游戏鸣响了丧钟。**DH**

Anno 1701: Dawn of Discovery

纪元1701：探索的开端

发售年份：2007
平台：DS
开发商：Keen Games
类型：策略

很少有游戏敢用黑暗的帝国主义历史作为自己的题材。那些敢这么做的游戏里，又没几个会用明亮华美的画面作为自己的外衣。《纪元1701：探索的开端》那明亮的卡通风格画面，就与它的主题背道而驰。作为一个登陆美洲这个新世界的开拓者，你的任务就是开始平整土地，建造房屋、教堂、酒吧、采石场，同时不要忘了最重要的事——取得利润。而这个游戏简单的操作方式使你根本不用再看那些正在进行的任务第二眼。

当一名原住民印第安酋长来到你那生机勃勃的殖民地，礼貌地请你离开时，这个游戏更大的目标就变得明朗起来：你要做一名侵略者，从那些土著人手中夺取土地和资源。从某种意义上来说，《纪元1701：探索的开端》带你重温了那段美国资本主义崛起的历史：基本的生存需求要向拓展领土让路。你要建立一个军事帝国，防御敌人的进攻，击败任何可能会威胁到你的对手。

这款游戏的操作方式做得十分出色，完美地适应着掌机设备。能看到自己那微型的殖民地不断成长，渐渐走向工业化，出现各个社会阶层，发展出自己的地理和建筑学，真的是一种难得的快乐。你可以微调城市中的每个部分，从对每个社会阶层的税收额度到科技和工业的增长速率，都可以进行调整。很快，这个游戏的世界就是你所独有的了。不过反过来，这也激励着你去满足民众的各种需要。

这个游戏的简单合理化和高效的处理方式在掌机上运行得很不错，玩家也很喜欢。口袋中的帝国主义玩起来从未如此让人舒服过。**SP**

Final Fantasy Tactics A2: Grimoire of the Rift

最终幻想战略版A2：封穴的魔法书

发售年份：2007
平台：DS
开发商：史克威尔艾尼克斯（Square Enix）
类型：战术/角色扮演

当GBA上的《最终幻想战略版A》（Final Fantasy Tactics Advance）发布后，批评家和粉丝们都曾认定它不如原版的《最终幻想战略版》（以及它的PSP重制版《狮子战争》［The War of the Lions］）。这并不公平，因为虽然这两个游戏表面看起来很相似，但其实它们擅长的是不同的方面。《最终幻想战略版A》也许有些过于简单，但它包含了无尽的战术可能性。这种可能性主要体现在战场之外，因为你需要培养自己的角色，并且提升他们的能力。

封穴的魔法书这件神器回到了伊瓦利斯（Ivalice）世界，出现在《最终幻想战略版A》中。战斗还是太简单了，但是跟前作一样，真正的挑战在于发展自己的团队。你要从数量众多的职业中挑选合适的技能和组合，以拓展自己的战术选择。和很多其他游戏一样，打穿游戏并不是那么必要。当然，打穿游戏是很好也很成功的一项成绩。

游戏画面的风格对制作者们是十分重要的事情。对伊瓦利斯世界精确地再创造是让人欣喜的特点之一：城镇和村庄以及住在里面的居民是那么让人激动，他们看起来就好像在《最终幻想12》的过场动画中出现的那样。茂密的丛林战场看上去生机勃勃。它虽然是个战略游戏，但玩起来就好像个可以自由漫游的沙箱游戏一般。玩家可以自由地去任何地方、做任何事。可以跟随主线剧情一路走下去，也可以忽视掉它，将时间花在拍卖行里，或者去做那几百个支线任务。在史克威尔艾尼克斯漫长而又辉煌的创造世界的历史中，这绝对是他们创造的最好玩的世界。**DM**

Crackdown
镇压

发售年份：2007
平台：Xbox 360
开发商：实时世界（Realtime Worlds）
类型：冒险 / 射击

  所有的开发者都希望《镇压》是自己的作品。这是个和《侠盗猎车》一点都不像的游戏，它随随便便地就打破了3D化动作游戏崛起时建立的规则。游戏里没有剧情，只有三个黑帮老大和他们忠实的手下。你可以从几百英尺高的房顶随意跳下，不会有任何问题，想爬回房顶也不会遇到太大困难。在游戏里，没有固定的顺序：如果你觉得自己足够强大，完全可以玩个半小时就去找最厉害的Boss，然后把他从阳台丢下去。当然你也可以不去管他，只是在路边射击过往的车辆，看它们爆炸时的烟火。一切都由你来选择。

  这名可以随意换脸的英雄主角没有身份，我们只知道他叫"特工"。他要把犯罪这个毒瘤从太平洋城完全根除，而他与人民间的关系，完全取决于玩家的所作所为。《镇压》由实时世界公司在苏格兰邓迪市（Dundee）的工作室开发。而公司的建立者正是《侠盗猎车》系列的开发者大卫·琼斯（David Jones）。所以它就像Rockstar公司的游戏一样，把判决权留给了游戏中的警察。你的上司把屠杀市民的行为仅仅当成做得不好的公关行为，但却可能将你处以死刑。

  《镇压》是一款百分之百的游戏，你不能再依赖过去的经验了。你的能力可以使你成为战士、攀登者、奔跑者或者驾驶员，这就要求你不断提升自己的能力。大约有五百个敏捷球散落在太平洋城的房顶上，一些角落也有，等着你去收集。升级后，"杀敌技能"系统会提升武器和近战攻击的威力。可以随意加入和离开的合作系统使Xbox Live上的玩家可以轻易地找到合作者来完成任务。它的自由度，它的创新性，它提供的奖励性可下载内容，它那不祥的分数——这一切加起来，造就了一款你必须拥有的游戏。有些人管它叫游乐场，有些人管它叫化学实验装置，他们都有些道理。**DH**

Everybody's Golf 5: World Tour
大众高尔夫5：世界巡回赛

发售年份：2007
平台：PS3
开发商：Clap Hanz
类型：体育休闲

　　《大众高尔夫5：世界巡回赛》的发布，距离这个系列的第一部作品已有十年之久。这是一款集大成之作，包含了之前作品的所有出色要素：华美的画面、简单的操控方式、精确的物理特性，以及全面的个性化。个性化体现在丰富多彩的选择上，你可以自由选择球场、俱乐部、服装和角色。它抛弃了逼真但乏味的老虎伍兹（Tiger Woods）作为形象代表，转而使用大头的可爱角色。不得不说，那些超可爱的粉嫩年轻女孩看起来可比笨手笨脚的老头子舒服多了。

　　但这并不会让它牺牲掉自己的真实性。高尔夫球的飞行轨迹和现实世界中完全一样。它会受到风的影响，在崎岖的地面上弹跳，也会在球场上的平坦球道上向前滚下去。每一次击球都很有趣，每一次击球都是个挑战，每一次击球都和现实世界中一样。《大众高尔夫5：世界巡回赛》没有抛弃真实性，而且真实性还提升了游戏的乐趣。在真实的高尔夫体验外，你能见到各种有趣的强力击球和令人愉快的小细节，比如说球童会以超人般的速度冲出去追你的球。在线模式中，你可以把自己打扮成潜水员或者女高中生的样子（或者其他你喜欢的造型）。

　　《大众高尔夫5：世界巡回赛》重做了拍照系统，去掉了饼状图风格的计分器，但它还是保留了一键式的简单操作（每一次挥杆都会被收录进去，就好像Wii上那种动作感应型高尔夫挥杆一样）。游戏中提供了一个漫长的主要模式，你可以通过它来解锁所有的球场、俱乐部和服装。在线的多人游戏选项简单易懂，坐在沙发里都能搞定。你再也不会因为它而不爽了。**DM**

Contra 4
魂斗罗 4

发售年份：2007
平台：多平台
开发商：WayForward Technologies
类型：射击

它是《魂斗罗3》的正统续作（听起来这是不争的事实，但实际上这个系列十分混乱）。《魂斗罗4》是款非常出色、回归基本的横向卷轴动作游戏。

一家美国公司WayForward Technologies开发了《魂斗罗4》。这家公司通过开发授权改编游戏和精心打造的精品游戏，在西方市场具有一定的竞争力。他们最近的作品包括基于华纳兄弟公司卡通原作开发的风格独特的小游戏《达菲鸭》（Duck Amuck），还有一款看起来让人有些抑郁的恐怖生存类解谜游戏《LIT》。由此我们多少能够看出，《魂斗罗4》是由真正努力在做出好游戏的公司制作的。这个游戏就是往前不停冲杀，没有任何废话。它没有受到那些诱惑，例如非得要在游戏里加入触摸控制或者其他NDS上的奇技淫巧（麦克风之类）。大多数关卡都会使用上下两个屏幕进行游戏，让你可以四处跑跳，射死一切正在移动的活物，并且收集定期出现的新武器。

在剧情中，你要面对外星生物"黑蝰蛇"的威胁。游戏里有很多模式，《魂斗罗4》可以说是自从当年的《魂斗罗》之后最棒的2D游戏设计了，它会让玩家们欢呼起来，能让你找回8位机和16位机时代的感觉。而那种假3D关卡的设计，也让人想起了原版的《魂斗罗》，它能让你重拾当年的激动心情。

令人沮丧的是，《魂斗罗4》没有在欧洲发售。但由于WayForward Technologies最近的一些游戏——例如在Wii上重制的《男孩与软泥》（A Boy and His Blob）——在英国和其他地区获得了巨大的成功，所以你并不是完全没有机会玩到《魂斗罗4》。不管怎样，咱毕竟还能上eBay网站去买游戏。**CD**

Free Running
自由奔跑

发售年份：2007
平台：多平台
开发商：Core Design / Rebellion
类型：体育休闲

2003年，一部叫做《飞檐走壁之伦敦》（Jump London）的纪录片影响了很多游戏制作者。这部片子记录了一批跑酷爱好者，他们把英国首府作为了障碍赛场。从那时起，开发者们争相涌向了跑酷题材游戏。这是动作游戏一个时代性的飞跃，它构成了育碧软件后来一批游戏的基础，促成了《波斯王子》的回归和《刺客信条》中那富有开创性的技术的开发。虽然还有不少游戏名人也在游戏中像真实的跑酷明星那样走着时髦的钢丝，但是到目前为止，只有《自由奔跑》是唯一正宗的跑酷游戏。在这款游戏里，跑酷者们的不走寻常路只是为了完善自己的技术。

游戏中加入的杂技元素使自由飞跃和跑酷能够区别开——关于这两者的争论从未停止过（自由飞跃讲究表演和观赏性，跑酷更注重速度和实用性）。《自由奔跑》由Core Design公司的德比工作室（Derby studio）开发，但是在它收购了一家英国出色的开发公司Rebellion之后才发售。这款游戏在很短的时间里换了多家发行商，比如Eidos、Reef Entertainment和育碧。它的宣传做得十分糟糕，少数注意到它的人最后都把它忘掉了。虽然它那令人不适应的视角使它不是那么容易上手，但它清楚地知道，如何让一个理性而脆弱的人想要去征服一座城市——很简单，让他站在城市之巅就可以了。

令人惊讶的是，游戏的主题不是关于高度、挑战性或者危险的。你所要做的是完成托尼·霍克式的特技目标。《自由奔跑》会带着我们重新欣赏这个我们习以为常的世界，跑过那一座座公寓楼、混凝土柱和不会移动的汽车。这个游戏的核心科学就是运动，把跳跃、借力腾跃和翻滚结合在一起，你就会获得奖励分。不过，这是个拒绝幻想的游戏。虽然它能故意将不起眼的码头、公共汽车候车亭和露天花园变成像阿拉伯堡垒或者极权国家那样让人兴奋。**DM**

FlatOut: Ultimate Carnage
横冲直撞：终极杀戮

发售年份：2007
平台：多平台
开发商：Bugbear Entertainment
类型：竞速

《横冲直撞》系列并非只有暴力。实际上，它最大的卖点在于它的物理引擎，驾驶员从挡风玻璃飞出去只是表现物理特性的一部分而已。游戏体验略显粗糙，十分厚重。相比之下，它更像电影《正义先锋》，和《速度与激情》不是那么接近。《横冲直撞：终极杀戮》初登Xbox360平台时，里面有一个成就叫"坚持不懈"，获得它的方法是一次次地重新开始一场比赛。由此我们就能看出，它是个就算有让人不爽的奇怪设计也不会低头认错的硬派游戏。

表面上看，《终极杀戮》只是Xbox上那款《横冲直撞2》的重制作品，但实际上因为新技术的投入，它玩起来已经有很大的不同了。这款游戏告诉你，高清时代并不仅仅代表着"高清晰度"。虽然更高的材质解析度和视差映射技术可以让你看到美国中西部峡谷里的每一条裂缝每一个细节，但《终极杀戮》的真正进化在于其赛事本身的复杂性和活力。出发前，一辆辆车挤满了赛道。在比赛中，赛道会渐渐布满裂痕，这将使最后一圈和第一圈一样充满悬念。同时，游戏里那些乡巴佬司机们看起来总是决心要压过任何障碍，尤其是挡在自己路上的另一辆车。

《横冲直撞：终极杀戮》向你保证，绝对不会有干净公平的比赛。在一场毁灭大战中，你不能期待自己能平安抵达终点。有些车手甚至干脆拒绝前进，单在撞车中寻求乐趣。然而，游戏中那充满诱惑力的赛道设计会补偿你，很多设计甚至几乎直接要求你去撞向别人的保险杠。赛道中亮点很多，比如军用车辆坟场、堆满废弃机械的木材场、被撞碎成一堆碎木头的谷仓、河边的屋顶、暗藏危险的排水沟，还有交通拥挤的街道等等。喜欢那部开着车四处乱撞的电影《布鲁斯兄弟》（Blues Brothers）的人有福了，因为在这个游戏里，你甚至能开着车撞进一个商场里去。**DH**

Crysis
孤岛危机

发售年份：2007
平台：PC
开发商：Crytek
类型：第一人称射击

当Crytek认为画面还没有达到标准时，游戏是无法真正达成照片级水准的这个目标的。他们造出了"视频现实"这个词语，并且发誓在他们的下一个游戏里要更加逼真地模仿人眼所看到的效果。景深技术、动态模糊、漫透射效果（光通过半透明的物质时产生的折射现象）、柔和粒子、实时环境贴图等技术将帮助他们达成这个目标。硬件发烧友市场本能地欢迎着它的出现，《孤岛危机》促进了整整一代硬件和软件的发展。从双显卡系统到多核心处理器，还有Windows Vista和DirectX 10，都跟它或多或少有些关系。

刚进入游戏，你就被丢进了一次面对军国主义的行动中。在一个虚构的岛上，一艘正在休眠的外星飞船造成了美国和朝鲜的对立。上岸后，正式开始向内陆渗透之前，玩家操纵的这个美军特工几乎可以用任何东西作为武器。他可以抢占一辆吉普车，也可以绑架一只鸡。从一开始你就可以随意前往从陆地到海洋的各个区域，只不过大部分的战斗都被任务的路径点和故事情节束缚着。这个游戏和其他游戏最大的不同就在于，《孤岛危机》中最强大的武器是你自己。你所穿着的纳米肌肉服赋予了你超人的力量，你就是Crytek宣称的那种"适应性战士"。

《孤岛危机》依旧是个能引发话题的游戏。有人觉得这个游戏赋予你的能力多到你都不知该用它来做什么；其他人称赞它那可破坏性足够高的世界和出色的人工智能表现。然而几乎所有的玩家都承认它是一个科幻奇观。还有一件事是可以肯定的：它对你的电脑要求十分之高。虽然这款游戏预售前发布的截图和正常游玩时的表现有一定差距，但是即使是几年之后，它那出色的画面依旧让人着迷。它是个怪物级的硬件杀手，只不过你也会看到锯齿形的树叶。**DH**

Flywrench
宇宙穿越者

发售年份：2007
平台：PC
开发商：Mark Essen
类型：益智/动作

马克·艾森（Mark Essen）的名气在艺术圈子里更大一些，这主要是因为他决定将自己的作品当做艺术品放在画廊里展览。通常人们说起他的时候，想到的大多是他那些混合风格的艺术作品——大多都是故意做成没法玩的，比如说《兰迪·贝尔玛：城市堕胎者》（Randy Balma: Municipal Abortionist）。这种印象让可玩性不错的《宇宙穿越者》有些出乎人们的意料。它是一个视觉效果超级简陋的游戏，会被人误认为是雅达利早期那种矢量图形风格的游戏。

在《宇宙穿越者》里，玩家控制的飞船比线还细，在每个机动动作中都会改变颜色。如果要穿越障碍，船体的颜色必须是和障碍相同的颜色。什么都不做的话船就是白色，可以让它穿越白色的障碍（这种时候一般是向前运动）。让船折叠起来的动作可以让它变成红色，不过你需要精确的操作才能让它穿过红色的障碍。

游戏里的世界基本就是个迷宫，你的飞船碰到边缘就马上会死掉（除非它在旋转，旋转时它会变成绿色）。很多时候，游戏的设计都会让人想到电线谜题。然而，在这种情况下游戏的目的并不是制造紧张感，它只是让你能够动起来。失败之后马上就可以重新开始游戏，玩家只需要用很少几个按键就能够控制自己的飞船。一个熟练的玩家在玩《宇宙穿越者》时，能让它看起来十分有节奏感，而这种节奏感完全是由玩家自己控制的。

最终，《宇宙穿越者》还是表现出了和艾森那些更明显的艺术视频游戏作品相同的艺术血脉。这是个关于运动的游戏，画面细节再多一点都是多余的，只会让玩家分心，影响到他们更紧密地理解自己和飞船之间的关系。玩《宇宙穿越者》的时候其实我们并不是在玩游戏——我们是在跳舞。**MKu**

E4
E4

发售年份：2007
平台：Xbox 360
开发商：Q娱乐（Q Entertainment）
类型：动作/射击

我们不能否认，把东西炸掉总能得到很多乐趣——如果那个游戏长度十分荒谬，画面和效果如此具有风格，那乐趣就更大了。这款游戏是史上首字最押韵的一个（它的全称是四个英文单词Every Extend Extra Extreme的缩写）。它操作简单，风格和以倍率增长的高分都令人难忘。这款游戏是用来在冷风敲打着窗户的冬夜里消磨时间用的，当然，你还需要一台巨大的高清电视。

游戏的规则很简单：把你控制的小东西在敌人附近引爆，借此创造出连锁爆炸。在你的爆炸半径中的敌人都会被炸掉，它们在爆炸时也会释放出冲击波。在理想状况下，这会形成连锁反应。整个爆炸将会扩展开来，形成巨大而无法预测的冲击波，炸出无数分数和奖励。音乐和画面结合在一起就形成了一幅激动人心风格独特的景象，看上去着实美丽。

如今登陆Xbox Live Arcade下载平台的《E4》是从PSP版的《E3》（Every Extend Extra）升级而来的。《E4》因为这次进化而获得了名字里那个"极限"（Extreme）的称号：画面进行了升级，设计进行了一些调整，增加了多人游戏的选项，还加入了一个有趣的传统型射击小游戏——虽不是那么棒，但总比没有好。而且，现在你可以通过Xbox360的媒体中心将音乐导入游戏中，通过程序计算出自己独特的关卡。

概念性作品通常没法真正成功，这个理论会让利润和乐趣都无法实现。还好它做到了，而且做得很棒。这个游戏给人的感觉本应是过于聪明、抽象和附庸风雅，而实际玩起来，会让人觉得它又直观又深入人心。即使你不喜欢它这个卖弄小聪明的名字，不喜欢它那稀奇古怪又扭曲的艺术效果，你也不该错过《E4》。一旦你开始玩它，一眼不眨地盯住游戏中的动作，你就会找到自己的节奏。那真的是名副其实的爆炸。**CD**

Final Fantasy IV
最终幻想4

发售年份：2007
平台：多平台
开发商：史克威尔艾尼克斯（Square Enix）
类型：角色扮演

在《最终幻想4》这款RPG里，你不是第一次拯救世界——它是第一款指责你使世界陷于危险之中的游戏。玩家将以塞西尔（Cecil）这个角色开始游戏。他所效忠的国王热衷于屠杀自己的对手，将他们的城池烧成一片平地。塞西尔被他残暴的命令所震惊，叛离了军队，希望找到自己的救赎。一群经验不足的朋友帮助着他。你总会得到这样一种印象，那就是塞西尔总是想自己负担一切。不过这也符合了剧情：这是他赎罪的最直接方式。

《最终幻想4》最好的版本就是2007年史克威尔艾尼克斯重新制作的这一版。这次重制的目的是纪念最终幻想系列面世20周年。在《最终幻想3》的3D化成功后，《最终幻想4》也进行了3D化重制。这次进化包括调整一些游戏规则，加入一些小游戏，改变几个角色的目的，还增补了一些之前未加入的脚本。不过，最大的进化依旧是那个从2D平面变成3D空间的世界。游戏中的环境看起来从未如此华美过，角色的设计也是那样怪异的可爱。塞西尔穿着他那套又黑又瘦的盔甲时，看上去就好像一只蚂蚁。而贤者泰拉（Tellah）的盛装是那么色彩斑斓，也许他应该去领导一个狂欢节才对。

史克威尔艾尼克斯无法改进的，是它那进度缓慢的地下城对玩家造成的不断折磨。玩家们需要穿越各种隧道网络和山脉，面对各种随机战斗，在敌人重复的时候只有一个很烂的自动战斗系统可供选择。制作者希望用可变化的阵形和基于计时器的战斗系统使战斗能够保持动态，但这相对于《最终幻想3》来说，也并不算是多大的改进。尽管如此，《最终幻想4》那魅力十足且充满史诗感的剧情也还是值得玩家们努力玩下去。在它刚出现的那个年代里，它代表了当时RPG剧情表现的最高水准，而它所讲的这个故事在今天依旧能够感动我们的心。**CDa**

Desktop Tower Defense
桌面攻防战

发售年份：2007
平台：网络
开发商：Casual Collective
类型：策略

和其他很多好东西一样，塔防游戏也来自于资深PC游戏开发商——暴雪。它源于暴雪那款百万销量的即时战略游戏《魔兽争霸3》中的一些玩家自制地图。在那些地图里，玩家需要放置炮塔以抵御一波波不断来袭的强力敌人。但这种游戏真正成为主流，则是在《桌面攻防战》出现之后。它是一个没有开发预算的Flash游戏，由一名家住英国、爱好《魔兽争霸》的程序员保罗·普瑞斯（Paul Preece）开发。

普瑞斯使用了一些朋友做的塔防游戏《元素塔防》（Elemental Tower Defense）中聪明的设计，从《魔兽争霸3》中挑出了自己最喜欢的东西，只用了几个周末就做出了《桌面攻防战》。他的主要目的只是帮自己搞清楚Flash编程中那些复杂的地方而已。在《桌面攻防战》里，他为了确保玩家能够清楚地分辨自己的炮塔，用了手绘的画面风格。游戏里只有最基础的声音和画面效果，一张他办公桌的照片就是游戏的背景，照片里还有一些他去美国旅游时带回来的货币。

最终那个成品虽然看起来很简陋，但玩着的感觉却十分精致。小小的敌人们在你布置出的迷魂塔阵中爬行着，寻找他们的出路。很多第一次出现在这里的设计后来都成了行业标准，例如那个可以让你马上就见到下一波敌人的按钮。虽然视觉效果十分原始，但它依旧十分具有吸引力。所有这些加起来，就使普瑞斯这款小小的作品在游戏历史上写下了浓墨重彩的一笔。它是这个日益流行的游戏类型中最早的游戏之一，时至今日依旧身处最棒的塔防游戏之列。它催生了一个遗产，成为了2007年最棒的网页应用之一，直到最近它依旧在发布升级和续集。《桌面攻防战》是一款在线免费游戏，即使在现在，它在Google上也能瞬间就被搜出来。**CD**

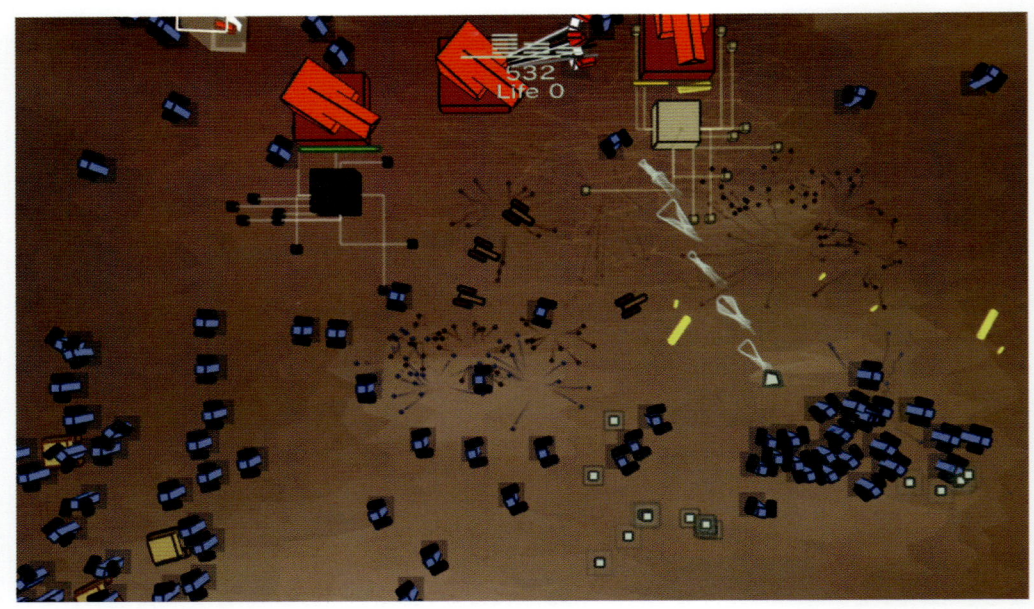

Everyday Shooter
每日射手

发售年份：2007
平台：多平台
开发商：Queasy Games
类型：射击 / 音乐

　　《每日射手》是一首献给射击游戏的情诗，一次对连击的正式研究，一场设计者们出色吉他演奏技巧的全面展示。这是一款表面简单但难度颇高的动作游戏，结构就好像一张唱片一样，音轨就是游戏关卡。随机播放模式可以让你任意游玩，每一关的长度就是乐曲的长度一样。（对了，有个Boss是宫崎骏的"红猪"，我刚才提到过它还是一款艺术游戏吗？）

　　设计师乔纳森·马克（Jonathan Mak）对这款游戏的形容十分到位：一张关于游戏的专辑在探索着抽象射击的表现能力。史蒂夫·里奇（Steve Reich）的那张专辑《电音对位旋律》（Electric Counterpoint）激发了马克的灵感，这张极简主义的专辑中使用了多重音轨混录技术，混录了十个吉他弹奏的部分。在马克的这款游戏里，他也坚持使用了吉他的音效，把玩家本身变成了另一个乐器。玩家的行为和失误都会触发特殊的声音效果和连锁反应，而连锁反应将播放一连串的声音。在每一关里触发的声效都不相同，触发条件也不一样。有些关你可以把东西推到一群敌人中，看着它把敌人都炸光；另外的一些关卡里，那些外星人的身体就好像神经细胞一样连成了一体，只要干掉一个，就会连带着杀掉剩下的。

　　不过马克高估了玩家的重要性。你在音乐上的贡献只是为了增加得分；而你的飞船只是个很小的点，在屏幕上飞快地移动，向各个方向射击。（风格和当年那款《机器人大战：2084》和它的后代一样。在这种弹幕型射击游戏里，你需要用类比摇杆或方向键来控制自己的飞船并且射击。）飞船的大小也符合你在游戏中的低下地位：你没法控制敌人的出现频率，也无法控制关卡的长度。即使你很欣赏这个游戏，也不用一直玩它。它提出了这样一个概念，那就是玩家将通过他们扣动扳机键的手指不断学到东西。**CDa**

MotorStorm
摩托风暴

发售年份：2007
平台：PS3
开发商：进化工作室（Evolution Studios）
类型：竞速

在《摩托风暴》里，向那部电影《疯狂的麦克斯》致敬的地方有多处。游戏里的那些车辆又跳又抓又锤又撞，只为了杀出条血路。它们一路怒吼着冲过终点设在山中的赛道，整个美国西部都为它们而颤抖。这款游戏是PS3上最引人注目的独占游戏之一，以可变化的赛道地形在赛车游戏界打出了一片新天地。

开始游戏时的画外音很棒，几乎能和已故的奥逊·威尔斯（Orson Welles）媲美。它表现出一种B级片里的独特风格，就是使那些16位机时代的科幻车手讨人喜欢的那种感觉。"在这条永恒的山谷里，"它低沉地说道，"一种新的战士已经诞生了。"《摩托风暴》虽不是科幻类型游戏，但同样充满幻想。拉力赛车、双拖斗大卡车、越野摩托、填泥者越野车、全地形车、卡车和沙漠越野车致命地混在一起，每一帧画面上都会出现一些残骸（车的和人的都有）乱七八糟地飞过屏幕。

AI操纵的电脑车手十分具有攻击性，最后阶段几乎让人发疯……这款游戏拔掉了进化工作室压抑许久的瓶塞子。在2001年到2005年期间，他们一直在做世界汽车拉力赛题材的游戏，面对着真实的赛道和汽车。因为法律限制，必须对它们保有敬意不能随便胡来，这使他们完全没有激情。他们用心地制作了这款佳作，开放的赛道使每种车辆都能表现出实力。当怪物卡车们在泥地中吼叫着犁出深沟时，摩托们可以专注于往岩石山上爬去。你跑的圈数越多，路上的残骸就会越多，随比赛而渐渐出现的捷径也就越多。

《摩托风暴》也是一个关于可上网主机升级游戏的有趣例子。在日本发售时，整个的多人游戏都失踪了；而在欧洲发售时，游戏居然不支持震动，界面也不太好……它大约用了一年时间，才从PS3那因为着急推出导致的各种问题中恢复，展现完整面貌（本作是PS3推出时一同发售的第一批游戏之一）。**DH**

Forza Motorsport 2
极限竞速2

发售年份：2007
平台：Xbox 360
开发商：Turn 10 Studios
类型：赛车 / 竞速

　　《极限竞速》属于赛车游戏中的严肃派，但它并不是那么稳重。实际上，虽然它和《GT赛车》有着对亮闪闪的车蜡和扭矩值同样的爱好，但在《极限竞速》里，赛车开起来灵敏得多。这就要求玩家刹车和加速时的操作更细腻，使赛车开起来又刺激又真实。

　　从上一作开始，这个系列就加入了赛车游戏史上最友好的辅助功能——辅助刹车线。它可以让休闲玩家都能轻松地享受驾驶的乐趣。在你有能力和别人赛车前，这项辅助功能可以帮助你熟悉赛道，让你知道过弯时什么时候应该减速。它让你甚至有可能在完全陌生的赛场赢得比赛。再看看《极限竞速2》里的自定义功能吧：游戏里有个拥有一切功能的油漆店，能把赛车漆成任何样子。你可以复制官方赛车造型，也可以在车身上喷出动画角色，唯一的限制只是想象力而已。Turn 10 Studio很清楚玩家们设计那些造型最大的目的就是向其他人炫耀。他们在游戏中设计了一个拍卖行，让玩家可以花费游戏中的货币来购买其他玩家设计的车辆造型，当然拍卖自己的设计也可以。同时在拍照模式里，玩家也可以把截图上传到官网上去。

　　当然，这种喷涂车辆的热情会被调整车辆性能和购买新部件的严格乐趣所缓和。即使在这些看似有些困难的部分，所有的玩家也都可以找到属于自己的乐趣。根据速度的不同，每辆赛车都属于一个特定的速度级别（A，B，C，D，S，U），同时赛车也会有属于自己的评分。将赛车进行调整后，评分也会上升。对专注的玩家来说，他们的乐趣就在于将赛车评分提高到所在级别中的极限，这样他们就将打造出最快的赛车。我们这些不那么狂热的玩家则可以直观地在调整系统中看到自己的车有多棒，而不用非得去测试赛道上跑一圈才知道。考虑到这一点，我们可以说《极限竞速2》也是一款人人皆宜的游戏。**AW**

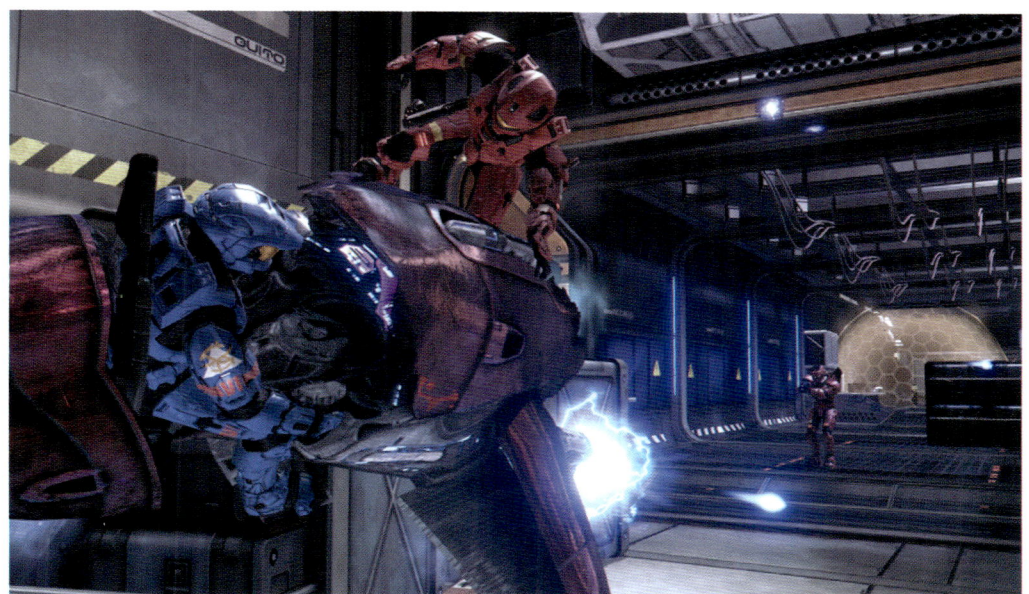

Halo 3
光环3

发售年份：2007
平台：Xbox 360
开发商：Bungie
类型：第一人称射击

    Bungie公司出品的光环系列传奇第三作——但不是最后一作——有一个大胆的打算，他们将在这一作"结束所有的战斗"。在经过了那么久的炒作之后，无数最狂热的粉丝都在关注着它，Bungie公司注定无法让所有人都满意。不过游戏的质量依旧十分出色，最后一场恰到好处的爆炸——听起来是不是很耳熟——结束了士官长的传奇。这个游戏试图将人们对家用机多人游戏的期待提升一个档次。

    单人战役依旧史诗感十足，你将从地球的繁茂丛林一路战到遥远星球上的干旱沙漠。士官长依旧会开着疣猪号四处冲杀，受到圣甲虫机甲的袭击，再度面对洪魔的威胁。这场人类与星盟之间的战斗，最后将迎来一个看似不太可能出现的结局。有些人会因为游戏里少了"精英"这种敌人而惋惜，但是另一种敌人"鬼面兽"的电脑AI得到了显著提升，和他们的战斗完全可以弥补这种遗憾。要知道，在《光环2》里，鬼面兽的表现真的很令人失望。武器库里加入的新装备使战斗的整体素质强化了不少。比如按一个键就可以展开的便携式泡泡护盾，反载具地雷，还有生命汲取器等等。

    不过，多人游戏才是它真正的精华所在：最多支持四人同时进行的合作战役；无与伦比的多人对战模式中有着各种战斗形式，还有一批精心挑选的地图；还有锻炉模式，它是一个地图编辑器，你可以用它创造属于自己的关卡。玩家可以把战斗存成电影，使他们能够以各种角度慢慢重温之前的战斗，这就好像是魔法一样神奇。《光环3》一度完全占领了家用机的多人射击游戏部分。即使是现在，也有很多开发公司试图反向还原《光环3》中那些出色的设计。它依旧是最经典最出色的家用机在线游戏之一。**CD**

God of War II
战神2

发售年份：2007
平台：PS2
开发商：索尼（Sony）
类型：动作/冒险

在一些人眼中，《战神2》是PS2时代的一首终曲。它背负着巨大的期望进入了人们的视线，虽然市场营销充满争议，但游戏本身广受好评。很多人都认为它是这个成功的系列中最好的一作。玩家将继续体验新晋战神奎托斯的故事，这时他正领导着斯巴达人征服希腊。在令人惊叹的游戏开场里，你要面对一个身材高耸入云的独眼巨人。你将以自己的巅峰状态击败它，随后宙斯就会剥夺掉你的力量——他认为你已经过于危险了。宙斯杀死了奎托斯，在这次通往冥府、没有归期的旅途中，泰坦巨人截下了奎托斯的灵魂，帮助他恢复了力量。泰坦们已经准备好了战斗的舞台，舞台上的双方就是那些旧神和更古老的神们，而奎托斯将在中间砍来杀去。

在这个过程中，你会遇到各种传说中的角色，面对一批来自希腊神话中的巨大Boss。《战神2》动作和谜题混合的游戏模式会让你想起《塞尔达传说》，但是奎托斯可不像《塞尔达传说》的主角小林克。奎托斯解决谜题的方式通常是用他超人的力气推动巨石，或者用溺水的尸体来扳动开关。不过，在这两款游戏中，思考和砍杀之间的平衡感倒是十分接近。

闪避敌人的攻击，打出连击，充满史诗感的终结技……这些都使《战神2》与你平常熟悉的那些猛按键就能过关的动作冒险区别开来。在游戏的过程中你能获得各种武器和魔法，奎托斯标志性的双链刃每次挥出都会割下敌人的血肉，满足你心中最原始的暴力欲望。这个游戏并不容易，在玩家经常死掉的时候，它甚至会建议你调低难度。如果你玩《战神2》的时候发生了这样的事，一定不要太过固执。把你的骄傲先丢到一边吧，因为完整地打穿故事模式，了解这个出色的游戏所能提供的一切，完全是值得的。**CDa**

GrimGrimoire
格林魔书

发售年份：2007
平台：PS2
开发商：Vanillaware
类型：策略

Vanillaware公司的创作人员是传统2D艺术的传承者。《格林魔书》是他们不太为人所知的作品，这是款回合制战略游戏，在PS2的末期才与世人见面。它发售时，正好被当年吸引了所有人注意的《奥丁领域》（Odin Sphere）和Wii上那款出色的砍杀型动作游戏《胧村正：妖刀传》（Muramasa: The Demon Blade）夹击。就像Vanillaware其他游戏一样，《格林魔书》采用了手绘风格的渲染方式。那些试图用逼真的画面重现真实世界的游戏经常会失败，这种动画渲染的风格相对于那些游戏来说，无疑是一种优势。

你要是以为《格林魔书》只是Vanillaware动画渲染风格游戏的一次练手之作，那就大错特错了。这个游戏几乎在各方面都很成功，完成了它自己所有的目标。这是款即时战略游戏，为家用机玩家做了一定程度的简化。手绘的艺术风格和游戏很搭——所有的部队都很有特点，你可以很容易地从背景中找到它们。控制方法足够简单，玩家基本不会想要把手中的双类比摇杆手柄换成鼠标和键盘。

虽然这种魔法师题材的剧情因为《哈利·波特》而显得不够新颖，但《格林魔书》的动画风格还是使它与罗琳的那部作品显得十分不一样。主角丽莱（Lillet）是个金发小女巫，正努力学习魔法，却卷入了一场时间倒流的风波中。她要反复经历同样的五天时间——这段时间中的某种原因导致了她的母校银星之塔中发生了大屠杀，所有的教师和学生都不幸遇难。

《格林魔书》在西方发售时，游戏中提供了一个选项，可以让玩家以原始的日文语音进行游戏——这是一个游戏文化的潮流正在改变的标志。它预示着一种潮流，那就是业界正在倾向于保留日本游戏中独特的文化气息，而不是把它们变得更符合欧美人的口味。Vanillaware公司作为老式二维动画风格的坚持者，证明了自己的远见。**GM**

Colin McRae: Dirt
科林麦克雷拉力赛：尘埃

发售年份：2007
平台：多平台
开发商：Codemasters
类型：竞速

  2007年科林·麦克雷去世后，给这款游戏留下了什么呢？他的名字依旧在包装盒上（至少在欧洲是这样），他自己开发的赛车R4也在游戏里。你会见到另一位真实的明星特维斯·帕斯特拉纳（Travis Pastrana）和他所代表的一切：美国、极限运动会、自由式运动，还有令人肾上腺素飙升的真人电视节目《飞车马戏团》（Nitro Circus）。系列第六部依旧保留经典比赛模式，你要做的只是挑战速度极限。但是，玩家对这个系列的忠诚度正在下滑。

  你会见到大量尘埃。一对一拉力赛、大卡车爬山赛、超级沙漠越野车越野锦标赛……如果系列一开始都是这种比赛，那他们不如把铁人伊万·斯图尔特放在封面上呢。和同门兄弟《超级房车赛：起点》（Race Driver: Grid, Colin McRae: Dirt）一样，本作也试图迎合全球市场，把比赛地点设在了欧洲、日本、澳大利亚和美国，一点都没有约旦和达喀尔（均为拉力赛著名比赛场地）的影子。在游戏的最后，你会见到《尘埃》版的德国纽伯格林山地赛道（人称绿色地狱的纽伯格林北环赛道，以其多变的赛道设计闻名车坛）。只不过在这里出现的是著名的科罗拉多派克峰爬山赛——云山之赛。

  "尘埃"这个词并不需要代表什么特殊的含义，它可以只含有字面上的意思。对污垢浓墨重彩的描绘是2007年很多游戏的卖点。Codemasters公司的Neon引擎赋予了《科林麦克雷拉力赛：尘埃》比其他游戏更强的表现能力。你可以看到受到实时物理影响的树木、排气管喷出的烟尘、赛道边的旗帜，还可以看到赛车和赛道受到撞击之后产生的外观形变。引擎盖会撞上赛道边的栅栏，如果你不小心开出赛道，也会撞上路边的路灯。不论你喜欢这个系列的哪一点，它都是在不断进化的。**DH**

Heavenly Sword
天剑

发售年份：2007
平台：PS3
开发商：Ninja Theory
类型：冒险 / 格斗

没有几款游戏像《天剑》一样背负着如此巨大的期望。大家对索尼这款主机能做到什么抱有不太一致的观点，而它作为当时PS3的旗舰型游戏，要负担起破除谣言及完成诺言的使命。那个奇怪的谣言说，PS3所有的处理器机能都会被用来描绘女主角的头发。当然，游戏并没有这样做。开发商Ninja Theory不会去做这样一件能够毁掉自己的大蠢事。《天剑》告诉大家，它并不是垃圾，也并不是那么没有游戏性，并不是你所听说的那样，只是款砍杀型游戏而已。

从标题我们可以知道，有把如同亚瑟王的圣剑般的神圣之剑会出现在那个世界中，等待着顺应天命的继承人将它挥起。很多人都相信这个预言，而邪恶的King族领袖伯翰（Bohan）和族人信任的只是自己的力量。娜丽柯（Nariko）是神剑目前的保管者，她是名强悍的女战士。父亲将这把剑交给她后，她面临着危险的抉择：屈服于这把剑，还是使用它。虽然明知这把剑会吸取使用者的生命力，但最后她还是选择了使用它。从此这名女战士和天剑的命运便交织在一起。

《天剑》本身就是个预言，它不仅仅预示着PS3的未来。《天剑》中使用了大量的动作捕捉技术，还请来了安迪・瑟金斯（因扮演《指环王》中的咕噜一角闻名）扮演大反派伯翰。这开启了关于电影和游戏工业结合的争论。而和特效公司Weta Digital的紧密合作，甚至引起了《指环王》导演彼得・杰克逊（Peter Jackson）对《天剑》的兴趣。它是款纯正的第三人称视角动作游戏，充满了史诗般的背景，以招架为基础的战斗，还有令人惊叹的过场动画。游戏还很好地利用了PS3的六轴控制器，加入了倾斜手柄的操作方式。值得注意的还有它那由支风格独特的印度乐队Nitin Sawhney制作的背景音乐，以及亚历山德罗・塔尼（Alessandro Taini）为其带来的华丽设计。**DH**

Hexic 2
旋转泡泡球2

发售年份：2007
平台：Xbox 360
开发商：Carbonated Games
类型：益智

在做出世人有口皆碑、人人上瘾的《俄罗斯方块》之后，阿莱克西·帕杰诺夫一直在努力再次达到他这第一款游戏的高度。出现在每一块Xbox360的硬盘里的《旋转泡泡球》并不像他那款早期杰作《俄罗斯方块》那样容易上手、重玩性十足，但它依旧是一款充满智慧的游戏。它的续作2007年在Xbox Live Arcade下载平台上发布，延续着前作的模式。

《旋转泡泡球》的游戏基础依旧是将相同颜色的宝石组合在一起构成消除，不过这个简单的创意被提升为了一款复杂而具有挑战性的游戏。和其他只需要移动单块宝石的消除类游戏不同，在《旋转泡泡球》里玩家需要转动的是三块一组的六边形宝石。令人目不暇接的变化和奖分很快就会在屏幕上堆积起来。

《旋转泡泡球》看起来也许是一款色彩艳丽的休闲游戏，但实际上它是一款玩起来紧张但却愉快的困难游戏。《旋转泡泡球2》增加了一些更有趣的创意，例如说一些新的宝石、更大的场地，还有双人对战模式——它为这款严肃的游戏增加了更多的温情元素和人性。

在很多方面，《旋转泡泡球》都站在《俄罗斯方块》的另一面。这是一款慢热型的游戏，很难精通，而《俄罗斯方块》简单易懂，什么人都可以玩；《旋转泡泡球》的一局游戏可能会半小时或更久，《俄罗斯方块》只有最棒的玩家才可能玩到这么久。虽然我们可以拿《旋转泡泡球2》和其他游戏进行比较，但它的独立性毋庸置疑。它不仅仅是帕杰诺夫已经享誉世界的声望上的一点点锦上添花，同时还是一款可以让你沉迷其中的好游戏。**CD**

Hotel Dusk: Room 215
黄昏旅馆：215号房间

发售年份：2007
平台：DS
开发商：Cing
类型：冒险

是的，《黄昏旅馆：215号房间》那充满争议性、采用了逐帧转描技术的艺术风格，让我们想起了a-Ha乐队一部经典的MTV。虽然它集合了一批不同寻常的谜题，基本上都很单调乏味：比如说在一个非常小的洗衣篮里寻找东西，或者从一瓶酒上撕下它的标签——还不能把它撕破。但Cing公司《异色代码：双重记忆》的这部后续作品《黄昏旅馆：215号房间》是一部耐人寻味的黑色小说，故事情节复杂独特，值得你把它塞进NDS那小小的卡槽里。

帅气的凯尔·海德（Kyle Hyde）曾是一名纽约刑警，三年前他的搭档涉嫌贪污，被凯尔开枪射中坠落大海。现在的凯尔是红冠公司（Red Crown Company）的一名推销员，这份工作把他带到了住着一群怪人的黄昏旅馆。每个人都有自己的秘密，每个人似乎都在等待着什么。在夜晚结束之前，凯尔发现自己深深陷入了一个看似不可能解决的谜团。这个谜包括了艺术品伪造、秘密房间、他死掉的搭档，还有旅馆中一个可以实现愿望的房间。

这可不是你平常所能见到的游戏：它的叙事如同挤牙膏一般扭捏，十分错综复杂，虽然模棱两可却又能让人不是那么郁闷。这一切都给《黄昏旅馆：215号房间》蒙上了一层独特的面纱。这种诡异的低调气氛使你探索旅馆的时候很容易就会忘掉这个游戏的不足之处，沉浸在质询嫌犯的无尽对话和解决那些令人乏味的谜题中。它不是一款完美的游戏——有时候连好游戏都算不上，但它属于那种很少见的品种，没有几个游戏和它一样。这不仅仅表现在游戏的故事表达形式上，它试图讲述的故事和展现的角色也都是那么与众不同。最终，它会带给你一种前所未见的游戏体验。**CD**

Mass Effect
质量效应

发售年份：2007
平台：多平台
开发商：BioWare
类型：动作 / 角色扮演

显然，手头没有一款星球大战题材的游戏正在开发——之前是《星球大战：旧共和国武士》，下一作将是旧共和国题材的网游——让RPG游戏厂商BioWare焦躁不安，于是他们决定开始制作自己的银河传奇。他们在科幻作品中汲取了不少灵感。和《星际迷航》一样，游戏中有个外星人和人类组成的会员制俱乐部，叫做人类星系联盟（Human Systems Alliance）。而它也类似《巴比伦5号》（Babylon 5），有座居住着许多种族、大如城市的空间站——要塞空间站（Citadel），那里到处都是政治家、士兵、小偷和难民。

每个人都穿着好像用回收的日本车做成的连体服，看起来很像70年代一些未来派视觉作品中的造型。代替星球大战中的"原力"的是标题中的"质量效应"，这是一种公元2183年人类发现并控制的宇宙现象。《星际迷航》中的企业号在这里叫做诺曼底号，它是一艘由玩家自己的定制英雄薛帕德（Shepard）指挥的原型飞船。游戏能满足每个极客的幻想，游戏中会有热衷于破坏和平的分离主义者，也会有涉及到大量远古之战的背景故事。浪漫的故事？如果你打对了手中的牌——就是选择正确的任务和对话选项——没准你会得到超出自己预期的艳遇。

从《星球大战：旧共和国武士》中拿来成功的小队系统，从《光环》中借鉴来载具系统，再加上一个现代的掩蔽风格战斗系统，你就得到了《质量效应》。它运用了当今最先进的口型同步技术，加入了电影胶片的颗粒感和各种镜头特效，《质量效应》看起来就好像一部电影大片，这多少弥补了它在叙事方面的不足之处。在玩家所能进行的选择上，有时你只能选择好或者坏，而不能选择偏向善良或者态度粗鲁。这也许就是当今时代给我们造成的影响，而这也会使一场太空歌剧变成肥皂剧。**DH**

Odin Sphere
奥丁领域

发售年份：2007
平台：PS2
开发商：Vanillaware
类型：动作／角色扮演

　　《奥丁领域》是2D游戏高清化复兴运动中产生的第一批作品，如今这项运动中基本已经只剩下那些虽然华丽但是只在下载平台上出现的小品级游戏了。不过这款《奥丁领域》可是一部完整的史诗级动作游戏，它用一个小女孩在阁楼上所读的故事书这种形式讲述了自己的故事。游戏中那些穿着莎士比亚戏剧式服装的角色都很大，他们由细节丰富的2D手绘风格描绘而成。卷轴型的2D背景层次丰富，在很大程度上模仿了日本传统绘画的风格。《奥丁领域》一件精美的视觉艺术作品，它的水波、雪花和落花都能让我们想起北斋时代的浮世绘版画。

　　游戏中五个独立却又环环相扣的故事都有自己的主角，而这种讲故事的结构让《奥丁领域》有了一种中世纪史诗神话的感觉。充满艺术感的故事书很好地衔接了那五个独立的故事，翻译出色的脚本也保留了日本原文的戏剧感，而没有用二流的配音把它毁掉。

　　《奥丁领域》玩起来就是那种令人熟悉的横向卷轴2D动作游戏，具有一个简单的连击系统。而简单就意味着玩个四十小时以后，你就会觉得乏味。物品合成系统和食物系统也很重要。播种长出的植物可以直接吃掉，也可以在一个华丽的餐厅中加上其他佐料做成更美味的料理，使它能够提供更高的生命点和经验点奖励。很少有游戏像《奥丁领域》这样既平衡又复杂。世界上有比它更好的动作游戏，也有比它更出色的RPG；但如果涉及到纯粹的艺术领域，那么只有它达到了游戏这种媒体的最高成就。**KM**

Metroid Prime 3: Corruption
银河战士3：堕落

发售年份：2007
平台：Wii
开发商：任天堂（Nintendo）
类型：动作/第一人称射击

当任天堂和复古工作室（Retro Studio）着手把《银河战士》系列搬上Wii时，他们完整地保留了已经引领这个系列数十年的基础创意。星际赏金猎人萨姆斯·阿兰（Samus Aran）为打击太空海盗走遍了银河系，在这个过程中不断获得新的升级和能力。她将面对很多巨大的Boss，那些家伙的攻击手段狡诈多变，还好他们身上也有一些弱点可以帮助主角击败他们。当然，萨姆斯依旧可以变成球形进入一些难以到达的区域。不过，虽然复古工作室没打算重塑这个系列，但他们却在某种程度上改变了银河战士。

虽然其他开发者也试图利用Wii遥控器的指向功能做出更加真实的第一人称射击游戏，但《银河战士3：堕落》才是真正成功应用这个功能的第一款游戏。遥控器同时控制着萨姆斯的瞄准和转向。屏幕中央是一块很大的盲区，在这块区域里瞄准光标可以自由地移动，不会影响到萨姆斯的移动，让她可以瞄准出现在视野中的大部分敌人。将瞄准用的十字光标移动到屏幕边缘，萨姆斯就会开始转向那个方向——开始的时候比较慢，你的光标移动得越靠外，转向速度就越快。当敌人靠近的时候，这种操作方法使交战变得很简单，同时也让玩家可以轻松地在游戏多变的环境中找到方向——用这种操作穿过游戏中那曲折的走廊和广阔的场景真的很方便。在这个游戏里，玩家的意图始终是第一位的。

还有其他的体感操作，比如说想要甩出萨姆斯的抓勾，就要用Wii的双节棍遥控器做出挥鞭子的动作。开门锁和使用电脑需要用到Wii遥控器的动作跟踪功能。即使其他公司关于体感操作的实验依旧显得那么笨拙、那么毫无意义，《银河战士3：堕落》也能告诉我们，体感操作设计出色的时候，会使操作显得多么自然流畅。**MK**

Mercury Meltdown Revolution
水银熔化：革命

发售年份：2007
平台：Wii
开发商：Ignition Banbury
类型：益智

　　《水银熔化：革命》令人惊叹地向我们演示了Wii的重力传感器在游戏中可以如何运用。具有讽刺意味的是，阿彻尔·麦克林（Archer Maclean）制作的《水银》（此系列中的第一作）首次亮相是在索尼的PSP上，他们准备发售一款倾斜传感器外设来配合这个游戏。虽然这个特定用途的小工具从未正式上市过，但这个游戏本身依旧十分出色，很快就推出了名为《水银熔化》的续作。《革命》在本质上和之前的作品都是相同的，只不过加入了一些新关卡。但由于Wii的遥控器提供的操作方式，《水银熔化：革命》成为了系列中最棒的一作。

　　这个游戏混合了《疯狂弹球》和《超级猴子球》中的元素，同时还加入了一些复杂的解谜部分，它将挑战你的敏捷度。标题中提到的"水银"需要通过抽象的漂浮迷宫（你将操纵迷宫，而不是水银），在这个过程中你会遇到各种阻碍，例如旋转的方块、消失的平台，还有各种门。你将遇到的主要谜题，通常是给水银上色，或者把它分裂开来。很多道路的边缘没有墙，你需要很小心地移动，不能让水银掉下去。有些门只有在水银的颜色与之相同的时候才能穿过。有时你需要把水银分成几个小球，为它们分别上色，然后把它们重新组合起来以获得需要的颜色。

　　Ignition Banbury公司成功地给那个水银球赋予了一些性格：水银滚动的动画做得十分流畅，如果它有一部分不小心滴下边缘的话，还会因痛苦而发出撕心裂肺的叫喊。在每关的最后，你都必须保有一定量的水银才能过关，所以你必须确保尽量不发生这样的灾难。虽然没有多人游戏模式有些令人失望，但《水银熔化：革命》达成了一个如此罕见的目标，它的操作界面打破了玩家和游戏本身的界限。**BM**

No More Heroes
英雄不再

发售年份：2007
平台：多平台
开发商：Grasshopper
类型：冒险 / 格斗

　　有种游戏很难向人描述，也很难告诉别人它们的魅力是什么样的——《英雄不再》就是这种一款风格十分独特的开放式游戏。你将扮演的角色叫做特拉维斯·塔奇（Travis Touchdown），他想当一名杀手，十分多嘴多舌，是一个狂热的摔跤爱好者。特拉维斯住在一个到处都是乡巴佬和杀人犯的镇子里，勉强维持着自己的生活。在这个游戏里，你将进入一个古怪的白色地下城，努力提升自己在杀手排行榜上的排名。你要杀出一条血路，面对一些疯狂而又性感的Boss，杀掉她们拾取物品，挣到一些钱财。同时，你会开着自己那辆很像辛克莱C5的摩托，在镇子里四处闲逛，做一些报酬非常低的下等任务。比如，去收集点椰子怎么样？

　　这是一款日本人做的西式游戏。《英雄不再》的世界给人一种空空荡荡的感觉，你在那些商业区和公寓楼里什么也没法做，只能接到一些重复性惊人的无聊任务，在下一次杀入地下城之前消磨一些时间。还好，地下城本身十分出色：你挥舞着自己那把看起来好像光剑一样的光束武士刀，在造型时尚的走廊和竞技场里砍杀一波波袭来的敌人。

　　战斗非常令人满意：你可以使用挥砍、格挡、上段/下段攻击，甚至还有摔跤技。随着时间的推移，你会发现特拉维斯的"原力黑暗面"——每当你击杀敌人，屏幕上就会出现一个老虎机，成功将三个相同的图标排成一列就能出现各种特殊效果。《英雄不再》拥有独具风格的平面色彩画面，破破烂烂的朋克美感，敌人死掉时会炸成黑色的墨雨，可拾取的掉落物采用了方方正正的像素风格……你绝对不会将它和其他游戏搞混，《英雄不再》就是如此独特。**CD**

Pain
痛楚

发售年份：2007
平台：PS3
开发商：Idol Minds
类型：动作

最早的时候，《痛楚》没有一点特别之处。那时它只是用Havok物理引擎随手制作的小游戏，只有一关和两个角色。当它意外地成为PSN网络下载平台上最畅销的游戏之后，Idol Minds公司就开始为它加入更多的关卡和角色，最终使它变成了一款可以发售实体光盘的游戏。它满足了人们一种看似无限的奇怪欲望，你可以将一个人物模型用巨大的弹射器发射到一个城市中，然后看看会发生什么事情。现在，游戏里提供了很多场地，甚至还有个游乐场。在这个世界上，这是唯一一款你可以把著名歌手弗雷沃·弗莱（Flavor Flav）发射到鲸鱼嘴里的游戏。

《痛楚》证明了电子游戏的一个真理：对于大部分玩游戏的人来说，可动的人偶总能提供无穷的乐趣。《痛楚》中的大部分幽默感都有些过于扭捏，使它们难以发挥搞笑的效果。不过，当它不那么别扭的时候，表现出的幽默感真是十分有趣。有时，你会在那些很平常的连环车祸、爆炸和混乱中，打出一次特别有趣的情况。你会看到一些可怜的角色在爆炸的油桶中弹来弹去，直到他们的腰带扣挂到起重机的钩子上才能停下，要不就是头朝下撞破两块窗户然后扎到一个垃圾桶里。

这是一款能让人上瘾的、分数可以打到很高的游戏。这很大程度上是因为它的随机性实在太高了，每次发射都有可能会得到两千万分以上。你似乎能控制游戏，在发射后你可以扭动角色的四肢，让他们飞到疾驶的车前，或者爆炸的板条箱里。不过，《痛楚》的主要乐趣在于看着角色造成的连锁反应傻笑，而不是去操纵什么。我们最好把《痛楚》看成一个案例，在这里我们能够学到破坏性的混乱对玩家是多么有吸引力，还能看到制作者对使用物理引擎做好玩的游戏的热爱。**KM**

Picross DS

绘图方块DS

发售年份：2007
平台：DS
开发商：Jupiter
类型：益智

NDS的推出，被视为任天堂"蓝海战略"的第一步。它将传统的游戏机和手写笔、触摸屏结合在一起，创造出了独特的主机，拥有空前的游戏可能性。任天堂试图用它开发出那些迄今为止从未被游戏吸引过的潜在用户——他们就是"蓝海战略"中的蓝海。而且，随便一个解谜游戏爱好者都能告诉你，模拟纸笔的能力就是手写笔和触摸屏最大的威力。

这让它可以复制任意一种使用纸和笔来玩的著名解谜游戏，你可以在NDS的聊天软件PictoChat中玩井字游戏，也可以在NDS上玩到《数独》和《数回》。而这些解谜游戏中最棒的那一个，无疑就是《绘图方块DS》——它用纸和笔玩的现实版本也叫数图或者逻辑拼图。这种类型的游戏已经在其他主机上推出过，并且在日本取得了一些成功。不过，在加入了手写笔功能之后，它才在西方站稳了脚跟。

《绘图方块DS》中有一些简单的逻辑规则，但是当它们结合在一起，就形成了一张错综复杂的网。你的任务就是理清这张纠缠不清的网——你要在一个网格上推算出应该涂黑哪些方块，哪些应该保持原样。在这个网格上，每一行和每一列的尽头都标有数字。这些数字代表了应该被连续涂黑的方块的数量，互相参考这些数字的含义直到你开始头痛，也许你就能算出该涂黑哪些方块了。

它和所有那些最棒的解谜游戏一样，上手似乎很简单，可越往后越难。开始你会轻松惬意地玩过几关，不久，你就会发现自身处任天堂的蓝海中央无法自拔。**DM**

Professor Layton and the Curious Village

雷顿教授与不可思议的小镇

发售年份：2007
平台：DS
开发商：Level-5
类型：冒险 / 益智

Level-5公司制作的这个冒险故事中涉及了优雅而又大胆的行为和横向思考的能力，它的画面色彩鲜明，具有独一无二的欧洲风格。这款游戏是世界流行的NDS平台上的一款黑马型作品，出乎大家意料的卖座。开发商和出版商都没有预料到这个结果，在游戏发售的早期甚至出现了缺货的状况。而这种状况也使它在美国和英国被炒到了一个很高的价格。

不管你为它付出了多少钱，它都是一个迷人而又具有挑战性的冒险。彬彬有礼的天才雷顿教授和他那一口伦敦腔的徒弟卢克（Luke，在续作里，卢克变得有些奇怪了）来到了圣米斯特里镇（St. Mystere），调查神秘的黄金果实的秘密。你需要过一阵子才能发掘出更多剧情，两名主角遇到的每个人都会给他们一些需要解决的谜题——有火柴谜题、关于水罐的狡猾问题，还有更复杂的逻辑或数学问题。有些谜题是益智问答——在续作《雷顿教授和恶魔之箱》（Professor Layton and the Diabolical Box）中，这种益智问答非常多。完成它们能够给玩家带来一种令人兴奋的成就感。除了这些谜题，你还要调查一系列谋杀案，而最终那些谜团的答案将影响到小镇全体居民的命运。

那些谜题都很有趣并且充满智慧，游戏那清新的画风十分具有特色。《雷顿教授与不可思议的小镇》是个很值得一玩的游戏。这款游戏吸引了很多未曾玩过游戏的人，它是少数几个能够让几乎所有人都开心的游戏之一。而考虑到它是那么精巧地平衡了现代游戏模式和传统谜题，也就不难明白为什么它能取得如此的成绩了。**CD**

No.001 8 PICARATS COINS: 60

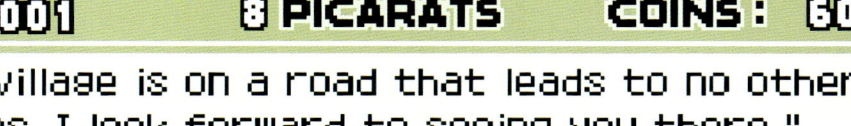

"My village is on a road that leads to no other towns. I look forward to seeing you there."

Use your stylus to draw a circle around the right village, and then touch Submit.

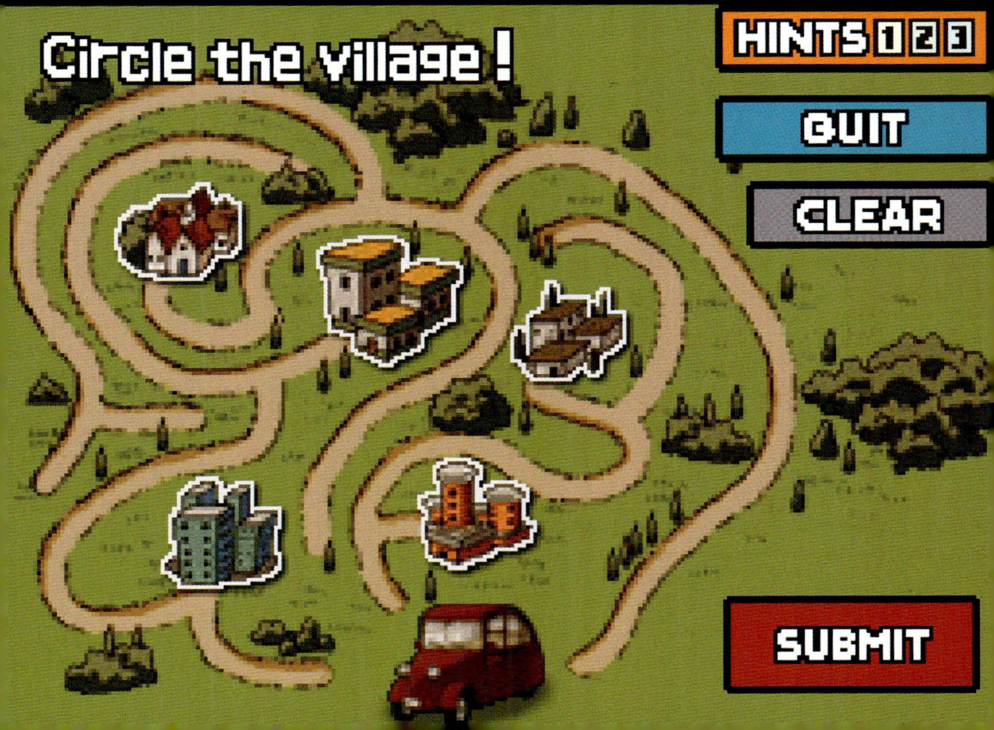

Pac-Man Champ Ed
吃豆人冠军版

发售年份：2007
平台：Xbox 360
开发商：南梦宫（Namco）
类型：迷宫

  《吃豆人》的缔造者岩谷彻似乎完全遵循了"重制"这个概念，如果Xbox360出现在1980年，他也许一样会把《吃豆人》做成现在这个样子。在这个理念下完成的《吃豆人冠军版》十分有趣，没有背离原本的游戏方法，同时又大大拓展了它的玩法。

  在《吃豆人冠军版》中，大部分图像增强都体现在游戏迷宫上。迷宫墙壁闪动着不同的颜色和光芒；各种奖励闪着火花出现在屏幕上；追光灯一直照着吃豆子的英雄和鬼怪一般的追兵们。视觉效果看起来十分神秘，配乐也会给人同样的感觉。原版《吃豆人》中那些经典的声效被重新混音成一种节奏强劲的电子乐，连那些警笛声也没被放过。岩谷彻的艺术感使《吃豆人》有了一种令人身临其境的感觉，它的迷宫看起来十分具有层次感，完全不像是个平面世界。

  《吃豆人冠军版》比原版游戏更加复杂些。在冠军版里没有关卡的概念，迷宫会随着游戏的进行而自我重建。它和原版最大的区别在于，游戏中添加了时间限制，这就使原版游戏中的"坚持不被吃掉"的游戏方式变成了"与时间赛跑"。不过，构成《吃豆人》游戏核心的追逐快感依旧没有任何变化。**JT**

Peggle
幻幻球

发售年份：2007
平台：多平台
开发商：宝开游戏（PopCap Games）
类型：益智

  在《幻幻球》里，你将把一个银色小球打入一片彩色短桩中，在用完所有的银色小球之前，把橙色短桩清理干净。屏幕底部有一个来回移动的桶，可以救回你不小心掉下去的球。你在游戏中所做的一切——长距离射球、潇洒地反弹、保持在屏幕中不断反弹而不掉下去——都将给你带来如雨般的分数。这就是宝开游戏为我们带来的一款欢乐满溢的游戏，即使你完全没打中短桩也可能会出现有趣的结果，游戏可能会奖励你一颗新球。即使你完全玩砸了，这个游戏也会让你觉得舒心，同时还不会让你觉得自己被保护着。

  它的画面具有一种华丽的涂鸦风格，游戏里有一些指导者，每个指导者都有自己的小秘技可以传授给你。在你每次打出新纪录的时候，都会听到贝多芬的"欢乐颂"。新手们能从声音、画面以及分数的不断积累中获得乐趣，而老手们都在考虑如何让球反弹次数更多，使自己能够在一次射击中取得一千六百万分。《幻幻球》具有某种特质，这种特质使它成为了一款老少皆宜的游戏。**CD**

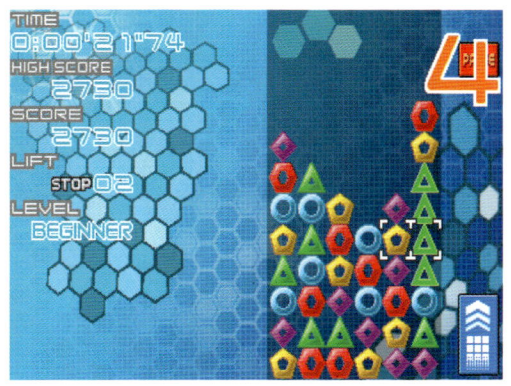 

Planet Puzzle League
星球谜题联盟

发售年份：2007
平台：DS
开发商：Intelligent Systems
类型：益智

《星球谜题联盟》对游戏操作的理解非常深刻，它只改进了很小的地方，就改变了整个游戏的玩法，从而造就了一个操纵自如的多人模式。这种操作很简单：将自己的NDS侧向一边，使用手写笔来拖动屏幕上的砖块，不需要使用十字键。这种操作方式改变了游戏的玩法。当你需要把一个砖块拖放到远处时，用手写笔就可以很快地将那些同样色彩的砖块放在一起了。如果你用手写笔的操作速度够快，还可以预先设计出砖块消除后所能达到的效果，创造出连锁消除。这些简单但却富有魔力的设计就是《星球谜题联盟》所呈献给我们的游戏内容。玩家不仅会从那些简单的操作中获得乐趣，使用这些手法来对付其他玩家，看他们怎么对付自己，也都是十分有趣的。

在线模式玩起来也很简单，它使这款有史以来最棒的解谜游戏之一更加有趣了。NDS的双屏显示器可以在下屏上显示对手的游戏情景，这使得玩家之间的竞争更加白热化。在线游戏中玩家的水准十分之高，那些认为自己已经精通了游戏的家伙们很快就会威风扫地，明白一山更有一山高的道理。**RS**

Puzzle Quest
战神的挑战

发售年份：2007
平台：多平台
开发商：无限互动（Infinite Interactive）
类型：益智／角色扮演

无限互动公司的这款消除游戏被套上了一层RPG游戏的外壳。它是当年的一匹黑马，十分令人上瘾，人们发现自己已无法自拔时，通常都已经玩了很久。《战神的挑战》的创意直指人们心中渴望完美的那一部分，在这个游戏中的每一场胜利都会暗示你，下一场胜利只需要再玩个五分钟或十分钟就能到来。

《战神的挑战》中的RPG元素简单得不能再简单了：你要选择一个角色去探索一个非常有限的世界，接一些任务，用消除方块的形式打怪，获取经验升级，解锁新技能和法术。它的剧情有些混乱，让人无法记住；角色的设计看起来让人感觉似曾相识；世界也十分普通，没有什么特色。

它的消除游戏部分做的比RPG部分好得多，可是在这部分里，电脑AI对手享有不公平的优势。你面对的那些怪物经常好像可以预知将要进入屏幕的是什么种类的方块，这就让它们可以使出华丽的连锁消除。虽然你在被它们打败之前也能消掉一些方块，但还是经常得一遍遍重新面对那些怪物。**CD**

Ratchet & Clank: Size Matters
瑞奇与叮当：尺寸事件

发售年份：2007
平台：多平台
开发商：高度冲击（High Impact Games）
类型：动作/射击

　　五年内，《瑞奇与叮当》系列就发布了五款作品，而通常来说，一般只有体育游戏才有这样的发布频率。《瑞奇与叮当：尺寸事件》是这个系列登陆PSP的第一作，它填补了PS2上的最后一作《瑞奇与叮当：死锁》（Ratchet & Clank: Deadlocked）和PS3上第一作《瑞奇与叮当未来：毁灭工具》（Ratchet & Clank Future: Tools of Destruction）之间的空白。

　　这款游戏的开发者高度冲击公司，是由一些原开发商Insomniac Games公司的前雇员所组成的。令人惊奇的是，《瑞奇与叮当：尺寸事件》并没有因为出在PSP平台上而对内容做出缩减。虽然游戏中的地图可能略小，同屏出现的敌人也会少些，但这款《瑞奇与叮当：尺寸事件》依旧将射击和平台动作游戏结合得十分完美，保留了这个系列的熟悉感觉。

　　作为系列中的第五作，《瑞奇与叮当：尺寸事件》因为玩家不熟悉它新加入的一些设计和角色发展系统而受到了一些影响，忠实的系列玩家们也因为PSP缺乏另外一个模拟摇杆而不那么适应游戏中的射击部分。然而和它的前辈们一样，《瑞奇与叮当：尺寸事件》通过巧妙地设计瑞奇的升级系统保持着玩家们的注意力，玩家总是差那么几个螺栓（游戏中需要收集的货币）才能升级新武器，新护甲也总是出现在Boss或者一些脚本事件之后。

　　此外，游戏的剧情设置也很出色，让你每关都处于对剧情的猜测中，促使你不断玩下去。瑞奇和叮当发现，他俩的冒险将会揭开一个神秘而古老的种族对于宇宙的重要性。

　　《瑞奇与叮当：尺寸事件》的这个标题"尺寸事件"也是欢乐的反讽。它是个完美的例子，告诉大家便携主机上的游戏一样可以如此复杂、富有史诗感。它就和家用机上的那些兄弟游戏一样内容丰富。**MKu**

Ratchet & Clank Future: Tools of Destruction
瑞奇与叮当未来：毁灭工具

发售年份：2007
平台：PS3
开发商：Insomniac Games
类型：平台动作 / 射击

在玩家之间，有一个长久以来都没有得出结论的争论，那就是画面到底是不是一款游戏真正的价值所在。相信大多数人都会同意，华而不实的画面不足以构成一个实实在在的游戏。但是，如果这个游戏的本意就是让你看到新鲜而又令人惊叹的效果呢？《瑞奇与叮当未来：毁灭工具》会将玩家带到一个个华丽的外星世界中，每个世界都会有自己独特的景色。它是一款具有说服力的高清游戏，有力地证明了画面和游戏性是不可分割的。

通常来说，华丽的游戏画面都是用来表现神奇的想象力的，在《瑞奇与叮当未来：毁灭工具》中便是如此。瑞奇和叮当将去探索遍布恐龙的炎热而潮湿的世界，而游戏中林立的摩天大楼也会让玩家看到一种闪亮的未来派城市风格。游戏里的环境看起来是如此棒，以至于你可能无法马上意识到应该如何与环境互动；随后你就可以轻易地前进，爬上装甲板，甚至在一条雷龙的背上跑来跑去。和这些同样有趣的，是瑞奇在这场对抗邪恶大帝塔奇杨的战斗中所使用的那些奇怪武器。他的枪里可以发射出金属刀片、火箭弹、激光，甚至还能打出一群奇怪的小生物。每种武器都可以升级到荒唐却可笑的程度。比如说，一种武器最开始只能射出风，只能用来打败最小的敌人，但是把它升级到最后的话，它就能射出强力的龙卷风，毁掉屏幕上的一切。

《瑞奇与叮当未来：毁灭工具》的剧情和幽默感同样值得赞叹。认真的瑞奇和刻薄的叮当是典型的喜剧二人组，他们的本能和理智不断冲突着。做出这样一款画面出色游戏性一流的游戏绝非易事，但Insomniac Games公司一直在努力着。**MK**

Portal
传送门

发售年份：2007
平台：多平台
开发商：Valve Corporation
类型：益智/动作

不要因为它在网上迅速地传播以及一些被过度渲染的内部笑话，而对这个游戏望而却步。在这款Valve公司推出的第一人称解谜游戏中，有着比你所认为的多得多的内涵。《传送门》是从《半条命2》的宇宙中剥离出的一个游戏，它是一款运用了非欧几何原理的游戏，可以把玩家的思想弯成一个莫比乌斯环。这款游戏看上去是射击游戏，偶尔会让你焦躁不安，但实际上，它是一款关于深谋远虑、横向思维和不断实验的游戏。

主角被困在一个邪恶的研究设施里，那里只有一台并不稳定的计算机GLaDOS在帮助他。玩家的任务就是使用洞穴科技公司出产的新型传送枪来通过一系列挑战。这把枪的原理十分简单：第一次射击可以在一个平面上创造一个入口，下一次射击则是创造一个出口。走进入口，你就会从出口出来。如果你的面前有一道沟需要跨越，那么你就可以在身边的墙上打一个入口，在对面的墙上打一个出口，然后走进出口就完事了。如果你发现高处有个平台需要上去，只需要在脚下打出入口，在平台上方打出出口，很快你就会到达那个高台。如果你想进入一种不断下落的状态，那么就在地上设好入口，在入口正上方的天花板设好出口，然后跳进入口吧。

游戏中那些惯性、炮台以及那个神秘而可爱的同伴方块混在一起，会让人有些迷茫。在《传送门》里，我们所能收获的最大惊喜在于它那令人惊讶的故事，这个慢慢展开的故事贯穿着整个游戏。游戏的叙事以一系列玩家无法理解的嘲弄渐渐展开，高潮部分令人震惊，最终揭示出的真相黑暗却又有些欢乐。《传送门》是一款聪明得令人害怕的游戏，它诙谐幽默、令人头昏脑胀又呈上去具有一种冷冰冰的乐趣。在你被人剧透之前，现在就去玩它吧。**CD**

Quadradius
四方棋

发售年份：2007
平台：互联网
开发商：Jimmi Heiserman，Brad Kayal
类型：改编游戏

国际象棋是一种具有一百年历史的智力对抗型游戏，它已经达到了世界皆知的高度，拥有世界级的赛事。几乎没有人会认为国际象棋需要一些改进。不过，这种认知并没有使吉米·海瑟曼（Jimmi Heiserman）停下他的脚步。毕业之后，他改进了这个从高中时代就开始制作的游戏软件，加入了Flash和Java元素，还有一张黑白相间的棋盘。这款游戏的审美风格迎合了玩着工业主题的战略游戏长大的一代，拥有展开式的升级物品和粗糙的科幻风格界面。《四方棋》用经典的回合制规则考验着那些没耐心的玩家，它就好像一款《命令与征服》风格的西洋跳棋一样。游戏的目标是摧毁敌人的棋子，你只要把自己的棋子跳到对手的棋上就行。当然，如果你获得了一枚定时炸弹，也可以用它来炸掉一大片敌人。

这款游戏不断进化着，如今玩家之间的对决是它的基础所在。自从它诞生那天起，它就一直在改进自我，这一点我们从标题到游戏本身的设计中都能看到。"升级物品不能没有平衡性"，《四方棋》严格地遵循着这条原则，并且在它那层次分明的回合制战略游戏过程中，把这条规则严格地灌输给了玩家。在决定了使用一对一的回合制战斗形式之后，艺术设计就不是那么麻烦了。布拉德·凯耶尔（Brad Kayal）的设计风格更注重实用性而不是华丽感，他用暗淡的光影效果和工业金属化的声效呈现出了一种时间静止感，能够促使你走出下一步棋。

和那些最棒的棋类游戏一样，《四方棋》容易上手，难以精通。它是当代一个令人信服的实例，告诉我们那些新的游戏点子是如何融入一个古老的体系中的。在这里，那项古老的运动学会了一些新招，例如丢炸弹什么的。**DV**

Retro Game Challenge
复古游戏挑战（游戏中心CX：有野的挑战书）

发售年份：2007
平台：DS
开发商：indies zero
类型：改编游戏

　　成熟的文化产品应该能够承载自己的历史。电影很容易做到这一点，如今已经有很多研究电影历史的纪录片。漫画书也能做到，斯科特·麦克劳德（Scott McCloud）的那本《理解漫画》（Understanding Comics）就讲述了漫画业的历史。对于游戏这似乎有些难，玩家忙着和游戏互动的时候，该通过什么来反映游戏的历史呢？

　　《复古游戏挑战》就是这个问题的一个答案。它在日本叫做《游戏中心CX：有野的挑战书》，基于日本一个广受欢迎的电视节目改编。在这个节目里，有趣的喜剧演员主持人有野晋哉将在时间限制中尝试完成一系列著名而又困难的FC游戏。游戏里玩家将面对有野晋哉设下的种种挑战，这款游戏的目标就是让更广大的受众能够接受自己。

　　《复古游戏挑战》是一款努力让你获得80年代游戏体验的现代游戏。游戏中的每个挑战都模仿着当年的经典游戏：《宇宙之门》（Cosmic Gate）玩起来就和《小蜜蜂》没什么两样，《守护神历险》（Guardia Quest）就是《勇者斗恶龙》的影子。在《复古游戏挑战》里，玩家将作为一个孩子的形象出现在一个虚拟的起居室里，有野晋哉也在你的身边。你们将在这间起居室里玩那些古老的游戏。游戏过程中，你可以在NDS的下屏上看到自己和有野晋哉，他还会为你欢呼。随着游戏的进行，起居室里会出现一些新杂志，你可以通过它们玩到新的游戏，也可以从中找到一些老游戏的提示或者作弊方法。

　　《复古游戏挑战》中的世界永远在线而且内容丰富，每本新杂志都能为你展现出更广阔的游戏世界，每个游戏都能让你玩上很久。如果你曾和朋友玩过电视游戏，那么你可以在这个游戏中找到些许当年的感觉。为此，它也应该在图书馆中占据一席之地。**MKu**

Space Giraffe
太空长颈鹿（鹿豹星座）

发售年份：2007
平台：PC、Xbox 360
开发商：Llamasoft
类型：射击

　　虽然同根同源，但《太空长颈鹿》和《暴风射击》并不一样。1994年，传奇制作人杰夫·明特在雅达利平台上制作了那款出色的《暴风射击2000》，如今他使用了和《暴风2000》相似的游戏架构，打造出了这款《太空长颈鹿》。在这两款游戏里，玩家操纵的飞船将不停前进，打败前方出现的敌人。《太空长颈鹿》大大扩展了《暴风2000》中所出现的这种游戏概念。

　　要注意的是，这并不是一款适合所有人的游戏。这款游戏中到处都是圈内笑话和段子，处能够体现出制作者对有蹄类动物的热爱，被塞进了不止一张前Xbox主管阿拉德（J. Allard）的照片，画面充满脉动扭曲的光效……《太空长颈鹿》是款杰作，但同时它也不是那么容易玩下去的。的确，明特在制作幻觉一般的画面上的功力无人能及，这也使他的游戏有时很难上手，但这依旧是一款严谨而又令人兴奋的游戏。自始至终，你都会为了获得更高的分数而赌上一把。是让敌人接近边缘然后撞上去，还是在安全距离外就把它们干掉？是躲过敌人的炮火，还是为了更高的奖励分而把炮弹打回去？在那些致命的花朵向你飞来时，是干掉它们，还是让它们活下去直到关底？

　　这是一个令人眼花缭乱的复杂世界，充满了精心制作的美丽场景，但这却也是它失败的一个原因。尽管它在Xbox Live Arcade下载平台上的价格已经降到了最低点，但《太空长颈鹿》的销量依旧没有超过两万份。不过这并不意味着我们重拾这个游戏毫无意义，尤其是在它已经登陆PC平台的现在。虽然它那令人眩晕的画面和纷乱的颜色有些让人望而却步，但明特制作的这款游戏是一颗真正的常青树，它能提供给你的快乐就和当年刚发售时一样多。**CD**

Rock Band
摇滚乐队

发售年份：2007
平台：多平台
开发商：Harmonix
类型：音乐

  在《吉他英雄》大获成功之后，大家都在观望着开发商Harmonix公司的下一步行动。毕竟，这家公司在西方世界开辟了节奏动作游戏的新市场，同时也定义并推广了这种源自日本、之前并不被人看好的游戏类型。于是我们得到了《摇滚乐队》。《摇滚乐队》显然发源于《吉他英雄》的设计理念中，它的基础要素几乎全部来自《吉他英雄》。不过，《摇滚乐队》在游戏中添加了一个简单而又新鲜的元素，完全改变了《吉他英雄》中仅仅是跟随节奏按下正确节拍的游戏方法。那个新元素就是——朋友。

  《摇滚乐队》是第一款将多人游戏作为基础模式的音乐游戏。之前的那些音乐游戏虽然也有多人模式，但那都只是对游戏本身的一个补充，不足以支持一屋子玩家同时游戏。在《摇滚乐队》里，没有给独奏者留下多少空间。你可以和最多三名朋友一起，分别作为主音吉他、贝斯、鼓和歌手完成每一首乐曲，你们是一个整体。这样的一点改动就完全改变了游戏的体验。你所弹奏的每一个音符都有你的贝斯手在背后支持着，与此同时歌手和鼓手也将完美地做好他们的部分。当《摇滚乐队》的乐趣达到巅峰时，没有任何一款游戏能比得上它。

  Harmonix围绕这款游戏构建出了一个全面的体系——巡演、角色、一个优秀的网站，还有不断推出的可下载的新曲目。虽然这一切都很棒，但却和游戏的关键之处没什么关系。也许以下的言论对于这样一款由塑料乐器和光盘组成的游戏来说很荒谬，但是玩《摇滚乐队》的时候，你真的会觉得自己是在一支乐队中，站在舞台上面对一群尖叫着的听众疯狂表演。更重要的是，这款游戏对我们大多数人来说，是最接近那个梦想的体验了——我们中的很多人都曾想过，要和最好的朋友们一起做出伟大的音乐。**RS**

Singstar
歌星

发售年份：2007
平台：PS3
开发商：索尼（Sony）
类型：音乐

最开始，索尼这款充满竞争力的卡拉ok游戏只是一个研究项目，被伦敦工作室的那些理论家和工程师们丢在一边。它将会变成一款终极派对游戏，一部流行文化汇编，以及那些想成为明星的人的必备之物。这款游戏天才地把经典的流行歌曲（例如小甜甜布兰妮［Britney Spears］的"毒药"［Toxic］）和一些更纯真的老歌（例如音乐青春乐队［Musical Youth］的"传递达奇"［Pass the Dutchie］）放在一起，组成了一张分量十足的歌单。杀手乐团的"乐观先生"这种流行歌曲和音乐史上不那么著名的摇滚经典"她敲了那面鼓"（She Bangs the Drums）都位列其中。

就算是这样一款看似简单的音乐游戏，也同样运用了很多先进的技术。《歌星》中运用了各种数学和物理技术来监听玩家唱l的歌，然后将它们与原唱相对比，最后得出一个分数。索尼为这款游戏开发了一个专用的手持麦克风，游戏中还将用到PS3专用的摄像头。这些都为它加入了一种几乎具有科学味道的乐趣。

最早它是为PS2平台设计的，《歌星》的PS3版本将它带进了当今这个下载内容满天飞的时代。网上有几千首歌曲供你下载，用来扩充它那个开始只有三十首歌的曲库。高清的MV也数量充足，索尼支持着一个充满活力和歌声的在线社区，在那里玩家可以上传并评价自己在《歌星》中录下的表现和照片。甚至在PSN网络中玩家的虚拟空间中，《歌星》都有一个单独的VIP房间，这是为了它的那些多种多样的促销活动而特别设计的。那些活动中甚至包括有可下载的2009年英国说唱歌手Dizzee Rascal的虚拟形象。

过去人们只能手持梳子当麦克，在镜子前寻找当歌星的感觉。如今他们可以在安全又舒适的家里，用这款游戏来体验那种成名的感觉了。**DM**

The Darkness
黑暗领域

发售年份：2007
平台：多平台
开发商：Starbreeze Studios
类型：动作/第一人称射击

《黑暗领域》是TopCow出版公司的主力漫画系列，主角杰基·伊斯塔卡多（Jackie Estacado）是黑帮的一名杀手。在他二十一岁生日的那天，他成为了一种永恒的邪恶力量的最新宿主。就如同它的名字所暗示的那样，黑暗领域这种力量只能在夜间使用，杰基可以用它来创造各种恶魔武器。不过，在这种情况下谁才是主导者呢？是这个获得力量后很快就发现被人暗算的人类，还是那个欺骗着他，让他看着自己的女友被杀的恶魔呢（恶魔的配音者是Faith No More乐队的麦克·帕顿［Mike Patton］）？

在公布《黑暗领域》的游戏版时，瑞典开发商Starbreeze公司早已因为制作改编游戏而名声在外。他们制作的上一个游戏《超世纪战警：逃离屠夫湾》（Chronicles of Riddick: Escape from Butcher Bay）就不仅仅是一个遵循原作套路的第一人称射击游戏，游戏内容十分丰富。杰基的黑暗力量包括可以刺穿敌人的尖刺，可以隐入墙壁绕到敌人身后的卷须，还有好像小鬼一样的造物"黑暗之子"（Darklings），它们不只是用来看看的杀戮动画；它们是形象鲜明的角色，是精致的武器，是将游戏的主题和环境连为一体的重要组成部分。

就像在屠夫湾那危险的监狱中一样，在《黑暗领域》的世界中，你也不是可以杀了人就不管的。杰基不像《超世纪战警：逃离屠夫湾》中的主角雷迪克（Riddick）那样不怕子弹，他每次行动之前，都必须分析周围的环境。他的子弹大多数情况下是用来打灭光源的，那样他才能够创造出黑暗地带，借此使用他那最具毁灭性的力量。制作人员在杰基的每一帧动画里都倾注了无限的爱，他的一切动作都是那么迷人，无论是他站着不动，抬起汽车，还是切开别人的喉咙时都是如此。你将会了解到，被黑暗面所引诱是个什么感觉。**DH**

S.T.A.L.K.E.R.: Shadow of Chernobyl
潜行者：切尔诺贝利的阴影

发售年份：2007
平台：PC
开发商：GSC Game World
类型：第一人称射击

如果说封闭了切尔诺贝利核电站4号反应堆的混凝土石棺是个坟墓，那么核电站半径十九英里内的无人区就是一片坟场。这一切都是真实的，就像在1986年4月26日被遗弃的那些车辆，像那些核电站设施地下室中的已经凝固的放射性熔岩一样真实。还有附近的鬼镇普里皮亚季（Pripyat），当事件发生时，这座镇子的一切就已经被冻结在了时间里。这是一个噩梦、现实、历史和民间传说纷乱混杂的地方，在这里你能看到一幅冷酷而又可怕的苏联景象，到处都是失落的灵魂和秘密。换句话说，这是为一个恐怖生存游戏所能设置的最佳场景，是《潜行者：切尔诺贝利的阴影》无尽的灵感来源。

制作这款游戏足足花了乌克兰游戏公司GSC Game World五年的时间，这也增加了它的神秘性。《潜行者：切尔诺贝利的阴影》中那复杂曲折的第一人称冒险里有很多Bug，主角得在交战的派系、突变怪物和反应堆放出的超自然冲击波中努力生存下来。游戏使用的是神秘的X-Ray引擎，这款游戏会使你希望这起史上最严重的核泄漏灾难没有发生过。

出色的敌人AI和弹道模型使《潜行者》成为了一款顶级的战术射击游戏，但它最吸引人的地方还是那些残酷的RPG元素。凶猛的变异生物在漫长的夜里四处游荡，它们能给你造成不断流血的伤口，逼迫你必须在背包里塞进足够的止血绷带。各种奇异的自然现象肆虐着大地，它们同样也会侵蚀你的武器和盔甲。当你的盖革（Geiger）计数器发出警报的时候，就代表了你受到的辐射剂量即将达到致死标准。GSC Game World公司最大的野心是创造一个真正无缝的开放式世界，只不过他们在开发早期就发现这个目标无法实现，于是我们在切换地图时，还是要见到读盘界面。**DH**

The Witcher
巫师

发售年份：2007
平台：PC
开发商：CD Projekt
类型：动作/角色扮演

在《巫师》中，玩家扮演的白发猎魔巫师名为格拉特（Geralt），来自利维亚（Rivia）。游戏发售前，奇幻爱好者们对这个角色都不是很熟悉。游戏的设定和角色都来源于波兰奇幻作家安德杰·萨普考斯基（Andrzej Sapkowski）的一部小说，多年来他的作品一直都很受欢迎。自从1993年起，这名巫师就开始猎杀怪物了。2007年，他杀入RPG界，给人们留下了深刻的印象。

这是一个单一角色的RPG游戏，开发商将注意力集中在优秀的剧情和实时战斗上，使《巫师》十分具有魅力，尽管游戏一开始可能不是那么有趣。这是一款内容庞大的游戏，玩家需要花费很久才能通关，这种在时间上的投入要求几乎能赶上日本RPG了。有些玩家在开始玩的五个小时之内可能就会放弃掉它，但这段在城堡和村庄废墟中的游戏过程相当于一个漫长的教学关卡。在你真正到达这个游戏的主体之前，需要很多时间和耐心。随后你才能开始探索游戏中更加广阔的世界。

游戏中的环境细节丰富，相当真实，充满了对种族主义和腐败的影射，这些都使它成为了一个感觉相当黑暗的RPG。华丽而质感优秀的画面完美地表达出了游戏的主题，而这也要归功于BioWare的极光引擎。直到今日，《巫师》也是画面最棒的RPG游戏之一。不信的话，看看它那非同一般的剑与魔法混合的战斗效果就知道了。

很重要的一点是，仅仅一年之后这个游戏就对自己进行了修补，推出了一个强化版，对语音和角色动画都进行了大幅度的修正。这使它更加出色了。然而，很多英语玩家都采用了保留波兰语配音而打开英语字幕的游戏方法。这种做法使玩《巫师》时有了一种看外语片的感觉，大幅度增加了它的新鲜感。**JR**

John Woo Presents Stranglehold
枪神

发售年份：2007
平台：多平台
开发商：Midway Chicago
类型：射击/动作

它是一部大受好评的电影的官方续作。《枪神》代表着嫉恶如仇的督察"龙舌兰"袁浩云的回归，这个角色出自香港电影《辣手神探》。Midway公司的芝加哥工作室和导演吴宇森合作完成了这部游戏，其特点就在于使用了超级动作明星周润发的外形和语音。在这次合作之前，周润发和吴宇森已经有十五年没有再度合作过了。

在现代的香港，有一名警官失踪了。当地的黑帮三合会向警方要求赎金，并且要求只能有一名警察前来交付。尽管知道这是个圈套，但火爆的袁浩云并不在乎这些，他依旧保留着《辣手神探》时期的习惯："给他一支枪，他就是超人；给他两支枪，他就是上帝。"拯救行动很快就变成了报复行为，毕竟这是吴宇森执导的游戏。随后的一切线索都将袁浩云引向了黑帮"龙之爪"，在设定中，这是一个中国最古老最强大的犯罪家族。

《枪神》曾经被低估过。但它具有基于物理学的特技效果，精心打造的分数系统，还使用了"Massive D"物理引擎，让玩家可以破坏游戏中的大部分东西。不过这些东西只有在最高难度下才会真正体现出来。游戏中的场景全都结构复杂制作精良，有百万饭店、赌场、茶馆以及芝加哥的摩天大楼等。这些场景将向玩家展现自己的战术深度，其中那些被强化了的敌人和Boss会迫使你左摇右摆地冲进任何一个可利用的掩体。

最终你会意识到，游戏的重点不在于扮演周润发，而是观看吴宇森这个动作设计大师为你准备的视觉盛宴。在《枪神》里，战斗风格和生存一样重要，你有足够多的工具来建立一个终极动作序列。好吧，在那个过程中你可能会被干掉，但这也是款伟大的动作游戏的标志：失败和胜利的时候同样有趣。**DH**

Team Fortress 2
军团要塞2

发售年份：2007
平台：多平台
开发商：Valve
类型：第一人称射击

《军团要塞2》在前作基础上，实现了极大程度的进化。你可以使用从机枪到折叠铲（边缘锋利得惊人）的各种武器。游戏中有丰富的地图和职业供你选择，你熟悉的物理法则大多在《军团要塞2》中不那么适用。这个游戏采用了卡通风格的画面，声效也令人回味无穷。它的角色语音更是无可挑剔：听到机枪手说出"三明吃"（sandvich），那真是十分亲切。

《军团要塞2》是一款非常容易上手的第一人称射击游戏，它的设计意图就是让所有人都能轻易地加入战斗。在这款游戏里，始终都充满着新鲜感，每个职业都很有趣。如果你喜欢看到几百个卡通角色出现在一场夺旗战里，如果你喜欢鬼鬼祟祟地四处潜行偷袭敌人，如果你喜欢建造一座塞满炮台、传送器和自动武器售货机的大型堡垒，那么这个游戏就是为你设计的。在《军团要塞2》里，永远不会缺乏娱乐性。

虽然它也登陆了PS3和Xbox360平台，但最适合它的游戏平台还是PC。PC版拥有额外的可解锁武器和服装，可以让玩家在角色的定制上拥有更多的选择。由于它与生俱来的开放性，《军团要塞2》的玩家也可以从一个巨大的模组设计社区中找到不一般的乐趣。玩家很容易就可以从数不清的地图库中随意下载一张，加入一场在线游戏，开始他们的战斗。

绝大多数第一人称射击游戏都板着一张严肃的脸。《军团要塞2》之所以能超过它们，靠的不光是丰富的在线内容，最主要的就是它具有一种毫不掩饰又肆无忌惮的欢乐感。**SG**

Super Mario Galaxy
超级马里奥银河

发售年份:2007
平台:Wii
开发商:任天堂(Nintendo)
类型:平台动作

　　在《超级马里奥银河》里,你能明显地感觉到肆意飞扬的想象力。它的想象力和创新性深入太空,创造出了一个美丽而又严谨的平台动作游戏。游戏的舞台设置在色彩丰富的星云中,十分令人迷醉。《超级马里奥银河》中一个小小星球上的游戏创意,就足以超过很多游戏的整个战役。制作者梦幻般的才华似乎永无止境,你在游戏中遇到的每一个星系都会带来新的升级、新的任务和新的乐趣。

　　游戏中最大也是最棒的创意,就是把马里奥的冒险设置在球形的世界上。马里奥可以在星球表面探险,也可以深入星球内部面对一些同样富有创意的挑战。这名英雄水管工在一个个星球之间收集星星,隐藏在小行星带中的幻影平台时刻准备着将自己变化成需要的形状。

　　这个游戏的结构很简单:找到星星,开启新关卡。这使满意度和游戏经验结合在一起。《超级马里奥银河》甚至还可以两个人一块玩,在马里奥进行冒险时,第二名玩家可以去收集星星的碎片。**CD**

Super Stardust HD
超级星尘HD

发售年份:2007
平台:PS3
开发商:Housemarque
类型:射击

　　《超级星尘HD》是当年Amiga电脑上一款经典游戏的高清重制版,它是有史以来最出色的游戏之一。《超级星尘HD》带着它那赖以成名的闪光星尘和光晕登陆了PSN下载平台,向大家证明了一款简单的射击游戏也可以如此具有风格、如此精致华丽。

　　虽然《超级星尘HD》略有些缺乏独创性,但一些独特的创意还是使它有了很强的个性。首先,游戏里有一批可升级的武器,可以让你把太空巨岩和外星人轰成尘埃。你可以使用火焰、冰柱,或者一种绿色的什么玩意,每种武器都对特定的敌人非常有效。这些武器使用和升级都十分有趣——尤其是那个升级后好像火焰之鞭一般的武器最棒了。最后,游戏的场地也很好玩。每个关卡都是一个星球,你就在星球轨道上绕行,那就是你无限的游戏场地。

　　升级物品都隐藏在最大块的宇宙岩石中,然而你射中巨岩的每一炮,都会把它击碎成危险的小石头。每隔一段时间,你就会面对蜂拥而至的外星生物以及奇怪的Boss战,这样的设定会让你保持注意力。这款游戏设计巧妙而严谨,《超级星尘HD》在射击游戏这样一个竞争激烈的流派中,也是让人印象十分深刻的。**CD**

Supreme Commander
最高指挥官

发售年份：2007
平台：多平台
开发商：THQ
类型：策略

克里斯·泰勒是即时战略游戏界的一个传奇。他是设计大规模战斗的大师级人物，在他设计的游戏里，玩家在建造工厂前就可以收集到资源点，集结出一支大军去摧毁敌人。但是在《最高指挥官》中，他再次超越了自我。这是一款以创造大规模战斗为基础理念的游戏，它允许玩家从全局地图上总览战场，缩放到很近的距离直接指挥战斗。玩家可以建造出一支庞大得令人难以想象的军队，用以摧毁敌军的移动指挥中心——它是一台巨大而风格独具的机甲。《最高指挥官》已经十分接近即时战略游戏的终极模板了。

这是一款令人难以置信的游戏。虽然建造所有那些单位可能有些费劲，但在《最高指挥官》中，这是值得的。战场上充满战斗单位的那种体验，任何一个即时战略游戏爱好者都不该错过。《最高指挥官》硬派的科幻外表下有很多实用性一流的设计，即使是迷你任务也要求玩家采用一定的战术。泰勒几乎做出了一款最友好的游戏，它在即时战略游戏这个流派中是首屈一指的，给其他那些出色的游戏带来了不小的压力。**CD**

Logan's Shadow
虹吸战士：洛根之影

发售年份：2007
平台：多平台
开发商：Sony Bend
类型：潜入/射击

索尼的Bend工作室用《虹吸战士：黑镜》证明，他们可以挖掘出PSP硬件的几乎全部性能。他们同样打算告诉大家，这个系列仍有潜力可挖。于是他们在《虹吸战士：洛根之影》中，为洛根（Logan）这名秘密特工的军火库中增加了更多的小玩意。

这次的剧情具有相当的深度，将世界政治和恐怖活动的元素交织在一起，这里的恐怖分子掌握了足以威胁世界的技术。作为英雄的主角需要集结队伍，利用间谍技巧和各种高科技的小玩意来寻找答案。

这是《虹吸战士》系列值得称赞的第六部作品。在这部作品里采用了可自动恢复的生命系统，并且为玩家提供了更多关于潜在威胁的信息，这些改动都使它玩起来更加流畅了。例如，你现在可以看到那烦人的手雷将会落在什么地方。因为玩家可以更简单地用墙壁作为掩体或者隐藏自己的身影，所以大多数战场的环境都变得十分重要。这些设计使《虹吸战士：洛根之影》中的战斗变得更加直观了。你可以享受独具魅力的单人冒险，也可以在多人游戏中一展身手——多人游戏中多了拯救模式和破坏模式可供选择。这是一款内容丰富的游戏，居然被塞进了PSP里，这实在是令人惊叹。同时，它也依旧是在PSP上最棒的游戏之一。**RSm**

The World Ends with You

美妙世界

发售年份：2007
平台：DS
开发商：史克威尔艾尼克斯（Square Enix）
类型：动作/角色扮演

《美妙世界》看起来既新鲜又熟悉。史克威尔艾尼克斯这款色彩鲜明的RPG和其他游戏都不太一样。游戏中的角色都是日本漫画风格的孩子，他们因为怀疑自我的存在而烦恼着，这也符合了某种当今的流行风格。《美妙世界》中依旧少不了物品管理、升级和副本战斗这些元素，但在这个游戏里，它们都变得不一样了。

主角名为音操和四季，他们在游戏的一开始就死掉了。随后主角们发现自己被困在东京的涉谷地区，被迫卷入一场名为"死神"的组织举办的致命游戏之中。在游戏中玩家要面对一系列任务，每个任务都有严格的时间限制。玩家需要在时限中购买物品，与敌人作战，还得读取他人的思想。

《美妙世界》的战斗模式和其他游戏都不一样。玩家将使用NDS独特的机能，同时控制两个角色作战——上屏一个下屏一个，每个角色的战斗方式都不尽相同。例如说，上屏中玩家可以用十字键控制四季或其他什么角色，用一系列图标的排列组合触发极具威力的特殊效果。与此同时，玩家可以用手写笔来控制在下屏的音操来攻击敌人。

不同的徽章可以提供不同的能力和攻击手段，同时它们也为游戏宅们提供了收集的乐趣。在每场战斗前选择要使用的徽章，也是其乐趣所在。《美妙世界》的剧情十分扣人心弦，战斗系统具有和其他游戏完全不同的压倒性魅力。它是一颗RPG游戏中璀璨的明珠。**CD**

The Legend of Zelda: Phantom Hourglass

塞尔达传说：幻影沙漏

发售年份：2007
平台：DS
开发商：任天堂（Nintendo）
类型：动作/冒险

《塞尔达传说：幻影沙漏》继承了NGC平台上《塞尔达传说：风之杖》的赛璐珞卡通渲染画风，成为了此系列的又一个标志性作品。从这款游戏中我们也可以看到任天堂那可怕的灵活性。在硬件的层面上，NGC平台不是那么成功，但他们学得非常快，如今的NDS已经风靡全球了。

《塞尔达传说：幻影沙漏》的操作方式绝对是无人能够超越的杰出作品。你将使用手写笔来操纵英雄林克，点击敌人就是攻击他们，在屏幕上快速地画圈就可以让林克做出致命的旋转。而要开船的话，你就得在屏幕上为它画出海图来。这个系列依旧保持着它的复杂性，但有了这种便利的操纵方式，如今你可以直接在迷宫的地图上自己做标记了。

但《塞尔达传说：幻影沙漏》不仅仅是操作界面设计出色：林克要去拯救自己的朋友泰特拉（Tetra）。在这个过程中，他发现自己回到了七海中，与古怪懦弱又经常醉醺醺的船长莱茵巴克一起行动。他是个优秀的同伴，林克经常要帮他远离各种麻烦。

任天堂在游戏的架构上做了一些聪明的改动。几个元素神殿组成了一个巨大的庙宇，虽然这使得游戏的体验有了一个中心区域，但其加入的时间限制令人颇为不爽。

《塞尔达传说：幻影沙漏》告诉我们，塞尔达系列中的游戏并不都是超级棒。虽然它的画面依旧是那么优秀，但它有时会缺乏系列中的冒险感，而且总是回到一个同样的迷宫多少会让人觉得有些无趣。不过，对于掌机来说，它依旧是款杰作。《塞尔达传说：幻影沙漏》是NDS上你必须拥有的游戏之一，它绝对值得。**CD**

Ghost Recon Advanced Warfighter 2
幽灵行动：尖峰战士2

发售年份：2007
平台：多平台
开发商：育碧（Ubisoft）
类型：策略/射击

在《幽灵行动：尖峰战士》发售仅仅一年后，育碧就推出了这款续作。它保留了前作近未来的设定，将玩家的行动范围集中在一场虚构的南美洲危机中，同时强化了这个系列招牌的战斗装甲上的一切。

我们见到的《幽灵行动：尖峰战士2》是一款基于小队战术的射击游戏，玩起来比较贴近动作游戏，基本不需要进行那种干巴巴的战略思考。墨西哥又一次发生了危机事件，我们的精英幽灵小队被派遣到那里镇压叛军，还要阻止可能发生的核武器发射。在单人战役中，玩家将再度扮演斯科特·米切尔上尉（Captain Scott Mitchell），指挥着一队电脑控制的精锐士兵完成一系列战斗任务，包括伏击敌人、大规模交火，还有切割载具什么的。游戏的关键在于其直观的小队指挥部分。玩家可以通过十字键直接向小队下达命令；同时在屏幕上有个方便的摄像机窗口，可以让玩家看到其他士兵所看到的东西。这使得玩家可以精确地计划侦察行动，或者从敌人的侧翼发起攻击。此外，游戏中有一架可控制的无人机，这就意味着你不需要将队员当作诱饵派出去就能探明敌人的位置。这是一种出色的设计，它将精心策划的对敌人基地进行的军事打击和行动时的紧张感与临场感完美地结合在了一起。

《幽灵行动：尖峰战士2》是一款内容丰富的射击游戏，诚意十足的合作模式具有和单人战役完全不同的剧情和目标。城市中的环境细节和光影效果都十分出色（爆炸效果尤其棒）。这款游戏是现代军事游戏造型的一个标杆，所有的后来者都得用它来衡量自己。**KS**

Uncharted: Drake's Fortune
神秘海域：德雷克船长的宝藏

发售年份：2007
平台：PS3
开发商：顽皮狗（Naughty Dog）
类型：冒险 / 射击

　　《神秘海域：德雷克船长的宝藏》是一场具有迷人风格的大冒险。民间传说、寻宝和环球旅行有趣而令人兴奋地混合在一起，游戏中的纳粹僵尸能让电影迷们想起经典的"印第安纳·琼斯"系列电影，游戏迷们自然也会从它身上看到《古墓丽影》的影子。

　　这是曾制作过《杰克与达斯特》的顽皮狗工作室在PS3上推出的第一款作品。它并不是对《古墓丽影》系列的简单克隆。游戏中那个健谈的英雄名叫内森·德雷克（Nathan Drake），他是个有些无赖、四处留情却又样样都行的直肠子。他在枪战中花费的时间比攀岩多得多，而且总是在努力使古代机械重现生机（说来也很神奇，游戏中有很多古代机械等着他去这样做）。令人欣喜的是，《神秘海域：德雷克船长的宝藏》中有限的一些基于地点的谜题都很简单。实际上，游戏中你并不能一直奔跑下去，攀爬部分有时会变成打靶。不过最重要的是，德雷克拥有了劳拉一直没能掌握的战斗技巧，第三人称越肩视角的瞄准方式和操作简单的隐蔽系统都使战斗变得简单了许多。虽然这款游戏的创意并不是那么具有独创性，但顽皮狗工作室干净利索地将各种游戏类型混合在一起，并且开发组创造出了非常具有特点的角色。配音演员诺兰·诺斯（Nolan North）惟妙惟肖的表演使德雷克活了起来，这也让《神秘海域：德雷克船长的宝藏》的音频表现比当时最棒的游戏都高了几个等级。

　　游戏中的动画非常棒，一些地方更是漂亮得惊人。这是一次华丽的冒险，只有很少一部分喷气雪地摩托的场景不尽如人意。《神秘海域：德雷克船长的宝藏》为冒险游戏这个通常来说只有宝石、雕像和攀爬等元素的流派注入了新鲜的血液。当然，它并不完美，但它是游戏这个第九艺术发展到一个新高度的标志之一。**CD**

Wii Fit
Wii塑身

发售年份：2007
平台：Wii
开发商：任天堂（Nintendo）
类型：健身

《Wii塑身》的目标，就是像训练你的头脑那样，训练你的身体。刚开始的时候，你的心情可能会很受伤。游戏会要求你站到那块附送的塑料板上——任天堂叫它"平衡板"，随后它会测量你的体重，根据你的BMI（身体质量指数）来调整你的虚拟形象。当你看到自己的虚拟形象满身肥肉颤悠悠地站在那里的时候，相信我，没有任何事能够像这种情况一样激励你开始运动。所以，尽管《Wii塑身》的定价相当高，但它依旧在很短的时间内就卖出了超过一百万份，成为了史上第二畅销的电子游戏。

除去用来激励你的胖乎乎的虚拟形象之外，《Wii塑身》里有一系列可以帮助你保持健康的练习项目。练习的种类很多，包括从瑜伽到轻量伸展的舒缓运动，还有很多类似于游戏的挑战训练。当然，会有多少效果就得看你的努力了。就好像《脑力锻炼》一样，我们会有些怀疑，任天堂是否只是提供了一个正确的健身方向，而作品本身并不是那么出色（对于重度健身爱好者来说，艺电公司的《运动活力》[Sports Active]是更激烈更合适的选择）。然而，《Wii塑身》中的那些挑战大多都很优雅且富有风格，有些挑战也很困难。尤其是绕着Wii塑身岛进行的慢跑，保证能让你喘不过气来。

《Wii塑身》中的迷你游戏几乎就能值回票价了。你可以通过改变自己在平衡板上的重心来操纵一个泡泡穿越溪流，躲开尖锐的石头和蜜蜂的侵袭；可以在摩天大楼之间走钢丝；也可以挑战高台滑雪，让自己飞到空中。

它是一个标志，标志着任天堂在这个新硬件时代所达到的新高度。《Wii塑身》也许距离塞尔达系列带给玩家的硬派乐趣十分遥远，但它充满了和《塞尔达传说》一样高明的设计。**CD**

Wipeout Pulse
反重力赛车：脉搏

发售年份：2007
平台：多平台
开发商：索尼（Sony）
类型：竞速

有种建议是，索尼干脆就用《反重力赛车：脉搏》宣传自己算了。它的问世距离上一作仅仅隔了两年，这款画面华丽、音乐飘逸的未来派赛车游戏只是这个系列登陆PSP平台的第二作而已。和那些动作游戏、冒险游戏、第一人称射击游戏或者即时战略游戏不太一样，赛车游戏很难超越成功的前作。如果《反重力赛车》里没有了呼吸之间就可能撞车的那种操作方式，没有了它那革命性的独特风格，那它就不是《反重力赛车》了。

在这些范围内，《反重力赛车：脉搏》还是为我们带来了新的内容，使玩家对比赛有了新的兴趣。最令人兴奋的设计就是赛道上的磁性装置，它可以把你的飞船吸在赛道上，让你能够在现实中无法实现的大回环、超急弯和垂直下降赛道上尽情驰骋。游戏的另一项设置也令人有些不解，但的确足够新鲜：和其他游戏通常的设计不同，你不需要先开着破飞船苦苦挣扎，慢慢挣出高级货。在一开始你就可以从不同性能的飞船中随意选择。游戏中也有多种环境设置和比赛模式，例如说"歼灭战"模式，你要做的就是摧毁对方的飞船。而在区域模式中，就只有速度的对决了。

按照这个系列的传统设计，《反重力赛车：脉搏》中的十二条赛道在玩家第一次接触到的时候几乎是无法完成的。在一些情况下，玩家还得面对这些赛道的反向版本，这无疑也加剧了玩家的痛苦。游戏中的电脑AI有时的表现不太行，但依旧是值得尊敬的对手。定制功能证明了《反重力赛车：脉搏》是2007年出品的游戏，你可以编辑飞船的涂装，也可以自定义一个赛道表。当然，它的在线功能也很强大，足以让你痴迷其中。令人惊讶的是，整个游戏在小小的PSP上居然跑得那么流畅，也没有什么缺陷。你绝对会在《反重力赛车：脉搏》找到足够的挑战。**OB**

Professor Layton and the Diabolical Box
雷顿教授与恶魔之箱

发售年份：2007
平台：DS
开发商：Level-5
类型：冒险 / 益智

在NDS上发行的《雷顿教授与恶魔之箱》是Level-5公司的雷顿教授冒险解谜系列第二作。这又是一次引人入胜、趣味盎然的解谜之旅，虽然日本以外的玩家盼了整整两年时间才盼到了这款游戏，不过大规模的销售总算制止了二手游戏贩子从中获取暴利。

《雷顿教授与恶魔之箱》给这个游戏系列带来了一股阿加莎·克里斯蒂的味道，让主角路克（Luke）和雷顿（Layton）踏上了一趟火车之旅，去寻找传说中的秘宝"极乐之箱"。

每一个场景、每一个声效、每一次接触都是一次解谜的机会，而本作（在美国以外被称作《雷顿教授与潘多拉之盒》）在谜题的表现上和前作一样多样、抽象。和前作一样，单独的谜题和整个故事背后的秘密并没有实质意义上的联系，但是游戏的每一个部分都有其独特的迷人之处，即便玩家厌倦了那些火柴谜题和狡猾的问题，整个故事剧情仍能凭借其巨大的魅力吸引玩家继续前进。为了延续系列传统，本作中雷顿教授遇上的角色和城镇也是极尽古怪之能事。

相比于《雷顿教授与不可思议的小镇》相对狭小的故事环境，本作的格局更加宏大，玩过前作的玩家可能会觉得本作的谜题与迷宫并没有什么突破，但他们仍能享受其中。另外，游戏中有不少梗，也只有玩过前作的玩家才能体会其中的幽默。总而言之，这是一款令人赞不绝口、极富原创性的作品，犀利的剧本和出色的配音更给游戏增色不少。**KM**

Unreal Tournament 3
虚幻竞技场3

发售年份：2007
平台：多平台
开发商：Epic Games
类型：第一人称射击

从许多方面看，《虚幻竞技场》系列都是节奏最快的多人射击游戏。在那些把人轰成碎块的游戏中，它的人物跑动速度、火力和身体碎块的数量都远超竞争者。作为Epic的招牌游戏，它的每一作都会加入新内容，包括新角色、地图、载具和游戏模式。而它也是游戏自定义模组的终身支持者，提供了功能最强大的家用开发工具，使玩家可以免费使用如今游戏界应用最广泛的虚拟引擎开发自己的游戏模组。到它的在线论坛去，看看那些玩家自制的出色地图吧。

而发展速度同样是目前第一人称射击游戏的问题所在，它们渐渐有种倾向，就是会把玩家丢在身后。大多数PC版的射击游戏都以难以上手和硬派闻名于世，那么，如果你不是从某个系列的第一作就开始玩，现在该怎么办呢？之前的《虚幻竞技场2003》和《虚幻竞技场2004》都有这种倾向，而如今的《虚幻竞技场3》和它们是不一样的。《虚幻竞技场3》中有一个单人剧情模式，教程和练习一样不少，它对新手和老手同样友好。虽然有敏捷的反应是很好的，但如果你没有玩这种游戏的经验，那么《虚幻竞技场3》都可以教给你。

这对于《虚幻竞技场3》来说至关重要，因为它不仅是一款普通的PC游戏。它同样登陆了PS3平台，是第一款个家用机玩家发现他们和PC游戏不同的游戏。这是很难再现的一次尝试——PC上的模组开发者们拥有了可以为两个平台开发模组的工具。只需鼠标轻轻一点，自制的游戏地图就可以在PS3版和PC版中随意切换。有些人甚至在《虚幻竞技场3》中加入了《光环》系列的士官长，这令Xbox360的玩家十分愤怒。因为微软的内容审批过程，使得Xbox360版的《虚幻竞技场3》并不支持玩家的自定义模组。**DH**

Warhawk
战鹰

发售年份：2007
平台：PS3
开发商：Incognito
类型：射击

　　《战鹰》在开发阶段就曾经遇到过一些麻烦，不过最终它还是跌跌撞撞地走到了发售的那一天。可是在一开始，它的魅力让人有些难以理解。《战鹰》可以说是个只有多人模式的射击游戏（因为单人战役的质量实在不尽如人意，就不把它列入讨论范围了），游戏的卖点在于各种奇怪的载具，而这个卖点看起来并不成功。实际上，索尼在多人在线游戏上的尝试经常是一团糟，其根本原因在于PSN网络和微软的Xbox Live服务相比，缺乏基础设施和用户基础。

　　然而随着时间的推移，《战鹰》却为自己赢得了一些声誉。一批核心玩家每个晚上都在这个游戏中战斗着，他们在游戏中那面积辽阔、种类繁多的地图中不断厮杀。在那些地图上，工厂在沙漠深处若隐若现，奇形怪状的岩石柱刺向天空。《战鹰》成功的一部分原因在于，它满足了玩家的需求。游戏中有很多选项可以修改，你可以整晚都在地面和敌人短兵相接，也可以在空中与敌人缠斗。

　　游戏的平衡性近乎完美。飞机只有在地面部队移动的时候才能对它们造成足够的伤害，一名普通的步兵在策略正确的时候，也能夺取大型的载具。而驾驶游戏标题中提到的"战鹰"时，玩家们也有不同的看法：有些玩家认为在多种飞行模式间自由切换的能力让人觉得有些奇怪；而大多数玩家发现他们需要好几个小时的练习，才能自由飞行并开始战斗。

　　更重要的是，这款游戏后来发布的一些重量级更新都起到了延长游戏生命的作用。在这些更新里，开发商提供了新地图和新载具，还加入了火箭背包。《战鹰》是一款虽然创意不错，但并没有受到重视的游戏。**CD**

Zack & Wiki: Quest for Barbaros' Treasure
扎克与维奇：寻找巴巴罗斯宝藏

发售年份：2007
平台：Wii
开发商：卡普空（Capcom）
类型：冒险／益智

卡普空这款海盗风格的冒险游戏的这个名字，本可能被抛弃掉，尽管它是Wii上最棒的第三方游戏之一。也许是因为可爱的"扎克与维奇"这对主角的名字听起来太像儿童卡通了吧。而无论是什么原因造成了这款游戏的滞销，都不会是因为业界对它的评论：世界各地的杂志和网站的编辑们都很喜欢这款游戏。他们不遗余力地赞扬着这款游戏对于Wii遥控器出色的利用，并且乐观地宣布，它可能代表了古老的冒险游戏今后的出路。

《扎克与维奇：寻找巴巴罗斯宝藏》的主线就是两个主角的冒险经历。扎克是一名财宝猎人，而维奇是一只奇怪又具有魔力的猴子。扎克的梦想是成为一名伟大的海盗，他和维奇遇到了一个会说话的骷髅头，随后踏上了寻找传说中的宝岛的旅途。与此同时，他们还得击退一伙名叫"玫瑰之岩"的海盗竞争对手。这段简短的叙述在过去的游戏中可能就是游戏的全部了，而在这款游戏中，玩家可以通过Wii遥控器的指向来控制环境，避开敌人，还要和很多物体进行互动以解开谜题。

游戏会自动在第三人称和第一人称视角间切换，在控制某些大型物体时，还经常会需要玩家进行体感操作。谜题的设计都很巧妙，但不会太难。而只有在环境太过复杂的时候，才会让玩家感到些许真正的刺激感。

在大多数情况下，《扎克与维奇：寻找巴巴罗斯宝藏》就是这种游戏：Wii玩家经常抱怨，为什么这种游戏不再多一点。它的制作考虑周全、认真仔细，完全不会出现在其他游戏平台上。**CD**

World in Conflict
冲突世界

发售年份：2007
平台：PC
开发商：Massive Entertainment
类型：策略

　　最近，游戏界试图重振即时战略游戏的努力始终收效甚微。《冲突世界》代表着这些努力中最具标志性的进化，它在苏联进攻的这个剧情背景下，加入了很多以侵略者视角进行的任务。

　　在《冲突世界》的虚拟历史中，苏联在1980年从陆地侵入了北美，他们要扭转在冷战中渐渐失去优势的局势——这一切都是因为他们在欧洲中部输掉了另一场战争。战役模式讲述了一批主角的故事，他们会出现在所有的任务里。这款游戏其实只是个借口，让我们可以在一场实打实的战争中，了解冷战双方的实力，顺便在战场上了解一下当年的战争科技。

　　这是一幅凄美的景象：坦克集群在开阔的原野上激烈厮杀，炮兵部队在敌人的头顶洒下致命的弹雨，整座城镇在双方的交火中被夷为平地。《冲突世界》中的细节表现得很真实，视觉冲击力十足，战斗经常会变成令人兴奋的毁灭烟花大乱射。以援军为基础的资源机制并不是那么适合单人战役，还使得一些脚本事件看起来很荒谬，例如在你的兵力还很充足的时候要求你撤退什么的。

　　多人游戏部分十分出色，玩家需要仔细考虑自己的战术，谨慎地选择装甲车辆、步兵、空军以及支援单位来组成自己的军队。玩家们需要相互支援，在地图上夺取胜利点。合并资源池的选项可以让玩家们将资源合在一起，这个选项的意义就在于，他们最终可以使用战术核武器。它通常都能瞬间扭转战局，也能让你看到极其惊人且华丽的爆炸场面。**JR**

Patapon
啪嗒砰

- 发售年份：2007
- 平台：PSP
- 开发商：索尼（Sony）
- 类型：音乐/经营模拟

索尼的日本工作室为我们带来了奇特的乐趣。在《啪嗒砰》中，玩家要通过节奏来指挥一支眼球军队。玩家需要记住一些简单的节拍，并且配合着背景音乐敲打出它们。

《啪嗒砰》的创意十分稀奇：最开始，你也许会不太理解该怎么控制自己的军队，甚至会觉得有些难以操作。只有在你正确地敲出"pata-pata-pata-pon"这全部四个拍子之后，你的部队才会做出动作。不过，很快稳定的音符就会跃动在你的手上，这要感谢屏幕边缘闪动的帮助框。你也会发现，遇到一只新怪兽不算什么挑战，使你的军队保持移动才是最大的难点。

你的军队中那些好像眼球一样的家伙叫做Patapon，它们都是强悍的小家伙，在进入狂热模式的时候更是如此——你只要完美地打出五次节奏组合就可以进入这个模式。于是你就会努力记住并打对拍子："Pata-pata-pata-pon"可以让它们前进，"pon-pon-pata-pon"会命令它们开始进攻。随着游戏的继续，你会得到更多用来命令你的小军队的节拍组合。跟着教程努力打出正确的拍子，坚持住让节拍不要乱，在前方出现一只长角怪兽时，让你的军队进入狂热模式吧。

《啪嗒砰》这种奇妙的操纵方式，再加上它独特的艺术风格，使它成为了一款十分独特的游戏。肥胖的多彩龙、大眼象和巨大的螃蟹都是你的军队所要面对的怪物，而Patapon们本身也是很有趣的造物：它们基本的造型是个长了脚的眼球，各种部落风格的细节变化让不同类型的Patapon能够区分开来。它们无条件地崇拜着玩家，毫无疑问，它们是属于你的。这就像在游戏的最后，尽管你的角色是一位神明，但你也是属于它们的一样。**RS**

Carcassonne
卡卡颂

发售年份：2007
平台：Xbox 360
开发商：Sierra On-Line
类型：改编游戏 / 策略

　　XBLA在线商城刚刚开放的那段时间里，每周三都会有新游戏上架。玩家们虽然经常会遇到一些不怎么样的游戏，但却还是如同上了瘾的实验鼠一样对新游戏趋之若鹜。《卡卡颂》表面上看起来也不太有趣，但实际上，它是一款让人爱不释手的好游戏。
　　"卡卡颂"这个名字则来自于一个中世纪时期的法国小镇，它原本是一款德式桌面游戏。如今，这款好玩且屡获大奖的桌面游戏被Sierra On-Line完美地搬上了电视游戏这个新平台。它那标志性的棋盘以及木制的"米宝小人"（meeples，玩家的随从们）都会出现，玩家们可以玩到完整的虚拟《卡卡颂》，一点也不比现实的桌面版差。
　　《卡卡颂》是简单的占地型桌游。玩家们需要打出各种卡牌，这些卡牌在棋盘上会渐渐形成一片具有中世纪风格的复杂地形，其中包括道路、城市、修道院等。同时，玩家还需要适时地将随从们放上棋盘，以占领新出现的土地。当最后一张牌放到棋盘上的时候，游戏结束。虽然计分的方式对于刚开始接触的玩家来说，会显得十分复杂且令人费解，不过一旦上手，分数计算这项能力就会变成他们的第二本能。玩《卡卡颂》本来就是消磨一个下午的好方法了，而XBLA版的《卡卡颂》玩起来还更加方便。你不用再费神去洗牌，不用去考虑为大家找个什么地方一起玩，不用再和大家争论下一轮谁出牌，也不用去计算谁最后获得了胜利。电子游戏完全避免了和一群真实玩家玩游戏时的不便与烦恼——当然，还有争吵。
　　随着扩展包、多人在线及离线模式的推出，《卡卡颂》就像横空出世的黑马，得到了非常多的赞誉。目前，在XBLA上可以下载到免费的Demo版。无论刚开始玩的时候多么无聊，你也应该继续玩下去试试。所有人都不该错过这款游戏。**CD**

Banjo-Kazooie: Nuts & Bolts
阿邦阿卡大冒险：改造大作战

发售年份：2008
平台：Xbox 360
开发商：Rare
类型：平台动作 / 载具建造

  Rare公司本应做出有史以来最好的一款乐高型游戏。即使《阿邦阿卡大冒险：改造大作战》达不到这种高度，它也应该是2008年的年度最佳游戏才对。他们做出的这款游戏在平台型游戏里加入了制造载具的功能，包含了他们全部的创意和野心，最终却因为复杂的设定和漫长的载入时间功亏一篑。

  这次Rare公司对《阿邦阿卡大冒险》系列的改造，使它变成了一款古怪的DIY赛车游戏，拥有着一种低调的魅力。阿邦和他那长着羽毛的死党本来已经归隐山林，每天过着吃披萨玩游戏的生活，幸福地一天天变胖。结果当他们的老对头魔女甘媞妲（Grunthilda）卷土重来时，他俩的大肚子让他们失去了反击的能力。还好，游戏之神及时出现并宣布规范的平台游戏已是明日黄花，同时他为新的《阿邦阿卡大冒险》引入了一系列赛车挑战。玩家可以在多个色彩斑斓的世界中随意探索，游戏里充满了对游戏界种种惯例的嘲讽。当然，它少不了自嘲。更夸张的是，他们甚至把嘲弄的对象指向了游戏的平台——Xbox360。

  阿邦的任务就是造出可以通过挑战的载具。玩家需要考虑的是应该为载具加上巨大的轮胎以获得强大的抓地力，还是装上蛋蛋加农炮在比赛中轰击对手，或是造出结构复杂的刀轮战车将敌人的赛车撞坏。游戏的优点很明显：载具设计工具十分直观，足够强大，车辆的物理特性也使制造更加方便。不过，虽然游戏中的欢乐和卡通效果也为其加分不少，它依旧是近十年来最容易错过的优秀游戏之一。本作为设计载具提供了很完美的解决方案，但却被经常出现的读盘界面拖累。游戏里有一堆无聊的可收集要素，这就意味着更多的读盘界面——而且这也是它所讽刺的业界风尚之一。如果《阿邦阿卡大冒险：改造大作战》在这里那里做出一些调整，也许早就一飞冲天了。**MD**

 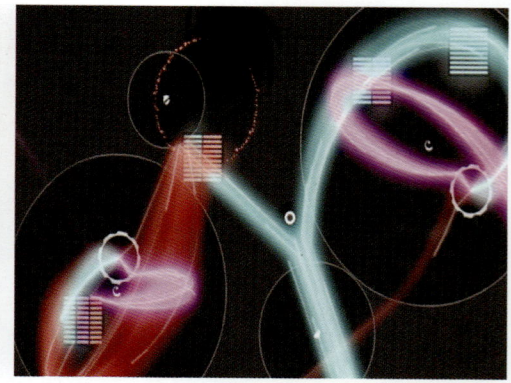

Audiosurf
音乐战机

发售年份：2008
平台：多平台
开发商：Dylan Fitterer
类型：益智 / 音乐

当那些主流的音乐游戏将它们的玩法固化在几种形式里的时候，《音乐战机》另辟蹊径地创造出一种新玩法：它可以利用你硬盘中的任一首歌曲即时演算出抽象的游戏场景，这让你可以用一种全新的方式来体验自己最喜欢的音乐。打开《音乐战机》的菜单，选择一首MP3格式的歌曲，几秒钟后它就能为你建造出一条悬在宇宙中的独特赛道。音乐中那些强劲的节拍会使赛道不断抖动、颠簸，干扰你的前进，而乐曲中的高潮部分会在空中绽放出各种绚丽的烟火效果。在赛道上前进时，前方会出现各种颜色的宝石，这时你就需要吃掉它们以获得最高的分数。当然，有些东西也是要躲开的。

这个游戏专注于创造独特的视觉效果，有些人会觉得它会让人头晕目眩。你努力得来的高分将使你出现在全球的排行榜上，它会记录在这个游戏中所出现的每一首歌。

《音乐战机》有个在线社区，互联网上的几百万首歌使你能够得到很独特的社交体验。同时，它也是自从熔岩灯被发明以来最酷的视觉生成工具。**CDa**

Auditorium
流光魅音

发售年份：2008
平台：PC, Mac
开发商：Cipher Prime
类型：益智 / 策略

就好像迪士尼动画《幻想曲》（Fantasia）中的一个场景一样，《流光魅音》将音乐视觉化为光线，并赋予了玩家操纵它们的能力——它们将如流水一样改变方向，你可以为它们上色。当然，没玩好的话，它们也会失落在寂静的虚空中。你的目标是将音乐流引向屏幕中固定的一些音量槽处，这样才能得分。音乐会从屏幕的一个方向流进来，你要做的就是控制它的波动，引导它的流向，甚至有时可让它溅到目标上去。击中所有的目标，你的得分就会越来越高，最终让你进入下一关。

和20世纪的大多数独立游戏一样，《流光魅音》将独特的画面和新奇的玩法结合在一起，然后借助一系列谜题使玩家沉迷其中。它的音乐制作十分认真，那些电子合成乐被收录在一张出色的专辑中，完全配得上游戏的画面。

最重要的是，这个游戏能让你放松。谜题基本上不会构成挑战，甚至在最后一关也不会。反复尝试你就能解决几乎所有谜题。在《流光魅音》中，真正的乐趣是操纵音乐之光流，看着它们在屏幕上舞动。**CDa**

Bejeweled Twist
宝石迷阵——旋风

发售年份：2008
平台：多平台
开发商：宝开游戏（PopCap Games）
类型：益智

如果你觉得休闲游戏开发起来很简单，不如去给宝开公司提供些创意吧。他们用了四年时间才做出《宝石迷阵——旋风》。这是他们最重要的游戏系列中，玩家期待已久的续作，他们知道得把它做好——不仅要让传统的消除游戏具有新的活力，还要让游戏保有前作的熟悉感。

在《宝石迷阵》的前几作中，玩家是移动相邻的两块宝石以形成三连或更多的消除连锁。而在这一作中，玩家是将一个四块宝石形成的方块以顺时针方向进行转动，你不需要每次转动都形成消除。这样的操作虽然在刚开始的时候会让人觉得不太习惯，不过一旦上手，那消除宝石的效率可是相当得高。所有一切加起来就造就了这个游戏，它就如你所期待的那样简单又有深度。它可以让玩家简单地消磨时间，尤其是在那种五小时以上的会议上。

《宝石迷阵——旋风》是系列游戏中一个杰出的典范：构造紧密、简单易懂、画面华丽。最重要的，它玩起来就很难再放下。**CD**

Afrika
非洲

发售年份：2008
平台：PS3
开发商：犀牛工作室（Rhino Studios）
类型：狩猎模拟

这是PS3独占的有趣游戏之一。《非洲》是一款狩猎游戏，你可以自由射击世界上最稀有的珍禽异兽——不过不是用枪。玩家是一名为成名而努力的自由摄影记者，得用手头的照相机、镜头和各种道具打拼出自己的未来。游戏早期的任务包括拍摄附近的斑马和长颈鹿等，要求也很简单，通常只需要拍到某种特定的姿态或者是特写就可以。坚持下去，完成那些早期的简单关卡之后，你就会受邀参加一项雄心勃勃的野外计划。

《非洲》让我们想起PS平台上的《海洋假期》（Aquanaut's Holiday）和《蓝海秘宝》（Everblue），但它更着重于加强虚拟世界和设备的真实感。很难说下面的场景哪些表现得更加细致入微：你晃动PS3的六轴控制器时照相机会模糊，野生动物们用鼻子轻触你的吉普车以试探危险。它们会在你靠近时慢慢接近，也会被你那些突然的动作吓得跑掉。

很多时候，游戏会让我们觉得这个世界很廉价。我们总在游戏中逃离它、利用它，或用暴力摧毁它。而此作提醒了我们，世界是多么美丽。**DH**

Critter Crunch
怪物大危机

发售年份：2008
平台：多平台
开发商：水豚游戏（Capybara Games）
类型：益智

没有多少游戏会把宝贵的像素用于教育玩家，告诉他们孝顺是多么重要。但在这个游戏里，毛茸茸的可爱小怪物们就会半开玩笑地训斥你："记得给你的爷爷奶奶、姥姥姥爷打个电话！他们想你呢！"这是个具有挑战性的，设计巧妙的游戏，但却十分平易近人，可以让你沉迷于它因随机性而产生的乐趣中。"不要因为你炸掉的小怪物而感到伤心，"你所操纵的食肉小英雄"大大"（Biggs）清光版面上那些美味的生物后会这样说，"信不信由你，它们真的喜欢被炸掉哟！"

"大大"是个有着独特食物爱好、圆乎乎的啮齿类动物。在整个游戏中，它都在不断吃掉从头顶的藤网上慢慢爬下来的各种小怪物，但最后总是把它们吐回去。它不是要把小怪物们吃光；"大大"会用一种小怪物去喂另一种，直到它们因为吃得太多而爆掉为止。当它们爆炸的时候，体内就会掉出巨大的宝石来。在《怪物大危机》的奇幻世界设定里，这些宝石才是"大大"真正的食物。如果你设计得够好，造成了一系列连锁爆炸，"大大"的儿子就会出现——它叫"小小"（Smalls）——来吃掉从爸爸嘴里吐出来的大堆彩色宝石。如果这些听起来有些难，也不用担心，游戏制作者已经周到地准备了详细的教程。

不要把注意力集中在游戏里那奇怪的生态系统上，《怪物大危机》其实是个需要玩家集中精神的脑力挑战游戏。虽然在穿越昆查塔岛（Krunchatoa）的旅行中，"大大"要做的基本就是吃光一切，但游戏中同样为玩家准备了具有层层限制的挑战模式。比如说时间限制或者移动限制等等，这些限制迫使你必须谨慎地考虑自己的行动。这个游戏的可爱表面下隐藏着严谨的逻辑结构，它只是不愿表现出来而已。**JT**

Galcon
银河输送站

发售年份：2008
平台：多平台
开发商：Phil Hassey
类型：动作/策略

它曾经只是一个游戏开发大赛中的不起眼的名字，随后变成了一款成功的网页游戏，而现在《银河输送站》已经是iPhone上最简单直观的即时战略游戏了。标着数字、颜色不同的行星充斥在屏幕上，玩家只要点击自己的行星就可以向敌人或是中立的行星派遣舰队来占领那些星球。标号比较大的星球需要用更多的舰队去征服，而你占领的大型行星制造舰队起来也会比较快。虽然在这个游戏里快速的反应比谨慎的计划更为重要，但依旧可以让玩家获得智力上的满足感。而它提供的五种游戏模式也带来了足够多的变化，可以让《银河输送站》在一段时间内牢牢占据你的iPhone屏幕。

在本质上，它是个数字游戏。派遣舰队去征服新地盘的时候，记得在你的关键星球留有足够的防御力量。如果你那只五十艘战舰的主力舰队穿越地图时老家被袭击，那游戏就该结束了。《银河输送站》出人意料地好玩：调整制造比例让人手忙脚乱；而看到屏幕被一大群绿色的战舰淹没，你的舰队飞向要占领的星球时，那种成就感会让人十分开心。在隐形模式下，游戏有了额外的紧张感。双方的战舰都是隐形的，你只能通过爆炸和不断快速减少的数字得知受到了攻击。低难度下有些无耻的小招数可以迷惑电脑。但对于有十级难度、最高难度，好像恶魔一般的《银河输送站》来说，玩家并不缺乏挑战。

其他的iPhone游戏经常夸耀它们有着更棒的游戏画面——相比之下，《银河输送站》最后的样子只是在一张太空风格的背景上放了一堆写有数字的圆圈。但是在特定的游戏平台上，那些更著名的游戏通常是因为它们独特的风格。《银河输送站》的清爽界面让玩家可以在行动上集中精神，这也造就了它的成功。**KM**

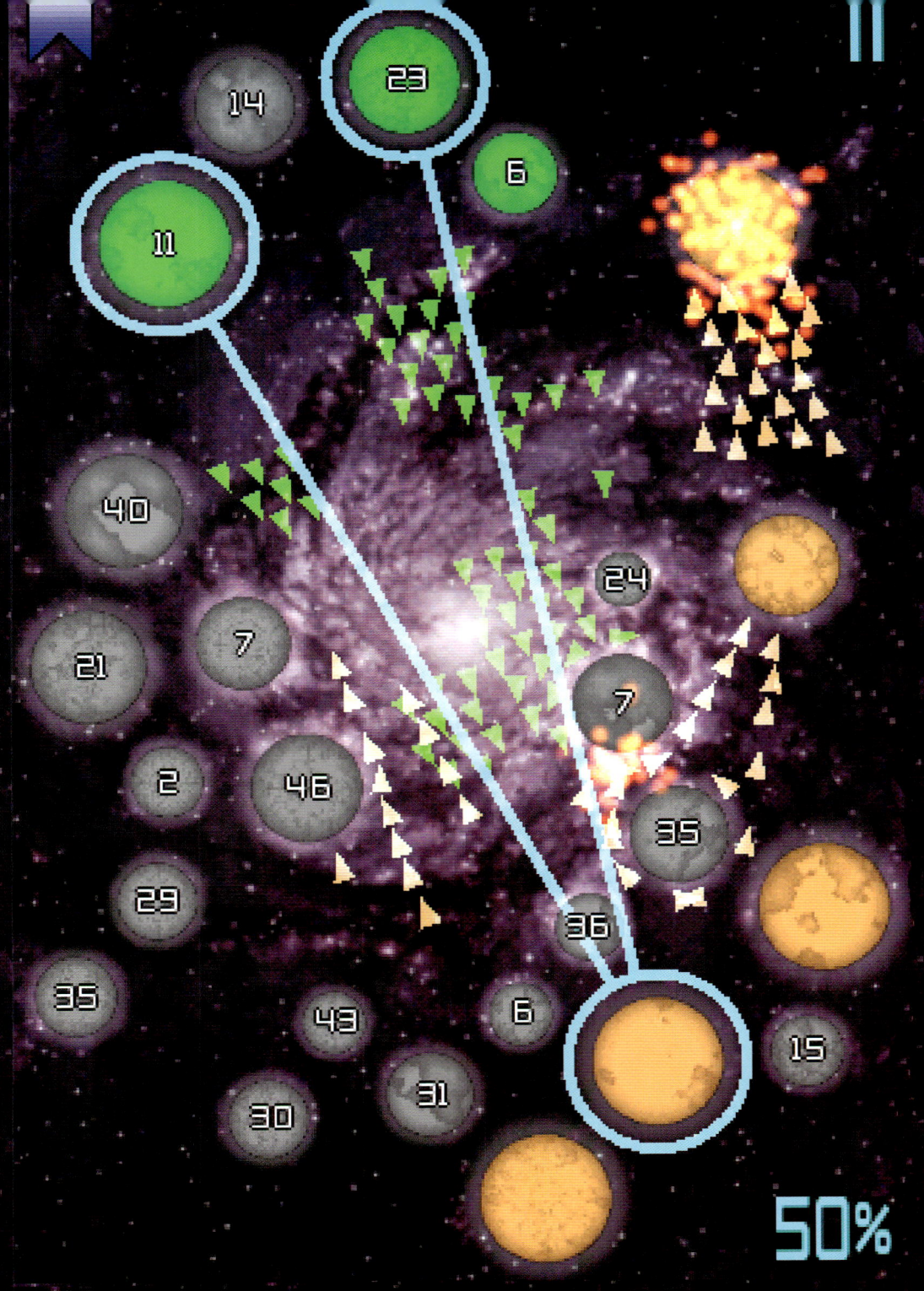

Battlefield: Bad Company
战地：叛逆连队

发售年份：2008
平台：PS3
开发商：数位幻象创意娱乐（DICE）
类型：第一人称射击

  2008年那款风格独特、创意十足但缺陷也同样明显的《镜之边缘》（Mirror's Edge）告诉世人，瑞典的游戏工作室DICE还是做第一人称射击游戏最有效率。例如《战地：叛逆连队》这样的游戏，就以独有的风格成就了他们作为全球著名开发公司的地位。他们不仅仅为游戏添加新武器和新风格，还改变了玩家与环境互动的方式。这款游戏专注于强化世界的可破坏性，让玩家可以破坏墙壁、沙袋、围栏，以及那些其他游戏里不能破坏的东西。对正在撤退的士兵来说，躲在房子里不再能让他们毫发无伤了。

  《战地：叛逆连队》像它的很多前辈一样，努力推行小队战斗。玩家们可以和他们的朋友组成自己的战斗小队，或者也可以整队加入一个大型战斗组里。虽然该游戏没有提供发布命令的功能，但玩家依旧可以和其他队员打出优秀的配合来。

  玩家们很快就会意识到，在《战地》系列的前几作中那种在掩体后隐蔽行动的作战方式有些行不通了。在这一作里，这种行为并不能完全保你不死。在一个地方蹲守，等着敌人来找你绝对不是个好主意；你必须保持移动，并随时注意队友的位置以及周围的环境。

  虽然《战地：叛逆连队》的多人模式将玩家最大参战人数削减到了四十八人，相对于它的PC版前辈有些不够激烈——例如《战地1942》，但它的核心创新和优秀全面的产品质量，还是使它成为了一款值得关注的第一人称射击游戏。**SG**

Bionic Commando Rearmed
生化尖兵：重装上阵

发售年份：2008
平台：多平台
开发商：GRIN
类型：平台动作

不好！超级乔（Super Joe）在敌后失踪了，现在我们唯一的希望就是红发内森·斯宾塞（Nathan "Rad" Spencer），只有他才能深入虎穴救出乔！但他的装备清单上只有一些很烂的枪，外加一个可以从他手臂上射出来的钩子。

姑且不谈主角的傻名字（超级乔），卡普空在8位机上的那款经典游戏《生化尖兵》还是有值得称颂的地方：你得利用一个抓勾在平台之间荡来荡去，而最关键的一点是，游戏里没有跳跃键可以用。GRIN公司这次对原版游戏进行了不错的改进，他们设计了新的3D模型，然后将它们用于2D平面上。这样就保留了原版游戏几乎所有的关卡设计和结构。

当年日版游戏发布时，卡普空使用了希特勒的形象作为大反派，这个敏感的举动也是让这款游戏出名的原因之一。好吧，至少他们没有让希特勒成为一个英雄角色。如今《生化尖兵》被大家视为一款能够让人上瘾的横向卷轴动作游戏杰作，而《生化尖兵：重装上阵》就是个将老游戏进化重制的完美例子。

GRIN后来开发了一款大预算的3D版《生化尖兵》，主角有一头拉斯特法里式的小辫子（想想《加勒比海盗》里杰克船长的发型），还有广阔的空中舞台供玩家悠来荡去。但这种大杂烩式的风格并没有被玩家所接受，差评以及不佳的销量使得3D版的《生化尖兵》很可能不会再出现续作。当然，也许卡普空将来还会有更大的计划也说不定。但至少我们在开发商走偏之前看到了这一作：它是动作和冒险的完美结合，为从未玩过前作的人们展现了那款经典游戏的魅力——而且这款游戏里还没有希特勒。**CD**

Mario Kart Wii
马里奥卡丁车Wii

发售年份：2008
平台：Wii
开发商：任天堂（Nintendo）
类型：竞速

　　《超级马里奥卡丁车》（Super Mario Kart）当年的横空出世震惊了游戏业界。1992年它在超级任天堂平台上发布的时候，就以它的品质使其他赛车游戏自惭形秽。它那有趣的卡通外表下面，隐藏着的是一款具有惊人深度的赛车游戏。玩家努力提高自己最好成绩的那个过程，不光是对操作技巧的考验，同时也很费脑子。就好像你掌握了入门级的全面型角色——比如说陶德（Toad，蘑菇小子）——以后，再去使用难以精通的大金刚那种力量型角色也一样困难。这款游戏为其他游戏设定了一个难以企及的标准。

　　它还为后来横跨四个主机平台以及两款掌机的这个游戏系列奠定了模式基础：任天堂的角色们开着卡丁车进行一系列比赛。他们将穿越各种设计复杂的赛道，赛车的引擎排量从50cc一路飙升到150cc。游戏中还提供了大批奇怪的武器，从不起眼的香蕉皮到威力强大的闪电，应有尽有。

　　《马里奥卡丁车Wii》也延续了始祖的游戏模式，并且使它进化成为任天堂流行的体感操作游戏。游戏发售时包含一个塑料外设，它可以将Wii的遥控器变成一个方向盘。同时游戏中还包含了在线模式，支持十二位车手在网上竞速。这里还有一些数字：游戏中有二十四位角色、三十六种赛车、三十二条赛道——其中有十六条赛道来自之前的作品。该系列全球大约已经售出了两千万份，如果算上被吸引来的爸爸妈妈、祖父祖母、哥哥妹妹，那就有更多开心的驾驶员在任天堂的游戏中尽情欢笑了。大家一起享受着色彩斑斓的角色、奇怪的武器、跳跃甩尾、瞬间加速……这次它以漂移过弯和空中特技实现了全家同乐的梦想。**DM**

Braid
时空幻境

发售年份：2008
平台：PC、Xbox 360
开发商：Jonathan Blow
类型：益智 / 平台动作

它代表了大脑益智游戏的新高度，还是一款具有超前创意的平台动作游戏？《时空幻境》为它的爱好者及反对者们都提供了足够的话题。但是相对于关于它艺术表现的争论来说，人们还是主要把目光集中在它出色的游戏性上。那些说它像《超级马里奥》的人完全没有看清它的本质。因为这款游戏的关键创意在于时间：如果你能在犯错之后逆转时间，那么你也就不用担心自己会犯错了。

关于《时空幻境》的核心游戏技巧的变化和提升过程，应该被编到游戏设计教程里去。最开始玩家只需简单地倒转时间，然后你在有些关卡中的左移或右移将使时间后退或前进。后来你还可以得到分身的能力，让你能够回到之前的关卡为过去的自己解决谜题。最后，还有可以丢下或捡起的时间口袋，你可以把东西放在里面，使它的时间静止。

游戏中的谜题就是围绕着这些能力设计的。想要解决这些出色的小谜题的话，横向思考能力才是最重要的——跳跃技巧是基础而已。每完成一个谜题，你就会获得一块拼图，它是拼出当前世界图像的必备品。那些完成的拼图讲述了一个隐藏在游戏中的寓言故事：一段关于失去的爱情的挽歌，一幅关于短视和痴迷的肖像，再加上有时沉重、有时乏味的关于制造原子弹的潜台词——这是个自我讲述型的游戏。玩家投入的大量时间只能换来这些语焉不详的潜台词，这些台词从某种意义上来说，是对他们的嘲笑。《时空幻境》需要玩家的正确操作，某些地方的设计远远超越了它所学习的前辈，它的游戏体验是十分独特的。**RS**

Burnout Paradise
火爆狂飙：天堂

发售年份：2008
平台：多平台
开发商：标准游戏（Criterion Games）
类型：赛车

即使是对它的死忠来说，《火爆狂飙》系列游戏质量的下滑也已经威胁到了这个名字的声誉。自从开发商标准游戏公司加入EA的大家庭以来——好吧，也许不是因为这个——这个火爆的战斗赛车系列已经被逼到了悬崖边缘。各种奖励和迎面而来的车流争抢着屏幕空间，这款原本富有哲学意味的赛车游戏里被塞进了不少你注意不到的主流元素。在那种疯狂的开发速度下，还有那么多人掌控着你的制作方向，离出事儿的那一天估计也就不远了。

然而《火爆狂飙：天堂》——传闻中花费了五千万美元成本制作的系列第七作——却漂亮地打了个翻身仗。它进化成了开放的世界，玩家不再被封闭的赛道所限制。游戏中的天堂城有五个区，总面积二十六平方英里，包含了各种地形。这座城市就是那个终极问题的答案：现在我该往哪开？随你。无论在什么地方，都有拥挤不堪的交通状况在等着你。如果你想比一场，只要停在相关的信号灯前就行。来场限时竞速赛？操作同上。撞车挑战赛？你随时都可以撞向其他的车辆，以开始一场积累伤害值的狂飙。

在自由狂飙模式中，玩家很轻易地就可以随意开始或退出多人游戏。《火爆狂飙：天堂》为玩家提供了足够的自由度，也给自己留下了扩展的余地。名为"天堂之年"、史无前例的大型可下载扩充包几乎给它添加了一款续作的内容：摩托车、在线社区中心、日夜循环模式、对一些问题的修复，以及大家期待已久的重启选项。更新后的整个岛上还有很多秘密等你去发现。这其中的很多升级内容都来自玩家们对游戏的反馈。**DH**

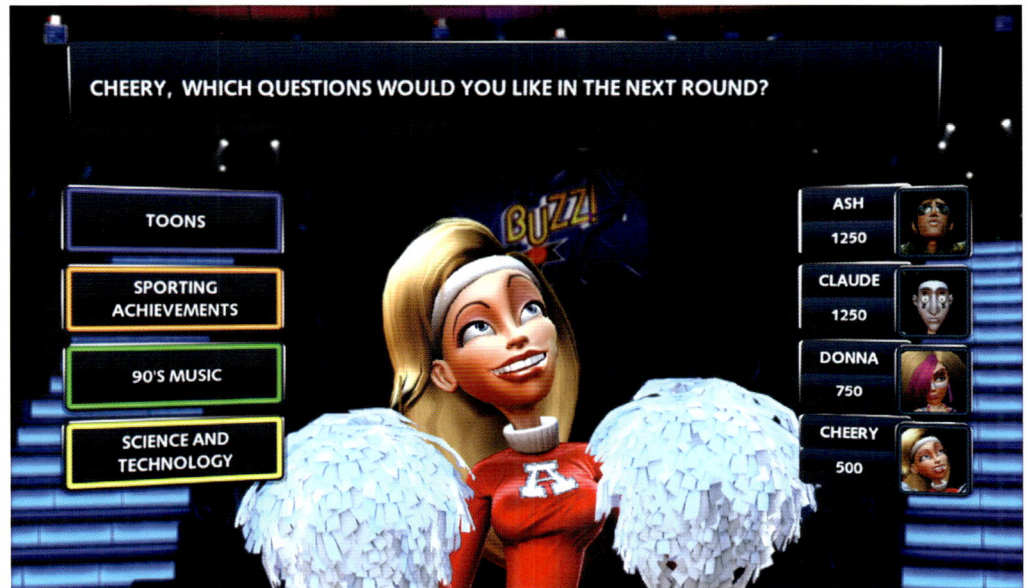

Buzz Quiz TV
问答！电视版

发售年份：2008
平台：PS3
开发商：Relentless Software
类型：问答

虽然说问答游戏总会卖得不错，但这不意味着它们都能达到《问答！电视版》的高度。对一些人来说，买它是为了游戏附赠的塑料蜂鸣器；对另一些人来说，是因为他们狂爱的杰森·多诺万（Jason Donovan，澳大利亚歌手、演员）在游戏里化身成为那个Q版造型的主持人。而大多数人买它的原因，仅仅是因为他们可以在起居室里和家人对着这款游戏欢乐地争辩每个答案。大家都喜欢用些小技巧来影响彼此，比如说在一旁讥笑对方，或是突然抢走他的控制器。

《问答！电视版》以全面高清化的姿态将这个系列带上了PS3平台。在这里玩家可以自由组合现实中的明星，构建自己的问答比赛。《问答！电视版》的网站和游戏的无缝结合十分棒——事实上，即使是最不会答题的人，也能被游戏里那些关于家庭宠物、遗传病，甚至宠物的遗传病的问题很快吸引到一块来玩。

节奏明快、画面独特，而且作为主持人的多诺万很好地表现出了那种不愿夸赞你的腔调。《问答！电视版》也许没法给你一个充满挑战的晚上，但肯定可以让你的夜晚充满欢笑。

那些总在说黑乎乎的PS3缺乏人情味的家伙被这款游戏打败了。而它也告诉大家，电视游戏不仅仅会让生活变得与世隔绝。**CD**

Castle Crashers
城堡毁灭者

发售年份：2008
平台：多平台
开发商：巨兽游戏（The Behemoth）
类型：角色扮演 / 动作

  孩子们一块玩动作游戏的时候，你会看到他们之间的某种合作。当挥舞着弯刀的士兵或扫射着激光的异形生物遍布屏幕向他们冲过来的时候，坐在沙发上的每个人都会联合在一起，努力打败他们。但是只要一个孩子开始炫耀自己杀怪最多，就会有人试着去抢到最好的宝物。如果在关卡的最后，你告诉他们，只有一个人能够得到最棒的奖励——比如说只有一个人能够吻到费力救出来的公主——马上他们就会互相打起来。

  《城堡毁灭者》是个复古型的游戏，基本上是为那些希望自己还是十三岁的成年玩家打造的。游戏中的那些幽默感会有些粗鲁，但其实所有人都能体会到：毕竟，诸如"一头遇到危险就会拉屎的鹿"这种设定，所有人都会觉得好玩。不过想到主程序员汤姆·弗普（Tom Fulp）和首席美工丹·帕拉丁（Dan Paladin）曾经做过的那两个游戏：欺负小孩的动作游戏《老爹和我》（Dad＇n Me），还有品位独特的《蛋蛋大压杀》（Sack Smash），你就知道也不能期待他们做出什么充满童趣的东西来。

  《城堡毁灭者》是个喧闹的动作游戏，但它的艺术效果也是个关键因素。你操作着用颜色区分的勇敢骑士，有各种各样的宠物和武器可以收集。虽然单人战役可以让你定制自己的角色，和平地探索地图，但这个游戏最大的乐趣还是在多人模式里。而如果你只是想和其他人打来打去的话，游戏里一样提供了死亡竞赛模式。

  作为一个冒险游戏，《城堡毁灭者》略显无聊：重复地按键就能过关；虽然武器的选择很多，但基本的变化也只有视觉效果；而且还没有真正的剧情。但如果你能找到靠谱的玩伴、准备足够的零食，那么你们就能重温那些小时候的快乐时光了。**CDa**

Sid Meier's Civilization Revolution
席德·梅尔的文明：变革

发售年份：2008
平台：多平台
开发商：Firaxis Games
类型：策略

　　他们想把席德·梅尔的《文明》系列进行简化的那个念头，从一开始就听起来很不靠谱。毕竟《文明》是一款超复杂的策略游戏，它是依靠自己无尽的深度和复杂性成为传奇巨作的。居然有人想把它的系统简化下去？这样做还有王法吗？当然，那些刚接触这个系列的玩家估计会对此很高兴。《文明》系列的游戏总是要求玩家事无巨细地管理一切，想要再玩一回合的念头让人欲罢不能。但仔细想想，也许能换成粗放式的玩法也不错。

　　游戏的目标依旧是引领你的文明从远古时代成长起来，直到称霸全世界。为了达到这个目标，你要建立一个个城市，征召市民入伍，建立起自己的军工体系。至少传统上是要这样做的。你一样可以通过以下方式赢得游戏：以文化征服世界，用经济实力使世界臣服，或者在太空竞赛中第一个登陆半人马阿尔法星。多种多样的胜利条件让你可以自由地打造自己的文明；同时也意味着敌国有很多种方法可以打败你。被史前时代的平静所麻痹的玩家们，到了工业时代就得打起精神了。他们会发现敌对势力一直在图谋不轨。虽然这款新文明里没有那么多的单位，规则也比较简单，资源的洗牌也没那么频繁，但它提供的游戏体验依旧富有层次感。

　　事实上，这款《变革》取得的巨大成就并不是简化了《文明》系列的玩法。它在主机平台上保留了那么多的PC版经典体验才是最主要的。即使是在iPhone上它也能让你体验到那种巨大的快感：你的帝国通过自己的手指渐渐遍布全球，只待一个合适的时机就可以统治世界。**JT**

Cursor*10
十个鼠标

发售年份：2008
平台：互联网
开发商：Nekogames
类型：益智

　　《十个鼠标》中的挑战看起来有点蠢，刚开始的时候还会觉得有些挑战根本无法做到。比方说，你要打开一个箱子，就得在时间限制内点击它九十九次，这样你就需要其他人帮忙。在另一关里，你得点击一个平台，那样才能通往下一关的楼梯。而你点了那个平台以后，就没法爬楼梯了。所以你还得需要至少一个人来帮忙点击楼梯。而在这个简单却又充满创意的网页Flash游戏里，那个能帮助你的人……就是你自己。摆在玩家面前的工作有些棘手：整个游戏里你要使用十个鼠标，每个鼠标都是你上一次操作轨迹的镜像。所以呢，其实就是有十个你在游戏里，你必须仔细计划，才能和自己合作完成游戏。这是解决第十六关和最后一关谜题的唯一途径。

　　在这个到处都是线上合作游戏的今天，日本游戏设计师石井嘉男用《十个鼠标》诠释了自己对多人同时游玩的理解。射击游戏和体育游戏都鼓励实时对抗，石井和他的同事们却试图探索出一条玩家们不必同时进行游戏就能合作的新路。（比如说杰西·范布鲁克斯［Jesse Venbrux］的《死亡游戏》［Deaths］，其他玩家的尸体会留在你的游戏里；还有《恶魔之魂》［Demon's Souls］，玩家可以帮助其他玩家，或者入侵其他玩家的游戏，从而使游戏过程变成一场超大型单人游戏冒险）。

　　游戏流程不长，画面也很简单，这让《十个鼠标》更像一个概念游戏，而不是完整版，但它却又能让人欲罢不能。当你得到最后几个鼠标的时候，你就得和时间赛跑了，同时你之前犯下的错误会一遍遍地重复。当然了，游戏失败的时候，你也只能责怪过去的自己而已。**CDa**

Fable II
神鬼寓言II

发售年份：2008
平台：Xbox 360
开发商：Lionhead Studios
类型：动作／角色扮演

　　彼得·莫里纽克斯为Lionhead Studios制作的所有游戏，都呈现出一种两极分化的趋势——喜欢的人特别喜欢，讨厌的人完全不想尝试。《神鬼寓言II》就表现得如此彻底。它是一款具有丰富想象力的杰作？还是完全不该让孩子接触到的可怕作品？这取决于你和什么人谈论它。这款游戏的乐趣来源于此：你最终找到了自己应该选择的路。从这点上来看，也许每个人都应该至少玩上一遍。

　　争论的中心是一个相当值得称赞的设计目标：Lionhead Studios试图做出一款几乎所有人都可以随时拿起来玩下去的游戏。它会带给你一种只需按一个键、完全不会死掉的游戏体验。而且无论你偏离主线多远，游戏都能把你带向下一个目标。

　　以上这些在游戏里看起来没有听起来那么简单。战斗其实很复杂，也像你希望的那样令人兴奋；你不会死，但身体上会永久性地留下耻辱的疤痕；你也可以完全把那个指引系统关掉或者干脆无视它。虽然这个系统的确很棒，可以鼓励新人去探索这个世界，又不用担心迷路。

　　有些人喜欢这样，而其他一些玩家会觉得这个充满道德观念的世界有些令人厌倦和烦闷。在大多数时候，你需要做出选择——让你的角色像一个高贵的天使，还是残忍的恶魔？你可以在任何时候离开主线任务，去养个孩子，谋杀妓女，或者当个重婚者……一切都由你来决定。

　　无论对这游戏最终的感觉是什么，你都无法否认，那条无论你变成什么样子都毫无保留地爱着你的狗，才是游戏中最大的亮点。**CD**

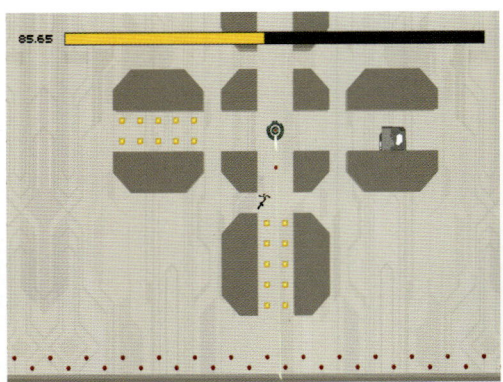 

N+
N+

发售年份：2008
平台：多平台
开发商：Metanet Software
类型：平台动作

De Blob
颜料宝贝

发售年份：2008
平台：多平台
开发商：THQ
类型：平台动作 / 益智

　　既流畅又简洁，《N+》这个游戏就如同它的名字一样，是一款极简风格的平台动作游戏。剪纸人造型的角色，涂鸦风的关卡，只有灰、黑、黄和米黄的色彩搭配，这就是《N+》的一切。哦对了，不要忘记还有红色。因为《N+》的主角是一名忍者，他需要在危险的平台之间跳来跳去，寻找通往下一关的出口。在这个过程中，会一次次地被各种杀人机器打成一堆血红的碎屑……

　　玩家仅有的能力就是跳跃和奔跑，成功过关的关键在于理解游戏独特的物理特性。你得学会在墙壁上进行反弹跳跃，利用可滑动的方块移动，还得将游戏中的重力效果发挥到极致。

　　《N+》最开始是一款免费的网页游戏。但它依靠自己优秀的视觉效果、具有冲击性的音效、丰富的关卡和让玩家能够自制关卡的编辑器进入了微软的Xbox游戏下载卖场，摇身一变成为了需要让玩家花费微软点数购买的吸金利器。我好像忘了提到它还有个很棒的在线模式？ **CD**

　　《颜料宝贝》最初诞生于荷兰乌特勒支艺术学校（Utrecht School of Arts）的一次课程实习中。该软件最早的目的，是将他们市中心里可改进的规划点凸显出来。开始那款用轨迹球操作的游戏很简单，就是为一座商城里的行人们上色，最多也只需半小时就能完成。THQ把这个创意买下以后，将这个富有趣味的半成品变成了一款完整的游戏。最终它成为了任天堂主机上最有趣、最有创意的游戏之一。

　　在《颜料宝贝》里，你控制的是一个大号的油漆怪物，在街道之间滚来滚去，用各种明亮的颜色为城市上色。这种设计非常适合电视游戏——元素够多、看起来略微有点傻，但却又美得超凡脱俗。最后的游戏成品得益于它那欢乐的艺术设计，还有从学生们最早的源代码中得来的一个出色的视角系统。

　　至于那些从THQ公司得到一大笔钱的学生们，他们建立了自己的游戏工作室，靠自己的力量在Wii上做出了《剑与勇士》（Swords & Soldiers）——一款色彩鲜明的优秀即时战略游戏。 **CD**

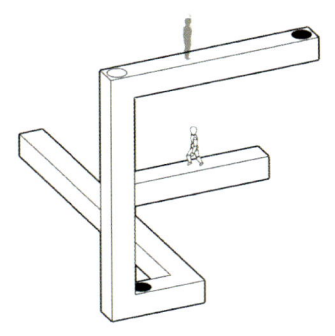

Echochrome
无限回廊

发售年份：2008
平台：多平台
开发商：索尼（Sony）
类型：益智

  回头看看，《无限回廊》有些类似你的数学作业——简洁却又复杂。"出在Sony的PSP上"有时意味着简约甚至最简化的视觉表现，但这款游戏仍然是那么充满奇思妙想，玩起来十分有趣。而我们仅仅是操作着一个木头人偶在单色的几何世界中跳来跳去而已。

  和那些最棒的解谜游戏一样，《无限回廊》也十分简单：每个关卡都是一些浮在半空的块状物体，玩家需要旋转画面，使所有的沟壑在视觉上都无法看见，从而使那个火柴棒一般的主角可以四处收集标记。用一堵墙将沟挡住，它就不复存在了——玩家一开始可能很难理解这种梦一般的逻辑概念，但很快它就会成为玩家的本能反应。

  虽然它是那么新潮，又有些冷门，但你终究是会对它产生兴趣的。同时，它也告诉那些认为游戏只是杀杀人、炸炸东西或者开开跑车的人，游戏还可以是这个样子。**CD**

Fantastic Contraption
奇妙装置

发售年份：2008
平台：互联网
开发商：inXile Entertainment
类型：益智

  《奇妙装置》提供的是一种在严格限制下发挥创造力的快感。玩家只有一套可怜的工具——只有几个轮子和几根连杆，却要造出一辆车来。通过你别出心裁的设计，那些轮子和棍子可以变成一台虽然笨拙但却能动的机器。

  游戏的目的很简单：建造一台可以把红色目标物体送到目的地的车辆。一路上会有各种沟壑、台阶、急转弯或者其他东西阻挠你的破车。听起来是很简单，但是即使你给车上多装一个轮子或一根连杆，事情都会变得非常复杂。你调整好车辆的设计，按下启动钮，然后看着车前进。如果没有成功抵达目标，就要回去重新设计车辆的结构。

  游戏的物理引擎可以很流畅地将你的造物驱动起来，你会发现失败的时候将和成功时一样好玩。看着自己造出的汽车、坦克、摩托或其他什么玩意的结合体慢慢滚下悬崖总能让人笑出声来。还有一个亮点是，你可以和其他人分享自己的发明——虽然实验自己的想法很好玩，但在《奇妙装置》里，最有趣的还是去尝试其他人造出的那些奇怪玩意儿。**JT**

Dead Space
死亡空间

发售年份：2008
平台：多平台
开发商：艺电（Electronic Arts）
类型：生存恐怖/射击

艺电以授权动作游戏、每年更新的运动游戏以及各种系列的续作而闻名。所以当他们宣布要推出科幻背景的恐怖游戏《死亡空间》时，大家的期待其实不高。地处加州红木湾（Redwood Shore）的EA工作室向公众和媒体公布这款游戏时，听起来就好像有人见到丧尸那样新鲜。我们来看看游戏里都有哪些名作的影子：一些平凡的深空工程师（《异形》）出发去调查变成鬼船的大型采矿船USG石村号（《撕裂地平线》［Event Horizon］）；飞船上的人被邪恶的上古圣物及其造物杀光了（《猛鬼追魂》［Hellraiser］）；工程师的飞船在着陆时坠毁，只有一个手持工具当武器的幸存者（《网络奇兵2》）；他总能看到奇怪的幻觉，例如血腥屠杀的场景（《闪灵》［The Shining］），还随时关注着道具库（《生化危机》）。

但其实恐怖大师们并不太在乎故事：《死亡空间》的优秀之处在于它完全将设计理念实现了出来。分开比较的话，它比以上那些名字都要好些。它的布光、场景、音乐甚至环境音效都是那么恐怖，甚至让人无法承受。虽然也许你想到过那些突然出现的船体颠簸，但石村号上的那些反应堆、娱乐室还有走廊其实都不简单。有时你会听到不知哪里传来的推桌子声，或者是某个船员在缓慢地用脑袋撞墙，也可能是人的肢体狠狠地撞上舱壁的声音。然后在你毫无准备的时候，吓人的地方就突然出现了。

本作几乎算是个策略游戏了。它的战斗里充满了混乱的节奏、突然的躲闪和可怕的伏击，一直耗费着你不能浪费的弹药。前一关里买到的武器下一关里可能就得卖掉变成钱……游戏里的商店就好像无良的当铺一样折磨着玩家。最后你要记得，在游戏里"战略解体"是一个重要手段——只有傻瓜才会不在意这一点（游戏里的怪物们需要砍成碎块才能停止行动）。**DH**

Fallout 3
辐射3

发售年份：2008
平台：多平台
开发商：Bethesda Game Studios
类型：动作/角色扮演

  2007年9月，Bethesda只花了五百七十五万美元，就买下了备受好评的《辐射》系列，目的是在自己热卖的《上古卷轴4：湮没》上套上一层"后《启示录》"风格的皮肤，再卖一次。结果令人满意：令人赞叹的艺术效果与经过严格界定的关于道德和自由意志的游戏概念完美地结合。当你的角色离开安全的101号避难所（它是一个拥挤的核弹掩蔽所，统治者一直用对外界的虚假描述控制着人们）来到地表时，他们会看到一个史诗般的荒凉世界。设计者们打造出了一幅50年代大衰退风格的末日景象，就像当年那部电影《疯狂的麦克斯》（Mad Max）的场景再现一般。

  曾经繁华的华盛顿如今充斥着各种街头帮派。高大的变种人在国家广场的废墟上巡逻；神秘的军队自称为政府势力，而反对者们通过电台与之对抗……无论是废料商人、奴隶贩子、赏金猎人还是废土隐士，也都只是努力活下去而已。而在这个世上依旧有那么一小部分人，还在追寻着一个将世界恢复丰饶的梦想。这其中就有你失踪的科学家父亲。

  在游戏中想要接触到所有这些并不容易，尤其是想要完成修复这个病入膏肓又单调乏味的世界的那个目标更加艰难。Bethesda很喜欢在游戏里加入会产生重大影响的道德型选择，这经常会让玩家在成为基督再临或是恶魔附体这种选择上难以下手。比如说在一个任务"自动男人"（Automated Man）中，你就会面临难题：你将决定一个逃跑的生化机器人的命运。

  和《上古卷轴：湮没》一样，《辐射3》的PC版同样有繁荣的MOD（游戏修改模组）社区，有上百种不断更新的武器、服装、盔甲甚至游戏规则，可以随时添加进游戏里。这就让它可以通过下载的内容向一些不太可能的方向发展下去，从而为游戏延续了新的生命。**DH**

Bangai-O Spirits
班凯奥魂

发售年份：2008
平台：DS
开发商：Treasure
类型：射击

《班凯奥魂》是一款无法被描述的游戏。它比自己那些又棒又怪的前辈们还难形容。这个游戏是一锅既混乱又包罗万象的大杂烩，小而精致。就好像讨人喜欢的一盒巧克力，或者烟花……或者巧克力烟花。总之就是一种令人兴奋的混合物。

它把古典艺术、简略的解谜游戏和老式射击游戏结合在一起，就好像一部电视游戏小简史。玩着玩着，你就可能会和这个游戏的设计师们一样混乱了。游戏的大概一百六十个关卡里包含了班凯奥机器人和各种玩意：一台巨大的小机器人要轰出一条路来，挡在它面前的是各种谜题、关底头目、路上的小怪、物理实验，还有一大票对老游戏的模仿桥段。

它甚至还提供了一套功能全面的编辑器，功能和Treasure公司的开发团队使用的那个编辑器完全一样。而这其中最棒的部分就是：如果玩家想和他人分享自制的任务，他们就要将那些任务以声音文件的形式发送给别人。玩家们需要使用NDS的麦克风和扬声器，通过一系列呼呼声、哔哔声和咔哒声传递关卡信息。当然，玩家也可以使用磁带将这些声音录下来发给别人。

《班凯奥魂》的一切都显示出了制作者对电视游戏的热爱。通过那些向《宇宙巡航机》、《钻地小子》还有其他游戏致敬的关卡，我们会经历一段令人愉快的游戏历史小巡礼。更重要的是，玩家可以选择自己武器的这项特点几乎让它有了无穷无尽的玩法。你可以用棒球棍把敌人打飞，释放全屏范围的毁灭光波冻住一切，或者仅仅是收集那些宇宙水果的碎块也行。**DM**

Devil May Cry 4
鬼泣4

发售年份：2008
平台：多平台
开发商：卡普空（Capcom）
类型：动作/格斗

在《鬼泣4》里，大约得等到游戏进行到一半的时候，你才能使用那个"无双"型游戏里的砍人小王子——但丁（Dante）。对此感到不爽的话，就去怪《战神》吧。索尼创造的这个奥林匹亚传奇震动了日本游戏业，特别是它还是西方人做的怪东西——通常来说那种游戏都没法在日本成功。它开创了一个动作游戏的新类型——光按一个键就可以打穿的那种。大部分玩家都喜欢觉得自己的角色很厉害，没多少人喜欢那种要学习六种战斗模式和一大堆打法的游戏。所以在《鬼泣4》里操作复杂的但丁退居二线，主角变成了和但丁看起来很像，但操作起来比较简单的尼禄（Nero）。

在一场华丽的战斗后，尼禄被派去追捕刚刚进行了一场大屠杀的但丁。他并没有发现，那些遇害者甚至包括他所属的教团高层都已经倒向了恶魔一边。他们在一座古堡下的秘密实验室里（卡普空的游戏里总会出现的设计），尝试着从神剑阎魔刀的碎片中汲取恶魔之力。后来尼禄的女友姬莉叶（Kyrie）被教团的教皇所绑架。

《鬼泣4》的批评者们也许会很讨厌这个游戏对自身的重复。操作但丁的时候，你会以不同的顺序将之前的关卡场景和Boss再度体验一遍。在一个过场里，但丁会和一只愤怒的青蛙头上的同性恋触须调情；在另外一个场景里，他关掉恶魔之门以后，将会用嘴叼上一朵玫瑰。除此之外，尼禄的鱼叉抓人手（恶魔右手）和连击槽的设计感觉就好像是让人使用但丁之前的热身。但是考虑到《鬼泣》系列里的关键元素一点没有被砍掉，我们也不该对卡普空的偶尔放纵之作要求太严格。**DH**

Far Cry 2
孤岛惊魂2

发售年份：2008
平台：多平台
开发商：育碧（Ubisoft）
类型：第一人称射击

　　Crytek公司的《孤岛惊魂》第一作让玩家来到了一个天堂般的世界。在那里你可以向一切你能看到的东西射击，随意发泄，还不用担心会对现实世界造成影响。故事的情节在最后一刻突然转向了科幻风格，游戏中的角色也一直没有脱离高级炮灰的身份。它提供了一种简单自由的游戏乐趣，就好像在热带旅游一般，你看到的那些景色都十分养眼。

　　相比之下，由另外一个公司制作的《孤岛惊魂2》就把你丢进了地狱：你将来到一个非洲国家臭烘烘的热带丛林里，面临着一场即将爆发的残酷内战。这是一个潮湿的树丛中隐藏着死亡的世界；一个得用钳子才能把射入体内的弹头拔出来的世界；一个等着填补权利真空的两个阵营在不断火拼的世界。这一切的混乱局面都始于一个叫豺（Jackal）的国际军火贩子，他将便宜的枪支和手雷源源不断地卖到了这里，谁也不知道他想要干什么。

　　如果把《孤岛惊魂》比作《冲出人魔岛》（The Island of Doctor Moreau，H.G. 威尔斯1896年创作的科幻小说），那么续作《孤岛惊魂2》就是《黑暗之心》（The Heart of Darkness），是一部关于探索人类内心的作品。它是一款用剧情讲述自己的游戏。不过这款育碧出品的游戏依旧是爽快的射击游戏，到处都是爆炸，你可以干任何想干的事。比如在丛林里放火，炸掉自己的汽车向敌人宣告自己的存在，或者被一只瞪羚追得爬上制高点……在它对于现实模拟的探索中——车辆经常需要修理，枪支会生锈，在战斗中还会卡壳——《孤岛惊魂2》做得很不错。随着故事的进展，它以成人化的叙事手法，描绘出了一批栩栩如生的NPC。整个剧情充满张力，令人难忘。最重要的是，还十分浅显易懂。**CD**

Gears of War 2
战争机器2

发售年份：2008
平台：Xbox 360
开发商：Epic Games
类型：射击

  Epic的《战争机器》为动作游戏开辟了新天地，它那基于掩蔽的战斗模式不仅成为了快节奏战术射击游戏的一个样板。当电视和电影来抢占我们的电视荧幕时——例如《明星伙伴》（Entourage）、《虎胆龙威4》（Live Free or Die Hard）、《拆弹部队》（The Hurt Locker）等——《战争机器》站了出来。美军甚至举办了一场充满争议的《战争机器》比赛，用它来掩饰征兵的真实目的。那么下面会是什么呢？

  将队伍重新集结起来！马库斯·菲尼克斯（Marcus Fenix），多米尼克·圣地亚哥（Dominic Santiago），奥古斯都"火车头"·科尔（Augustus "Cole Train" Cole），戴蒙·巴德（Damon Baird），这些耳熟能详的名字在《战争机器2》里又回来了。它很明显地超越了前作。不断进化的虚幻引擎让设计师可以把玩家带到任何地方去：比如一条大虫子的体内，或是一座正在崩塌的城市废墟。不提已经被证实过的那些特性，《战争机器2》的艺术效果，敌人种类和AI智力，以及出色的多人模式都展现了其优秀的品质。其中一个游戏模式还从《生化危机》的佣兵模式中吸取了很多东西。

  要是剧情也那么棒就好了。这个系列最爱干的事就是爆炸，没有比游戏更擅长玩爆炸的事物了。但问题是，人类对于自身悲剧的反应，是比爆炸精细得多的事物啊。在松散的故事中盘，我们可以看到它被表现成了一种病态的扭曲（作者大概在讽刺多米尼克在地下终于见到被兽人抓走的妻子时的场景）。这时《战争机器2》暂时忘掉了本质，在回归休闲的屠杀战路前将自己变成了一台大起大落的舞台剧。Epic对此十分自豪，甚至还为构想中的《战争机器》电影版选择了克里夫·欧文（Clive Owen）当演员（这个选择也许和选择学会了说话的冰箱差不多）。**DH**

Defense Grid: The Awakening
防御阵形：觉醒

发售年份：2008
平台：多平台
开发商：Hidden Path
类型：策略

塔防游戏是这样的：坏蛋们向着你的老家一波波冲来，试图偷走你的资源，而你需要建造一个炮塔防御网来阻止他们。这个过程在每个游戏里都不尽相同。在《防御阵形：觉醒》里，大多数的炮塔都是发射实体弹药的，经常会把敌人从他们的路上击飞。每种炮塔都有自己独特的作用：有的用来对空，有的可以减慢敌人的速度，有的从远处提供猛烈的炮火支援，有的是近距离的火焰喷射器。而敌人也有自己的特殊能力：有些敌人速度飞快还总是一大批一块出现，源源不断地冲击你的防御阵地；有些虽然缓慢但是防御力惊人，你得在他们通过你的防御前，用足够强力的武器将他们干掉。合理地安排防御阵形是过关的必要条件。这就是《防御阵形：觉醒》带给你的塔防游戏体验，即有趣又华丽。

这款游戏的画面表现非常好。虽然这种概念简单的游戏有很多种低预算的实现方式，但《防御阵形：觉醒》告诉我们制作精良的小游戏是多么棒。它是一款漂亮的3D塔防游戏，你能见到小巧精致的外星入侵者、建模精细的炮塔。游戏的解说声略带幽默——它是一名之前试图保卫这里的工程师上载的人工智能。虽然说《防御阵形：觉醒》也许有点小创新，但是这种对简单概念的进化改造是那么的明智又具有效率。那些炮塔当然是可以升级的，很快你就会发现升级过的炮塔是那么好用，大量的高级炮塔是你在紧急情况下清扫敌人的不二法门。有些解谜要素，有些动作策略要素，还有个奇怪的剧情，这款《防御阵形：觉醒》是个不落俗套的经典游戏。**JR**

Fatal Frame IV: Mask of the Lunar Eclipse
零：月蚀的假面

发售年份：2008
平台：Wii
开发商：Tecmo / Grasshopper
类型：生存恐怖

如今互联网上到处都是不靠谱的灵异照片，但《零：月蚀的假面》这款游戏证明了自己的品质——它比用iPhone拍下一个生气的鬼魂这种事可怕多了。在这款Tecmo公司出品的恐怖生存游戏里，你仅有的防御武器是一部老式相机——它可以将怨灵封印在胶片上。怎样做呢？摄影师必须和灵体离得足够近，才能捕捉到最佳的影像。近距离拍下怨灵血红的双眼，你就会得到一个很高的分数——"致命影像"奖分。

不同于奇诡风的《寂静岭》和刺激型的《生化危机》，《零》系列走得是一种更加传统的恐怖风格。设定在医院中的场景很有现实感，但里面却充斥着娃娃、面具、头发长长的小孩等各种日系恐怖元素。在即将来临的恐怖之前，你也许会吓得走不动道。虽然拍照后那种街机风格的打分略微减少了一些紧张气氛，但随后它就会渐渐增加你的恐惧感。

《零：月蚀的假面》使用了《生化危机》式的第三人称越肩视角，从而增加了恐惧感。而把相机放在腰部的高度上这个设定不仅提供了更好的视角，还让玩家无法看到一些预示着危险的标记。怨灵会从各种地方浮现出来，你每走一步，都可能会看到它们一闪而过。

游戏里最搞怪的设计莫过于一个特殊的操作方法。在游戏中，提示你接近某些物品时——比如说要掀开窗帘或是把手伸进黑漆漆的床底，玩家按键的时间长短决定了角色把手伸出去的长度。其他游戏里那种预设的角色动画，可以让你按了键以后看着角色自己去动作，而这种设计完全是在考验你的勇敢程度。这种"我到底该不该这样做"的感觉，没有别的游戏比这款《零：月蚀的假面》表现得更好了。**MC**

God of War: Chains of Olympus
战神：奥林匹斯之链

发售年份：2008
平台：PSP
开发商：索尼（Sony）
类型：冒险／格斗

　　是命运把《战神：奥林匹斯之链》带到了PSP平台上。为了纪念它的发售，索尼发布了一款红色的限定主机。它的背面印着一张奎托斯（Kratos）的脸，但他的表情十分别扭，就好像在便秘一样。即使是在PSP的小屏幕上，他的行为依旧是那么血腥暴力：双链刃和其他残忍的武器都能打出大片大片的鲜血，Boss战也具有很强的史诗感。战斗从一个独眼巨人开始，但很快它就会被一只个头比它更大的蛇怪碾碎。游戏中少量的逻辑型谜题能够让你在砍人的过程中暂时停下脚步，进行一些思考。

　　《战神：奥林匹斯之链》是PSP玩家必玩的一款游戏：它的画面在小屏幕上都表现得十分出色，控制方式也和PSP的单摇杆结合得很好。但是和家用机比起来，携带版的游戏多多少少会有些缺点。地图有些乏味冗长，充满了相同的走廊和可击碎的容器。而那种"按一个键就可以触发精彩剧情"的设计，也很难让玩家完全投入进去——比如通过几个时间恰到好处的按键，就可以让奎托斯把阿特拉斯（Atlas）捆在世界之底。不过还好，至少那个福利性质的做爱小游戏没有被砍掉。

　　不过和家用机版一样，《战神：奥林匹斯之链》的剧情一样很棒。奎托斯偶遇了被自己误杀的女儿卡莉奥佩（Calliope）。在游戏中卡莉奥佩就像一个怪异的影子一般，在奎托斯前方飘荡着。最终奎托斯在极乐世界见到了她。他们会团聚吗？他的怒火会被平息吗？如果你还得问这些问题，那就说明你才刚开始玩这个系列——当然了，如果那些神祇对奎托斯一直都很好，那么杀他们还有什么乐趣呢。**CDa**

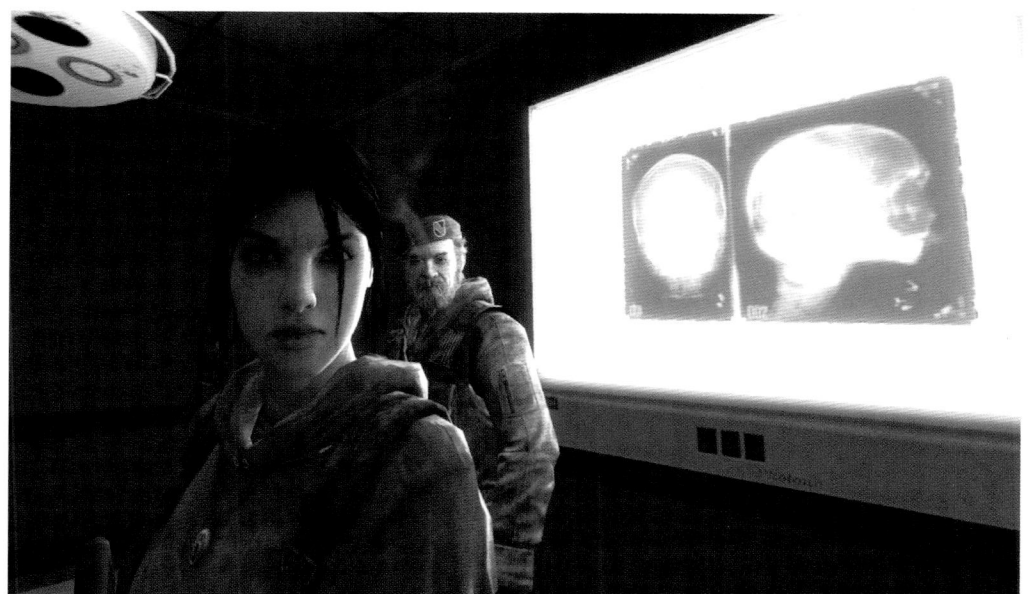

Left 4 Dead
求生之路

发售年份：2008
平台：多平台
开发商：Valve Corporation
类型：射击 / 生存恐怖

僵尸和海盗、忍者一同构成了互联网文化的高级部分。所以让业界里最具标志性、备受尊敬的制作公司Valve出手，把僵尸题材的世界末日故事做成成熟的电子竞技游戏，是十分合理的。《求生之路》的某些关卡类似于那种精心制作的劣质电影，具有电影的一切要素：片名、海报、电影化的标准性镜头运用等等。但实际上它更像21世纪的一场宅男风格游戏超级杯赛：一支只有四名成员的队伍，每人都荷枪实弹，还有一块设置精巧、错综复杂的场地。

先从四个角色中选择一个。玩家需要收集补给、选择武器，在僵尸中杀出一条血路，从一个避难所杀到另一个。主要目的就是在这场突然爆发的世界末日中活下来。武器种类很多，也很好使。相对于那些没有脑子却想来吃掉你的脑子的普通僵尸大军来说，四种特殊僵尸的加入使游戏有了额外的难度。合作是活下来的唯一手段。在僵尸向你的位置冲过来、试图把你打翻在地然后吃掉你的时候，你的同伴就是最好的警报器。

游戏的核心其实是一个人工智能导演——虽然它只是许多行设计精巧的代码，但却可以根据你的行为，不断地改变僵尸的出生点和进攻波次。这是个喜欢捉弄人却又十分致命的导演，在关卡接近高潮的时候，它会把你逼进一种焦虑的恐慌中。比如说，在你看到胜利的曙光之前，它可能会让你有很长一段喘息时间，在最后关头才让一大群僵尸一块涌向你。

在单人模式里，《求生之路》也能带给你足够多的乐趣，但和三个朋友一块玩才是它的精髓所在。你们可以选择对战模式，让一些人扮演特殊的僵尸——那绝对是一场欢乐又无拘无束的大乱斗。**CD**

Maboshi: The Three Shape Arcade
魔星：三位一体

发售年份：2008
平台：Wii
开发商：MindWare
类型：益智

　　如果你忍受不了和不靠谱的朋友一块玩多人游戏，那就和自己玩吧。《魔星：三位一体》中包含有三个简单的游戏，都只需要用一个键就可以控制：方块游戏，是一条蛇一样的东西对抗一道渐渐升起的火墙；圆圈游戏，是在一个不断移动的场地中猛击不断出现的小动物；棍子游戏，玩家要控制一个弹性十足的物体穿越一系列障碍。

　　在每个游戏的简单画面下，隐藏的都是一个优秀的创意，而且都和任天堂的艺术风格十分相符。但是MindWare公司充满创意地把这三个游戏结合在一起，使它们之间可以互相影响，这样就形成了一个独特的、充满紧张感的解谜游戏。那种紧张感就好像千钧一发地逃离危险一样。这个游戏也有多人模式，三个游戏都会显示在屏幕上。当然你也可以自己玩，那时电脑就会参与进来玩剩下的两个游戏。

　　但《魔星：三位一体》最好玩的部分在于，你可以把那些游戏里发挥最好的尝试录下来，然后和这个自己一块玩。得高分的基础就在于你之前的发挥：如果你知道在棍子游戏里会发生什么，你就可以做出相应的反应；如果你记得在方块游戏里马上就要触底，你就可以准备好推进了。《魔星：三位一体》的这种"单人玩的多人游戏"不仅仅可以让你自己和自己玩，还可以展示出你游戏过程中的那些失误，告诉你刚才那局你玩得有多烂。

　　游戏里只有一个简单的目标：魔星先生不断地在游戏里跳出来问你，能不能给他一百万分。所以你的目标就是不断地积累得分——不同的是，在其他游戏里你是为了自己挣分，在这里是为了完成游戏。在这个游戏里你做得越好，它给你的回报就越高。**RS**

Spelunky
洞穴探险

发售年份：2008
平台：PC
开发商：Derek Yu
类型：动作/冒险

在2009年于旧金山召开的游戏开发者大会上,德里克·于（Derek Yu）向大家解释了死亡在《洞穴探险》里的重要性。这款非线性的游戏给上千位爱好者带去了无尽的乐趣和挑战。《洞穴探险》是款"侠盗"风格的游戏——它是80年代的著名游戏《侠盗》和《杀入地下城》（Nethack）的后代。它们的特点是：每次进入游戏时的地图都不同；而且一旦角色死掉,游戏就结束了。在大多数RPG里,你都可以存盘,但在这种风格的游戏中,每次冒险都是独特的,你的每条生命和死亡都意义重大。我们可以把这种特性浓缩成一个口号："死亡即是乐趣。"

在游戏介绍里,你会看到一个"印第安纳·琼斯式"的探险家,他的目标自然是寻找黄金和财宝。在一个个关卡里,他在程序自动生成的地图里摸爬滚打,用鞭子打走挡路的动物,躲开各种尖刺和陷阱,有时还得拯救一位身处险境的少女。玩过1989年的《里克大冒险》（Rick Dangerous,开发公司Core Design是《古墓丽影》系列最早的开发者）的人,一定会对这个角色感到很熟悉。

相对于同类游戏,本作十分平易近人：画面十分可爱（它学习了2005年日本独立游戏制作小组GR3 Project的那款《失落的遗迹传说》[La Mulana]）；开始有些动作你会觉得很别扭,但很快难度就会逼得你熟练掌握它们。很快,你就不得不在越来越高的风险和极其诱人的财宝前做出抉择。在你努力向着宝藏前进时,等着你的可能就是被秒杀的命运。

直到《洞穴探险》出现前,"侠盗"风格的游戏都是面向特定玩家群体的ASCII码游戏,或者是面向核心玩家的日本RPG。虽然本作也保留了不少硬派风格,但制作者依旧为这个流派带来新的爱好者,而且在登陆XBLA下载平台后,知道它的人会越来越多。**CDa**

Age of Empires: Mythologies
帝国时代：神话世纪

发售年份：2008
平台：DS
开发商：Ensemble Studios / Griptonite Games
类型：策略

最开始的时候，那两款顶尖的即时战略游戏《帝国时代》和《帝国时代2》，都是出现在电脑平台上的。后来PC上还出过一款出色的即时战略游戏——《神话时代》。最后我们就在任天堂NDS上就见到了《帝国时代：神话世纪》，它是一款优秀的回合制策略游戏。我们可以从标题里看出：当《帝国时代》从历史中汲取灵感的时候，神话背景的游戏就转去洗劫各种神话传说，顺便借鉴埃及、希腊和斯堪的纳维亚的古老文化，从而让我们这些纸上谈兵的将军们可以接触到一些神圣的东西。

将即时战略游戏移植到NDS平台上的这个过程，使它变成了一款回合制策略游戏，但依旧保留了这个系列的精髓：虽简单但又深度十足的资源采集，建造基地以生产军队，然后派他们去消灭你的敌人。最让人感兴趣的是它的资源系统：黄金和食物都是很平常的了，"神恩"这种新的资源，让整个游戏看起来有些不同。虽然说历史背景不是那么关键，但是在《帝国时代：神话世纪》里，从一个时代进化到下一个依旧是游戏的重要组成部分，就好像之前的《帝国时代》一样。进入新的时代会开启新的科技和兵种，也可以获得更加强大的神之力量。比方说，希腊人是在宙斯的眷顾下开始征战的，但他们在游戏里进化到新时代以后，一样可以获得其他神的青睐，例如雅典娜和大力神赫拉克利斯。

游戏里提供了二十四个单人任务，还有很多种多人游戏的选择——在线模式、热座模式（多个玩家用一台终端轮流游戏），还支持无线下载模式。这款游戏是一个具备完美平衡性的策略游戏集合，展示了《帝国时代》系列无限的吸引力，让玩家可以继续他们跨越几个时代的旅程。**DM**

Grand Theft Auto IV
侠盗猎车4

发售年份：2008
平台：多平台
开发商：Rockstar
类型：动作/冒险

原本充满了黑色幽默、暴力和卡通风格的《侠盗猎车》系列，在离开了PS2平台以后，总算看起来严肃了一些。在《侠盗猎车4》里，初代游戏中的自由城——它影射着现实中的纽约——完成了华丽的转生。弥漫着黑暗的街道，精心设计、让人无法忘怀的一批悲剧性角色，都给游戏带来了一个新的基调。

开发者的野心是巨大的：《侠盗猎车4》希望能成为你所玩过的最棒的犯罪电影型游戏。这个故事里包含了移民的资本主义梦想，后巷黑暗角落中低劣的小犯罪，还有雄心勃勃的银行劫案。游戏的主角尼克是一个主观上不大愿意走向犯罪的人，但这并不影响他成为一个坏家伙（你操纵他砍杀平民的时候，他的性格是不会反对你的）。你打穿游戏以后，他的结局并不算太好。不可能会好的。

开发商Rockstar North在游戏的世界里堆满了尖锐的幽默感。它们出现在游戏中的互联网和电视节目里，还有那些出色的无线电台中，包含着从顾客文化到右翼美国的各种信息（你可以想象，没准制作组中的某人就被FBI调查过，于是他就把那些经历做到了游戏里）。这些笑话不一定都那么好笑，游戏里的枪战也不是那么完美，有些玩家还会发现他们的行动和故事会产生脱节。但它依旧是史上最伟大的游戏之一。放眼望去，我们还没有见到哪个游戏能达到它的高度。如果《侠盗猎车4》不是世界上最伟大的游戏，那么它至少也是关于这个现实世界的最棒的游戏。**RS**

Guitar Hero World Tour
吉他英雄：世界巡演

发售年份：2008
平台：多平台
开发商：Neversoft
类型：音乐

  我们也许永远也见不到一款《吉他英雄：平克·弗洛伊德》（Guitar Hero: Pink Floyd）。在那无数种理由中，最基本的一点是我们这些正常人是没法在那种乐曲的考验中存活下来的。但是在这个系列的第四作中，我们离平克·弗洛伊德的前卫摇滚吉他神技是越来越近了。这是因为游戏收录了Tool乐队的三首歌，他们是支反传统的前卫摇滚乐队，1996年推出了一张十分出色的专辑后就解散了。这三首歌弹奏得十分迷幻，所以对玩家的感觉和手指都是巨大的考验。

  在这个时代，如果一个系列毫不在乎更新外设和内在特点，就可能会被人遗忘。尽管如此，《吉他英雄：世界巡演》在各方面来说，都是一款关键性的游戏。为了回应《摇滚乐队》，这款《吉他英雄：世界巡演》中首次加入了鼓和麦克风。除了还算不错的硬件外设以外，游戏里还有两个实实在在的独创设计：音乐工作室模式，以及一个随之而来的音乐交互平台——GHtunes（这个名字明显是在模仿苹果的iTunes）。这个满载新点子的创作模式包含了远超我们所能期待的噱头。即使它无法弥补《吉他英雄》和《摇滚乐队》这两款游戏支持者之间的鸿沟，也是给《吉他英雄》死忠们的一份大礼。

  《吉他英雄》的游戏引擎表现得比《摇滚乐队》更好。它的角色更多，图像更流畅，而在它们之间，艺术风格的斗争从未停止过。虽然游戏里有不少瑕疵，比如说整个的前期界面都不太好，也总是让摇滚传奇们就好像木偶一样地去表演那些老歌，但《吉他英雄》的继承者——发行商和制作者们——还是在游戏里展现了足够的诚意。玩过《吉他英雄：世界巡演》后，你不得不怀疑那些老牌摇滚明星们是否处于这样一种窘境中：艺术家和管理者们之间，似乎永远无法互相理解。**DH**

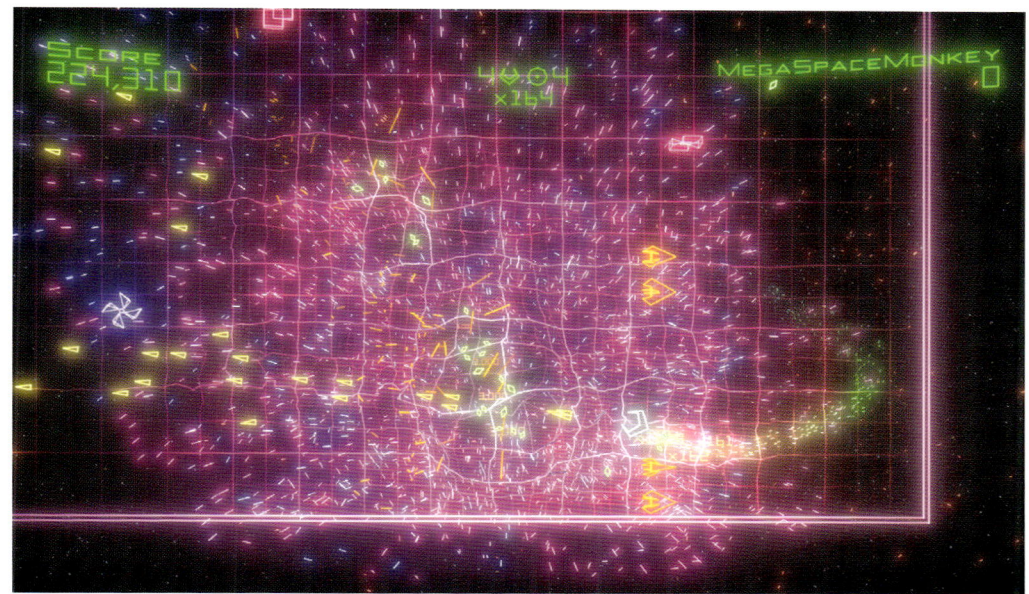

Geometry Wars: Retro Evolved 2
几何战争：再度进化2

发售年份：2008
平台：Xbox 360
开发商：Bizarre Creations
类型：射击

虽然《几何战争》系列曾被其他开发组冠以"银河"的名字，搬上过Wii和NDS平台，但是玩家们依旧在期待着原始制作组开发的《几何战争》的真正续作。他们希望可以在XBLA平台上看到《几何战争：再度进化2》。而他们没有失望。

这款续作提供了所有我们能想到的改进：淡蓝色的3D旋转球、更加丰富的色彩，还有一些新的敌人。所有的一切都与游戏本身的感觉十分契合，以至于我们很难分辨出什么东西是新加入游戏的。当然，游戏的进化程度比我们想象的要更大。《几何战争：再度进化2》里加入了一系列可解锁的游戏模式，原本传统的无尽模式被改名为了进化模式，而这只是其中很小的一部分而已。

这些模式里包含了很多出色的创意。比如在死期将至模式中，就有一个强制的三分钟时限；国王模式，角色身处一片危险不断增加的海域，只有一个闪烁的无敌护盾保护自己；攻击波模式，从《世界街头赛车4》中借鉴的模式，敌人按阵形一波波出现；还有顺序记忆模式，每关里敌人出现的方式都是固定的，需要玩家记熟每关的内容——因为这太难了，所以很少有人能打穿。其中最棒的是和平主义模式，它的创意来源于前作的一个成就，在这个模式里，玩家不能直接射击。要想过关，就只能通过穿过一道道门来引发爆炸，借此击败敌人。

这一作从《银河》系列（Galaxies）中引入了需要收集的几何块。收集这些几何块与干掉敌人同样重要,它们能够增加你取得分数的倍率。在《几何战争：再度进化2》里，即使死掉，你也可以保留之前收集的分数倍率。这个设定就比前作让人感觉好多了。它也提供了多人模式，然而与其他玩家之间真正的竞争，也只不过是在排行榜上的排名之争。**CD**

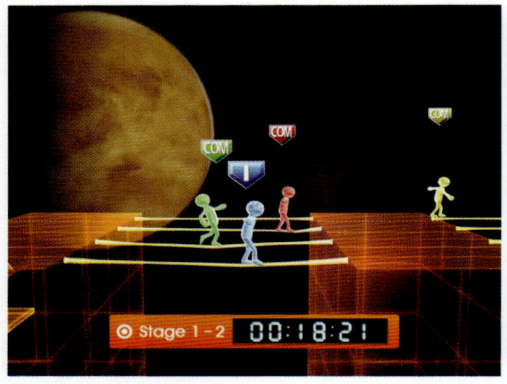 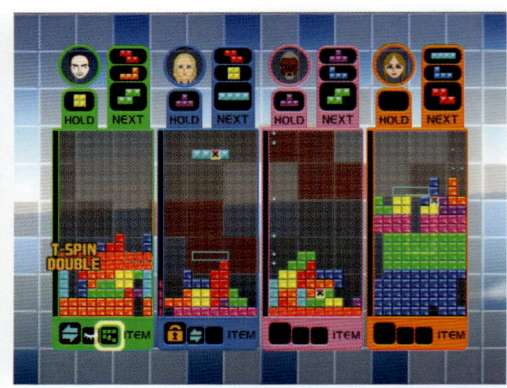

Let's Tap
一起来拍打

发售年份：2008
平台：多平台
开发商：Prope
类型：音乐

Tetris Party
俄罗斯方块派对

发售年份：2008
平台：Wii
开发商：哈德森（Hudson Soft）
类型：解谜

如果你曾经做出过一个标志性的作品，那么之后的职业生涯没准都会被它的阴影所遮蔽。但是对于刺猬索尼克之父中裕司来说，这似乎并不是个问题。他离开索尼克小组之后建立了自己的游戏工作室，第一个游戏就十分出色。他决定把目光集中在从未有人涉及的领域——简单的控制上。当大多数Wii上的游戏都过分使用了它的遥控器时（加入过多的手势控制，用来模拟推刺动作等等），《一起来拍打》甚至都不想让你拿着那个遥控器，你只需要把遥控器放在游戏附带的纸盒包装上，然后用手指敲击纸盒，就可以用由你控制的细腻震动来操纵游戏了。

玩《一起来拍打》的乐趣就在于它简单的操作。游戏中提供了超过三十首好听的日本流行歌曲，你可以随着它们富有感染力的节奏敲打起你的手指。同时，视觉化模式给了你五种艺术类型的选择，让你可以看到自己可以拍出什么东西来。这个模式里到处都是彩蛋和小惊喜。

此作不仅仅好玩，它还向我们提出了一个问题：为何我们在还没有挖掘出简单事物的最大潜力之前，就要开始向复杂的东西发起挑战呢？**RS**

《俄罗斯方块》这样一款可以一直玩下去的杰作的寿命是那么长，所以即使哈德森的开发组躺在他们开创出的荣誉上，看着游戏凭借自己的影响力不断创造价值，我们也是可以原谅他们的。还好，他们没有这样做：《俄罗斯方块派对》包含经典模式，也有大家预料之中的多人模式，甚至还有一些神奇的小噱头，比如说它支持Wii上的平衡板。但游戏的核心是几个新的游戏模式，每一个都可以对《俄罗斯方块》系列的爱好者产生足够的吸引力。

这些新模式真的很不错：双人合作模式最后总会变成一团乱；在爬墙者（Field Climber）模式中，你得用方块帮助屏幕上的一个小人爬到顶点；还有影子（Shadow）模式，玩家需要用方块拼出背景里显示的图案——就好像用数字画画一样。

看起来，那些粗制滥造的《俄罗斯方块》炒冷饭游戏已经要完蛋了。他们会被各种用新点子挑战经典的游戏创意所埋没。**CD**

LocoRoco 2
乐克乐克2

发售年份：2008
平台：PSP
开发商：索尼（Sony）
类型：平台动作/解谜

在《乐克乐克2》里，那个橡皮泥般的场景没什么变化，依旧好像会被玩家翻来覆去的操作折成两半。《乐克乐克2》没有对前作打下的游戏模式进行任何改变，只是让它更出色了。成功之处就在于，它明白应该在PSP这个平台上怎么去做。当其他平台动作游戏试图把自己移植到PSP上时，总会因为那不太舒服的操作方式而纠结。但在《乐克乐克2》里，只用到了L键和R键。玩家只需通过这两个键就可以将PSP那高清晰度的屏幕里的小世界转向左边或者右边，从而使乐克乐克们随着重力滚动。为了让乐克乐克们跳起来，有时玩家也需要同时按下这两个键。

这使得游戏的关卡设计相对于其他平台动作游戏有了极大的自由度，因为它的操作模式是那么的独树一帜。当然，你也会为了收集在奇怪位置的水果而尝试很久。不过还好，这种情况都不会影响你过关。

这是个会弹来弹去的游戏。游戏过程中，角色们总会唱歌。虽然这个世界的生态系统很奇怪，比如你会在一只巨大的动物体内四处滑行，但它能提供给玩家的欢乐十分具有感染力。《乐克乐克2》是少数几个能让所有人都笑起来的游戏。**RS**

Lost Winds
迷失之风

发售年份：2008
平台：Wii
开发商：Frontier Developments
类型：平台动作/冒险

深空中那片寒冷残酷的资本主义废土，看起来和《迷失之风》这个名字不会有什么关系。在知名制作人大卫·波本（David Braben）领衔的Frontier Developments公司出品的这个游戏里，只有绿草如茵、樱花满树的景色。它讲述了一名叫做托库（Toku）的少年和风之精灵恩瑞尔（Enril）的冒险故事。

玩家得控制他们俩：Wii的双节棍手柄让你可以控制托库穿越复杂的2D环境；而遥控器可以让你操纵恩瑞尔，从而控制风的力量。恩瑞尔可以用风把托库吹过沟壑，把火焰吹走，制造旋风，还可以让托库在穿着他的涌动斗篷时在天上飞翔。这是个节奏紧凑的冒险，每一关都有一些新创意出现。

《迷失之风》是第一个登陆任天堂WiiWare下载平台的游戏，随后也推出了一部续集。直到现在，它都是Wii平台上可下载的最成功的游戏之一。**CD**

Ninja Gaiden II
忍者龙剑传2

发售年份：2008
平台：Xbox 360
开发商：Team Ninja
类型：冒险 / 格斗

如果你要为一款几乎具有完美的战斗系统的游戏开发续作，你该怎么做呢？《忍者龙剑传》系列的开发者Team Ninja决定为这个系列添加一个新的特点：让你可以砍断敌人的肢体。第一次听到这个点子的时候，所有人都会觉得这只是个噱头。

实际上，这个系统是一项天才的发明。不仅如此，它还回答了一个从未有人想要问过的问题：当你把一个挨打也没有反应的敌人打到空血，它又突然翻身起来的时候，会发生什么？这是个让游戏更加复杂的好机会。

《忍者龙剑传2》的战斗系统使玩家的每一击都能砍掉对手的胳膊或腿。这种设定把战斗的残酷感推上了一个新的高度。敌人会变得更加脆弱，但同时也会变得更加危险；他们更容易被一击必杀，但也会牺牲自己对你发起自杀式攻击。

虽然这只是《忍者龙剑传2》中的一部分，但正是这个系统使它超越了前作。断肢系统让隼龙的招式看起来更加危险和致命。游戏的其他部分和原来一样好：绝不会退却的敌人可以在一瞬间把你切成碎片；Boss都跟公交车一样大；融合了《银翼杀手》的未来风格和日本武士道风格的场景；还有可选择的各种武器，每种用起来都是那么棒。

当然了，这些描述的内容还不到它的一半呢。看看它的难度曲线：这个系列的游戏再一次地以高难度的战斗"欢迎"着新的玩家，在第一场战斗中就会把他们一次又一次地干掉。激烈的战斗紧张得让人窒息（在一个全是狼人的斗兽场里面对狼人王的战斗就是一个亮点）。那么精通这个游戏的奖励是什么呢？当你学会在《忍者龙剑传2》中活下来的时候，那就是你所得到的奖励了。**RS**

Metal Gear Solid 4: Guns of the Patriots
潜龙谍影（合金装备）4：爱国者之枪

发售年份：2008
平台：PS3
开发商：小岛秀夫（Kojima）
类型：隐秘/动作

系列需要一个足够出色的压轴之作，来解决前作中遍布的阴谋线索，还有索利德和利奎德（Liquid）的恩怨。小岛秀夫会怎么做呢？他会牺牲什么呢？他是为了自己，还是为了爱好者们服务呢？最后我们会发现，他没有偏向任何人。一个个战场映射着持续了一个世纪的战争，更替了几代人的角色们将决定自己的命运。

故事在中东展开，一上来就给玩家介绍了主角"老斯内克"，他就是以前的索利德·斯内克。这名传奇士兵正输掉一场与两个致命敌手进行的战斗：衰老，以及一种被称为"狐死"（FOXDIE）的人造病毒。在《潜龙谍影2》的"大贝壳事件"发生五年后，世界进入了新的战争时代：私人军事公司所拥有的军队制造着永不停息的争端，借此来刺激经济。最主要的受益人是利奎德·奥赛罗特（Liquid Ocelot），他是斯内克两名最大对手的混合突变体。一个叫做爱国者的秘密政府组织控制着整个系统，他们在地球上的所有士兵和武器中都注入了纳米机器来控制一切。斯内克和盟友们并不知道这个危险的控制权即将被夺取。

你对这一切感到迷惑吗？你猜后来会怎样？玩了游戏你才能了解那些故事。《潜龙谍影4》毫无疑问是一款十分出色的游戏，它将这个系列的产值推到了一个新的高度。当然，这也要感谢PS3的强劲机能。之前的作品限于主机的机能，总是需要加入大量的文本和配音，如今我们已经可以看到角色脸上细微的表情变化了。例如在每一作中都会出现的哈尔·"宅代"·爱美利希（Hal "Otacon" Emmerich），他脸上的表情在这一作里就是难得的多。但是这一作试图通过添加疯狂的元素来调和一切，这未免有些不靠谱。更不用提它令人难以置信的控制选项了。但我们能够确认，即使《潜龙谍影》系列也许永远也无法成为最棒的游戏，但它的游戏体验也始终能让人那么迷醉。**DH**

Midnight Club: Los Angeles
湾岸午夜俱乐部：洛杉矶

发售年份：2008
平台：PS3, Xbox 360
开发商：Rockstar
类型：竞速

  从字面意义上来说，把一个赛车游戏的地点设定在洛杉矶，似乎有些可笑。对于那些堵在5号州际公路和美国101国道上的人来说，也许永远也不会选择这座"天使之城"作为赛车场——除非你想看看谁的血压将上升得最快。尽管如此，Rockstar圣迭戈（San Diego）工作室还是选择了这座浮华之城，把它当作《湾岸午夜俱乐部》系列新作的游戏场所。

  虽然通常来说，发行商推出的各个游戏都不尽相同，但《湾岸午夜俱乐部：洛杉矶》玩起来就能感觉到这是Rockstar出品的游戏。当然了，他们出的游戏用的都是自家的游戏引擎"狂怒"（RAGE），画面看起来肯定会差不多。但关键在于游戏里提供的那个开放式的世界，你得自己选择接下来应该做什么。最后，游戏里还有个足够荒唐的情节——有个角色没有名字，你只知道他就是"玩家"。这让玩家不禁想知道，为什么Rockstar圣迭戈工作室连名字都不愿意给他起一个。

  所有这些表面的东西都无法让《湾岸午夜俱乐部：洛杉矶》隐藏起它的本质：一款制作精细的赛车游戏。虽然游戏中提供了一个开放式的环境，但如果你对汽车没什么兴趣，那也没什么好做的：你可以解锁新车辆，险胜对手，或者使用一些特殊的小玩意将对手的车搞垮——比如电磁脉冲攻击（EMP）。

  为了使游戏更加具有乐趣，开发商明智地推出了Rockstar社交俱乐部，使玩家们可以在线互相竞争。这就有效地保持了《湾岸午夜俱乐部：洛杉矶》的吸引力，让玩家对路过好莱坞的中国大剧院不再感到兴奋之后，还可以继续玩下去。**JBW**

MotorStorm: Pacific Rift
摩托风暴：太平洋裂缝

发售年份：2008
平台：PS3
开发商：Evolution Studios
类型：竞速

这次的《摩托风暴》续作保留了PS3上的前作那疯狂的战斗赛车感觉，但同时也在一些重要的方面进行了改进。开发者们重新考虑了赛车的环境，还增加了车辆的种类。他们在这个系列上下了新的赌注，因为他们知道如果一直吃老本的话，是无法持续前进的。

最大的改变就是赛车的地点。无论你是多么喜欢前作里那尘土飞扬、泥点四溅的峡谷，那每条赛道都会出现的橙色陡峭巨石，它们都会不可避免地随着时间而失去魅力。在续作中，Evolution Studios把玩家丢到了一个天堂之岛上。那里的环境与前作完全不同，你将会穿越浓密的绿色丛林，在阴暗的洞穴中狂飙，冲过海边的沙滩……有时还得躲过一座令人不安的活火山喷发出来的岩浆和碎石。

如果前作的《摩托风暴》和现实有任何关联的话，那就是它的一些赛道和《马里奥卡丁车》里的十分相似。整个游戏十分华丽，设计得也很聪明，有不少亮点——比方说，开到水里的时候，你的引擎就会冷却下来，这给比赛添加了不少新战术。

在续作中添加的新特性里，最棒的就是怪物卡车了。这种巨大的新车辆可以用它们怪物一般的轮胎碾碎从植物到竞争对手的一切东西。粗鲁又声名狼藉的怪物卡车很符合这个游戏的感觉，就好像它们从一开始就在游戏里那样合拍。**CD**

Race Driver: Grid
超级房车赛：起点

发售年份：2008
平台：多平台
开发商：Codemasters
类型：竞速

把游戏做得和现实一模一样，却不一定能够成功——《超级房车赛：起点》是第一批认识这个悖论的游戏之一。当《世界街头赛车3》这类游戏因为对真实城市的模拟引以为傲时，有些人却认为它们不成功。人们的注意力都集中在了真实的道路和建筑上，却忽略了赛车游戏的本质。同样的，如果仅仅只是把汽车精确地复制到游戏里，它们也不会显得那样华丽耀眼。电视游戏就好像舞台剧，需要一定程度的夸张和合理的计划。所以《起点》借鉴了很多电影里的要素，比如说《布利特》（Bullitt）和《速度与激情》（The Fast and the Furious）的精华部分。这使它比起其他现实型游戏上了一个档次。

和其他游戏不同的是，选择车辆的标准不是速度或者种类。你得根据车辆的状态，在四十三辆车中选择一辆。《起点》中出现的都是那些最具标志性的车，包括阿斯顿马丁DBR9、福特野马BOSS302（"肌肉车"）、迈凯伦F1 GTR，还有庞蒂克火鸟（《警察与卡车强盗》[Smokey and the Bandit]里的那辆）。比赛风格是由区域来确定的：欧洲大多偏爱开轮式赛车（车轮在车身四角，悬挂基本暴露在外，如一级方程式赛车）和房车，日本举办夜间竞速和漂移比赛，美国则是用庞大的城市来对抗肌肉车。你可以在70年代风格的旧金山或充满霓虹灯的东京驰骋。

《超级房车赛：起点》是个惊人的赛车游戏。仅有后继者Ego的表现超过了它所使用的Neon引擎。在用Ego引擎做出的《科林麦克雷拉力赛：尘埃》中，你能看到上帝之光、烟尘颗粒等特效，还有观众以及四处飞溅的物体。在《起点》里，最重要的操作就是"闪回"。这项功能能让你在犯错时逆转时间，拯救比赛。和《科林麦克雷拉力赛》系列的游戏菜单一样，本作的游戏菜单也好像艺术品一样美丽。**DH**

S.T.A.L.K.E.R.: Clear Sky
潜行者：晴空

发售年份：2008
平台：PC
开发商：GSC Game World
类型：第一人称射击

在《潜行者：切尔诺贝利的阴影》漫长的开发期里，游戏中那片被辐射改变着的区域里到处都是未知和未完成的东西。这个开放的世界里有太多玩家无法进入的地方，而它们通常都埋没着各种没有被启用的点子。它的X-Ray引擎充满了没有开放给玩家的特性，四处游荡的NPC们过着不为玩家所知的日子。《潜行者》系列的这一作试图填补前两作之间的空白。《潜行者：晴空》作为系列的前作，承载着这个重要的使命。但就和之前的作品一样，它也只能屈服于开发者的那些坏习惯：野心过大，控制欲过强。

作为第一批支持DirectX 10的游戏之一，《潜行者：晴空》中加入了很多重要的环境细节。暴雨会把建筑物浇透，而接下来的阳光会将它们晒干。在这个过程中，一些技术上的异常会使游戏的帧数暴降。切尔诺贝利核电站的致命辐射会让屏幕上出现独特的效果，告诉担心神经系统受到伤害的玩家去寻找掩蔽。

游戏中不太成功的一点是它的"派系战争"系统。这个系统的本意是终结区域中混乱的领土争夺战，但却加强了这块土地上的征服意味，使原本的神秘感大大降低。它把原本的动态争夺变成了派系的割据，在原本游戏的角色扮演和恐怖生存中加入了太多不必要的枪战。此外，NPC们得到的"把手雷丢回来"的能力，让简单的难度都显得十分困难。夜里有太多的人在野外游荡这一点，也让人有些无法接受。可是一旦你打通了通往切尔诺贝利的新道路，享受五十个新老地点带来的新体验时，也就很难说这个游戏不如以往了。《潜行者：晴空》中充满了令人难以忍受的艰辛和精心设计的灾难，这一切都让这个PC游戏史上最棒而又最烂的游戏，变成了一个与众不同的神奇作品。**DH**

Resistance 2
抵抗2

发售年份：2008
平台：PS3
开发商：Insomniac Games
类型：第一人称射击

在《抵抗：人类没落之日》（Resistance: Fall of Man）的续作《抵抗2》中，为了制造出最大、最疯狂的武器而进行的战斗还在继续。开发商Insomniac Games自己承认，他们只会开发大作——和他们另一个出色的系列《瑞奇与叮当》品质相当的那种大作。这里有个显而易见的证据：它的多人模式支持同时六十位玩家在线进行游戏。虽然这不是PS3游戏里同时支持在线人数最多的（支持人数最多是应该是《MAG大规模动作游戏》［MAG］，这款战斗游戏同时支持二百五十六人在线），但《抵抗2》还有一些其他的优点。

游戏中交战的双方加起来一共有十九种武器可以使用。在前作中，你可以肆意破坏格里姆斯比（Grimsby，英国英格兰东部港市）和曼彻斯特大教堂——在现实世界中，因为这个设定，开发商和英国国教会曾起了一定的冲突。到了这一作，玩家将踏上美国的土地，继续体验抵抗战士内森·哈尔（Nathan Hale）的故事。被称为"奇美拉"（The Chimera）的外星种族正在侵略地球，它们发动了对旧金山的全面攻击，还将芝加哥变成了一片泽国。哈尔作为曾被注射过奇美拉病毒的最后一名超级人类，发誓要让它们付出代价。但他的生命也只剩很短的日子了。

还有个数字说出来十分吓人：300。这是游戏中最大的Boss巨兽利维坦腿的数量。这样绕着巨大却不可移动的敌人进行攻击的战斗多少有些局限性，但游戏的其他战斗走向了另一个极端：用超出枪支处理能力的敌人把你淹没。在多人模式中，每场战斗都会奖励经验点，使玩家可以解锁新武器并且提升能力。合作模式最多支持八支队伍，玩家可以一同解决随机的任务目标。**DH**

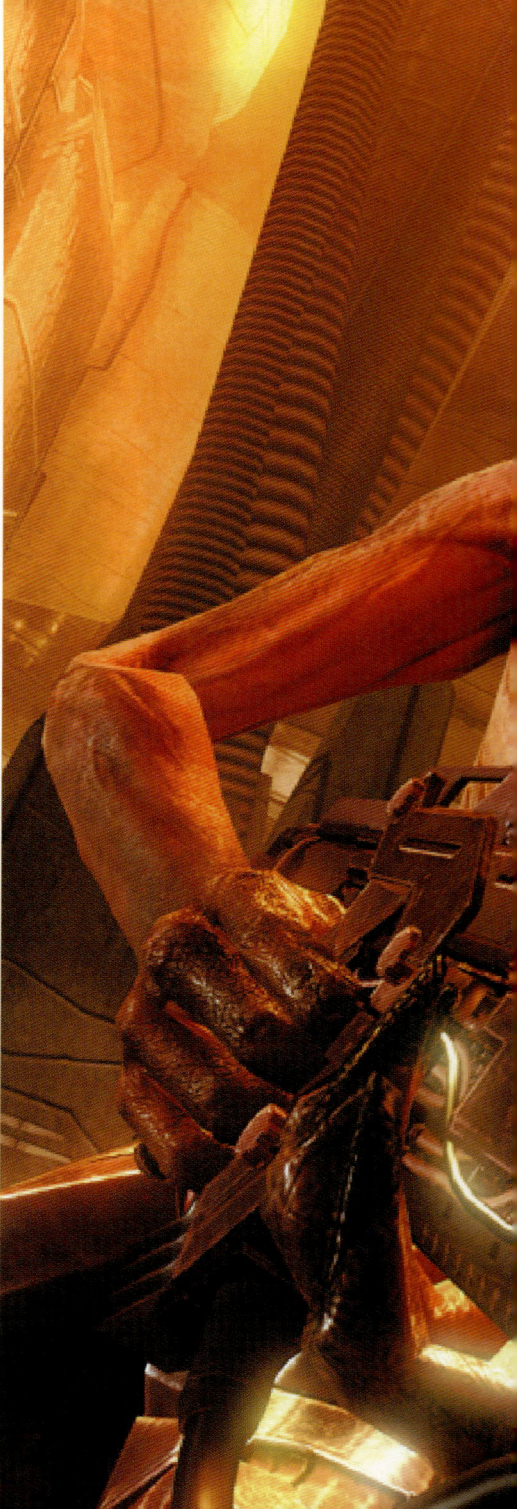

Shin Megami Tensei: Persona 4
女神异闻录4

发售年份：2008
平台：PS2
开发商：Atlas
类型：角色扮演/模拟养成

作为Atlus公司的经典RPG《真女神转生》（Shin Megami Tensei）系列的外传型作品，《女神异闻录3》以它现代的流行背景展现出了超越正传的魅力。《女神异闻录4》紧随其后，向玩家提供了极具吸引力的高中生活体验和充满恶魔的战斗。它的爵士风格背景音乐和特别出众的画面都是它的魅力所在。

与舞台在大城市的前作不同，《女神异闻录4》的故事发生在一个气氛诡异的乡下小镇里。镇上出现了一名连环杀手，当地居民的生命受到了严重的威胁。玩家扮演的是一名古板却又优雅的转学生，白天要在学校里上课交友，晚上则要进入电视内的异世界打怪升级，给予各种敌人正义的审判。

战斗的感觉和之前一样令人满意，一批风格各异的迷宫取代了《女神异闻录3》中那座单调的塔尔塔罗斯之塔。但这个游戏真正的魅力依旧在于它对社交的模拟体验。因为每个任务都有固定的完成截止期限，所以在《女神异闻录4》中，合理地安排时间就是最大的乐趣。玩家需要融入学校，参加各种社团，和朋友们一起出去玩等等。这样才能提升游戏里最重要的社会关系——社群的级别。

毫无疑问，《女神异闻录4》的世界十分庞大，而且复杂得有些令人畏惧。但这个游戏友好的气氛以及古怪的设定还是让它玩起来很有乐趣。它跟《女神异闻录3》一样设计精巧，这款系列第四作甚至还要更加精致。《女神异闻录4》的故事依旧独立于其他的作品，这就意味着对于那些想要尝试这个非同一般的系列游戏的人来说，它是一个良好的切入点。**CD**

Pure
完美机车

发售年份：2008
平台：多平台
开发商：黑石工作室（Black Rock Studios）
类型：竞速

说实话，那些低矮难看的沙滩车看起来只适合在家里的后花园里开开。你怎能想象它们咆哮着跑在赛道上呢？在这种车上根本看不到汽车的性感。它们又矮又胖，一点也不可爱，很难让人产生感觉。即使它们速度很快，也根本看不出来。

是什么让迪士尼公司的赛车游戏制作专家黑石工作室选择它作为游戏主角的呢？答案很简单：它的轻便灵活。沙滩车看起来就是越野赛的完美主角，它还可以让你获得类似滑雪游戏《极限滑雪》（SSX Tricky）里的腾空时间。

用《极限滑雪》来比喻还比较合适：黑石工作室这款粗犷又华丽的游戏十分出色，它那过山车一般的赛道也能与《极限滑雪》契合到一块去。游戏的核心在于，你得平衡做出复杂的空中技巧和疯狂加速之间的关系。将每个弯道都视为一次豪赌，每次跳跃也都有可能让你冲到所有人的前面去。游戏里有一群活泼的角色可供选择，有出色的动画，还有一些世界级的优秀音轨——每一首都让人心情澎湃。你还可以改装自己的车辆，以获得完美的驾驶体验。所有这些都让这个游戏既好玩又充满挑战。

它和《火爆狂飙》一样充满速度感和欢乐度，有《山脊赛车》那样丰富的车辆调整选项，《完美机车》毫无疑问是一款一流的赛车游戏。它和2010年出品的爆炸型车辆战斗游戏《争分夺秒》（Split/Second）一起，确立了黑石工作室的业界地位。**CD**

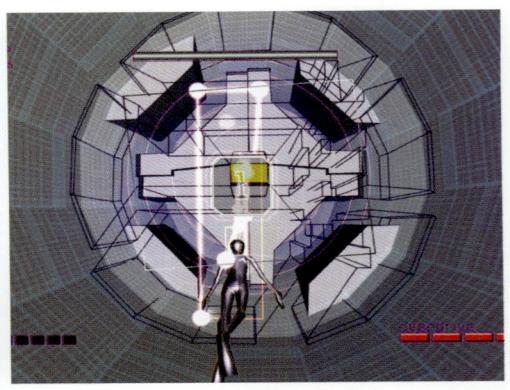

World of Goo
粘粘世界

发售年份：2008
平台：多平台
开发商：平面小子（2D Boy）
类型：解谜

Rez HD
Rez HD

发售年份：2008
平台：Xbox360
开发商：Q娱乐（Q Entertainment）
类型：射击/音乐

　　这个游戏背后的故事和游戏本身一样吸引人：两个前艺电（EA）的员工离开了公司，在他们的卧室里做出了一款赢得了全世界赞誉的游戏。《粘粘世界》告诉大家，一个出色的创意可以被扩展成什么样子。也许最重要的就是不断完美的标准，以及游戏的产品独立性。这款游戏所达到的高度也展示了他们潜在的吸金能力。

　　这个游戏的主题是建造。游戏里的砖块是一种叫粘粘的球状生物，目标则是把它们粘在一起，抵达一个会把粘粘们吸走的管子。在这些简单的游戏元素里，展现了比你所能想到的还要多的创意。你可以简单地建造一座摩天大楼，也可以给它们加上气球，使粘粘们可以排成一列通过一条充满尖刺的过道。而这些也只不过是在游戏里的第一个世界就出现的东西。

　　后面的关卡里会出现新类型的粘粘，可以实现玩家能够想到的各种东西。在《粘粘世界》的宇宙里，有一个卡通风格的反乌托邦，那里有个神秘的组织控制着一切……呃，算了，我们还是不剧透的好。对于《粘粘世界》这个游戏，其实没必要知道什么剧情，只要去玩它就好了。**RS**

　　虽然《Rez HD》必须要感谢《铁甲飞龙》系列独创的锁定攻击操作，但这个充满迷幻感的游戏依旧独一无二。它的音乐是有史以来最棒的游戏音乐之一，而且和游戏结合得极为紧密，让玩家可以体会到"通感"的力量和意义——视觉和声音的无缝融合。

　　游戏主角是名黑客，被困在叫做"K计划"的电脑网络中——这个电脑网络具有感情，它的设计灵感来自于抽象艺术先驱康定斯基。你要操纵自己的化身穿过整个系统，破坏它的防御，努力去重启那个被自己的知识压垮的人工智能：伊甸（Eden）。你只能沿着固定的路线前进，但却可以向各个方向射击。玩家可以先锁定多个目标或敌人的弱点，然后再放开按键，用压抑着的能量对敌人齐射。这种操作也是连击的基础。

　　它是个深度十足、规则严格的抢分游戏，高科技风格的电子舞曲贯穿整个游戏，萦绕在屏幕上的任何物体周围，在命中和击破敌人时都会发出特殊的节奏和音效。这些音效与游戏本身的背景音乐结合后，会给玩家带来独特的听觉享受。最后一关十分令人惊叹，那个人工智能会用独特的形式为你讲述梦幻般的地球历史。这实在是太出色了。**DH**

PixelJunk Monsters
像素垃圾：妖怪

发售年份：2008
平台：PS3
开发商：Q-Games
类型：策略

Top Spin 3
上旋高手3

发售年份：2008
平台：多平台
开发商：PAM Development
类型：体育休闲

　　《像素垃圾：妖怪》是塔防游戏登陆大型家用机平台的第一次尝试。它抛弃了需要庞大预算的花哨3D画面，以巧妙的视觉风格辅以日本双人音乐组合Otograph空灵的配乐，创造出了一种梦幻般的感觉。

　　这个游戏在塔防型游戏的基础上进行了改进，把传统的鼠标操作具象化为一个奇怪的蒙面乌龟角色。这不光是一种美学上的技巧，同时也为传统的建塔操作以及资源管理增加了时间成本和物理风险。因为你的乌龟走得很慢，所以你得严格地安排它移动目的地的先后次序。

　　当你和朋友们一起玩的时候，这个游戏就展现出了自己的特色。但是如果你们不仔细设计乌龟们的行为的话，也会很快失去拥有两只乌龟的那个优势。如果一座塔放错地方，你和朋友讨论战术的对话没准就会转变为激烈的争执。《像素垃圾：妖怪》完美地融合了轻松的气氛和紧张感。它魅力十足，当然，挑战性也一样丰富。**AW**

　　像《马里奥网球》和《VR网球》这样的优秀作品，因为它们简单的操作和深藏不露的底蕴而成功，一直以来看似无法被其他游戏所击败。但在经过了总共六部作品的对抗后，《上旋高手》系列扭转了颓势，变成了玩家们的新宠。不过，PAM公司太过于看重这个系列的第三作创下的声誉，却忽视了前作为玩家打下的印记，几乎把它变成了一个新游戏。刚接触这个系列的玩家几乎没法上手——好吧，其实别人也一样，至少刚开始玩的时候是适应不了的。

　　就和真实的网球一样，力量、位置和角度都是打出上旋球的关键因素。在游戏里，我们讨论的并不是一个漂亮的穿越得分和简单的回球之间的区别；刚开始的时候，我们只能把球打过球网，要不就是打到观众席上去——或者打到谁的眼窝里。击球时四个按键都可以用，你只需要按住键，然后在球拍触球前松开，同时用模拟摇杆来控制击球方向。但不幸的是，游戏并没有提供力量条来告诉你力度大小——于是你就不能犯错。毫无疑问，这是项职业运动。没有大量的练习与努力，你就不要期待能成功了。**DH**

Rock Band 2
摇滚乐队2

- 发售年份：2008
- 平台：多平台
- 开发商：Harmonix
- 类型：音乐

《摇滚乐队》系列依靠这款《摇滚乐队2》，成功地从一个小品级的游戏转变成了一个多功能的游戏平台。《摇滚乐队2》里有一批新歌、一些时尚的新特点，还有强化了的游戏外设。但本质上它的游戏体验和原来没什么区别——我们也很清楚它玩起来是个什么样子。

在第一作《摇滚乐队》推出一年后，我们就见到了这款继续巩固它那鼓/吉他/麦克风三合一摇滚平台的续作。Harmonix公司在发售它之后，就开始专注于每周推出新歌的下载。2010年他们推出了"摇滚乐队网络"这项服务，为乐队和唱片公司提交乐曲敞开了大门——任何人都可以尝试在这项网络服务中出售自己的乐曲，没准你就会成功走红。同时，它的那些外设也支持2009年的派生作品《披头士：摇滚乐队》（The Beatles: Rock Band）。（披头士的音乐明显不会和《摇滚乐队》中那些吵闹的音乐混在一块，于是给他们单出了一个游戏。）

《摇滚乐队2》证明了自己，告诉大家它并不仅仅是对摇滚乐队的简单模拟。对很多人来说，这个游戏让他们迈出了直接学习演奏音乐的第一步。演奏组件中的鼓可不是个玩具——很多人已经证实了这一点，它是一台真正的电子仪器。游戏附带的课程可以教给你基本的鼓点。同样的，麦克风和一个具有欺骗性的打分系统也可以哄着想要成为歌手的玩家唱出比醉鬼的卡拉ok表演还要离谱的歌声，甚至连那个塑料五键吉他都有引诱大家尝试真家伙的作用。

怀疑者还是在问着那个老问题：为啥人们可以玩真吉他的时候，却要在这个游戏里花时间练习呢？但Harmonix提醒了我们，他们公司的愿景之一就是教会那些业余爱好者如何作曲。而这个游戏可以是那些爱好者的起点。**CDa**

Saints Row 2
黑道圣徒2

发售年份：2008
平台：多平台
开发商：Volition, Inc
类型：冒险 / 射击

当你看着《侠盗猎车》系列不断地发展时，会发现有些东西在它从2D游戏变成3D化的过程中逐渐缺失了：那就是纯粹的、叛逆的乐趣。这并不是说《侠盗猎车》中的自由城对美国文化的讽刺和大规模破坏不好玩。但是如果你想要一个离经叛道的游戏，那么《黑道圣徒2》就比较适合你。

在这个游戏里，你开着偷来的警车四处游弋时，可能会被平民要求去阻止一场忍者和海盗之间的战斗——如果你的帮派里有忍者的话，那就会特别麻烦。《黑道圣徒2》提供了一套完整的角色创造系统。以一个满口伦敦音的拉斯特法里乡巴佬进行游戏，无疑是最明智的选择之一。

《黑道圣徒2》明显是一个应该被谴责的产品，它不遗余力地赞扬了冷血谋杀、吸毒，还体现出一种反女性的倾向。相对于《侠盗猎车》系列对犯罪世界的反讽，它那小报八卦风格的剧情看上去更像是为了吸引反社会的青少年们而特别设计的。它那个名字也只是为了超越其他游戏而进行的另一项努力而已。在几个任务里，你可以开着直升机用火箭弹四处乱轰。如果你去做那些支线任务的话，会发现自己要做很多没有道德的事：比如开着卡车在社区里喷洒液体大便，或者是把自己摔到无辜的汽车上以进行保险诈骗。

《黑道圣徒2》并不完美——它那小毛病不断的战斗系统经常不好使，而且游戏里的一切看起来都很丑。不过它那个像样的检查点系统让玩家永远不会沮丧。即使它是那么暴力、疯狂，但依旧足够好玩。**MKu**

Sins of a Solar Empire
太阳帝国的原罪

发售年份：2008
平台：PC
开发者：铁甲舰游戏（Ironclad Games）
类型：策略/空间模拟

因为它的庞大和野心，《太阳帝国的原罪》属于策略游戏中的4X一脉。所谓4X，就是四个英文单词"探索（explore）、扩张（expand）、开发（exploit）、消灭（exterminate）"的缩写。这四个词总结出了一个大型太空帝国的全部。虽然它不是第一个4X游戏（第一个这种游戏是1993年的《猎户座之王》），但《太阳帝国的原罪》是少数采用实时帝国建设系统的游戏之一，而其他游戏大多采用的是回合制系统。它的开发商——来自加拿大的游戏界新军铁甲舰公司，是由一些游戏界巨头的前成员组成的，他们大多来自犬吠工作室（Barking Dog）和艺电公司。该公司以不到七位数的预算就做出了这款复杂却又令人印象深刻的游戏，完美地平衡了容易驾驭的游戏节奏和流畅的操作。

游戏中有三个互相交战的阵营——其中两个是人类，一个是外星种族。总体目标是从一颗行星开始发展，最终征服一系列星系。你要持续地扩张舰队的兵力，发展必需的科技，让自己立于不败之地。随着时间的推移，重型的主力舰可以获得经验和新的技能。你还可以雇佣海盗去骚扰你的敌人——如果敌人没有花更多钱去雇佣他们的话。

《太阳帝国的原罪》中有现代即时战略游戏的一切元素，包括单人战役和多人模式。但它真正的魅力在于其巨大的战略规模。战斗的范围可以从十几颗行星扩展到几百颗，你指挥着庞大的舰队，在地图上不断征服新的星系。与此同时，外星种族可能会在地图的另一边发展自己的势力。敌人不会等你的回合完结才进攻，他们会随时图谋着将你击败。

《太阳帝国的原罪》是一款极具深度的游戏，需要花时间慢慢玩，即使是最简单的一场战斗都会花上好几个小时。它为银河争霸战建立了新的基准点。**CDa**

Siren: Blood Curse
死魂曲：血之诅咒

发售年份：2008
平台：PS3
开发商：索尼（Sony）
类型：潜入 / 生存恐怖

　　《生化危机》和《寂静岭》这两个系列在很大程度上定义了恐怖生存类游戏，还有数量众多的崇拜者们在模仿它们。索尼的日本工作室在《死魂曲》系列上用了一个大胆又现代的方法：用电视剧的形式讲述一些零散的故事，以这些片段来推动情节的发展。不过相对于这样每周一小时的等待，玩家们可以立即下载整个游戏来满足自己的渴望。

　　这个恐怖故事的主角是一个美国电视摄制组。他们造访了一个传说中已经失落了的日本村落"羽生蛇村"，试图拍摄一部关于活人生祭的节目。是的，这就是自找麻烦。他们很快就发现自己卷入了一场噩梦，必须要四处躲藏，避开一种如同丧尸一般的怪物"尸人"。

　　游戏的设计紧紧围绕着"遭遇的恐惧"这个主题，让玩家在每一扇门前都担心会遇到什么东西。游戏中使用了一种可以让玩家得到敌人视野的系统。敌人的视野会以分屏的模式显示出来，这让玩家可以解决一些谜题，或者发现潜在的危险。在观察过敌人的运动模式后，你就可以利用这些悄悄躲过敌人——这在很多情况下都是至关重要的，因为游戏里几乎没有武器，而且一些角色还不能使用武器。尸人是那么的危险，所以大多数时候你得避免战斗。

　　在整个游戏的十二章里，角色们的故事互相交织在一起，每个角色都会带来新的视角和技能。这一切凑在一起，就构成了一个并不靠鲜血和暴力来吓唬玩家的恐怖游戏。它依靠优秀的设计和良好的节奏渐渐积累紧张感，让怪物出现的时刻显得更加恐怖。**RSm**

LittleBigPlanet
小小大星球

发售年份：2008
平台：PS3
开发商：Media Molecule
类型：解谜 / 平台动作

它是个平台动作游戏，也是个游戏制作平台。不过呢，你做出的游戏质量取决于你自己的智慧和耐心，而且并不一定非得是平台动作游戏。实际上，它们甚至都不必是游戏。天才们利用《小小大星球》的游戏工具做出了解谜游戏、竞速游戏、横向卷轴射击游戏、机械计算器、过山车、电子动物相册、点唱机……还有各种其他东西。

虽然说它的游戏工具难免有点古怪，但爱好者们却很喜欢这种复杂的工具组合。扭矩设定、发射比率、物理刚性……《小小大星球》提供了各种各样的调整选项，有些玩家很喜欢这样调来调去，而有些玩家就会对此敬而远之。英国著名喜剧演员斯蒂芬·弗雷（Stephen Fry）也忙里偷闲跑来为《小小大星球》献声做旁白，用他略带凌乱的慈祥声音为玩家解释游戏的复杂之处。

这个游戏的天才之处在于，你并不是一定要去创造什么。你完全可以每天登录社区看看大家都做了什么出来，或者玩玩游戏内置的精彩关卡，要不也可以惊叹于游戏里那些手工艺品的艺术风格——它们通常是用按钮、毛毡、海绵、软木塞，以及其他任何你能在这个世界中找到的东西做成的。当然，《小小大星球》也提供了可下载的扩展内容，比如说一把官方授权的喷漆枪——它来自于一款《潜龙谍影》风格的主题包。

《小小大星球》并不是所有人都会特别喜欢的游戏，但每个人都应该尝试一下。它给人的感觉有些乱糟糟的，但是十分巧妙惊人地具有想象力。它是非常英式的游戏，就像它的旁白英国人弗雷那样英式。**CD**

Space Invaders Extreme
太空侵略者极限版

发售年份：2008
平台：多平台
开发商：Taito
类型：射击／动作

《太空侵略者》是一块里程碑。距今已有几十年的它，已经在历史中落上了厚厚一层尘埃。开发公司认为，与其让它成为历史书中的一个名字，不如让它重新回到大家的视线中来。他们做了这个大胆的尝试，将《太空侵略者》重新搬上了NDS和PSP平台，一举甩掉了这个伟大游戏身上因时间而积累下的那层蛛网。

《太空侵略者极限版》保留了原初系列中最重要的核心——外星人来袭！射爆他们！——然后用色彩斑斓的画面和复古的音效对它进行了重新包装。闪耀的光效、扭曲的背景、分数不断地在屏幕上浮现，你将跟着游戏中的音乐晃起手中的掌机。不过，在这种华丽的表面之下，游戏的本质依旧和原来一样没有改变。

《太空侵略者极限版》中的新技巧就是将相同颜色的敌人按顺序打掉，从而获得各种能力的提升：散弹、爆炸射击，还可以发射出灼热的激光束，横扫屏幕上的一切敌人。当然，敌人也同样可以进行升级，它们身上会出现护盾，还有些新的招式：敌人们可以聚集到一起，组成大型的Boss。这时就只能分几个阶段将它干掉，或者用俄罗斯轮盘赌那样的幸运一击打败它。

游戏中还有奖分关和高分挑战等新特色。有时，你能在背景上那奇怪颜色的云中看到原版《太空侵略者》的设计草图，它会好像UFO一样飘过。在新侵略者的灰烬中，偶尔会再度升起令人熟悉的古老怪物编队。我们没法要求Taito将这次老游戏的重生做到更好了。《太空侵略者极限版》是对经典游戏的一次大胆又重要的重制。它保留了老游戏的精髓，同时将它打扮得时尚新鲜而又色彩艳丽。**CD**

BlazBlue: Calamity Trigger
苍翼默示录：厄运扳机

发售年份：2008
平台：多平台
开发商：Arc System Works
类型：格斗

　　大多数开发商都认为，将2D格斗游戏进行高清化会花费太多资金，于是不愿意这样去做。但对于Arc System Works公司来说，却不是这样。他们出品的《罪恶工具》（Guilty Gear）系列喧闹而又狂放，是一款难得的重金属风格2D格斗游戏。直到现在，他们都拒绝使用也许更便宜的3D效果，一直坚持着制作手绘风格的锐利画面。当他们失去了《罪恶工具》这个名字的使用权时，这家地处日本横滨的公司也依旧坚持着，用他们标志性动画风格继续制作游戏。于是我们看到了《苍翼默示录：厄运扳机》——一款走在革新和传统之间的出色游戏。

　　从各方面来看，这款游戏都和《罪恶工具》十分相似：角色设计、重型摇滚风格的配乐，还有使用必杀技时屏幕上的特效等等。实际上，两位主角——剑术大师拉格纳（Ragna）和金发的如月琴恩，很明显就是《罪恶工具》里索尔·巴格（Sol Badguy）和凯·克斯库（Ky Kiske）的化身。这一点不论是从视觉上还是操作手感上，我们都能很轻易地看出来。不过，《苍翼默示录》的蓝紫色调相对于《罪恶工具》那狂野的红色显得更加低调，这也预示着它不会那么火爆，但是平衡性会更加出色。

　　它是一款传统的SNK四按键型格斗游戏，攻击分为轻、中、重三种，第四个按键为特殊攻击。这些攻击可以用很多种方式组成连击，而必杀技的释放方式则基于《街头霸王》风格。当角色使用特殊攻击时，会触发一些独特的效果，例如暂时将敌人冻在一块冰里，或者招来狂风，吹飞一切飞行道具。有经过仔细规划、功能齐全的在线模式，有视觉效果惊人的华丽画面，《苍翼默示录：厄运扳机》作为一个新的格斗游戏系列，已经闪亮登场。**SP**

Soul Calibur IV
灵魂能力4

发售年份：2008
平台：多平台
开发商：南梦宫（Namco）
类型：格斗

让我们先看看这个：是的，《灵魂能力4》里出现了《星球大战》的角色。在这个蹩脚又不太靠谱的跨界合作中，这个历史悠久的格斗游戏系列让你可以使用达斯·维达（Darth Vader）和尤达大师（Yoda）对抗灵魂能力中的主要角色，例如塞万提斯（Cervantes）和维尔多（Voldo）。虽然乔治·卢卡斯的触手伸到了这里，但我们也不能忽视《灵魂能力4》里的大量革新，尤其是它的在线模式——这是系列中首度出现的。而且，虽然说画面的提升是每个续作的义务，但还是应该特别提一句：它是迄今为止《灵魂能力》系列中画面最好的一作。

如果南梦宫在前部几作里就简单地让灵剑获得了它渴求的灵魂，那么我们也就见不到续作中那些高清的身体细节和刀光效果了。在制作一款格斗游戏时，开发者们一般有两种选择：A.做一款只要猛按一个键就可以打倒一切的游戏，什么人都能玩。B.为那些核心玩家做出一款超难的连击游戏。但是《灵魂能力4》没有选择其中任何一条路。它的设计十分富有层次感，所以笨手笨脚的初学者也可以使出一些杀招，同时技术比较好的玩家也可以持续探索这个招式丰富的系统。

批评者们也许会抱怨格斗游戏的薄弱剧情，《灵魂能力4》故事模式中那俗气的传说很明显没法赢得任何奖项。但是，讲故事有不止一种方法，最真实的故事来自于朋友之间激烈的竞争。一次令人惊讶的反击，某人的连战连胜，令人心满意足的复仇之战——这些才是你会想起来的事，谁又会记得游戏的剧情呢。玩家们拥有丰富的技能，可以去打造自己的传奇。《灵魂能力4》使自己成为了格斗游戏中必玩的一个优秀作品。**JT**

Wipeout HD
反重力赛车高清版

发售年份：2008
平台：PS3
开发商：索尼（Sony）
类型：竞速

当索尼的未来派竞速游戏《反重力赛车》登陆PSP平台时，很多人都认为它作为视听潮流领军人的日子已经结束。新的操作方式很不顺手；在PSP屏幕上，画面让人眼睛很不舒服；游戏中收录知名乐曲这件事也不算太新鲜。随后索尼公布了它的PS3版本，看起来只是比可下载的版本多了几条旧赛道，然后把画面的分辨率提升了一下。即使是它曾经的合作者"设计师共和国"（Designers Republic，一个图形设计工作室）现在也在苟延残喘。"设计师共和国"的辉煌局限于90年代，最终于2009年迎来了倒闭。

上面这些看起来都很蠢又不太切题。因为《反重力赛车高清版》已经在我们面前了。它坚持着速度感和流畅性这两个原则，将危险和魅力令人兴奋地融合在了一起。《反重力赛车高清版》已经跨越了一个时代，即使以现在的技术眼光看，它也出色得令人惶恐。它那每秒62帧的画面表现已经成为了自身的品质证明，这种品质在现在的游戏业界中已经很少有了：现在的速度表现通常都是用动态模糊和视觉特效实现的，在竞速游戏中更是如此；即使是这个时代常用的"高清化"这个口号，也经常被造假。《反重力赛车高清版》里只使用了一个技巧：一种动态的帧数缓冲技术，它可以在高速时略微降低分辨率，让一切看起来运动得更加顺畅。但仅此而已，而且玩家完全看不出来会有什么区别。

至于游戏本身，像Vineta K（将飞过并穿越一道波光粼粼的海岸）和Sol 2（在一座山脉上的惬意旅程）这种赛道，和PSP上的感觉完全不同。同时，区域模式又回来了，依旧拥有电子世界争霸战风格的梦幻场景。最后，还有照片模式可以供你把玩。你可以定格自己的动作，靠平移和放大缩小来拍出最棒的照片，然后还可以用移轴效果或者怀旧色调为照片完成点睛一笔。**DH**

Monster Hunter Freedom Unite
怪物猎人：自由联合

发售年份：2008
平台：PSP
开发商：卡普空（Capcom）
类型：动作/角色扮演

卡普空付出了艰巨的努力，试图把他们那已经创下上百万销量的《怪物猎人》（Monster Hunter）系列推向国际市场。但这看起来就好像一个自杀式任务，因为这个系列就好像日本人那样"日本"：令人生畏、坚硬如钉、十分谦逊。相比之下，那些西方的成功游戏不仅习惯于自我推荐，还大多十分平易近人。但是，一旦你通过了它那痛苦的前五个小时，《怪物猎人：自由联合》就会告诉你，它是卡普空所有作品中最细腻、最值得玩的那个游戏。并不是所有人都适合玩它，当然《街头霸王》也是这样——它们都能让你感到人生的美好。

要狩猎怪物，你得先从十一种武器中选择一种（有大得不真实的剑、轻弩，还有可以从头部发射弹药的巨大长矛）然后精通它。掌握武器的使用方法后，就可以到野外去寻找长达四十英尺长的龙，努力将它击倒。《怪物猎人：自由联合》中那庞大又充满生机的世界里，到处都是长得像恐龙的怪物，有大有小。你要杀掉它们，剥取材料，用来制造更多种的武器和盔甲。

《怪物猎人：自由联合》最大的乐趣是团体作战。玩家们可以联合起他们的力量，一同战胜几乎不可能独自打倒的怪物。初次见到一只吓人的新怪物会令人敬畏，而最终打倒它又会带给你纯粹的喜悦。这个游戏能使玩家们为了奖励而努力，当然，那些奖励也值得玩家拥有。游戏里还有些可爱的幽默之处：跳舞的猫厨师和一只穿着衣服的小猪。这些都给游戏增加了一些有趣之处。

《怪物猎人：自由联合》并不在近十年来最流行的游戏之列，它属于那些最有趣的游戏。而如果你真的玩进去了，那它就是最棒的游戏之一。**KM**

Spore
孢子

发售年份：2008
平台：多平台
开发商：Maxis
类型：模拟养成/策略

由Maxis公司开发，《模拟人生》系列的主创威尔·莱特设计的《孢子》，承诺会让我们看到一个宇宙。这个游戏的设想最早出现在2000年，当时那个点子是"模拟一切"。它被正式描述为一个"玩具银河系"中的一切生命模拟——游戏中的一切都会让你想到SETI计划（寻找外星人的计划）。2005年，《孢子》第三十个原型公布，其中模拟了云型的重力井、森林大火、不同星球上的细胞文明，甚至还有星际气体变成星星的过程。进化对抗智能设计？这个游戏似乎打算两者兼修。

最后呢？反正那一年我们没见到游戏。就好像Maxis公司的克里斯·哈克（Chris Hacker）所解释的那样："《孢子》没有哪个版本会变得完全一样。为了解决问题，只有技术在不断进化。"虽然《孢子》之前做出的承诺和现实是那么不同，但几年后它还是最终发布了。那时它就好像一个小孩都能玩的游戏大杂烩，没多少人能够知道它到底是什么。

游戏分为五个阶段：细胞阶段、生物阶段、部落阶段、文明阶段和宇宙阶段。《孢子》让你看到生命从岩石坑中发源，随后慢慢征服部落、国家和宇宙的这个过程。每个阶段你都可以随意定制自己的生物，你做出的生物将被发送到在线的数据云上，这样它们就可以进入其他玩家的游戏。当你在生物阶段为了生存而斗争时、当你在文明阶段为了力量而四处探索时，你所见到的东西都来自于这个全球性的"孢子百科"。游戏中的挑战可能会很简单——对于成人玩家来说更是如此，但它这种非同步型的多人玩法绝对是一个具有突破意义的发明。

不过，我们很难不去想在另一个平行宇宙中，这个游戏会变成什么样——比如说，在一个《模拟人生》减少了一点点重力的宇宙里。**DH**

Super Street Fighter II Turbo HD Remix
超级街头霸王2：Turbo高清重新混音版

发售年份：2008
平台：PS3, Xbox 360
开发商：Backbone Entertainment
类型：格斗

  这不是没有先例的：《街头霸王2》如今已经是第七次再生。它是卡普空定义了一对一格斗游戏的不朽之作。《超级街头霸王2：Turbo高清重新混音版》是一个最典型的例子，告诉了大家如今的下载服务和互联网可以为一款老游戏做些什么——以及它们做不到什么。

  当年《街头霸王2：加速版》在XBLA下载平台上发布之后，销售额远超卡普空的预期。毫无疑问，这个成功激发了开发组的灵感，自然《超级街头霸王2：Turbo高清重新混音版》的出现就没什么新鲜的了。一名叫做赛斯·基里安（Seth Killian）的热心玩家提供了很多建议，涉及到角色模型和其他一些项目的升级。他是卡普空聘请来帮助平衡游戏的专业玩家，曾发表过一系列关于角色平衡原则的出色文章。

  他们重绘了游戏中所有的图形部分，而且为了更加平衡的游戏性，几乎所有的角色都进行了某种调整。卡普空精明地在《街头霸王4》发布前的几个月发布了这款《超级街头霸王2：Turbo高清重新混音版》，于是销售额还算不错。但很多玩家都想知道，他们到底是买到了一款经典游戏的最终版本，还是仅仅买到了一个表面重新抛光的古老玩意。

  设计者们没犯什么错误，你无法质疑游戏里展现的精湛画工。然而，这次重制也暴露了老游戏的落后框架，他们根本没机会加入新的角色动画。因为重制这次灾难，游戏的底层系统遭受了各种折磨，这就使游戏中角色的动作看起来有些生涩。但你所喜爱的怀旧风格是不会让你看到最早那个游戏是什么样子的。那么，下载服务能做到的就是这些：开发商可以打出怀旧牌来刺激销量，但同时也会将老游戏底层技术的不足完全暴露出来。仅仅依靠高清重绘的外衣和一点点调整，是没法使那些老古董恢复青春的。**RS**

Street Fighter IV
街头霸王4

发售年份：2008
平台：多平台
开发商：卡普空（Capcom）
类型：格斗

毫无疑问，《街头霸王4》是一次精彩的重新设计，它改变了之前《街头霸王》系列已经十分成熟的体系。卡普空重新召集了很多当年《街头霸王2》的制作组成员，找到了1991年那款街机游戏称霸2D格斗界二十多年的秘密。更重要的是，《街头霸王4》是对这个流派的一次重量级重构，它轻轻松松地就把那款2D电脑绘图风格的精彩格斗游戏转变成了3D的效果（只是在视觉上看起来是3D，战斗依旧发生在2D的平面上）。没有其他任何游戏能做到这一点。

简化的出招表，增加技能组成连招的机会，延长输入招式所需要的时间……这些改变都为初学者降低了门槛。它引入了新的集中攻击系统（FA，focus attack的缩写），允许玩家在连击中加入华丽的超级必杀技，还极其罕见地平衡了角色的出场名单，《街头霸王4》一样为向它走来的勇士们准备了足够富有深度的系统可供研究。

《街头霸王4》设立了一个巨大的在线社区，试图复兴格斗比赛。他们用一个积分系统来激励玩家认真面对每一场比赛，这也显示着游戏的深度和出色的平衡性。

以后卡普空必定会对游戏进行升级，比如加入新角色、调整出招表、重新平衡角色等等。因为这个原因，到时候也许没有人会记得《街头霸王4》刚出现时那种惊艳的感觉了。这个游戏用一记重拳将一个正在老化的游戏流派推向了未来，它重新点燃了退休的隆和肯那尘封已久的激情。**SP**

Super Smash Bros. Brawl
任天堂大乱斗X

发售年份：2008
平台：Wii
开发商：任天堂（Nintendo）
类型：格斗/动作

　　《任天堂大乱斗X》是为粉丝推出的专属服务。它是一个格斗游戏，里面所有的角色都是任天堂的知名吉祥物。这一作出在Wii上，它比之前的作品更好地完成了作为任天堂终极角色博物馆的使命。在游戏里，我们可以找到一些不那么出名的角色，甚至还会有其他公司的角色客串登场。

　　若是想要详细地概括一下《任天堂大乱斗X》，也许我们会陷入一个泥潭中，那里到处都是游戏明星，但大多需要达成某种晦涩的隐藏条件才能解锁。其中最知名的新角色莫过于小天使皮特（Pit），他来自于FC上的经典游戏《光之神话》。游戏里还有一些非任天堂籍的外来者，比如科乐美的超级士兵索利德·斯内克，还有……来自于世嘉的刺猬索尼克。虽然他不是《潜龙谍影4》里的老年造型，但是能见到斯内克真不错。而那只速度飞快的蓝色哺乳动物也许是选择了一个最恰当的时候加入这个游戏。毕竟，自从有了游戏机手柄和午休时间以来，"马里奥和索尼克打起来谁能赢"这个问题，就一直是校园中争论的一个主题。

　　对抗并不是这个游戏的全部。除了格斗技巧外，游戏中甚至有一个关卡创作上传服务。当然，对大多数人来说，这个游戏的主要意义就在于你可以用谁来打架，以及可以在哪打（例如以著名RPG游戏《地球冒险》[Mother]为背景的一个关卡，就是对本游戏的一次深刻反思）。虽然《任天堂大乱斗X》是一款认真制作的格斗游戏，但它作为一次华丽的交互式任天堂游戏概况巡礼，表现得也十分出色。**CD**

Valkyria Chronicles
战场的女武神

发售年份：2008
平台：PS3
开发商：世嘉（Sega）
类型：策略

  美丽的小国加利亚（Gallia）正在遭受一个强大帝国的侵略，人们组成了义勇军保卫自己的国家。虽然他们处于下风，但这支军队里的战士们才是这场战争中最重要的一部分。你可以在一系列精彩的过场动画中看到主要角色们的故事，同时，你的小队中那些不太重要的角色一样有自己的背景。在狙击手这个位置上，你是选富有热情但不太可靠的奥斯卡（Oscar），还是目光冷酷的独狼玛莉娜（Marina）呢？在沙漠突袭中，你会把谁派上前线？是总是可以依赖的萝姬（Rosie），还是杀敌时嘴里一直念叨着"现在死吧"、沉默又可靠的汉尼斯（Hannes）？组成小队时，你得花费好几个小时来阅读他们的资料，权衡他们的技能和缺陷，考虑他们的人格甚至性取向。

  《战场的女武神》是一款好坏参半的战术RPG，它吸引了很多崇拜者。这个游戏用回合制的战斗形式讲述了那场发生在加利亚的战争。玩家将以俯瞰战场的视角制定战略，然后用第三人称视角操纵每个士兵进行战斗。这种技术让你可以先以将军的视角观察战场，然后以士兵的视角感受敌人的火力，跟随他们冲进之前你下令攻占的战壕中。

  你得在每次遭遇战中学习技巧，了解每个士兵的特点，这让战斗变得复杂并且有所收获。感谢那个有些古怪的电脑AI，你的敌人总是没有确定的目标，而且很傻。此外，有时掌握一个简单的技巧就可以赢得很多战斗，甚至你只要知道哪里应该提前隐蔽都行。还好，游戏的剧情足以使你忽略这些战斗中的粗糙之处。《战场的女武神》既充满史诗感，玩起来又平易近人，而且你必须为手下的每一个士兵负责。**CDa**

Tom Clancy's Rainbow Six: Vegas 2
汤姆克兰西的彩虹六号：维加斯2

- 发售年份：2008
- 平台：多平台
- 开发商：育碧（Ubisoft）
- 类型：第一人称射击

恐怖分子都在想什么呢？占领这座罪恶之城拉斯维加斯，然后他们就将面对军队的怒火。经过严格训练的彩虹小队只会为有机会解放拉斯维加斯大道上的奢侈酒店而感到兴奋不已。在这个续作中提供了一些关于前作《汤姆克兰西的彩虹六号：维加斯》（Tom Clancy's Rainbow Six: Vegas 1）的背景，然后延续着这个故事。很明显，恐怖分子根本没有接受教训。

虽然时过境迁，彩虹小队获得了一些更具侵略性的战术和新玩意，但它作为一款战术FPS的节奏始终没有变化。作为新的游戏特性，你也获得了一个新角色，可以定制他的技能和装备。若想让你的小队抵达合适的位置或者远离危险，依旧需要熟悉微操功能。

不过他们会很有效地利用掩体，也可以在你需要的时候掩护你的背后。当然，更好的选择是找个朋友一块来玩故事模式。他不会像电脑角色那样，无论去哪里都需要你的指令。

《汤姆克兰西的彩虹六号：维加斯2》的在线模式更加有趣，战斗方法已经被调整为十分吸引人的战术挑战。三个新模式出现在游戏中，加入了新的攻防挑战，还引入了队长系统，让队伍合作和保持通讯变得更加重要。一个新的系统会根据你的战斗风格为你设置相应的匹配类型，而经验系统将促使你向更高的级别和更多的装饰性升级而努力。这个工作室吃透了《彩虹六号》系列游戏风格，在每个方面都做得很好，同时十分了解玩家的需求。**RSm**

Tomb Raider Underworld
古墓丽影：地下世界

发售年份：2008
平台：多平台
开发商：晶体动力（Crystal Dynamics）
类型：动作 / 冒险

我们已经看过《古墓丽影：传奇》中东京的摩天大楼和冷战时期的军事基地，也见到了慷慨的粉丝向作品《古墓丽影：周年纪念》——使用晶体动力公司的新引擎重制的《古墓丽影》第一代作品。如今《古墓丽影：地下世界》看起来就像是一次对系列中最古老的一些创意进行的及时革新。大多数时间都远离现代文明的劳拉·克劳馥依旧由基莉·霍斯（Keeley Hawes）配音，她探索了一系列复杂的破败古墓，足迹遍布各地，从泰国的海岸到中美洲都能见到她的身影。这次她追寻着一个北欧的神话传说，那个传说可能会将很多最古老的秘密串在一起。同时，也将给《古墓丽影：传奇》中日渐复杂的情节一个结论。

虽然晶体动力的第一作《古墓丽影：传奇》的关卡设计略显简单，但这次的《古墓丽影：地下世界》一开始就能震撼到玩家：关卡十分巨大，经常有多个部分的谜题可以让你花上几个小时的时间。最小的环境都十分复杂，让你感到自己在探索未知的世界。劳拉的摩托也回来了，这次它的功能将更加全面——和《古墓丽影：传奇》里那个基本不能控制的飞车射击关卡中的摩托完全不同。一些老敌人也回来了，这个传奇般的故事线涉及到劳拉母亲神秘的失踪，最终一切将水落石出。

一件可以让劳拉移动大型物体的道具，一次从渐渐沉没的油船中刺激的逃脱，种种亮点都《古墓丽影：地下世界》有足够的资本与之前的作品并肩而立。虽然有些玩家觉得游戏的结局有点仓促，那么两个虽然有些短小但足够令人兴奋的可下载章节就可以让游戏的体验变得完美起来。**CD**

Reset Generation
重生次世代

发售年份：2008
平台：诺基亚N-Gage手机, PC
开发商：RedLynx
类型：解谜／策略

    为诺基亚的游戏手机N-Gage制作的《重生次世代》有着明亮的色彩，奇怪有趣的音效，还有欢乐的卡通风格角色。这一切都好像在告诉我们它是一款休闲游戏，但实际上它却不是那么休闲。而像素风格的画面效果，充满活力的绘图风格，似曾相识的城堡和英雄，又让它很像一款复古游戏，可它也不是。实际上，RedLynx公司这款手机游戏是个复杂又玩世不恭的解密游戏，毁誉参半。它机智的自我调侃让我们看到了很多游戏史上的精彩瞬间，使玩家有机会接触到一些难得一见的东西。

    首先从一系列模板中选择一个角色——任何年龄的玩家都会觉得既有趣又眼熟，里面有一只刺猬、一个水管工、一个怪物训练师，还有一个精灵。自然，你的工作就是从对手的城堡中解救自己的公主。这件事做起来要比听着难得多。玩家要用一堆方块拼出一条路通向公主所在的城堡，同时还得保护自己的城堡。

    它是个疯狂的大杂烩，虽然大多都是概括型的表现，但它真是借鉴了很多游戏的内容——刺猬索尼克、超级马里奥、俄罗斯方块等等。尽管这有些俗气，但是当那些向其他游戏致敬的激动感消退之后，你所见到的就是一款与众不同、让人印象深刻的解谜游戏。

    《重生次世代》当初是为了提高诺基亚N-Gage手机的人气而开发的，但那个平台只坚持了很短一段时间就死掉了。后来为了避开无处不在的苹果iPhone，《重生次世代》将自己转变成了一款免费的网页游戏，从而使它充满活力的在线社区经受住了2010年诺基亚移动游戏服务停止运营带来的冲击。**CD**

Drop7
Drop7

发售年份：2008
平台：PC, iPhone
开发商：Area/Code
类型：解谜

    将《俄罗斯方块》的让人上瘾之处和《数独》中的简单数学结合起来，就是这款《Drop7》。它在登陆iPhone之前，曾在网上广泛传播。游戏的设计很简单：屏幕上方会出现标有数字的小球。把它们拖进屏幕中，将与小球中数字相应数量的几个球排成行或列，比如说，2个写着2的，或者3个写着3的。随后小球就会炸掉，有时会形成连锁反应。连锁反应会让你的得分成倍增长。同时你也得面对一些把数字藏在壳里的小球，这时你就得一步步将它的壳炸开，努力将偶然的运气变成你设计好的计划。

    不像《俄罗斯方块》里那样，你没法一直玩下去。看不到数字的小球会一直积累下去，最终将超出你的处理能力。当小球数超出屏幕上竖行的总长时，游戏就结束了。不过这个游戏算盘般的美感迫使你一次次地重新玩下去。老手可以排出惊人的连锁反应以获得高分，休闲玩家也可以从一行行数字的消失中得到足够多的乐趣。

    但是《Drop7》最让人惊讶的是它的背景故事。Area/Code公司开发它是为了给一个真实互动型游戏《连锁反应》（chainfactor.com）做先锋，而这个游戏是一部电视剧《数字追凶》（Numb3rs）的网络支持。在这部电视剧中，认真的玩家们在虚假的网站和公共告示牌上的线索中追寻着一个错综复杂的故事。当然，休闲玩家们也可以只是玩玩《Drop7》而已，而解锁那些为核心玩家设计的复杂内容一样可以增加游戏的体验。玩家会感到很神秘，因为他们在帮助一个自己无法明白的原因，协助一个比他们自己大得多的群体。而所有这些，也只需要简单地把数字小球拖进屏幕而已。**CDa**

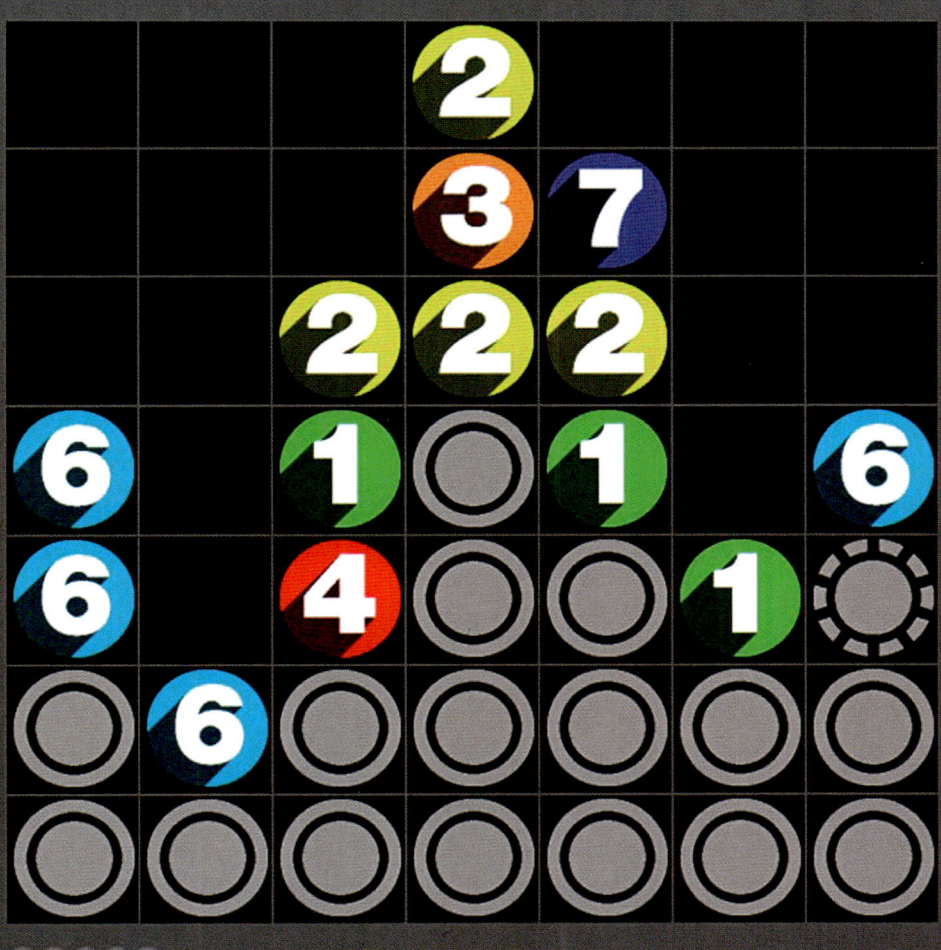

TrackMania: United Forever
赛道狂飙：联合永恒

发售年份：2008
平台：多平台
开发商：Nadeo
类型：竞速/解谜

玩《赛道狂飙》时，最难的一件事就是搞清楚你玩的是哪个版本。我们并不想苛责Nadeo公司，但是自2003年他们那个抛弃了物理概念的赛车游戏系列广受好评之后，各种"扩展版"、"替代版"就已经把我们搞晕了。这个游戏本身没有什么会让人迷茫和沮丧的地方——除了那些名字。

这个游戏很快就能让人兴奋起来——从你开始玩的第一秒就行，但这也从某种意义上点了题（游戏名字中的Mania有狂热之意）。也许它借鉴了《微型赛车》（Micro Machines，1993）、必然向《特技赛车》（Stunt Car Racer，1989）学到了很多东西，但最终它这种有些卡通化但又很现实的感觉，绝对是自己独创的。那些稀奇古怪的赛道在现实中不可能存在，但看起来又像是可以完成；车辆看起来制作得都很真实，可开起来又像是撞不坏的玩具；玩家们也得到了他们想要的，在游戏里可以选择在任何时间重生或者重新开始。它的一切设计都是为了让玩家得到乐趣，每个玩家都会觉得自己玩得很棒，而且还能更上一层楼。游戏里没有像《马里奥卡丁车》里那种作弊的对手，一个都没有——甚至连对手都没有。

《赛道狂飙：联合永恒》的那种纯粹的乐趣，可以让它在任一台电脑里占据一席之地。《赛道狂飙：国家永恒》（Trackmania:Nations Forever）免费之后可能会抢占它的位置，因为安装它需要的空间比《联合永恒》小得多。但在《联合永恒》中，我们还得到了一个奇怪的以汽车为基础的平台动作/解谜模式。而更有趣的部分依旧是建设模式，你可以用它造出各种东西来。赛道设计起来超级简单，只需把一些模型拼成你想要的形状即可。因为这个建设模式，本系列的网络社区十分庞大。它是个集合了设计、分享和评论的"巨无霸"。还有什么理由不加入呢？**AM**

TrackMania DS
赛道狂飙DS

发售年份：2008
平台：DS
开发商：Firebrand Games
类型：竞速 / 解谜

在任天堂的主机上，总是习惯在保证游戏质量的情况下，让游戏呈现出一种玩具感。探索和游玩的紧密相连在《赛道狂飙DS》中显得十分合适。该系列的死忠们被这个游戏蕴含的巨大可能性所吸引，而从本质上来说，《赛道狂飙DS》是一个乐高玩具和轨道赛车的结合体。我们要做的就是建造各种各样的赛道，然后让赛车在赛道上狂飙起来。

《赛道狂飙DS》的核心是一个编辑器，你可以用它很快建出充满大回旋和急弯的大型赛道，然后马上就可以开着车去尝试。建造赛道时用的NDS的触摸屏，虽然设计它的本意是来进行一些奇怪的精密操作，但是在这里用起来还是挺简单的。《赛道狂飙DS》基本上保留了PC版的大部分内容，不过依旧有些删减（比如说，环境比较少），而且没有在线模式。而在线模式是《赛道狂飙》的一大组成部分，和其他玩家交换赛道才是它的精髓所在。这就意味着《赛道狂飙DS》也只是用来和朋友随时联机玩一会儿的小品游戏了。

将在线模式抛开的话，《赛道狂飙DS》是一次几近完美的移植，它将原版游戏几乎原汁原味地搬到了一个硬件机能受到限制的平台上。同时，它也十分适合任天堂的这款掌机。它出色地表现出了赛车的速度感，将NDS上的其他赛车游戏远远抛在身后。在内容充实的职业生涯模式中，让人眩晕的弯道和回旋比比皆是。赛车的时候不需要使用触摸屏，这自然就不会破坏操作感。自始至终游戏的帧数都十分优秀，使游戏过程看起来很流畅。为机能不足的主机而砍掉的一些内容也显得十分明智。PC版那样的不朽巨兽有着源源不断的新内容，《赛道狂飙DS》则和它完全不同。它是个出色的玩具，可以带给我们非同一般的乐趣。**RS**

Art Style: Intersect
艺术风格：交汇

发售年份：2009
平台：DS
开发商：Q-Games
类型：解谜

《艺术风格：交汇》是Q-Games公司（代表作为PS3上的《像素垃圾》系列下载游戏）为任天堂开发、仅在日本地区发售的《几何世代》系列（Bit Generations）的最后一作，原名为《数位驱动》（Digidrive）。虽然并不出名，也很难购得，但《艺术风格：交汇》也许是自《俄罗斯方块》横空出世以来最出色的益智游戏。

游戏开始时非常古怪。屏幕上显示出一个十字路口，上面会有三种颜色各异的箭头不断移动，很容易让人理解为是一个给车辆分流的公路系统。你会把自己的预想强加到游戏上，但《艺术风格：交汇》并不是任何抽象化的现实活动。这完全是一款自成一体的游戏。

游戏玩法和交通指挥没有任何关系，因为那些箭头根本不会相撞到一起，一旦在屏幕上出现，它们也不会消失。你要做的就是把那四条"马路"当成一个容器，引导相同颜色的箭头进入其中，并把它变成某一颜色的贮存器。然后你可以用这些积蓄起来的颜色把NDS屏幕上的一个"圆盘"弹射出去，远离咄咄逼近的尖刺，并获取高分。把错误颜色的箭头引入一条道路有可能会摧毁整个贮存器，也可能会使你的积蓄翻倍，这都取决于其他道路上的具体情况。

《艺术风格：交汇》刻意设计得非常复杂、极端抽象，但这并不是问题。一旦你理解了游戏的内在逻辑，你便能够条件反射般地自由操作。几轮游戏下来，你便能像狂按下键的《俄罗斯方块》高手般玩得风生水起。每一次成功地将箭头引入正确的容器、小心掌控并抓准时机释放能量都会给你带来巨大的回报。**MKu**

Borderlands
无主之地

发售年份：2009
平台：多平台
开发商：Gearbox Software
类型：第一人称射击

即便你不知道《无主之地》的开发公司Gearbox Software来自德克萨斯，把这款精彩的第一人称射击与角色扮演杂烩游戏交到你手上玩个十分钟，你也能猜得八九不离十。《无主之地》的场景氛围营造得非常出色，从公路片味道浓重的游戏开场到刺耳的下层社会音乐全都囊括在这个疯狂的异星世界中。这是一个由拖车公园、乡巴佬、变异人拼贴而成的世界，犀利的幽默让简单的游戏机制也显得与众不同。

从四种可选职业中挑出你的角色后，你便可以走下巴士踏上这片废土——Arid Wastelands。游戏交给你的任务就是找出埋在潘多拉荒野的神秘外星人地下室，而这个名为潘多拉的星球可是个不折不扣的炼狱。不用脑子想也知道这趟冒险不会好到哪里去。但这个剧本绝对是个误导，它只不过是想把你引入Gearbox打造的掠夺世界，但《无主之地》绝没你想象得那么无聊。你将在游戏世界中用疯狂的枪械射杀疯狂的敌人，中枪的敌人会掉落更疯狂的武器等着你去制造更疯狂的杀戮，如此循环往复，玩到你爽为止。

《无主之地》可以生成超过十五万种不同的武器，这些千奇百怪的杀人工具更是破坏力非凡：可以射出闪电的霰弹枪、可以发射火箭的狙击枪、可进行远程攻击的SMG等等。游戏激荡着幽默与创意，四人合作模式下更是热闹非凡。这款游戏已经不能再简单了，但也不能再好了。如果你对Gearbox的这款作品仍意犹未尽，不妨试试本作的第一款DLC《奈德博士的丧尸岛》（The Zombie Island of Dr. Ned）——一款无比欢乐、疯狂搞怪的资料片，让你有机会和丧尸与狗人一决死战。**CD**

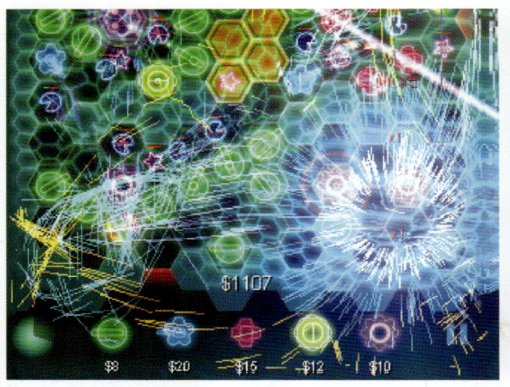

GeoDefense Swarm
矢量塔防：蜂巢

发售年份：2009
平台：iPhone
开发商：Critical Thought Games
类型：策略

Captain Forever
永恒船长

发售年份：2009
平台：互联网
开发商：Farbs
类型：射击

  一款游戏可以无惧抄袭的指责，享受借鉴的益处，并进一步挖掘潜力，而不仅只停留在风格雷同。作为开发商，你完全可以把别人的游戏机制全盘照搬，给它披上华丽的外衣，当成自己的作品。Critical Thought Games至少还加入了不少自己的创意，因此它怎么大肆宣传都无可厚非。

  继《桌面攻防战》问世后，互联网上涌现出大批跟风作品，《矢量塔防》便是其中一员。这是款非常适合iPhone平台的游戏，在触屏控制的帮助下，玩家可轻松自如地安放防御单位。游戏特有的短小关卡和模组式结构让它成为打发时间的不二之选。本作也是现代游戏开发者走成功捷径的经典案例：没有发行方的投资和压力，小公司不需要多少预算也不用营销，却能冒很大的评论和商业风险。

  《矢量塔防：蜂巢》成功地借用了另一款超人气游戏《几何战争》的视觉风格。《蜂巢》中的敌人也会被炸成整屏跃动的烟火，让人不禁联想《电子争霸战》。本作也有其自身贡献：敌人的进攻路线在界面上一清二楚，玩家可以更好地安排防御单位。《矢量塔防：蜂巢》则为这类游戏树立了一个学习榜样。**JBW**

  《永恒船长》在许多方面都实现了创新，同时游戏的成功也得益于创作者的解构癖好和对复古美学的痴迷。

  玩家在游戏中扮演一艘小小的宇宙飞船。这艘飞船带着街机式的霓虹彩光，这种复古的色彩也是本作的灵感来源——Hikewave公司的《永恒警告》（Warning Forever）的一大标志。你将四处漫游，把对手击碎，而敌方的任何残骸零件都可以拿来组装到自己的飞船上。游戏在"惯性射击"和"建造设计"之间转换自如。你要把你的飞船造多大？你准备在什么时候升级？当你的大半艘飞船都被轰个稀烂，你迫切需要重建船体，可周围那些80年代街机风格的敌人仍源源不断地从四面八方向你疯狂袭来，一刻也不让你消停时，你又该如何应对呢？这些都是你在游戏中需要考虑的问题。

  即便是在经营模式上，《永恒船长》也做到了创新。本作是一款网页游戏，玩家需要通过付费来获得升级版游戏。这种方式不仅最大限度地减少了盗版，更创造出了一个玩家社区，也为Farbs的未来项目开发提供了充足的资金。**KG**

Boom Blox Bash Party
轰炸方块：猛击聚会

发售年份：2009
平台：Wii
开发商：艺电（Electronic Arts）
类型：益智

  当艺电高调宣布史蒂芬·斯皮尔伯格将和自己旗下公司合作开发一款电子游戏时，谁也没料到它会是《轰炸方块：猛击聚会》。

  《轰炸方块：猛击聚会》是一款互动层层叠游戏（Jenga）和游乐场游戏（比如用棒球把一堆粘在一起的罐子砸下来）的结合体。不过游戏在要求你尽量多地击倒方块拿分的同时，还要你确保整个建筑的稳定性。特殊挑战、炸弹或是无法击毁的特殊方块既能把《猛击聚会》变成一款高要求的解谜游戏，也可以变成一款热闹非凡的派对游戏。

  利用遥控器瞄准、挥击的操作方式很好上手，游戏的物理反应也十分完美，被击中的方块会旋转、摇晃，就和真实世界一样，非常精彩，充满了童趣。

  《轰炸方块：猛击聚会》在游戏内容上比初代的《轰炸方块》更多姿多彩，本作中新增了漆弹、弹弓等道具，以及零重力、水下关卡等新奇的环境。但游戏的核心理念仍旧未变：推倒的乐趣妙不可言。**KM**

Canabalt
屋顶狂奔

发售年份：2009
平台：多平台
开发商：Semi Secret
类型：冒险

  《屋顶狂奔》起初是款大热的免费Flash游戏，要求玩家孤身一人在末日下狂奔。你永远不知道自己在躲避什么，不过远处地平线上的巨型三足怪物倒是能让你猜出个大概。所谓的"安全"遥不可是及的目标。从屋顶到钢铁支架再到办公室走廊，避开从天而降的火箭、穿过从脚下惊起的鸽群，你唯一的任务就是继续奔跑，同时跳过会拖慢你速度的深渊、避开会置你于死地的碎片。简洁的灰色图像给人一种强烈的速度感，而当你死掉时，你的墓志铭也十分简单，写在上面的不过是你临死前跑完的全部路程总数。

  设计师亚当·索茨曼（Adam Saltsman）只花了不到一周的时间就完成了这款《屋顶狂奔》。索茨曼带着这款游戏去参加"实验游戏计划大赛"（Experimental Gameplay Project），并在"极简游戏"主题单元获奖。本作非常契合这个主题，因为简洁就是它的优势所在。游戏回合很短，但却冷酷无情，而且每次的障碍物顺序都不一样，你能做的只有一遍又一遍的反复尝试。快速、上瘾，最重要的是够刺激——《屋顶狂奔》无疑抓住了休闲游戏的精髓所在。**CDa**

Assassin's Creed II
刺客信条2

发售年份：2009
平台：PS3, Xbox 360
开发商：育碧（Ubisoft）
类型：动作 / 冒险

  你很难说清楚到底谁才是《刺客信条2》真正的主角。是游戏中的城市——熙熙攘攘的街道、恢弘壮丽的广场、风景秀丽的佛罗伦萨和威尼斯——还是本作中武功高强的主角——潇洒的艾西奥（Ezio）？游戏背景交织着文艺复兴时期的神秘组织阴谋与家族权力斗争，对历史的大胆改编充满了吸引力。虽然游戏中的城市都是对现实世界的再加工，以便更适合游戏而不是考古，但这些城市中的建筑都竭力真实地再现了当年的风貌，且每一幢建筑（包括各种真实历史人物，比如洛伦佐·德·梅迪奇和卡特琳娜·斯福尔扎）都配有详实的背景资料。

  事实上，只要对历史稍作了解，你就会发现虽然游戏中的暗杀、阴谋等复杂的剧情看似天马行空，实则都有史实可考，只不过游戏采用了一种丹·布朗风格的叙事方式，用阴谋论的形式把历史展现出来。另外，身手敏捷的艾西奥也是一道风景：他飞檐走壁、上天入地，一边极速奔走，一边拳打脚踢或是挥刀舞剑撂倒沿途的对手。初代《刺客信条》被批游戏性匮乏，因此续作往游戏中塞了不少内容：《刺客信条2》中出现了许多地牢式场景，这也是考验艾西奥身手的绝佳场地；艾西奥自己的托斯卡纳小镇——蒙特里久尼需要你精心管理，才能不断走向繁荣；

  一些建筑上发现的字形（Glyphs）可以帮助你揭开各种抽象的谜题；你还可以去送信、惩恶扬善，或是参加赛跑。

  游戏中的任务数不胜数，即便是玩下来数小时之后，仍有大量的新特色和新机制等着你去挖掘。但游戏从来不会让你觉得吃不消，从一套特殊盔甲到隐藏在游戏背后的巨大秘密，每一样收集品、每一次挑战都能给你带来不一样的成就感。**AW**

Batman: Arkham Asylum
蝙蝠侠：阿甘疯人院

发售年份：2009
平台：多平台
开发商：Rocksteady Studios
类型：冒险 / 打斗

是什么让蝙蝠侠玩起来这么有趣呢？他够神秘，潜藏在黑影之下捕捉猎物；他也够结实，任何暴徒混混都不是他的对手。他是世界上最伟大的侦探，能用一腰带的高科技玩意儿找出各种线索，但他追查的嫌犯往往是体格庞大、身着奇装异服的反社会分子。他是一个苦恼的英雄，甚至可能有点神经质，但他仍然表现得非常的内敛，毕竟没有人会喜欢一个一惊一乍的蝙蝠侠。

蝙蝠侠身上集中了太多矛盾，而Rocksteady公司的这款《蝙蝠侠：阿甘疯人院》则把所有的矛盾都串到了一起。虽然这款第三人称动作冒险游戏把蝙蝠侠扔进了一个相当开阔的背景环境——哥谭市，但大部分的动作都被局限在阿甘岛的建筑和洞窟之中。蝙蝠侠不仅要狂扁暴徒，还要爬上房梁，或把自己彪悍的身躯塞进狭小的通风管道。我们可能没什么机会走进他的内心世界，但阿甘疯人院扭曲的环境、四处散落的地牢般的设备，最重要的是那几剂梦魇般的致幻剂，却帮助我们挖掘出了蝙蝠侠最黑暗的过去。

《蝙蝠侠：阿甘疯人院》的最大反派是小丑，而他和蝙蝠侠之间玩的猫鼠游戏正是这款游戏的基本结构。他让蝙蝠侠在一个遍布陷阱和难题的迷宫中到处乱跑，以便引开这位歌谭市大英雄的注意力，方便自己在城市外展开更邪恶的计划。虽然游戏结尾处和小丑的对决是整个游戏最弱的环节（其实大部分的Boss战都很弱），但千万不要漏掉那些隐藏磁带，里面都录着和毒藤女、谜语人，以及蝙蝠侠的所有死对头的谈话。这些反派们和蝙蝠侠一样迷人，他们和蝙蝠侠就像一枚硬币的正反两面。**CDa**

Bit.Trip Core
像素跑者核心

发售年份：2009
平台：Wii
开发商：Gaijin Games
类型：动作 / 音乐

  《像素跑者核心》回到了电子游戏的根源寻求灵感，是一款非常自我的节奏型游戏。整个游戏由80年代街机游戏的8位声效、极简元素、几何图形构成，其视觉元素包括移动的圆点、方块、闪烁的原色，并辅以瀑布般倾泻而下的精致音乐作为背景。虽然《像素跑者核心》以旧式街机游戏的复古美学和变态难度作为卖点，但本作实际上是一款对经典老游戏进行再创造的现代版高清游戏。游戏用漂浮的3D像素将游戏音乐视觉化，这些像素会汇集在一起，变成奇异的发光塔或是起伏的山峦。如果我们能够听到或看到电脑的思维运动，想必就是游戏中的这幅场景。

  《像素跑者》系列的第一作《像素跑者节奏》（Bit.Trip Beat）基本就是一款考验反应能力的游戏，但《像素跑者核心》不一样。你不需要小心翼翼地操作Wii控制器，取而代之的是屏幕中会有一个固定的十字键，向四个方向射出射线，拦截漂浮的像素点，当这些点被截住时便会发出哔哔声。不久这些点又会逐渐变成交叉的小格子散满整个屏幕，并从单调的哔哔声变为更加复杂紧凑的节奏流。

  如果你技术好，游戏的音乐也将越来越动听，并逐渐加入更多的音轨。随着电子音效逐渐将整个游戏团团包裹，游戏的视效也会而变得极具迷幻效果。要把这时长十四分钟、三种模式结构的感官动作坚持到最后，需要极强的辨识力、耐性和灵敏性。《像素跑者核心》使用极端复杂的几何图形方式呈现出一款硬核游戏，让那些习惯了单纯滚屏音符式音乐游戏的新世代玩家也能领略这种高难度游戏的魅力。**KM**

Grand Slam Tennis
大满贯网球

发售年份：2009
平台：多平台
开发商：艺电（Electronic Arts）
类型：体育

  总是有各种不起眼的瞬间在悄然无息地改变我们的游戏操控方式：比如第一次推动摇杆、第一次点击NDS触屏，又或是第一次倾斜iPhone手机。《大满贯网球》是第一款使用Wii 的MotionPlus进行精准三维体感操控的第三方游戏。挥动几次虚拟球拍之后，你就再也不想去碰《Wii Sports 网球》（Wii Sports Tennis）了。游戏的控制系统简单而真实，这也意味着放球、击球速度和跟进动作都突然间变得重要起来。

  这种全新的高精准技术产生了一个有趣的副作用，即曾经的游戏高手现在会败给自己可怜的肢体协调性。《大满贯网球》的上手难度对于缺乏球拍运动经验的玩家来说只能用"残忍"来形容。除了一个简单的发球机练习外，游戏根本没有任何教学模式，这一做法实在令人费解——《大满贯网球》引领了一种全新革命性控制系统的发展，却不给玩家任何帮助，指导他们如何使用。《大满贯网球》的生涯模式并没有带给玩家一种步步提升的成就感，而是只有一系列难到令人心碎的锦标赛。你的AI对手可不需要为了学会体感操作的使用而累个半死。

  两三个人一起玩这款游戏时则会容易得多。《大满贯网球》没有向其他游戏那样追求写实的画面，而是选择了卡通化的视觉风格，把约翰·麦肯罗（John McEnroe）、帕特·卡什（Pat Cash）等老牌球星和费德勒（Roger Federer）、纳达尔（Rafa Nadal）、穆雷（Andy Murray）等球坛巨星放在了一起。可爱的画面也许掩盖不了游戏模式苍白的深度和广度，但就凭本作的操作系统，《大满贯网球》仍旧能在成堆的网球类游戏中名列前茅。**KM**

Battlefield 1943: Pacific
战地1943：血战太平洋

发售年份：2009
平台：多平台
开发商：Digital Illusions CE
类型：第一人称射击

　　DICE公司的《战地1943：血战太平洋》是一款通过付费下载方式发布的游戏。游戏并不大，但在一些人眼中，本作却标志着这个团队射击系列游戏腾飞的开始。《战地1943：血战太平洋》带领玩家重回一代游戏中标志性的热带小岛和疯狂的炮火之中，提供了一次平衡版、精简版的《战地》多人游戏体验。本作抛弃了系列前作的自定义职业、丰富的可选技能与大量的武器装备，玩家只需要在"长距离"、"短距离"、"中等距离"类型角色之间进行选择。但即便如此，游戏仍提供了不少二级武器帮助玩家逃出生天。角色们的健康值与弹药量都会自动回复，HUD界面也非常直观明了。海岛场景会指导玩家行动，目标物体会被置在显眼的地标旁边，引领玩家冲向前线，下到棕榈树遍布的海滩展开激战。

　　其他《战地》系列作品都有丰富的武器升级、多样的游戏内容和错综复杂的关卡设计，赋予游戏一定的耐玩性，但《战地1943：血战太平洋》似乎就是要把自己打造成一款快节奏即时游戏中的王者。你不必纠结自己在做什么、你要去哪里或是沿途要拾取什么东西，游戏追求的就是一种一次性的乐趣，你要做的就是向各种战斗载具上狂扔炸药包，带着一种丧心病狂的欢乐心态冲破敌人火力防线。整个游戏都陶醉在一片战火之中，如果说《战地：叛逆连队》带领整个《战地》系列体验了一次军旅生活的残酷，那么在这里——湛蓝的天空、摇曳的树影、泛光的珊瑚礁都在鼓励玩家去快乐地迎接战争，这一轻松的基调在荒唐的动作要素中也有所体现。《战地1943：血战太平洋》有着其他射击游戏罕见的上手度，对肆意破坏也采取了一种轻描淡写的态度，仿佛在告诉玩家：今天天气不错，我们去打个仗吧！**MD**

Bayonetta
猎天使魔女

发售年份：2009
平台：多平台
开发商：白金工作室（Platinum Games）
类型：动作

四叶草工作室曾经是卡普空旗下顶尖游戏开发商的代表。四叶草解散后，原工作室核心人员又组建成立了白金工作室。而作为这家新公司的第二作，《猎天使魔女》绝对代表了白金工作室的最高水准。

在游戏中，玩家要扮演魔女贝优妮塔（Bayonetta），和天使军团杀个你死我活。随着游戏的不断深入，你要面对的关卡也愈加离奇精彩。前一分钟你还站在一片飞机残骸上一边冲浪一边和一条巨型机械鲨鱼死战，下一分钟你又站在了一枚火箭上飞向敌方老巢。

《猎天使魔女》超强的重玩性并非来自于以上华丽的场景，而是来自贝优妮塔爽快的操作。贝优妮塔是玩家所见过身手最好、反应最灵敏的格斗家，你可以随心所欲地操控她，在混战中迅速躲闪或落地斩击，一切动作都是如此华丽养眼。随着游戏难度的不断上升，你对贝优妮塔的能力的了解也会不断加深。在其他游戏中，你可能会像个布偶般被敌人暴虐，但在这里，一切都是你说了算。

《猎天使魔女》的艺术风格精致而独特、音乐大气磅礴、绝赞的视效更和游戏机制搭配得天衣无缝。最重要的是，贝优妮塔完全在你的控制之下。游戏有时也有不尽如人意之处，比如一些QTE（QuickTimeEvent的缩写，即快速反应事件）非常棘手、过场动画冗长乏味、有些场景也会被拿来重复使用（这也是卡普空的一贯作风）。但这些并不重要，因为单就如梦幻般爽快的动作而言，《猎天使魔女》已跻身经典之列，和各大游戏佳作比肩齐平了。**RS**

Half-Minute Hero
勇者30

发售年份：2009
平台：PSP
开发商：Marvelous Entertainment
类型：策略 / 动作

一直以来，电子游戏都在不断地向以前的经典作品寻求灵感和创意，但直到最近，这些游戏才开始建立起足够的自信，在向经典游戏致敬的同时也不忘恶搞一番。《勇者30》是一款独具创意的游戏，把日式RPG典型的浮夸而自我的宏大冒险故事融进短短的30秒救世竞赛之中。刺猬头的男主角、妄图毁灭世界的大魔王、8位图像的游戏画面都是如此似曾相识，但本作却把日式RPG改造成了一款节奏飞快的策略游戏，将过场动画剧情、随机遇敌、打怪升级都浓缩为一闪而逝的屏幕切换和文本对白，就连游戏通关后的制作人员表都只滚了短短45秒时间。

《勇者30》中的每一次任务都是一款小小的益智管理游戏。去往魔王城堡的旅程其实是由一系列繁琐的小任务构成，比如寻找一件圣器、劝服村民造一座桥，所有这一切都必须在30秒内完成。你可以去村子里面花钱重新设置时间，看上去似乎是万不得已才要用上的技能，但玩下去你就会发现这是一项不可或缺的战术策略。在进入城堡和邪恶魔王进行大决战之前，你必须要花时间升到足够的等级；但与此同时你又不能浪费太多时间，不然就无法及时赶到城堡打倒魔王。能够在这两者之间实现完美平衡才能获取高分。能在最后一秒钟向魔王发出致命一击绝对是件令人兴奋不已的事情。

通过8位风格的超高速游戏音乐、80年代末风格的动漫角色造型，《勇者30》自信地展现出了其独特的幽默方式。随机遇敌的设定更是令人叫绝：战斗触发后，主角和敌人只是疯狂地相互碰撞，你会看到伤害值如雨点般从战斗双方身上蹦出来，直到其中一方倒下。《勇者30》绝不是简单的怀旧，而是以其大胆、现代的游戏理念吸引玩家，其游戏魅力亦没有局限于单纯的恶搞，值得玩家自己去深入挖掘。**KM**

Fat Princess
胖公主

发售年份：2009
平台：PS3
开发商：Titan Studios
类型：动作

给你一个会从草原上凭空长出可口蛋糕的世界，你可能会觉得很有爱，但在《胖公主》里，情况可大不一样。这原本可以是个非常迪士尼式的美丽世界，但是却有两帮妖精一直在进行着无休止的战争，而且双方都绑架了对方的公主，并把她囚禁在自己的城堡中。《胖公主》遵循标准的多人夺旗游戏模式，但却凭借搞怪的设定和轻松的玩法从同类游戏中脱颖而出。

游戏开始时，玩家将以妖精的身份出现在我方地图上。妖精可以戴许多帽子，而且每座城堡中都有生产各种帽子的机器。不同的帽子可以给佩戴者带来不同的技能：戴上一顶工人帽后，妖精就可以修复损毁的城堡，升级其他的帽子机器；射手帽可以让妖精具备远程进攻能力；祭祀帽则可以治愈队友。选择一项帽子并不会把玩家限死在某种职业上，因为你可以随心所欲地更换帽子。

不同于其他大多数竞赛类在线游戏，《胖公主》可不是一项血腥的电竞运动。没错，游戏中的妖精确实会相互残杀，也会战死沙场，但游戏的战斗设定得非常简单，用两个按钮就包办了所有战斗操作，让取胜如同掷硬币般简单。游戏的重点在于排除万难，做好自己的本职工作。探索地图会充满各种可怕的危险，尤其是当你在熔岩地带穿行时更要小心翼翼。那蛋糕是拿来做什么的？真相就是你要不停地用蛋糕来喂你的公主，公主越胖，敌人就越难把她搬走。游戏中可没有专门负责喂食的职业，毕竟吃东西只是一种天性嘛。**MK**

Forza Motorsport 3
极限竞速3

发售年份：2009
平台：Xbox 360
开发商：Turn 10 Studios
类型：竞速

　　如果说《极限竞速》赛车系列的目的就在于尽量满足一切玩家的需求，那么2009年的这款新作就把这一宗旨提升到了一个全新的高度。前两作中采用了相当传统的虚拟赛道，有着迷人秋景的枫树谷赛道（Maple Valley Raceway）算是少有的几条带有幻想色彩的跑道。但在《极限竞速3》中，新的赛道开始追求更加夸张的游戏效果：进入Sedona Raceway Park椭圆赛车场时，观众雷霆般的欢呼让你仿佛置身古罗马斗兽场，Camino Viejo de Montserrat怪石嶙峋的风景令人目不暇接，阿马尔菲海岸小镇的狭窄道路和蛇形山路更令人过目难忘。

　　虽然游戏的模拟元素一如既往的出彩，可玩性极强，但相比前作，《极限竞速3》显然更照顾新手玩家。你不需要对你的赛车进行调校，游戏系统更会根据不同的比赛来自动升级你的座驾。比赛开始时你也许落在最后，但你绝对会在第一个弯道出现之前用掉几个对手。如果你没发挥好也没关系，《极限竞速3》有一个倒带系统让你重回失误的地方扭转战局，而且没有使用次数限制。

　　这些特征将写实主义和街机式刺激神奇地混合在了一起，但大多数严肃玩家都会选择为了在线上排行榜上有个好看的分数而认真比赛，尽量不跑出赛道或是撞上对手。不要忘了游戏还有个很有深度的多人游戏选择，提供耐力赛、追击赛等丰富的游戏模式。如果你对赛车不是很痴迷，你还可以在游戏中负责给车身设计印花、涂装。换句话说，《极限竞速3》就是一款为娱乐全体玩家而设计的游戏，就算你不进行比赛也可以很好地享受其中。**AW**

Colin McRae: Dirt 2
科林·麦克雷：尘埃2

发售年份：2009
平台：多平台
开发商：Codemasters
类型：竞速

　　游戏代言人科林·麦克雷的逝世也没能阻挡《尘埃2》在2009年的发售。作为一款表现越野竞速这种冷门运动的作品，《尘埃2》最终成为了当年最具娱乐性的赛车游戏之一。本作在前作基础上有了大幅提升，加入了全新的音效引擎、支持更多玩家的多人模式和丰富的DLC内容。《科林麦克雷：尘埃2》挑战了竞速游戏的极致，把《火爆狂飙》的野蛮与颠簸同高档模拟游戏的精致与写实结合在一起。这是一款各方面设计都很完善的游戏，尤其适合业余玩家，因为它追求的并不是完美。从第一圈赛道开始，你就要在泥坑里打滑，其他想在这项极限运动中拿个奖的对手更是会时不时往你后保险杠上来一下。

　　可供选择的车型既有跑车也有越野车和悍马，每款车都带有一些简单的数据，如加速、最高时速、操纵性能等等，帮助你了解并挑选适合自己的赛车。一旦你挑好了属于你的座驾，接下来要做的便是享受栩栩如生、美轮美奂的风景：风光旖旎的摩洛哥小村、烈日炙烤下的加利福尼亚、古代石墙夹道的克罗地亚都是你狂飙的赛场。当你的车子撞上围栏时，急忙退后躲闪的观众看上去也并不害怕；游戏中的竞速充满了挑战和乐趣，但却并不危险，而且每一轮残酷的比赛下来，都会有一位神秘的赞助商把你残破不堪的赛车修复如新。

　　超过百项赛事赋予《尘埃2》更多的深度与广度，而那些和你同台竞技的真实赛车手也会在你的赛车生涯中给你提供帮助。虽然你们之间的友谊并不深厚，但当你把他们挤出赛道时，他们的一声"你是故意的吗？"还是会让你觉得内疚。不过真正的赛车手是不会在比赛中问这种毫无意义的问题的。**CDa**

Dead Space Extraction
死亡空间：血统

发售年份：2009
平台：Wii
开发商：Visceral Games
类型：生存恐怖/射击

《死亡空间：血统》的问世进一步巩固了整个系列在另类恐怖游戏界的地位，而本作从至深的黑暗中一跃而出，选择的表现形式却是轨道光枪类游戏。这种已经被街机玩腻了的游戏类型，却通过这款比生存恐怖类游戏更绝望的新作在Wii平台上获得了新生，这都得感谢特别适合准星瞄准的Wii控制器。对于大部分人而言，本作只不过是对《死亡空间》系列的街机化改造，无非有点刺激、有点重口。不过《死亡空间：血统》的创意可绝不止于此。

如果说一代的《死亡空间》是在向《异形》和《网络奇兵2》致敬，那么《死亡空间：血统》则更像一部《海神号遇险记》（Poseidon Adventure），过山车般的游戏体验带领你在交织盘错的剧情中千回百转。玩家则要扮演来自系列前作背景故事中的若干角色，其中包括殖民地安全长官Nathan McNeill、MaNeill在石村号飞船上的老朋友Gabe Weller、漂亮而勇敢的测量员Lexine Murdoch以及不厚道的开矿主管Warren Eckhart。每个人的名字都值得一提，因为在前期一个可怕的伏笔下，你根本不知道谁能活到最后。你会对每一个角色都关心备至，虽然你根本无法控制所有的人。

在《死亡空间：血统》的战斗中，玩家将再度体验工业用具和尸变怪（嗜血成性的变异人类）肢体的血腥交锋。这款游戏无疑是为Wii而生，Remote控制器在切换次级武器和解谜上发挥了巨大的作用。你不仅需要稳住自己的双手来恢复石村号飞船上的电梯和门控系统，更需要抑制自己的恐惧来堵住敌人的血盆大口。这不是一款恰好在Wii上出现的游戏，这是一款只有在Wii上才可以进行下去的游戏。可惜的是游戏发售后销量惨淡。**DH**

Eliss
Eliss

发售年份：2009
平台：iPhone
开发商：Steph Thirion
类型：益智

请原谅我措辞的夸张，但App Store其实可以被划分为前《Eliss》时代和后《Eliss》时代。在这款游戏发售半年之前，iPhone平台充斥着海量色彩甜腻、过分简单、缺乏挑战、毫无新意的休闲游戏，或是知名主机游戏发行商拿来圈钱的系列游戏，又或是一些不知名的开发者带着淘金的心态开发的业余作品，妄图从这片游戏市场中分得一杯羹。

然后《Eliss》出现了，哼着轻快的电子小曲，带着对色彩、形状、移动理念的简单热爱，以最基本的游戏形式进行设计、展开互动。游戏似乎有意走低调路线，不管是宣传截图还是游戏名字，都让人搞不清楚这到底是一款怎样的作品（细心的玩家也许会发现"Eliss"这个游戏名其实取自俄罗斯结构主义设计师El Lissitzky的名字）。独立设计师史蒂夫·希利翁（Steph Thirion）只提供了一些非常图形化的指导说明：同色的圆圈可以通过拖曳实现融合或分离；不同颜色的圆圈不能碰到一起；另外还有一些名为"Squeesars"的物体和漩涡什么的需要玩家注意。

只有当你真正把手指放到手机屏幕上时，你才会意识到这是一款前所未有的游戏。之所以此前没有类似的作品出现，是因为过去没有支持这类游戏的硬件设备。虽然《Eliss》的"颜色分离"与"颜色融合"的互动形式非常简单，但玩起来确是要十指并用。面对屏幕上不断涌现的混乱局面，设法把它们排列清理干净也是件非常有趣且极易上瘾的事情。《Eliss》的出现，早早地向我们证明：从各方面来看，iPhone都有可能成为一个改变电子游戏发展轨迹的游戏平台。**BB**

DJ Hero
DJ英雄

发售年份：2009
平台：多平台
开发商：FreeStyleGames
类型：音乐

　　华丽的外设控制器，非同一般的受众群，比美国更加声势浩大的欧洲宣传——动视究竟想从《DJ英雄》中获得什么？答案很简单，首创精神。在《吉他英雄》和《摇滚乐队》的惨烈较量中，动视的《吉他英雄》窃取了对手不少的创意。和Harmonix的摇滚众神相比，Neversoft的《吉他英雄》开发团队在玩家眼中不过是一帮小打小闹的乐迷（不过鉴于《吉他英雄：重金属》的出色表现，这样的偏见实在有失公允），动视当前急需的正是无人匹敌的新鲜创意。

　　《狂热节拍》从十几年前就开始做虚拟打碟游戏了，Harmonix公司涉足电子乐游戏也有几个年头了。然而，虽然日本游戏《疯狂吉他》先于《吉他英雄》出现，但直到《吉他英雄》的问世才让前者在西方有销售市场。同样，《DJ英雄》完善的游戏机制、魅力十足的控制器、强大的明星阵容和令人欲罢不能的旋律仍然让它成为一款举足轻重的游戏。因此，当我们把功劳颁给英国游戏公司FreeStyleGames（成员为资深游戏制作人和伦敦DJ）的同时，也不能忘了动视和游戏外设专家RedOctane公司付出的努力。

　　《DJ英雄》玩起来并不容易：屏幕上流动的符号、搓碟的指示方向、时机准确的按钮、freestyle效果、精准地使用cross-fader来切换音轨等等，需要你对打碟倾注足够的热情和兴趣才能够掌握。玩家将控制大量的音乐（确切地说是来自Beastie Boys、DJ Shadow、Tears for Fears、Daft Punk等等歌手和组合的九十三首曲目），最糟糕的失误也无非是搓出杂音或是静音。但游戏的最终目的不是要你进行创造，而是表演与欣赏，让你能够深入音乐之中，在音乐家和观众之间搭建沟通的渠道。**DH**

Death Tank
死亡坦克

发售年份：2009
平台：Xbox 360
开发商：Snowblind Studios
类型：策略/射击

　　《死亡坦克》可算是出了名的默默无闻。游戏开发商Lobotomy Software 是美国一家第一人称射击游戏专业户，它把这款游戏作为处女作《掘尸》（Exhumed，又名《法老复活》[Powerslave]）的隐藏彩蛋，只有集齐代表开发团队成员的二十三个隐藏才能解锁游戏，不过只有在美国发行的世嘉土星版中才有这个彩蛋。续作《死亡坦克2》（Death Tank Zwei）基本是换汤不换药，但要想玩到这款游戏还是得花不少工夫。该作隐藏在Lobotomy公司负责的世嘉土星移植版《毁灭公爵3D》中，只有毁掉每一个厕所、或是在主机中存有Lobotomy其他游戏的存档才能解锁。很少有人知道《死亡坦克》的存在，不过话说回来，这么出色的多人游戏为什么要藏着掖着？

　　《死亡坦克》似乎是Lobotomy Software 创作之余的无聊产物。十几年后，创作者伊斯拉·德雷巴赫（Ezra Dreisbach）和Snowblind Studios公司展开合作，将游戏移植到了Xbox Live Arcade上，《死亡坦克》从此走出闺房。除去图像质量上的大幅提升外，本作和原版《死亡坦克》大同小异。游戏最多支持八名玩家同台竞技，操纵八辆坦克在可破坏的2D地图上展开混战，玩家需要调节炮台来瞄准目标射击得分。游戏把传统的回合制类变成即时乱斗。当玩家在《百战天虫》和《焦土》（Scorched Earth）中慢慢等待最终胜负时，本作却会在你毫不知情时一炮把你打死。

　　Xbox Live Arcade 版《死亡坦克》试图给单人模式多加点料，好对得起售价，但《死亡坦克》的真正乐趣还是在多人游戏中。可惜的是，游戏在线下最多只支持四人对战，要想体验完整的八人对射乐趣，你还得老老实实网战。同样遗憾的是，原版游戏中的激流金属风格主题曲在本作中也没有了，导致《死亡坦克》的魅力值顿时下降了至少八个百分点。**KM**

Demon's Souls
恶魔之魂

发售年份：2009
平台：PS3
开发商：From Software
类型：角色扮演

　　游戏死忠们把《恶魔之魂》形容为充满快感的受虐体验。这款史诗级动作角色扮演游戏将会控制你的生命，你要做的就是想尽一切办法把它夺回来。在教学环节中，你正在熟悉游戏的控制，学会如何格挡，何时招架，然后一个身型十倍于你的巨大恶魔突然从身后冒出来将你一击毙命。接下来的几个小时中，你将以鬼魂的身份在一个城堡中虚弱而无助地徘徊。不同于你以前接触过的任何一款RPG游戏，在打败《恶魔之魂》中的第一个Boss之前，你一级都升不了。

　　你唯一的选择就是加快速度、熟悉技巧，赶紧获得重生，然后正式开始游戏。游戏的背景设在彻底沦陷的波雷塔利亚大地，恶魔与非人者（dregling）在废墟间游荡，仅存的人类已经精神失常，说起话来和死人没什么两样。但你在这个世界停留的时间越长，就越能掌握其中的技巧。《恶魔之魂》从来都不会要求你浪费时间去开宝箱、收集物品。在其他角色扮演游戏中，你要应付一个又一个繁琐的地下迷宫，《恶魔之魂》中的地图却十分简洁，难度却相当高。在你一点一点艰难地击败敌人的同时，你也将牢牢地记住你经过的每一寸土地。

　　《恶魔之魂》无疑是一款硬核角色扮演游戏，但是只要你肯花时间，游戏不仅没有看上去那么困难，反而非常有魅力。游戏中的每一个决定和每一个举动都是有目的的；玩到后面，你也将惊叹于自己对命运的牢牢掌握。游戏开始时，那些烧灼的城墙和带着回声的避难所令人倍感折磨，但只要你坚持下去，逐渐熟悉这些环境，你便能从中获得不少乐趣。在多人合作游戏模式下，其他的玩家还会给你留下重要的线索，甚至是加入你的冒险，驱散游戏一直试图灌输给你的孤独感。**CDa**

Dissidia Final Fantasy
最终幻想：纷争

发售年份：2009
平台：PSP
开发商：史克威尔艾尼克斯（Square Enix）
类型：角色扮演/打斗

在《最终幻想》RPG系列中，游戏角色会往前迈个步子对着空气来一招，然后敌人的头上会蹦个数字出来表示受了伤；在《最终幻想》的CG电影系列中，留着刺猬头的战士们会以疯狂的速度开打，把《黑客帝国》、《卧虎藏龙》的动作元素混合在一起，以狂暴而富有艺术感的形式展现战斗；而在《最终幻想：纷争》中，史克威尔艾尼克斯则试图在上述两者之间找到一个平衡点。

把格斗与RPG融合在一起是件近乎不可能的任务，因此《纷争》只是简单地把两者分开，并把自己归类为所谓"戏剧性革新动作"（dramatic progressive action）游戏。游戏中的对战可是杀得天昏地暗，敌我双方要打遍擂台的每一个角落，而在战斗之外，仍然有一套从RPG中照搬过来的升级和装备系统。《最终幻想：纷争》中的3D对战做得非常华丽，充满了格挡、空中冲刺、反格挡、大段的战斗台词以及复杂得荒唐的终结技。有赖于富有创意的健康值系统，你将看到角色的攻击值和生命值像跷跷板般此消彼长，相互影响；战斗局势可以在数秒之内出现逆转，一次失败的攻击也不见得会影响整场战斗的胜负。

另一方面，游戏的RPG元素在一开始则让人颇感头痛，尤其是在每个地图中前进时那些无聊的棋盘游戏。但随着任务逐渐完成，角色不断升级，棋盘游戏的重要性也开始显现出来。比如，打倒一个新敌人的关键也许就在于一个能够吸收攻击的手镯，而不是依赖于你的反应力。《最终幻想：纷争》以精湛的技艺将两种不同的游戏类型缝合在一起，即便你无视游戏的RPG元素（这也是完全可以的），本作对一对一3D格斗的创新也足以让它成为一款热荐游戏。**RS**

The House of the Dead: Overkill
死亡之屋：赶尽杀绝

发售年份：2009
平台：Wii
开发商：Headstrong Games
类型：第一人称射击

《死亡之屋》系列一向都以能让玩家在惊声尖叫的同时怀大笑而闻名。但不幸的是，随着系列游戏的发展，初代街机光枪游戏的幽默元素已经渐渐消失，取而代之的是夸张做作的剧本、荒唐的情节和粗糙的动画；游戏角色动作之生硬，看上去好像穿衣服时忘了把衣架从衣服里取出来一样。

但《死亡之屋：赶尽杀绝》绝对是个特例。这款游戏玩起来就好像是观看一部露天影院的B级恐怖片（游戏受2007年的电影《恐怖星球》的影响非常明显），刻意充斥着擦痕、爆音、过度曝光以及不少令人印象深刻的剧情衔接错误。游戏将廉价恶俗的剧本、刻意生硬做作的角色、神神叨叨的对白混合在一起，光看着就让人觉得很有意思。即便游戏的核心体验烂到极点，你也完全可以把它作为收藏品摆上书架。

幸运的是这并不是一款烂游戏。《赶尽杀绝》也许只是一款标准的轨道射击游戏，但游戏中的环境非常有气氛，游戏的控制也很出色。另外，和游戏捆绑销售的六发式塑料手枪能把你的Wii控制器变成一尊手炮，几发子弹就能把丧尸打回坟墓。

游戏也做得相当重口，最终Boss战带着一股妇科手术的味道，充满了令人欲罢不能的恶趣味。这款英国制造的《死亡之屋：赶尽杀绝》是对犯罪快感的一次完美升级，带着强大的幽默感和犀利的风格，更不乏性感的暴力元素和矫情的演出。这是一款不折不扣的《死亡之屋》游戏，但绝对是一款玩家们前所未见的游戏，代表着游戏界近年来最自信、最具想象力的作品。**CD**

Dragon Age: Origins
龙腾世纪：起源

发售年份：2009
平台：多平台
开发商：BioWare
类型：角色扮演

　　《龙腾世纪：起源》的出现，标志着Bioware公司正试图在奇幻冒险游戏的制作上尝试一条更黑暗、更血腥、更成人向的道路。Bioware公司早期的作品已经基本奠定了现代奇幻类角色扮演游戏的模板，而公司此次的目的则是在重复前作成功经验的同时，从技术上和主题上对游戏方式进行更新升级。他们的最终努力成果就是这款视觉效果令人惊艳的3D奇幻游戏，充斥着残酷的主题、黑暗的冒险，还有一群个性十足的有趣角色。

　　遮遮掩掩的性爱场景和偶尔略显做作的配音虽然遭人诟病，但Bioware的最终目标却得到了很好的实现。《龙腾世纪：起源》是一款面向成熟玩家的奇幻游戏，从故事剧本、世界架构到成人内容、血腥残忍的主角等无不体现出这一基本理念。游戏的背景设在一个腐化堕落、摇摇欲坠、种族歧视严重的王国。你要设法组建一支军队来抵御Darkspawn的入侵。Darkspawn有点类似半兽人和丧尸的结合体，他们都接受"大恶魔"（Arch-Demon）的领导。你扮演的角色所面临的抉择比此前任何一款Bioware游戏都要严峻，而游戏的战斗部分可以让经验丰富的老玩家也点头称赞。

　　但是《龙腾世纪：起源》的主要成就在于它打造出了一个真实可信的世界，让玩家能切身体会到其中的沉重。饱受压迫的妖精族活得像一群奴隶，矮人们则要和一个腐朽的社会作斗争，教会严格的控制着这个社会，而这个社会却已经在猛烈的阶级斗争中摇摇欲坠。游戏在各方面都做到了气势恢宏（建议在PC上玩，主机的界面操控实在比不上鼠键的舒适感），而随着续作和资料片的不断推出，游戏的影响力还将不断持续下去。**JR**

Empire: Total War
帝国：全面战争

- 发售年份：2009
- 平台：PC
- 开发商：The Creative Assembly
- 类型：策略

　　《帝国：全面战争》是一款以19世纪军队大规模战役为主题的游戏，让玩家能够沉浸在波澜壮阔的战争当中，并要求玩家设法用各种战术来克服困难。这可不是一款随随便便就能搞定的即时策略游戏，玩家将要面对接二连三的挑战，必须时刻注意战场局势，同时随时想好备用方案。玩家也将很快意识到：腻着一个作战单位是无法获得胜利的，只有多管齐下才能打败敌人。

　　《帝国：全面战争》的问世，标志着这个已推出五款作品的经典系列的一次飞跃。玩家有了更多的军队可以选择，甚至还有更多的可选国家、更多的可控单位和游戏地图。游戏还给了玩家参加海战的机会，给原本已经非常足料的游戏内容增添了全新的维度。

　　游戏海战部分的即时细节设计令人惊叹：你的战船能随着风移动，风速多快，你的船就有多快，而逆风而行将减缓你的船速。你有一系列的战舰可以选择，你也会发现一味挑选个头最大的战舰纯粹是找死，因为当五艘小型快艇围攻上来时，你就是板上鱼肉。但是海战部分并不是游戏最完美的部分，而且游戏的AI也非常弱。

　　但其他方面的成就仍然让《帝国：全面战争》在即时策略游戏界名垂青史。本作也和《全面战争》系列的其他佳作一样，雄浑壮阔，充满视觉冲击，令人回味无穷。**SG**

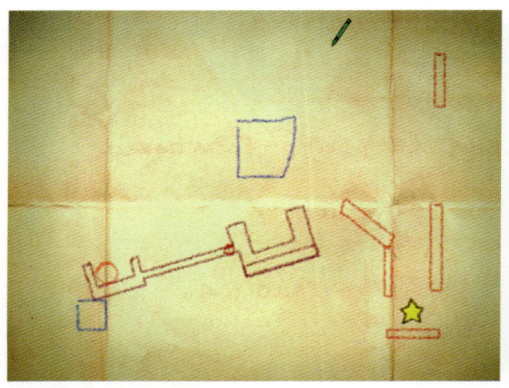
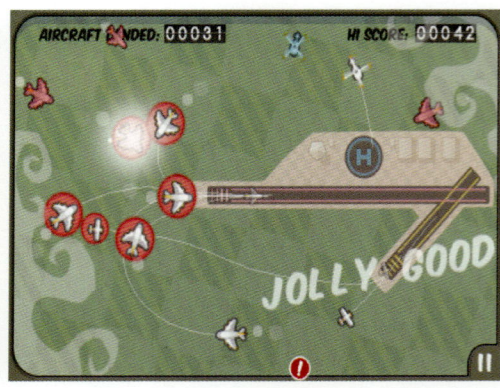

Crayon Physics Deluxe
蜡笔物理学豪华版

发售年份：2009
平台：多平台
开发商：Petri Purho
类型：解谜

Flight Control
航空指挥官

发售年份：2009
平台：多平台
开发商：Firemint
类型：管理模拟

《蜡笔物理学豪华版》在业界掀起了一次游戏设计的革新，就如何给予玩家自主权和激发玩家创造力提出了全新的理解。

游戏中的2D关卡背景是一张带折痕的白纸，看上去非常可爱。游戏的目标就是把一个小球从这张纸的一端移动到另一端，让它滚到一颗星星上，而达成这一目标的途径就是把你的鼠标当成一只蜡笔在纸上画画。正如游戏标题所暗示的，游戏的每一关都和物理性有关——小球会滚动、掉落；木块会滑动；绳子会绕圈也会绷紧；把一个物体钉在另一个上，这个物体便会开始摆动。因此，每个关卡都需要通过一系列直觉推断来解决，比如你可以用篮子带着小球走，也可以用一个投射器把它弹出去。

游戏中包含了不少简单的小技巧，但其最终目的还是要你发挥想象，正如游戏开始时所言："这不仅是要你找出一个解决方案，而是要找出最酷的解决方案。"每关都会给你安排一个目标星星，但你是否能多想出另外三种不同的通关途径呢？《蜡笔物理学豪华版》的核心非常简单自由：给你一只蜡笔和一张画纸，剩下的一切就全靠你的想象了。**AW**

手机游戏《航空指挥官》面市时几乎没做任何宣传，但却在发售后迅速窜上App Store销量排行榜榜首。

游戏规则很简单，就是给即将着陆的飞机画跑道，让飞机跟着走。这听上去简单得有些无聊，但是当不同类型的飞机（这些飞机在大小和速度上也各有不同）同时出现时，情况便复杂起来。你要设法为这些飞机准备多条着陆路线，游戏也随即变成了一个紧张的管理任务，要求你迅速而娴熟地重绘各种线路，以免出现撞机事故。

起初，《航空指挥官》只提供一个机场，游戏难度的增加也慢得有些磨人。但App Store最大的好处就在于能够根据用户需求迅速改进产品。不久之后，《航空指挥官》便升级至三个机场，还开设在线排分榜，并为对自己技术很有自信——又或许只是自我感觉良好——的玩家们提供了一个"加速"键。

感谢游戏清爽的视觉设计，使得《航空指挥官》成为一次充满魅力的娱乐体验，更是一款和移动平台再般配不过的精彩作品。**MKu**

Noby Noby Boy
伸缩小子

发售年份：2009
平台：PS3
开发商：南梦宫（Namco）
类型：动作

Flower
花

发售年份：2009
平台：PS3
开发商：thatgamecompany
类型：冒险

　　《伸缩小子》玩起来大概是这个样子的：你将分别控制一个蛇形少年的球形头部跟尾巴，带领他在一个随机生成的平坦世界四处移动。这个世界中到处是抽象的建筑、雕塑，另外还有一系列外形诡异的动物和人。当你吞下一个物体时，它便会顺着你的身体一直滑下去，最后还能从你的尾部迸射出去。然后你会发现这个男孩还能无视生物原理和肢体限制，肆意扭曲自己彩虹般的身体，最后软绵绵地瘫下来，和游戏世界中的其他物体交缠在一起

　　而游戏的最终目的正是伸缩。男孩伸展的长度将被随时记录下来，并作为一种爱的计量单位传达给宇宙中唯一的女孩。这个女孩是一个超巨型版的伸缩小子，她正在太阳系中不断向外直线延伸，而她的伸展速度则取决于全世界玩家伸展的长度。每当她到达一个星球（女孩耗费的时间都是按现实时间来计算，比如到达火星就花了数个月的时间），新的关卡就会被解锁，供每个玩家体验。这是一款绝对的原创游戏，更是一种纯真动人、充满童稚的乐趣。**BB**

　　在《花》中，四处都是美丽的草地，在微风中和蓝天下翻滚舞动。这些草地会伴随着一阵阵风铃般的清脆音乐，在一瞬间变得色彩斑斓起来。游戏很容易被贴上矫情造作的标签，但当你真正开始这款游戏时，你才会发现这其实是近年来最令人心旷神怡的游戏之一。

　　这是一款能带领你踏上一次情感之旅的游戏，从前期关卡阳关灿烂的简单美感，逐渐走向后期关卡的黑暗沉郁，感受风雨交加、电闪雷鸣的世界。你将在天空中旋转、疾飞，把周围的花瓣全都集结起来，改变途经的大地的面貌，以及游戏的背景音乐。

　　游戏音乐的起伏变化正是《花》所传达的那份自由感的关键之一。另一个关键则是高超的动作控制，精准地抓住了花瓣在风中飞舞的那份惬意与欢乐。

　　在《花》的游戏世界里，没有军队或世界需要你去征服，也没有高楼大厦供你飞檐走壁。对于《花》来说，平凡的才是最好的。这也更加证明在电子游戏当中，一切皆有可能。**DM**

F.E.A.R. 2: Project Origin

极度恐慌2：起源计划

发售年份：2009
平台：多平台
开发商：Monolith Productions
类型：第一人称射击

　　打造一款《极度恐慌1》的续作就意味着该回答一些前作的遗留问题了。一代结局处的大爆炸发生后出了什么事呢？那个可怕的超能力少女艾尔玛（Alma）获得自由之后又会何去何从呢？《极度恐慌2：起源计划》出色地一一解答了这些问题，并为玩家呈现出一个废墟中的城市和疯狂的战斗，同时延续了前作令人毛骨悚然的超自然体验。

　　《极度恐慌2：起源计划》成功地将战斗与惊悚元素结合在一起。虽然你是个可以放慢时间来超越敌人的超级杀人机器，但诡异的画面与气氛仍让你玩得提心吊胆。慢动作模式是《极度恐慌1》的精髓所在，游戏可以借此来炫耀它的高超的物理环境和强大的AI。这一模式在续作中得到了保留，另外本作中的AI不仅懂得找掩体，还会推倒周围的物品来阻挡你的火力。不过敌方能做的事情你也可以做，甚至还可以在临时搭建的掩体后面避弹。

　　就动作部分而言，《极度恐慌2：起源计划》也迈出了一大步，比如在一代中把你虐个半死的动力装甲现在却成了你的杀人工具。这些厚重的战斗装甲能穿墙，更能肆无忌惮地开火，一夫当关万夫莫开之势令人大呼过瘾，既满足了玩家对于力量的幻想，又精彩地呈现出了战斗场景。

　　如果说这款续作有什么瑕疵的话，那便是野心不够。《极度恐慌2》本可以进一步挖掘一代游戏中的恐惧感和绝望感，另外，游戏给你安排的超能力敌人多得有些过头，导致那份灵异感大幅缩水，恐怖氛围也有所下降。**JR**

Fuel
燃料

发售年份：2009
平台：多平台
开发商：Asobo Studio
类型：竞速

在过去的十年间，末日题材似乎一直都备受游戏设计者的青睐，但是这类题材在竞速类游戏中却并不多见。《燃料》是一款开放世界式的竞速游戏，把背景设在了气候极端异常的北美大陆。这片土地如今已基本被废弃，变成了极限竞速运动者的乐园。赛车手们开着四轮摩托、沙滩车、吉普甚至是气垫船（在飞跃大片水域的时候很有用）在这片荒野上狂飙。

此前的开放式竞速游戏习惯于把比赛设在城市等相对狭小的区域，而《燃料》却另辟蹊径，把赛道设在占地五千五百六十平方英里的地图上，这相当于整个康涅狄格州，或是半个威尔士的大小。这片广袤的区域看上去就像是个微缩版的美国废土，既有惬意的森林和盐滩，也有沙漠和沼泽，你还可以途径沉没的城市和荒芜的农场。天气是这个游戏中的一大亮点，《燃料》把巨型的闪电风暴和龙卷风融合到比赛中，增加了游戏的不可预知性和娱乐性。游戏事件在地图上不同的节点发生，每个节点都可以被触发作为比赛起点。随着比赛的深入，更多的区域将被解锁，玩家还可以通过运输直升机在不同的地区间快速移动。整个世界都可以任你探索。环游地图一周大概需要耗费你八个小时的时间，这还不包括参观各主要地点的时间。

就游戏机制而言，《燃料》并不能算是一款出彩的竞速游戏，但从整个电子游戏界的角度来看，《燃料》新颖大胆、令人叫绝的创意确实意义重大。巨大的无缝衔接地图让人很难不把它当成一个标杆，让其他游戏好好学习效仿。既然一家小小的法国游戏公司都能把游戏世界打造得如此丰满广阔，游戏界其他公司为什么就不能做到呢？**JR**

Call of Duty: Modern Warfare 2
使命召唤：现代战争2

发售年份：2009
平台：多平台
开发商：Infinity Ward
类型：第一人称射击

继初代游戏热卖后，续作《使命召唤：现代战争2》又再度荣登排行榜首，俨然已经成为游戏界的"007"。有时候，这游戏打起来还真像一部"007电影"。开发商Infinity Ward自2002年创建以来就一直在负责这个系列的开发，《现代战争》的问世标志着公司把震耳欲聋的炮火带入了现代社会，并打造出了这一代主机上人气最高，也可以说最伟大的多人FPS游戏体验。

《现代战争2》的目标很简单：比前作更壮观、更出色。游戏的单人模式受前作的影响很明显。不可否认本作因为那个极具争议、触目惊心的机场关卡（要求你射杀无辜平民）而败坏了名声，但这一关中确实有不少刺激的创意和震撼的场景。最具创意的是游戏的Spec Ops模式，让你和一名战友穿越两部《现代战争》的二十三个知名关卡，沿路不断射击、潜行、爆破。你将要面对无休无止、令人心惊胆战的爆炸，还要试图保护你的战友，对抗头顶盘旋的AC-130战斗直升机，或是在雪地、或是在有军犬巡逻的地图中小心翼翼地潜行。

但真正让《使命召唤：现代战争2》大放异彩的还是它的多人模式。《现代战争2》的多人模式是最具深度的多人射击体验。游戏升级系统会对你的战斗风格作出回应，并不间断地解锁新的装备和物品供你选择。游戏允许你随心所欲地打造任何你想要的战士类型，这也意味着每一轮游戏下来你都可以对你的士兵进行无限种可能的改进提升。这游戏不仅适合、更积极鼓励玩家形成属于自己的独特打法。《现代战争2》已经成为FPS游戏界的大腕，一款会对你的任何努力都给予有形回报的射击游戏，无人能出其右。**DH**

Grand Theft Auto IV: The Lost and Damned
侠盗猎车4：迷失与诅咒

发售年份：2009
平台：PS3, Xbox 360
开发商：Rockstar
类型：动作 / 冒险

  继尼克·贝里奇（Niko Bellic）的悲剧故事精彩收尾后，玩家们又迎来了这款讲述飞车党和狂人故事的《迷失与诅咒》，在紧张另类的剧情中体验友情、争斗和令人不寒而栗的相互猜忌。本次的主角换成了强尼·科雷比兹（Johnny Klebitz），他是个硫酸脸的犹太人，也是个飞车党兼毒品贩子。《迷失与诅咒》中也有不少让你忙得不亦乐乎的任务，这和《侠盗猎车4》正传并没什么区别。真正让这款游戏脱颖而出的是它残酷的基调和可怕的角色。本作巧妙地将正传的剧情穿插到游戏之中，同时又带有属于自己的背景故事和文化特征，更加深了自由城在玩家心中目中的真实感。

  强尼·科雷比兹一直都在用心经营飞车帮派"迷失帮"（the Lost），而迷失帮的真正带头大哥比利·格雷（Billy Grey）却在勒戒所里过着好日子。科雷比兹是个有头脑、也有内心挣扎的人，他希望把打打杀杀的事情都放一边，和其他帮派结好，同时靠做毒品生意来发财。可是比利·格雷大哥被释放后，却彻底否定了科雷比兹的计划。两个昔日的好友反目成仇，开始为各自的计划展开生死搏斗。

  在本作中，玩家可以体验很多全新的元素，比如改进了此前难以驾驭的摩托车，进一步增加了武器种类，并加入了新的迷你游戏——如在骑摩托车的时候组成特定阵形等等。但作为《侠盗猎车4》的第一款下载资料片，《迷失与诅咒》最吸引人的地方无疑是又可以领教Rockstar公司的编剧们的强大叙事功底。《侠盗猎车：迷失与诅咒》也许并没有什么创新之处，但这款精心打造的游戏不乏令人热血沸腾的瞬间，同时也让玩家领教到Rockstar在游戏界绝非浪得虚名。**CD**

Grand Theft Auto IV: The Ballad of Gay Tony
侠盗猎车4：夜生活之曲

发售年份：2009
平台：多平台
开发商：Rockstar
类型：动作/冒险

　　《夜生活之曲》是《侠盗猎车4》的第二款，亦是最后一款资料片，此前被改头换面的自由城所冷落的疯狂爆炸和欢乐的屠杀元素在本作中再度回归。《侠盗猎车4》正传中的移民故事倍显酸楚，对美国的当下社会进行了猛烈抨击；相比之下，《夜生活之曲》则要热情欢乐得多，玩家可以和游戏中的超级富豪们一起纵情声色，感受有钱人才玩得起的极端生活方式。

　　《夜生活之曲》的主角是路易斯（Luis），此人是夜店老板"基佬"托尼·普林斯（Tony Prince）的保镖兼生意合伙人。托尼曾经是自由城上流社会一个有头有脸的人物，但如今他的夜店生意却日渐萧条，糟糕的投资生意更令他头痛不已。走投无路的托尼只好向好友兼拍档路易斯求助，希望他能解救自己于水火之中。可惜好人难当，路易斯被卷入大量的爆炸犯罪活动：炸毁摩天大楼的同时从窗户低空跳伞逃生，偷武装直升机用导弹送游艇见阎王，甚至在一个亿万富翁的要求下把一辆疾驰的地铁车厢从轨道上直接偷走。新加入的防暴霰弹枪和它的爆炸弹也确保了本作的动作场面够疯狂、够劲爆。

　　但除了令人欲罢不能的爆炸外，路易斯和托尼之间的友情故事也出人意料地令人感动。《夜生活之曲》在叙事技巧和情感烘托上绝不输给《侠盗猎车4》中尼克·贝里奇的悲剧故事。本作的一大特点在于玩家可以选择无视那些社交迷你游戏和支线任务，对于Rockstar公司来说这可是个很慷慨的举动，毕竟在《夜生活之曲》推出之前，Rockstar对存档点都斤斤计较。但这就是《侠盗猎车4：夜生活之曲》——一切都以你的快乐至上。**MD**

Grand Theft Auto: Chinatown Wars
侠盗猎车：血战唐人街

发售年份：2009
平台：多平台
开发商：Rockstar
类型：动作/冒险

如果NDS觉得像它这种普通的硬件配置、触屏控制以及和谐有爱的业界形象应该可以帮助它逃离《侠盗猎车》系列的魔掌，那它就大错特错了。《血战唐人街》是一款令人热血沸腾的《侠盗猎车》作品，看似低端的外表下隐藏着足够的猛料，足以让小报媒体们兴奋几个月。虽然本作变成了类似系列初代作品的俯瞰视角，但却仍旧抓住了《侠盗猎车》疯狂关卡的精髓，充斥着暴力与破坏。火焰喷射器、电锯、炸弹、小混混更是一个都不少。

本作游戏的主角李皇（Huang Lee）和所有来到自由城的新面孔一样，背负着亲朋好友寄予的厚望和远大的理想。没想到刚下飞机，李皇就被架进了车里，还被丢进了河里。而他携带的家传宝剑——玉剑也被无名凶徒劫走。凭借自己的力量，李皇杀出了一条血路（通过触控笔操作），却发现自己陷入了更糟糕的处境：骄傲自负的叔叔肯尼看不起他，三合会、腐败警察、韩国黑帮、意大利黑手党又常来找他麻烦。当然，所有的这些人都觉得李皇是解决他们问题关键所在。

和其他PSP平台的《侠盗猎车》游戏不同的是，《血战唐人街》并非移植作品。游戏更没有给NDS抹黑，里面的小游戏既生动有趣，又充满了爽快的破坏性。你可以想象使用触控笔进行毒品交易谈判、偷车、去垃圾箱里翻枪械弹药是怎样一种感觉。但游戏可不只有肆无忌惮的犯罪。李皇还需要靠卖注射器、贩毒来维持收入，带着这些违禁品在自由城转悠，同时还要避开警察的追捕。你的非法买卖将招来《侠盗猎车》系列诞生以来最大规模的警车追击战，随便犯点事都能惹来全城警车出动。**DH**

Guitar Hero: Metallica
吉他英雄：Metallica

发售年份：2009
平台：多平台
开发商：Neversoft
类型：音乐

作为Neversoft公司的《吉他英雄》系列迄今为止的最佳作品，更是Metallica乐队粉丝不可或缺的收藏品，这款《吉他英雄：Metallica》处处可见制作者的独到用心。

《吉他英雄：Metallica》延续了不少系列的经典元素，但在游戏中这些看似陈旧不堪的设定还是很有用的。本作收录了二十八首Metallica的经典曲目，每首都是基于当年的母带制作，其中还包括稀有专辑《Kill 'Em All》（据说是在乐队前经纪人家的地下室里翻出来的）。除此之外，游戏还收录了二十一首"乐队成员的最爱和对他们造成影响的歌曲"，鼓手Lars Ulrich为了要把激流金属传奇乐队Slayer的歌曲加进来，还特意和微软大闹了一番。游戏专门设定了双踏板架子鼓，以精准地配合Ulrich的鼓乐。在游戏的卡通剧情中，粉丝成为Metallica的开场表演嘉宾也确有其事，只不过进行了一定的艺术加工。

最令人惊讶的是，这支乐队当年和资源共享服务网站Napster高调对战时，可是被许多人贴上了反潮流、反科技的标签。不管你怎么看待Metallica在网络音乐共享问题上的做法（你不得不承认Ulrich有他的理由），但乐队对自己作品的珍惜程度从成员们和Neversoft的合作就看得出来：为保证游戏质量，Metallica乐队反复造访制作公司以提供更多的动作捕捉资料和反馈。如果游戏最终成品还存在什么瑕疵，那便是两位前任贝斯手Cliff Burton和Jason Newsted只在花絮中现身。Newsted和乐队的分歧人尽皆知，将他排除在外情有可原；但用这种方式来缅怀Newsted的前任、已故的Cliff Burton，着实令乐迷大为光火。

本作的最大成就、让许多对手长时间难以望其项背的，就是音乐。这是支把金属摇滚从夜店带进体育馆的乐队，在他们的身上，这个系列找到了归宿。**DH**

Halo 3: ODST

光环3：地狱伞兵

发售年份：2009
平台：Xbox 360
开发商：Bungie
类型：第一人称射击

在《光环3：地狱伞兵》发售之前，四个大字紧紧围绕着这款新作——合同义务。Bungie公司刚刚从微软公司脱离出来，现在的Bungie真的会再用心去制作哪怕六个小时的星盟大战吗？令人欣慰的是，答案是肯定的。《光环3：地狱伞兵》的流程也许不长，角色的装甲也不够凶猛，但却足够有深度、够刺激，更是这支出色的开发团队近期推出的最具实验性质的作品。《光环3：地狱伞兵》放弃了士官长这个角色，并重返《光环2》中的战场，回到了新蒙巴萨的街道，让玩家扮演身着轻型装甲的行星轨道空降突击队队员（ODST，也被称为"地狱伞兵"），从高空突入战场展开战斗。在游戏的大部分时间中，你都在扮演一名菜鸟新兵（Rookie），在黑暗中步行探索废墟中的都市，偶尔通过重新体验队友的回忆来拼凑他们此前的经历。

月光映照的街道、撩人的背景音乐、与现实交织的回忆，Bungie公司把《光环3：地狱伞兵》打造成了一部精彩的黑色电影。每一次闪回都凸显出《光环》的一个核心游戏元素，令系列粉丝大呼过瘾。所以即便没有了前作中变态的跳跃能力、能量护盾和双手武器，游戏玩起来仍然不失一种年度巨制的感觉，疣猪战车和疯狂交火一个都不落。多人合作模式"Firefight"的加入更给这款有爱的游戏增色不少，在该模式下玩家将合作击退成波的敌人进攻。**CD**

Might & Magic: Clash of Heroes

魔法门：英雄交锋

发售年份：2009
平台：多平台
开发商：Capybara Games
类型：解谜/冒险

第一眼看上去，《魔法门：英雄交锋》也许有点像NDS上的益智/RPG游戏《战神的挑战》（Puzzle Quest）。但事实上，鉴于游戏核心处极具挖掘深度的策略系统，本作其实更接近于PC平台的同名《魔法门》系列。在游戏中，玩家要通过把同色单位"堆放"在一起来触发战斗，但更多的时候，游戏时要求你找出并利用敌方的阵形漏洞来击败敌人，而不是单纯地进行同色配对。通过灵活使用各种道具（装备不同的道具可以获得各式战术帮助）、选择军队，玩家可以在攻防之间自由转换。你可以横向排列你的士兵形成一道防御墙（是真正的一道墙），或是纵向堆叠士兵发动进攻，时机抓得准的话可以获得奖励。

如果你以为《魔法门：英雄交锋》只是一款简单的三连消益智游戏，那么等待你的将是一个漫长的上手过程（有时随机出现的新单位会让你精心制定的策略陷入僵局）。但游戏在难度设置上还是拿捏得很好，不会让人觉得无从下手。

《魔法门：英雄交锋》很好地利用到了NDS的双屏特性，敌我双方分别在上下屏摆阵对峙，十字键和触控笔也都能派上用场。最值得一提的是游戏的视觉设计，醒目的像素画面与华丽的人物肖像和背景画面配合得恰到好处。游戏的美术风格给剧情注入了生命，营造出一种庄严冷峻之感。游戏剧情和原《魔法门》系列息息相关，同时确保没有接触系列前作的新手玩家同样可以顺畅地玩下来，这进一步完善了这款集益智与策略于一身的游戏佳作。**MKu**

Machinarium
机械迷城

发售年份：2009
平台：多平台
开发商：Amanita Design
类型：冒险

  2006年，雅库布·多佛斯基邀请一群朋友加入一项全新的游戏企划。一直以来，多佛斯基都把他的时间全花在了游戏制作上，毕业之后他便成立了一家名为Amanita Design的游戏公司。这个临时组建的制作小组随即投入艰难的开发之中，他们没有薪酬，只有渺茫的成功希望。

  然而，在新型数字产品传播方式的帮助下，加上本作在独立游戏节上斩获大奖，立刻让《机械迷城》轰动全球，并使得多佛斯基和他的团队能够进行全职游戏制作。这也正是独立游戏界的变化的一个缩影。《机械迷城》的背景图也许是本作最具辨识度的特征。瓦克拉夫·布林（Vaclav Blin）独特的艺术风格赋予游戏一种浓重的油彩味道。游戏的用色以棕色与灰色为主，但却绝不会让人感觉压抑、沉重。在布林的精心设计下，整个游戏世界给人一种非常古老的感觉，场景设计则带有蒂姆·伯顿（Tim Burton）式的荒诞与乖戾。

  正是《机械迷城》对简洁性的追求让这款游戏脱颖而出。作为一名孤独的机器人，玩家要在游戏中寻找自己的真爱。但是游戏中没有半句对话。这个小机器人只是通过对话泡进行交流，表达他的喜悦、悲伤与失意。更另类的是游戏的操作：鼠标点击式冒险游戏早已成为历史，但多佛斯基选择鼠标点击式操作，既是出于资金限制，也有他的商业考虑。事实上，《机械迷城》已经属于利用鼠标点击模式来尝试新创意和新故事的新一代类型游戏。属于独立游戏设计师的天地已经越来越开阔了，即便是这样一款非主流的小游戏也能迷倒大批的玩家。**JBW**

Halo Wars
光环战争

发售年份：2009
平台：Xbox 360
开发商：Ensemble Studios
类型：策略

进入Xbox360时代后，微软决定进一步推动《光环》世界的多元化发展，但最终敲定的新作却让许多人大呼意外。Ensemble Studios在2001年就被微软收购。当时，公司内曾开发过《帝国时代》的资深团队正在研究如何将即时策略类游戏完美地呈现在主机平台上，而微软又相中了Ensemble Studios的名气，《光环战争》便由此诞生。

《光环战争》的成功秘诀在于这并不是一款即时策略游戏，而是一款带有策略元素和RTS视角的动作游戏。游戏任务更多地依赖于小型军队和军队的微观管理，而不是依靠资源的开发。斯巴达战士在抢夺敌军载具时，你则要指挥疣猪战车突破密集的手雷，然后切换为步兵与星盟展开殊死搏斗，向指挥疣猪号那样指挥士兵进行侧翼攻击。所有的这一切动作都仅仅由一个按键来完成。

游戏的界面非常简洁，这也意味着就策略元素而言，《光环战争》非常简单易上手，毕竟这可不是什么《帝国时代：士官长传奇》。有时游戏的简单甚至会让你嗤之以鼻。但事实证明这份简洁的操作确实很有效，而且为这一类游戏在主机平台的进一步发展指明了方向。不幸的是，《光环战争》完成之后，微软就把Ensemble Studios给关闭了。鉴于这家游戏公司的开发热情与抱负，以这样结局收场实在有些不值得，更让游戏通关后解锁的"为续作备战"（Ready for the Sequel）成就倍显凄凉。《光环战争》对主机RTS的影响显然不及初代《光环》对主机FPS的影响大，但把这个目标硬扣给本作纯粹是强人所难。玩这款游戏能时刻提醒你Ensemble公司所取得的巨大成就：这款策略游戏不仅是专门为手柄操作而生，更和手柄配合得天衣无缝。从选定任务到战场交火，游戏带来的爽快感一刻也没有停止过。**RS**

IL-2 Sturmovik: Birds of Prey
捍卫雄鹰：掠食鸟

发售年份：2009
平台：多平台
开发商：Gaijin Entertainment
类型：飞行模拟 / 对战

作为PC平台人气最高、难度最大的二战模拟类游戏之一，《捍卫雄鹰》的续作《捍卫雄鹰：掠食鸟》面临着一个不小的难题：主机手柄在操作上的相对局限性。但开发商Gaijin Entertainment的厉害之处就在于对各种难度等级把握得非常好。不管你追求的是不列颠之战式的动作刺激，还是在多佛海峡的白色悬崖上空翻飞的眩晕感，你都能在游戏中找到你想要的东西。

在低难度下，《捍卫雄鹰：掠食鸟》会让你误以为战争的成败真的就掌握在你一人手中，而《兄弟连》式的背景音乐也给游戏增添了一份恢宏的气势和氛围感。然而，游戏配备了一个充满未来感的HUD界面，当敌机出现时，屏幕上会显示出亮红色的菱形标志，这样穿越的设定使得游戏在任务挑战上难以表现出真实感。不过，游戏在飞机操控上的拟真性仍然做得很出色，玩家在操纵手柄时必须小心翼翼，做到油门与方向盘的平衡，否则就要一头栽进下面的玉米地里。

从多佛青黄相间的田野，到意大利洒满阳光的海滩度假胜地，再到柏林被火光映照的铅灰色天空，《捍卫雄鹰：掠食鸟》的背景做得大气而瑰丽。你的战斗任务被平分为地面目标和空中目标两种，有些任务需要你击落一队战机，有些则需要你炸沉一队战舰。游戏的剧情通过真实的历史影像混合现代旁白配音来展现，营造出一种略显感伤的真实感。但真正让这款游戏跻身模拟类游戏佳作之列的还是那片逼真的天空。游戏甚至还从主机移植到了PC平台，并更名为《掠食之翼》（Wings of Prey）。**SP**

Infamous
恶名昭彰

发售年份：2009
平台：PS3
开发商：Sucker Punch Productions
类型：动作

《恶名昭彰》就像一款炫目的超级英雄电影，带着这类型影片特有的亮点与遗憾。

玩家在游戏中扮演沉默寡言的快递员柯尔·麦格雷斯（Cole MacGrath），空闲的时候他会像个海盗般喃喃地发牢骚，忙的时候便会弓着身子健步如飞。有天这家伙不小心把整个城市都给炸了，幸存下来的帝国市民们被与世隔绝，并渐渐地走向集体失控，开始进行疯狂的烧杀抢掠，让原本就一片混乱的废墟城市更加雪上加霜。最惨的是，他们把所有的矛头都指向了柯尔，认为他是导致城市崩溃的罪魁祸首。

但柯尔并不在乎他们的指责。从爆炸的中心点醒来后，柯尔便发现自己不仅毫发无伤，更被赋予了一种能够不断升级的放电技能，使他能够远距离炸毁汽车，烧焦邪恶的"收割者"暴徒，最后甚至能够以一种非常科学、但却不失疯狂的方式飞上天空。

《恶名昭彰》中还煞有介事地加入了一个道德系统，随着剧情的不断深入，游戏会根据你的行动风格是偏向救人或是杀人来进行相应的技能升级，更设计了三个废弃岛屿供你自由探索。但《恶名昭彰》真正的魅力在于柯尔飞檐走壁的超能力。你可以毫不费力地粘在墙上、轻快地爬上排水管、在电线上行走自如，或是在楼顶之间恣意穿梭。游戏不像Realtime Worlds公司的《镇压》（Crackdown）那样玩起来没心没肺，但作为一款剧情色彩更为浓烈、档次更高的飞檐走壁式游戏，其娱乐性和想象力绝对可以和《镇压》一较高低。**CD**

Left 4 Dead 2
求生之路2

- 发售年份：2009
- 平台：多平台
- 开发商：Valve Corporation
- 类型：射击 / 生存恐怖

  位于华盛顿的Valve一向被誉为全世界制作最用心、最体贴玩家群的游戏公司。然而，在《求生之路》大获成功后，这家公司迅速宣布新作计划的做法却遭到了一小部分玩家群的恶语相斥。在这些玩家看来，像这种游戏推出不到一年就宣布续作的行径，只有那些体育游戏和卖萌的平台动作游戏才干的出来，但这可是Valve公司！对于一款新作，他们应该在地球某个神秘的角落秘密研发个几年时间，再挑个大好日子把这款亮瞎眼的神作公之于众，而游戏中的精彩元素还只是开发团队集体智慧的冰山一角。

  但事实情况是，《求生之路》的创作团队在对游戏进行了一番大检查后，发现可以改进的地方还有很多：比如昼间关卡、瘆人的新怪物、更多的近战武器（平底锅、板球棒、武士道什么的），加上对AI Director系统的改进，一款续作在所难免。既然一切都计划妥当，为什么不马上开工呢？

  当你玩到这款新作时，你便会发现要对这款游戏挑三拣四实在是件难事。《求生之路2》把丧尸末日带到了美国南部，加入了全新的敌人（最赞的当属"骑师"[Jockey]，这种可怕的变异人会跳到你的背上控制你的行动）、勇猛的主角和不少令人叹为观止的场面，比如令人毛骨悚然的游乐场和沼泽地。全新的近身武器给游戏带来不少重口味的黑色幽默，增强版的AI director系统甚至还能控制天气、改变环境细节。参加抵制活动的玩家们也被游戏最终成品的质量所折服。和Valve此前的作品一样，《求生之路2》带给你的是更多的娱乐选择和更多的游戏方式。**CD**

Killzone 2
杀戮地带2

发售年份：2009
平台：PS3
开发商：Guerrilla Games
类型：第一人称射击

  由英国格拉斯哥的CG专业户Axis Animation打造的游戏预告片放出，高调宣布了《杀戮地带2》的到来。预告片中的游戏画面表现令人震撼，充满未来感的战场极具魄力。遗憾的是游戏的最终成品却未能达到预告片中的精彩效果，这也成为当年的一大丑闻。但值得一提的是，这款预告片和游戏实际效果的差距并没有你想象的那么大。

  2004年推出的《杀戮空间》并没有成为众人所期盼的《光环》杀手，而此次，开发商在续作上加大了筹码，着力描绘地球军（ISA）和变异殖民军Helghast之间的大决战。在一代游戏中挺过了风暴的ISA此次向敌军老巢Helghan发起全面反扑，殊不知等待他们的将是前所未有的顽强抵抗。

  没有什么剧情漏洞，对延迟渲染（能更好地控制动态光源的技术）和动作捕捉技术的运用也很具开创性——《杀戮地带2》不同于你见过的任何一款游戏。飞过的空投船卷起的气流会吹起战场上的碎屑；武器从远处和近处看上去都很逼真；受到敌人火力压制时，士兵们更会小心翼翼地躲在掩体后面，紧张地扭成一团；镜头效果（比如从地平线射来的光线）也增强了游戏的视觉震撼力。

  《杀戮地带2》的基调很阴暗，破败的城镇废墟中，棕色、灰色、绿色构成了一个统一的压抑色调。虽然有时普通得让人有些失望，但动作部分仍然精准地抓住了士兵在挑战自身极限时承受的极端压力。这些士兵也许行动有些迟缓，但却足以应付狡猾的敌方AI。《杀戮地带2》为你准备了一个虽有争议但却十分简单的掩体系统，以应对来势汹汹的敌方火力，让你时刻保持紧张的状态。游戏还有一个单独开发的多人模式，把战役模式下丰富的游戏元素带到了线上，并加入了经验升级系统和全新的任务目标。**DH**

Madden NFL 10

麦登美式橄榄球10

发售年份：2009
平台：多平台
开发商：艺电（Electronic Arts）
类型：体育

  2008年，常年问鼎游戏排行榜的《麦登》系列迎来了它的二十周年庆典。该年的《麦登美式橄榄球》以大量的新增游戏特性而闻名，游戏画面表现大幅提升，意在达到美国观众每周日在电视直播中看到的真实比赛效果。因此，对于2009年的《麦登美式橄榄球10》，出现全新的游戏特性和一定的改进也在情理之中，但真正让这款游戏在写实的道路上迈出一大步的是本作的场上动作表现。

  一个名为Pro-Tak的系统给《麦登美式橄榄球10》的外观和流畅性改进都带来了立竿见影的效果。全新的动画系统可以表现出众球员擒抱，以及四分卫在队友护卫下达阵的逼真场景。运动员带球时佯攻和伸手推人的等等动作也赋予了游戏更多逼真效果。同样，接球员和防守后卫之间的对阵也非常震撼，对时间的把握需要许许多多次的临场练习才能够日臻熟练。

  中场和赛后的精彩场面，加上大量的镜头视角，让你能够从多角度观察现场的一举一动。把镜头切向在球场边线踱步的教练，或是和进攻助教打电话的四分卫，都给这款游戏增添了不少乐趣，同时又毫不影响赛场上的比赛，也不会拖慢游戏的节奏。有着丰富选择的王朝模式、球员选秀（现在AI会明确地提出自己对球队的要求）以及在线比赛确保了橄榄球迷们可以在十六场常规赛结束后，仍能全年享受橄榄球的乐趣。**RSm**

Henry Hatsworth in the Puzzling Adventure

亨利·海茨沃斯大冒险

发售年份：2009
平台：DS
开发商：艺电（Electronic Arts）
类型：冒险 / 解谜

  作为游戏界最伟大的试验性作品之一，《亨利·海茨沃斯大冒险》诞生自设计师凯·格雷（Kyle Gray）之手其实也不足为奇。格雷是卡内基梅隆大学的"实验游戏计划"（Experimental Gameplay Project）的联合创始人之一，这个学生组织的目的就是向活动参与者发起挑战，鼓励他们尽可能地发挥想象，创作全新的游戏点子。真正让人惊讶的是本作的开发商居然是艺电的Tiburon工作室，毕竟这家公司一向是以体育游戏系列而闻名。

  格雷的这款游戏是如何引起艺电的注意已经很神奇了，更神奇的是他居然成功地让艺电给这款游戏开了绿灯。如果没有《亨利·海茨沃斯大冒险》，玩家将错过世界上第一款平台动作加同色消砖块类益智游戏。要在这两种游戏类型之间达成平衡并不容易。在游戏中，玩家在上屏的平台动作关卡里击败的敌人会变成砖块落到下屏，这时你就要暂停上屏的打斗，像玩SNES时代的经典游戏《耀西俄罗斯方块》（Tetris Attack）那样把下屏的敌人砖块清除干净。通过消除砖块，你可以逐渐恢复上屏角色的生命值、积蓄攻击力，这样整个冒险过程便形成了一个互补的循环。

  但这并不意味着频繁的"开始/暂停"不会让人人感到厌烦，或是游戏难度没有不平衡问题（但通过消砖蓄力还是可以平衡游戏难度的）。尽管如此，活灵活现的脸谱化角色（如爱喝茶的老绅士亨利·海茨沃斯，以及一帮来自Pompous Adventurers' Club的反派）和华丽的主题世界仍给这款游戏注入了强大的生命力。毋庸置疑，这绝对是一款值得一试的益智冒险游戏佳作。**BB**

Lost Winds: Winter of the Melodias
迷失之风：冬之旋律

发售年份：	2009
平台：	Wii
开发商：	Frontier Developments
类型：	平台动作 / 冒险

和初代《迷失之风》一样，《迷失之风：冬之旋律》也是由一支小团队在紧张的日程表安排下开发完成的。游戏向人们证明创新是不受空间限制的，即便是在这样一款小格式的下载游戏中亦是如此。本作艺术风格华美却毫不张扬，游戏世界设计简约，偏向二维化，但角色与环境中不经意间透露出的海量细节却充满了个性。

玩家要通过简单的手势控制来操控风：用旋风搬起巨石，把主角吹过峡谷，或是牵引水流或火苗随风移动。整个游戏世界都会对风力作出反应，吸引你随意撩拨树枝、草叶、花朵，或使用涡流将树叶旋起。在游戏前期部分，我们的小主角Toku被困在了永恒之冬，而且不敢远离热源，直到他找到一件可以御寒的外套。在此之后，你将获得任意改变四季的能力，这一技能不仅被用来炫耀游戏的出类拔萃、丰富多样的艺术风格，更给那些精巧的谜题增添了一层策略维度。

《迷失之风：冬之旋律》经常需要你灵活应对水、雪、冰等元素。你可以用风卷起雪球，或是放干池水，露出冰冷的小路。游戏的逻辑推理令人沉迷，每当你解决一个谜题，你不仅会对你的成就洋洋得意，更会对游戏的设计创意之高明而赞叹不已。

《迷失之风：冬之旋律》的地图和提示非常实用，可以避免你在四处漫游中浪费太多时间。游戏玩起来酣畅淋漓，可惜结束得有些紧促。但下载游戏成功地将简单有趣的创意同独树一帜的艺术风格融合在一起，鉴于游戏在发挥这些优势上的优秀表现，我们很难去埋怨它在流程上的不足。**KM**

Little King's Story
国王物语

发售年份：2009
平台：Wii
开发商：Cing / Town Factory
类型：角色扮演 / 策略

除了制作《牧场物语》外，和田康宏的兴趣可是相当广泛。他和须田刚一一起制作了《英雄不再》，还将这款欢乐的Wii平台策略游戏《国王物语》从构想一步步打造成现实，并邀请到一批美术、设计人才，将他们在《超级马里奥RPG》、甚至是巨冷门的日本cult游戏《月》（Moon）和《亲嘴的味道》（Chulip）中的制作经验拿来为本作服务。游戏远比它第一眼看上去要另类。奇异的人物设计与对白很容易让人将其鄙视为《皮克敏》的山寨品。

诚然，《国王物语》受到了《皮克敏》不少影响，但本作同时也引入了《牧场物语》那份令人欲罢不能的内在魔力。在游戏中，玩家扮演的只是一个大脑的角色，你要引导一支不断壮大的队伍行动，把所有的脏活累活都交给这些小跟班去做。小国王要指挥手下把敌人与障碍物从前路上清理干净，并收集资源在城堡周围搭建更多的房屋、兵营、木工店，提高居民的生活水平。

游戏的一大标志便是梦幻般的童趣，过场动画都是抖动的蜡笔画，教学部分则是用粉笔画在小黑板上，更有一帮笨手笨脚的骑士和情感丰富的奶牛充当可爱的配角，让你感觉整个游戏像是发生在一个无所事事但却想象力爆棚的五岁小孩的脑袋里。

但《国王物语》可比它看上去有深度。在游戏前期的一个挑战中，咄咄逼人的宗教狂热分子要求你建造一座教堂，否则就准备面对天神的惩罚，而究竟作何决定完全取决于你。游戏对封建制度的模拟也没有它看上去那么可爱。为扩张你的领土，你必须有计划地灭杀一些小怪物，即便它们看上去是那么的人畜无害。《国王物语》也许很萌，但绝对不幼稚。**KM**

Race Pro
职业赛车

发售年份：2009
平台：Xbox 360
开发商：Simbin
类型：竞速

  曾有那么一段时间，一切游戏都各属其主：模拟类游戏都固定在PC的殿堂之内，而街机式的爽快游戏一直都是电视主机的强项。但随着主机机能的不断发展，它们的野心也越来越大，并开始试图尝试过去超出硬件处理能力的游戏类型（又或者是PC游戏开发商们开始意识到主机玩家在数量和分布上更具经济挖掘潜力？）。

  不管是什么原因，总之《职业赛车》就是跨平台游戏的一个典型。在此之前，《职业赛车》是一款PC平台独占的模拟竞速类游戏，而这款游戏通向主机的道路可谓坎坷（比如在初始计划夭折后更换发行商）。但这一切的曲折和磨难都是值得的。《职业赛车》收录了从Mini Cooper到F3000等一系列华丽的车型，提供了十三条真实赛道，并摆脱了传统的赛道菜单。游戏的爽快感来自于灵活的操作系统，把所有的驾驶协助选项都打开，游戏的上手度将变得非常好。当然最值得一提的还是游戏的手柄输入达到了如此高的用户友好度，同时又丝毫没有削弱严肃类模拟竞速游戏的真实感。如果你对游戏的真实性表现还有所怀疑，不妨关掉驾驶协助试试。

  也许是因为游戏的模拟属性，《职业赛车》的美术设计都过分追求实用性，充斥着各式菜单的系统也让人觉得别扭，玩家在游戏过程中体会不到足够的成就感。但当你驾驶着主机平台上最出色的赛车模型、在高难度的赛道上与强大的AI拼抢弯道时，这些顾虑都将被远远地甩到身后。**JDS**

Need for Speed: Shift
极品飞车：变速

发售年份：2009
平台：多平台
开发商：Slightly Mad Studios / 艺电（Electronic Arts）
类型：竞速

这么多年来，艺电的一些做法和卖没有维修记录的二手车没什么两样。有那么一段时间，二手车销售员的那几套伎俩确实很有效：发行商只需指着那些又大又炫的十八英寸合金轮毂，再把珍珠般光彩夺目的车身外壳吹得天花乱坠，最后以超大的碳纤维尾翼作总结收尾，玩家们便会乐呵呵地伸手掏钱，完全忘记去好好检查一下汽车的引擎和相关的材料记录。

但随着时间的推移，玩家们也早就吃透了艺电的那一套。《极品飞车》系列可算是游戏界的老字号品牌了（系列首款作品可追溯至1994年）。然而，该系列最近的许多新作都偏离了早期作品的轨道，不停地收录大量的纽伯格林北环式赛道，却失去了原来的动力和方向。虽然外表看上去光鲜靓丽，但在内部结构上却不敌同类游戏中的《世界街头赛车》、《极限竞速》和《超级房车赛：起点》等作品——这些游戏可都是卯铆足了劲走写实路线。

因此，《极品飞车：变速》变的不仅是标题，其改变更表现在游戏内容本身。本作放弃了玻璃纤维和镀铬轮圈，取而代之的是令人喘不过气来的紧张赛车体验，绝对无愧于艺电公司的质量口碑。这款游戏较之前的作品要严肃许多，考究的细节随处可见，出色的驾驶室视角就能看出本作的定位所在。虽然操作系统不及其他写实类大作来得出色，但对于《极品飞车》这个岌岌可危的老牌系列而言，本次的转变无疑是一次重新定位，为整个系列的发展开辟了一条全新道路。**JDS**

Space Invaders Infinity Gene
太空侵略者：无限基因

发售年份：2009
平台：多平台
开发商：Taito
类型：射击

《太空侵略者》早早地登陆iPhone平台，看上去一副炒冷饭的圈钱嘴脸。重新操纵那艘孤独的小飞船似乎没有太大意义，但是当这款作品以《太空侵略者：无限基因》的姿态重生时，情况便大不相同了。本作将《太空侵略者极限版》和充满线条美感的《Rez》结合在一起，创造出一款荧光闪烁、流畅爽快的射击游戏，并披上了一件辉煌夺目的太空外衣，充斥着进化、变异一类的元素。

《无限基因》把原版游戏中的经典外星人舰队完全照搬过来，一开始看上去非常普通。但很快场面便开始疯狂化，当你在每一个经过精心再创造的关卡中艰难前行时，成百上千的敌人将向你发起猛攻。一路上，每一次胜利都把你推向更加广阔无垠的世界，迎接全新的升级道具、武器类型，结尾处还有新的可解锁内容。除了原版游戏中又小又闹的外星人外，本作还新增了幽灵般的巡航舰和自杀式轰炸机，随后还有刷屏的各式大型舰队，不同的舰队有各自的攻击方式等待玩家去探索和利用。另外，你还可以从你的iPhone音乐文件夹中挑选音乐载入游戏当中，生成一次性关卡，这一神奇的功能更令不少玩家难以自拔。

最重要的是，《太空侵略者：无限基因》的控制也非常有魅力，你只需通过手指来操纵飞船移动，飞船会自动开火。整个游戏玩下来，你的iPhone绝对会被你的手指涂得满是污渍，但是面对这样一款简单上瘾、华丽爽快的游戏，看到自己在线上排行榜中的排名一路飙升，即便是最铁杆的粉丝大概也不会去在意这些东西。**CD**

Mario & Luigi: Bowser's Inside Story
马里奥与路易基RPG 3

发售年份：2009
平台：DS
开发商：AlphaDream Corporation
类型：动作 / 角色扮演

在《超级马里奥银河》中，马里奥与路易基已经触摸到了宇宙的边境。现在这俩兄弟除了库巴大魔王的体内世界外，大概已经找不到他们没去过的地方了。但这次体内探险做得非常卡通化，和《战争机器2》中马库斯·菲尼克斯在一只巨虫体内的重口味之旅完全是两码事。在这里，库巴的动脉、内腔、肠道都带着一种原色的魅力，而你则要引导马里奥和路易基穿过这个器官世界。AlphaDream公司的目的不是要恶心玩家，而是通过把复杂的生物体转变成一个游乐场，用大量的谜题和新奇的创意来取悦玩家。

和任天堂其他经典佳作一样，本作的大背景不仅被用来架构剧情，更被用来配合游戏的操作。在库巴的体内世界，玩家要在马里奥和路易基之间切换，而在外部世界则直接操控库巴大魔王。两兄弟负责合作治愈库巴体内的病症，而库巴则努力找出究竟是什么幕后黑手引诱它吞下了碧奇公主皇宫。

内外空间的世界也会相互产生影响。比如，操纵库巴去喷泉豪饮一番，他的身体里便会充满了液体，体内的游戏环境也因此发生改变。利用这种空间的联系，制作者设计出了海量的有趣谜题，《马里奥与路易基RPG》系列的传统操作系统则成了解决这些谜题的关键。

《马里奥与路易基RPG3》内容丰富、天马行空，不仅弃用了日式RPG的传统，甚至还抽出时间挪揄了一番这类游戏的惯用俗套。经典的对白和爆笑的段子都让这款游戏成为系列的巅峰之作。《马里奥与路易基RPG3》和游戏中的反派一样，向我们证明了什么叫做"整体大于部分之和"。**SP**

Operation Flashpoint: Dragon Rising
闪点行动：龙之崛起

发售年份：2009
平台：多平台
开发商：Codemasters
类型：射击/策略

《闪点行动》系列第一作的诞生，可以说是一群退役军人不满此前游戏对战争的描述过于轻率的结果。于是便造就了这款相当特别的游戏：你会在毫不知情的情况下被子弹放倒，而这颗子弹竟是来自半英里开外一名警觉的AI。这样的游戏非常有代入感，但也非常自虐，很多玩家对此毫无心理准备。但至少这款游戏为Codemaster公司的续作《闪点行动：龙之崛起》奠定了风格，把本作和《使命召唤》、《幽灵行动》等走街机风格的华丽游戏系列区分开来。

《闪点行动：龙之崛起》汲取了前作的游戏复杂性，打造出一款适用于PC和主机、同时又成功地保持了自身独创性的游戏。巨大的沙盒式小岛、令人信服的剧本、对细节的考究都让游戏紧紧地扣住玩家的心。虽然强大的AI会让你非常痛苦（这都是拜有限的自保能力和分散的存档点所赐），但如果能和三个朋友一起合作的话，这游戏真能让你亲身体验一次战争的残酷。

游戏中玩家必须使用真实战争中的战术和掩护措施，与敌方的交火可能会持续很久，让人绷紧了神经。即便是选择了最低的难度，挨几发子弹就能要了你的小命；就连最不起眼的小伤也需要引起你的重视，以免失血致死。游戏强大的声效能让你切身体会到枪林弹雨来袭的恐怖，虽然有时候你也搞不清袭击来自哪个方向。《闪电行动：龙之崛起》一反其他游戏对战争的"安全化"处理，可谓是一次勇敢的赌博。这是一款不会让你失望的游戏，但却不会对懦弱的人手下留情。**BM**

Chronicles of Riddick: Assault on Dark Athena
星际传奇：暗黑雅典娜

发售年份：2009
平台：多平台
开发商：Starbreeze Studios
类型：第一人称射击

　　《星际传奇：暗黑雅典娜》原本是作为《星际传奇：逃离屠夫湾》资料片进行开发，这样可以让《逃离屠夫湾》在新一代主机上理直气壮地再圈一次钱。结果在漫长而充满变数的开发过程中，《暗黑雅典娜》却演变成了一部完整的续作。发行商威望迪（Vivendi）和动视暴雪的合并让这款游戏搁浅数月，随后游戏找到了它的救星——浴火重生的雅达利公司。漫长的开发周期并没有白费，最终成品将完整的初代和续集作品打包在一起，两款游戏的画面都得到了高清提升。

　　这款新游戏紧跟前作剧情，讲述雷迪克乘坐的屠夫湾逃生舱被"暗黑雅典娜"发现。"暗黑雅典娜"是一艘海盗船，专门向黑市贩卖被洗脑的俘虏。暗黑雅典娜的头子是留着雷鬼发型的丽法丝船长（Captain Revas，米歇尔·福布斯［Michelle Forbes］为她献上了极有韵味的配音表演），而她手下的那帮雇佣兵也绝不会想到这一次航行将是他们的绝命之旅。对于潜藏在阴影下的雷迪克来说，这艘船和其他的监狱没什么区别——它们都关不住他。

　　除了新增了在《星际传奇》电影中出现过的双刀外，游戏在格斗系统上并没太大改动。你要残杀暗黑雅典娜船舱里的那些混蛋，并引起持枪守卫的注意。但新增的幽灵机器人（利用倒霉的犯人制作出来的远程遥控生化人）给雷迪克带来些新鲜的刺激：你可以找机会占领他们的控制台，指挥他们去帮你战斗，或者通过解谜来让他们凄惨地死去。就在你以为一切都该有个结束时，游戏又把你带到了另一个星球上，增加了更多的敌人、更多的武器和更多的游戏时间。恭喜你，雷迪克，你真是个不折不扣的连环杀手。**DH**

Shatter
破碎砖块

发售年份：2009
平台：多平台
开发商：Sidhe Interactive
类型：体育

  PlayStation Network（PSN）和Xbox Live Arcade（XBLA）数字下载服务为高质量的小游戏提供了一个全新的发展空间。这是一个充满惊喜的世界，而在Sidhe Interactive公司的诸多作品中，没有哪一款能像PSN游戏《破碎砖块》这样给我们带来如此新潮的《超级砖块》式体验，并获得如此巨大的成功。

  这款游戏就是《反重力赛车》和《打砖块》的结合体，把充满未来工业感的索尼赛车游戏和传统的"击打—反弹"式玩法混搭在一起。《破碎砖块》带领我们穿越动感十足的3D宇宙，为玩家献上了极具震撼效果的关卡，并辅以充满迷幻味道的游戏原声。在《破碎砖块》中，你要击打的不是小球，而是一个零重力环境下的尖角飞盘；击打飞盘的也不再是个平坦的球板，而是一个在屏幕边缘上下移动的飞船的曲面护盾。伴随着每一次成功"接球"，你都将听到金属般清脆的砖块破裂声。

  虽然披着绚丽的科幻外衣，但《破碎砖块》的玩法似乎只是在照搬经典游戏的模式，通过移动球拍把每关的障碍物都清理干净。但本作也不乏惊喜之处：《破碎砖块》对传统的击球场地进行了大胆创新，通过对球场的水平化、球面化改造来测试玩家的反应能力。最重要的是，游戏引入了"风险—回报"式系统，给你的飞船配备能够吸引或是排斥屏幕漂浮物体的能力。这一技能让玩家可以操控飞盘的运行轨迹，使玩家能够轻松而精准地把飞盘弹射向预定目标。但是这一吸引/排斥技能也会影响玩家接收砖块破碎后的释放物，而这些给予奖励加分的释放物正是游戏获取高分的关键。后期的关卡将会出现大量物品，有些需要你获取，有些则需要避开，这也让《破碎砖块》玩起来更像一款硬核射击游戏，而不是所谓的"《超级砖块》山寨品"——对于一款充满创意与乐趣的游戏佳作，这样的称呼实在有失公允。**ND**

Swords & Soldiers
剑与勇士

发售年份：2009
平台：Wii
开发商：Ronimo Games
类型：策略

诞生自PC平台的即时策略游戏在其他平台上似乎总是水土不服，这类游戏控制快速但却十分复杂，需要一只鼠标和一堆热键才能胜任这类操作。虽然主机平台也不乏策略游戏精品，但这些作品通常需要大规模的制作团队、高额的制作经费和漫长的开发时间，而不像是十几个来自荷兰乌特列支艺术学院的毕业生们就能随便搞定的。但事实上，《剑与勇士》还真就是由这么一群人创作出来的。把自己的课程作业《颜料宝贝》卖给发行商THQ后，这群大胆的毕业生随即用赚到的钱建立了Ronimo Games公司。他们看重了任天堂的WiiWare下载服务，并在上面推出了他们的第一款游戏《剑与勇士》，虽然从游戏的精细度和想象力上，完全看不出来是一家公司的处女作。

《剑与勇士》抛弃了即时策略游戏传统的俯瞰视角，而选择侧身视角取而代之。游戏允许你自建一系列战斗单位，让他们在卷轴式战场上杀出血路。一旦这些单位开始行动，他们便会懂得如何照顾自己，这也让你能够更直接地参与到游戏当中，通过你的Wii控制器瞄准来释放一系列神力击杀敌人。

游戏做得非常令人满意，三个独立的战役模式分别围绕三个各具特色的民族——维京人、阿兹特克人，以及中国人——展开，每个民族都有其各自的强项与弱势供你研究，更有各自的剧情线供你挖掘，本地多人模式更令游戏增色不少。整个游戏向我们证明虽然Ronimo公司可能在给游戏取名字方面没什么天赋，但在游戏制作技术上却娴熟地令人钦佩。**CD**

Plants vs. Zombies
植物大战僵尸

发售年份：2009
平台：多平台
开发商：宝开游戏（PopCap Games）
类型：策略

　　游戏以有爱的教学模式开场，以劳拉·鸭原（Laura Shigihara）那首俏皮的《你家草坪有僵尸》（There's a Zombie on Your Lawn）结束，而夹在这两者之间的则是近年来最犀利、最耐玩的策略游戏。《植物大战僵尸》延续了宝开公司的老一套做法，让游戏中的每一个细节——如植物韵律性的扭动、僵尸们咧着嘴发出的呻吟、步步逼近的雪橇僵尸等等——都能戳中你的笑点。

　　PopCap称这款游戏为"草坪防御"游戏：僵尸们准备向你的房子和你本人发动袭击，因此你的花园、后院以及后来的房顶就是你的最后防线。换句话说，除了以你的园艺技术赶走蹒跚来袭的僵尸们，你别无他法。幸运的是，从会爆炸的樱桃炸弹和土豆地雷，到场场必备的豌豆射手和坚果墙，游戏的武器系统做得非常有意思。昼夜的交替会影响你的攻击方式，而每一次胜利你都能得到一种全新的植物来尝试下一轮战斗。

　　僵尸的类型也充满了创意，从普通的僵尸到配备有路障或铁桶的突击兵，再到海豚僵尸、橄榄球僵尸，以及背着丑陋的侏儒、无视你的防御径直走来的巨型僵尸，应有尽有。正是这一切造就了这款精彩的游戏：充满了智慧、魅力和高可玩性，而游戏在核心玩家群中获得的巨大成功显然让PopCap自己也吓了一跳。《植物大战僵尸》花费了三年时间制作完成，是一款注定要掀起热潮的作品。但如果说游戏有什么遗憾的话，那便是因为法律原因而导致游戏成品最终放弃《活死人草坪》（Lawn of the Dead）【译注：该游戏名系戏仿经典丧尸片《活死人黎明》（Dawn of the Dead）】这个精彩的标题。**CD**

Prototype
虐杀原形

发售年份：2009
平台：多平台
开发商：Radical Entertainment
类型：动作 / 冒险

　　《虐杀原形》给人感觉像是开发商想要做一款《绿巨人》（Incredible Hulk）游戏结果却拿不到版权，但却还是硬着头皮做出来的一款游戏。Radical公司的这位主角和绿巨人布鲁斯·班纳（Bruce Banner）也很像：被什么东西给感染了并且不能自控，遭到国家和社会的排斥，并被自己的同伴所孤立。"我叫Alex Mercer，"游戏开始时他这样说道，"他们管我叫杀手、怪物、恐怖分子。这些我全都有份。"更糟的是，他是个有着海量特殊技能的电子游戏人物，并且要在人心惶惶的纽约市肆意尝试自己的能力。如果你是军队，你也会想干掉他。

　　Mercer对自己的过去完全没有记忆，他一觉醒来就发现自己躺在停尸房，并遭到Blackwatch——一个致力于对抗生化战争的特别单位——组织成员的追踪。这个组织忙得头都大了：一次人为病毒扩散把纽约数百市民变成了食人野兽，许多大楼都被包裹在一片原生物质当中。很快就将会有成千上万的感染者，不出数日，整个被隔离的曼哈顿岛就找不到可救的人了。随着我们的主角吃掉他的第一个受害者，吸收掉他们的记忆，他逐渐发现自己原来是头号变异人，而且具有在楼宇间跳跃、撕开坦克、变身伪装成普通市民的能力。他到底应站在哪一边呢？他选择了自己。

　　有着开放式世界的动作类游戏往往面临一个问题：游戏的动作要素要如何填满这巨大的空间。可喜的是，《虐杀原形》在这一方面做得非常出色。游戏中的战斗并不只是和一群士兵、战车或是怪物周旋，而是会跳出暴乱区域去往你始料未及的地方。在地面开始的战斗最后可能会打上屋顶、飞到两座摩天大楼之间，甚至演变成贯穿整个城市的直升机大战。《虐杀原形》一直被形容为《侠盗猎车》遇上《鬼泣》——这样说一点也不夸张。**DH**

Punch-Out!!
拳无虚发

发售年份：2009
平台：Wii
开发商：任天堂（Nintendo）
类型：打斗

　　《拳无虚发》绝对是最不可能在电视主机上重现的游戏系列，且不说初代游戏因为泰森代言而惹出的麻烦、SNES上的续作《超级拳击》的成功已经成为十几年前的历史，最大的问题就是：拳击游戏已经发展了多年，像艺电的《拳击之夜》系列一类的作品早已让玩家见识到了逼真的物理性和绝赞的动画表现，而任天堂却还在把这项运动当成益智游戏来做——把你丢进一群夸张的卡通式拳击手之间，每一回合的要求不过是要你记住对手的攻击套路，算准自己的进攻时间。不出意料，在《拳无虚发》中，任天堂仍未做太大变动，但这款游戏却取得了绝对的成功。

　　《拳无虚发》基本就是对初代游戏的增强版复刻，把那些熟悉的面孔和战术带上了Wii平台，但游戏加入了可选体感控制和出色的多人模式，并把2D画面变成了厚实饱满、卡通味道浓重的3D动画。从"河马王"到"冯·恺撒"和"格拉斯·乔"，小麦克的经典对手在本作中悉数回归，营造出一种强烈的怀旧氛围。新加入的一批人物壮大了已有的角色阵容，同时这些角色的设计上仍保留了该系列一贯的文化偏见，这在现在可不是什么好事。

　　抛开这些现代社会敏感问题不谈，游戏成功地塑造了一批充满怀旧感的角色，而这样的角色也只有任天堂才有能力、有资本来制作。当然，《拳无虚发》永远抢不走《拳击之夜》的风头，但这是一款经典游戏的精彩改编作品，在精品匮乏的Wii游戏系列中，本作得到了粉丝的热烈欢迎。**CD**

The Path
血径迷踪

发售年份：2009
平台：多平台
开发商：Tale Of Tales
类型：冒险

游戏一开始就清清楚楚地警告你："不要离开小路！"，但当你从六个小红帽中挑出一个女孩走上通向奶奶家的小路时，你总是会忍不住去路边的林子中游荡一番。你走得越深，麻烦就越多。听话的女孩子能够安然无恙地走到目的地，淘气的女孩子可能就要面对自己的那头"狼"了。

作为一个互动式叙事游戏，《血径迷踪》扣人心弦的同时又让人觉得毛骨悚然。迷雾蒙蒙的森林会把你引向各种各样怪诞的景象。面对每个女孩身上发生的一切，你很容易把一切问题归咎到自己身上。你是否应该组织Carmen去和孤独的守林人喝啤酒？又或是阻止Ruby坐上学长的车？晦涩的故事和符号引发了玩家的各式理解与猜想，但所有的精彩问题都是开放式的，留给玩家自己去寻找答案。比如这六个女孩究竟是姐妹还是不同年龄段的同一个人？那些狼最后是把她们给杀了还是强迫她们长大？《血径迷踪》引人入胜的原因就在于它的互动性够强，每个女孩的命运都放在了玩家的手中，你绝不是简简单单地坐在屏幕前看着眼前发生的一切，毕竟，每个女孩的下场都是由你一手造成。**CDa**

EyePet
爱宝贝

发售年份：2009
平台：PS3
开发商：索尼（Sony）
类型：虚拟宠物

《爱宝贝》是一款非常新颖的游戏，来自曾经开发过著名卡拉ok游戏《歌星》（SingStar）的伦敦游戏公司。但事实上，这更像是一款日本人才会做的游戏。从1996年万代（Bandai）推出电子宠物开始，再到后来电子游戏界的《任天狗》等知名系列的推波助澜，虚拟宠物就一直没有从人们视野中消失过。《爱宝贝》沿用了之前游戏作品照顾电子猫狗的概念，并将它和PS3的PSEye摄像头技术融合在一起，打造出了一款可以摆进科技博物馆的游戏。

爱宝贝是一种介于猴子和小狗之间的动物，它能做出这类生物可能做出的任何卖萌动作——嬉闹、微笑、吐舌头等等；你可以给它换装打扮，还可以和它在屏幕上互动；你可以给它挠痒，还可以拍巴掌吓唬它；如果它病了，你要为这只可怜的小东西做体检查出病因。《爱宝贝》模糊了虚拟游戏与现实娱乐之间的界线，但这里并没有胜负可言，只有无忧无虑的玩乐。**JBW**

Rhythm Heaven
节奏天国

发售年份：2009
平台：DS
开发商：任天堂（Nintendo）
类型：音乐

　　《节奏天国》是任天堂的一款老式风格游戏。作为一款节奏动作类游戏，本作的控制简化得有点离谱，所有的动作基本都靠一个按键来完成，简单到只要你是个人就会玩，但却有着足够的魅力令每个人都爱不释手。

　　不管是把螺栓敲进螺母，还是用粉色的汽油给卡通机器人加燃料，抑或是指挥一群圆滚滚的士兵进行大合唱，《节奏天国》的每一个关卡都是一次自我创新，不断给玩家带来视觉和听觉享受。本作由曾经打造《瓦里奥制造》系列的鬼才团队负责设计开发，延续了该系列的图像和动画风格。游戏原声则包含了大量奇异的音乐，从另类的电音到甜腻的日式流行乐不一而足。

　　游戏中的每一个关卡都有够难，但正是这种混搭在一起的随机游戏、节奏旋律和令人忍俊不禁的恶搞提醒着我们：任天堂公司挑战玩家和挑逗玩家的能力一样都不差。**CD**

Rolando 2
洛兰多2

发售年份：2009
平台：iPhone
开发商：HandCircus
类型：冒险 / 解谜

　　休闲游戏新锐ngmoco公司是第一家将苹果iPhone和iTouch当成游戏平台认真对待的发行商。ngmoco由前艺电传奇设计师尼尔·杨（Neil Young）组建。带着在移动平台上制作发行最优秀游戏的决心，ngmoco很快便成了App Store上最受信赖的品牌之一。

　　一代的《洛兰多》发行于2008年，该作是一款充满创意的2D平台动作游戏。但真正让这个系列大放异彩的还是续作《洛兰多2》。这款小游戏杰作从前作的2D画面跨入新潮的2.5D视角，充满了欢乐的热带假日气氛。每一个新关卡都为玩家带来一件新玩具，如可以碾死敌人的载具，或是可以射杀敌人的弓箭，所有的元素都展现出可爱讨喜的美学设计。

　　《洛兰多2》不仅为我们献上了一款优秀的平台动作游戏，更证明了iPhone已经为全新的游戏设计打开了一扇门，同时也提醒着我们：在游戏过分追求场面、内涵、复杂性的同时，也可能会失去很多乐趣。幸运的是，我们还可以从一些小细节上把它们找回来。**CD**

Resident Evil 5
生化危机5

发售年份：2009
平台：多平台
开发商：卡普空（Capcom）
类型：射击 / 生存恐怖

《生化危机5》是一款华丽而又糟糕的游戏，它给出了许多的答案，却也带来同样多的问题。本作最大的特色就是在盲目地效仿《生化危机4》（该作某种程度上讲算是第三人称冒险游戏中的神作），但在气氛营造上却完全无法与之相提并论，同时却又固守着前作中就已经过时的游戏机制。

客观地说，《生化危机5》还是一款不错的游戏。如果这是玩家第一次接触生化系列，那么就算他们把这款游戏奉为经典也是可以原谅的。游戏的背景设定非常有创意：烈日炙烤的非洲大陆上，刺眼的阳光照得出你脸上的每一根皱纹，而安布雷拉公司邪恶生化研究的最新受害者也在这片土地上四处横行。你要在这个炎热、怪异、躁动的世界对抗生化灾难，疯狂射杀那些只有卡普空才想得出来的怪物。

《生化危机5》也很强调合作。单人模式时不时地让人觉得疲软，但如果和朋友并肩作战的话，游戏的弱项也会有所增强，游戏的精彩之处更会显得魅力十足。游戏内容热闹而紧张，在一些精彩部分——把你丢进一个场景中，安排潮水般的敌人向你袭来，把不同类型的敌人混在一起扰乱你的战术，用他们致命的攻击方式把你吓个半死——一些遭遇战的设定还是挺令人印象深刻的。

《生化危机5》还有不少亮点，比如出色的佣兵模式，把你和你的朋友放进某个地图，要求你在有限的时间内杀死尽量多的敌人以获取得分。但不管怎样，同样的恐怖与震撼你在系列前作中就领教过了，再华丽的画面也无法掩盖本作在创意上的疲态。因此这款游戏虽然质量不错，但只能算是对经典前作的致敬，而没能实现新的突破。**RS**

Sin & Punishment: Successor to the Sky
罪与罚：宇宙之后继者

发售年份：2009
平台：Wii
开发商：Treasure
类型：射击

面对一款给鸡装备巡航导弹的游戏，你很难找出确切的词语来对它进行描述。据说Treasure公司作品中的Boss都是基于开发团队成员的个人兴趣爱好创作而成，而当你看见游戏中喷射子弹的立体音响时，你就知道这一传言绝非空穴来风。把这款《罪与罚：宇宙之后继者》（欧版名为《罪与罚：星空继任者》[Star Successor]）通篇玩下来，你还会发现不少开发团队的业余爱好，比如隐形轰炸机、鹦鹉、参观水族馆、仓鼠等等。

继N64平台上销量成绩惨淡（但水准不俗）的《罪与罚》之后，谁也没有料到Treasure还会推出一款续作，并把多年积蓄的创意一并倾注到了这部新作的每一个关卡之中。在游戏里，玩家将在二维轴线上移动，射击在三维空间四处飞舞的敌人。当他们靠近时你可以把它们打飞，同时用尽全力向前方猛冲。这不仅是一款射击游戏的模范，更在风险与回报的设计上给其他游戏上了生动的一课。

比如，当暴风骤雨般的子弹向你袭来时，你要如何提高自己的得分。你可以站在原地不动，也可以放弃使用火力武器，而是把敌人的子弹反弹回去以换取更多的奖励分数。

但在大多数情况下，光是要撑住不死就够你忙活的了，你根本没时间去思考这些策略问题。也许你这一刻躲过了迎头飞来的平底锅，却正好撞上了另一个枪口。作为一款射击游戏，《宇宙之后继者》给玩家提供了一个炫技平台，如果你能限制自己的游戏方式，在混乱的游戏环境中摸索出秩序，还将得到不少诱人的奖励。最重要的是，这款游戏成功地将制作者的个人爱好传达给了每一位玩家。**RS**

The Sims 3
模拟人生3

发售年份：2009
平台：多平台
开发商：艺电（Electronic Arts）
类型：生活模拟

你的愿望是什么？对于《模拟人生》的大批粉丝们来说，答案也许只是"再多来几部《模拟人生》吧，谢谢！"但是，对于发行商艺电而言，二代《模拟人生》相关的资料片早已泛滥成灾了。这次公司要做一款真正的《模拟人生2》的续集，而且这部作品绝对不能是一款可有可无的资料片。

《模拟人生3》和系列前作最大的区别就在于模拟角色们不再被欲望和恐惧所支配，而是有着长期的愿望，形成了自己的终生追求，并且已经能够自己照顾自己。即便是最死忠的《模拟人生》玩家也会承认：在前几作中大部分的游戏时间都是花在满足角色的基本需求上——保持干净、不饿肚子、睡眠充足、不会尿急——但在《模拟人生3》中，这类乏味的元素已经全自动化了。这点改动非常有必要，因为游戏的重心已经不再是家庭生活，而是如何与社区里的其他人进行互动。以前你需要把所有精力集中在搞好单个家庭上，还要花半天时间加载"模拟社区"，或是邀请朋友过来聚会，确保模拟角色开心。现在，整个城市随时都可以任你自由穿梭，所有的模拟角色自己会生活、相爱，最后衰老。

游戏玩法的根本性变化把《模拟人生3》转变成这个系列期待已久的面貌：一个带着肥皂剧味道的生活模拟游戏。游戏不再是关于如何最大限度地伺候你的模拟角色，而是享受你自己创造的情境。勾引邻居搞婚外情、拒绝模拟角色的请求、让模拟父母在两个孩子之间表现出明显的偏心——这一切情节都可以在游戏中发生，这可比你和你的模拟角色们许的那些愿望要疯狂得多。**MKu**

Spider: The Secret of Bryce Manor
蜘蛛：布莱斯庄园的秘密

发售年份：2009
平台：iPhone
开发商：Tiger Style
类型：动作

  在电子游戏杂志《Edge》上的个人专栏里，Tiger Style公司的设计师兰迪·史密斯（Randy Smith）记录了自己的团队如何费尽心思、通过一款以蜘蛛为主角的游戏来讲述一个关于人的故事。虽然《蜘蛛：布莱斯庄园的秘密》以蜘蛛为主角，以织网抓虫为内容，但玩家很快便会注意到游戏周围的环境。你要在游戏中探索一幢老房子，房子的门口堆着一大堆报纸，有关亲族反目、痛失爱侣的线索散落四处、藏在家具后面，甚至落在下水道里。玩家要靠自己把这些线索串起来，整理出它们背后的故事。但是，蜘蛛并不关心这一切，它只是来这里抓虫子的。

  游戏本身比较简单，玩家要使用iPhone触屏织出一系列的蛛网，方法便是用手指滑动触屏，引导蜘蛛在屏幕上跳跃，蜘蛛在移动时尾部会牵出蛛丝。当这些蛛丝交汇时就形成了蛛网，任何闯进来的虫子都难逃一死。游戏中没有什么东西可以杀死蜘蛛，但饥饿会耗尽你的蛛丝，所以游戏的挑战就在于如何用最少的蛛网抓住最多的虫子，迫使玩家想出最有创意的织网方案。与此同时，你还要探索不同的房间，找出隐藏区域。在这些隐藏地点，你不仅能找到更多的食物，还能获得更多的故事线索。

  正如史密斯在文章中写道，制作小组本可以让这只蜘蛛在某种程度上影响这些人的生活，改变事件的发展方向，而不是在事情发生后再把整个故事拼出来。但这毕竟不是关于布莱斯家族的故事，而是关于蜘蛛的游戏。面对人间悲剧，一只蜘蛛所能做的只有在悲剧发生地四处织网。**CDa**

Skate 2
极限滑板2

发售年份：2009
平台：多平台
开发商：艺电（Electronic Arts）
类型：体育

如果你见过真人玩滑板，你也许会发现这项运动其实没有那么好玩。那些滑板手一遍又一遍地练习着同一个动作，要么在臀跳时出现失误，要么在落地时没有站稳；即便他们成功地完成了某一个花式，也只是简单地暗喜一下，然后继续下一个挑战——看上去更像是在工作，而不是娱乐。但是当你开始玩《极限滑板2》时，你就会明白他们痴迷滑板的原因了。

游戏的目的就是滑出一条正确的路线，借助各种障碍物来施展臀跳、碾磨等技巧，灵活穿梭与城市之间，同时积攒风格积分。但不要以为这一切都会很简单，《极限滑板2》使用到一个独具创意的控制系统，所有的滑板动作几乎都是靠手柄摇杆来完成：要起跳，只需把右摇杆往后扳，你便可以看着你的滑板手腾空跃起；再把摇杆往前推，他便会向前猛冲。即便是要掌握最简单的臀跳都需要花不少工夫，更复杂的还在后面。往不同的方向搓摇杆将触发更高端的技巧，如脚尖翻板、脚跟翻板等。

虽然掌握这些控制需要大量的练习，但很快你便会意识到这样的控制系统才是最自然、最精准的。滑板手的一举一动都在你的掌控之中，每个动作可以精确到毫米，因此即便你在同一个招式上一遍又一遍的失败，你也只能怪自己手拙。当然，当你最终成功时，你还可以把你的游戏视频编辑上传至艺电的服务器，让全世界玩家来点评你的表演。没人会知道这潇洒的十五秒炫技背后其实耗了你足足六小时的训练。**MK**

Uncharted 2: Among Thieves
神秘海域2：纵横四海

发售年份：2009
平台：PS3
开发商：顽皮狗（Naughty Dog）
类型：冒险 / 射击

很多游戏都试图做到电影大片级的水准，但要想打败《神秘海域2：纵横四海》，这些游戏可有很长的一段路要走。作为2007年的《神秘海域：德雷克船长的宝藏》的续作，《纵横四海》可谓是迄今为止最精美的一款游戏。

本作强调的就是节奏和角色。游戏一开始，你就被扔进了一列挂在悬崖上的火车中，接受令人目瞪口呆的平台动作技巧指导。随后，顽皮狗公司又以高超的叙事技巧将这场冒险分成了数段闪回，把游戏中的射击、平台跳跃等元素分成小块，同时用背后捅刀子式的冒险故事和关键时刻良心发现的俗套剧情把你耍得团团转。故事讲述在追寻传说中的马可·波罗失踪船队的过程中，德雷克发现虽然身边围绕着老朋友和新情人——一个风骚的澳大利亚女人克洛伊（Chloe）——但自己早已陷入一个尔虞我诈的世界。游戏把场景设在白雪覆盖的古寺、饱受战火摧残的尼泊尔城市，以及高山上交织着贫困与美景的村庄，打造出一个比前作基调更加黑暗、更加与世隔绝的故事。德雷克甚至还在一所土耳其监狱里蹲了一会儿——劳拉·克劳馥身上可看不到这样的经历。

忘掉那些开放式世界和沙箱式游戏吧，《神秘海域2》虽然是沿着钉死的路线在走，但这就像是一次固定轨道上的过山车体验，这才是最刺激的游戏。这样的设定使得游戏中可以展现令人大呼过瘾的大片级场景，如在崩塌的大楼中狂奔，或是在奔驰的火车顶上的大战。诺兰·诺斯（Nolan North）精彩而自然的配音演出和前作中一样迷人（他会先录好自己的台词，然后再一边玩游戏，一边把自己即兴发挥的配音也录一遍）。虽然游戏那套从枪战到平台跳跃再到枪战的游戏模式并未有多少改变，但《纵横四海》仍以其强烈的个性从诸多游戏中脱颖而出。**CD**

The Beatles: Rock Band
披头士：摇滚乐队

发售年份：2009
平台：多平台
开发商：Harmonix
类型：音乐

　　国宝级的作品似乎总能找到最完美的改编者：譬如彼得·杰克逊和《指环王》、塞巴斯蒂安·福克斯和《007》、Harmonix公司和披头士……但对于《吉他英雄》的开发公司Harmonix来说，《披头士：摇滚乐队》的开发过程却绝非易事。和仅存的两名披头士成员林格·斯塔尔和保罗·麦卡特尼（传闻这家伙看了几部皮克斯动画之后就成了个动画指导）的密切合作意味着对游戏制作水准的要求更高，修改幅度也更大。别忘了还有个大野洋子，她挑剔地指出了游戏结尾处约翰·列侬的头发并没能真实地反映出1969年1月30日萨维尔街的寒风吹拂的效果，好像制作那头假发还不够麻烦似的。

　　但Harmonix还是坚持了下来。《披头士：摇滚乐队》真实地再现了这支乐队从利物浦走向美国、走向全球，最后坠入个人理想世界与迷幻狂想的全程，大胆地采用了时间年代顺序来排列披头士的大量经典曲目（虽然《Yellow Submarine》这样的曲目根本毫无难度可言）。游戏等到你玩到结束曲（真正的《The End》——专辑《Abbey Road》中的最后一首歌），再把所有的曲目依据难度高低重新排列。

　　慵懒的音乐和那个年代提线木偶般的舞台表演风格似乎很难让人兴奋起来，但在《Abbey Road》部分，整个游戏都进入了一种超然的状态。这一部分表现披头士关在录音室里录制《Something》、《While My Guitar Gently Weeps》等经典歌曲时，乐队全员都在自己的音乐中神游异界，走进一个散落着艺术品和幽默符号的瑰丽世界，游戏从这里开始便一直保持在一个高潮状态。《披头士：摇滚乐队》开头和结尾处天马行空的动画出自皮特·坎德兰（Pete Candeland）之手，他也是著名虚拟乐队Gorillaz的幕后设计功臣。**DH**

Starship Patrol
星舰巡航

发售年份：2009
平台：DSi
开发商：Q-Games
类型：策略

当《星舰巡航》把触屏控制引入塔防游戏时，触控笔便迎来了它的辉煌时刻。塔防游戏一直都是建立在微观管理之上，在对敌人展开持续攻击中计算累计伤害（比如杀个一千刀才能把敌人最终消灭）。而在《星舰巡航》中，最基本的技巧和最复杂的战术也都是基于微观管理，只不过这一次，都是通过触控笔来完成的。

游戏共有三十个关卡，每关都有一个专门的保护对象，每个对象的造型结构都不一样。这些物体表面覆盖着孔槽，可以安插各式防御武器，另外还有千奇百怪的敌人等着你来对付。游戏画面朴素得令人刺心：像素构成的蝙蝠形入侵者、图纸般的简单背景、最华丽的也就是一根标示敌人进攻路径的点状线。这一类的游戏通常会因为敌人运行轨迹太好猜或是太随机而导致乐趣大减，但在《星舰巡航》中，游戏却会通过提前预警来诱使你进行错误的防御，从你的后门发起猛烈攻击。

在你准备进攻前，你要在船体上装配好武器，调整好武器瞄准区，确保最有效的火力覆盖网。战斗打响后，被击中的敌人的能量会四散开来，需要你用触控笔在这些能量点上划动，把它们收集起来，以便为更多的武器充电，或者也可以把它们储存起来以应对下一轮进攻。在后期的关卡中，你不得不在敌军的进攻下即时调整武器瞄准区，以发挥所有武器装备的最大效力——这些武器也是可以不断升级的，玩家可以自己摸索出拥有巨大破坏力的组合方式。《星舰巡航》没有浪费任何一关的设计，每一关都有一个全新的挑战，每一种敌军组合方式都能给你的防御战术选择带来意想不到的影响——反之亦然。这是游戏界一款罕见的艺术品。**RS**

Scribblenauts
涂鸦冒险家

发售年份：2009
平台：DS
开发商：5th Cell
类型：解谜／动作

随着《模拟城市》之父威尔·莱特的游戏之路越来越广，由他亲手打造出一款包罗万象的游戏似乎只是时间问题。但事实证明，这项殊荣落到了独立游戏开发商5th Cell的头上（该公司此前的知名代表作为儿童向游戏《描绘生命》[Drawn to Life]）。《涂鸦冒险家》将"玩家主导游戏"抬升至一个前所未有的高度，因为在这款游戏中，你不只是简单地通过画线着色来创造属于自己的主角，而是要跳出思维局限，使用一切物体来解决任何问题。比如如何把猫从树上抱下来，如何打破礼品罐，如何打扫修理师傅的车库等等。

在整个游戏开发过程中，美术师们翻烂了词典和百科全书，绘制出了超过两千种日常或历史事物。《涂鸦冒险家》很快便有如病毒般在网上扩散开来，玩家们往YouTube上传了海量的游戏视频，展现他们对这款游戏各式各样的神奇测试结果，比如把"上帝"和"死神"放在一起，死神便会把上帝杀死；就当年在网上爆红的"钢琴猫"也可以在游戏中被召唤出来。

强大的控制界面意味着解决任务更多地需要考虑实用性，而不是毫无逻辑的想象。另外，大多数游戏任务似乎都能靠一把枪来解决问题，而这貌似也是电子游戏界的老传统了。不过如果你能够避免使用火力，游戏将给予你额外的奖励。

《涂鸦冒险家》的最大亮点在于给每个关卡都增加了一个特别模式。在特别模式下，玩家必须连续三次解决同一个任务，但不能重复使用道具。《涂鸦冒险家》可谓是游戏界最具吸引力的作品，这个便携式游戏的到来，也意味着各种关公战秦琼式的争辩终于可以有个定论了。**BB**

Trine
三位一体

发售年份：2009
平台：多平台
开发商：Frozenbyte
类型：平台动作 / 益智

2009年是横向卷轴冒险游戏佳作相对匮乏的一年，但《三位一体》以童话般的世界和设计精巧的物理谜题打破了这一僵局。单人模式下，《三位一体》着实令人爱不释手，但在两到三人的合作模式下，游戏动作要素的巨大潜力才真正展现出来。

单人模式下，你可以随时在盗贼、魔法师和骑士三个角色之间自由切换。盗贼能射箭攻击，还能利用抓钩钩住木制环境自由攀爬或是飞跃；全副武装的骑士可以使用剑和盾（提供一定的防御）或是破坏力超强的战锤（能够对敌人造成更大的伤害，但不能提供防御）；魔法师可以召唤出平台、障碍物或是木板，还可以远程操控游戏环境中的物体。《三位一体》中充满了环境解谜要素，需要结合每位角色及其各自的特殊技能，通力合作来解决谜题。

单人游戏时，玩家只需灵活切换角色，甚至只需善用盗贼和魔法师便可顺利过关。但在多人模式下，每位玩家都被固定在一名角色上，整个游戏的解谜和战斗方法便彻底改变。举个例子：想要通过一个尖刺坑，单人玩家只需要切换成盗贼，用铁钩荡过去即可；但在双人模式下，其中一名玩家必须找出另一条出路，比如你是魔法师，那就要召唤出一个漂浮平台避开陷阱。

和其他益智游戏一样，《三位一体》容易上手，又充满乐趣，多人模式下尤其如此。唯一的缺憾就是游戏最终关实在令人失望，和前期的游戏体验完全脱节。**JR**

Torchlight
火炬之光

发售年份：2009
平台：多平台
开发商：Runic Games
类型：动作/角色扮演

《火炬之光》很像1996年的《暗黑破坏神》：同样都是地牢探险游戏，都有一个小镇（火炬之光镇），一个深不可测、随机生成的地牢，一系列名字猎奇的装备和宝物。但两款游戏这么相似也是有原因的：《火炬之光》开发团队中的查维斯·巴德奇（Travis Baldtree）曾设计过《暗黑破坏神》的克隆品《暗黑史诗》（Fate），而麦克斯·谢弗（Max Schaefer）和艾力克·谢弗（Erich Schaefer）两人则均为《暗黑破坏神》的设计师。但本作超越了一款普通的《暗黑破坏神》复制品，更像是《暗黑破坏神2》的精神续作。

在游戏中，玩家可以从三种职业中任选其一：身形巨大的毁灭者、会魔法的炼金术师或是妖艳的征服者。但游戏并不会把你限死在某一种特定的职业玩法上，丰富的职业专属技能树让双枪的炼金术师也能像用巨斧的毁灭者一样发威。厌倦了特地跑回地面出手不需要的物品？在本作中游戏为你准备了一只和你并肩作战的AI宠物（一只狗或是一只山猫），你可以命令它背着那些不必要的物品跑到镇上卖掉。这也让"再玩最后一层就收手"的诱惑更加难以抗拒。

虽然本作根本无所谓剧情，但明艳的美术风格让游戏中的世界比《暗黑破坏神》中黑暗压抑的地牢更令人赏心悦目。另外，因为装备的变化在角色外形上也有所体现，所以你会沉溺于打装备中，不只是为了获得更强的武器，更为了让角色看上去更养眼。

虽然有时游戏会让人感觉很孤独，但《火炬之光》向我们证明：即便缺少这类游戏常见的大型多人在线元素，收集物品、打怪升级仍能给你带来莫大的快感。看看你能不能忍住不再往下面多走一层。**MKu**

Shadow Complex
暗影帝国

发售年份：2009
平台：Xbox 360
开发商：Chair Entertainment
类型：动作/冒险

　　Xbox Live Arcade既给有商业潜力的独立游戏创造了一片交流地，也为带有全新的游戏图像（或是带有全新的游戏方式）的怀旧类游戏提供了市场。《暗影帝国》看似一款全新的游戏，但有经验的老玩家一眼就能看出它的灵感来源：《恶魔城》的横向卷轴元素混杂着《银河战士》的探索元素，然后借由Epic公司最新的虚幻引擎把这一切表现出来。

　　玩家在游戏中扮演的倒霉角色在丛林中探险，结果却不慎闯入一座秘密军事基地，更要命的是这里驻守着一帮密谋颠覆政府的坏蛋。玩家将操控一架二维飞机在三维环境中移动。维度上的局限带来了精彩的平台动作体验，更方便了玩家去寻找遍布在游戏世界中的隐藏道路和宝物。但这样的游戏设计也带来了不小的问题：敌人可以埋伏在背景画面之中，但受二维的限制玩家根本无法触碰到他们，而要瞄准这些敌人也要耗费大量的练习。游戏中，你还需要背着火箭喷射包在楼梯之间飞来飞去，因为你根本没办法侧过身子去爬楼梯。

　　《暗影帝国》中也暴露出不少游戏/剧情矛盾，比如你从剧情中得知你的女友被那帮反派给绑上了直升机或是发现他们准备去炸了这个国家，时间紧迫、分秒必争云云，但当前的游戏任务却是集齐整整十张门禁卡，以便能回到地下室去取一个核聚变头盔。不过别担心，在你找到这些东西之前，反派们是不会引爆核弹的。在高潮戏来临之前，你大可慢条斯理地去把这些任务一个个解决。毕竟在玩这类游戏时，有几个玩家会去在意这些矛盾的存在呢？**CDa**

Red Faction Guerrilla
红色派系：游击队

发售年份：2009
平台：多平台
开发商：Volition, Inc
类型：射击

随着技术的发展，电子游戏也日渐逼真，玩家心中不免会有这样的疑惑：既然我手上的武器这么强大，为什么从来不能把眼前的东西轰个一干二净？比如当你身处《侠盗猎车4》中那个足以以假乱真的纽约市，冲着一幢建筑来一发火箭弹，硝烟散去后，那幢建筑却仍旧安安稳稳地立在那里。针对这一问题，游戏开发公司Volition推出了《红色派系：游击队》。在这款游戏中，只要是你看得见的东西，基本都能被你破坏。从小型货运集装箱到参天的工业建筑，你只需稍微使点劲，或是来几次爆破，不论什么东西都会在你眼前化成废墟。

游戏的故事线基本就是个鸡肋。你扮演的是火星殖民地上的反抗军战士艾力克·麦森（Alec Mason），试图推翻专制的地球防卫军的严酷统治。这样的故事背景本可以拿来好好探讨一下帝国摇摇欲坠的统治及用暴力对抗政府的局限性问题，结果在本作中，却只被用来当作给玩家派发一个接一个任务的借口，而这些任务的目标无外乎都是尽量多地搞破坏。当然这样的设计实在无可厚非。

艾力克最信赖的武器便是一个挥起来可以施展雷神之力的战锤，这东西在御敌和拆楼上屡现奇效。游戏中的建筑都有其真实的建筑结构，如果你只是在墙上抡几个窟窿，这些楼层仍会屹立不倒；但如果你击中它的框架，它们便会轰然倒地。《红色派系：游击队》还有个名为"破坏大队"（Wrecking Crew）的游戏模式。在这个模式下并没有敌人，你要做的就是比赛看谁能对一小块地图造成最大的破坏。这才是《红色派系：游击队》最纯粹、最魅力难挡的玩法。**MK**

The Legend of Zelda: Spirit Tracks

塞尔达传说：大地之汽笛

发售年份：2009
平台：DS
开发商：任天堂（Nintendo）
类型：动作 / 冒险

《塞尔达传说：大地之汽笛》发售时，任天堂的这个经典系列已经有二十二年的历史了。虽然在游戏史上引领了不少先进技术、游戏风格和创新艺术的进步发展，但塞尔达系列明显已经形成了一套固定的模式。但是自我重复不应招致鄙视，《大地之汽笛》进一步挖掘了塞尔达系列核心的童趣，给这个严重模式化的游戏加入了大量充满童真的创意和嬉闹的色彩。

本作的核心就是一列火车。《大地之汽笛》沿用了《梦幻沙漏》和《风之杖》风格的鲜活卡通世界，只不过塞尔达不再是在茫茫大海上展开稀奇古怪的冒险，而是搭上了一列玩具小火车奔向世界各地。这辆全新交通工具带给你的乐趣绝不亚于任何现实中的火车，NDS触屏上的可爱挂档杆和摇晃的汽笛绳同样也魅力难挡。随着游戏地图全貌逐渐展现出来，交错纵横的铁轨也开始蔓延向世界各个角落，游戏的角色也将提出越来越多的要求：送信、把乘客送去遥远的边境，又或是捎一群鸡、一堆木材、一个未来的丈夫等等任务都将等待你来解决。这列小火车也逐渐化身为游戏主角，成为《大地之汽笛》世界中的焦点。

相对于之前各大平台的控制器，本作的触屏控制界面要自然简单得多。任天堂对自家主机硬件的高超运用水平在《大地之汽笛》的每一件道具、每一个谜题中都展现得淋漓尽致。本作的游戏设计简练而自信，从技术层面而言几近完美。同时，年轻的林克和塞尔达公主之间的关系又给游戏注入了灵魂和幽默元素。两人之间的拌嘴、会意的相视或是不约而同的击掌，都增添了不少童真的浪漫和质朴的友谊，这也是一直被系列前作所忽视的重要游戏元素。**KM**

Zen Bound

禅绕

发售年份：2009
平台：iPhone
开发商：Secret Exit
类型：解谜

这里有个证明电子游戏神奇魔力的好例子：给你一块削成兔子形状的木头，上面钉个生锈的铁钉，钉子上系一根粗糙的麻绳，你大概很难管这玩意儿叫游戏，或者满心欢喜地期待这东西能给你带来多少欢乐时光。但是，如果交给你的是Secret Exit在iPhone平台的游戏处女作，情况便大不相同了。

虽然《禅绕》不过是把上面那块木头给数字化了，但在上面进行复杂的表面积测绘，还是能从看似普通的道具中挖掘出丰富的乐趣。在《禅绕》中，你的目的就是用沾满颜料的绳子捆住形状各异的木雕（随着游戏的深入，木雕的外形将越来越复杂），尽量让绳子上的颜料均匀地覆盖整个木雕的表面，包括那些精细的耳朵和细狭的双腿等部位。毫不夸张地说，《禅绕》大概是iPhone平台最令人痴醉的一款游戏——或者如游戏标题所示，是最有"禅意"的一款。

通过一个令人惊艳的灯笼盆景界面和由芬兰电子乐队Ghost Monkey打造的迷幻音乐，Secret Exit公司成功地把东方神秘主义渗透进了游戏的每一个角落。另外，游戏的菜单界面和游戏内容本身都展现出制作者对3D技术的高超运用。极度逼真的麻绳物理效果和游戏硬件的多点触控技术让你可以对绳子进行拧曲、缠绕等各种操作。捆绑木雕的每一个角落（你可以像拿着实物一样轻松的旋转手中的木雕）给人一种极大的感官愉悦，这种游戏体验在短期之内应该是没法被其他作品复制的。毕竟有几个人会想到一块木头和几根绳子居然能创造出如此巨大的乐趣呢？**BB**

Zeno Clash
奇诺冲突

发售年份：2009
平台：多平台
开发商：Ace Team
类型：射击/打斗

　　第一人称视角的打斗游戏并不常见，毕竟在这样的视角下，出拳或是躲闪都很难表现出逼真的效果。《奇诺冲突》的最大成就就是用《半条命2》的Source引擎打造出了令人信服的互殴体验，让你可以把敌人打趴；如果你够狠，你还可以把他们踢到抱头求饶。

　　虽然游戏也有大量的传统枪械武器，但这些武器很容易被对方打落，最终把战斗引向近身搏斗。但游戏远没有听上去那么无趣，因为肉搏战的打击效果非常好。在《奇诺冲突》中，近距离单打独斗非常爽快，尤其是敌人的那副梦魇般的尊容更让你的胜利充满了成就感。

　　梦魇是《奇诺冲突》的基本主题。游戏的背景故事勉强有点逻辑：在一座城市中，有一只被称为"父母"的巨大鸟形生物统治着一群人型生物，据说这些"人"都是"父母"的子女。你所扮演的是一个被驱逐的儿子，这个角色显然是一个比较正常的人类。他因为试图杀死"父母"而被驱逐，但他的最终目标仍是重返巢穴并与"父母"展开最后的决战。

　　主角所经历的旅程非常怪异：在一个长着犄角的美女的陪同下，他穿越了一片片诡异的土地、见识了各式各样的疯子怪人；他搭乘过骷髅船，还在一头搁浅的鲸鱼身上和面具杀手展开殊死搏斗。作为一款第一人称格斗游戏，《奇诺冲突》成功地把猪、疯子、松鼠炸弹、隐晦的对白变成了游戏的关键词，这在游戏界并不多见。**JR**

Mighty Flip Champs
强力翻转迷宫

发售年份：2009
平台：DSi
开发商：WayForward Technologies
类型：益智/平台动作

　　WayForward Technologies公司显然已经厌倦了开发别人的授权游戏，所以当它挤出时间来创作自己的作品时，疯狂不羁的色彩与想象力与天才的关卡设计便喷涌而出，即便这只是NDSi下载服务中一款不起眼的小游戏。

　　《强力翻转迷宫》本质上是一款非常简单的游戏。你要面对的是一系列静态屏幕上的平台动作挑战，而你所要做的仅仅是成功抵达每一关的出口。但这里有个问题：你不能跳跃。也就是说，虽然你可以爬梯子、攀网格，但一旦碰上高不可及的平台，而周围没有明显的攀爬线路，你便无路可走了。

　　游戏的精彩之处正是从这里开始。你可以通过一个按键把屏幕快速切换为另一个类似的游戏环境，周围物体位置将出现变化，但你所处的位置并不会发生改变，让人感觉仿佛在不同的维度之间进行了一次穿越。一开始看似简单的空间解谜很快便难度陡增，到后面你甚至要在同一个地图的四五个模式中来回切换以寻求出路，同时在脑中绝望地摸索这些地图之间的细微差异。

　　换言之，这是一款非常烧脑子的游戏，但同时又不乏精巧之处，甜美的音乐和可爱的日漫艺术风格更让游戏大放异彩。快速通关赋予了这款小游戏极高的重玩性，你也许会被困在其中无法脱逃，甚至憋一肚子怨气，但是简单的游戏概念和完美的表现效果绝对会吸引你一路探索下去。**CD**

Muramasa: The Demon Blade

胧村正妖刀传

发售年份：2009
平台：Wii
开发商：Vanillaware
类型：动作 / 角色扮演

　　Vanillaware公司创作了不少魅力十足、艺术造诣也颇高的游戏，《胧村正妖刀传》便是其中之一。本作延续了Vanillaware之前的另一款游戏《奥丁领域》的另类美学风格，但对游戏的流程进行了大幅浓缩，这一决定给游戏带来不少优势。相比于《奥丁领域》长达四十个小时的长篇巨制，本作中一小段一小段的迷幻格斗更加有趣。

　　《胧村正妖刀传》基本是一款传统的横向卷轴2D动作游戏，把《奥丁领域》冗长繁杂的剧情压缩成为两条故事线。游戏的战斗部分并不复杂，几乎所有的动作都靠一个按键来完成，另一个按键则负责华丽的全屏特技，给人一种舞蹈般的视觉冲击。在三种不同的兵器之间进行切换可以实现无限种连击，横扫全屏的长剑和极速乱斩的武士刀在攻击的节奏上也各有千秋。

　　这些武器都有各自复杂有趣的升级系统，衍生出更丰富的武器类型。不同主角的鲜明性格在各自的动作、格斗风格上也展现得淋漓尽致，细节丰富的背景更极大地弥补了动作多样性的匮乏。《胧村正妖刀传》的多平面、视差滚动背景有时甚至超过了《奥丁领域》。

　　游戏的每一分钟都让人觉得饱满而充实，光是村庄居酒屋里那些造型可爱的食物和用餐动画就值得你来尝试这款游戏。《胧村正妖刀传》把日本传统艺术、民间神话、饮食文化都融进游戏当中，并把这份美感完美的传达给了每一位玩家。**KM**

Tiger Woods PGA Tour 10
泰格伍兹高尔夫巡回赛10

- 发售年份：2009
- 平台：多平台
- 开发商：艺电（Electronic Arts）
- 类型：体育

和体育赛季一样，体育游戏系列年年都会有更新，就好像一款款DLC资料片，只不过不需要下载。当其他体育游戏都在各自领域中拼得你死我活时，在高尔夫球类游戏中，《泰格伍兹高尔夫巡回赛》却是严肃类玩家的唯一选择。这样的垄断地位也意味着该系列的改进提升基本都是小打小闹，而看不到大刀阔斧的革新。但是2010年的新作却引入了一个全新的现场锦标赛概念，这一做法不仅冲破了旧式的模板，更打破了游戏与玩家之间的第四道墙。在专家模式下，玩家可以在真实高尔夫球赛期间，和职业选手一决高下，具体的比赛数据会根据真实比赛现场进行实时更新。玩家也不能开辅助，挥杆后调整球向或是预测球轨迹等功能都不允许。核心向玩家还可以体验官方授权的美国高尔夫公开赛、USGA锦标赛，感受USGA高尔夫规则。另外，游戏还带有一个动态天气系统（能根据在线天气数据进行实时更新）和大量的自定义角色选项，进一步缩短现实与虚拟之间的差距。

出色的摇杆挥杆和三击式控制在本作中再度回归，一起出现的还有十六个世界顶级球场、大幅提升的画面水准和多种难度等级。虽然Xbox360和PS3版游戏在视觉效果上更胜一筹，但在Wii版游戏中，MotionPlus体感增强器给游戏带来了别样的乐趣。你可以在自己电视机前挥动虚拟球杆，MotionPlus会把你动作的每一个细节都在游戏中精准地还原出来。

当然，所有这一切改变都在预料之中，但虽然《泰格伍兹高尔夫巡回赛》未能完全跳出续作模式的窠臼，游戏在模糊虚拟与现实界线上展现的高超技术还是让本作成为一次难忘的虚拟高尔夫体验。**BM**

NBA 2K10
NBA 2K10

发售年份：2009
平台：多平台
开发商：Visual Concepts
类型：体育

提到体育类游戏，人们就会想到艺电，这已经是玩家的本能反应了。但在NBA领域，2K Sports才最有发言权，也最受评论青睐。《NBA 2K10》的各项游戏特色都保持了顶尖水准，新加入的游戏元素给已经很完美的系列模式带来更多深度。带领你的球队打过一个又一个赛季绝没你想的那么难，你大概要花上数小时的时间进行交易评估、赛场练习、对手调查，然后再开始正式球赛。这就好像是吃一顿上等的拉斯维加斯自助餐，每一样东西都先尝一点，最后再放开肚子把自己填饱。

正式比赛部分非常接近真实的电视篮球节目，如果只是对游戏不经意的一瞥，完美的镜头移动、精细逼真的球员（就连他们的招牌动作也模仿得惟妙惟肖）会让你误以为这就是ESPN现场直播。最高水准的篮球赛其实就是无视地心引力炫耀强大的运动技能。作为一款游戏，在难以上手（但上手之手绝对会让你大呼过瘾）的复杂控制系统的支持下，《NBA 2K10》已完美展现出了真实球赛的那份紧张刺激。比如，篮下扣篮要远比它看上去更难实现，大量的摇杆控制能把菜鸟玩家折磨到手抽筋，但只要你有足够的耐心、肯花时间练习，你的努力必将得到回报。

游戏非常强调练习，尤其是在全新的"我的球员"（My Player）模式中更是如此。在该模式下，你将作为一个孩子从夏季训练营中一路奋斗进入NBA。这并不容易，而当你成功时，你会感觉好像自己真的拿到了一份价值数百万美元的合同。《NBA 2K10》的亮点就在于出色的比赛解说，游戏的解说员懂得如何配合现场情况进行讲解点评，效果非常完美。而游戏的原声——由坎耶·维斯特（Kanye West）演唱的《Amazing》和这款游戏简直是天作之合。**RSm**

Cogs
奇想齿轮

发售年份：2009
平台：多平台
开发商：Lazy 8 Studios
类型：益智

"机械效益"一词被用来描述一系列机械设备组装在一起后施力的倍增，使输出力大于输入力。《奇想齿轮》就是对这个词语的最好诠释。这个游戏由一些非常简单的元素构成，却能带来丰富的高难度挑战。本作基本上是一款滑块拼图游戏，需要玩家在一个平面上重新排列一些小板块，来形成特殊的齿轮组合。

游戏的关卡激荡着想象力，比如把一些分离的管道结合在一起，即可点燃四个加速器推动火箭升空，或是利用齿轮按规定的顺序来敲钟，奏响外形奇异、抽象的乐器。

蒸汽朋克风格的视效完美地契合了游戏的主题，让《奇想齿轮》成为最抢眼的一款益智游戏。丰富的游戏模式确保了关卡难度和玩家水平之间的平衡，每个关卡都有时间限制和移动次数限制的挑战，比如要求某一关通关时间不超过三十秒，或是移动次数不超过十次等等。看似简单朴素的游戏其实都经过了精心设计，给你带来轮番的紧张与恐慌，绝对适合那些未来的科技人才。**BM**

Wii Sports Resort
Wii运动胜地

发售年份：2009
平台：Wii
开发商：任天堂（Nintendo）
类型：体育

继《Wii运动会》大获成功后，续作的推出只是时间问题。但任天堂并不着急，毕竟慢工出细活。而游戏的最终成品也确实值得玩家长时间的等待。《Wii运动胜地》延续了初代游戏简单欢乐的背景，并新增了一群可爱的角色，把大量的全新娱乐活动搬到了一个风光旖旎的热带小岛。玩家可以上山比剑，也可以下水开摩托艇，甚至可以驾驶一架迷你小飞机在群山之间自由穿梭。

游戏的内容也许和开场动画中华丽的高空跳伞有些不相符，但在击剑、打乒乓，或是和小狗玩飞盘时，丰富多样的运动项目已经弥补了这一不足。

但本作最大的提升在于对Wii MotionPlus体感增强器的利用。Wii MotionPlus能够更加精准地捕捉玩家的动作，最大限度地还原你的肢体动作。这一设备的出现为一系列全新的娱乐运动开启了一扇门，而在此之前受技术限制，这些运动根本无法在游戏中进行表现。丰富多彩的游戏内容让玩家大呼过瘾，和朋友在多人模式下游戏更是热闹非凡。**CD**

A Boy and His Blob
男孩与软泥

发售年份：2009

平台：Wii

开发商：WayForward Technologies

类型：平台动作/益智

　　《男孩与软泥》改编自1989年NES平台上一款类似名字的游戏，可算是对逝去的平台动作时代的一次诚意致敬。游戏的剧情很迪士尼：从一个被邪恶帝王统治的星球上逃出了一只名为"软泥"的生物，它来到地球后与一个小男孩相遇，两人一起在地球上并肩作战，然后奔向宇宙解救软泥的家乡。在和邪恶势力战斗时，软泥可以变形成为各式各样的物体，如梯子、降落伞、蹦床等等。男孩每喂软泥一颗糖豆，软泥就会变形。美术总监马克·戈麦斯（Marc Gomez）向日本动画人宫崎骏的作品吸取了不少经验，他对物体的边缘进行柔化处理，并使用慵懒的绘画风格来表现异星球的幻想世界。

　　但真正抢眼的还是男孩与软泥之间的亲密关系。这一点和《神鬼寓言2》非常相像：一方面你无法离开软泥独自战斗，另一方面软泥非常依赖你的照顾和指导。但没有什么比得上开发团队设计的"拥抱"功能更有爱：你可以在游戏中拥抱你的伙伴，虽然这样的举动根本没有什么作用，但却能让所有玩家都对这个小男孩羡慕不已。**JBW**

PixelJunk Shooter
像素垃圾：射手

发售年份：2009

平台：PS3

开发商：Q-Games

类型：射击

　　这游戏完全可以再取一个名字叫《流体动力学大游戏》。听上去实在不怎么招人喜欢，不过这就是迪兰·卡斯伯特（Dylan Cuthbert）这类独立游戏制作人的优势所在：这是他们的地盘，他们爱怎么搞就怎么搞。《像素垃圾：射手》是《像素垃圾》系列的第四作。游戏把背景设在一个地下世界，你将操控一艘小飞船在奔腾的河流和喷涌的岩浆之间穿梭，在高超的2D动画的表现下，这些液体成为了整个游戏的焦点，让整个游戏都给人一种无处不在的流动感。

　　游戏的剧情很简单：你的探险队员们被困在一颗极不稳定的星球上，你的任务就是从母舰中下降到这颗星球上，展开营救行动。在险恶的地底环境中，你要小心翼翼地摸索出一条出路，杀死地下蹦出来的外星人。但你最大的敌人还是那些变幻无常的地形。复杂的地形环境中有不少难题充满挑战性，需要你绞尽脑汁灵活解决。

　　《像素垃圾：射手》的乐趣还是应该归功于简单有效的控制。飞船的移动相当流畅，几轮游戏下来，PS3的手柄摇杆仿佛已经长在了你的拇指上，让你能全身心地沉浸在游戏的乐趣当中。**JT**

Warhammer 40,000: Dawn of War II
战锤40K：战争黎明2

发售年份：2009
平台：PC
开发商：遗迹娱乐（Relic Entertainment）
类型：策略 / 角色扮演

　　《战锤》一直都是加拿大遗迹娱乐公司最受欢迎的游戏系列。随着续作的推出，遗迹娱乐在对游戏的更新上迈出了更大胆的一步。他们将初代游戏中大受欢迎的传统《命令与征服》式基地建设元素剔除，转而使用不带任何资源收集元素的战斗系统，强调星际战士的小队作战。

　　在《战锤40K：战争黎明2》中玩上几分钟，你就会看出遗迹娱乐的目的所在——把游戏做成一款《暗黑破坏神》或是《魔兽世界》，强调抢夺、线性战斗和角色升级。你的角色可以在任务之间进行升级，还可以通过获取物品来进一步增强能力。游戏中引入了一个全新的种族：机械生物体泰兰虫族（Tyranid），它们给游戏带来一个全新的视角。不过这些虫子似乎从来不太喜欢群体作战，完全体现不出它们身上的昆虫类集群天性。

　　多人模式下基地建造元素再度回归，不过游戏仍然比前作更加强调角色升级和点数获取。游戏补丁增强了在线游戏的上手度和可玩性，但本作的玩家基本仍是彻头彻尾的硬核群体，如果你是个菜鸟，对战会让你很崩溃。

　　幸运的是，不论是单人模式或是多人模式，本作在血腥程度与动作流畅感上都远超前作。《战锤40K：战争黎明2》有着近乎荒谬的暴力元素，无畏机甲会一边勇猛地宣告着对皇帝的效忠，一边勇猛地冲进战场大肆破坏，突击战士们则绕着它飞行、重踩。和Boss角色的战斗更加凸显了这份暴力，那些巨大的欧克Boss操着能量战斧四处狂挥，所经之处只剩一片废墟。**JR**

Time Gentlemen, Please!
时空双雄

发售年份：2009
平台：PC
开发商：Zombie Cow Studios
类型：冒险

  在一些人眼中，《冥界狂想曲》也许是最后一款鼠标点击式冒险游戏，但事实上，这类游戏并未绝迹。消失的只不过是它们竞争销量排行榜前排位置的能力，其核心游戏机制至今仍在影响着许多当代实验作品，从《坠梦》到《暴雨》（Heavy Rain）都有这类游戏的影子。许多冒险游戏也直接采取了传统的鼠标式操作，虽然无法和当年的Sierra On-line和卢卡斯艺术公司相提并论，但偶尔也会出现几部闪光之作。《时空双雄》正是其中的一块金子，更是对冒险游戏环境时代的致敬。

  《时空双雄》是《阿本阿丹大冒险》（Ben There, Dan That）的续作，游戏紧承前作剧情，继两位活宝主角在异次元历险中闯下各种大祸后，现在该是收拾烂摊子的时候了。时间旅行、纳粹恐龙、阻止晾衣架的发明都是本作的关键词。充斥其中的低级趣味也许会让人觉得很幼稚，但在低俗的外表下掩藏的却是一次异想天开、复杂有趣的冒险体验。游戏中到处都是无厘头笑料和隐秘的致敬（时空旅行解谜和通过一座落地钟进入实验室的桥段都是致敬《触手也疯狂》），在令人捧腹的同时勾起玩家浓浓的怀旧情结。

  追求高档音效体验的玩家可能要失望了，《时空双雄》根本没有配音。但音效的缺失正是早期鼠标点击类游戏的一大特色，对于这款走怀旧路线的游戏来说倒是再合适不过。但精彩的音乐和氛围感十足的声音效果倒是和抢眼的手绘风格画面搭配得天衣无缝，极大地弥补了配音的空白。简单易懂的操作界面和富有逻辑的解谜让游戏玩起来乐趣十足，而大量的对话选择也鼓励玩家去逐一尝试，看看制作者到底能在一款游戏中塞进多少低俗的段子。**BM**

- 由微软公司开发的 Kinect 设备允许玩家和 Xbox360 直接进行互动，将玩家从游戏控制器中解放出来
- 任天堂开始研发能够表现裸眼 3D 图像的游戏主机
- 游戏开发商们开始大量关注以社会各年龄层消费者为对象的游戏，而不仅仅局限于坐在家里玩游戏的个体
- 通过 iPhone 等移动设备和 Facebook 等网站，玩家群体之间的联系越来越紧密
- 由 Wii 带起的体感运动游戏开始挑战坐在沙发上打机的传统玩家

2010年代

Max and the Magic Marker
麦克斯与魔笔

发售年份：2010
平台：多平台
开发商：Press Play
类型：益智

  多年以来，画什么什么就活过来的冒险故事在儿童类动画中已经屡见不鲜了，而事实上，很多游戏开发者似乎也对这样的白日梦幻想情有独钟。从《触摸耀西》到《涂鸦冒险家》，我们已经看到了不少以绘画为主要游戏机制的作品。

  但《麦克斯与魔笔》更像是《蜡笔物理学豪华版》和《迷失之风》的一个结合体，将带有物理元素的解谜同天马行空的平台动作要素结合在一起。你画出的任何一切都将变成游戏世界中的一部分。如果一个高台离你太远，你可以画一个梯子，或是画个跷跷板，你站在一头，然后在另一头画个重物把你弹上去。当你面对敌人时，你可以给他们画个陷阱，或是画个大石头朝他们滚过去。当然，画笔也会缺墨，你还需要抓取一些可以给麦克斯的魔笔填墨的墨水球，这也给游戏带来类似经典平台动作游戏中物品收集的游戏体验。

  但即使收集这些小球也无法保证无限制的墨水供应，这也意味着你需要合理安排资源的使用，并需要出奇制胜的点子。游戏给了玩家即兴发挥的自由，因此每位玩家解决谜题的方法都会略有不同，你还需要灵活应对你第一次使用魔笔时创造出来的那个怪物破坏狂。

  作为一款出色的绘画游戏，《麦克斯与魔笔》在把墨笔绘出的幼稚涂鸦变成色彩斑斓的游戏内容的过程中，彰显出了非凡的魅力。能够同时做到传统游戏元素与表达自由的平衡，本身就是一件了不起的成就了，但游戏却轻松地完成了这项艰巨的任务。不管你选择哪种玩法，《麦克斯与魔笔》都是一款能够唤醒每个人心中的小画家的游戏。**BM**

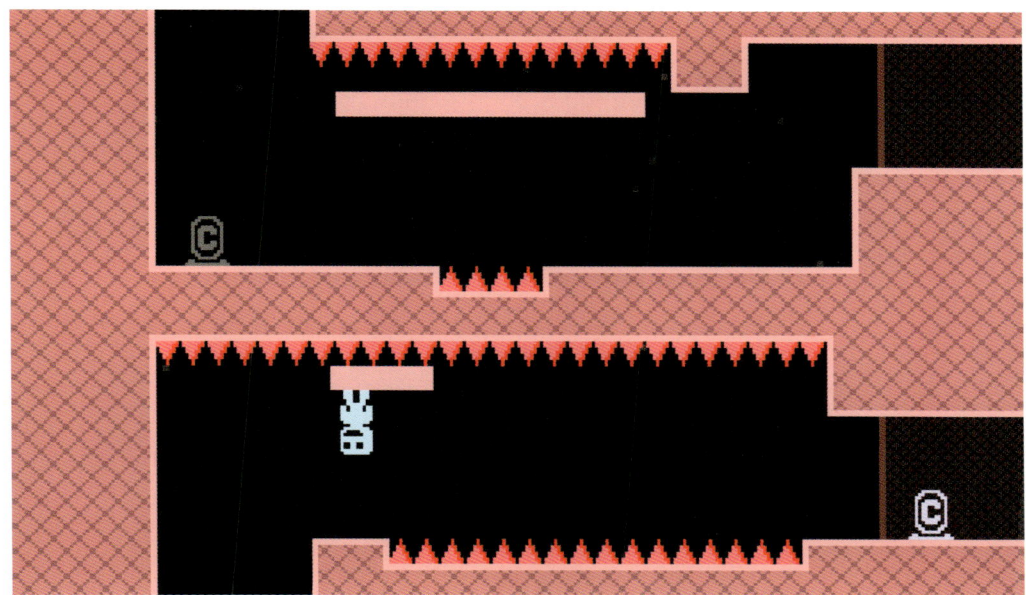

VVVVVV

VVVVVV

发售年份：2010
平台：多平台
开发商：Terry Cavanagh
类型：平台动作 / 益智

在过去的几年中，独立游戏开发者特瑞·卡瓦纳（Terry Cavanagh）以一系列免费下载的游戏打响了自己的名声，而这些作品均采用到了复古的8位风格图像和益智游戏机制。这些游戏无一不证明卡瓦纳是个擅长从有限预算中挖掘无限创意的设计人才。不过，真正让他受到业界关注的确是一款难得充满邪气的平台动作游戏《VVVVVV》。

《VVVVVV》是卡瓦纳第一款真正内容丰富的游戏，要你操纵勇敢的船长在找回散落的船员的过程中，千回百转穿过一艘废弃的太空站。复古的图像以及标识在屏幕底部的搞怪的房间名称会让人顷刻间联想到《鬼屋冒险》（Jet Set Willy）等80年代电脑游戏经典，但事实上，《VVVVVV》更接近于《银河战士》一类复杂的探索类游戏。当玩家在卡瓦纳设计的阴森世界中前进时，他们将一步一个脚印地发掘游戏宏大的地图，打开隐藏区域，收集物品道具。当然，平台动作元素在游戏中仍然非常重要，但同样重要的是一颗勇于探索未知地带的心和一份不畏迷路的超强记忆力。

在游戏的核心部分是一个绝妙的创意：《VVVVVV》是一款平台动作游戏，但你却无法进行跳跃。取而代之的是，通过按下键盘上的V键，你将在地面和天花板之间切换行走。这是个非常简单的概念，但卡瓦纳却能从这个概念中提取源源不断的灵感。随着游戏的不断深入，卡瓦纳还准备了不少坏得让人拍案叫绝的挑战，你将跳过崩塌的平台、躲开尖刺、面临抽象的敌人、或是突破看似无解的路障。游戏透着一股邪气，难得让人发指，而且常常令玩家挫败感频生，但《VVVVVV》能给你带来无休无止的惊喜，确保游戏过程始终充满了乐趣。**CD**

Mass Effect 2
质量效应2

发售年份：2010
平台：PC, Xbox 360
开发商：BioWare
类型：动作/角色扮演

《质量效应2》在2008年的初代游戏基础上有了显著的改进和提升，让人感觉像是一款经过大刀阔斧革新的产品。只要是《质量效应1》中不太合适的内容，一律被Bioware公司弹射进了茫茫的宇宙。《质量效应2》凸显出了剧情和玩家选择的重要性，而在其他方面（尤其是物品管理）则给人一种焕然一新的感觉。

在本作中，Bioware可是讲了一个精彩至极的故事。游戏剧情紧跟司令官薛帕德（Shepard）之死开始。薛帕德生前是一名游走于宇宙各地的探员，致力于保卫银河系免遭异次元入侵者"收割者"（Reapers）的破坏。企业巨头塞伯鲁斯（Cerberus）砸下重金利用先进科技将薛帕德复活，让他重新回到战场抵抗侵略，因为塞伯鲁斯是复活计划的唯一出资人，获得重生后的薛帕德也只能为其效力。和《十二金刚》、《七武士》一类经典电影一样，《质量效应2》既看重最后的高潮战，也没忘记着力表现前期迎战的准备过程。从薛帕德复活的那一刻开始，游戏就一直在不断用同一个问题考验你：你是否真的笃信"为达目的，不择手段"？

游戏对玩家的考验都是通过对话形式来展现的。和初代的《质量效应》一样，玩家将和其他角色进行即时交流，在这一过程中，你要凭直觉做出各种决定，推动你们的讨论朝不同的方向发展。

强大的编剧和Jennifer Hale为女版薛帕德献上的精彩配音增强了游戏的代入感，让玩家觉得自己不仅是在看着一个故事慢慢铺展开来，而是亲身参与到叙事过程当中。虽然《质量效应2》看上去极具未来感，让人耳目一新，但从本质上来看，这就是一次对早期角色扮演游戏的致敬，即让一群朋友围着一张桌子共同来讲一个故事。**GM**

BioShock 2
生化奇兵2

发售年份：2010
平台：多平台
开发商：2K / Digital Extremes / Arkane Studios
类型：第一人称射击

　　《生化奇兵》的剧情绝不薄弱。这款游戏充满了对客观主义哲学的暗示，但它之所以能够脱颖而出，并不仅仅是因为它以一种哲学理论为基础构建了一个游戏世界，更在于它复杂的设计和剧情把这些哲学概念阐释得如此通透。如果说《生化奇兵》存在什么瑕疵的话，那便是它并未给玩家多少自由选择权，而是把玩家锁死在一条固定的剧情线上。

　　有了这么一款出色的作品在前，续作的压力自然很大。如果只是重复老一套的东西，未免会令许多人失望。虽然《生化奇兵2》并未对初代游戏模式做太多改动，但却成功地用海底都市极乐城讲出了一个更为灵活的故事，并不强迫玩家去纠结其中的含义。《生化奇兵2》的故事设定在初代故事结束八年之后，本次玩家扮演的是大老爹（Big Daddy），你的任务就是去找到小妹妹（Little Sister）。一个全新的城主索菲娅·兰布（Sophia Lamb）取代了曾经的安德鲁·瑞恩，在游戏中喋喋不休阴魂不散，但这一切都不是重点。

　　实际上，《生化奇兵2》的剧情是如此的鸡肋，你完全可以将其无视，而把关注焦点放在游戏提供的高自由度上。你在每次战斗中都可以自由选择如何混合使用武器和plasmid（一种让你具有放火或者放电等攻击性能力的药品）。有了这些令人眼花缭乱的选择（每一种武器都有不同种类的弹药），《生化奇兵2》给玩家带来了一次独特的游戏体验。在保护小妹妹时，你可以设置Plasmid陷阱或诱饵，也可以也可以进行暴力的接触战，游戏在这时也将变得尤其有趣。《生化奇兵2》胜过《生化奇兵1》的地方恰好是它最薄弱的地方，但谁又能说它不好呢？**MKu**

Heavy Rain
暴雨

发售年份：2010
平台：PS3
开发商：Quantic Dream
类型：互动式剧情

编剧兼导演大卫·凯奇（David Cage）并不反感剧情冗长或带有大量对白的游戏，只要这东西有创意就可以。《恶灵都市》（Omikron: The Nomad Soul）和《幻象杀手》都展现出这位导演试图在电子游戏这一媒介上实现突破性创举的野心，不管是通过挑战传统的互动式游戏观念和存在主义主题（比如《恶灵都市》），或是打造电影般的游戏体验（比如《幻象杀手》）。

《暴雨》小心翼翼地平衡在上述两者之间，颠覆了传统的用户权威，而是让玩家以一个参与者、窥视者的身份来了解这个标准的悬疑故事。《暴雨》的故事涉及多名角色，他们均和一位名为"折纸杀手"的凶徒所制造的连环血案有关。游戏剧情其实更接近于电影《失踪宝贝》，虽然高水准的制作水平很容易让人把它和希区柯克的作品相提并论。在这个充斥着动作大片级游戏的市场中，像《暴雨》这种娓娓到道来的阴暗故事还是非常罕见的。

游戏把鼠标点击式游戏的环境互动元素和传统打斗游戏的动态动作系统结合在一起，你可以根据屏幕上的各种提示进行指令输入，触发一些或无关紧要、或意义重大的功能。平凡与离奇并存是凯奇这款创意巨制的关键所在，不论是游戏中反复出现的折纸还是这个都市传奇跌宕起伏的剧情都很好地体现出这一点。可惜的是，游戏故作姿态的背景交响乐和电影式的镜头设计并未能传达出足够的情感，难以引起玩家的共鸣。

但最重要的是：《暴雨》尝试着在电子游戏和电影之间实现了平衡，虽然结果不能说完美，但它采用这种表现方式的勇气和决心确实令人钦佩。**DV**

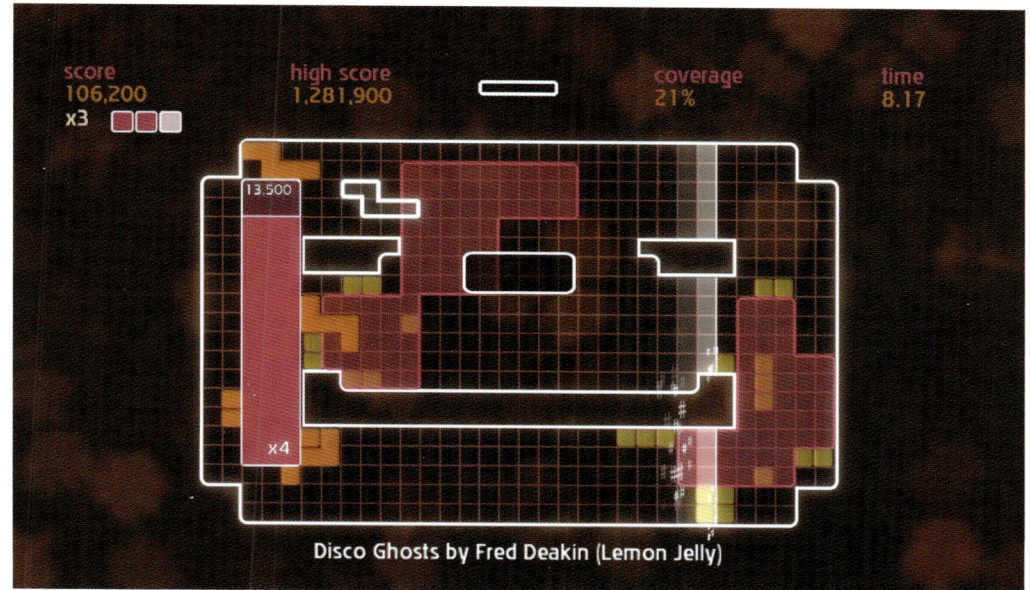

Chime
奇幻乐钟

发售年份：2010
平台：XBox 360
开发商：Zoë Mode
类型：解谜

　　《奇幻乐钟》虽然是慈善游戏发行商OneBigGame的第一款游戏，但它绝不是一款可有可无的廉价捐赠品。这款音乐益智游戏的灵感源自于《俄罗斯方块》和《音乐方块》，但其目的并不是传统的清屏，而是要设法把屏幕填满。

　　玩家要把形状不同、尺寸各异的方块摆进一个音序器般的场地中，这些方块可以被任意旋转、移动，直到最终被固定下来，形成一个面积更大的正方形或矩形。当一个方形面积达到一定大小时，它便会消失，并在网格上留下颜色。游戏的最终目标就是在有限的时间内填满整个场地，同时通过满足一定覆盖率来获得奖励时间。和游戏的益智拼图系统交织在一起的是经过精心设计的音乐回馈。游戏中的方块扮演了歌词的角色。你会在屏幕上看到一根线从左往右有规律地反复移动，当这根线扫过方块时，就会触发一段人声，补完游戏的背景音乐。

　　虽然游戏音乐和游戏机制本身并没太大关系，但这些人声和唱词无疑给游戏注入了更多的色彩与个性，否则的话《奇幻乐钟》很可能只是一款枯燥乏味的搭积木游戏。

　　《奇幻乐钟》的音乐元素很有多样性和吸引力，Philip Glass和Moby、Orbital等著名音乐人联手操刀为本作打造出氛围浓厚的原声音乐，和游戏颇具迷幻气质的互动体验相得益彰。这是一次深刻而迷人的游戏体验，最佳的游戏方式莫过于在Xbox Live上和朋友对战抢分。即便抛开"慈善"的标签，《奇幻乐钟》也能在众多游戏中脱颖而出。**SP**

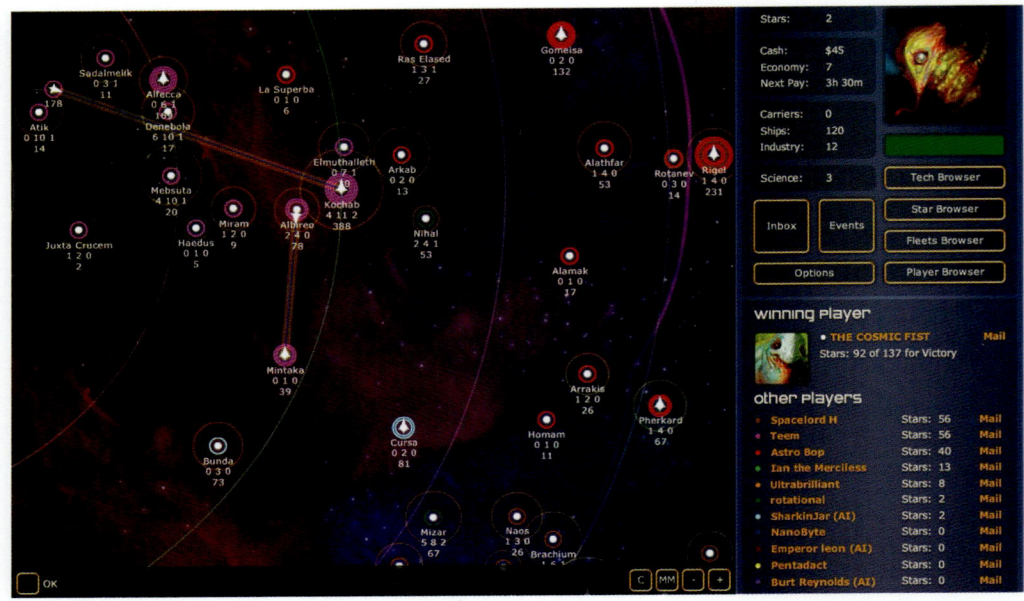

Neptune's Pride
海王星的荣耀

发售年份：2010
平台：互联网
开发商：Iron Helmet Games
类型：策略

　　互联网普及，受有限的数据流和更有限的在线玩家数量限制，在线游戏体验非常零散，缺乏流畅性。一种比较有效的解决方案就是通过电子邮件进行游戏，即在回合制游戏中，玩家把每一步行动用邮件发送给游戏主持，然后由这位主持来整合每位玩家的行动，再把游戏结果分别发送回去。由杰夫·约翰逊（Jeff Johnson）和杰夫·麦克布莱德（Jeff McBride）联手创作的《群星》（Stars）便是这类古老游戏模式的经典案例。这款复杂的策略游戏把背景设在一个到处都是对立派系的银河系当中，玩家要在游戏中不断探索、扩张、开发、并尽力消灭对手，而你的一举一动都是通过一封封电子邮件来完成。

　　时光回到现在，这款《海王星的荣耀》可谓《群星》的正宗继任者。在这个游戏中，玩家将要在一个浏览器窗口中进行即时游戏，虽然没有了《群星》复杂的游戏方式，但本作的魅力指数绝对不输给前辈。玩家将要再度置身随机生成的银河系当中，通过一个极具游戏深度的基本系统努力扩张自己的文明，修建基础设施赚钱、研究新技术、建造宇宙飞船。

　　《海王星的荣耀》的核心就在于沟通与外交。你最重要的工具就是游戏自带的信息传送系统，或者是电话，又或者延续老一辈的做法——使用电子邮件。摸透你的敌人、维持稳定的友谊，然后抓住时机从背后给你的盟友捅一刀子是《海王星的荣耀》的核心所在。

　　在本作中，舰队在群星之间移动能花上数小时的时间，你每天都要登陆在这里面耗钱，摸清敌人的底细更是个进展缓慢的过程，因此《海王星的荣耀》是一款需要花时间耐心研究的游戏。虽然游戏机制已经是十五年前的老古董了，图像也因为尽量追求实用性而牺牲了美感，但这仍是所有在线策略游戏当中最值得细细品味的一款。**AW**

Super Mario Galaxy 2
超级马里奥银河2

发售年份：2010
平台：Wii
开发商：任天堂（Nintendo）
类型：平台动作

在经典的N64平台上，超级马里奥的首次3D冒险影响了整整一代游戏处理类似复杂环境的方式。十四年后，《超级马里奥银河2》的问世，再次把这项技术发挥到了极致。本作不论从游戏深度还是广度上都达到了一个全新高度，仿佛整个平台动作类游戏都为之颠覆。

不论是上下倒转、空中漂浮，或是从2D关卡到3D关卡的转换，各种任务挑战《超级马里奥银河2》都能毫不费力地展现出来。一些精彩的关卡会在你的眼前自动组合，又在你离开之后分解。同时，游戏的太空主题为那些电子游戏界最能玩的设计师们提供了一个把玩重力与物理性的大好机会，正如当年的2D游戏经典把"惯性"玩得风生水起。跃动的色彩和不断变幻的优美环境碰撞在一起，给每一关都带来不一样的视觉冲击力。如果说要找一款最贴近哈勃一代对于宇宙的幻想的游戏，《超级马里奥银河2》绝对是你的不二之选。

当然，所有的这些游戏要素在初代《超级马里奥银河》中早就已经实现了，但真正让这款游戏与众不同的是每隔几分钟就丢给你一件新玩具的慷慨之举，以及一周目游戏时令人眼花缭乱的美景。《超级马里奥银河》非常华丽精巧，富有创意，更有着惊人的优雅。正是这些品质让本作获得了评论界的一致好评，并突破了数百万份的销量。

当然，最重要的是这款游戏够好玩：这场欢闹的冒险把电子游戏的娱乐性提升至一个全新的高度，让你在探索外太空时也能感受到我们自己的世界的可爱。**CD**

Red Dead Redemption
荒野大镖客

发售年份：2010
平台：PS3、Xbox 360
开发商：Rockstar
类型：动作/冒险

荒凉的大地上，稀疏的灌木一直延伸至地平线，遥远的天际耸立着一座赤红的平顶山，徐徐的落日铺下一片红光，在荒野中照出一道孤影。风声悉索，偶尔传来几声郊狼的呼嚎，稀稀落落的拨弦仿佛来自埃尔奥·莫里康（Ennio Morricone）创作的电影原声，然后一切又归于静谧。《荒野大镖客》完美地再现了西部片对孤独自然环境的钟爱、对孤胆英雄与广阔天地之间复杂关系的探讨。

但这一切都只是个假象、一种高明的障眼法。因为Rockstar打造的这个西部荒野绝对可以用"热闹非凡"来形容。作为一款照搬《侠盗猎车》模式的游戏，你大可期待丰富多彩的任务和挑战。就连看似酷热乏味的沙漠里也充满了刺激：这里有马车被劫，那边有女子落难，还有悬赏逃犯等着你去抓，生猛野兽等着你去杀。你和这个世界的互动——从马蹄的踢踏、套索的呼啸，到子弹击中目标时的闷响——都展现出强烈的真实感。

和《侠盗猎车》一样，《荒野大镖客》也是一次精彩的电影大拼盘，所有经典西部片的关键词都集中在这里：有关救赎的故事、田园式的生活，以及最后怒气爆发的复仇等等。主角约翰·马斯顿（John Marston）延续了Rockstar角色一贯的复杂个性和粗犷气质，他的人生经历更是悲剧中的悲剧。

如果说游戏剧情给人感觉像是由三个故事拼凑而成，相比于这片西部荒野无缝衔接而成的地理环境，则实在算不上什么。从大草原到小海湾，从群山到荒野，《荒野大镖客》就像本明信片集册，每条路的转角处都能看到不一样的自然美景，角度和光线都是如此得完美无瑕。本作也是Rockstar精湛技术的最佳证明，即便已经有一帮个性十足的人物，Rockstar仍能让游戏世界本身也成为最永垂不朽的角色。**MD**

Limbo
炼狱边缘

发售年份：2010
平台：多平台
开发商：Playdead
类型：平台动作 / 解谜

有关黑暗森林的童话故事向来都是让小孩子们又爱又怕，《小红帽》（Little Red Riding Hood）、《咕噜牛》（The Gruffalo）等都是这类题材的典范。《炼狱边缘》显然延续了这一传统，同时又充分挖掘出这其中最黑暗、最阴森的精华。虽然被归类为2D平台动作解谜游戏，神秘诡异的游戏氛围让《炼狱边缘》更像一个古老的民间传说。游戏采用了充满颗粒感、摇曳闪烁的黑白电影式画面，里面的角色和背景都是用简单的黑影来呈现，看上去宛如一场令人毛骨悚然的格林童话皮影戏。

游戏中，玩家要控制一个小男孩独自在森林中摸索，极度忧郁的氛围逐渐转为可怕的不安，但又不乏令人作呕的黑色幽默。巨大的蜘蛛会在昏暗的森林中尾随你前进，一帮野人孩子会举着弓箭长矛对你穷追不舍，大量的捕兽夹等着一瞬间结束你的苦难之旅。

虽然看似压抑，但《炼狱边缘》其实带着不少恶俗闹剧般的气质，每一次都能成功地利用角色的死亡来向你介绍全新的谜题，比如用巨大的捕兽夹咬住你的身体，把你的皮影脑袋给夹下来，或是让你软绵绵地吊死在一根叉子上，而当你吃尽了苦头才避开一个陷阱时，还没等你暗喜，就要死在另一个突然出现的圆锯上——典型的祸不单行。

和《时空幻境》、《传送门》（Portal）等游戏一样，《炼狱边缘》的谜题并不局限于某一种伎俩，而是在不同的点子之间灵活切换，但都会围绕角色的重力和动力来进行设计。正是这种反复无常的感觉愈加凸显出游戏的疯狂和寓言般的色调，即便有关这款游戏操作的记忆褪色已久，这份怪异的感觉仍将常驻在你的脑海之中，正如游戏标题暗示：这是一个属于鬼魂的可怕世界，不会改变，也不会消失。**MD**

Deus Ex: Human Revolution
杀出重围：人类革命

发售年份：2011
平台：多平台
开发商：Eidos Montreal
类型：第一人称射击

作为新成立的公司，Eidos Montreal的第一个游戏企划就是为一款粉丝众多、名声显赫的PC游戏经典制作前传。你也许会给这家制作公司送上一句"自求多福"。但事实上，《杀出重围：人类革命》不论是在主题、基调，还是动作上都和那款混合RPG和FPS元素、设计理念超前的初代游戏保持了高度的一致，同时又对其大受欢迎的游戏机制进行了适当的改进，使之符合现代玩家的口味。本作还设计出了一个更加鲜活生动、充满黑色讽刺的赛博朋克式未来世界。初代的《杀出重围》就是一次疯狂的阴谋论大拼盘，把秘密基因改造计划、人造瘟疫、光照派、外星人等等怪力乱神的东西都糅杂在一起；相比之下，《人类革命》中的社会问题则影射出了我们现实生活中的各种隐患，表达出对人体改造、企业垄断、不断扩大的贫富差距的担忧。

但游戏并非只是在板着脸说教。《人类革命》可以是残忍刺激的射击游戏，也可以是鬼鬼祟祟的潜入游戏，就看你倾向于哪种玩法。玩家在游戏中扮演的是个粗嗓门的改造人亚当·詹森（Adam Jensen），你要潜入各种危险地带，找出隐藏在其中的秘密，最终揭露一个全球大阴谋。只要那些身手了得的AI不出来挡你的道，你既可以选择来一场大屠杀，也可以选择绕开敌人继续前行。精心设计的环境和可升级能力都允许你在主动进攻或是谨慎规避之间进行自由选择，大量的剧情选择也会把故事引向不同的发展方向。

很少有游戏会给你呈现如此大胆的动作体验，或是给你如此大的自由度去设计你的行动，但《人类革命》最大的成就在于它并没有给这个PC游戏史上最老牌的经典大作抹黑，而是凭借自己的实力在游戏史上留下了浓重的一笔。**MD**

Uncharted 3: Drake's Deception
神秘海域3：德雷克的诡计

发售年份：2011
平台：PS3
开发商：顽皮狗（Naughty Dog）
类型：动作/冒险

如果说《神秘海域》前两作是关于丛林与冰雪，那么这款第三作就是关于火焰与黄沙，再加上一点天空和海洋。过多的场景切换很容易把游戏搞散，但顽皮狗却用大片级的寻宝探险故事给游戏注入了丰富的细节与美感，失落文明中的宏伟建筑——巨大斑驳的楼宇、高耸参天的石像和壁画——就是本作成功的一大标志。

但在游戏中扑面而来的真实感其实源自更不为人注意的细节：光线在干热的岩石上的扭曲效果、烈日炙烤下的墙壁映出的灼热白光，以及周围的石头泛出的点点红晕；沙土在德雷克蹒跚的脚步下的沉陷效果、海水灌入破裂的船舱的效果都代表着这一代游戏硬件技术的巅峰，而顽皮狗对这些技术高超的运用和表现手法更为游戏美学树立了一个全新的标杆。

在《神秘海域3：德雷克的诡计》中，游戏角色的动作和你手中的方向控制配合得天衣无缝，并延续了该系列一贯的电影式动作效果，更将其融入了一个充满性格角色和故事深度的剧情当中。内森·德雷克向来都是个讨人喜欢的侠盗角色，然而他的背景来历却一直是个谜。《神秘海域3》虽然故技重施，搬出了老一套的剧情模式——超级大反派利用德雷克的经验和能力去搜寻被诅咒的财宝，但本作终于把我们的大英雄的背景出身，以及他和师傅萨利之间的陈年旧事给挖出来了。游戏中，德雷克和萨利情同父子（这也是电子游戏中很少涉足的角色关系），两人之间的故事出人意料的温馨动人；而德雷克和艾莲娜之间若有似无的爱情也紧紧抓住了每一位玩家的心。

通过这些内容，顽皮狗展现出自己在掌控游戏情感上的扎实功底，让玩家既能在兴奋中狂喊，又能为之动容。**MD**

Minecraft
我的世界

发售年份：2011
平台：多平台
开发商：Mojang
类型：沙盒游戏

在过去的十年中，最值得关注的游戏并不是充斥着枪弹与爆炸的大制作，也不是有着精巧视效和明艳色彩、令人欲罢不能的益智游戏，而是一款画面原始得令人跪服的建造游戏：《我的世界》。游戏没有明确的游戏目的，没有剧情，也没有教学流程，其服务器用户界面也只能用"不完善"来形容。

你甚至都不知道这款游戏究竟有没有完成。《我的世界》在经过短暂的开发后就直接发行，至今仍在不断完善。它将探索、生存和乐高积木般的建筑元素混搭，赋予游戏别样的魅力。四年时间内，《我的世界》共累积了数百万的下载量，让它成为一种全球现象：孩子们一玩就停不下来，业界资深人士们争论着游戏大热背后的原因，乐高公司自己也按捺不住，顺势推出了专门的"我的世界"主题产品——这一做法确实非常明智，因为这款游戏其实就是件纯粹的玩具，强调的也正是纯粹的创意，适合任何人群。下载这款游戏花不了你几个钱，但却能给你一次扮演现代鲁宾逊的机会。你将置身于一个挑战创意的巨大世界，只需轻点鼠标就能造出你想要的任何东西：斧子、洞穴，甚至是一个微型地球。

到目前为止，《我的世界》仍未表现出任何疲软的征兆，大批跟风作品更是一如既往的汹涌如潮，每款山寨品都竭力效仿《我的世界》的模式，妄图能够像创作者瑞典人马库斯·"诺奇"·博森（Markus "Notch" Persson）那样赚个钵盆满盈。诺奇本人倒并未被成功冲昏头脑，而是非常厚道地定期发布大量的免费DLC内容，即满足玩家需求，又展示了源源不断的创意。

《我的世界》的惊人成就能否被复制？许多人都想知道这个问题的答案。但即便答案是否定的也不要紧，因为光有《我的世界》这一个游戏就已经是玩家们的福祉了。**CD**

Portal 2
传送门

发售年份：2011
平台：多平台
开发商：Valve Corporation
类型：平台动作 / 解谜

  作为Valve公司的《橙盒》（Orange Box）合集中的其中一款游戏，初代的《传送门》大概是电子游戏史上最精彩的冷笑话了：短小的故事穿插着充满喜感的瞬间和曲折的情节。因此，《传送门2》承受着着巨大的压力——你不能指望把同一个笑话讲两遍还能获得同样的"笑果"。

  最终，玩家们迎来了一款截然不同的续作。这是一款完整版的游戏，另附有独立的合作竞赛模式。游戏的地图更大，游戏机制也更复杂多变。但在其核心处，《传送门2》使用的还是和前作同样的伎俩：你扮演的是一座古老科学研究所中的人类小白鼠，你可以利用身上配备的"传送枪"在周围的环境中分别轰射出一个入口和出口，然后在这两个洞口之间进行穿梭，游戏的解谜要素也延续了前作狡黠的幽默。

  和古怪的超级电脑GLaDOS合作时擦出的喜剧火花与沿途中各式的冷血挑战混合在一起，令人不能自拔。新增的新功能凝胶（一种可以让你加快速度，另一种能让你弹跳）给游戏的动作元素带来更多的新鲜感，而沿途穿过的废弃工厂和试验室更给整个游戏增添了一层宏大、神秘的氛围。

  虽然各方面都做得极为出色，但《传送门2》仍旧不敌前作的精巧简小的趣味。探险末期，游戏机制已经略显疲态。另外，虽然Valve公司一向以在游戏设计过程中一边收集玩家反馈、一边改进游戏而闻名，但却也因此磨去了《传送门2》太多的棱角。不过到最后，这倒也给这款新奇的游戏增添一层元叙事的色彩：在一系列神奇实验室中的展开的冒险，到最后其实也就是从实验室中推出来的一件产品。**CD**

Dark Souls
黑暗之魂

发售年份：2011
平台：多平台
开发商：From Software
类型：动作

　　一段朦胧的神话、一份高雅的设计、一个奇异的幻世、一次虐人的经历——《黑暗之魂》有许多个不同的侧面，每一个都反映出创作者宫崎秀隆的独特性格。宫崎秀隆是个富有远见、不愿妥协的游戏人，更是黑暗奇幻文学的铁杆粉丝。继2009年的cult经典《恶魔之魂》大获成功后，宫崎秀隆又借势推出了这款伪续作，再度为玩家们献上了一个令人毛骨悚然的冥界，到处是卵石建筑、斑驳破碎的钟楼和穿着生锈盔甲的骑士，等着你去探索。

　　《黑暗之魂》极力避开主流动作游戏的各种俗套，玩家在游戏中将畏缩在盾牌之后，疾步穿行于狭窄的下水道和浓密的森林之间，迫切地想要搜寻散落在这个残酷世界各地的篝火。这些篝火是游戏中少有的安全地带，你可以在这里用金钱购买升级，也可以把它作为你的重生点。

　　这是一款以变态难度闻名的游戏，但游戏的角色更是异常坚韧不屈，一次又一次、一寸接一寸地深入这个中古世界。挑战悬崖上巡游的骷髅和恶龙、守卫在山谷的冰巨人和九头蛇宛如以卵击石，但游戏的目的就是要你为了能够继续前进而不断提升自己的技能，而真正能坚持下来的玩家所获得的满足感将和你在游戏中磨练出的肌肉记忆一样，持久不散。

　　一旦你打通了游戏剧情，灭掉了所有潜伏的怪物之后，《黑暗之魂》还可以让你们自相残杀，签订契约后向彼此的世界发动侵略。很少有这样追求阴郁晦涩的游戏受到如此热烈的谈论，至少那款不可避免要发售的《黑暗之魂2》就一直都是人们口中的热议话题。**SP**

The Elder Scrolls V: Skyrim
上古卷轴5：天际

发售年份：2011
平台：多平台
开发商：Bethesda Game Studios
类型：角色扮演

在《上古卷轴》新作推出的空档期，Bethesda公司借两部《辐射》奠定了自己在RPG领域的楷模形象，这也让粉丝们对《上古卷轴》的第五作提出了更高的期待。他们希望摆脱《上古卷轴4》中的地下城和秀丽风景，即便是要回到《上古卷轴3》中的蛮荒海岸也无所谓；他们不希望那些烦人的Bug干扰他们的冒险、损毁他们的存档，或是让一群本该在一起喝蜂蜜酒的NPC们大跳踢踏舞；另外，虽然他们可能还没有意识到，但龙也是玩家们迫切想见识的新玩意儿。

湮没危机过去两百年后，诺德人的故乡、冰火之地——天际省又出现了新的威胁。在伸延领峡谷、留冬领学院、雪漫城和孤独城的作战室中，人们争论的都是上古卷轴所预言的龙之末日带来的世界毁灭，只有你——神秘的龙裔能够掌握古老的龙语，击败世界的毁灭者龙神奥杜因。作为一款《上古卷轴》游戏，受困于日常烦扰的各色角色给游戏带来一种若有似无的忧郁感。

除了换了个新名字，引进了一套局部动态阴影系统外，本作的Creation Engine 游戏引擎在之前老掉牙的Gamebryo引擎基础上并未有太大提升。另外，Bethesda公司力求以最划算的方式打造游戏世界的做法也带来不少问题。不过，对于追求自由冒险多过线性叙事的玩家来说，这些缺憾都是可以一笑而过的（PS3的玩家们可能不会那么沉迷其中，毕竟该平台的游戏效果更悲剧）。巨龙的出现给天际省精美的区域和城市注入了别样的威严感，但真正让这个系列立于不败之地的，却是玩家们自己闯出的故事，以及PC平台上令人眼花缭乱的各种mod。**DH**

Ni No Kuni
二之国

发售年份：2011
平台：多平台
开发商：Level 5
类型：角色扮演

　　《二之国》的开发团队，集结了曾经制作过多部脍炙人口、经久不衰的日本动画电影的吉卜力工作室，以及曾推出过数款极具创意和生命力的电子游戏的Level 5公司。如此高水准、明星级的队伍确实让这款游戏羡煞旁人。

　　《二之国》的故事很简单：一个没爹没娘、正步入青春期的少年要踏上冒险之旅拯救世界，而在此之前——套用剧本的原话——他必须先"实现自我的救赎"。类似的剧情设定早就烂大街了，但是这款游戏并未辜负如此重量级的制作团队，丰富而华丽的细节表现绝不会让你失望。

　　游戏的主角名叫奥利佛（Oliver），是个讨人喜欢的十三岁男孩。他的母亲在游戏开场处就因意外事故不幸身亡。现在奥利佛肩负起了拯救奇幻世界二之国的使命，以便在现实世界中复活已故的母亲。

　　奥利佛的伙伴是他最心爱的玩具泪滴先生（Mr Drippy）。泪滴是因为奥利佛的眼泪才复活的，它是一只胖墩墩、圆眼睛的精灵，鼻子上还高调的挂着一盏小红灯。在泪滴先生的陪伴下，奥利佛游遍了整个神奇的二之国，竭力矫正这个世界的错误，并见证了善举是如何改变一个又一个世界。

　　当然，冒险的旅途上少不了各式各样的敌人，这期间，奥利佛将使用幻兽进行战斗，这些东西会像口袋妖怪一样为主人而战。起初看似简单的游戏系统很快便会展现出其出色的游戏深度。游戏的核心战斗系统也非常完善，但《二之国》的真正灵魂是在小镇和村庄中才展现出来的。在这些地点，奥利佛将使用自己学会的咒语给奄奄一息的世界带来生机，为世界上的其他人们带来希望。这是一款少有的仁慈、博爱、富有教育意义的游戏。**SP**

Far Cry 3
孤岛惊魂3

发售年份：2012
平台：多平台
开发商：Ubisoft Montreal
类型：第一人称射击

　　《孤岛惊魂》向来都是一个拒绝流俗的游戏系列。在其他游戏都在灰色的廊道和脏乱的下水道中潜行时，初代的《孤岛惊魂》已经把玩家带到了风光旖旎的热带海岛。二代游戏则把你丢进了一个满目疮痍、徘徊在内战边缘的非洲国家，虽然在角色和剧情上并无关联，但两款游戏都突破了传统电子游戏的疆界，让环境来主宰动作。

　　《孤岛惊魂3》大概是整个系列迄今为止最大的惊喜。这并非是因为游戏的小岛背景设定别出心裁，而是因为这个系列终于把各种零散的好点子综合在了一起，形成了一个整体。玩家扮演的是一个来到热带海岛上度假的美国人，但美好的假日时光却因为朋友被一群疯子绑架而彻底结束。从这里开始，游戏的剧情发展将完全超出你的意料。你不是要踏上一次线性的复仇之旅，相反，《孤岛惊魂3》摇身一变成了一次奇妙的任务狂欢。你可以捕猎、摘花，最赞的是有一系列通讯塔等着你去攀爬、抢占。一个又一个游戏系统层叠在一起等着你去挖掘尝试，地图上更是覆满了各种任务图标，把你的注意力从主线剧情上分散开来。

　　《孤岛惊魂3》最令你印象深刻的往往是一瞬间的欢乐而不是大段的残酷剧情。因为游戏的主线剧情充满了后现代创意和符号主义，把整个游戏叙事变成了一系列有待破解的暗号。"这款游戏强调的就是娱乐，以及你愿意在这些娱乐中沉浸多久，"编剧杰弗瑞·约哈雷（Jeffrey Yohalem）说道，"你是否愿意为了杀死那些角色来结束你的娱乐？"

　　总而言之，这种颇具自我意识、甚至几乎弄巧成拙的设计方式和《孤岛惊魂》搭配得非常好。整个小岛很疯狂，游戏也很疯狂，你为什么不让自己也疯狂地沉浸其中呢？ **CD**

Journey
旅途

发售年份：2012
平台：PS3
开发商：Thatgamecompany
类型：动作

据说《旅途》的灵感源自一名退休宇航员在历经太空探险后对于距离感和联系感之间独到的领悟。Thatgamecompany公司避开了科幻游戏的俗套，用这款独一无二的游戏进一步探究了上述主题。《旅途》的背景设在一个没有名字，但却让人感觉似曾相识的幻想世界，把玩家带进了一片变幻无常的沙漠，并要求玩家向远方一座发光的高山前进。

这样的目标老得像《圣经》里的故事，但却为游戏增添了一丝神秘气息。它也为你这趟短小却震撼的冒险提供了一个坐标，不管你是在广袤的沙海中跋涉，或是在后期关卡中冰封的台阶上跳跃歌唱，你都不会迷失方向。

《旅途》很容易唤起一种精神超然之感：教堂风格的建筑、空荡荡的世界、漫天飞舞的奇异物体等等无不如此。

出色的多人模式把你和世界上的其他玩家随机连接在一起。你们不能用传统的方式进行聊天交谈。相反地，你只能跳舞、唱歌，鼓励彼此继续前进。因此，虽然《旅途》外表看似华美而冷酷，但游戏里面跳动着一颗充满人性的温暖的心。**CD**

XCOM Enemy Unknown
幽浮：未知敌人

发售年份：2012
平台：多平台
开发商：Firaxis Games
类型：策略

作为《幽浮》系列重启后的新作，《幽浮：未知敌人》采用了一个出色的回合制系统来展现近距离的激烈巷战。你可以潜行进入战场对敌人放一枪，然后赶在被激光爆头之前躲回掩体。你还可以自己给军队、宠物和朋友取名字，这也让他们的阵亡更加令人揪心。

而他们的死也只是时间问题，但这也是游戏乐趣的一部分，一碰上伤亡就跑回去读档重玩反而是对这种乐趣的一种亵渎。在《未知敌人》中，就连全军覆没的大溃败也娱乐性十足。这些失败给了你一个反思错误的机会，而当你在回顾一次惨烈的战斗任务、苦思其中的荒唐失误时，整个游戏系统也展现出它在叙事能力上的成熟。

游戏以十分经济高效的手段将一切展现在玩家面前——一小队XCOM计划成员、一些外星敌人、几个简单的可选地图，对虚幻引擎3的利用让你看到的一切都带着一股子廉价品的味道。游戏虽然简陋，但却不失美感。游戏的内在机制把每一场回合制战斗都做得趣味十足，更确保了你的总部的每一寸土地都得到充分的开发利用。**CD**

Hotline Miami
迈阿密热线

发售年份：2012
平台：PC
开发商：Dennaton Games
类型：动作

Thirty Flights of Loving
三十航班之恋

发售年份：2012
平台：PC, Mac
开发商：Blendo Games
类型：互动式小说

  《迈阿密热线》画面醒目、色彩斑斓、细节丰富，它也必将因为把房门变成致命武器而名垂史册。在Dennaton Games 的这款处女作中，你从来都不缺武器。不论是现成的还是临时的，你根本不必愁找不到东西来杀人。但没有一样比得上用房门伤人来得爽快。你可以在楼道上潜伏，等敌人走到门口时一脚猛踹，欣赏木片与血肉交织横飞的壮烈场景。

  游戏背景设在80年代光鲜亮丽的佛罗里达，并对创新式屠杀表现出独特的偏爱。你所扮演的是一个粗野的杀手，被派去各地执行杀人任务。经过你大闹一番，每个犯罪现场都要堆尸成山、血流成河，足以让警察的地毯清洁剂和裹尸袋储备告急。每一关都在紧张而狂暴的数分钟内结束，你要在这段时间内从一个房间杀到另一个房间，一个活口都不能留。

  你扮演的角色非常凶残，但同时也很不耐揍。很快你就会发现这些任务其实是一个个头脑挑战，你要在武器、敌人和安全地带之间计划好一条行动路线，然后在一次次失败中不断修改自己的路线并最终走向成功。游戏最出彩的地方在于那个令人意外频频的故事，没有精彩的剧本，《迈阿密热线》不过是另一款充斥着暴力、耍点小聪明的游戏。但有了这个故事支撑，本作则成了探寻暴力魅力的奇异之旅。**CD**

  布伦登·钟（Brendon Chung）的这款《三十航班之恋》是一款鲜艳多彩的互动小说式游戏，你将在游戏中历经一场犯罪活动，并漫无目地四处乱撞，而这个游戏世界中充斥着意义不明的事件，但却给你一种无处不在、难以言喻的紧迫感和危机感。虽然你可以收集各种你想要的武器和弹药，但你一发子弹也用不上。

  《三十航班之恋》并未像其他游戏那样陷入各种俗套桥段，而是以一种优雅和大胆的方式与这些套路擦边而过。游戏故事讲述一次劫案的策划与后果，但却并未明确展现出抢劫的真正过程。整个游戏都把你置于一种惶惶不安、不知所措的局面之中。

  令人头晕目眩的跳跃式剪辑更让布伦登成为第一位伟大的游戏剪辑师。布伦登创造的这个世界充满了隐晦的暗示，同时又用一条浪漫动人的感情故事线表达出对《了不起的盖茨比》等作品和王家卫电影的致敬。

  布伦登是最具头脑的一名设计师，也是最感性的一名设计师。他设计出来的方脑袋角色可能谈不上写实，但简单中却透着深度，你可以从中感觉到创作者挖掘人性秘密的强烈渴求。**CD**

Mark of the Ninja
忍者之印

发售年份：2012
平台：PC, Xbox 360
开发商：Klei Entertainment
类型：潜入

温哥华的Klei Entertainment公司曾经打造了魄力十足的动作游戏《闪客》（Shank），并因此一举成名。《闪客》系列都是靠拳头打天下的打斗类作品，在露骨的英雄主义和另类华丽的卡通美学下面，隐藏的是精彩的战斗设计。这些游戏外观都非常风格化，但内容也出人意料的充实。

《忍者之印》保留了《闪客》系列的艺术风格，但却把关注点移到了秘密潜入和间接战斗上。太阳给月亮让位、高耸入云的神殿取代了摔角场和昏暗的酒吧，过度泛滥的暴力元素也得到了严格的控制。

这是一次漂亮的转型，《忍者之印》俨然成了一款潜入与偷袭的现代佳作。游戏的背景设在一系列昏暗的2D关卡中，你的复仇任务就是通过打碎吊灯、分散守卫注意、蹑手蹑脚的前行来完成。技术好的话，敌人永远看不到你从黑影中掷出的飞镖；技术再好点的话，你根本不用放倒任何一个敌人就能通关。

换言之，这是一次非常高尚的潜入作战。游戏很鼓励你在分析复杂变幻的地形时深思熟虑、随机应变，但也不反对你直接壮着胆子一路冲过去。"我们只想做一款真正让你感觉化身忍者的游戏，"Klei的创始人程杰米（Jamie Cheng）说道，"而不是狂轰滥炸见人就杀的那类作品。"

如果你觉得潜入游戏只要耐性好、记忆力强、躲在柜子里面避开守卫就可以，这款游戏将证明你大错特错；而如果你以为Klei公司只会做拿着电锯疯狂杀人的暴力游戏，《忍者之印》将令你目瞪口呆。**CD**

The Walking Dead
行尸走肉

发售年份：2012
平台：多平台
开发商：Telltale Games
类型：冒险

《行尸走肉》改编自编剧罗伯特·柯克曼（Robert Kirkman）和漫画家托尼·摩尔（Tony Moore）、查理·阿德拉（Charlie Adlard）的同名漫画。整个游戏共分为五个章节，并打造出了一个属于自己的故事。游戏的背景和漫画及电视剧保持了一致，讲述人类如何在一个被恶性疾病摧毁的世界中苟且求生。但游戏中的角色都是全新的原创角色，他们的故事也是首次在游戏中展现。

《行尸走肉》的剧情就像一本精彩的末世题材小说。在这个危机四伏的世界，你看不到多少希望。玩家在游戏中要面临重重抉择，比如要在半秒钟内决定在两个人中救谁的命，类似的残忍决定往往会把你仅存的一丝乐观精神浇熄。不同于其他以杀丧尸为重心的同类型游戏，《行尸走肉》强调的是人与人之间的关系，表现肉体与精神濒临崩溃的幸存者之间紧张的对话。

你所扮演的是一名被控谋杀的教师，亦是所有对话的中心人物。你要一边和其他幸存者建立友谊关系，一边设法保护你在游戏开场处遇上的小女孩。对话选择、简单的物品栏和编排好的故事场景构成了游戏的大部分互动内容。

虽然每一章游戏中的大量选择都令人非常为难，但在二周目游戏时你会发现，所有的这些选择其实都在暗示你做一件事情——逃跑。很少有游戏能把如此精雕细琢的角色和故事展现出来，在这个叙事情感和叙事能力严重匮乏的电子游戏界，《行尸走肉》无疑达到了一个高峰。**SP**

Dishonored
耻辱

发售年份：2012
平台：多平台
开发商：Arkane Studios
类型：潜入

　　《耻辱》很容易沦为一场灾难——这是一款把背景设在一个繁杂的幻想世界的潜入式游戏，制作方则是以野心有余、成绩不足而闻名的Arkane Studios。但最终呈现在玩家面前的这场黑暗风格的动作冒险却令人拍手叫好，原因不在于它惊人的创意，而在于它是如此完整，毫不妥协。

　　游戏的背景设在一个新维多利亚时代城市——丹沃尔（Dunwall）。在这个瘟疫横行的城市中，你将扮演前任女皇侍卫Corvo Attano，你要为死去的女皇复仇，而怎么个复仇法就完全取决于你自己了。在充斥着各种可能性的关卡中，你可以不假思索一顿乱砍，也可以神不知鬼不觉地为了协助你的冒险潜行。

　　游戏还提供了各种技能供你学习，其中最厉害的莫过于Blink，让你能在短距离内实现瞬间移动，彻底地改变了角色行动的方式。你还将见识一系列可怕堕落的人物，从这些角色身上，你也可以强烈地感受到整个社会已经濒临腐化的边缘。你的同伴都是些醉汉，你的总部是一家废弃的酒吧，而你极力挽救的这个城市却沉溺在斗犬一类的高级娱乐活动当中。很少有游戏把周围环境打造得如此污浊油腻、暗不透光。

　　你是要拯救这个城市于水火之中还是任凭它腐朽堕落，完全取决于你。唯一一成不变的是游戏的环境，以令人叹服的技艺将爱丁堡和维多利亚时代的伦敦结合在一起，每个街角都有可怕的冒险等着你去开启，每个巷道都隐藏着肮脏的秘密。丹沃尔城是《耻辱》颓废美学的最佳代表，如果这个城市看上去异常眼熟，那也许是因为它出自维克多·安托诺夫（Victor Antonov）之手，此人正是《半条命2》中那座恢宏而萧条的17号城的建筑设计师。**CD**

Year Walk
漫漫旅途

发售年份：2013
平台：iOS
开发商：Simogo
类型：冒险 / 解谜

《漫漫旅途》是一款有关探索与发现的游戏，这也让人很难去对它进行描述，因为任何剧透都会让新手玩家的游戏乐趣大打折扣。游戏将把你丢进一个瑞典民间传说的世界，你只知道自己处在古老而神秘的"year walking"仪式中，除此之外，游戏不会给你任何指导提示。据说，参加这个仪式的人将能预知未来，知晓自己能否获得财富、幸福和爱情。

当你走出一座林中小屋，踏上茫茫雪原后，如何探索这个世界就完全取决于你自己了。Simogo 刻意省略游戏提示的做法正是本作的一大魅力所在，令人印象深刻的配音也令游戏魅力大增——这毕竟是出自曾经打造过《节拍神偷》（Beat Sneak Bandit，2012）的游戏公司之手。游戏有着动人的音乐和诡异的声效，不选用高档头戴式耳机来玩这款游戏实在是种浪费。虽然不能剧透，但这里仍可以告诉你Simogo的这趟iOS历险既有革命性，又令人毛骨悚然，绝对不容错过。

《漫漫旅途》的流程相对较短（具体游戏时间取决于你解谜技术的好坏），但是却能通过有趣的方式把游戏与现实连接起来。Simogo对iPhone和iPad的触屏与感应功能进行了出色运用，得意地打破了你的预期。

更有意思的是游戏提供了一个下载附件（不另收费），如百科全书般为你详细解读游戏背后的民间传说。但真正让这件新铸珍品如此与众不同的还是它出人意料的结局。Simogo在本作中为你准备了不少复杂谜题，也并不介意你一边记笔记一边解谜，游戏玩起来让人感觉仿佛打开了一扇通向异世界的大门。**BM**

BioShock Infinite
生化奇兵：无限

发售年份：2013
平台：多平台
开发商：Irrational
类型：第一人称射击

极乐城——初代《生化奇兵》中的海底都市——是游戏界所创造出的最精美瑰丽、最令人难忘的世界之一，而《生化奇兵：无限》中的哥伦比亚城——一个内核上与极乐城有着异曲同工之妙的天空之城——则用一砖一瓦重现了极乐城的恢弘气势、考究细节和阴森气氛。

《生化奇兵：无限》的推出，标志着初代游戏开发公司Irrational的再度回归（《生化奇兵2》是由2K Marin公司接手制作），并将这个系列带到了一个全新的"高度"。这并不是说游戏和前作没有联系——游戏的战斗系统只在前作基础上稍作改进，但是本作的道具及全新环境下的民众却将游戏的核心体验大幅扩大。

最值得一提的当属伊丽莎白和你的天钩。伊丽莎白这个角色大概是自《半条命2》中的Alyx Vance诞生以来，电子游戏史上最有血有肉、最讨人喜爱的搭档角色。但她的故事更加动人，故事的铺陈也非常细腻，不过这女孩子在枪林弹雨下可不是好惹的。她的各种强大技能之一便是分裂时空，从中寻求援助和帮手。这也给Irrational公司一个很好的机会来戏弄玩家对于这个世界的感觉。

另外，天钩这东西既是一种残忍的武器，也是使用"天路"（覆盖哥伦比亚城、连接不同区域的轨道）的重要道具。也许你好不容易克服了站在哥伦比亚空岛边缘时的眩晕感，但当你用天钩吊在磁力轨上悬空猛冲时，所有的恐惧感都将卷土重来。**BM**

撰稿人

Chris Baker (CB) 专门为《Wired》杂志撰写有关电子游戏及其他话题的各类文章。曾为《The Splendid Magic of Penny Arcade: The 11 1/2 Anniversary Edition》一书撰写过一章节内容，也常在《Slate》、《Entertainment weekly》、《Giant Robot》等出版物及《1-Up》电子杂志上发表文章。

Tom Benjamin (TB) 自上世纪70年代末期开始玩电子游戏，现在热衷于收集各种游戏硬件及软件。目前正在与他人合作撰写一本有关街机游戏史的书籍。

Owain Bennallack (OB) 在《Edge》、《MCV》、《Develop》杂志，以及由自己与他人联手创办的PocketGamer网站担任编辑，同时也是Develop in Brighton会议的咨询委员会主席。从《The Times》到BBC新闻等各类媒体上都能见到他的文章。

Brandon Boyer (BB) 是游戏文化博客Offworld的创建者，也是独立游戏节的主席，并参与了《Edge》、《Giant Robot》、Boing Boing和Gamasutra网站的写稿及编辑工作。

Jason Brookes (JB) 是前《Edge》杂志编辑，目前在亚洲游戏新闻界工作，主要担任日本媒体公司Enterbrain（《Fami通》周刊的发行商）的海外记者。

Jamin Brophy-Warren (JBW) 曾是《Wall Street Journal》的记者。他是电子游戏杂志《Kill Screen》的创办者，也是名撰写艺术、娱乐类文章的作家。他的文章常见于《LA Times》、《Fast Company》、《Vanity Fair》及《Slate》。

Matthew Castle (MC) 是游戏杂志《NGamer》的撰稿人及游戏编辑。他的文章常出现在《Edge》、《GamesMaster》、《Xbox World 360》、《Official Nintendo Magazine》等诸多杂志及网站上。

Mike Channell (MCh) 是《Xbox 360:The Official Xbox Magazine》杂志的评论编辑，也经常担任《Inside Xbox》节目"OXM Report"版块的主持人。他的作品常发表在英国各大主流电子游戏杂志上，如《PC Gamer》、《Official Playstation Magazine UK》，以及《Edge》等等。

Chris Dahlen (CDa) 是《Kill Screen Magazine》的编辑主任，同时也是Edge Oline的一名专栏作家，并为《Pitchfork》、《Paste》、《Slate》及《The Onion》的"The A.V. Club"版块写稿。

Christian Donlan (CD) 为各类杂志及网站撰写游戏类文章。他的文章是《Edge》和Eurogamer网站上的常客，其作品还经常出现在《Design Week》等诸多出版物上。他也为欧美儿童电视节目写稿。

Martin Davies (MD) 是一名作家兼插画家，他写的电子游戏类文章常出现在《Edge》、《GamesMaster》、《The Guardian》、《NGamer》、《Official Playstation Magazine UK》、《Official Xbox Magazine》、《PC Gamer》、《PSM3》上。目前他正在为Channel 4制作游戏，同时还在撰写一本小说。

Joao Diniz Sanches (JDS) 是一名自由作家，自1997年起就开始撰写大量关于电子游戏的文章。他曾担任《Edge》的编辑，也是《The Video Gaming Manual》和《The Driving Games Manual》的作者。

Nathan Ditum (ND) 是互动PS3节目FirstPlay的副主编，有着超过五年的经验，并常在《Edge》和《Total Film》上发表文章。目前他正在撰写关于当代好莱坞著作权的博士论文。

Kieron Gillen (KG) 在电子游戏领域有着十五年的职业写作经验。2007年，他与别人合作创办了Rock, Paper, Shotgun网站，这也是英国人气最高的PC游戏网站。他还为Channel 4的游戏《The Curfew》创作了剧本，并为Marvel、Image、Avatar创作漫画。

Sam Grant (SG) 为多家网站和杂志撰写游戏文章。他本人也是一名游戏开发员，在各类游戏平台都有工作经历。

Duncan Harris (DH) 是一名专题作家、评论家及设计咨询，其文章常发表在《Edge》、《PC Gamer》、《Official Xbox Magazine》等杂志上。他参与的其他项目还包括开源媒体界面Aeon和电子游戏摄影网站Dead End Thrills。

Mitch Krpata (MK) 是马萨诸塞州波士顿的一名自由作家。常在《Paste》、《Slate》、《Kill Screen》等杂志及其个人博客Insult Swordfighting上发表文章。

Mathew Kumar (MKu) 是一名住在多伦多的苏格兰自由作家，他在《Edge》等杂志、Gamasutra等网站上发表了大量有关电子游戏的文章。他还出版了自己的独立游戏杂志《exp.》，你可以在expdot.com获取该杂志。

Keza MacDonald (KM) 报导欧洲、美国、日本的游戏文化已有五年，她本人曾在日本攻读现代语言硕士。你可以在《Edge》、《The Observer》、Eurogamer等大量出版物和网站上看到她的文章。

Gus Mastrapa (GM) 来自加拿大的苹果谷，是名自由电子游戏评论者，常在Wired.com、《Edge》、《The

Onion》、G4TV的《X-Play》、《Paste》、《Hustler》上发表文章。

Ben Maxwell (BM) 是名自由记者，并化名I AM The Manta开设了一个博客。他是个有着二十四年游戏史的资深玩家，也常在《Pocket Gamer》和Edge Online上投稿。

David McCarthy (DM) 是前《Edge》杂志的作家，同时也是多部电子游戏类书籍的作者，如《Game On! From Pong to Oblivion:The 50 Greatest Video Games of All Time》。他也参与编写了《Guinness World Records Gamer's Edition》，他的文章常刊登在《GameMaster》、《Official Playstation 2 Magazine》、《Sight&Sound》和《Zoo》等杂志上。

Jim McCauley (JM) 是Computer Arts及其电子杂志的网络编辑，有着长达十五年的电子游戏类文章写作史，其文章常见于《Edge》、《PC Gamer》、《Official Playstation Magazine UK》、《Arcade》、《GameMaster》等杂志。他曾是《PC Gamer》第一个网站最早的编辑。

Alec Meer (AM) 是游戏网站Rock，Paper，Shotgun的创始人兼编辑之一。在过去的十年间，你可以在《PC Gamer》、《Official Xbox Magazine》、IGN、Eurogamer、《Edge》等各大杂志及网站上看到他的文章。

Simon Parkin (SP) 是《Edge》杂志的长期投稿人。他的作品也常见于Eurogamer、Yahoo、Gamasutra等网站，并汇总于自己的个人网站:Chewing Pixels。他还开设了Box Art博客，里面收集了近年来最优秀的游戏封绘。

Jim Rossignol (JR) 是一名作家，也是PC游戏博客Rock，Paper，Shotgun的一名编辑。他的著作《This Gaming Life》已由密歇根大学出版社于2008年正式出版。他也为BBC、《The Times》和《Wired》杂志写稿。

Jamie Russell (JRu) 是《Total Film》杂志的一名特约编辑，并为《Edge》、《Radio Times》、《Sight&Sound》撰写游戏、电影类文章。他也出版了几本纪实类书籍，目前正在写一本有关好莱坞电影与电子游戏的新书。

Ben Schroder (BS) 是一名电子游戏撰稿人兼游戏开发商，常在《Edge》、《PC Gamer》及Next Generation Online上发表文章。他参与制作的游戏遍及各大平台，从手机应用到大型多人在线游戏无所不包。

Rob Smith (RSm) 是前《PC Gamer》、《Official Xbox Magazine》、《Playstation:The Official Magazine》的美国主编，他也是《Rogue Leaders:The Story of LucasArts》一书的作者。其文章常见诸各类电子游戏出版物之上。

Richard Stanton (RS) 是《Edge》杂志的专题作家兼编辑。他的文章常见于各大杂志及PC Gamer、GamesMaster、PSM3等网站。

Tim Stone (TS) 是《PC Gamer UK》上资历最老的自由撰稿人。由他写的关于模拟类、策略类游戏的文章也常出现在《Edge》、《PC Pilot》等杂志以及Eurogamer、Rock，Paper，Shotgun等网站上。

Keith Stuart (KS) 是《The Guardian》（伦敦）的技术特派员，也是一名资深电子游戏记者。他的文章常见诸各类杂志之上，如《Edge》、《Official Playstation Magazine UK》、《FHM》、《Esquire》、《FourFour Two》、《Frieze》等等。

John Teti (JT) 负责《The Onion》的娱乐版块"The A.V. Club"的游戏报导。他的文字和视频作品常出现在Crispy Gamer、UGO、Paste和Eurogamer上。他还曾是《The Daily Show with Jon Stewart》的联合制片人。

David Valjalo (DV) 是一名电子游戏记者，在电玩业的各方面都有着丰富的经验。他曾在《Sony Computer Entertainment》、《Jazz Publishing》及电子游戏零售业工作。目前是《Edge》杂志的专职撰稿人。

Ben Wilson (BW) 是《Official Playstation Magazine UK》的编辑，此前曾为《Zoo》、《More》、《Bliss》和Nickeldeon工作。他也为《Loaded》、《New Woman》、《Empire》、《Edge》、《PSM3》、《GamesMaster》写稿。

Alex Wiltshire (AW) 是Edge Online的编辑，此前曾在建筑设计类杂志《Icon》工作。他的文章还常见于《PC Gamer》、《Official Xbox Magazine》、《New Statesman》、《The Architects' Journal》及《Design Week》上。

游戏开发商索引

2015
Medal of Honor: Allied Assault, 492

2D Boy
World of Goo, 814

2K
BioShock, 710
BioShock 2, 943

5th Cell
Scribblenauts, 918

Ace Team
Zeno Clash, 930

ACES
Microsoft Flight Simulator X, 706

Activision
Alter Ego, 110
Hunter, 206
Interstate '76, 348
Little Computer People, 101
MechWarrior 2: 31st Century Combat, 280

Adeline Software
Little Big Adventure, 260

Agenda
Clubhouse Games, 599

Aki Corporation
Def Jam: Fight for NY, 574

AlphaDream
Mario & Luigi: Bowser's Inside Story, 896
Mario & Luigi: Partners in Time, 630
Mario & Luigi: Superstar Saga, 529

Amanita Design
Machinarium, 882

Amstar Electronics
Phoenix, 40

Amusement Vision
F-Zero GX, 550
Yakuza 2, 660

Apogee Software
Duke Nukem 3D, 294

Appeal
Outcast, 400

Arc System Works
BlazBlue: Calamity Trigger, 822

Area/Code
Drop 7, 835

ArenaNet
Guild Wars, 616

Arkane Studios
BioShock 2, 943
Dishonored, 946

Arnold, Ken
Rogue, 37

Asobo Studio
Fuel, 872

Atari
720°, 126
A.P.B., 136
Adventure, 28
Asteroids, 29
Battle Zone, 34
Breakout, 24
Centipede, 41
Combat, 26
Crystal Castles, 67
Gauntlet, 95
Gauntlet II, 113
Gravitar, 49
I, Robot, 59
Klax, 184
Lunar Lander, 31
Marble Madness, 82
Missile Command, 36
Paperboy, 87
Pong, 22
Rampart, 194
Star Wars, 61
Super Sprint, 126
Tempest, 37
Warlords, 41

Atari Games
Blasteroids, 134
Xybots, 152

Atlus
Shin Megami Tensei: Persona 3, 681
Shin Megami Tensei: Persona 4, 812
Trauma Center: Second Opinion, 699
Trauma Center: Under the Knife, 638

Automata
Deus Ex Machina, 79

Avalanche
Just Cause, 682

Awesome Developments
Pool Paradise, 552

Backbone Entertainment
Super Street Fighter II Turbo HD Remix, 828

Bally Midway
Demolition Derby, 84
Tron, 58

Bartle, Richard
MUD, 38

Bay 12 Games
Slaves to Armok II: Dwarf Fortress, 699

Beam Software
Hobbit, The, 50
Shadowrun, 252

Behemoth, The
Castle Crashers, 780

Bell, Ian
Elite, 77

Bethesda Game Studios
Elder Scrolls III: Morrowind, 488
Elder Scrolls IV: Oblivion, 696
Elder Scrolls V: Skyrim, 939
Fallout 3, 787

Big Five Software
Bounty Bob Strikes Back, 89
Miner 2049er, 54

Big Huge Games
Rise of Nations, 540
Rise of Nations: Rise of Legends, 690

BioWare
Baldur's Gate II, 418
Dragon Age: Origins, 864
Jade Empire, 632
Mass Effect, 732
Mass Effect 2, 942
Neverwinter Nights, 495
Star Wars: Knights of the Old Republic, 544

Bitmap Brothers, The
Speedball 2: Brutal Deluxe, 181

Bits Productions
Gravity Power, 261

Bizarre Creations
Geometry Wars, 530
Geometry Wars: Retro Evolved 2, 801
Metropolis Street Racer, 432
Creations, Project Gotham Racing 3, 635

Black Isle Studios
Fallout, 331
Planescape: Torment, 402

Black Rock Studios
Pure, 813

Blendo Games
Thirty Flights of Loving, 943

Blizzard Entertainment
Diablo, 333
Diablo II, 423
StarCraft, 375
Warcraft II: Tides of Darkness, 289
Warcraft III: Reign of Chaos, 507
World of Warcraft, 599

Blow, Jonathan
Braid, 777

Blue Byte Software
Settlers, The, 247

BlueSky Software
Vectorman 2, 320

Bohemia Interactive
ArmA: Armed Assault, 658
Operation Flashpoint: Cold War Crisis, 467

Braben, David
Elite, 77

Brøderbund
Choplifter, 51
Prince of Persia, 174

Brøderbund Software
Logical Journey of The Zoombinis, 287

Brownie Brown
Mother 3, 653

Bugbear Entertainment
FlatOut: Ultimate Carnage, 718

Bullfrog Productions
Black & White, 449
Dungeon Keeper, 329
Populous, 173
Powermonger, 188
Syndicate, 242
Syndicate Wars, 314
Theme Park, 272

Bungie
Halo 2, 561
Halo 3, 725
Halo 3: ODST, 880
Halo: Combat Evolved, 460
Marathon Infinity, 305
Myth: The Fallen Lords, 339

Cadez, Bostjan
Line Rider, 652

Camelot Software Planning
Mario Golf, 400
Mario Power Tennis, 567
Shining Force III, 350
Golden Sun, 469

Capcom
1943, 146
Breath of Fire II, 253
Capcom vs. SNK: Millennium Fight 2000, 432
Commando, 92
Dead Rising, 661
Devil May Cry, 452
Devil May Cry 3: Dante's Awakening, 620
Devil May Cry 4, 788
Final Fight, 170
Forgotten Worlds, 156
Ghosts 'n Goblins, 96
Ghouls 'n Ghosts, 157
Gregory Horror Show, 551
Killer 7, 628
Legend of Zelda: Oracle of Seasons/Ages, The, 471
Legend of Zelda: The Minish Cap, The, 590
Marvel vs. Capcom 2: New Age of Heroes, 421
Maximo: Ghosts to Glory, 464
Mega Man 9, 839
Monster Hunter Freedom Unite, 826
Okami, 674
Phoenix Wright: Ace Attorney, 289
Power Stone 2, 434
Resident Evil, 307
Resident Evil 2, 368
Resident Evil 4, 650
Resident Evil 5, 910

Resident Evil Code: Veronica, 433
Resident Evil Zero, 501
Steel Battalion, 484
Street Fighter Alpha 3, 368
Street Fighter II Turbo: Hyper Fighting, 230
Street Fighter III: Third Strike, 386
Street Fighter IV, 829
Strider, 175
Super Puzzle Fighter II Turbo, 293
Ultimate Ghosts 'n Goblins, 707
Viewtiful Joe, 525
Zack & Wiki: Quest for Barbaros' Treasure, 765

Capybara Games
Critter Crunch, 772
Might & Magic: Clash of Heroes, 880

Carbonated Games
Hexic 2, 730
Uno, 653

Carver, Bruce
Leader Board, 109

Carver, Roger
Leader Board, 109

Casual Collective
Desktop Tower Defense, 721

Cave
DoDonPachi, 327

Cavedog Entertainment
Total Annihilation, 349

CCP Games
Eve Online, 510

CD Project
Witcher, The, 751

Chair Entertainment
Shadow Complex, 922

Cho, Kenta
Torus Trooper, 592

Cinematronics
Dragon's Lair, 63

Cinemaware
Defender of the Crown, 124

Cing
Hotel Dusk: Room 215, 731
Little King's Story, 891

Cipher Prime
Auditorium, 770

Clap Hanz
Everybody's Golf: World Tour, 715

Clover Studio
God Hand, 675

Codemasters
Colin McRae: Dirt, 728
Colin McRae: Dirt 2, 855
Micro Machines, 214
Micro Mach.nes 2: Turbo Tournament, 259
Operation Flashpoint: Dragon Rising, 898
Race Driver: Grid, 808

Codo Technologies
Rebelstar: Tactical Command, 638

Core Design
Free Running, 716
Tomb Raider, 310

Crammond, Geoff
Sentinel, The, 127

Creative Assembly, The
Empire: Total War, 865
Medieval II: Total War, 691
Medieval: Total War, 483
Rome: Total War, 584

Criterion Games
Black, 655
Burnout 2: Point of Impact, 477
Burnout Paradise, 778

Critical Thought Games
GeoDefense Swarm, 870

Croteam
Serious Sam, 461

Cryptic
City of Heroes, 556

Crystal Dynamics
Tomb Raider Legend, 664
Tomb Raider Underworld, 833

Crytek
Crysis, 719
Far Cry, 566

Cyan Worlds
Myst, 232

Data East
Karate Champ, 82

Delphine Software
Another World, 203

Cruise for a Corpse, 206
Flashback, 221

Denki, Sanritsu
Bank Panic, 72

Dennaton Games
Hotline Miami, 943

Digital Illusions CE
Battlefield 1943: Pacific, 848
Battlefield 2, 602
Battlefield: Bad Company, 774

Digital Chocolate
Tower Bloxx, 636

Digital Extremes
BioShock 2, 943

Digital Illusions
Battlefield 1942, 476
Midtown Madness 3, 523
Pinball Dreams, 217

Distractionware
VVVVVV, 941

DMA Design
Body Harvest, 359
Grand Theft Auto, 344
Grand Theft Auto 2, 388
Lemmings, 208
Space Station Silicon Valley, 373
Uniracers, 266

Donald Brown
Eamon, 36

Double Fine Productions
Psychonauts, 642

Drummond, Bernie
Monster Max, 261

Dvorsky, Jakub
Samorost, 542

Dynamix
Incredible Machine, The, 227
Tribes 2, 450

Eden Games
Test Drive Unlimited, 692

Egosoft
X³: Reunion, 651

Eidos Montreal
Deus Ex: Human Revolution, 934

Electronic Arts
Boom Blox Bash Party, 843

游戏开发商索引 | 953

Dead Space, 786
Desert Strike: Return to the Gulf, 219
Fight Night Round 3, 668
Grand Slam Tennis, 874
Henry Hatsworth in the Puzzling Adventure, 888
Madden NFL 10, 888
NBA Street Vol. 2, 533
Need for Speed: Most Wanted, 634
Need for Speed: Shift, 895
Sims 3, The, 912
Skate 2, 914
SSX Tricky, 472
System Shock 2, 411
Tiger Woods PGA Tour 10, 932

Empire Interactive
Mashed, 567

Enix
Dragon Quest, 123

Ensemble Studios
Age of Empires, 321
Age of Empires II: The Age of Kings, 381
Age of Empires: Mythologies, 798
Age of Mythology, 475
Halo Wars, 883

Epic Games
Gears of War, 654
Gears of War 2, 791
Unreal Tournament 2004, 593
Unreal Tournament 3, 762

Epyx
California Games, 139
Summer Games II, 91
World Games, 132

Essen, Mark
Flywrench, 720

Evolution Studios
MotorStorm, 723
MotorStorm: Pacific Rift, 807

Exidy
Venture, 45

Eyemaze
Grow, 504

Factor 5
Star Wars Rogue Squadron II: Rogue Leader, 473
Star Wars: Rogue Squadron, 372

Farbs
Captain Forever, 842

FarSight Studios
Gottlieb Pinball Classics, 688

Firaxis Games
Civilization IV, 605
Sid Meier's Alpha Centauri, 354
Sid Meier's Civilization Revolution, 781
XCOM Enemy Unknown, 942

Firebrand Games
Trackmania DS, 837

Firemint
Flight Control, 866

First Star Software
Boulder Dash, 75
Spy vs. Spy, 88

Fitterer, Dylan
Audiosurf, 770

Free Fail Associates
Archon, 60

Free Radical Design
Second Sight, 580
TimeSplitters: Future Perfect, 645
TimeSplitters 2, 508

FreeStyleGames
DJ Hero, 858

From Software
Dark Souls, 938
Demon's Souls, 860

Frontier Developments
Lost Winds, 803
Lost Winds: Winter of the Melodias, 890
RollerCoaster Tycoon 3, 588

Frozenbyte
Trine, 920

FTL Games
Dungeon Master, 138
Oids, 142

Funcom
Dreamfall: The Longest Journey, 704
Longest Journey, The, 408

Gajin Entertainment
IL-2 Sturmovik: Birds of Prey, 884

Gajin Games
Bit. Trip Core, 846

Game Arts
Grandia II, 426

Game Freak
Drill Dozer, 607
Pokémon Diamond and Pearl, 699
Pokémon Ruby/Sapphire, 503

Gametek
Frontier: Elite II, 245

Gas Powered Games
Dungeon Siege, 482

Gearbox
Bordlerlands, 840

Gollop, Julian
Rebelstar, 120

Gottlieb
Mad Planets, 64
*Q*Bert*, 55

Graftgold
Paradroid, 106

Grasshopper
Fatal Frame IV: Mask of the Lunar Eclipse, 793
No More Heroes, 736

Gray Matter Interactive
Return to Castle Wolfenstein, 457

GRIN
Bionic Commando Rearmed, 775

Griptonite Games
Age of Empires: Mythologies, 798

GSC Game World
S.T.A.L.K.E.R.: Clear Sky, 809
S.T.A.L.K.E.R.: Shadow of Chernobyl, 750

Guerrilla Games
Killzone 2, 887

HAL Laboratory
EarthBound, 255
Mother 3, 653

Hand Circus
Rolando 2, 909

Harmonix
Amplitude, 516
Beatles: Rock Band, The, 917
Frequency, 453
Guitar Hero II, 677
Rock Band, 746
Rock Band 2, 816

Hassey, Phil
Galcon, 772

Headstrong Games
House of the Dead: Overkill, 863

Heiserman, Jimmi
Quadradius, 744

Hidden Path
Defense Grid: The Awakening, 792

High Impact Games
Ratchet & Clank: Size Matters, 742

Hitmaker
Astro Boy: Omega Factor, 522

Housemarque
Super Stardust HD, 754

Hudson Soft
Bomberman, 190
Ninja Five-0, 536
Saturn Bomberman, 309
Slitherlink, 686
Tetris Party, 802

Human Head Studios
Prey, 656

IC Company
IL-2 Sturmovik, 452

ICOM Simulations
Déjà Vu, 90

id Software
Doom, 235
Doom 3, 560
Doom II: Hell on Earth, 256
Quake, 306
Quake II, 346
Quake III Arena, 403
Return to Castle Wolfenstein, 457

Idol Minds
Pain, 737

Ignition
Mercury Meltdown, 685
Mercury Meltdown Revolution, 735

Illusion Softworks
Hidden & Dangerous 2, 526
Mafia: The City of Lost Heaven, 489

Imabayashi, Hiroyuki
Sokoban, 57

Incognito
Warhawk, 764

Incredible Technologies
Golden Tee Live, 611

indies zero
Retro Game Challenge, 745

Infinite Interactive
Puzzle Quest, 741

Infinity Ward
Call of Duty, 514
Call of Duty 2, 603
Call of Duty 4: Modern Warfare, 711
Call of Duty: Modern Warfare 2, 873

Infocom
Hitchhikers Guide to the Galaxy, The, 80
Mind Forever Voyaging, 92
Planetfall, 65
Return to Zork, 239
Trinity, 107
Zork I, 40

Infogrames
North & South, 167
Alone in the Dark, 216

INiS
Elite Beat Agents, 664
Gitaroo Man, 455

Insomniac Games
Ratchet & Clank, 503
Ratchet & Clank Future: Tools of Destruction, 743
Resistance 2, 810

Intelligent Systems
Advance Wars, 468
Advance Wars: Dual Strike, 611
Fire Emblem: Path of Radiance, 617
Mario Kart: Super Circuit, 454
Paper Mario, 428
Paper Mario: The Thousand-Year Door, 576
Planet Puzzle League, 741
WarioWare: Twisted!, 594

Interplay
Bard's Tale, The, 104
Star Trek: 25th Anniversary, 209

Introversion Software
DEFCOM, 661
Darwinia, 608
Uplink, 474

inXile Entertainment
Fantastic Contraption, 785

IO Interactive
Freedom Fighters, 518
Hitman 2: Silent Assassin, 502
Hitman: Blood Money, 678

Ion Storm
Deus Ex, 422

Irem
Disaster Report, 490
Kung-Fu Master, 78
Moon Patrol, 54
R-Type, 145
R-Type Delta, 351
R-Type Final, 550

Iron Helmet Games
Neptune's Pride, 948

Ironclad Games
Sins of a Solar Empire, 818

Irrational Games
Bioshock Infinite, 949
Freedom Force vs. The 3rd Reich, 604
SWAT 4, 648

Irvin, Peter
Exile, 164

Jagex
RuneScape, 469

Jangeborg, Bo
Fairlight, 105

Jupiter
Picross DS, 738

Kayal, Brad
Quadradius, 744

KCET
International Track & Field, 301
Pro Evolution Soccer 3, 530

Keen Games
Anno 1701: Dawn of Discovery, 712

Klei Entertainment
Eets: Hunger. It's Emotional, 662
Mark of the Ninja, 944

Kojima
Metal Gear Solid 2: Sons of Liberty, 466
Metal Gear Solid 3: Snake Eater, 570

Metal Gear Solid 4: Guns of the Patriots, 805
Metal Gear Solid: Portable Ops, 683

Konami
Axelay, 221
Beatmania, 325
Castlevania: Aria of Sorrow, 515
Castlevania: Dawn of Sorrow, 600
Castlevania: Symphony of the Night, 323
Contra III: The Alien Wars, 218
Dance Dance Revolution, 356
Elebits, 663
Frogger, 46
Gradius, 98
Green Beret, 97
GTI Club Rally Côte d'Azur, 303
Gyruss, 64
Hyper Sports, 81
ISS Pro Evolution, 413
Juno First, 68
Legend of the Mystical Ninja, The, 212
Metal Gear Solid, 367
Salamander, 114
Scramble, 44
Silent Hill, 390
Silent Scope 2: Dark Silhouette, 437
Suikoden III, 499
Super Castlevania IV, 204
Time Pilot, 58
Track & Field, 71
Yie Ar Kung-Fu, 94
Zone of the Enders: The 2nd Runner, 541

Kuju
Battalion Wars, 602

Lazy 8 Studios
Cogs, 934

Left Field Productions
Excitebike 64, 425

Legend Entertainment
Star Control 3, 316

Level-5
Dark Chronicle, 479
Dragon Quest VIII: Journey Of The Cursed King, 559
Jeanne d'Arc, 680
Ni No Kuni, 940
Professor Layton and the Diabolical Box, 762
Rogue Galaxy, 633

Lightweight Co
Bushido Blade, 324

Lionhead Studios
Fable, 614
Fable 2, 782
Movies, The, 643

Llamasoft
Tempest 2000, 260
Space Giraffe, 745

Looking Glass Studios
Thief II: The Metal Age, 443
Thief: The Dark Project, 376
Ultima Underworld II: Labyrinth of Worlds, 251

LucasArts
Curse of Monkey Island, 337
Dig, The, 285
Full Throttle, 278
Grim Fandango, 364
Indiana Jones and the Fate of Atlantis, 222
Loom, 200
Maniac Mansion, 144
Maniac Mansion: Day of the Tentacle, 234
Monkey Island 2: LeChuck's Revenge, 201
Sam & Max Hit the Road, 243
Secret of Monkey Island, The, 180
Star Wars Jedi Knight: Dark Forces, 340
Star Wars: Knights of the Old Republic II, 586
Zak McKracken and the Alien Mindbenders, 162
Zombies Ate My Neighbours, 248

Lucasfilm Games
Ballblazer, 72

Maclean, Archer
International Karate +, 140

Maelstrom Games
Midwinter, 169

Marvelous
Half-Minute Hero, 852
Harvest Moon: Friends of Mineral Town, 528

Marvin Glass and Associates
Tapper, 70

Massive Entertainment
World in Conflict, 766

Mattel Electronics
Utopia, 59

Maxis
SimCity 2000, 241

SimCity, 168
SimCity 4, 543
Sims 2, The, 578
Sims, The, 441
Spore, 827

MECC
Oregon Trail, The, 22

Media Molecule
LittleBigPlanet, 820

Melbourne House
Transformers, 597

Metanet Software
N+, 784

Microprose Software
Civilization, 204
Civilization II, 297
Sid Meier's Pirates!, 153
Sid Meier's Railroad Tycoon, 196

Microsoft
Minesweeper, 170

Microsphere
Skool Daze, 106

MicroStyle
Stunt Car Racer, 176

Midway
Boot Hill, 25
Gorf, 48
John Woo Presents Stranglehold, 752
Mortal Kombat, 223
Ms. Pac-Man, 46
NARC, 161
NBA Jam, 231
Psi-Ops: The Mindgate Conspiracy, 581
Spy Hunter, 66

MindWare
Maboshi: The Three Shape Arcade, 796

Mitchell
Pang, 172

Mode, Zoë
Chime, 947
Crush, 709

Mojang
Minecraft, 936

Monolith Productions
F.E.A.R., 612

F.E.A.R. 2: Project Origin, 868
No One Lives Forever 2: A Spy In H.A.R.M.'s Way, 493

Mythos Games
Laser Squad, 158
UFO: Enemy Unknown, 244
X-COM: Apocalypse, 342

Nadeo
Trackmania: United Forever, 836

Namco
Ace Combat 6: Fires of Liberation, 708
Dig Dug, 52
Final Furlong, 324
Galaga, 42
Galaga '88, 142
Galaxian, 31
Katamari Damacy, 566
Kill Switch, 534
Noby Noby Boy, 867
Pac-Land, 86
Pac-Man, 38
Point Blank, 262
R4: Ridge Racer Type 4, 374
Ridge Racer, 240
Ridge Racers, 583
Rolling Thunder, 125
Soul Calibur II, 487
Soul Calibur IV, 823
Splatterhouse, 161
Tales of Symphonia, 545
Tekken, 254
Tekken 3, 343
Time Crisis, 309
Xevious, 57

Namco Bandai
Mr. Driller, 398
Pac-Man Champ Ed, 740
We Love Katamari, 639

NanaOn-Sha
Vib-Ribbon, 413
Mojib Ribbon, 531
PaRappa the Rapper, 308

Natsume
Harvest Moon, 304

Naughty Dog
Jak and Daxter: The Precursor Legacy, 463
Jak II, 527
Uncharted 2: Among Thieves, 916
Uncharted 3: Drake's Deception, 934
Uncharted: Drake's Fortune, 759

Nazca
Metal Slug, 311

NCS Corp
Cybernator, 220

Nekogames
*Cursor*10*, 782

Nerve Software
Return to Castle Wolfenstein, 457

Neverhood Inc., The
Neverhood, The, 299

Neversoft
Guitar Hero World Tour, 800
Guitar Hero: Metallica, 879
Tony Hawk's Pro Skater 2, 436
Tony Hawk's Project 8, 700

Ninja Theory
Heavenly Sword, 729

Nintendo
1080° Snowboarding, 355
Animal Crossing, 444
Animal Crossing: Wild World, 610
Daigasso! Band Brothers, 579
Donkey Kong, 42
Donkey Kong: Jungle Beat, 558
Donkey Konga, 516
Dr Kawashima's Brain Training, 600
Dr. Mario, 192
F-Zero X, 362
Legend of Zelda, The, 131
Legend of Zelda,: A Link to the Past, The, 213
Legend of Zelda: Four Swords Adventures, The, 591
Legend of Zelda: Link's Awakening, The, 248
Legend of Zelda: Majora's Mask, The, 440
Legend of Zelda: Ocarina of Time, The, 377
Legend of Zelda: Spirit Tracks, The, 926
Legend of Zelda: The Minish Cap, The, 590
Legend of Zelda: The Phantom Hourglass, The, 757
Legend of Zelda: The Wind Waker, The, 505
Legend of Zelda: Twilight Princess, The, 697
Luigi's Mansion, 462
Mario Kart 64, 298
Mario Kart DS, 630
Mario Kart Wii, 776
Mario vs. Donkey Kong, 568
Metroid Fusion, 480
Metroid Prime 3: Corruption, 734
Metroid Zero Mission, 572
Mother 3, 653

Nintendogs, 636
Pikmin, 468
Pikmin 2, 585
Pilotwings, 186
Pilotwings 64, 308
Punch-Out!!, 907
Rhythm Heaven, 909
Starfox 64, 341
Super Mario 64, 317
Super Mario Bros. 3, 193
Super Mario Bros., 103
Super Mario Bros. 2, 160
Super Mario Bros.: The Lost Levels, 129
Super Mario Galaxy, 754
Super Mario Galaxy 2, 931
Super Mario Kart, 220
Super Mario Sunshine, 506
Super Mario World, 202
Super Metroid, 269
Super Punch-Out!!, 268
Super Smash Bros. Brawl, 830
Super Smash Bros. Melee, 470
WarioWare, inc.: Mega MicroGames!, 524
Wave Race 64, 318
Wii Fit, 760
Wii Sports, 703
Wii Sports Resort, 934
Yoshi's Island, 285
Yoshi: Touch & Go, 610

Nintendo R&D1
Kid Icarus, 117

Nippon Ichi
Disgaea 2: Cursed Memories, 671
Disgaea: Hour of Darkness, 512

Nokia
Snake, 342

Novotrade
Ecco the Dolphin, 237
Impossible Mission II, 159

Ocean
Head Over Heels, 141

Oddworld Inhabitants
Oddworld: Abe's Exoddus, 366
Oddworld: Stranger's Wrath, 647

Oliver, Andrew
Fantasy World Dizzy, 166

Oliver, Philip
Fantasy World Dizzy, 166

Origin Systems
BioForge, 279
Ultima I, 48
Ultima Online, 346

Ultima VII, 228
Wing Commander IV: The Price of Freedom, 283

Overworks
Shinobi, 500
Skies of Arcadia, 438

Ozark Softscape
M.U.L.E., 65

Pajitnov, Alexey
Tetris, 107

Papyrus Design Group
Grand Prix Legends, 363

Paradigm Simulation
Pilotwings 64, 308

Parallax Software
Descent, 282

Park Place Productions
John Madden Football, 193
NHL Hockey, 214

PC
Elasto Mania, 424

Pfeiffer, Randy
Qix, 44

Pfeiffer, Sandy
Qix, 44

Phillips, John
Nebulus, 141

Planet Moon Studios
Giants: Citizen Kabuto, 430

Platinum Games
Bayonetta, 851

Playdead
Limbo, 933

Polyphony Digital
Gran Turismo, 335
Gran Turismo 3: A-Spec, 448

PopCap Games
Bejeweled 2, 554
Bejeweled Twist, 771
Bookworm, 517
Peggle, 740
Plants vs. Zombies, 905
Zuma, 551

PopTop Software
Railroad Tycoon 3, 539

Press Play
Max and the Magic Marker, 940

PRM Development
Top Spin 3, 815

Procedural Arts
Façade, 615

Prope
Let's Tap, 802

Psygnosis
Wipeout, 284
Wipeout 2097, 319

Purho, Petri
Crayon Physics Deluxe, 866

Pyro Studios
Commandos 2: Men of Courage, 447

Q Entertainment
E4, 720
Gunpey, 684
Lumines, 569
Lumines Live, 689
Meteos, 620
Rez HD, 814

Q-Games
Art Style: Intersect, 840
PixelJunk Monsters, 815
PixelJunk Shooter, 935
Starship Patrol, 918

Quantic Dream
Fahrenheit, 613
Heavy Rain, 946

Queasy Games
Everyday Shooter, 722

Quest
Tactics Ogre: Let us Cling Together, 280

Radical Entertainment
Prototype, 906

Rare
Banjo Kazooie: Nuts & Bolts, 769
Banjo-Kazooie, 352
Banjo-Tooie, 420
Blast Corps, 325
Donkey Kong Country 3, 313
GoldenEye 007, 334
Jet Force Gemini, 394
Killer Instinct, 271
Perfect Dark, 418

Snake Rattle 'n' Roll, 198
Viva Piñata, 698

Raven Software
Star Wars Jedi Knight II: Jedi Outcast, 498

Realtime Games
Carrier Command, 155

Realtime Worlds
Crackdown, 714

Rebellion
Aliens Versus Predator, 380
Free Running, 716

RedLynx
Reset Generation, 834

RedOctane
Guitar Hero, 624

Reflections
Driver, 360

Relentless Software
Buzz Quiz TV, 779

Relic Entertainment
Company of Heroes, 659
Homeworld, 397
Warhammer 40,000: Dawn of War, 594
Warhammer 40,000: Dawn of War II, 936

Remedy Entertainment
Max Payne, 458
Max Payne: The Fall of Max Payne, 548

Retro Studios
Metroid Prime, 481
Metroid Prime 2: Echoes, 573

Revolution Software
Beneath a Steel Sky, 270
Broken Sword: The Shadow of the Templars, 292

Rhino Studios
Afrika, 771

Alderton, Nigel
Chuckie Egg, 62

Ritman, John
Monster Max, 261

Robot Communications
Zoo Keeper, 531

Rockstar
Bully, 660
Grand Theft Auto III, 456
Grand Theft Auto IV, 798
Grand Theft Auto IV: The Ballad of Gay Tony, 877
Grand Theft Auto IV: The Lost and Damned, 876
Grand Theft Auto: Chinatown Wars, 878
Grand Theft Auto: Liberty City Stories, 622
Grand Theft Auto: San Andreas, 565
Grand Theft Auto: Vice City, 491
Manhunt, 546
Midnight Club: Los Angeles, 806
Red Dead Redemption, 932
Red Dead Revolver, 584
Rockstar Presents Table Tennis, 669
Warriors, The, 644

Rocksteady Studios
Batman: Arkham Asylum, 845

Ronimo Games
Swords & Soldiers, 904

Runic Games
Torchlight, 925

Sacnoth
Faselei!, 412

Sandlot
Earth Defense Force 2017, 667

SCE Japan Studio
Ape Escape, 383

Secret Exit
Zen Bound, 926

Sega
Alex Kidd in Miracle World, 108
Alien Soldier, 277
ChuChu Rocket, 385
Columns, 192
Crazy Taxi 3: High Roller, 478
Cyber Troopers Virtual-On: Oratorio Tangram, 358
Daytona USA, 239
Ferrari F355 Challenge, 389
G-LOC: Air Battle (R-360), 185
House of the Dead 2, The, 315
Panzer Dragoon Orta, 496
Revenge of Shinobi, 171
Samba de Amigo, 405
Sega Bass Fishing, 379
Sega Rally Championship, 291
Shenmue, 406
Shenmue II, 461

游戏开发商索引 | 957

Shinobi, 150
Sonic The Hedgehog, 210
Space Harrier, 128
Super Monkey Ball, 442
Valkyria Chronicles, 831
Virtua Cop 2, 284
Virtua Fighter, 250
Virtua Racing, 226
Virtua Tennis 3, 702
Wonderboy III: The Dragon's Trap, 177

Sega-AM2
OutRun, 121
Power Drift, 160
Super Hang-On, 133
Virtua Fighter 5, 701

Seibu Kaihatsu
Raiden, 194

Semi Secret
Canabalt, 843

Sensible Software
Cannon Fodder, 233
Mega Lo Mania, 207
Sensible World of Soccer, 264
Wizball, 154

Shift
Devil Dice, 365

Shiny Entertainment
Earthworm Jim, 257
MDK, 338
Sacrifice, 443

Shirley, Paul
Spindizzy, 118

Sidhe Interactive
Shatter, 900

Sierra On-Line
Beast Within: A Gabriel Knight Mystery, The, 290
Carcassonne, 768

Silent Software
Return Fire, 288

Silicon & Synapse
Lost Vikings, The, 225

Silicon Knights
Eternal Darkness, 486
Metal Gear Solid: The Twin Snakes, 571

Simbin
GT Legends, 623
GTR 2, 676
Race Pro, 894

Simogo
Year Walk, 948

Singleton
Mike, Lords of Midnight, 85

Skip Ltd
Art Style: Orbient, 672
Chibi-Robo!, 606

Slightly Mad Studios
Need for Speed: Shift, 895

Smilebit
Jet Set Radio, 431
Jet Set Radio Future, 486
Panzer Dragoon Orta, 496
Typing of the Dead, 415

Smith, Douglas E.,
Lode Runner, 69

Smith, Jeremy
Exile, 164
Thrust, 127

Smith, Matthew
Jet Set Willy, 85
Manic Miner, 69

Smoking Car Productions
Last Express, The, 343

SNK
Fatal Fury: Mark of the Wolves, 387
Ikari Warriors, 118
King of Fighters '94, 273
Samurai Shodown II, 265
SNK vs. Capcom: Card Fighters' Clash, 399

Snowblind Studios
Baldur's Gate: Dark Alliance, 446
Death Tank, 859

Software Creations
Plok, 246

Sonic Team
Burning Rangers, 353
Nights Into Dreams, 302
Phantasy Star Online, 435
Puyo Pop Fever, 585
Sonic Adventure, 370
Sonic The Hedgehog 2, 224

Sony
Echochrome, 785
EyePet, 908
Flipnic, 520
God of War, 603
God of War II, 727

God of War: Chains of Olympus, 794
Intelligent Qube, 327
LocoRoco 2, 803
Logan's Shadow, 755
Mark of Kri, 509
Patapon, 767
Singstar, 748
Siren: Blood Curse, 819
Wipeout HD, 824
Wipeout Pulse, 761

Sony Online Entertainment
EverQuest, 396
EverQuest II, 562
PlanetSide, 538

Spike
Fire Pro Wrestling Returns, 627

Splash Damage
Wolfenstein: Enemy Territory, 549

Square
ActRaiser, 182
Chrono Cross, 390
Chrono Trigger, 286
Einhänder, 328
Final Fantasy Crystal Chronicles, 519
Final Fantasy IX, 433
Final Fantasy Tactics, 330
Final Fantasy V, 215
Final Fantasy VII, 332
Final Fantasy X, 444
Front Mission 3, 395
Threads of Fate, 412

Square Enix
Dissidia Final Fantasy, 862
Final Fantasy IV, 721
Final Fantasy Tactics A2: Grimoire of the Rift, 712
Final Fantasy XII, 674
World Ends With You, The, 757

SquareSoft
Final Fantasy VI, 258
Final Fantasy VIII, 393
Kingdom Hearts, 487
Secret of Mana, 246
Super Mario RPG: Legend of the Seven Stars, 312
Vagrant Story, 442
Xenogears, 378

Stainless Games
Carmageddon II: Carpocalypse Now, 356

Starbreeze Studios
Chronicles of Riddick: Assault on Dark Athena, 899
Chronicles of Riddick: Escape from Butcher Bay, 587
Darkness, The, 748

Stardock
Galactic Civilizations II: Dread Lords, 670

Stock, Peter
Armadillo Run, 652

Studio Pixel
Cave Story, 555

Studio-Kura
One-Dot Enemies, 896

Success
Zoo Keeper, 531

Sucker Punch Productions
Infamous, 885
Rocket: Robot on Wheels, 404
Sly 2: Band of Thieves, 582
Sly Cooper and the Thievius Raccoonus, 502

Sumo Digital
OutRun 2006: Coast 2 Coast, 693

Swingin' Ape Studios
Metal Arms: Glitch in the System, 532

Taito
Arkanoid, 110
Bubble Bobble, 116
Darius, 112
Exit 2, 666
New Zealand Story, The, 163
Operation Wolf, 148
Puzzle Bobble, 263
Rainbow Islands, 149
Space Invaders, 26
Space Invaders Extreme, 821
Space Invaders Infinity Gene, 927

Tale of Tales
Path, The, 908

Tatsumi
Buggy Boy, 130

Team 17
Worms, 275

Team Andromeda
Panzer Dragoon Saga, 361

Team Garry
Garry's Mod, 618

Team Ico
Shadow of the Colossus, 641

Team Ninja
Ninja Gaiden, 575
Ninja Gaiden II, 804
Ninja Gaiden Black, 649

Team Silent
Silent Hill 2, 460

Technos
Double Dragon, 140

TechnoSoft
Herzog Zwei, 171

Tecmo
Dead or Alive 4, 609
Fatal Frame II: Crimson Butterfly, 513
Fatal Frame IV: Mask of the Lunar Eclipse, 793
Gemini Wing, 146
Solomon's Key, 122
Tecmo Super Bowl, 207

Tehkan
Bomb Jack, 77
Tehkan World Cup, 102

Telltale Games
The Walking Dead, 945

thatgamecompany
Flow, 675
Flower, 867
Journey, 942

Thirion, Steph
Eliss, 857

THQ
De Blob, 784
Red Faction Guerilla, 923
Supreme Commander, 755

Tiger Style
Spider: The Secret of Bryce Manor, 913

Titan Studios
Fat Princess, 853

Toaplan
Out Zone, 186

Tokyo Shoseki
Super Tennis, 199

Totally Games
Star Wars: TIE Fighter, 274

Star Wars: X-Wing vs. TIE Fighter, 336

Town Factory
Little King's Story, 891

Toy, Michael
Rogue, 37

Traveller's Tales
LEGO Star Wars, 629

Treasure
Astro Boy: Omega Factor, 522
Bangai-O, 382
Bangai-O Spirits, 788
Freak Out, 453
Gradius IV, 564
Guardian Heroes, 300
Gunstar Heroes, 236
Gunstar Super Heroes, 626
Ikaruga, 465
Radiant Silvergun, 364
Silhouette Mirage, 384
Sin & Punishment, 439
Sin & Punishment: Successor to the Sky, 911
Wario World, 517

Treyarch
Spider-Man 2, 596

Trilobyte
7th Guest, The, 247

Trubshaw, Roy
MUD, 38

Turn 10 Studios
Forza Motorsport 2, 724
Forza Motorsport 3, 854

Ubisoft
Assassin's Creed II, 844
Beyond Good & Evil, 511
Far Cry 2, 790
Ghost Recon Advanced Warfighter 2, 758
Prince of Persia: The Sands of Time, 537
Rayman Raving Rabbids, 705
Silent Hunter III, 640
Tom Clancy's Rainbow Six: Vegas 2, 832
Tom Clancy's Splinter Cell, 494
Tom Clancy's Splinter Cell: Chaos Theory, 646
Tom Clancy's Splinter Cell: Double Agent, 694

Ubisoft Montreal
Far Cry 3, 941

Ultimate Play the Game
Jetpac, 68
Knight Lore, 84

United Game Artists
Space Channel 5, 410

Universal
Mr. Do!, 55

Valve Corporation
Counter-Strike Source, 557
Half-Life, 365
Half-Life 2, 553
Left 4 Dead, 795
Left 4 Dead 2, 886
Portal, 744
Portal 2, 937
Team Fortress 2, 753
Team Fortress Classic, 414

Van Ryzin, John,
H.E.R.O., 74

Vanillaware
GrimGrimoire, 727
Muramasa: The Demon Blade, 928
Odin Sphere, 733

Various
NetHack, 136

Verant Interactive
EverQuest, 396

Vid Kidz
Stargate, 45

Visceral Games
Dead Space Extraction, 857

Visual Concepts
NBA 2K10, 933

Vivarium
Seaman, 407

Volition
Freespace 2, 392
Saints Row 2, 817

WayForward Technologies
Boy and his Blob, A, 935
Contra 4, 716
Mighty Flip Champs, 930

Westwood Studios
Blade Runner, 322
Command & Conquer, 276
Command & Conquer: Red Alert, 296
Dune II, 229
Eye of the Beholder, 189

Wichman
Glenn, Rogue, 37

Williams
Defender, 35
Joust, 49
Robotron 2084, 52
Smash TV, 197

Woakes, Paul
Mercenary, 100

WOW Entertainment
Typing of the Dead, The, 415

Yu, Derek
Spelunky, 797

Zed Two
Wetrix, 371

Zee-3
Naked War, 686

Zipper Interactive
Crimson Skies, 429

Zombie Cow Studios
Time Gentlemen, Please!, 937

Zoonami
Bonsai Barber, 842

Zyrinx
Sub-Terrania, 266

游戏开发商索引 | 959

图片来源

本书中使用的图片均已取得相关权利人的许可，出版方谨在此向以下图片提供方表示衷心的感谢。我们已竭尽全力确认并联系每一张图片的来源及版权所有者。对于其中仍存在的纰漏，出版方表示诚挚的歉意，并将在再版时予以更正。

1C Games 452 **2D Boy** 814 **2K Games** 605, 657, 696, 710, 749, 781, 839, 917, 927, 942, 949 **2K Sports** 815 **505 Games** 876 **A&F Software** 62 **ABA Games** 592 **Activision** 74, 101, 140, 206, 347, 350, 403, 436, 457, 483, 549, 560, 584 596, 642, 700, 854 **Activision Blizzard** 514, 603, 625, 677, 711, 800, 873, 871, 894 **Agetec** 490, 627 **Aksys Games** 844 **Amanita Design** 542, 874 **Apogee Software** 295 **Arc System Works** 822 **Arkane Studios** 947 **Atari** 23, 24, 28, 29, 34, 36, 37, 61, 67, 87, 95, 113, 126, 135, 137, 152, 184, 260, 382, 495, 589, 593, 597, 613, 623, 658, 676, 685, 692, 735, 751, 784, 884, 889 **Atlus** 326, 585, 681, 733, 812 **Audiogenic** 165 **Automata** 79 **Balázs Rózsa** 424 **Bally Midway** 66, 70, 84 **Bandai Namco** 398, 566, 621, 684, 740, 823, 863 **Bethesda** 488, 787, 939 **Beyond Software** 85 **Big Five Software** 54, 89 **BioWare** 860 **Blade Software** 158 **Blendo Games** 943 **Blizzard Entertainment** 289, 333, 423, 507 **Blue Byte** 247 **Brøderbund** 22, 69, 174, 232, 287, 343 **Bungie** 305, 339 **Capcom** 93, 96, 147, 156, 157, 175, 230, 253, 293, 307, 368, 368, 386, 421, 434, 446, 452, 464, 485, 501, 521, 525, 551, 628, 650, 661, 674, 675, 707, 765, 775, 789, 826, 828, 829, 898 **CCP** 510 **Cinematronics** 63 **Cinemaware** 124 **Cipher Prime** 770 **Codemasters** 166, 215, 259, 467, 580, 728, 808, 851, 872, 888 **Cowboy Rodeo** 217 **Critical Thought Games** 870 **D3** 667, 741 **Data East** 78, 83, 252 **Deep Silver** 651, 809 **Dennaton Games** 943 **Digital Chocolate** 637 **Disney Interactive** 813 **Donald Brown** 36 **DreamWorks Interactive** 299 **Dylan Fitterer** 770 **Edge Games** 105 **Eidos** 310, 376, 422, 443, 447, 508, 645, 665, 679, 682,833, 843 **Electronic Arts** 60, 104, 173, 188, 193, 219, 242, 260, 272, 283, 314, 329, 354, 441, 449, 472, 476, 477, 492, 518, 533, 574, 579, 602, 634, 647, 655, 668, 719, 747, 774, 778, 786, 816, 827, 841, 845, 846, 852, 881, 885, 900, 903, 905, 916 **Empire Interactive** 567, 718 **Epic Games** 910 **Epyx** 132, 139, 159 **ESP** 364 **Exidy** 67 **Eyezmaze** 504 **Fabtek** 175 **Farbs** 840 **Firebird** 120, 127 **Firemint** 862 **First Star Software** 75, 88 **Focus Home Interactive** 836, 837 **Fox Interactive** 380 **From Software** 857, 938 **Frontier Developments** 803, 882 **FTL** 138 **Funcom** 409, 704 **Gametek** 245 **Gathering Of Developers** 489, 526, 539 **Gottlieb** 55 **Gremlin Interactive** 359 **GT Interactive** 235, 256, 306, 349, 360, 366 **Hewson** 106, 141 **Hudson Soft** 191, 309, 687, 802 **Ignition** 552, 585, 915 **Infocom** 80, 107, 352 **Infogrames** 167, 400 **Interplay** 209, 225, 282, 331, 392, 402, 430, 443, 446 **Introversion** 474, 608, 661 **inXile Entertainment** 785 **Irem** 54, 145, 351, 550 **Iron Helmet Games** 930 **Jagex** 469 **Kingsoft** 261 **Klei Entertainment** 662, 944 **Kloonigames** 802 **Koei** 455, 512, 671 **Konami** 44, 47, 68, 71, 81, 94, 97, 99, 115, 212, 218, 220, 221, 245, 249, 301, 303, 323, 325, 356, 367, 390, 437, 466, 499, 515, 536, 541, 564, 570, 571, 601, 663, 683, 805 **Lazy 8 Studios** 918 **Level-5** 940 **LucasArts** 144, 162, 180, 200, 201, 222, 227, 234, 243, 274, 278, 336, 337, 340, 364, 372, 473, 488, 544, 586, 629 **Majesco** 642 **Marvelous Entertainment** 848, 883 **Maxis** 168, 241, 543 **Melbourne House** 50 **Microprose** 153, 176, 196, 205, 244, 297, 342 **Microsoft** 321, 381, 429, 475, 482, 523, 540, 561, 614, 632, 635, 654, 690, 706, 714, 724, 725, 730, 732, 768, 769, 777, 783, 791, 792, 801, 850, 855, 875, 926 **Microsphere** 106 **Midway** 25, 161, 223, 231, 581, 752, 763 **Mindscape** 90 **Mitchell Corporation** 172 **Mojang** 936 **Mossmouth** 797 **Namco** 30, 39, 53, 56, 86, 125, 143, 161, 240, 262, 309, 324, 343, 374, 487, 535, 545, 583, 769 **Natsume** 528 **NCsoft** 556, 616 **NES** 198 **ngcomo** 897 **Nintendo** 43, 73, 103, 117, 129, 131, 160, 192, 193, 199, 202, 213, 220, 246, 255, 268, 269, 271, 304, 308, 312, 313, 317, 318, 325, 334, 341, 352, 362, 377, 400, 419, 420, 425, 428, 439, 440, 442, 454, 462, 468, 469, 470, 471, 480, 481, 486, 505, 506, 516, 517, 524, 529, 550, 558, 567, 568, 572, 573, 577, 579, 585, 590, 591, 602, 606, 607, 617, 621, 631, 673, 697, 703, 731, 734, 739, 741, 754, 760, 776, 793, 796, 830, 887, 895, 897, 899, 931 **Nobilis** 908 **Nokia** 342 **Novagen Software** 100 **Ocean** 141, 275, 371 **OneBigGame** 929 **Origin Systems** 228, 251, 279 **Paradox Interactive** 670 **Phil Hassey** 773 **Playdead** 933 **Playmates Interactive** 338 **PopCap** 517, 551, 554, 740, 771, 893 **Press Play** 924 **Procedural Arts** 615 **Psygnosis** 208, 319 **Q Entertainment** 689 **Rainbird** 155, 169 **Rare** 394 **Renegade** 181, 264 **Revolution Software** 292 **Rising Star Games** 736 **Rockstar** 345, 388, 456, 459, 491, 547, 548, 565, 584, 622, 644, 660, 669, 799, 806, 868, 869, 870, 932 **Ronimo Games** 892 **Runic Games** 909 **Scavenger** 267 **SCi** 356 **Sega** 51, 72, 108, 121, 128, 133, 151, 160, 177, 185, 192, 211, 224, 226, 236, 237, 238, 250, 275, 291, 300, 302, 315, 320, 348, 353, 358, 361, 370, 379, 385, 389, 405, 410, 415, 431, 435, 438, 465, 478, 486, 497, 500, 522, 585, 626, 660, 691, 693, 701, 702, 709, 802, 814, 831, 847, 859, 861 **Semi Secret** 841 **Sensible Software** 154, 207 **Sidhe Interactive** 891 **Sierra Entertainment** 227, 363, 365, 375, 397, 493, 553, 648, 766 **Sierra Online** 290, 451 **Silent Software** 288 **Simogo** 948 **SNK** 119, 265, 273, 311, 387, 399, 411 **Software Projects** 69, 85 **Sony Computer Entertainment** 308, 328, 335, 365, 383, 448, 453, 463, 479, 509, 516, 527, 582, 603, 633, 641, 680, 715, 722, 723, 726, 729, 737, 742, 750, 757, 763, 777, 782, 785, 787, 775, 779, 785, 794, 803, 807, 811, 815, 819, 820, 825, 877, 879, 896, 904, 919, 928, 935 **Sony Online Entertainment** 396, 538, 563 **Square Enix** 123, 183, 258, 286, 330, 332, 390, 393, 445, 519, 559, 674, 713, 756, 858 **SquareSoft** 246, 281, 324, 378, 395, 420, 442, 487 **SSI** 189 **Stardock** 818 **Studio Pixel** 555 **Swing Entertainment** 382 **System 3** 688 **Taito** 27, 44, 111, 112, 116, 148, 163, 263, 666, 821 **Take 2** 373 **Tale Of Tales** 896 **Tatsumi** 130 **Technos** 140 **Tecmo** 122, 207, 513, 575, 609, 649, 804 **Tehkan** 76, 102 **Telltale Games** 945 **Terry Cavanagh** 925 **thatgamecompany** 675, 863, 942 **The Behemoth** 780 **The Tetris Company** 107 **THQ** 585, 595, 659, 750, 755, 784, 817, 911, 920 **Tiger Style** 901 **Titan Studios** 849 **Titus Interactive** 261 **Toaplan** 187 **Ubisoft** 404, 427, 494, 511, 537, 566, 569, 640, 646, 695, 705, 717, 758, 790, 832, 842, 873, 941 **Ultimate** 68, 84 **Universal** 55 **US Gold** 91, 109, 203, 206, 221 **Valve Software** 414, 557, 619, 753, 791, 795, 878, 937 **Virgin Interactive** 229, 233, 247, 257, 270, 276, 296, 322, 453 **Vivendi Universal** 532, 587, 598, 604, 612 **Warner Bros Interactive** 865, 907 **Williams** 34, 45, 197 **Working Designs** 384 **Zombie Cow Studios** 921 **Zynga** 835

致谢

主编Tony Mott 在此特别感谢：

Thanks to the team at Quintessence Publishing, including Helena Baser, Tristan de Lancey and Jane Laing, for their work and support throughout the production of this book. For providing valuable resources and assistance, thanks also to Arcade History (www.arcade-history.com), Taneli Armanto, Carousel Leisure, Giant Bomb (www.giantbomb.com), Andrew Hind, Brian Hirt, Christophe Kagotani, the Killer List Of Videogames (www.klov.com), Moby Games (www.mobygames.com), The Fighters Generation (www.fightersgeneration.com), Pocket Gamer (www.pocketgamer.co.uk) and Super Mario Wiki (www.mariowiki.com).